医学编辑学概论

袁桂清 著

科学出版社
北 京

内 容 简 介

本书共计39章，从新视角、新理念、新理论、新方法、新思维和新学科角度，深层次地阐述医学编辑学相关理论、方法论、研究方法和医学编辑方法。内容包括医学编辑学总论、医学编辑学的基本概念、医学编辑心理与读者及作者心理特征、医学编辑知识结构与智能素质培养、医学编辑逻辑知识与编辑逻辑素质、思维方式与创新思维方法、医学编辑决策原理与决策方法、医学审稿制度与审稿质量控制方法、医学编辑应用文书撰写方法与规范、医学科技学术传播方法、传播效果评估、医学科技学术融媒体出版与融合传播、新媒体医学出版与传播、虚拟编辑出版等。本书具有独特原创理论，注重系统性、理论性与实践性的融汇，方法与实践相结合。适于医学编辑与出版传媒行业各层次编辑参考。

图书在版编目（CIP）数据

医学编辑学概论/袁桂清著．— 北京：科学出版社，2023.8
ISBN 978-7-03-072644-5

Ⅰ.①医⋯ Ⅱ.①袁⋯ Ⅲ.①医学 – 编辑学 – 概论 Ⅳ.① G232

中国版本图书馆 CIP 数据核字（2022）第 110324 号

责任编辑：郝文娜/责任校对：张 娟
责任印制：赵 博/封面设计：吴朝洪

版权所有，违者必究，未经本社许可，数字图书馆不得使用

科学出版社 出版
北京东黄城根北街16号
邮政编码：100717
http://www.sciencep.com

三河市春园印刷有限公司 印刷
科学出版社发行　各地新华书店经销

*

2023年8月第 一 版　开本：889×1194 1/16
2023年8月第一次印刷　印张：40 1/2
字数：1 193 000

定价：298.00 元
（如有印装质量问题，我社负责调换）

著者简介

袁桂清 编审。曾任中华医学会《中华医学杂志》编辑部编审,《中华检验医学杂志》编辑部编审、编辑部主任兼副总编辑,中华医学会杂志社副社长/中华医学会期刊管理部副主任,中华医学会纪委副书记兼中华医学会纪检监察审计室主任,《临床检验装备杂志》执行主编等职。现任《临床实验室》杂志执行主编,中国老年医学学会检验医学分会顾问,中国医学装备协会检验医学分会顾问等职。主持承担或参与国家重点研究课题5项,发表论著120多篇,并有多篇论著获奖;编著或参编学术著作15部。2011年获第二届中国出版政府奖(优秀出版人物奖)。

前 言

早在20世纪90年代，笔者就曾发表过《医学编辑学概论》一文，但基本限于初步认识阶段。而随着医学编辑职业发展和编辑实践的深入，笔者对医学编辑理论、医学编辑实践、医学编辑方法、医学编辑方法论等认识也在不断深化。医学编辑出版，对医学科技学术交流和医学科技进步发挥了重要的推动作用。因此，医学编辑出版与医学科技学术传播领域不能没有基本的理论和方法学作为支撑，同时更不能缺少方法论的指导，以利于更好地探索、归纳和掌握医学编辑出版的发展规律。

随着笔者医学编辑实践的深化，感悟也随之加深，对医学编辑实践的理解、认识与感悟需要通过文字条理化表述出来，由此，2019年出版了《医学编辑理论与方法》专著。但在图书出版以后，还是感觉有诸多遗憾，还有太多的医学编辑实践感悟未能论述。为最大限度地拓展青年医学编辑视野，同时对其医学编辑实践给予指导和编辑思维启迪，由此再次萌发了写作冲动。在编辑同仁的激励下，经过近两年的写作，终于完成了《医学编辑学概论》这部书稿。本书写作初衷或指导思想是力求从新学科、新视角、新理念、新理论、新方法和新思维的视角，更深层次地阐述医学编辑学所涉及的相关理论方法，以启发医学编辑思考。

笔者虽然力求本书内容结构设计的系统性，但受笔者医学编辑实践领域和知识结构的局限，实际论述的内容更偏重于医学期刊编辑领域，但就"医学编辑学"而言，其涉及领域不仅仅如此，还应包括医学图书编辑出版、新媒体医学编辑出版等内容，这也是本书的遗憾所在，留待有志同行完善。本书试图以全新视角审视观察医学编辑学的理论、方法、实践和规律，希望能对医学编辑思维发挥启迪作用。但笔者还是那句俗话：天下文章天下读，各自感悟各自足；天下观点天下辩，各自欣赏各自鉴。由于笔者认识水平和专业驾驭能力的局限性，书中偏颇和谬误之处在所难免，只当抛砖引玉。

袁桂清

2022年11月18日于北京

目 录

第1章　医学编辑学总论 …………… 1
　第一节　医学编辑学的基本概念………… 1
　第二节　医学编辑学的学科界定
　　　　　与专业分类…………………… 3
　第三节　医学编辑学的研究内容与任务… 4
　第四节　医学编辑学方法论
　　　　　与编辑方法学………………… 9
　第五节　医学编辑学研究方法………… 12
　第六节　医学编辑目的与编辑目标……… 17
　第七节　医学编辑的特殊性…………… 21
　第八节　医学期刊功能与角色定位…… 22
　第九节　医学编辑的独立性…………… 24
　第十节　医学编辑角色定位…………… 27
　第十一节　医学编辑责任……………… 29
　第十二节　医学编辑理念……………… 30
　第十三节　医学编辑精神……………… 31
　第十四节　医学编辑原则……………… 32
　第十五节　医学编辑职业特点………… 33

第2章　医学编辑心理与读者及作者心理
　　　　特征 ………………………… 36
　第一节　医学编辑心理学基本概述 …… 36
　第二节　医学编辑心理研究方法……… 38
　第三节　医学编辑心理素质与心理
　　　　　控制…………………………… 38
　第四节　医学编辑心理特征与心理
　　　　　状态…………………………… 41
　第五节　医学期刊编辑委员心理特征
　　　　　与心理倾向…………………… 48
　第六节　医学期刊读者心理特征
　　　　　与心理动机…………………… 52
　第七节　医学专业作者心理特征
　　　　　与心理需求…………………… 55
　第八节　医学广告受众心理特征
　　　　　与心理需求…………………… 58

第3章　医学编辑知识结构与智能结构
　　　　素质构建 …………………… 61
　第一节　医学编辑成长的智力因素……… 61
　第二节　医学编辑成长的非智力因素…… 66
　第三节　医学编辑成长的内外动力……… 69
　第四节　医学编辑的职业修养………… 72
　第五节　医学编辑职业素质…………… 74
　第六节　医学编辑的知识结构………… 75
　第七节　医学编辑的智能结构………… 77

第4章　医学编辑思维方式与创新思维方法 … 81
　第一节　医学编辑的思维方式………… 81
　第二节　医学编辑的思维特征………… 82
　第三节　批判性编辑创新思维方法…… 84
　第四节　质疑性编辑创新思维方法…… 85
　第五节　超前性编辑创新思维方法…… 85
　第六节　系统性编辑创新思维方法…… 86
　第七节　发散性编辑创新思维方法…… 87
　第八节　收敛性编辑创新思维方法…… 88
　第九节　逆向性编辑创新思维方法…… 88
　第十节　联想性编辑创新思维方法…… 89
　第十一节　想象性编辑创新思维方法… 90
　第十二节　灵感性编辑创新思维方法… 90
　第十三节　类比性编辑创新思维方法… 91

第5章　医学编辑动机与编辑行为控制 …… 93
　第一节　医学编辑行为的基本概念…… 93
　第二节　医学编辑动机与编辑行为…… 95
　第三节　医学编辑挫折与挫折控制…… 96
　第四节　医学编辑个体行为与编辑
　　　　　职业群体行为………………… 97

第6章　医学编辑出版与横断学科理论
　　　　的运用 …………………… 100
　第一节　医学编辑出版与系统论运用　100

第二节　医学编辑出版与控制论运用… 103
第三节　医学编辑出版与信息论运用… 106
第四节　医学编辑与耗散结构论运用… 110
第五节　医学编辑出版与协同论运用… 112
第六节　医学编辑出版与突变论运用… 114

第7章　医学编辑逻辑知识与编辑逻辑运用 … 116
第一节　医学编辑逻辑判断 … 116
第二节　医学编辑逻辑推理 … 119
第三节　医学编辑逻辑方法 … 124
第四节　医学编辑逻辑的运用 … 126
第五节　医学编辑逻辑素质修养 … 130

第8章　医学编辑决策原理与编辑决策方法 … 136
第一节　医学编辑决策的基本概念 … 136
第二节　医学编辑决策的基本原理 … 136
第三节　医学编辑决策中的基本要素 … 139
第四节　医学编辑决策的特点 … 139
第五节　医学编辑决策偏倚的影响因素 … 140
第六节　医学编辑决策的原则 … 141
第七节　医学编辑决策的分类 … 142
第八节　医学编辑决策治理结构 … 143
第九节　医学编辑决策的内容 … 145
第十节　医学编辑决策的程序 … 145
第十一节　医学编辑决策方法 … 146

第9章　医学期刊专题学术研讨会议的组织与策划方法 … 149
第一节　医学期刊组织专题学术会议的意义 … 149
第二节　医药卫生科学领域学术会议的分类 … 150
第三节　医学期刊组织专题学术会议的基本方法 … 153

第10章　智慧医疗与医学期刊智慧化编辑出版 … 158
第一节　人工智能医学或智慧医学发展概述 … 158

第二节　人工智能诊疗技术在临床医学中的应用 … 161
第三节　人工智能技术在临床护理学中的应用 … 163
第四节　人工智能诊疗医学伦理道德与人权保护 … 165
第五节　医学期刊的智慧出版与智慧传播 … 166
第六节　区块链技术与医学科技学术期刊编辑出版 … 168
第七节　智慧医学编辑与医学期刊的智慧化出版 … 171

第11章　医学编辑与医学科技学术传播方法 … 175
第一节　医学科技学术传播概述 … 175
第二节　医学科技学术传播价值 … 178
第三节　医学科技学术传播特点 … 180
第四节　医学科技学术传播类型 … 184
第五节　医学科技学术传播特征 … 185
第六节　医学科技学术传播功能 … 186
第七节　医学科技学术传播要素 … 187
第八节　医学科技学术传播者权利与责任 … 191
第九节　医学科技学术传播者的社会角色与特点 … 194
第十节　医学科技学术传播模式 … 197
第十一节　医学科技学术传播原则 … 200
第十二节　医学科技学术传播研究方法 … 201
第十三节　医学传播载体品牌培育与传播 … 203
第十四节　新媒体与医学科技学术传播 … 205
第十五节　医学科技学术传播效果评估 … 209
第十六节　医学科技学术传播评价标准 … 212
第十七节　医学科技学术传播效果评估方法 … 213

第12章　医学编辑与健康传播模式 … 217

第一节　健康传播概念与意义……… 217
第二节　健康传播特点与要素……… 219
第三节　健康传播基本方法……… 221
第四节　健康传播基本内容……… 222
第五节　健康传播基本模式……… 224

第 13 章　医学编辑与医药卫生科技咨询 … 226
第一节　医药卫生科技咨询概述……… 226
第二节　医学科技咨询分类……… 228
第三节　医药卫生科技咨询内容……… 229
第四节　医药卫生科技咨询功能……… 231
第五节　医药卫生科技咨询方法……… 233

第 14 章　医学编辑应用文书的撰写方法与基本规范……… 237
第一节　稿件退修信件的撰写方法与规范……… 237
第二节　稿件退稿信件的撰写方法与规范……… 238
第三节　约稿函件的撰写方法与规范… 239
第四节　学术会议纪要的撰写方法与规范……… 241
第五节　编辑委员会会议纪要的撰写方法与规范……… 243
第六节　医学编辑选题策划报告的撰写方法与规范……… 245
第七节　医学期刊编者按文稿的撰写方法与规范……… 246
第八节　医学期刊短评文稿的撰写方法与规范……… 248
第九节　医学期刊编后语的撰写方法与规范……… 250
第十节　医学期刊社论文稿的撰写方法与规范……… 252
第十一节　医学期刊述评文稿的撰写方法与规范……… 253
第十二节　医学期刊导读文稿的撰写方法与规范……… 256
第十三节　医学期刊作者简介文稿的撰写方法与规范……… 257
第十四节　医学新闻或消息文稿的撰写方法与规范……… 258
第十五节　医学综述性文稿的撰写方法与规范……… 261

第 15 章　医学期刊审稿制度与审稿质量控制方法……… 264
第一节　医学期刊同行评议审稿制度… 264
第二节　医学期刊审稿评价方法……… 269
第三节　医学期刊审稿的特别评审机制……… 271
第四节　医学科研论文常见的方法学错误与评审要点……… 272
第五节　医学期刊审稿中对科研设计评审重点……… 275

第 16 章　医学编辑出版模式与医学编辑要素……… 283
第一节　医学编辑出版模式与要素概念……… 283
第二节　医学编辑出版基本模式……… 284
第三节　医学编辑出版要素……… 286

第 17 章　医学科技学术融媒体出版与融合传播……… 289
第一节　融媒体医学编辑出版与传播优势……… 289
第二节　融媒体医学编辑出版与传统编辑出版模式演变……… 291
第三节　融媒体医学编辑出版流程的构建……… 291
第四节　融媒体医学编辑出版与传播要素……… 293
第五节　融媒体医学编辑出版流程构建目的与意义……… 294
第六节　融媒体医学编辑出版与传统传播观念的转变……… 295
第七节　云编辑出版与虚拟编辑出版和虚拟传播……… 297

第 18 章　医学期刊学术治理结构原理与机制构建……… 300
第一节　医学期刊学术治理结构基本原理……… 300

第二节 医学期刊学术治理结构的
机制构建 …………… 301
第三节 医学期刊学术治理的基本
程序设计 …………… 306
第四节 医学期刊学术治理结构的
运行机制 …………… 308

第19章 医学期刊编辑出版基本规范 …… 311
第一节 医学编辑出版基本规范概述 … 311
第二节 医学期刊编辑加工基本规范 … 312
第三节 医学期刊参考文献著录
基本规范 …………… 327
第四节 医学期刊编排基本格式与
规范 ………………… 332
第五节 DOI的基本概念与著录规范 … 341

第20章 医学科研伦理规范与编辑
审稿要点 …………………… 345
第一节 医学科研伦理的基本概念
及原则 ……………… 345
第二节 医学科研设计实施的伦理
规范要求 …………… 347
第三节 预防医学科研伦理规范与
审稿要点 …………… 351
第四节 医学科研的风险与受益的
伦理问题及评审要点 … 353
第五节 医学科研受试者招募的伦理
问题与评审重点 …… 356
第六节 医学科研知情同意书告知的
伦理要求与评审 …… 357
第七节 医学科研中受试者医疗保护的
伦理问题与评审 …… 359
第八节 医学科研隐私和保密的伦理
问题与评审要点 …… 360
第九节 医学科研中涉及弱势群体研究
的伦理问题与评审 … 361
第十节 医学科研中涉及妇女的伦理
问题与评审 ………… 364
第十一节 医学科研国际合作研究中的
伦理问题与评审 … 365
第十二节 人工智能诊疗技术临床应用
中的伦理问题 …… 366

第21章 临床医学诊疗指南制定伦
理规范与编辑出版伦理 ……… 367
第一节 临床医学诊疗指南基本概念 … 367
第二节 临床医学诊疗指南制定程序
与方法 ……………… 371
第三节 临床医学诊疗指南伦理规范
与发表的审稿要求 …… 373

第22章 医学编辑出版伦理与伦理
失范控制方法 ………………… 378
第一节 医学编辑出版伦理基本概念 … 378
第二节 医学编辑出版伦理规范主体
与范畴 ……………… 380
第三节 医学编辑出版伦理规范的
基本内容 …………… 384
第四节 医学编辑出版伦理失范
控制措施与方法 …… 392

第23章 医学期刊和医学图书编辑出版
简史与史学研究方法 ………… 396
第一节 医学期刊与医学图书编辑
出版史学研究方法 … 396
第二节 国外生物医学期刊编辑出版
简史 ………………… 399
第三节 中国医学期刊编辑出版简史 … 401
第四节 中国革命根据地医学期刊
发展的特殊时期 …… 419
第五节 中国医学图书编辑出版史略 … 420
第六节 中国博医会与中华医学会的
创建史略 …………… 425
第七节 《中国博医会报》与《中华
医学杂志（英文版）》 … 427
第八节 《中华医学杂志》编辑出版
简史 ………………… 428
第九节 《中华医学杂志（英文版）》
编辑出版简史 ……… 443
第十节 中华医学会主办系列医学期
刊编辑出版简史 …… 457

第24章 医学编辑创意境界与创意方法 … 468
第一节 医学编辑创意的基本概念 …… 468
第二节 医学编辑创意的基本原理 …… 468

第三节　医学编辑创意灵感的产生
过程 …………………………… 470
第四节　医学编辑创意者的基本素质 … 471
第五节　医学编辑创意的基本程序 …… 471
第六节　医学编辑创意灵感与创意思路 … 472
第七节　医学编辑创意的方法与
创意境界 ……………………… 473

第25章　医学期刊审稿偏倚与控制方法 … 475
第一节　医学期刊审稿偏倚的概念 …… 475
第二节　医学期刊审稿误差发生的
类型 …………………………… 476
第三节　医学期刊审稿偏倚产生的
原因 …………………………… 477
第四节　医学期刊审稿偏倚的控制
方法 …………………………… 478

第26章　医学科技学术评价与评价
方法学 ………………………… 481
第一节　医学科技学术评价的基本
概念 …………………………… 481
第二节　医学科技学术评价与评价
形式 …………………………… 484
第三节　医学期刊评价标准与评价
功能 …………………………… 486
第四节　医学期刊编辑工作量评价
指标 …………………………… 487
第五节　医学期刊影响力与学术评价
指标 …………………………… 490
第六节　医学期刊相关学术评价指标 … 492
第七节　医学期刊全面质量评价内容 … 494

第27章　医学期刊编辑策划原则与编辑
策划方法 ……………………… 497
第一节　医学期刊编辑策划的基本
概念 …………………………… 497
第二节　医学期刊编辑策划的基本
原理 …………………………… 498
第三节　医学期刊编辑策划的基本
原则 …………………………… 500
第四节　医学期刊编辑策划的类型及
分类 …………………………… 502
第五节　医学期刊编辑策划的基本

方法 …………………………… 504
第六节　医学期刊编辑策划者的素质
与基本技能 …………………… 504
第七节　医学期刊编辑策划的关注点
与基本要点 …………………… 505
第八节　医学期刊编辑策划的内容
与类型 ………………………… 506
第九节　医学编辑策划方案设计与
制订方法 ……………………… 508

第28章　医学期刊学术导向功能与
学术导向方法 ………………… 511
第一节　医学期刊学术导向的基
本概念 ………………………… 511
第二节　医学期刊学术导向基本原理 … 513
第三节　医学期刊学术导向的内容与
导向重点 ……………………… 513
第四节　医学期刊学术导向的方法与
路径 …………………………… 514
第五节　医学期刊学术导向的基本
原则 …………………………… 515

第29章　医学期刊的系统设计或总体
设计原则与设计方法 ………… 516
第一节　医学期刊系统设计原理
与概念 ………………………… 516
第二节　医学期刊系统设计的原则 … 518
第三节　医学期刊系统设计的意义 …… 519
第四节　医学期刊系统设计的方法 …… 519
第五节　医学期刊系统设计或总体
设计的内容 …………………… 520
第六节　医学期刊栏目的系统设计 …… 521

第30章　医学期刊选题策划的原则与
选题方法 ……………………… 523
第一节　医学期刊选题策划的概念 …… 523
第二节　医学期刊选题策划的意义 …… 524
第三节　医学期刊选题策划者的基本
能力 …………………………… 524
第四节　医学期刊选题策划的原则 …… 525
第五节　医学期刊选题策划的基本
内容 …………………………… 526

第六节　医学期刊选题策划的基本
　　　　程序……………………………… 527
第七节　医学期刊选题策划的思路与
　　　　选题方法………………………… 529
第八节　医学期刊选题策划的实施
　　　　策略……………………………… 530

第 31 章　医学文章标题的制式分类与
　　　　　　制作方法…………………… 532
第一节　医学科技期刊文章标题分类… 532
第二节　医学文章标题的基本功能…… 534
第三节　医学文章标题的结构与
　　　　提炼方法………………………… 534
第四节　医学科技文章标题的质量
　　　　控制要点………………………… 537
第五节　医学科研论文标题的修改
　　　　范例……………………………… 538
第六节　医学文章标题编辑制作注意
　　　　的问题…………………………… 538

第 32 章　综合性与专科性医学期刊办刊
　　　　　　策略和办刊方法 …………… 540
第一节　综合性医学期刊的基本定位… 540
第二节　综合性医学期刊面临的危机
　　　　和挑战…………………………… 541
第三节　综合性医学期刊面临的机遇
　　　　和办刊路径……………………… 542
第四节　综合性医学期刊的办刊策略
　　　　与方法…………………………… 545
第五节　专科医学期刊的办刊策略与
　　　　办刊方法………………………… 550

第 33 章　医学期刊品牌评价方法与
　　　　　　培育方法 …………………… 554
第一节　医学期刊品牌的基本概念…… 554
第二节　医学期刊品牌的核心价值…… 557
第三节　医学期刊品牌的认知要素…… 558
第四节　医学期刊品牌的溢价性与
　　　　溢价能力………………………… 560
第五节　医学期刊品牌形成要素与
　　　　评价指标………………………… 561
第六节　医学期刊品牌的评价方法…… 562

第七节　医学期刊品牌评价的分类…… 563
第八节　医学期刊品牌培育内容与
　　　　培育方法………………………… 563
第九节　医学期刊品牌形象识别的
　　　　内容与识别方法………………… 565
第十节　医学期刊品牌的维护与经营… 566
第十一节　科技学术期刊品牌评价实践
　　　　　与应用………………………… 568

第 34 章　医学期刊栏目分类与栏目
　　　　　　设计方法 …………………… 589
第一节　医学期刊栏目的功能………… 589
第二节　医学期刊栏目分类…………… 590
第三节　医学期刊栏目设计的要点…… 592
第四节　医学期刊栏目设计的原则…… 593
第五节　医学期刊栏目设计方法……… 594

第 35 章　医学期刊编辑出版环境与
　　　　　　医学编辑观念 ……………… 595
第一节　医学期刊 VUCA 环境的
　　　　基本概念………………………… 595
第二节　医学期刊 VUCA 环境对编辑
　　　　的挑战…………………………… 595
第三节　医学期刊 VUCA 环境与医学
　　　　编辑观念转变…………………… 600

第 36 章　医学期刊管理中的惯性运行与
　　　　　　运行机制 …………………… 605
第一节　医学期刊运行管理的
　　　　基本原理………………………… 605
第二节　医学期刊的运行系统与
　　　　运行机制………………………… 607
第三节　医学期刊管理中的惯性
　　　　运行与调度运行………………… 609
第四节　医学期刊系统运行分类与
　　　　运行控制………………………… 610

第 37 章　医学期刊信息分类与信息管理 … 612
第一节　医学期刊信息管理的基本概念 612
第二节　医学期刊信息管理的分类…… 613
第三节　医学期刊信息管理的基本
　　　　原理……………………………… 614

第四节 医学期刊编辑部信息处理的原则 …… 615
第五节 医学期刊编辑部信息处理的范围与程序 …… 616

第38章 医学期刊经营风险管理与风险控制 …… 618
第一节 医学期刊风险控制概念与原理 …… 618
第二节 医学期刊经营风险的构成因素 …… 620
第三节 医学期刊经营风险的分类 …… 621
第四节 医学期刊经营风险管理与控制分析 …… 623
第五节 医学期刊经营风险控制方法 …… 624
第六节 医学期刊经营风险的控制策略 …… 625

第39章 医学期刊经营模式和盈利模式与经营原则 …… 626
第一节 医学期刊基本经营模式 …… 626
第二节 医学期刊的基本盈利模式 …… 628
第三节 医学期刊的经营运作模式 …… 630
第四节 医学期刊编辑的市场意识与期刊营销 …… 631
第五节 医学期刊市场经营与营销原则 …… 633

第1章 医学编辑学总论

医学科学是研究人类预防疾病、诊断疾病、治疗疾病、保健与康复，以及维护人类健康的科学，具有其固有的特殊性和特殊发展规律。因此，作为医学编辑，主要编辑出版对象和研究对象的医学科学领域的编辑出版活动，也必然具有其特殊性和特殊规律性，这就给医学编辑学赋予了特殊内涵和医学编辑学发展的必要性和生长土壤。在总论章节中，将重点阐述医学编辑学的概念、医学编辑学的任务和主要研究内容、医学编辑方法学与医学编辑方法论、医学编辑的特殊性、医学编辑的独立性、医学编辑角色定义和角色定位、医学编辑责任、医学编辑理念、医学编辑精神、医学编辑原则、医学编辑特点等基本理论与概念。

随着科学的飞速发展，物理学、化学及生物化学、生命科学、信息科学、仪器制造科学、人工智能技术、伦理学和社会学等学科理论与技术，不断向医药卫生科学（医学科学）渗透、交叉、融合与运用，这些学科的突破性理论和技术大多首先应用到医学科学领域，极大地促进了医学科学的发展与进步。因而，医学科学已形成庞大的科学体系，其分支学科、亚学科或亚专业已达到数千个，而且学科或专业高度分化和细化趋势突出，甚至某种疾病、某种蛋白、某种细胞、某种基因等，就发展为一个学科或专业领域，学科或专业的高度分化，使研究更加单刀直入和深化，其专业技术人员也趋向于"专业工匠"，凸显了工匠精神。而医学编辑工作作为医学科学研究过程的重要组成部分，肩负着对科研成果的科学性、创新性、实用性和学术价值等发表评价、修改完善，执行着对医学科技知识的甄别、编辑加工和传播的重要功能，在医学科学发展历程中扮演和发挥着重要角色和作用，可以说，医学科学的发展离不开医学编辑和知识传播，尤其是医学编辑学科，作为研究医学编辑规律和医学科技知识传播规律的专业分支学科起到的助推作用。因此，医学编辑学成为医学科学或科技编辑学的重要分支学科也就顺理成章了。

第一节 医学编辑学的基本概念

笔者早在20世纪90年代，就探讨性地发表了《医学编辑学概论》一文，较早抛出了医学编辑学这一学科的基本概念。但那只是抛砖引玉，仅供同道思考而已。而今天再次提出医学编辑学分支学科的概念，依旧是供同道研究、思考和进一步共同研究探讨。

一、医学编辑学的基本定义

医学编辑学不难理解，它是研究医学编辑活动特征、医学编辑理论、医学编辑方法、医学编辑实践、医学编辑技术、医学编辑规范、医学编辑人才培养、医学编辑规律和医学科学知识传播方法与规律的学科。医学编辑学是医学科学和科技编辑学与医学编辑出版事业发展的必然产物。医学编辑学作为医学科学和科技编辑学的二级学科，其创立和发展，将为促进医学编辑出版事业、促进医学科技进步和学术交流与医学科学知识传播发挥更大作用，也为进一步完善医学科学的学科系统结构和科技编辑学的学科系统结构发挥更大的促进作用。当然，医学编辑学作为新兴学科，依然存在其幼稚的一面，这也是任何一门学科发展的必然阶段和过程，也是任何事物发展的必然，因为任何事物的发展都是从萌芽、幼稚、成长完善、成熟的基本过程和发展规律。

医学编辑学当属于新兴学科，学科的基本性

质具有交叉学科的特点。医学编辑学的研究范围比较宽泛，而且其研究任务和学科完善与学科构建的任务比较繁重，需要医学编辑工作者的不懈努力，逐步完善学科的理论体系和方法学的构建。本章仅就医学编辑学的基本概念、医学编辑学产生的基础、医学编辑学科界定与分类、医学编辑学研究内容与任务、医学编辑研究方法与特点等加以阐述，谨供启迪读者思路和同道参考。

二、医学编辑学的形成与产生基础

在科学领域，新学科的形成、构建和发展，主要取决于其专业领域事业发展的需要与实践、理论与任务。也就是，任何一门新学科的创立，其本身要有别于其他学科的任务、特点、实践和研究方向，而又不被其他学科所替代。因此，医学编辑学已基本具备作为新学科建立的基本条件。新学科的构建首先应具备6项要素：①本专业和事业发展及学术研究发展的需要；②具有自身的任务和研究内容；③具有相应理论和方法学基础；④具备相应的专业人才队伍；⑤具有专业学术或技术职称系列；⑥具备国际或国内专业学术团体。

这6项要素或条件，作为医学编辑学基本具备。①在医学编辑专业学术组织方面：在国际，目前已有国际生物医学期刊编辑委员会（ICMJE）、世界医学编辑学会（WAME）；在国内，早在20世纪90年代，在中国科学技术期刊编辑学会下成立了"中国科学技术期刊编辑学会医学分会"。②在学科的建立方面：其所要建立的学科任务和研究的内容应当具备和有别于其他学科的特点，而且又不能为之所取代。③在医学编辑专业人才队伍方面：具有专业初级、中级和高级专业技术职称系列；在医学编辑人才队伍建设上，具有大批医学期刊编辑、医学图书出版编辑、医学电子音像出版编辑、医药卫生科学网络编辑等。

综上所述，纵观医药卫生科学的发展、医学科技学术交流事业的繁荣和医学编辑出版事业的发展，其发展历史、发展现状和任务，基本具备了医学编辑学形成的基本条件和要求。

在当代，医学科学已经发展成为庞大的学科体系，学科或专业林立，医学期刊如林。医学科学的一级学科、二级学科、三级学科和亚学科已发展到数千个，而且生命科学、生物医学、人类基因学等交叉学科还在不断融合与渗透，新兴学科、新兴专业、亚专业还在不断派生，其他（物理学、化学、环境科学、航天科学等）领域也在向医学科学渗透，其成果和方法不断引入医学科学领域，由此，其新兴学科和专业也在不断催生，可见，医学科学的庞大体系令人难以想象。这为其学术交流和医学编辑出版提供了新的挑战和要求，仅我国每年出版的医学专著就达万种、医学期刊1300多种，全球共有医学期刊1万多种，而且医学期刊学科也不断分化，不断由综合性医学、专科性医学期刊、亚专业期刊、单学科或单系统期刊、单病种期刊、单器官期刊、单细胞期刊、单基因期刊、单蛋白期刊等高度专业分化和转变。因此，医学科技专著的出版数量和医学期刊的种类及绝对数量还会与日俱增。据报道，自19世纪以来，科技学术期刊以每50年增加9~10倍的速度在增长，人类约有70%以上的新知识和科技信息来源于期刊。因此，医学编辑出版事业将面临巨大机遇和挑战，如何探索医学科技学术交流、医学科技知识传播和医学编辑出版规律与传播规律，都需要医学编辑学这一新兴学科来研究，这为医学编辑学的建立提供了土壤和必然。

医学科研和临床实践表明，医学科研论文的发表过程，是医学科研过程的重要组成部分和重要环节。因此，其医学科研的过程或程序应该是科研选题—科研设计—实验观察—数据处理分析—论文撰写—科研论文发表评价与完善。可以看出，医学科研论文发表环节或发表过程是医学科研的重要环节和程序；论文发表的过程，既是同行专家评议的过程和科研成果论证评价的过程，也是对其科研设计、科研方法、结果和结论再论证、再创造和再完善的过程，而且这一环节或过程是群体专家在从不同的专业视角进行审视和评价，使其医学科研论文进一步得到完善。通过发表环节使成果更完善，其科学性进一步增强，更有利于医学科技成果的广泛传播和社会认可，被他人重复、应用和普及，从而推动医学科技进步。

三、医学编辑的特殊点与特殊性

由于医学期刊所编辑出版和传播的知识信息是以人的生命、健康，以及疾病诊断、预防和治疗等最新成果为其特殊编辑对象的，因此这就赋予了医学编辑特定或特殊的责任、义务、内涵、外延、内容、理论与特殊规律，是其他编辑学科所不能兼容和完全替代的，这也是医学编辑学形成的基本原理所在。

随着医学科学的发展和医学科技知识传播及医学编辑出版事业的繁荣，在医学编辑出版领域具有诸多亟待解决的问题。如医学编辑出版伦理、医学科研伦理、医学科研设计方法、医学编辑道德、医学编辑规律、医学编辑方法、医学编辑出版史学、读者心理学、作者心理学、医学编辑逻辑、医学科技知识传播方法与传播能力、医学科研论文评价、人工智能医学与医学智慧出版等，都需要创立医学编辑学加以研究、系统归纳，把实践和经验上升为理论，然后指导医学编辑实践，从而有效地指导和促进医学科学技术发展，繁荣医学科技学术交流和医学编辑出版事业的健康发展。

第二节 医学编辑学的学科界定与专业分类

医学编辑学与医学科学和科技编辑学有着自然的不可分割的内在联系，它们是同出一源、同一学科体系深入发展和派生出来的分支专业学科，具有同源性和交叉性的特点、理论和方法，其产生和形成是相辅相成，互为补充和相互完善与促进的关系。当然，医学编辑学是以医学编辑活动为研究对象，以医学科学及其医学编辑出版实践为基础，深入研究和完善医学编辑活动特征、理论、规律、方法、学术导向、医学编辑出版史、医学编辑人才成长规律的交叉性和实用性学科。此外，如果专业细分，其相关专业可试分类如下。

一、以医学科学为母学科分类

一级学科：临床医学（包括中医学）、基础医学、预防医学。

二级学科：医学编辑学。

三级学科或专业：传统医学（中医药学）编辑专业、预防医学编辑专业、基础医学编辑专业、内科学编辑专业、外科学编辑专业、五官科学编辑专业、特种医学编辑学、药学编辑专业、临床护理学编辑专业、卫生软科学编辑专业等。

二、以编辑学为母学科分类

一级学科：编辑学。

二级学科：科技编辑学。

三级学科：医学编辑学。

四级学科或专业：医药卫生科技新闻编辑专业、医学图书编辑专业、传统医学（中医药学）编辑专业、预防医学编辑专业、基础医学编辑专业、内科学编辑专业、外科学编辑专业、五官科学编辑专业、药学编辑专业、特种医学编辑学、临床护理学编辑专业、卫生软科学编辑专业等。

三、以医学编辑实践分类

一级学科：科技编辑学。

二级学科：医学编辑学。

三级学科：医学期刊编辑学、医学图书编辑学、医药卫生科技新闻编辑学、医学科普编辑学、医学多媒体编辑（网络、数字化、电子等）编辑学等。

四、以医学专业性质分类

一级学科：临床医学、预防医学、基础医学。

二级学科：医学编辑学。

三级学科或专业：医学图书编辑专业、基础医学编辑专业、临床医学编辑专业、预防医学编辑专业、传统医学（中医药学）编辑专业、医药卫生科技新闻编辑专业、药学编辑专业、临床护理学编辑专业、特种医学编辑学、卫生软科学编辑专业等。

第三节　医学编辑学的研究内容与任务

任何一门新学科的创立，首先是由其自身的任务和研究对象所决定的。因此，医学编辑学作为医学科学或科技编辑学的分支学科，不可能完全独立于母学科之外，它所研究的内容和任务，既有医学编辑学的特殊性和特定内容，又有普通科技编辑学或其他编辑学的一般规律和共性的内容与任务，而那些共性的东西在医学编辑学研究中又表现在特殊之中。医学编辑学以完善和繁荣编辑学及科技编辑学为己任，以繁荣医学学术交流、促进医学科技知识传播、推动医学科技进步为最终目的。同时，还要拓展医学编辑学的内涵、外延、任务与职能，在总结、归纳和升华医学编辑实践经验的基础上，进行多角度和深度研究。

一、医学编辑学的研究内容

医学编辑学既要研究科技编辑学一般理论与方法，又要研究医学编辑学具有自身特点的编辑学规律、理论和方法，同时还要研究医学科学的发展趋势和特殊性、编辑出版规律和医学科技知识传播规律。其主要研究内容包括：①医学编辑学方法学和编辑理论研究；②探索医学编辑出版规律；③医学期刊编辑出版史学研究；④医学期刊编辑出版理论研究；⑤医学传播学，尤其是医学科技学术传播和健康传播规律、传播特点、传播模式、传播内容和传播效果评估的研究与应用；⑥医学期刊编辑技术和方法研究；⑦医学科技传播与医学期刊传播能力研究；⑧医学期刊学术导向研究；⑨医学期刊编辑出版标准化研究；⑩医学期刊全面编辑质量控制研究；⑪医学编辑出版系统工程研究；⑫医学期刊编辑规范化研究；⑬医学期刊影响力研究；⑭医学期刊品牌建设与品牌培育研究；⑮医学编辑逻辑研究；⑯医学临床科研设计伦理；⑰医学编辑心理学、读者心理学和作者心理学研究；⑱医学知识服务能力与服务方式研究；⑲医药卫生科学咨询研究；⑳医学期刊经营模式与盈利模式研究；㉑医学期刊同行评议与评价方法研究；㉒医学科技学术传播研究；㉓医学编辑决策方法学研究等。这些研究重点、基本理论与基本研究方法，在本书相关章节中基本都有相应论述。

二、医学编辑学的主要任务

医学编辑学作为研究医学编辑出版与传播规律、理论与方法的学科，其主要任务是构建和完善学科理论体系和方法学，构建和完善医学编辑出版史，完善医学编辑人才智能结构与编辑人才培养方法，不断总结医学编辑实践经验，将编辑实践经验上升为理论，从而指导医学编辑实践。总之，医学编辑学作为新兴、交叉和边缘学科专业，其任务要明确，突出重点，以利于逐步构建和完善学科体系。

1. 完善与构建医学编辑学理论　作为学科专业和重要事业的发展，不能缺少基本理论的构建与指导，而理论又脱离不了实践，这就需要深度总结医学编辑实践经验，结合医学编辑对象的特殊性，将医学编辑实践经验实施锤炼和高度概括，从而上升为理论，用以指导医学编辑实践。当然，也必然需要编辑学或科技编辑学理论与医学编辑特殊性理论相结合，归纳出具有符合医学编辑实际与实践意义的理论，医学编辑出版事业或医学编辑学的发展，也必然需要可靠的医学编辑理论为指导，也是医学编辑学重要任务之一。

2. 医学编辑学方法学构建　方法学是一门学科或专业所采用的方法、操作或处理规则与公理；是学科和专业领域一种特定的做法，技术方法、整套系列做法或在某学科领域常规性解决问题的方法。在方法研究中，通常是针对某学科领域的技术方法。如临床医学研究中大多集中于方法学研究，诊断方法、治疗方法；管理学中的方法称为管理方法，物理学研究中的方法称为物理方法，预测科学中应用的方法称为预测方法，质量控制中的方法称为控制方法。同理，医学编辑应用或研究的方法称为医学编辑方法。

在一门学科和专业中，尤其是在医学编辑出版和医学科技知识传播中，不能没有相应的系列方法作为支撑。一般而言，作为方法不具有独占性、独有性与专属性，其他学科的方法既可以移植，也可以借用，只要适合于本学科和专业，能够有效解决学科和专业领域的实际问题，其他学科适宜的技术与方法均可加以研究和应用。如大多数化学分析或检测方法被广泛应用到临床检验医学学科；众多的物理方法，如医学影像学诊断中的放射、螺旋CT、磁共振检查等疾病诊断方法，还有医学物理康复等；这些其他学科方法的引入或移植，极大地提高了临床疾病诊断和治疗水平，促进了医学科技的进步与飞速发展。当然，方法也没有好方法和坏方法之区别，只要能解决实际问题就是好方法。如临床上对于血液病的诊断，极为简单的常规血液或骨髓涂片，在显微镜检下进行细胞形态学观察就能明确诊断，而且是血液病诊断的金标准，既经济又简单；就没有必要采用现代化高精尖技术方法。因此，方法具有交叉性、移植性、非独有性、非专属性和应用性特点。医学编辑方法学也是如此，要在融合吸纳其他学科方法的基础上，结合医学编辑的特殊性，采用移植、遴选、实践、验证和研究创新等手段，构建医学编辑学方法体系，构筑起医学编辑学的方法支撑，促进医学编辑学的不断发展。

3. 医学编辑出版规律与医学科技知识传播规律的系统分析　任何事物、任何学科或任何事业的发展，都具有其自身的规律，医学编辑出版事业或医学编辑学也是如此，当然也有其自身的特殊规律，只是没有真正将其发展的必然规律和一般规律锤炼和挖掘出来；掌握了医学编辑出版发展的规律，就把握住了医学编辑出版事业和编辑学发展的本质特征与主动权。

所谓规律主要指人类社会和自然界诸多现象之间必然性、本质性、稳定性与反复性的关系；规律表现为有节奏的，而且为非杂乱的事物之间的内在必然联系，它决定着事物发展的必然趋势和走向。在所有事物中，规律是客观和普遍存在的，它不以事物状态和人的意志为转移。规律是客观事物发展过程中的本质联系，具有普遍性和客观性；规律是客观存在的，既不能人为创造，也不能人为埋没，无论人们是否承认，规律总是以其铁的必然性发挥着作用，其实一个人的事业发展也有其必然规律。也就是说，规律＝真理，在这个世界上任何事物都受其自有规律约束，从而达到彼此对立又相互联系统一的必然关系。同理，医学编辑出版事业发展到今天昌盛不衰，其发展规律是自然存在的，是不以人的意志为转移的客观规律，它需要借助医学编辑学进行探索和总结概括，以利于指导医学编辑出版事业的发展。

（1）医学编辑出版整体规律：在整个医学编辑出版事业发展中，其总体规律一定是客观存在的，这就需要医学编辑学站在学科的高度在整个医学编辑出版事业的系统中加以考察和研究，把握医学编辑出版发展的本质规律。

（2）医学编辑出版主体规律：即医学编辑出版工作的流程运行规律。医学编辑出版工作流程是一个完整的系统，其运行的质量和效率、运行的规范性和时效性，是保证医学编辑出版质量与效率的关键；编者要遵循医学编辑出版流程的固有规律性，以保证医学编辑出版事业的健康发展。

（3）医学编辑出版客体规律：即编者的编辑实践活动与规律，包括选题策划规律、医药卫生科技人员或读者的订阅和阅读规律、作者及其医学科研成果论文投稿价值取向规律。

（4）医学编辑出版演变规律：即医学编辑出版史学演化规律，包括国内医学编辑出版史和国外医学编辑出版史，也包括医学期刊编辑出版史、医学图书编辑出版史、医学科技新闻报刊编辑出版史、医学电子音像编辑出版史等演化规律，以利于借鉴和指导当今医学编辑出版事业的健康发展。

4. 医学科技知识传播力与传播形式　医学编辑实践证明，编辑不仅仅是满足于选题完成和所编辑刊物的安时出版，而更重要的是内容的传播形式与传播效率、传播半径与传播质量、传播覆盖面与传播效果等，因为编辑出的医学科技出版物，如其内容传播受众有限，达不到应有的学术效益、社会效益或经济效益，再好也没用。因此，医学编辑学不但要研究如何编辑好医学出版物，同时还要思考如何传播最大化和提升传播能力，只有两者有机结合，才能实现医学编辑的效能和任务。也正因如此，医学编辑出版才大力整合编辑出版资源，实施多媒体出版或多业态出版，以利于最大限度地提高传播效果，而且要从医学编辑选题策划开始，就首先考虑读者是否需要和喜欢，能否取得应有的学术效果和社会效益。因此，医学科技知识的传播能力、传播受众、传播模式、传播手段、传播质量、传播效率和传播效果等，都应该是医学编辑学研究的任务。

5. 医学编辑出版史学构建与完善　作为庞大和具有深远历史的医学编辑出版事业，不可能缺少了对其发展史学的研究与构建。通过对医学编辑出版史学的研究，系统构建和揭示医学编辑出版的产生和萌芽、重要编辑出版事件和人物、演变和变化规律，完善医学编辑学理论体系，揭示医学编辑出版发展的一般规律。

6. 医学编辑出版流程的构建与完善　医学编辑出版流程，也可称为编辑业务流程。是为达到特定的编辑出版目标、任务和效益，而由不同的编辑出版角色或岗位职务分别、共同完成的医学编辑出版系列活动程序。其编辑出版流程活动之间不仅有严格的先后顺序，而且具有活动内容、活动规范、活动方式、活动时效、活动效果、活动规则和相应岗位责任。因此，编辑出版业务流程是保证质量和效率的重要环节，而单就业务流程而言，也可分为总流程或系统流程，因而自然就会有分支流程或分系统流程。如对于外科疾病患者，临床医师应严格遵循患者术前流程、术中流程、术后康复流程；术中流程有手术流程、麻醉流程、监护流程等，这些流程目的是保证患者生命安全和治疗康复最佳效果。而医学编辑出版流程，也具有总流程或系统流程，同时也具有评审流程、稿件修改加工流程、编辑流程、出版印刷流程、发行传播流程等分支流程。

（1）医学编辑出版流程概念：医学编辑出版业务流程，也可称为医学编辑出版业务技术流程管理，是为达到特定的编辑出版规范化、编辑出版目标、编辑出版任务和编辑出版效益，而由不同的编辑出版角色或岗位职务分别、共同完成的医学编辑出版系列程序化、标准化和规范化程序。医学编辑出版流程的设计和应用不是可有可无的事情，它是现代业务技术操作管理的重要手段。

（2）医学编辑出版流程的意义：医学编辑出版流程对于医学期刊编辑部或医学图书出版机构，其意义不在于对编辑业务各个关键环节的要求，而更在于对编辑出版业务技术系列流程化或程序化的要求与规范，对于医学编辑出版活动具有不可替代性作用，也是高效率和高质量完成医学编辑出版任务的重要保障措施。

（3）医学编辑出版流程图的设计：医学编辑出版业务流程的设计要结合编辑部具体实际情况设计，既要系统全面地从整个编辑出版的业务操作的始末设计，还要简洁、一目了然；编辑业务流程图可以设计制作成矩阵式流程图，也可以在流程中明确各自的分工和职责、关键的效率或质量控制点等；编辑业务操作流程要重点注意实用性、编辑人员的依从性和可操作性，又要兼顾可靠性、编辑资源的可控性、灵活性与管理成本的最优化。

（4）医学编辑出版流程特征：医学编辑出版业务操作流程具有层次性、人性化和效益性特征。编辑出版业务流程的层次性表明，既要有总的系统性编辑出版业务流程，也需要不同分系统的编辑出版业务流程，分系统编辑出版流程是为总系统流程服务和支撑，具有其个性和不同功能的特点。也就是说，医学编辑出版业务流程之间的层次关系在某种程度上也反映了不同功能或专业范围之间的层次关系；不同层级的职能或编辑出版业务有着对流程不同的分级管理权限，即编辑出版决策层、编辑出版管理层、编辑出版业务技术操作层，在整个医学编辑出版流程上，各个环节或职能岗位都可以清晰了解各自的编辑出版责任或业务操作流程。在医学编辑出版总体系统流程和各分系统流程中，要处理或协调好其层次关系和协作关系，以保证编辑出版流程的运行畅通、运行效率和运行质量。①医学编辑出版业务流程之间的层次关系，它反映了医学编辑出版业务流程建模由总体系统到分系统流程，由宏观编辑出版业务流程到微观编辑出版业务的逻辑关系。这种层次关系的设计也符合编者个体的思维模式与思维习惯，这有利于编辑部或出版机构业务流程模型的构建。在一般情况下，在编辑出版流程构建时，先构建主要医学编辑出版业务流程的总体运行过程或运行程序，然后根据编辑部或出版机构的实际编辑业务情况，对其各分支系统的编辑出版流程项活动逐项细化，构建起相对独立的分支或子系统编辑出版业务流程。同时，应构建起编辑出版流程惯性运行的支撑系统或辅助服务于总体编辑出版业务流程的支持系统。医学编辑出版业务流程之间的层次关系在一定程度上也反映了编辑部或出版机构之间的层次关系，要保证其流程的高效和高质量顺畅运行，还必须构建完善的运行约束机制。如各编辑出版业务标准和规范、各项制度和激励机制等。② 医学编辑出版各业务流程之间和构成总体系统业务流程的各个子流程之间肯定存在着不同形式的合作关系或协同关系；各个编辑出版业务流程之间可以为其他某个业务流程服务，也可能以其他业务流程的执行为前提而继续流程操作；也可能某个编辑出版业务流程是必须经过的，也可能在特定条件下是不必经过的；在组织结构上，同级的分支流程往往都构成业务流程上的合作关系或协作关系。因此，各个层级的编辑出版业务流程的密切合作对于整体流程的惯性运行、运行效率、运行质量至关重要。

（5）医学编辑流程人性化：在编辑出版流程中，其最重要的因素是活跃或操控在流程中的编辑出版人员，也就是说，人员是编辑出版业务操作流程中驱动力量，其流程中的每一位编辑出版人员都会在流程中扮演相应角色职能，医学编辑出版系统通过良好的业务操作流程，都会明晰各自的责任和职能范围，且应具有相互沟通和协作意识与团队精神，各自准确把握在编辑出版业务操作流程中的角色地位与角色责任，以及规范、效率、质量、效益和目标要求。因此，在设计或绘制医学编辑出版业务流程时，要考虑到人员的因素，它需要流程中的每一角色都理解业务操作流程和要求，流程要尽可能切合人的理解方式。如图形、文字说明、相应制度、规范化、质量标准、效率和效益指标要求等。此外，对于编辑出版流程中存在的实际问题，流程中的每位员工都要反馈意见或提出修改的建议，以利于促进编辑流程的不断优化；编辑出版业务流程的管理者和编辑出版决策者，其更重要的职责是制订出编辑出版业务操作流程的规则和约束机制，在流程相应规则和规范约束范围内，编辑出版人员可以根据变化的医学编辑出版环境和市场需求对业务操作流程做出及时修改或优化，以利于适应读者、作者和临床医疗与医学科技发展的需要。

（6）医学编辑流程的运行效益：考察和验证医学编辑出版流程的效益，要考虑对医学编辑出版的系统效益。如对编辑出版效率和质量、社会效益与经济效益的体现，要通过数据予以验证。

（7）医学编辑出版流程运行方向：其运行方向主要是医学编辑出版目标所决定的，其完善修改和流程优化再造，也是医学编辑出版目标和任务所决定的。其设计优化要适应编辑出版任务、目标、发展和出版业态形势变化而变化。

（8）医学编辑流程优化：医学编辑出版流程的构建不是一成不变的，要根据医学编辑出版模式、出版业态、传播方式的改变而不断重塑或优化，以利于适应新的医学编辑出版模式的改变，其不断优化的目的是保证编辑出版流程运行的顺畅、高效率与高质量、高效益和低成本的惯性运行。

7. 医学编辑出版规范化构建与完善 医学编辑学的重要任务之一，是各类医学编辑出版规范或标准的系统构建，包括医学期刊编辑出版的各种编辑出版规范、医学图书编辑出版的各种规范、医学电子音像编辑出版的各种规范、新媒体编辑出版的各种规范等。

8. 医学编辑出版人才知识结构与培养 医学编辑人才培养始终是编辑出版事业繁荣与发展的重要因素。因此，如何构建医学编辑知识结构和智能结构，如何培养医学编辑出版人才，这是保证医学编辑出版事业的重要大事；对此，医学编辑学在研究人才培养和人才教育上任重而道远，应当建立起医学编辑人才培养的标准、培养方法和培养途径，这是保证医学编辑出版事业发展的关键因素，也是医学编辑学的重要任务。

9. 医学编辑出版质量控制体系构建 医学编辑出版质量和质量控制是永恒的主题，也是医学编辑出版的难点，研究和构建医学编辑出版的质量控制体系和控制方法，是医学编辑学重要的研究任务。

10. 医学出版的评价体系构建 医学期刊出版、医学图书出版和医学电子出版物的学术影响力、学术质量、传播能力和传播效果等评价体系构建，是医学编辑学的重点任务，要从评价标准、学术质量定性与定量标准、评价指标体系、评价方法等入手，构建起医学编辑出版的系列评价体系。

三、医学编辑学的作用与功能

所谓学科或专业，是按照学科的性质或依据其学术性质而划分的学科门类。如医学科学中的临床医学、预防医学、诊断学、卫生管理科学（卫生软科学）等，在临床医学中又分为内科学、外科学、儿科学等；在内科学中又分为消化病学、血液病学、心血管病学、呼吸病学、内分泌与免疫学、神经病学、精神病学等，而且这些分支学科还继续划分亚学科。编辑学、科技编辑学和医学编辑学也是如此，作为一种学术分类、教学科目、理论知识单元和专业研究领域，而相对独立的专门理论知识和专门研究的分支学科。

1. 医学编辑学的作用与意义

（1）学术分类作用：学科专业是相对独立的知识体系，在长期的医学编辑出版活动和医学编辑出版事业发展过程中，其编辑出版实践经验、技术与方法、经验积累和形成认识，认识通过编辑思考、归纳、理解和推理、上升为理论知识。这些医学编辑知识在实践中运用，进一步得到验证和升华，进一步发展到学科专业层面而构成知识体系，这种不断发展、积累、实践、总结和演化的知识体系，根据其某些共性特征和特殊性特征而划分为学科专业，这有利于更加深入的研究，形成"专业工匠"，使得学科或专业做得越来越精细，不断促进其专业化向纵深发展，这也是分支学科或专业的一大特点和优势。

（2）教学与人才培养作用：医学编辑出版具有长久的发展历史，作为重要的专业编辑出版领域，医学编辑出版是重要的医学编辑出版事业，具有大批专业技术人员，医学编辑出版事业要不断发展，就必须不断培养和成就大批医学编辑出版人才，这是医学编辑出版事业发展的根基所在。而从传递或传承知识和教授医学编辑出版技能，以及科学文化传承的视角审视，学科或专业就是在教学育才活动中的授课科目的分类与界定。正如前列举的（临床医学中分为内科学、外科学、诊断学等）以此类划分形式一样，是学科发展的必然规律。

（3）医学编辑出版技能训练与知识性科目分类作用：由于编辑客体，也就是医学科学的特殊性，医学编辑出版也必然带有其特殊性的一面，因此医学编辑专业技术人员的知识结构和技能要求，也一定有别于其他普通编辑人员的要求。所以，医学编辑学相对独立学科的构建，单列医学编辑出版技能训练知识性的科目，将有利于编辑人才的专业化和工匠化发展。真正把医学编辑出版事业做精做细，做深做实，成为医学编辑出版事业的行家里手，推动医学编辑理论知识、技能和事业的发展。

2. 医学编辑学的功能 作为相对独立的医学编辑学科，由于其应用目的、任务和作用对象不同，因而也会产生或发挥不同的学科功能。

（1）理论知识分类功能：不同的编辑主体与编辑客体、编辑对象与特殊性，既有普遍性的理论知识，也一定蕴涵着不同的理论知识，通过学科将这些具有特殊性和特殊规律的理论知识细化出来，将有利于专业研究得更加深入，学科就体现了理论知识的分类和细化的功能。

（2）编辑出版专业技术人员的归属功能：医学编辑往往都有一种困惑，绝大部分医学编辑都具有高等医学专业教育背景，也有不少是从临床医师或医学科研岗位转过来的，从事了医学编辑而失去了学科专业归属感，而医学编辑学科的构建和明确，将使医学编辑有了专业学科的归属感，更加努力研究本学科的理论知识，促进学科发展。

（3）科研管理与学科分类功能：学科的最大功能是学科专业的分类划分和界定，比较明确地划分出研究范围，以利于科研管理和学科分类管理。

（4）学科教育与授课育才功能：学科的重要功能是授课育才，培养专业人才，实施学科教育，确立所学专业和研究方向，缺乏明确的学科专业，也就失去了研究方向和选题研究方向。因此，进行学科教育和授课育才，是医学编辑学的重要功能之一。

第四节 医学编辑学方法论与编辑方法学

医学编辑方法学的探索，是医学编辑学重要任务，它犹如医学科学的各种疾病的预防方法、诊断方法和治疗方法。医学编辑出版活动是否能够高效实现出版目标，创造最佳的学术效益、社会效益、经济效益和品牌效益，关键在于医学编辑和出版方法的创新与运用。虽然各个学科专业都具有其特殊方法，但方法不具有独占性或唯一性，方法具有交叉性和移植运用的特点，只要对本学科或专业实用和解决实际问题，都可以在相关领域实践中运用。因此，医学编辑出版方法也是如此，在拥有其适应医学专业领域编辑对象的特殊方法外，普通编辑学方法或其他学科领域的方法，只要在医学编辑出版活动中适用，都可以交叉、移植或创新性地运用。

一、医学编辑方法论

方法论是对各个领域都具有普遍意义的理论，方法论、方法学和方法既有密切联系，也各有区别，具有不同的概念和意义。方法论是关于人们认识世界和改造世界的方法理论；也就是说医学编辑要用什么样的方式、方法、理念、世界观，观察或考察医学编辑的相关问题。就是说人们的世界观主要是说明世界是什么的问题，而方法论主要说明的是怎么办的问题。是以解决问题为目标的理论体系，它通常涉及对问题阶段、任务、工具和方法技巧的论述。当然，方法论也是一个哲学概念，是人们关于世界是什么，以怎样的根本观点看待世界和看待医学编辑研究；医学编辑用这种观点作为指导，以此认识世界、改造世界和探索医学编辑规律，这就构成了方法论。而方法论是普遍适用于各个学科门类和社会科学，而且具有指导作用的范畴、原则、理论、规范、方法和手段的总和。而方法论的基本观点也适用于医学编辑方法论，也就是如何认识和看待医学编辑实践活动和医学编辑出版规律，用什么样的世界观和价值观去认识和解决医学编辑出版活动中的问题。因此，医学编辑方法论运用的如何，也直接影响着对医学编辑学的认识。因而，树立正确的医学编辑方法论，对医学编辑出版活动的认识具有重要的指导意义。

1. 马克思主义方法论　马克思主义的方法论是实践方法论，是关于社会学研究方法的理论，也是社会学方法体系中的最高层次；它主要从哲学角度探讨与学科体系和基本假设有关的一般原理问题，也就是指导社会研究的原则、逻辑基础和学科的研究程序及研究方法等。马克思主义科学方法论体系具有3个基本层次：①总体层次的方法论，是马克思主义世界观和实践方法论，是指导社会和科学活的行动指南；②基础层次的方法论，是唯物辩证法，是马克思主义科学方法论的精髓；③核心层次科学方法论，是实事求是和具体问题作具体分析，是马克思主义科学方法论的灵魂。在医学编辑实践和专业研究中，运用马克思主义的方法论指导医学编辑出版学的研究，是普遍适用的方法论基础。辩证唯物主义和历史唯物主义是马克思主义最根本的世界观和方法论，马克思主义哲学，既是科学的世界观，又是科学的方法论，既适用于自然科学研究，也适用于社会科学研究。因此，医学编辑出版学研究的方法论也要借鉴和遵循马克思主义哲学的最基本的方法论原理和基础，用以指导医学编辑学方法论的研究。

2. 逻辑方法论　逻辑方法是指编辑在其编辑实践活动中运用逻辑思维方法的过程中，依据现实编辑选题、研究课题和作者科研论文稿件等，按逻辑思维的规律和规则形成初步概念，以此实施推理和做出判断的方法。逻辑方法论是编辑认识编辑实践和编辑研究课题本质和规律，完善和构建编辑方法的理论基础；是编辑用什么样的方式和方法来观察医学编辑实践和处理医学编辑活动中的问题。其实，逻辑方法在医学编辑实践活动中每时每刻都在不经意间应用着。如审稿过程、编辑决策过程、编辑策划过程、编辑选题过程和组稿过程等，都在自然运用着逻辑方法论的基本方法学。包括形式逻辑方法和辩证逻辑方法，形式逻辑方法又包括普通或传统逻辑方法。如抽象、综合、概括、定义、分类和划分及现代形式逻辑方法等。辩证逻辑方法包括归纳与演绎、结合与分析、综合与判断、逻辑与历史结合、从抽象上升到具体等编辑工作思维方法。在编辑实践中（如对医学科研论文的评审中），尽管医学编辑非相关专业领域的专家，但其运用正确的逻辑方法和医学编辑思维方法，以及所具有的医学科研设计方法论和医学统计学方法知识等，便可对稿件的质量做出初步判断，以决定是否送同行专家评审。因此，医学编辑学方法论主要是研究和解决医学编辑学信息理论合理性评价和医学编辑实践问题，以及医学编辑学理论研究的接受标准等实际问题。

3. 历史方法论　所谓历史方法论就是编辑认识和理解医学编辑出版历史的基本方法，也是研究其他学科或专业历史的基本方法。医学期刊或医学图书出版史学研究，是医学编辑学研究的重要领域之一。因此，在医学编辑出版史学研究中，应注重抽象与具体相统一、编辑出版历史与逻辑相统一、编辑出版历史与结构相统一。因此，历史方法主要是按照图书编辑出版或期刊出版发展的顺序与历史事实来说明和展现编辑出版历史，也就是人们通常所说的实证的方法。优点是反对解释历史的随意性和主观性。缺点是容易只停留在编辑出版历史现象的表面，对编辑出版历史发展的深层原因和内在规律无法做出阐释。逻辑方法论也是要根据编辑出版事业发展历史事实来研究编辑出版历史方法，但它更侧重于用一些概念、范畴和模式来说明编辑学发展历史，排除各种非本质的因素。优点是能够对编辑出版历史发展的深层原因和内在规律做出某种阐释，尽管这种阐释不一定正确或完善，但它能启发编辑人员从理论上提出问题和思考问题。缺点是容易把鲜活生动和复杂的编辑学历史简单化、概念化和公式化。

4. 逻辑与历史方法论　历史和逻辑统一方法论是医学编辑学方法论研究的重要内容，是编辑辩证思维的重要原则；医学编辑对客观实践的正确认识和在此基础上所建立的各科学知识体系，对医学编辑出版历史的研究都离不开历史和逻辑相统一的原则与方法论。这一原则既带有规律性，同时也具有方法论的意义。而逻辑与历史的统一是辩证逻辑的方法之一，其基本含义就是医学编辑出版逻辑的东西与历史的研究成果相统一，医学编辑出版逻辑的东西与医学编辑历史的理论方法相统一，既是辩证逻辑的基本原则，也是医学编辑学研究中辩证思维的重要方法。因此，在医学编辑学研究方法的构建中，既要注意医学编辑学理论与医学编辑实践的关系问题和逻辑与历史的统一性，又要重视医学编辑学理论和方法的结构与功能的构建。同时，还要重视医学编辑学理论研究的验证与评价，以及医学编辑学理论研究的形成与发展中的相关问题。

二、医学编辑方法学

广义方法学，简而言之，就是关于方法问题的学问，它是一门研究方法基本规律的学问，也是对各种方法的理论总结与概括。方法学也是一门新兴学科或学问，其主要任务是以各个学科领域、各个学科专业、各种社会和科学实践活动中所创造与实践应用的各种方法为研究对象。而医学编辑方法学，是以研究各个专业编辑方法为其研究对象，在医学编辑实践活动中，如何探索和研究创新性医学编辑方法；也就是医学编辑出版方法学，是如何在医学编辑出版实践活动中，创新与探索医学编辑出版方法，为医学编辑出版事业的健康发展提供方法学支撑。

在方法学研究上，其层次性是方法学的特征之一。医学编辑方法学也是如此，其方法学具有不同的层次性：①从医学编辑方法运用的不同学科或专业领域，医学编辑方法可分为医学编辑思维方法、医学编辑认识方法和医学编辑行为方法；②从方法的普遍性程度，医学编辑方法可分为哲学方法、普通医学编辑方法和专门医学编辑方法；③从认识层次，医学编辑方法可分为经验编辑方法和编辑理论方法；④从方法的性质，医学编辑方法可分为医学编辑定性方法和医学编辑定量方法；⑤从方法的因果形式，医学编辑方法可分为医学编辑决定论方法和医学编辑概率论方法；⑥从方法的内容，医学编辑方法可分为直观化医学编辑方法和抽象化医学编辑方法；⑦从方法所包含的知识角度，医学编辑方法可分为专业学科编辑方法和跨学科编辑方法等。这些不同的方法学，各有自己的内容和形式，也各具规律和特性。但是这些方法也都具有共同特点，就是这些不同方法学都是人们用已有的知识和经验来改造世界的手段，这必然具有其共性特点，这就是马克思主义理论、现代科学技术与人们各种社会活动的关系问题。

三、医学编辑科学方法学

就科学方法学而言，它是全面揭示科学研究方法规律的学问或学科。科学研究方法可分为三大类：①适用于所有科学的最普遍的研究方法，也就是唯物辩证法和逻辑方法。②适用于自然科学的研究方法。如在自然科学研究领域常用的观察法、实验方法、模拟控制法、系统方法、信息方法和数学方法等。③适用于某些学科专业或自然科学的某专业学科的特殊研究方法。科学方法学在总结与概括基本方法的基础上，在于揭示科学研究领域的事物本质和运动规律，以确立研究方法的准则和基本理论与一般原则，科学方法学涉及的知识比较广泛。如科技史学、创造学、方法论和心理学等知识，是名副其实交叉性或横断性学科。医学编辑学研究总是离不开方法学的研究，因为在医学编辑实践中要解决各种面临的问题，人们总是自觉或不自觉地运用或研究方法学，以利于找到解决问题的钥匙，也就是方法；实际上任何学科或专业的科学研究，其本身就是在运用方法学研究方法，尤其是医学科学的临床医学，医疗技术人员每天都在运用和研究疾病的诊断方法和疾病的治疗方法。因此，医学编辑方法学研究和医学编辑实践研究是相互联系的，难以严格区分开来。

四、医学编辑方法

如果泛化方法的话，方法就是解决和处理实践问题的手段、措施、规则与公理。方法同人类生活和社会活动具有同等悠久历史，从人类石器时代学会制造首块石器，其方法就已成为人类社会活动和创造的核心要素。人们无论从事何种活动，都离不开方法的探索和正确运用，由此可以说，学习需要学习方法、诊断疾病需要诊断方法、治疗疾病需要治疗方法、预防疾病需要防控方法、医学科研需要科研方法、生活需要生活方法、思维需要思维方法、工作需要工作方法、医学编辑需要编辑方法等，世间没有方法的活动是不存在的。因此，医学编辑学对方法的探索构建与研究是首要任务，也是医学编辑出版事业和医学编辑学发展的重要内容。

医学编辑方法是编辑在实践认识和编辑实践活动中，为了达到某种编辑目的创造性和运用性的编辑方式或编辑手段。也是某些学科专业所采用的方法、原则、规则；是一种特定的做法与整套做法；是在某学科专业理论知识领域，对探索知识的原则和做法的分析手段。医学编辑方法是构成医学编辑实践活动的最基本要素之一，而方法既不是纯客观的东西，也不是纯主观的东西，而是客观与主观有机结合的共同产物。

1. *方法具有客观性* 方法的客观性主要表现在方法与实践的关系；方法是适应着实践活动发展需要而产生，方法产生于医学编辑实践活动中，因而要适应医学编辑实践活动的需要。

2. *方法来源于编辑实践又应用于编辑实践* 医学编辑实践活动使方法得到运用和实践检验，医学编辑方法不仅适应编辑实践而产生，而且必须用于编辑实践活动构成和完成编辑任务的要素。

3. *医学编辑方法通过编辑实践得到完善和发展* 任何方法都要通过实践活动获得验证，以利于确定方法的有效性和可操作性，通过编辑实践检验不断完善和发展，甚至淘汰废弃。

4. *医学编辑实践为方法的构建提供理论知识与实践经验* 无论何种方法，都是人们对已获得的理论知识和经验的运用，已有的知识和经验构成了方法的基本要素，而这些知识和经验也都只能来源于实践，也就是说，任何方法的创造和运用，都是立足于以往医学编辑实践活动的基础上。

第五节 医学编辑学研究方法

医学编辑既然是编辑学和科技期刊编辑学的分支学科，当然，其方法学的东西就具有共性的特点和重叠交叉性，在某些研究方法上也具有共享性。但是，同时还要从医学编辑学的特殊性出发，研究医学编辑学的自身固有规律和方法。当然，医学编辑学首先要在总结和归纳医学编辑实践经验的基础上，应用普通编辑学的理论和方法，研究医学编辑学的理论及实践问题，同时还要应用其他学科的理论和方法（如信息论、系统论和控制论的观点和方法），多角度深入研究医学编辑的理论和实践中亟待解决的问题。

医学编辑方法论是关于编辑学研究方法的理论，它主要探索医学编辑方法的一般结构，阐述其发展趋势、方向和编辑学研究中各种方法的相互关系问题。医学编辑方法论是以解决编辑实践问题为目标的编辑理论体系及系统，涉及对医学编辑学方法的任务、手段、工具、方法与技巧的描述，医学编辑学方法论会对系列具体的编辑学方法实施研究和分析，并系统总结和最终提出一般性的原则。在医学编辑出版学研究中，作为医学知识的把关者、医学知识的服务者、医学知识的提供者和医学科技知识的传播者，要研究医学科技人员的知识需求、知识产品提供和知识服务的方法、手段和形式。同时，还要研究医学编辑学方法论，增强医学编辑服务手段和能力，以利于更好地为国家科技创新战略提供知识服务。在医学编辑学研究和编辑实践活动中，可以借鉴和应用一些基本和普通研究方法，作为完善和构建医学编辑学研究的方法学基础。

一、医学编辑实践方法

医学编辑实践方法是最重要的编辑方法学内容，就编辑原始而言，没有现成的方法和手段，所谓的编辑方法都是通过各学科编辑实践总结出来的，而又用于编辑实践；实践不仅出方法、出理论、出经验，还出真理和检验真理，这也足以说明编辑实践方法的重要性。

1. 医学编辑实践方法的性质

（1）实践方法的地位：实践是世间万物的创造者，是社会关系的本质基础，也是医学编辑方法产生的基础；将社会关系的本质解析为社会实践是马克思社会关系思想的鲜明特征，当然也是马克思实践哲学的基本要求。

（2）实践方法的活动：人类的物质生产活动是在认识自然规律之后，在实践者头脑中形成内在尺度之后才践行的活动。

（3）实践方法认识的基础：人们认识的根本基础表明，缺乏实践就不会有认识和难以获得正确的认识，即使理解实践也不能正确地理解认识。因此，认识是产生于实践的需要，而实践的目的在于改造世界，以利于满足人们的需要。所以，要改变世界就必须正确认识世界。

（4）实践方法反映客观实际：通过实践反映客观事物本质与发展的客观规律的认识，又能够指导人们的有效实践活动，从而促进客观事物的发展。

（5）实践方法检验真理：众所周知，辩证唯物主义认为实践是检验真理的唯一标准，实践也是检验编辑方法正确性与适用性的金标准，这是由真理的本性、性质和实践特点所决定的；真理是主观符合客观的认识，要认识和判断主观是否符合客观，就必须对主观和客观实施比较，这就反映出真理必须将主观与客观相联系的基本特征。

2. 医学编辑实践方法的主要观点 医学编辑实践方法其主要观点就是主观与客观的结合，要体现客观对于主观的必然，主观对于客观的必然性。就实践的基本内容而言，具有三方面内容。

（1）劳动实践：也就是生产实践，人们为了满足需要而认识世界和改造世界，这是能动性的实践活动。

（2）社会关系实践：这种处理社会关系的实践，是以调整和改变人与人社会关系为主要目的的实践活动。

（3）科学实践：科学实践是以探索科学领域规律和宇宙间普遍规律的具有目的性的能动性实

践活动。

而医学编辑学也是以探索医学编辑出版实践活动规律为其主要目的，在编辑实践的基础上总结、概括和提炼医学编辑理论与方法，反过来用于指导医学编辑出版事业的实践活动。

3. 医学编辑实践方法特点　医学编辑实践方法与其他实践方法一样，也具有规律性特点和基本形式。

（1）编辑实践方法的规律性特点：医学编辑实践具有其自身的规则和特点，医学编辑实践不能脱离医学编辑思维和医学编辑认识而独立存在，医学编辑实践也需要医学编辑思维产生的实践意识作为实践动力，而医学编辑思维需要认识获得知识作为医学编辑实践的基础；医学编辑思维、医学编辑实践、医学编辑认识是编辑实践活动的统一整体，是互为因果的医学编辑实践活动。

（2）实践方法的基本形式：实践改造自然，也改变医学编辑出版实践活动，改造自然就是让自然来满足人们物质生活需要，改造医学编辑出版活动，就是要适应医学编辑出版和医学科技知识传播与知识服务的需要。

（3）实践调整社会关系活动的基础：实践是调整和处理人与人，人与社会及各项事业的活动，是保证社会正常运行的基础；实践是主观的和感性的活动，也是主观与客观能动性的实践活动，是社会活动、科学活动，也是历史活动。

二、医学编辑定性研究方法

医学编辑定性研究方法是医学编辑学研究中比较常用的研究方法，是指根据医学编辑现象和医学编辑实践活动所具有的属性及在实践中的矛盾变化，而从医学编辑实践的内在规律性来研究医学编辑活动的一种方法或研究角度。实施医学编辑学定性研究，需要依据相应医学编辑理论和医学编辑实践经验，更直接地抓住医学编辑实践特征的主要方面，并将同质性和在数量上的差异性予以忽略与另类处理分析。具体就是运用归纳、演绎、分析、综合、抽象和概括等方法，对获得的各种编辑材料实施医学编辑思维加工，从而达到去粗取精，去伪存真，由此及彼，由表及里地认识医学编辑内在规律的过程，从而达到认识医学编辑实践和理论本质，掌握和揭示医学编辑实践与医学编辑理论的内在规律。

三、医学编辑定量研究方法

马克思说过："一门学科只有成功地应用到数学时，才算真正达到完善的地步。"其定量研究方法也称数量研究方法或统计分析方法，是指通过对医学编辑研究对象的规模、时间、速度、范围、量化程度等数量关系的分析研究，从中发现、认识和揭示医学编辑实践活动与医学编辑项目间的相互关系，并充分展现其变化规律和发展趋势，以此实现对医学编辑学理论、实践和方法的正确理解和预测的编辑学研究方法。在医学编辑实践活动和医学编辑学研究中，通过定量分析研究方法可以使研究者对所研究的编辑对象更进一步数量化和精确化，使医学编辑学研究更趋于科学化，以利于更科学地揭示医学编辑事物的规律，正确把握其本质特征与规律，弄清逻辑关系，以把握和正确判断及预测医学编辑出版事业的发展趋势。实际上，在科技学术期刊编辑领域，已很早就应用到定量研究方法。如对期刊学术影响力、期刊质量评价指标体系、文献计量学研究等，都是建立在对内在数值变量的关系研究而揭示其内在规律的，应该说，定量研究方法在医学编辑学研究领域具有广泛性。

四、医学编辑对比研究方法的认识

医学编辑对比研究方法主要采用的是观察法，是应用领域和范围比较广泛的研究方法，在编辑学研究领域应用也比较普遍。如对中外医学期刊的对比研究、不同学科或专业期刊的对比研究、学术影响力评价指标的对比研究等。这种研究方法是把一组或几组具有相同与相似因素的不同性质的医学传播物和传播载体样本或其他研究对象，实施观测指标设计，分别进行统计分析与观察，然后实施对照和对比观察；医学编辑研究者通过综合分析、量化统计分析、对比样本在其影响因素和构造方面的差异，尤其是研究样本在性质方面的不同之处，从而得出研究对象之间差异的性质、主要影响因素的正确结论，用以改进和指导相关医学出版物和传播载体的医学编辑实践。

五、医学编辑比较研究方法

医学编辑比较研究方法是对2个或2个以上编辑研究对象和编辑事项实施比较研究。在医学编辑学研究中，对医学编辑普遍现象与事物有时很难从单一具体医学编辑现象和编辑事物中分辨出其编辑共性的东西，当需要从医学编辑现象中寻找普遍性与共性的东西时，就必须在诸多医学编辑现象中实施比较研究，有时是跨学科、跨专业或跨行业的移植与比较研究。比较研究方法就是对物与物之间和人与人之间的相似性或相异程度的研究及判断方法，它基于医学编辑学研究对象与材料的相同或不同之处而加以分析研究和判断的认识程序，可以理解为根据设定的相应标准，对2个或2个以上有联系的编辑事物实施考察，从中寻找其异同点，以揭示医学编辑学研究的普遍规律与特殊规律的方法。其比较的方法一般有单项比较和综合比较、横向比较与纵向比较、求同比较和求异比较、定性比较与定量比较、宏观比较与微观比较等。

六、医学编辑大数据分析方法

医学编辑实践和医学编辑学研究中，要发挥和利用现代大数据分析方法，对医学期刊和传播载体的学术选题、学术发展热点、学术发展趋势、读者需求和作者关注热点问题实施大数据分析，实施预测分析和选题循证，可最大限度地控制医学编辑决策的失误和偏倚。一般来说，大数据不仅仅意味着数据规模大，更重要的是对大数据进行分析，通过分析才能捕捉智能化和深入的具有医学编辑意义与价值的信息。常用的大数据分析方法有预测性分析、数据质量和数据管理、可视化分析、语义引擎和数据挖掘算法等。

七、医学编辑实验研究方法

医学编辑实验研究方法是指由研究者根据医学编辑研究选题的本质内容进行实验设计，按照实验设计的基本原则和实验设计方法进行实验研究方案的科学而合理的设计。同时，还要注重分析实验的干扰因素和控制环境因素对实验结果的影响，保证实验环境和实验条件满足实验目的和要求，通过对可重复的医学编辑实验现象进行实验性观察，从中发现规律性的东西与可靠结论。一般来讲，实验研究方法广泛应用于基础医学、临床医学和其他学科等自然科学研究中，而医学编辑学研究应用相对较少，但这种研究具有前瞻性，对医学编辑出版事业更具有预测性和指导意义。

八、医学编辑文献分析方法

文献分析方法也称文献研究方法和文献评论方法，是医学编辑学研究比较常用的方法，当然，也是其他学科实施课题研究过程中的重要组成部分和过程。文献研究方法主要是指深入、系统和全面搜集、检索、整理和鉴别相应研究课题领域的国内外文献，通过对相应文献的研究和分析，更好地形成对科学研究或课题的认识和了解，掌握其研究的现状、进展、趋势和存在的问题，通过对文献的综合、分析、研究和推理，更重要的是能提出新的发现、新的观点和新的问题，从中探寻和发现新的研究路径或切入路径。文献分析方法是一项经济而且有效的信息收集和研究方法，通过对医学编辑研究课题相关的现有文献进行系统性的分析来获取研究信息和新的观点。文献分析方法的阶段性：①提出课题与假设、课题研究设计、文献检索和搜集、文献分类与整理、分析文献与文献综述。②医学编辑课题研究设计要明确研究目标、目的和意义，将医学编辑研究课题和假设的内容设计成可操作和可重复性的文献研究活动。

九、医学编辑文献计量学方法

文献计量学研究方法是医学编辑学研究中

比较常用的研究方法。是指用数学和统计学的方法,实施定量分析知识载体和文献数值变量中的内在规律,是集数学、统计学和文献计量学于一体,是注重量化的综合性知识体系,比定性分析更具有科学性。其计量对象主要是文献量,包括各种科技学术期刊和出版物,但比较多的是以科技学术期刊论文和引文及学术影响力评价指标应用较多,还有作者数和词汇数。如各种文献标识,一般常用的文献计量学研究方法如下。

1. 引文计量方法　被引频次计量统计、他引率、引用刊数、扩散因子、学科扩散指标、学科影响指标、被引半衰期等一系列评价指标。

2. 文献作者计量方法　作者被引分析、研究者关联分析、合著关联分析、作者学术成就与产出周期分析等。

3. 词汇计量方法　词频统计分析、关键词共现分析等。

4. 交叉共现计量分析方法　双聚类方法、高被引论文和引用文献的双聚类分析、引文耦合分析等。

5. 其他　引文分析结合数据挖掘与数据可视化分析操作等,可更直观和准确地反映出相关学科研究领域的研究现状、研究趋势和研究热点。

十、医学编辑经验总结研究方法

经验总结研究方法正是马克思主义实践论方法论的重要科学方法,它通过对医学编辑实践活动中的具体医学编辑实践和成功做法,对取得的经验、做法和成绩实施归纳与分析,以达到系统化和理论化,把医学编辑实践经验上升为系统理论的研究方法。根据经验总结的具体实践过程,基本方法和步骤:确定总结研究专题和研究对象、整理和掌握相关医学编辑实践资料、周密制订经验总结设计、搜集和整理医学编辑实践成功典例、实施归纳与分析、综合与提炼、同行评议与论证、总结与确认研究成果等。

十一、医学编辑描述性研究方法

描述性研究方法(descriptive study)是医学编辑学研究常用方法,特别是在目前已发表的相关医学编辑研究论文中,其中绝大部分属于描述性研究。描述性研究在医学科学研究领域本来是用于流行病学研究的基本方法,因此又被称为描述性流行病学(descriptive epidemiology),是流行病学研究方法中最基本的类型,主要用来描述人群中疾病和健康状况,以及暴露因素的分布情况,其目的是提出病因假设,为进一步疾病调查研究提供相应线索,是分析性研究的前提。后来,人们把这种研究方法自然地应用到相关研究领域,也被医学编辑学研究普遍应用。描述性研究方法的特点是简单,将已有的医学编辑现象、医学编辑规律和医学编辑理论通过研究者的理解和验证,赋予叙述和诠释,是对各种理论方法的一般叙述,其更多是解释他人的论证。其实,这在科学研究中是必不可少的研究形式。它的作用是能定向地发现问题和提出问题,同时揭示其利弊,实施经验介绍与现象描述,利用实例描述和现况调查,展示和揭示医学编辑实践活动状况的看法与内在规律。

十二、医学编辑调查研究方法

调查研究方法是社会科学和自然科学研究中最常用的方法之一,也是医学编辑学研究的常用方法。如医学编辑常用的读者调查法、作者调查法、医学期刊相关指标的统计调查法等,这种调查研究方法是有目的、有目标、有计划地搜集和调查相关研究对象现况与历史状况资料的方法。这种研究方法综合运用了历史方法、统计调查方法和观察方法等,采取谈话、问卷调查、统计报表调查、个案分析、实地测验等形式,对调查搜集到的大量资料实施分析、综合判断、比较、分析和归纳,从而发现和提供规律性及具有指导意义结论。

十三、医学编辑观察研究方法

观察研究方法是指研究者根据一定的研究目的、预定研究提纲和设计的观察表,医学编辑研究者用自己的感官和辅助工具直接观察被研究的对象,从而获得相关研究信息和观察研究结果的方法。这在医学编辑学研究中也普遍应用,具有观察的目的性、针对性、目标性、观察的计划性、观察的系统性和可重复性的特点,是一种比较简单的医学编辑学研究方法。

十四、医学编辑数学研究方法

数学研究方法就是在规避研究对象的其他特性的情况下,用数学工具和方法对医学编辑研究对象实施量化分析和量化处理,构建数学模型,从而对医学编辑研究课题做出正确的分析和判断,以数字和数学形式表述其研究结果与结论。实际上,医学编辑学研究的对象也是质量和数量的统一体,这种质和量具有内在联系和变化规律,具有紧密联系的特点,其质变和量变具有互相制约的特性。因此,要达到对医学编辑学研究课题的真正的了解和认识,不仅需要研究质的确定性,同时,还要重视其量的考察和分析,这是准确认识医学编辑研究课题和研究对象的本质特性。其方法主要有统计学处理方法、数学模型方法和模糊数学分析方法等。

十五、医学编辑实证研究方法

实证研究方法是研究者在价值中立的前提下,以观察经验实例为基础,用以检验和建立理论知识性命题的方法。其价值中立是指在医学编辑学课题研究过程中,课题研究者避免用特定的价值取向、价值标准、主观意识来影响结果和结论的取舍,以保证研究结果和结论的客观性与可靠性。实证研究方法是社会科学研究方法之一,立足社会和学科实际,通过典型和成功事例与经验等,着重从理论上推理和实证上阐述结论与意义。其形式是依据现有的医学编辑学理论和医学编辑实践的需要,实施设计,通过有目的、有计划和有步骤地观察、记录、检测,对伴随的医学编辑现象的变化条件与现象之间探寻其因果关系,用以阐明各种自变量与因变量的关系。实证研究方法一般有观察法、测验法、实验法、谈话法和个案法等方法。

十六、医学编辑思辨性研究方法

思辨性研究方法也属于方法论,是医学编辑学理论研究可用方法学。其思辨的形式就是从概念到概念,从范畴到范畴的纯粹的理性范围内的演绎,它不涉及医学编辑实例和医学编辑实践活动。是通过对医学编辑学概念和医学编辑命题实施理论性逻辑演绎和推理,以探索认识医学编辑理论和实践的本质特征与内在规律的研究方法。

十七、医学编辑跨学科研究方法

跨学科、跨专业和交叉研究是医学编辑学研究的特点之一。在医学编辑学研究实践中,善于运用多学科的理论、方法、规范从整体和系统上实施综合研究与交叉研究,是跨学科研究方法的基本特征。当代科学发展的特点和规律是,学科和专业在高度分化中又高度综合,学科和专业的交叉与渗透是科学发展的特点,而学科分化和高度专业化趋势还在加剧,但同时各学科间的交叉、融合与联系愈加紧密。因此,跨学科研究方法既是科学研究的热点,也是医学编辑学研究的特征。跨学科研究的目的在于通过超越和跨越以往学科门类的研究的约束性,而实现多学科和多专业的整合性研究,这种研究形式容易催生新兴学科和交叉学科的诞生。实际上,医学编辑学本身就具有很强的交叉性、跨学科性、融合性与边缘性特征,涉及诸多学科和专业。如涉及社会科学、自然科学、语言学、情报学、新闻学、文献学、传播学、出版学和编辑出版主体要素的医学科学等领域。因此,跨学科研究方法是医学编辑学研究的重要方法学基础。

十八、医学编辑案例研究方法

案例研究方法也称个案研究方法,它是认定医学编辑学研究对象中的某特定对象,实施调查分析和个案分析,从个案中探寻普遍性、普遍规律和普遍指导性,从特殊规律探索普遍规律,是厘清其特点、内在规律和编辑实例形成过程的研究方法。案例和个案研究具有三种基本类型：①个体调查，是对医学编辑实践中的某个案例实施调查研究；②整体与系统调查，是对某个医学编辑整体和医学编辑系统实施调查研究；③问题调查法，是对某个医学编辑现象和医学编辑实践问题实施调查研究。这种研究方法在医学编辑学研究，特别是在相关编辑学期刊发表的论文中比较常见。

十九、医学编辑模拟法或模型研究方法

模型研究方法可分为抽象理论模型、模块理论模型和数学模型等方法。模型研究方法主要是先依照原型的主要特征，构建和设计相似模型，然后通过模型来间接研究原型的研究方法。在研究中，根据模型和原型之间的相似性和相似关系，模型研究方法又可分为物理模型、模拟、数学模型和数学模拟等研究形式。

二十、医学编辑信息研究方法

任何传播载体和医学期刊与出版机构都是一个信息源和信息流动系统，具有信息接收、信息处理、信息存储、信息传输的功能，通过对信息系统的分析、处理和研究，探索其信息流的内在转换和处理规律，获取研究对象的系统性认识。信息研究方法就是利用信息流，研究医学编辑出版信息系统功能、信息质量、信息处理、信息转换、信息传输、信息管理和信息流动规律的研究方法，根据信息论、系统论和控制论原理，通过对信息的收集、存储、传递、加工和整理获取信息效益和认识。信息方法作为医学编辑学研究和实际应用的研究方法，以信息作为研究对象，深入探索医学编辑出版机构内部和外部信息系统功能，以揭示医学编辑实践的深层次规律，为医学编辑实践活动和医学编辑出版质量的提高发挥方法学作用。

第六节　医学编辑目的与编辑目标

医学编辑目的和编辑目标既是编辑实践问题，同时又具有理论和哲学意义。正确认识编辑目的和编辑目标，涉及对医学编辑学研究内容和研究范围及医学编辑职能定位的认识问题。医学编辑目的也与医学目的具有内在联系，医学编辑目的最终服务于医学目的，这两者具有辩证统一统一关系。

一、医学目的

要认识医学编辑目的，首先应熟悉医学目的，因为医学编辑所从事的是以医学内容为主体的编辑活动，医学编辑出版传播的最终目的与医学目的具有一致性。因此，正确认识医学目的对于理解医学编辑目的具有相融相通和相互促进作用。

1. 医学目的基本概念　医学目的是多层次和多维度的理论概念，医学目的表达的是特定人群和个体在相应历史条件和环境下对医学的需求和理想期盼，医学目的来源于人们对医学的客观现实的认识和超现实的形式对医学未来方向做出的某种设定。医学目的在某种程度上决定了健康观、疾病观、医学模式、医疗卫生实践和医学科学发展的方向；医学目的也影响着临床诊疗技术模式和医务人员的行为模式，实际上体现了人们对医学实践的理想和愿望。医学目的概念的重新审视与考量，首先由美国国家科学院院士丹尼尔·卡拉汉基于当今医学现实：①医学科技发展的结果与人类的愿望相悖；②医学科学高精尖技术越发展，患者承受的医疗费用越高；③医疗资源分配与使用不合理。由此引发对医学目的重新审视，因而提出3个深思的问题：①医学科学研究的未来目标是什么？②什么是医疗服务的未来目标？③医学教育的未来目标是什么？为了回答这些问题，丹尼尔·卡拉汉主持召开国际医学目的讨论会，特别提出了基本的医学目的。

医学目的具有相应的社会功能，而且医学目的与医学资源配置具有很强的相关性：①医学目的对疾病、健康、生命观的阐述是整合民众的社会观念、构成医疗卫生需求，而推动医学资源的流向；②医学目的确定的目标是整合成医学科学和医学教育发展的重点和方向；③医学目的是医药卫生科技人员的信念，从而整合成为医务人员

的医学职业道德、医学伦理和医疗服务模式；从而形成稳固的医疗服务方式和医疗行为，引导医学资源的流向。医学目的对社会经济发展的促进作用：①医学目的对保护社会生产力具有双重作用；②科学合理的医学目的能够有效促进医学与社会经济同步和协调发展；③正确而符合实际的医学目的能够促进和提高人民群众健康水平和生活质量。医学目的意义还在于，科学合理的医学目的倡导科学文明的生命、疾病、健康和医学观念，引导和推崇健康的生活方式和卫生保健方式。

2. 医学目的　医学目的的产生和确定之初，人类就将医学目的确定为救死扶伤、战胜疾病、护佑生命健康、人人享有卫生保健。这种崇高的医学目的激励着医学科技人员的职业医疗行为和"白衣天使"精神。但随着医学科学技术和社会的发展，传统的医学目的凸显出其缺陷。如对于健康和疾病的概念理解出现偏差，单纯注重生物因素的致病性，而忽视了精神心理和社会环境对疾病发生的影响因素，重治疗轻预防，在临床上过度依赖高精尖诊疗技术的应用，而轻视了适宜诊疗技术的应用，导致医疗费用居高不下，致使患者医疗费用负担加重，医学资源分布失衡，医患关系滑坡，因而背离了医学目的。正确合理的医学目的如下。

（1）预防疾病发生与维护人民健康：医学目的之一是预防和控制疾病发生，保证公众身体健康，是医学目的核心价值，这个目的前提是以预防为主，预防和控制疾病的发生，不是等患病了再单纯治疗，因为疾病诊疗的过程会给患者带来痛苦或造成副损伤，以及医源性疾病，同时增加患者医疗费用负担，而预防疾病的措施是无损伤和最经济的医学行为；包括超前的预防和早期干预措施、卫生保健措施、健康教育和健康知识传播措施、不良生活方式矫正措施等，以最小的成本保护最广泛的公众身心健康。

（2）救死扶伤与护佑生命：医学专业是治病救人，护佑生命的专业，医学的重要目的就是当人们患病或身体受伤后，医护人员能够发挥专业特长，救死扶伤，挽救生命，解除患者痛苦，这是医学目的初衷所在。

（3）精心救治与精心护理：医学诊疗技术是由医护人员实施操作的，诊疗技术设备再高精尖，也还是要靠医疗技术人员操作实施。因此，医疗技术人员高尚的医学道德、救死扶伤的精神、精心救治、精心护理是实现医学目的最关键要素。

（4）重健康保健与保健康长寿：《"健康中国2030"规划纲要》中，将人均预期寿命、婴儿死亡率、居民健康素养指标、参与体育锻炼人数指标、重大慢性病过早死亡率等控制指标列入规划纲要，充分凸显了医学目的。医学不仅仅是预防疾病、诊疗疾病、救治疾病，而是要突出健康保健，提高公众生命和生活质量，确保公众健康长寿，这是医学的终极目的。

二、医学编辑目的

医学编辑目的构成一定有其内在关键要素，这些要素有医学编辑职业角色、医学期刊功能、医学目的和服务对象。也就是说，从要素维度来分析医学编辑目的的定位，从而正确认识医学编辑目的，以利于指导医学编辑实践活动与医学编辑学的构建与研究。

1. 医学编辑目的概念　编辑目的是指编辑行为主体根据自身需要，借助于意识和观念的中介作用预先设想的行为目的和结果，医学编辑目的作为观念形态，反映了编辑对客观医学编辑活动的实践关系；编辑的实践活动是以目的为依据，同时与医学书刊的功能密切相关，医学编辑目的贯穿于编辑实践活动和系统过程的始终。缺乏目的性的编辑行为是盲目的，也是不存在的，因为行为科学认为，所有行为都有其相应的行为目的。编辑目的具有3个基本特征，即针对性、量化性和目标性。

（1）针对性：医学编辑目的是针对医学科技知识产品而言的，编辑活动是为读者或受众提供满意的医学科技知识产品。

（2）量化性：编辑目的具有量化的基本概念，这就是编辑制作的医学科技知识产品具有数量和质量的基本含义。

（3）目标性：医学编辑目的的目标，不仅是将医学科技知识产品创作出来，传播出去，而是医学科技知识产品的传播效果，是否影响了受众的专业行为和医学目的。

2. 医学编辑目的　众所周知，医学编辑所有实践活动和编辑出版传播流程及医学编辑学研究都是为编辑目的服务和提供支撑。医学编辑从事的医学编辑出版和医学科技学术及健康知识传播，是具有明确编辑目的的医学传播活动；正是由于编辑活动具有编辑目的性，因此医学编辑学研究和编辑实践也应服务于编辑目的。医学编辑目的与医学编辑学理论具有逻辑关系，理论服务于目的，目的完善理论，医学编辑目的指导编辑系统流程达到预期目标和结果，这是医学编辑目的与编辑学理论辩证关系。而医学编辑目的到底是什么？更多医学编辑工作者将其局限化、简单化和模糊化了；而更多医学编辑工作者理解为收稿、选题、组稿、审稿、退修稿件、文字加工、编排、印刷、按时出版，就算达到了编辑目的。也有的编辑将编辑目的视为以传播为目的的社会活动。其实都存在着误区和极大的局限性，误将编辑过程和编辑技术手段视为医学编辑目的。这也导致医学编辑服务对象主体与客体的颠倒，应该说医学编辑制作的医学科技知识产品的客户是明确的，就是读者或受众，当然作者也是编辑的重要客户，是原始医学信息源，但两者处于主体与客体的关系。而目前医学科技学术期刊陷入误区，只是单纯满足作者发表文章的功利目的需求，而忽视了读者的实际需要与需求。

要准确认识医学编辑目的，首先要弄清医学编辑目的构成的要素，也就是构成医学编辑目的的关键因素。

（1）医学编辑职业角色：医学编辑基本职业角色是医学科技知识产品的生产者与传播者。因为医学编辑既不是医务人员，又不是医学科研工作者，也不是读者和作者，因此医学编辑具有中介性和第三方性质，因而具有公正性特征；同时也具有公众性特点。

（2）医学期刊功能：医学期刊准确的功能定位与医学编辑目的密切相关，其功能是为医学编辑目的服务的，而医学编辑目的又体现了医学期刊功能。如果要定义医学科技期刊功能，中国科学院前院长卢嘉锡院士曾精辟题词："对于科技工作者，科技期刊既是龙头，又是龙尾"。卢嘉锡院士形象准确而精辟地给科技期刊做出了基本功能定位：龙头，就是引导、牵引和导向功能，就是为科研工作发挥学术导向、学术引导和科研实践的指导作用；龙尾，就是将科学研究成果论文最后发表视为科学研究流程设计的环节之一。医学编辑实践也表明，研究成果论文发表的过程，就是科研成果评价、修改完善和再论证的过程，是科研论文结果和结论的可靠性和科学性更加完善的过程。由此可知，医学期刊的基本功能是医学科技学术和健康知识刊载存储、传播交流、学术引导和人才培养功能。医学期刊具有刊载存储和传播医学科技成果，促进学术交流，引导学术发展方向，为医学科技创新和人类健康提供知识服务与学术支撑的功能。

（3）医学编辑服务对象：编辑服务对象是读者和作者。读者或受众是医学编辑的目标客户；简而言之就是指医学信息传播的接受者。作者是医学科技学术和健康信息的原创者，信息源。

（4）医学目的与医学编辑目的：医学目的界定为救死扶伤、战胜疾病、护佑生命健康、人人享有卫生保健。医学编辑目的是为医学目的服务的，而医学编辑目的真正实现，才能更好地服务和促进医学目的实现。因此，医学编辑职业角色、医学期刊功能角色、医学目的和编辑服务对象这4大关键要素的定位与特征，构成了医学编辑目的基本概念，即医学编辑以提供高质量医学科技学术和健康知识产品与传播为手段，促进医学科技学术交流和健康教育，推动医学科技进步和人民健康为最终编辑目的。

三、医学编辑的目标

医学编辑目的与编辑目标构成了医学期刊编辑出版与传播的基本动力和预期结果，任何一项事业和实践活动，都不可能缺少目的和要实现的基本目标，而医学期刊编辑出版与传播活动也是如此，自然具有相应的编辑目的和编辑目标。

1. 医学编辑目标基本概念　编辑目标是对编辑出版活动预期结果的主观设想，是编辑或编辑出版机构根据编辑目的所形成的主观意识表现形态，是编辑出版活动的预期目的，同时为编辑出版活动指明方向；编辑目标具有维系编辑出版机构各方面关系构成与系统运行组织方向核心的作用。编辑目标要有清晰的时间限制，而编辑目的则没有任何时间限制。编辑目标是在相应时期内所追求和达到的最终结果，是编辑出版相应阶段制定的宗旨与任务的具体化。因此，编辑目标要具体化和数量化，也就是要有清晰的时间概念和限定。编辑目标与编辑目的在定义上不同，编辑目的比较抽象，是编辑出版与传播行为活动的普遍性、统一性和终极性宗旨与方针；而编辑目标则是编辑出版行为活动的特殊性、个性化和阶段性所要达到的目标。再有是适用范围不同，编辑目标是在特定的时期内所追求的最终结果；而编辑目的则是一种期望值，编辑目标要围绕编辑目的制订和实施，编辑目的可以分解为编辑目标。

2. 医学编辑目标的设定　对编辑目标的理解众说不一，更多人认为编辑目标是编辑工作量，完成工作量即实现了编辑目标；还有人认为编辑目标就是编辑对象，编辑将稿件编辑加工完成，期刊按期出版也就完成了编辑目标；也有认为编辑所针对的医学知识产品是质量，编辑目标就是保证知识信息产品的质量。这些都具有其合理性，但医学编辑目标既具有其质量直接实现特征，同时也具有间接性实现目标内涵，就是编辑目标具有间接性特征，也就是医学编辑不会直接给患者诊疗疾病，但可用提供的医学科技学术知识产品提高临床医师的诊疗水平，促进临床诊疗和医学科研水平的提高。

目标设定理论认为，挑战性目标的设定是动力和激励的基本原理，科学合理的特定目标设定会促进绩效结果的实现；设定相对困难的目标同时被接受，这会比设定容易的目标获得更佳的绩效结果。目标设置理论的基础是目标的激励原理，目标能把人的需要转变为动机，使人们的行为朝着特定方向努力，并同时将个体的行为结果与既定的目标相对照，适时调整和修正目标，为实现目标提供条件。目标设定是试图完成行动的目的，目标是激发行为最直接的动因。因此，设置合适的目标会使人们产生欲达到该目标的成就需要，因而对人具有强烈的激励作用；同时，医学编辑目标设定会激发编辑人员的激情，从而树立目标实现的成就感。对于医学编辑目标的设定要围绕医学编辑目的展开，紧密结合编辑目的设置医学编辑目标，以保证编辑目标与编辑目的在方向上的一致性。

3. 医学编辑目标设定的原则

（1）客观性：医学编辑目标设定既要围绕医学编辑目的展开，同时又要兼顾期刊发展不同阶段的客观实际情况和总体发展目标，避免缺乏客观性，超现实和超水平设定目标而难以实现。

（2）实现指标明确：医学编辑目标设定要具有明确的指标、结果和成果。

（3）目标数量的可衡量性：目标中所要实现的数量、质量、时间和成本，能够用数量计量和定性等级划分，以利于明确目标和客观评价。

（4）目标相互认可性：医学编辑目标设定要具有互认性，也就是同类医学期刊、各个层级都能认可所设定编辑目标。

（5）实现性与操作性：医学编辑目标设定，首先要具有可实现性，也就是经过编辑职工努力可以实现，同时具有可操作性，这是实现目标的基本条件。

（6）密切相关性：编辑目标设定要紧密围绕医学编辑目的和相关医学出版物总体发展目标，以避免相互脱节。

4. 医学编辑目标设定内容　编辑目标的设定非千篇一律，这要根据期刊具体情况而定，视不同时期发展重点和发展方向而定。一般分为战略目标和战术目标、长期目标、短期目标或年度目标。编辑目标设定要突出重点，突出内容质量目标、选题策划目标、学术影响力目标、权威性发展目标、期刊品牌培育目标、社会效益和经济效益目标等。编辑目标的制订和实施，关键在于目标的落实，既要考虑总体编辑目标，同时也要根据总体编辑目标，制订和分解目标，以利于落实和实现总体编辑出版目标。

第七节 医学编辑的特殊性

医学编辑与其他科技编辑的不同之处或特殊性是其编辑对象主体所决定的。医学期刊和医学编辑具有特殊职守与敬畏生命的伦理价值观和道德规范，其他学科期刊或编辑一般不会涉及人的生命和健康学术和技术问题，但医学期刊编辑则不然，其所编辑内容、把关和审查的对象领域具有其特殊性，即以"健康所系，生命攸关、性命相托"的生命医学领域。因此，医学期刊和医学编辑承载着诸多的重任与职责。如职业责任、社会责任、学术责任和医学编辑出版伦理道德标准。医学期刊和医学编辑的特殊性主要表现在以下方面。

一、生命与健康的特殊性

医学科学是研究和探索人类的生命本质及其疾病防治与健康关系的科学，是以研究人类疾病预防、诊断和治疗及生命科学为主要任务的领域。因此，以人为研究对象是医学科学研究的重要特点之一。关系到人民群众的生老病死，关系到千家万户的悲欢离合；要求科研人员和临床医疗技术人员，必须具有高尚的医学职业道德和严谨的科研和医疗作风，从事医学研究要符合医学伦理原则，保证安全可靠，绝不允许直接、间接地有损人的健康和安全。因此，医学期刊的任务就是要记载和传播相关医学领域的研究成果和应用技术成果，所刊载的是具有临床应用性和诊断与治疗指导性的技术内容，任何环节上的疏忽与错误都可能造成误导和误用，严重者关乎疾病诊断和治疗效果乃至患者健康与生命，这无疑赋予了医学编辑特殊性、特殊知识结构和特殊使命担当。

二、医学研究的特殊性与广泛性

医学科学和生命科学其研究涉及领域及交叉学科之广泛，是任何自然科学其他学科所不能比拟的，仅医药卫生科学领域本身的学科专业及亚专业就达到数千个专业学科领域，而且还不包括所涉及的其他自然科学的诸多学科领域和社会科学的诸多交叉领域。因此，其特殊性和广泛性是医学科学研究的显著特征。

1. *临床医学研究的广泛性与特殊性* 临床医学研究其对象是人体或患者，其中包括临床诊断方法和临床治疗方法研究。临床诊断方法研究的目标是安全、早期、敏感、特异、无创、微量、准确、快速、适宜、简便和经济，其手段是实现实验诊断和形态学诊断与影像诊断技术的自动化、智能化、远程化及数字化。其临床治疗方法研究更具严格性和严谨性，包括治疗药物的临床应用、手术方法、放射治疗、化学药物治疗、物理治疗、精神心理治疗和营养治疗等，临床治疗的所有手段首要的是安全和疗效可靠。在临床医学研究方面，还应有中医学（传统医学）和中西医结合的临床研究，特别是中医药学是人类生命现象和病理现象重要理论和实践体系，具有独特理论和防病治病及养生保健的手段，其研究领域方兴未艾，是人类重要的医药宝库。

2. *预防医学研究的广泛性与特殊性* 人类医学科学研究越来越认识到预防医学研究的重要性，其研究方向已从单纯疾病治疗向疾病预防转变。人类疾病的未病先治、早期发现、早期诊断、早期治疗、传染性和感染性疾病防控、慢性病管理、健康管理、健康保健等都是预防医学研究的重要内容。

3. *基础医学研究的广泛性与特殊性* 临床医学和预防医学的发展，都有赖于基础医学研究的进步和发展。因此，基础医学研究的重要性不言而喻。基础医学研究不仅揭示生命现象、疾病的发生机制、基础理论和方法，而且为临床诊断、治疗和预防疾病提供科学的理论依据，基础医学研究是临床疾病诊断、治疗和预防、新技术、新方法、新药物、新手段的源泉和先导；其研究特点具有开创新、前瞻性和理论性、学科的交叉与融合性、研究方法的先进性、研究领域的方向性和临床结合的紧密性。

4. *医药卫生管理科学研究的广泛性与特殊*

性 医药卫生管理科学研究更具有其广泛性和复杂性，其涉及专业领域极其繁多。如卫生管理、医疗管理、医院管理、健康管理、药物管理、医学科研管理、医学人才管理、医疗技术管理、医药卫生政策及决策管理、医药卫生体制改革等，都是医药卫生管理科学研究的领域，而且本领域研究的创新性和管理实践的有效性，又直接影响或制约着临床医学研究、基础医学研究和预防医学研究的发展。

三、医学科研设计要求与设计类型的特殊性

在医学科学研究中，无论是基础医学研究，还是临床医学研究，其科研设计要求、医学统计学分析法和科研设计类型都与其他学科领域的科研设计具有其截然不同的规范要求，具有其复杂性、严谨性和特殊性。而且医学科学专业领域不同、研究对象不同，其科研设计类型和科研设计要求、样本设计和医学统计学方法也不同，从科研设计类型和要求上具有复杂性、科学性、严谨性、合理性和特殊性。因此，要求医学期刊编辑应熟悉不同学科和专业领域研究的科研设计类型和要求，首先从科研设计审查和评审上把好关，以保证医学科研论文结果和结论的可靠性、科学性和真实性，这是医学编辑的基本使命和责任。

四、医学伦理与医学道德要求的特殊性

作为医学编辑，在编辑实践和论文稿件的处理过程中，面临着多重伦理和道德问题的考量，这是与其他非医学编辑和学科期刊所不同的，也是其伦理道德标准和要求的特殊性。医学编辑在其编辑实践活动中，首先直面的是医学编辑出版伦理和编辑道德的制约。同时，在医学科研论文处理中，又要面对医学科研论文中所涉及的医学伦理、医学科研伦理、临床医疗伦理规范和医学道德要求的考量和评判。因此，医学编辑不但应恪守相应的伦理道德规范，而且还要熟悉和有能力评判医学科研论文中的医学伦理、医学科研伦理和临床医疗伦理、医学科研道德和医学道德规范要求，重视和甄别在这方面存在的缺陷问题，严格把好科研伦理和医学道德标准和规范要求的关口。

第八节 医学期刊功能与角色定位

医学期刊的基本社会功能定位和角色定位，简单地说，就是"医学知识信息服务者和医学科技学术传播者"的角色。它具有承载和传播医学科技成果、促进学术交流、引导学术发展方向、为医学科技创新和人类健康提供知识服务与学术支撑的功能。原中国科学院院长、中国科学院院士卢嘉锡教授曾为中国科学院优秀科技期刊奖颁奖大会题词："对于科技工作者，科技期刊既是龙头，又是龙尾"。这非常形象和准确地为医学科技期刊给出了功能和角色定位。在知识经济社会，医学科技期刊除了发挥医学科技创新知识传播，其更重要的功能是提供医学知识产出与知识服务，从而对社会和医药卫生技术人员的学术思想与知识更新发挥作用，确立起在促进医学科技进步和学术交流及社会经济发展过程中的职能作用。

一、载体与存储功能

医学科技成果、新理论、新知识、新技术和新方法等，通过学术评价过程，在医学期刊正式发表，作为学术成果首先是记载和记录在学术发展的历史中，而且永久性存储在学术文献数据库中，它既展示了作者的研究成果和知识产权归属，彰显了作者的学术成就，也使作者实现了功利目的和医学科研创新的目标。

二、医学传播与辐射功能

医学科技人员的科技成果、新理论、新技术、新方法、新观点，通过医学期刊的发表和信息载体传播的特殊功能，使科技成果和学术思想的传播半径和辐射半径无限扩大，借助期刊载体，实

施广泛传播和交流，让更多的医学科技人员了解和应用。同时，也扩大了作者的学术知名度和学术影响力，通过医学期刊学术成果的发表使作者走向成功。

三、学术引导与导向功能

医学期刊的重要功能之一，是其学术引导和学术导向的功能，其实，还包括政治思想导向、科学精神导向、核心价值观导向和价值取向的引导。医学期刊不仅仅是刊载和传播，重要的是发挥医学期刊学术旗帜的意义，积极主动引导和导航学术发展的正确方向，充分彰显医学期刊编辑思想性、方向性、引导性、评价性和价值取向性，其学术导向性和思想引导功能的发挥，也体现了医学期刊编辑思想和期刊活力。

四、学术争鸣功能

医学期刊本身就是学术争鸣的园地，不同学术观点汇聚、交流和争鸣的平台，正常的学术争鸣是学术界的优良学风的体现，也是追求科学精神和学术进步的体现。学术争鸣是学术研究中对认识、观点、意见讨论与争鸣，其主要表现为学术辩论的一种形态和行为，是医学科技进步和学术交流与发展的重要手段，也是学术、科技、文化繁荣的重要象征。学术发展史，其实就是学术争鸣史，医学科学新理论要通过学术争鸣和实践发展起来，因为对于新理论、新观点、新发现，人们的认识活动和认识能力不可能一步到位，正确把握客观世界的本质与规律，在医学科学的各个学科或专业学术领域总会出现不同的观点、思想，而且有时难以定论，必须通过学术讨论、学术争鸣和实践认识，甚至相互展开学术论争。实际上，其学术争鸣的过程也是学者相互启迪思维、活跃学术思想、激励学术研究、相互学习的过程；学术争鸣的各方都希望抛开迷雾，凸显科学真理和掌握真理，因而学者必然竭尽全力为自己的立论、观点实施循证，提供科学证据，这反过来又激励着各方去深入研究和探讨，直至达到正确的理性认识，这是学术发展的基本规律。医学期刊就是要倡导学术争鸣、引导学术争鸣、促进学术争鸣和发挥学术争鸣的功能，真正让医学期刊活起来。

五、学术评价功能

医学科技期刊的同行评议程序设计，实际上就是对医学科技人员研究成果和学术思想的科学评价过程和同行认可与社会认可的过程。医学期刊对作者的科研论文同行评价是全方位的，对其科学性、创新性、实用性、真实性、可靠性、医学科研伦理、学术价值等，实施全方位科学评价，稿件评审过程，实际上就是科研成果评价过程和认可过程。因此，医学期刊的评价功能，是医学科技期刊的重要功能和基本特征。

六、人才培育功能

医学期刊就是医学人才和医学科学家成长的摇篮，医学期刊诸多的医学科技人员从读者、作者、编审者、编辑委员、主编、著名医学专家一路走来，是医学期刊为医学科技人才的发现、培养、扶植提供了良好平台。因此，医学期刊是人才培育和成长的摇篮，充分发挥医学期刊的发现人才、培养人才的功能，是医学期刊社会角色地位的基本职能。

七、学术交流功能

医学期刊的学术交流功能不仅局限在文字层面，更重要的是其平台的延伸功能，即医学期刊的平台功能。通过医学期刊平台，可有效整合学术资源、学术思想、专家智力资源、全媒体出版资源等，实现线上和线下、横向与纵向、跨地区与跨行业、跨学科与跨专业的融汇与交流，形成不同学术思想聚会的平台、立体交流的平台，这是医学期刊值得深度挖掘和发挥的重要功能。

八、学术咨询功能

医学期刊的学术咨询功能是被遗忘或忽视的功能，其实，医学期刊发挥其学术资源和智力资源的优势，整合专家的思想智慧，具有针对性地实施学术咨询和学术论证，为政府卫生主管部门或医药企业，实施政策咨询和论证，为政府和企业科学决策提供决策依据，是医学期刊的重要功能。学术咨询是通过医学专家的头脑中所储备的知识、经验、智慧，并通过对各种信息文献的综合加工、分析研究和综合性研究，产生智慧成果和智力劳动的综合效益，针对医药卫生发展存在的问题，提出策略、战略、建议和措施，为决策者充当顾问、参谋和外脑的作用，发挥决策咨询功能。医学期刊作为具有参谋、学术咨询服务性的功能，在医药卫生改革、医药卫生决策、医学科技发展和社会经济活动中发挥着重要作用。

九、医学知识服务功能

医学科技期刊作为知识载体和科技成果传播的工具，是通过提供学术知识内容产品为医学科技人员服务的。因此，其知识服务功能是科技学术期刊的根本功能。特别是在国家知识服务体系构建与建设中，作为国家知识服务体系重要支撑部分的医学科技期刊，其功能和使命越发凸显。医学期刊应依托纸版载体和期刊平台优势，整合学术资源和知识资源，涉足全媒体、自媒体等新媒体。如数字化传统媒体、网络媒体、移动端媒体、数字报刊等多元化知识产品的推送服务，发挥移动互联网、手机、平板电脑和阅读器等信息获取和阅读手段，实现特色知识产品的优良制作、量体裁衣和精准推送，使医学期刊知识服务功能最优化。

第九节　医学编辑的独立性

医学编辑的独立性，是医学期刊的办刊原则之一。一般讲，医学编辑独立性是指编辑意志的独立性，而实际上医学编辑的独立性不仅包括医学编辑意志的独立性，更体现在医学编辑决策和学术价值取向上的独立性问题。

一、医学编辑独立性的概念

医学编辑独立性，首先由国际上著名医学期刊的医学编辑提出，也是由于医学编辑的学术权益屡次遭受其行政管理机构和行政管理者的人为干预，严重影响了医学编辑对学术价值取向和医学编辑决策的干扰，使医学期刊编辑学术自主性、中立性、中介性和论文稿件价值取向性发生动摇而呼吁的，由此在国际上进一步强化了医学编辑独立性的认识。

1. 医学编辑独立性背景　医学期刊编辑的独立性，是医学编辑所固有的本质特性，也是医学编辑角色所赋予的基本特征和职业特殊性质，只是医学编辑对其独立性意识不强和被忽视淡化而已。当然，也存在医学编辑自信和能力缺陷的原因，使其医学编辑独立性功能的发挥名存实亡，甚至视而不见。

国际国内医学期刊界对医学编辑独立性和医学编辑自由的重视与讨论，源于几家国际著名医学期刊主编被免职事件。

（1）1999年，国际著名医学期刊《美国医学会杂志》(*Journal of the American Medical Association*, *JAMA*)的主编Lundberg，因被美国医学会认为刊登了不适宜的文章而遭免职，这引起*JAMA*编者们的抗争和其他国际著名医学期刊编辑的轰动和声援。因而引发和促成世界医学编辑学会（World Association of Medical Editors，WAME）极大关注，同时责成其政策委员会起草了《医学编辑独立声明》，于2000年公开发布。随后，国际生物医学期刊编辑委员会（International Committee of Medical Journal Editors，ICMJE）也在其《国际生物医学期刊投稿的统一要求》2006版中增加了"医学编辑自由"相关医学编辑独立性的条款要求。由此，医学编辑独立性问题被唤醒，也引起全世界医学编辑领域的重视。

（2）国际著名医学期刊《加拿大医学会杂志》(*CMAJ*)的主编Hoey和副主编Todkill，2006年2月被该刊主办机构和期刊所有者无端免职。其后又有世界著名医学期刊《新英格兰医学杂志》等三位主编被期刊所有者无端免职。由此引发世界医学期刊界和国内医学期刊界对编辑独立性的深刻反省，再次唤醒世界医学编辑的关注，把医学编辑的独立性问题提上热议的程度。

2. 医学编辑独立性定义　世界医学编辑学会（WAME）在其《医学编辑独立声明》中对医学编辑独立性定义："主编对期刊的编辑内容，包括印刷版和电子版形式的所有原创性研究、评论性文章，具有最后独立决定权，医学期刊的所有者不能直接干预或通过营造一种氛围来强硬地影响主编的编辑决策"。这一"编辑独立性的定义"显然具有其局限性、狭义性、历史背景性和欠完善性的一面，也很难完全反映国内医学期刊编辑实践的实际情况和医学编辑决策运作程序及赋予医学期刊编辑独立性的本质特征。

（1）医学编辑独立性基本内涵：医学编辑（包括主编/总编辑、编辑部专职编辑、编辑委员会等）的独立性是指医学编辑对学术价值取向意志的独立性，其编辑意志不受任何人的意志和权力所左右，更不宜受他人权力和利益冲突的影响。也就是说，编辑独立性就是指医学编辑对医学期刊的学术内容、医学编辑选题计划、医学编辑策划、选题组稿、医学科研论文录用取舍、同行评议、学术导向等，具有独立自主医学编辑决策权。医学编辑独立性是医学科技学术期刊基本的办刊原则，是保证学术自由、学术价值取向和学术质量的基本前提，也是维护学术公平、公正和期刊质量的保障。

（2）医学编辑能力与独立性：在医学编辑实践活动中，强化医学编辑独立性和医学编辑决策能力，它反映了医学编辑意志行为价值的内在稳定性和学术价值取向，按照医学编辑规范程序和原则独立做出编辑决策，也就是说，医学编辑应具备较强的逻辑能力和学术定力，充分彰显编辑学术决策果断、求真、自信、认真、成熟、专注和责任担当的精神品格。编辑意志行为价值的内在稳定性来自于编辑价值观的独立性和编辑角色定位，具有这种编辑意志品质的编辑人员，也善于按照编辑自己的创见、认知和岗位责任提出其编辑行为目标，而且努力找出达到编辑目的的措施和手段，而不容易受到其他人干预和思想观点的影响。

3. 医学编辑独立性的条件与前提　医学编辑独立性和自由性是有条件和前提的，医学编辑独立性不是编辑的任意性和随意性，更不是滥用性。

正如民主与自由，世界上从来就没有绝对的民主和绝对的自由，都是在法律限定内的民主与自由，而医学编辑独立性也是如此，也不可能存在绝对的独立性，还必须具有其限定和前提，这就是限定在学术价值取向上的独立性基本条件，并以具备医学编辑独立性和医学编辑决策能力与水平为基本前提；医学编辑独立的范围和外延不能任意扩大，医学编辑必须有足够能力以胜任独立性的要求，而且其医学编辑独立性和编辑决策制约机制必须健全和完善，不是医学编辑独立就可以失去制约性和控制。

二、医学编辑独立性范围与原则

医学编辑独立性具有严格的限定范围，也不是具有编辑独立性就什么都可以独立，失去范围和限制，而且必须遵循编辑独立性的原则。

1. 医学编辑独立性范围　医学编辑独立性范围其实在定义中已经明确，只是限定在编辑的学术价值取向上的编辑决策独立，以确保学术决策中的独立性、公正性和期刊学术质量，满足和保护读者利益和需求。具体来讲，医学期刊的编者（主编、编辑部、编辑）具有独立编辑决策权利，而且不受任何科学共同体、政府行政机构、医药企业、行政领导或管理者、期刊所有者或主办机构及其他人的干预和左右。如期刊的办刊方针、办刊宗旨、选题策划、学术重点报道方向、期刊总体设计、栏目总体设计、学术导向、重要学术评论性选题、科研论文的取舍、重点号内容、学术报道重点、学术报道计划、选题约稿计划、编辑委员会人选、审稿专家队伍人选等编辑决策具有其独立性决断的权利和排除外来干预的权利。

2. 医学编辑独立性原则　实际上，在我国很多医学期刊编辑实践中，其医学编辑的独立性是基本可以得到保证和发挥的，但大部分医学期刊其独立性因历史原因、能力原因和水平原因而自动放弃了，其实是对某些医学编辑独立性缺乏自信的原因。如论文稿件的取舍权或编辑决策权，就基本上全部挂给编辑委员和完全依赖于编辑委员及同行审稿专家。

（1）同行评议与评审原则：医学编辑独立

性如何发挥，作为科技学术期刊，都必须坚持同行评议原则。也就是说，其科研论文稿件的取舍或编辑决策，必须经过同行评议程序要求与规则。同行评议原则既是国际普遍遵循的原则，也是国内科学共同体，如中国科协一直强调坚持的原则。医学期刊编辑决策可以保持其独立性，具有编辑决策权，但必须具有充足的编辑决策依据，其编辑或学术决策的依据主要来源于同行评议或同行评审的编辑决策咨询意见。国际著名医学期刊的办刊实践证明，越是坚持编辑独立性的期刊，其影响力越大。如世界著名科技学术期刊 Nature 就不设编辑委员会，其科研论文稿件的编辑决策权均由编辑部做出，所有投送来的科研论文稿件先由编辑初审，权衡各方面条件和因素后，再决定是否送同行专家评审；同行专家评议回来后，再由编辑综合分析数位同行专家评审意见，权衡各条件、因素和标准，最后由编辑决定其取舍的编辑决策。而世界名刊 Science 设有编辑委员会，投送来的科研论文稿件先由编辑委员会成员初审评价，然后由编辑通过分析和权衡决定是否退稿或再送同行专家评审，同行专家评审意见返回后，再进行综合分析与权衡，最终决定退稿还是录用的编辑决策。可以看出，这些世界著名期刊编辑的独立性是比较彻底的，但遵守最基本的同行评议原则是其共同特征。因此，编辑独立性应坚持其同行评议的基本原则。

（2）程序化与科学化原则：要坚持编辑独立性，同时又要保证编辑决策的科学性和公正性，确保编辑决策质量，这就需要程序化设计和编辑决策程序，也就是科研论文稿件的同行评议或评审程序，不管最终编辑决策由谁来做出，都必须是进入程序流程，获得决策依据和证据后做出编辑决策。

（3）编辑独立性的制约原则：任何失去制约的权力都是危险的，医学期刊编辑独立性或编辑决策权也是如此，编辑独立性必须在相应制约条件下进行。如要建立完善的期刊学术治理结构与科学合理的程序化及流程化设计，完善约束机制和学术治理机制。另外，建立健全编辑制度和监督审查制度，以保证编辑独立性和编辑决策行为的科学性、公正性及规范性。

三、医学编辑独立性与编辑主体性

1. 医学编辑的主体性与独立性　主体性是指人们在社会实践过程中表现出来的作用、能力和地位，也就是人的主动性、自主性、能动性、自由性和目的性的行为活动地位与特性。同理，医学编辑主体性就是指在其编辑实践活动中，特别是在编辑决策实践中所确立的主体地位或社会角色地位。医学编辑在其编辑实践活动中，根据期刊的办刊方针和办刊宗旨、读者和作者需求、学科与学术发展需要、编辑职责及编辑出版伦理规范，树立编辑的主体意识和主体地位，充分发挥编辑的创造性和创新性编辑思想，由被动编辑模式转变为主动编辑模式。一般来讲，编辑都是专职的，整天在研究和思考读者与作者需求，权衡学科和学术发展的整体趋势，如何办好期刊；而编辑委员或专家整天忙于临床与科研一线，其在期刊分配的精力是极其有限的。因此，编辑理应发挥主体性和主动性作用，而不是处于客体地位，使编辑实践活动处于被动地位。国内外著名医学期刊办刊实践证明，其编辑主体意识和主体地位发挥好的，期刊发展就具有较强活力。所以，期刊编辑主体性和主体地位的充分发挥，是办好医学期刊的重要因素之一。

2. 医学编辑的选择性与独立性　编辑实践活动的过程，实际上就是编辑的选择过程，选择与被选择实际上是主体与客体的选择关系，在这种选择关系中编辑是选择的主体，而各项编辑决策事项属于客体地位。如选择编辑选题、重点学术内容报道、约稿人选择、同行评议专家选择、学术导向问题选择、科研论文稿件的取舍选择、期刊设计和栏目设计选择等，整个编辑实践活动都处在选择的浪尖上，其选择的失误或发生选择偏倚，都会影响编辑工作质量。同时，在医学期刊编辑实践中，编辑选择应始终处于主动选择的地位，不但要主动选择，而且还要超前选择，并且这种编辑选择具有独立性的特点，只有独立选择、主动选择、超前选择，才能促进医学期刊的不断创新，充分体现编辑思想，促进期刊社会效益、学术效益和经济效益的全面发展。

3. 医学编辑的自主性与独立性　编辑自主性是指编辑作为行为主体按自己学术价值取向和意

愿做出决定的动机和能力与特性，编辑行为主体包括编辑个体、编辑部和编辑群体等，都能按自己意愿自由表达编辑意志，而且独立做出编辑决定，编辑在相应条件下，对于所从事的编辑活动具有自主支配和自主控制的权力和能力，自主推进编辑计划或编辑实践的进程。在医学期刊编辑运行活动中，一般很少有外部干预，编辑部按照分工和职责，具有周期性地自主运行的特点，这也是编辑自主性和独立主体意识的表现。此外，编辑的自主性还体现在独立自主地实施编辑策划、约稿组稿、编辑选题、学术导向选题、总体设计、栏目设计、编辑加工和版式设计等编辑出版实践活动。

4. 医学编辑的能动性与独立性　编辑的主观能动性是编辑特有的对期刊发展的认识和提高期刊效益的能力及实践活动。特点是通过编辑思维与实践的结合，编辑主动、自觉，并且有目的和有计划地主动研究和思考期刊的创新，积极主动地策划和组织选题，主动引导和促进学术交流和学科发展。编辑的能动性其实是编辑意志的能动性，主要是指编辑个体摆脱本能的控制与约束的能力，反映了编辑意志行为价值的层次性；而编辑意志行为价值的层次性主要是指编辑活动能够相对独立地脱离本能的约束，而受编辑主观意志的自由支配。编辑能动性的发挥是促进编辑独立性的基础，只有发挥编辑的能动性，才能更好地改变被动编辑模式为主动编辑模式，实施主动和超前编辑选题策划，主动引领学术发展方向。

第十节　医学编辑角色定位

医学编辑角色是社会角色或职业角色系统中的重要职业角色，是编辑出版事业中的职业角色之一。明确的编辑角色定位，对于发挥编辑角色权利、编辑角色规范、编辑角色义务和规范编辑角色行为具有重要的理论意义和实践意义。

一、医学编辑角色的概念与定义

在社会角色或职业角色系统中，包括编辑出版职业角色，而其中又含有医学编辑角色。作为职业角色来讲，随着社会分工和科学及专业分工的细化，职业分工也越来越细化，医学编辑职业角色就是随着编辑出版专业细化的产物。就社会角色或职业角色而言，医学编辑角色是现代编辑出版事业不可缺少的编辑角色。

1. 社会角色与职业角色　社会角色是一个庞大的角色系统，其中包括各类职业角色，其实任何个体、群体和职业都具有不同的社会角色。社会角色是由个体或群体的社会地位和身份所决定的；社会角色要符合社会期望值和规范要求，任何社会角色都被赋予了特定的社会规范、社会责任和社会义务。因此，对于任何社会角色行为，都应符合社会行为规范和承担应有的社会责任。所以，社会角色本身就奠定了特定的社会身份所要求的行为方式、规范、内在态度和价值观及价值取向的基础内涵。社会角色具有多重性和转换性的特点。如作为个体，在家是父母角色，驾车上路是司机角色，乘车上班是乘客角色，在办公室是职业角色，进入公园或景区又是游客角色等；在生活中，随着场合和人群的不同甚至时间的不同，社会角色在不断转换。而且人们要随之适应社会角色的转变，随时扮演不同的社会角色，不同的社会角色被赋予了不同的身份和行为、伦理和道德规范，也承担着不同的社会责任；如果人们社会角色意识不强或混乱，会造成相应社会角色行为、伦理和道德错位或缺失，甚至影响社会角色形象。如在职业岗位上是领导，回到家是丈夫或妻子或父母等，如果不转换角色，回到家还是以领导角色自居，会造成家庭不和谐。如老师，在家可能是儿女、父母角色，到学校在学生面前是为人师表，以老师的社会和职业规范约束自己，否则，老师的职业角色就会扭曲。而职业角色作为社会角色的重要类型，除具有社会角色的一般特征外，它具有相对稳定性、专业性、行业性、合法性和社会性等基本特征；随着社会和科学的发展，其职业角色作为最重要的社会角色越来越受到人们的青睐和关注。应该说，职业角色是以广泛的社会分工为基础，形成的系列职业角色的庞大系统。同时，社会赋予了其各自的角色权利、角色义务、角色规范和角色模式。很显然，由于社会地位是社会角色的内在本质，因此社会地位的多样性也就必然决定了社会角色的多样性与复杂性。

2. 医学编辑角色定义与角色定位　医学编辑的角色与其他编辑并没有本质的不同，只是医学编辑角色面对的是更具特殊性的对象和任务，具有专业偏向而已。实际上，用一句话给编辑角色做出准确定义和定位是很难的事情。

（1）医学编辑角色定义：医学编辑角色是指社会与医学科学及编辑规范对从事医学编辑职业身份或地位的人所形成的期望行为模式；医学编辑角色是以编辑出版事业和医药卫生事业的社会分工为基础，由此而赋予的系统编辑责任、编辑权利、编辑义务和伦理道德的行为规范模式。

（2）医学编辑角色定位：医学编辑是以医学科学理论知识和科研成果的编辑评价、学术导向、医学科技传播与学术交流、医学科技创新与促进人类健康为基本定位。

3. 医学编辑角色规范　社会角色规范是指角色扮演者在享受权利和履行义务过程中必须遵循的行为规范或准则。医学编辑角色规范和其他职业角色规范具有共同点，也具有特殊性要求，它具有不同的角色规范形式。从角色范围上，可分为一般规范和特殊规范。从医学编辑角色具体要求上，又可分为正向规范（即作为医学编辑角色扮演者可以做什么、应当做什么和需要做什么的行为规范），反向规范（即作为医学编辑的扮演者不能做什么和不应当做什么的行为规范）。从编辑角色规范表现形式上，又可分为文本性规范（如编辑出版法规条例、编辑出版标准、编辑出版制度、编辑出版规范、编辑出版纪律、党纪国法等），非文本性行为规范（如医学科技学术领域、编辑出版领域、医学期刊编辑出版领域既定成俗的行为和习惯等共同恪守的行业行为规范）。

二、医学编辑角色的基本特征

1. 医学编辑角色的责任特征　任何社会角色都赋予了相应的责任，作为社会角色或职业角色的医学编辑也不例外，很自然也赋予了角色扮演者相应责任。角色的责任特征，是所有社会角色的基本特征，也是任何职业角色的基本责任意识和担当。因此，作为医学编辑角色，除了要承担医学编辑的固有责任外，还要承担医学编辑角色的特殊责任，就是为人类健康和生命负有"守门人"的特殊责任。同时，还要承担编辑职业角色所应承担的社会责任和政治责任，尽管医学编辑所面对的是医药卫生科技学术内容，也要始终牢记自己应承担的社会责任和政治责任。

2. 医学编辑角色的权利特征　医学编辑作为职业角色的扮演者，在承担相应角色责任的同时，也必然具有角色扮演者所享有的权益和利益。所谓编辑角色权利，就是作为编辑角色扮演者在履行角色义务的同时，应具有支配他人或使用所需资源及物质条件的基本权利。同时，编辑角色权益也应得到维护和保证。所谓编辑权益是指角色扮演者在履行角色义务的同时，也应当得到物质和精神报酬享有的权益；这也是编辑角色的特征之一。

3. 医学编辑角色的义务特征　角色义务是指群体、团体和个体对社会或职业身份与角色地位应当做的事和应当承担的义务，在社会生活中，所有群体、团体和个体都需要履行各自所赋予的义务，包括社会义务、政治义务、编辑职业义务、法律义务等。与医学编辑角色权益相对应的还有社会伦理、编辑出版伦理、编辑职业道德和社会道德义务。不仅包括编辑角色自身应尽的上述责任和义务。同时，作为医学编辑职业还应具有人类健康"守门人"的意义和义务，并对所评审的医学期刊负有上述责任和义务。

4. 医学编辑角色的规范特征　作为编辑角色要接受来自编辑角色行为规范和编辑职业角色行为规范的约束。实际上，在社会实践和生活中，作为群体、团体和个体角色都在自觉或不自觉地恪守着各种社会角色规范，以保证各自社会行为或职业行为符合相应角色的要求和客观标准及行为准则。社会角色规范是在长期的社会实践和生活中自然形成及赋予的，而又在个体和群体的生活实践中表现出来，其社会角色规范与个体、团体和群体在社会系统中所处的身份或地位紧密相关，它是调节社会角色行为的重要控制环节与特征。尽管社会角色的形式具有潜在性，但其作用却具有外显性，在社会生活中的任何角色，都永远摆脱不了社会角色行为规范的约束和调节；当然，医学编辑角色也不例外。

医学编辑角色行为规范是编辑在参与社会和职业活动中应当恪守的行为准则的总称，也是被社会和相应职业系统普遍认可和接受的具有约束力的行为规范。

第十一节 医学编辑责任

在社会或职业角色中，没有任何职业角色不具有其相应的责任，而且承担的责任具有层次和身份性，不同层次和不同位置所承担的责任截然不同。医学编辑的责任，既有编辑岗位所赋予的责任，也有医学期刊功能和责任所承担编辑的责任。同时，还有其编辑职业角色所负有的政治责任、社会责任和学术责任。

一、医学编辑的政治责任

医学编辑出版是整个编辑出版事业的重要组成部分，同属我国科技文化事业的重要组成部分，属于意识形态范畴。编辑要讲政治，要树立政治意识和大局意识，坚持正确的政治舆论导向、科技舆论导向和科技出版方向，紧紧围绕国家科技振兴战略和《"健康中国2030"规划纲要》及国家重大疾病防治重点和重大公共卫生科技攻关重点，肩负起医学出版使命，推进医学科技进步，促进国家医药卫生健康事业发展，坚持围绕中心，服务大局，为服务于国家科技创新提供知识服务支撑和助推动力。在编辑实践中，编辑对于任何存在政治问题的稿件具有否决权，政治责任是编辑的首要责任。因此，医学编辑要具有讲政治、讲大局、讲责任、讲使命的政治责任担当意识。

二、医学编辑的社会责任

社会责任主要指团体、组织或个体对社会应负的责任，也就是应承担的高于团体、组织或个体目标的社会义务。医学期刊的办刊方针、办刊宗旨和社会功能及编辑的角色地位，决定了医学编辑必须具有社会责任意识，承担所赋予的社会责任。在重大公共卫生事件、重大传染性疾病流行和重大自然灾害中，应义不容辞和当仁不让地承担起医学期刊或医学编辑的社会责任。如2003年SARS（严重急性呼吸综合征，也称传染性非典型肺炎）疫情暴发和流行期间，中华医学会系列医学杂志的众多相关医学期刊和编辑们积极投入到疫情防控的战役中，在广大医务人员一时对SARS传染性疾病防控和诊断治疗与护理知识不熟悉与陌生的背景下，编辑们积极组织专家昼夜奋战，翻译美国CDC相关资料、制订临床实验室SARS诊断和操作指南、SARS临床治疗指南、SARS临床影像诊断指南、SARS防控指南、SARS临床护理指南和专家共识等技术性指导文件，并在各相关医学期刊第一时间迅速发表，第一时间迅速送到奋战在SARS疫情防控和临床防治一线，为疾病防控和临床诊治提供指导。在疫情暴发、流行和临床诊治期间，编辑们还积极深入临床一线，组织临床、预防和护理等多领域的专家撰写SARS防治经验学术总结，及时在相关医学期刊发表；在疫情后期，还组织出版了《SARS防治论文集》，为有效控制疫情发展和临床诊治做出了贡献。2008年汶川大地震发生后，中华医学会系列医学杂志的编辑们积极行动，超前实施编辑策划，组织相关领域的专家，制订灾区防疫指南、传染性疾病防控指南、受灾人群心理干预指南、相关知识问答等，在相关医学期刊及时发表，为地震灾区疫情防控提供指导。这些都是医学期刊和医学编辑典型的主动承担社会责任的事例。作为医学期刊的编辑，就是要发挥社会和职业位置优势，在国家需要和危急时刻，勇于为国分忧和承担应有的社会责任。

三、医学编辑的学术责任

在医学期刊或医学图书编辑实践中，除了应承担的编辑出版质量外，更重要的是学术质量责任。尽管在医学科研论文评审过程中，具有同行专家评议或评审的环节。但是，作为医学期刊或医学图书编辑出版主体地位的医学编辑，学术质量是其应当承担的主体责任。这就需要医学编辑具有学术质量把关的主体意识和主体责任，更不能把学术质量把关的全部责任推卸给同行专家，编辑要对同行专家评审意见进行具体分析判断，并结合编辑自身对稿件的初步评审实施综合分析，做出基本的学术质量判断和价值取向。因此，医学编辑要对所编辑出版期刊内容的科学性、创新性、可靠性、实用性、真实性、指导性和学术价值负有主体责任。

第十二节　医学编辑理念

编辑理念主要指医学期刊或医学图书编辑出版实践中，编辑经过长期实践的理性思考和实践经验所形成的思想观念，对精神向往和理想追求与专业信仰的抽象概括。编辑理念具有指导编辑行为和实践的作用。因此，树立正确的编辑理念对做好编辑工作和扮演好编辑角色具有举足轻重的作用。

一、对作者负责让读者满意理念

对作者负责让读者满意理念是医学编辑的最基本理念。编辑在实践活动中，要面对两个客户群：一是作者客户群；二是读者客户群；这两个客户群都是编辑的"上帝"。很显然，作者为医学期刊或医学图书出版提供稿源，是编辑出版的源泉和动力所在，如果缺乏作者源源不断地提供编辑原材料，编辑也就成了无米之炊；如果出版的医学期刊或医学图书无读者购买和阅读，也就失去了编辑出版的意义，这也是科技知识产品的供给侧的改革关系和问题。因此，编辑处理好读者与作者的定位和关系，摸清供给侧的功利需求，是做好编辑工作的首要任务。让读者满意，就是编辑出版的科技知识产品要满足读者的需要，能够很好地指导医药卫生科技人员的临床、科研、教学和卫生管理实践，真正让读者满意，增强和提高读者对期刊的忠诚度。对作者负责，就是要了解作者心理需求和功利需要及学术追求，理解作者科研成果来之不易和所付出的艰辛与创造性智慧，怀有敬仰之心、羡慕之情、急迫之感，严肃认真、一丝不苟、严谨慎重地对待每一篇来稿，在限定的时段内尽快完成稿件的编辑决策程序，退稿或刊用都必须具有充足的证据和理由，严谨和避免草率从事，即使退稿，也要给出意见、修改补充建议和指出存在的缺陷，甚至给出以后选题或医学科研设计思路，给作者今后临床和科研工作以帮助，即使退稿也要作者满意和高兴，因为作者也是"上帝"。

二、内容为王与质量优先理念

医学期刊或医学图书是科技知识产品，是内容产品，确切地说是以内容为王的知识产品。因此，其内容的质量是医学期刊或医学图书的生命线，编辑就是要以质量为中心，树立内容为王、质量优先的编辑理念，始终把质量放在首位，严格把好学术质量、学术价值质量和编辑出版质量的关口，以质量取胜。这既是医学编辑理念，也是医学编辑的基本责任。

三、服务读者作者与服务大局理念

编辑的职业角色定位表明，编辑具有"第三方和中介"特征，是编辑职业的基本特征，它非权力行使者或指挥者，编辑与作者、编辑与读者的关系是服务关系，编辑与作者交流方式是沟通、协商和建议，避免命令口吻；编辑对读者就是知识产品制造商、提供商或推销员，编辑要为读者服务，要让读者满意，这是编辑的基本理念。编辑除了要服务读者和作者外，作为医学期刊的编辑还要有围绕中心，服务大局的理念；这个中心和大局，就是要以国家建设现代化强国和发展为中心，围绕国家科教兴国战略、科技创新战略和健康中国战略这个大局，发挥医学期刊和编辑的社会角色作用，并为之做出应有的贡献。

四、积蓄资源与培育品牌理念

期刊品牌是期刊市场的核心竞争力，谁占有了期刊品牌，谁就占有了期刊发展和期刊市场的主动权，期刊的竞争在某种意义上是品牌的竞争。作为编辑既是内容编辑出版的主体，也是期刊品牌培育的主力军。编辑要具有期刊品牌意识和品牌理念，在编辑实践中，善于整合期刊资源、积蓄期刊资源、扩展期刊资源，积蓄期刊品牌资源，构建和蓄积期刊品牌的无形资产，从期刊全面质量控制入手，全面塑造期刊品牌形象，树立期刊在读者、作者和广大医药卫生科技人员心目中的品牌形象、品牌印迹和品牌崇尚，为期刊赢得品牌价值和品牌地位，这也是编辑的最高追求。

第十三节　医学编辑精神

人本身具有两种属性，即生物属性和社会属性，也就是物质属性和精神属性。人的生存不仅需要物质满足生物体的需要，同时更需要精神为支柱。编辑职业也是如此，人们从事职业不仅需要获取物质，同时更需要精神追求和支撑。任何职业和职业角色都具有自己的固有精神，医学编辑也不例外，也蕴含着特有职业精神。这是社会各职业领域在其发展中形成的精神，也是相应事业发展的精神力量。而职业精神是与社会各职业活动紧密相连的，职业精神具有鲜明的职业特征，是职业发展的灵魂和精神与操守，从事何种职业就应具有何种精神和能力及规范。在社会主义职业精神中，构成要素繁多，既有相互配合，同时又构成了严谨的职业精神系统模式。其职业精神的关键内涵和外延凸显在创业、敬业、勤业和风险上。因此，医学编辑职业也不例外，它也具有自己独特的编辑职业精神。

一、编辑咬文嚼字精神

咬文嚼字具有念诵和钻研及过分斟酌字句之意。以往被看作是贬义词，用于嘲讽那些专门死抠字眼而不去领会精神实质的人。但在编辑领域，咬文嚼字实为褒义词，是指编辑的职业习惯和职业精神，对医学科研论文稿件从立题的依据和新颖性、创新性与实用性、医学科研设计的科学性与合理性、统计学方法和统计分析结论的正确性、研究结果与研究结论的可靠性、科研资料与文章结构的完整性、文字与表达的规范性等，实施慎重而仔细琢磨与斟酌，逐条、逐句、逐词、逐字认真琢磨与推敲之意。这正是医学编辑严谨、认真，对论文稿件精雕细琢、追求完美的编辑特有职业精神；甚至有作者把编辑的这种精神戏称为"职业病"，正是由于这种精神，才有效保证了医学期刊的质量。

二、医学编辑作嫁衣精神

唐代诗人秦韬玉《贫女》诗中的诗句"苦恨年年压金线，为他人作嫁衣裳"。这是说穷苦人家的女儿没有钱置备嫁衣，却每年辛苦地用金线刺绣，为他人作嫁衣，看着他人身穿嫁衣出嫁而高兴。其直白的意思是整年忙活，制作嫁衣者没捞到什么好处，但成就了他人的好事。因此，现代人戏称编辑职业是为他人作嫁衣的职业，这就是医学编辑职业特征和职业精神的真实写照。作为医学编辑，为了完善和修改好作者的科研论文稿件，可以整天绞尽脑汁，废寝忘食，加班加点，精雕细琢。但稿件发表了，只能署名作者，没有编辑署名，但出现编辑方面的差错还要承担责任，这就是编辑作嫁衣精神，作为医学编辑也必须具备这种作嫁衣精神。

三、医学编辑无名英雄精神

无名英雄，也就是说某人做了好事或立了大功，但却没有留下名字或不想让他人知道，甘愿默默无闻，做无名英雄。这种人彰显了一种高贵品质、高尚情操和特殊精神，是一种只求奉献，不求索取和回报的精神。编辑工作长期实践证明，为了作者科研论文成果的发表，编辑不厌其烦地修改、发现问题和提出补充修改意见，甚至有时提供作者研究思路或科研设计思路，亲自整理和完善科研成果论文。在亲见作者科研论文发表后获得国家科技大奖或奖励，从普通作者成长为国内外著名专家、中国工程院院士或中国科学院院士等，编辑为之默默欣慰和高兴。这就是医学编辑的无名英雄精神，也是医学编辑职业应当具备的职业精神和职业品质。

四、医学编辑伯乐精神

在人们的心中，伯乐含义人所共知，无人不晓。相传在我国古代春秋时期，伯乐为秦穆公时的人，姓名叫孙名阳，是古代春秋时期郜国人（现山东省菏泽成武县），他具有善相识马的独特本领。现当代人们将伯乐善相识马寓意为善于发现人才、推荐人才、培养人才和使用人才的人。医学编辑在某种程度上也胜似伯乐，具有伯乐精神。在长期医学编辑实践中，经常帮助和扶持初出茅庐的作者，不厌其烦地帮助修改论文和提出建议及思路，对具有潜质和发展前途的普通作者，编辑还经常向其约稿、请其审稿、邀请其在学术会议上做专题报告或会议主持人，以提供平台和展示才华的机会，逐步扩大其学术影响力和知名度；从初出茅庐的普通作者，到审稿人、编辑委员、副总编辑/副主编、总编辑/主编、著名专家，以及学术团体或学会的学术带头人。这些大家的成长过程，编辑在其中发挥了伯乐作用，是发现人才、培养人才、扶持人才、促进人才成长的渐进过程。医学编辑的伯乐作用和伯乐精神，是编辑角色地位所赋予的特殊功能。因此，医学编辑在其实践活动中，首要善于做好编辑搭台，专家唱戏，编辑导演，专家上台，不仅要具有伯乐意识，伯乐作用，还要发挥编辑的伯乐精神。

五、医学编辑的怀疑精神

科学的怀疑精神最早源自古希腊的怀疑论，科学怀疑论者在当时的古希腊被誉为探究者或研究者。科学的怀疑精神主要是质疑理论的适用范围、精确程度、先验假设等，这些都是怀疑理论是否能够简洁、有效地描述客观实验规律，而不是怀疑理论正确与否。其实，科学研究的实质就是从怀疑起步，它是科学的核心和科学研究的起点。在科学精神中，其实也蕴含了科学的怀疑精神、科学的批判精神、科学的分析精神和科学的求证（证据或循证）精神。如果缺乏合理的怀疑和追根问底的精神，就不可能有科学创新和科学发现；俗话说：学源于思，思源于疑。在古代，人们很早就意识到质疑对学术研究、科技创新和学习的重要性；古人曰：学贵知疑，小疑则小进，大疑则大进；大疑则大悟，小疑则小悟，不疑则不悟；孔子曰："每事问"就是这个道理。而科学的发现多归功于怀疑和为什么？大科学家爱因斯坦曾说过："我没有特别才能，只不过是喜欢寻根刨底地追问和怀疑问题而已"。实际上，科学怀疑是科学理性的天性，特别是科技学术期刊编辑，怀疑或挑毛病，是编辑的"职业病"和职业精神。作为科技学术期刊编辑就是要具有批判性思维，在科学理性面前，真理都是相对的，具有其适用条件、范围和时间性，编辑对作者的医学科研论文的结论和研究发现，就是要有合理的怀疑和批判性思维予以分析研判，编辑如果缺乏怀疑精神，对所有的科研论文稿件中的科研设计、科研发现、结果结论和理论不加合理分析与综合判断，放弃追根循证，在科研论文稿件面前过分信任研究者、作者或同行评议意见，盲目迷信著名专家、博士研究生导师、学科带头人、国家重点资助课题、著名科研机构及国家重点实验室等，而缺乏编辑自主客观分析和客观判断，就会失去学术"守门人"的作用和责任。

第十四节 医学编辑原则

在编辑实践中，编辑既要把握好职业角色定位和职能，同时又要把握好编辑工作的原则（坚持质量优先原则、客观公正原则、作者认可原则）。

一、质量优先原则

医学期刊是内容产品，内容的质量始终是编辑工作的首要任务和重要职责。包括政治质量、学术质量和编辑出版质量。政治质量主要是指所报道的内容要保证没有与党和国家政治、法律法规和相关政策相悖的内容，要与党和国家的科技政策及卫生工作政策保持一致性，要保持与弘扬党和国家科技政策及主要任务的主旋律；学术质量主要是指其学术内容的科学性、真实性、实用性、创新性和特色等；编辑出版质量主要是指内容的可读性、规范性、印刷装帧美观及质量等。因此，编辑要坚守质量底线，坚持质量优先的原则，这是做好编辑工作的首要任务和责任。

二、客观公正原则

医学期刊角色和编辑角色的定位，决定了编辑在实践活动中，应坚持客观公正的原则。客观公正原则，通常是指对法官的要求和必须严格坚守的职业素质与考核标准，也就是说，实事求是、公平合理地断案是法官的职业角色准则。而编辑职业角色具有对作者所投科研论文稿件的"生杀"大权，在某种意义上说也具有"法官"的角色意义。这里所说的"客观"，是指编辑从作者所投论文稿件的实际情况出发，不分亲疏、不分职称高低、不分机构大小、不为利益冲突所惑，坚持以论文稿件的质量为客观标准的行为准则，应当根据作者论文稿件的实际情况和质量做出客观评价，不能凭主观臆断与编辑偏爱随意做出评价。"公正"主要是指公平合理，公正的核心理念是平等和正义、注重稿件事实、注重作者所投论文稿件的质量和价值，必须对每篇稿件都一视同仁，不偏不倚，做到作者面前人人平等。编辑只有客观公正地对待每一篇稿件，对每一位作者和稿件负责，才能取信于作者。

三、作者认可原则

在编辑实践活动中，编辑对所有作者的稿件既具有提出修改建议的权力，同时又具有完善、补充和修改作者稿件的权力。但其原则是，无论是编辑修改、补充，甚至编辑代笔重新调整资料或重新执笔撰写，在文章发表前，都必须征得原作者认可方能发表；对于编辑提出的补充和修改建议，也不能强求作者必须按照编辑提出的意见修改或补充，必须尊重作者的意愿，是否需要修改或补充，由作者自行做主，这是作者的权益，任何人不得侵害。但作者也应清楚，无论编辑如何修改，都必须认真加以斟酌，避免盲从，因为文责自负是世界通行规则。

第十五节 医学编辑职业特点

医学编辑职业与其他职业一样，都具有职业特点和职业特征，主要表现在医学编辑的政治性、文字性、中介性、把关性、创造性、传播性、系统性和潜隐性。

一、医学编辑的政治性特点

讲政治和维护四项基本原则，是医学编辑的首要政治责任和职业特点，尽管编辑从事的是医学期刊的编辑出版，而非社会公众性或政治媒体出版物，但讲政治和坚持四项基本原则依然是医学编辑的重要政治责任。医学编辑的政治性特点具有两层含义。

1. 医学编辑自身应具有政治头脑和政治素质 这是医学编辑角色地位所决定的，把讲政治贯穿于整个编辑活动中，保持与党和国家医药卫生工作方针和政策的一致性。

2. 医学编辑的政治把关责任 这就要求医学编辑不但要具有政治素质，还要具有政治敏锐性和政治责任，在医学编辑出版活动中保持高度的政治责任感，在编审和出版过程中，严格把关和控制涉及违反国家法律法规、社会政治和国家主权等政治性问题的发生，真正发挥守门人的政治责任。

二、医学编辑的思想性特点

在医学书刊编辑出版活动中，尤其是选题策划中，思想性是医学编辑的灵魂。缺乏编辑思想性，所做选题或编辑出版的刊物，其内容也就失去了针对性、目的性和指导性。因此，凸显医学编辑的思想性，是提高医学编辑出版质量和学术影响力的重要因素之一，凸显了医学编辑思想性的职业特点。

三、医学编辑的创造性特点

中国科学院前院长卢嘉锡院士曾有名言："对于科研工作者，科技期刊既是龙头，又是龙尾"。龙头，即学术导向、科研引领和科研实践指导；龙尾，即科研项目或成果的完善与发表。科研论文成果的发表过程实际上是研究工作的延续，在这一过程中编辑发挥着重要作用，通过评议或评审过程发现存在的缺陷，提出问题和建议，协助科研工作者完善和修改，这本身就是对科研成果进一步创新和完善的过程。编辑的创新还体现在编辑思想上，主要体现是编辑选题策划上，这是编辑从产生编辑思想、编辑创意、编辑构思、构思方案、读者市场调研、方案设计、方案论证、编辑选题策划最终实施，都集中展现了选题策划者的智慧与经验，整个过程充满着编辑的创造性劳动。通过编辑对作者论文稿件的追加性创造性劳动，使其成果更科学和完善，这其中蕴含了创造性和原创性成分，也有再创造的成分。当然，编辑工作并不产生新的科研成果或新作品，但编辑从对科研论文稿件的立项的新颖性和创新性、科学性与实用性、科研设计的科学性、样本设计的合理性、统计学方法的正确性、结果与结论的可靠性，以及科研论文稿件结构、表达的规范性、资料的完整性与可读性、文献引用的准确性等，都需要编辑发挥创造性思维的作用和劳动，做出修改或建议补充、进一步完善和提高的编辑处理。编辑的创造性还体现在期刊或图书的总体设计上。如栏目设计、学术导向设计、版式设计等，经过编辑的创意构思而形成期刊或出版物版式、插图及封面的装帧等。因此，编辑的每一环节都充满创新性思想和创造性劳动。

四、医学编辑的系统性特点

医学期刊或医学图书的编辑过程是一项系统工程，具有很强的系统性，任何环节的运行缺陷或错误，都会影响到其系统效果。如医学期刊设计，应从办刊方针、办刊宗旨、读者对象、期刊总体设计、栏目设计、封面设计、品牌标识（Logo）设计、品牌培育设计、报道重点设计、营销策划等；从编辑角度，应从编辑思想萌发、编辑动议、编辑创意、编辑构想、编辑方案设计、选题策划实施、重点内容编辑出版、内容宣传推送等系列环节，而且各个环节都具有紧密的内在联系和运行的系统性。因此，编辑在实践活动中，要具有系统观点和系统设计思想，以确保系统运行效果的最优化。

五、医学编辑的把关性特点

作为学术媒体的医学期刊编辑"守门人""把关人"的称谓和作用除了自身的实际职能与实践外，其理论基础还来源于美国社会心理学家、传播学四大先驱之一的卢因率先提出的"把关人"理论。1947年，卢因在《群体生活的渠道》中，首先提出了"把关人"（gatekeeper）理论概念。卢因认为，在研究受众群体传播时，信息的流动是在一些含有"门区"的渠道里进行的，在这些渠道中，存在着一些把关人，只有符合读者群体需要和规范及把关人价值标准与价值取向的信息才能准许进入传播渠道。卢因指出，信息总是沿着含有门区的某些渠道流动，在这些渠道中根据相应公正无私的规定和标准或"把门人"的价值标准及意见，对信息或商品是否被允许进入渠道或继续在传播渠道中流动做出决定。"把关人"既可以指个体和科学共同体（如信源、学术团体、记者、编辑等），也可以是学术媒介组织或机构。因此，从医学编辑实践和"把关人"理论及编辑角色定位，编辑的把关性是职业特点与职能之一。编辑把关性主要是根据对科研论文稿件或选题的价值取向标准、读者群和临床科研及学科发展的需要，对科研论文稿件的科学价值、科学性、创新性、实用性、指导性和真实性等实施学术把关。同时，还要对文章的可读性、文章撰写的规范性、文字表达的正确性，以及医学科研伦理和学术不端现象负有不可推卸的把关责任。

六、医学编辑的中介性特点

医学编辑职业是介于作者与读者之间、同行评议专家（编辑委员）与作者之间联系性社会角色性质。同理，医学编辑又具有第三方性，也是因为医学编辑介于作者与读者、同行评议专家与作者之间，而第三方性是指两个相互联系的主体之外的客体称之为第三方，第三方可以是与两者主体具有密切联系，也可以是独立于两个主体之外的客体。而医学编辑的角色地位就凸显了中介性和第三方性的特点，医学编辑在其编辑活动中必须公正对待作者、读者和专家学者，不偏不倚，彰显出医学编辑的职业气质和职业特点。

七、医学编辑的科学性特点

医学编辑从事的是医学科学创新成果和医学科学理论知识的甄别、科学性和创新性成果的评价、编辑修改和完善、编辑出版与传播等工作。因此，医学编辑是科学知识的把关者、传播者，更是尊重科学和追求真理的践行者。医学编辑必须为所编辑出版的医学科技知识的科学性、真实性、实用性负责，这是医学编辑社会角色和职业特别重要体现。

八、医学编辑的文字加工性特点

医学编辑是专家，同时也是文字工匠，是咬文嚼字的行家里手。因为医学编辑职业角色除了赋予的其他职业责任或职业特点外，对医学科研论文的文字把关、字斟句酌、精雕细刻、修改完善、规范化表述、逻辑性斟酌、科学性推敲等，是医学编辑的本分与重要内容之一。文字加工性特点，也是医学编辑性质的重要特征和特点。

九、医学编辑的潜隐性特点

幕后性或潜隐性是编辑职业的另一特征或职业特点，如同秘书工作，为领导起草再多的文稿、报告和讲话稿，都是署名领导的名字，也绝不可能为体现秘书所做创造性劳动而署名秘书的名字，工作性质只能是幕后的无名英雄。编辑工作也同样具有幕后性和潜隐性的特点，把作者文章修改和补充得再好，贡献再大，其署名和著作权也是原论文作者的，编辑只能是幕后英雄。因此，编辑要具有甘当人梯、甘做无名英雄、勇于为他人作嫁衣的精神和无私奉献精神。

十、医学编辑的文化性特点

编辑实践或编辑职业作为一种文化现象，主要是产出医学科技文化和精神文化产品，这种文化产品作为文化成果具有历史的积淀性和科技文化的传承性，而医学编辑所产出的医学科技知识文化精神产品，同样具有文化的基本属性。使得医学科技文化产品更趋完善和完美，更有利于传播和传承医学科技文化。

第 2 章　医学编辑心理与读者及作者心理特征

医学编辑心理是研究编辑出版流程中不同主体的心理活动规律和特征的学问，涉及编辑心理、作者心理、读者心理和广告客户心理等系列心理主体的心理现象。作为医学编辑，要做好医学期刊和医学图书出版物，首先要研究和了解编辑自身心理，同时又要研究编辑服务对象的心理状态和心理需求。如作者心理、读者心理、广告客户心理、编者（主编、编辑委员、审稿专家）心理的活动特征和规律，以满足服务对象的心理需求，这对做好医学编辑出版工作具有重要的理论和实践现实意义。

第一节　医学编辑心理学基本概述

心理学是研究人类行为和心理活动的学科。心理学包括基础心理学和应用心理学，其研究涉及认知、情绪、知觉、思维、人格、行为习惯、社会关系和人际关系，同时也涉及个体心理。如编者、读者、作者、广告客户等心理活动和机制在编辑出版活动流程中的行为与角色。

一、心理学基本概念

心理学名称来源于希腊文，意思是灵魂的科学。而灵魂在希腊文中也有气体和呼吸的意思，这是由于古代人认为生命有赖于呼吸，呼吸终止，人的生命也就终结了。到了19世纪末，心理学发展成为一门独立学科；20世纪中叶，心理学才被学术界明确基本定义和公认的概念。1879年，德国心理学家冯特受自然科学影响和启发，在德国莱比锡大学创立了世界第一个心理学实验室，这标志着科学心理学的诞生。心理学是研究人类心理现象、心理活动、心理变化规律、精神功能和行为活动的学科。

二、人类的基本心理活动

1. 心理过程（mental process）　心理过程是指人类心理现象的动态过程，包括人的感觉、知觉、注意、记忆和思维、意志、情感等心理过程，它反映了正常人个体心理现象的共同特征。其中人的认识过程也称认知过程，是个体在社会实践活动对认知信息的接受、编码、储存、提取及应用的心理活动过程，其中也包含人的感知、知觉、思维和记忆等心理活动。人的情感过程是个体在社会实践中对事物态度的体验；而人的意志过程是个体自觉确定心理目标，又根据目的调节和支配个体行为，克服心理障碍和困难实现预定心理目标的心理过程。人类的这些心理过程并非是彼此孤立的，而是相互依存、相互联系和相互作用形成有机统一的心理过程。

2. 个性心理（individual mind）　个性心理是人类在社会生活实践中形成的相对稳定的多种心理现象的总称。其中包括人的个性心理倾向、个性心理特征和个性心理调整等，反映了人的心理现象的特殊性和个性特点。人的个性心理倾向是推动人类实施社会活动的心理动力系统，充分反映了人类对周围环境和世界发展趋向及实现目的的追求。集中体现了人的个体动机、需要、兴趣、追求、理想、信念、核心价值观和世界观等个性心理倾向。人的个性心理倾向是人类自身展现的本质和稳定的心理特征，主要展现的是人的气质、性格和能力。

3. 人的意识（consciousness）　人的意识是指大脑对客观物质世界的反映，是感觉、感知和思维等各种心理活动过程的总和。人们通过身体感官接收到声音、味道、颜色、触觉等信息被意识和感知的过程，被称为意识过程。

4. 无意识（unconsciousness） 无意识是现时未被个体感知到的心理现象。是无意的，不知不觉的；在心理上是指人们意识以外的，而以内隐方式进行的心理过程。精神分析学派的基本概念中指的是原始冲动、欲望、本能行为、性欲等，是人的心理活动的基本动力，也是人的动机和意图等产生的根源。

三、心理学基本分类

1. 普通心理学 是研究正常成人心理的最一般规律的学科。主要研究人类心理现象的产生、发展、规律、各种心理特征和心理学一般理论；从方法学入手，研究心理学的基本方法。其研究范围包括心理学的理论原则和方法、心理过程、心理状态和个性心理特征等基本原理。既是各心理学分支学科的研究成果，又是各分支心理学的一般知识和理论基础。可以说是心理学的基础和入门。普通心理学又可分为感知觉心理学、言语心理学、思维心理学、记忆心理学、意志心理学、个性心理学、情感心理学等。以此为基础，又可构建其他心理学分支。如社会心理学、管理心理学、消费心理学、教育心理学等诸多学科。

2. 生理心理学 主要研究心理现象的生理机制，人的心理活动引发的生理功能的变化规律。生理心理学是心理学研究的重要内容，其研究包括人脑与行为的进化过程，大脑的解剖与发展，大脑进化与人类行为的关系等。尤其是在认知、动机行为、运动控制、情绪和精神障碍等心理现象，人类行为与神经过程及神经生理机制。

3. 发展心理学 主要研究心理的种系发展，比较心理和人类心理个体的发展。心理发展主要指人从动物到人类的心理演变过程，个体心理发展主要指人类个体从胚胎到出生、成熟、衰老的整个生命过程中不同阶段心理发生与发展的变化历程。发展心理学还包括比较心理学、儿童心理学、中年心理学和老年心理学等，尤其是青少年心理学又是发展心理学研究的主要对象，其实发展心理学在某种意义上就是指儿童心理学。

4. 教育心理学 主要研究教育过程中各种心理现象，以揭示教育与心理发展的相互关系。教育心理学是指在教育情境下人类的心理现象、特点和规律。如学习、教育、干预效果、教学心理变化，重点是把心理学的理论和研究成果运用到教育的全过程。教育心理学可应用于设计课程、改革教学方法、调动和激发人的学习动机、疏导学生面对人生成长过程中所面临的挫折和挑战。

5. 医学心理学 主要研究心理和身心因素在疾病发生、发展、诊断、治疗和预防中的作用，是近年心理学与临床医学相结合而催生的新领域。医学心理学是指从医学的观念、诊断、治疗、行为、预防、精神障碍与人类心身疾病等研究相关问题的应用学科。

6. 社会心理学 主要研究个体和群体在社会相互作用中的心理现象、行为发生和变化规律。社会心理学要探讨个体和社会群体的人际关系、心理和行为。在个体社会化层面探讨个体在社会生活过程、社会交往、家庭和居住环境对人群的心理影响。而在社会群体层面对群体交往结构、群体规范、生活态度、风俗习惯、种族偏见行为和文化等心理变化规律。

7. 工程心理学 主要研究心理学与现代科学技术发展对人类心理的影响，人工智能、智慧环境发展、人机配置和功能协调的心理活动变化和规律。目的是使机器设备和工作环境的设计适合人体的各种要求，从而实现人、机、环境三者之间的合理配合，使处于不同条件下的人能高效、安全、健康而舒适地工作和生活。研究范围涉及生理学、解剖学、人体测量学、生物力学、医学等相关学科。

8. 编辑出版心理学 主要研究编者、作者、读者和医药广告客户不同心理特征、规律与心理需求的学问，这对医学期刊和医学图书出版编辑是要重视、必备和加以研究的基本理论与实践的学问。

第二节 医学编辑心理研究方法

医学编辑了解和掌握心理学的基本研究方法，这对把握和分析编者、读者、作者和广告客户心理特征和心理需求，全面提高医学期刊和医学图书出版效益，满足不同目标客户心理需要具有现实意义。

一、自然观察方法

自然观察方法是医学编辑最容易和常用的目标客户心理分析方法。它是在自然环境条件下，对目标客户心理现象的外部行为实施有计划、有重点、有目的观察分析，重点对其心理现象和行为实施观察研究，探寻和摸透客户心理需求和行为目的。

适用条件：①对观察研究对象不加以控制，自由放松；②在控制条件下不会影响研究对象的行为发挥；③因为心理实验观察也受伦理制约，所以对某些心理或行为的观察不宜实施控制措施。

二、实验设计方法

实验设计方法是研究对象在控制条件下对某种心理现象和行为实施研究的方法。

适用条件：①研究者希望获得定量或数据化实验结果；②研究者实施因果分析或因果推论。

三、量化测验方法

研究者利用预先经过严格设计和严密编制的标准化量表，实施某种心理品质测量的方法。

适用条件：①研究者需要比较快地收集量化数据，实施与常模比较的情况下；②当研究者应用简便易行或研究方法种类较多时。

四、现场调查方法

现场调查方法是医学编辑容易实施和简单易行的研究方法。主要是研究者针对某一问题，让被调查对象自由表达意见。

适用条件：要求快速收集大量调查数据时。

五、个体分析方法

研究者对受试者各方面实施深入了解，收集和掌握受试对象现在、过去的有效资料，在掌握大量个体资料的情况下实施分析和推理判断的方法。

适用条件：①对研究对象个体的心理和行为的产生、发展原因实施较深入了解；②研究者拟获取某种假设需要。

六、自省研究方法

自省研究方法是自我观察方法，主要是依靠编辑或研究者自身的意识和经历，自我反省，扪心自问的形式来探寻心理问题及心理需求的答案，它是人们最常用和最自然的基本心理分析方法。

第三节 医学编辑心理素质与心理控制

在编辑实践中，人们往往忽视了编辑和服务主体的心理状态的研究分析，有针对性满足不同主体和客体的心理需求，以达到编辑目的和编辑目标。一般讲，在人的智商、智力、能力、机会相同的背景下，事业能否取得成功，在某种意义上则取决于自身的心理素质和心理状态。因此，具有良好的个性编辑心理素质，如自信、自知、自律、自强、开朗、豁达、乐观、坦然、坚毅、沉稳、冷静、机智、应变、适应、善良、热情、勤奋、执着、敬业、钻研、认真、担当、合群、负责等，是医学编辑出版事业兴旺发达的必要心理基础。

人的心理素质是人的生物体、心理、社会和精神素质的集中体现，既具有先天遗传因素，也有后天环境因素相互作用的结果。因此，人的心理素质是以人的生理遗传因素为基础，通过后天生活环境实践磨炼相互作用，从而逐步发育、发展形成的心理潜质、潜能、能量、特质、品格、品质与行为控制的综合特征。编辑的素质与普通心理学一样，其心理素质也由以下要素组成。

一、医学编辑心理素质构成要素

1. 编辑心理特质与特点　医学编辑是一个特殊职业群体，其心理素质具有编辑职业特质，心理素质与职业要求相适应。编辑心理活动具有其特殊的职业特点，这就是主观性与客观性统一、环境与实践的统一、能动性与受动性的统一、自然性与社会性的统一、科学性与合理性的统一、共同性与差异性的统一、数量与质量的统一、时间性与空间性的统一、品格与职业的统一、功利目的与职业目标的统一、责任与事业的统一。心理特点也集中反映了心理素质，体现在感知的直接性与具体性，编辑思维的习惯性与创新性，情感的易变性与感染性，意志的目的性与职业目标的执着性特点。

2. 编辑心理潜能　人的潜能简单地说就是潜在的能量，是表意识之内的潜在能量，人生潜能与生俱来，而且每个人都具有潜能，每个人的潜在能量都是无限的（如创造潜能、社会潜能、精神潜能、身体潜能、创作潜能、智慧潜能、组织潜能、优秀潜能、艺术潜能、生理潜能、感觉潜能等），只是人受惰性心理控制，一般情况潜能不容易释放，只有在应激和外力强压作用或不断挖掘潜能下才能获得释放。潜能是人的心理素质、精神素质、社会素质赖以形成和释放的基础，当然也可在周围环境压力、竞争压力、职业压力、生活压力、组织压力下释放潜能。因此，正确培养和引导，树立和增强责任意识与竞争意识，强化目的和目标意识，是不断激发编辑潜能的重要措施。

3. 编辑的心理能力或心理能量　人的心理能量或心理能力，是普遍存在的能量。人具有身体能量，也具有心理（精神）能量，两者构成了人的身体能量和心理能量的心理系统，这种心理能量和身体能量的发挥与释放是编辑心理素质的体现，也是意识调节能量的结果，能量释放的强弱反映了人的心理素质。

4. 编辑个性心理品质　人的心理品质与心理特点密不可分，但也有区别，心理品质的特点是后天获得的，人与人之间具有不同的心理品质，而且存在很大差异。人的各种心理现象都具有一定品质（如思维的敏捷性、记忆的持久性、思维的灵活性、认识问题的深刻性、思考问题的独立性、分析问题的逻辑性、情绪的稳定性、情感的倾向性、处理问题的果断性、面对突发事件的沉着性、意志信念的坚定性、情绪的控制性、行为的自制性等），编辑心理品质的优劣显示其心理素质的水平。良好的编辑个性心理品质是事业成功的重要心理因素，主要表现在良好的情商智商、乐观的情绪、开朗的性格、坚定的意志、善良、合群、自知自信、自强自律、勤奋敬业、认真负责、冷静、热情。同时，还要具备敏锐的思维、良好的记忆、敏捷的感觉知觉、丰富的想象、高度注意力等个性心理品质。

5. 编辑的心理行为　行为科学认为，一切行为都具有目的性。无论人的行为复杂还是简单，都受到人的心理支配，人的行为都是心理行为，也是心理素质的表现，通过行为可以检验和判断心理素质水平。心理行为是心理潜能、心理特点、心理能量、心理品质与心理行为的有机结合，形成了心理素质。因此，编辑要培养自己的心理素质，就要努力发展、培养、激发、增强、训练智力与非智力因素的潜能，在编辑实践中充分释放潜能、能力、能量、优势、品质。编辑行为主要表现在编辑个性行为要符合角色定位，编辑个体或群体的社会行为规范和道德规范的依从性。编辑只有具备这些心理行为素质，才能在医学期刊平台上充分展现和释放聪明才智。

6. 编辑认知潜能　编辑认知潜能是指编辑获得知识和信息处理的过程及认知的潜在能量。编辑的知觉感觉能力、存储记忆能力、思维判断能力、推理想象能力、语言表达能力等，都是编辑基本的心理过程和认知潜能的激发过程。人们通过接受环境信息，经过大脑的信息处理过程而转化为内在心理活动，从而支配编辑的行为方式，信息处理和加工的过程就是人的认知潜能的激发过程。编辑认知潜能的发挥，其前提是要注重编辑个体认知潜能的塑造，才能在编辑实践活动中充分发挥和释放。

7. 编辑健康心态　编辑保持健康的心态，才能处事不惊，遇危不乱，坦然淡定，化危机为机遇。保持编辑健康心态，既是编辑角色定位所需，更是编辑实践活动中必备的心态。编辑健康心态主要表现特征：智商情商优良，情绪情感淡定，性格温和，行为举止适当，人际和谐，适应环境，团结协作。

8. 编辑适应能力　编辑的适应能力是指编辑在社会环境和编辑实践环境的生存和适应能力，主要表现在心理、生理和行为对环境的适应性与应变性，从而快速达到与新环境的适应与和谐状态。编辑的适应性主要体现在对社会实践环境、自我意识、心理应变、人际关系、挫折承受、竞争意识、情绪调整、行为控制等心理状态，是做好编辑工作必备心理素质。

二、编辑心理控制方法

人的心理素质的形成既有先天遗传因素，也有后天环境因素，人的心理素质具有可塑性和重塑性，后天环境因素对人的心理素质的形成和重塑具有重要作用，经过环境潜移默化的影响和培养锻炼，可以重塑良好的心理素质；心理素质的形成，还与人的受教育程度、知识结构、社会经历、职业性质等有密切关系。要不断提高编辑自身的心理素质，就要在编辑实践活动中丰富自己的阅历、社会活动和学术活动机会，锻炼意志力、控制力，增强自信力，全面提高编辑心理素质。

1. 自我认识与弥补缺陷　人的心理素质都不是完美无缺的，在某种程度上或某一方面都可能存在缺陷及弱项，编辑就是要善于分析自身心理素质的优势与劣势，找准心理素质的强项与弱项，分析薄弱点和把控能力，有针对性地弥补心理素质缺陷部分，强化优势部分，锻炼和培养自己的良好心理素质，为全面做好医学编辑工作做好心理素质准备。

2. 控制情绪与自控自制　情绪是人的心理活动最直接、最真实的外在行为反映，情绪的控制与人自制力，自我控制能力直接相关，要把控自己的情绪，就要增强自控能力和自制力，这是比较难的心理控制活动，特别是在外界环境和激情刺激下，其情绪暴发的阈值很难自控，它考验着人的心理素质和情绪的制动性能。在认知心理学上，思维决定情绪，也就是说，在面对环境和事件刺激时，其内心想法决定了人的情绪体验和情绪表现形式及程度，当人们面对恶性精神刺激事件、面对困难、面对挫折、面对恶劣环境、面对危机时，情绪行为反映一般是紧张、焦虑、烦躁、抑郁、失落等消极情绪体验。试想，如果在消极情绪支配和心境下，再有能力的人也很难发挥其应有的能力和能量，自身潜在能量会被恶劣情绪所抵消和衰减。因此，编辑有效控制情绪，自控自制，及时制动情绪的闸门，把控情绪节奏，稳定情绪是有效克服和提高心理素质的关键，也是古今中外著名将帅和大家的普遍心理特质。

3. 正视挫折与调整心态　人生不可能没有挫折，遭遇挫折，面对挫折，迅速调整心态，从挫折中奋起，这是人自信的象征。挫折是指编辑在有目的编辑活动、社会生活和事业发展中遭遇到各种障碍和阻力；必然产生心理变化和情绪反应和心理应激反应，给人带来实质性伤害和挫折感，情感上出现痛苦、失望、沮丧、不安、心悸、心慌、血压升高，甚至导致溃疡病等。其负面结果会造成人的妥协、信心丧失、灰心丧气、精神萎靡、一蹶不振、放弃目的。因此，调整心态，正确对待挫折，冷静分析挫折，探寻挫折因果关系，坚守初衷，固守自信，克服心理缺陷，战胜挫折，是健康心理素质的象征。

4. 自我意象改变自己　自我意象是比较有效的心理控制方法，它既受时间限制，也受年龄局限，是自我改变的重要心理手段。自我意象主要是指在自我中形成的有关自己的心理表象和心理想象状态；包括价值观、自我能力、自我潜能和心理目标的再评价与重新定位，人的早期自我评价的心理活动会影响自我意象的形成，当然，周围环境或他人的评价在其自我意象的形成中也具有重要作用。因此，个体的自我意象有时与真实的自我意象并非完成匹配，因而理想化的成分有时占据优势，但这些也会构成人格特征的基本因素。因此，编辑个体调整自我意象，可有效改变自己，重塑自我心理意象，从而改变自我行为方式。

5. 引爆自信与激发潜能　人的自信心理就是对自身能力的确信，深信自己能够完成某项事业，实现所追求的目标；自信就是人的积极性，是自我评价的主动态度，缺乏自信也就会失去自信，这会使人情绪低迷、精神萎靡、软弱无力、低能低效、兴趣低下、方向迷茫。人的自信是心理活动，因而是发自内心深处的自我信心与自我肯定，编辑的自信在编辑实践活动、社会人际交流、编辑策划活动、编辑创新意识和创新活动中都具有重要的支配地位，编辑只有自信别人才能相信。所以，引爆和点燃自信，激发潜在能量，增强自信心，是控制事业发展和编辑实践活动中消极心理状态的重要因素。

6. 干预错误信念催眠与唤醒信念催眠状态　在编辑实践活动中或在社会生活中，犯错误或失误总是难免的事情，最可怕的是犯错误后心理高度集中于所犯错误，在错误的情境中难以跳出，这种对错误的自责心理，长期纠结，循环往复，形成错误信念催眠，这种长期的恶劣心境会导致心理障碍，失去对事业发展或美好生活的信念。因此，人们要学会自我干预错误信念催眠，自我唤醒信念催眠状态与心境，采取自我干预措施，改换生活环境和社会角色，转变和改善恶劣心境。如更换环境休假旅游、体育运动、娱乐活动、做自己感兴趣的事情；遗忘是控制恶劣心境和不良心理状态的最好干预药剂，这样可有效控制恶劣心理状态的发展。

7. 理性思考与强化信念　在复杂的编辑实践活动和社会生活中，遇到的困难和挫折是可以预期的，人们每天工作和生活就是克服困难解决矛盾的过程，旧的矛盾解决了，新的矛盾又产生。但是，当遇到困难或挫折时，要善于理性思考，控制心态，避免感性和感情用事。所谓理性思维，就是具有明确思维方向，而且具有充分的思维依据，理性地对编辑实践活动中具体问题和事项实施观察、系统分析、纵横比较、综合判断、抽象与概括的理性思维形式。具有稳健理性思考的人，能够站在客观的立场分析事物和客观处理问题，把个体感性和思想感情对处理事物的影响控制在最低限度，非意气和感情用事，克制感性和感情色彩对事物处理的主导作用，人们常说换位思考，就是理性思考的基本形式。只有控制心理活动，冷静理性思考，理性分析，才能强化信念，改变行为模式。

8. 养成快乐心态与重塑快乐性格　快乐是一种心态，快乐又是自我心理感受，快乐与烦恼都是自找的，两者具有可自由选择性，快乐又是调整心理状态的良方。只有保持快乐心态和心情，人际关系就会和谐。如果每天人际关系都紧张或冲突不断，工作环境和心境恶劣，就不可能有充足精力和良好心情投入编辑活动，把职场当战场，把上班当负担。俗话说，谁把周围同事视为仙女，那你就生活在天堂；谁把周围同事当作魔鬼，那你就每天生活在地狱。只有放松心态，提高心理素质，才能拥抱快乐，将职场和上班当乐趣，笑对困难和挫折，才能具有应对自如的心理储备。因此，自我养成快乐心态，重塑快乐性格，是心理控制的良好方法。

第四节　医学编辑心理特征与心理状态

编辑心理，研究范围应包括所有编者（编辑、主编、副主编、编辑委员、审稿专家）、读者、作者、广告客户等，都是编辑心理研究的范围。编辑心理是分析和研究编辑自身心理特征、心理活动、心理变化规律、心理需求和心理调整的学问。正确分析和把握编者自身心理状态和心理调整技巧，做好医学编辑出版工作具有重要意义。

一、医学编辑心理研究内容

医学编辑心理研究的主要内容有编辑心理现象、编辑心理过程、编辑心理特征、编辑心理需求等内容。

1. 编辑心理现象　心理现象是人类心理活动的普遍表现形式。编辑的心理现象基本可以反映出心理过程、心理特征和心理状态。编辑的心理过程作为职业心理，是指在客观事物和环境的影响下，其心理活动在某种时间或空间内发生与发展过程；一般包括认知过程、情绪情感过程和意志过程。编辑的心理状态也是其心理活动的基本形式之一，它主要指在某一时期内相对稳定的心理活动现象。如认知过程中的聚精会神、注意力高度集中或注意力涣散，情绪情感过程中的激情状态和心境状态，意志过程中的信念信心状态及动摇犹豫心态等心理表象。

2. 编辑心理特征　编辑心理特征是指其心理过程表现出的稳定性特点。它反映出编辑个体的人性、人格特质和性格素养。人性主要指人通常所具备的心理属性，主要体现在先天的学习本能、心理成长本能、心理演化本能和逐利避害本能等。而人格特质具有遗传性，是人生理变化形成个体或群体特有的心理特征，也就是人先天具有的人格气质、行为特征、智商情商和体能特质等。人性和人格特质都具有先天性，但后天环境因素和成长发育自然成长因素也改变或影响着人性及人格特质的形成。如通过后天的人生经历、良好教育训练、优越成长环境、学习培养、完善的知识结构、经验积累，性格、行为习惯和品行特意塑造，也可完善和改变人的人性与人格特质。

3. 编辑心理过程　编辑心理过程是心理现象的动态表现形式。

（1）编辑认知现象：这是编辑获得知识、运用知识和创造知识的过程，也是信息获取、存储、加工和创新的过程。这一基本的心理现象（如知觉、感觉、记忆、思维、推理、想象等），则是伴随编辑心理过程的重要心理特征。

（2）编辑情绪与情感：这一过程是编辑在客观事物的认识过程中展现的心理态度和心理体验。如满意感、愉悦感、悲伤感、气氛感和愤怒感等，这些都会通过个体或群体行为表现出来，而人与动物的区别在于，人们在认识客观事物时，不仅是认识、感受、思考，而同时在于改变和改造，这是人与其他动物的本质区别。

（3）编辑意志：意志是人们自觉地确定行为目的，而根据目的调节和支配行动；行为科学认为，一切行为都有其特定的行为目的。实现意志的行为通过克服困难，排除阻力从而达到预定目标的心理倾向。是人们为改造客观事物，具有特定意识地制订出目标和计划、选择达到目标的路径和方法、排除阻碍，以达到预期目标的内在心理活动过程，这就是人的意志过程。编辑意志也是编辑决策活动中重要的心理因素，是编辑意识和意志能动性的具体表现。意志过程一般具有两个阶段：①意识行为决定阶段，同时也是意志行动的准备阶段；在这一阶段中，首先克服解决动机的斗争和决断，然后是确定行动目标和要达到目标的实施路径与策略、方式方法与措施，同时制订出可行性和可操作性计划。②执行决定阶段，是将行动计划付诸实现的过程；在这阶段要坚定地实施所制订计划，克服心理障碍，坚定信念和信心，克服主观和客观困难，以实现既定计划。

二、医学编辑心理需求

人类基本心理需求也是编辑心理需求所必需的。同时，作为编辑职业心理又具有职业性心理需求，其职业行为又具有功利性目的追求和心理满足需求。谈到功利目的，并非是贬义的概念，任何行为都具有功利目的性。如人们努力工作或钻研业务技术，为了成名成家、晋升职称、完成研究课题、获得学术界和同行及社会认可，实现人生价值，通过工作获得报酬过上富裕生活和生存需要等，这都是功利目的。这种基本功利目的，是激发人的工作和钻研激情的动力，满足编辑的正当功利目的，可有效激发工作积极性和创造精神的迸发。因此，编辑要调整和树立正确的心理需求与心态，管理者也要正确对待和满足编辑的心理需求，这是事业兴旺发达的重要因素之一。

1. 编辑本能生物需求　生物本能需求与生俱来，人皆有之。而人的心理需求具有两重性，即生理需求和社会需求，也是人心理需求的层次性特点。

（1）生理需求：这是本能需求，生存需求。因此，获得经济酬劳回报，满足人的衣食住行生存需求，这不仅是编辑，而且是每个人的基本心理需求。

（2）社会需求：也可以称精神需求，这是人的心理需求的最高层次和境界，人们在满足生理或生存需求后，也必然追求更高层次的心理需求，这就是精神需求、社会需求和价值追求，编辑的工作和事业要取得成绩并获得社会认可，这是编辑个体或群体普遍的心理需求，是激励编辑奋进的潜在动力，应当予以合理重视、引导和激发。

2. 编辑人生价值心理需求　人生价值是人生观体系中的重要组成部分，也是人生高层次心理需求的重要组成部分；人生价值主要指人的生命和社会实践活动对社会、群体和个体所发挥作用与意义。它是由编辑个体的人生观、核心价值决定的，具有何种人生或编辑价值取向和价值标准，就必然具有什么样的人生价值心理需求。人生价值反映在人生观当中，人生价值简单地说就是人生的意义，从一般意义上讲，人都希望具有人生意义，彰显其人生价值。而评价编辑个体价值量大小，可诠释和理解编辑人生意义。医学期刊或医学图书出版平台是成就编辑人生价值的大好舞台，也是满足编辑人生价值心理需求的机遇。

3. 编辑荣誉地位需求　这是精神或社会需求的重要组成部分。它是编辑个体对自己在具有社会价值的编辑活动中被视为有能力者的心理需求。如所办医学期刊或医学图书获奖、编辑个体获得奖励或相应荣誉，职务晋升、职称晋升、所做工作和研究获得社会认可等，这是编辑个体或编辑群体荣誉地位心理需求的重要方面，当满足或实现这些心理需求，编辑会感到心理慰藉、心理满足和心理愉悦，同时也会形成编辑荣誉地位心理需求的良性循环，更进一步激发编辑向更高层次的心理需求升级，从而推动医学编辑出版事业的不断发展。

4. 编辑的竞争心理需求　竞争心理是人们普遍的心理现象，正如达尔文说的："物竞天择，适者生存"，就说明了竞争心理的普遍性。竞争非贬义之词，小到个体、群体，大到自然界和人类社会，竞争是自然存在的，也是普遍规律，自然界中所有生物和人类社会都是在竞争中发展与进化的结果，只不过竞争形式不同而已。故竞争是指个体与个体、群体与群体共同活动时，或编辑与编辑、期刊与期刊、出版社与出版社之间，在编辑出版活动中总想超越他人的心理状态。可以说竞争是一种本能，而且与生俱来，人从幼儿开始就具有竞争意识和竞争行为。通过正当竞争使人们充满希望，朝气蓬勃，克服惰性，激发激情和动力，竞争是促进社会进步和事业发展的催化剂。因此，要激发编辑的竞争意识，鼓励编辑正当竞争，为编辑个体和群体竞争提供条件和平台。但竞争也具有两面性，即长期处于竞争状态，会导致人产生焦虑，甚至出现心理失衡、情绪紊乱、身心疲劳等心理问题。特别是对于竞争受挫或暂时失败者而言，其主观愿望与客观现实之间出现差距，尤其对于心理素质差、心理不稳定者，很有可能会引起挫败感、情绪消沉、精神变态等心理障碍的情况。

编辑出版管理者要正确引导竞争，合理确定编辑的竞争目标，量力而行，及时调整编辑的竞争心态。由于竞争目的、目标性和排他性较强，会形成两类不同的竞争心理，即健康的竞争心理和非健康的竞争心理。所谓编辑健康的竞争心理是指具有相同的竞争条件和竞争差距的可及性，同时具备良好的竞争心态和心理准备，竞争者具有高尚的情操、稳定的心理素质、积极进取的情绪、健康的竞争心态、超越竞争对象的客观现实和意志的个性特征。也就是要建立在健康竞争心理基础上，避免非健康的竞争心理，对具有潜在消极情绪、意志薄弱、竞争优势差距大、竞争动机不良、心理素质差等竞争心理缺陷个性特征的，应当谨慎过激竞争，以避免竞争受挫，难以面对和承受竞争失败的结果。

三、医学编辑心理状态

编辑心理状态是心理活动的基本表现形式之一。它是指在心理活动相应时段内的完整心理活动特征。如注意、紧张、情绪、忧伤、愉悦等，也具有心理过程和个性心理特征的基本特点，同时也具有短暂性和稳定性。保持成熟、稳定、轻松自如、坦然、自信的编辑心理状态，对于处理好编辑活动中的各类复杂事物具有重要意义。

根据心理状态和心理过程及个性心理的关系，一般可把心理状态分为认知心理状态、情感心理状态、意志心理状态和动机心理状态。如果按照不同领域和环境因素或以心理状态对活动效果的影响划分，可分为最佳心理状态、一般心理状态和不良心理状态。若按心理状态的周期性，可分为周期性心理状态和非周期性心理状态；根据心理状态结构所占主导地位，可分为情绪型心理状态、意志型心理状态、感知过程型心理状态、注意型心理状态、思维型心理状态及焦虑型心理状态。

1. 情绪型心理状态　情绪型心理状态是一种心境，是指情感方面的心理状态。这种心理状态具有外显性、持续性、个体性、情景性、激情化、易发性的特点。心境表现微弱而持久的情绪化状态具有较强的渲染性与弥散性的特点；而激情则是强烈而短暂的突发情绪状态，其特点具有冲动性和爆发性的特点；应激是在出乎意料的情况下爆发的高度紧张的情绪状态。编辑职业具有公众性，在编辑活动交往中要实现其职业气质，保持稳定的平和心态，调整好情绪，避免在处理编辑事务中发生情绪化心理状态。

2. 意志型心理状态　意志是人们自觉制订目的或目标，并对其行为或行动具有支配作用，以实现所确定目的意志化心理过程。"意"是心理活动的一种状态，"志"是对目的方向的信念、坚信和坚持，"意志"是对现实目的有方向、有理想、有信念和坚持的心理活动，当然，也包括潜意识的心理活动。

编辑作为职业群体中的个体，其编辑目的和目标是有意识、有方向、有计划地实施调节与支配行动的心理现象。因此，个体意志要服从群体意志，适时调整个体意志化心理状态，以保证群体意志目的的实现。心理状态具有决定阶段和执行阶段不同的心理状态变化。①决定阶段具有选择性，也就是要选择某一具有重大意义的行动目的，同时确定达到该目的的相应方法和路径；②执行阶段则是排除困难，坚定意志和信念付诸实施计划的过程。

3. 感知过程型心理状态　感知就是对内外界信息的察觉、注意、感觉和知觉的系列过程。感知过程还可称为感觉过程和知觉过程。其实，编辑的感知过程，就是对内部和外部信息的处理过程，感觉既受信息获取、信息接收、信息加工、信息存储、信息处理过程的影响，同时也受心理影响和干扰。感知化过程心理状态和编辑的感知能力，对增强编辑的学术敏感性和编辑选题的快速反应能力具有重要意义。

4. 注意型心理状态　注意是编辑职业的重要心理活动，是对特定对象或关注点的指向和集中程度。它是伴随着感知、知觉、记忆、思维、想象推理等心理过程，也是具有普遍性的心理特征。注意型心理状态具有两个基本特征：一是指向性，二是集中性。人们在同一时间内不能注意或感知多点对象，一般只能注意或感知周围环境中有限对象。因此，要获得对事物更深刻、更清晰、更完整、更专业化和更有深度认识，就需要其心理活动具有倾向性、专注性、选择性、专一性和指向性。因此，编辑要做好医学期刊或医学图书的编辑出版事业，就要干一行爱一行，聚精会神，精益求精，专注编辑业务和学术研究，这是编辑必备的心理状态。

5. 焦虑型心理状态　其实这是一种病理性心理状态。焦虑状态是介于焦虑情绪和焦虑症之间的心理状态，焦虑状态具有显著的焦虑情绪、烦躁情绪、易怒情绪、紧张情绪；其表现为紧张、坐立不安、睡眠障碍，重者具有自主神经紊乱、心悸心慌、胸闷气短、乏力出汗等。编辑的焦虑心态常出现在交往中的焦虑情绪。如出席会议，特别是当主持会议或承担报告任务、跟著名医学专家或上级领导交流、向著名专家采访约稿等，由于有畏惧心理，紧张，容易发生焦虑心理状态。因此，编辑作为公众性职业和职业特点，具有交往广泛，接触面广的特点，更应调整心态，注重心理素质锻炼，培养稳定、成熟，具有职业特点的良好心理素质。

四、医学编辑个性心理倾向

编辑个性心理倾向主要指编辑个体的心理偏向、指意向和偏好。是编辑对客观实事的立场、观点、兴趣和爱好的心理反映，编辑在选题组稿中，甚至在每一期杂志的报道主题或专题中，都反映了编者的心理倾向性，凸显出编者的意向、观点、看法、态度和学术导向性。人的心理倾向具有先入为主和诱导性特点，当形成心理倾向后要扭转和改变这种心理状态也是比较困难的事情，特别是有固执性格的人。

心理倾向是人们心理活动的重要表现形式，可大致分为心理过程、心理状态和心理特征。心理过程具有动态性,是心理现象的表现形式,主要包括知觉、情感、意志等方面,具体体现人的感觉、记忆、知觉、思维、想象和语言等认知活动,以及情绪活动和意志活动。编辑个性心理倾向主要有理想、信念、价值、兴趣、动机、需要、世界观、追求等。

1.编辑需要心理倾向 需要是指人们缺乏而力求获得满足的心理倾向,这也是普遍的心理状态,通常以人对某种客体的愿望、希望、意愿、兴趣、目的等形式为特征,是自身和外部生活环境的要求在心理上的反映,这是人们与生俱来的最基本的生理、精神或社会需求。满足人的正当合理心理需求,获得心理满足,则会激发人们的精神和工作热情,形成激励的良性循环。

2.编辑动机心理倾向 人的动机是由特定需求驱使启动的,是人的各种需要的特殊心理状态或意愿。动机心理倾向是驱动个体行为的内在动因和动力源泉,动机对于个体活动始终处于调节和支配地位。也就是说,动机是指人内心想做的事情在心理上形成的思维途径,是头脑中想做某事所产生念头,是理念实施的驱动力源头,具有心理与行动一致性的特征。人的动机以一定方式引起和维持个体行为的内部唤醒状态,其表现为追求某种目标的主观意愿和意向,是人们为追求某种预期目的或目标的自觉意识,动机首先由需要驱动,当这种心理需要达到相应强度和迫切性时,同时遇到满足心理需要的对象或靶标,这时人的需要即可转化为动机。因此,人具有不同的价值观和追求目标,就会形成相适应的心理需要,具有何种心理需要,就会形成相应动机。所以,编辑树立正确的价值观和职业目标,是编辑需要心理倾向形成的基础,也就给相应动机的驱动奠定了目标和动力。

3.编辑理想心理倾向 理想是人们对未来事物或人生美好的想象和希望。是人们对某种事业或人生目标与境界的理想观念,人们在生活实践和社会实践中形成的心理倾向,是对未来社会、事业、人生发展的美好向往和追求,也是人的世界观、人生观和价值观在人生奋斗目标上的集中表现,在人满足基本生存需求和精神需要后,同时又憧憬未来的美好心理目标,追求更高层次的目标,形成不懈的追求境界,使人们形成理想倾向的动力。理想具有普遍性、层次性、时间性特点。因此,树立客观和正确的理想,是做好编辑工作和各项事业的基本前提。

4.编辑兴趣心理倾向 兴趣是人们力求接近、探究、揭示某种事物和从事某种活动态度偏好和倾向性程度;也就是人们常说的爱好,是个性心理倾向的表现形式。兴趣对于人的心理行为具有重要的支配作用,是事业成功的重要心理基础;兴趣不具有先天性,是后天环境和培养形成的,兴趣具有可塑性;当然,兴趣也具有后天环境的自然性,非外界强制力量所形成,而是出于个体对某种事物的强烈偏好和强烈愿望所形成的,人只有对某种事物感兴趣,才能对其产生特别的偏好和注意,因而出现对某种事物敏锐的观察、牢固记忆、情感投入、思维活跃、痴迷执着、身临其境,不达目的誓不休的心理境界。人的兴趣对象具有多样性、时间性、层次性、持久性、道德性、社会性、时代性、价值性的特点,兴趣是维持和激发人的注意力的重要心理因素,也是人们探索未知、专注研究、倾心竭力和痴迷追求的精神动力,在某种意义上讲,人的事业成功重要动力前提是兴趣所在。因此,编辑要培养和强化对医学编辑的兴趣,形成编辑兴趣心理倾向,从而激发对医学编辑职业执着追求的动力。

5.编辑信念心理倾向 信念是指激励和支持人的行为深信无疑的正确观点和准则,是人们意识到的个性心理倾向;是对事物的判断、看法和观点的坚信不疑,持之以恒,坚定追求的心理状态。是情感、认识、意志和目标的统一体,是在相应认识基础上确立的思想、事业、目标坚信不疑的精神状态和自己确信地看法。信念的形成来源于对事物的科学与合理判断而树立起的自信,是人在认识过程中构成和树立起的信念心理倾向。因此,作为编辑要树立自信心,培育有理想、有追求、有精神、有信念的心理品质。

五、医学编辑个性心理特征

编辑个性心理特征是多种心理状态和心理特征的独特综合形式,它集中反映了心理面貌的独特性和个性特征,主要包括个性能力、气质、性格。①个性能力体现了人在完成某种事物与活动中的潜在可能性；②气质则显示人心理活动时，在速度、强度、稳定性和灵活性等动态性质个性差异；③性格是具有鲜明个性在现实态度和相应的行为方式的个体特征。人的个性心理特征的形成具有相对稳定性，它形成了人的脾气、性格、秉性和人格心理特征。这种个性能力、气质和性格，构成了编辑的职业气质，这种编辑职业气质，对于驾驭编辑实践活动具有重要的支撑作用，也是编辑心理底气的来源。

1. 编辑能力特征 能力是指能够独立完成事业或某项社会活动所具备能力的心理特征。人的性格和气质有不同表现形式，人的能力需要通过实践活动才能展现出来，当然也是完成编辑实践活动所具备的能力和心理特征。编辑能力一般可分编辑普通能力、编辑特殊能力、编辑的认知能力、编辑组织能力和编辑社交能力。

（1）编辑普通能力：是指编辑完成常规性编辑业务和编辑活动中所展现的能力。如日常编辑活动处理能力、文稿的编辑加工能力、责任编辑履职能力、一般组稿能力、编排设计能力等。

（2）编辑特殊能力：是指编辑独立完成体现编辑思想性和编辑创新性的特殊能力，如编辑总体策划能力、编辑选题策划能力、品牌策划能力、品牌培育能力、学术专题会议的策划设计能力、会议的组织能力、广告策划能力、评论性文稿创作能力、学术研究能力等。

（3）编辑认知能力：是指与认知相关的能力，如记忆能力、想象能力、创新思维能力、理论思维能力、学科或专业发展趋势的认知能力、学术发展的驾驭能力、学术敏感能力、逻辑分析能力、文献获取与综合分析能力等。

（4）编辑组织能力：这是指编辑能独立完成专题研讨、编辑委员会议、专家座谈会议、专题组稿会的组织能力；另外，还应具有学术资源整合能力、专家资源整合能力等。

（5）编辑社交能力：优秀编辑既是编辑出版家，又是社会活动家。其社交能力的优劣，直接影响编辑系列活动和编辑出版质量，医学期刊或医学图书编辑出版，不仅仅是文字修改和编辑，更重要的是学术导向功能和学术平台功能，这就需要编辑具有较强的社交能力和组织能力，它集中体现了编辑的综合素质和综合能力。

2. 编辑气质特征 人的气质是与生俱来的心理活动的动力特征，具有生理学基础，是心理活动过程中凸显的强度特征。简单地说就是人的性情和脾气，也可以说是个体心情随情景变化而随之变化的心理倾向或反映倾向。当然，气质也会受环境因素影响，随着社会环境、周围环境和自我控制而发生变化，气质的稳定部分是由遗传因素决定的，而其他大部分是由后天环境因素影响形成的。因此，社会环境因素、家庭背景因素、教育程度因素、岗位工作因素等，通过大脑自我控制机制对人的气质塑造和形成具有重要影响作用，这是因为自我概念是其重要的控制机制，个体想法或心目中的心理形象会影响着行为方式。因此，编辑要重塑其编辑职业气质，其个体气质尽可能与编辑角色相适应。如举止儒雅，自信温和，衣冠整洁合体，情绪淡定，谈吐轻松自如，逻辑周密，思维敏捷；也就是编辑要具有良好的职业气质风范，这是编辑从事社会活动、编辑活动的心理气质和外在气质的基本要求。

3. 编辑性格特征 性格是人们对现实稳定性态度和习惯化的行为方式。在编辑活动和社会活动中，为人热情、友善、温和、有礼，对专家学者、读者、作者，对人对事态度温和有礼的习惯行为方式，所表现出来的编辑心理特征就是编辑的性格。编辑性格具有以下特征。

（1）职业化和习惯化：良好编辑性格就是习惯化和职业化的态度与行为方式，这需要编辑注重职业性格修养，锤炼自身性格，并使其习惯化、惯性化和职业化，成为编辑的特有职业性格。

（2）编辑性格的重塑性：性格是先天与后天环境相互作用的结果，人非生来注定具有编辑性格，其个体性格各异，但从事了编辑职业，就要重塑编辑性格，使性格与编辑职业相匹配。

（3）编辑性格的主观性：虽然性格的形成具有稳定性，但性格是可以主观改变的，也可以通过环境或重大事件的影响发生主观改变。因此，性格具有其主观性一面，这为编辑主观地改变性格，主观地塑造编辑性格提供了可能。

六、编辑个性心理影响因素

在编辑活动实践中，影响编辑个性心理的因素是多方面的，特别是在职业压力、竞争压力、生活节奏、人际关系等，都对编辑的心理健康带来影响。正确分析影响编辑个性心理的因素，实施风险因素评估，预防和控制影响心理健康的不利因素，是做好编辑出版工作的重要因素之一。

1. **编辑个体家庭因素** 具有幸福和睦的家庭，是维护心理健康的重要因素。编辑个体家庭不和谐，家庭关系紧张，甚至恶劣的家庭关系、恶劣的家庭环境和恶劣的家庭氛围，会极大地分散和牵掣人的精力，造成恶劣的心境，形成巨大的心理压力，会直接影响到编辑实践活动中的注意力和创新思维活动，甚至影响到编辑出版质量。

2. **编辑逆境因素** 逆境相对于顺境其心理状态会截然不同，顺境使人心情愉悦畅快，心理轻松，乐观自信，对生活和事业充满信心，也能从容面对工作中的困难，发挥人的创造潜力和潜在能量；而逆境则恰恰相反，逆境大多是有挫折原因。诸如，升迁障碍、人际关系极度紧张恶劣、情感受到伤害等，在逆境时，人们心理负面和负担加重，心理压力和挫败感导致心理健康问题，精神萎靡，对事业失去自信和信心，从而影响能力和创造能力的正常发挥。

3. **编辑性格和人际关系因素** 这是职场比较常见的个性心理影响因素。在现实生活中，性格内向或性格孤僻的人，往往与他人交流困难，难以胜任社交和组织性工作，也难以团结他人，不能融入周围环境和身边同事和谐共处，由于与同事缺乏交流或交流困难，人际关系不融洽，甚至形成人际关系紧张，又加重了性格损害，是成人的性格缺陷。因此，编辑要注重性格锻炼和培养，铸就与编辑职业和周围环境相适应的性格品质。

4. **编辑适应能力因素** 编辑的适应能力是指对社会环境、生活环境、工作岗位环境等，为了生存、适应、融入环境而在生理和心理上及行为上的各种适应性改变。人进入一个新的社会环境、工作环境，以及专业的改变，都有一个适应环境的过程，有的人能够很快适应和融入新环境、迅速进入相应社会角色、发挥其应有的职能和作用并与周围环境和同事处于和谐状态；有的人受心理素质、生理素质、能力素质等影响，难以在短期内适应环境的变化，甚至有的长期难以融入和适应新工作环境的变化，被迫放弃所在的环境。这不能不说是人生的败笔。作为个体在进入新环境、新岗位、新情境时，从心理上要做出基本的适应准备。

（1）心理准备：人在进入新环境和新情境前，都有心理预想和心理准备过程，预判新环境或新情境下的模样和应对措施，以利于尽快适应新环境。

（2）化解与改变：俗话说，入乡随俗，其实就是随机应变，尽快适应相应环境变化的心理转变，及时化解不适应新环境的各种因素，能改变的则改变，不能改变的就适应，这既是人生生存哲理，又是心理转变的适应过程。

（3）接受情境与环境：人常说，有能力改变则改变，无能力改变则适应，这是典型的也是经典人生之道。当没有能力改变情境，就要接受当下情境，这也是聪明的表现；为适应和接受新情境，个体要改变态度、价值观、人际关系、岗位性质、工作环境，强迫接受和遵从新情境下的社会规则、新环境要求、职业规范、职业伦理和行业准则。主动执行、依从和做出与新情境相符的行为。

（4）心理防御：心理防御是适应新情境和新环境的心理应对措施之一。心理防御是指个体在应对新情境和新环境时，自主启动心理防御机制，以掩盖由于新情境和新环境下的要求、个体现实需求矛盾、岗位规范、竞争环境而产生的心理压力与心理焦虑的来源；当然，这种心理防御机制是自然的心理反应，实际上很难改变和适应新的情境，还是要通过调整心理状态来适应新的环境。

5. **编辑竞争压力因素** 竞争既是社会现象，也是自然规律，只是竞争的表现形式不同而已，但竞争的结具基本相似，就是生存与发展。竞争既是压力，也是动力。竞争可激发个体、群体、集团、民族、国家的发展动力和潜能，使人们满怀激情和希望，克制惰性，朝气蓬勃，是促进个人和团体发展与进步的催化剂。人们在社会实践中通过正当竞争想超过他人是人的一种本能，可以说是正常人都具有竞争意识和竞争心理。

当然，竞争也会导致人的心理紧张和心理焦

虑，发生心理失衡、情绪紊乱、身心疲劳等问题；而对于竞争暂时失败者，其主观愿望与客观结果之间出现差距，形成期望值和竞争目标反差过大，特别是心理素质不稳定的竞争者，则可能引起心理挫败感、情绪消沉、精神萎靡等。因此，编辑个体和编辑群体都要树立竞争意识，但要树立正确的竞争观，也就是良性竞争，是你做得好我比你做得更好的竞争，避免恶性竞争、伤害性竞争。同时，要设定客观合理的竞争目标，并做好充分的心理准备，调整心理状态，即使竞争目标受阻，也处于良好心理状态，避免心理失衡。

6. 编辑学习能力因素　人的学习能力是适应社会环境的重要能力要素，也是改变新情境和新环境，从而适应新环境的心理品质。因为很少或几乎没有人能够胜任各种新情境和新岗位，其解决办法就是学习能力的体现，迅速学习与其新情境、新岗位、新专业相适应的知识技术，更新知识结构，满足新情境下的新要求，以利适应新环境。特别是当下是讲能力的社会，各种能力直接影响着人的心理健康，而学习能力能使人迅速适应新环境、新挑战，更能灵活应对各种复杂情境和环境，也使个体获得成就感、满足感、征服感、愉悦感，更进一步激发和激励个体去迎接新的挑战、新的尝试、新的创造、新的情境和新的环境。因此，编辑要努力提高学习能力，不断更新知识，不断完善自己的知识结构，是不断适应新环境的重要基础。

7. 编辑目标与期望因素　人生都有各自的人生目标、职业或专业目标，也有各自心理期望。如对事业发展的期望，对人生美好生活的期望，对人生价值的期望等。当然，每个人也都有各自的人生目标，对其制订合理客观的生活目标、职业设计目标、事业发展目标等是心理需要和自信的表现；否则，事业发展就会盲目，缺乏自信，也会影响目标的实现，甚至影响心理健康。因此，编辑的目标因素与期望因素，两者的设定要符合各自的客观实际，设定过高，超越本身素质与能力，超越心理期望值，难以达到既定心理目标，反而会造成失望和心理挫败感，导致心理负担，影响心理健康。

第五节　医学期刊编辑委员心理特征与心理倾向

医学期刊编辑委员会或医学图书出版编辑委员会的主编、编辑委员和审稿专家，作为医学期刊或医学图书出版的重要编者群体或个体，具有高度专业化、高度学术化和高智力化，是医学期刊或医学图书出版的学术把关者，对学术产出、学术交流、学术出版、学术传播和学术把关发挥着关键作用，特别是在学术同行评议中，角色居于主体地位。编辑委员会作为学术组织具有松散性，心理特征既有群体心理的特点，同时又具有个性心理特征，分析和研究这一群体的心理特征，对有效发挥编辑委员的热情和积极性，充分发挥编辑委员的学术资源和智慧资源，做好学术科技期刊和学术专著的编辑出版工作具有重要意义。

一、医学期刊编辑委员的心理特征

编辑委员群体因具有高度专业和高度智慧的特点，这一群体的心理素质高、心理成熟稳定，其情感和意志状态坚毅。如人格、气质、情趣、信念、追求、能力等心理品质优良，对专业或学科发展观察敏锐、判断精确、思维敏捷、创新思维活跃、思维缜密、情绪稳定、逻辑阻力强、逻辑判断周密，对中外学术发展趋势和问题把握准确。

1. 编辑委员心理稳定特征　编辑委员作为高级别专家群体，是具有高等教育背景、高度专业、高智商和高度修养的群体。因此，个体心理特征的形成具有相对稳定性，但个性心理特征在个性结构中也并非一成不变，必然受到个性心理倾向性的制约和影响，其能力、性格、情感等是在人的动机和理想的作用下形成的，同时也在其作用下维持稳定和变化，当然也需要依赖于动机和理想等动力机制才凸显出来；两者相互制约，相互作用，促使个体在时空与情景中维持一惯性，而展现其行为特征。这种稳定的心理特征，在同行评议或论文评审中可有效地控制心理偏差所造成的审稿偏倚，这正是学术科技期刊编辑委员所需要的心理品质。

2. 编辑委员心理认同特征　就心理认同而言，主要指个体对组织目标的认同而产生的心理状态，而这种心理状态可产生稳定性情感变化，从而转变为客观目标的驱动力，同时也会产生认同感，促使个体对自身周围环境、事物与价值做出评估和判断；个体认同感可以消除在现实生活和社会实践中难以获得满足而带来的心理挫折和心理焦虑。认同感也可以借助其心理分享而带来满足感和自信。编辑委员的认同感主要来自于所就职的期刊编辑部或出版社，其科技学术期刊，特别是著名学术期刊的权威性和影响力，强化了专家编辑委员对期刊的认同感，因而愿意和努力争取能成为著名期刊的编辑委员，从而获得心理满足感。当然，对于非认同的期刊，特别是缺乏影响力和知名度的期刊，专家们一般都敬而远之，不愿意或拒绝担任其编辑委员。

3. 编辑委员心理归属特征　归属感也称为隶属感，是指个体或群体间的内在联系，是某个体对特殊群体及其从属关系的划定、认同和维系，这种归属感则是其划定、认同和维系的心理状态和心理表现。著名权威医学期刊、学术团体或学术机构，是本领域著名学科或学术带头人和著名专家学者群体学术团体，能够进入这些专业学术团体是社会认可、学术地位和学术荣誉的象征，因而当这些专家学者成为这些著名医学期刊编辑委员、本领域最高学术团体的委员时，这些专家学者自然会获得心理归属感、荣誉感、温暖感和心理安慰。此外，专业人士加入相应群体（如编辑委员会、学会、研究会、协会等学术组织），增加了学术和人际交流平台，更有利于专家学者信息获取、增进友情、结交同行朋友、促进团结、获得支持与合作研究的机会，特别是同道之间的人际交流和学术交流，更有利于促进学术发展。

4. 编辑委员心理责任特征　人的责任意识和责任感是社会角色应有的心理品质。责任意识是指人们主观自觉和主动热心于某种事业，自觉地做好分内外有益事情的精神和心理状态；责任意识既是自主意识，也是一种高尚美德、能力、精神、品格的表现。责任感则既要求利己，又兼顾利于他人，更有利于事业、集体、社会、国家、民族利益，当个体利益与集体、社会、国家利益发生冲突时，个体利益则首先以大局利益为重，一切服从于大局利益，这是责任感的本质特征，也是激励人们奋进的驱动力，人生价值和意义所在，同时也会受到社会认可、尊重、崇拜和信赖。责任感也与心理情感不同，它是社会道德心理的升华，是具有很高思想道德品质的象征。

编辑委员群体作为高智力和高智慧特殊社会角色，是专业学术主流和社会高层角色的象征，是社会角色，是相应的角色责任，编辑委员的责任意识和责任感更加强烈，其主观性、自主性和自觉性更突出；虽然编辑委员会学术组织具有松散性，编辑委员岗位职务也没有报酬和工资，所做工作基本是公益性质，但凭借着责任意识和责任感及对学术的执着追求，都依然主动积极承担社会责任，这是编辑委员心理责任特征的突出表现。

5. 编辑委员心理奉献特征　奉献是指人们对事业全身心付出而不求索取与回报的心理状态；奉献精神凸显爱的本质和基本特征。同时，奉献也是社会责任感的集中表现，是态度、是行动、是信念，更是心理境界的行为表达。对于个体或群体来说，在奉献与爱的力量驱使下，可以舍弃个人利益去无私地专注于某项事业。也正是在这种奉献心理与责任感的心理状态激励下，编辑委员们可以不计报酬，招之即来，来之能干，为学术发展和学术交流奉献聪明才智，这基本是编辑委员会成员共有的心理奉献特征。

二、编辑委员的心理需求

心理需求理论认为，人的需求是有需求层次性的，即从低级需求向高级需求转变，从人的低级需求（即生理需求、安全需求），向高级需求（即社会需求、尊重需求、精神需求和自我实现需求递进）演化。这很显然，编辑委员的心理需求属于最高级需求，其心理追求的社会需求、尊重需求和精神需求。这是编辑委员情愿为医学期刊和学术发展奉献和责任意识的原始动力。

1. 编辑委员社会认可需求　社会认可是人们普遍追求的心理需求，人们对事业和科学研究的成果和业绩得到社会认可，这是科技人员普遍的心理愿望。认可就是指社会对个体或群体行为给予肯定的心理反应，它主要表现为社会舆论和媒体的褒扬、赞许、肯定和支持，团体或集团的认可、表彰、科技成果奖励、领导的表彰鼓励等，社会认可除了给个体或群体以心理满足和心理安慰之外，还会给人以极大的精神鼓励，而且对同行或旁观者以激励，强化对接社会行为规范的倾向性和引导性，激发和弘扬社会正能量。当然，编辑委员也不例外，也同样具有价值认可心理需求，特别是中青年专家学者，通过编辑委员的社会角色地位，从一个侧面彰显出专家学者的学术成就、学术地位、学术水平的同行认可。因此，医学期刊在选拔编辑委员时，要尽量给予优秀中青年专家学者更多机会，为他们提供展示聪明才智的学术交流平台，通过平台培养、发现和推出优秀学术或学科带头人，促进人才队伍成长。

2. 编辑委员荣誉满足需求　人对荣誉和名誉的心理需求人皆有之，专家学者把能成为著名医学期刊的编辑委员视作荣誉，经常写进个人简介或印在名片上，这充分说明了编辑委员的荣誉感。人的荣誉需求其实也是精神需求，是最高层次的心理需求，它是指由于个体或群体的事业、学术成就、科技成果等由于其成就和地位而获得广泛知名度、学术影响力、广为流传的名誉与尊荣。荣誉是社会组织给予的评价，而非社会评价；名誉属于社会评价，其主要来源于公众的赞誉和美誉；名誉是社会公民对医护人员或专家学者的医疗技术水平、临床科研道德、医德医风、学术成就等方面的社会评价，它集中体现了专家学者的人格魅力和尊严，这种荣誉和名誉的需求是编辑委员的心理需求，也是从事医药卫生技术人员普遍的心理需求，这种心理需求的满足，反过来又激发和促进人们向更高的荣誉和名誉的追求，形成良好的学术氛围和社会风气。

3. 编辑委员发展需求　进步和发展是人们不懈的心理追求，而且这种进步和发展具有很强的层次性和递进性特征，永无止境。如果从编辑委员的发展轨迹循序，从学术期刊中分析可以发现一个有趣的现象，从一般的普通读者、作者、审稿人、编辑委员、副总编辑或副主编、总编辑或主编、名誉总编辑或名誉主编的循序轨迹，因此，可以看出，科技学术期刊，特别是著名品牌期刊平台是人才培养的摇篮。所以，编辑委员发展需求心理既普遍存在，同时又是激发不断追求进步和发展的心理需求过程，这也是科技学术期刊赖以生存和发展的重要心理因素之一。

4. 编辑委员发表需求　医学科技期刊最主要的功能之一，是临床科研成果、基础研究成果、临床经验、学术观点和学术思想的发表平台，其成果发表的过程既是同行评审和评价的过程，又是同行认可的过程，公开发表后获得最大传播半径的传播覆盖，被同行广泛认可和引用，同时获得社会认可、知识产权认可和国际承认，发表者可满足其功利目的，这当然是专家学者走向成功的必经之路。编辑委员的发表心理需求也在于此，不但自身具有发表需求，其学生毕业、课题结题也需要发表，而编辑委员相对于普通作者其发表机会更多。因此，满足编辑委员基本心理需求，激发编辑委员的工作和无私奉献热情，是促进期刊发展不可忽视的心理因素之一。

5. 编辑委员平台需求　人在教育程度、年资程度、智商和智力水平相等的背景下，其发展进程和发展程度则很大程度上取决于平台的作用，谁占有了平台，谁就会具有更多的发展条件和发展机会。平台犹如载体，借助载体优势、资源和载体作用，人的成功就会事半功倍，而具有强大品牌影响力和权威性的著名学术期刊，其平台的作用不言而喻，在编辑委员会这个学术平台上，可能比一般专家学者更有机会。如高层专家学者的交流机会、出席会议机会、主持学术会议和专题会议机会、做会议专题报告的机会、话语权机会、参与评审和评价的机会等，这为编辑委员扩大其学术影响力和知名度提供了良好平台。而医学期刊就是要为编辑委员提供学术交流平台，满足编辑委员平台心理需求，发挥学术期刊平台作用，为发现人才、培养人才、促进人才成长创造条件。

6. 编辑委员信息需求　人的信息需求也是基本需求，尤其是对学术信息专家学者更为敏感和专注，它是引发信息获取和信息消费的原动力，也是专家学者产出学术信息、创新信息、获取信息、甄别信息、分析信息、处理信息、储存信息、传播信息和信息消费的基本要素。所谓信息需求，是指专家学者在临床实践和临床科研活动中，对已有学科和学术知识信息储备不足以解决临床医疗、科研和教学中的热点和难点问题，对国际国内学术发展前沿信息出现不足感或欠缺感的心理需求状态。而医学科技期刊具有学术信息处理的枢纽角色，它是医学科技学术信息获取、信息处理、信息甄别、信息评价、信息存储、信息传输、信息传播、信息反馈的学术信息处理系统，而且具有一次信息的特点和优势。编辑委员作为编者，是学术信息处理系统中的重要环节，具有得天独厚的获取信息的优势，是满足编委信息需求途径之一，也是专家学者愿意承担医学科技期刊信息处理的心理因素。

三、编辑委员的心理倾向

心理倾向是人心理活动的基本表现形式之一。编辑委员个性心理倾向是激发编辑委员参与编辑活动的重要动力来源，也是其编辑委员个性心理结构中比较活跃的要素。同时也决定了编辑委员在学术界的认识、认知和心理态度的选择与价值取向。当然，也体现了编辑委员或专家学者的心理需要、心理兴趣、心理动机、心理爱好、心理态度、心理信仰和心理价值观。这种心理倾向凸显了编辑委员对学术环境、社会环境和周围环境的心理态度，也表现了编辑委员的行为特征，这种行为特征也会潜移默化地影响着自己的学生、同事和学术界同行，形成效仿和追随心理。

1. 编辑委员学术性心理倾向　当今的医学科学，尤其是临床医学，学科高度分化，分科越来越细，专家学者的研究方向更是高度单一化，其研究方向甚至只研究一种器官、一种疾病、一种细胞、一种蛋白质、一种分子、一种基因等。因此，编辑委员作为专家学者其研究高度专业化，也必然形成高度专业化的心理倾向，也就是对涉及自己研究领域或方向的相关学术信息、文献、研究论文的敏感性高度增强，而对非自己研究领域的信息敏感性降低，这种专业心理倾向或心态具有普遍性。因此，编辑部在送审稿件时，一定要熟悉编辑委员或审稿专家的专业和研究方向，同时又要熟悉作者论文稿件所涉及的研究领域和方向，以保证准确送审，尽可能避免审稿偏倚。

2. 编辑委员科学严谨心理倾向　严谨，是形容态度严肃谨慎，周密细致。这是编辑委员作为高水平的专家学者普遍具有的职业特质；同时，更体现编辑委员的专业特质和素养，这就是科学严谨的心理倾向。科学严谨，这在编辑委员的同行评议审稿中更能体现出来，他们往往从研究论文的立题的创新性、科研设计和统计学分析的合理性与严谨性入手，审视研究论文的结果和结论的可靠性，以此评判研究论文的科学性与严谨性。这种科学严谨的心理倾向，可有效保证稿件的评审质量。

3. 编辑委员创新实用心理倾向　科学研究和科学家的价值在于创新，而研究成果的实用又是创新的价值体现，可以想象，再高度创新的研究成果，如果不具有任何实用性，这种研究成果就会失去其任何价值。因此，编辑委员在评审稿件时，其创新实用心理倾向，能够客观审视和全面评判研究论文的发表价值，这对保证和不断提升科技学术期刊的学术质量与学术权威性具有重要意义。

4. 编辑委员情感需求心理倾向　情感是人们普遍的心理现象，编辑委员也不例外，也具有情感需求心理倾向，这是人之常情的道理。而情感是人们对客观事物是否满足个体需要而产生的态度体验，情绪和情感都是人们对客观事物所持有态度体验，而情绪更倾向于个体基本欲望的感受，情感则更倾向于社会需求欲望的态度感受。正是由于这种自然的情感心理倾向，当编辑委员接到自己的学生、同事、同学、好友的研究论文评审时，也就难免会发生稿件评审的情感偏移，特别是对于打招呼的亲朋好友，这种情面会动摇情感控制力。当然，编辑委员自有其伦理规范和学术道德素质，但也难说会发生情感控制偏移或心理诱导。因此，编辑部在送审稿件或审稿者接到有情感冲突的稿件时，应遵循规避原则，编辑部要对跟编辑委员可能会有情感冲突的稿件（如同一医疗科研机构、同科室、学生、同学，甚至同一城市的作者等），实行交叉送审的办法予以尽可能避免发生情感或利益冲突。

第六节 医学期刊读者心理特征与心理动机

读者,是医学科技学术期刊或医学图书的受众群体,是医学编辑的核心目标客户和靶标,是医学期刊或医学图书的消费主体,医学编辑出版的目的是给读者阅读和交流,缺乏读者的出版物,再精美也毫无价值可言,读者不喜欢或根本就没有读者阅读的医学期刊或医学图书实际上就是信息垃圾与社会资源的浪费。因此,编辑心中装着读者、想着读者、研究和分析读者,以读者为中心,是编辑办好医学期刊或医学图书的关键因素。

读者心理学是研究和分析不同读者群体心理特征、心理状态、心理需求等读者心理规律的学问。对读者心理的研究和分析,既具有理论意义,又具有编辑实践和现实意义。读者心理研究和分析的主要内容有医药卫生科学领域不同专业读者认识、读者情绪、读者兴趣、读者意志和心理过程及规律,分析医学读者的个性心理特征、心理气质、能力、性格差异和心理类型,特别是对不同医学学科和不同专业读者对医学期刊或医学图书内容需求的形成与变化规律,读者的心理现象和读者心理倾向等分析研究。

读者心理现象的变化和反应,直接影响医学期刊或医学图书销售及经营效益,也直接影响着知识信息传播效率和传播效果。因此,编辑要时刻熟悉自己读者或目标客户服务对象的心理变化,了解读者心理需求、内容选择心理、订阅心理、品牌追随心理、阅读心理、对期刊的评价心理,编辑才能实施针对性的选题策划,满足读者对相关学科领域的热点问题、难点问题、焦点问题的关注,解决读者在临床医疗、医学基础科研中的困难,刺激读者需求,满足读者需求,适应读者需求,是办好医学期刊或医学图书选题出版的前提,也是提高社会效益、学术效益和经济效益的基础。

一、读者心理特征

医学期刊或医学图书读者群具有很强的专业性和学术性特点,其阅读心理现象也可分为阅读心理过程、阅读心理状态和阅读心理特征基本类型。阅读心理特征是指读者心理活动经常维持稳定的心理特点。这主要表现为读者选择阅读期刊或学术著作相对固定,专业阅读兴趣专注,关注学术领域倾向性强,特别是对学科权威学术期刊阅读和跟踪紧密,读者的忠诚度高。

1. **读者心理认同感特征** 读者认同感,是指自我和本学科领域同道对某医学期刊或医学著作的价值判断和评价,读者长期处于跟踪阅读和承认的境地。读者,特别是高度专业化的医药卫生专业技术人员读者,对其所从事专业领域的专科学术期刊和综合性医学期刊,对哪些学科期刊感兴趣,在心目中都有其认同意识,这种阅读认同感,是读者订阅的驱动力量。如何增强读者对期刊的认同感,是编辑需要分析和研究的问题,也是提高医学出版物订阅量的重要因素。

2. **读者心理稳定特征** 读者的心理稳定特征是自然存在的,这是由于其所从事学科专业或研究领域及研究方向所决定的,读者稳定的阅读心理特征,为专科学术期刊拥有相对固定的读者群奠定了基础。但是,读者稳定心理特征也不是一成不变的,当期刊内容和学术质量不足以满足读者个体需求时,其阅读心理状态也会随之发生改变,使读者发生重新选择的心理变化,这是因为目前医学期刊比较多,可供读者选择的余地和空间较大。因此,保持期刊质量和学术影响力,不断满足读者需求,是维持读者阅读心理稳定的重要条件。

3. **读者心理追随特征** 追随心理是人们普遍的心理现象。读者的追随心理是在对品牌期刊的崇尚、拥有欲望和对学术发展趋势紧密跟踪的心态基础上形成的,它是专业读者崇尚品牌期刊、跟踪品牌期刊、追随品牌期刊在阅读心理上普遍的心理状态。读者的这种阅读心理状态具有可变性,也就是随着期刊品牌影响力的提升或降低而发生改变,当期刊品牌影响力增强时,其阅读追随心理会不断强化,而当期刊品牌影响力衰减时,其阅读追随心理也会随之衰减,从而发生阅读兴趣和订阅价值取向的偏移而失去读者。

4. 读者心理归属感特征 读者归属感,也称为读者或阅读隶属感,这是读者阅读心理活动的潜意识感觉。是指读者个体订阅或阅读本学科期刊与同行群体间的内在联系的感受,是读者对同专业学科同行从属关系的划定、认同和维系,读者归属感就是这种认同、划定和维系的心理现象。这种读者心理归属感共同形成了专业读者群体,使这些同专业的专家学者聚会交流时,对学术发展的最新进展、学科发展趋势和学术热点难点问题具有共同的认识,在学术发展趋势的认识上不至于落后于同行,使得这种读者心理归属感进一步得到升华和认可。这种心理特征展现出对某一专科学术期刊稳定的读者群体。

二、读者心理动机

人的动机的最大特点是具有目的性,从而引发人们从事某种行为的力量源泉和心理。而读者的心理动机也不例外,也具有很强的阅读和订阅目的性,购买医学期刊或医学图书的目的是什么,这在读者心目中具有明确的目的性。读者的动机是指由特定的阅读需要而引发,读者欲满足临床医疗和科研需要的特殊心理状态和意愿。读者动机是直接激发和推动个体订阅欲望的内在动因和原动力,这种对医学期刊或医学图书订阅活动和行为,都受到读者动机的调节和支配。因此,读者动机具有心理活动与行为一致性特点,是心理上形成的思维途径,它奠定了读者订阅决定产生的念头和行为模式。

1. 读者知识更新动机 随着医学科学的飞速发展,知识的老化速度加快,医药卫生科技人员通过阅读医学期刊或最新医学专著不断补充新知识,更新自己的知识结构,完善学科知识和技能,不断提高自己的临床和科研能力。因此,读者的知识更新动机,是医学期刊订阅行为的心理动机基础,医学科技学术期刊就是要结合读者的这一心理动机,具有针对性地做好选题策划,为读者知识更新和知识创新体系建设提供良好服务。

2. 获取学术信息动机 在学术交流活动中,广大医学科技工作者除了在学术会议获取相关信息外,通过学科领衔期刊获取相关学术信息已成为读者获取相关信息的重要渠道。编辑就是要结合读者这一心理动机,丰富期刊栏目和信息容量,以满足读者对相关信息获取的心理动机需求。

3. 跟踪学术发展动机 广大医药卫生技术人员要把握学科发展趋势,掌握国内和国际学术发展动态,了解最新学术观点和新发现,跟踪国际和国内相关学科发展的前沿,科技学术期刊是最好的学术交流平台,是读者获取学术发展动向的重要媒介和手段。编辑就是要满足读者的这一心理动机,驾驭学科发展趋势,发挥学术导向作用,为读者适时跟踪学科和学术发展提供支撑。

4. 掌握技术本领动机 医学科技人员的职业技能是生存与发展的重要手段,也是其事业发展的基础和人才竞争的重点。通过医学科技学术期刊学习,掌握新技术、新方法、新仪器设备、新观点,不断提高医疗技术本领,是广大医药卫生技术人员职业生涯的重要任务。编辑就是根据读者的这一心理动机,精心设计栏目版块,既要有创新性学术内容,也要兼顾新技术和新方法的普及性内容,真正体现创新与普及并重的办刊理念,以利于满足读者的需要。

三、读者心理需求

1. 专业内容需求心理 医学出版物是内容产品,读者订阅医学科技学术期刊或医学图书,看重的就是内容。内容的丰富性、创新性、新颖性、科学性、实用性和可读性是读者订阅的价值取向标准,可以想象,出版物的内容不符合读者胃口,缺乏实用价值,也就失去了读者订阅和阅读的兴趣及价值。因此,编辑精心设计内容、精心策划选题重点、不断提高学术内容质量,是满足读者心理和提高期刊学术影响力的核心与重点。

2. 科学实用需求心理 医学科技人员对学术内容和新技术新方法的学习与吸收,是建立在内容的科学性和实用性基础上的,研究结果和结论可靠,科学实用,能够迅速用于临床对患者疾病诊断和治疗,解决患者痛苦,是广大医务人员最倚重的,也是读者订阅和阅读的普遍心理需求和心理状态。

3. 临床实践需求心理 在临床疾病诊断、治疗和预防实践中，其难点、热点和焦点问题自然存在，医疗技术人员通过医学科技学术期刊发表的临床诊疗指南和规范、临床经验和新技术新方法等指导临床实践活动，以不断提高自己的医疗技术水平，同时通过期刊发表自己的临床研究成果和临床经验，以达到学术交流的目的。医学期刊的内容是否具有临床指导意义，满足读者临床实践需求心理，是编者始终要关注的问题，也是衡量期刊学术效益和社会效益的重要因素。

4. 读者权益心理需求　读者的权益需求其实是被编辑出版者忽视的正当权益，读者至上，以读者为中心的理念在医学期刊编辑实践中往往重视不够。因此，应树立读者权益维护意识，维护读者的合法权益。在编辑实践中损害读者权益的现象：①期刊出版迟滞，未按规定出版日按时出版，影响了读者及时阅读；②期刊印刷质量差或损坏，不能及时调换；③期刊广告页码侵占正文页码，损害读者阅读期刊法定正文内容页码；④广告数量过多，对读者阅读不利；⑤期刊正文页空白幅度过大过多，未能补白其他信息稿件，影响了信息容量的丰满度；⑥读者向编辑部提出问题不能及时答复。这些都是损害读者权益的现象，编者应增强读者权益意识，保护读者的合法权益不受侵害。

四、读者心理倾向性

读者心理倾向性主要是指读者在选择订阅或阅读时，对医学科技期刊或医学图书所表现的爱好偏向、倾向性观点、价值取向、立场偏移和兴趣。作为医学专业读者群体，具有高度专业性、学术性和研究方向性特点，因而决定了其读者心理的倾向性特征。当然，这种读者心理倾向性可以引导，主要是通过营销手段，以改变读者在医学期刊或医学图书阅读和订阅选择的价值倾向。

1. 简短精练心理倾向　由于人们工作和生活节奏加快，阅读时间具有局限性，同时读者的阅读习惯也一般喜欢用较短的时间获取尽可能多的信息，因此读者更倾向于文章简短精练、重点突出、内容丰富的文章，用很短的时间获取更大的阅读效果。编者要尽可能适应读者的这种心理倾向，使文章在可能的情况下更加简短精练，以尽可能缩短读者的阅读时间和阅读习惯。

2. 信息丰富心理倾向　读者订阅一本期刊能够从中获取更多的相关信息，应该说这是普遍的读者心理表现。医学期刊的栏目版块多样，信息丰富新颖，时效快捷，引领学科前沿，阅读受益匪浅，这是读者理想和期望。作为编者，就是要研究和分析读者普遍心理倾向，既重视群体读者心理需要，又兼顾读者个体心理需求，在编辑策划和内容策划上下功夫，让医学期刊或医学图书更贴近读者。

3. 新颖实用心理倾向　新颖、创新、实用是读者订阅或阅读学术期刊的愿望，也是维持读者忠诚度的重要因素之一。读者的这一心理倾向性其实也是编者的努力方向。办刊者和阅读者的共同意义就在于出版物内容的新颖、创新和实用，这也读者阅读和订阅的价值所在。

4. 阅读价值心理倾向　读者的价值取向是指阅读价值观成为选择的优势观念的形态，同时被读者个体所认同的心理反应，这种价值取向的形成具有评价出版物、唤起订阅态度、控制和调节订阅行为的定向作用。所以，读者订阅期刊一定要考量其订阅的价值，值得订阅、值得付出、值得阅读是读者订阅价值取向的重要因素和依据，这是阅读价值心理倾向的基本内在因素。

5. 品牌价值心理倾向　具有很强品牌影响力的著名医学期刊，对读者具有很强的引导性，在学术上崇尚品牌期刊、追随品牌期刊、拥有品牌期刊、阅读品牌期刊、跟踪品牌期刊是当今学术界的学术时尚，这种对品牌期刊的阅读欲望、占有欲望、发表欲望普遍存在，特别是专家学者能够在国际或国内著名品牌期刊上发表论文，这被视为学术荣耀、学术水平和学术生涯境界的标志。因此，编者努力维护品牌期刊、创建和培育品牌期刊始终是编者或办刊者努力的方向。

6. 多媒体阅读心理倾向　随着网络化、数字化的发展，多媒体出版业态和传播形式发生巨大变化，人们信息获取方式、信息获取途径更加便捷，读者传统阅读方式发生改变，更多读者喜欢或倾向于多媒体阅读（如网上在线阅读和手机终端阅读），这不仅方便快捷，而且不受时间和条件局限，随时可以阅读。读者这种阅读方式的改变，极大动摇了读者对平面纸质版期刊的订阅倾向和价值取向。因此，编者和办刊者要适应多媒体情境下的阅读环境和阅读方式，实施多媒体融合出版，以适应读者多媒体阅读心理倾向。

第七节 医学专业作者心理特征与心理需求

作者是医学期刊和医学科技图书出版的源泉，也是医学科研原始创新和知识产出的主力军团，正是因为具有强大的从事临床医学、预防医学、基础医学、护理医学、药学、卫生管理学等广大医药卫生技术人员为主的作者队伍做后盾，才为医学编辑出版事业提供了充足的稿源和动力。作者作为编辑的主要服务对象，研究和分析作者这一重要服务对象和群体的心理活动，把握作者心理活动规律、心理特点、心理动机、心理需求和心理状态，更好地服务作者，让作者满意，是医学编辑出版的重要基础因素。

一、医学领域作者的心理特点

作者，特别是具有高度专业和专家学者型的作者群体，其心理活动具有很强的学术追求性特点，他们的注意力、情感、智商、精力都融入学术研究和为患者医疗服务上，视学术发表为职业时尚，作者的心理认知、心理情感、心理欲求、气质和性格特点与变化都带有学术追求印迹。

1. 作者专科倾向特点　当今医学科学领域学科高度分化，特别是临床医学，学科分化尤其显著，专业领域细化趋势突出，临床医学各学科的亚学科和亚专业显著，这有利于对疾病研究的更加深入和诊断及治疗的精准化，以及专科化。因此，医学科技人员读者和作者对自己所从事的专业和研究方向领域的学术期刊的敏感性增强，对自己相关学科和专业的学术信息的获取具有极高的兴趣与亲和性。所以，作者的研究成果和学术思想观点首先想让自己的同行了解和交流，这就形成了作者对专科学术期刊的青睐感和专科心理倾向，这也是目前综合性医学期刊稿源减少的原因之一。

2. 作者的认知特点　医学科技作者的认知过程，知识获取、知识应用、信息获取、信息处理加工、信息存储、知识创新等系列认知过程，都是围绕着学术应用、学术交流、学术创新、学术产出、学术发表的范围，当然也包括作者的心理感觉、心理知觉、记忆存储、思维想象等都离不开对学术的认知，医学科技作者认知的重要特点。

3. 作者的情感特点　情感是人们对事物是否满足个体需求而产生的心理态度体验或感受。医学科技作者的情感，也是围绕其学术生涯的起伏、顺境、逆境和发展而变化，作者的幸福感、成就感、兴奋感、美感、挫折感，甚至嫉妒感、仇恨感等情感变化都与学术发展有着千丝万缕的相关性。这是医学科技人员作者群体或个体的共同点，其情感特点带有很强的职业色彩和学术特点。

4. 作者的欲求特点　欲求行为是人对内部刺激的反应，是行为的启动因子。欲求行为可激发和导致行为的完成，它有利于满足机体生理需要和精神需求。医学科技作者的欲求行为在某种意义上讲也带有其职业性和学术性，欲求为患者解除病痛，欲求学术成就，欲求获得更高学术荣誉，欲求获得创新成果等，是作者的欲求特点。

5. 作者的气质特点　人的气质作为表现心理活动强度、灵活性、速度与指向稳定性的心理特征，与性格有所不同；性格作为个体对现实稳定的态度，是习惯化行为方式中所表现出来的人格特征。人的气质具有先天性成分，同时也受神经系统活动过程特性制约和环境因素影响。医学科技作者的个性气质千差万别，但一般都带有职业气质和职业性格的烙印，这就是人们俗话说的"学究气质""知识分子气质"，作者的这种职业气质或气质特点，对其行为也具有制约作用，在某种程度上可规范和约束作者的不当行为的发生。

二、作者发表的心理动机

动机是启动或引发作者发表行为的心理和力量来源。动机主要指由人的特定需要而引发的欲满足各种需要的特殊心理状态和意愿；它是激发和直接推动个体实践活动的内在动因。医学科技作者发表动机受多种动因需要，可以说，作者的任何发表动机都具有客观与合理性,不存在好坏之分,编辑要充分借助作者发表动机,尽可能满足作者合理动机,服务于作者动机需求。

1. 功利追逐心理动机　功利追逐心理动机,实际上也可称为功利动机,它是以获取某种实际利益为主要目的的心理倾向。功利动机或功利目的都不是贬义概念,正当客观与合理的功利目的是必要的心理需求。如发表论文为了研究生毕业完成学业、从事研究发表论文为了晋升高级职称、晋升博士研究生导师,成名成家,为了获得科技成果奖励和学术荣誉,为了主持承担的国家重点科研攻关课题结题等,都是发表的功利目的,而作者的这种功利目的是高尚目的,作为编辑要在其发表条件和标准具备的情况下给予支持,特别是对具有国际和国内首创性科研成果及知识产权学术竞争力的研究论文要大开绿灯,抢先予以快速发表,这是编者的责任和义务。

2. 学术追求心理动机　这种学术追求发表动机,专家学者学术人生的奋斗目标和学术追求,作者通过不懈地研究和科研攻关,不断总结临床经验,持续不断撰写论著发表,形成自我内心激励动力,其发表的功利目的就是追求人生价值,推动医学科技进步和学术发展,这种发表的功利动机作为编辑应当予以鼓励。笔者在分析某些专家学者的学术生命周期时,发现一个有趣的现象:当通过数据库分析某位医学专家的学术发表生命周期时,数据库可以形成个人的学术发表曲线,这种曲线有的专家呈现波浪状曲线,显示各年度论文发表强度和峰值,而且有的专家的曲线持续到退休年龄,还有的直至去世后数年仍在显示署名发表论文曲线,这是因为其研究论文发表周期所形成的时间差,再有就是其主持参与的研究成果在其本人去世后由其学生或同事陆续发表;还有的专家其学术发表周期曲线呈间断性驼峰状曲线,很有趣的是,分析其不同驼峰年度与其本人年龄关系时,发现其驼峰期正是其本人晋升副高级职称、正高级职称的时期,当这一功利目的实现后,其学术发表曲线很显然呈现直线状态,也就是"功成名就",功利目的达到了,再也不发表论文了。这一有趣现象反映了不同的发表功利动机和发表的价值取向。

3. 同行交流心理动机　通过医学期刊学术交流和经验交流启迪思维,启发科研思路,这是医学领域最普遍的学术交流形式和手段,作者将自己的临床经验和研究成果发表在专科学术期刊,让同学科领域的读者阅读交流,相互了解同行所做工作和经验分享,以满足作者同行学术交流的心理动机需求。

4. 成名成家心理动机　医学科技人员的成名成家心理动机是普遍存在的,是其学术生涯的价值体现,作者不断撰写和发表论文,就是要通过发表扩大自己的学术影响力,成为相关领域的著名专家学者,彰显自己的人生价值。这种发表动机也是客观合理的行为,它可促进学术发展和人才成长,促进了医学科技进步与发展。

三、作者发表的心理需求

作者论文的发表不仅是单纯出于功利目的,更大成分是提高自己的科研能力和论文的撰写水平。因而,作者必然存在不同的心理需求。编辑就是要分析和研究作者投稿的心理活动和心理状态,以便具有针对性地服务作者心理需求。

1. 快速评审心理需求　医学科技学术论文发表周期过长是学术界的普遍现象,正常情况下其主要原因是稿件的处理流程和同行评议过程导致时间过长。当作者投稿后,总希望能够快速评审,能够尽快获得评审意见或评审结果,这是作者普遍的心理需求。因此,编辑要加强流程再造,加快稿件处理流程,尽可能缩短稿件的评审时滞,以满足作者的心理需求。

2. 迅速发表心理需求　作者投稿后快速发表是普遍的心理愿望,尤其是对创新性强,具有国际或国内学术竞争力的首报科研成果,其发表周期过长很有可能被同类研究抢先发表,而失去首创权;另外,还有比较常见的职称晋升、研究生毕业、国家重点科研课题结题等,要求作者提供论文时,而且时间性很强,作者都急切地希望迅速发表,以满足其功利目的的顺利实现。其实,就是一般作者普遍的心理状态,都具有投稿后急于发表的心理愿望,因为发表周期过长,会影响研究成果论文的时效性。

3. 反馈审稿意见心理需求　同行评审专家的评审意见,对作者的研究成果论文的完善和存在的缺陷的发现具有很好的价值，通过同行专家评审意见，可发现论文各方面存在的不足，这对提高作者的科研能力和完善成果论文具有重要意义。因此，很多作者都很重视稿件评审意见和修改意见，哪怕论文是退稿，也很希望得到退稿意见反馈，以利于提高对稿件缺陷和不足的认识。但编辑部由于种种原因，对同行专家的评审意见、修改意见和退稿意见不能做到全部反馈给作者，其实这对作者是一个损失，失去了学习提高的机会。因此，为满足作者的这一心理需求，编辑部应尽可能将同行专家评审意见、稿件修改意见和退稿意见全部反馈给作者。

四、作者投稿的心理状态

由于作者投稿的目的性存在差异，作者自然也就具有不同的投稿的心理状态。同时，稿件的不同处理状态，对作者也有不同的心理改变和不同的心理状态。分析、研究和把握作者投稿过程中不同心理态度，对处理好编辑与作者的关系和沟通效果具有重要意义。

1. 作者投稿心理状态　作者投稿前和投稿后心理状态是不同的，而且不同职称层次的作者也具有不同的投稿心理状态。一般情况下作者在投稿前都有以下心理过程。

（1）选择学术期刊类别：作者投稿前一般有一个心理纠结过程，就是选择期刊，也就是将稿件投向哪种期刊最适合自己文章研究专业，能够让同行了解，获得最大的同行认可和传播半径。

（2）选择学术期刊的"等级"（学术影响力）：这是作者投稿前比较纠结和心理斗争比较激烈的心理状态，首先作者要正确客观评估自己研究论文的新颖性和创新程度，也就是作者文章的质量和学术水平，自我估计或评价过高，心理期望值就高，选择期刊等级就会高，如果自我评价超过文章的实际水平和价值，作者投向高级别学术期刊其退稿的概率也会增加，这会挫伤作者的信心和兴致。作者投向等级比较低学术期刊，从作者的心情和愿望上又会产生不情愿的心理变化。因此，正确客观评价自己论文质量和创新水平，是选择学术期刊投向的基本前提。而有的作者习惯从高级别期刊开始投稿，退稿后再逐级投，这实际上是极为不可取的投稿心理和不良行为模式。

（3）学术期刊内容倾向选择：作者经常向编辑询问，你们期刊喜欢什么内容或什么方面的文章？这是作者典型的根据期刊喜好投稿的心理状态。因此，作者在投稿前浏览期刊所刊登内容偏向，以利于满足编辑的需求而获得投稿发表的机会，在编辑实践中可明显发现，当某期杂志发表某一重点选题内容，紧跟着就会有同类或相似文章迅速投来编辑部，这就是作者误以为本期刊"喜欢"这类稿件，其实这是作者错误认识和扭曲的作者投稿心理状态。作为科技学术期刊，是以内容的新颖性、创新性、科学性、实用性、指导性为其基本录用标准，一般没有其他选择稿件的倾向性。

（4）作者投稿的情感心理：在编辑实践中，经常会有作者在投稿前想方设法认识和拉近与编辑的关系，作者错误认为只有认识编辑才可能顺利发表，其实不然，编辑自有相应的规则和职业道德规范，还有严格的稿件处理程序化设计，严谨的稿件评审程序和同行评议程序及监督机制，哪一关也不是编辑容易单独可以左右和控制的，自有其公平、公正和客观控制体系。

（5）作者投稿后的心理状态：作者投稿后的心理更加复杂，一般具有投稿后等待和急迫心理；担心退稿的害怕心理、接到稿件录用通知的喜悦心理、看到稿件修改意见后的紧张和负担心理活动变化。因此，平衡和调整作者的投稿心理，对作者正确完成论文发表过程是必要的心理准备。

2. 作者接受约稿心理状态　编辑部向作者约稿一般都具有很强的针对性和背景，大部分作者对接受编辑约稿都比较愉悦，是编辑部信任被约作者的表现，也说明被约作者一定具有独到之处，能够胜任和完成编辑部的约稿任务。但被约作者有时也具有矛盾心理，首先接受编辑部约稿感到高兴；但同时也存在担忧或紧张心理，主要是担心所撰写稿件不能达到编辑部要求，因而失去编辑部的信任。作者的这种心理是自然的，也是客观现实心理状态。因此，编辑部在向作者约稿时，要具有明确目的性、基本策划和要求，向被约作者交代清楚约稿的选题、背景、目的、重点内容、文章体裁或形式、字数要求等，甚至将文章撰写思路、命题或标题、论述重点、撰写格式等，向作者交代清楚，与作者要有充分的沟通，让作者理解编辑部的意图和所约稿件的意义，以免作者理解出现偏差或误解造成约稿失败。

编辑部在发出约稿邀请时，也要对选题的目的性、选题背景、发表的意义等具有充分的把握，对其可行性和必要性要有充分论证分析，不轻易约稿。同时，要遴选好被约作者或专家，充分了解作者的学术影响力、学术贡献、优势学科或专业，研究方向、在相关领域的学术地位、研究成果、国内外学术地位、对相关领域学术发展的驾驭程度等要有充分把握。编辑部一旦向作者约稿，其所约作者稿件一般不轻易退稿，对稿件内容缺陷和不足之处可与作者沟通，呈请作者修改后发表。

3. 作者稿件退修心理状态　在医学科技期刊编辑实践表明，所有经过稿件评审流程或程序同意发表的稿件，无一例外都需要退修，也就是在发表前将稿件退给作者修改。当作者接到编辑部同意发表和修改意见后，作者的心理反应一般是依从心理，逐条修改，即使有的对所提修改意见持有不同异议，为了顺利和尽快发表，作者都尽可能采取依从的心理态度。编辑部所提供一般退修意见：①简要肯定性评价，也就是作者文章的特点和长处首先给予肯定，以鼓励作者；②学术内容阐述欠完整、缺少项目、文章逻辑性欠缺、阐述欠严谨，建议作者补充修改；③撰写规范性修改，如撰写格式、文章阐述层次、图片和表格的规范性修改、参考文献著录的规范性或补充等；④建议作者需要斟酌和仔细推敲的问题。

作者首先要对修改意见的合理性进行逐条分析，然后对客观合理的意见实施修改和补充，对欠合理或难以修改的意见可以不改，不必盲从，可另附说明解释，给出依据。编辑也要理解作者的心理活动，在给作者撰写退修意见时，尽可能全面，意见重点突出，层次清楚，将文章的修改过程转化为作者从中受益和科研能力及撰写能力提高的过程，同时用恰当的语气语言安抚作者修改心理，以确保作者一次性修改成功。

4. 作者发表心理状态　作者文章修改成功后退给编辑部，然后就是焦急等待发表见到期刊，作者发表阶段的心理状态也是可以理解的，特别是在急切等待职称晋升、研究生毕业答辩和科研课题结题等时间性较强的项目用途，其急迫心理是可以想象，更有作者跟编辑部提前索取校样，以应对职称晋升等急需。因此，编辑部应尽可能缩短发表时滞，避免发表稿件长期积压，尽可能满足作者的心理需求。

第八节　医学广告受众心理特征与心理需求

医药广告客户心理和广告受众心理，都是医学编辑应该研究和分析的领域。这是因为医学科技学术期刊是医药广告法定发布平台，公众媒体是不允许发布医药广告的，特别是对处方药物等治疗性的产品。因此，编辑研究和分析广告受众及广告客户（医药企业）的心理活动规律与心理需求特点，对做好医学期刊的广告经营与销售，提高医学期刊的经济效益具有重要意义。同时，医药广告不仅是宣传企业产品，也是科技成果转化为生产力的重要形式，促进新技术、新方法、新成果的转化，既对患者诊断和治疗有益，也对促进经济发展有利；而且医学期刊广告的多少，从某种意义上也体现了期刊的品牌影响程度和期刊的学术权威性。

医药卫生广告具有高度专业性，它与普通商品广告具有本质区别，但就广告宣传而言，也具有普通商品广告的基本性质和目的。广告商心理主要研究和分析医学广告信息传播过程、传播效果、接受程度在广告受众中的心理现象与购买使用行为之间的关系。医药广告心理就是运用和把握广告受众，是医疗技术人员和医药企业广告客户发布主体的心理现象和心理活动规律，通过发布医药广告促进医疗产品的销售，最大限度地向临床推广，占据市场更大份额。

医药广告的发布，首先严格遵守《中华人民共和国广告法》《中华人民共和国药品管理法》《中华人民共和国药品管理实施条例》《医疗广告管理办法》等法律法规。以此为前提，从医药广告受众心理角度，分析客户知觉、记忆、兴趣、欲求等，通过医药广告的设计理念、图形图案、形状色彩、广告经典语句、产品技术优势等手段，吸引和打动受众，促进临床应用。还可通过广告心理学的一般原理（如信念、记忆、暗示、联想、需要、兴趣和注意等基本原理），策划设计医药广告，以利达到广告宣传效果。当然，医药广告受众受专业性局限，广告的形式和设计要更适合专业受众的特点。

一、医药广告的特点

医药广告的特点，决定了其广告受众的心理特点。因此，医药广告受众和医药广告发布主体的心理变化和心态也具有其特点。

1. 医药广告受众群体的专业性特点　医药广告受众都是临床医学各学科高度专业和高智力群体，其心理逻辑能力都非常高，一般公众广告宣传语言难以打动受众，国家医药广告法规也禁止应用过度宣传语言，其受众群体也不会被宣传语言所诱惑。

2. 医药广告受众的局限性特点　医药广告受众不同于公共生活产品的广告受众巨大，其应用或使用医药产品的客户都是医疗技术人员，而且医学期刊，特别是专科医学期刊，所面向的是相应专业群体，专业技术人员从数量上具有很大的局限性。

3. 医药商品的专属性特点　医药产品是专门提供给医疗技术人员使用的专属商品，主要应用于患者，而且必须是医疗技术人员使用或在医疗技术人员的主导指导下应用，对于药品，只有通过医师做出明确诊断后，由医师进行合理用药的指导。药品在使用范围上具有显著的专属性特点，其主要表现在对不同疾病的对症治疗，对国家规定的处方药必须由医师诊断后合理应用，具有不可替代性特点。

4. 医药商品的两重性特点　医药产品正确使用可以为患者治疗疾病，如果使用不当会给患者带来副作用，甚至医源性疾病，给患者带来痛苦。因此，医药产品具有显著的两重性特点。

二、医药广告受众的心理特征

医药广告的主要受众是医疗技术人员，其接受程度具有很强的针对性，主要是根据患者实际需要，是否确实有效，能够解除患者病痛而选择性应用。因此，其消费心理需求具有针对性。

1. 特异性心理需求　特异性是指区别于其他事物的性质，特别是药物治疗疾病的特异性，是对某种疾病具有专门的治疗效果和针对性，可以想象，能够治疗百病的药物一定是什么病都治不了的药物，对于这种专科专病专用的药物或医疗技术设备，医疗技术人员具有特殊的心理需要。

2. 安全性与有效性心理需求　医药产品安全、有效，是医药产品消费者和使用者最基本的心理需求。安全，也就是医药产品用于患者后，不会给患者带来严重副作用；给患者造成损害甚至医疗事故，这是医药产品使用者和消费者所不能接受的底线。医药产品的有效性是使用者和消费者共有的心理追求，也是医疗市场最具临床推广价值的医药产品。

3. 使用操作简单的心理需求　医药产品，特别是医疗技术设备产品，其方法学新颖可靠，操作简单易行，使用者可接受程度高，是临床使用者所欢迎的医药产品。

4. 产品技术求新心理需求　追求新技术和新方法，能够给使用者带来更多诊断和治疗手段，是医药产品消费者所高度关注的，特别是对具有临床推广应用的新产品、新方法、新技术、新疗法、新药品，是临床医疗技术人员和消费者普遍的心理需求。

5. 临床可推广性心理需求　对于医药产品的使用和效果要具有可重复性，才能具有临床推广价值，如果其产品只有特定使用者可以操作应用，不具有普及性和可重复性，也是没有市场推广前景的产品。

6. 临床科研价值心理需求　对于医药产品，尤其是新技术、新方法、新药品，在临床应用的同时，又具有临床科研价值，通过临床应用积累临床资料，总结临床经验，同时可以探讨和拓展临床应用范围，开展临床科研，使医药产品的使用者获得临床科研和取得临床科研成果的机会，这是临床使用者所追求的心理需求。

7. 物美价廉的心理需求　医药产品的物美价廉也是使用者和消费者所关注的问题，价格过于昂贵，给使用者和消费者带来巨大经济负担，也会影响和制约临床推广的效果，使医药产品的消费者难以接受。另外，医药产品的美观精巧，应用和携带便捷,也是影响产品应用的重要因素。

三、医药产品广告发布主体的心理需求

医药产品发布广告的主体是医药卫生企业,是给医学期刊带来经济效益的主要目标客户。因此,医学期刊编辑了解和研究广告发布主体的心理特征和心理需要,对做好医学期刊广告经营及获取最大化经营效益具有现实意义。

1. **投入与回报的最大化心理** 医药企业投放广告最主要目的是扩大产品宣传,增加企业产品知名度,促进和占有市场销售份额,以最小的经费投入,获取最大的经济回报,这是广告客户的普遍心理状态和心理需求。这种投入与回报最大化的目的和心理追求,在某种意义上讲其投入和产出比未必是相等的,它受多种因素影响和制约。因此,广告客户对投放广告的回报效果应当具有充分的心理准备。

2. **企业品牌影响最大化心理** 医药企业广告客户在投放广告扩大产品宣传的同时,对企业的品牌影响和扩大企业知名度也是一个宣传过程,也是企业广告客户所追求的,希望通过产品的宣传,同时扩大企业知名度,以利于提高企业品牌影响力,实现一箭双雕的效果。

3. **广告设计效能最大化心理** 医药企业广告客户在策划和设计广告宣传片时,总是希望将宣传语言和强烈吸引受众的效果最大化,甚至用到极端广告语(如治愈率100%、药到病除等极端语言),但这些极端宣传语言在相关医药广告法律法规中是严禁使用的语言。因此,医学编辑在广告发布前,要对医药广告的内容实施严格审查,以免造成广告违法行为的发生。

4. **市场推广最大化心理** 通过广告宣传,扩大市场占有率,实现市场推广的最大化和效益最大化,这是广告客户普遍心理需求和目的。因此,医学编辑要尽可能扩大期刊的发行量和传播范围,配合医药企业做好广告宣传效果的相关工作,满足广告客户的心理需求,以利于增强企业广告投入的持续性和投入力度,提高医学期刊经营效益。

(1)增强广告视觉冲击力:主要在广告片的策划设计上,在符合广告法律法规的前提下,尽可能设计得醒目和刺激眼球,以利于增强广告受众的注意力和吸引力。

(2)扩大信息传播半径:通过多种信息传播渠道,扩大信息传播半径和覆盖面。如除平面纸质版外,充分利用多媒体渠道,多渠道扩大信息的传播。

(3)发挥期刊平台优势:利用医学期刊召开专题研讨会议,介绍医药企业新技术设备和新药的临床应用效果的经验,通过临床实际应用研究,科学论证产品的安全性与有效性,为企业医药产品的成果转化和临床推广施加助推力量。

第3章 医学编辑知识结构与智能结构素质构建

目前，在我国拥有一支庞大的医学编辑人才队伍，作为专业人才群体或个体，其整体素质的优劣，直接影响着医学编辑出版质量和医学编辑出版事业的发展，当然，也会影响到我国医学科学技术和学术交流的发展与繁荣。但是，对医学编辑人才知识结构和智能结构的要求，既不同于临床医师，也有别于其他科技期刊编辑，更不同于卫生管理干部。一般认为，编辑不仅仅是文字匠，还应该是思想家、学问家、学术活动家、编辑创意与策划能手、智慧先锋；当翻开中国著名编辑出版家史料，发现他们大多既是著名编辑出版家，又是名作家、大学者、著名专家或社会活动家，而且都具有独到的思想智慧、文化智慧、科学技术智慧、编辑出版智慧、学术智慧。由此可见，医学编辑人才是特殊的人才群体，是"杂家"群体，是助推医学科技进步、繁荣学术交流及学术发展和科技文化事业传承与发展的特殊人才队伍。因此，构建医学编辑的知识结构和智能结构，对医学编辑人才成长和培养，具有针对性地加强医学编辑人才教育和继续教育具有重要意义。

第一节 医学编辑成长的智力因素

医学编辑人才成长的因素是复杂的，但总体来说主要有两点：①社会环境因素，如受教育程度、职业背景、家庭环境、成长平台、机遇和自身努力程度。②自身智力因素，如智商、意志力、专业兴趣、求知欲望、事业心等。但环境因素和职业平台，对医学编辑成才具有重要作用；在自身智力因素中，一般又可分为智力因素和非智力因素。

一、编辑人才大脑潜力

在人体的器官中，大脑是最复杂的器官，人类的大脑是科学家们不懈研究的重要领域；也正是因为人类大脑具有思维、语言和创造性，才赋予了其特殊的社会属性。大脑为人类神经系统最高级神经中枢，它包括左、右大脑半球，是中枢神经中最大和最复杂的神经结构，是调节机体功能的重要器官，也是人的意识、精神、语言、学习、记忆和智能等高级神经活动的物质基础；大脑半球表面呈现不同的沟裂，在沟裂之间有隆起的回，这大大增加了大脑皮质的面积。大脑皮质最为发达，是思维的器官，它主导机体内生命活动过程，调节机体与周围环境的平衡。因此，大脑皮质是高级神经活动的物质基础。人的大脑潜能是巨大的，当外界事物刺激大脑可导致记块的产生，记块在大脑里存储在神经细胞膜上，并以链的形式存在，这种链一般是糖链或脂肪链，这种链是一种思维链，因为它是思维的形式存储的结果，是人的大脑将1记块、2记块、+记块在思维规则的控制下进行组合，在思维中枢里，人类在儿童初期阶段是一种思维形式的基础，但随着人的成长变化，这种记块就不具有思维功能了，而是一种回忆或记忆。因此，在人的神经细胞膜上，它已经成为固定的记块了，而非思维性质。

1. 人脑的注意力　是指人的心理活动指向和集中于某种事物的能力。如果人能全神贯注地长时间地阅读、研究课题或专心做某一事情，而对其他无关事情的兴趣大大降低，这就展现了注意力强弱的特征。

2. 人脑的记忆力　是识记、保持、再认识和重现客观事物所反映的内容和经验的能力，如人很老时也还记得其亲人年轻时的音容笑貌和形象，以及少年时期家庭环境等一些场景，这就是人类大脑的记忆功能在发挥作用。

3. 人脑的思维力　这是人与其他动物的最大区别，它是大脑对客观事物间接的、概括和推理的反应能力。当人类经过学会观察事物之后，可逐渐会把各种不同的物品、场景、知识、事件、经验等实施分类归纳，将不同类型事物或知识都能通过思维活动实施分析概括，这种思维模式和思维形式，是人类智力的核心。

4. 人脑的想象力　是人类在已有形象思维的基础上，在头脑中创造出新形象的能力，人的想象力是建立在比较完善而合理的知识结构基础上的创造性思维，这种思维形式往往蕴含着潜在的创新与突破的可能性。因此，人的大脑的遗传性、发育及生理健康，是任何人才成长的基础。

二、编辑的智力激发能力

人的智力是指生物体一般性的精神能力，是人类认识世界、改造世界、理解客观事物、运用知识和经验等解决问题的能力，人的智力内涵包括记忆力、想象力、观察力、思考、分析判断、应变能力等。人的智力高低一般用智力商数来表示，它是用以显示智力发展水平量值，这里特别需要指出的是，智力不代表智慧，但智慧一定具备相应的智力水平，其两者意义具有一定的差异。智力具有潜在性，因此智力具有可开发性和激发的潜能，编辑人才培养与开发的任务，就是要激发具有潜在编辑人才素质的编辑人员，重点培养，提供机会和平台，促使编辑智能充分激活并得到迸发，促进拔尖优秀编辑人才的脱颖而出。

三、编辑的感知能力

人类的感知能力，主要是主体关系表达是感知，感知表现出的是主客关系。在社会生活和编辑职业生涯中，有些东西人是用眼睛看不到的（如黑暗中物质或物体），但人们可凭借人的感官系统手或身体去感知这些物体的存在；还有些东西是人们无法用手和身体能够触摸到的（如远离人的物体或风景），但人们却可以用眼睛来感知这些东西的存在；而另外还有些东西人们无法用眼睛看到，同时也不能用手或身体去触摸（如歌声、音乐等），但却可以用耳朵来感知这些东西就在身边真实地存在着。在自然界中，还有一些东西是人们用感官也无法直接来感觉到的东西（如自然环境中的紫外线、红外线、电磁波等物质），这些只能借助专业仪器设备来测量或感知这些物质的真实存在。因此，人类生命感知是以生命的物质为主体与存在的所有客体的关系表达，人类有了这种表达的感知，也就有了生命的主体，而生命的主体与客体的基本关系就是感知的关系。

在自然界中，一般具有生命力的物种都具备感知的能力，也就是都具有感与知的关系，感与知是生命物种或生物体所具备的基本本能，其感知的能力在不同物种不同个体间各不相同，感与知都是在本能作用和存在环境里自然形成的和进化，感与知能力存在是判断生物体存在状态的基本特征。因此，自然环境中生物感知力的存在是生物体本能反应，生命存在是生物感知力的形式表达；自然环境存在着生物体或生命力，而生物感知力是生物本身所特有的本能，只是感知的敏感性或感知能力存在着很大差别而已。自然界生物体或生命力在自然环境变化中产生或演变，而生物感知力在生物本能作用下天然形成，这也就有了感知关系的存在，自然确定了主客体的形式建立与形成，具有了主客体的形式产生，也就有了感知关系的建立。所以，自然界生命力和感知力都是本能和普遍存在的，它是由自然环境和生物体本身的先天因素决定，其生命力由环境的不同而有所不同，而感知力也因生物体具备特质不同而存在着差异，其感知能力是意识能力的基础，而意识的产生以感知力为基本条件。这种感知能力也是智力水平的特征之一，作为编辑人才，由于特殊的职业性质，要求具备较强的感知能力，因为只有具有较强的感知能力，才能对学术发展和信息具有独特的敏感性，也就能够提高编辑的快速反应能力，及时而快速捕捉学术热点和选题，这是优秀医学期刊编辑应具备的素质之一。

四、编辑的知觉能力

人的知觉能力是比感觉更深层次的智力活动。所谓知觉是直接作用于感觉器官的客观物体在人脑中的反映，人的知觉是系列组织并解释外界客体和事件产生的感觉信息的加工过程，知觉是客观事物直接作用于感官而在头脑中产生的对事物整体的认识。人的知觉是感觉的继续深入和发展，也是人的智力水平的另一种基本要素，人的知觉与感觉差别是：知觉是人类对外界客观事物的表面现象和外部联系的综合的整体反映，而人的感觉仅是某个片面反映，人们对于局部印象，也就是感觉到的东西在大脑中经过综合分析与组合，便形成了事物的整体印象和形象感，人的知觉是感觉加上大脑对感觉材料的初步分析与综合形成的整体印象。人的知觉比起感觉又升级了一步，它构成了在感觉基础上的更高一级认识水平的形成，一般来讲，是先有感觉后有知觉，知觉以感觉为基本前提。

人的知觉具有的特性：整体性、恒常性、意义性、选择性，人的知觉是系列解释外界客体和事件产生的感觉信息的加工过程，因而对客观事物个别属性的认识是感觉，对同一事物的各种感觉的结合，它就形成了对物体的整体认识，形成了对物体的知觉，而知觉是各种感觉的结合形式，它来自于感觉，但又不同于感觉，因为感觉只反映事物的个别属性，而知觉是对事物整体的认识，人的感觉是感官系统中单个感觉器官的活动形式和结果，而知觉却是各种感觉协同活动的形式和结果。人的感觉一般不依赖于个体的知识和经验，但知觉却受个体知识和实践经验的影响。人的知识和实践经验越丰富，对环境和物体的知觉越完善且越全面。人的知觉水平尽管已达到了对事物整体的认识境界，它比单纯认识事物个别属性的感觉更进一步，但知觉是来源于感觉的，而且两者反映的都是事物的外部现象，并且都属于对事物的感性认识。因此，人的感觉和知觉又有不可分割的内在联系。

人的知觉作为重要的智力要素，也是编辑人才要具备的素质。在编辑实践活动中，尤其在稿件的评审中，对科研论文标题的知觉和对论文摘要阅读后的知觉，基本对研究的背景、目的和先进性具有了知觉认识，但要客观判断其结果、结论的可靠性，还需要进一步仔细阅读全文，判断实验设计、样本设计、统计学分析方法的合理性，以及考察结论的可信性。因此，知觉能力在编辑实践活动中潜移默化地运用着，它是优秀编辑人才成长的重要因素之一。

五、编辑的观察能力

人类的观察能力是取得感性认识的基本途径，是人们获得正确认识的前提和源泉。人类如果缺乏观察力，也就失去了认识的基础，阻碍了认识的来源。人的观察能力既是智力的象征，又是强化智力的重要途径。所以，人的观察力主要是指大脑对事物的观察能力。如通过对学术发展状况或事物的观察，可以发现新的选题线索，在对国内外学科发展趋势和现实观察过程中产生新的认识，并通过对研究现象的观察，全面提高对相关领域存在问题的本质认识，从而产生全新的编辑思想。人的观察具有较强的目的性、计划性、方向性，一般很少无目的的观察。一般观察是以视觉为主，当然也融合其他感觉形式于一体的综合感知形式，是知觉的高级形态；在人的观察行为中，包含着主动思维活动，是一种比较好的观察行为，也就是边观察边思考，这会给观察带来快速的思维成果。所以，这种形式也可以称为思维的知觉或观察的思维，这是编辑人才成长所共有特质，善于观察，勤于思考，不断总结，是医学编辑人才成长的重要途径。

人的观察力也是人们认识世界、改造世界和获取知识的重要途径，不仅是医学编辑的方法论，也是医学科学研究的重要方法。可以毫不夸张地说，医学科学研究或临床医学研究，都是建立在观察基础上的，离开了观察，也就失去了医学科研工作的基本手段。任何科学研究的新发现、新规律，都是建立在周密、精确、系统的观察基础之上的，如居里夫人的女儿把观察誉为"学者的第一美德"；著名生理学家巴甫洛夫，也把观察、再观察作为医学科学研究的座右铭；巴甫洛夫著名"条件反射"理论，就是典型的观察发现的重大理论成果；他也曾告诫自己的学生，一定要学会观察，不学会观察，你就永远当不了科学家。

人的观察力称为观察能力，主要是指能够迅速、准确地看出观察对象某些典型的但又不十分显著的特征和重要细节的能力，它是个体通过长期观察活动所形成的能力，是智力结构的首要因素，也是智力发展的基础。人的观察力的高低，直接影响着人的感知的精确性和认识事物本质的能力，也会影响人的想象力和思维能力的发挥；人的观察力是人智力发展的重要条件，要提高人的智力水平，就要注重培养人的观察力。如《泰晤士报》在招聘编辑和记者时，通知招聘人到《泰晤士报》总编辑办公室面试，同时告知应聘面试人，不可乘坐电梯前往总编辑办公室，要走楼梯，当应聘人进入总编辑办公室，总编辑问的第一句话便是："上楼时走了多少台阶？二楼台阶正对面墙上挂着是一幅什么画"？这位《泰晤士报》的总编辑为什么问这些毫无关系的奇怪问题，其实，这正是他用人的高明之处！这位总编辑首先考察的是他要聘用的编辑、记者的观察力和注意力。这也正是编辑和记者所必备的能力和素质。医学编辑人才也不例外，良好的观察、注意力和思考能力，是医学编辑人才应具备的基本素养和特质。

六、编辑的想象能力

想象力也是智力水平高低的表现和要素，它是一种人类特殊的思维形式或思维活动。同时，想象也是一种特殊能力，是人在大脑里对已储存的信息表象经过重新组合、加工、改造构成新的联系和形成新形象的思维过程。想象的形成是以大脑记忆存储的某些信息和形象为基础，通过思考重新分析、综合与加工，从而创造出新的事物形象，它往往与联想同时结合，由当前事物而想到另外事物，也就是由感知到的事物到尚未呈现的事物，而这一尚未呈现为现实的事物，就是新事物，因而带有极强的创新性或开拓性。在编辑实践活动中常用的举一反三，且易达到事半功倍的效果，对未来事业计划充满逻辑推理和理想，这就是人们在社会实践中的想象与联想，触景生情的效果。这种想象力能突破时间、空间、学科间等多维度空间的束缚，现实中编辑遇到新事物或问题，能展开想象的翅膀，自由想象与联想，在想象中寻找解决问题的方法，不仅能发挥对机体的调节作用，而且还能起到预测和预见未来的效果。因此，这种无约束的而且是有根据的想象力，正是编辑职业应具备的智能素质。医学编辑在编辑实践活动中，需要不断迸发新的编辑思想，不断推陈出新，这样期刊才有活力，不断给读者带来新的学术思想，增加读者对期刊的阅读欲望和依赖心理，增强和提高读者及科技工作者的忠诚度。

七、编辑的联想能力

人类的联想能力也是大脑的一种思维形式和智力要素，当然也是人的特殊思维方法，它属于创造性思维的范畴。所谓联想，就是人们通过甲事物而想到乙事物具有逻辑因果关系的心理思维过程。它是借助人脑的想象功能，将相似的、形似的、相连的、相对的、类似的、同类的、相关学科的、交叉学科的、相同的事物，加以因果推理和联想，从中选取其结合点、交汇点、沟通点、连接点、交叉点、契合点等加以有效链接与结合，因而迸发和提出别出心裁的解决问题的方法或方案，它可有效冲破思维误区和惯性思维的束缚。联想还可以通过事物的外表形态，从而联想到事物的本质，从局部联想到整体，从表面现象到本质规律的思维效果，而且联想还具有心理预测性、心理模拟性、心理判断性和心理分析性质的效果，使人们在实施某项计划时，具备心理预期、心理目标和可能遇到的问题及解决问题办法的心理准备。

联想能力作为医学编辑人才智力要素和能力结构的重要元素，是编辑人才培养的重要内容之一。医学期刊编辑在编辑活动中，只有善于联想，其克服困难的办法和解决问题的方案才会用之不竭，层出不穷，总有新的编辑思想、编辑方案和创新的选题策划出来，使期刊永远保持旺盛的发展势头。

八、编辑的记忆能力

人类的记忆和记忆能力是智力结构中基础性要素，记忆是人脑的重要功能和智力基础，可以说，人类的思维活动是建立在记忆和知识存储基础上的。因此，常有学者将记忆能力作为评价人智力的标准，其实这略有片面性，虽然记忆是智力的基础，但运用头脑中记忆知识的能力也是很重要的条件。在现实医疗或医学科研实践中，常有专家或学者学历极高，在校考试成绩都是高分，每天都在不懈地学习，其知识积累达到很高程度，但很少具有创造性成果，其原因是运用记忆知识和知识创新的能力存在缺陷，把自己塑造成了单纯"知识积累型"学者，而弱化了"知识产出型"两者兼顾的学者类型；其实，人知识积累的目的和价值在于知识的产出，人类才能不断推动知识的更新与科技进步。

人的记忆是大脑对现实的心理反应，也是对个体以往曾经学习过的知识、经历过的事物、实践经验的认识和再现过程。一般情况下，人的记忆需要两个基本条件，即需要外界的事物或知识在大脑中形成的印象，而且具有维持和存储信息记忆的储备；再有就是当再次需要时能够快速呈现出来。这种信息存储、再现、运用的过程就称为记忆。记忆是人脑对经验和过往事物的识记、保持、再现或再认识，它是人类思维、想象等高级心理活动的基础，何以想象，一个缺乏基本记忆能力的个体，又何以实现人的思维和科学实践活动，人类所有学习、思维、创造和实践活动，都是建立在记忆和具有良好记忆能力的基础之上，否则，人们便会一事无成。

人类记忆与大脑海马结构和大脑内部的化学成分的变化有关。记忆作为一种基本的心理过程，也是与其他心理活动密切联系的；记忆联系着人的心理活动，它是人们学习、工作和生活的基本技能。人类除了先天因素外，其记忆的能力主要是后天环境因素发挥主导作用。一般来说，人们的记忆途径基本有以下三条路径。

1. **重复性** 对记忆难度大的事物，有意识地反复强化记忆，使外界事物在大脑中形成牢固印象，且能存储和保持记忆信息的稳定性，在大脑中形成了深刻印象和记忆，大脑一般不会轻易忘掉，这便增强了记忆。

2. **观察** 是对外界事物注意观察，强化理解，加深记忆，也就是理解记忆，当遇到运用相关知识、相同或类似事物时，便会迅速再现以往的理解和记忆；在理解的基础上记忆，而不是机械记忆，机械记忆对于大脑记忆的先天因素欠缺的人，其记忆难度更大，一般应采取理解记忆的方法，可达到事半功倍的记忆效果。

3. **逻辑记忆** 这种记忆是采用逻辑思维形式，对记忆的事物、知识或材料等实施科学地组织归纳，对其内容本质进行深刻理解，梳理出基本的内在规律和特点，以利于更好促进记忆，提高记忆效果。其实，在实际生活中，要提高人的记忆效果，最重要的是注意力集中，这是促进记忆的主要途径。

九、编辑的思维能力

思维是人类大脑借助于语言对实践活动和客观事物的概括与间接反应的思考过程。是大脑的主要功能之一，也是人类与其他动物的本质区别所在。人的思维是以感知为基础，但又超越感知的范围，是人们认识过程的高级阶段。是大脑的一种重要功能，也是智力的重要组成要素；思维与感觉、知觉和推理判断相比较，其复杂程度更大。从心理学和认识角度看，它是人类的理性认识过程，这种理性认识活动是以概念、推理、判断等形式反映客观事物的能动过程。人的思维形式或思维模式还与其从事专业有关系，长期从事某专业会形成相对固定的思维模式，形成与众不同的专业性思维方法或思维形式。如编辑思维，只要看文字总爱挑文字错误。这种相对固化性的思维形式，既有利也有弊。其有利的一面是专业思维更有利于专业的发展，而不利的一面是固化或习惯性思维有时难以冲破，因而在处理其他问题时容易受到局限。

十、编辑的经验积累能力

人类在社会实践中，无论是创造性活动还是一般社会实践，经验的积累都是至关重要的。善于总结经验，勤于总结经验，是编辑人才成长的重要途径之一。所谓经验，就是指人们的感性认识，一般而言，直接经验是在实践过程中，通过个体的感觉器官直接在实践活动或事物中获取和积累。间接经验通过媒介获取。如阅读图书和期刊、他人的成功实践、典型案例、他人介绍等间接获得的经验。但最宝贵的经验是直接经验，也就是自己在编辑实践活动中摸索出来的成功做法，但要善于积累和总结，并将其升华和完善，即由实践经验上升到理论，以利于指导他人的实践活动。

勇于实践，善于总结经验，积累经验。甚至协助总结作者的经验。因此，经验积累能力、经验总结能力和经验的归纳能力，都是医学编辑人才应具备的基本智力素质，也是医学编辑人才快速成长的重要途径。

第二节　医学编辑成长的非智力因素

编辑人才的成长除了基本的智力因素外，还有非智力因素，在编辑人才成长过程中发挥着重要作用。在智力、学历、专业相等的情况下，也不是所有人都能有所建树和成才，能够成为编辑人才并有所建树的人，非智力因素发挥着决定性作用。

一、编辑需要与动机

1. 需要　是人的本能需求，社会心理学研究表明，人的社会活动和行为都是建立在需要基础上的；需要主要是指维持个体生存、繁衍、功利、种族延续和参与社会生活的客观条件在人脑中的反映，由此而产生的欲求状态。需要是人类在生存和繁衍过程中，直接感受到的生理和心理上对客观事物的某种要求，这种需求往往以其内部缺乏或不平衡状态，突出表现其生存与发展对客观条件的依赖性。需要以意向、愿望、动机和行为的形式表现出来。因此，需要是动机的初始阶段。具有对象性、阶段性、社会制约性和独特性特征，人类个体需要的产生，受到诸多因素的影响，主要有生理状态、认知水平和情景状态等，需要具有很强的层次性，具有不同种类。因此，生存需要的基本满足和工作条件的基本需求的满足，是编辑人才成长的必要环境因素。

2. 动机　需要决定动机，动机是指具有某种需求所引发的激励或推动机体的行为，以达到相应需求目的的内在动力，这种动力可以激发或刺激人的某种欲望和冲动，从而推动或维持个体行为，并将这种行为导向某一目标。可见，动机是人们行为的推动力，而且也是创造、竞争和发展的推动力。人的动机是由目标或对象为引导、激发和维持的个体活动的内在心理过程与内在动力，是人类行为的基础。而在组织行为中，动机一般多指激励，主要是指通过激励原理和激励手段，主动和定向激发员工行为的心理过程，促使目标和实现目标的过程。动机属于心理状态，心理学家认为动机是决定人行为的内在动力，它具有三大功能：①激励与激发功能，能激发个体产生某种行为冲动；②动机的指向功能，它可使个体的行为定向或特指向某一目标；③动机的维持和调节功能，它可使个体的行为维持一定时间，并适时调整行为的强度和方向。人们依据动机的起源，又可将其分为生理性动机和社会性动机；生理性动机与机体的生理需求密切相关，而社会动机与人的社会需求密切相关。因此，依据引起动机的原因，又可分为内在动机和外在动机；内在动机由机体自身的内部动因所驱动（人的基本生理、理想、精神、愿望等所驱使），外在动力则由机体的外部诱因所驱动（食物、异性、财富、奖惩等所驱使）。而在编辑人才成长过程中，这种需要、动机及相关要素几乎都具备，但编辑人才成长更多是社会和精神高级层面的需要和动机。不难想象，编辑如仅把编辑职业或岗位作为生存饭碗，是难以成为具有一定作为的编辑人才。因此，医学编辑人才要具有事业心、社会责任担当精神，以此激发动机，引领编辑职业行为，这是医学编辑人才成长的普遍规律。

二、编辑性格与气质

1. 性格　是人的个性核心和心理特征，是人对现实态度与其相适应的行为方式。人的性格是在人们的生理因素、心理因素、主观因素、周围环境因素等相互作用和影响下，逐步形成的个体所特有的心理风格或行为习惯。人的性格养成、形成和发展，受其个体自身生理、家庭环境氛围、教育及社会环境的制约。因此，人的性格是个体对现实生活的稳定的态度，还有与这种态度相应习惯化的行为方式，并从中表现出来的人格特征；

性格一经形成便比较稳定或固化，但有时也并非一成不变，性格在某种程度上也具有可塑性的一面，只要强化个体修养和自我矫治，性格改变是能够做到的事情。性格与气质不同，气质更多体现了个体的人格特征和社会属性，而个体之间的人格差异说到底是性格的差异。人的态度是个体对人、事物、思想、观念反应的倾向性，一般情况下，人在后天社会环境下显现出对人生和生活的态度，是由认知、情感和行为倾向等因素构成，个体的人生态度，在某种程度上又决定了行为方式，不同的人生态度的结局是不一样的。编辑对职业态度或事业态度也是一样，不同的工作态度和编辑对业务的学习钻研态度，直接关乎编辑人才成长的趋势和结果。人的性格不同于气质，它受家庭环境、社会环境和历史文化的影响，具有显著的社会道德属性和评价意义，在某些程度上它直接反映了个体的道德状态。因此，人的气质更多地凸显了人格的生物属性，而性格则更多地展现了人格的社会属性。人的性格虽然对编辑人才成长具有重要作用，但性格对编辑人才的成长不具有决定意义，而是发挥影响和制约作用。

2. 气质　主要是指个体的心理特征，人的气质在社会活动所表现的是个体从内到外的内在人格魅力。如修养、品德、仪表、行为、说话的感觉等，表现为高雅、恬静、温文尔雅、豪放大气等。因此，人的气质并不是个人所说出来的，而是个体长久的内在修养和文化修养的融合，在个体行为中的集中体现。人的气质与性格在某些程度上具有相似性，但还是有区别的，人的气质不为活动的时间、条件和内容左右，在工作和生活中展现出很强的稳定性，与性格比较，气质更具有先天性和相对稳定性。人的气质是展现心理活动强度、速度、灵活性与指向性等稳定的心理特征；人类气质差异是先天形成的，它受到神经系统活动过程的制约。人的气质不能决定编辑个体的职业成就和成才，不同气质的个体只要努力钻研和学习，都能在编辑领域的实践中获得成才的机会。

三、编辑兴趣与志向

1. 兴趣　是指人们专心研究探索某种事物或对某学科专业感兴趣的思维倾向性；这种兴趣思维倾向性形成后，特别是其程度较强时，便会形成人的动机和力量，促使个体痴迷地钻研进去，并不断向新的领域深层次发展。人的兴趣是个体认识某种事物或从事某种活动的心理倾向，它是以认识和探索外界事物的需要为基础，不断推动认识事物和探索真理的重要动机。因此，培养良好的兴趣和爱好是推动人努力钻研业务和成才的有效途径。人的兴趣也具有很强的层次性，一般有物质兴趣与精神兴趣：①物质兴趣主要指人们对物质享受的兴趣和追求；②精神兴趣主要指人们对精神生活的兴趣和追求。还有直接兴趣与间接兴趣：①直接兴趣是指对活动过程感兴趣；②间接兴趣主要指对活动过程产生的结果感兴趣。此外，还有个体兴趣与社会兴趣：①个体兴趣是个人以特定的事物或活动及人为对象，对此产生的带有倾向性和选择性的态度与情绪；②社会兴趣是指社会成员对某一领域产生的普遍倾向性或普遍需求。人的兴趣具有可塑性和可培养性，人的兴趣是成才的重要因素，对某一学科专业毫无兴趣的人很难做出显著成绩。因此，医学编辑要善于培养自己对编辑业务的兴趣，不断提高对编辑业务钻研的动力，促进编辑业务和学术研究的深入。

2. 志向　一般指人们在某一学科领域决心与有所作为的方向，往往与人的兴趣相联系，首先是兴趣在先，志向在后。志向是兴趣的升级版，同时，志向还有志气的含义；人具有不同的世界观、人生观、核心价值观及价值取向，就具有不同的人生志向。从个体来讲，志向主要通过选择专业或职业来体现，作为个体应以选择社会需要和最能发挥其兴趣与特长作为选择志向，这样容易在职业生涯或专业领域成才。

四、编辑理想与意志

1. 理想　是指对未来的美好想象和期望，理想一般是符合客观规律而且与目标相联系的想象。理想是客观现实的反映，作为理想的奋斗目标，一般是符合事物发展规律的理想和目标。理想是人们在社会实践过程中形成并展现出来，具有实现理想的可能性，是有志者对未来社会和自身发展的向往和追求，它充分彰显了人的世界观、价值观和人生观在职业奋斗目标上的集中展现。

人们对未来不懈追求和奋斗,是理想形成的动力和源泉。人的理想作为精神现象,是人们在改造客观世界和主观世界的实践活动中形成的,理想可分为个体理想和组织理想,一般情况下,人的个体理想与组织整体理想紧密相关,都是对未来社会发展和自身发展的向往与追求。

2. 意志 是大脑对外界客观事物的现实反映,它对人的创造活动和奋斗目标的追求过程起着重要作用,对编辑人才的成长是不可缺少因素。人的意志一般不具有先天性,它是后天培养形成和修炼的结果;人的意志为非智力要素,但它对智力的发挥却具有重要作用,它是人们自觉地确定目标理想,在实现理想目标中主动支配行为,克服困难,努力实现理想和目标的心理过程。意:心理活动的一种状态。志:对目标方向的坚定信念和坚持。因此,理想与意志,是编辑人才成长的必要条件,缺乏理想信念的人,也不可能具有坚定的意志。所以,医学期刊编辑人才的成长,需要树立对医学编辑事业发展和奋斗的理想。同时,又要坚定意志,为医学期刊的发展无私奉献,这是医学编辑人才成长的前提条件。

五、编辑毅力与挫折

1. 毅力 也称意志力,它是人们为达到预期目标而主动性克服困难,坚定实现的目标的意志品质,也是人们心理忍耐力的表现。人的毅力与人的目标、期望相结合,将会发挥巨大的动力和作用。在编辑人才成长过程中,对编辑职业钻研的毅力与程度,直接影响着编辑人才发展的心理耐力,对于毅力缺乏或毅力不坚定的人来说,其成才的道路很可能因为毅力不足而中途夭折。

2. 挫折 是人们的愿望和需求无法满足时所表现出的心理感受,是一种心理情绪反应。也就是说,人们在有目的的社会活动或职业实践中,其目的行为受到阻碍而产生的必然心理情绪反应,它会给人带来实质性伤害,突出表现为失望和沮丧等现象。挫折具有以下含义:挫折情境,挫折认知,挫折反应。心理学认为,人的行为总是从一定的动机出发,经过不懈努力达到理想目标,如果在实现目标的过程中碰到困难,甚至遇到无法逾越的障碍而失败,这就发生了挫折,造成各种各样的行为,如果遭受严重挫折,还会表现为抑郁、消极、愤懑等情绪变化,其生理上也会出现异常反应(如血压升高、心搏加快等系列异常反应和表现)。因此,坚定职业发展毅力,正确对待可能发生的挫折,是医学编辑人才成长的重要因素,也是编辑人才应具有的素质要求。

六、编辑心理素质与人格品质

编辑人才的成长因素与规律表明,在各种成才因素和条件相同的情况下,在某种程度上有时是胜在心理素质和人格特质,其实,这种心理因素对事物成败的影响在现实生活中经常可以看到,具有普遍性。编辑心理素质是个体的整体素质的组成要素,它以自然素质为基础,主要在后天家庭环境、工作环境、社会环境、教育程度、实践活动等因素的影响下逐步形成;心理素质是先天和后天的结合形成的,它是情绪内核的外在表现,其心理素质的高低主要以人的性格品质、认知潜能、心理适应能力、内在动力和指向等来衡量。它对机体内表现的是心理健康状况的优劣,而对外影响人的行为表现。可以说,编辑具有良好的自信、自强、自知、自律、乐观、开朗、善良、坚定、成熟、冷静、合群、敬业、认真、担当、勤奋等个性特征,是编辑出版人才共同的心理特点。而心理素质与人格特征具有很强的相关性,两者相辅相成,人格表现具有自我意识和自我控制能力,具有感觉、情感和意志等功能主体,能使编辑个体行为表现为倾向性、稳定性、持久性和一致性的心理结构,是人格构成的基本要素;人格有时也指编辑个体所具有的与他人相区别的独特而稳定的思维方式、行为气质、行为风范、行为风格和行为特征;它是编辑个体的整体精神风貌,也是具有倾向性与稳定性的心理特征、心理素质和心理表现的总和。因此,编辑人才在成长过程中,自觉塑造和修炼心理品质和人格特征,矫正和约束不良心理和人格行为,是完善编辑人才素质的重要环节和内容。

第三节 医学编辑成长的内外动力

在人才学上,任何专业人才的成长和功成名就都具有内在与外在动力的作用,但内在动力起决定作用,这就是内因与外因的关系,内部动力通过外部动力而发生作用的关系。从整个编辑人才发展看,历史上比较卓越的编辑出版家其超越他人,实现他人难以实现的目标或成就,发挥关键性因素是其内在动力。如著名编辑出版家邹韬奋,编辑出版《生活》周刊时所用的笔名韬奋,他曾对好友释疑说:"韬是韬光养晦的韬,奋是奋斗的奋;我既要韬光养晦,又要奋斗不息。"他之所以选用这个笔名,其意在自勉树志,内激动力,默默奋斗,这也是邹韬奋改名的意义。这就说明,编辑人才的内在自我志向、内在激励和内在动力,是编辑出版人才成长的重要内在因素。

一、民族情感动力

翻阅中国著名编辑出版家史料,众多著名编辑出版大家,几乎都具有一个共同的人格特质,那就是对国家和民族情怀,爱国情怀是著名编辑出版家的共同特点,为了国家和民族的科技和文化复兴,把个人的专业奋斗与国家及民族的兴衰紧密融合,以编辑出版手段为武器,终生奋战在科技和文化编辑出版战线,为国家文化传承、发展和民族振兴不懈奋斗,鞠躬尽瘁。民族精神是一个国家和民族在长期共同生活和社会实践基础上所表现出来的富有生命力的优秀思想、高尚品格和坚定志向的集中体现。中华民族在五千多年的发展历程中,形成了以爱国主义为核心的自强不息的伟大民族精神。爱国情怀是人们在千百年实践中形成的对自己的祖国最诚挚、最深厚的情感,它是民族凝聚的强大力量,是动员和鼓舞人们为自己的祖国生存和发展前赴后继、奋斗不息的动力源泉。勤劳勇敢、艰苦奋斗、坚韧不拔、锲而不舍,在中华民族的意识中,不仅是陶冶情操、磨砺人格的重要环节,而且还是立身、做人、持家、治国的根本,奋发向上、不断进取和自强不息的民族精神,是激励人们不断开拓创新的不竭精神力量。如著名编辑出版家叶圣陶,先后编辑过《诗》《文学周报》《公理日报》《小说月报》《中学生》《国文杂志》等数十种期刊。他为了国家的新闻出版事业的发展和文化的有效传播,积极倡导和推动规范现代汉语及语法、修辞、词汇、标点、简化字和除去异体汉字;编撰和规范了出版物的汉字并且规定了汉语拼音方案;他还努力改进编辑工作的质量与组织结构,在编辑出版领域提倡使用白话文,极大地促进了编辑出版事业和文民族化事业的发展。

二、成就事业动力

事业心是者人们对自己所从事的事业执着追求的情感,坚定不移的信念;是指人们所从事的具有一定目标、规模和系统,并对社会发展有影响的经常性活动。努力成就一番事业的奋斗精神和热爱工作、希望取得良好成绩的积极心理状态,是人类一种高尚的情操。具有事业心的人能根据自己的主、客观条件,确立相当困难,然而经过努力可以达到的目标,他们认为事业的成功,比物质报酬和享受更为重要。他们不拒绝合乎法理的物质报酬和享受,但事业成功的振奋和喜悦胜于他所获得的这种报酬和享受。培养和激励每位公民的事业心有十分重要的意义,是开发人才资源、智力资源的关键之一。事业心强的人心理特质是能妥善处理好自己的能力和任务完成水平,失败了也能正确对待。不管做什么事情、干什么工作,有了事业心,才会产生进取心和自信心,才会激发主动性和创造性,才会有干事的激情、创业的豪情、敬业的痴情。因此,成功的编辑人才都具有其共同特征,那就是事业情怀,把从事的编辑工作视为毕生奋斗的事业去经营,而不是单纯的谋生和获取利益的工具,这是编辑人才成长的动因之一。

三、竞争优胜动力

竞争是人类社会和自然界的普遍现象,也是

自然规律。达尔文曾说："物竞天择,适者生存",就精辟地说明了竞争的自然性和必然性。但人类的竞争应是理性的、良性竞争,是你做得好,我比你做得更好的良性循环竞争,这样才能促进科研创新和专业发展,促进社会进步。如果没有竞争,社会的发展也不堪设想,它会失去活力和发展的动力;社会的各界的奖项(如诺贝尔奖、国家科技奖、模范人物奖等),都是在社会认可和表彰这些人贡献的同时,其实也是给其他人树立了竞争标杆,因而达到激励各行业发展的社会目的。因此,竞争作为社会性刺激或自然激励,对个体产生一系列心理需要和行为活动,是个体或群体间力图胜过或压倒对方的心理需要和行为活动。即参与者不惜牺牲所有利益,最大限度地获得预期目标利益的行为。因此,正能量的良性竞争,能激发和振奋精神,奋发进取,提高效率,促进社会进步;而消极的或无所谓的事业态度,缺乏竞争性的环境氛围,也会挫伤彼此的积极性和奋发有为的精神。在编辑事业实践中,既要有竞争,也要有合作;只有合作,没有竞争,合作缺乏动力;只有竞争,没有合作,竞争缺乏潜力。也就是说,虽然竞争是社会活动不可缺少的动力,但竞争中也可以包含合作,相互分享各种有效的资源,使合作成为人们提高竞争力的手段。因此,竞争性是生物进化和社会进步的动力,当然也是编辑人才成长的动力源之一,竞争性学习,竞争性进步,向优秀编辑、编辑出版家学习,是医学编辑人才成长的动力源泉,医学编辑要具有竞争意识,并善于培养竞争力,树立竞争和看齐标杆,激发和促进人才成长。

四、环境激励动力

俗话说,环境改造人,它是指在从事编辑业务活动的氛围或环境上,对编辑人才激励和影响作用。比如,营造良好的学术环境和钻研编辑业务的风气与环境,这会对编辑人才成长发挥激励和影响作用。此外,激励理论的基本思路是,要针对人的需要来采取相应的激励措施,以激发成才动机、鼓励争先学习行为、形成刻苦钻研编辑业务的动力。因此,行为科学中的激励理论和人的需要理论是紧密结合在一起的。也就是说,除了营造研究学术和钻研编辑业务的良好环境氛围外,组织的激励也是不可忽视的环节;作为期刊社或编辑组织机构,要适时进行激励管理,奖励先进、鼓励创新、树立模范,在精神上、政治上、物质上和职称职务上予以激励和肯定,形成编辑人才成长的良好氛围和环境,是医学编辑人才成长的环境需要和人才成长土壤。

五、价值实现动力

人生价值是人生观体系中的重要范畴,而价值是在人生观领域中的具体表现。在某种意义上讲,人生的价值是体现人生的意义,在评估人生价值量大小时,也可以理解为人生的意义如何,分析和判断人生意义的大小。人是社会的人,一般都具有人生价值感和价值体现心理与要求;人总是生活在各种各样的社会关系当中,也必然受到相应社会关系的制约;在实际社会生活当中,人们会选择自己的人生道路,并通过相应方式实现人生目标和人生价值。但是,任何个体的人生意义和人生价值的实现,都要建立在相应社会关系和社会条件基础之上,并在社会实践或社会生活中予以实现;如果脱离社会基础,也就无法创造人生价值,实现人生的意义。因此,人的社会属性决定了人生的社会价值,这是人生价值和意义的基础所在;个体对社会和他人的生存和发展贡献越大,其人生的社会价值和人生价值也就越大。如果个体的人生活动对社会和他人的生存和发展不仅没有贡献,反而起到某种反作用,那么,这种人生的社会价值就表现为负价值。人活着必须要有所追求,要有点精神,人如果没有追求、没有理想、没有奋斗目标,人将会迷失自己和人生方向,失去活着的意义和人生价值。人需要精神,也需要物质,尤其生活在现实社会里,从人的社会属性讲,精神上的富有,显得更重要。所以,精神的力量是无穷的,人只有精神富有,其追求的高层次才会高,其人生价值实现欲望才会强烈,人生只有实现自己的理想,完成自己的使命,这一生才会有意义。因此,人生价值观和价值自我实现意识,是医学编辑人才成长的又一重要动力,编辑在职业生涯中,通过编辑职业岗位平台,以医学编辑手段为其实现人生价值和人生意义的途径，是医学编辑人才成长的价值动力。

六、责任激发动力

责任具有两重性，即约束性（强制）和自觉性（责任感）特点。在社会活动中，任何社会角色都赋予了特定的责任；也就是说责任是一种职责和任务，而编辑角色也是如此。编辑的责任感是衡量编辑精神素质的重要指标；编辑的责任意识或责任感，是想干事；编辑的责任能力，是能干事；编辑的责任行为，是真干事；编辑的责任制度，是可干事；编辑的责任成果，是干成事。

责任动力学认为，责任是一种理性化和可量化的管理范畴，是新兴的管理哲学。马克思认为，人的本质是一切社会关系的总和。而责任是对于人在社会关系中的评价。而广义的责任本质上是人的一切社会行动在社会关系中的评价总和。社会角色在社会关系和社会活动中会产生各种问题，前者是评价的条件，后者是评定的基础；两种分别为社会关系规则静力系统和社会、组织或人的动力系统。这两个力量系统构成责任内在属性区别的基本力量，即约束力量与驱动力量。而责任动力学通过对约束力、驱动力实施属性再分析，构建成责任，即约束-驱动矩阵，由此可建立起责任数学分析模型与原理。责任动力学的两种力量，即约束力与驱动力；责任静力系统，即约束力。而社会静态力量系统被称为约束力量。这种社会静态力量其存在形态为特定阶段的普世、公认和社会认可规则，这是用来制约和指导社会角色在社会行动中的准则。因而，约束力量根据其特征形式，也可分为显性约束力和隐性约束力。显性约束力是社会组织制度、纪律或规则，是正式的而且带有限定角色性和特定强制性与契约性行为规则。隐性约束力是社会组织非正式，且非角色限定和非强制性与无固定契约性规则。人的动力系统，即驱动力。人们把社会动态力量系统称为驱动力量。这种动态力量源于人类社会、团体组织或个体追求秩序、安全、组织情感关系、利益、权利、荣誉和地位等级的需求，这就构成了人们在社会或组织中的行动和行为及活动的基本驱动力量。责任驱动力量根据其特征形式，大致可分为两种，即责任的外驱动力量和责任的内驱动力量。而外驱动力量是为了满足社会组织或医学编辑出版机构共性规则需求的普遍力量，它的特点是强调责任的整体一致性，以利于维持社会组织或编辑出版机构的稳定性期望和目标。责任的内驱动力量则是为了满足社会组织和编辑出版机构共性或普遍性规则以外的需求突破，它允许社会个体差异性责任感力量的自由表现，从而创造社会组织或医学编辑组织的动态发展期望与目标。由此，责任原理建模，可构建成4种基本的责任属性；责任根据这两个基本驱动力量的两两相交关系，便形成4个象限：①角色责任，显性约束力，外驱动力；②能力责任，显性约束力，内驱动力；③义务责任，隐性约束力，外驱动力；④原因责任，隐性驱动力，内驱动力。这4种责任动力系统犹如：刹车动力系统（角色责任），加速动力系统（能力责任），辅助动力系统（义务责任），导航动力系统（原因责任）。因比，要根据责任驱动力原理，对编辑员工实施科学、适时与恰当的责任感和责任意识教育，增强编辑员工内外责任动力，促进医学编辑人才健康成长。

七、组织激励动力

在编辑出版活动，组织激励手段是不可缺少的激发编辑创新和人才成长的要素。所谓激励动力，是组织或编辑出版机构对编辑专业技术人员的分层、分级和分类予以激励措施，对编辑专业技术人员给予鼓励，施加组织激励动力，不断促进编辑人才成长。由于每个编辑专业技术人员对激励的敏感性存在差异，要实施有效的激励和达到组织激励的目标，就要研究被激励者的心理，清楚他们最需要什么，这样的激励才具有针对性。如果主体对客体的激励方式只是货币，随着时间的推移和激励次数的增多，要达到相同的激励效果，花费的成本就会变得越来越多。因此，在实施激励的过程中，应当对激励客体实施恰当的激励组合，特别是要注意通过激励组合的变动，推动激励客体的激励效用曲线由低向高移动。激励的方式是多维的复合体，根据不同的人群特点选择最适当的激励方式组合。这些激励方式包括物质激励、晋升激励、荣誉激励、信任激励、目标激励、责任激励、成就激励、情感激励等。物质激励与责任激励相辅相成。在充分肯定组织成员作为"经济人"的基础上，将其所承担的责任及其所取得的成果与其所应获得的物质利益挂钩，以此强化组织成员的责任意识。提高组织成员的工资、奖金、津贴等外在利益。高绩效、高报酬；低绩效、低报酬。同时，要明确单一的物质激励不是万能的。组织成员对物质利益抱怨的背后可能隐藏着对精神待遇不满的现实。提高物质待遇可以暂时弥补组织成员对精神待遇的不满，但它并不能从根本上解决由于组织成员对精神待遇的不满而造成的管理上的冲突。改善员工管理，赋予员工管理和控制自己工作自由的权利就显得更为重要。以成就激励来推动员工的荣誉感。成就激励是组织成员在工作过程中，通过管理者创设的各种激励措施使自己的价值与潜能得到充分实现而产生的一种成就意识，具有工作的荣誉感，促使工作不断创新的激励形式。这要在组织制度设计上为成员参与管理提供方便，为每一个岗位制订详细的岗位职责和权利，让成员参与到制订工作目标的决策中来。晋升激励创造竞争氛围。竞争与激励是一双孪生兄弟，晋升激励要实行分类、分等、分级的考核，以满足不同职位的需要。由重视文化知识转变为重视素质和能力，使人才具备开拓能力、应变能力和适应能力。完善竞争上岗制度，员工职务升迁应主要通过考绩与内部竞争考试的途径来实现，这样有利于调动各级员工的积极性，也能体现公平公正的原则。

第四节　医学编辑的职业修养

医学编辑的角色定位和职业特点，以及其职业的公众性、中介性和第三方性的特点，必然对医学编辑人才的群体和个体修养赋予了特殊要求。其职业特点要求编辑必须具有良好的政治思想、品德、伦理道德、人格和礼仪等基本修养，以利履行职业功能，彰显和发挥职业表率作用和良好社会形象。

一、编辑的政治思想修养

就编辑职业特点来讲，它具有政治性、思想性、创造性、选择性、加工性、中介性、评价性和社会性的特点。要求编辑应具备良好的思想素质和政治理论修养。尽管是医学期刊编辑或其他科技期刊编辑，虽然非社会政治性刊物，即使是纯科技学术刊物，也要讲政治，除了自身要具备坚定的政治信仰，坚持四项基本原则和党性理论修养外，在编辑业务系列活动中，还应具有敏锐的政治鉴别力，在编辑实践中把好政治关，守住政治底线，这是编辑职业的政治责任和社会责任。

编辑的政治素质主要是指政治主体在政治社会化的过程中，人们对它的政治理论和政治行为发生长期稳定的内在作用的基本政治品质，它是社会政治理想、政治信念、政治态度和政治立场在编辑心理活动中逐步形成的，而且通过行为和言行表现出来的内在政治品质；它是编辑人员从事编辑实践活动所必需的基本条件和基本政治素质品质，也是编辑个体的政治方向、政治思想、政治立场、政治观念、政治态度、政治信仰的综合要素和具体表现。加强党的政治理论修养、马克思列宁主义理论修养、社会主义理论修养和辩证唯物主义理论修养，是医学编辑人才成长的重要理论修养的基础，作为医学编辑对这些重大政治理论不一定精通，但其基本理论和原理要熟悉，这是医学编辑人才全面发展的必然要求和素养。

二、编辑的思想道德修养

人的社会存在，决定人的思想，人的思想关系到人的行为方式和情感的表达及价值取向。而思想修养，主要指人的思想觉悟和意识行为，思想品德的基本要素包括道德意识、道德情感、道德行为、道德意志。编辑职业的特殊性，决定了其自身应具有良好的思想道德修养和道德品质外，其编辑职业本身就具有对思想道德品质是非的鉴别、评价、认可和倡导及弘扬的作用。俗话说，打铁还需自身硬。编辑自身具有过硬的思想道德、职业道德和道德品质修养，才能具有资格在编辑实践活动中去评判遇到的思想道德问题，编辑本身就应做遵守社会道德、编辑道德、学术道德规范的楷模。人的道德修养是个体道德活动形式之一，是指个体为实现理想和目标，在人格和意识行为等方面主动进行道德自我修炼，并由此达到社会认同的道德规范和道德境界；编辑应具有较强的自律性，不断提升思想道德认识和思想道德判断水准，陶冶思想道德情感，培育正确的世界观和人生价值观以及高尚理想信念。当然，不同的社会制度、时代和阶级对道德修养具有不同的标准、途径、目标、内容和方法，但道德素养、道德品性、道德品质和道德双修是人生的哲学境界。道德属于社会意识形态范畴，是人们社会生活和行为的准则与规范。道德在某种意义上代表着社会的正面价值观和价值取向，具有起判断人的言行是与非的作用；道德以善恶为准则，调整人与社会、人与人之间相互关系的行动规范。恪守思想道德行为规范，加强社会道德、职业道德和思想认识修养，是医学编辑人才成长的必修课。

三、编辑的礼仪行为修养

编辑的礼仪行为修养，一般认为无关大局，但作为编辑的特殊角色地位，它要求编辑必须注重礼仪行为的修养，这是社会职业角色所决定的。编辑的礼仪行为修养包含内容比较广泛，但最基本的内涵有编辑的仪表、编辑的性格、编辑的表情、编辑的言谈举止等要素。

1. 编辑的仪表修养　仪表包括个体衣着、发型、姿势、神态、风度、谈吐、身材等，这些普通的礼仪行为修养，可能在某些职业和社交范围无关紧要，但作为编辑职业，它具有典型的公众性、社会性和交流性，编辑更多地与专家学者、读者和作者打交道，参与、出席、主持或组织各类国内外学术性会议、评审会议等，这时对编辑个体仪表的要求更高，它代表和体现了编辑职业性质和职业形象，也体现和代表了期刊的形象；这可以想象，大凡具有成就的专家学者和编辑出版家，都仪表气度非凡，具有大家的风度。因此，加强或注重编辑的礼仪行为素质的养成，是医学编辑人才成长与成熟的重要象征和标志。

2. 编辑的性格修养　人的性格，是个体对周围客观事物、对他人态度和行为相对稳定的心理素质；人的性格形成与发展受遗传因素、家庭环境因素、职业因素和工作环境因素等的影响。也就是说，性格是个体对现实稳定的态度，并与这种态度相应习惯化了的行为方式，在日常生活中表现出来的人格特征。性格一经形成便比较稳定，但也并非一成不变，而是具有可塑性的，这就给人们性格的重塑和再造提供了可能与机会。性格有别于气质，更多体现了人格的社会属性，实际上，人类个体之间的人格差异的核心与区别是性格的差异；而态度是个体对人、物和思想观念的一种反应倾向性，它是在后天生活中获得，由认知、情感和行为倾向三个因素组成；态度决定了行为方式，稳定的态度与这种态度相适应的行为方式，便慢慢演化成个体习惯，在生活中自然而然地表露和体现出来。性格不同于气质，它受社会历史文化的影响，具有显著的社会道德评价的意义，直接反映了个体的道德风貌。因此，气质更多地体现了人格的生物属性，性格则更多地体现了人格的社会属性。性格非重要的智力因素，更不是技术因素，但性格对智力的发挥和编辑人才的成长具有重要影响作用。俗话说，性格决定命运，这话似乎偏颇，但编辑人才成长过程中，具有与编辑职业和职业特点相适应的性格，会打通编辑人才成长和编辑实践活动的障碍，既有利于成就编辑和社会活动，又有利于编辑人才成长。因此，医学编辑人才在成长道路上，主动重塑和再造个体性格，培育与编辑职业相匹配的"编辑性格"，这会为编辑人才成长和成就事业扫清障碍。

3. 编辑的表情修养　表情是表达情感、情意、内心的感受，再通过个体或群体的面部姿态和表情肌舒张与收缩在面部显露的思想感情。人的表情是情绪的主观体验在外部的表现形式；人的表情主要有三种方式：面部表情、语言声调表情和姿态表情。在有些人看来，表情对于编辑无关紧要，而且人人都会根据感受展现个体的表情，但作为编辑职业，其社会性、服务性、公众性、合作性、交流的层次性和广泛性等职业角色特点，都给编辑提出了更高要求。随着医学科学的发展，学术交流日趋频繁，特别是编辑与专家学者、编辑委员、作者、读者的交流沟通与合作日趋频繁，人与人相互合作越来越频繁和复杂，人与人之间的利益联系也变得越来越紧密，这就要求编辑个体在合作、交流、沟通中通过情感表达，适时准确而有效地向他人展示自己的价值观和价值取向，以便取得他人的有效合作与沟通。因此，医学编辑要注重表情这一表达和交流技巧的修养，对于编辑在实践活动中的组稿约稿、跟作者沟通和专家合作中将发挥润滑剂的效果。

4. 编辑的语言修养　语言是人类重要的交流工具，是人的心灵表达与沟通的主要方式。语言是人类交流思想的媒介，当然会对政治、经济、社会、科技、文化、沟通与交流效果产生影响作用。而语言表达能力是指在口头语言（如演讲、交流、学术报告等）及书面语言（如撰写文章的过程中）中运用字、词、句、段的能力，两者均以语言为基础媒介，人的语言表达能力具体指用词准确、语意明白、结构妥帖、语句简洁、文理贯通、语言平易、合乎规范、逻辑缜密，能够简洁精练的把客观概念表述得清晰、准确、连贯、得体，以简要的语言表达出其深刻内涵和主题思想。编辑职业特点或日常活动是与作者、专家学者等高智商、高文化素质和智力群体交流与合作。因此，语言的表达技巧和用语的严谨性、逻辑性和精练性，是医学编辑人才成长中应该具备的技巧和技能。另外，编辑角色的特殊性和社会的影响性，还决定了编辑在其实践活动中，特别是在特殊场合和特殊人群的言语交流中，应谨言慎行，忌讳信口开河，给编辑职业形象造成负面影响。因此，语言表达技巧和语言表达能力的修养，是医学编辑人才成长过程中的必需课；用语严谨，组词造句规范，表达清晰，逻辑性强，内涵丰富，诙谐幽默，谨言慎行，是编辑出版大家的共同特点。

第五节　医学编辑职业素质

美国《编辑人的世界》一书的主编格罗斯在书中写道："编辑其实就是一群热情地奉献于事业，富于爱心的专业人士，他们关怀作者，愿意全力以赴，协助作者找到最有效的方式来表达他们想表达的内容，以尽可能触动最广大的读者"。他道出了编辑的职业特点和基本素质，也反映了编辑的职业境界。

1. 医学编辑的职业理想　社会主义职业精神所提倡的职业理想，主张各行各业的从业者，放眼社会利益，努力做好本职工作，全心全意为人民服务、为社会主义服务。这种职业理想，是社会主义职业精神的灵魂。一般说来，从业者对职业的要求可以概括为三个方面：维持生活、完善自我和服务社会。这三个方面在社会主义初级阶段的职业选择中都是必需的。社会主义社会的公民在选择职业时应该把服务社会放在首位。因为，只有从社会的整体利益出发，分别从事社会所需要的各种职业，社会才能顺利地前进和发展。也只有在这个基础上，广大社会成员包括从业者自身，才能过上幸福的生活。

2. 医学编辑的职业态度　树立正确的职业态度是从业者做好本职工作的前提。职业态度具有经济学和伦理学的双重意义，它不仅揭示从业者在职业生活中的客观状况，参与社会生产的方式，同时也揭示他们的主观态度。其中，与职业有关的价值观念对职业态度有着特殊的影响。一个从业者积极性的高低和完成职业的好坏，在很大程度上取决于他的职业价值观念。职业伦理学研究表明，先进生产者的职业态度指标最高。因此，改善职业态度对于培育社会主义职业精神有着十分重要的意义。

3. 医学编辑的职业责任　这包括职业团体责任和从业者个体责任两个方面。如企业是拥有生产经营所必需的责、权、利的经济实体。在国家与企业的责、权、利关系中，责是主导方面。现代企业制度不仅正确划分了国家与企业的责、权、利，将三者有机地结合起来，而且也规定了企业与从业者的责、权、利，并使三者有机地结合起来。这里的关键在于，要促进从业者把客观的职业责任变成自觉履行的道德义务，这是社会主义职业精神的一个重要内容。因此，医学编辑的社会角色地位决定了其应承担的社会责任，不难想象，一个无责任意识、责任感和勇于承担责任的编辑，何以成为优秀编辑人才。

4. **医学编辑的职业技能** 在社会主义现代化建设中，职业对职业技能的要求越来越高。不但需要科学技术专家，而且迫切需要千百万受过良好职业技术教育的中（初）级技术人员、管理人员、技术工人和其他具有一定科学文化知识和技能的熟练从业者。没有这样一支劳动者大军，先进的科学技术和先进的设备就不能成为现实的社会生产力。我国经济建设的实践证明，各级科技人员之间，以及科技人员和工人之间都应有恰当的比例，生产建设才能顺利进行。良好的职业技能具职业纪律。社会主义职业纪律是从业者在利益、信念、目标基本一致的基础上所形成的高度自觉的新型纪律。从业者理解了这个道理，就能够把职业纪律由外在的强制力转化为内在的约束力。从根本上说，社会主义职业纪律可以保障从业者的自由和人权，保障从业者发挥主动性和创造性。因此，职业纪律虽然有强制性的一面，但更有为从业者的内心信念所支持、自觉遵守的一面，而且是主要的一面，从而具有丰富的精神内涵。自觉的意志表示和服从职业的要求，这两种因素的统一构成了社会主义职业纪律的基础。这种职业纪律是社会主义法规性和道德性的统一。有深刻的职业精神价值。

5. **医学编辑的职业良心** 这是从业者对职业责任的自觉意识，在人们的职业生活中有着巨大的作用，贯穿于职业行为过程的各个阶段，成为从业者重要的精神支柱。职业良心能依据履行责任的要求，对行为的动机进行自我检查，对行为活动进行自我监督。在职业行为之后，能够对行为的结果和影响做出评价对于履行了职业责任的良好后果和影响，会得到内心的满足和欣慰；反之，则进行内心的谴责，表现出内疚和悔恨。编辑要恪守职业操守底线，就必须具有良好的职业良心，肩负职业责任。

6. **医学编辑的职业信誉** 它是职业责任和职业良心的价值尺度，包括对职业行为的社会价值所做出的客观评价和正确的认识。从主观方面看，职业信誉是职业良心中知耻心、自尊心、自爱心的表现。职业良心中的这些方面，能使一个人自觉地按照客观要求的尺度去履行义务，宁愿做出自我牺牲也不愿违背职业良心，做出可耻、毁誉和损害职业精神的事情。在这个意义上，职业信誉鲜明地体现着"全心全意为人民服务"的职业理想和主人翁的职业态度。从客观方面说，职业信誉是社会对职业集团和从业者的肯定性评价，是职业行为的价值体现或价值尺度。同时，职业信誉又要求从业者提高编辑职业技能，遵守职业纪律。社会主义职业精神强调职业信誉，更重视把社会的客观评价转化为从业者的自我评价，促使从业者自觉发扬社会主义职业精神。

7. **医学编辑的职业作风** 它是从业者在其职业实践中所表现的一贯态度。从总体上看，职业作风是职业精神在从业者职业生活中的习惯性表现。社会主义职业作风具有潜移默化的教育作用。它好比一个大熔炉，能把新的成员锻炼成坚强的从业者，使老的成员永远保持优良的职业品质。职业集体有了优良的职业作风，就可以互相教育，互为榜样，形成良好的职业风尚。

8. **医学编辑的职业纪律** 社会主义职业纪律是从业者在利益、信念、目标基本一致的基础上所形成的高度自觉的新型纪律。从业者理解了这个道理，就能够把职业纪律由外在的强制力转化为内在的约束力。从根本上说，社会主义职业纪律可以保障从业者的自由和人权，保障从业者发挥主动性和创造性。因此，职业纪律虽然有强制性的一面，但更有为从业者的内心信念所支持、自觉遵守的一面，而且是主要的一面，从而具有丰富的精神内涵。自觉的意志表示和服从职业的要求，这两种因素的统一构成了社会主义职业纪律的基础。这种职业纪律是社会主义法规性和道德性的统一。

第六节　医学编辑的知识结构

人才的知识结构是由知识单元构成的，不同的专业人才，具有不同的知识结构和智能结构，需要什么人才，就塑造和构建相应类型的知识结构。这正如药物方剂或化学元素的组合，不同的药物种类与剂量配方，就会由不同的作用和功效，不同的化学元素组合成不同的化合物一样。那么，医学编辑人才的知识结构应如何构建？它直接影响着医学编辑人才的培养与成长，作为合格的医学编辑，应具备多元学科知识结构，形成所谓的"通才"或"杂家"。当然，通和杂都是相对的，医学编辑也应该"专"，但应先博后专，建立专而博的医学编辑三维知识结构。

图3-1纵坐标上的数字为相应学科维中的单元学科知识，实体"A"，表明运用编辑出版学"硬技术"知识。需要指出的是，现代科学具有相互交叉和渗透的特点，特别是一些综合性或横断性学科，其学科的界限模糊不清，有的很难分清归类于哪一学科维。因此，有的知识粗略归属。

医学编辑三维知识结构（图3-1），它具有学科知识立体交叉、纵横交错而又具有立体空间结构的特点；这种知识结构在思维活动过程中，形成的知识交叉点多，因而容易在交叉点处发生撞击而产生"火花"，这种"火花"就带有创新思想的意味，即所谓"创新火花"，它能有有效提高编辑创新思维效果。

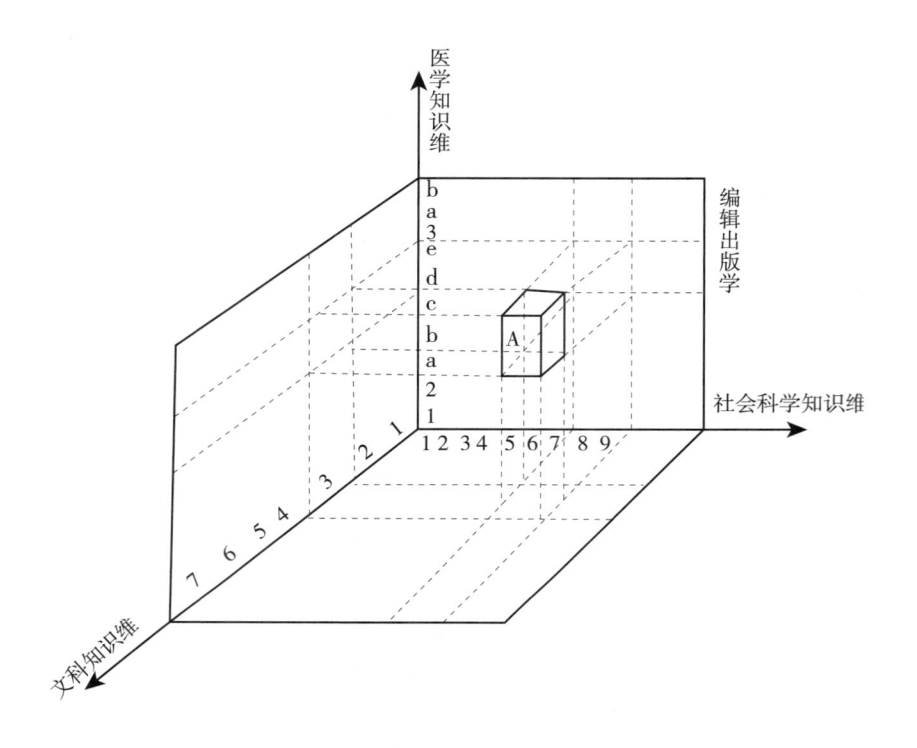

注：
（1）医学知识维：应具有：①基础医学；②临床医学：a.内科学；b.外科学；c.五官科学；d.特种医学；e.诊断学。③预防医学、中药医学。
（2）文科知识维：①编辑出版学知识；②外语；③科技传播学知识；④医学伦理学知识；⑤语言学知识；⑥心理学知识；⑦逻辑学知识。
（3）社会科学知识维：①社会学知识；②哲学知识；③卫生管理学知识；④公共关系学知识；⑤政治经济学知识；⑥社会医学知识；⑦市场营销学知识；⑧广告学知识；⑨横断学科知识（系统论、控制论、信息论）

图3-1 医学编辑三维知识结构模式

一、医学科学理论知识维

医学编辑，特别是医学科技期刊编辑，应具备基础医学科学知识、临床医学知识（包括临床流行病学、医学科研设计和医学统计学知识）、预防医学知识、药物学知识、中医学知识。此外，最好应具有临床工作或基础医学科研工作的经历或经验，并对医学某一学科专业有所特长或造诣，具有一定的学术水平，而且能掌握国内外医学科学或相关领域的进展、动态和发展趋势；很难想象，不具有或根本不懂医学科学知识的人很难能够成为一名优秀的医学编辑。

二、人文科学理论知识维

医学编辑也不是仅仅具有高等医学教育背景，就能够成为合格编辑，还必须具有编辑出版学知识、新闻学与传播学、语言学知识（包括外语）、写作知识、伦理学知识、文学艺术等知识。

三、社会科学理论知识维

作为合格的医学编辑，应具有政治学与政治经济学、社会学知识、历史与地理学、经济学、心理学、马列主义基本理论、公共关系学知识、管理科学尤其是卫生管理学知识、哲学知识、相关法学知识等。

不可否认，人的精力是有限的，要掌握如此多的知识并都达到精通那是绝对不可能的，而有些也是没有必要的，但就其掌握的程度或量化很难确定，一般沿用传统的模糊概念加以表述或界定。如精通（通晓）、熟练掌握、掌握、熟悉和了解等划分等级概念，作为医学编辑对于医学科学知识的最好是精通，最低也应该是掌握，而对于其他学科知识只能是掌握、熟悉或了解程度。在此，不妨用定量分成的方法来表述和衡量一位合格的医学编辑的知识结构。这三个维度的知识分别以 A+B+C 表示知识总量，以其各知识占的比重进行数量比例分析。那么，合格的医学编辑的知识结构可绘制成图 3-2。

如果按 10 分进行知识度量分析，可构建成知识结构计量数学模型，即（6/10）A+（2/10）B+（2/10）C。

由此可见，如果合格的医学编辑的知识总量为 1，而医学科学知识占去了一半多，这是因为医学科技学术期刊首要的是学术质量控制，尽管文章有同行专家评议过程，但医学编辑的学术质量控制责任是不可替代的。其次是编辑出版质量，主要是规范化、文章结构和文字修饰。因此，医学编辑其主要任务是文章的"学术诊断"和编辑规范化上。编辑技术是医学编辑工作的手段，通过编辑的加工处理，使其表达更加规范和完善。

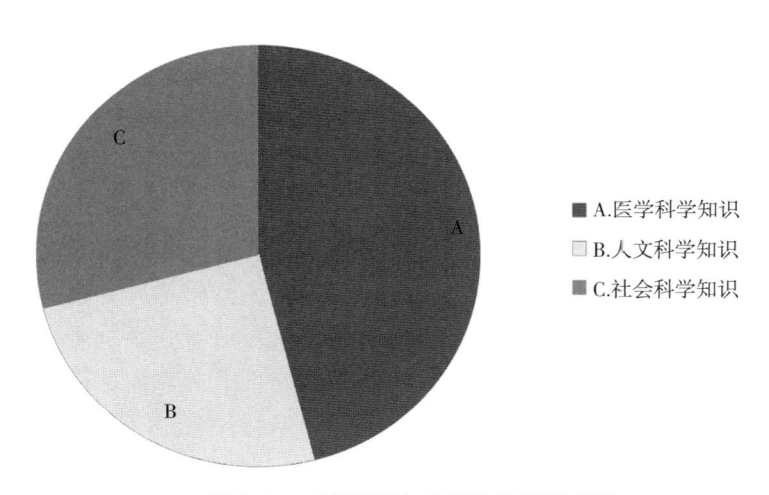

图 3-2 医学编辑知识结构比例模式图

第七节 医学编辑的智能结构

人类智能，主要是指智力和能力统称。在我国古代，思想家把智与能看作是两个相对独立的概念。如荀子《正名篇》曰："所以知之在人者谓之知，知有所合谓之智，所以能之在人者谓之能，能有所合谓之能。"其"智"就是指人们认识世界和改造世界活动的心理特点，所谓"能"则主要指人们社会实践活动的心理特质。根据智能多元理论，人类智能具有 8 种智能范畴：语言智能、数学逻辑智能、空间智能、身体运动智能、音乐智能、人际智能、自我认知智能、自然认知智能。可以看出，这些智能有着很强的好奇心和求知欲，以及敏锐的观察能力，能够了解各类事物的差异、本质和规律。而医学编辑不一定都具备这些智能，但除了编辑最基本的技能和基础能力外，医学编辑人才还应具备以下基本智能。

一、编辑学习与信息获取能力

学习是人们终身的事情，学习作为一种能力，一般是指人们学历教育学习和非正式学习环境下，自我求学、求知、完善知识结构、知识更新、获取知识和发展的能力。而信息获取能力与学习能力既有区别，又具有相似性，都具有获取知识信息的特点；信息获取能力是指对信息怀有强烈的意向和愿望，并能从多种渠道获取所需知识信息的能力。由于医学科学发展非常迅速，知识淘汰和知识更新的速度日新月异，作为医学编辑不仅要不断学习新理论和新知识，同时还要跟踪国内外学科或学术发展的动态和发展趋势，不断从多途径获取国内外医学科技发展的最新信息，以丰富和完善自己的知识结构及编辑实践能力。因此，医学编辑人才的成长，首先具备学习和获取信息的基本能力，善于在海量知识和信息的海洋中，捕捉自身最需要的知识和信息，并不断增强运用知识和创造产出知识的能力，这是医学编辑人才成长的基础能力。

二、编辑创意与策划能力

创意是策划的前提，编辑策划，首先要有编辑创意，然后通过策划实现创意。因此，创意是创造意识或创新意识的代名词，创意就是点子，编辑创意是一种通过创新思维形式或意识，从而挖掘和激活期刊资源组合方式，并进一步提升资源价值的形式；创意是对传统的叛逆和挑战，其特点就是要打破固有的思维模式和常规的哲学，它是思维的碰撞，编辑智慧的对接，是带有新颖性和创造性的想法。而编辑策划是源于编辑创意的提出，策划是实施计划或方案、策略与谋划，是对未来即将发生的编辑计划实施系统精心设计、科学谋划、周密安排、科学预测和预期定目标。这是一种编辑创新和主动的编辑活动，带有较强的编辑思想性、超前性和目的性，编辑创意和编辑策划，是展现编辑思想的重要形式，要办好医学期刊，编辑就必须具备创意和策划能力，这也是医学编辑人才成长过程中需要重点加强的能力之一。

三、编辑组织力与资源整合能力

医学期刊是公众性学术交流平台，其学术资源丰富，但其资源具有松散性或散点状态。如编辑委员中著名医学大家、院士和院长云集，但平时无论是学术资源，还是智力资源都是散点式分布在各地。因此，如何将期刊的专家资源、作者资源和读者资源发挥应有的社会作用，这就需要编辑的组织能力和资源整合能力，根据学术学科发展需要，经过编辑策划设计，通过组织手段，整合期刊不同资源，特别是不同领域专家学者的智力和智慧资源，为医学科学和学术发展提供智力支撑。编辑的组织能力主要是指开展学术活动的组织能力。如组织策划专题研讨会、专家论证会、政策或学术咨询会、选题组稿会、专家评审会等能力，它是整合学术资源和专家资源的重要形式；编辑人才的组织能力可以成为竞争优势的来源之一。从期刊管理角度说，期刊资源整合是编辑系统论思维形式，也是期刊资源整合的优化资源的配置决策，它就是根据期刊的发展战略和市场需求对有关的资源进行重新配置，以突显期刊的核心竞争力，并寻求期刊资源配置与学科发展、期刊发展、读者或作者需求的最佳结合点，其目的是通过编辑的组织运作、协调与资源整合来增强期刊的竞争能力和优势，最大限度地提高期刊服务于国家科技振兴战略、国家知识创新体系建设的大局和为读者服务的水平。期刊资源整合不仅是对现有资源的整合，更是对原有资源的整合；不仅是对期刊有形资源的整合，也是对期刊品牌资源、学术信息资源等无形资产或资源的有效整合；也不单纯是对自身资源的整合，同时也是对社会资源的整合；它不仅是资源的优化配置，而且更是期刊资源的系统放大和增量与增值，这就是编辑的资源整合能力在编辑创新中获得效益最优化。所以，医学编辑人才的培养与成长，对编辑的组织能力与期刊资源整合能力的要求尤为重要，它是医学编辑人才成长的重要特征和特点。

四、编辑洞察力与预测能力

编辑的洞察力及预测能力，是期刊编辑活动始终保持主动和超前学术引导的重要因素，编辑要善于洞察学术或学科及科技发展的趋势，超前预测其发展的未来、脉搏和走势，以利于实施前瞻性编辑谋划，这是医学期刊编辑应具有的特质和能力。编辑洞察力主要是指深入学术、事物或问题的能力，编辑洞察力是对个体认知、情感、行为的动机与相互关系的透彻分析，也就是说，编辑洞察力就是透过学术发展的现象而看到其本质；编辑洞察力就是变无意识为有意识，变被动编辑模式向主动编辑模式转变；若狭义地讲，编辑洞察力就是"动心眼"或"动智慧"。因此，编辑洞察力其实更多地包含了编辑分析和编辑判断的能力和内涵，可以说洞察力是一种编辑综合能力的体现。而编辑的预测能力，主要指在占有大量现有信息的基础上，依照特有方法和规律对未来的学术发展或事物实施超前预测分析及测算，以超前性了解科学或事物发展的过程和结果。编辑预测的重要意义就在于它能够在自觉地认识期刊和学术发展的客观规律基础上，借助大数据分析和大量的信息资料及现代化的预测计算手段，超前和准确地揭示出客观事物运行中的本质规律、内在联系与发展走向，早期预见到可能出现的种种情况，并勾画出未来事物发展的基本轮廓，及时提出各种可以互相替代的措施和方案，这就是俗话说的"预则立，不预则废"的道理；使编辑具有了战略分析、战略预测和战略眼光，为编辑决策提供了充分的科学依据和编辑决策支撑。因此，医学编辑人才成长过程中，注重培育编辑的洞察力和预测能力，将为编辑的人才发展和成就编辑事业提供重要的手段。

五、编辑创新与竞争能力

编辑的创新力与竞争力，是保持和提高期刊活力与发展的个体动力，也是不断提高期刊学术效益、社会效益和经济效益的重要因素。编辑的创新能力是指在编辑实践中，具有不断创新编辑理念、编辑创意、编辑策划、编辑选题等创新力，是在编辑实践活动中不断提供具有促进期刊发展的学术价值、社会价值、经济价值的新思想、新理论、新方法、新思路、新观点和新实践的能力。它是以传统的编辑思维模式创新性地提出有别于常规或传统思路的见解为导向，发挥现有的知识资源和物质资源，在特定的环境下，本着理想化需要或为满足医学科学发展，读者、作者或社会需求，而创新性改进或创造新的编辑实践方式、方法、路径等，而且能取得较好效益的编辑行为。而编辑的竞争力是指编辑个体或群体力图胜过或超过同行期刊的心理需要和行为活动。这里的竞争是指良性竞争，非恶性竞争，只有通过良性竞争，才能促进医学期刊事业的良性发展。所谓编辑竞争力，主要是指编辑或竞争对象在编辑活动中显示出积极向上与竞先夺优的能力。因此，编辑竞争力随着竞争环境的变化，也不断体现其竞争目标和竞争能力的变化；医学编辑人才要具有这种竞争意识和编辑创新意识，只有这样，编辑人才成长和期刊发展才有动力和活力。

六、编辑公关能力与沟通能力

编辑职业具有公众性、中立性和中介性。因此，编辑角色决定它要与不同领域、不同层次的专家学者、作者、读者、医药企业及合作伙伴打交道。因此，编辑的公关能力和沟通能力就显得尤为重要，它是选题约稿、编辑策划、学术合作、组织学术活动等成败的重要因素。编辑的公关能力是指编辑有目的、有针对性、有计划地为实现某种计划、改善或维持某种公共关系状态而进行实践活动的能力。编辑公关能力表现为编辑个体在学术交流场合、合作谈判场合、组织学术活动场合、选题约稿沟通、社交场合等介入能力，以及适应、控制和协调能力等；编辑良好的公关能力是编辑职业重要素质之一。而它与编辑的沟通能力紧密相关，编辑良好的沟通能力，将为编辑卓有成效的公关提供重要技巧，在编辑活动和人际交往中如鱼得水，发挥自如。编辑的沟通能力主要指编辑的语言表达能力、逻辑叙述能力、思辨能力、倾听能力、话题切入能力、谈话引导力和沟通技巧；编辑的沟通能力表面上看是外在的东西，但实际上是编辑个体整体素质的具体体现，它涉及编辑个体的知识结构、应变能力、亲和力和人格魅力。编辑在现实公关沟通过程中，其要素涉及沟通主体、沟通客体、沟通介体、沟通环境和沟通渠道，巧妙地运用好这些沟通要素，是编辑沟通成败的关键。因此，编辑沟通能力也是指沟通所具备的能胜任沟通工作的客观条件，人际沟通能力是编辑个体与他人有效信息沟通的能力，其沟通技巧和内在动因是激发沟通的前提。所以，编辑的沟通行为要符合沟通情境和彼此相互关系的角色地位和期望；编辑要取得较好的沟通效益，就需要设计沟通预期目的和目标，在沟通中注意兼顾彼此关切，从彼此利益考虑，满足沟通者彼此需要，这是取得编辑沟通成效的重要因素。

七、编辑的观察力与反应能力

在编辑实践活动中，良好机遇总是稍纵即逝。因此，编辑的观察能力和快速反应能力是编辑人才所具有的职业素质。编辑观察力主要指其大脑对周围事物的观察能力，它能通过编辑观察发现新的学术热点、卖点、新的报道重点或选题方向，编辑观察力对于个体来说是非常重要，它具有职业特性，编辑敏锐的观察力可有效规避事物的表面现象，透过现象看到事物的本质规律和变化的趋势。编辑较好的观察力可使编辑个体变得更加睿智、机智、处事严谨、随机应变、捕捉机遇。而编辑快速反应力与编辑观察力的有机结合，这会有效提高编辑捕捉学术热点的能力，增强编辑的学术敏感性和快速反应能力。所谓编辑的快速反应能力，就是指编辑个体受到外界最新学术信息的刺激后，其中枢神经系统本能的条件反应所引起的意识在回答刺激时所发生行为的速度；在医学科学技术飞速发展的今天，编辑要具备对学术发展的观察力和学术敏感性，这是不够的，还必须具有快速反应能力，因为任何机会都是稍纵即逝，如果不及时快速策划组织报道，就会失去期刊的首发机会。因此，编辑的学术敏感性和反应速度的快慢，是决定编辑捷足先登和快速首发的前提条件，既是编辑人才的一种素质，也是编辑职业的特点。

八、编辑分析与判断能力

医学编辑每天是在信息海洋中畅游，如何在真伪并存的海量信息中捕捉具有学术价值的信息，这需要编辑的基本功底，也就是分析能力和判断能力。分析能力是指编辑把某件事物、某种现象、某种学术概念或知识概念分成较简单的组成部分，在这些组成部分中找到其本质属性、规律和彼此之间的内在关系，并实施剖析、甄别、分辨、观察、逻辑思考和结论推导的能力；其实，编辑在编辑创意、编辑策划、选题组稿和论文稿件评审过程中，都离不开编辑的正确分析和判断，它包括编辑对问题的系统组织和对事物不同特征进行系统比较和分析，对事物或问题的认识，通过理性分析和判断，实施编辑决策或决定价值取向的能力。编辑的分析能力和判断能力紧密相关，但又有区别，判断能力是逻辑思维能力之一。因此，分析判断能力的高低也是个体智力水平的表现，人的分析能力具有先天性，但后天环境因素和训练是决定分析判断能力的关键因素。所以，医学编辑人才成长中，其分析判断能力的训练和提高，是编辑人才培育的重点。

第4章 医学编辑思维方式与创新思维方法

正确的编辑思维方式和思维方法是做好期刊编辑工作的前提，而创新性的编辑思维是开拓和创新编辑工作的基础，是期刊质量的根本保证。科技学术期刊编辑创新思维，是指在科技学术期刊编辑思维活动中，超前性地对学科发展趋势的预测、文献调查、国内外学术进展综合分析、判断和推理的编辑创新思维活动。在科技学术期刊编辑和经营实践中，具有创新思维是办好科技期刊的前提，而编辑创新思维火花的迸发，又依赖于编辑对创新思维方法和思维方式的正确把握和运用，两者构成了编辑创新的基本条件，而且两者缺一不可。而活跃、创新、敏捷的编辑创新思维，来源于编者完善、多维和立体的知识结构，这也是能否具备编辑创新思维的基础。编辑创新思维主要是指以新颖独创的方法解决编辑实践中的问题的思维过程，通过这种编辑思维能突破常规思维的界限，以超常规甚至反常规的思维方式和方法及独特视角去思考问题，从而提出与众不同的编辑解决方案或方法，由此产生新颖独到和具有创新价值及实际意义的编辑思维成果。

第一节 医学编辑的思维方式

编辑思维方式，主要是指编辑审视、观察和分析事物的角度，以及方式方法，编辑具有什么样的思维方式，在编辑活动中就会体现出其相应言行、分析问题和解决问题的行为方式；也就是说，编辑思维方式就是编辑思考问题的基本方法，包括线性思维方式与非线性思维方式两大类型。人们的普通思维形式是形象思维、抽象思维和灵感思维三种普遍的思维方式，而编辑职业思维方式在运用普通思维方式的基础上，又蕴涵着职业思维的特殊方式，因而，正确把握和运用编辑思维方式和编辑思维形式，是正确处理编辑实践问题的前提。

一、主体性编辑思维方式

主体性编辑思维方式主要是以编辑理性思维作为观察编辑实践问题和认识问题，以及解决编辑实践问题和正确把握编辑规律及本质的认识方式；在编辑实践过程中逐步形成了具有相对稳定的和模式化的认识形式与惯性思维。编辑主体思维方式是编辑思考和认识问题所体现出来的比较成熟和稳定的思维逻辑模式，它相对于客体思维方式，具有比较鲜明的主体个性化特点和主体意识，即不同编辑主体和编辑客体具有不同的思维方式。而编辑理性思维则是形成编辑主体思维方式和认识事物的基础，它具有一般性特点，即不同的编辑主体，不论其思维方式是否有所区别，但是其理性思维却具有共同的基本特征，都遵循着共同的认识原则和秩序，都要达到共同的认识目的。编辑主体思维还具有更深层含义，就是编辑的角色意识和主体意识，在编辑实践中，如果主体与客体颠倒，必然会产生不同的思维效果，编辑缺乏主体意识和主体思维方式的后果，就会产生对编委、主编和专家的高度依赖性和思维惰性，试想，如果编辑将主体与客体角色颠倒，编辑就会养成坐等主人端茶倒水的思维定式，以主体依赖客体，这会丧失了编辑思维的创造性、主动性、超前性，使编辑创意、编辑策划、选题策划失去独立性和思想性，这也是编辑质量难以提高的重要因素。

二、前瞻性编辑思维形式

前瞻性编辑思维，是编辑思维的重要特征和

思维形式，期刊编辑工作的最大特点是超前性，要使期刊站在学术发展的前沿和潮头，始终引领学术发展的方向，编辑必须具有前瞻性思维和超前性思考，在思考编辑选题和学术导向选题时，总是想在专家前面，出其不意，以超前性和快速性制胜，赢得学术引领的效果。缺乏前瞻性编辑思维或超前思考，就会处于被动地位，使期刊学术报道内容落后于学术发展的速度和现状，使读者失去了对期刊内容的新鲜感和阅读价值。因此，编辑的思维方式，决定了期刊发展的走势。

三、高度性编辑思维形式

医学编辑的思维形式要具有高度性、系统性和层次性，应摒弃单纯局限于思考编辑规范、标点符号、文字修改等一般性编辑业务实践，从这种局限性怪圈中跳出来，应站在整体学科或专业的高度，去思考学科和学术发展及期刊发展的宏观与战略问题，从学科和专业的整体系统，甚至国内外整个相关科学的发展趋势和高度，去思考对本学科、本专业和本期刊学术发展的推动和影响作用，也只有这种具有一定高度的编辑思维形式，编辑才能驾驭和把握学科与学术发展的脉搏，周密思考选题路径和选题方向，把握学术发展的航向和标定发展坐标。

四、敏感性编辑思维形式

编辑的各种思维形式都是建立在思维敏感性基础之上的，因为编辑职业的特点和高度，也就决定了编辑的思维形式的敏感性，在编辑实践中，哪怕很小的学术苗头和科研发现的线索，都可能触发编辑的思维敏感的神经，引发编辑的深入思考和挖掘，编辑思维的敏感性既是编辑思维特性，也是编辑职业特性和特点。编辑思维的敏感性应与编辑的快速反应相结合，才能发挥编辑思维敏感性的效果，否则，其编辑敏感性再强，而编辑行为反应迟钝，就会丧失思维带来的成果。

第二节　医学编辑的思维特征

医学编辑思维特征主要指医学编辑职业思维特点、思维所具备的特殊性质，它是区别于其他职业思维基本征象和标志，医学编辑思维特征既有普通思维的一般特征，也有其医学编辑职业的特殊性特征。

一、循证思维特征

医学编辑的循证思维特征与循证医学的核心具有相同之处。循证医学，即为遵循证据的医学，又称实证医学，还有的译为证据医学；其核心思想是医疗决策，即患者诊断与治疗、临床指南和医疗政策的制订时，都应在具有最佳临床研究依据和证据的基础上做出。而医学编辑在其编辑实践中，对于科研论文结果和结论的判断，也是在循序证据的思维路径审视或评价论文稿件发表价值，不是单纯依赖或轻信作者描述得出的结果和结论如何好，而是对其结果和结论寻求证据支撑，要具有足够的实验证据证明其所得结论的可靠性与可信性。因此，医学编辑思维路径首先从医学科研设计和统计学分析方法的合理性思考和分析评价入手，从方法学的合理性与科学性上判断作者所得结果和结论的证据，这是保证医学期刊学术质量的基本思维特点。

二、健康守护思维特征

医学期刊的使命是为促进医学科技进步和人类健康服务的，其所发表的每一篇文章都可能指导临床医师对患者的诊断与治疗。因此，医学期刊所发表的研究成果、新技术和新方法等，其临床应用关乎患者的健康或生命安全，医学编辑就是要对所发表的医学科研论文的科学性、可靠性、真实性和实用性把关负责，其头脑中始终保持守门人的角色意识和保证患者健康及生命安全的编辑思维定式，从维护人类健康的角度去思考编辑实践问题，这也是医学编辑思维特征与其他编辑思维特征的不同之处。

三、理性思维特征

医学编辑的理性思维是一种有明确的思维方向和充分思维依据的思维特征，它能对医学编辑实践问题实施观察、分析、比较、综合、抽象和概括的一种编辑思维。实际上编辑理性思维就是建立在证据和逻辑推理基础上的思维方式，具有逻辑思维特征和理性认识的基本特征。理性思维特征是编辑的重要思维特征，应具备较高逻辑能力特质，对任何权威专家和任何研究结论都保持理性认识，实施逻辑思维和逻辑分析，增强逻辑能力，不轻信任何权威和结论，必须理性思考和理性分析，寻求充分的证据支撑其结果和结论，以保证所发表科研论文成果的可靠性。

四、创新思维特征

医学期刊所发表论文应具有创新性，以利于指导临床和科研实践，也是衡量医学科研论文发表价值的重要标准。因此，医学编辑在其编辑实践活动中，特别是在科研论文评价评审和编辑选题中，要始终站在学术发展的前沿，报道最新国内和国际的研究成果，以及新理论、新技术、新方法、新观点、新思想，引领医学科学和学术发展的方向，这就要求编辑必须始终保持创新思维特征和思维定式。

五、独创性思维特征

医学科技学术期刊要始终引领学术发展的方向，编辑要在挖掘选题和编辑策划上具有独创性思维的特质，要别出心裁，独树一帜，先人一步，思考问题要胜人一筹，才能发挥医学期刊的学术引领作用。

六、敏捷性思维特征

思维的敏捷性是指思维过程的速度或快慢程度。编辑具有敏捷性思维特质，在处理问题和解决编辑选题问题的过程中，就能够适应学术发展的变化，增强学术敏感性和选题策划的快速反应能力，极其敏锐地捕捉选题线索和选题方向，瞄准新的学术热点和潜在学术发展问题，编辑周密思考，准确判断和迅速地做出结论和编辑决策。编辑职业思维的特点就是体现在编辑思维的速度和准确程度上，迟钝和慢节拍的思维，是难以跟上或超越学术发展速度的，所做选题和期刊学术内容也就难以引领学科发展前沿，其学术价值降低。因此，医学编辑思维的敏捷性特征是编辑必要的前提，编辑思维缺乏高度、深度、灵活性、独创性和思维批判性，就不可能在处理编辑实践问题和解决编辑疑难问题过程中具有适应性，做出准确而迅速的结论和编辑决策。

七、灵活性思维特征

编辑思维的灵活性非随意性和无序性，编辑思维的灵活性主要是指思维活动的智力灵活程度，是编辑思维敏锐和机智的特征；编辑思维的灵活性是思维的品质的重要特质和特征，这种编辑思维特质是根据客观实际情况的变化而及时改变原来的编辑计划和解决编辑实践问题的思路，从而提出创新性与符合实际情况的思路和编辑方案的思维特征。编辑思维的灵活性是重要的思维品质，由于编辑活动和客观事物总是处于不断运动与变化之中，随着时间、学术发展、地点和条件而发生转移，因而其编辑思维也应随机应变，随着变化而变化。其编辑思维的灵活性主要体现在不满足现状，不固守过时的编辑方案，而善于根据学科和学术发展变化灵活地改变原有的编辑策划方案，随机应变地采用新的方法、路径和途径解决实际问题。它包括编辑思维起点灵活，也就是从不同角度、方向、方位和视角思考，编辑能够运用多种方法来解决编辑问题；再有就是编辑思维过程的灵活性，这是从分析到综合，从综合到分析，全面、及时而灵活地综合分析思考编辑实际问题。

八、导向思维特征

学术导向、思想导向、学术伦理导向、医疗科研道德与学术道德导向是医学期刊角色责任。因而，编辑思维导向特征是医学编辑特有的思维品质，编辑导向思维具有两种含义，首先是具有引导和指引方向的编辑思维活动，通常包括学术问题、医学科研结果和学术导向思维，编辑目标导向思维、编辑方法导向思维和编辑行为导向思维等。编辑导向思维是充分发挥思维灵活性和功能性的重要体现，是编辑个体通过对编辑实践问题的分析、综合、比较和概括的思维活动，是有方向性和有目的性地将零散、繁杂及多样的编辑信息实施分析处理，从而归纳、总结、推导出对于解决问题和实践价值的理性认知加工过程，因而提高编辑实践活动的效率与质量。编辑思维特征的思维路径如下。

1. 编辑目标导向思维　基于编辑实践活动的目标思考问题和理性认知加工思维过程。

2. 编辑问题导向思维　基于编辑实践需要解决的问题而思考的认知加工思维过程。

3. 编辑结果导向思维　基于学术事件或编辑结果而思考编辑实践活动的理性认知思维过程。

4. 编辑过程导向思维　基于学术事件或重大科研攻关课题与重大创新发生发展的过程变化而实施的理性认知思维过程。

5. 编辑方法导向思维　基于解决编辑实际问题的方法或方案而实施的理性认知思维过程。而另一层含义是医学期刊功能所决定的，也就是医学编辑要始终保持学术导向和引导的思维定式，这是发挥和做好医学期刊学术导向和学术引导的编辑思维基础。

九、平台思维特征

所谓平台是指具备硬件和软件环境与条件的学术交流和成就事业的平台。而平台思维具有开放、共享、共赢的特点，其精髓在于搭建和营造多主体的共赢、共生、共利的学术平台和学术生态圈。而医学期刊本身最大的优势就是其平台特性和平台效应，集团或个体事业的成功，在很大程度上取决于其平台的大小，具有多大平台，就能成就多大事业，如果把医学期刊看作单纯的文字和刊载功能，其办刊的路子会越办越窄，直至走入死胡同和误区。因此，医学编辑要具有平台思维形式，维护平台、搭建平台、激活平台、发挥平台效应，是医学编辑平台思维特征的重要体现，发挥平台功能和凝聚平台资源，是医学编辑思维活动和编辑实践惯性思考的重要问题。

第三节　批判性编辑创新思维方法

批判性编辑创新思维是编辑的职业思维或习惯思维，一位训练有素的期刊编辑首先应具备和运用这种思维方法，把批判性编辑思维运用到学术编辑的全过程，特别是对研究论文的评判和审视，将批判性编辑思维贯穿于论文评判的始终。

批判性编辑创新思维是指在编辑活动中（如编辑选题、审稿过程、科技成果评价、期刊经营项目、广告产品发布等），首先以批判性思维的视角和怀疑的思维加以审视，对其研究的真实性、科学性、创新性、实用性、逻辑性、结果和结论的可靠性、期刊经营项目实施质疑性分析和批判性审视，并对其必要性和可行性实施批判性思考，而不是盲目信赖作者对方法、结果、结论的肯定，也不盲目依从或信赖权威专家的意见，编辑自身应具有基本科学判断。特别是对科研论文的审查，不是单纯以其叙述达到国际先进水平、国内先进水平、某权威机构认可或某权威专家赞扬、取得何种结果和结论为依据，而是用批判性编辑思维审查分析其立题的科学性、先进性、实用性、普及性、科研设计的合理性、样本设计、实验方法、结果结论的可重复性、统计学方法、偏倚因素控制、逻辑性等，从而理性判断和分析其结果和结论的可靠性与真实性。

这种编辑思维方法的特点是分析性、循证性和溯源性，以审视的眼光看待和审查所编辑的学术内容，实施审查、循证、求证、分析、判断。这种编辑思维方法是保证科技期刊学术质量和编辑出版质量的重要思维方法。如 2001 年，一项重点课题"茅台酒与肝病关系的流行病学调查及病理组织学研究"，其研究结论是饮茅台酒不致肝纤维化，其他普通白酒可造成肝纤维化，并具有保肝作用。《中华医学杂志》对于这一有悖于常理的重要结论，编辑用批判性思维的视角审视其研究结果，审慎地请多学科专家反复审评论证，认为该研究在科研设计和样本偏倚因素控制存在缺陷，最终力排诱惑和压力做退稿处理。为引起学术讨论和研究，三年后，《中华医学杂志》对其另一实验研究"茅台酒对肝脏的作用及其影响的实验研究"，经过多学科专家评价，认为其科研设计具有人的样本对照研究，又有动物对照研究，样本量较大，符合样本设计要求，并全部做肝脏穿刺，实施电子纤维镜病理学和形态学检查，研究设计严谨、结果和结论可信，最后决定正式发表。编辑部为留有余地，同时配发编者按发表，警示读者饮酒有害，本研究结果有待进一步研究证实和讨论的提示。后来，前一退稿文章在其他学术期刊发表，在社会、学术界和网上引起强烈非议和高度质疑。因此，批判性编辑思维的运用，是保证学术期刊质量的基本前提，也是科技期刊编辑基本的思维形式。

第四节　质疑性编辑创新思维方法

质疑性编辑创新思维，也称怀疑编辑思维。这也是学术期刊编辑必须具备的思维方法，作为学术科技期刊编辑，每天审阅评判不同学科和不同专业科研技术人员产出的研究论文或科研成果，在审视、评价、发表过程中，必须运用质疑编辑思维方法，对任何来自权威研究机构、国际和国内著名专家教授、院士的研究成果论文，都应用怀疑的思维和怀疑的视角加以审视和评判，对其研究的方法学、科研设计、统计学方法、创新性、科学性、逻辑性、结果和结论的可靠性，要善于质疑，这是严格把握和控制学术期刊质量的前提，也是捍卫科学精神的具体行为和思维方式。

在科技学术期刊编辑决策过程中，既敢于肯定一项研究工作或论著，又敢于否定其研究工作的缺陷，是编辑活动中产生编辑创新和迸发编辑新观念的开端，是科技学术期刊编辑创新思维的最基本思维方式之一。

一般而言，每位编辑都具有思考和判断能力，这种能力在编辑与编辑之间是没有差别的，造物主并不会偏爱某位编辑而多给他一些天赋，也不会讨厌哪位编辑而少给一些能力，但是为什么在编辑实践中，编辑与编辑之间在思维和知识方面会产生明显差异呢？这是因为有的编辑没有正确地运用和掌握正确的编辑思维方法。编辑思维的路径出现错误，在错误的编辑思维道路上越努力离开真理和真值的距离就越远。为了获得真理和真值，在编辑活动中正确把握思维方法是编辑创新的前提，而正确的编辑方法首先要充分发挥质疑编辑思维的优势，审视一下头脑中已经拥有的知识和观念是否正确。科技学术期刊编辑不但善于质疑所有提交的研究成果，同时还要勇于质疑自己，通过这样的反思和审查，大家会发现以前许多认为想当然的事情都需要打一个问号，编辑头脑中的东西也是不能完全信赖的，世间万事万物都需要持怀疑态度加以审视，客观评价。如果说这是编辑的职业病也不妨，但是，这是编辑过程中必备的初始思维方式。实际上，无论在科研实践中，还是在编辑活动中，编辑的创新思维一般都是以发现问题为起点的。如爱因斯坦说过，系统地提出一个问题，往往比解决问题重要得多，因为解决这个问题或许只需要数学计算或实验技巧；善于提出问题，就已经达到了解决问题的一半。爱因斯坦因为提出了牛顿力学的局限性，才触发了"相对论"的思考。可以说，所有科学家、思想家、编辑学家都是在提出问题和发现问题的科研和编辑实践中寻求突破的，科技学术期刊的编辑更是如此。

第五节　超前性编辑创新思维方法

超前性编辑创新思维方法，是科技学术编辑工作者重要的创新思维方法或思维形式，也是基本功能所需要的思维形式和思维素质。这种编辑思维形式具有超前性，编者总是站在战略的高度，超前性和长远性地思考相关领域的问题，能较早地预见、预测和早期实施相关编辑问题，对整个编辑系统都具有超前思考、超前设计、超前实施、超前引导、超前导向、超前预测、超前判断的思考和行为。它是根据本学科领域学术研究进展、学科发展趋势和客观规律，在综合国内外大数据和学术信息的基础上，对重大编辑选题、学术报告重点、学术报告方向、期刊学术导向实施的预测分析、推理判断和设计构想的一种超前的编辑创新思维过程。编者应具有学术敏感性、学术导向的超前性和学术快速反应能力，编辑超前选题，及时引导和导向，推动学科和本领域专家学者沿着正确学术航向前行，这是超前编辑思维形式和编辑创新思维的功底所在。

因此，正确运用超前编辑思维方法而设计、策划组织的学术内容具有很强的超前性，因而学术导向性强，可有效引导科技工作者的科学实践和科研创新活动，推动学科和学术创新与科技进步，这也是科技学术期刊的基本功能之一。

在临床上，细菌耐药是抗感染失败的主要原因，也是临床棘手的难题之一。如何从根本上指导抗生素的合理应用，有效控制不断加剧的细菌耐药流行趋势，《中华医学杂志》早在20世纪90年代，就率先选题，组织召开"细菌耐药专题研讨会"，会后在各医院相继开展了细菌耐药监测工作和细菌耐药监测网。之后，又召开"全国细菌耐药监测会议"，会议上起草了"加强抗生素合理应用，努力遏制细菌耐药流行趋势"的建议，并在会上形成专家共识和专家建议，与会多领域专家签名，作为专家咨询建议，会后递交国家主管部门，被国家政府部门采纳，改变了政府决策，推动和促成了我国抗生素实施处方管理制度的实行，为遏制抗生素滥用发挥了促进作用，并开拓了我国对耐药机制和耐药监测研究的新领域，卫生部细菌耐药监测中心、各省各地细菌耐药监测中心、全国性细菌耐药监测网相继成立，适时发布细菌耐药监测结果，及时有效地指导临床正确合理使用抗生素，对提高临床医疗质量发挥了重要作用。这就是超前编辑创新思维的例证，充分发挥了科技学术期刊的学术引导、学术导向、学术咨询的特殊功能，有效促进了学术发展。

第六节　系统性编辑创新思维方法

系统编辑创新思维形式，要求科技学术期刊编辑要用系统眼光，从期刊和学科的结构与功能的视角，用系统思维的方法，重点审视和思考多样化和多元化的学科领域，将学科系统、科技创新系统、期刊编辑系统、学术交流系统、社会生态系统、社会效益和经济效益等诸多要素重新整合分析，将科技学术期刊编辑、选题策划和学科发展趋势放在整个科学系统中加以思考，实现新的综合、预测和判断，以实现整体效应与局部效果的最优化。

系统编辑创新思维的原则是把编辑内容看成是由各个组成部分的有机整体和逻辑关系，并从各组分之间的相互联系、相互制约中研究编辑或学科系统的结构、功能和规律。因而，科技学术期刊学术报道具有系统性、整体性、完整性、连续性和扩展性，能最大限度地吸引科技工作者阅读期刊，增强读者对期刊的忠诚度。

系统论的精髓是把所有功能单元都看作是一个系统，有整体系统、分系统、子系统、次子系统。如医学科学是一个整体系统，各个分支学科是分系统、各个亚学科是子系统、各个专业是次子系统，各个学科系统之间都具有内在逻辑关系和联系，都不是孤立存在的。医学科学系统与其他学科系统（如物理学科系统、化学学科系统、生物科学系统、环境科学系统、社会科学系统、地理科学系统等诸多学科系统）都具有内在联系；当然，科技学术期刊编辑出版也是一个系统。因此，科技学术期刊编辑策划、选题和学术报道，就是要从系统观点出发，用系统编辑创新思维方法，把相关系加以有机综合分析，从整体系统、分系统、子系统、次子系统等加以思考、分析、预测和判断，把编辑选题、学术导向、编辑策划项目等放进系统中加以考量，对其必要性、可行性、可操作性和实际意义做出评估。如《中华医学杂志》《中华检验医学杂志》编辑部在实施"耐药监测重点选题"时，对多学科系统实施思考和分析，认为临床多学科系统都涉及抗感染问题，细菌耐药是临床多学科系统和制药系统棘手的难题。因此，选题策划以细菌耐药监测和耐药机制研究为重点，特别是对多中心耐药监测结果的发布，结合临床各学科抗感染治疗的需要、结果发布的连续性等加以分析，并对其社会效益、学术效益和期刊的经济效益加以系统思考，因而在重点内容发表前，就实施相关系统衔接，首先将信息与临床、读者、医药企业、广告公司通过不同形式加以沟通，从而每期重点选题都赢得大量期刊销售和广告销售。期刊学术产品受到临床各个学科的普遍欢迎。

第七节　发散性编辑创新思维方法

发散性编辑创新思维，也称为辐射性编辑创新思维或求异编辑思维。发散性编辑创新思维的实质，就是要突破传统编辑常规和惯性编辑思维定式，从编辑常规中寻求突破，突围和打破旧的编辑框架和限制，寻求新的编辑思路、新的编辑思想、新的编辑概念、新的编辑手段、新的编辑选题、新的编辑策划项目、新的期刊产品、新的期刊经营模式，这是一种全新的编辑创新性思维方式。

这种编辑创新思维方法是通过对已知学科进展、热点和难点、学术信息进行多方向、多角度、跨学科、跨专业、多渠道的编辑思考，从而探索和悟出新问题、新特点、新特色、新发现、新线索、新的编辑构思的创新思维形式，它的特点是具有编辑求异性。

众所周知，人类单基因遗传病有3360多种，染色体遗传病500多种，还有数种多基因遗传病。如原发性高血压、冠心病、糖尿病等。因此，这些疾病的根本原因在于分子水平或基因变异或缺陷，其防治的途径之一是分子生物学或基因水平的切入路径及研究。由此预言，未来医学是分子医学的时代，这些疾病的诊断、治疗和预防的突破点在基因的研究。在这种思维背景下，《中华医学杂志》的编者们对医学科学发展的未来趋势有了基本的认识，同时运用发散创新编辑思维形式，思考多学科和交叉学科问题，对期刊的关注重点和学术导向的切入点有了初步认识，认为基因的诊断、基因治疗和基因预防几乎涉及医学各学科和亚专业，而且要突破这些分子水平疾病，也必须实施分子诊断、分子治疗和分子预防，这种交叉与综合性领域也正是综合性医学期刊所应关注的领域。为此，编者们早在20世纪90年代，率先在国内召开了"中国首届人类基因诊断治疗与预防学术研讨会"，会议受到相关领域和多学科专家学者的高度关注，每届都云集了数十位多学科两院院士出席会议，期刊连续多年实施重点跟踪报道和学术引导，促进了我国该领域的基础、临床和产业化的发展。后来，美国一个小女孩因实施基因治疗造成死亡，给学术界泼了一盆凉水，自此包括我国在内的科技界对基因诊断和基因治疗研究一度处于停滞状态。该领域的研究还要不要进行？基因诊断与基因治疗研究向何处去？科技界，特别是医学界一度处于迷茫状态。对此，《中华医学杂志》编辑部的编者，当即建议由有关专家领衔，倡议召开高级别香山科学会议，就相关困惑、问题、建议和研究方向提交多学科专家讨论，为政府科技管理部门提供决策咨询报告。2000年10月以"基因治疗和基因诊断"为主题的第149次香山会议召开，中国科学院、中国医学科学院、国家自然科学基金委员会、国家863计划、《中华医学杂志》编辑部等专家出席会议。会议后向科技部提交了重点支持基因诊断和基因治疗基础与临床研究的报告。很快得到政府科技部门的采纳与支持，并在《中华医学杂志》发表了曹雪涛、刘德培、强伯勤等著名专家和医学科技领导人署名的"我国基因诊断与基因治疗研究的重点"述评文章，这一连续性的编辑策划，为促进我国该领域的健康发展做出了贡献。这就是编者运用发散编辑创新思维的创新性编辑活动。

在科学研究领域，运用这种思维方法取得科技创新和突破的实例不胜枚举。如美国学者盖达塞克（Daniel Careton Gajdusek）因发现库鲁（Kuru）病病因，1976年获诺贝尔生理学或医学奖。

库鲁（Kuru）病是20世纪50年代新几内亚的地方流行病，患病者颤抖、瘫痪，6~12个月死亡。1957年，盖达塞克途经新几内亚，被该国卫生署长极力挽留劝其帮助研究本病，盛邀之下留下开始研究。初见此病他很震惊，而又无从下手和切入路径，调整混乱思路后，他运用发散科研思维形式，进行多学科思考，进行流行病学、传染病学、微生物学、病毒学、神经病学等调查和研究，经研究将该病限定在退化性脑部疾病范围内。又运用发散科研思维和研究思路对多种相关疾病（如帕金森症、阿尔茨海默病、肌肉萎缩症等）进行比较研究，最后找到了研究的切入路径。他在实验室将死者脑组织研碎，经过分解处理只留取蛋白质，然后将其滤液注入黑猩猩脑内，结果发病；然后又将黑猩猩的脑组织蛋白质颗粒移入健康黑猩猩，同样发病。但将蛋白颗粒经过蛋白分解酶处理后，就没有再发病。因而得出结论：库鲁（Kuru）病原既不是微生物，也不是病毒，而是一种侵害脑和神经系统的蛋白颗粒，它以脑组织为宿主。究其原因，是当地在葬礼时有食死者脑组织的风俗（表示爱）。之后，政府下令取缔这一陋习，再无此病发生。

第八节　收敛性编辑创新思维方法

收敛性编辑创新思维又称求同编辑思维或集中编辑思维。这种编辑思维方法是从已知信息中产生编辑逻辑结论，寻找最佳解决问题的一种有方向、有范围、有目的、有层次的编辑思维方式。它是在已有编辑经验、办刊成功经验或借鉴国内外著名科学学术期刊办刊模式的基础上，分析本刊具体情况，而形成的具有特定范围的创新性编辑思维。这种编辑思维不是单纯模仿他刊经验和做法，而是在他刊经验和做法的启迪下，结合本刊实际，创造性地开拓与发展。

在商品市场和经济活动中，合作经营可有效发挥各自的资源和优势，达到优势互补，风险共担，互惠共赢的目标。在此启发下，编者们运用收敛性编辑创新思维方法，实施跨行业的逻辑推理和延伸。由此，在期刊经营活动中创新性地实施"合作经营、借势经营"策略，也就是借助社会资源和优势，实施期刊合作经营，以弥补期刊本身人才、技术、资金不足的局限性，借助社会有相应实力的企业实施合作经营。如中华医学会系列杂志实施的广告合作经营、期刊数字化出版合作经营、期刊市场运营等，卓有成效地提升了期刊经济效益和社会效益，使中华医学会系列杂志的经营效益和实现了历史性突破。

在临床科研方面，应用这种思维方法获得突破的案例也不在少数。如1971年，哈尔滨医科大学的药剂师，根据民间经验用三氧化二砷（砒霜，As_2O_3）制成"癌灵一号"治疗急性髓系白血病，特别是急性早幼粒白血病，其缓解率86.3%、完全缓解率26.3%；就是运用了求同科研思维而成就的临床创新。20世纪80年代，上海血液病研究所又运用求同科研思维方法，在对已有信息分析研究后，把三氧化二砷（As_2O_3）与全反式维A酸做诱导联合治疗白血病，结果表明，临床5年生存率91.7%，5年无事件存活率89.2%，5年无复发生存率94.8%，5年总存活率97.4%。1992年，被列为20世纪全美白血病治疗重大进展事件；被誉为20世纪90年代国际抗癌药物三大发明之一。这是在已有信息的基础上，运用收敛创新思维实施深入创新研究的结果。

第九节　逆向性编辑创新思维方法

逆向性编辑创新思维也称为反向编辑思维，是从编者的习惯思维或惯性思维的反向去思考和分析编辑活动的相关问题。这种编辑思维方法具有颠覆性，在遇到编辑疑难问题时，用习惯编辑思维无法逾越和破解时，作为编者要调整思维方式，勇于突破固有的传统思维模式，采用逆向性编辑创新思维方法思考、分析和解决问题，有时可达到意想不到的效果。

一般来讲，科技学术期刊，特别具有品牌影响力的期刊，从不发愁稿件，这也致使编辑多年养成惰性和习惯性思维模式，单纯靠作者主动投稿，编辑很少思考主动出去组稿和实施选题策划。但随着各学科期刊的增多，特别是对SCI的崇尚，作者对学科目标期刊的价值取向和忠诚度降低。科技期刊稿源出现的危机感，迫使编辑们改变习惯思维形式，用逆向性编辑创新思维方法去思考期刊稿源急剧下降的问题,纷纷走出编辑部,深入到科研一线,掌握和了解科技人员,特别是国家重点课题领衔科学家重大攻关课题的进展,实时跟踪科研课题动向,积极主动策划选题和组稿约稿,进一步提高了期刊学术水平。

逆向性编辑创新思维方法也常用在科研领域。如食盐加碘是我国多年法定预防碘缺乏病的重要措施。缺碘能引发甲状腺疾病,那么高碘又如何呢?我国几十年一贯制的食盐加碘标准是否符合各地区实际情况?食盐加碘的效应如何?这些没有人去思考和问津。我国学者滕卫平教授2006年在《新英格兰医学杂志》发表的《碘摄入量对中国居民甲状腺疾病的影响》研究,从1999年起连续观测5年我国东北地区3个摄入不同剂量碘地区居民甲状腺素、甲状腺自身抗体、尿碘、甲状腺影像学等指标,其研究结果表明,超过适当剂量或更高剂量的碘摄入,会导致甲状腺功能低下和自身免疫性甲状腺炎。这一结论颠覆了我国多年食盐加碘标准存在的问题。研究者巧妙地运用了逆向性科研创新思维方法,发现和解决了重大公共卫生问题。

国际上普遍公认单纯收缩期高血压发生心血管事件的风险最高,而在其治疗上也主张以收缩压为单纯治疗依据,临床上评价心血管病风险一般不考虑舒张压。而我国学者一项大规模多中心研究证实,单纯舒张期高血压组心血管事件发病和死亡风险分别是血压正常组的1.59倍和1.45倍,这表明单纯舒张期高血压是心血管疾病的独立危险因素。国际著名期刊 Circulation 加编者按给予肯定和支持并发表。这也是典型逆向性科研创新思维的成果。

致癌基因和抗癌基因是20世纪70年代医学生物学和分子遗传学的辉煌成就,特别是抗癌基因的发现是典型运用逆向性科研思维的突破性成果。

1976年,美国科学家发现第一个致癌基因;1982年,美国国家癌症研究所和麻省理工学院的两个研究小组探明了其结构,这标志着人类在攻克癌症的道路上取得了划时代的突破。1983年,加利福尼亚大学生物系胡德博士又证明了致癌基因在染色体之间的移动异位是引起癌变的原因之一。研究发现,致癌基因广泛存在于人体细胞中,正常情况下是未活化的以潜伏状态而存在,而一旦被激活,就会导致癌症的发病。其研究者思考,既然癌症基因在人体内无所不在,那么,逆向反思一下,是否也有抗癌基因的存在呢?依照这一逆向性创新思维的科研思路,美国科学家又相继发现了抗癌基因,并进一步证实抗癌基因与致癌基因共存于人体细胞中,正常情况下两者保持动态平衡。

第十节　联想性编辑创新思维方法

联想性编辑创新思维是通过某一学科领域或编辑选题的现象而想到具有某种联系的另一事物的现象,从而启发出编辑创新思想的思维方式。它的特点是靠联想、幻想、怀疑、好奇等形式,实施编辑创新性思索,这种编辑创新思维方法因为没有限制性,随意联想和联系,根据某一新生事物和其他领域的有效做法为引擎实施联想和推理,因而具有无限的联想空间,是解决编辑难题的有效创新思维形式。

在临床医学科研领域,联想性创新思维方法更是应用广泛,并取得很好成果。如情绪过于激动是心脑血管事件发生的重要原因之一,由此研究者联想观看足球的人群心血管事件如何呢?为此通过《世界杯足球赛期间心血管疾病发作的研究》结果表明,在观看扣人心弦的足球赛时,急性心血管病事件较平时高出1倍,这为该人群预防心脑血管病突发事件提供了科学依据。该文发表在2006年《新英格兰医学杂志》上。该研究很好地运用了联想性科研思维方法。

1987年,广东学者研究的"女性月经与月亮形态的研究"获国家科技进步二等奖,从似乎毫不相干的两个领域探求某些科学规律。1722年,奥地利医师奥恩布鲁格看见父亲经常用手敲击自己家的酒桶估计藏酒的数量,因而他联想到人的胸腔,从而导致临床叩诊的诞生,至今仍在临床广泛应用。

第十一节 想象性编辑创新思维方法

想象性编辑创新思维方法是在编者头脑中改造记忆表象而创造新的形象的思维过程，是对过去已经形成的编辑活动进行新的综合与创新的过程。具有很大自由度的编辑创新思维方法。在编辑实践中，谁能够自由想象，把具有内在联系的各种方法、理论、观点和资源整合起来，谁就能提出新的编辑设想，赢得编辑创新和发展，取得学术效益和经济效益。

中华医学会办刊历史悠久，最早的《中华医学杂志（英文版）》1887年创刊，是我国最早被美国SCI收录的医学期刊。目前中华医学会系列医学杂志（包括电子版在内）有180多种，但有不少期刊多年长期亏损。

由于中华医学会的体制机制局限性，增加采编人员，不可能！增加办刊经费，不可能！增加办公用房，也不可能！停刊或转刊，更不可能！都不可能，领导还要求把期刊办好，还不能再赔钱！中华医学会杂志社期刊管理者压力好大。

中华医学会杂志的经营管理者调整思维方式，应用想象性编辑创新思维方法在苦思冥想，如果不用中华医学会投入人力物力，不增加中华医学会任何负担的情况下，既能办好期刊，又能扭转多年亏损局面，而且还能盈利，使刊物赢得利润那该多好啊！这时管理者想到整合或借用社会资源，采用合作经营和借势经营的思路，实施合作办刊，在不增加人力物力的情况下，还要提高期刊的社会效益和经济效益。为此，中华医学会杂志社向社会公开招标，经过招标、投标、竞标和评标，北京一家传媒公司中标。《中华医学信息导报》编辑部只保留编辑部主任和一位编辑干事，负责编辑部的管理，其他几十位专业采编人员、办刊经费、办公用房、采编和市场运营都由合作企业负责，合作当年，期刊质量飞速提高，受到医学界广大医药卫生技术人员的普遍好评，社会效益和经济效益都取得满意效果，当年扭亏为盈，从创刊20多年来每年亏损近百万，到合作当年纯盈利几十万元，改写了刊物的历史。这就是运用想象性编辑创新思维方法的魅力。

在科学研究领域也是如此，谁掌握了想象性科研思维方法，谁就能突破困境。如诺贝尔生理学或医学奖获得者，加拿大医师班廷研究发现胰岛素，最初就是来自于联想和假说。在当初，糖尿病无药可治，只能采取控制饮食的方法。班廷运用想象和联想性科研思维方法，他想象糖尿病与胰脏是否存在关系。为此便开始开始解剖尸体，研究胰脏，经过一系列研究，终于在胰脏中发现了调节血糖的胰岛素，将胰岛素提纯应用到糖尿病治疗并得到进一步证实。

大家知道，羧甲司坦是非常普通的含巯基化合物的祛痰药，成本只有其他常规药物的15%，从理论上含巯基化合物都具有抗氧化应激作用，但能否同样用于防治慢性阻塞性肺疾病（COPD）急性发作？在此想象性科研思维方法促使下，钟南山教授等联合全国22家医院进行了大样本多中心对照研究，结果表明，服用羧甲司坦的COPD患者急性发作下降24.5%，生活质量得到改善；它与采用价格昂贵的常规药物治疗达到了同样效果。题目为《羧甲司坦对慢性阻塞性肺疾病急性发作的防治作用》发表在2008年6月《柳叶刀》上。配合述评，给予高度评价，并被《柳叶刀》评为2008年全球最佳论文。

第十二节 灵感性编辑创新思维方法

灵感性编辑创新思维方法也称顿悟或悟性编辑创新思维方法。它是编者借助对学科和研究领域的新认识与启示，猝然迸发出的一种领悟或理解的编辑思维方法，也就是突发奇想。灵感性编辑创新思维方法是一种创造性、预见性的编辑思维过程，是编辑创新过程中达到高潮时所出现的一种编辑心理状态。这种突发的编辑创新性奇想有其偶然性，更有其必然性，它是编辑创新思维硕果的突然爆发，这是编辑长期积累和思考的结果。

众所周知,科学研究,特别是临床科研领域,其科研设计的科学性、正确性与合理性,是保证科研结果和结论可靠性的关键。早在20世纪80年代,我国提出科学技术是第一生产力的论断,极大地调动了科技人员的科研创新热情,科学的春天充满科技界,各领域科技人员的论文产出与日俱增。但是,仅就医药卫生科技领域,其产出和发表的论文普遍忽视科研设计和统计学方法的正确运用,致使发表的科研论文其科研设计存在不同程度的缺陷,其结论的可信性和可靠性令人堪忧。在《中华医学杂志》编辑部一次审稿会上,参加审稿会的专家在审稿间隙议论:不少论文立题很新颖,但科研设计都不同程度地存在缺陷,为其研究工作惋惜,也为临床科研担心。议论者无心,听者却有意,参加会议的编辑们灵感突然而发。何不召开一次"科研设计专家座谈会"!组织相关领域的著名专家进行深入讨论和研讨,将医学领域,特别是临床医学科研领域科研设计存在的问题提出来,并寻求解决问题的对策。灵感来临,机不可失,失不再来!1981年,《中华医学杂志》编辑部根据所发表论文存在的科研设计不严谨,甚至缺陷的状况,为提高广大医药卫生科技人员的科研设计水平,有效提高科研工作质量,编辑部组织36名全国相关领域的著名专家在北京召开了"临床医学科研设计专家座谈会",在全国率先倡议要重视医学科研设计,其会议纪要在《中华医学杂志》发表后,在我国学术界引起了强烈反响,受到医学界广泛高度评价,曾有学者在期刊上撰文,将《中华医学杂志》发表的会议纪要称之为"八一纪要",还称"《中华医学杂志》率先举起了重视科研设计的大旗!这是中国医学史上的一件大事"。

在灵感性编辑创新思维方法的催生下,《中华医学杂志》根据所发表论文普遍存在统计学方法应用中存在的问题,紧跟着又召开了"临床医学科研统计学应用问题专家座谈会",编辑部组织全国各相关领域的70多名著名专家,特别是医学统计学专家和临床流行病学专家等,就我国临床医学科研和论文发表中统计学分析方法错误和存在的问题进行了深入研讨,并提出了解决问题的对策,同时呼吁,在临床医学研究中,要重视科研设计和统计学分析方法的正确运用。会后,《中华医学杂志》发表了专家座谈会纪要,同时配发述评文章,在医药卫生科学领域产生了巨大反响。其专家座谈会纪要发表后,先后有全国20多种学术期刊竞相转发。这一学术效益得益于灵感性编辑创新思维方法的运用,为推动我国临床医学科研质量和论文发表的学术质量发挥了积极推动作用。

灵感性创新思维方法在其他科研领域更是不乏其例。如德国医学家贝林致力于白喉的研究成果颇丰,但在研究如何对抗白喉杆菌时却停滞不前,正在一筹莫展之际,日本访问学者北里柴三郎关于中国医学"以毒攻毒"的医学讲座使他心头为之一振,灵感性思维油然而生。可不可以用白喉对抗白喉?经过反复研究和试验,终于试验成功"白喉抗毒素血清",开创了免疫学的全新领域。

1990年,美国宇航局的一些科学家试图解决已在太空轨道运行的"哈勃"望远镜的镜头倾斜问题。一位光学专家建议,只要稍稍反向扭转一下镜头,就可以改善拍摄图片的质量。但是谁都想不出如何完成"稍稍反向扭转镜头"这项任务的方法。当时,有位称吉姆·克罗克的工程师,他在一家德国旅馆里洗淋浴,发现欧洲浴室里的喷头都是装在可调式折叠杆上。他突然意识到"哈勃"望远镜的镜头也可以装上类似的折叠杆。他的这一"灵感闪现"最终帮助解决了修正"哈勃"望远镜的难题。

第十三节 类比性编辑创新思维方法

类比性编辑创新思维方法属于编辑逻辑思维形式。它是根据不同期刊、不同编辑内容、不同资源、不同方法、不同学科专业领域或两类编辑选题在某些属性上相同或相似性,进而推导出它们在其属性上也相同或相似的推理编辑思维方法。类比性编辑思维是一种科学逻辑推演过程,它可以从相同编辑属性的现象中揭示事物的本质。因此,类比性编辑创新思维是富有创造性特征的编辑思维方法；当然，这种类比性编辑逻辑推演来源于编辑实践和对编辑对象学科领域的认识程度。在科技期刊编辑实践中，类比性编辑创新思维能帮助编者打开思路，走出编辑思维误区，融通僵化的编辑思维模式，迸发出新的编辑创新设想和编辑思想火花。

大家知道，科技学术期刊的编辑策划是提高期刊学术质量和学术导向性的重要有效手段，但实际上编辑策划最早的出现和应用，并非科技学术期刊，而是出自新闻报纸。在新闻界有着众多影响深远的编辑策划典范。比如，雷锋、焦裕禄、孔繁森等不同时代先进典型模范人物的宣传和推出，都是新闻界记者和报纸编辑策划的成功范例。科技学术期刊编辑受此启发，运用类比性编辑创新思维方法思考科技学术期刊是否也可以应用编辑策划的手段，通过什么有计划、有目的、有目标的编辑策划措施提高期刊的学术效益、社会效益和经济效益呢？通过应用证明，科技学术期刊采用编辑策划手段，能有效增强科技学术期刊学术报道的针对性、学术导向性和编辑的主动性，是有效提高科技学术期刊质量和效益的重要方法学手段。

类比性科研创新思维在科学研究领域也是如此，在科研思维处于困境时，运用类比性创新思维也能冲破思维怪圈。如美国生殖免疫学家西格尔（I. Siegel），他主要从事红细胞免疫黏附现象研究，创新性成果颇多；1972 年，观察到红细胞对自体胸腺细胞和 T 淋巴细胞具有黏附性，后又发现红细胞免疫黏附因子，西格尔根据上述研究，在学术界基本达成共识认为红细胞不是终末细胞的情况下，其科研思路没有停留在前人和自己实验结果的思维阶段，而是对大量实验结果进行不同层次的分析、归纳、类比和科学抽象推理。他与已成熟的淋巴细胞免疫系统相类比，认为淋巴细胞具有免疫调节系统，那红细胞是否也具有类似的免疫调节系统呢？运用这一类比性创新思维方法，将西格尔的研究思路推向接近真实的科研创新思维的高峰，揭示出了红细胞免疫黏附现象的真谛，大胆地提出了红细胞免疫系统这一假说，并经大量实验研究得到进一步证实，开创了红细胞免疫研究的里程碑。

我国学者郭峰遵循矛盾的二重性，运用类比科研创新思维方法，经过不断探索，于 1987 年成功地证明了血清中还存在着一种红细胞免疫黏附促进因子；又进一步证明了红细胞具有自身免疫调节系统。

角膜移植的最大障碍是角膜保存问题，而角膜保存的关键是保存液的制备。临床医师就是运用类比性思维，提出用新生儿脐带血清营养液代替小牛血清保存角膜这一假说。大家知道，传统小牛血清保存角膜问题：①造价昂贵；②制备困难，供不应求；③异种血清，保存角膜不理想。研究者将小牛同小马、小驴、小骡等动物进行类比，但还是克服不了其缺点。然后，调整思路，跳出与动物类比的思路，在小牛与新生儿之间类比。因新生儿血也未接触外来抗原，并与角膜属同种血清，可达到最佳保存效果。但新生儿血清来源更加困难，这时研究者又将新生儿血清与胎盘血清类比，但它与母体血混淆，具有外来抗原，显然不可行。研究者又与脐带血清进行类比，其结论是新生儿血清等同于脐带血清。这是研究者运用前一次类比结论，又进行类比推理的成果。

第 5 章 医学编辑动机与编辑行为控制

人们的行为是在环境和社会生活中表现出来的生活态度或工作态度的行为方式，是在相应物质条件下不同个体或群体，在社会文化、职业环境和个体价值观的影响下，在生活或职业岗位表现出的基本行为特征，也是个体或群体对内外环境因素的刺激所体现的应激反应与能力反应。医学编辑行为作为职业行为，既体现了编辑职业素质，又是影响编辑职业发展，也是影响编辑质量的重要因素之一。人的各种行为因素不仅影响编辑个体形象、编辑职业形象和岗位工作质量，而且不良生活行为导致的疾病也种类繁多。如高血压、冠心病、肥胖症、脑血管病、肺癌等都与人的生活方式行为密切相关。因此，研究医学编辑的个体行为和群体行为的成因、行为控制、良好编辑职业行为的培养和行为规律，是提高和保证医学编辑质量和编辑出版效益的重要因素。

第一节 医学编辑行为的基本概念

就行为科学而言，主要研究人的行为产生、发展和相互转化的规律，以利于预测人的行为和控制人的行为。而医学编辑职业行为是指编辑个体或群体对编辑职业劳动的认识、评价、情感和态度等心理过程的行为反映，它是医学编辑职业目的通向成功的基础。从医学编辑职业行为形成意义来说，是由编辑个体与职业环境、职业要求、职业追求、职业目标的相互联系所决定的；医学编辑职业行为大致有医学编辑职业创新行为、职业道德行为、职业竞争行为、协作行为、职业精神和职业奉献等几个方面。而医学编辑职业行为研究的任务是诠释、预测和控制编辑的职业行为，以利于编辑个体或群合体职业健康发展，顺利达成组织预期目的，使编辑个体获得职业成功和发展。

一、编辑认知与行为过程

认知论是研究行为科学的基础，也是编辑职业行为产生的基本动因。认知是指人们获得知识和应用知识的过程，同时也是大脑信息加工处理的过程，也是人最基本的心理过程，其中包括感觉、知觉、记忆、思维、想象和语言等。人们的大脑通过接受外界输入的各种信息，经过大脑处理，而转换成为内在的心理活动，因而支配人的行为，这个过程被称为认知过程。

1. 编辑认知世界与认知差异　认知是由人的大脑受到刺激而形成的思维方式和行为习惯，当编辑实践环境或客观事物反映到编辑个体大脑中而形成的主观映像；编辑个体认知的差异是因为个体受到不同的教育环境、岗位环境、家庭环境和社会交流环境的影响，在受到同一刺激时而产生不同的判断结果。

在认知世界与客观世界的关系上，客观世界先于认知世界而存在，而且不以人的认知世界而转移，人们的思想往往是滞后于客观世界的。而认知世界的内容来源客观世界，且随客观世界的变化而变化；人们在进行想象的时候，也凭借着从现实客观事物中获得的信息，通过大脑的信息处理加工与整合而构成新的形象。所以，人们所认识的世界，不一定就是真实的客观世界的本质，往往是个体的看法所构成的认识世界。因此，人们对同一客观事物的认知存在的差异性，也就形成了其行为的差异性。

2. 编辑认知与影响因素　人的认知被歪曲的影响因素颇多：①外界刺激环境因素，它是影响知觉的客观因素（如自然环境因素）。②选择因素，是影响知觉的主观因素（如动机、经验、个体偏见等因素）。③个体生理因素，因为个体生理条件不同，也是形成认知世界差异的影响因素。

3. 编辑个体概念　个体概念或自我概念，是个体对本身的认知和评价，是个体认知世界的组成部分；是人对自身存在的体验，其中包括个体通过经验、反省和他人反馈，逐步加深了对自身的了解。自我概念是有机的认知形式，由态度、情感、信仰和价值观等构成，贯穿和影响个体经验和行为方式，个体表现出来的各种特定习惯、能力、思想、观点等构成了行为特征。个体概念的特点：①自我概念的形成不可避免地受社会环境和其他因素的影响。②自我概念与真实的自我不一定完全相符。③自我概念是发展和变化的。个体行为受自我概念的影响。同时，自我概念也能激发个体行为，这是因为在自我概念中蕴含了自我评价和情感，也含有自我追求的心理需求，这种追求可转化为行为。当然，自我概念也能在某种程度上控制或制约其行为，这就体现出了人贵有自知之明的道理，其中也伴随着自我控制行为的能力。

4. 认知态度与行为控制　态度是个体对待事物的心理倾向。如对现实客观事物的喜爱、厌恶、赞同、反对、肯定或否定等行为表现。个体态度具有认知因素、情感因素和行为因素构成。个体态度具有典型的特性，就是态度的社会性、态度的针对性、态度的间接性和态度的稳定性特点。认知态度影响个体的态度，不同的认知必然形成不同的态度；也就是说，认知水平决定了认知的态度。

二、编辑激励与激励理论

编辑激励是对编辑合理动机的鼓励，是激发编辑动机和潜能与创造力有效手段。激励理论是指通过特定的方法和管理体系，将编辑员工对组织的业绩承诺最大化的过程，激励理论是关于满足员工各种动机需要，合理调动员工潜能的原则和方法。激励的目的在于激发员工的正确与合理的行为动机，激发创造性和进取精神，充分激发与整合员工智力资源和智力效应，为医学编辑出版做出更大业绩。激励理论认为，员工效率或劳动效率与员工的工作态度直接相关，而员工态度则取决于需要的满足程度和激励因素。如要尽可能实现和满足员工各种需求（生理需求、生活物质经济需求、职称职务需求、编辑职业成就需求、社会认可需求、安全需求、尊重需求、自我实现需求等），遵循需求层次满足需求，实现动机与需求的结合，才能激发员工潜能，从而释放工作能量。

1. 编辑激励与激励因素　哈佛大学威廉·詹姆士教授通过激励研究发现，员工如果没有受到激励，其能力仅能发挥20%～30%，若受到正确而充分的激励，其能力可发挥到80%～90%。因而获得公式：员工绩效＝能力×动机×激励。激励的方式众多，一般常用的激励方式有赞许与表扬、奖励与表彰、参与和机会、竞赛与优胜、考试与成绩、职称与晋升、认同感与认可、义务感与奉献、良心感与自觉。这里既有外在激励措施，也有内在激励成分。

2. 期望理论与目标管理　期望理论也是行为学研究的基本理论，期望是人们对某事物的期待，有期待必然有动机，缺乏动机也就失去了奋斗的动力。管理目标则是以目标设置、分解、目标的实施与目标的完成和相应的奖惩手段，它是通过员工自我实现自我管理的方法。编辑员工有期望、有目标就能看到希望，这是期望理论与目标管理的有机结合。激励的力量是调动员工积极性，激发员工内部潜力的强度，而期望值是根据个体经验判断要达到相应目标的把握程度；效价则是反映能够达到的目标对满足个体需要的价值，员工积极性被调动的程度取决于期望值与效价的成绩。

3. 公平化与标准数量化　公平理论认为，员工积极性不仅与个体报酬多少有关，而且还与对报酬的分配是否感到公平合理更为密切。人总是会自觉和不自觉地将付出劳动的代价跟所得报酬与他人实施比较，对其公平性做出判断；公平性直接影响员工的动机和行为。因此，员工动机的激发过程实际上是同事与同事比较，做出公平性判断，且指导其行为的过程。所以，员工有时不在乎酬劳程度，而更在意公平程度，这就是动机激励的公平化与标准数量化的意义所在。

第二节　医学编辑动机与编辑行为

单就动机而言，动机是引发个体动作行为，维持相应行为，将其行为导向某一既定目标的行为过程。也就是说，动机是个体某种需求未被满足的心理状态，动机决定了个体行为方式。因此，编辑动机就是推动编辑从事某种事情和实施某项选题的念头或愿望，是推动某种编辑项目或编辑活动朝着相应方向驱动的内部动力；是实现相应编辑目的而行动的动因，是编辑个体的内在认知过程和动力源泉。行为是内在过程的表现形式；而引起编辑动机的内在条件是需要，引起编辑动机的外在条件是诱因的驱动。

一、编辑动机与编辑行为

编辑动机是职业动机，是某种编辑需求或编辑目标尚未被实现时的心理状态，而作为行为直接驱动力的编辑动机具有始发动机、选择动机和强化动机三种基本动机。

1. 编辑动机的始发动机　这是激发编辑个体某种行为的原始动机，是编辑动机的本源，也是驱动编辑行为的原动力。编辑行为是有意识的行为，一切职业行为都具有其行为目的；由于价值观和追求不同，编辑的行为也因人而异，但都具有共同的特征，就是自主性、起因性、目的性、持续性、可变性的基本特征。而引发编辑动机的原因众多，一般有对金钱物质基本生活的需求、社会满足需求。如社会认可、编辑职业成就、职称职务需求、精神满足需求等。由于编辑个体动机模式不完全相同，影响编辑动机的因素也较多，有性格因素、价值观与价值取向、编辑职业水准等。

2. 编辑动机的选择动机　动机具有极强的选择行为目标的特性，这使得编辑行为朝着动机所设定的场景、特定方向、特定预期和特定目标实施。因此，编辑动机是支配和推动行为方向的驱动力量。

3. 编辑动机的强化动机　在编辑实践中可以看到，编辑动机和行为结果影响着编辑的动机重复性，也就是当一个动机和行为取得比较好的结果，可促使编辑重复这种动机和行为。如当编辑完成一个选题策划动机和行为，且取得非常好的学术效益、社会效益或经济效益后，编辑总会连续这种选题动机和行为，使选题不断向纵深发展，就表现出了动机的强化性，也称为正强化动机。如某一选题动机和行为实施后，未能获得理想结果，而出现负强化动机，这种编辑动机和行为就不会再重复。所以，动机对编辑个体具有调节行为的作用，这有利于控制和调整动机和行为。

二、编辑个体与动机结构

编辑的动机非单一性，而是在不同时间段具有数个动机或不同的动机，这其中必然有最强力动机或最迫切的动机，这种最迫切动机可称为强势动机。所谓动机就是人的欲望或希望，也就是渴望满足与未被满足或尚未实现的需求；人的动机具有多变性和层次性，当实现或满足了某种欲望，而新的欲望或更高层次的欲望需求又会萌发，欲望或需求动机是永无止境的心理需求。而编辑作为普通的社会人，动机需求也是如此，除了具有常人的基本需求外，编辑的需求动机也有与常人特别差异之处。首先是生活需求，获得丰厚的物质经济收入需要；再有就是职业成就需要、职称职务发展需要、合群交流需要、社会认可需要等。而编辑出版管理者就是要分析和掌握编辑不同阶段和不同的动机需要，尽可能创造机会和满足动机需求，不断激励和激发编辑的进取精神和潜能。同时还要正确引导和控制编辑员工的动机需求，不断矫正和引导确立健康的编辑职业动机。

三、编辑动机与动机预测

编辑动机虽然具有隐藏性和隐私性，但动机总不会隐藏在心中显露不出来，编辑个体动机终究会通过语言、表情、行为和交流表现出来，也就是说人的动机具有可知性和可预测性，同时对于共性的动机大家也都是心知肚明的，编辑出版管理者首先尽可能实现共性动机，特别关注和处理强势动机，把编辑动机转化为推动医学编辑出版事业的动力源泉。编辑员工的动机分析和掌握，也可以运用动机测量法、自述自陈法、观察法、投射法、实验法等，掌握和分析编辑员工动机，以利于合理引导和控制动机，发挥编辑动机的动力性能，实现医学编辑出版目标。

第三节 医学编辑挫折与挫折控制

医学编辑特别是青年编辑，在事业发展和编辑实践中，遇到某些挫折是很正常的事情，关键是如何看待挫折和正确对待挫折；有些人，将挫折视为吸取教训和获得经验的机会，把挫折视为动力，更加自我激励奋起，直至达到目的和实现既定目标。心理学认为，挫折是当个体从事有目的的活动时，在环境或条件中遇到阻碍和干扰，而导致动机不能满足时情绪状态的反应；它给人带来实质性伤害，多表现为失望、痛苦、沮丧和不安等表现。挫折会使人消极妥协，失去信心。其精神状态不佳，精神萎靡，甚至造成心理或心身疾病。

一、编辑挫折的性质与类别

行为科学认为，挫折是人的一种心理主观感受，它充分体现了挫折的本质。这种感受有人可能主观感觉是痛苦的，而有些人可能不以为然，这就是人们对挫折的感受不同，行为反应也不同。

挫折既然是主观感受或心理反应，因而对于挫折的判定就难以定量或者标准化，对挫折的程度也难以做出度量标准。从动机与行为结果关系考察，当编辑个体动机产生后，就开始引导编辑个体行为指向动机目标，这种目标的行为过程不可能都是顺利无阻，可能会发展成不同的结果。

1. 动机可能会顺利得到满足　无须投入过多精力和成本，即可实现既定目标。

2. 动机的满足暂时受到阻碍　其发展进程并不顺利，但经过艰苦努力，终于达到了目标。

3. 动机与行为在实施中　发生新的情况或变化，出现更大的动机，使个体不得不放弃原有动机，而追求新的动机以满足新的需求。

4. 动机的发展结局　完全受到阻碍出现意想不到的干扰，使动机无法达到预定目标。

5. 个体是否感觉受挫折　与个体所确定目标和标准也有密切关系；其预定目标达到了，个体会产生成功感和愉悦感；若未实现目标，则产生挫折感。

二、编辑挫折与影响因素

引发编辑挫折的因素错综复杂，其因素众多而又因人而异，有些编辑因为很小的不如意就具有很强的挫折感，有些编辑对于一些小的挫折不以为然。如职称晋升或岗位竞聘首次未过，心理就会受到重创；有些编辑不以为然且成为总结经验和奋进的契机，这些不同的结果与编辑的认知能力、抗挫折能力及心理调整能力有关。

在引发编辑挫折的因素中，一般有外在因素和内在因素。①外在因素也就是环境因素。如自然因素、社会环境因素。②内在因素一般较多。如内部管理体制不适应、岗位晋升不理想、职称晋升受阻、薪酬分配不公、奖惩处理不适当、内部人际关系紧张、编辑部内环境不良、领导存有偏见、能力与期望差距、动机间的相互冲突等。要避免这些影响挫折的因素，其关键是要提高认知能力，正确对待挫折因素，有效控制和降低挫折感的兴奋点。

三、编辑挫折容忍与挫折反应

编辑的抗挫折能力的强弱，体现了编辑个体的心理适应和心理调整能力，因为人生活在社会环境，尤其是竞争激烈的工作岗位环境，事事如意、所有动机和目标都能满意实现，这几乎是不可能的。所以，编辑人生是不可能没有挫折的，抗挫折能力的强弱，也是体现编辑个体成熟与否的重要标志。

1. 编辑挫折与容忍力　人们对挫折的容忍力，也称为挫折忍耐力，也就是抗挫折的能力。是指个体遭受挫折时能够承受心理或行为失常的能力与耐力，也是对抗挫折的自我张力和适应能力。在编辑实践和社会生活中，具备抗挫折能力或挫折忍耐力，是避免遇到挫折时由于过度沮丧、悲观和失望所引起的不良行为或心理障碍甚至心身疾病。遇到挫折首先要实施心理调整，正确认识挫折是任何人都不可避免的，挫折具有普遍性和客观性；挫折不可怕，要看到挫折的激励作用，挫折会磨炼人的意志，积累人生经验，蓄积奋进的能量；当面对挫折时，要善于实施自我心理调整，放松心态，努力摆脱挫折感，从挫折中奋起，从挫折中成熟，这是编辑面对挫折的正确态度。

对挫折的忍耐力或抗挫折的能力因人而异，不同的人对挫折的认知不同，感受不同，心理冲击力也不同，一般常见的影响因素如下。

（1）生理条件因素：如身体强壮者要比身体虚弱者抗挫折能力或忍耐力要强。

（2）编辑个体特征：性格坦率、心胸豁达、性情直爽的人对挫折的容忍力较强，反之则弱。

（3）阅历经验：阅历和经验丰富，事业发展顺利，经常受到表彰，自信心和自尊心强的人，当遭遇挫折或打击时其忍耐力低下，情绪反应强烈，受挫感强。

（4）对挫折的知觉判断：由于认知不同，虽然挫折的客观情境相同，但对挫折的应激反应差异很大。因此，其遭受的心理冲击损伤程度也不同。

2. 编辑挫折与挫折反应　人们对挫折的反应其实是一种应激反应，是编辑个体陷入挫折状态后启动的一系列心理、生理和行为反应。挫折的反应比较常见的有情绪反应。如易怒、焦虑、敌对、沮丧、失望、绝望、淡漠、情绪低沉等。同时，还与情绪反应体验相伴随的内心心理生理应激反应，突出表现为行为的变化。如对工作消极怠工、逃避挫折环境、动用心理防御机制、孤僻不合群等。对挫折的反应也与人的人格特征、对目标的期望水准和追求目标过程中所付出的成本密切相关。在对待挫折的心理反应上，还有的表现为防卫心理、补偿心理、报复心理、退避心理和求成心理等。

3. 编辑挫折与教训积累　由于人的动机和行为受诸多因素影响和制约，在职业岗位上真正的一帆风顺是没有的，不经风雨难见彩虹，挫折使人成熟，挫折使人积累经验教训，这利于少受挫折和规避挫折。

第四节　医学编辑个体行为与编辑职业群体行为

编辑行为应当包括编辑个体行为和编辑职业行为两个层面。①编辑个体行为：是相对于编辑群体行为而言的，编辑个体行为反映着编辑个体的行为特征，属于自己的动机和所产生的行为。②编辑职业行为：也可以说是编辑群体行为，编辑职业行为是反映编辑群体或编辑出版机构的群体动机和所发生的行为方式。两者既有区别，又具有相关影响的密切关系，编辑个体的动机和行为方式不可能不影响群体编辑行为方式和形象。因此，这两个层面的动机和行为方式都应该加以合理引导与控制。

一、医学编辑个体动机与行为

医学编辑个体行为主要是指编辑在相应思想认识、情感、意志、信念和价值取向的支配下所采取的符合一定规范的行为或行动。编辑个体是编辑出版机构最重要的构成要素，编辑个体的动机与行为素质也会直接影响着整体行为素质的形象。因此，管理和控制好编辑个体的行为，是保证编辑职业群体行为健康的重要前提。

在编辑实践活动中，编辑个体的动机与行为具有基本特征，其动机和行为目标随着不断实现而产生新的动机，且强势动机比较明确。如编辑职业成就、职称和职务晋升、经济福利待遇等；

当实现副高级职称动机目标，编辑的下一个动机目标也随之升级，这就是新的动机目标，为晋升正高级职称而产生的动机和行为。编辑行为具有以下特征。

1. *编辑行为的公众性* 编辑每天要与相关领域的专家学者、专业技术人员、作者、读者、相关企业，甚至公众打交道，人们对编辑的行为具有较高的要求和期望值。因此，编辑个体的行为气质和编辑业务行为的规范性，对受众心理印象和影响尤为重要；编辑个体的行为气质和编辑行为的规范性在某种程度上也反映了编辑职业群体的行为形象。因此，要树立良好的编辑职业群体行为，首先是从编辑个体行为控制做起，才能树立良好的编辑群体行为形象。

2. *编辑行为的自发性* 编辑个体行为具有内在的原动力和自动发生的特点，而外在环境也可以影响到编辑个体行为的特定方向和动机强度。编辑行为的自发性是编辑个体自发的内生动力，当然受周围环境的影响。如周围与自己条件相同的同学、同事都已晋升正高级职称，这会使其动机强度加大，行为表现迫切和突出。

3. *编辑行为的因果性* 动机的产生一定都是有原因的，而行为是动机或实现动机的表现形式，原因、动机和行为构成了因果关系。当行为产生后，特别是实现了动机，获得了行为结果，又会触发新的动机和行为，实现下一个动机目标，而且动机目标具有逐步升级的特点，这就是人的需求永无止境的突出表现。

4. *编辑行为的主动性* 编辑个体的行为具有很强的针对性、特定性和目标性，任何行为的产生都是有原因有根源的，绝非偶然产生行为。任何行为都受到编辑个体的意志支配和主观意志控制。

5. *编辑行为的持久性* 编辑行为的目的和目标的针对性是很强的，动机和行为都是主动产生和自我控制，而在编辑个体未实现动机和行为目的之前是难以终止的，特别是对于具有很强执着追求精神的人，动机和行为持之以恒，不达目的誓不休，这种行为的持久性和执着追求对事业发展是有利的，但要善于正确引导，促进行为健康发展。

二、编辑职业行为与行为控制

编辑的职业行为一般指编辑群体行为，任何事物的运动都有其固有的内部原因和外部原因，而人的行为也不例外，也受到主观内在因素的影响和制约；其客观外在环境因素都对编辑个体行为和群体行为产生影响。编辑职业行为或群体行为，是对编辑职业劳动的认识、情感、评价和态度等心理过程的反映，是群体职业目的达成的基础。编辑职业行为是由编辑个体与编辑职业环境、编辑职业规范、编辑职业角色要求的相关性所决定的。编辑职业行为主要包括编辑职业行为规范、编辑职业精神、编辑职业角色、编辑职业创新、编辑职业竞争、编辑职业协作、编辑职业奉献等行为构成。

编辑职业行为或编辑群体行为决定着编辑个体的行为方向，同时在某种意义上说，编辑个体行为也就是编辑群体行为的具体表现形式，两者互为影响。因为编辑职业群体是由编辑个体构成的，编辑群体离不开编辑个体，当编辑职业群体成员凝聚形成，就具有了编辑职业群体或编辑机构的意识和目的，而且具有其特定的社会属性和角色地位，这一编辑职业群体的实践活动也反映了整个编辑主体的状况，且不再以编辑个体的意识和目的而发展。

编辑职业群体行为最重要的是编辑职业伦理道德行为规范，因为编辑职业群体作为社会职业的分工而存在，其各种职业或职业群体与社会的关系都是人体细胞与机体的关系，每一个社会职业群体都有其相应的社会角色和角色功能，如果其职业活动受阻或遭受破坏，就会影响到整个社会的秩序和运行。因此，规范职业行为，对维护社会运行秩序具有何等重要性。编辑职业行为规范，是编辑个体在编辑实践活动中所遵循的行为规则，是社会认可和编辑行业普遍接受，而且对编辑职务行为具有约束力的行为标准，这些编辑行为规范包括编辑的政治行为规则、编辑伦理道德行为规范、编辑规章依从行为规范、编辑仪表行为规范、编辑语言行为规范、编辑礼仪举止规范、编辑电话用语礼仪规范、编辑待客行为规范、编辑交往行为规范、编辑协作行为规范、会议交流行为规范等。要做到这些编辑行为规范，就必须进行编辑职业行为规范培训和教育，制订和完善各项编辑职业行为规范守则，并严格遵守相应行为规范。

三、编辑冲突行为控制

在编辑实践活动中，冲突是难免的，冲突是否存在，其实是人的知觉，如果没有意识或知觉到矛盾，也就不会有冲突，当一方阻碍另一方达到目标时，冲突也就随之产生了。冲突论作为揭示行为科学中的冲突行为特征和规律的学问，它主要指在现实生活中，由于编辑个体或编辑群体利益、认识和看法、立场观点、思想感情、理想愿望等不同，在两个以上相互对立的需要同时，而存在着处于矛盾对立中的心理状态。冲突的发生发展一般表现为4个阶段：①冲突的潜伏期，这时即使呈现出先兆的迹象，而当事人未能察觉到；②冲突的感知期，当事人已经察觉到冲突的存在，同时孕育着冲突行为表现；③冲突的发生期，这时冲突呈现出表面化倾向，而且向激化状态发展；④冲突的结局期，这时冲突已经发生，随之应对和处理所面临的冲突，直至冲突行为结束。

实际上，在编辑实践活动，编辑个体与编辑个体之间，冲突是难免的，其发生冲突的原因也多方面的，这其中有对同一问题认识上的差距、利益冲突、信息沟通障碍、相互交流欠缺、体制缺陷、编辑群体环境不良、分配不公等原因。编辑群体控制冲突的策略：①增进团体依赖性，强调团结的重要性；②进一步明确团体、个体之间利害关系，强调局部服从整体的观念；③适时开展协调活动，及时沟通信息，统一认识，消除偏见，形成合作共事氛围；④定期召开交流和沟通会议，通报事项和信息，尽可能减少信息不对称性。创造良好的编辑共事环境，合理处理好各种利益冲突，创建和谐的工作环境，是保证编辑出版系统正常运行和实现编辑目标的重要因素。

第6章 医学编辑出版与横断学科理论的运用

在医学编辑出版实践系统或实践活动中，横断学科理论或称为交叉科学理论，对指导和维护编辑出版系统的运行效率与运行质量具有重要的指导意义，编辑出版者无论有意识还是无意识地都在运用和体现着横断学科理论的实际应用。主要横断学科理论，即系统论、控制论和信息论，也称为"老三论"的原理和方法，在编辑出版实践运行中的结合与运用具有普遍性和普遍指导性。"新三论"，即耗散结构论、协同论和突变论的原理和基本原理，对编辑出版实践活动同样具有理论指导性和普遍意义。可以说，"老三论""新三论"基本原理和理论的引入与运用，对提升医学编辑出版运行质量和运行效率，丰富医学编辑出版理论运用具有重要的理论和实践价值。

第一节 医学编辑出版与系统论运用

医学编辑出版活动运行其实就是一个完整的系统，是一项复杂的系统工程，其运行的系统环节、内部和外部运行要素，以及惯性运行都涉及"老三论""新三论"的理论与方法。因此，引入或运用这些基本理论与方法来指导医学出版活动，对提高编辑出版整体运行效率、运行质量和运行效果具有重要理论、方法和实践指导意义。

一、编辑出版与系统论概述

医学编辑出版活动与系统论应用，是编辑出版领域实际应用比较普遍的理论与方法，特别是在编辑出版系统管理和运用系统观点分析问题上更显其重要性。

系统论主要是研究系统的结构、模式、特点、动态、行为、原则、规律和系统间的联系，同时对其系统功能实施数学描述，用定量的数学方法描述其功能，从而寻找并确立适用于所有运行原理、运行原则和数学模型。系统论的基本思想或观点是将研究对象或处理对象视为一个整体系统。主要任务是以系统为研究对象，所有事物从整体出发来研究各要素的相互关系，因而从本质上阐明其结构、功能、特征、行为和动态，也就是系统观，以利于分析和把握系统整体，最终达到最优化目标。用系统论原理分析医学编辑出版系统，可有效揭示其基本运行规律，从而指导编辑出版实践活动。

系统论的基本观点认为，物质世界普遍具有系统形式和系统属性，从整个自然界，从微观粒子到宏观天体，从无机世界到有机世界，从生物到人体，都是由特定的要素组成，而且是具有相应层次和结构，同时与外界环境发生关系的整体系统。而某一系统又由诸多系统要素构成，而人作为社会成员，又是每个社会系统的要素（如期刊编辑部、杂志社、图书出版社、团体等也是社会系统要素之一）。其各成员间相互联系，而又相互作用，形成特定的系统结构，而构成社会大系统。就连一个人体细胞也是一个系统，它由细胞质、内质网、核膜、细胞核、核仁、线粒体、高尔基体、核糖体、细胞膜等要素构成细胞系统；当然一个细菌、病毒也是一个复杂的微观系统。同理，医学期刊编辑、图书出版社、杂志社等也是相应的运行系统。如期刊编辑部由作者、编辑、编辑部主任、总编辑、编辑委员、读者等要素构成一个完整系统。

人类社会和物质世界普遍以系统形式存在、生存和发展的，系统又是功能和结构的统一体，系统具有相应功能和结构，系统的功能和结构密不可分，结构是系统功能的基础，系统结构就是把系统的诸多要素相互联系和相互作用的内在组织形式或内部秩序。而相对应的是系统与环境相互联系和相互作用的外在活动形式或者外部秩序称为系统功能。而系统功能是系统与外部环境相互作用和相互联系过程的秩序和能力。主要体现了系统与外部环境之间的信息、能量和物质的输入与输出的转换关系。医学编辑出版实践活动其整个流程就是一个完整系统，这个整体系统中的各个运行要素、各运行分系统、各运行环节和运行特点，需要良好的运行机制、运行动力、内部和外部环境的动态平衡。这正是系统论认为的开放性、复杂性、自组织性、整体性、关联性、等级性、结构性、动态平衡性和时序性等基本特征在医学编辑出版实践中的凸显和运用；当然，也是所有系统运行的共同的基本特征。而这些既是医学编辑出版实践运行系统所具有的基本思想和观点，也是医学编辑出版系统运行的基本原则，同时也反映医学编辑出版运行的客观规律和方法学基础，具有系统思想和系统观点对医学编辑出版实践的指导作用。

二、编辑出版与系统论运用

在医学编辑出版系统运行中，还要运用到系统论的基本原理，这些原理对充分认识编辑出版系统的本质特征具有实际意义。

1. 编辑出版系统与系统整体性原理　编辑出版系统的诸多要素如果构成系统，其系统作为有机联系的整体，也就获得了各个组成要素所没有的新的特性和功能，这种新的特性，是要素、整体系统和外部环境相互作用的结果。系统性原理的实质就是揭示在相应环境下系统整体与要素之间的关系，它是对整体与局部关系的深化。系统整体性原理可直接指导编辑出版管理，如何通过系统的整体观点，在实现既定的编辑出版效益目标。

（1）编辑出版管理目标：要提高编辑出版效益，首先把管理要素和系统要素统筹为一个有机系统，实际上，编辑出版管理的目的是要把诸多要素的功能凝聚和激发出来，使其效能释放最大化；所以，编辑出版管理就是要把系统各要素和各环节充分协调，高速高效运行，使之达到管理目标。如编辑部要达到预期编辑目标，就要调动和激活编辑系统的编辑部主任、策划编辑、编辑委员、专家、作者、财力等要素，为这些要素功能的发挥提供相应支持，激发和释放潜能，以利于达到预期编辑出版效益和目标。

（2）增强编辑出版要素功能：组成编辑出版系统要素是决定系统整体功能状态的最基本条件，编辑业务素质低下，能动性不高，编辑创新性和创新能力差，其系统整体功能也一定低下。因此，要改善编辑出版系统功能，首先从提高组成要素或系统要素的基本素质切入，因为在编辑出版系统要素中，编辑人才是第一要素，出版业的竞争，实际上也是编辑出版人才的竞争，尤其是具有较高水平的策划编辑人才。如中华医学会杂志社，每年都举办不同专题的编辑培训班，全面提高编辑人才素质，以确保中华医学会系列杂志的质量和系统运行效益。

（3）维持系统要素合理组合：系统整体性原理揭示，整体功能不守恒的实质在于其结构是否科学合理，要改善和提高编辑出版系统的整体功能，不仅要注重发挥各个要素的功能，同时还要调整要素的结构和组织形式，完善和建立合理的编辑人才结构，促进系统功能的优化。如构建合理的编辑人才层次结构，强化策划编辑的功能和作用，突出选题策划，是提高编辑出版效益的重要因素。

2. 编辑出版系统与动态相关性原理　在系统运行中，任何系统都是处于不断变化的，变是绝对的，不变是相对的，这也是事物发展的基本规律，而动态性原理是系统原理中的重要理论之一。系统状态是时间的函数，这就是系统的动态性；系统作为一个运动着的有机体，它的稳定状态是相对的，不稳定是绝对的，也就是说，系统的运动状态是绝对的，时刻都在发生动态变化。因为系统不仅是功能实体，而且还是作为运动或运行的状态而存在；无论是系统要素的状态和功能，还是环境的状态或联系的状态，都是在变化中的，运动或动态性的生命特征。系统的动态性取决于系统的相关性；而系统的相关性主要是指系统要素之间、要素与系统整体之间、系统与环境之间的有机关联性，这种系统要素之间的相互作用和相互影响就是密不可分的有机联系，正是由于系统要素的相互关系，才构成了系统运行、变化和发展的根本条件。

3. 编辑出版系统内部要素与要素之间的相关性　在编辑出版整体系统中，各组成要素不是孤立存在的和互不相关的，而是相互联系和相互作用的关系。这些要素之间相互作用，主要体现在要素的相互协调和相互制约，从而使整体系统产生新的性质变化和功能变化。如编辑出版系统要素的编辑人才、编辑委员专家、学术资源、作者、信息资源、资金资源等通过管理调度的有效整合与利用，激发各要素的固有潜能和作用，就会发挥和释放极大资源效应，使编辑出版系统发生质的飞跃，从而到达预期的系统运行效果和目标。

4. 编辑出版要素与整体系统的相关性　由于编辑出版内部要素之间的相互作用和相互关联形成相应的结构，各要素通过结构和整体系统发生联系。因此，编辑出版结构越合理，各要素在系统中的作用就发挥得越充分，这会使系统效应产生而带动整体功能的变化越变越好。如由于编辑出版各个要素的关联性，系统要素中任何一个要素的消极怠工，都会影响到编辑出版系统的全局，只有各个要素相互配合、团结一致、目标一致，才能保证编辑出版系统整体运行效率和运行效果。

5. 编辑出版系统与环境的相关性　编辑出版系统本身就具有开放性，是一个典型的开放运行系统，每时每刻都与作者、读者、编辑委员、相关领域的专家学者、各个相关信息系统保持畅通和联系。也就是说，编辑出版系统始终处在社会环境和学术环境之中，系统与环境的相关性密不可分。对于编辑出版系统而言，环境是系统的环境，编辑出版系统的改变会引发环境联系的改变，而对于环境来说，系统是环境的系统，系统与环境的相关性，要求编辑出版人员必须把系统视为开放系统，在环境和系统的相互作用下，研究编辑出版系统与环境以及系统功能的关系、系统条件和系统目标的关系。如要办好医学期刊，编辑人员就要不断了解专家学者、作者、读者需求，保持与他们的联系和沟通交流，把握临床需要和医学科研动向，了解和驾驭相关领域的学术发展趋势，把握临床热点、难点和焦点问题，及时实施具有针对性的选题策划，回答和满足读者需求，只有这样，才能办好期刊。

6. 编辑出版系统与层次等级性原理　系统要素和结构的等级性是普遍客观存在的，缺乏层次等级系统运行也会发生障碍。所谓层次等级是指系统结构和功能的等级秩序。层次等级具有多样性，一般可按物质的质量、能量、运动状态、空间尺度、时间顺序和组织化程度等多种标准划分，不同层次具有不同的性质和特征，既有共同规律，又具有特殊规律。编辑出版系统要素的组织形式就是系统的结构，而结构又可分为不同层次和等级或能级，在复杂系统中，存着不同等级的系统层次关系，而一个系统的组成要素，是由低一级要素组成的子系统，而系统本身又是高一级的组成要素，这种系统要素的等级性划分，就是系统的层次等级性原理。

编辑出版系统的等级层次是自然存在的，这也是系统要素、层次结构和系统层级所决定的，具有普遍性，小到细菌、病毒和细胞，大到社会和宇宙，都具有层次等级性，这是生物普遍存在的一种序列结构的等级秩序，只有具备这种等级秩序，系统才能按秩序运行，它也是物质普遍的存在方式。而且处于不同等级层次的系统，具有不同的结构和功能；系统作为结构和功能的统一体，系统的层次等级正是结构等级和功能等级的相统一的表现。而且在不同层次等级的系统之间相互联系、相互制约和相互协调。正是基于这种系统层次等级原理，可以用以指导编辑出版系统合理和科学配置各种要素，设置科学合理的编辑出版管理层次和能级。如编辑人才有多大能力，就给予相应的职能岗位，使其发挥最大的人才效能。根据层次等级分配不同等级的任务目标，视系统管理层级不同，授予不同管理权限和管理目标，这是编辑出版系统运行秩序的必然选择和运用。

7. 编辑出版系统与系统有序性原理　系统有序性原理是指构成系统的诸多要素通过相互作用，在时间和空间上按一定秩序组合与排列，由此形成相应的结构，从而决定系统的特定功能。而系统的有序性也反映了系统结构实现系统功能的程度，它揭示了系统结构和功能的基本关系。系统的有序性原理的基本内容说明，任何系统都有特定的结构，其结构合理，系统的有序程度就高，功能就强大；如果结构不合理，系统的有序程度就低下，功能就会不全。因此，编辑出版管理者在管理实践中，科学合理安排系统诸多要素的秩序，不断优化系统要素组合，建立健全完善的组织结构，使各个要素密切协调与配合，才能形成和发挥出统一的系统功能，实现编辑出版系统的整体效益。

三、编辑出版系统与系统分析

在医学编辑出版实践中，运用系统观点实施系统分析，这是认识问题和管理决策的重要途径，也是系统论在编辑出版实践中运用的关键所在。系统分析是系统方法在编辑出版管理决策中的具体应用和实践，系统分析是科学决策的重要方法。

1. 编辑出版系统与系统分析　所谓系统分析，就是在处理和解决编辑出版系统的问题时，遵循系统思想理论和系统分析方法，应用科学的分析工具和方法，以系统的整体最优化为目标，对编辑出版系统的各个分系统和子系统实施定性和定量分析；这种系统分析方法是一个有目的和有步骤的系统分析过程，它为相应编辑出版管理决策者提供直接判断和决策最优化系统方案所需的信息资料，也成为系统工程的重要程序与核心部分。

2. 编辑出版系统与系统分析要素　编辑出版系统分析的要素也是系统分析的核心要素，系统分析要素是作系统分析时必须加以考虑的基本因素。如系统目的与目标、可行性方案、模型、评价标准、编辑人才、经费预算、稿源、学术资源等。

（1）系统分析的目的：目的是系统所要希望达到的目标和效果，系统分析人员要全面理解和掌握系统目的和要求，才有可能进一步分析和论证系统目的，以及正确性、完整性和可行性。

（2）系统分析可行性方案：所谓可行性方案，就是为达到某一编辑出版目的时，所采取的各种手段和措施。

（3）费用与效益分析：是指用于方案实施的实际经费支出预算。而效益是指要达到的目标和所取得的成效。

（4）分析模型：分析模型是描述分析对象和过程，揭示分析事物属性的方法，它是对客观编辑出版事物的一种抽象描述。所以，模型不但要能够反映客观实际，还要高于实际。

3. 系统分析的原则　对于编辑出版系统分析，特别是复杂或重大系统分析，在分析时要以辩证唯物主义为指导，从现实学术环境和医学编辑出版的客观实际出发，认真分析系统内部、外部、整体和学术环境诸多要因素，理清楚其相互制约因素、相互影响因素的复杂关系。一般应坚持外部条件和内部条件相结合的原则、当前利益与长远利益相结合的原则、局部效益与整体效益相结合的原则。

4. 系统分析的程序　编辑出版系统分析的具体过程，应根据分析对象和解决的问题不同而有所区别。

（1）提出医学编辑出版的问题或专题以明确目标：编辑出版系统分析首先是确定所要解决的问题，对其问题性质、专题范围、重点和关键要素搞清楚，明确目的和目标。

（2）检索或收集资料以分析问题：提出问题和确定目标后，要实施广泛的文献检索或资料收集，对其发展现状、发展趋势、发展背景、发展意义实施系统分析，确定达到目标的实施措施。

（3）建立模型以优化方案：为便于分析，也可以构建相应模型，以利于描述或揭示所分析专题的系统目标的相关因素和数量关系，以利于揭示其事物的本质。通过方案制订和方案优选，对各种方案实施比较和评价，权衡其利弊得失，从中选出最优方案。

第二节　医学编辑出版与控制论运用

医学编辑无论是稿件评审质量控制、编辑出版质量控制、医学期刊编辑出版管理控制、出版物经营效益控制等系列管理与控制，都涉及控制论的基本理论、控制方法和观点。

一、编辑出版与控制论概述

所谓控制论，是研究生物及人类和机器系统操纵、信息传递、控制规律的学问，主要研究操纵、控制和信息传递过程中的数学关系。控制论的核心意义在于重点研究信息获取、信息传播、信息处理、信息存储与信息利用等问题，所涉及的核心要素是医学编辑出版系统流程的基本要素和本质特征。期刊编辑就是信息获取、信息传播、信息处理加工、信息存储和信息有效利用的基本过程。而信息论与控制论具有相同要素，但也存在本质区别。

控制论是用抽象的方式来揭示生命系统、工程系统、经济系统和社会系统在内的控制系统的信息传输和信息处理的特性与规律，特别是研究编辑出版质量控制方面，用不同的控制方式达到不同控制目标提供了可能性和途径。信息论主要侧重于研究信息的测度理论与方法，而且在此基础上研究与实际系统中的信息的有效传输和有效处理的相关方法和技术问题。如编码、译码、滤波、信道容量和传输速率等。控制论的核心问题涉及通信与控制之间的关系、适应性与信息和反馈的关系、学习与信息和反馈的关系、进化与信息和反馈的关系、自组织与信息和反馈的关系。控制论是从信息与控制两个维度研究系统，控制论涉及的方法有确定输入变量、黑箱方法、模型方法、统计分析方法、功能模拟方法和反馈方法。

二、编辑出版系统与管理控制

控制论的基本原理和方法在编辑出版系统运行中应用更加具有实践性和应用的广泛性，无论是编辑出版管理控制、编辑质量控制、稿件评审质量控制或学术质量控制、编辑出版流程控制等，都涉及控制论的原理和方法，控制论在编辑出版领域的应用，对提高编辑出版运行效率和运行质量具有很强的实际价值。

1. 编辑出版管理控制　管理具有诸多功能。如计划、组织、指挥、协调、质量管理、行政管理等。

（1）编辑出版管理控制的步骤

①确定控制目标：确定目标是管理控制首先要考虑的问题，因为控制的目的就是要保证目标的实现，而编辑出版计划又是控制的依据，也就是说，控制就是为了圆满完成计划和计划所设定的编辑出版效益目标。因此，目标设置要客观，符合运行系统各要素的实际情况，过高或过低都是不合适的。

②衡量控制成效：衡量控制成效是指用预定标准对实际工作成效实施检查，衡量和比较，从而掌握偏差是否产生，并判定其严重程度的一项管理控制程序。这种成效控制也就是重视成效结果控制，淡化过程管理控制，不过多干预被管理者的工作过程，尽量让其自由发挥，管理者为被管理者实现控制目标提供必要条件和支撑。

管理控制者在衡量成效过程中注意：通过衡量工作成效检验标准的客观性和有效性、确定适度的衡量频度、建立和完善信息反馈系统。

③纠正控制偏差：纠正控制偏差是控制过程的第三个步骤。它是在衡量工作成效的基础上，对被控制对象的状态相对于标准的偏离程度，对其采取措施予以及时纠正，使其恢复到正常运行状态。纠正偏差的重要性在于对产生原因实施分析，针对性地提出改进措施。当然，在医学编辑出版活动中，其偏差产生的原因是多方面的，可能有内部的，也有外部环境的条件或计划的原因。因此，对偏差的原因应做具体分析，并分清责任，以利于采取控制措施。

（2）医学编辑出版管理控制的原则：编辑出版管理成效在于有效控制，而有效控制要遵循相应步骤，同时还要注意基本原则。

①控制的标准化原则：标准化原则其实就是标准化管理，是管理控制的重要原则；因为管理者和被管理者都是人，这就难免受到个体经验和主观因素的影响，而标准化原则是控制这些人为因素的最好措施。因此，制订符合客观实际，被大家公认的统一标准，用同一标准或同一把尺子衡量与考核所有参与者的成效，是科学管理与控制的基本前提。

②控制的适时性原则：对于完善的医学编辑出版系统要实施有效的控制，就必须具有控制信息的获取与反馈机制，保证管理控制信息畅通和及时，只有这样，才能及时发现偏差，适时纠正偏差，在医学编辑出版系统运行中及时预测和及

时发现偏差，防患于未然，就是医学编辑出版管理控制的适时原则。

③控制的关键点原则：因为编辑出版系统控制因素较多，管理者不可能也没有必要对所有要素实施全程管理控制，如果系统各个因素都干涉，这会造成管理者干预过度之嫌，而影响或挫伤分系统管理者的能动性。在惯性运行情况下，管理者应把精力重点是放在系统关键点或关键要素的控制。

④控制的灵活性原则：俗话说，计划没有变化快，虽然年度计划、目标都已设定，但在医学编辑出版实践活动中，随着医学科学的发展，特别是突发重大公共事件（如新型冠状病毒肺炎暴发流行），这时医学期刊的学术或技术报道重点就要随之发生相应改变，要围绕国家卫生工作的重点和医药卫生科技攻关的重点实施转移，这意味原定的控制目标和衡量效果也要做相应调整。因此，医学编辑出版管理控制要具有灵活性原则，随机应变，适时调整目标和控制重点。

2. 编辑出版管理与控制类型　编辑出版管理系统作为一种控制系统，由于其管理要素的复杂性，管理对象不同、目标不同、系统状态也不同。因此，所采取的控制方式或控制类型也有差异。

（1）试探性控制：这是一种原始的控制类型，也称为随机控制。人们对所有的事物并非全都熟悉或认识，这也包括管理者。因此，在医学编辑出版活动中，也经常会出现或发生人们不熟悉的事物及突发事物，在人们尚不能全部和深入认识，对处理方法或处理方式尚不了解的情况，但事物还要推进或快速处理，在这种情况下就可以采用试探性控制类型，在摸索和试探中寻求解决问题的路径。

（2）经验控制：经验控制也称为记忆控制。作为管理者其经验要十分丰富，因为某一经验性的东西，不是每个被管理的人都具有这种经验储备。所以，管理者还要把经验传授给被管理者，以便具体实施和落实。当然，在经验控制中，要保证经验的可操作性和经验的可靠性，其经验不可靠不行，经验的可重复性不强也不行。因此，经验控制首要的是要保证经验的真实性、可靠性和可操作性。

（3）推理控制：推理控制也称为逻辑控制。是试探性控制和经验性控制相结合的控制类型；主要是通过中间起过渡作用的媒介实现控制。推理控制是根据事物之间的相似性，应用类比推理的方法，将一种事物的控制应用于另一种事物的控制。如新闻媒体讲究新闻导向、舆论导向或政治导向；类比推理，医学科技学术期刊当然也可实施学术导向、学术引导、学术舆论导向或医疗新技术方法导向。

（4）最优化控制：这种管理控制类型是一种高级阶段的控制形式，它是在上述控制类型的基础上，优化和优选出来的系统控制类型。所谓最优化控制，首先是符合最优化标准的控制，其核心是不仅要保证实现控制目的，而且是在最短时间、成本最低、效益最佳，人力、物力、财力消耗最小即可实现控制目标，这就是最优化控制目标，当然，这种最优化控制目标是在诸多方案中比较和优化出来，其最优化都是比较而言和相对性的最优化控制。

3. 计划控制与目标控制　计划控制是计划为标准的控制，对编辑出版活动的成本控制，编辑部通过制订编辑出版计划、制订预算、执行计划、监督检查和分析计划的完成，以及成本效益分析，拟定提出措施和提高社会效益、学术效益和经济效益的控制目的。实行计划控制，特别要注意计划的科学性和准确性；计划控制要求按计划去组织编辑出版活动，通过编辑出版群体去实现计划所规定的目标，并对计划执行过程实施监督检查，对计划执行中出现或可能出现的偏差，应有预测，及时采取相应策略和措施，加以纠正，从而达到计划控制目标的完成。而目标控制是通过制订最终目标，而实施管理控制的方法，在现代管理中也称为目标管理。

（1）计划控制：也称为程序控制，在计划控制中系统的输入，是事先编制好的中长期或短期计划；其受控系统按计划指令运行，以确保编辑出版运行系统状态不偏离计划所规定的轨迹。

（2）目标控制：也称为跟踪控制，是管理活动中最基本的控制方式，也称目标管理。目标控制系统的输入是系统所要达到的控制目标；是用受控系统运行时的目标状态，相对于输入目标的偏差，用以指导和纠正运行系统未来的行为。

三、编辑出版质量与质量控制

医学编辑出版质量控制是其系统运行中最重

要的质量控制问题，因为医学期刊或医学图书出版，其生命在于内容质量或学术质量，这是拥有读者的关键因素。因此，医学编辑出版活动运用控制论的理论与方法是比较普遍的，也是行之有效的质量控制手段。

1. 学术质量控制　医学期刊或医学图书出版物，其学术质量，也就是内容质量始终是第一要素，因为医学期刊或医学图书是内容产品，其内容质量是关键要素。

（1）评价流程或程序化设计控制：医学期刊学术质量控制措施首先是程序化设计，也就论文稿件的同行评议流程的设计，严谨、科学的同行评议流程设计和严格遵守同行评议流程，是学术内容质量控制的关键因素。在论文稿件的同行评议流程中，还要遵循相应规避原则、编辑送审原则、相应的学术伦理道德和编辑伦理道德等，以确保评审稿件的客观公正和学术质量。

（2）群体同行专家评审控制：群体专家评审控制，实际上就是医学期刊的定稿会，也就是稿件分别送两位同行专家评审意见返回后，还要召开群体专家定稿会，实施群体评审定稿，最后做出编辑决策，如果说论文稿件送外审是编辑决策个体咨询，而群体专家评审控制就属于群体专家的编辑决策形式，这种学术把关控制形式在中华医学系列杂志百年办刊实践中经久不衰，一直沿用这种学术质量控制措施。

（3）选题策划控制：这种学术质量的控制方法也是行之有效的控制措施，它是不仅仅靠作者投稿，而是医学编辑直接选题，直接组织高水平稿件，这种控制方法具有极强的针对性和学术导向性，所策划选题稿件不仅反映学术发展热点和最新发展趋势，而且创新性、实用性和时效性强，是医学期刊比较常规性的学术质量控制措施。

（4）审读评刊质量控制：如果说学术质量、群体同行专家评审、选题策略控制措施是事前把关，也就是出版发表前的质量控制，而审读评刊，就属于事后或出版发表后的事后把关控制了。它的必要性在于发现质量问题、研究质量问题、分析质量问题、反馈质量问题，也就是将发现的质量问题反馈给相关编辑或质量控制者，引以为戒，避免犯同类错误。

2. 编辑质量控制　编辑质量控制当然也包括学术内容质量，但其侧重点不同，编辑质量控制主要侧重于文章表达的规范性和撰写的规范性、科学性、文字表达的准确性、文章结构的合理性和表达的流畅性、逻辑性等。编辑质量控制的重点和意义还在于严格遵守相应的质量把关控制措施，也就是医学期刊编辑的"三审五定"把关控制措施，"三审"：编辑部分管编辑初审（一审）、同行专家评审（二审，送两位以上同行专家评审）、群体专家审定（终审，专业审稿组或定稿会）；"五定"：供稿责任编辑审定、本期责任编辑审定、编辑部主任审定、主管社长审定、总编辑审定。各个环节不同编辑角色各司其职，层层把关，逐一审阅签字负责，实施角色控制。

3. 出版质量控制　出版质量控制是医学期刊或医学图书出版物外在形式意义的质量控制。主要包括装帧质量、印刷质量等内容。

第三节　医学编辑出版与信息论运用

由于医学编辑出版系统流程与传播过程，其本质特征就是凸显了信息处理与信息传输的基本过程，因此医学编辑出版流程系统运行与信息论的基本理论、观点和方法相契合，这正是信息论运用和指导医学编辑出版活动的基础和意义。

一、编辑出版与信息论概述

医学编辑实际上每天都在接收信息、获取信息、分析信息、处理信息、传播或传输信息。所以，信息论的基本理论和方法在医学编辑实践活动中的运用与结合最为紧密，实际上编辑每天都在信息论的理论与方法指导下处理着医学科技信息，医学编辑就是医学信息工作者。既是信息的获取者，又是信息的甄别和加工者，同时还是医学信息的传播者。

信息论是"老三论"之一，它是运用概率论和数理统计的方法研究信息、通信系统、多媒体数据传输、密码学、数据压缩等问题的学问。在日常生活中，人们把信息视为消息、情报、情况、文献资料、知识信息等，其信息系统实际上就是通信系统，是某种信息从一端传送到另一端所需的全部设备的构成系统；而信息论是关于信息理论、信息处理方法、信息传播和信息利用的普遍技术方法，因而有其明确的研究对象和适用范围。

1. 信息论的基本要素

（1）信息源：简称信源，它是原始或初始信息产出的源泉，它是信息待处理和待传播的信息实体，医学期刊或医学图书出版的初始信息源来源于作者，编辑通过信息获取手段获取原始信息，经过信息加工处理，通过多媒体载体将信息传播给信息靶标，也就是读者或受众。

（2）信息库：简称信宿，也就是信息的归宿或受众，信息传播给受众的同时，信息也被相应信息库存储系统储存。如各类信息数据库、图书馆、科技情报机构、科技文献信息检索系统等储存，以便供受众和研究者二次检索与提取所需信息。

（3）信息通道：简称信道，是信息传送或传播的通道。如网络传送、电子邮件、电话、视频、通信卫星、多媒体载体传播通道等，既是信息获取的渠道，同时也是信息传播的渠道，只是这种信息传送或传播渠道具有定向性，以免具有保密性信息扩散、流失或失密。因此，信息传送与信息传播具有极强的定向性特征。

（4）信息编码器：简单说就是信息的载体，这在信息论中泛指所有变换信号的设备。如信息从信源到信道的所有处理设备和载体（平面纸版信息的编辑排版、网络化、数字化处理、多媒体载体设备的信息处理），使信源输出或传播的信号转换成适用于各种信道传送传输的信号。

（5）译码器：是编码器的逆变换设备，是把信道上传的信号转换成为信宿以利于能够接收的信号。这里可分为变量译码和显示译码，译码是编码的逆过程，在编码过程中，每一种二进制代码都赋予了特定含义，即表示确定的信号或对象。当信源、信道、信宿确定后，而决定信息系统性能的就在于编码器和译码器。

科学设计信息系统，除了要选择信道和设计附属设施外，其重点在于编码器的设计，这是保证信息系统主要性能指标有效性与可靠性的重要环节。其有效性是指信息在系统传输过程中尽可能多地传送信息；而信息的可靠性是要求信宿所接收到的信息尽可能地与信源或原始信息发出的信息高度一致性，也就是要保证信息的真实性。

2. 信息论与信息特性　信息作为人类的要素和重要资源，无论是现实生活还是在工作岗位上，无时无刻不在接收信息、获取信息、处理信息和信息反馈，人类离开信息就等于五官失灵，无法生存和发展。信息、能量和物质被称为客观世界的三大要素或资源，是维持社会活动、经济活动、生产生活和医学科技发展的重要资源之一。医学科技信息的主要特性如下。

（1）医学科技信息的客观性：信息是医学科技活动客体运动状态和发展变化规律的反映，在医学科技活动和医疗实践中其信息的产生是不以人的意志为转移的客观存在和现实。而医学编辑的功能是专业化地获取信息、甄别信息、评价信息、处理加工信息、存储信息和传播传递信息，担当医学信息的使者。

（2）医学信息的价值性：医学科技信息以其无穷的力量在服务者医学科技领域和人类健康保障。因此，医学信息具有使用价值的多样性，不同专业类别的信息具有不同的使用价值，不同专业人员获取也具有不同的使用价值，而且医学信息作为知识产品，是可以出售的，获取巨大经济收益的产品，其价值性不言而喻。

（3）医学信息的时效性：无论是医学科技信息，还是任何信息都有其时效性，信息的时效性是信息的最本质特征。由于医学科技和客观事物不断发展，对于反映其发展进步和变化规律的信息也在源源不断地产出信息，因而信息是高度动态性的，信息的半衰期和信息寿命周期不仅是有限的，而且具有极强的时效性，这是医学科技信息的本质特征。因而，要求医学编辑在信息的处理流程上，要时刻具有时效意识，时效性也是信息的价值体现，失去时效，信息也就失去了价值。

（4）医学信息的共享性：医学信息的共享性是指信息的公用性和公开性，医学信息的交流不同于事物的交流，信息是人类共享性和共同的财富资源，人们可以随时检索和利用，为医药卫生科技研究和医疗卫生事业服务。

（5）医学信息的可传递性：信息的可传递性是信息的重要特点，信息可以借助相应载体进行传递。如医学期刊、网络和多媒体的传播或输出。

（6）信息的可压缩性：这是指信息的可加工和存储性；客观世界存在着和不断产出大量信息，以及不同专业和不同类型的信息，而人们对信息的需求是具有很强的层次性和专业性，这种千差万别的不同信息需求，需要专业化信息技术人员对大量信息实施甄别、筛选、加工、归纳，使其满足不同客户或读者需求。

3. 信息载体与信息传播　信息的价值在于传播，其传播半径越大，覆盖范围越广，受众越多，信息产生的效果越好。信息传播要达到最快和最广泛，就必须借助传播的信息载体。信息载体就是在信息传播中携带信息的媒介或传播工具；是信息赖以负载的无私物质基础，即利用记录、传输、积累和保存信息的实体。信息载体包括纸质版平面期刊、图书、网络数据库、多媒体、磁带、光盘等传递和储存信息的有形载体。信息的收集、检索、获取、传输，只有通过信息载体，才能提高信息传播的效率和效果。

4. 信息论与信息量　所谓信息量就是用来度量信息大小的量度概念，它也是信息论的重要概念。在信息论的观点中，认为信息源输出的信息是随机的，即在未收到消息之前，是不能肯定信息源到底发送了什么信息。而信息传播的目的也就是要让接收者在接到信息后，尽可能多地解除接收者对信息源所存在的疑虑。因此，这种被解除的不定度实际上就是在通信时所要传送的信息量。

二、编辑出版与信息方法

编辑就是信息的获取者、甄别者、处理加工者和信息输出者，而信息方法是控制论的主要方法之一。运用信息概念和信息方法，把系统的运行视为信息获取、信息甄别、信息传递、信息加工、信息传播的过程。

1. 信息方法的特点　信息方法不同于传统研究方法，信息方法是直接从整体出发，以联系和转化的观点综合研究系统信息转换过程的方法。

（1）以信息为基础，把系统的运行视为信息的转换过程，即研究系统是如何获取信息、传递信息、传输信息和存储信息，从而达到信息传播的目的。

（2）从信息的整个流程进行综合考察，以获取系统整体性认识。信息方法就是揭示各类不同性质系统共有的信息联系极其相似性，因为这些系统都存在着相似的信息转换过程，揭示了某些事物运动的规律，对过去难以理解的现象给出了科学解释。如遗传现象中的遗传信息。

（3）以信息为基础，把编辑出版系统有目的的运动抽象化为信息的变换过程。编辑作为信息的使者，就是要了解信息论的基本理论和方法，掌握信息的规律和信息方法，用以指导编辑出版活动。

（4）直接从系统的整体出发，用联系和转化的观点，综合研究和分析系统的信息传递、信息接收、信息处理和信息反馈过程。

（5）对抽象出来的信息过程能够作定性和定量分析。

2. 信息方法的应用步骤

（1）实施信息抽象：信息方法是以信息理论作为分析和处理问题基础，在运用信息方法处理编辑出版系列问题时，首先要对编辑出版系统运行的过程进行信息抽象，把研究对象解释为信息处理、信息传输和信息转换的过程。

（2）构建信息模型：针对研究对象构建信息模型，这是信息方法的重要环节，一般常用模型有信息输入输出模型、信息存储变换模型、信息编码解码模型、信息传递处理模型、信息反馈模型等。

（3）信息过程评判：一般通过对信息模型的研究，运用信息模型对信息过程实施模拟，因而评判被模拟过程的功能，阐明其机制，从而对原型的未来的运动变化和行为方式做出科学预测，以利探究内在规律。

3. 信息方法的意义　信息方法具有优越的特点和广泛的应用领域，特别是对编辑出版运行系统的指导，这对提升编辑出版运行系统的信息控制与反馈，增强系统运行效率和效果帮助极大。

（1）信息方法揭示了不同物质运动形态的信息联系，尤其是对编辑出版系统信息流程的处理更是如此。

（2）信息方法揭示了编辑出版运行系统新的运行状态和运行规律。

（3）信息方法是实现编辑出版管理科学化的有效手段。

三、编辑出版管理与信息管理

医学编辑出版管理过程的控制论化与信息论化是既是现代管理的特点，也是编辑出版本质规律的显著特征；在医学编辑出版管理运行中，控制和信息就像孪生的，控制离不开信息，信息离不开控制，控制论与信息论是最佳结合，凸显了医学编辑出版管理的科学性。

1. 信息管理与编辑出版管理　医学编辑出版既是医学信息处理的事业，同时其管理又是信息管理的重要内容，编辑出版管理离开了信息管理，也就没有管理的必要了。也就是说，编辑出版管理就是控制，控制就是信息管理。

（1）管理手段与管理资源就是信息：在编辑出版系统运行管理中，主要有人流、信息流、物流三大管理要素，而物流和人流在管理中，也要转变为信息形式反馈给管理者。因此，编辑出版管理就是信息管理。信息渠道畅通、快捷、准确、及时，其管理效率就高，编辑出版运行系统的效率和效果就会处于最佳状态；否则，信息不畅、反馈呆滞、信息失灵，管理控制同样也会失灵，其运行效率和效果低下或失败。

（2）信息在编辑出版管理中的作用：信息是编辑出版计划的基础，而计划又是管理的重要内容。计划包括目标决策和实现目标的措施方案，而能否制订符合客观实际和科学合理的计划，直接关系到整个管理过程的成败。也就是说，计划的制订主要以准确真实、及时可靠的信息为基础。因此，掌握信息、获取信息和了解情况是管理控制的基本要求，只有充分掌握信息，才能驾驭管理全过程，实现编辑出版管理目标。

2. 编辑出版管理与信息系统管理　管理出秩序、管理出效率、管理出成果，而所有管理都离不开信息和信息系统的构建与信息管理，使无序信息变为有序性和高质量信息，以实现管理决策的正确性和决策效率。

（1）构建信息管理系统：在管理系统中有三个构成要素，即管理对象、管理机构、管理信息。而管理信息是服务于管理的信息处理系统，这个信息系统就是信息管理机构，由它来完成信息收集、信息获取、信息处理、信息输出、信息输入和信息反馈，形成精准、反应灵敏、反馈及时的信息神经系统。因此，在医学编辑出版机构，特别是比较大型的编辑出版机构，要构建合理的信息管理系统，这是实现科学管理基础。

（2）信息管理系统的构成要素：很显然，信息系统管理的核心是信息处理，包括信息获取、信息加工、信息传输、信息反馈、信息存储等环节的构建。

（3）信息处理质量：管理决策者的正确决策来源于信息的质量，而编辑出版系统有效控制来源于有效的信息控制。因此，信息质量直接影响到决策的质量优劣。而信息质量主要反映在信息的及时性和时效性、信息的准确性与真实性、信息的适用性与经济性，这些体现了信息的质量，它是确保管理决策质量的关键因素。

3. 信息在编辑出版决策中的作用　众所周知，编辑决策、编辑管理决策是日常工作，人们每天都在做决策。如论文稿件的取舍、选题组稿的决定、每期刊物栏目的设置等都要做出编辑决策；编辑部人员的调整、编辑管理干部的任命、重大编辑出版计划的制订等，都需要编辑出版管理决策，而这些决策质量的优劣，都取决于信息的重要作用。

（1）信息是编辑决策的基础：无论是管理决策，还是编辑决策，都要以信息为依据和决策支撑。如即使是一个选题的简单编辑决策，也要进行查阅和检索文献，了解相关领域的发展现状和发展趋势，为编辑的选题提供决策依据和决策支撑。因此，信息是编辑决策和编辑出版管理决策的前提和基础。

（2）编辑出版决策信息反馈控制：信息的有效反馈控制，这要建立健全信息反馈系统，从各种信息渠道，收集管理对象和运行系统的所有信息，并经过初步信息甄别、信息分析、综合与筛选，经由信息传输系统传递给管理决策系统，决策系统再对信息实施加工处理、信息分析做出决策判断，提出问题和给出解决问题的措施，必要时提供相关资源支持，将决策信息及时传递给被管理者或决策执行系统，并将决策的执行落实情况和效果再及时反馈给决策者，形成信息和决策的闭路循环模式。

（3）信息驾驭能力与决策能力：编辑出版管理决策能力的高低，在某种程度上体现了决策者的信息驾驭能力。在当今，信息的获取能力、信息的甄别能力、信息的处理能力、信息的储备能力已成为管理者的必备素质和能力。因此，信息能力和信息的驾驭能力，决定了编辑出版管理者的决策能力和决策质量。

第四节　医学编辑与耗散结构论运用

医学编辑出版与传播系统是非常典型的开放系统，具有能量、信息流、物流、人流等内外交换的特征，而这一特征也适用于耗散结构论的基本观点，也就是说，耗散结构论的理论、方法和观点，也完全可以运用和指导医学编辑出版系统的运行实践活动，这对于充分认识医学编辑出版系统规律，把握运行要素、运行环境和有效调整内外交换因素，保证医学编辑出版系统运行质量具有重要指导意义。

一、医学编辑出版与耗散结构论概述

实际上，医学编辑出版运行系统无论是总系统还是分系统，都是处于耗散结构状态，其基本理论、原理和观点可用于编辑出版系统的运行指导。耗散结构论基本观点认为，对于一个远离平衡态的非线性的开放系统，无论是物理的、化学的、生物的、社会或经济系统，都需要通过不断与外界进行能量、信息和物质交换，在其系统内部某个参量的变化达到相应的阈值时，便通过涨落触发系统发生突变，即非平衡相变，该系统由原来的混沌无序状态转变为一种在时间、空间和功能上的有序状态。这种在远离平衡的非线性区形成的稳定的宏观有序结构，由于不断与外界交换物质、信息和能量才能维持其运行，这种特性被称为耗散结构。不难看出，要正确理解耗散结构论，首先应理解一下概念。

1. 远离平衡态　远离平衡态是相对于平衡态和近平衡态而言的；是指系统各处可测的宏观物理性质极不均匀的状态，遵守着热力学第一定律（$dE=dQ-pdV$），即系统内能增量等于系统所吸收的热量减去系统对外所做的功；而热力学第二定律（$dS/dt \geq 0$），即系统的自发运动总是向着熵增加的方向；以及玻尔兹曼有序原理[$p_i=\exp(-E_i/kT)$]，也就是温度为T的系统中内能为E_i的子系统的比率为P。而近平衡态是指系统处于离平衡态不远的线性区，遵守的是昂萨格（Onsager）倒易关系和最小熵产生原理。

2. 非线性　是系统产生耗散结构的内部动力学机制，这正是系统间的非线性相互作用在临界点处，非线性机制放大微涨落为巨涨落，使热力分支失稳，在控制参数越过临界点时，非线性机制对涨落产生抑制作用，使系统稳定到新的耗散结构分支上。

3. 开放系统　是指与外界环境存在物质、能量、信息交换的系统。

4. 涨落　由大量子系统组成的系统的可测的宏观量在每一时刻的实际测度相对平均值或多或少有些偏差，这些偏差就叫涨落，涨落是偶然的、杂乱无章的、随机的。是物质系统处于热力学平衡态时，作为统计平均值的宏观物理量，如能量、压强、分子数密度在其真值附近有微小变动的现象。

5. 突变　阈值，也就是临界值对系统性质的变化有着根本意义；对控制参数越过临界值时，其原来的热力学分支就失去了稳定性，同时产生了新的稳定的耗散结构分支，在这过程中系统从热力学混沌状态转变为有序的耗散结构状态，其间微小的涨落发挥了关键作用，人们把这种在临界点附近控制参数的微小改变导致的系统状态明显地大幅度变化的现象，称为突变。而耗散结构的出现都是以这种临界点附近的突变方式实现的突变。

耗散结构论研究的是耗散结构的性质、形成、稳定性和演变规律，是关于非平衡系统的自组织理论。耗散结构论主要研究运行系统从无序到有

序的转化过程、转化机制、转化条件和转化规律，探讨自组织过程的基本原理。耗散结构论中的自组织理论认为，在一个开放系统，无论是何种类别的系统，在到达远离平衡态的非线性区时，当系统的某个参量的变化达到相应阈值，这时通过涨落机制，运行系统可能会发生突变，即非平衡相变，由原来的无序的混乱状态转化为一种在时间、空间和功能上有序的新的运行状态。这种有序状态需要不断与外界交换物质、信息和能量才能维持运行，同时保持相应的稳定性，而不因外界的微小干扰而消失。这种远离平衡的非线性区形成的新的稳定的有序结构，被称为耗散结构。而编辑出版系统运行特征，也是一种耗散结构状态，编辑出版运行系统在耗散结构状态下，在相应条件下也能自行产生组织性和相干性的自组织现象。耗散结构论基本观点认为，系统的耗散结构必须是开放系统，非平衡态是有序的根本，非线性作用是有序的原动力，随机涨落是有序调节关键，而编辑出版运行系统也同样具备了这种耗散结构特征。

二、医学编辑出版与耗散结构论

耗散结构论同其他横断学科理论一样具有综合性与普遍性，其研究的对象是开放系统，而医学编辑出版系统就是典型的开放系统，开放性是编辑出版系统的本质特征，特别是医学期刊作为学术交流平台，意味着双向甚至多向交流，编辑每天与作者、读者、专家、编辑委员会等沟通交流，是极具开放的交流系统，是极具典型的耗散结构状态。而耗散结构论所研究的关于复杂系统的非平衡、非线性、涨落与突变等现象和规律，是医学编辑出版系统的共同现象和规律，这为运用耗散结构论研究医学编辑出版运行管理、运行机制和运行规律提供了方法学手段。

1. 编辑出版的耗散结构与编辑出版开放系统　医学期刊或医学图书出版要求得发展，特别是从无序发展转化为有序发展，从低级的有序发展转换为高级的有序发展，首先要使医学编辑出版运行系统极大开放其力度，真正发挥学术交流平台的开放交流的特点。实际上，医学期刊或医学图书编辑出版赖以生存与发展的活力因素是对于学术环境的充分开放和交流，闭门自守、守株待兔、坐井观天，在编辑部坐等来稿的编辑形式不是耗散结构状态，其办刊的路必然越走越窄，最后称为自娱自乐的知识垃圾产品。因此，要办好办活医学科技期刊，就要将编辑出版系统置于耗散结构状态的开放系统，不断加强与外界的物质、信息和能量转换，主动与相关领域的临床一线和医学科研一线的专家学者交流，才能了解到他们需要什么，他们手里有什么样的创新成果，才能及时组织，满足读者需求。同时，不要将医学期刊局限在纸质版平面上，就是改一改稿件，按期按时出刊了事。而是要将医学期刊视为学术交流平台，策划选题，根据学术发展和临床需要，组织专题研讨会、专题论坛、专题座谈会等开放交流形式，凝聚学术资源，汇聚学术思想，扩大选题组稿视野，启迪选题思路，发现选题线索，才能捕捉到高水平的稿源，办出令读者满意的期刊。这就是耗散结构论和将医学期刊置于耗散结构开放状态的魅力。

2. 编辑出版系统与非平衡态　非平衡态是耗散结构论中重要的理论。编辑出版系统中状态变量是常量的定常状态，平衡态可视作周期运动中振幅收缩到零的极限情况，平衡态与非平衡态一样，也有稳定与不稳定状态。而狭义的非平衡态是指在动态系统中稳定的非平衡态；稳定的定常状态称为系统的吸引子；除了混沌态以外的稳定的定常状态称为平庸吸引子，而奇异吸引子则指混沌非平衡态。

编辑出版系统的平衡是相对的，不平衡是绝对的，非平衡是有序的根源，在医学编辑实践中，正确处理平衡与非平衡的问题，是管理效能能否充分发挥的重要环节。可以想象，具有充满内部动力和外部活力的著名医学期刊出版系统，必然具有充满差异、非均匀的和非平衡的编辑出版管理系统和管理机制。因为在看似平衡态下，编辑系统内部实际处于混沌或混乱度最大，且无序性也最高，组织简单，信息量最小，而且编辑系统如果进入这种看似平衡的窒息状态，且维持所谓平衡态不变，期刊很难有所突破和发展。这种看似平衡稳定的状态，实际上对编辑出版管理形成了极大障碍和窒息作用，这使得编辑出版管理系统变得死水一潭，缺乏差异，缺乏竞争，奖罚不分明，似乎平衡，但编辑人员积极性不高，必然陷入低功率、低效率和低效益的僵局。作为有效的管理者，就是要打破这种平衡态，向非平衡态转变。如改变分配制度，克服平均主义，打破大锅饭，职务终身制，干好干坏一个样，看似平衡和稳定的状态，激励和重奖选题策划社会效益、学术效益和经济效益显著的编者，使其形成非平衡态，从非平衡态的无序到有序平衡态。

如何使医学编辑出版系统有效摆脱僵化的平衡模式，而进入非平衡状态或远离平衡态，最终使医学编辑出版系统达到动态平衡而形成耗散结构状态？最根本的途径就是改革传统的编辑出版管理制度，打破固有平衡状态，创造和促进编辑出版系统演化成为新的非平衡状态和环境，形成和构建有序的耗散结构。措施：①更新观念，克服稳定态，打破平衡态，创造非平衡态，转化无序为有序，再造平衡态；②倡导编辑竞争，激励竞争，鼓励先进，改变分配制度，使分配发生倾斜，奖优罚劣，制造非平衡态，努力创造具有生机与活力的新平衡态。

3. 医学编辑出版与非线性机制　非线性机制作为耗散结构论的重要理论或方法之一，本来是通信术语，即非线性调制，主要是模拟调制系统中的非线性调制。非线性调制又称为角度调制，是调制信号控制高频载波的频率或相位，使载波的幅度保持不变。

众所周知，编辑出版系统开放和平衡对系统朝着高度有序的耗散结构状态发展提供了必要条件。但是系统要达到高度有序，其必要条件是要通过编辑系统内部非线性机制的相互作用和调制而产生的自组织效应来实现，也就是通过系统内部非线性机制的调节而获得自身的完善；这是因为编辑系统是一个复杂系统，其系统内部诸多要素之间具有相互制约和相互联系的关系，而且是非线性的。这种非线性关系决定了系统演化过程的复杂性和多变性，当然也决定了编辑系统运行方向的多样性与可选择性。这在非平衡状态下，使得编辑系统从无序向有序转化，从而使编辑系统重新稳定到耗散结构状态上，这就需要非线性相互作用和调节来完成。系统通过非线性机制的自我调节，使编辑系统管理进一步完善，趋于稳定和发展。

4. 医学编辑出版与涨落机制　涨落机制也是耗散结构论中的理论之一，在大量子系统组成的运行系统可测的宏观量在每一时刻的实际测度相对平均值多少都会有偏差，这些偏差被称为涨落，涨落是偶然和杂乱无章的随机现象。这种涨落机制从自然界、人类社会到编辑出版系统运行都具有涨落现象，人们看起来恒定不变的量其实都在随机变化着。如人的体温、血压、心脏搏动的速率被测量出来的是平均值，实际上是在不断变化着的，而且所有的物理量都在随着时间的变化而涨落。在编辑出版系统中也同样存在着涨落现象，因为其运行系统也是由诸多子系统组成，诸多子系统的运动状态的不断变化，使整个系统的状态也随之变化。所以，也必然存在涨落现象。如期刊的重大选题、重要的学术策划活动等，都会对编辑出版系统产生涨落影响，甚至称为期刊发展的转折点，编辑出版管理要善于研究和运用涨落规律或涨落机制，适时调整和促进事业发展。

第五节　医学编辑出版与协同论运用

医学编辑出版系统的特点也与协同论的基本理论和观点相切合，对编辑出版系统的运行和调节具有很好的实用价值及指导性。协同论是研究各种不同系统在相应条件下，系统内部各子系统之间通过非线性相互作用所产生的协同效应，使系统从混沌无序状态向有序状态转变，从低级有序向高级有序转变，从有序又转化为混沌状态的机制与共同规律。协同论的观点认为，系统千差万别，尽管其属性各异，但在整个环境中，其各系统间存在着相互影响、协同与相互合作的关系，其中包括医学编辑出版系统，当然也包括社会、团体等。如不同出版单位间的相互配合与协作、各种关系的协调、各个期刊间的竞争作用、系统间的相互干扰与制约因素等。作为编辑出版系统，无论是系统内外，都具有典型的协同特征和属性，医学编辑出版与信息传播系统就是在这种协同关系的作用下不断进步与发展。

一、编辑出版与协同论概述

协同论主要揭示了物态变化的普遍规律与程式，即旧结构、不稳定性和新结构随机力和决定论性之间的相互作用，并从这些旧结构状态驱动到新组态，而且确定应实现的新组态。它主要研究远离平衡态的开放系统在与外界有物质和能量交换的情况下，如何通过系统内部的协同作用，自主地出现时间、空间和功能上的有序结构。

众所周知，在客观世界里存在着各种各样的系统。如编辑出版系统、社会系统、自然界系统、各种生命系统、宏观系统和微观系统等，这些系统从表面看来都是不完全相同的系统，但实质上具有其深刻的相似性。协同论最突出的是协同效应，也就是由于协同作用而产生的协同效果，它是指在复杂开放的系统中诸多子系统相互作用而产生的整体效应或集体效应；而对千差万别的自然系统、社会系统而言和小到编辑出版系统，乃至一个期刊编辑部系统，其内外部都存在着协同作用和协同效应；所以，协同作用和协同效应是任何运行系统有序结构形成的内在驱动力。也就是说，任何复杂系统在外来能量的作用下，当物质的聚集态达到某种临界值或阈值时，整体系统中的子系统之间就会产生协同作用。这种协同作用能使系统在临界点发生质变，因而产生协同效应和协同效果，促使系统从无序转化为有序，从混沌状态中产生某种稳定结构，它也说明协同效应的系统自组织现象的特点。

协同论对于系统运行的揭示还体现在其自组织原理。自组织是相对于他组织而言的，他组织是指组织指令和组织能力来自运行系统外部，而自组织则指系统在没有外部指令的条件下，整体系统内部子系统之间能够按照某种规则自动形成一定的结构与功能，它具有内在性和自生性特点。自组织原理解释了在一定的外部能量流、信息流和物质流输入的条件下，系统会通过诸多子系统之间的协同作用，而形成的时间、空间和功能有序结构。这种运作方式是在系统从稳定状态向非稳定状态过渡的过程中，其慢变量发挥了决定作用，而当系统达到不稳定状态时，只有在快变量的作用下才能使系统达到一个新的稳定状态。而如果原来的稳定状态是无序状态，这种新的稳定状态就意味着有序产生和形成，而如果原来的稳定状态已经是有序状态，这种新的稳定状态就意味着更新的有序状态的形成，这意味着系统的进化。而把随着这种有序结构的产生和发展，这两类变量互相联系又互相制约，而表现出的是协同运动，对于这种协同运动在宏观上就表现为系统的自组织现象。这种自组织现象在医学期刊编辑出版系统运行管理中也表现得尤为显著。如在医学编辑出版的总体系统运行中发生某些运行障碍，其分系统或子系统，为不影响其自身的运行，会及时采取自组织措施加以应激弥补，及时调整编辑出版运行的有序性，以保证编辑出版运行系统的整体质量。

二、编辑出版系统与协同理论

协同理论是协同论的重要理论，它是研究和分析各种运行系统在外部条件下，其系统内部各子系统之间通过非线性相互作用而所产生的协同效应，从而使系统由有序状态转化为混沌无序状态，再向有序状态的转换，从低级有序向高级有序转换，从有序转换混沌的机制与规律的协同效应理论。

1. 编辑出版管理与协同 协同也可视为协作，而协同效应就是在复杂大系统内，各子系统的协同行为产生出的超越各要素的自身的单独作用，由此形成整个系统的统一作用与联合效应，而协同效应原理就是用复杂系统内部各子系统间的相互作用，来阐明系统自组织现象的观点、原则和方法。医学期刊的编辑出版就是典型的协作产品，其运行系统要素多、分工细、层次多、关系复杂、目标多样、信息量大，作为知识产品的期刊，涉及作者、审稿专家、编辑委员会、编辑、排版者等，这些运行要素协同不力就会影响编辑出版质量和效率。因此，在医学期刊编辑出版运行系统中，加强运行要素和各个分系统之间的协同，形成卓有成效的协同效应，是保证医学期刊质量和效率的重要因素。

2. 编辑出版系统与自组织原理 协同论的自组织原理，是从无序向有序演化的过程，实际上就是编辑系统内部进行的自组织过程，而协同是自组织的重要形式和手段。医学期刊或医学图书编辑出版要想实现自我完善与自我发展，系统地自组织的充分发挥是实现发展目标的重要途径之一。为实现编辑出版管理系统的自组织功能与特性，以利于创造编辑出版系统从无序状态向有序状态，从低级有序向高级有序转化的目的，医学期刊编辑就要有效整合与组织外部的各种资源。如学术资源、作者和读者资源、专家和编辑委员会资源、医药企业资源等，这是协同论其中借助于外参量对系统双向演化影响的定量描述与作用，协同论认为，应发挥作为外因的外参量对系统的自组织进程所起的重要作用，因为只有外参量引发的协同作用达到相应阈值时，系统才能自发地由无序的旧质变为有序的新质。编辑就是要尽可能激活外参量，整合外部资源为期刊资源，促进期刊发展。同时还要激活内部动力与资源，调动内参量，激活系统各个要素，使其发挥最大功效，释放最大潜能。实现内因与外因、外参量与内参量、内部资源与外部资源、内部要素与外部要素的共同激活，才能形成和凝聚发展能量，形成期刊发展的动力。

3. 编辑出版与序参量概念　在协同论核心概念中，就是要高度重视系统运行中在临界点上发生的相变，这就是序参量的概念与核心要义，因为在医学编辑出版运行系统中，影响其发展的因素众多，这些众多的因素都要处理好是极为困难的事情，而根据协同论的支配原理，编辑或管理者只要区分影响发展的本质因素与非本质因素、长远因素与暂时因素、必然因素与偶然因素，并从中找出哪些起决定作用的关键因素和序参量，就能驾驭医学期刊健康发展的基本方向。如评价医学期刊指标体系内容和指标繁多，但总有相应关键指标控制或关系到期刊的生存与发展，这就是期刊的质量（学术质量和编辑质量），只要紧紧抓住和扣紧医学期刊质量这个序参量与关键变量因素，就足以控制期刊健康发展的趋势。

第六节　医学编辑出版与突变论运用

在医学编辑出版系统或实践活动中，各个方面都随时发生不同变化，因而变是绝对的，不变是相对的，这就如同新型冠状病毒和其他微生物一样，随着病毒外部生存环境的变化，为适应变化了的环境，病毒作为生物体就要极力适应新环境，因而就会发生基因突变，而且把这种生存能力的基因变异遗传给自己后代，以利于生存。编辑出版系统也是如此，随着其编辑出版环境和社会环境的变化，其系统也在不断适应与应对环境变化，也必然随之发生突变。而突变论作为普遍方法论，对于不断发展的医学期刊编辑出版和医学图书出版经营环境的变化，也必须对其运行系统和运行要素随时发生突变。

一、医学编辑出版与突变论概述

突变论是"新三论"之一，它是研究自然界和人类社会系统中连续渐变到引发突变与飞跃，力求用统一的数学模型来加以描述，预测和控制这种突变和飞跃的学问。根据突变论的一般原理，编辑出版系统结构的稳定性是发生系统突变论的基础，编辑出版系统的不同质态从根本上说就是一些具有稳定性的系统状态，这就是说为什么有的编辑出版系统短期内不变，而有的渐变，也有的突变的内在原因。在严格控制条件的情况下，如果质变历经的中间过渡状态是不稳定的，它必然是一个飞跃过程；如果中间状态是稳定的，它就是一个渐变过程。如选题组稿变化、期刊出版业态的变化、载体形式的变化、读者阅读方式的变化、细胞的分裂、微生物基因突变或变异、编辑情绪变化、出版物市场变化等，而突变论方法正是用数学方程描述这种突变过程，也就是说，它是研究系统从一种稳定组态跃迁到另一种稳定组态的现象与规律。

突变论以稳定性理论为基础，通过对编辑出版系统稳定性研究，分析编辑出版系统稳态与非稳态，渐变与突变的特征及相互关系，探寻在客观事物或医学编辑出版发展过程中渐变与突变的相关因素和原因，从而揭示医学编辑出版系统的突变现象的规律和特点。突变论认为，系统所处的状态，可用一组参数描述：当系统处于稳定状态时，标志着该系统状态的某个函数就取唯一的值；当参数在某个范围内变化，其函数值有不止一个极值时，系统必然处于不稳定状态；系统从一种稳定状态进入非稳定状态，随着参数再发生变化，而又使不稳定状态进入另一种稳定状态，而系统状态就在这一瞬间发生突变。事物的不同质态，从根本上来说就是具有稳定性的状态。因此，系统结构的稳定性是突变论的主要内容，是突变论研究的出发点和参照系。

二、编辑出版与突变理论

实际上，医学期刊编辑或医学图书出版无时不在变，突变是编辑系统运行的常态，而稳态是相对的，只不过这种变也是遵循了渐变向突变的基本规律。突变论以稳定性理论为基础，通过对编辑系统的稳定性分析和研究，凸显出了稳定态与非稳定态，渐变与突变的特征和相关关系，在客观事物发展中，也有的以渐变为主或以突变为主，从而揭示了系统渐变与突变现象的基本规律和特点。

在自然界、人类社会和医学编辑出版活动中，任何一种运行系统和运动状态，都具有稳定态与非稳定态，渐变与突变之分。稳定态是指无论有无内外界因素影响，系统的状态参数不随时间而变化的状态，即使在微小的偶然干扰因素作用下，系统依然能够保持或维持原来稳定状态不变，这称之为稳定态；而非稳定态是指系统受到微小干扰因素就能迅速离开原先状态，称为非稳定态。从非稳定态向稳定态变化，是编辑出版运行系统运动变化的普遍现象，在外部和内部控制因素的影响下，其运行系统既可以处于稳定态，也可以处于非稳定态。而事物的渐变或突变，这与事物本身所处的状态密切相关，稳定态与非稳定态是事物运动的两种根本状态，而渐变和突变都是实现质态变换的途径。如果判断质变方式是渐变还是突变，关键是看质变所经历的中间过渡态是不是稳定；如果稳定，那就是渐变；如果不稳定，那就是突变；渐变与突变可以根据相应条件互相转化。而事物在一种结构稳定态中的变化是量变，在两个结构稳定态之间的变化或结构稳定态与不稳定态之间的变化则是质变。量变体现质变，质变则可能体现突变，也可能表现为渐变，突变必然导致质变。而医学编辑出版运行系统的变化也摆脱不了这一变化规律，认识和掌握这一突变论的基本理论、方法和规律，对控制编辑运行的渐变与突变趋势，做好其渐变和突变良性转化具有重要意义。

三、编辑出版管理与突变论应用

突变论在编辑出版运行系统中的运用，关键是认识和把握稳定态与非稳定态，渐变与突变的规律，在期刊的发展中，适时控制变化因素和变化走势，因为变化具有双向性，既可以向好的方向变化，也可以向坏的方面发展，而编辑出版管理者就是要准确控制其渐变与突变的转化方向。

突变论还可用于编辑出版管理决策，就是根据其突变规律，适时做出科学决策，促进或扭转渐变与突变的转化。突变论的理论和观点用于编辑出版，还在于管理控制者视不同状态和变化情况，适时采取不同的控制措施，把控渐变和突变方向，逐步向稳定态过渡，以利于多途径实现编辑出版管理目标。因此，编辑管理者主要是对状态和控制因素之间的关系、稳定区域、非稳定态区域、临界曲线分布与特点，特别是突变方向与突变幅度的认识前提下，变稳定状态控制为超稳定状态控制，变状态控制为演化过程控制，变消极控制为主动积极控制，变单调控制为迂回控制，全面提升编辑出版控制效率与效果。

突变论在编辑出版领域的应用还在于，将突变论的理论和方法用于编辑过程分析，这有助于正确认识质态转化形式，特别是注重编辑过程中的渐变与突变两种演化模式的有机结合。如对于医学期刊或医学图书出版的内部制度改革，在其变革与变化中，肯定有些编辑人员不适应，甚至不满意或心理难以承受，这时可以采取绕过折迭区，以渐变方式向质变目标过渡，以利于度过编辑人员心理应激期，使编辑人员逐步适应，最终达到适应和执行编辑制度改革的目标。

第7章 医学编辑逻辑知识与编辑逻辑运用

逻辑作为思维规律和规则，在编辑实践活动中无处不在，既是编辑思维方法，又是编辑实用工具，在编辑系统流程中，其各个环节都会运用到逻辑，审稿、撰稿、选题策划、会议讲话等，都离不开逻辑分析方法的运用。因此，医学编辑的逻辑素质和逻辑修养程度，对编辑质量尤为重要。

第一节 医学编辑逻辑判断

编辑判断是对编辑思维对象是否存在和是否有某种属性，也是事务之间某种关系的肯定或否定。编辑判断是解释的基本思维形式，是对思维对象断定其内在联系。判断这种思维方式一般表现为两个或更多概念之间的联系，当人们以判断形式确定概念之间的特定关系时，就是在进行判断。常用编辑判断有编辑性质判断、编辑关系判断；编辑假言判断、编辑模态判断、编辑判断辩证。

一、医学编辑性质判断

医学编辑性质判断是断定编辑思维对象和事务所具有或不具有某种性质的简单判断，它由主项、谓项、联项和量项组成。由于都是直接对编辑思维对象加以断定的判断，因此也称为直言判断。

1. 医学编辑性质判断的种类　性质判断可分为主项、谓项、联项和量项4个判断项。

（1）主项：是表示判断对象的概念，一般用"S"表示。

（2）谓项：是表示判断对象性质的概念，通常用"P"表示。

（3）联项：是表示判断对象与性质之间联系的概念；一般称为判断的"质"，通常用是或不是来表示。

（4）量项：是表示判断中主项数量的概念，也称为判断量。

2. 编辑性质判断类型　性质判断主要是按肯定或否定的质和量的结合形式，一般可分为6类性质判断类型。

（1）全称肯定判断：所有S是P。如所有医学科研设计缺陷都会影响结论的可靠性。

（2）全称否定判断：所有S都不是P。如在本研究的样本设计上，所有收集的病例都不符合入组对象标准要求。

（3）特称肯定判断：有的S是P。如一般医学科研设计缺陷是由实验设计时造成的后果。

（4）特称否定判断：有的S不是P。如有的医学科研论文结论不可信，其原因不是科研设计问题。

（5）单称肯定判断：某S是P。如医学编辑是杂家；同行评议是学术质量把关。

（6）单称否定判断：某S不是P。如新型冠状病毒不是细菌；稿件初审结果不是最终评审结果。

3. 编辑性质判断的主谓项周延　在编辑性质判断中的谓项周延性，主要是指在性质判断中对主项和谓项外延范围的断定情况。如果判断有断定主项或谓项的全部外延，那主项或谓项就是周延；如果判断没有断定主项或谓项的全部外延，那主项或谓项就不是周延。

4. 编辑判断主谓项的真假关系　全称肯定判断、全称否定判断、特称肯定判断、特称否定判断4种判断中的主项和谓项之间的关系，基本有5种关系，即同一关系、包含关系、真包含关系、交叉关系和全异关系。

5. 编辑性质判断的运用　在编辑性质判断的实际运用中，应注意防止两种常见错误，即两项限定的范围不恰当，它经常表现为以偏概全，也就是从极个别的偶然编辑事例中轻易得出普遍性结论。如临床科研设计中的样本量设计，很多编辑认为凡是样本少都会导致研究结论的可信性降低。另外，联项限定程度不恰当。如这篇临床研究论文基本上或完全具有发表价值。在这一判断中"基本上"和"完全"这两个量的程度不同的，其判断过于武断绝对，缺乏编辑决策判断的一般规律。在医学编辑判断中，过于绝对的判断和模棱两可的判断都是不恰当的性质判断。

二、医学编辑关系判断

编辑关系判断是断定编辑对象与编辑对象之间关系的判断。而所有的关系判断都是由关系、关系项和量项3个组成部分。①关系：是指关系判断前后项之间的关系，主要反映存在于对象之间的关系概念。②关系项：是表示关系承担者关系的概念，也就是关系判断的主项。③量项：是每个关系项都带有的量项，是表示关系承担者的数量概念。

1. 编辑关系判断的分类　在编辑实践中，编辑对象之间的关系是复杂的，关系判断的类型具有多样性特点，一般可按判断中的关系逻辑特性来划分。如果按关系的对称性可分为对称关系：R判定a和b具有对称关系，将其列为公式，即aRb真时，bRa就一定真。如该篇临床研究论文的结果与结论相一致，这说明其结论与结果也一定是一致的。这种相同和相等的关系都属于对称性关系。

2. 编辑关系判断的特征　编辑关系判断具有很多逻辑性，尤其是关系性质判断具有对称性、反对称性、非对称性、关系的传递性、关系的反传递性、关系的非传递性和显著性特征。其中主要有关系的对称性和关系的传递性两项。

（1）关系性质的对称性：对于两个关系项a与b来说，哪个作为关系前项，哪个作为关系后项，直接影响到关系判断的基本意义。

（2）关系判断的反对称性：在特定论域中，如果a与b具有关系R时，那b与a不可能具有关系R，也就是说，关系R是反对称关系。

（3）关系判断的传递性：所谓关系的传递性，就是当研究中事物a与另一事物b具有R关系，而且b又与另一事物c具有R关系时，是否a与c也有R关系？也就是当研究中aRb真，而且bRc真时，aRc是否是真的关系。当aRb真，而且bRc真时，aRc就一定也是真的关系。在这种状况下，其关系R是具有传递性关系。

（4）关系判断的反传递性：关系的反传递性是指在特定论域中，如果a与b具有关系R，而且b与c也具有关系R时，a与c必然不具有关系R，则关系R就是反传递关系。这从其关系判断的真假分析，反传递关系也可以理解为，当aRb为真时，而且bRc也真时，aRc必然是假的，其R就是反传递关系。

（5）关系判断的量项：其实每种关系都带有量项，它主要表示关系承担者数量或数量范围的基本概念。关系量项又分为全称量项、单称量项和特称量项。如本期杂志组稿文章篇数，超出杂志字数规定容量。这就是单称量项。而全称量项常以"所有的"，特称量项多以"有的"形式表示。

3. 编辑关系判断的运用　在编辑实践中，对于各种编辑对象或医学论文稿件评审中各种关系的判断是常有的事情，它是反映编辑对象之间关系的重要手段，在医学论文评审中，对于研究主体与研究客体、研究结果与研究结论、统计学结果与实验数据等之间的关系，是判断研究结论逻辑关系的重要思维形式。正确的关系判断，对于客观认识和评价论文，从而做出适当或正确判断，这是编辑职业思维惯性。在稿件评审中，如果把研究中的不同关系混淆起来，弄不清其中各种关系，就不可能正确判断论文结果和结论的科学性与可靠性。

在编辑实践中，对于各种关系的判断，首要的是分清关系的性质。搞清楚编辑对象或医学科研论文中研究对象之间的关系性质，这是获得正确编辑评价判断的首要任务。如临床科研论文中样本量设计的合理性会影响结论的可靠性。这一判断是一种反对称关系，编辑认识清楚它的关系性质，就不会将样本量设计错误判断为是影响研究结论可靠性的唯一因素。在编辑关系判断中，还要注意关系前后项的位置；关系的前后项除了对称性关系外，在关系不变的情况下，是不能随意置换关系位置的。如在临床新药物对照研究中，高龄患者组与青年患者组由于年龄和生理功能不同，其用药剂量具有严格区别；在临床试验研究中同一药物的用药量不能颠倒或置换为高龄患者用药量要高于青年患者组这样的判断。

三、医学编辑复合判断类型

在编辑逻辑判断中，比较常用的复合判断，是指以某个或某些判断作为构成要素的判断。如联言判断、选言判断、假言判断、模态判断、负判断和判断辩证。

1. 编辑联言判断　编辑联言判断就是断定两种或两种以上事物情况同时存在的判断。如编辑的日常工作有编辑策划、选题组稿、稿件评审、同行评议、作者退修、编辑加工、栏目设计、版面设计、排版印刷等编辑活动。

编辑联言判断的真假值，只有在每个联言值所反映的事物其本身状态都是真的，整个联言判断才是真的，一般情况下一个联言判断只有一个联言值是假的，整个联言判断也就是假的。如编辑选题组稿策划不仅能提高期刊学术质量和学术导向的针对性，而且选题组稿策划有利于落实办刊方针和办刊宗旨，实现期刊正确的办刊理念。这不难看出，因为两个联言值都是真的，所以这个逻辑判断也是真的。如编辑精心选题组稿有利于提高学术质量和刊物内容的针对性，而坐等作者自由来稿也能提高期刊的学术质量和内容的针对性。这也很显然，其中一个联言值是假的。因此，整个联言判断也必然是假的判断。

编辑联言判断可以帮助编辑全面认识编辑实践活动和正确把握事物的本质特征，因为其联结项的不同，同时可以反映事物的矛盾性和对立双方的逻辑关系。又可反映和揭示编辑实践活动的真相。

2. 编辑选言判断　编辑选言判断是断定事物在多种可能情况中至少存在一种可能情况的复合判断。它是判断的其中一种判断形式，是断定在几种可能情况下，至少具有一种事物存在的判断。如作者研究论文的科研设计缺陷，可能是部分性的缺陷或是全部存在缺陷。在这个编辑选言判断中，"部分性缺陷"和"全部存在缺陷"两种情况只能存在其中一种情况。

编辑选言判断又可分为相容性选言判断和不相容性选言判断。组成选言判断的各个判断叫选言支，同一个选言判断至少要有两个选言支；而它们之间可以是相容关系，也可以是不相容关系。

3. 编辑假言判断　假言判断就是断定一个编辑活动事物存在条件的判断。它主要反映的是客观编辑实践活动之间的条件与其结果的关系，所以也称为条件判断。如只有不断强化编辑选题策划，才能不断提高期刊的学术质量和学术导向能力。这个判定显然，"只有不断强化编辑选题策划"是"提高学术质量和学术导向能力"的判定条件，也就是说，只有这个必备条件，才会产生这一必然结果。

编辑假言判断一般由两个值判断组成，即表示条件的值判断，称为前条件，可以用 P 表示，要表示结果的值判断被称为后条件，用 q 加以表示。前后条件中的"只有……才会"等联结词是假言判断的联结项。编辑假言判断是反映编辑实践活动条件的关系，而编辑事物的条件关系有三种，即充分条件、必要条件和充分必要条件。

4. 编辑模态判断　编辑模态判断是断定编辑事物或编辑实践活动可能性和必然性的逻辑判断，它可分为可能模态判断和必然模态判断两种情况。也就是说，它是基本形式判断中包含有反映编辑事物存在方式的"可能"和"必然"的模态概念判断。如严重临床科研设计缺陷可能导致研究课题论文发表失败；审稿质量控制不严，必然造成出版物学术质量低下。可以看出，这两个判断都是模态判断，前一个断定了"论文发表失败"因为"临床科研设计缺陷"而造成的可能性。后者则断定"审稿质量控制不严"因而导致"出版物学术质量低下"的客观与必然性结果。

（1）或然判断：又可分为肯定或然判断和否定或然判断。

（2）必然判断：又可分为肯定必然判断和否定必然判断。

5. 编辑负判断　负判断也是复合判断的一种类型，它是通过否定某个判断所得的判断。如并非所有特约稿件都可以正常发表。这就是"所有特约稿件都可以正常发表"的负判断。在负判断中，如果A是B的负判断，那A和B互为负判断。在原判断中加上否定联结词"并非"，从而得到原判断的负判断，一般原判断用P表示，负判断则是并非P；因此决定了负判断与原判断成为矛盾关系。负判断的真假，它与原判断的真假具有密切关系；也就是说，原判断是真，那负判断"并非P"就是假判断，原判断P是假，那负判断"并非P"就是真判断。

6.编辑辩证判断　编辑辩证判断具有其基本特点，这就是编辑辩证判断是揭示编辑对象内在矛盾的一种具有本质认识的判断，编辑辩证判断在形式和内容的统一中，对编辑事物同时有所肯定又有所否定，这有利于把握内外矛盾的思维规律和思维形式。此外，编辑辩证判断是人们在编辑判断认识过程中由抽象到具体、由初级向高级发展的基本过程。

编辑辩证判断具有特征：①编辑辩证判断的基本形式是辩证分析，也就是要从多方面，特别是要从对立两个方面分析编辑实践活动；②编辑辩证判断的内容也要辩证分析，其辩证判断的形式具有现实辩证法的内容，它反映了编辑事物的内在矛盾性；③编辑辩证判断对编辑事物内部矛盾的把握所采取的形式，对认识对象矛盾对立，以及质与量的相对稳定性，还有绝对变动性对整体和部分的可分与不可分性，对有限与无限的关系等应当描述清楚。由于编辑客观事物之间矛盾的多样性，反映矛盾的判断也必然是极其丰富的；这些矛盾的关系，在判断中多以主项和谓项的形式表现出来。在分析编辑判断时，首先分析主谓项间的各种矛盾关系，以利揭示编辑判断中的本质特征。因此，应特别注意编辑判断中的现象与本质、编辑判断中的个别与一般、编辑判断中的同一性与差异性、编辑判断中的肯定与否定的关系。

第二节　医学编辑逻辑推理

编辑推理是编辑基本和常用思维形式，它是由一个或几个已知的判断推理出新的判断或结论的过程；这种推理又可分为演绎推理、归纳推理、类比推理、直接推理、间接推理等逻辑推理形式。

一、编辑直言直接逻辑推理

编辑直言直接推理是由一个前提得出结论的推理形式。直言判断推理可分为直言判断直接推理和直言判断间接推理。

1.编辑直言直接推理　编辑直言直接推理也称为直接推理。在直言直接推理中，可分为对当关系直言直接推理和判断变形直接推理。

（1）对当关系直接推理：是指前提和结论时，其主谓项都相同的两个直言判断组成的一种直接推理；依据其前提和结论之间的对当关系，这时可以将对当关系直接推理分为从属关系推理、反对关系推理、下反对关系推理和矛盾关系推理。

（2）判断变形直接推理：可采用换质法、换位法和换质位法三种。

①换质法：是通过改变一个判断的质，而推理出一个新判断的直接推理。如"这篇临床研究论文是样本量设计不符复合要求"；进行换质后推出判断结论"这篇临床研究论文试验数据统计学处理描述不清会影响结论的可靠性"；"这篇临床科研论文试验数据统计学处理描述不清不会影响结论的可靠性"；不难看出，换质后得出"统计学描述不清不一定会影响结论的可靠性"。在换质法推理时，应注意换质的原则：一是改变判断的质，也就是改变判断的联项，将肯定改为否定，把否定改为肯定；二是应用与前提的谓项矛盾的概念作为结论的谓项。

②换位法：是通过改变原判断的主项和谓项的位置，推出一个判断的直接推理，称为换位法。如医学科研论文的创新性和科学性是影响论文学术质量的重要因素之一。如果将其换位后得出"影响医学科研论文学术质量的因素是创新性和科学性"。这种换位法要坚持的原则：一是不改变原判断的质；二是不改变原判断主谓项的量，也就是原判断不周延，换位后也不周延，否则就不会推出必然和正确的结论。

③换质位法：是换质法和换位法的交替结合

应用的形式，其步骤是先换质后换位，然后得出新的判断结论。新判断的主谓项是原判断主谓项的矛盾概念。如所有编辑道德高尚的编辑都是职业道德和职业精神良好的编辑。如果换质后便可得出"所有职业道德和职业精神良好的编辑都不是编辑道德高尚的编辑"；如果换位后可以得出"不是编辑道德高尚的编辑都不是职业道德和职业精神良好的编辑"。这种换位法必须坚持先后遵守换质法和换位法的基本规则和要求。

2. 编辑直言间接推理　直言直接推理即为三段论，它主要以两个直言判断为基本前提，并借助其中一个共同概念为中项，把两者联结起来，因而得出结论的演绎推理。三段论应遵循的规则，即名词规则、前提规则。

（1）名词规则：限定任何一个直言三段论只能有并且必须有三个判断，即三个名词组成，而且不能多也不能少。

（2）前提规则：是两个否定前提不能推出任何结论，在两个前提中一定有一个是肯定结论。

二、编辑关系逻辑推理

编辑关系推理是前提和结论都是由编辑关系判断组成的推理判断，关系推理也称为关系判断推理，是指以关系判断为前提和结论的推理过程。例如，a=b，因而b=a，而关系推理又可分为直接关系推理和间接关系推理两种。这种关系推理在编辑思维和编辑实践活动中经常运用，是提高编辑思维判断能力的重要方法。

1. 编辑直接关系推理　直接关系推理是由一个关系判断推出另一个关系判断的推理过程，同时又可分为对称关系推理和反对称关系推理。

（1）对称关系推理：即根据对称关系而进行推演的关系推理。也就是说，对称关系、相似、相同、反对和矛盾的关系。

（2）反对称关系推理：反对称关系是指对象A与对象B具有某种关系，而对象B与对象A一定不具有这种关系。如投稿时间的先后、稿件质量的优劣、稿件数量的多少等都属于反对称关系。

2. 编辑间接关系推理　间接关系推理还可分为纯关系推理和混合关系推理两种情况。

（1）纯关系推理：纯关系推理是由两个或两个以上的关系判断推理过程，它是推出另一个关系判断的关系推理。这种纯关系推理又可分为传递关系推理和反传递关系推理。

①传递关系推理：是根据关系的传递性所实施的关系推理。这种传递关系主要是指对象A与对象B具有某种关系，而且对象B与对象C也具有某种关系，也就是说对象A与对象C之间也具有某种关系。人们把这种关系称为传递关系。

②反传递关系推理：是指如果对象A与对象B之间具有某种关系，而且对象B与对象C之间有着某种关系，也就是说，对象A与对象C之间一定不具有这种关系。依据反传递关系实行的推理称为反传递关系推理。

（2）混合关系推理：这种推理首要前提是关系判断，其第二个前提是性质判断，其结论是关系判断的推理。

三、编辑假言逻辑推理

编辑假言判断是根据假言命题的逻辑性质进行的推理，也就是说编辑假言推理是大前提为假言判断，小前提和结论都是直言判断的演绎推理。这种推理又分为充分条件假言判断推理、必要条件假言判断推理和充分必要条件假言判断推理三种情况。

1. 充分条件假言判断推理　这种判断推理是以充分条件假言判断为大前提的假言直言推理，而充分条件假言推理也有两种形式，即肯定式和否定式两种。如如果是高水平研究论文，那么同行评议就会通过审稿。

2. 必要条件假言判断推理　这种假言判断推理是用必要条件假言判断作为大前提的间接推理，也可分为否定前条件式和肯定后条件式两种。如该论文只有修改临床科研设计，才能使论文结论的可靠性得到保证。

3. 充分必要条件假言判断推理　这种判断推理是用充分必要条件假言判断作为大前提的间接推理。充分必要条件假言判断推理可分为肯定前条件式、肯定后条件式、否定前条件式和否定后条件式4种情况。如该论文如果立题新颖和科研设计合理，研究才能得出正确结果。

四、编辑模态逻辑推理

编辑模态推理是根据模态判断的性质和关系进行的推演推理。这种推理的前提至少有一个模态判断,其前提和结论是模态判断。模态推理比较常用的有对当前关系模态推理和模态推理三段论。

1. 对当前关系模态推理 在对当前关系模态推理中,由一个模态判断的真与假,而推出另一个模态判断的真与假的推理,称其为对当前关系模态推理。

(1)由一个模态判断之真而推出另一个模态判断之假。

①由一个模态判断的真,推出必然非 P 的假。如作者必然是期刊稿件的源泉(真)。因此,作者必然不是期刊稿件的源泉(假)。

②由必然非 P 真,推出必然 P 假。如缺少优秀作者群的学术期刊,必然办不成优秀学术期刊(真)。所以,缺少优秀作者群的学术期刊,必然能办成优秀学术期刊(假)。

③由必然 P 真,推出可能非 P 假。如作者必然是期刊稿件的源泉(真)。所以,作者可能不是期刊稿件的源泉(假)。

④由必然非 P 真,推出可能 P 假。如缺少编辑人才的出版机构必然办不出优秀出版物(真)。所以,缺少编辑人才的出版机构可能办出优秀出版物(假)。

(2)由一个模态判断之假而推出另一个模态判断之真。

①有可能 P 假,推出可能非 P 真。如本研究论文设计缺陷可能可以正常发表(假)。所以,本研究论文设计缺陷可能难以正常发表(真)。

②有可能非 P 假,推出可能 P 真。如本研究论文作者出国不可能按期交稿(假)。所以,本研究论文作者出国可能会按期交稿(真)。

(3)由一模态判断之真而推出另一模态判断之真。

①由必然 P 真,推出可能 P 真。如不严格执行论文稿件同行评议程序,期刊学术质量必然难以保证(真);不严格执行论文稿件同行评议程序,期刊学术质量可能难以保证(真)。

②由必然 P 真,推出可能非 P 真。如严重违反学术期刊论文评审制度,期刊学术质量必然下降(真);严重违反学术期刊论文评审制度,期刊学术质量可能会下降(真)。

(4)由一模态判断之假而推出另一模态判断之假。

①有可能 P 假,推出必然 P 假。如临床科研设计缺陷的研究论文可能是科学性强的论文(假);临床科研设计缺陷的研究论文必然是科学性强的论文(假)。

②有可能非 P 假,推出必然非 P 假。如本研究论文统计学方法应用正确可能结论有错误(假)。所以,本研究论文统计学方法应用正确必然结论有错误(假)。

2. 模态推理三段论 所谓模态三段论就是在三段论系统中引入模态词所构成的三段论。其中又可分为必然模态三段论、必然和可能模态三段论、可能直接直言混合模态三段论、可能与直言混合模态三段论四种情况。

(1)必然模态三段论:这种必然模态三段论是在三段论中引入"必然"。

(2)必然和可能模态三段论:这种三段论是由必然和可能两种模态判断构成的三段论,它的结论是可能模态判断,而不是必然模态判断。

(3)可能直接直言混合模态三段论:这种直接直言混合模态三段论,其公式可为所有 M 必然是 P,也就是所有 S 是 P/ 所有 S 必然是 P。它的小前提肯定了 S 包含于 M 中,而 M 必然包含于 P 中,所有 S 也必然包含于 P 中。如所有投稿作者必然有投稿动机,李教授是投稿作者 / 所以李教授必然具有投稿动机。

(4)可能与直言混合模态三段论:这种三段论的大前提与结论为可能模态判断,小前提为直言判断的三段论的推理。可以将其列为公式:所有 M 可能是 P;而所有 S 是 M。所以,所有 S 可能是 P。如作者向本刊投稿并发表后,可能激发作者再次向本刊投稿。所以,王教授曾向本刊投稿并发表过文章,因而王教授可能会再次向本刊投稿。这就是可能与直言混合模态三段论的判断推理形式。

五、编辑归纳逻辑推理

编辑归纳推理是以个别的编辑判断为前提而

推出一般性判断为结论的推理，也就是一种由个别到一般的推理形式。它是由一定程度的关于个别编辑事物的观点过渡到较大范围的观点，由特殊到具体的事例而推导出普遍原理和原则的解释方法。这种归纳推理是通过考察若干个别编辑事物或个别编辑现象的属性，从而做出具有普遍原理结论的间接思维运动推理。根据归纳推理的前提是否涉及一类事物的全部对象，又可以将其分为完全归纳推理和不完全归纳推理两种情况。

1. 完全归纳推理　完全归纳推理也称为完全归纳法，这是以某类中每一对象或子类都具有或不具有某一属性为前提，而推出以本类对象全部具有或不具有该属性为结论的归纳推理形式。在实际应用中要注意：①应确实搞清楚对象的全部对象，否则就不能由前提推出一类对象都具有或都不具有某种属性的一般性判断规律；②所有前提都必须是真实的，否则其结论一定是假的，也就不能由前提推出合乎逻辑的结论；③其结论不能超出前提所陈述的范围。

2. 不完全归纳推理　不完全归纳推理又称为不完全归纳法，它是根据某类中的部分对象或不具有某种属性，而得出该类对象全部都具有或不具有该属性的归纳推理方法。不完全归纳推理又可分为简单枚举归纳推理和科学归纳推理两种情况。

（1）简单枚举归纳推理：这种推理形式是根据某类中的部分对象具有或不具有某种属性，也未遇到过相反情况，而推出该类对象全部具有或不具有该属性的一般结论。

（2）科学归纳推理：这种推理是以科学分析为主要依据，依据某类对象中部分对象与某种属性之间具有必然联系，也就是具有因果关联，而推出该类对象全部具有或不具有该属性的一般性结论。如医学统计方法应用错误会导致统计结论不可靠；临床科研设计中偏倚因素控制不力也会导致研究结论不可靠；临床科研设计中样本量过少会导致研究结论不可靠。这三种临床科研设计缺陷都会导致研究结论的可信性。

六、编辑类比逻辑推理

编辑类比推理也称为编辑类比。它是根据两个对象在某些属性上相同或相似，通过比较而推断出它们在其他属性上也相同的推理过程。这种推理是从观察个别现象开始，因而近似归纳推理。如医学期刊学术导向与新闻领域重视新闻导向类比，而根据新闻导向的做法，类比医学期刊的学术导向，因而在医学期刊领域普遍加强了期刊的学术导向。编辑类比推理根据类比对象在逻辑关系上的不同状态，也可将编辑类比推理分为共性类比、因果类比、对称类比和动态类比。

1. 共性类比　所谓共性是指不同事物的普遍性质；共性类比是两个类比对象的共同属性之间的直接类比推理。它的特点是以两者属性间的相似性或同一性为媒介进行类比推理。如医学期刊编辑与医学图书出版编辑类比；这个两者属性基本相同。

2. 因果类比　因果类比是根据已经掌握的事物的因果关系与正在接受研究改进的因果关系之间的相同或类似之处，根据这种类比启发新的创新思路。它是两个类比对象的属性可能具有同一的因果关系的类比，其特点是以同一的因果关系为媒介进行类比推理。如临床研究中的偏倚因素控制与临床科研设计缺陷相同，都会影响研究结论的可靠性。因果类比推理方法在科学研究中非常适用，可诱发和拓展科研创新思路，取得意想不到的新发现。

3. 对称类比　这种推理方法是根据两个对象的属性之间具有对称关系而进行推理的科学研究方法。这种推理方法较好地揭示了自然界相互联系中的一致性和不变性及共性特点，也反映了自然界的基本秩序和规律。这一类比推理的特点是以对称性关系为媒介进行推理判断。

4. 动态类比　动态类比是对两个类比对象已知的共同属性之后，根据其对象的动态类比另一类对象的动态的类比推理形式。如医学期刊容量变化应与作者投稿数量或稿源的丰富程度相匹配，稿源充足，其刊期频率和容量可随时增大，以满足作者市场和读者市场的需要。这是一个期刊容量和刊期频率动态变化与稿源数量动态变化的两个动态对象，因而推理出期刊容量和刊期频率增大的推理结论。

七、编辑命题逻辑

以命题作为基本研究对象的逻辑即为命题逻辑，命题逻辑的基本特征是，在以研究逻辑的形式结构时，只对复合命题中的简单命题或原子命题成分进行分析，也就是说，命题逻辑所研究的就是复合命题所具有的逻辑特征与规律。命题逻辑以逻辑运算符结合原子命题来构成代表命题的公式，并允许某公式建构成定理的一套形式证明规则。相对于谓词逻辑，它是量化并且它的原子公式是谓词函数和模态逻辑，可以是非正值泛函数的。

1.命题与命题公式

（1）命题和命题变元：实际上命题就是由主项和谓项概念、形式概念构成的，并且能够被赋予真值的语言表达形式。也就是说，凡是陈述句都是能区分真假的句子，故命题就相当于陈述句，而祈使句、疑问句和感叹句都不能被赋予真值，也就不能构成命题。命题的分类可以从语法和语义上分，从语法上可分为简单命题或原子命题和复合命题或分子命题。如编辑审完了，而且评价很好；编辑没有审完。

在简单命题或原子命题和复合命题或分子命题中：①在该命题中不含其他命题成分的简单句，也称原子句。②本命题中含有两个简单命题，而且是通过联结词"而且"构成一个复合命题；其复合命题中所包含的命题也称复合命题的部分命题或支命题。③在该命题中虽然不含有两个简单句，但是它由一个简单命题加一个联结词"没有"构成的，所以一般也被看作是复合命题。

（2）命题联结词：在命题的联结词中，又可分为复合命题和简单命题。一般复合命题是由一个以上的简单命题构成，而从命题的角度看，这些简单命题也可以称为复合命题的支命题；支命题是通过联结词的联结而构成复合命题的。也就是说，简单命题的真假取决于它是否与客观实际相符合，而复合命题的真假可由组成它的支命题的真假与联结它们的联结词的含义而共同决定。逻辑上常用的命题联结词："并非""不""并且或而且""或者""如果……""则或那么"等。这些逻辑联结词是对自然语言中的相应句子联结词的逻辑抽象，它与自然语言中字面上的含义并不完全相等。这是因为命题联结词仅反映了复合命题与支命题之间的真假关系，而舍弃了自然语言中复合命题与支命题之间所具有的语义联系。

（3）命题公式：不管是命题变元或原子式或是由命题变元加联结词组成的各种符号式，如否定式、析取式、合取式、等值式、蕴涵式等都是命题公式。这些基本的命题公式和联结词，就构成了无数复合命题。

（4）真值函数：一般将命题逻辑称为真值函项，这主要是命题公式具有函项性特征。由于命题公式是真值函项的表现形式，那么，对于每个命题公式也就都确定了一个真值函项，当命题自变元的真值确定后，其整个命题公式的真值也随之确定。这在数学中自变量的个数一定时，其函数的个数也就相应一定，也就是说，真值函项的个数也取决于命题公式中所含的不同命题变元的数量。但是命题公式并不等于真函项，同一个真值函项也可以用不同形式的命题公式来描述，这些表示同一真值函项的不同命题公式具有相互等值的特征。

2.命题的自然推理 所谓命题的自然推理就是从给定的前提出发，运用推理的有效方式，也就是根据推理规则进行推理。自然推理和公理化推理不同，一般不预设公理，只是按照推理规则，从给定的前提出发得出结论，它比较适合人的思维习惯，所以也称为自然推理。

（1）形式推理：所谓形式推理就是用人工符号语言来表示的演绎推理；它在形式推理系统中，其所有的符号不代表任何具体的语义内容，只考虑其符号与符号之间的真值逻辑关系；所以说推理其本身只表现为一系列符号之间的变形或演绎。形式推理一般可有由概念部分和推理部分组成。

①概念部分：由初始符号，即表示该系统中使用的基本概念；命题系统中的基本概念主要有命题变元、真值联结词和互助符号组成。此外是形成规则，即有关系统中命题公式的定义，其规定何种符号组合在系统中是具有相应意义的。

②推理部分：如公理，是指少数几个作为推理初始出发点或前提的不必证明的命题公式。此外就是推理规则，也称为公式变形规则或加行规则，它是演绎推理过程中必须遵循和依据的规则。

（2）自然推理的组成：命题的自然推理也称为假设，也就是其推理不是以既定的公理为出发点，而是依据其推理规则，在推理过程中依据其需要随时运用某种假设实施的演绎推理。在这种系统推理的构成中有初始符号、形成规则、推理规则、定理和派生规则。

3. 命题的公理推理　人们公认的真命题称为公理，而其他命题的正确性都需要通过推理的方法加以证实；而推理的过程又被称为证明，只有经过证明的真命题才可称为定理。

（1）公理的性质和作用：在命题逻辑中，其另一个演绎方法就公理化方法；这种与自然推理方法的主要区别在于，公理推理只把少数几个不加证明的命题公式作为推论的出发点或前提，这就使整个论域中所有真的公式都可以从这些少数公理推演出来。在公理系统中存在三种性质。

①无矛盾性：即系统内的公理不得自相矛盾。

②独立性：即每条公理不可能从另外的公理推演出来。

③完备性：即从公理出发，可推演出本系统范围内的任何真式。

（2）命题公理系统的组成：实际上，命题公理系统可以从两个方面出发，即从公理模式出发分析每条公理模式的特性，通过这一特性可得消件法和换位法；此外，通过应用演绎定理，一般可得到待证定理的演绎证明序列，再通过对演绎证明序列的仔细观察，从而获得相应公理证明的突破口。在命题公理系统组成中，主要包括初始符号、形成规则、定义、公理、推理规则、定理等。

（3）公理系统定理证明：命题逻辑公理系统的定理证明则是其中最基础的部分。在研究命题逻辑公理系统定理证明的方法方面，一般还可以为定理机械化证明的理论和方法的创新提供必要的实践准备，从而促进定理机械化证明的发展。①根据定理证明总是相对于某个具体的公理系统这一事实，从考察共性的角度出发，探索公理模式在定理证明中的特征，尤其着重探索公理模式在定理证明中所起的作用，并由此形成消件法和换位法两个实用的证明技巧。②利用消件法和换位法，结合采用几何定理证明中常用的综合法和分析法，运用简单定理的证明技巧和方法，在证明中应当遵循的原则，并由此形成了要对具体定理作具体分析的思想。③以证明简单定理的技巧和方法为基础，运用传统逻辑关于复合命题推理的相关规则和方法，摸索复杂定理的证明方法，由此形成从传统逻辑的推理构造与复杂定理证明的定理分解法。

第三节　医学编辑逻辑方法

编辑在逻辑思维过程中，主要是根据编辑实践活动中的现实事物和材料，按照逻辑思维规律和规则形成的概念而做出判断与进行推理的方法。编辑逻辑思维的正确运用，来源于对逻辑方法的掌握。其主要逻辑方法有比较分类法、抽象与概括、分析与综合、归纳与演绎、假设与理论、求因果联系、证明与反驳、由抽象到具体、逻辑与历史等方法，这些方法的交替与综合运用，对提高编辑的思维判断能力具有重要的实际应用意义。

一、编辑比较与分类

编辑比较就是通过对相关编辑实践活动和事物之间的对比分析，从而找到它们之间的差异、关系和共同点；从中发现共同规律和特殊规律的思维方法。俗话说，没有比较，就没有鉴别。人们在比较中鉴别，在比较中进步。

1. 编辑比较的价值　编辑比较有利于对编辑对象进行定性与定量分析。如对中外医学期刊的比较研究，就是将世界著名医学与国内医学期刊多方面进行比较，从中找出特点和不足，以利促进国内医学期刊的发展。而临床医学中比较的应用更普遍。如各种临床检验项目与人体正常值的比较；医学影像学与人体正常器官形态学的比较，通过比较发现其差异，从而判断出正常还是异常，以利于得出正确结论。

主要价值：①比较有利于从编辑现象到编辑本质的认识。如从编辑单纯为作者服务，到以读者为中心的双重服务理念的认识。②比较有利于类比和揭示编辑读者需要、选题组稿、学术导向等编辑实践过程。③比较有利于期刊发展，同优秀期刊比较，同世界著名医学期刊比较，找出世界著名医学期刊的特点，发现自己期刊的不足和差异所在，克服不足，效仿和创新性地开拓发展，有利于促进期刊发展。

2. 编辑比较的可比性　　比较的前提就是可比性，事物之间都存在着同一性和差异，这就是比较的基础。也就是说，比较是在有条件性和无条件性、相对性与绝对性的辩证统一原则下进行的比较。所以，在编辑实践中，正确运用比较方法要特别注意事物是否具有可比性，否则这种比较就会失去基本意义。在编辑实践活动中应特别注意比较4个因素。

（1）相比较的对象或概念的内涵要保持一致性：比较的对象要具有可比性，也就是比较对象的概念和性质相同。如医学基础研究论文与医学普及性文章审稿质量标准比较，两者内涵和概念不同，审稿标准要求不同，互相不具有可比性。

（2）相比较的角度或指标属性要一致：如临床大样本多中心治疗药物疗效观察研究，要设计试验组（药物组）和对照组，根据样本的年龄和性别情况，为控制样本的偏倚因素，有时还要进行分层设计，但不管是如何分组，各组的均衡性、观察指标要一致，具有可比性。

（3）相互比较的条件和环境应一致：如新型冠状病毒疫苗免疫效果的观察，要观察不同人群的免疫效果，应当按不同民族、不同年龄段人群实施分组设计，以保证各组条件和环境的一致性与可比性。

（4）相互比较的属性应是内在的本质属性：因为比较的对象其属性各异，也不可能都可以比较，这就需要抓住比较对象最主要的内在本质属性进行比较。

3. 编辑比较的类别　　在比较对象的类别上，一般常用的有同类比较、相似比较、等差比较、先后比较和正反比较。

（1）同类比较：这种比较是要在时间和空间条件下，对同一类型的比较客体的比较。如世界性医学期刊、全国性著名医学期刊和省市级医学期刊比较其学术创新水平，因为其空间和层次不同，也很难具有可比性。

（2）相似比较：这是在同一时间或空间条件下，对多个不同类型而且具有相似性对象进行的比较。如中华医学会系列杂志与中国系列杂志之间的比较。

（3）等差比较：这种比较是在同一时间和空间条件下，对同一类型中的各比较对象进行的比较。如医学期刊分为全国性期刊、省级期刊、地市级期刊。

（4）先后比较：这种比较是根据不同时间先后出现的对象进行比较。如新中国成立前与新中国成立后医学期刊数量的比较。

（5）正反比较：这种比较是对相互矛盾的两个对象之间进行的比较。如临床研究中自身对照研究中的治疗前与治疗后的正反比较。

二、编辑求因果联系

因果联系是指客观事物发展过程中原因与结果之间的联系，这是在自然界和人类社会中所固有的必然联系。世界上所有事物都具有普遍联系，因而形成一个普遍联系的整体。因此，事物的联系是多种多样的因果联系，在求因果联系的分析方法中，一般有求同分析法、求异分析法、求同求异分析法、剩余分析法和共变分析法。

1. 求同分析法　　求同分析法也称为契合法，是判断现象因果联系的方法之一。它是在观察和研究对象时，如果在不同场合，出现同一现象，这种现象就是属于同一现象的原因或结果，其特点是异中求同。如新型冠状病毒暴发早期，临床医师发现，它的呼吸道症状和体征与传染性非典型肺炎（SARS）基本相似，根据这一现象，临床医师最早意识到这可能是冠状病毒感染引发的传染性疾病，因而及时采取了戴口罩的防护措施。在医学研究的初始阶段，运用这一推理方法，它有利于获得关于被研究对象原因，然后根据进一步的研究证据加以检验证实。

2. 求异分析法　　求异分析法是从两个场合的差异情况中探求其原因的方法，也称为差异法；是判明现象间因果关系的一种逻辑方法。其被考察的某一对象，在一个场合出现，但在其他场合不出现，如果这两个场合的许多情况都相同，只有一个有关情况不同，这种情况下，这个不同情况可能同所考察的这一现象具有因果关系。

3.求同求异分析法　求同求异分析方法也称为契合差异法、同异联合法、同异并用法。它是求同与求异相结合应用的一种归纳分析方法，是用求同的方法确定某现象出现的各个场合的共有条件，某现象不出现的各个场合不具有的该条件，通过求异分析方法把上述结果加以比较，因而判明该条件是某现象的原因。求同求异分析方法在流行病学调查上经常运用。

4.剩余分析法　剩余分析方法是已知某一复合现象是某一复合原因引起的，而且知道这一部分结果是某一部分原因引起的，这就可以推断另一部分结果可能是剩余原因引起的结果。剩余分析方法是寻求因果关系的归纳方法之一。

5.共变分析法　共变分析方法是如果一个现象发生变化，而另一个现象也随之发生一定变化，那这第一个现象可能是第二个现象的原因。这种共变分析方法有助于研究人员通过考察某些现象同时存在，又同时发生变化的状况，通过检验确立这些现象之间的因果关系，以利于判明并最终发现影响事物发生和发展的内在规律；比如人们常说的量变到质变的规律。如临床医学研究人员对吸烟与肺癌关系的研究，研究者将入组人群对象按吸烟量的大小进行危险分层设计研究，将其分层若干组，然后观察各组患肺癌的相对危险性。研究人员将不吸烟肺癌相对危险性确定为1，将每日吸1包烟以下肺癌相对危险性设为2.5，每日吸1包烟以上的肺癌相对危险性设为3.6，每日吸2包烟以上的肺癌相对危险性设为7.4。经过长期观察和追踪研究发现，吸烟量与患肺癌的相对危险性具有剂量的递增关系，也就是说，吸烟量越大，患肺癌的可能性和危险性也就越大。

第四节　医学编辑逻辑的运用

医学编辑逻辑就是编辑活动的思维规律和编辑客观存在与发展规律的认识过程。编辑逻辑必然要运用逻辑学的基本方法和逻辑分析方法处理和审视医学编辑出版的系统流程，以利于提高和保证医学编辑出版系统流程各环节的质量。重点专注于研究医学编辑逻辑及编辑思维规律与思维特点。在医学编辑实践中，逻辑的运用无处不在，都会自觉与不自觉地应用到逻辑分析和逻辑判断，逻辑在医学编辑实践中的运用可有效保证编辑出版质量。

一、编辑逻辑基本概述

医学编辑逻辑就是具有医学编辑特点的思维规律。逻辑思维能力是指正确与合理思考的能力，也就是对医学编辑实践活动进行观察、逻辑分析、比较、综合、抽象、概括、推理、判断的能力；运用科学的逻辑方法，正确、清晰和条理性地表达编辑的思维过程的能力，是编辑必备的基本素质。

1.编辑逻辑的应用范围　逻辑学的主要研究对象是人类的思维形式和思维的一般规律与逻辑方法。当然，思维形式概念、逻辑判断、逻辑推理和逻辑方法是逻辑学基本原理，它对任何科学都具有普遍适用的特点，这主要是因为所有的编辑活动和科学的认识过程都具有基本特性，也就是说任何科学都离不开以概念、逻辑判断、逻辑推理等逻辑分析基本原理，运用这些基本原理论证学术观点，归纳和阐述学科理论知识的原则和方法。这就决定了逻辑概念、逻辑推理、逻辑判断和逻辑论证所构成的知识体系，以及所遵循的逻辑学最基本原理。只有遵循逻辑学基本原理，才能保证科学的严谨性、周密性和逻辑性，首先观点必须明确，因而要遵循排中律原理；要保证观点前后的一致性，不发生矛盾，就必须遵循矛盾律原理；论证要围绕主题，就必须遵循同一律原理。这充分显示了逻辑学多学科应用的普遍性与基础性特征。

2.编辑逻辑的基本原理

（1）逻辑的同一律：这是指事物只能是其自身，在逻辑中同一律被称为 A=A。也就是任何自反关系都适用于同一律原理。

（2）逻辑的排中律：这是指对于任何事物在一定条件下的判断都要具有明确的是与非，从不存在中间状态。

（3）逻辑的矛盾律：它是指在同一时期，

某一事物不可能在同一方面既是这样又不是这样。矛盾律作为传统逻辑的基本规律之一，通常被表述为 A 必不非 A 或 A 不能既是 B 又不是 B。它要求在同一思维过程中对同一对象不能同时做出两个截然不同的矛盾的判断。也就是不能既肯定它又否定它。矛盾律首先是作为事物规律提出来的，认为同一事物不能同时既具有某属性又不具备某属性。

（4）充足理由律：充足理由律认为，任何事物都具有其存在的充足理由，正所谓存在即合理。

3. 编辑逻辑研究方法

（1）逻辑类比推理：它是依据两个对象在某些属性上相同或相似性，应用比较而推断出其在属性上也具有相同性的推理过程。这种类比推理首先从观察个别现象入手，因而带有类似归纳推理。但归纳推理不是由特殊到一般，而是由特殊到特殊的推理过程。所以，它又不完全同于归纳推理。

（2）逻辑归纳推理：所谓归纳推理是指以同一类事物中若干个别对象的具体知识为前提，而推断出具有该类事物的普遍性知识的结论，是由个别到一般的推理，从个别事物的观点而过渡到较大观点，由特殊具体事例推导出一般原理和原则的解释方法。在社会生活和编辑实践中，个别与特殊自然存在对象和现象中，只有通过认识个别现象，才能认识一般现象。

（3）逻辑演绎推理：演绎推理主要指由一般到特殊的推理方法。就是从一般性的前提出发，通过演绎推导，而获得具体陈述或个别结论的过程。其推论前提与结论之间的联系是必然的，因而是一种确实性推理。运用这种推理方法研究问题，首先要正确把握作为指导思想和依据的一般原理和原则，同时要全面了解所研究的问题、事物的实际情况与特殊性，然后才能推导出一般原理用于特定事物的结论。

4. 编辑概念 概念在人们的认识过程中非常重要，它是从感性认识上升到理性认识的基本认识过程，是理性思维的重要形式。人们把感知到的客观事物对具有共同本质和特征的东西抽象出来，实施理性概括，这也是自我认识的基本表达形式，同时形成概念性思维惯性，它是人们认识思维体系中最基本的构成单位。概念具有内涵与外延的基本特征，其内涵就是所反映事物对象所具有的特别属性，外延则是概念所反映事物对象的范围，也就是所反映的属性的事物对象。

二、编辑计划的逻辑运用

医学编辑逻辑在期刊社的系统运行中，具有系统逻辑、分系统逻辑、子系统逻辑和个别逻辑，编辑部制订整体长期编辑计划就涉及系统逻辑，制订年度编辑计划涉及分系统逻辑，如果个体编辑制订编辑计划就涉及子系统逻辑，而专题重点选题计划则涉及个别逻辑，运用编辑逻辑制订各项计划，可有效增强计划的周密性、科学性、严谨性、全面性，以利避免编辑计划和编辑决策失当。

1. 编辑出版中长期规划制订的逻辑 制订期刊或图书出版社的中长期发展规划，作为期刊社来说，这是一项系统性工作，因为它涉及编辑出版的各个方面和长期发展目标，涉及系统逻辑和逻辑依据，也就是为什么制订规划，其规划发展目标的层次性，这就涉及逻辑依据和系统逻辑分析。它的重要逻辑依据和制动规划的动机，就是逻辑依据。如根据办刊方针、办刊宗旨、办刊理念和期刊定位这样一个逻辑依据，围绕落实办刊方针，规划的各项任务和目标，也都涉及其相应的逻辑，也就是分系统逻辑关系。如果规划主线和目标，脱离了办刊方针、办刊宗旨和期刊地位，制订出的规划必然缺乏逻辑依据和系统逻辑，这势必难以达到和落实办刊方针与办刊宗旨，甚至误入歧途，违背办刊初衷。制订和撰写编辑出版中长期发展规划，除了注意整体系统逻辑和逻辑依据外，还要注意规划各项任务和目标的逻辑问题，使规划逻辑依据明确，系统逻辑严密，逻辑目标明确清晰。

2. 编辑出版年度计划制订的逻辑 编辑出版年度计划属于短期计划，它涉及分系统逻辑和逻辑依据，当年的编辑出版计划各期专题重点、选题组稿任务、专题会议计划任务等，它涉及分系统逻辑和逻辑依据问题，逻辑依据主要是中长期规划，因为年度计划就是中长期规划的具体落实和任务分解行为，因此其逻辑依据就是中长期规划。同时，要注意其各项任务（如各期选题重点、选题组稿的逻辑依据和逻辑关系），也就是为什么要选这个专题重点，其逻辑依据是什么？还要注意各计划任务的逻辑，甚至语言表达的逻辑性。

3. 编辑个体计划制订的逻辑　编辑个体计划是年度计划的分解，其任务更加具体，是实际操作层面的计划，它涉及子系统逻辑和逻辑依据的运用，编辑子系统逻辑和逻辑依据，是以分系统逻辑和逻辑依据为根据。同时，其具体任务也要注意逻辑性（如选题重点、组稿内容，甚至约请专家撰写述评文章题目），都是为什么？其逻辑依据和逻辑关系应当明确，否则就会缺乏编辑思维或编辑思想，造成编辑工作的盲目性。

三、编辑选题策划的逻辑运用

编辑选题策划是医学期刊和医学图书出版编辑的重要工作，选题策划是最能反映编辑的创新思维，彰显编辑思想，是主动性和针对性的编辑模式，其选题策划成功与否，这其中逻辑的运用是影响选题策划的重要因素。

1. 编辑选题计划的逻辑　一般而言，医学期刊编辑部每年都有选题组稿书面计划。在撰写书面选题计划或策划方案时，要注意策划方案的逻辑，以保证选题策划方案的严密性、必要性和可行性。要特别注意选题策划的逻辑依据，选题策划的背景、选题的目的、选题的重点、选题的意义、选题的必要性、选题的可行性、选题组稿路径、选题的预期效益等逻辑关系与逻辑顺序，通过选题策划，彰显编辑创新思维，突出编辑思想，避免编辑的盲目性。

2. 编辑专题重点选题的逻辑　在编辑实践中，大多数医学期刊几乎每期都具有不同的选题重点或称为重点号。这些重点选题内容的逻辑依据是什么？也就是为什么要选择这一重点内容？选题的逻辑依据就是编辑选题的动因，同时还要注意重点文章的逻辑性，也就是每篇文章都不是随意和随机的，都有其逻辑关系，具有编辑的逻辑分析和编辑思想，只有注重选题的逻辑性，才能避免编辑盲目性。

3. 编辑约稿组稿的逻辑　在编辑实践活动中，约稿组稿是编辑重要的日常工作，这种约稿组稿既有计划性的，也有临时动议性的，而且数量较少，大多为单篇文章的约稿。这种单篇临时动议性约稿，特别应注意其约稿的逻辑依据。如述评、专家论坛、专题笔谈等评论类文章的约稿，尤其应注重其逻辑依据，也就是为何要约写这篇述评文章，其约稿的学术动因、学术背景、学术目的、学术主题、学术内容、预期效果、撰写专家遴选、撰写要求等都应明确，约稿逻辑与专家撰写文稿的内容逻辑应紧密衔接，以确保约稿成功和达到约稿的学术目的与学术效果。

四、编辑稿件评审中的逻辑运用

编辑逻辑在学术论文稿件评审中的运用最为重要，也是最为普遍的，把握和运用好稿件评审的逻辑分析，对于论文稿件评审的质量控制尤为重要，也是提高医学期刊和医学图书学术质量的重要环节。

1. 论文稿件立题逻辑　论文稿件评审首要的是对研究立题的逻辑分析和逻辑判断，也就是本研究立题的逻辑依据，应从立题的学术背景、立题的动因或动机、立题的创新性、立题的目的、立题的意义与价值、立题的必要性等实施周密的逻辑分析，这是本研究立题成立和必要性的基本前提。如果其立题都不能成立，那本论文也就失去了研究价值。

2. 论文研究的方法学逻辑　对论文研究方法的逻辑分析，其重点是在方法学的新颖性、方法来源和方法的可靠性；同时分析科研设计的合理性和统计学方法运用的合理性与正确性。因为医学科研设计和统计学方法应用的科学性，直接关系其研究结果和结论的可靠性与科学性，其研究创新性再强，结论缺乏可靠性和可信性是没有任何意义的；所以在医学科研论文评审中，方法学部分的逻辑判断非常重要，是医学科研论文评审关注的重点。一般而言，医学科研设计缺陷是很难修改的，因为整个科研课题已结题，不可能再重新设计，不可能把对照组病例和正常对照组再召回来重新分组设计及重新试验。

3. 研究结果与结论逻辑　论文研究结果与结论的逻辑，是从研究目的、研究结果、研究结论逻辑顺序分析的，其研究结果是对研究结论的支撑，结论又印证了研究目的，具有逻辑上的一致性。研究结果是要靠客观实验数据为基础，单纯描述性语言，不能作为研究结果，当然也就得不出可靠的结论。

4. 标题制作与研究主体逻辑　标题是论文的眼睛，精练、重点突出、创新醒目和逻辑严密，是提炼论文标题的重点。首先从逻辑上分析标题词语搭配的逻辑关系；然后分析标题与研究主体和结论的逻辑关系，也就是标题是否反映了研究主题和主要创新结论，以保证标题与研究内容相匹配，题与文相符，以避免文不对题、题不对文、头重脚轻、脚大头小的常见缺陷。

5. 讨论与结果结论逻辑　医学科研论文的讨论与结果结论的逻辑缺陷比较常见。其讨论要循序本研究主题、研究结果、研究结论、存在的问题和新的发现这一逻辑顺序展开讨论，同时提出作者自己的见解和观点，忌讳将其他文献结论和观点照搬罗列，避免讨论中漫无边际、脱离本研究主题的议论，注重讨论的逻辑严密性和讨论的意义与价值。

6. 参考文献与研究主题逻辑　参考文献的著录同样需要注意逻辑依据和逻辑关系。参考文献著录的逻辑依据是本研究与相关研究文献的关联性（如方法的出处）；相关文献研究结果、结论与本研究结果、结论的支撑性和印证性，避免与本研究无逻辑关系文献的罗列，特别忌讳作者未曾阅读过的文献随意拷贝到文章中的做法，这会影响参考文献著录的逻辑性和价值，影响文章的整体质量。

五、编辑文书撰写的逻辑运用

在编辑实践中，编辑文书较多，其撰写的逻辑性直接影响文书的质量和表达的准确性，编辑文书逻辑质量直接反映了编辑的整体素质，是编者与作者互动和交流的重要手段。

1. 约稿函的逻辑　约稿函是编辑常用文书，它体现了被阅专家作者的郑重性和依据性。约稿函文书撰写的逻辑性，对被约作者准确理解编者约稿意图，全面把握约稿要求，比较顺利地完成约稿至关重要。编者在撰写约稿函时，首先要明确约稿的逻辑依据，背景、目的、意义、选题与内容、文章体例与形式、撰写思路、要求等，以保证约稿成功。

2. 稿件退修函的逻辑　稿件退修函的撰写对保证作者一次性修改成功至关重要。书写退修函前，编辑要进行逻辑分析，首先对同行评审意见进行审视，综合分析审稿意见的等级或重要程度，根据其重要性进行逻辑排序；同时对稿件全文进行审读，审视稿件的规范性缺陷和缺项部分，对其规范性问题进行等级逻辑排序，然后正式行文，根据学术性和规范性问题的重要性或逻辑等级依次排序撰写，对提请作者需要斟酌的问题依次列于之后，注重撰写的逻辑性和逻辑关系，同时还要注意文字表达的准确和流畅及词语的表达逻辑，以利于作者正确理解编者的修改意见。编者与作者是非命令性隶属关系，其沟通是相互平等的，所以文书的用语和口气应温和恭敬，避免过激语言伤害作者自尊心理。最后以"上述意见建议仅供参考！"结束。

3. 退稿函的逻辑　退稿函编辑文书其重要性不亚于稿件退修函，其意义在于帮助作者提高科研能力和论文撰写能力，同时让作者明确退稿依据，令其心服口服。退稿函与退修函撰写前的程序和思路基本相同，编辑也要对同行专家评审意见实施综合分析，对意见进行重要性等级和逻辑排序，而稿件规范性问题可以忽略，当然最好列出，以利于全面提高作者论文撰写水平。退稿函撰写的逻辑性和逻辑关系也是非常重要的，以利于作者正确理解意见和建议。退稿函首先对作者是一个心理挫折和心理打击，因此编辑撰写退稿函首先以鼓励和肯定为前提，然后明确退稿依据，并注意撰写内容的逻辑问题，以保证不会发生歧义。最后以"上述意见建议仅供参考！感谢对本刊的支持！"结束。

此外，为保证作者的合法权益和体现编辑职业道德与职业精神，应当做到每一篇退稿都给作者提供退稿函，书写明确的退稿依据和审稿意见，避免稿件退稿无声无息或以"退稿"两字了事。这种做法对提高作者论文撰写能力不利，也不利于培育作者队伍和培养人才，更是对作者不负责任，也是对作者心理和权益的伤害。

第五节　医学编辑逻辑素质修养

在编辑实践活动中，逻辑的运用无处不在，特别是在医学论文稿件评审中、论文稿件编辑修改、编辑文书的撰写、会议发言等都会涉及和运用到逻辑，可以说，编辑的逻辑素养直接影响医学期刊的内在系统质量。因此，在编辑实践活动中，编辑应注重逻辑素质培养，尤其应注意思路的清晰性、概念的明确性、思想的确定性、判断的恰当性、推理的合理性和论说的有效性。

一、编辑思路的清晰性

编辑思路的清晰性体现编辑的基本素质，尤其是彰显了编辑逻辑思维的基本能力。思路的清晰性主要体现在编辑思考问题的周密性和严谨性，无论是撰文还是讲话，思考条理和脉络清楚，层次分明，逻辑性强，给读者或听众以透彻的感觉，让读者或听众印象深刻，从中受益。

1. 论文稿件评审的思路运用　这是指编辑对研究论文思路的分析和研判，也就是对作者研究思路的理解与把握，因为它直接影响着编辑对研究工作的认识和把握。编辑在稿件评审中，首先对作者的研究论文的基本思路有一个初步了解和认识，从作者的立题背景、研究背景、研究目的、研究的意义、方法学、科研设计思路、结果和结论分析等，判断研究论文结果和结论的可靠性及学术价值。同时，运用逻辑方法分析作者研究论文的逻辑性、设计的严密性、行文的严谨性和表达的层次性，是保证论文质量的重要环节。

2. 编辑撰文的思路　编辑是做文字工作的，产出的编辑文书众多，而且编辑撰写的文书基本上都是给作者阅读的。因此，让读者清晰理解编者文书的思路、目的、用意和意义，是编辑行文撰文的基本要求。编辑在行文过程中，要明确行文阅读的对象，撰文行文的目的和意义，主题和重点突出，条理和层次分明，思路清晰，逻辑性强，文体规范严谨，让读者一目了然，这是编辑行文的基本要求。

3. 编辑演讲的思路　编辑职业具有公众性特点，因而在会议场合演讲发言的机会比较多，其演讲发言思路如何，既体现了编辑个体素质和职业气质，也代表了所在期刊的形象。因此，编辑无论是大会演讲报告，还是研讨会、座谈会一般发言或会议致辞，首先要了解听众对象，发言的形式和发言的目的与发言的主题，对大型会议演讲报告或致辞，尽量准备PPT或文字稿，以保证演讲的主题的准确性、层次性和逻辑性；对于小型会议或即兴发言，也要做好心理准备，打好腹稿，紧紧扣住会议主题，展现发言的思想性、建设性、层次性和逻辑性，避讳盲目发言，影响个体和期刊社形象。

二、编辑概念的明确性

概念是人们在认识事物过程中从感性认识上升到理性认识的过程，是把所感知的事物的共同本质特点抽象与概括，它是自我认识的表达形式，从而形成概念式思维惯性。同时，概念具有两个基本特征，那就是概念的内涵和外延，概念的内涵即概念的含义，也就是概念所反映的事物对象特有属性。在编辑实践中，涉及的概念无处不在，医学研究论文中概念、编辑文书或撰文中的概念和演讲发言中的概念等，正确理解概念和运用概念，是逻辑清晰和表达准确的基础。因此，对概念本身的明确性、对概念的理解性和概念的明确表达，是合理运用概念和提出概念的前提。

1. 认识和明确概念　在编辑活动中，特别是在研究论文评审和编辑加工修改中，认识概念、理解概念和明确概念，是正确把握和找准论文研究本质和学术价值判断的首要任务，如果编辑连作者研究论文所涉及的概念都理解不了，就很难正确判断论文的科学性和创新性与学术价值。这在稿件的编辑修改加工阶段更是如此，如果编辑对所要编辑加工修改论文的概念模糊，也就不能正确理顺其逻辑关系，这很容易造成盲目修改或修改错误。编辑在撰写文稿或编辑文书的行文中，如果概念模糊，就容易造成读者和作者的概念不清，理解困难。因此，正确认识和明确概念，是保证稿件或口头语言表达准确性关键。

2.正确理解概念 在编辑实践中,编辑要正确理解所涉及的概念的内涵和外延,把握内涵的本质特征。概念的构成离不开词语,要正确理解和明确概念,首先要透过词语形式,抓住思想内容和本质,切忌停留在词语形式上,而犯了望文生义的错误。

（1）分析词语形式和注意省略语义：概念都是由词语表达的,在表达概念时应用省略语是常有的事,而有时从省略语的语境或字面上难以准确认识和把握所表达的概念。因此,编辑不能停留在词语形式上,以免造成对概念本质的正确理解。

（2）注意概念与词语形式含义：在文稿表达中,有些概念与词语形式不一致,在这种情况下,编辑不要局限于词语的字面含义,应进行整体分析,深刻认识和理解概念含义的深层意义。

（3）分析词语形式的相似性：在文稿中,有些概念的词语形式具有相似性或相近性,在内容上往往具有某种共同之处,这就要求编辑应该从词语形式的细微差别上具体分析,找出和发现其思想内容的差异性,透过现象抓住本质。

（4）词语与概念：在编辑实践中,对有些概念,从词语表达形式上完全相同,但要明确理解其中词语表达形式究竟是哪一概念；要正确和清晰地理解,编辑必须对全文进行阅读和分析,了解立题依据、研究背景、研究目的等,以利确定在某个语境中词语所表达的基本概念。

3.准确表达概念 要让读者或听众理解文稿主题思想,首先要清晰叙述和描述概念,准确和明确表达概念,应用恰如其分和通俗易懂的词语表达概念,避免概念模糊,让读者难以理解。

（1）规范用词：在叙述概念或提出概念时,要讲究用词的规范性和准确性,避免生造词语,使读者费解,甚至误解,发生歧义。

（2）规范使用缩略语和简称：对于概念叙述用词应尽量用全称,如有必要用简称时,要在首次用全称时注明简称；对于缩略语的应用,不要人为或随意制造缩略语,尽量应用既定成俗的缩略语,以免影响概念的可读性。

（3）认真推敲和避免歧义：对于概念的用词要认真推敲,同一词有时可以表达不同的概念。因此,要斟酌用词是否恰当,注意不同语境下用词的严谨性,以免造成歧义。

三、编辑思想的确定性

做任何事情都要明确的指导思想,正确的指导思想是事业成功的关键,确定指导思想是做好任何事物的前提。思想是人对客观存在反映在意识中,并经过思维活动而产生的结果或形成的观点及观念体系。而确定性是相对于非稳定性而言的,是指客观事物在没有发生质变之前的一种稳定状态；事物的确定性是事物发展变化的前提条件。在编辑实践中,从每一期杂志总体设计思想的确定,到评审论文稿件评审、撰写编辑文书或演讲发言等,都涉及主题思想的确定,确定了主题思想,也就可以理顺思路,同时要注意思维对象的确定、概念的确定和判断的确定；以保证思想的客观准确,逻辑严密。

1.思维对象的确定性 在编辑活动中,对于编辑事物的处理,其思维不可能漫无边际,每一项事物必然有一个思维对象。编辑在其思维过程中,只有确定思维对象,才不至于脱离思维主体。如每一部医学图书或一篇文章,都有一个总体思维对象或称为总系统思维对象,而每章、每节、每段,都应分别有不同层次的思维对象,这就构成了思维对象的层次性,即总系统思维对象、分系统思维对象、子系统思维对象、次子系统思维对象,也可以称为大思维对象和小思维对象,但都离不开或围绕总系统思维对象或主体思维对象进行其思维过程。使编辑的思维始终沿着同一项事物的同一个思维对象进行,不至于胡思乱想,脱离主体思维轨迹。

2.概念的确定性 概念作为人类在认识过程中从感性认识上升为理性认识,将所感知的事物的共同本质特定抽象出来加以概括,是认知意识的一种表达,也是形成概念式思维的基本形式。在编辑活动中,无论是稿件评审、修改加工稿件、撰写编辑文书、会议演讲等,处处涉及概念问题,分清概念、区别概念、辨别概念、确定概念,是准确把握逻辑和表达逻辑关系的基本前提。

（1）区别概念：不同的概念具有不同的内涵,而不同概念之间具有共同点,也有不同点,概念之间无论具有何种程度的联系与关联性,其本质是相互有区别的,具有其差异性特点,也就是说,概念与概念之间是不能混淆的,否则就会颠倒思维对象,从而做出不恰当的判断,甚至造成错误的推理判断。

(2)区别概念与词语:词语不是概念,概念也不是词语,它们之间既有联系又有区别。概念是词语的思想内容,词语是概念的基础,通过词语才能表现出概念;同一概念可以用不同的词语来表达,但不可将不同词语当作不同概念。同时还要注意,同一个词语,可以用来表达不同概念,但不可把词语的相同当作概念也有相同性。

(3)同一词语与不同概念:在确定概念中,应注意不要将同一词语来表达的不同概念相混淆,由于概念的词语形式不同,尤其具有共同之处和关系密切时,容易造成混淆。这种识别能力体现了编辑的逻辑素质和逻辑修养,特别是在编辑实践中,要正确识别同一词语与不同概念的区别,编辑还要了解专业知识与文章的研究专业相结合进行分析,这样更能准确地加以识别。

3. 判断的确定性　在判断中,对同一主体的同一问题做出判断,应该具有明确性,同一问题不能做出两种判断或多种判断,而造成含糊其词、模棱两可,甚至自相矛盾,对于相互矛盾的两种可能的判断,只能选其一种肯定判断,两者必取其一。在编辑实践中,编辑文书中最常见的错误是自相矛盾,这是由于判断的确定性原因造成的;自相矛盾的形成,主要是对同一主体同时做出相反的判断,要避免这种判断失误,就要坚持同一主体、同一时空、同一对象、同一主题。

四、编辑判断的恰当性

作为思维方式的判断,它通常表现为两个或以上概念之间的联系,当编辑以判断形式确定概念之间的特定联系时,这就是在判断。编辑在认识过程中运用判断形式将认识的结果固定下来,缺乏判断思维,编辑也就无法进行正常的编辑实践活动。而判断也与其他概念一样,是在编辑实践中通过阅读或调查分析过程中形成的,是对编辑事物所有肯定或否定的一种思维形式,它由主概念、谓概念和系词是或不是组成的。判断的恰当性,是指其判断要与客观实际相符合,判断又可分为两种,即简单判断和复合判断。而简单判断是不能分解为若干判断的判断,它由主项、谓项、联项和量项组成。

1. 判断的主项与谓项　判断与概念同样,它是在编辑实践中通过分析和调查研究过程中形成的对编辑事物所有肯定或否定的思维。主项是判断中表示判断对象的概念;谓项是判断中表示判断对象性质或判断对象之间关系的概念。它是由主概念、谓概念和系词是或不是构成的。如所有编辑工作都是服务性工作。这个判断是肯定全部编辑工作都具有服务性的基本属性,而在这个判断里,"编辑"是主概念,"服务性工作"是谓概念,"都是"是系词,其判断既有内容又有形式,也就是说,判断的形式是指同类判断中的不同内容的共同联系方式,"所有编辑工作都是服务性工作"和"所有临床医学各学科都是为患者诊断治疗服务的"两个判断的内容不一样,但其共同形式所有 A 都是 B,即 A 代表主概念,B 代表谓概念。其中主项和谓项有个搭配的问题,搭配要恰当,也就是说,主项所表示的对象要有谓项所表示的性质和关系;若主项、谓项搭配欠合适,其判断就会偏离方向,给读者造成牛头不对马嘴的感觉。

2. 判断的全称与特称　全称判断是指断定一类编辑事物全部都具有或不具有某种属性的判断,它的基本形式为,所有 S 是 P。如所有作者投稿的医学科研论文都是要经同行评议;临床医学研究中的一切客观结论都不以研究者的偏好而发生改变。全称判断一般具有全称量项,但在其实际表达中也可以省略。在特称判断中,又可分为特称肯定判断和特称否定判断。特称肯定是断定某类编辑事物具有某性质,一般可用 SIP 表示,而特称否定判断是断定某类编辑事物中有事物不具有某性质,一般可用 SOP 或 O 表示。

特称判断是反映某类编辑事物中至少有一个对象具有或不具有某种性质的判断。如有大多数编辑是专家型的编辑;有的研究论文不是临床研究。简单地说,如果判断所反映的是一类编辑事物的所有成分或情况就是全称判断;如果判断所反映的是一类编辑事物的部分成分或情况就是特称判断。全称判断和特称判断要有相应的全称量和特称量项;全称量项多以"一切""所有"

"任何"等体现。特称量项常以"有些""有的""绝大多数""一小部分"等体现出来。在实际应用中，全称量项有时可以省去，但省略了还是全称量项；特称量项是不可省略的，如果省略就变成了全称判断，其判断就不恰当了。如有些编辑是有临床实践背景的。这是一个恰当判断，若把特称量项"有些"删掉，就变了。如编辑是有临床实践背景的。这就造成判断歧义了，这个全称判断就变得不恰当了。

3. 判断的肯定与否定　肯定判断是判断的一种形式；在人的思维过程中，它凭借语言对客观事物间的联系加以肯定的过程。它是将表示客观事物的概念和表现客观事物的属性的概念用"是"联结在一起。如医学期刊是学术性期刊。否定判断也是一种判断形式，它与肯定判断相对应，以语言的形式对概念或概念属性之间的关系加以否定的过程。肯定判断与否定判断是可以互换的，肯定句换成单纯否定句，可按照否定词+原词的反义词的形式进行互换。例1，这期杂志编辑得很好。例2，这期杂志编辑得不错。肯定句换成双重否定句，只需要在句中加入两个否定词即可，因为双重否定表达肯定的意思。例3，本文作者承认自己错误了。例4，本文作者不能不承认自己错了。肯定与否定的意思都可以用反问的语气来表达：肯定+反问=否定意思，否定+反问=肯定的意思。例5，编辑没有想到这位作者竟是国际著名临床微生物专家（否定）；编辑怎么会想到这位作者竟然是国际著名临床微生物专家呢？（肯定+反问句）。例6，编辑应该知道自己错了（肯定）；编辑难道还不知道自己的错误吗？（否定+反问）。

对编辑事物做出否定判断的句子称为否定判断句。否定判断又可分为单纯否定和双重否定两种。单纯否定是指否定句中只有一个否定词。如本文作者不知道问题会这么严重。双重否定是指否定句中具有两个否定副词。如在这个时候，编辑部的编辑们没有一个不被这位专家的科学严谨的学风所感动。如果给否定判断增加一个否定词，就会变成了否定句，这会与原意正相反。如编辑在医学名词术语的规范化应用中，切忌不要无视国家医学名词审定委员会的要求。这里的"切忌"和"不要"只能用其一，两

个并用就显得不恰当了，在编辑实践中应当予以注意。

在编辑实践中，除了上述值得注意的判断的恰当应用外，同时还要注意复合判断使用的恰当性。

（1）联言判断的适用：联言判断是同时对几种编辑事物情况给予的肯定或否定的复合判断。如医学期刊是广大医药卫生技术人员学术交流平台，不是少数专家的学术交流平台。很显然，这个联言判断是由一个肯定判断和一个否定判断构成的联言判断。联言判断也可以由几个肯定判断组成或者由几个否定判断组成。而组成联言判断的各个判断，也称为联言支，它们可以是并列关系，一般用"并且""既……又""另一方面"等作为联结词。例如，近年来，中华医学会系列杂志学术影响力已经取得了很大成绩，并且正向着国际化医学期刊发展。当然，这种联言判断也可以是递进关系，可用"不仅……而且……"作为联结词。例如，《中华医学杂志（英文版）》不但被国内著名数据收录，而且被《科学引文索引（SCI）》《医学索引（IM）》等国际著名权威数据库收录。同时还可以是转折关系，一般用"虽然……但是"作为联结词。例如，虽然中华医学会系列杂志普及性略显不足，但是其创新性较强。

（2）假言判断的实际应用：假言判断是断定编辑事物情况之间的条件关系的复合判断。如只有坚持科学性、创新性和实用性相结合，医学科技期刊才能保证健康发展。显然，这个假言判断断定了"只有坚持科学性、创新性和实用性"和"才能保证健康发展"之间的逻辑判断关系。

（3）选言判断的应用：选言判断是断定编辑事物情况有几种可能的复合判断。如医学期刊学术影响力大或因为发表创新成果多或因为期刊品牌影响力大。可以看出，这个选言判断了期刊影响力大的两种可能。在实际应用中，反映各种可能判断的逻辑关系，人们叫作选言支。如"创新成果多"和"品牌影响大"。

五、编辑推理的合理性

逻辑推理是编辑思维的基本形式之一。它是

由一个或几个已知的判断或前提，进而推导出新的判断或结论的思维过程；同时又可分为直接推理和间接推理。要保证推理的合理性，就必须遵守各种推理规则，只有符合规则的推理才具有合理性的推理，违反推理规则的推理就会得出错误的推理结论。

1. 三段论推理规则　三段论是由一个共同概念联系着两个性质判断为前提，进而推出另一个性质判断的结论。它也是进行三段论推理时必须遵守的规则，违反三段论的任何一条规则，都很难得出正确的结论。如医学期刊是学术交流平台，作者投稿是为了学术交流，所以办好医学期刊是为了更好地促进学术交流平台发展。可以看出，前两个性质判断是前提，都由共同概念"学术交流"联系着，第三个性质判断是结论。三段论只能有三个不同的词项，也就是小项、中项和大项，其特点是通过中项的媒介作用，把小项与大项联系起来，由此推导出结论。有关前提的规则有4条：①两个否定前提不能得出结论。②如果前提中有一个是否定的，则结论必然是否定的；假如结论是否定的；其前提中必然有一个是否定的。③两个特称的前提不能得出结论。④前提中有一个是特称的判断，其结论必然是特称的判断。

2. 假言推理规则　所谓假言推理就是根据假言命题的逻辑性质进行的推理。它又可分为充分条件假言推理、必要条件假言推理和充分必要条件推理。

（1）充分条件假言推理规则：肯定前件，就肯定后件；否定前件，就不能否定后件。否定后件，就要否定前件；肯定后件，不能肯定前件。

（2）必要条件假言推理规则：否定前件，就要否定后件；肯定后件，就要肯定前件；肯定前件，不能肯定后件；否定后件，不能否定前件。

（3）充分必要条件假言推理规则：肯定前件，就要肯定后件；肯定后件，就要肯定前件；否定前件，就要否定后件；否定后件，就要否定前件。如如果编辑不严格执行"三审五定"编辑流程规定，就很容易发生编辑错误，个别医学期刊未严格执行"三审五定"规定，所以有的医学期刊经常发生编辑错误。

3. 选言推理规则　选言推理就是至少有一个前提为选言命题，而且要根据选言命题各选言支之间的关系而进行推演的演绎推理。基本规则：①否定一部分选言支，就要肯定另一部分选言支；②肯定一部分选言支，就不可否定另一部分选言支。对前提肯定一部分选言支，而结论否定一部分选言支的，这种情况称为肯定否定式判断。如本期责任编辑不遵守编辑规范，严重破坏了医学期刊的规定，是一种严重的失职行为，这很有可能造成编辑事故或造成严重编辑错误；这件事情是编辑故意违规，严重不负责任，在编辑部影响较坏，显然是属于严重的责任问题。所以，这位责任编辑的错误行为不能单纯以职业道德看待。对否定肯定式判断，是一个前提否定一部分选言支。而其结论是肯定一部分选言支。如根据编辑部对稿件的审稿流程，经过审稿会决定的稿件或采用发表或退作者修改后重审或按退稿处理；退作者修改的稿件尚达不到发表要求，但具有发表价值，若草率退稿未免可惜。所以，将审稿意见退回作者修改，重新评审后再决定是否发表。

4. 简单归纳推理规则　也成为简单枚举归纳推理，它是根据某类事物的部分个体具有或不具有某种属性，且无一反例，以此推导出该类事物都具有或不具有这种属性的推理方法。如骨髓细胞检查、病理切片检查、超声检查、影像诊断检查等；以此为前提，而推出这些检查都属于形态学诊断范畴，这就是简单枚举归纳推理判断。这种简单归纳推理适用于当还不能找到概括得充分的根据，但已经具有相当的佐证材料时，可以运用枚举简单归纳推理形式，以利于做出初步概括或判断，因而推出一个或然性结论，作为进一步研究的思路。这在医学研究中，经常用简单枚举归纳推理形成假说。如患者肺部感染并不都是细菌感染，新型冠状病毒感染肺炎就不是细菌感染，但大多数公众并不知道，往往错误地认为所有肺部感染都是细菌感染的这一结论。

5. 类比推理规则　这种推理方法是根据两个对象在某些属性上相同或相似为判断前提，通过比较而推出它们在其属性上也相同的推理过程；它是从观察个别现象开始，近似于归纳推理。如奥恩布鲁格医师将人体胸腔积液与盛有酒的木桶相类比，看到他父亲用叩击酒桶的办法来判断酒桶内存酒量，根据这一经验类比推理，奥恩布鲁格发明了叩击人的胸部来判断胸腔积液情况，由此发明了叩诊物理诊断方法，至今仍在临床应用。在运用类比推理中，应注意其推理的基本规则和正确运用，其规则应注意：①注意类比的两个对象的本质属性，努力把握前提与结论之间的必然性；这是推出可靠结论的保证。②应尽可能多地举例两个或两类事物共有或共缺的属性特征，因为举例越多，其结论的可靠性越大。③要尽可能发现有无与结论相互矛盾的属性。在类比推理的作用上，在形式逻辑推理的形式中，类比推理是最富有创造性推理思维形式，是基础医学研究和临床医学研究中最富创造性思维，在很多临床创新性发现中，都是通过类比推理形式而获得突破和创新成果。

在类比中，还要注意类比与比较的关系。所谓类比，就是由两个对象的某些相同或相似的性质，推断它们在其他性质上也有可能相同或相似的一种推理形式；类比是一种主观的不充分的似真推理。而对比是把具有明显差异、矛盾和对立的双方安排在一起，进行对照比较的表现手法。如《中华医学杂志》与《美国医学会杂志》(JAMA)从内容特点上进行比较，发现JAMA所刊登内容特点：①以常见病的共性热点问题和医学重大进展为重点；②重点在提高临床医师的诊断和治疗水平；③实用性强和导向性强；④文章篇幅普遍较短；⑤全面反映不同专业领域最新进展；⑥发行量较大。通过对比认为，这两本医学期刊在刊载内容上具有显著差异性。《中华医学杂志》所刊登内容：①基础医学研究文章和国家各类重点研究课题文章为多；②实用性和导向性欠缺；③全面反映不同专业领域最新进展欠缺；④发行量仅为JAMA的零头。这两本医学期刊同为综合性医学期刊，JAMA是美国医学会会刊，1883年创刊，至今已有139年创刊历史；《中华医学杂志》是中华医学会会刊，1887年创刊，至今已有135年创刊历史。众所周知，学术期刊是以内容为王的知识产品，能够吸引读者订阅或阅读的动力，一定是内容适应了读者需要，所以内容特点作为对比对象；而两本综合性医学期刊具有共同的属性和特征，具备对比条件，JAMA是世界著名医学期刊，《中华医学杂志》尚未进入世界名刊行列。

在类比推理中，还要注意原则：①类比所根据的相似属性越多，类比的应用就更为有效；②类比所根据的相似属性之间越是相关联，类比的应用也越有效；③类比所根据的相似数学模型越精确，类比的应用也越有效。同时还要处理好几个关系：①概念关系，概念间关系包括了全同、全异、包含和交叉关系；②近反义词关系，如火上浇油；③组成关系，组成关系一般是整体和部分的关系，如编辑与出版。

第 8 章　医学编辑决策原理与编辑决策方法

医学科技期刊的编辑决策在编辑活动中无时不在，编辑决策质量的优劣对提高期刊的科学性、创新性、实用性和学术质量具有举足轻重的作用。因此，编辑决策的形式、方法、原则、决策程序、决策质量控制等，对提高编辑质量具有重要的理论和实践意义。

编辑决策是从编辑方案中或大量稿件中选择出最优化方案及最佳稿件的编辑决断过程。编辑决策贯穿于编辑实践的全过程，实施有效的编辑决策质量控制，避免编辑决策偏倚或编辑决策失误，是保证医学科技期刊质量的重要基础。

第一节　医学编辑决策的基本概念

要实现和保证医学编辑决策的预期效果和效益，决策者必须遵循科学的编辑决策原理。

1. 医学编辑正确决策与错误决策　编辑正确决策就是对期刊未来编辑实践活动做出科学而正确的编辑方案和规划，医学期刊编辑出版的成功与否，在某种程度上讲取决于编辑决策的水平。其编辑决策的正确与否，直接关乎医学期刊发展的成败，而检验编辑决策的最终标准是编辑实践成果，也就是期刊出版的社会效益、学术效益和经济效益。

编辑决策有科学的编辑决策和非科学的编辑决策之分，也就是正确的编辑决策与非正确的编辑决策。而正确的编辑决策一定是建立在循证、程序和可靠的科学根据基础之上的决策，正确的编辑决策是在决策科学理论指导下实施和完成，运用科学的方法做出的有科学依据的编辑决定，是经过严格论证和咨询优选出来的符合医学科技学术期刊发展客观规律的编辑决策。因此，正确的编辑决策是经得起编辑实践检验的决策活动。而错误的非科学的编辑决策与正确相反，是盲目和片面的决策，既缺乏科学依据又缺乏医学科技期刊发展的实际，这类编辑决策往往经不起编辑实践、客观规律和时间的检验，往往给期刊发展造成不良后果，影响期刊健康发展。

2. 医学编辑决策的目的与意义　医学编辑决策反映的是编辑决策者的主观意志，是一种创造性的行为动机，是编者与期刊环境构成的矛盾对立统一体在不断运动、变化与发展的过程中，编者凭借自己的主观能力产生的指导医学科技期刊未来发展和实践的活动，并以编辑决策者的行为结果形式体现出来的主观意志。这种编辑决策者的主观意志，如果用决策科学的语言来表达就叫决策目标。

3. 医学编辑决策的检验准则　其检验准则包括：读者和作者需要原则、同行评议准则、专家咨询准则、读者作者调查准则、文献情报准则、科学预测准则、决策方案的必要性和可行性论证准则、编辑决策方案的可操作性准则、决策方案最优化准则、期刊发展需要准则、合法合规准则等。一般而言，只要遵循检验准则，就不会出现大的编辑决策失误。

第二节　医学编辑决策的基本原理

决策，是指对事物做出决定的策略或办法。决策活动是社会生活和各项事业活动的普遍行为，无论是个体、集体或组织，每天都面临着各种决策活动，而决策过程就是人们为各种活动出主意和做决定的过程。决策活动是一个复杂的创新思维活动，也是信息收集、信息加工、最后做出判断和得出决策结论的过程。其实，决策行为无论是在工作中还是在生活中都是无时不在的，只是其决策的方式和决策的层次及复杂性不同而已，特别是在医学编辑实践活动中，各项编辑决策贯穿于编辑实践活动的始终，具有其独特性。如选题组稿决策、稿件评审或评议决策、学术导向决策、期刊总体设计决策、栏目设计决策等；其关键在于编辑决策的质量和编辑决策的效率。

众所周知，行政管理决策理论形成于20世纪初，首先提出行政管理决策观点的是美国学者L.古立克。他认为决策是行政管理的主要功能和任务之一。其后，美国学者C.I.巴纳德认为行政管理决策是实现组织目标的重要战略因素。这些观点对后来行政管理决策理论颇有影响。但行政管理决策理论体系的完善和形成，并在组织管理和行政管理学中占有重要的地位，还是得益于美国行政学和管理学家H.A.西蒙的进一步完善和在管理实践中的应用。H.A.西蒙首先在《决策与行政组织》中提出了决策理论的概念和理论体系。后来，又出版了《行政行为：在行政组织中决策程序的研究》，这是决策理论研究最早的理论著作。H.A.西蒙致力于决策理论和决策实践的研究，并相继对决策理论、决策程序和决策技术，如运筹学、计算机学等进行研究和有机结合，为决策科学成为新的管理学科奠定了基础。当然，对决策理论研究的学者较多，尤其是行政管理决策理论的类型与种类较多，不同学派和学者研究及提出的理论特点各有差异。但具有代表性的理论不外乎以下几种。

一、连续有限比较决策论

连续有限比较决策论是H.A.西蒙具有代表性的理论。连续有限比较决策论认为，人的实际行动或行为不可能完全理性，决策者是具有有限理性的管理者或领导者，他们不可能预见一切结果，也只能在供选择的方案中遴选出最优或最满意的方案。管理者或领导者对行政环境的看法简单化，一般情况下很难准确抓住决策环境中的各种复杂因素，而只能看到有限的数个决策方案及其部分结果。而事实上，人的理性程度对决策者有很大影响，但在决策实践中，不应忽视组织因素对决策的影响。

二、完全理性决策论

完全理性决策论的代表学者有英国经济学家J.边沁、美国科学管理学家F.W.泰勒等。完全理性决策论又称客观理性决策论，其主要观点认为，人是坚持寻求最大价值的经济人。而经济人具有最大限度的理性，并能为实现组织和个人目标而做出最优化的选择。它们在决策上表现为，决策前能全盘考虑一切行动和这些行动所产生的影响。决策者根据自身的价值观和价值取向，选择有最大价值的行动方案。而这种理论只是假设人们在完全理性条件下实施决策，而不是在实际决策活动中的现实状态。

三、非理性决策论

非理性决策论以奥地利心理学家S.弗洛伊德和意大利社会学家V.帕累托等为代表。非理性决策论的基点既不是人的理性，更不是决策者所面临的现实，主要是人的情欲。这一理论认为，人的行为在很大程度上受潜意识的支配，在许多决策行为上往往表现出不自觉、不理性的情感，这表现为决策者在处理问题时常被感情所左右，很容易感情用事，因而容易造成不明智的决策。

四、理性及组织决策论

理性及组织决策的代表学者是美国组织学者J.G.马奇。理性及组织决策论首先承认个人理性的存在，并且认为由于人们的理性受个人智慧与能力所限制，必须发挥和借助组织的作用。通过严格的组织分工，使每个决策者明确自己的工作和角色，了解更多的行动方案和行动结果。组织为个人提供一定的引导和帮助，使决策有明确的方向。组织运用权力和沟通的方法，使决策者便于选择有利的行动方案，进而增强决策的理性。而衡量决策者理性的依据，是组织目标而不是个体目标。

五、现实渐进决策论

现实渐进决策论以美国的政治经济学者C.E.林德布洛姆为代表。这种理论的基点不是人们的理性，而是人们所面临的实践和现实环境，并对现实做渐进性的改变。C.E.林德布洛姆认为，决策者不是完人，也不可能拥有人类的全部智慧和有关决策的全部信息，其决策的时间和经费又具有有限性。所以，决策者只能采用应付局面的办法，草率做出决策。现实渐进决策论理论要求决策程序简化，决策实用和可行，并符合利益集团的利益和要求，其出发点是力求解决现实问题。现实渐进决策论强调现实和渐进性改变，因而受到行政管理和决策者的重视。医学科技期刊编辑决策以行政管理决策基本理论和基本原理为基础，结合医学科技期刊编辑决策的特点，形成具有医学科技期刊编辑决策特点的编辑决策原理和理论，以指导医学科技期刊编辑决策实践活动。

六、编辑科学决策原理

科学决策也称理性决策，是指在科学的决策理论指导下，以科学的思维方式，应用分析手段与方法，按照科学的决策程序进行的符合客观实际的决策活动。科学决策是一种较之经验决策更为高级的决策形式，是现代人类社会决策的主要形式。

科学决策的主要特点：①应具有科学的决策体制和运动机制，决策系统中各子系统具有相对独立性，又能够密切联系，有机配合。②遵循科学的决策程序，经过发现问题、确定目标、调查研究、拟订方案、分析评估、选优决断、试验反馈、修正追踪等步骤。③要特别重视"智囊团"或编辑委员会专家在医学编辑决策中的决策参谋和决策咨询作用。④运用现代科学技术和科学方法。如网络化技术、大数据分析和数据库海量文献分析、可行性论证等，以利于提高编辑决策的正确性。

七、编辑的决策程序原理

程序是保证科学决策和正确决策的前提。

1.决策的程序控制功能

（1）定序功能：让决策程序按顺序实施，避免拍脑门式的决策。

（2）定时功能：让决策程序按规定的时间实施，以避免心血来潮式的决策。

（3）决策操作控制功能：决策按程序或步骤控制相应环节，以利于避免决策的随意性。无论是何种决策，都是一个提出问题、分析问题和解决问题的完整动态过程，遵循科学的决策程序或程序原理，才能做出正确的决策。

2.基本决策程序

（1）问题的提出与目标确定：任何决策都是从提出问题和解决问题开始。所谓问题，就是应有现象和实现现象之间的差距；而决策者就是要善于在全面收集、检索、调查和了解情况的基础上发现差距，确认问题，从而阐明问题的本质、发展趋势和解决问题的路径。而所谓目标，就是指在一定环境和条件下，在预测的基础上所希望达到的结果。因此，目标是决策的出发点和归宿；其决策目标必须明确、客观、合理，要在需要与可能的基础上，确定必须要达到的目标和期望达到的目标，以利于避免决策的盲目性。

（2）制订可行性方案：可行性方案是指具备条件和能保证决策目标实现的方案。在决策实践中，对解决任何问题都存在多途径，这就需要对决策方案实施比较分析，制订多种可供选择的决策方案。因此，制订可行性方案的过程，就是一个发现和探索问题的过程，也是淘汰、补充、修订和选择的过程。决策者要大胆设想、敢于创新，同时又要细致、周密、冷静和精心设计。

（3）选择方案：决策者对于制订的多个可行性方案应实施分析与评价，从中选择出一个最满意的方案。这个最满意的方案也是相对的，是决策者主观认为满意的方案。选出最满意的方案必须依据一定的决策准则，因为不同的决策准则下所选出的最满意方案很可能是不一样的，其决策结果也会不同。

（4）执行方案：方案的执行是决策过程中比较重要的环节；方案一经选定，就要制订实施方案，制订出具体操作步骤和实施措施，以确保决策方案的顺利实现。在方案的实施过程中，其环境可能发生变化，决策前假设的条件可能没有出现或发生变化。因此，在方案的实施过程中需要根据情况及时做出调整，以确保预期决策目标的实现。

第三节 医学编辑决策中的基本要素

编辑决策中的基本要素是指编辑决策系统中主要决策环节或构成要素，这些决策要素在编辑决策中缺一不可，否则很难形成决策行为和决策效果。

1. 编辑决策者　是编辑决策中的主体，也是决策系统主观能力和决策意志的体现者及决策的动力来源与实施者。编辑决策者可以是编辑、编辑部主任、社长、总编辑/主编等，也可以是编辑部、编辑委员会、期刊社等决策机构。编辑决策的本质是办刊人将要见之于客观行动的主观能力，即编辑或编辑部（社）对期刊客观世界的认识能力和对未来编辑出版实践的驾驭能力的体现与实践。

2. 编辑决策对象　编辑决策对象在期刊编辑部或期刊社比较广泛，决策事项种类繁多，涉及整个期刊的编辑出版系统的各个环节。实际上，在期刊编辑出版活动中，每天都面临着决策，作为编辑个体也是一样。每天都面临着稿件的取舍决策、选题决策、组稿决策、栏目决策等；而作为编辑部或期刊社，其编辑决策对象更多。期刊的发展决策、品牌培育或宣传决策、期刊重大学术报道的决策等，可以说，编辑决策对象无时不在，其伴随在整个编辑出版实践活动中。

3. 编辑决策信息　编辑决策的首要条件或要素就是决策信息，这是决策的前提条件，也是编辑决策的动力所在，有了信息，才有引发决策者的决策行为的发生。决策信息又分内部信息和外部信息，编辑内部信息决定了期刊系统的功能，即决定编辑出版系统的运营、运动、变化、发展的根据；编辑外部信息则是编辑决策系统运动、变化、发展的条件。因此，决策信息的收集、获取、传递，编辑决策信息的整理、分析、判断和信息的真实性和可靠性很重要。另外，决策信息的及时性和有效性、判断和推理的准确性，是做出正确、科学决策的最根本前提。

4. 编辑决策的方法　在编辑决策活动中，编辑决策者必须掌握正确的决策方法，应用编辑决策理论与方法对决策事项进行科学的分析、综合、推理，才能得到科学的正确的判断和决策。

5. 编辑决策结果　编辑决策活动的目的，是为了得到决策最优化结果。结果表现为期刊的社会效益、学术效益和经济效益，这也是反映编辑决策最优化的重要标志和编辑决策的首要目的。

第四节 医学编辑决策的特点

医学的特殊性决定了其编辑决策的特殊性和严谨性。还具有民主、学术、专业、同行和群众性的编辑决策特点。

1. 编辑决策的民主特点　医学科技期刊编辑决策不同于行政决策，编辑决策具有很强的民主性色彩，这是由医学科技期刊性质所决定的，医学科技学术期刊本身就是学术交流平台，它拥有众多编辑委员、审稿专家、读者和作者，编辑决策的行为目的是满足广大读者、作者和医药卫生科技人员学术交流需要。因此，编辑决策的基础就是民主性，要以读者和作者需要为原则，在决策之前，要广泛征询读者、作者和广大医药卫生科技术人员的意见，这样就很难发生决策偏差和决策失误。

2. 编辑决策的学术特点　医学科技学术期刊的编辑决策属于学术性或专业性决策范畴，在编辑实践中，往往一些编辑动议或编辑决策带有尝试性和学术探讨色彩，要善于和勇于尝试和探讨，只有这样才有可能有编辑创新，促进期刊全面发展。

3. 编辑决策的专业特点　编辑活动带有很强的专业性，其编辑决策同样具有较强的专业性质，这就要求决策者具有较高的专业水平，不但精通科技学术期刊编辑业务，还要深入了解相关学科领域的学术发展趋势和动态，熟悉国家相关领域科技攻关课题和重大科技研究专项及科研重点，并随时掌握研究进程和阶段性成果，熟悉领衔科学家，以便适时做出重大编辑选题策划决策或选题组稿决策。

4. 编辑决策的同行特点　医学科技学术期刊稿件的同行评议原则是保证期刊学术质量的基本前提。因此，论文稿件的取舍决策，最重要的是坚持同行评议或评审原则，也就是送同行专家审稿和评议，为稿件取舍提供决策的重要依据。当然，其他相关编辑决策方案在决策之前，也可以送相关领域的专家评议或咨询，决策者在实施决策行为前，向有关专家实施决策咨询，是保证编辑决策正确性、实用性和客观性的重要保证。

5. 编辑决策的群众特点　实际上，医学科技学术期刊编辑工作具有较强的社会性和群众性。所以，其编辑决策行为也带有群众性色彩。因此，编辑决策与行政决策不同，行政决策在某种程度上反映的就是长官意志、无须征询群众或其他人的意见，而编辑决策虽然也反映决策者的意志，但这种意志的动力是来源于服务对象，是要反映读者、作者和广大专家学者的学术交流需求。因此，编辑决策具有群众基础和群众性特点。

第五节　医学编辑决策偏倚的影响因素

医学科技学术期刊的编辑决策与其他决策行为一样，都会受到一些有利或不利因素的影响和制约，如果负面因素过强，就会影响编辑决策质量或发生编辑决策偏倚。一般来讲，影响编辑决策的因素主要有社会环境因素、经济环境因素、学术环境因素、期刊文化因素、编辑决策者个人因素等。

1. 社会环境因素　社会环境因素不仅对编辑决策具有影响作用，就是对所有领域或行业的决策也具有制约和影响作用，任何事物都不可能脱离现实社会环境的制约与影响。当然，社会环境对决策既有正能量影响因素，也有负能量的影响因素和制约因素。

社会环境对编辑决策的影响因素主要有政治环境、经济环境、学术环境、科学技术环境、法制环境、社会文化环境、期刊内外环境、编辑决策者素质因素等。

（1）政治环境因素：社会的政治生态因素、政治气氛和政治安定，不仅对科技学术期刊编辑决策质量具有很大影响作用，对其他非学术和专业性决策质量影响更大。

（2）法制环境因素：健全完善的社会法制环境，特别是良好的科技体制和健全完善的科学技术法规，不仅为科学研究提供法制环境和法制支撑，对医学科技学术期刊编辑决策也提供良好的法制环境保障。

（3）社会文化环境因素：社会文化环境包括精神文明程度、崇尚科学精神的程度、科学伦理道德精神、广大科技人员的价值取向、社会风尚等，这些对医学科技学术期刊的编辑决策也具有影响作用，这些因素同样也会影响到编辑决策质量的优劣。

2. 经济环境因素　任何决策行为都离不开经济环境因素的影响，编辑决策也是如此，因为任何决策方案的实施，都需要消耗能量，也就是需要经济作为支撑，这是决策实施的基本条件。因此，社会的经济发展状况、期刊本身的经济实力、财政政策、资金来源、消费特征与消费模式等，都会影响医学科技学术期刊编辑决策的质量。

3. 学术环境因素　学术环境对医学科技学术期刊编辑决策动力和决策质量的影响尤为突出，良好的学术环境和积极向上的学术大环境，对编辑决策者具有很大的激发作用，可有效调动决策者的激情和编辑决策思路。当然，正能量的学术环境与负能量的学术环境，都会影响决策的正确性、决策质量，强度较大的负能量学术环境，容易造成编辑决策偏倚。

4. 科学技术环境因素　科学技术和科学研究的大环境，对医学科技学术期刊编辑决策的影响巨大，因为作为科学研究"龙头和龙尾"的科技学术期刊，它就是科学技术和科学研究的晴雨表，反映了当代或当下医学科学技术和科学研究的进展、趋势和研究水平及研究成果。因此，科学技术和科学研究氛围、科学精神、科技界的奉献精神、科研环境、科技创新能力和创新水平等，都对医学科技学术期刊决策效率、决策质量和决策数量发生很大的影响和制约作用。

5. 组织内部文化因素　组织内部文化因素主要指编辑部、期刊社等组织机构内部的文化氛围，其团队精神、组织和谐程度、编辑团队的执行能力、编辑合作精神、编辑的团结程度、编辑的创新精神和奉献精神、编辑团队的敬业精神、编辑的学术敏感性和快速反应能力等，对医学科学技术期刊决策质量的优劣和编辑决策方案的实施具有决定性影响作用。这就是内因通过外因才能发生作用的原理。因此，最大程度地优化编辑部、期刊社内部机构的文化环境和良好的运行机制，是保证高质量决策和决策方案有效实施与达到决策效果及决策目标的重要保障。

6. 编辑决策者素质因素　在任何决策行为或决策活动中，实际起决定作用的是决策者个体，其他同属外部因素或外部条件。因此，编辑决策者个人素质、能力和人格魅力，是决策成败的关键因素。决策者个人的学术水平、知识结构与实践经验、对学科/学术发展趋势的驾驭能力、学术洞察力、学术敏感性和快速反应能力、对编辑事业的敬业和奉献精神、学术战略眼光、学术民主作风、学术价值取向、决策者的道德水准、有效规避决策利益冲突的能力、偏好与价值观、预测和分析能力、决策风险控制能力、工作态度和社会责任担当等，都直接影响决策的过程、决策质量和决策结果。因此，编辑决策者个人整体素质因素，是编辑决策质量优劣和决策偏倚控制及达到决策预期效果的根本因素。

第六节　医学编辑决策的原则

在科技学术期刊编辑实践中，要保证编辑决策的正确性，必须坚持依靠和发挥编辑委员会、专家、学术共同体的作用；同时，还要坚持编辑决策的循证原则、程序原则、同行评议原则、科学性原则、公正性原则和民主原则。

1. 编辑决策的循证原则　要提高和保证科技学术期刊编辑决策质量，就必须注重决策的依据和证据，坚持循证原则，也就是一项编辑决策的动议，其决策根据和证据是什么？决策目的和决策目标又是什么？特别是对重点学术报告的选题策划，其决策应具有足够的依据；而对科研论文的评价也是如此，在其评审过程中，做出刊用与退稿的决策都应具有足够的证据和充足理由，避免决策的盲目性和随意性。

2. 编辑决策的程序原则　健全的编辑决策程序和决策程序设计的合理性、科学性和执行中的依从性，是科技学术期刊编辑决策质量控制的基础。而科学、合理的决策程序设计和制度设计是保证决策质量的前提。编辑决策程序设计缺陷、缺乏合理性，甚至违反编辑决策程序或不遵守程序，很容易使编辑决策失去公正性，难免造成编辑决策偏倚。如中华医学会系列杂志多年坚持"三审五定"的编辑决策程序和编辑决策机制，这种编辑决策机制的建立对保证期刊质量发挥了重要的保证和促进作用。

3. 编辑决策的同行评议原则　当今科学技术发展日新月异，呈现出学科高度分化、专业愈加细化，交叉学科、边缘学科、新兴学科不断派生，使科学技术呈现出高度分化、高度综合又高度交叉的特点；同时，科技学术期刊是内容为王的产品，是群体智慧的结晶，属于公共事业和公共产品。因此，科技学术期刊编辑什么学科和专业都懂是不可能的，必须发挥同行专家的专业优势，实施同行评议和编辑决策咨询，这是科技学术期刊编辑决策的重要原则和特点，特别是论文稿件的评审，必须坚持同行评议的原则，严把学术质量关；同时，它也体现了科技学术期刊专家办刊、学术民主和同行评议的基本要求，也是保证期刊学术质量的重要前提。

4. 编辑决策的公正原则　科技学术期刊作为公共学术服务事业和公共学术产品，其编辑决策的科学性和公正性，是保证科技学术期刊公信力和权威性的基础，尤其是编辑决策者应具有良好的学术道德和学风，具有科学精神、出以公心、尊重科学、鼓励创新，不以学派、门户之见取舍、不以资力和亲疏压制不同学术观点或创新发现。特别是论文取舍的编辑决策，如果违反编辑决策程序、缺乏应有的学术道德、取舍标准具有多变性、缺乏权威同行专家评议等，必然失去编辑决策的公正性和可靠性，科技学术期刊在科技人员心目中的神圣学术形象就会变形扭曲，失去权威性和公信力。

5.编辑决策的层次原则　编辑决策的层次性与等级性具有普遍性和实际指导意义，因为任何决策都意味着责任和要承担的决策风险，不同的编辑岗位具有不同的任务和责任，同时也具有不同的编辑决策内容、范围和决策权限，坚持编辑决策的层次性和等级原则，是提高编辑决策质量和决策效率的重要方面。此外，在科技学术期刊编辑治理结构或质量控制系统中，不同编辑环节和编辑角色定位具有不同的决策内涵和决策范围及决策权限，在编辑决策活动中有的发挥决策策划、决策咨询、决策建议和决策定夺等不同职能作用，各司其职，在编辑实践中应忌讳编辑决策越位，承担不应承担的编辑决策责任。

6.编辑决策的民主原则　科技学术期刊的学术性、专业性和公共性，决定了其编辑决策的公共性和民主性，特别是对于期刊的选题、学术报告重点、栏目设计等编辑决策，要多征询本刊编委、相关专家、读者、作者的意见，这样做出的编辑决策而形成学术报告读者才喜欢，具有针对性。而对于编辑行政决策、期刊经营决策、期刊发展决策等，应向本刊员工实施咨询，征询期刊所有员工的意见，既体现了决策的民主作风，又使员工具有信任感和责任意识，形成决策合力，避免决策偏颇。

7.编辑决策的道德原则　科技学术期刊的编辑决策，实际上很大程度上都是学术决策。如每天编辑决策量最大的日常来稿的评审决策，论文稿件的编辑取舍，可以说，生杀大权掌握在编辑决策者手中，这就要求编辑决策者应具备良好的职业道德和学术道德素质，避免以编辑决策者个人的嗜好和偏见取舍，更不能压制或在未公开发表前透露作者的研究成果和相关信息，人为造成作者学术或科研成果知识产权的侵害和损失，这是编辑决策者职业道德所不许的，作为编辑决策者要牢记职业道德和学术道德，坚守编者职业操守的道德规范和行为准则，时刻守住底线，远离红线。

第七节　医学编辑决策的分类

在科技学术期刊编辑决策活动中，按其决策的层次可分为初级编辑决策、中层编辑决策、高层编辑决策；按编辑决策的作用范围可分为战略决策、战术决策、策略决策、风险决策、常规决策、评价决策等。

1.编辑战略决策　科技学术期刊编辑战略决策属于高层决策范畴，做好期刊的战略管理和战略决策，是保证期刊健康和可持续发展的重要基础。编辑战略决策是涉及期刊发展重大问题和长远战略问题的决策，如期刊的办刊方针、期刊学科或专业定位、期刊品牌扩张、期刊转企改制、期刊重大改革方案、期刊中长期发展计划、期刊重大合作项目等，而这些期刊发展重大问题的决策也不是一般层面所能决策的，它需要编辑委员会、期刊的主办机构、期刊的主管机构或政府部门等实施的决策。

2.编辑战术决策　期刊的编辑战术决策是指实现期刊战略目标的具体方式、方法、措施、途径、切入路径等具体操作计划的决策，是编辑战略决策的执行、技术或实施层面的决策。如为落实办刊方针和编辑计划，实施或采取的学术导向策划、学术报告重点、重点组稿、期刊营销策划、广告经营措施调整等，具体实施措施的编辑决策。这类编辑决策失误虽然不至于影响期刊发展或全局，但它涉及期刊相关计划落实的质量和效果，直接影响期刊局部或某一方面的工作效果。

3.编辑策略决策　编辑策略决策就是为了实现某一个目标，预先根据可能出现的问题而制订的若干对应的方案，并且在实现目标的过程中，根据形势的发展和变化来制订出新的方案或根据形势的发展及变化来选择相应的方案，最终实现战略目标的一般策略决策。比如，根据期刊数字化、网络化给期刊市场带来的冲击和变化，期刊适时调整经营策略，调整经营和盈利模式，以适应市场的变化和发展。

4.编辑风险决策　编辑风险决策属于特殊决

策类型，是指决策事项未来的各种自然状态和目标的实现虽然不能预先肯定，但可以通过预测或计算得出其各种状态或目标实现概率的编辑决策。在编辑风险决策中，具有不确定和不可控因素，因而其决策带有风险性。因此，对期刊风险做出正确评估和预测分析，是实施编辑风险决策的前提。由于风险决策总是蕴涵着风险性，编辑决策者除对风险发生和程度具有客观分析外，还应具有承担风险、化解风险和风险转移的思想准备及预案，以利于发生风险时能及时化解和转移，将风险造成的不良后果和损失降到最低程度。

5. 编辑常规决策　编辑常规决策是指编辑活动中的一般编辑决策。比如，日常大量的稿件评审取舍决策、组稿决策、选题决策、当期栏目设计决策、每期杂志的总体设计决策等，一般编辑业务活动的编辑决策。编辑常规决策失误虽然对期刊发展不会产生重大影响，但其决策质量的优劣，直接影响着期刊的编辑出版质量和学术质量。因此，加强编辑人员的业务培训，不断提高编辑人员的整体素质和能力，是提高编辑常规决策质量的重要措施。

第八节　医学编辑决策治理结构

要保证医学科技学术期刊的科学性、创新性、公正性、民主性和学术质量，必须建立健全和完善期刊的学术和编辑决策机制与学术治理结构，实现自我治理、自我约束、自我控制、自我预防、自我运行的编辑决策程序系统，这是有效控制科技期刊编辑决策质量的基础和前提。中华医学会系列杂志，编辑决策治理结构基本为"编辑委员会—审稿专家队伍—专业编审组—编辑部/主任—总编辑/主编—社长/主编室"，构成了编辑决策的治理结构、编辑决策机制和编辑决策系统（图8-1）。在编辑决策治理结构中，形成了编辑决策链或决策治理系统，不同环节具有不同的编辑决策角色和决策任务，形成了相互制约和自律性的学术控制系统。虽然这种编辑决策机制具有相互制约性，但同时也存在决策效率偏低的缺点；这主要体现在论文稿件发表时滞相对过长，其主要时间消耗在论文内审、外审、终审，还有责任编辑审阅、编辑部主任审阅签发、总编辑审阅签发、分管社长审阅签发等系列环节，其流程耗时较长，致使发表时滞过长，这有待进一步研究。在编辑决策治理结构和编辑决策系统中，最大限度地优化编辑决策流程，缩短发表时滞，特别是对创新性强和具有国际学术竞争力的重大科研成果，为争取首报权和知识产权，可以开辟"绿色通道"实施特别优先处理，施行快审、快定、快发的措施，尽可能加快或缩短编辑决策周期。

1. 总编辑/主编　总编辑/主编是医学科技期刊的学术领衔人物，是领袖级的学术带头人，也是医学科技学术期刊学术质量和学术导向的掌舵人，在医学科技期刊编辑决策特别是学术决策

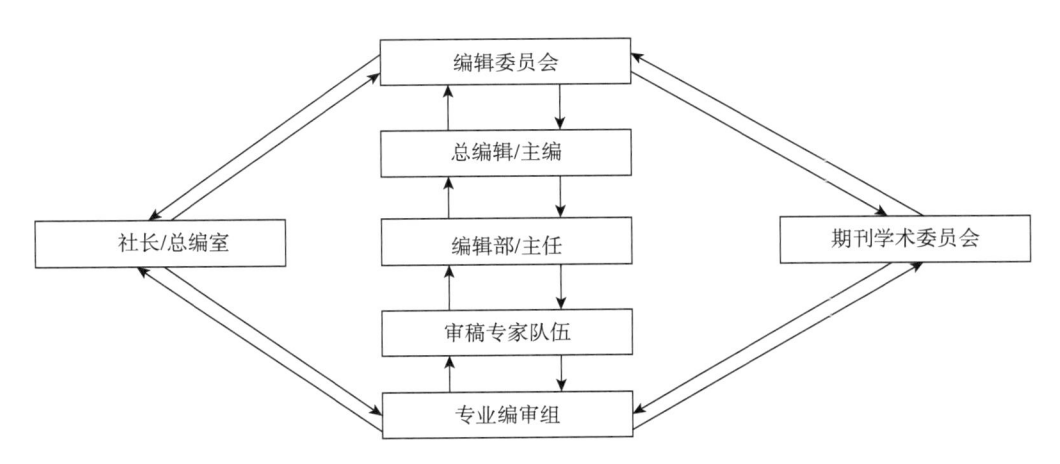

图8-1　中华医学会系列杂志编辑决策控制系统或学术治理结构

活动中居于中心地位。因此，总编辑/主编对期刊的责任感、学术水平、学科地位、国际和国内影响力、学术交流与活动能力、人格魅力和学术魅力、编辑决策水平等，对医学科技学术期刊的编辑决策质量控制具有重要影响。因此，医学科技学术期刊选拔好总编辑或主编，对期刊的发展至关重要。

2. 编辑部/主任　医学科技学术期刊编辑部在编辑决策活动中处于枢纽、实施和编辑决策管理的轴心地位，特别是编辑部主任，在编辑决策行为中始终处于编辑决策治理结构中的重要环节；不仅是编辑决策方案的动议者、制订者和策划者，也是编辑决策方案决定后的具体组织实施者和执行者。在科技学术期刊编辑决策治理结构中发挥着策划、服务、组织、协调、沟通、联络、实施、信息交流、总结的重要作用和职能。因此，编辑部的整体素质和编辑部主任的能力如何，对提高编辑决策质量具有重要作用。

3. 编辑委员会　医学科技学术期刊编辑委员会是编辑决策活动，特别是学术决策活动中的主体，具有学术决策咨询、编辑决策咨询、学术导向咨询和重大学术报道或重点选题报道的咨询、建议和决策的重要职能，是科技学术期刊的智囊团、学术质量把关守门员和编辑决策的学术共同体，并具有把握办刊方针与政策、驾驭学术导向和学科发展方向、研究期刊重大学术或学科发展问题、实施学术质量控制等重要责任，其特点是学术民主、编辑决策民主，是科技期刊学术与编辑决策治理结构中的重要环节和组织形式。

4. 审稿专家队伍　在医学科技学术期刊的编辑决策治理结构或编辑决策系统中，审稿专家队伍建设是编辑队伍建设的重要方面，由于其任务和功能与编辑委员会有所不同，两者并不能互为替代。审稿专家队伍主要侧重于常规审稿的编辑决策咨询，承担同行专家评议。如日常审稿（论文评审），实施高度专业化学术把关和评价，并提出编辑决策建议、咨询意见、论文修改意见、补充实验意见等，这在科技学术期刊常规编辑决策中具有重要作用，具有一支学科和专业齐全的高水平审稿专家队伍，是保证科技学术期刊学术质量的重要保证。

5. 专业编审组　医学科技学术期刊的专业编审组是根据其学科的专业化和领域划分的，其主要任务是对提交定稿会的稿件实施专业化集体审定和编辑决策，也就是对送审回来的稿件实施集体终审，一般由同一专业或研究方向相同的专家对稿件是否可以发表实施最终审定并做出编辑决策，以最大限度地控制审稿偏倚的发生，确保期刊的学术质量。同时，专业编审组也具有专科化学术咨询、选题和组稿等任务，是医学科技期刊编辑决策的高度专业化、具有松散性的学术咨询和学术决策咨询组织形式。

6. 期刊学术委员会　医学科技学术期刊编辑学术委员会是期刊自身松散的编辑学术咨询组织形式，是期刊本身根据工作需要，由本刊资深编辑专家和期刊编辑出版管理者组成，其主要职能是承担所属期刊编辑出版和学术质量的监督检查、出版后的审读、编辑出版质量检查、编辑规范执行情况评价、期刊编辑差错和编辑事故的认定与仲裁等。同时，承担所属期刊编辑人员的学术讨论和学术活动、技术或学术咨询、编辑业务培训、编辑规范、编辑出版制度的起草和修订等。期刊自身学术委员会的健全，对活跃和促进自身学术活动、提高编辑人员的业务能力和编辑质量控制具有重要作用。

7. 社长/总编室　编辑决策治理结构的系统环节都具有不同的侧重点，而期刊社的社长/总编室是要对科技期刊的编辑出版实施全流程决策控制，承担着全面质量管理、编制整体编辑计划、制订或修订编辑规范、组织期刊审读、编制编辑人才培训计划、制订或调整所属期刊的总体设计、期刊品牌培育计划、学术不端事件或编辑出版差错事故管理等，这对于保证编辑决策治理结构和系统的惯性运行具有协调和调度的重要作用。当然，对编辑学术治理结构中的学术组织单元，有些并非行政隶属关系。因此，在工作上不宜简单地采用行政命令的手段，而是以"民主—沟通—协商—建议—讨论"的工作艺术形式，促进共识，自觉履行职能，承担社会责任和义务，达到促进科技期刊和学术交流与发展的共同目标。

第九节　医学编辑决策的内容

医学科技学术期刊编辑决策内容视其决策角色、职能范围和责任不同，而有不同的编辑决策内容和重点，其一般编辑决策有稿件评审决策、编辑选题决策、编辑策划决策、期刊设计决策、期刊经营决策等。

1. 稿件评审决策　稿件评审决策是科技期刊的常规决策或日常编辑决策内容，也是科技期刊重要的编辑决策活动，它是保证科技期刊学术质量的重要关口，稿件评审决策特点是坚持同行评议原则，并坚持和遵守编审程序，为尽可能减少审稿决策偏倚，在稿件评审决策咨询中也可以实施双盲或单盲评审的方法，最大限度地控制感情因素对评价结果的影响。特别是要遵守稿件评审流程，坚持编辑出版制度和编辑规范。

2. 编辑选题决策　医学科技学术期刊的报道内容或重点，其选题是办好期刊的重要手段，而选题决策的正确与否关系到选题成败和效果。因此，科技期刊选题要紧密结合学科发展，抓住学术发展的热点、难点和焦点问题，确实解决和回答学术发展中关键问题，推动学科和学术健康发展。因此，对于编辑选题决策应具有目的性、针对性、必要性和决策依据。特别是要根据读者和广大科技工作者的迫切需要解决的学术问题选题，这样的选题决策才具有生命力，获得读者的欢迎与喜爱。

3. 编辑策划决策　医学期刊的编辑策划是编辑人员的重要技能，通过编辑策划体现编者的编辑思想，落实办刊方针，同时也是期刊的常规编辑活动。因此，正确而有效的编辑策划是提高期刊社会效益、学术效益和经济效益的重要措施。而编辑策划决策的正确与否，来源于对策划方案提出的目的性、必要性、准确性和所制订策划方案的可行性与可操作性的正确把握。

4. 期刊设计决策　医学科技学术期刊通过周密总体设计或当期个性化设计，可有效体现编辑思想，落实期刊的办刊方针和办刊宗旨，并体现办刊的目的性、目标性和期刊的特色。期刊设计包括总体设计、栏目设计、内容设计、封面设计、品牌形象设计、期刊广告设计、期刊发行设计等内容。这些期刊设计决策的正确与否，对提高期刊的办刊效果具有重要意义。

5. 期刊经营决策　期刊经营决策质量、决策水平和决策效率是保证期刊经济效益最优化的前提，在编辑决策活动实践中具有重要地位。其决策的内容有期刊的广告经营决策、期刊发行模式决策、期刊品牌经营与延伸经营、期刊数字化经营、期刊投资项目、期刊学术与会展活动、期刊经营模式与盈利模式、期刊副产品的衍生经营等决策内容。

第十节　医学编辑决策的程序

医学科技学术期刊编辑决策程序设计的科学性与合理性，避免编辑决策程序设计缺陷或缺失，是保证编辑决策客观公正和决策质量的重要环节。对于医学科技学术期刊应具有严谨的编辑决策程序设计，但在编辑实践中违反编辑决策程序或不执行程序，依然不能保证编辑决策的科学性和决策结果的可靠性。因此，编辑决策程序设计和严格执行决策程序并举，以确保编辑决策质量和决策的公正性。一般决策程序：动议或提出决策项目→制订决策方案→决策咨询→决策评价→决策优选。

1. 编辑决策立项　医学科技学术期刊编辑决策的前提是决策立项，也就是提出问题，而提出问题的过程也就是编辑决策创新的过程，也是发现问题和解决问题的过程。在办刊实践中，要根据学科发展和期刊经营的需要，创造性地实施超前编辑策划和期刊经营策划，制订出符合本刊实际的编辑策划方案和经营项目方案。因此，编辑不善于编辑策划或不善于提出问题也就无从谈起编辑决策。所以，编辑善于提出问题和勇于提出创新项目，并制订出可行的预选方案，是编辑决策的基本前提。

2. 制订编辑决策方案　编辑决策立项只是提出问题，而提出问题并不能成为提交决策方案的成品，决策的成品是将提出的决策问题设计成可操作和可执行方案，并且其方案具有可选择性，也就是方案的制订和设计不限一个，这样对决策者来说，在决策时具有可选择的余地和优选空间。另外，在制订和提交决策方案时，要对所制订方案具有深入的调查研究，所提方案应具有必要性、真实性、科学性、客观性、可行性、可操作性、实用性，并对其预期效果和目标做出科学预测，最大限度地避免编辑决策失误。

3. 编辑决策咨询　由于编辑决策和方案的提出者不可避免地受知识结构和能力的局限性。因此，为避免决策方案可能存在的偏倚，方案制订后，可实施必要的编辑决策咨询，广泛征询同行专家、科学/学术共同体、读者或作者、相关部门等专家意见，完善编辑决策方案内容，对其科学性、目的性、必要性、可行性、实用性、可操作进行多维度的咨询分析，保证决策方案的可靠性，有效控制决策失当，并达到预期的决策效果和目标。

4. 编辑决策优选　在对编辑决策方案实施咨询或评价后，对重大编辑决策方案还可再实施必要的集体咨询。比如，提交相应的编辑委员会、专家委员会、评标委员会、科学/学术共同体等实施集群评价，发挥群体智慧的作用，最后有必要时，可以用无记名投票的形式做出优选或选择，最大限度地控制决策偏倚。对于经过编辑决策评价程序，将优化的编辑决策方案再提供给决策者，供领导者或决策者从中优选决定，这样可有效提高编辑决策质量，最大限度地减少决策失误，避免和控制决策风险的发生。

稿件评审和编辑决策还具有不同的决策程序。如中华医学会系列杂志多年坚持实施的"三审五定"稿件决策机制和决策程序，是保证期刊学术质量和评价客观公正的重要措施，对保证学术质量和编辑质量发挥了重要作用。①三审：编辑初审→同行专家外审（最少两审）→集体会审（定稿会）。②五定（签发）：本文编辑→本期责任编辑→编辑部主任→总编辑/主编→主管社长。此外，在稿件评审决策中，坚持回避制度、异地专家评审制度、交叉评审制度、双盲评审制度、统计学与科研设计专门评审制度等，也是最大限度地控制编辑决策偏倚发生概率的有效方法。

第十一节　医学编辑决策方法

在医学科技学术期刊编辑决策活动中，其决策方法有一般决策方法、技术决策方法、宏观决策方法等，而有的适用于整个编辑决策过程，也有的仅适用于阶段性决策或特殊编辑决策。对于具有特殊要求或宏观编辑决策，使用一般决策方法难以达到预期决策目标，因而涉及数学模型、形态模型、统计学分析等。因此，编辑决策方法的运用应根据不同决策项目、内容和性质而定，选择合适的决策方法，一般常用的编辑决策方法有以下几种。

1. 经验决策方法　一般而言，同类科技学术期刊办刊的成功模式或经验具有相似性和模仿性，而期刊的成功做法和积累的经验又具有连续性、继承性与可借鉴性。因此，在编辑实践中可以根据本刊的成熟经验或其他期刊的成功经验，以及典型成功事例等，实施类比分析判断，实行模仿性、学习性和继承性编辑决策分析，这在编辑决策特别是常规编辑决策活动中是经常采用的决策方法。但是经验决策缺乏一定的科学性，因而其决策风险性也隐含其中，特别是对于期刊的重大经营决策或编辑策划决策，要慎重使用经验决策方法，以尽可能避免靠经验决策带来的盲目性和编辑决策失误。

2. 逻辑推理决策方法　编辑决策者通过对期刊的现象、性质、原因和发展规律等因素的掌握，通过严密分析和逻辑判断，推断出对另一同类事物的认识规律，因而针对本刊提出的问题做出相应逻辑推理性编辑决策。这种编辑决策具有较强的逻辑性和推理性，但这种逻辑推理性决策应具有充足的条件做支撑，要在掌握大量科学数据和对本身决策事物本质规律具有足够认识的基础上实施推理性决策；否则，也会蕴涵着决策风险，加大决策风险发生的概率。

3. 成功案例调查方法　对具有良好社会效益和经济效益，在国内外影响较大的品牌科技学术期刊，其成功案例或经验必然具有独到之处。编辑决策者就是根据同类期刊的相似性和属性的相同性，从成功期刊典型案例中选出若干最接近本刊实际的代表性典型做法，对其成功的决策和做法进行剖析，实施深入的典型案例系统调查分析，以利于做出符合本刊实际和规范的跟踪性、学习性或模仿性决策。但这类决策容易受典型模式的束缚，使决策缺乏创新性。编辑决策者可在其成功案例和成功经验的基础上，启动创新性编辑思维，精心设计和开拓出具有自身特点与创新的编辑案例。

4. 数学与统计方法　编辑决策者对期刊的决策项目实施定量或量化统计分析研究，以大量的调查数据和历史积累数据，特别是有效利用现代大数据，实施统计学分析或建立数学模型，根据模型进行运算和推导，这样可获得准确的计算结果，从定性到定量，把数学和统计学方法应用到编辑决策实践中，根据统计数据分析和统计学处理结论作为编辑决策依据，为决策提供科学数据支撑，这是保证编辑决策科学性的重要方法。

5. 期刊模拟模型方法　编辑决策者对实际编辑活动实施模拟性分析和研究，从模拟模型中呈现和认识编辑决策项目系统的结构和功能，使其对编辑决策事物的认识接近真值。决策者经过模拟模型实验和分析认为符合实际要求，对其可行性和预期决策目标有了充分认识，这时根据模拟结果做出编辑决策。这种决策方法适用于特定编辑决策项目，而且须具备比较翔实的数据，并可借助计算机完成模拟模型的构建。

6. 编辑目标决策方法　编辑目标决策方法是指由全体编辑、编辑委员、期刊管理者等成员共同参与制订和实现总体目标的决策方法。这种编辑决策方法是要对期刊发展确定共同的总体目标，并通过组织或管理者自上而下地逐级分解和落实总体目标，其关键在于提出期刊发展和编辑总体目标，突出期刊的整体意识和共同参与，特点是要体现全体办刊人的认同感、责任感和紧迫感，因而容易达到编辑决策目的，实现编辑决策预期目标。

7. 编辑系统分析方法　编辑决策者应用系统科学观点，将期刊或编辑决策项目视为完整的有机系统，对决策方案既要看到整体对局部的作用，也要看到案例对期刊系统的影响，又要考虑编辑系统、学科系统、科技学术系统、期刊市场系统与社会环境系统的关系，将编辑系统与社会系统的物质、能量和信息流的交换整体加以考察，使编辑决策最优化，发挥最大的系统效益。这种编辑决策方法的特点是强调系统观和系统分析，突出期刊或编辑系统各组成部分的系统性和协调性，可避免顾此失彼，最大限度地克服编辑决策缺陷，避免因个案决策对期刊整体系统的影响。

8. 期刊整体平衡方法　在编辑决策活动中，无论是纯编辑决策还是编辑管理决策，特别是编辑行政决策，决策者都要从宏观指导、系统控制和维护各部分的综合平衡出发，注重编辑决策的平衡性，以避免决策后造成期刊运行系统失衡。尤其是期刊的宏观决策和重大决策大都涉及系统的各个方面，对期刊的决策者来说要重视和考虑相互协调、均衡、和谐。如期刊静态与动态的平衡、期刊投入、资源输出、编辑员工收入分配、编辑员工激励措施、期刊收益支配等平衡。避免一项编辑决策的做出造成期刊运行系统的均衡性发生冲击，影响期刊编辑系统的运行效果。

9. 决策咨询方法　医学科技学术期刊是群体或集体智慧产品，同时又是公共学术产品，由于人类个体知识结构和智能结构总是具有其局限性，特别是期刊编辑，其学科知识具有很强的专业性和单维度性，但作为医学科技期刊的编辑决策涉及多学科和专业，具有多维度性。因此，在编辑决策实践中，很难对所有决策事项做出客观而准确的判断，这是很正常的。而聪明的编辑决策者会借助"外脑"的智力资源为我所用，以弥补本身大脑智力资源和知识结构的有限性，也就是实施大脑外延和横向纵向延伸，借助外脑的智力或智慧资源，对编辑决策项目或方案实施不同领域专家决策咨询，征询多学科和不同领域专家的意见，这是既聪明又经济有效的编辑决策方法。

10. 编委评审方法　医学科技学术期刊的编辑委员会凝聚了本学科相应专业的国内外学科/学术带头人和著名专家，具有高度专业化和高智力集群；同时，编辑委员会本身就具有智囊团的作用和编辑决策的咨询功能。因此，在编辑决策活动中，充分发挥编辑委员会智囊团与群体智慧资源的作用，实施必要的学术评议或决策方案的评审，这样可最大限度地避免因单纯个体咨询所具有的局限性。所以，请编辑委员会专家对重大编辑决策实施评议、学术咨询或决策咨询，是提高编辑决策质量和有效控制编辑决策风险的重要方法和措施。

11.读者和作者调查方法 读者和作者是科技学术期刊的重要资源和客户，办刊的目的就是要满足读者和作者学术交流的需要。因此，"对作者负责，让读者满意"是科技期刊办刊的基本理念和出发点。所以，科技期刊的编辑决策要围绕读者和作者的需求，采用读者或作者调查的方法，向读者和作者实施编辑决策咨询，是办好科技期刊最有效的编辑决策方法和编辑决策的根据，这也体现了科技期刊编辑决策的溯源性，以此做出的决策是最具有生命力的编辑决策。

综上所述，医学科技学术期刊编辑决策具有其特殊性，而不同类别的科技期刊其编辑决策的形式也存在很大差异。因此，应根据不同期刊性质，把握正确的编辑决策原则和决策方法，实施有效的编辑决策质量控制，全面提高科技学术期刊编辑决策水平。

第9章 医学期刊专题学术研讨会议的组织与策划方法

医学科技学术期刊作为学术交流的平台，它不仅是单纯平面纸版学术内容的交流，医学编辑也不只是文稿的编辑加工，按时出版。还要搞活期刊这一学术交流平台，必须发挥好期刊学术交流平台的资源和优势，结合医学期刊专业特点和学科发展与学术交流需要，具有针对性地做好专题学术会议的选题，实现专题学术会议面对面交流与医学期刊学术导向相互促进，发挥医学期刊学术交流平台的作用和优势，促进医学期刊全面发展。

第一节 医学期刊组织专题学术会议的意义

医学期刊编辑实践证明，充分整合医学期刊学术资源（如读者资源、作者资源、编辑委员专家和医药企业资源），实施医学期刊平面纸质版学术交流、在线视频专题会议和线下专题学术会议交流相结合，对促进医学期刊的品牌培育和提升学术质量具有重要意义。

一、医学期刊组织专题学术会议有利于提升期刊学术质量

在医学期刊编辑出版过程中，科研论文稿源和学术创新质量，是保证医学期刊学术质量的根本源泉，而医学期刊单纯靠自由投稿是远远不够的；要不断开拓医学期刊稿源和稿件的遴选空间，积极主动扩大稿源，是提升医学期刊学术质量的重要措施。通过策划组织专题学术会议，围绕本学科领域的热点问题、难点问题和焦点问题策划选题，实施面对面地与读者、作者和医药卫生技术人员深入研究和交流，可最大限度地整合本领域专家学者的学术观点和学术思想，形成学术思想能量，促进学术发展。同时，医学期刊通过策划组织专题会议，可有效的荟萃相应专业领域的优质科研论文和发现更深入的选题线索，为医学期刊遴选最优质研究成果论文提供有利条件和可选余地，这对提高医学期刊的学术质量具有重要的意义。

二、医学期刊组织专题学术会议有利于强化期刊学术导向

医学期刊组织专题学术会议选题时，一般是围绕国家医学科技攻关重点、重大疾病防治重点、学科发展重点，以及临床热点、难点和焦点问题实施会议选题，因而带有很强的学术动向性和学术导向性。特别是通过专题学术会议遴选出的重点研究论文，同时要配发学科带头人和本领域著名专家述评和专论等，评论类文章及专题会议纪要等重点文章可较完整反映相关专题领域的发展现状、发展趋势和专业发展中应注意的相关问题，因而对相应专业领域的发展具有很强的学术导向性和专业研究的引导性。这种专题学术会议与医学期刊专题组稿和学术导向相结合的形式，可取得很好，甚至有意想不到的学术效果和社会效益。

三、医学期刊组织专题学术会议有利于扩大期刊品牌影响力

医学期刊的品牌建设或品牌培育，是期刊发展的重要内容，而扩大医学期刊品牌影响和期刊品牌培育的措施是多方面的，其中由医学期刊冠名或主办专题学术会议和其他学术性活动，是医学期刊品牌经营、品牌延伸服务和品牌资源整合

的手段之一。

医学期刊通过策划组织专题学术会议，不仅组织和扩大了期刊稿源、还通过学术活动发展选题线索，而且通过专题学术会议扩大了期刊知名度，促进了医学期刊的品牌影响，通过专题学术会议，使与会专家学者、读者和作者进一步加深了对期刊的品牌印记，树立起医学期刊的品牌认知。专题学术会议要注意对期刊品牌培育和专题学术会议品牌培育相结合，注重期刊品牌学术会议的培育，特别是注意专题会议的定期性和连续性，使其成为一个具有专业影响力的学术平台，品牌性专题会议与期刊品牌相得益彰，相互促进，在国际上，由期刊主办的著名品牌学术会议不乏其例。如美国的《财富》（Fortune Magazine）1954年推出"全球500强排行榜"，世界影响巨大。还有其杂志举办的世界财富论坛，多年来吸引众多国家首脑出席，极大地推动了世界经济的发展，期刊本身也获得了巨大的社会效益和经济效益。

四、医学期刊组织专题学术会议有利于学术资源整合利用

在医学期刊中，其编辑委员、读者、作者、专家学者和相关领域的医药企业是医学期刊的重要资源，这些资源既有创新成果的资源，也有新学术观点和学术思想的资源，同时也具有经济资源，这些资源可以说是属于医学期刊的资源，但也可以说它不属于期刊的资源。因为这些资源平时都是以散点状态分布于全国各地和各个医疗科研教育学机构，要成为医学期刊的资源，就必须实施有效整合，才能形成学术资源、思想资源、学术成果资源、社会资源和经济资源，整合形成能量资源或成果资源，转化为医学期刊可用资源。而汇聚、凝聚和整合这些资源的有效方法就是通过策划组织相关专题会议形式，将这些资源汇集与整合起来，发挥这些资源的作用。而单纯死啃平面纸质版文字标点符号，每天只见文不见人的编辑模式，使期刊僵化于文字标点符号的怪圈，既脱离读者，也脱离作者，更脱离编辑委员专家，选题思路和编辑思路得不到启发与更新。因此，根据医学期刊专业学术报道需要，通过策划组织不同选题的专题学术会议，增加编辑与读者、作者、编辑委员和相应领域专家的接触及交流，直接获取读者、作者和专家学者对办刊的意见与建议，可有效启迪编辑思想、选题思路和选题路径，是开放办刊、民主办刊的重要途径。

第二节 医药卫生科学领域学术会议的分类

医药卫生科学领域学术会议的种类较多，这主要是根据主办学术团体或学会而定，一般国际学术会议，国内学术会议；综合性学术会议，专科性学术会议；各学术团体每年召开的学术年会，专科性学术会议，专题性学术会议；专题研讨会、专题学术论坛、学术报告会等。作为医学期刊策划组织召开的学术会议，一般多倾向于专题性研讨会和论坛等，规模不宜过大，必须结合本刊学术报道和本领域热点、难点和焦点问题选题，特别忌讳与本学科领域的学术团体的年会或定期召开的大型专业学术会议相冲突，其选题和会议名称一定要有别于本学科领域专业学会或学术团体定期召开的大型学术会议。医药卫生领域学术会议按照不同会议的分类标准，具有不同的划分方法和结果。

一、按照学科性质不同分类

1. 专科学术会议　一般由专科学会主办的学术年会或其他专业性学术会议，会议征文或学术交流内容一般局限在某一分支学科，参会代表也一般为专业学科领域的专业技术人员和会员。如中华医学会各专科分会主办的学术年会或专业学术会议等。

2. 综合性学术会议　这类学术会议一般由上级学会或学术团体主办，参会专家学者一般为多学科、多专业，跨学科、跨领域、交叉性综合性学术会议。如由中华医学会总会主办的学术年会，其内容和参会代表涉及90多个专科分会的专家学者；中国科学技术协会主办的学术年会，其学科范围更加广泛，内容高度交叉与综合，涉及理、工、农、医诸多学科领域的专家学者参与。

二、按照学术会议周期分类

1. 年度性学术会议或学术年会　这是科学共同体、学术团体或学会制度性综合性大型学术会议。一般是一年召开一次，连续性较强或按届次连续召开。如美国科学促进会，从1848年召开首届年会开始，已连续召开170多届，从未间断；印度科学大会学术年会，自创建以来已召开100多届学术年会；中国科学技术学会1999年建立学术年会制度，目前已召开近20届，获得很好学术效益和社会效益；中华医学会建立学术年会制度多年，每届都云集多学科专家学者和各学科学术带头人参与或做专题报告，多学科交叉与融合交流，对启迪学术思想、扩大学术影响和社会影响具有重要意义。大型学术年会具有主办单位权威性强和层次性高的特点，具有高层次、规模大、学科高度交叉与高度综合、会议主题重大的特点；大会主题报告为本领域院士或顶尖科学家，学术导向性和科学引领性很强，是大型科技社团、学术团体或学会重要的高端学术交流平台。

2. 系列性学术会议　系列性学术会议一般有别于学术年会，主要是侧重于相关学科领域专业性或专题性学术会议，一般定期按届次连续性召开，成为相关学科领域继年会以外补充性学术交流会议。其特点是突出于重点专业或重大专题，征文范围和参会专家学者一般为相应专业领域的科技工作者，因而其学术交流的深度和专业针对性更强，对相关专业的技术人员学术交流效果更佳。

3. 单次性学术会议　单次性学术会议不具有连续性、定期性或届次性，是根据相关学科领域学术发展的需要或重大技术及学术问题适时选题召开的学术会议，通过会议解决临时面临的问题，不再连续召开或根据需要间断召开。

三、按照参会代表国别不同分类

1. 国际学术会议　国际学术会议主要由国际性学术组织主办，国际学术会议的主要与会者来自世界各个国家，这是界定国际学术会议的主要标志。国际学术会议的参会者都具有某个国家代表的象征，不论你是否是国家正式派遣的代表，还是以个人身份参会，人们都会把与会者列在所属国家旗下，将其看成是这个国家的代表。

对于国际学术会议的分类存在各异，如果按地理范围分，可有世界性学术会议、区域性或地区性学术会议等。在国际上，不同的学术会议也有不同的词语。如Meeting，这是指一般会议，其会议规模可大可小，层次可高可低，也可以是正式或非正式学术聚会交流；Conference，这一般指较大的会议，其使用范围广泛，大多数国际性学术会议普遍应用Conference；Congress，一般指代表大会，是由正式代表出席的国际或国内学术组织机构主办的大型学术会议，其规模一般较大。

国际学术会议是各国派遣的学者代表或来自不同国家的专家学者参会，与会者就共同关心的学术问题进行讨论和交流。国际学术会议组织者应当经过事先安排，讨论的内容应当预先得到确认和限定，并按照学术共同体的规则行事。国际学术会议最根本的原则是国与国之间的平等，正式的与会代表均享有同等的代表权和交流权。会议的时间、地点、议程、交流语言等应尊重与会者的选择。

2. 国内学术会议　国内学术会议其主办是由国内学术团体或学会主办，会议学术征文范围和参会人员范围都以国内相关学科领域的专家学者或专业技术人员为主，当然，也有会议特邀国外相关专家学者与会或做专题学术报告；但邀请人数一般很少。

3. 双边学术会议　在国际学术会议中，一般分双边学术会议和多边学术会议。双边学术会是指参会专家学者仅限两个国家，这称为双边学术会议。

4. 多边学术会议　多边学术会议是指参会专家学者来自3个或以上国家的专家学者或代表。

四、按照会议采取的交流技术不同分类

1. 线下学术会议　线下学术会议是传统的实地面对面的学术交流形式，也是最常用和效果最好的学术交流会形式。当然也可以线下和线上结合同时进行，使赴实地参加会议困难的专家学者

也能享受会议交流成果。

2. 在线学术会议　通过互联网（如腾讯会议服务链接），在线上召开的学术会议。这在疫情期间应用比较广泛。

3. 视频学术会议　视频学术会议是运用现代信息技术手段实现与会者不需要聚集在同一会场，而能实现声音、表情和肢体语言等可视交流的学术会议方式。视频学术会议的根本特点是实现可视化的交流，这是学术会议中最自然、最不比拟的交流优势，它加深了与会者的理解与记忆，促使与会者更有效地交流。视频会议在疫情防控期间应用比较广泛，既及时进行了学术会议交流，又减少了疫情传播的机会。

视频学术会议依托视频会议系统作技术支撑，它同时允许几组不同地方的与会者参加同一个会议，并能看到全方位的会议交流活动图像，清楚地听到他人所说的话，就像大家坐在一起。视频学术会议可以使与会者不用出远门，就能进行远程的学术会议交流，既达到面对面学术会议交流的同等效果，又节省了传统会议的各项费用开支，减少了出差等人员的长途流动。视频学术会议中，网动网络视频学术会议是最常见的一种，目前有很多机构都采用网动网络视频会议系统开展交流，有的还应用于远程教育培训和医疗的远程会诊。网动网络视频学术会议的形式是由组织者发起和主持，可以有多个人参加。通常使用文字信息进行交流，在设备许可的情况下也可以使用图形、音频或视频的方式进行交流。不需要专门的会议场所和专职的会务人员。利用已经建成的计算机网络，使用这种会议方式，可以节省大量的会议经费。

五、按照专业或专题与形式不同分类

1. 学术研讨会议　学术研讨会一般规模较小，其内容是局限于某专业性或专题性学术问题，实施深入和针对性研讨、交流与讨论、交流与沟通、集思广益，发表各自的学术观点与建议。这种类型的学术研讨会议形式比较活泼，围绕同一专题或主题展开，可以事先征集论文，也可以不征集，事先安排相关专家做专题或主题报告发言，围绕主题展开研讨，形成共识和会议成果。这种类型的学术会议比较适合于医学期刊策划组织实施。

2. 专题座谈会议　专题座谈会议也是医学期刊比较常用的会议形式，会议就某一专题问题提请与会专家座谈讨论，其形式比较轻松自然，但会议的组织者最好将座谈专题内容事先告知与会者，以便与会专家提前思考，充分准备，做到有的放矢。

3. 专题学术论坛　专题学术论坛是指学术团体或学会主办，也是医学期刊比较常用的策划组织会议的基本形式。一般由相关学科领域的专家学者参加专题学术论坛会议；会议围绕相关专题或论题，实施具有针对性的深入研讨和论证，充分讨论和发表各自观点，发挥参会专家学者的专业优势，凝聚专家学者的智慧与学术思想，形成共识，汇聚论证和讨论成果。专题学术论坛一般由主持人或演讲者自己主持，各方面对学术专题感兴趣的专业技术人员和听众均可参与，演讲者面对全体听众演讲，就论坛主题问题发表意见和看法，然后引发与会者讨论和论证。

4. 圆桌学术会议　圆桌学术会议和学术座谈会虽有相近之处，但却有很大区别。所谓圆桌会议，是指平等对话的协商会议形式。圆桌会议不分上下尊卑，与会者不分主次位次，一律平等。圆桌会议是表示与会各方一律平等的会议，这在举行国际或国内政治谈判时，为了避免席次的争执，以表示参加各方地位平等起见，参加各方围坐在一张大圆桌的周围开会。这种会议形式称圆桌会议。学术座谈会一般也采取圆桌会议的形式，设有会议主持人和记录员，会议规则是请每位与会者轮流就会议设定的学术议题发表自己的独到见解，发言者之间没有交流，参加会议者之间也没有交流，只是单纯地就会议主题发表一系列演讲。

5. 学术报告会　学术报告会是指以介绍某专业科技发展和学术研究动态、发布学术研究成果等为主要内容的学术演讲会。这种会议往往以演讲者、报告人为中心，听讲者参与讨论的机会不多。也有时与其他学术活动相结合，具有科普和科技传播的作用。学术报告会的题目要确定，事先告知受众，以便受众选择和有所准备；学术报告演讲题目要与受众的知识背景和学术兴趣相匹配。学术报告会一般采取影剧院式的会场形式，需设报告或演讲台、报告会主持人；单个学术报告时间不能过长，可以安排多位专家做学术报告。

6. **专题学术讲座**　专题学术讲座是一种知识、学术、资讯沟通的学术交流方式，通常采用学术主讲人当面演讲或网络、视频、音频、文本等演讲的方式，让自己学术知识分享给其他需要的学术研究者或学生、受众。现场学术讲座听众可以发问，互动讨论，面对面地双向沟通。学术讲座中，学术话题、主讲人、参与者是基本的构成要素，学术主讲人要最大化地让听众来分享自己的学术知识。

7. **学术辩论会**　学术辩论是指学术见解对立的双方或多方，通过各种学术论证方法，阐述自己的学术见解，揭露对方的学术谬误，以便最终肯定正确的学术观点，从而取得共识的一种语言为载体的学术交流活动。学术辩论，即论证或反驳，是由一系列学术论点、论据、议论构成。学术辩论会一般有开始、展开、终结三个阶段，典型的学术辩论会一般应由学术论题、学术立论者、学术驳论者、一般参会者等组成。

（1）学术辩论会的三要素：①辩论中存在着持有不同意见的双方或多方；②辩论须针对同一事物或同一问题，即存在着同一论题；③辩论的诸方有或多或少的共识或共同承认的前提，如思维的同一律、不矛盾律、排中律和充足理由律及正确推理方法等，以及如社会公理、科学规律等是非真伪标准和价值取向。

（2）学术辩论的基本特征为立场鲜明：要求说话者在理的基础上，语言措辞针锋相对，尤其是原则问题上，不得含糊不清、转弯抹角、模棱两可。不然容易造成歧义，达不到明确目的。要使辩论语言立场鲜明，应多用已知道理、事实、数字说话；不用少用概括性、抽象性、模棱两可的词语；要在目的明确、准备充分，策略得当的情况下，有意识地使用少量模糊语言。

①答辩巧妙：学术辩论不是平淡地声明或反驳，而是选取比较新颖的角度进行答辩。

②逻辑严密：要求对自己的学术观点阐述具有条理性，更重要的是运用逻辑武器，进攻对方的学术立论、论据、论证，揭其学术荒谬，避其锋芒，挫其锐气，扬己学术命题，充分展示语言的雄辩性。

③用语精练：学术辩论者必须用简短明快的语言击中对方的要害，甚至达到一语中的，辩词应力求简短犀利。

④语言攻击：凡有学术辩论就有语言交锋，就必然体现出不同程度的攻击性。

六、按照学术会议规模分类

1. **大型学术会议**　一般参加会议代表的规模在2000人以上。

2. **中型学术会议**　参加会议代表在500～2000人。

3. **小型学术会议**　一般参加会议代表在500人以下。

4. **学术沙龙**　沙龙源于法语Salon的译音，其来源最早源于法国上层社会在私家豪华会客厅的朋友聚会。后来，把这种形式的聚会叫作沙龙，学术沙龙由此而衍生出来。典型的学术沙龙的特点是会议定期举行；其会场气氛宽松自由，茶点各取所需，一般在晚上聚会讨论，会场设计雅静别致，以利于激发参会者的学术兴趣和学术思想灵感；其参会者一般是学术兴趣和专业研究方向相同；参会专家学者人数不多，一般在20～30人为宜，但必须是沙龙学术主题的业内专家学者。沙龙会议采取自由谈论和交流，但事先一般选定相应交流主题和基本范围，其交流形式活泼，可以成群或成组集体谈论和沟通交流，也可以自愿结合，自由谈论和探讨，各抒己见。医学期刊组织的学术沙龙活动，一般由编辑部将谈论和讨论的共识、交流和讨论的意见或结果整理成为会议纪要，然后在期刊上发表，以利于扩大影响和传播到相关学科领域，让更多的同行了解。

第三节　医学期刊组织专题学术会议的基本方法

医学期刊要策划组织好专题学术研讨或专题学术论坛等学术研讨交流活动，首先要对会议的必要性和可行性进行初步论证，同时做好选题策划和会议的前期组织工作的实施。

一、医学期刊学术研讨会议的选题策划

学术研讨会议的选题是会议取得良好学术效益和社会效益，保证达到会议预期目的和结果的关键因素。其选题的依据是根据本刊学科领域学术发展的需要，同时结合临床热点、难点和焦点问题，本学科领域重大疾病、重大诊断和治疗技术方法、国家疾病防治重点和科技攻关重点实施选题。

1. 选题的目的　会议选题目的性和选题价值要明确，对会议预期达到的学术研讨效果要做出初步预测。

（1）突出学术导向和学术引领：作为医学科技学术期刊，就是要始终站在学术发展的潮头，驾驭和引领本学科领域学术发展的潮流和方向，洞察学术发展的潜在趋势，引导本学科领域的广大医学科技人员正确的研究方向。因此，会议选题重点要具有和凸显编辑的思想性，彰显本学科领域发展的重点和潜在发展前景，通过选题研讨，交流学术成果和学术观点及学术思想，启迪医学科研思路，促进相关选题领域研究的不断深入和学术难点问题的破解。

（2）交流和总结研究成果：通过选题和学术征文，分析和总结研究成果，呈现本领域研究现状和发展趋势，通过学术交流增强专业技术人员的学术认知和掌握学术发展动向，进一步明确研究重点和研究方向。

（3）发现问题和解决问题：在相关学科领域学术发展进程中，只有及时发现学术发展的难点和热点问题，才能具有针对性地提出解决问题的策略；而会议选题的目的之一，就是通过研讨和交流，及时发现学术发展过程中存在的问题，而通过专家学者研讨，发挥和凝聚群体专家的智慧和学术思想，针对性地提出解决问题的策略、方法和建议，为本选题领域学术和技术健康发展施加助推动力。

（4）加快与推动选题领域发展：通过会议选题研讨和交流，最大限度地加快和促进选题领域的学术发展，不断提升健康服务水平。

2. 选题的原则　要做好会议的选题，就必须坚持正确的选题原则，结合医学期刊相关学科领域发展的实际需要，精准选题和优化选题。

（1）规避冲突原则：医学期刊选题策划组织专题学术会议，要避免与学术团体，如中华医学会某专科分会主办的相关学术会议在会议名称和选题名称上相冲突，只要中华医学会主办召开过的学术会议名称，医学期刊选题或命名会议名称时一定要规避和避免发生冲突，也尽量避免会议名称相似和重复。

（2）选题的侧重原则：医学期刊策划组织专题研讨会，其选题要侧重于单一性或专题侧重性，要避免选题内容的综合性或会议命名综合性学术研讨会议；综合性学术会议一般由学会主办，医学期刊不适宜召开综合性学术会议，因为专业领域涉及面过宽，对于学术研讨会议其主题难以聚焦，研讨难以深入；同时，如果会议征文后，因收稿涉及专业面过宽，难以遴选形成专题重点在期刊发表。

（3）热点与普遍关注原则：医学期刊策划组织研讨会议选题要紧盯本学科领域的热点问题，以及专家学者普遍关注的专题学术问题，特别是具有潜在发展趋势的专题，通过学术研讨引起关注和推动其发展。

（4）专题化与小型化原则：医学期刊组织策划学术研讨会议，不同于学术团体或学会，其重点是以大型学术会议平台交流为重要任务之一，而医学期刊组织的学术研讨会只是辅助或补充于期刊稿源的组织、期刊品牌的培育、重点学术引导和期刊学术资源整合等。因此，应坚持以专题性和小型学术研讨会为原则，尽量采用专题学术研讨会、专题学术论坛、专题学术座谈会、专题学术咨询会议、学术沙龙、学术报告会等形式，一般参会代表应控制在500人以内，最好以100～300人为宜，也尽量避免组织国际性学术会议。

3. 选题的要点

（1）关注重点和难点：医学期刊在选题策划组织学术研讨会时，其选题要关注本学科领域的重点问题、热点问题、焦点问题和难点问题，通过研讨以破解、回答和解决临床诊断和治疗的难题为目的，单刀直入，聚焦问题，深入研讨，

促进发展。

（2）适应与匹配国家科技重点：在选题策划组织专题研讨会议时，要重点围绕国家相关学科领域的医疗卫生或科技攻关重点，以及重大疾病或诊断治疗技术方法科研重点实施选题，要适应和呼应国家科技攻关重点或重点科技资助项目，以利于学术引导和促进研究的深入。

（3）选题的超前性：医学期刊策划学术研讨会的选题要具有超前性，对潜在创新性和具有发展趋势的新的诊断技术方法、新的治疗技术、新的创新领域等，要实施超前性选题，避免这些新技术或新方法已在临床应用普及了再选题研讨，就是要在其萌芽阶段实施选题，以利于引领和促进发展。

二、医学期刊策划组织专题学术研讨会议的基本程序

医学期刊策划组织专题性学术研讨会议，应遵循学术会议的基本程序性，即选题、报批备案、征文、会前、会中和会后等一系列相应工作筹划。

1. 会议选题与论证　会议的选题很重要，是学术研讨会议成功的关键，所选主题是否为临床医学相关学科领域的专家学者和医疗科技人员感兴趣与关注的重要学术问题。应对所选专题实施咨询与论证，也就是征询相关领域专家学者的意见，就其组织召开专题学术研讨会议的必要性、迫切性和可行性征询专家意见和建议，以保证选题的创新性和组织研讨的必要性。

2. 报批备案　会议选题和会议名称确定后，应向上级学术机构报批备案。如中华医学会系列杂志选题组织专题会议，首先向中华医学会杂志社和中华医学会期刊管理部报批备案，然后再呈报中华医学会学术部审批备案，列入中华医学会整体学术会议年度计划。

3. 申报继续教育学分　专题学术研讨会议审批环节确定后，应向中华医学会继续教育部或国家医学继续教育委员会办公室申请相应继续教育学分，以利于参加会议的代表获取学分证书。

4. 发布学术研讨会议征文通知　要撰写会议征文通知，重点明确征文内容和范围、稿件格式和基本要求、截稿时间、收稿地址和稿件呈送方式、会议地点等。会议征文通知在相应医学期刊公开刊登发布，也可以通过电子邮件、微信或邮政等形式寄送读者、作者和本学科领域的医学科技工作者。

5. 会议前策划设计　专题学术研讨会议的会前策划设计与筹划很重要，也是保证会议效果的关键策划内容和因素，会议的策划组织者要周密设计和筹划，尽可能避免遗漏项目，以免会议期间补救困难。

（1）设立"专题学术委员会"（必要时）：根据会议需要可组成学术研讨会议的"专题学术委员会"，会议设主席和学术委员基本构架；其主要任务是负责会议征文收稿后的稿件评审、研讨会议期间不同阶段的会议召集和主持、会议专题报告或主题报告人的遴选等；人数可多可少，主要体现其构架形式和彰显学术权威性。专题学术委员会成员尽量请本刊编辑委员会的成员。如编辑委员、通讯编辑委员、总编辑、副总编辑，也可以吸纳其他相关领域的著名专家学者，以凸显会议专题学术委员会的权威性和学术影响力。

（2）主题报告选题与报告专家遴选设计：会议最好安排大会专题报告或主题报告。会前就要设计大会主题报告的题目和报告专家，尽可能邀请与会议主题研究方向一致的相关领域的著名学科带头人或专家学者做主题报告，其选题和报告人数不可过多，也尽量从本刊编辑委员、通讯编辑委员、副总编辑和总编辑等编辑委员专家中遴选专题报告或主题报告专家，以利于调动本刊编辑委员的学术资源和积极性及责任感。

（3）稿件评审：会议征文截稿后，即可召开会议稿件评审会议，评价和遴选出创新性、科学性和实用性强的高水平研究论文作为会议报告交流；同时，也为医学期刊组织专题重点发表文章奠定了基础。

（4）编辑会刊：编辑内部会刊，也就是会议资料。应尽可能将会议征文所收稿件和主题报告的文字稿编入会刊（会议论文集），可以是全文，也可以是摘要，以利于会议期间发给参会代表参阅。同时，也可将主题报告专家介绍、会议日程安排、医药企业产品广告等排版编入会刊中。

（5）会议经费预算：医学期刊组织召开专题

学术研讨会议，一般是坚持以会养会的原则，除非承担相关部门项目资助性会议。因此，会前应做好会议收入与支出预算。会议的主要收入来源是收取参会代表会务费（注册费）、医药企业参会资助和广告费用。会议支出主要有代表餐费、印刷费和会务用品费、宾馆会议场地租用费、邀请专家和会务人员差旅费、讲课费和劳务费等。要严格会议经费预算和经费支出，尽可能做到收支平衡或略有结余。

（6）制订会议日程：会前要详细制订会议的日程安排，会议各个阶段演讲报告人员和会议主持人等，会议日程和具体安排，是保证会议开始后惯性运行的重要因素。因此，制订会议日程要详细，并做到与会者人员人手一份，必须知晓，报告人和主持人按时各负其责，以保证会议顺畅进行。

（7）会议招商：专题学术会议招商是保证会议经费来源的重要因素。会议在筹备期间就应积极联系与本次学术研讨会议专业领域相关的医药企业参会，为会议提供相应经费支持。如在会议上展示和介绍相关医疗产品、会议资料上印发广告、企业专题演讲、卫星会议等形式，以利于保证会议经费支撑。

（8）确定会议宾馆：会前要尽早考察宾馆住宿、餐饮和会场必备条件，尽早确定会议宾馆和签约。在选择会议宾馆时，要考察交通的便利性。如机场、火车、汽车交通条件，以保证代表与会和疏散的便利性。在选择会议地点时，尽可能兼顾地域的旅游资源的丰富性，以利于代表会后顺便游览。

（9）会议报到通知和邀请函：会议筹备基本就绪后，可撰写会议报到通知和专家邀请函，报到通知直接发给参会代表，邀请函直接发给被邀请专家。要详细说明会议报到的具体时间、会议地点、会议周期、会议简要日程和注意事项等。

三、医学期刊学术研讨会议会中的组织策划与实施

学术研讨会议的成败与效果如何，关键在于会前的组织策划与周密安排，实施者力求周到细致，最大限度地减少失误或遗漏。因此，会前的各项策划和精心设计与周密安排，这使会议已经接近成功。当然，会议期间的周密安排也很重要，也要按照基本流程做到周到细致，各个环节尽可能都安排会务人员负责，减少纰漏，以保证会议的顺利完成。

1. 参会代表和特邀专家接待　对参会代表和特邀专家，会务人员要安排专人负责接送，安排食宿和相关行程。

2. 代表注册报到　会议报到当日，按报到流程顺序和环节安排注册报到接待人员，当日应24小时坚守或随叫随到，以利于代表快速报到注册入住。

3. 食宿安排　会议期间，应安排会务人员专门负责参会代表的食宿与食谱的具体工作，负责与会议宾馆的沟通与协调。

4. 参会企业接待　要安排专人负责参会医药企业人员的接待和相关活动的安排，以利于保证企业顺利完成会议期间的各项活动。

5. 会场与布置　要安排专人负责会场的相关工作。如会场的布置、按照会议日程收集报告课件、桌签的摆放与更换、会议代表召集、提醒会议主持人注意会议进程的控制等。

四、医学期刊组织学术研讨会议后续设计与实施

作为医学期刊组织召开的专题学术研讨会议顺利闭幕，并不意味着工作的结束，还有许多会后续工作要做。要取得预期学术效果和目的，要策划和组织好会议后的工作，使学术研讨会议的完整成果再通过医学期刊平台传播出去，最大限度地扩大本专题学术研讨成果的传播范围和传播半径及传播效果。

1. 撰写学术会议纪要　专题学术研讨会议结束后，要尽快完成专题学术研讨会议纪要的撰写，以利于在医学期刊发表。会议纪要的撰写要避免流水账性的撰写模式，其重点要放在学术内容上，要具体反映会议所交流的专题学术内容的新进展和新成果，通过研讨和交流产生的新观点、新的学术思想、所达成的学术共识、存在的问题、意见和建议、今后本专题研究重点和发展趋势等，要全面反映会议研讨和学术交流成果，以便于让

更多的读者和相关领域的专家学者了解与借鉴。

2. 组织发表专题重点　会议通过征文收稿和专家评审遴选，将具有原始创新性、科学性和实用性强的研究论文，事先约请本专业领域学科带头人或著名专家学者撰写的述评文章、专家论坛文章或专论文章等，连同学术研讨会的会议纪要，集中在同一期医学期刊正式发表，这样可起到很好的学术导向或学术引导的学术效果，以利于推动本专业领域的发展。

3. 追踪与总结效果　通过专题研讨会议和医学期刊的立体与平面学术媒体的策划与传播，医学编辑要注重其整体学术效益、社会效益和经济效益的总结与追踪分析，总结经验和教训，以利于围绕本专题实施间断性或连续性的选题策划，不断推进本专题或相关领域向更加深入的方向发展。

第10章 智慧医疗与医学期刊智慧化编辑出版

在当代,人工智能医学或智慧化医疗已应用到临床医学的诸多学科领域。如人工智能机器人用于肝胆外科、神经外科、心血管外科、关节外科等领域的高难度外科手术。人工智能在临床诊断学领域的应用也比较广泛。如人工智能在病理学形态诊断和影像医学诊断领域的应用,极大地提高了诊断效率和诊断的准确率;人工智能在检验医学领域的应用更为显著,检验诊断学以传统的手工操作、半自动化、全自动化流水线,到当今的智能化检验诊断流水线;尤其是远程智慧医学的发展,促进了临床医学向人工智能医学时代发展的速度。毫无疑问,由于网络化、数字化、智能化的发展,以及大数据、语义网、云计算、区块链和人工智能技术的发展,其技术方法和理念正向医学科技学术期刊编辑出版领域渗透和应用及发展,正由传统的科技学术期刊编辑出版向智慧编辑出版和智慧传播发展,在未来,必将推动科技学术期刊编辑出版技术的变革。人工智能医学或智慧医学以及智慧出版的发展,也必然带来医学编辑思维方式变革,以利于适应智能化时代的到来。

第一节 人工智能医学或智慧医学发展概述

在临床医学领域,其发展基本经历了经验医学、循证医学、转化医学、精准医学或个体化医疗,到今天的人工智能医疗和智慧医学。当然,临床医学发展的不同进程或阶段只是人为划分,其实不同发展阶段都是相互交叉和重叠应用的,只是凸显出其发展的前沿特点和发展趋势而已。

临床医学的智慧医疗,就是将互联网、物联网、大数据、5G技术、区块链技术、人工智能机器人技术等信息技术应用于患者的诊疗活动和医院管理活动,正逐步形成医院医疗活动和管理活动的部分替代方案。在未来,智慧医疗和智慧医院建设和发展,必然向融合、延伸和创新的方向发展。

一、人工智能医疗与智慧医疗的基本概念

人工智能医疗和智慧医疗统称为智慧医学,人工智能医疗与智慧医疗既有区别,又具有内在联系或交叉。人工智能医疗比较侧重于人工智能机器人技术在临床诊疗中的应用,而智慧医疗则侧重于智慧化医院管理系统、智慧化远程医疗系统、智慧化区域卫生监测和卫生管理、智慧化家庭健康保健管理和慢病管理系统等;是通过大数据分析技术、智能化物联网技术和信息技术,打造的医疗卫生信息化与智慧化服务平台。

1. 人工智能医疗 人工智能医疗融合了大数据、云计算、互联网、人工智能等技术,深入挖掘人类生命和疾病现象与本质规律,实现人机协同的智能化诊疗技术方法,由于人工智能机器人技术在临床医学中的应用,它极大地改变了临床医学的研究和诊疗手段。就人工智能(artificial intelligence,AI)而言,它是研究、模拟、延伸和扩展人类的智能思维,重点研究其理论、方法、技术和应用系统的学问。人工智能技术主要研究用计算机来模拟人类的某些思维过程和智能行为。如学习、记忆、推理、思考、逻辑思维、逻辑分析、逻辑判断、规划等,主要包括计算机实现智能的原理,制造类似于人脑智能和智慧的计

算机，使计算机能够实现更高层次的智慧化和智能化应用特点。而人工智能技术就是将涉及计算机科学、心理学、逻辑学、哲学、语言学和思维科学等应用于人工智能技术。人工智能技术的特点是仿真人类思维、逻辑分析和逻辑判断，它是思维科学实践与理论的结合与应用，人工智能技术是处于思维科学的技术应用层次；从思维观点看，人工智能技术不限于逻辑思维，还应具备形象思维、灵感思维才能真正达到人工智能的境界，也就是通过人工智能技术的逻辑思维、逻辑分析和逻辑判断，能够给出逻辑判断结果。如人工智能诊疗机器人根据各项检验指标数据、影像学检查和患者症状等综合分析，能够给初步诊断结果；实验室智能化检验流水线系统设备通过检验指标的智能分析，实时报告危急值；实时给出实验室诊断和建议补充检验项目等，这种智能化逻辑思维、逻辑分析和逻辑判断才真正接近人工智能和智慧延伸。

2. 智慧医疗　智慧医疗应当含有人工智能诊疗内容，它是通过打造健康档案区域医疗信息平台，发挥大数据分析技术和物联网技术，而实现患者与医护人员、诊疗机构、医疗设备之间的互动，以达到诊断、治疗和疾病预防的信息化和智慧化。目前智慧医疗主要由三部分构成：智慧医院管理系统、智慧区域卫生系统和智慧家庭健康系统。

（1）智慧医院管理系统：主要由数字医院和信息化组成；医院数字化构成要素有医院信息系统（hospital information system，HIS）、临床实验室信息管理系统（laboratory information management system，LIS）、影像存储与传输系统（picture archiving and communication sys-tems，PACS）和临床医师诊疗平台4部分构成。这种完善的数字化和信息化系统，保障了患者诊疗信息和管理信息的收集、传输、存储、处理、分析、获取和数据交换。临床医师诊疗平台的核心是采集、存储、传输、处理和利用患者健康状况与医疗信息。临床医师诊疗平台包括门诊患者和住院患者的接诊、诊疗、实验室检验指标、形态学诊断信息、诊疗处置信息、药物治疗处方等，还有住院患者的医嘱、病程记录、会诊、护理操作、转科转诊、手术、出院、病案生成等全部医疗过程的信息平台。

①智慧远程探视：为了避免患者亲属探访者与患者的直接接触，杜绝疾病交叉感染和院内感染的发生，最大限度地缩短患者病程，发挥医院智能化管理的优势，以确保医疗安全。

②智慧远程会诊：医院智慧医疗支持优势医疗资源共享和跨地域整合与优化配置。

③智慧自动报警：智慧医院、智慧病房实现对患者的生命体征数据的连续监控监测，以利于降低重症护理成本和医疗护理安全。

④智慧临床决策系统：临床决策系统辅助系统将临床医师智慧化分为患者病历和诊疗证据，为制订准确有效的治疗方案提供临床决策参考。

⑤智慧处方：智慧医院管理系统可分析患者药物过敏史和临床用药史，实时提供药品生产厂家、产地和批次等信息，记录和分析药物处方变更信息，为慢性病管理、治疗和保健提供参考。

（2）智慧区域卫生系统：智慧区域卫生系统由区域卫生平台和公共卫生系统构成。智慧化区域卫生平台主要是收集、处理、传输社区、医院、医疗科研机构、卫生监管部门记录的相关区域卫生信息。通过智慧化区域卫生平台协助或指导区域医疗机构开展疾病危险评价和慢性病管理，制订以患者为基础的危险因素干预计划，制订预防和控制疾病的发生和发展的电子健康档案等。

（3）智慧家庭健康系统：智慧家庭健康系统是社区居民健康保障的基础，这其中对行动不便无法送往医院实施救治患者的视讯医疗，还有对慢性病和老幼患者的远程照护、智障和残疾、传染性疾病和特殊人群健康监测等。智慧区域卫生系统还能自动或智能化提示患者用药时间、服用禁忌、剩余药量等智能服药系统。智慧医疗的基本框架包括基础环境、基础数据库群、软件基础平台和数据交换平台，综合运用于服务体系、保障体系等智慧化区域卫生服务系统。

二、人工智能医疗与智慧医学的发展

人工智能医疗和智慧医学，是当代信息技术与生命科学和临床诊疗技术融合的产物，是现代医学与信息技术的融合发展的必然趋势。随着人工智能技术与临床医疗、健康监测管理和医院管理领域的融合不断深入，在语音交互、计算机视觉和认知计算等技术的不断成熟，人工智能技术在医学领域的应用场景越发丰富，人工智能技术已逐步成为影响临床医疗领域发展的重要趋势，成为进一步提升医疗质量和医疗服务水平的重要因素。目前，人工智能技术在医疗领域主要用于语音病历录入、影像学诊断和病理学形态辅助诊断、临床药物研发、外科手术智能机器人和医院门诊管理智能机器人、群体或个体健康大数据智能分析、临床检验全自动化智能化检验流水线等。人工智能医学、智慧医疗、远程医学、移动医疗等概念或定义尚存在概念模糊性、交叉和相似性，这有待进一步完善和明确概念。但智慧医疗在系统集成、信息共享和智能化处理的方面其优势凸显，是物联网在医疗活动和医院管理领域具体应用和实践。人工智能医学或智慧医疗，其核心是大数据和数字化为基础，使医疗活动和医院管理活动及疾病信息可被记录、学习记忆、传输和智能化分析。

随着人工智能医疗机器人技术的发展，人工智能医疗在临床医学各个学科领域应用比较普遍，人工智能手术机器人用于肝胆外科手术已趋于成熟。如解放军总医院第一医学中心肝胆外科，应用人工智能手术机器人手术已达数千例，还完成了人工智能手术机器人的远程手术获得成功。解放军总医院第六医学中心神经外科人工智能手术机器人用于脑外科手术和立体定向导航，也取得临床经验。北京积水潭医院人工智能手术机器人用于关节手术也已取得满意临床效果。随着智慧医疗技术的发展，在临床医疗可穿戴健康监测智能设备，已逐步用于医疗救护、家庭保健和可穿戴健康监测、血压和心脏功能智能监测、睡眠功能智能监测分析、特殊人群健康智能监护、航天航空人员的健康指标超远程智能监测分析等。如远至太空航天员的健康指标的智能监测和健康状态分析预警。在人工智能手术机器人、VR、胶囊内镜、智能血糖仪、可穿戴智能健康监测设备、临床外科手术导航系统等，作为智慧医疗技术设备在临床医疗和健康监测中普遍应用。尤其是 Watson 在临床智慧医疗中的应用，特别是在乳腺癌、肺癌、直肠癌、胃癌、结肠癌、宫颈癌等专科领域，为临床医师诊断和治疗提供相关建议。

在深度神经网络和图像识别领域，其表现出超过传统算法和人工图像识别的辨识能力。如病理形态学诊断和影像医学诊断的病变图像识别能力及准确性远远超过人的识别能力。

目前，在智慧医疗发展的方向上，其智慧医疗的应用研究主要集中在人工智能医学技术、大数据采集和分析技术、医疗用机器人和可穿戴智能健康监测设备方向。而国际上将医疗大数据优势与大规模数据分析相结合，应用于临床患者治疗的诸多环节中，这为临床医疗、患者、临床医师、临床药物研发人员提供了强大的技术支撑和平台。

三、人工智能诊疗技术系统在相关领域的应用

临床医疗技术发展史表明，每当其他学科，尤其是物理学、新材料科学、仪器科学等新技术的突破和诞生，都首先向医学领域渗透和应用于医疗领域，而人工智能技术、计算机技术、互联网信息技术也不例外，也首先在生命科学领域应用和实践。

1. 人工智能计算机视觉技术在影像医学智能诊断中的应用　人工智能技术在影像医学诊断中的应用，其主要是通过计算机的视觉技术，对患者病变部位实施快速读片和做出智能影像诊断结果。这是建立在医学影像诊断大数据的基础上，通过人工智能技术能够快速准确地识别和标记特定异常人体组织结构来提高图像智能分析的效率，为放射、磁共振和 CT 影像诊断科医师提供诊断参考；这极大地提高了图像识别和图像分析诊断的效率及诊断的准确率，使影像医学诊断科医师节省出更多时间，将精力集中于患者影像诊断的解读分析和判断上，极大地提高了医疗服务能力。

2. 人工智能语音识别技术在医疗文书中的应用　患者住院病历是诊断和治疗等医疗决策的重要医疗文书，它具有法律效力，其重要性和规范性不言而喻。而临床医师传统的手工书写病历是件耗时和耗精力的事情，近年国家卫生健康委员会也在医疗机构推行电子病历。

患者住院电子病历记录临床医师的诊断和治

疗决策，患者疾病转归的全过程，也是临床医师与患者在诊断和治疗中的交互过程，它囊括了病历首页、患者住院记录、临床检验结果和影像诊断结果、手术过程记录、诊疗操作、医嘱和护理操作信息。而语音识别技术为临床医师书写患者病历和医院门诊导诊提供了职能化便利。临床医师通过语音识别、自然语言处理技术轻松记录病历，同时可将患者病情和诊疗描述与临床诊疗标准及指南实施对比，为患者提供医疗咨询、导诊服务和自诊等医疗服务。人工智能语音录入技术可极大地节省临床医师手工书写病历的时间，通过智能语音输入完成患者病历的书写和病历资料的查阅；同时，临床医师可将语言医嘱、治疗决策和诊疗操作等，按患者的病历基本信息、各项检查结果和疾病转归过程等，形成机构性完整电子病历，这既保证了患者病历的系统性，也提高了临床医师诊疗工作质量和效率。

四、人工智能医疗与智能化健康管理

医院的智慧化或智能化，它与自动化不同，自动化是建立在程序化设计基础上，而智能化既具有自动化的基本功能，同时具有智能化或智慧化的属性，而智能化与自动化的最大区别在于，智能化具有逻辑思维和逻辑分析，并给出逻辑判断和分析结果。因此，人工智能医学或智慧医学的发展，主要是与人类智慧作为类比，能够深度学习和记忆，通过智能逻辑思维和逻辑分析、感知和智能分析，给出逻辑判断和结果。如人工智能通过患者检验指标、影像检查、患者症状等，通过智能分析，给出初步诊断结论和干预措施。因此，智慧医院或智能化医院，主要特征如下。

1. 具备智慧大脑　医院的智慧大脑负责医院的管理决策分析和管理指挥，且不断学习进化，适时给出医院管理决策方案供医院管理和决策者参考。

2. 具备感知器官　人工智能医学机器人可采集医院各种数据。如医务人员的行为数据、住院患者和门诊患者的诊疗数据，感知空间环境信息，通过智能分析，及时给出相应预警。

3. 具备血液循环系统　通过人工智能真正形成数据循环更新和数据驱动，且通过汇聚临床表型数据和组学数据，构成临床大数据。

4. 具备人体骨骼功能　人工智能通过软件硬件设备设施，使医院智能系统形成互联互通，形成支撑智能行为动作和智能分析。

5. 具备智能化人体四肢功能　通过医院智能系统，可提供医疗、科研和医院管理服务。如就诊预约、各项检查、诊断治疗、患者随访和康复等智能医疗服务。

第二节　人工智能诊疗技术在临床医学中的应用

近年来，人工智能技术在临床医学疾病诊疗中的应用和发展非常迅速，这极大地促进了人工智能诊疗技术或智慧医学在临床医学中的广泛应用，为临床各科疾病的诊疗提供了有效的诊疗决策依据，促进了智慧医学的发展。人工智能医学机器人可按用途或专业分为不同的类型。如人工智能手术机器人，其中又可分为肝胆外科人工智能手术机器人、脑外科人工智能手术机器人、关节外科人工智能手术机器人等，临床护理人工机器人、医疗教学人工机器人、残疾人服务人工机器人等。特别是人工智能手术机器人在临床外科的应用，不但减轻了外科医师的工作强度，而且手术视野开阔、手术操作精准、手术创伤微创化、手术副损伤小、患者切口愈合快、手术出血量小、患者痛苦轻微等优越性，是临床外科领域发展的重要趋势。

一、人工智能临床专家诊疗系统

通过整合临床专家诊疗经验，以辅助诊疗流程为主的临庆专家系统在临床广泛应用。人工智能临床专家系统主要是根据专家们提供的大量临床诊疗经验，实施推理和判断，来模拟临床专家的诊疗决策系统。其主要由储存专家知识和规则的知识库、储存原始数据和中间数据的综合数据库、用于临床决策的推理机、向临床医师解释系统行为的解释器、输入输出数据的接口5个部分组成。

1. 人工智能辅助诊断　　国际开发了前馈型人工神经网络的专家系统，对睡眠呼吸暂停综合征患者实施分类。通过120例确诊的病例资料，并测试获得平均准确率，并研制开发了基于测量峰值流速变化的支气管哮喘Oasys辅助诊断系统，其敏感度低于传统算法，精确度高于传统算法。国内还开发研制了包括血气和酸碱平衡自动判断的模块，可智能化分析酸碱平衡紊乱的类型，为临床医师提供辅助诊疗参考。

2. 人工智能慢性病健康管理　　在国际上开发了包括判断哮喘严重程度、临床药物使用指导、患者康复锻炼和随访督促的慢性病健康管理系统，这对提高慢性病管理和健康管理的质量及效率发挥的重要作用。

3. 人工智能患者预后预测系统　　国际开发研制了用来预测肺癌患者生存期的专家系统，通过确诊的100例肺癌患者为临床资料来源实施编程；回顾性预测这100例肺癌患者的预后，结果发现预期生存和实际生存时间的平均误差不大。

4. 人工智能患者并发症智能预测　　国际开发出了非小细胞肺癌根治术后，对心肺并发症发生率的预测模型，研究者采集了患者的临床资料、并发症、肺功能数据作为预测依据，同术后实际情况比较，结果表明，其准确率达到98%。

二、人工智能诊疗专家系统的深度学习

人工智能临床专家系统主要用于临床分诊，而对于单疾病的大规模数据分析能力不强。因此，以图像识别、语音识别、卷积神经网络技术为基础的深度学习诊疗系统开始在临床中广泛应用。

1. 人工智能疾病流行智能大数据预测　　谷歌通过分析海量搜索词，发现其中有45个关键词与流感相关，这一分析结果表明，它比美国疾控中心提前2周预报流感发病率，甚至可以具体确定到特定的地区。2018年，国际上将卷积神经网络和长短期记忆应用于$PM_{2.5}$预测系统，可以为哮喘、慢性阻塞性肺疾病等患者，以及医疗卫生单位提供有效预警。

2. 人工智能临床辅助诊断系统　　在国际上，研究者将结节像素的分析法用于小结节筛查，在临床上检测了639个结节，获得了较为满意的效果。还有将PanCan风险模型和卷积神经网络用于小结节筛查，在临床患者中阅读了8000张CT图片，其准确率在82%～90%。在国内也有研究者研究了卷积神经网络的肺结节检测模型，在临床上检测了5520枚结节，其研究结果证明，人工智能诊疗组肺结节检出率高于临床医师（94.3% vs 89.4%）。国际上还将肺CT图像标注为正常、肺内磨玻璃密度影、微小结节、占位病变、网格影、蜂窝样变、GGO合并网格影7类，使用14 696例患者病例训练卷积神经网络，验证结果证明，其正确率到达85.5%。国际上还将结核患者的胸腔积液、斑片影、空洞、粟粒样改变、正常人等表现进行标注，实施深度学习软件训练；进一步证实人工智能软件对于胸腔积液和实性病变诊断效果很好。还有眼科和呼吸病研究者在10万幅视网膜光学相干断层扫描图像训练出来的诊断眼部疾病的人工智能系统的基础上，用超过5000张胸部X线图像加上迁移学习，构建出能诊断肺炎的人工智能系统。本系统在临床上诊断肺炎时，其诊断准确性能够达到92.8%～93.2%的敏感度和90.1%的特异度。而且更加优越的是还能很好地进行病原学诊断，能够区分出是细菌还是病毒性肺炎，其准确率达90.7%。国内的科研团队还研发了深度学习算法CheXNeXt，它与前面专门诊断肺炎的算法不同，本模型可以智能化诊断14种疾病。而且这种算法具有识别10种病理表现的能力，它与放射科医师人工诊断水平基本相似，但其诊断效率明显提高；尤其对临床肺不张的诊断，其算法显著优于放射科医师，这显示出人工智能极大地提高了诊断效率和诊断水平。在国际上，研究者还用来自11个不同听诊区的11 627个声音来实施深度学习模型，实现了对哮鸣音和湿啰音的智能化自动分析。还有的将卷积神经网络应用于睡眠呼吸暂停综合征患者单导联心电监测数据的分析，通过45 096例患者数据集对卷积神经网络实施学习记忆训练，还对11 274病例数据实施测试，其符合率为87%。国际研究者还将卷积神经网络分析用于肺癌患者低丰度血浆游离DNA检测，最低检测丰度为传统方法的1%。国际上还将肺癌患者标本712例做成组织芯片，其中223例鳞状细胞癌、398例腺癌、

74例大细胞癌和17例其他疾病等,实施人工智能学习记忆,通过人工智能测试了178例患者,其正确诊断率达到80%。在病理学上,国际上研发了智能自动分析组织病理学图像的深度学习算法,更是取得意想不到的诊断效果,它可智能化准确辨别正常组织和肿瘤组织,也可高精度区分癌症的类型,其诊断准确性和诊断效率甚至优于病理学专家的人工诊断。通过人工智能学习记忆,使用患者当前和先前的CT图像来预测肺癌风险的深度学习算法,其算法通过6716例患者试验,进一步证明其智能化诊断准确率为94.4%,对独立的1139例的临床验证评估,其诊断准确率为95.5%。通过人工智能深度学习的肺癌预测卷积神经网络,在临床用以区分良(恶)性和偶然检测到的不确定的肺结节,研究者与传统的风险预测模型相比,可将超过33.3%的癌症患者和良性结节实施重新分类及风险等级分组,这极大地减少了不必要的侵入性手术。还有研究者利用无创CT图像来预测肺腺癌患者 $EGFR$ 突变状态的深度学习模型,通过大样本研究取得了很好的诊断预测性能。国内研究者还用超过50万张临床影像学图像开发了新型冠状病毒肺炎人工智能辅助诊断系统;通过大量临床病例验证,其人工智能系统诊断准确率可达到90%左右,而且即使是对于外国数据集,也达到了84.11%的诊断准确率。国内研究者还通过CT扫描对新型冠状病毒肺炎进行诊断和预后分析,开发出人工智能诊断系统;这种智能诊断系统能够准确地检测出新型冠状病毒肺炎患者,不仅有助于快速诊治,同时还能辅助培训医师,进一步提高临床医师的诊断水平。

3.患者预后智能化预测 在国际上,研究者将深度学习技术还用于慢性阻塞性肺疾病患者急性加重和呼吸衰竭的发生率和预后的预测,通过7983例确诊患者的预测结果,其符合率达到74.6%。对慢性阻塞性肺疾病危重程度的智能化自动分类算法,通过对临床特点的权重建立预测模型,这与慢性阻塞性肺疾病临床诊疗指南比较,其分类准确率达到90%。

三、人工智能文献分析与临床药物研发

当今,医药科技文献信息浩如烟海,单靠人工实施文献分析和筛选,这几乎是不可能的。而人工智能文献检索分析,从浩瀚的海量文献信息中获取大量新药研发知识信息,给出新的研究思路和假说,加速了药物研发的速度,促进了新药研发效率和降低了研发成本。在我国药物研发和制药领域,早已布局和开发人工智能技术,重点是应用于临床新药的发现、研发和临床试验阶段的研究。

四、人工智能健康管理

健康智能管理主要是应用大数据处理和芯片技术,实现人工智能化健康管理。它主要以运动监测、心功能监测、心电图监测、血糖监测、血压监测、睡眠监测等,实施个体或群体健康管理服务,通过人工智能健康监测管理,适时将监测指标数据或智能分析结果快速检测出来,并将采集和监测的健康数据上传到云数据库,从而形成个体健康管理档案,通过智能化健康数据分析,给出个性化健康管理方案和必要的健康干预措施等,人的健康管理就是依靠可穿戴智能监测设备,连续不间断的监测人体的生命体征指标数据,可及时预测或预警可能发生的健康问题。

第三节 人工智能技术在临床护理学中的应用

随着人们生活水平的不断提高和医疗技术的进步,以及健康保健水平的提高,人们的平均寿命逐渐在延长。因此,人口老龄化趋势加快,老龄化带来的健康管理已成为全球性公共卫生问题。我国是世界上老龄人口最多的国家,据2020年第七次全国人口普查公布的数据显示,60岁及以上人口占比18.70%,其中65岁及以上人口占比13.50%;可见我国人口老龄化趋势加快显著。与此同时,我国老年人整体健康状况不容乐观,国家公布的统计数字显示:截至2018年底,近

1.8亿老年人患有慢性病，患有1种及以上慢性病的比例高达75%，失能、部分失能老年人约4000万。2018年，我国人均预期寿命为77岁，但健康预期寿命仅为68.7岁，也就是说我国居民大致有8年多的时间带病生存，这说明我国老年人患病比例高，进入老龄后患病时间早，带病生存时间长，其生活质量亟待提高。老龄化趋势的日益加剧，凸显出医护人数需求的不足，尤其是护理技术人员数量仍较为短缺。因此，人工智能护理技术的发展和应用，为临床护理学发展提供了发展机遇。

一、人工智能技术在临床护理学领域的应用

国内外临床护理学领域目前都与人工智能技术展开了不同程度的结合，逐渐被大范围地应用于临床护理领域。如IBM公司之前发布了相关资料，通过结合医师的诊疗经验和目前的医疗大数据，经过数据整合可为医护人员提供辅助处理逻辑，是目前较为先进的智能护理系统。而人工智能技术在护理领域的应用目前主要表现在医疗器械和药品的传递和延伸护理与患者移动等方面，相关人工智能护理技术的临床应用，可望减轻临床护理人员的工作强度。

1. 人工智能护理技术在患者饮食护理中的应用　老龄化让失能老年人和患有残疾的人群数量不断增大，而目前护理人员又非常短缺，这部分人群很重要的需求之一就是饮食护理，护理人员需要与患者进行频繁的沟通和交流，以了解其喜好并对其进行饮食护理。早在20世纪80年代，英国就研制出了多种饮食护理型智能机器人，不论对患者本身还是对护理人员来讲都能提供很大帮助。而日本更是研制出了可为全身瘫痪患者提供饮食护理的智能机器人，在人机交互系统的帮助下，让智能机器人实现了人机交互功能和辅助饮食服务，可为失能老龄患者的日常生活辅助护理带来极大帮助。

2. 人工智能技术在护理教育中的应用　人工智能技术和学习科学在近年得到了迅速发展，在护理学人才教育领域出现了护理教育型人工智能技术。目前人工智能技术已经被广泛应用于护理教学中，护理教学本身就具备智能化和迁移化及分布性等特性，通过结合人工智能技术可为学生提供更加人性化和个性化的学习环境。人工智能导师能充分结合学生的兴趣爱好与现实需求及学习习惯等，为学生制订出个性化的学习规划，并且真正实现了实时跟踪和评测，对学生的表现能做出更为客观的评价。还可通过深挖数据并了解学习状况与其他外部资源之间的关系，从而更为准确地对学习趋向和效果实施预估。

3. 人工智能技术在慢性病护理中的应用　我国的慢性病患病例数正在逐年增加，这对护理的需求日趋扩大。人工智能护理技术的开发与应用，将为慢性病患者提供更好的护理服务。如通过智能化血糖监测仪器，应用来监测患者的血糖控制与变化情况，实现患者自我健康管理功能。还有小型智能化可穿戴性的血压监测和心功能监测设备，能为慢性病患者的自我健康管理和护理提供极大帮助，医护人员可实施远程实时监护，这极大地提高了患者护理水平和健康管理质量。

4. 人工智能化病房或智慧化病房　人工智能技术在住院患者护理中的应用，国际上智能化病房或智慧化病房，最早诞生于托马斯·杰斐逊大学医院，它主要为缓解患者和医护人员双方面的压力；这种智能化病房依托于自然语言性能和认知计算，患者可提出更为具体的信息要求，病房内的灯光和温度及音乐等功能可通过语言来控制，使得护理更为人性化和便捷化。同时还拥有交互功能，对医护人员的工作提供了很好的协助作用，可自动记录和存储相关资料，便于随时查阅和备档。目前，国际上已将相关人工智能护理技术应用于新生儿重症监护病房的护理，为临床护理实现实时预警，还可通过数据整合为住院患儿提供更高质量的临床监护和护理服务，这极大地提高了临床护理质量。

二、人工智能化护理技术应用范围

1. 患者就诊前的基础健康护理评估　众所周知，对于患者就诊或入院治疗，临床护理首先就要从患者入院时的健康状况评估开始。如测量体温、测量体重、测量血压、呼吸频率、测量脉搏

和心率（律）等基础生命体征和指标，也需要对患者的心理状况、自理能力、临床护理风险和病情护理风险等方面进行评估。这种护理规范和更全面化的护理评估体系能为患者的护理质量提供保障，使临床护理更具有针对性、科学化与合理化。而人工智能护理技术的最大优点就是能承载更多的信息，可将医疗信息和护理信息融会贯通，实现更为高效和准确的信息资源和医疗护理资源的整合，为每例患者构建完善而系统的电子医疗护理信息数据库，医院可通过云技术和相关新技术构建起庞大的健康数据库，这为医护人员随时掌握住院患者医疗护理状况和每例患者的差异化信息，对临床护理工作的展开和临床诊断具有重要意义。人工智能护理技术还能辅助医护人员管理患者的相关数据，将患者数据与大数据实施对比分析，可对患者疾病的临床护理、预防和临床治疗都能提供系统化和规范化的临床护理决策参考，这将极大地提高临床护理质量。

2. 人工智能护理降低了护理人员压力与工作强度　临床护理人力资源短缺由来已久，而人工智能护理技术是最有望为临床护理工作减轻压力，提高临床护理效率和护理质量的重要技术手段。随着信息技术的发展，临床护理资源系统可通过护理工作站与移动终端相融合，实现互联网下的信息互通，在人工智能护理技术应用背景下不断优化护理方案和护理流程，对临床护理各项措施实施即时监管，这可大幅度减少护理人员的反复操作和手工书写，这将有助于不断优化护理质量。人工智能护理技术的应用，还能完成临床护理信息化匹配，对患者的精准护理程度更高，最大限度地避免护理差错和医疗事故的发生，实现医疗护理高效安全。

3. 智慧化护理方案的优化　随着人工智能护理技术的不断发展，在未来的智慧化医疗护理服务领域必将发生很大改变，智慧化医院、智慧病房、智慧化远程临床护理将迅速发展。尤其是方兴未艾的即时智能化和微型便携式检验设备、可穿戴生理指标监测设备，能实现智能监测，通过移动终端就能实现患者或健康人群的健康监测和护理，适时和极早发现人体健康异常现象，做到对各种疾病的实时预警和早期诊断与治疗，也可根据患者情况给予更加合理的健康保健指导和预防及治疗建议，将临床护理服务和健康管理的措施迁移。

第四节　人工智能诊疗医学伦理道德与人权保护

随着人工智能技术的飞速发展，人工智能诊疗技术在临床各学科上的应用更加广泛，这无疑给传统医学伦理和临床科研伦理带来了新的挑战和冲击，也给医学编辑对医学伦理和临床科研伦理的认知带来了新的变化，掌握和适应人工智能医学或智慧医学所带来的医学伦理变化，这对医学编辑在编辑活动中有效实施伦理把控具有现实意义。

一、人工智能诊疗基本伦理规范

世界卫生组织（WHO）对医疗保健领域人工智能诊疗技术的应用发出了全球报告和应坚持的六项指导原则。根据世界卫生组织的新指南，人工智能诊疗技术在改善全球医疗保健和医学服务方面有着巨大的前景，但前提是应将医学道德和人权置于其人工智能诊疗设计、部署和临床使用的核心位置。这份题为《人工智能促进健康的伦理和治理》（ethics and governance of artificial intelligence for health）的报告，是由世界卫生组织任命的国际专家小组经过2年的研究和磋商而得出的结果。应该说，人工智能诊疗技术与所有医学诊疗新技术一样，人工智能诊疗技术在改善人类健康方面具有巨大和潜在的临床应用前景，而且在医学科学领域的应用极为广泛，也是发达国家发展的重点领域。但它与其他所有技术一样，极有可能被滥用或给患者造成伤害。世界卫生组织总干事谭德塞博士曾说过：世界卫生组织这份重要的新报告为各国如何最大限度地发挥人工智能诊疗技术的好处，但同时又要最大限度地减少其风险和避免其陷阱提供了宝贵的指导。人工智能诊疗技术是大有前景的新技术，而且在一些发达国家已经被用于临床，这对提高疾病诊疗和疾病筛查，其效率、诊断的准确性、辅助临床照护、卫生研究、药物开发、支持多种公共卫生干预措施等，都发挥了重要作用。如疾病的监测、突发疫情应对和卫生系统管理。人工智能诊疗技术还可以让患者和人群更好地控制自己的医疗保健，并更好地了解患者不断变化的需求发挥很大作用。

二、人工智能诊疗技术设计的伦理道德与人权

人工智能诊疗技术还可以应用到资源贫乏和欠发达国家及农村社区，弥补医疗技术人员和卫生保健人员的不足，缩小患者获得卫生服务方面的差距。然而，世界卫生组织的新报告也告诫不要高估人工智能对健康的期望值。其报告还指出，机遇与挑战及风险并存，包括有违医学伦理道德地收集和使用人体与卫生数据、算法中的偏误、人工智能对患者安全、网络安全和环境的风险等。如尽管私人和公共部门在人工智能开发和部署方面的投资至关重要，但不受监管地过度使用人工智能诊疗技术，可能会使患者、医疗机构或社区的权益屈服于科技公司强大的商业利益，以及政府在监督和社会控制方面的利益。其报告还强调，以高收入国家个体收集的数据为基础的人工智能诊疗系统可能不适用于低收入和中等收入国家的个体。因此，人工智能诊疗系统应经过精心设计，以反映社会经济和医疗保健环境的多样性，要考量人工智能诊疗技术设计的医学伦理道德和人权保护问题。并同时实施数字技能、社区参与和提高认识方面的培训，特别是对医疗技术人员和卫生保健工作者的培训，如果这些医疗技术人员的角色和功能是自动化的，也将需要相关数字识字和技能再培训，以适应可能对医护人员的挑战和患者医疗决策及自主权的人机关系。人工智能诊疗技术的应用，应在现有法律和人权义务，以及体现医学伦理道德原则、法律和政策的指导下，政府主管部门、人工智能技术供应商和设计者必须共同努力解决人工智能技术设计、开发和部署每个阶段的伦理道德及人权保护问题。

第五节　医学期刊的智慧出版与智慧传播

人工智能医学或智慧医学的发展，医学编辑不仅要在选题和学术导向上实施观念转变，而且在医学期刊编辑出版和知识传播手段上也要适时进行观念转变，以适应人工智能医学和医学期刊智慧编辑出版的发展趋势。由于互联网、大数据、语义网、云计算、物联网、人工智能技术和数字化出版的发展，科技学术期刊的出版业态和知识传播方式也发生巨大改变，科技学术期刊的多媒体出版和传播，促进了平面纸质版期刊与多媒体的融合发展，为科技学术期刊转型带来新的机遇和挑战。它不仅为科技学术期刊出版业态转型带来变化，也使受众的阅读方式发生巨大变化。

一、人工智能或智慧出版基本概念

医学期刊和医学图书智慧出版，是在科技学术期刊编辑出版和医学图书出版领域引入人工智能技术、大数据、互联网、物联网、云计算、区块链信息技术、新媒体出版等信息传播技术，实现选题策划、学术内容遴选、同行评议、编辑加工与编辑出版、科技知识信息传播与精准推送、知识服务等引入智慧化或智能化技术与理念，从而实现医学出版的智慧化出版模式。人工智能或智慧出版是以大数据、互联网为基本平台，实施智慧化编辑出版流程重塑和优化，通过大数据和对海量医学科技文献的智能化检索分析，给出学术热点和难点问题及选题重点内容，为医学出版选题提供方向和依据，在内容整合与遴选、同行专家评审或评价流程、内容的编辑加工、出版流程、知识内容传播、医学科技知识服务等发挥人工智能或智慧化技术优势，实现医学出版与传播的智慧化，以达到医学编辑出版的智能化内容产出、全媒体立体化精准知识传播、数字化内容集成和专业化与个性化精准知识服务系统。

人工智能技术在编辑出版领域的应用，可将数据挖掘、语音与图像识别、机器学习记忆和智能算法等技术运用到医学编辑出版过程，以达到有效加速科技学术知识传播、缩短传播周期、提高传播效率和传播质量，实现编辑出版流程诸多环节的数据传递和支撑，构建和重塑智能化的科技学术出版流程；通过大数据分析和海量文献自动检索和智能化分析，从而达到选题准确化、同行专家评审流程智能化和编辑加工流程的智慧化，全面提升科技知识服务能力，推进知识服务精准化、个性化和传播行为的智能化与场景化。

二、人工智能技术在编辑出版领域的应用

在蓬勃发展的智慧医院和智慧医疗、智慧社区、智慧城市等发展驱动下，人工智能技术在编辑出版领域的应用也是必然的发展方向。如在《2016—2017中国数字出版产业年度报告》里显示，人工智能技术已在编辑出版发行、印刷物流、数据获取加工、数字阅读和数字教育等领域得到应用和发展。人工智能技术在编辑出版领域应用是多方面的。如人工智能机器人稿件写作、编辑排版语音识别录入、智能化编校、智能化或智慧出版印刷等领域。

在人工智能编辑出版技术研发和应用上也取得进展。如美国泰德开发的话题分析彩虹人工智能工具，它通过人工智能机器学习记忆，为读者、作者或用户实施智能化推荐和检索主题高度相关的文献信息，为科研和论文撰写提供依据和选择。The Drum与IBM沃森合作开发的，通过人工智能技术创造完成的一期完整期刊。还有腾讯团队开发推出的自动化新闻写作人工智能机器人Dreamwriter，完成一篇新闻稿或论文的写作平均只用0.5秒时间。此外，人工智能编辑出版技术的应用，还能智能化识别研究论文数据的可信性，辅助实现编审或编辑决策的优化。如通过人工智能编辑出版技术扫描作者研究论文的关键信息，智能化识别实验数据是否有篡改的可能性。人工智能编辑出版技术还可通过算法，智能化或自动化向潜在受众精准推送相关文献信息资源，为科学研究选题和启迪科研思路提供便利支撑。

三、人工智能技术在科学传播中的作用

科技学术期刊的传播力和显示度，这是科技学术期刊编辑一直在致力于追求的目标。而人工智能编辑出版技术、数字化出版和新媒体智能化科学传播，为科技学术期刊的学术知识和科研成果的传播提供了技术手段。如施普林格-自然开发的关联开放数据平台，能够使科学研究图谱借助NPG本体，实施语义模型构建，且通过数据融合与内容计算，语义图形数据集成，极大地提高了科研论文信息在传播过程中受众的获得性。还有爱思唯尔收购的云存储库数字共享平台，其具备存储库、元数据机构、读者访问接口与跨机构链接聚合功能，这对论文引证数据智能分析和科研论文与科学传播效果具有重要意义。在国内，北京世纪超星信息技术发展有限责任公司开发推出的超星期刊域出版平台，具有学术期刊数据库搭建和移动出版及社交共享功能，而且还可通过智能画面掌握受众特征，用算法实现文献信息的动态和精准推送。

人工智能编辑出版技术的应用，极大地提升了传播效果和传播质量。如科技学术期刊通过智能语言和知识图谱技术，采用适配多种智能设备的形式，对科研论文实施再编辑加工，以增强科研论文的可读性，同时还可为科研论文引入音频和视频传播形式，增强科技传播的效果。也可采用人工智能编辑出版技术，对受众的研究领域、阅读专业倾向性、专业教育背景和阅读情况实施智能化分析，以利于优化内容聚合和文献推送，这有利于克服信息过载和受众个性化需求间的矛盾。如数据搜集共识图谱开发的语义搜索引擎知识图谱，可根据受众话题实施文献搜索，为受众提供相关专题的数据集，同时还可自动生成可视化图表。采用人工智能编辑出版技术对受众阅读时长和相关信息实施智能化分析，判断文献对受众影响程度；通过自然语言的理解和语音识别技术等，能够从受众在社交媒体对文献的评价中，识别受众观点，随时分析和获取受众浏览量、下载量和被引用频次的精准数据。如威盛电子公司开发的人工智能平台，能够实现对90%的语义理解，实现对问题的提问答疑和信息记忆，而且还具有知识辅助理解

和歧义的消除等强大功能。人工智能技术还可以运用算法实现自动向潜在受众推送学术文献信息。如国际科技学术出版推广工具，能够实现学术文献的跨平台自动推送和精准定位目标受众，这极大地提高了科技学术期刊的显示度和传播效果。

四、人工智能技术在学术不端行为控制中的作用

人工智能编辑出版技术，对学术不端和重复发表行为特征实施智能化检测，以利于对学术不端行为采取控制措施。

第六节　区块链技术与医学科技学术期刊编辑出版

区块链具有去中心化、不可篡改、不可伪造、可追溯性、分布式存储、安全和隐私保护等特点，为传统科技学术期刊出版技术带来变革和转型方向。如在著作权确认、流通和精准交易、网络版权交易、区块链学术期刊平台建设、科技学术数字化出版、科技学术期刊同行评议和科技学术期刊开放获取等，在科技学术期刊编辑出版都有初步探讨和尝试，必将为科技学术期刊编辑出版现代化带来新的发展方向。

一、区块链技术基本概述

区块链作为信息技术领域的新技术，是共享数据库，存储于其中的数据信息，具有不可篡改和伪造、全程留痕和可追溯、公开透明和集体维护的基本特征。

1. 区块链基本概念　区块链是指通过基于密码学技术设计的共识机制方式，在对等网络中多个节点共同维护一个持续增长，由于时间戳和有序记录数据块所构建的链式列表账本的分布式数据技术。区块链技术的特点是，其技术方案让参与系统中的任意多个环节点，把一段时间系统内全部信息交流的数据通过密码学算法计算和记录到一个数据块，而且可生成该数据块的指纹用于链接下一个数据块和校验，系统所有参与节点来共同认定记录是否为真。区块链是一种类似于非关系型数据库技术解决方案的统称，非某种特定技术，它能够通过很多编程语言和架构来实现区块链技术。区块链的概念首次在论文《比特币：点对点的电子现金系统》提出，研究者称为中本聪的个人或团体，可以将比特币视为区块链的首个在现金支付领域的应用。如果从技术层面看，区块链涉及数学、密码学、互联网和计算机编程等很多科学技术领域。从实际应用看，区块链是一种分布式共享账本和数据库，具有去中心化、全程留痕、不可篡改、可追溯、集体维护和公开透明等的特点。区块链的这些特点都是基于区块链能够解决信息不对称的问题，而实现多个主体之间的协作和信任的一致性。

区块链因为是分布式数据存储，点对点的信息传输，而且就有共识机制和加密算法等计算机技术的新型应用模式和特点。因此，其本质是去中心化的数据库，同时又作为比特币的底层技术，它是一串使用密码技术方法相关联产生的数据块，每一数据块中都包含一批次比特币网络交易的信息，而且用于验证其信息的有效性和防伪及生成下一区块。

2. 区块链的基本特征　区块链的基本原理是交易一次操作，导致账本状态的一次改变，添加一条记录。

（1）区块：是记录某段时间内发生的交易、状态和结果，也就是对当前账本状态的一次共识。

（2）链：就是由无数个区块按照发生顺序串联而成，是整个状态变化的日志记录；假如将区块作为一个状态机器，则每次交易就是试图改变一次状态，而每次共识生成的区块，就是相当于参与者对于区块中所有交易内容导致状态改变的结果实施确认过程。

3. 区块链信息技术的主要特征的体现方面

（1）区块链的去中心化：区块链技术不依赖额外的第三方管理机构及硬件设施，不需要中心管制，除了自成一体的区块链本身，通过分布式核算和存储，各个节点实现了信息自我验证、传递和管理。因此，去中心化是区块链最突出最本质的特征。

（2）区块链的独立性：区块链是基于协商一

致的规范和协议（类似比特币采用的哈希算法等各种数学算法），整个区块链系统不依赖于任何第三方，所有节点能够在系统内自动安全地验证、交换数据，不需要任何人为的干预。

（3）区块链的安全性：人们只要不能掌控全部数据节点的51%，也就无法肆意操控修改网络数据，这使区块链本身变得相对安全，避免了主观人为和恶意的数据变更。

（4）区块链的匿名性：区块链单从技术上而言，各区块节点的身份信息不需要公开或验证，信息传递可以匿名形式进行。

在区块链的系统中，一般由数据层、网络层、共识层、激励层、合约层和应用层构成。而数据层封装了底层数据区块，以及相关的数据加密和时间戳等基础数据和基本算法。其网络层则包括分布式组网机制、数据传播机制和数据验证机制等构成。共识层则主要是封装网络节点的各类共识算法。激励层将经济因素集成到区块链技术体系中来，主要包括经济激励的发行机制和分配机制等组成。合约层主要封装各类脚本、算法和智能合约，是区块链可编程特性的基础；应用层则封装了区块链的各种应用场景和案例。

4. 区块链的核心技术要点

（1）分布式记账本：指的是交易记账由分布在不同地方的多个节点共同完成，而且每个节点记录的是完整账目。所以，都可以参与监督交易的合法性；这与传统的分布式存储有所不同，区块链的分布式存储的独特性主要表现为，区块链的每个节点都按照区块链式结构存储完整的数据，传统分布式存储一般是将数据按照一定的规则分成多分实施存储。此外，区块链的每个节点存储都是独立和地位等同的，它依据共同机制保证存储的一致性。

（2）非对称加密：因为存储在区块链的交易信息是公开性的，但账户身份信息具有高度加密性，只有在数据拥有者授权的情况下才能被其他人访问，从而保证了数据的安全性和个人隐私性的优势。

（3）共识机制：共识机制就是所有记账点之间不管如何达成共识，也要认定一个记录的有效性，它是认定的手段，也是防止篡改的措施。对此，区块链具有4种不同的共识机制，适用于不同的场景，这既保证了效率，又保证了安全性之间的平衡。

（4）智能合约：是基于可信的和不可篡改的数据，可以自动化地执行预先定义的规则和条款。

二、区块链技术在科技学术期刊编辑出版中的应用

由于区块链的技术特点和优势，在近年内可能会影响科技学术期刊出版、信息存储和传播手段的发展走向。因此，区块链技术在科技学术期刊编辑出版应用比较广泛。

1. 同行评议　将区块链技术应用在科技学术期刊论文稿件同行评审系统中，发挥区块链分布式记账特点，可以为同行评议提供支持，通过评审专家身份认证和信用担保的匿名公开评议，将更容易解决目前同行评议中的诸多不利因素。如区块链可将编辑、评审专家、编辑委员等的身份用户信息与比特币地址进行关联，有利于同行评议规则的实施。同时编辑、评审专家、编辑委员等真实信息在区块链中不能被公开获取，可让评审专家的评议过程既可以便捷实施，又可以被验证保持匿名，而且还可以永久保存，这有益于透明性和公平性。编辑部还可用于跟踪评审专家的同行评议过程中的操作结果，这种方式为审稿专家的智慧和创新付出提供了技术上的取证，为科研人员或专家学术评价提供了多样化数据支撑和评价手段。

2. 在治理学术不端中的应用　借助区块链数据库强大的检索能力，可有效识别投稿论文是否存在抄袭行为，将被动治理学术不端转变为主动的学术不端治理。同时区块链也可以实现被动的学术不端治理，主要是借助于哈希算法，区块链可以为每一篇发表论文确定一个哈希值，同时加盖时间戳；区块链系统会认定其为原始或原创研究者，同时对其身份实施认证。区块链还可通过运行智能合约，对所要发表的研究论文进行专门用来审查文章中被抄袭或剽窃的片段，这种合约可以对所有储存在账本上的信息实施直接读取。此外，在科技学术信息和学术成果的传播与分享过程中，区块链技术应用平台还能够跟踪其

内容的在线使用情况，对在线阅读、下载或使用，便可通过账本信息快速追溯，可告知发表论文内容的原始研究作者，实现治理学术不端行为的追踪。

3. 作者署名问题的应用　研究论文作者署名人数和署名顺序一般是不能改动的，但是也不可避免研究论文录用后要求变更作者顺序或增减作者的现象。如果能从研究论文的诸多要素（如科研基金申请、研究团队、协作研究、研究论文撰写、科研论文投稿等环节），将区块链嵌入到稿件评审系统应用平台中，在该过程中对数据的每一次操作都会被记录在区块上，而且可追踪到过往环节，这就为评估每位作者的贡献及署名问题提供了直接的证据支撑。

三、区块链信息技术与学术期刊编辑观念更新

在当今，学术期刊面临着很多挑战和尴尬，所发表科研成果的可重复性和可信性、学术不端问题，在国际上屡屡发生大批退稿事件，造成学术诚信危机。对同行评议信任的危机和学术评价指标的质疑，科技学术期刊的开放获取或科学开放的问题，都影响着学术环境良性发展，也制约着科学技术的进步与发展。而区块链信息技术的发展为科技学术期刊克服这些挑战带来了希望。

1. 编辑出版流程与透明开放观念　在传统的科技学术期刊编辑出版流程中，从编辑选题、稿件评审、稿件录用发表等编辑出版流程，以及期刊的学术信息传播过程带有一定的封闭性，广大科技人员对原始数据的获取和分析缺乏透明性与全面性，编辑、读者、作者和稿件评审专家几乎处于隔绝或相互封闭状态，彼此之间形成严重的信息不对称性。而区块链信息技术的特点是去中心化和共享的分布式账本技术形式，能够实现编辑流程应用场景的有效结合，为科技学术期刊编辑提供编辑出版流程再造。如在稿件处理、同行专家评审、编辑决策和科技学术信息传播等，提供信息对称的和透明的场景平台。期刊编辑和作者将可识别的稿件或科研数据上传到公共分类账本上即可被记录下来，通过区块链的智能合约功能可有效解决科研数据和科技成果及科研论文的版权归属问题，克服了以往版权归属模糊和编辑出版流程封闭及缺乏透明性的弊端。因此，区块链信息技术可提供科技学术期刊编辑出版过程的全流程管理平台，从编辑、作者投稿、评审专家审稿意见、编辑决策、稿件录用等都能得到公开记录，而且作者的课题研究过程和完整的科研原始数据都可以在区块链信息技术得到验证，这对提高科研成果的可重复性和科学公开发挥极大的促进作用。

2. 科研评价体系与学术诚信重塑观念　近年来，科技评价体系和科研诚信在学术遭到很大质疑或批评，国家相关科技管理机构也积极致力于科研诚信体系和科技评价体系的重塑与建设，不断完善科研管理机制和学术环境的治理，以科技创新和客观的学术评价为导向的舆论引导。而区块链信息技术为创建安全、公开和不可变更性的信息处理交易记录，为编者、读者、作者和广大科技人员提供开放的共享数据库，对科技学术期刊的编辑出版和保证作者科研数据的可溯源性、信息的可靠性和不可篡改性提供了条件。同时，通过区块链信息技术可创立科技工作者身份和学术诚信及名誉系统，实施有效的知识产权或著作权管理，而且依托区块链信息技术的智能合约和数字身份模式，可使科研成果和科研数据实施验证，这使科研评价过程实现透明化，最大限度地改善科研论文同行评议的公开性和信任度。在科研人才评价方面，还可以通过区块链信息技术平台，对科研人员论文发表数量和被同行引用次数实施查询，通过区块链记录情况，在科研基金项目评审、科研成果评审鉴定和人才评价及人才选拔等提供依据，实现科研评价的客观与科学化。

3. 科研论文评审的规范性与评审专家权益观念　科技学术期刊是科技工作者发表科研成果的权威发布平台，也是科学传播的重要途径和科技工作者获取科技进展信息的重要平台。而对科研论文的同行专家评议，是国际和国内科技学术期刊普遍遵循的规则，是重要的学术评价或学术把关的重要关口，是科技学术期刊学术质量和权威性的重要保证。在这一学术评价或科研论文评审流程中，区块链信息技术能够以加密货币形式构建科研论文学术评价或评审激励机制，评审专

家对审稿评审意见可实施数字化签名和加盖时间戳，可实现版权或著作权追溯，翔实记录评审专家的创造性劳动和智慧付出，并可有效实施专家评审意见和智慧付出的版权管理和保护，最大限度地促进和激励学术分享与科研合作，激发专家学者参与科技学术期刊同行评议的积极性。同时，在评审专家行使学术评价话语和取舍权利的同时，激发评审专家牢记科学精神和社会责任担当，对作者科研论文提出建设性意见和创新思路，完善作者科研论文成果的科学性和学术价值，为全面提升科技学术期刊质量做出贡献。

4. 整合科研资源与缩短评审周期观念　由于区块链信息技术不仅可以记录科技工作者随时随地创建的科研数据和学术交流信息，可通过智能合约管理实验设备，促进科研协作攻关和学术资源共享。由于科技进步是建立在有效的学术交流、科研诚信、学术共享和科研协作基础上，而区块链信息技术平台能够让科研人员在没有第三方中介机构参与的情况下，便能够达成共识和相互协作，这有利于节约科研资源，同时也可避免人为恶意操纵。在评审专家对科研论文评审效率方面，可发挥区块链信息技术形成的数字货币和声誉激励机制，加快科研论文的评审效率和论文稿件的评审时滞，缩短科研论文评审周期和发表时滞，加快科研论文的发表。

第七节　智慧医学编辑与医学期刊的智慧化出版

随着人工智能技术、大数据和网络智能化的发展，人工智能编辑在医学编辑出版领域也逐步得到应用，这给医学编辑出版传统编辑模式带来结构性变化，使医学编辑出版向智慧化迈进。

一、医学编辑选题策划智慧分析与编辑选题创意智慧化

众所周知，医学编辑选题策划是最能凸显编辑思想和医学科技学术传播针对性的重要手段，选题策划在医学编辑出版和医学科技传播流程中占有重要位置，是提高医学编辑质量和医学传播效果的基本措施，也是医学编辑的基本技能。

1. 智慧化选题与传统选题模式　在传统的医学编辑选题模式中，其选题创意和选题策划主要靠编辑自身对学科专业的把握和对读者需要的前提下，编辑的选题思路受医学科技知识和学术发展认知的局限，编辑选题单纯靠个体经验、直觉判断和一般性了解，因而其选题创意和选题思路难免出现偏差，这种传统选题模式和靠编辑个人智慧选题的模式已经不适应网络化、大数据分析和智能化发展的需要。人工智能与书刊编辑的融合及运用，极大地提高编辑选题策划的预见性、针对性和效益的预期性。如在智能化网络环境下，通过大数据智能化分析，智能精准推算，实施大数据深度挖掘和深度学习，将人工智能选题策划建立在以读者为导向的选题，可将受众或读者最感兴趣的专题内容、阅读量和下载频次，阅读习惯、交流热点、阅读场景、时空环境、感情变化等实施量化分析，对医学科研论文内容、学术热点和焦点、文章题材类型、意见建议等实施客观评价，从而获取数据层面读者对内容的需求，通过受众对文章和学术观点的评论数据、下载和点击数据、恢复数据、转发数据、讨论热点等，获取选题热点和选题线索。通过互联网上热门问题、热点词汇、传播频次、转载频率，可预测科技前沿发展趋势，为选题提供参考和依据。

2. 智能预测与智慧选题决策　由于大数据分析技术、智能互联网和物联网在编辑领域的应用，选题策划编辑可对外部潜在信息和海量医学文献实施深度发掘，同时对相关领域的专业技术人员的热点研究领域和阅读价值取向进行智能分析，充分整合相关大数据并实施具体分析研究，同时结合相关专业领域读者需求分析，可自动生成相关知识图谱，构建医学书刊编辑出版选题创意、选题素材库和储备选题资源，从而实现对选题的智能分析，制订出具有针对性和创新性的选题策划方案。近年来，白羊座系统公司研究开发元计算智能集成用于编辑对科研论文的评审和同行评议系统中，编者可在科研论文评审过程和同行评审过程中，发挥人工智能技术的智慧分析优势估

算某篇科研论文稿件未来被引次数和学术影响力程度,同时经过后期跟踪分析和计算做出相应预测,本项编辑智能分析技术在科研论文稿件影响力评估的准确性、分析效率和预测上远远超过编辑个体智慧和能力,为医学书刊编辑选题策划、选题预测和选题分析提供更加准确与科学的编辑选题策划决策。

3. 智能化核心作者与学术带头人分析 核心作者和学术/学科带头始终是医学书刊重要的作者群体,是医学书刊跟踪和把握学科或学术发展方向的重点。随时了解和掌握医学科学相关专业领域的核心作者和学术/学科带头人,是医学书刊编辑做好选题策划和组稿约稿的重要因素,而编辑以往了解核心作者和学术带头人主要通过学术会议、医学书刊和对相关学科的深入了解,当今由于智能互联网和智能化数据及大数据分析技术的应用,医学编辑可以通过智能化检索分析,随时掌握相关学科领域核心作者的研究领域和医学科研论文产出量及创新质量数据分析,而且还能分析医学科技人员或作者的学术生命周期,描绘出编辑所要的专家学者的学术生命曲线,直观地描绘出其学术曲线的起点、峰值和低谷的学术生命走势;也可通过这种核心作者学术生命周期曲线分析,及时发现优秀的医学科技人才;同时还能轻松实施核心作者和专家学者研究方向的关联性分析,将从事相关研究的专家学者或作者轻松呈现在编辑面前,为选题策划和发现医学人才提供智能化工具。这种智能化分析也为人才使用管理机制发现人才、培养人才、评价人才和开发利用人才提供决策依据,尤其是为医学科技人员的考核和评价提供可靠的手段和评价依据。

二、人工智能撰稿与编辑内容智慧化产出

众所周知,传统医学期刊内容稿源来自医学科技人员投稿、编辑记者采写等,而要完成这些内容的产出,则需要相应专业学科雄厚的学术基础、科研创新、长久的医学临床和科研实践及知识积累为基础,同时还需要占有大量相关科技文献的阅读、文献资料分析、实验数据和资料的统计学分析,构建科研论文撰写框架,构成科研论文的撰写方向,同时进行原始创造性和创新性构思写作,这种创造过程既需要科研实践、临床实践和长久知识积累与创新思维过程,又需要作者一字一句地撰写,而人工智能撰稿与传播内容的智慧产出,极大地颠覆了以往"爬格子"的文稿撰写模式。

1. 人工智能化辅助编校 以往传统医学书刊编辑出版环节,对于计算机来说仅仅是作为辅助工具,为作者和编辑实施记录和审校工作。而在信息技术和智能化飞速发展的今天,智能化排版、智能化审校、语音录入、智能撰稿等,已经成为编辑出版的辅助手段。编辑可利用人工智能技术对编辑出版内容进行生产,还可以有效解构当前模块化撰稿的各种撰写风格、基本格式和基本机构;还可以为作者实施复杂的文献资料整理、文献和数据分析和创新性文稿撰写。尤其是对人工智能的研究发现,文稿撰写机器人不仅可以场景和即时速记,同时还具有文字录入功能,人工智能文稿撰写机器人还可以对各种专业学科文本撰写方式和技巧实施归纳总结,甚至可实现内容创新。当作者赋予相应内容后,同时给人工智能系统发出指令,人工智能系统就会自动生成相应的剩余内容,从而极大地提高的文稿撰写或文献资料的编写效率。

2. 人工智能在科研论文撰写中的应用 人工智能撰稿机器人可根据不同文本体裁,对整体科研论文观点实施智慧化相关文献推荐和内容提示,也可以自动撰稿。对于科研论文因其科学性和严谨性极强,其撰写模式和思路与规范性要求不同于其他文稿。如新闻性文稿具有模块化特征,而科研论文需要将实验对象、研究方法、实验数据和研究结果上传,人工智能撰稿机器人即可根据已有的研究对象、研究方法和实验数据结果自动整理出规范的科技论文,研究者或作者根据科研思路和结论等对文稿实施推敲、修改和完善,以利于达到发表的要求。因此,人工智能在医学编辑出版和文稿智慧化撰写中的应用,将极大地提高编辑工作效率。如 Springer Nature 与德国法兰克福大学的研究人员共同设计研发了名为"Bata Writer"的智能算法,最近已经出版了首部由人工智能机器人撰写的化学类图书专著。研究人员采用基于相似性聚类程序将源文档排列成连贯的章节,通过创建出简洁的论文摘要,其摘录的引

文则通过超链接形式标明出处，自动撰写生成文稿、创建目录、参考书目和序言。2017年，由微软智能化机器人"小冰"模拟人类学习记忆而创作的《阳光失了玻璃窗》诗集，成为迄今为止人类历史首部100%人工智能化创作的文学作品，这为医学书刊编辑出版和内容产出带来颠覆性认知。因此，人工智能技术不仅在编辑出版智慧化，而且在内容产出的智慧化方面也具有潜在发展前景。

3. 智能化编辑加工与设计　传统医学书刊编辑出版的重要环节是对文稿的编辑加工、版式设计、排版校对等。由于医学科技文稿其内容出版涉及复杂的医学科研设计、样本量和样本纳入、医学统计学分析方法等，而且涉及高度专业化和专科化的相关学科知识与专业名词术语，而传统医学编辑出版模式需要医学编辑人工对文稿内容逐字审读，对医学科研设计和统计学分析方法应用的合理性、结果与结论的可靠性、严谨性和逻辑性进行斟酌推敲，然后实施编辑修改和规范化编辑加工，同时还要进行编排设计、排版校对等系列编辑出版流程。不言而喻，这对医学编辑知识结构、智能结构和素质要求很高，而且这种传统医学编辑模式其工作效率难以提高，编辑失误也难以避免，编辑出版成本居高不下。而人工智能编辑出版技术的应用，使医学书刊编辑出版，即选题策划—评审—编辑加工—排版校对—传播实现智能化和智慧化系统成为可能。

4. 智能化编辑出版质量控制　人工智能辅助编辑出版技术的应用，也为编辑出版质量控制提供了有效手段。编辑可利用大数据分析技术辅助编辑进行内容搜集、文献分析和编辑创作，同时结合图文识别技术和强大的智能化搜索与大数据挖掘等实现编辑出版自动化。在编辑出版智能化系统中，编辑通过人工智能发挥大数据分析优势，构建编辑出版自动分析与纠错系统，通过自动图文识别技术，自动核验编辑文稿和排版校样，智能化解决稿件中存在的各种质量问题；还可通过扫描文档对医学科研论文的元数据实施缺陷检测，对样本量和入组样本设计的合理、实验/试验方法是否存在缺失、医学统计学分析方法应用是否恰当、结果和结论的可靠性等实施智能化甄别，同时提供修改处理建议和编校勘误信息。此外，传统编辑出版使用学术不端软件主要按照字句审查稿件，而对于同义词和相近句不能有效识别，而通过人工智能辅助编辑技术，可对文稿、图像、实验数据真伪进行智能化检测，因而对学术不端行为实施有效甄别和控制，确保编辑出版和学术质量。

三、医学科技学术传播的智能化与个体化精准传播

医学编辑作为医学科技学术传播者和传播主体，传播效果的最大化和最优化，是医学编辑的最终目标。而传统的医学科技学术传播模式，基本是从平面纸质版传播—网络版传播—新媒体传播，其基本传播产品没有本质变化，而智能化医学科技学术传播，能够实现个性化精准知识传播服务。

1. 智能化知识服务与个性化精准推送　传统医学科技学术传播是"大锅烩"式的传播模式，尤其是平面纸质版医学期刊，可以说是强制性全盘推送给受众，也很少或很难做到受众喜欢和满意。而人工智能编辑出版技术则更强调个性化精准知识服务产品的提供与推送，而且也只有通过人工智能辅助编辑出版技术和智能化传播技术的应用得以实现。人工智能技术的机器学习算法和大数据挖掘与海量医学文献分析运用，也就是通过人工智能和大数据的深度融合分析，智能化自动搜索庞大数据，实施精确统计分析，能够分析受众或读者群与个体对相关知识偏好精准地编辑制作知识产品，做到个性化精准知识产品的智能推送，从根本上改变传统知识传播模式。由于人工智能传播模式是以读者或受众为核心要素的精准传播，它主要依靠大数据分析的精准性，同时结合大数据平台和网络化平台分析读者阅读习惯，对学科知识或文献阅读的价值取向与偏好，从而对读者和受众实施精准分析与精准定位，同时依据读者和受众的具体环境、阅读方式习惯，而打造精准阅读内容的知识产品，实现个性化定制和精准知识推送服务，同时接收读者反馈意见，适时精准评估传播效果，再实时调整编辑选题策划、编辑出版和传播策略，以最大限度地满足受众个性化对知识服务的需求，这就形成了智能化

个性化精准互动循环医学科技学术传播模式。

2. 智能化编辑出版与场景式阅读　新媒体传播技术的发展，已经改变了受众从远古以来的平面阅读方式，而人工智能辅助编辑技术和智能化传播技术的应用，使受众的单维度平面阅读向多维立体场景式阅读转变，这使得传播受众阅读不再是枯燥乏味，而是感受愉悦和阅读享受，传播受众可以通过视听和场景感受，轻松而又身临其境的领会学术内容，掌握新技术和新方法的应用，同时可触发和启迪同行的创新思维。如对于临床治疗技术和方法、手术路径和手术治疗方法等，以往单纯文字和插图介绍很难叙述清楚，而多维立体视频演示和术者现场视频演讲，使受众具有身临其境和场景感，激发受众阅读兴趣和阅读欲望，极大地提高了医学科技学术传播效果。人工智能编辑出版和智能化传播，还可根据受众不同阅读环境或阅读场合，推送不同形式的知识产品服务供受众选择，传播受众可根据不同场景进行不同的知识内容产品的链接和切换，这种场景式阅读体验，真正实现以受众/读者为中心、以不同阅读场景为路径、以知识产品服务为核心价值、以个性化精准推送为传播手段的医学编辑出版传播模式。

3. 医学编辑出版智能化与编辑部的虚拟化　由于数字化、网络化在医学编辑出版领域的应用，从实体编辑部向虚拟编辑演化，编辑部的实体性质界线更加模糊，从无纸无笔办公到"无编辑部"办公，编辑部实现移动化和虚拟化，走到哪编辑部就跟随到哪，其编辑出版成本降低到极致。如笔者曾在自驾游西藏的318国道上、自驾游新疆万里旅游途中、沿中国海岸线自驾游的路上，仅靠一部手机和平板电脑，轻松完成3期杂志稿件内容的收稿、编辑修改、作者退修核对、编辑加工和编排设计等；然后上传平面纸质版出版环节、3D阅读版制作环节、网络版制作环节、新媒体制作环节，而且迅速进入精准推送传播渠道，这种编辑出版流程到传播仅需要15天左右的时间，其编辑出版和传播效率之高，是传统编辑出版所不能比拟的；而且在医学科技学术内容传播的同时，即可获取传播效果。如实时受众意见反馈、实时动态性多媒体受众阅读总量、单篇文稿阅读量、各多媒体版本阅读量等，为进一步编辑选题策划和编辑出版设计改进提供参考依据和针对性内容传播。

4. 智能化编辑出版与知识产品个性定制服务　人工智能编辑出版和智能化传播，为受众个性化知识产品定制和精准推送提供了可能。众所周知，医学编辑和医学传播是以内容为知识产品的传播，不是所有的内容产品都适合受众，其知识内容服务必须符合受众的需求。因此，在人工智能编辑出版和新媒体融合传播的背景下，为受众群体和目标受众提供个性化、专科化、特色化和精准化定制服务，是现代化智慧传播的重要手段。从以往的成果展示向知识服务转变，其编辑出版业态由平面纸质内容转变为数字化和网络传播平台化，由普遍传播向自主选择的个性化传播，根据不同类型目标受众或核心读者群体实施分众化精准推送，甚至点对点推送。这种受众个性化需求，极具针对性地满足不同受众或读者差异化知识产品服务，它是建立在对受众或读者智能化大数据分析基础上，精确掌握读者或受众对内容需求的价值取向、阅读方式而定制的知识服务产品。

第 11 章 医学编辑与医学科技学术传播方法

在医学编辑的感性认知中，人们对编辑社会角色的认知其实是不全面的或是欠缺的，也就是大家都忽视了编辑的传播者的角色内涵。医学科技学术传播学与其他科技传播学一样，是研究传播行为、传播过程、传播要素、传播功能、传播内容、传播效果、传播评价、传播规律的学问，它从医学科技传播的学术交流功能、医学科学普及功能、医学科技成果和新技术转化功能、临床推广功能和社会功能等出发，借鉴行为科学方法，以系统论、控制论、信息论的基本理论和方法审视及研究医学科技学术传播的普遍规律。其主要传播要素有传播者、传播内容、传播手段、传播渠道、传播受众、传播效果。实际上，医学编辑本身就肩负着医学科技学术知识传播者的重要职能和角色责任，所编辑的期刊内容能否有效传播和受众或读者阅读，从而产生应有的效能，是医学编辑的价值所在。因此，熟悉、掌握和研究医学科技学术传播学的规律，特别是医学科技学术传播学的理论与方法，探索医学科技学术传播的特点、传播内容、传播方式、传播手段和传播规律，是提高医学编辑对医学科技学术传播能力和传播效果的重要因素。

第一节 医学科技学术传播概述

医学科技学术传播（医学传播学），是研究医学科技学术传播行为、传播要素、传播过程、传播规律、传播特点、医学科技学术传播与医学科技进步和学术交流关系的学问。它是从医学科技学术传播的学术交流功能、医学知识过滤功能、知识服务功能、社会功能出发，借助行为科学的研究方法，以系统论、信息论和控制论为基本理论，以医学科技信息交流与传播为研究对象的学问。医学科技学术传播是促进医学科技进步与学术交流的基本前提，是医学科技学术发展的基本条件，是医学科技人员创新研究发现、临床诊疗经验积累和疾病诊治技术方法发明的基本支持。随着医学科学的飞速发展，医学科技学术传播的重要性日益凸显。因此，最大限度地提高医学科技传播力和知识服务能力，对于促进医学科技进步、繁荣学术交流和社会经济发展具有重要的促进与保障作用。医学编辑实际上从事的就是医学科技学术传播工作，而就传播而言，是人类最古老的原始行为，人们无时无刻不在充当着传播者的角色；如果细想，自然界所有物种也都具有传播行为。如果说传播是自然现象也不为过，只是其采用的传播形式不同而已。医学编辑与其他传播不同，自然有其传播的特定范围、内容、目的和传播规律。

一、医学科技学术传播学的定义

医学科技知识和学术传播属于医学实践活动的重要组成部分，是伴随着医学科研活动、临床诊断、临床治疗和疾病预防而产生的传播行为，医者的研究成果、临床诊治经验、疾病预防知识等，其研究者通过古老的人际传播、口口相传的传播方式进行原始传播；而随着科学的发展，现代化传播手段不断诞生，尤其是互联网、数字化和新媒体的发展，给医学科技学术传播带来巨大变化，当代更多通过现代媒介传播。如网络化、数字化、智能化和新兴媒体的传播手段，从而达到传播速度快、辐射半径大、覆盖广和传播力强的优势，这极大加快了信息交流、服务患者和实现研究者获取信息便利的功能。因此，医学科技学术传播的基本定义是：在医学科学实践活动中产出的知识，经过媒介遴选加工过程，再通过现代载体将学术研究成果、学术思想观点和医药卫生防病治病知识传递给相应靶标（受众）的过程，称为医学科技学术传播。医学科技知识和学术传播，涉及医学知识产出者、医学科技学术传播者、医学传播对象、传播内容、传播目的、传播特征、传播功能、传播媒介、传播效果、传播评价、传播过程、传播核心等要素。

1. 医学科技学术传播的影响作用　传播是传播者用自己的知识或思想观点影响受众的行为，传播者通过传递信息刺激受众以影响其行为过程和思想观念，通过向公众传播医学防病知识，普及医药卫生常识，进一步提高人们的健康保健意识。通过向专业人员的学术传播，增进同行学术交流和科研成果转化，促进医学科技进步。

2. 医学科技学术传播的交流互动作用　传播本身就具有互动的内涵和功能，传播者、作者和读者的互动交流，甚至是学术争鸣，通过科技学术传播，将互不关联的同专业或不同专业的技术人员联系起来，启迪学术思想，拓展科研思路，通过信息进行社会的和同道的相互作用，在信息传播过程中，传播者与受者的相互交流和影响，形成传播的互动效应。

3. 经验和成果共享作用　医学科技学术传播是传授双方对信息的共同分享，使个体研究成果、经验和学术思想成为人类共有知识财富，传播也是一种交流、沟通和不同学术思想的碰撞，启迪新的创新思想；传播也是一种社会评价和社会认可的过程，科技研究成果、新技术、新方法、新思想和新观点，在传播过程中经受选择、评价和社会认可，真正科学的而富有价值的学术思想和研究成果会在传播过程中得到继承与发展，而那些缺乏价值的会在传播过程中淡化和淘汰，以至于失去传播价值而终止传播，这就是医学科技学术传播的魅力。通过医学科技学术传播，广大医学科技人员和学者达到自我实现、自我激励、实现人生价值，实现自我激励的过程，也就是说，在传播科技学术或普及科学知识的同时，也传播了科技知识的产出者和传播者，因而被业内同行或社会所崇尚。

4. 医学知识跨时空共享　医学科技学术知识信息的传播是通过跨越时空传播和扩散的，因而使不同的受众间实现其知识共享的传播过程。当然，医学科技学术传播具有其专业传播渠道，专业学术传播是在专家群体间的相互学术交流，其主要传播交流平台有所在学术团体、专业学术期刊、国际国内学术会议、访问交流等；其传播形式有论文发表、出版学术专著、学术报告演讲等，传播途径或传播载体有平面纸质版、网络版、多媒体版本等多种传播手段。而医学科学普及的传播是在广大公众群体中进行的，其受众是人民群众或患者，其主要传播途径有医学科普期刊、医学科普图书、电视、互联网络、多媒体、广播卫生科普节目、医学科普专题讲座、卫生知识专题普及挂图等。这种传播既具有专业性，又具有跨时空和跨地域的特点。而医学编辑是要保证其传播内容的科学化、真实化，传播的便捷化，传播半径的最大化和传播效果的最优化。

二、医学科技学术信息传播的基础

传播的内容是医学科技学术传播过程中的最基本要素，也是传播的基础，在传播过程中，以符号编排形式表达特定信息而传播给受众，也就是说，传播中的信息是内容的根本，是传播过程中可以编辑加工处理的原始资料，符号则是信息的载体，信息通过符号化过程才能传输或传播给受众群体或个体。

1. 传播信息与传播符号

（1）信息（information）：意为情报，信息是人类适应外部世界，同外部世界进行互相交换的内容和名称。信息是观察事物的知识，信息具有不灭性、信息的无限复制性和信息的指向性和特定性，信息无处不在，人们时刻都在接收信息和输出信息，特别是在当代信息化社会，信息作为地球上三大资源之一，是所有事物的运动状态，它具有物质的基本属性和客观性与普遍性；同时，信息又有别于其他物质特征。信息具有可加工性、可转换性、可传递性、可存储性、信息传播形态的多样性特点。信息通过不同媒介形式传播，可以文字、声音、影像、图片、数据形式传输。信息传播可以是个体、组织或团体，通过符号和媒介传播交流信息，以达到向受众传递信息、观念、态度或情感，使其受众发生相应行为变化活动。信息传播的特点：①信息传播表现为传播者、传播渠道、传播受众等系列传播要素之间的传播关系；②信息传播过程是信息传递和信息接收的过程，也是传播者与信息接收者信息资源共享的过程；③信息传播者与信息接收者、相关群体由于信息的交流而发生互相影响和相互作用。

（2）传播符号：传播符号是指能够感知并揭示其含义与现象形式，信息传播主要是语言符号。实际上，人类是生活在符号化的社会里。如语言符号（包括口头语言、书面语言），非语言符号（形体语言、身体动作、面部表情等），类语言（声音要素和功能性发声）。另外，还有无关人体的非语言符号（视觉、听觉、嗅觉、触觉等）。

人类传播符号在承载信息和传达信息的同时，也显示出传播符号的特点，其特点具有传播符号的指代性、传播符号的约定性、传播符号的社会共有性、传播符号的发展性特征。

2. 符号化信息传播　人们符号化思维和符号化行为是人类科学活动和社会生活中最赋予代表性的特征，也是人类文化继承和发展的必备条件。传播符号负载着信息，信息又体现着符号，所以医学科技学术信息传播也是符号化的过程，人们将信息转变为符号的过程称为编码，而将符号还原成含义的过程称为译码，只有通过编码与译码，信息才能广泛传播。

（1）传播编码：编码，即在信息的传播过程中，要将信息转化为符号，也就是编码的过程；是指将信息转换为可以在信道中传递的信号。也就是说，信源发出信息，然后经过编码转变为信号；信号通过信道，再经过译码传到信宿里。

（2）传播译码：译码是编码的逆过程，信息在传播过程中，首先经过编码将信息转化为各种符号的结合体。信息传播到受传者时，受传者再将符号还原成信息，这一过程称为译码。如当传播的信息经过编码传递到受众，受众即期刊读者、网络在线用户、媒体听众等，这些信息传播受众经过阅读、收听、观看，而从文字、画面、声音、图像等传播符号中提取出内涵信息，也就是理解其意义，这种阅读、观看和收听等过程，也就是译码的过程。

3. 语义与传播　语言中所蕴含的意义称为语义。也就是说，符号是语言的载体，而符号本身并没有任何意义，当被赋予含义的符号才能够被使用，在这时语言便转化为信息，而语言的含义重要性就在于语义。语义也可以看作是数据所对应的现实社会中的事物所代表的概念的含义和这些含义之间的关系，也是数据在相应领域上的解释和逻辑表达。语言是人们对客观事物的反映，是人的思想真实地呈现，语言既是人们思维的表现形式，又是人们交流的工具。在传播过程中，语言能否清晰地表达语义，这是传播的关键所在，语言逻辑混乱，必然语义难以理解，受众不知所措，阅读或听后不能理解其意义，这也就失去了传播的价值。

三、医学科技学术传播的价值

医学科技传播是医学信息运动的一种形式，它构成了信息的有序流动，促进了科技信息的开发与利用，催化了信息与物质、能量的相互作用和转换，其目的是实现医学科技信息的交流与共享。医学科技传播也是为了适应社会对科学技术发展的需要，在实现科技是第一生产力，推动科技进步，全面提高人民科学文化素养中发挥着重要作用。

1. 医学科技传播的社会价值　科技传播力体现了国家科技创新实力和科学普及能力，科技创新成果只有转化为生产力，将新技术和新知识被广大人民所普及掌握，才能真正发挥科技创新的价值。同时，科技传播能力也直接影响着一个国家的国际竞争力；也是实现科教兴国战略的重要组成部分。医学科技传播不仅有利于学术交流和科技成果转化，促进疾病诊断治疗和疾病预防能力的提高。同时，医学防病知识的普及传播，对提高国民健康素养，增强广大人民的健康水平，对于服务大局和服务于国家两个文明建设具有重要现实和长远意义。

2. 医学科技传播的交流价值　医学科技传播的重要价值之一是交流，通过传播达到交流学术思想、学术成果、临床经验、推广科技成果，扩大临床应用的目的；这种学术交流也是信息交流，最终目的是促进学术思想、学术信息、学术观点的沟通与交流，通过交流启迪科研思维、触发新的科研思路、激发创新思想、发现问题和提出问题，探寻解决问题的路径，从而促进学术和医学科技进步。

3. 医学科技传播的共享价值　医学科技成果、新知识、新技术、新方法、新观点、新理念，只有通过传播才能达到共享和普及，其社会价值、学术价值、经济价值、人才价值、精神价值才会充分体现。因此，传播就是共享的代名词。

4. 医学科技传播的普及价值　当然，医学科技传播具有不同层面：①专业学术层面传播，其受众是高度专业化和高智力群体的专业技术人员，这是学术研究层面的传播交流，也是学术成果的普及；②医学科学知识普及层面的，其受众是广大人民群众，重在传播医药卫生知识，提高人民的健康素质和素养，促进和保障人民身体健康水平的提高。而这两个层面的传播都很重要，在传播力上要两条腿共同发力，共同履行传播的使命与责任。

四、医学科技学术传播的特殊性

医学科技传播具有很强的专业性，更来不得半点虚假，这种传播对于专业群体来说，要讲究学术性、科学性、创新性和实用性；而对于公众医学知识普及，其科学性更为重要，因为它涉及公众群体受众的生命和健康。

1. 传播的高度专业性　医学科技传播具有高度专业化，从学术传播角度讲，由于医学科学的学科高度分化，分支学科越来越细，亚学科、亚专业、交叉学科、交叉专业愈来愈深入，专业人员的研究方向更加单一化和高深化，由此带来学术传播的高度分化和高度专业化，传播受众的单一化或小群化。所以，不是所有临床医师都能了解和承担所有医学理论和疾病知识的传播，这就是医学科技传播的专业化和专家化特点。

2. 传播的目的性　医学科技传播无论是专业学术传播，还是医学知识普及性传播，都应具有明确的目的性和导向性，这是到达预期传播效果的重要途径之一。医学专业学术传播，要围绕国家医药卫生重点、重大疾病防治重点和重大突发公共卫生事件的需要进行传播。如在新型冠状病毒肺炎疫情暴发后，迅速制定的新型冠状病毒肺炎诊疗指南、新型冠状病毒肺炎疫情防控指南等传播，还有对广大公众实施的疫情防控知识普及性传播，都具有极强的及时性、目的性和针对性，因而其传播效果也具有极大的有效性和及时性。

3. 传播者特殊素质　医学科技传播涉及人民健康和生命，因而健康传播者的素质要求比较高，首先是医学专业素质，要具有相应专业教育背景和资格，传播的医药卫生科学知识必须以严谨科学为前提，特别是对公众的防病治病知识的传播，既要通俗易懂，又要科学、严谨、真实和实用，以利于正确指导和引导公众的健康行为，正确运用健康知识，增强和提高人民健康水平。

第二节　医学科技学术传播价值

科技传播的价值度，是指在医学科技学术或医学普及性传播信息中对社会或受众需求的强度，是医学科技传播存在的理由，传播价值度主要是在信息传播过程中所体现的价值程度。主要反映在传播内容的时效性、学术价值的显著性、医学科技创新性的重要性、医学科技传播的导向性、医学科普传播的趣味性等。

一、传播内容的时效性

医学科技传播时效性是指同一学术文献信息在不同的时间具有很大性质上的差异，人们将这种差异性称为时效性，时效性影响着科技文献信息效能的时间，时效性决定了科技文献信息在特定时间内是否有效或有利用价值。应该说，一般事物都具有其一定的半衰期和时效性，随着时间的延长，其实际效能会逐步衰减。医学科技文献信息同样具有时效性和效能衰减或半衰期。学术界称为文献半衰期或文献半生期。是衡量文献老化速度的指标之一，是人们研究文献信息老化规律时移植用的物理学中的一个概念。在物理学中的半衰期是指放射性元素的衰变过程，原子核的数目减少到原数量的50%所需要的时间。而文献半衰期是指某一学科文献从传播或出版到50%的科技文献因内容老化而失去参考价值所经历的时间。研究表明，科技文献信息随着时间的延长，其价值呈现出逐渐衰减的特征或规律，也就是该学科正在应用的全部文献中其50%的参考价值是在多长时间内发生。由此说明，医学科技传播具有很强的时效性，而且这种时效性是双向性的，也就是对传播受众具有时效性，而对文献信息的产出者或作者，也具有很强的时效性，这体现在其文献对作者功利目的所发挥的作用和价值上。因此，医学科技传播者，应加快其传播的速度，以保证医学科技文献信息传播的时效性和学术价值。

二、学术价值的显著性

学术价值主要指所传播的医学科技文献信息的科学性、创新性或开拓性、理论性，它集中体现在对临床实践和医学科研实践的指导意义或应用价值上。学术价值的显著性是医学科技传播内容核心，也是传播受众需求的重点，医学科技传播者所传播文献信息能否吸引受众，激发受众阅读兴趣，启迪受众临床思维和医学科研思维，主要取决于传播内容的学术价值。因此，医学科技传播者努力把具有学术价值或学术价值显著的医学科技文献信息适时传递给受众，这是医学科技传播的重要责任担当。

三、医学科技创新的重要性

科技创新的重要性或重要意义，是指其传播的研究成果对临床医学或学科发展所具有的重要意义和重要性程度，主要是对临床防病治病、学科进步、经济社会发展的科学价值。而医学科技传播者，对于具有重要性、开拓性或具有潜在重要性与重要价值的医学科技创新成果及苗头，要善于慧眼识货，具有学术敏感性和快速反应能力，及时捕捉，争分夺秒，及时传播，以利于增强学术和医学科技竞争力。

四、医学科技传播的导向性

把握学术发展方向，引导学术发展潮流，弘扬科学精神，服务于国家医药卫生工作重点和大局，是医学科技传播的重要使命。作为医学科技传播者，特别是医学科技传播主体，要具有和善于驾驭学科发展趋势和发展方向，及时向受众传递相关领域的发展趋势，正确引导学术发展的方向，使医学科技传播更具有导向性、引导性和思想性，将医学科技传播注入灵魂，树立航标。

五、医学科普传播的公众性

医学科学普及性传播属于公众传播，传播受众是不同社会阶层和知识阶层广大民众，其逻辑阻力和认知程度各异，如何使医学科学普及性传播达到事半功倍的效果，让广大公众喜闻乐见，激发公众和吸引公众兴趣，这是医学科技普及性传播者或传播主体必须研究的问题。趣味性，是指医学科普传播专题或主题及其表现方法充满强烈吸引公众情趣和通俗易懂与喜闻乐见的表现特质，给受众以极强的视觉或听觉激发，使之一看就懂，一听就明，一学就会，形象独特，记忆深刻的医学科普知识普及，这是医学科技普及性传播的价值要素之一。医学科普传播要求在选题准确、受众急需、内容真实、表现生动、通俗易懂、满足公众心理需求为基础。其主要特征表现：①广大公众普遍感兴趣和急需的健康保健与疾病防治的知识，以有趣味的形式呈现或传播给受众；②传播内容具有针对性、普遍性和需求性，要引人入胜，以形象生动和风趣的表达方式呈现给受众科普产品。特别忌讳模仿或沿用学术传播的深奥和僵化面孔，让公众看了头痛、听了催眠的医学科普传播作品。

医学普及性传播与学术传播性质具有本质区别，普及性传播要注意思想性、通俗性、知识性、趣味性、艺术性、故事性、活泼性。同时还要坚持以下医学科普传播原则。

1. *传播的科学性*　普及性不是不讲科学，普及性更要讲究科学性，因为公众相对于专业技术人员逻辑能力较低，缺乏科学性容易误导公众；受众学习了医学科普知识有时要在生活或健康保健中应用，缺乏科学性的医药卫生知识容易伤害公众。因此，医学科普传播非随意的，更要严谨，内容讲究真实性、准确性、成熟性、全面性和先进性。

2. 传播的真实性　医学科普传播作品中数据或资料都要真实可信，不管用何种趣味形式展现，但原则是不能有半点虚假，凭空捏造，以趣味歪曲真实，以艺术扭曲科学。

3. 传播的成熟性　医学科普传播作品的内容必须是医学科技界公认成熟的知识、方法或技术，不能将尚未定论、临床应用尚未普及、探索性的技术方法、基础研究阶段性成果等学术性的东西作为医学普及性内容来传播，严格区分学术性文章与医学科普文章的本质区别。

4. 传播的准确性　医学科普传播内容要注意知识的准确性，对一个知识单元要完整，不能断章取义，缺乏逻辑性，特别对知识的概念、病（生）理数据和医疗指标数据表述要准确，不能有半点歪曲，简化捏造，更不能凭空想象，误导公众。

5. 传播的全面性　医学科普作品传播讲究知识选题的全面性，对一个知识单元的介绍内容要完整和系统，避免断章取义，以偏概全，影响公众对知识接受的完整性而造成曲解。

6. 传播的先进性　医学科普传播面向公众，不意味着不讲先进性，这恰恰相反，传播给公众的医学知识一定是先进的，陈旧、过时和落后的医药卫生知识是不能作为科普内容传播的，特别是淘汰的药物、诊疗技术方法、理论知识等，应避免向公众传播。

7. 传播的思想性　传播医学科普作品要注意鲜明的思想性，倡导什么，反对什么，对那些不良卫生习惯、观念、生活行为要摒弃，传播者要明确回答。特别是要反对迷信、严重影响身心健康的不良生活方式；倡导相信科学、合理膳食、科学养生、适度保健等科学普及思想。

8. 传播的针对性　医学科普传播要具有针对性，对公众普遍缺失和急需的医学科普知识要重点传播，尤其是在突发公共卫生事件，对可能面临公共卫生问题、相关传染病防治知识等，要有针对性地集中传播。如在新型冠状病毒肺炎疫情期间对其防护知识的普及，对有效控制疫情发挥了重要作用。

9. 传播的通俗性　医学普及性传播的最大特点是通俗性，要通俗易懂，由浅入深，高深科学化概念要通过解码，转换公众性语言呈现，让公众一看就会，一学就懂，一用就灵。

10. 传播的实用性　这也是医学普及性传播的重要特征，也就是说，所传播的医学科普，公众要切实需要和实用，特别是要针对不同年龄段的医学知识普及传播，不能通用灌输，医学科普传播必须实施分层传播，按不同年龄段、不同性别特点，精心选题，精准传播。

11. 传播的趣味性　医学科普传播的趣味性，就是要让公众容易接受，激发受众情趣，吸引公众阅读；趣味，就是要运用形象比喻和科普创作技巧，动物化、人物化、卡通化虚拟描述，呈现真实的人体生理和病理过程，使受众印象深刻，既激发了学习的兴趣，又增强了记忆和实用能力。

第三节　医学科技学术传播特点

医学科技学术传播不同于公众传播或社会传播，其传播主体面对的是高度专业化、高度智慧专业技术群体；当然，医学科学普及性（医学科普）传播面对的受众，就是公众。为了能更好地传播医学科技知识，使之达到知识传播的最佳化和医学科普传播的社会化，各种传播媒体的医学编辑都对采集到的原始医学科技信息进行充分的整合、转换和编辑加工，以实现各自传播载体的特色、专业特点和规律，而医学科技学术期刊是众多传播媒介的载体之一，在医学科技学术传播时应具有其自身学科特点。医学科技学术或医学科普传播，其内容都是涉及生命健康内容的传播。因此，其意识形态性、科学性、创新性、实用性、真实性、适时性等，是医学科技学术或医学科普传播的基本特点。同时，医学科技学术传播载体的选择，还要适应医疗技术人员的受众的阅读方式和阅读习惯。据由泽桥传媒和艾瑞咨询联合发布的《医学传播受众研究报告》显示，互联网已经成为临床医师人群主要的学习途径，其中在线医学专业媒体、在线教育平台、在线文献数据库和在线社区或社交APP是临床医师主要的学习方式，占比分别为58.2%、40.2%、39.7%

和34.8%。调研数据显示，49.5%的医师认为信息过量、缺少个性推荐是现有学习途径最主要的问题。39.4%的医师认为缺少同专家交流机会是现有学习互动的主要问题；65.0%的医师平均每周在互联网医师服务平台上的使用时间为7小时，其中88.6%的医师下载使用移动医疗类应用且其中94.3%的医师安装两款以上医疗APP。而医师专业工具类、医学社交类和医学资讯类使用频率较高，每周使用4次以上的医师占比分别为51.2%、40.3%和40.1%。据统计，在视频观看方面，医师每天在移动端观看视频次数集中在3~8次，观看时长在0.5~2小时；主要观看渠道是医学专业微信号、网络视频平台、医疗APP及医学专业网站。

一、医学科技学术传播的意识形态性特点

在医学编辑实践中，有很多医学编辑误以为科技学术传播载体发表的是医学科技学术论文或医学科普文章，也就是说，医学编辑处理和传播的是医学科技知识，不涉及意识形态性问题，其实不然，作为期刊或编辑职业，其本身就具有意识形态范畴的意义或在媒介编辑和传播过程中涉及意识形态问题。什么是意识形态？意识形态属于哲学范畴词汇，是指一种观念和思想意识的集合。是人们对事物的理解、认知，是人们对事物的感观思想、观念、观点、概念、思想、信仰和价值观等要素的总和。意识形态不是人脑中固有的，而是源于社会存在。人的意识形态受思维能力、环境、信息、教育、宣传和价值取向等因素影响。不同的意识形态，对同一事物的理解、认知也不同。也就是说，意识形态是与社会经济和政治直接相联系的观念、观点、概念的总和，其中包括政治、法律、思想、道德、文学艺术、宗教、哲学和其他社会科学等意识形态；其内容是社会经济基础和政治制度，人与人的经济关系和政治关系的反映。从这一基本概念表明，医学编辑和医学科技学术或医学普及传播，是面对不同受众的传播，其编辑把关者及传播者，必然负有弘扬和传播正确的意识形态与把关控制非正确意识形态传播的重要社会责任。

1. 弘扬正确的意识形态　作为医学编辑和医学科技学术或医学普及的传播者，在其编辑实践和传播活动中，涉及很多意识形态问题。如何弘扬正确的医学道德、医学伦理、医学科研道德、科学精神、良好医德医风、正确的医患关系、白求恩精神、救死扶伤精神等，都属于正确的意识形态范畴，是医学编辑在传播实践中经常遇到的意识形态问题，也是编辑的社会责任问题。

2. 把关责任　医学编辑肩负着编辑审查把关和传播的社会责任，在编辑实践和医学科技知识传播活动中，要具有意识形态观念和高度的社会政治责任，对非正确的意识形态问题绝不马虎，尤其是政治性问题。如作者文章中涉及对重大政治、社会事件背景文字描述、国家地图的完整性、国家特别地区的称谓等，要格外慎重，严格把关。

二、医学科技学术传播的科学性与创新性特点

医学科技学术或医学普及性传播都涉及科学性原则问题，这是医学科技知识传播的底线，对于原始创新研究或学术性文章，首先是要具有科学性和创新性；而对于医学普及性文章要讲究其内容的新颖性；学术性文章和医学普及性文章的内容和选题，都涉及新颖性和实用性问题。而就传播形式而言，其特点还具有传播的目的性与计划性、传播的主动性与创造性。

1. 医学科技学术传播的科学性特点　医学科技学术传播最基本的底线是信息载体传播内容的科学性。①科学性是判断事物是否符合在时间和空间中存在的事物、现象和过程中的标准，其研究成果富有科学依据而不是凭空想象，应具有严密科学的医学科研设计和准确合理的统计学分析方法的正确运用；②科学性是指其研究选题、概念、原理、定义、实验研究设计、科学规律和论证等内容的叙述是否合理及确切，其实验数据、临床或基础医学科研设计方法、样本量和样本纳入标准、结果和结论是否准确可靠等；③科学性是指论文稿件的内容是否符合客观实际，是否反映出研究对象或事物的本质特征和内在规律，其概念、定义、论据、论点是否正确，论据是否充分，研究方法是否先进和正确、实验或试验数据与所得结果结论是否可靠等。这是医学科技学术内容

传播的基本标准，也是保证医学科技学术传播力的根本保证。

2. 医学科技学术传播的创新性特点　医学科研课题的创新性是指课题或科研立题要新颖与创新，其研究要具有新发现、新观点、新见解、新突破，在临床应用研究领域有新技术、新诊治方法、新内容、新发现、新路径。医学研究课题的创新性应具体表现在：①反映相关专业领域研究的前沿和发展趋势，凸显相关学科领域或相关专业，是疾病诊断治疗和预防中的热点、难点与焦点问题；②具有创新内容或创新开拓性，研究内容和结果结论具有新发现、新观点、新理论和指导意义；③选题研究具有新的角度和创新性研究思路，非重复性选题或重复研究，其研究结果和结论具有新的突破；④在已有研究或前人研究的基础上，具有新的发现或新的见解。总之，医学科技学术传播，其传播内容的基本标准是创新，这既是医学科学研究的生命，也是医学科技学术传播媒介的生命力所在。

3. 医学科技学术传播实用性　医学科技学术内容传播价值的重要意义在于实用性，再具有创新性或医学技术发明成果，如果缺乏实际应用前景或实用性，都是没有价值和意义的创新，当然也不具有医学传播价值。实用性、新颖性和创造性是科技发明与实用新型获得专利权的三个实质条件，既是基本程序上的要求，也是对科研成果或技术创新发明成果的基本标准，是科技创新或获得发明专利的基本要求。实用性就是其传播医学科技研究成果内容，是否可以应用到临床，为患者疾病防治发挥作用，其成果是否可产业化产生社会效益和经济效益，对于基础医学研究成果，是否具有潜在的临床应用开发前景或实际理论价值。这些作为医学编者及医学科技学术的传播者，是必须权衡的传播标准。

4. 传播的目的性与计划性　目的性、计划性和超前性是医学科技学术传播的最重要特点。实际上医学科技学术传播的目的，是要影响或左右相应领域专业技术人员的学术认知和价值取向，引导学术发展趋势与发展方向，促进和提高相应领域专业技术人员的专业技术水平和医学科研能力。鉴于其医学科技学术传播的目的性，由此就决定了传播的计划性和超前性；而缺乏计划性或整体策划性的传播，可以说都是盲目的传播，它不会产生很好的传播效果，更达不到应有的传播目的。而要实现传播目的，就必须具有传播的计划性和传播的超前性，滞后的医学科技学术传播，其传播效果会极大地衰减甚至无效，这是医学科技学术传播应当忌讳的传播行为。

5. 传播的主动性与创造性　传播的主动性与创造性是医学科技学术传播的又一特点。其实，任何传播都具有目的性、计划性、主动性和创造性，如果缺乏这些特点，其传播就不会达到预期效果。

（1）传播的主动性：是传播者的社会责任、传播目的、传播价值和传播效果所决定的，它是传播主动性的驱动力，医学科技学术传播的主动性，就是所有内容的传播都应当具有极强的目的性、主动性、超前性、计划性、传播内容的策划性和传播形式的策划性。

（2）传播的创造性：是医学编辑创新性和传播创新的灵魂，不是作者来投什么稿或信息就传播什么，而是要严格标准和评审遴选，编辑修改和完善，使其更规范和更具有传播价值。同时，编辑策划和传播策划，是反映传播者创新思想和编辑思想的重要手段，要创新，就必须加强医学编辑策划和传播策划，使其医学科技学术传播效果的最优化。

三、医学科技学术传播的双向性和互动性与协调性特点

传播是原始信息的产出者、传播者、受众之间的传播过程。因此，其传播的双向性、传播的互动性和传播的协调性，是达到预期传播效果的重要保证。无论是平面纸质版媒体，还是新媒体，都具有双向、互动和协调的传播特点。

1. 医学科技学术传播的双向性　医学科技学术传播的双向性是指在传播过程中，其传播过程具有双向反馈和互动传播的机制，医学编辑或传播者、医学信息的产出者（作者）、医学信息的受众或接受者，在其传播过程中双方或三方相互交流，形成传播过程的信息反馈制度与反馈机制，实现信息共享，保持原始医学信息产出者、传播者与受众之间的相互沟通、交流、意见反馈与相

互作用的关系，是提高传播质量和传播效果的重要保证。双向传播是对传播关系和传播要素性质的描述。最初由施拉姆和奥斯古德提出，受诺伯特·维纳的控制论的影响，其传播学者注意到传播信息反馈重要概念。根据研究发现，在传播过程中，传播者、信息产出者和受传者双方构成分享信息、意见和建议反馈，而构成信息相互交流的关系。传播者、医学信息产出者、受众双方在对信息实施解释、传递的过程中相互影响，其传播要素的角色也不断发生变化。在信息传播反馈过程中，传播者成为受传者，受传者变为传播者、信息的产出者转变为受众，这种双向关系（如传播者→信息产出者→媒介→受传者，信息产出者←传播者←媒介←受众反馈）构成了传播过程的信息反馈系统；这不仅要把信息单向传播给受传者，还要把受传者的意见建议反馈给传播者和信息产出者。在双向传播过程或传播系统中，符号和信息是共享的；双向传播最容易在面对面的人际传播中进行，但在平面纸质版载体中也可实施，而且还可以对具有共性的反馈意见或建议刊登在平面媒体上，让更多受众受益或评论；而由于通信交流方式的变革，尤其是新媒体传播载体的应用，其双向传播交流和反馈显得更加便捷。新媒体传播时代，相对于传统的传播载体，新媒体医学科技学术传播具有如下特征。

（1）互动性：医学科技学术新媒体传播过程中，通过网络在线传播者、受众和医学信息产出者可以进行多种形式的互动交流，这使得医学科技学术传播的方式发生根本性转变，实现了传播系统反馈的即时性与便捷性。

（2）反馈的快捷化：通过新媒体传播载体实现了信息传播和信息反馈与双向交流的便捷化，更加凸显传播的优势与特点，为医学科技学术传播构建了信息渠道。

（3）专业性与大众性：医学科技学术新媒体传播其形式多样，使受众不仅局限于专业技术人员，而且非专业受众也可参与其中，受众通过各自的网络平台和终端进行交流与信息反馈，这使得只要进入传播平台中的所有受众都可以成为传播的主体。

（4）传播的多元性：新媒体传播手段不断涌现，其传播内容和传播形式涵盖广泛（如具有文本传播、手术或技术操作视频传播同时进行），这极大地提升了传播效果，新媒体传播的多元化为医学科技学术传播提供了便捷载体。

2. 医学科技学术传播的互动性　互动式传播，就是在传播过程中其传播要素和传播者与受众双方达到互相交流的目的。在互动式传播中，传播者、作者与读者通过互动式传播各方可充分交流，及时获取各个传播角色的意见和建议，传播者可及时规划、改进与设计传播内容，更好地服务于医学科技人员和受众。医学科技学术传播的目的就是尽可能满足受众对知识的需求，传播者是知识产品的提供者和知识服务者。因此，传播者只有与受众保持充分的沟通和理解，才能知道受众需要什么样的知识产品，做到科技知识传播与知识服务的针对性。互动式传播的实质就是传播者和作者与受众的相互交流，促进相互交流、相互学习、启迪思路、相互改进，实现传播角色转换与换位思考，以不同视角或全新视角审视和观察医学科技学术传播的有效性。而互动式传播的表现方式，其最便捷的是以新媒体为载体的多媒体传播手段。因此，平面媒体与新媒体融合传播，极大地增强了传播效果、传播效率、传播质量、传播覆盖面与传播辐射半径，构建矩阵式多媒体医学传播格局。

3. 医学科技学术传播要素与协调性　传播要素是信息传播过程或传播系统完整的传播要素组合，这些传播要素在传播系统中相互作用、相互制约、相互促进、相互变化，传播系统各要素构成了传播过程。

（1）传播要素：信息源、传播者、信息、媒介载体和信息反馈等。

①信息源：是医学科技学术信息的原始来源，也就是原始创新作者或科技成果发明者，原始医学科技学术信息的提供者或学术机构。

②传播者：传播者是指医学编辑，包括医学期刊编辑、医学图书编辑、新媒体医学编辑、医学影像视频编辑等，他们是医学信息收集、评审遴选、甄别、修改完善、编辑加工、医学科技学术信息传播发出者或医学科技信息编辑出版传播机构单位。

③信息：是指医学科技学术信息的内容。如医学科技学术论文、医学科普文章、诊断治疗和

预防技术设备产品、医学影像视频内容等。

④传播媒介或传播载体：即医学信息载体。如平面纸质版医学期刊、报纸、广播电视、视频影视、医学专业门户网络站、微信客户端等多媒体传播载体。

⑤信息反馈与反响：即医学信息传播到受众或医学科技人员时所做出的反应，而且通过相应信息反馈渠道返回给传播者或原始信息提供者，这种信息反馈会直接影响着传播者的传播行为。

（2）传播的协调性：指在传播过程的各要素、各阶段、各环节在传播系统运行中的协调性，其传播运行要素的协调性，直接影响着传播效率、传播质量和传播效果。传播的协调性犹如人的机体，大脑支配作用于肌群，其协调、正确、动作、方向与速度恰当，机体保持平衡稳定才能完成系列运动。而传播中的信息源、传播者、信息、传播媒介或传播载体、信息反馈与反响等传播要素，只有达到协调，才能运行顺畅，保证达到预期传播效果。

第四节　医学科技学术传播类型

科技信息传播是人们的重要活动行为，其传播的形式也随着社会环境和科技进步而发生变化，但其科技信息传播的本质从未发生改变；尽管科技传播的类型很多，但不外乎主要几种类型，即人际传播、院际传播、平台传播、国际传播等。

一、医学科技学术人际传播

人际传播是最古老和最传统的科技信息传播形式，也就是人们常说的口口相传。而且这种人际传播形式长久不衰，当然也是最行之有效的科技信息传播形式，也必将持久地在人类社会中应用于科技信息传播。人际传播主要是指个体与个体之间的信息传播和交流，在人们的社会实践和交往活动中，人们相互之间传递和交换着知识信息；所谓人际传播，也就是指个人与个人之间的科技信息传播和交流。如同学之间或专业同行个人之间的科技信息和经验传播与交流，老师与学生之间的传播，研究生导师与学生之间的传播和交流等。人际传播的形式也具有多样性，如面对面和点对点的直接传播和交流，通过现代媒介单向传播和交流。如以语言表述科技信息，这是一种传播者与受者直接传播和沟通，这有利于及时相互反馈传播意见。除此之外，传播者还可通过媒介实施个体定向传播。如通过网络在线、手机视频、微信、短信、QQ、电子邮件、电话、抖音等，这些现代手段可以使传播者与受者之间消除了空间和时间上的局限性，给人际传播提供了便捷和高效的科技信息传播效率。

二、医学科技学术平台传播

现代科技信息传播突出优势是借助平台传播，其传播的最大特点是权威性强化、传播覆盖广、传播半径大的特点。

1. 学术团体平台　学术社团是专业技术专家群体组成的学术组织（如学会、研究会、协会等），发挥其专家云集、横向联合、跨地区、跨行业的优势，利用国际会议、多边会议、大型学术年会、专题学术会议、专题论坛等，精准传播多学科进展和学术交流，是当今医学科技学术传播的有效途径。

2. 医学期刊平台　是最具权威性和最便捷的医学科技学术传播形式，因为其学术信息经过同行专家评议和严格的编辑评审把关流程，其科学性、创新性、实用性和时效性无须置疑，而且其传播覆盖面和传播半径之大，无与伦比，是目前医学科技学术信息传播中比较大的形式。

3. 网络传播平台　网络传播是当今科技信息传播的信息高速公路，特别是各专业学会、协会和研究会的官方网站、专业数据库、专业网站等数字化传播，实现一次文献和二次文献同步传播，极大地提高了医学科技传播力；尤其是5G技术的发展，使得医学科技传播不仅是文字信息传播，而且其动态图像同时传播，使传播效果达到极致。特别是当代实行的在线视频学术会议，其受众与会人数更是空前，医学科技传播的范围、受众人数、传播半径和传播效果达到了前所未有的程度。

三、医学科技学术国际传播

医学科技传播的国际化是展示本国科技创新实力的重要方面，也是体现本国医学科技传播力重要表现，医学科技创新成果能否迅速进入世界学术传播和交流体系，充分显示了国际学术影响力。医学科技学术国际传播的途径如下。

1. 国际学术组织平台传播　能否进入高级别国际著名学术组织，这是学术话语权的象征。同时，通过参与定期的国际大型学术会议，向世界同行和国际学术界传播本国研究成果和学术思想，这是当今重要的科技传播形式。

2. 国际著名学术期刊平台发表传播　在国际医学科技学术领域，专家学者和世界同行们都时刻关注着本领域国际著名学术期刊的研究成果的发表和学术发展方向。因此，在国际著名学术期刊发表论文的多少，是当今国家科技创新性实力的重要指标，也体现出国际传播能力。

3. 国际著名权威检索机构传播平台　在当今学术界，专家学者的学术论文能否发表在被国际著名检索系统收录期刊被视为学术水平的象征。如美国《科学引文索引》（SCI）、美国《工程索引》（EI）、美国《科学会议录索引》（ISTP）、美国《化学文摘》（CA）、《医学引文索引》（IM）、MEDLINE、《生物医学文摘》（BA）、《荷兰医学文摘》（EM）和《俄罗斯文摘》（AJ）等，具有强大的国际传播力，所发表学术文献能被这些著名权威检索系统收录，既体现了学术价值，又体现了其学术文献进入国际学术传播和交流系统。特别是被 SCI 收录文献的数量，已成为国家科技实力的衡量指标之一。

四、医学科技学术群体传播

群体传播是群体成员之间发生的科技信息传播行为。它的主要表现形式是具有一定数量的同行人士按照聚合方式，在固定的场合和固定的时间进行的聚会式科技信息交流，其群体规模可大可小，不同专业具有不同群体。如当下兴起的学术沙龙，既是学术信息和经验交流，又是朋友式的聚会；既交流了学术，又增进了情感。在社会生活和学术活动中，人们总是自觉不自觉地纳入和从属于一定的群体，这就是俗话说的物以类聚、人以群分，从事同一专业或研究方向，自然具有共同语言和话题，也就很容易成群结队，相互切磋，相互交流学术信息。因此，群体传播也是医学科技信心传播的形式之一。

五、医学科技学术大众传播

大众传播医学科学普及的重要传播形式。要提高人民群众的健康素质，医学科学知识的普及传播，它的特点是受众巨大，对医学知识的接受程度差别较大。因此，其传播必须用通俗言语，不能用学术语言或高深的专业术语传播，所以科学普及传播是一大学问。医学知识普及传播的主要形式如下。

1. 各类医学科普期刊　它是根据人民群众的需要，将人民生活中健康知识用通俗易懂的语言撰文，传播给大众；另外，结合卫生防病需要，制作宣传挂图或画册，形象地介绍和普及相关防病常识。

2. 面对面传播　通过医学科普专家，具有针对性地给街道、社区或患者进行专题科普演讲，直接面对面地传播医学知识。

3. 媒介传播　利用电视、广播、网络、微信传播不同专题的医学知识。因为这种传播形式具有受众广泛、各取所需、不受场地和时间的局限，因而其传播力很强大。

第五节　医学科技学术传播特征

在医学科技传播活动和传播实践中，分析其传播特征和传播规律，对正确运用和把握医学科技传播特征、增强医学科技传播力具有现实意义。对医学科技传播特征大致概括为传播的科学性特征、传播方式多元化特征、传播的共享特征、传播的国际化特征等。

1. 医学科技学术传播的科学性特征　医学科技传播的最主要特征是科学性，无论是医学科技成果、学术理论或医学知识普及性传播，坚守科学性底线是传播的前提。因此，其传播者或传播主体是医学科学家、广大医药卫生技术人员和医学编辑等，传播的内容要具有科学性、创新性、先进性和实用性。对于医学科普的传播，要讲究普惠性、知识性、通俗性、简明性、应用性、针对性和可接受性。因为医学知识普及的目的是要公众容易接受和应用，实现人人享有卫生保健和提高人民大众的健康水平的目的。

2. 医学科技学术传播方式多元化特征　传统的个体与个体或面对面的传播依然不能少，但目前医学科技传播的方式已经具有多元化的基本特征，借助多种传播平台和多媒体的优势，使得医学科技传播实现传播范围最大化、传播受众规模化、传播效果最优化、传播影响广泛化。

3. 医学科技学术传播的共享特征　传播的共享特征是医学科技传播重要特征，也是科技传播意义所在，科技知识只有共享，才能发挥科技信息资源的作用，为社会产出知识和创造社会财富。医学科技信息传播共享，也是知识传播者的愿望。如《中华医学杂志》等部分中华医学会系列杂志，率先实施对期刊所有学术内容免费开放获取，为医学科技传播和受众充分利用学术资源扫清了障碍，凸显了科技传播的共享特征和传播的意义。

4. 医学科技学术传播的国际化特征　医学科技传播仅仅局限在地域性和国内传播是不够的，医学科技传播一定要有大视野，特别是学术层面的传播，要站在国际的高度，实现国际化的传播，是医学科研成果和学术思想进入国际传播和学术交流体系，只有传播的国际化，才可能占有学术话语权，但国际化传播，必须在具有国际水准的科研创新成果，否则难以进入国际化传播系统。

5. 医学科技学术传播的社会化特征　科学普及既是科学问题，又是社会需要问题，科学普及的目的是将科学技术、科学知识、科学方法被广大公众所掌握和应用，使其发挥更大作用和创造更大的社会财富。因此，传播者传播的是科学，普及的是社会公众，这是医学知识普及传播的社会化特征，而传播者也要面向社会大众大多数人民，具有针对性和及时性地传播人们急需的医药卫生科学知识。

第六节　医学科技学术传播功能

医学科技传播的作用、意义和功能，决定了其传播的价值，在人类社会实践活动或医学科技实践活动中，人们太需要信息传播，人们既是知识信息的产出者，同时又是知识信息的接收者，如果没有知识信息传播和信息流动，其社会实践活动和医学实践活动就会失去活力和动力，人们就会如坐井观天。虽然医学科技传播的功能很多，但概括起来不外乎几种功能：医学知识更新功能、交流互鉴指导功能、医学专业教育功能、医学信息流动功能、社会经济促进功能、个体成就激励功能等。

1. 医学知识更新功能　随着医学科学的飞速发展，尤其是其他学科不断向医学科学领域的渗透和交叉，新学科、新专业、新技术、新方法、新成果、新理论、新观点、新思想、新知识在不断产出。同时，医药卫生技术人员原有知识在不断老化和衰减，医学科技知识的半衰期明显缩短，原有知识结构出现缺陷不可避免。因此，通过医学科技传播获取新的知识，汲取新的知识营养，完善和修复知识结构，实施继续医学教育，已经成为医药卫生科技人员的重要途径。

2. 健康促进功能　医药卫生科技发展的最终目的促进和保护人类健康，而医学科技和医学普及传播也是为了促进和保护人类健康和生命为最终目的。医学科技传播直接促进医学科学的发展，不断提高医疗技术水平，增强和提高防病治病能力，保护人民生命和健康；而医学普及性大众传播，向大众普及防病知识和健康保健常识，也是提高人民大众自我保健水平，促进人民大众健康和身体素质，从而卓有成效地保护劳动生产力。

3. 学术交流互鉴功能　在临床实践活动或医学科研实践活动中，医药卫生科技人员无论是临床思维，还是医学基础科研思维，都需要外界相关信息的刺激与启迪，不断开拓思路，引发科研灵感。通过对医学科技最新成果的传播，受众或研究者可从相关领域研究现状和研究进展以及发展趋势中，发现存在的问题和医学科研选题线索，避免医学科研选题重复，促进医学科研创新。

4. 医学普及教育功能　　医学普及功能具有两个层次的含义：①学术普及层面，通过医学科技传播，医药卫生科技人员从中获取新成果、新技术、新方法、新理论和新观点，在临床实践中推广应用，服务于患者的诊断治疗和疾病预防，并将新的医学科技成果转化为生产力。②公众的医学普及层面，通过对医学科普知识的传播，进行广泛的大众医学科普教育，全面提高公众的防病和健康保健知识水平，促进公众健康素质。因此，医学科技传播的普及教育功能和作用不可低估，其产生的教育效益和社会效益是长远的。

5. 医学信息流动功能　　在地球上，简单地说有三大资源流，即人流、物流、信息流。而医学科技信息传播是其信息资源流的小支流，但同属信息流资源，信息流与资金流一样，只有流动才能有活力，只有流动才能有生气，只有流动才能产生效益，也就是说，医学科技信息只有传播流动，才能充分利用和产生创新动力。通过医学科技传播服务于知识创新体系，服务于国家科技创新战略，服务于国家健康战略，服务于国家经济建设，服务于国家发展大局。

6. 社会经济促进功能　　科学技术是第一生产力，科技知识的传播是提高科技生产力的重要环节。医学科技传播从社会经济促进功能上可产生两个效益：①通过医学科技传播，将医学科研创新成果、新技术和新方法推广出去，促进科技成果的转化，实现科技成果的商品化和市场化，从而促进经济发展。②通过医学科技的传播和医学科学普及知识的传播，最大限度地促进临床疾病诊断、治疗和预防水平，促进公众健康保健和疾病预防知识的普及，保护人民健康，从而达到为经济建设和社会发展保驾护航的作用。

7. 医学科技工作者个体成就激励功能　　人具有两种属性，即生物属性和社会属性。生物属性是基本属性，也就是基本生存属性；而社会属性是高级属性，也就是精神属性。社会中的个体或群体，在满足基本属性的基础上，追求精神属性是人们共有的心理需求。因此，医药卫生技术人员的科研成果、创新性的新技术、新方法和新理论，通过医学科技传播让同行广泛认可和应用，产生社会效益、学术效益和经济效益，充分彰显个体或群体智慧价值与创新价值，这既是医学科技传播和交流的过程，同时又是社会评价和社会认可的过程，这对知识的产出者或传播者都是一种激励，反过来又激发知识的产出者产生更大创新动力，从而继续不断追求创新，其实这种科技传播同时也对受众具有激励和效仿作用，从而产生科技创新动力，激发科技创新潜能，促进医学科学发展与进步。

第七节　医学科技学术传播要素

在医学科技传播中涉及很多基本传播要素或环节。如医学科技信息的产出者、医学科技信息的传播者、医学科技信息的靶标（受众）、医学科技信息传播质量和传播媒介等传播要素。编辑熟悉和把握这些基本传播要素，对扮演好医学科技传播者的社会角色具有现实意义和实践意义。

一、医学科技学术传播者

传播者又称传者或信源。传播者是传播行为的引发者，即在传播过程中信息的主动发出者。传播者是传播过程的起点，是信息传播链条的第一个环节。因此，传播者在信息传播过程中担当了把关人的角色，主要解决"传播什么""如何传播"的问题。传播者不仅决定着传播过程的存在与发展，而且决定着医学信息内容的质量、数量与流向。传播者可以是个人，也可以是群体或组织。医学科技传播者处于科技信息传播系统或传播链条的重要环节，是医学科技传播原始内容的发出者。因此，传播者的传播行为不仅决定着传播活动的节奏和频率，而且决定着医学科技信息传播内容的质量和数量，调控着医学科技信息传播的信息流量、信息流向、信息的覆盖面和信息的辐射半径；甚至影响着医学科技信息传播的影响、社会认可和评价。在传播要素中，主要有医学科技知识的产出者、传播者、传播靶标（受众)、传播内容质量和传播媒介等。

二、医学科技学术知识信息的产出者

医学科技知识信息的产出者（信源），是医学科技信息传播的源泉，也是医学科技传播的动力，没有知识的创新和产出，医学科技传播也就失去了传播的基础和源泉。科技知识产出者即作者，也就是专家学者，他们是知识产权的所有者，在科技传播中，他们既是作者，也在不同形式上扮演着传播者的角色。

1.医学知识信息的作者　医学科技知识的产出者，也就是作者或科技知识的创造者、原始创新者、知识产权的所有者。这些作者来自于广大医药卫生科技人员，特别是主要从事基础和临床研究的专家学者，其科研成果、新技术、新方法、新理论通过撰写研究论文发表或撰写成学术专著出版，而进入医学科技传播系统。

2.医学知识直接传播者　直接传播者多属于人际传播范围，是根据对传播媒介的依赖形式所决定的，可能直接传播者就是作者本人。直接传播者一般采用人际传播的手段进行传播。如采用语言个体与个体、面对面地传授，无须借助任何媒介，直接面对面地谈话、演讲、报告、讲课等，传播者直接把自己产出的原创知识成果或经验介绍给同行专家学者和学生。当然，这种人际传播形式的直接传播面具有很大的局限性，其传播范围只限于小范围或个体。

3.医学知识间接传播者　间接传播者主要是以传播媒介的依赖程度所划分的，间接传播者可以是知识原创作者本人，也有可能不是原作者，但间接传播者的特点是借助了相应传播媒介。如电话、电子邮件、微信、短信、视频等传媒工具。这种传播也类似于人际传播形式，其传播的范围相应比较局限。

三、医学科技学术主流传播者

医学科技主流传播主要指专业组织机构的传播，它的特点是传播媒介和手段的现代化、规模化和专业化，而且具有平台传播优势，具备严格的传播内容的评价体系和评价程序，同时具备高度专业和高水平的专家委员会等组织实施质量把关。因此，其传播具有高度权威性和品牌影响力，而且具有传播范围广和传播强度大的特点。

1.医学科技学术期刊传播　医学科技学术传播者主体是医学编辑。医学科技学术期刊是医学科技传播的重要平台，具有强大的传播功能与定向传播特点，仅中华医学会主办的多学科系列医学科技学术期刊就有近200种，形成了强大的医学科技学术传播阵容，不仅各个学科期刊都具有完善的顶尖学科带头人组成的编辑委员会机构，从事同行评议和学术把关及学术导向的重任，而且具有强大的高水平医学编辑团队和编辑出版管理机构，形成了严谨、科学、合理的医学科技学术评价体系和评价机构。因此，其医学科技传播具有权威性、科学性、严谨性的特点，其传播范围、传播覆盖、传播半径、传播时效和传播效果等，都达到了很高水平。虽然医学科技期刊的传播在国内已经达到较高程度，但在国际化的传播方面仍然存在缺陷和不足。因此，加强医学科技期刊的品牌化和国际化发展，是进一步增强和提高医学科技国际传播能力的重点。

另外，医学科技期刊除了高端专业学术传播外，医学科学普及性大众传播也是不可忽视的重要领域。在医学普及的传播上，虽然有些医学科学普及性期刊具有一定数量和优势，但医学科普期刊的数量和质量与国家人口数量相比，以及与人民大众需求衡量，其差距还很大，对人民大众医学科学知识普及的传播能力十分有限。因此，加强公众医学普及知识的传播，依然是广大医学科技人员和医学编辑义不容辞的社会责任。

2.医学科技学术社团传播　医学科技社团或学术团体，是相关领域专家学者或医药卫生科技人员自己的组织，具有群众性属性。如学会、协会、研究学会、中华医学会、中华预防医学会、中国中医药学会、中国医师协会、中国医院管理协会等医学科技社团，囊括和云集了相关领域的所有顶尖学科和学术带头人及专家学者，其会员规模和阵容更是强大无比，而且医学科技社团具有专家云集、横向联合、跨地区、跨行业、跨部门的优势和特点；这些医学科技社团还加入了相应国际组织，具备国际传播渠道和传播优势。因此，医学科技社团平台，在医学科技学术传播上具有极高权威性和强大传播优势,是医学科技传播的主力军和主体。所以,加强医学科技社团对医学科技传播的意识和传播能力建设,是医学科技社团应当重视的重要工作。

3. 医学科技学术数字化传播　数字化传播也称网络化传播。数字化,即是将许多复杂多变的信息转变为可以度量的数字、数据,再以这些数字、数据建立起适当的数字化模型,把它们转变为一系列二进制代码,引入计算机内部,进行统一处理,这就是数字化的基本过程。而网络传播是指以计算机为主体,以多媒体为辅助的能够提供多种网络传播形式的医学科技传播,包括捕捉、特殊操作、编辑、信息处理、存储、交换、视频和打印等多种功能的信息传播活动。是将各种数据和文字、图示、动画、音乐、语言、图像、视频、电影和智能化信息处理与网络传播于一体。因此,数字化或网络化科技传播,集合了语言、文字、声像、检索、查询和视频互动等特点,是当今医学科技学术和公众医学科学普及传播的重要途径,适应了当今传播受众的接受和阅读变革与需求。网络化传播形式的发展,不仅带来传播方式的改变,同时也带来受众阅读方式的变革,冲破了医学科技传播的时空局限性,是当今医学科技学术和医学科学普及性传播的重要手段。因此,加强医学网络编辑的人才培养,增强网络在线和线下平面相结合的医学科技传播模式,是提高医学科技和医学普及传播力的重要措施,医学编辑要加强对网络传播形式、传播规范、传播要素、传播效果、传播效率和传播规律的研究,构筑起线上、线下强大的医学科技和医学普及传播的强大攻势及传播阵容,进一步推进和提高医学科技传播能力的提升。

4. 医学科技学术多媒体传播　这里所说多媒体传播是指在互联网传播基础上的其他传播形式。如手机终端的微信传播、专业公众号传播、APP 传播、3D 电子版阅读等传播形式。这种传播备受青少年群体青睐,具有信息传播快捷、图文并茂、阅读方便、不受时间和空间局限的特点;作为传播者,还可以根据受众的需求量身定制,实施精准传播和精准投送。因此,医学编辑或医学科技传播者,要适应多媒体情境下的多业态传播模式,加大医学科技和医学普及多媒体编

辑人才培养,从单一平面传播,向多媒体传播模式的转变,全面提高现代医学科技传播能力。

四、医学科技学术传播受众

传播受众,也称为传播靶标或信宿,是知识信息的消费者,也是信息传播的终端和信息接收者;是医学科技或医学科学普及传播者的目标客户和服务对象,是信息传播者的"上帝",信息传播如果缺乏或没有受众,那这种医学科技传播是毫无意义的传播。因此,医学编辑和其他医学科技传播者,要研究和分析受众心理需求、受众层次和受众专业特点,实施具有针对性医学科技传播,是对医学编辑新的要求。

1. 医学受众特点　医学科技传播受众,特别是医学科学普及性传播的受众巨大,受众层次多元,当然,受众可以是个体,也可以是群体或组织。受众具有以下特点。

(1) 传播受众的自在性:医学科技传播受众客观存在的个体或群体,是具有心理需求、情感需求、知识需求、兴趣爱好,是有思想、精神追求和归属感的人。

(2) 传播受众的自主性:医学科技传播的受众不是传播者的士兵可被随意命令调遣,受众是信息接收的主人,是信息接收选择的决策者和信息消费者,选择什么知识信息商品由消费者说了算。对于知识信息消费的价值取向,自有其个体的需要和选择标准与判断。因此,知识信息的传播者毫无强买强卖的可能性。

(3) 传播受众的自述性:知识信息传播的受众对知识产品内容的感知和认识不是以传播者所给定,受众自有其各自的理解、阐述和认知,传播者有传播者的权利,受众自有受众的选择特权。

(4) 传播受众的归属性:传播受众非固定群体或个体,也是具有自发性、自觉性和主动性特征,但受众也具有归类性和归属性特点,受众会自觉不自觉地将自己归属于一定的接受群体,也就是读者群。如眼科医师、心血管病医师、呼吸科医师等,会按其专业爱好归属或集群,专注于自己相应专业的知识信息接收。

(5) 传播受众的广泛性:医学科技传播受众具有地域分布广泛、跨地区、跨国际、跨专业的

特点，尤其是医学科普传播受众更加广泛，涉及公众的各个层面群体，所有社会成员不受种族、性别、年龄、职业局限，都可能成为医学知识普及的受众、接受者或知识信息的消费者。

（6）传播受众的混杂性：也就是说，医学科技传播的受众分布于社会的各个角落，形成了传播受众的混杂性特点，受众的身份、社会地位、贫富差距、文化教育程度、价值观和价值取向千差万别，但在传播受众面前具有共同的角色特征。医学编辑分析、研究和掌握上述传播受众的特点，更有利于选择传播知识信息，尽可能满足传播受众的不同需求。

2. 医学受众动机　对医学科技传播受众具有不同的动机，显然专业技术人员和医学知识普及性受众的动机是不同的。

（1）跟踪学科进展动机：医药卫生技术人员受众一般以了解和跟踪本学科最新进展，把握专业发展趋势为受众动机。

（2）知识更新动机：受众为了完善和更新专业知识结构，不断通过各种传播途径了解学习新理论、新技术、新方法，以适应自己的职业需要。

（3）实用提高动机：受众者在临床医疗和医学科研中遇到的难点、热点和焦点问题，通过医学科技传播途径寻求文献信息，探索解决问题的办法和路径；对于从事临床诊疗工作的受众者，力求通过传播途径了解实用性新的诊疗技术方法，以提高专业技术水平，适应职业岗位需求。

（4）科研选题动机：受众者为寻找科研立题依据，查新查重，避免科研选题重复或分析同一研究方向的进展程度，探索选题切入路径，也有的在选题前实施相关领域文献检索进行综述分析，以利于系统掌握相关领域研究现状、存在问题和趋势，以指导科研实践。

（5）兴趣满足动机：受众者了解相关领域医学科技信息，完全出于对专业领域的兴趣。

（6）知识需求动机：这主要是公众者对普及性医学知识的需求，尤其是患者，为了解自身病情、诊断治疗、预防方法和健康保健知识等，通过医学科学普及传播途径掌握相关医学常识，弥补相关知识的欠缺。

3. 医学受众权益　医学科技传播受众的权益往往被忽视，其实，科技信息传播者重视和维护受众的权益，是实现医学科技传播效果不可忽视的因素。

（1）科学真实的知悉权：受众者进行知识消费，要了解和掌握医学科技信息和学术成果，需要的是科学真实的信息，虚假或缺乏科学依据的信息会误导受众，如果应用到患者会造成不良后果。因此，医学科技传播者应把好信息传播的质量关口，以利于保护受众的权益。

（2）获取知识的完整权：医学科技传播者在传播相关文献、知识或科研成果时，要保证其文献的完整性，不能断章取义，影响受众对同一文献或知识的系统性了解；同时要注意信息传播的时效性，对时间性较强的信息要保证快速传播，以利于受众及时了解和应用。

（3）受众的监督权：对医学科技传播的知识信息的真伪、质量、虚假来源等，具有向传播者或传播主体监督和申诉的权利，传播者也要重视受众的申诉权利，及时给予意见反馈。

五、医学科技学术传播内容

传播内容在科技传播要素中处于主要位置，如果没有信息内容产出，也就没有传播的基础，也就是说，传播是内容传播。医学科技传播的是知识信息内容产品，传播受众是否认可或接受，主要看传播内容是否符合受众需求。因此，传播者打造知识精品，是达到预期传播效果的关键环节。医学科技传播内容大致可以分为四个层面。

1. 医学科技学术内容传播层面　这种科技学术传播层面具有受众高度专业化和传播内容的高深学术化的特点。其传播内容是高度专业和高深的学术研究或技术方法，受众者也是高度集中在相关专业的专家学者或专业技术人员，受众面较窄和相对集中，非本专业受众或公众就难以理解。因此，其受众群体比较集中和单一。传播内容大致分为医药卫生科技的原始创新研究成果、创新性学术思想和学术观点、临床疾病防治经验等内容的传播。

2. 医学科技普及性大众传播　这个层面的传播主要是面向公众，传播内容主要是医药卫生普及性知识，公众科学普及传播媒介也与专业学术传播不同，专业学术传播一般是科技学术期刊、学术会议或网络化专业数据；而公众普及传播可以借助公众媒体（如电视、广播、普及性宣传形式等），而科技学术传播一般不用公众媒体（如国家医药广告管理法规明确规定，处方治疗药物和医疗器械等，不得在公众媒体发布），只限定在医学科技学术期刊发布。这就限定了传播受众是高度专业性群体。医学普及性传播内容大致如下。

（1）健康保健知识传播：主要是向公众传播健康保健常识，以提高人民群众的自我健康保健能力和维护个体健康水平。

（2）常见病防治知识传播：主要是向公众或特定患者群体传播常见病防治知识。如对心脑血管疾病的防治常识，对恶性肿瘤、糖尿病、高血压、冠心病等常见病防治和自我保健。

（3）传染性疾病的预防知识传播：如病毒性肝炎、结核病、流行性感冒、新型冠状病毒、其他烈性传染病预防常识，以提高公众对疫情的自我防控能力。

（4）遗传性疾病防治知识传播：如孕前保健、孕期保健、产前保健、围生期保健等，最大限度地控制和降低先天遗传性疾病的发生，以保证人口健康素质。

（5）新生儿和儿童与青少年卫生保健知识传播：如育儿常识、儿童保健、青春期卫生等知识普及性传播，以提高儿童和青少年身体素质。

3. 医药卫生政策传播　医药卫生科技政策传播受众比较广泛，可以说其受众是全体人民，党和国家医药卫生工作方针和政策不仅指导医药卫生科技人员的专业工作，同样也是公众必须了解的知识，因为涉及广大人民的健康福祉。

（1）国家卫生政策知识传播：如党和国家医药卫生工作基本方针，国家各项医药卫生政策等。

（2）国家医药卫生改革知识传播：国家医药卫生改革是一项长期任务，涉及广大人民的切身利益，是医学科技人员和公众普及关注的大事，加大其传播力度，对促进国家医药卫生体制改革具有重要意义。

（3）国家重大疾病防治重点传播：对医学科技相关学科的专业技术人员的选题和研究方向具有重要的指导意义，对公众普及相关重大疾病的防治知识普及，对有效控制重大疾病的发病率也具有重要意义。如对恶性肿瘤、心脑血管疾病、重大传染性疾病、糖尿病、高血压等科研攻关和防治力度，对提高人民健康水平意义重大。

4. 医药卫生科技导向传播　传播导向是不同领域传播的重要职能，也是传播意义所在；反映的是传播主体的传播思想、传播目的和传播意志的具体呈现。所有领域的传播如果缺乏导向性或引导性，其传播就会失去灵魂和正确的价值观和价值取向。

（1）学术导向：对于医学科技学术传播，学术导向性或学术引导性功能，是传播主体对传播客体的定向或方向性指引，医学科技传播的主体，就是要站在医学科技发展的整体高度，审视医学科技发展趋势和发展方向，引导专家学者学术发展的方向和趋势，以利于受众正确把握和控制医学科技发展的大趋势和方向，稳立医学科技学术发展潮流的潮头，始终站在世界医学科技学术发展的最前沿和制高点。

（2）医学普及导向传播：公众医学普及性传播，更加需要观念和价值导向的传播，其传播要充分彰显传播主体的导向意志和导向传播思想，让公众倡导什么健康观、健康理念和健康习惯，是医学普及传播的重要传播目的。

（3）卫生政策导向：传播主体要从国家宏观卫生事业发展方向上，充分反映国家对整体医药卫生事业发展的意志，将国家总体卫生事业发展的方向、目标、任务、卫生工作重点、医学科技科研攻关重点、重大疾病的防治重点等，通过传播传递给公众，正确引导各个领域的专业技术人员和广大公众将思想统一到国家总体卫生工作发展方向上来，形成合力。这是医学科技专业传播和公众传播的重要任务。

第八节　医学科技学术传播者权利与责任

医学科技学术传播者是处于医学信息传播系统运行链条的首要环节，是医学科技学术传播行为的启动者，也是医学科技学术内容传播的发出者。因此，传播者不仅决定着传播行为与传播活动的存在及发展，而且也决定着医学信息内容的质量、容量、流量与流向，也是决定学术导向和影响学科发展方向的编辑策划者及推手。如果将传播者置于线性过程中加以考察，而对于医学科技学术信息传播犹如接力赛，从原始医学信息传播到受众，需要原始研究作者、医学编辑、编辑委员会、同行评议专家、排版制作、印刷和发行等诸多环节的接力。如果是社会公众传播，其环节涉及原作者、编剧、导演、演员、作词、作曲、配乐、指挥、演奏者、歌唱家等，对于艺术信息或新闻事件的传播涉及新闻记者、文字编辑、版面编辑、广播电视记者、编辑、导播、播报员等。也就是说，所有信息的传播都会在各自环节与关口发挥着控制功能，从而决定着信息的传播质量、传播形式、传播数量。

一、医学科技学术传播者的特点

1. **传播者的代表性** 无论是专业学术传播还是社会公众性传播者，这种职业传播者的社会角色，决定了传播者具有专业学科、社会和传播机构的代表性，也就是说传播者的社会角色具有公众性特点，其传播行为非个体行为，而是代表了相应传播组织或机构；尤其是社会和政治舆论性传播，更是具有代表相应宣传机构、传播组织、政党、国家或阶级倾向性。因此，传播者非个体行为，是代表了相应组织机构，这也是传播者的社会责任所决定的。因此，医学科技学术传播者也一样，传播者的医学编辑选题策划、医学科技学术导向策划、传播载体的品牌策划、学科重点选题报道等，其传播行为都代表了传播组织、学术共同体、科学共同体，甚至是医药卫生科技政府主管部门。

2. **传播者的自主性** 医学科技学术传播者的代表性的特点意味着传播者的行为受控性和约束性，但同时也具有很强的自主性，具有较大的信息采集、信息审查把关和信息传播权利与传播自主性。但传播者的所有行为，都必须恪守职业操守、坚守社会责任、正确的价值和正确舆论导向。因此，医学科技学术传播者或医学编辑，要突出整体策划、医学编辑选题策划和学术导向策划，通过编辑策划充分体现和反映编辑创造性思维，

自主或自由施展医学编辑思想和传播内容与传播形式的创新。

3. **传播者的专业性** 作为医学科技学术传播或医学编辑，具有高度专业化特点，传播者既是医学编辑家，又是医学传播学家，还应该是能够驾驭相应学术领域或医学专业学科的医学家，只有具备这样的专业知识结构和智能机构，才能更好地驾驭医学科技学术传播。只有具备相应医学专业学科知识，才能与作者、受众实现互动传播。

4. **传播者的集体性** 医学期刊或其他医学传播载体属于以内容为王的产品，是典型的群体智慧的产物，是集体智慧和集体性创新成果，靠单独个体编辑或传播者是难以完成的，传播内容策划和组织及传播过程，是一项复杂的系统工程，任何环节的失控或运行失调，都会影响传播效果。

二、医学科技学术传播者的权利

传播者的权利与责任是相匹配的，应该说有多大权利就有多大责任。因此，传播者在拥有相应权利的同时，也肩负着相应社会责任。传播者的权利可以分为公众传播权利和专业性传播权利两种。①公众性权利也称一般性传播权利，是指普通公民都享有的传播权利。即言论自由权、出版权、著作权、通信自由权等。②专业性传播权利则指专门从事传播活动的专业技术人员应享有的传播权利。如医学科技学术传播界、科学技术传播界、科学普及传播界、文化传播界、教育传播界、社会经济播界、时事政治与新闻传播界等所享有的专属传播权利。而本节只论述医学科技学术传播者所享有的权利。

1. **采访传播权** 指医学传播载体的医学编辑或医学科技新闻记者，具有对相应科学领域专家学者的学术与技术采访、医学科技新闻采访、学科人物采访、医学科技相关会议与学术会议采访及传播权利。同时也有对国际医学科技新闻、医学科技成果、医学科技文献、医学科技信息与医学科技情报的收集和编译传播的权利。

2. **报道传播权** 医学科技学术报道权，是采访传播的延伸，是将采访和收集到的相关信息和材料，实施构思、整理、再创作和撰写相应裁体形式，采访者可以客观呈现，也可以恰如其分地

表达采访者的观点和评述,而正式成文发表报道,真正开始进入传播载体和传播渠道实施传播。履行、尊重和维护传播者的报道权,这意味着传播者具有通过不同的符号、形式和媒介载体、传播渠道自由地对外传播和发出符合事实真相的信息权利,同时也意味着传播者拥有作品的制作权、著作权、编辑权、导播权、出版权等权利。由此可见,传播者要慎重履行所给予的权利,应恪守职业道德规范、职业责任、职业纪律、行为准则和社会责任。因为不良报道内容一旦传播出去,其后果难以估量和挽回。

3. 学术不端把关权 学术不端或学术道德失范把关权,是医学科技学术传播者的重要职责和权利,传播者是学术不端控制与过滤的首要环节。学术不端是指学术界某些弄虚作假、科学研究行为不良、学术道德失范的不良现象,尤其是个别专业技术人员在学术方面剽窃他人研究成果,违背科学精神和科研道德,抛弃科学实验数据的真实诚信原则,极大损害学术形象的不良现象。学术不端行为是指违反学术规范、学术道德的行为,国际上指捏造数据(fabrication)、篡改数据(falsification)和剽窃(plagiarism)三种学术不端行为。对一稿多投(发表)、侵占他人学术成果、伪造学术履历等行为也被视为学术不端。传播者或医学编辑应履行把关权利,严格控制学术不端医学科技学术信息进入传播渠道,对医学科技学术信息应坚持如下。

(1)科学严谨:医学科技研究结果应该建立在确凿的实验、试验、观察或调查数据的基础上,其医学科研论文中的数据必须是真实可靠的,不能有丝毫的虚假。医学科研人员应该忠实地记录和保存原始数据,不能捏造和窜改。由于科研论文发表受篇幅和撰写格式限制等原因,而无法全面展示原始数据,但若有其他科研人员或读者对论文结果和结论提出疑问,科研论文作者能够向质疑者或询问者提供原始数据。因此,其科研论文发表传播后,相关实验记录、原始数据应保存至少5年;而如果科研论文结果受到质疑,其原始实验或试验数据应无限期保存,以便接受审核。

(2)真实可信:医学科技人员对未做过的实验、试验、临床观察与流行病调查等,但却谎称做过,这属于编造数据或捏造数据,是最严重的学术不端行为。对确实做过实验、试验、临床观察或流行病学调查,而获得相应数据,但是对数据进行了窜改或故意误报,这同样属于不可接受的不端行为。而常见的窜改研究数据行为有:删除不利的数据,只保留有利的数据;添加有利的数据;人为夸大实验研究重复次数;人为夸大医学科研样本量或病例数量;人为对相关研究图片实施修饰和造假等,都属于学术不端行为,传播者或医学编辑应严禁录用进入传播渠道。

(3)客观求实:对医学科研结果、结论、创新性或实用价值评价应客观,慎重表述达到"国际水平""国内水平""开创性研究"等评价。对于医学科研论文实验结果插图应慎重使用图像软件对插图或图像数据实施处理和绘制,以免发生窜改图像、插图或数据失真。

4. 论文稿件"生杀"权 医学编辑或医学信息传播者,在对医学科研论文审查或评审中,若发现其科研设计缺陷、样本设计缺陷、统计学分析方法应用不合理或其他方法学错误,这会直接导致结果或结论的可信性,这种致命性科研设计缺陷,应该果断退稿,给作者指出错误和缺陷。而对于存在学术不端或学术造假的科研论文,应一票否决,杜绝进入学术传播渠道。

5. 科研成果保密权 作者的科研论文研究成果,在尚未决定采用和正式发表传播前,医学编辑或医学信息传播者应当负有为作者保密的责任与义务,未经原作者同意或授权,不得将研究思路、研究方法和研究结果提前透露给他人或同专业领域的研究者,这也是信守医学编辑道德或医学传播道德的重要体现。

三、医学科技学术传播者的责任

就传播者的责任而言,不同专业领域的传播者,承担着不同的责任,但无论是何种专业领域的传播者,都具有一种共同责任,这就是社会责任。也就是说,即使单纯的学术传播,也要牢记自己的社会责任,因为任何传播都是为社会服务的,任何不良内容和有违社会、政治与科学伦理的传播都会造成不良社会影响。

1. 传播者的社会责任 社会责任是指个体或组织对社会应负的责任。社会中的任何组织和个体，都扮演着相应的社会角色，从事着不同的社会活动、经营活动与管理，是社会角色就必然肩负着相应社会责任。这种社会责任通常是高于组织或个体行为目标的社会义务与社会责任。而医学科技学术传播者作为个体和传播组织机构，虽然从事的是医学科技学术传播，而很少涉及公众社会传播，但科技学术的不良传播同样会影响到社会。因此，科技学术传播同样负有和承担相应的社会责任。

2. 传播者的过滤责任　医学编辑或医学信息的传播者，在信息传播前都要严格掌握传播的标准，经过严格的信息过滤、遴选和加工，去其糟粕，选取精华，对符合传播标准的才能进入传播渠道，实施扩散与传播。因此，作为医学科技学术传播者，主要应承担以下责任。

（1）医学信息的采集责任：医学编辑或传播者，对传播载体负有信息采集、整理撰写、发表传播的责任。因此，对所采集的医学信息的真伪、信息质量和信息价值负有直接责任。

（2）医学信息的鉴别责任：医学编辑或医学信息传播者，要在大量的来稿中，按照稿件的处理流程进行鉴别判断，甄别真伪，既不能将学术质量和缺乏科学价值低下的稿件进入传播系统，又不能将创新性、实用性强的医学科技创新稿件漏掉，人为埋没科学价值和传播价值，这是传播者的重要责任所在。

（3）传播者的信息选择责任：医学编辑或医学信息传播者就如同蜜蜂，在众多医学信息中采摘最有学术价值和受众最喜欢的医学信息，这既要具备医学编辑的基本能力，又要较强的责任意识，还要掌握稿件的采用标准。作为医学科技学术传播者，要守住科学性、创新性、实用性、真实性、新颖性和适时性的基本标准与关口。

（4）传播者的信息加工责任：在医学编辑实践或医学信息传播实践活动中，并非所有经过严格过滤、评审和遴选出来的医学信息稿件都能进入传播环节，所有经过评审和遴选程序符合传播标准稿件，医学编辑还要进行认真修改和编辑加工，对其标题表达的准确性、文章结构的合理性、文字表达流畅性、医学专业术语的规范性、参考文献引用的规范性、研究目的和研究结果与研究结论的一致性、结论的可靠性等系列事项进行斟酌和修改，直至达到出版发表和传播的标准。

（5）传播信息的责任：传播者要借用相应传播载体，将编辑修改和编辑加工符合规范的医学信息传播给受众，而且在其传播过程中，还要讲究传播的时效性、传播的迅速便捷性、受众获取信息的便利性、传播内容的实用性等。

（6）传播信息反馈收集的责任：传播者并非将信息传播出去就万事大吉，传播者还要收集和反馈受众意见，评估传播效果，以利于不断改变和调整传播策略，使医学科技学术传播效果最优化。

3. 传播者让读者和作者满意责任　医学编辑或医学传播者，要树立对作者负责，让读者满意的编辑和传播理念。让读者满意，就是传播者所传播的医学科技学术内容要符合受众或读者需要，对广大医学科技人员具有实际指导性，满足临床和医学科研需要。对作者负责，就是作者（信息源）完成一项科研项目或撰写一篇论文稿件很不容易，作为医学编辑要认真对待每一稿件，处理稿件要严格遵守时限要求，做到评审快、编辑处理快、发表快、退稿快。即使退稿，也要将评审意见有条理性和逻辑性整理后反馈给作者，具有针对性和明确指出退稿的原因及文章存在的致命缺陷和不足之处，以利于提高作者的医学科研能力、科研水平，启迪科研思路，提高科研论文的撰写水平。严禁和杜绝告知作者"退稿"两字了事的现象，牢固树立对作者负责的意识。

第九节　医学科技学术传播者的社会角色与特点

医学传播者作为社会角色的组成部分，同其他社会角色一样，在其专业传播活动中负有相应的角色义务和责任。社会角色（social role）是指在社会系统中与相应社会位置相关联的符合社会要求的行为模式与行为准则，是医学科技学术传播者个体和组织机构在社会活动中自然赋予的身份及该身份的功能与行为模式。也就是说，任何社会角色都代表着系列相关行为的社会标准，这种社会角色行为标准决定了医学传播者在社会运行系统中应有的社会责任与行为规范。如医师被称为白衣天使，以救死扶伤为本，应以良好的医德规范约束职业行为；而教师被誉为园丁，教书育人，为人师表，以老师的社会角色规范约束自己的行为。在社会生活运行系统中，每个人都在扮演着相应的社会角色，而且其社会角色随着环境和面对的人群不同在不断转换。如在岗位上是职业角色、在下班回家的路上乘车就是乘客角色、回到家里就是丈夫或妻子角色等。而社会职业角色不仅意味着其占有特定社会位置的个体或组织机构所应完成的行为规范，同时也意味着社会对其占有这个位置的个体或组织机构所抱有的期望值。

一、传播者社会角色内涵

在所有社会角色中，其主要具备内涵：社会角色具有完整的社会行为模式；社会角色是由个体或组织机构的社会地位与身份所决定；社会角色是与社会期望相匹配的，负有相应的社会规范、行为规范、社会责任和社会义务。

1. 社会角色权利　社会角色权利是角色扮演者所享有的权利、利益义务。角色权利是指角色扮演者在履行角色义务时所具有的可支配他人或使用所需物质条件的权利。而角色权益主要是指角色扮演者在履行角色义务后应当得到的物质和精神报酬。如工资、奖金、福利、实物等属于物质报酬；奖励、褒扬、荣誉、称号等属于精神回报等，这是社会角色基本的权利。

2. 社会角色义务　社会角色义务主要指角色扮演者应尽的社会责任和义务，因为任何社会角色都自然赋予了相应的义务和责任。社会角色义务包括角色扮演者能够做什么和不能做什么最基本的规范和行为要求。

3. 社会角色规范　社会角色规范是指角色扮演者在享受权利和履行义务过程中必须遵循的行为模式、行为伦理、行为规范和行为准则。角色规范具有不同的表现形式：①从范围上可以分为一般规范和特殊规范。②从具体要求上可以分为正向规范和反向规范。正向规范，即角色扮演者可以做、应当做和需要做的行为规范；反向规范，即角色扮演者不能做、不应当做的相应行为规范。③从表现形式上又可以分为成文规范和不成文规范。成文规范，即法律、法规、制度、纪律等；不成文规范，即风俗习惯、乡规民约、既定成俗惯例等。

二、医学科技学术传播者的社会角色

在医学科技学术传播者是以传播医学科技知识、学术创新成果、学术观点和学术思想等内容的传播者，其主要社会角色是以职业角色为特征，这种职业角色传播者是社会发展和医学科技学术发展的必然产物，是医学科技进步和医学科技学术交流繁荣的象征，其整个职业角色功能的发挥，对提升社会科技知识服务能力，促进医学科技进步和繁荣学术交流具有重要作用。

1. 医学信息采集角色　医学科技学术信息采集是医学传播者的重要功能或角色内涵之一。医学信息收集与采集是指在编辑出版与传播之前对信息资源的获取，其中包括对作者投稿的科研论文、医学编辑选题策划组稿、向专家学者约稿、编者或记者专题采访、国内外医学科技学术创新成果信息获取、国际文献专题综述等采集和处理。医学信息采集的原则与基本质量要求如下。

（1）信息可靠性：医学信息采集的可靠性原则是指采集的信息必须具有真实性、科学性、结果与结论的可靠性、实用性、新颖性等原则。

（2）信息完整性：医学信息采集的完整性是指所采集的信息内容要做到完整性、系统性、逻辑性和连续性，以利于获得最佳传播效果。医学科技学术信息采集要坚持相应标准要求，选题策划和组稿约稿选题应反映本学科或专业领域发展的基本概况。因此，医学信息完整性原则是信息效能发挥和医学传播的基础。

（3）医学信息采集的时效性：医学科技文献信息的时效性和半衰期是自然存在的，尤其是对医学科技新闻信息的采集和传播，其时效性更加突出和严格，时效性是科技新闻信息的生命力，也是医学科技学术文献信息的生命力。因此，医学信息采集的实时性、及时性、编辑处理与传播的快捷性，是保证医学信息时效的重要措施。

（4）医学信息准确性原则：医学信息采集和传播的准确性原则，主要是指所采集到的医学信息与临床应用和实际需求关联程度，而且采集到的医学信息真实性、科学性、实用性与信息表达及传播无偏差，充分体现出医学信息采集与传播的价值。

（5）医学信息实用性原则：衡量医学科研创新和医学信息价值的首要标准是实用性，其创新性再强，如果不具有任何实用意义，其创新和传播是没有任何价值的。因此，医学科技创新或医学信息的实用价值，是医学信息采集和传播首要权衡的标准。

（6）医学信息采集的计划性原则：任何传播都应具有目的性、针对性和实时性。因此，医学信息的采集要反映编辑或传播者的思想、目标和传播效果，就必须具有计划性、针对性和目标性，编辑或传播者要精心设计、精心计划、精心选题、精心策划，以保证医学传播目的和传播效果的最优化。

2. 医学信息编辑决策角色　就决策行为而言具有普遍性，人们无时无刻不面临决策，只是决策的形式和决策的层级不同而已。所谓决策，实际上就是选择和做出决定；决策过程复杂的思维操作过程，是信息搜集、信息加工、信息分析、预测判断、获得结论的决策过程。而医学编辑或医学传播者，作为职业决策者，每天都面临着对医学信息的筛选与选择。如对医学科研论文稿件的取舍决策、选题决策、编辑策划决策、约稿选题与撰稿专家选择决策、传播形式和传播手段选择决策等。因此，其决策效率和决策质量的优劣，直接影响着医学科技学术传播效果。

3. 医学信息编辑加工角色　在医学编辑实践和传播实践中，不是采集和遴选出来的医学信息都具备发表规范和传播要求，都必须经过医学编辑对全文进行推敲与斟酌、编辑修改与编辑加工，以保证医学信息发表和传播的严谨性、科学性和规范性。

4. 医学信息发表传播角色　医学信息采集、筛选和编辑加工完成后，则进入医学信息编排、栏目设计、版面设计、排版印刷、数字化处理等，使医学信息进入传播环节和传播渠道，将医学信息发送至终端，最终与其相应受众见面。这些不同层次和不同角色作用的发挥和创新，都会影响传播效果和传播目标的实现。

三、医学科技学术传播者角色特点

医学科技学术传播虽然具有学术性特征，但只要是涉及出版与传播，就属于意识形态范畴，带有传播的倾向性和传播的导向性及引领性。因此，即使是学术传播，也带有传播的政治性、传播的阶级性和传播的导向性等特性。这是传播者或传播角色功能所决定的，更是传播者的社会责任和专业学术责任所在。

1. 传播的政治性　传播活动或出版物的政治性，主要是指出版物和传播活动中所反映的政治立场、政治观点和政治倾向；主要涉及阶级、政党、国家、民族、宗教等关系中的现实政治问题。作为传播者和编辑出版者，要保持清醒的政治头脑，讲政治是对传播者的基本素质要求，对涉及或有违党和国家卫生工作方针政策、政治、法规的传播内容要严格把关与控制。对于传播内容中涉及政治事件、政治名称、政治术语、国家主权等表述要正确，避免发生歧义而造成不良影响。

2. 传播的阶级性　阶级性是指传播媒介和传播者的阶级立场。在阶级社会里，任何传播载体和传播工具都代表相应阶级与社会集团，具有鲜明的阶级倾向性。尤其是传播载体、传播者或传播组织机构所表达的立场、观点、思想、倾向性、导向性和主张，都具有和代表着相应阶级的烙印与阶级利益，传播者带有固有的阶级性。因此，医学科技学术传播者应保持正确的阶级立场，把握正确的社会舆论、政治导向和学术导向。

3. 传播的舆论性　舆论性是传播载体、传播工具，更是舆论工具，这是传播载体、传播者和传播组织机构的重要特征。舆论性主要意思是人们在某时空和地域，对某事件或行为公开表达的态度与内容，它是不同信念、不同政治倾向、不同价值观、不同意见和态度的总和。舆论的基本定义：是社会中相当数量的人对于特定话题所表达的个体观点、态度和信念的集合体。对于传播者的传播目标而言，就是通过相应内容和观点的传播来影响和形成社会舆论或学术舆论，从而影响人群行为与意识。传播者的舆论性首先体现出自身就是舆论的反映者和传播者；传播者面向社会或人群，反映相应社会成员的呼声，同时代表这种呼声表达观点、意见和价值取向，构成了舆论的反映者和表达者。而医学科技学术传播者的舆论性也是如此，通过医学科技学术传播载体或传播工具，具有传播和驾驭科技学术舆论，正确引导和导向科技学术舆论，进而影响和左右社会舆论的形成。所以，传播者的社会角色责任非同一般，应当恪守传播者的社会责任和职业操守准则。

4. 传播的导向性　社会舆论导向性和专业科技传播载体的导向性是传播的基本功能之一。导向具有指向、引导、路标指引，朝着正确方向前进的含义。作为医学科技学术传播者和传播载体，既要重视正确的学术导向，也要注重正确的社会舆论导向，以利于促进医学科技学术的健康发展。

5. 传播的专业性　传播的专业性是指传播者的专业特点，经过专门的专业训练，具有相应完善的专业知识结构和专业技术操作技能与智能结构，传播者是具有相应执业资质或职称等级的专业技术人员。而医学科技学术传播载体和传播者，具有极强的专业性和学术性，要求传播者不仅具有编辑出版、传播学知识技能，还要具有较扎实的医学科学基础理论知识和临床医学知识，只有具备完善的多学科知识结构和职能结构，才能适应现代医学传播的要求。

6. 传播的权威性　传播的权威性是指传播者所发布和传播的信息具有令人信服的力量和威望，让相应受众或人群对所传播的内容与结果深信不疑，而且能够左右和影响受众行为模式。传播载体和传播者的信息传播属于软性权利，其传播载体或学术平台的品牌效应、学术影响力和学术权威性等，更进一步强化和提升了传播者的权威性和地位，这种医学科技学术传播载体品牌影响力、学术影响力和学术权威性，构成了传播载体的溢价性和溢价能力，这使其传播者的权威性和溢价性也相应增强。因此，传播者应正确对待和使用这种权威性，更加严谨和把控传播的质量，维护其品牌影响力和权威性。

7. 传播的控制性　对于医学科技学术信息的传播者，既是医学信息采集者、筛选者、编辑修改和编辑加工者，又是医学信息编排制作和传播者，也是信息流量和流速的控制者，更是学术质量、编辑出版质量和传播质量的把关人与守门者，对于诸多传播要素具有控制职能；传播者作为传播主体，应科学、严谨、公正地对医学信息的选择和过滤，守住底线，把好关口，不断提高传播质量和传播效果。

第十节　医学科技学术传播模式

医学科技学术传播模式，是研究和概括传播过程、传播性质和传播效果的公式化主体传播行为方式。如医学期刊盈利模式、科学实验模式、经济发展模式等，是理论与实践相结合的行为模式，它的特点具有一般性、重复性、简单性、稳定性、结构性、理论性和可操作性。医学科技传播模式不是固定不变的，随着传播媒介的多元化和医学科技交流方式的改变，其传播模式也必然发生变化，实际上没有十分完美或经典的传播模式，也就是说，其传播模式的运用应与医学科技传播环境、传播条件和传播实践相结合，只有这样才能达到医学科技传播的目的和传播效果。

一、医学科技学术传播基本模式

所谓模式，就是主体行为方式。如医学模式、医学编辑模式、医学期刊经营模式、科学实验模式、经济发展模式、盈利模式等，模式是理论与实践的中介环节，模式具有简单性、常规性、理论性、重复性、结构性、稳定性、可操作性和规律性特征。医学科技学术传播模式也是如此，在其运用中必须与传播实践结合，实现常规性与特殊性的衔接，在实际传播实践和传播手段发生变化时，应随时调整传播模式要素组合与结构，以保持传播模式的可操作性与实践性要求。医学科技基本传播模式受传播要素和传播媒介制约，形成不同的传播模式。医学科技基本传播要素有传播动机、传播者、传播内容、传播渠道、传播受体、传播效果。这些基本传播要素，决定了其传播模式的基本内涵，只是其运用传播媒介不同，就构成了不同的传播模式。

1. 医学科技学术传播循环模式　医学科技学

术传播模式,简称医学传播模式,是根据医学信息源、医学信息采集与过滤、医学编辑加工、医学信息媒介载体、医学信息受众、受众信息反馈、传播效果评估等传播过程和传播要素的构建。医学科技学术传播实际上是以促进学术交流和医学科技进步为基本目的。因此,医学传播模式的构建既要符合基本传播过程,又要突出传播的互动性学术交流,尤其是学术信息的过滤性,即同行评议学术把关性。医学科技学术传播模式构建见图 11-1。

2. 医学交流互动循环传播模式

(1) 信息源:即医学科技学术信息的原创者,也就是作者;信息源与传播者(传播载体)和信息受众,即读者,都是平等交流关系,它具有互动和循环交流的特点,互相启发、互相影响、互相弥补、互相满足,而互动循环传播模式在医学科技学术传播中也是基本的传播模式。

(2) 信息过滤:是医学科技学术信息,也就是医学科研论文,传播者在传播前,要经过严格的筛选和评审及同行评议,必须达到发表和传播的标准,经过严格的信息过滤程序,严格控制和把关学术及传播质量。

(3) 信息加工:医学编辑对经过滤符合传播标准的信息进行修改完善和规范化编辑加工,使其进一步达到发表和传播的标准,以利于达到应有的传播效果。

(4) 传播载体:是指信息媒介载体。如平面纸质版期刊、网络版传播信息、新媒体版传播信息等。

(5) 信息渠道:是指医学科技学术信息的传播路径或传播手段等。

(6) 信息终端:是指医学科技学术信息接收工具。如计算机、平板电脑、手机终端等。

(7) 信息受众:是医学科技学术信息传播的最终目标,也就是读者。

(8) 信息反馈:传播过程中的信息反馈是传播要素之间的相互和循环式反馈,这种传播要素间的信息反馈,可有效达到相互促进和相互启迪与激发作用,使其传播效果达到最优化。

这种交流互动循环传播有别于传播者本位功能定位,传播者、传授者与信息源者(作者)是平等的交流互动关系,这种互动交流可以是面对面的,也可以是借助交流工具或通过传播媒介即时交流,这种互动传播,既影响信息接收者、传播者,也会影响到信息源,传播者通过即时现场交流意见、提出建议或质疑,促进传播要素之间的积极参与学术内容观点的讨论,传播者、受众和作者相互讨论交流,甚至争鸣,学术观点产生碰撞,相互促进。如由学术团体、协会、研究会等主办召开的学术年会、专题学术交流会、专题论坛会、借助于媒介视频形式召开的学术交流会等,都是一种交流互动模式的医学科技学术传播。其特点是信息的主动接收者不是被动接受,而是传播者与传播对象可相互提问交流,答疑解惑,甚至争鸣;而且这种由学术团体主办的学术交流会,其入选会议交流的稿件都是经过会议学术委员会同行评审遴选出来的稿件或传播者。因此,其传播的内容具有权威性、科学性、实用性和可靠性。这是一种传播效果最佳的传播形式。当然,这种传播模式多适用于专业学术传播,不大适用于公众普及性传播。

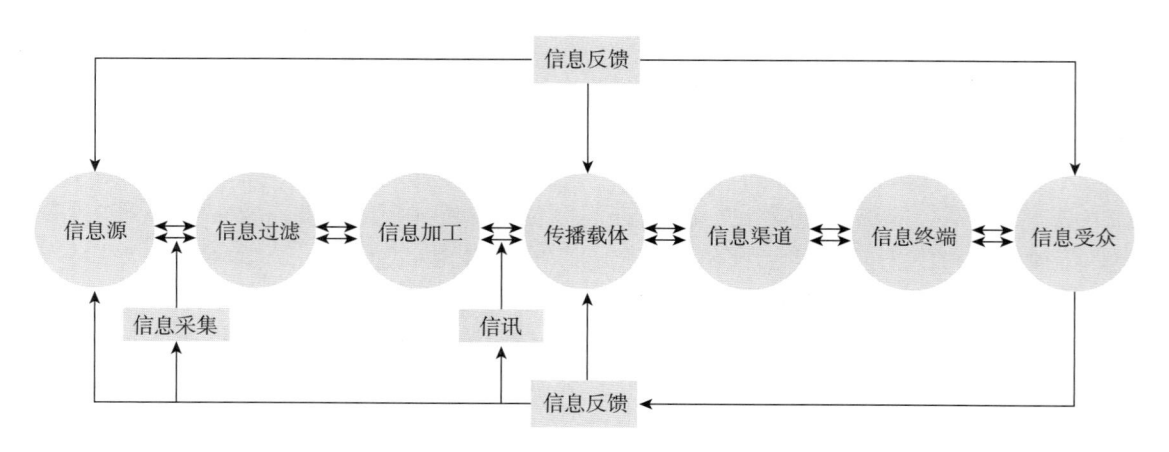

图 11-1 医学科技学术信息互动循环传播模式

3. 医学知识空间跨越传播模式　这种传播模式必须借助于相应传播媒介，它是通过电话、网络、视频、广播、电视、微信公众号、APP等传播媒介。当然，医学科技学术传播不适宜公众传播媒介（如电视、广播电台等），这些公众媒体适用于医学科学普及性传播（如向公众介绍或传播医药卫生保健知识和防病知识等面向大众的普及性传播）。医学科技学术专业传播一般采用视频学术会议、医学专业网站、医学专业公众号等传播媒介。其特点是不受地域和空间局限，视频学术会议传播者与被传播对象可以互动交流，提出质疑，答疑解惑，是当代比较实用的传播形式。

4. 医学信息存储流动传播模式　医学科技传播的过程，就是医学科技信息流动的过程。仅就信息而言，信息是对客观世界中各种事物的运动状态和变化的反映，是客观事物之间相互联系和相互作用的表征，信息流表现的客观事物运动状态和变化的实质内容。而医学科技信息的传播，也离不开信息处理与传播的基本特征。医学科技信息传播过程同样具有信息产出—信息获取—信息加工—信息存储—信息传输—信息反馈这样一个传播过程。

（1）信息产出：即医学科技人员，也就是作者产出原始或原创知识信息。

（2）信息获取：即医学编辑或医学科技信息的传播者，获取原创作者的知识信息。

（3）信息加工或信息处理：即经过编辑或信息传播者同行专家评审遴选，编辑修改加工完善，规范化修改，使其达到公开发表或传播的要求。

（4）信息存储：即将处理完善或具备传播条件的信息存储在平面媒体、网络数据库。

（5）信息传输：医学科技信息传输给或传播给受众。

（6）信息反馈：即信息传播效果评价反馈。这一医学科技传播模式，将信息的传播构成了一个信息流循环系统，其传播效果反馈又激励知识信息产出，同时激发医学科技传播者的传播动机和传播动力，循环往复，最终促进医学科技发展和进步。

5. 医学知识多媒体传播模式　多媒体技术是通过计算机语言、数据和视频等各种信息进行存储和管理，使客户通过感官与计算机进行实时信息交流的技术；随着这一信息技术的不断发展，医学科技多媒体传播已成为重要传播媒介，利用多媒体传播可实现医学科技信息资源传播和利用的最优化，促进医学科技信息传播的资源共享。在当今数字化医学科技信息传播的时代，特别是5G技术和人工智能技术的发展，为医学科技信息传播提供了多媒体传播的途径，当下医学科技信息传播凸显出网络在线宽带化、信息传输媒体化、信息存储数字化、信息检索智能化、受体终端便携化、专业信息聚合化。因此，医学科技传播的多媒体传播模式也应运而生，其传播趋势凸显，以平面纸质版传播和大型专题学术会议互动交流传播为主体，凸显多媒体传播融合化、网络传播视频化、传播产品订制个性化、传播速度即时化、传播范围全球化、传播地域国际化的趋势与特点。

6. 医学系统信息控制模式　医学科技信息传播过程，其实就是一个完整的系统工程，这个信息传播系统，即信息产出者—信息获取者—信息加工者—信息存储者—信息传输者—信息反馈者，在其系统运行的各个环节上扮演着不同的角色地位和角色责任，其中一个重要的角色责任就是控制；根据其在系统运行中的角色位置不同，分别执行着不同的质量控制职能，这就构成了医学科技信息系统的惯性运行机制，形成了医学科技信息传播的"系统信息控制模式"。在其系统运行中，任何环节控制不力或质量控制障碍，都会影响系统的惯性运行和运行质量，造成系统运行失调，影响医学科技传播效率和传播效果。

二、普通经典公众性传播模式

所谓公众性传播模式，主要是指面向大众的公共传播。如社会新闻传播、社会舆论传播、医学科学普及传播等，其受众是广大群众，而科技学术传播主要受众是相应学科或专业领域的专家学者及广大科学技术人员。公众传播模式也是构建和研究传播过程、传播性质、传播要素、传播效果的公式化指导模式，它蕴含了传播学基本规律。其传播模式具有构造功能，还能揭示传播系统之间的次序与其相互关系，保证传播过程获得整体形象；传播模式也能为各种不同的特殊状态提供相应图景与解释的功能。普通经典公众性传播模式如下。

1. 五W传播模式　也称传播的政治模式。五W传播模式是将传播活动解释为由传播者、传播内容、传播渠道、传播对象和传播效果五个环节和传播要素构成：谁（who）、说什么（says what）、通过什么渠道（in which channel）、对谁说（to whom）、产生什么效果（with what effect）。五W传播模式是由美国政治学家H.D.拉斯韦尔首先提出的，是西方国家公认概括性比较强的传播模式，尤其对大众传播发挥了推动作用，其缺陷是忽略了"反馈"传播的因素，因此具有相应局限性。

2. 香农-韦弗传播模式　也称传播的数学模式。它是由美国数学家C.E.香农和W.韦弗提出。其特点是将人际传播过程看作单向的机械系统；其模式中的"噪声"表明了传播过程的复杂性，但是传播噪声不仅仅限于传播渠道。

3. 两级传播模式　由美国社会学家P.F.拉扎斯菲尔德提出。强调"舆论领袖"的作用；两级传播模式综合了大众传播和人际传播的特点，其缺陷是夸大了"舆论领袖"的作用和对大众传播媒介的依赖性，把传播过程简单化；将传播受众截然分为主动和被动、活跃和非活跃两部分，不符合传播的现实情况。

4. 施拉姆传播模式　由美国传播学者W.施拉姆提出，是较为盛行的人际传播模式。该模式强调传播者与受传者的同一性与处理信息的过程，揭示了符号互动在传播中的作用；强调了信息反馈，这表明传播是双向循环的过程。

5. 德弗勒传播模式　也称大众传播双循环模式。由美国社会学家M.L.德弗勒提出。该模式强调在闭路循环传播系统中，受传者既是信息的接收者，也是信息的传送者，噪声可以出现于传播过程中的各个环节。此模式突出双向性，被认为是描绘大众传播过程比较完整的传播模式。

6. 韦斯特利-麦克莱恩传播模式　由美国传播学者B.韦斯特利和M.麦克莱恩提出。此模式在突出信息的同时，特别强调把关人在大众传播中的作用。

7. 传播效果的心理模式　源于认识心理学理论；其传播模式强调传播效果取决于传播内容对受传者固有信仰、观点、态度的威胁或强化程度。

第十一节　医学科技学术传播原则

医学科技专业传播与社会新闻性公众传播所秉持的原则不同，应根据医学专业性质，坚持其正确的传播原则。医学科技传播一般应坚持科学性原则、创新与新颖原则、导向性原则和时效性原则。

1. 医学科技学术传播的科学性原则　医学科技信息传播是专业科学知识信息，其知识信息涉及大众生命和健康，因而对于科学性原则要求得更高。科学性是指医学研究论文的科研设计和统计学方法应用是否科学合理，所得结果和结论是否可靠可信；概念、原理、定义、论证、逻辑是否确切严谨，图表、数据、符号、单位、术语、参考文献是否准确。选题和立题是否有依据，论点是否正确，实验设计、实验方法、实验材料、实验数据、实验结果、实验结论是否正确，是否反映出事物的本质和内在规律。同时，也要尊重科学和新的发现，对于有违传统与常识的新发现，也有可能其背后隐匿着人们尚未认识和发现的科学规律，这需要随着科学的发展进一步证实。但研究者要敢于怀疑和批判，敢于运用已证明的科学原理对新发现提出质疑，科技传播者也要允许怀疑，为其传播交流提供机会，这同样也是尊重科学的表现。此外，科学性体现在医学科技传播系统程序上的科学性，也就是说，医学科技传播系统是否具有严密的信息传播评价和处理程序设计，其设计是否科学合理，因为这直接影响到对医学科技信息的质量评价和真伪甄别，所传播的医学科技信息是否是真实、科学、准确的，以避免将虚假的伪科学和不真实的医学科技信息传播给受众，损害受众的权益。

2. 医学科技学术传播的创新性原则　创新是科学的生命，科学研究和科技传播的最大目的就是促进科学创新。医学科技传播的内容就是要新颖、创新，具有新的科学发现，传播新知识、新理论、新学术思想、新观点、新技术、新方法，尽可能避免重复和不具科学价值的信息。此外，从医学科学普及传播的角度讲，其传播的内容要具有新颖性和吸引力，能够激发公众阅读，刺激和吸引公众注意力，以达到医学科技普及的最佳效果。

3. 医学科技学术传播的导向性原则　所谓导向性原则，就是反映医学科技传播主体思想性和引领性的意图。应该说，任何领域的传播都具有方向性、引领性和导向性；导向，即指引的方向或引导方向，传播者要倡导什么？要向什么方向发展？这都是医学科传播主体传播的重要的价值要素。导向或引领方向，具有社会导向、政治导向、新闻导向、学术导向等，而医学科技导向所重视的就是学术导向，要能够引领医学科技发展的方向，导向性是一切传播的灵魂，缺乏导向性和引领性的传播是缺乏思想性传播，其科技传播只有体现导向性和思想性，所传播的医学科技知识才有时代性和推进动力，医学科技和学术传播才具有生气与活力。

4. 医学科技学术传播的真实性原则　真实性原则也称为客观性原则。医学科技传播的基本底线就是真实，能够给受众提供真实、客观、可信、权威的科技知识信息，这是医学科技传播者的职业操守所在，尤其对于非专业技术人员受众，由于其知识结构所限，认知能力局限，逻辑阻力不强，很容易被不真实的知识信息所误导，甚至误入歧途，这种副传播效果是传播者要避免的。因此，医学科技传播者要时刻坚守传播的真实性原则，把好传播质量关口。

5. 医学科技学术传播的可信性原则　医学科技传播的可信原则，是对医学科技信息传播内容的基本要求，不可信就必然会失信，就会失去受众。因此，医学科技传播要从科学性、严谨性、真实性和可信性上下功夫，健全和严格医学科技信息的评价体系和评审流程，充分彰显医学科技信息传播内容的权威性和可信性，进一步提升医学科技传播的品牌影响力和吸引力。

6. 医学科技学术传播的时效性原则　时效性是指同一件事物在不同的时间具有很大性质上差异，人们将这差异称其为时效性。其实，时效性是任何事物都具有的特征，时效性影响着事物的生效时间和时效价值，过期也就失效了或效价衰减，失去应用价值或机会。医学科技信息传播也是如此，其时效性特点更加突出，时效性与指导性相辅相成，缺乏时效性也就失去了指导性。如新型冠状病毒疫情暴发期间，对病毒本质认识和疫情防控知识信息的传播仅仅抓住其时效性，对疫情有效防控发挥了时效作用。如《新型冠状病毒肺炎诊疗方案（试行）》，根据临床对新型冠状病毒认识的逐步深入，不断修正和调整诊疗方案的内容，在疫情期间共出版了近十个版次，其修改速度和修改频率及传播时效之高，是世界医学史上前所未有的，它的传播速度和传播时效，极大地适时指导了临床诊疗救治，为疫情有效控制做出了重要贡献。

7. 医学科技学术传播的适时性原则　传播的适时原则，是达到最佳传播效果的必要条件。人们在医学科技活动和社会实践活动中，都离不开各种各样的时机。俗话说，机不可失，失不再来。恰到好处地把握医学科技信息的传播时间、抓住时机、选择时间、抓住有利时机展开传播，这会达到意想不到的传播效果。如新型冠状病毒疫情暴发期间，适时传播疫情防控知识，及时向公众传播疫情防控措施，疫情防控决策机构与社会公众进行卓有成效的沟通，获得公众传播受众的及时理解与共识，使疫情防控效率和防控效果达到最优化，这其中医学科技传播发挥了重要作用和传播效果。

第十二节　医学科技学术传播研究方法

作为医学科技传播者的医学编辑，掌握和研究传播方法，既是医学编辑必备的能力，也是做好医学科技传播的重要因素。对于医学科技传播常用的研究方法有临床和科研调研方法、受众调查方法、文献分析方法和实验控制方法等。

一、临床与科研调研方法

临床和科研调研方法，是常用的医学科技传播研究方法，主要用于调查了解传播受众的构成、受众特点、受众对医学科技传播的愿望与需求，对特定传播内容的传播效果评价。其实，临床和医学科研技术人员既是传播受众，又是医学科技知识的产出者，医学编辑采用这种方法可以取得双向调研效果。

1. 调研的基本流程设计　调研前要有一个基本设计，选择调研主题，一般分为选题阶段、准备阶段、设计阶段、调研实施阶段、调研结果分析阶段。

（1）选题阶段：主要是选择一个主题。

（2）准备阶段：主要是了解被调查对象情况，是否具有代表性和抽样调查的基本条件。

（3）设计阶段：主要设计调查表，设计调查项目或调查指标；遴选调查研究人员等。

（4）调研实施阶段：主要是研究者深入临床一线或医学科研一线，深入到医药卫生技术人员中间和现场，调研相关指标项目。

（5）调研结果分析阶段：主要是研究者对调查指标或项目进行统计分析，最后得出调研结果和结论。

2. 调研内容　调研了解临床一线或医学科研一线专业技术人员对医学科技学术信息传播的意见和需求，主要是传播内容、传播媒介的要求。因调查对象具有两种角色，既是医学科技传播的受众，同时又是医学科技成果的原始产出者。所以，在调查对传播内容需求和意见及建议的同时，了解调查对象所研究学科专业和研究方向、承担重点科研攻关课题情况、科研进度或阶段性成果、领衔科学家等情况，以利于及时选题组稿，适时进入传播系统。

3. 调研结果评价　这主要对抽样调查的项目或指标进行统计分析，分析调研结果，得出正确的调研结论，以利于改进医学科技传播内容和传播方式的改进。

二、医学科技学术传播受众调查法

主要是读者或作者调查，以发放调查表的形式，向读者或作者投送，待收回调查表再进行统计学分析。

1. 设计流程　首先选择最需要了解的问题，制订调查主题，设计调查项目和设计调查表。调查指标设计可以定量指标与定性指标相结合，定性指标要注意可操作性和数量化，以便统计分析相对准确和具有可操作性。

2. 调查内容　对传播内容和传播形式的需求（如了解受众喜欢哪些栏目、对哪些内容或类型的文章感兴趣），对医学科技传播内容、传播载体、信息类型的需求、对传播的意见和建议等。

3. 结果评价　调查表可以通过期刊刊登形式发给读者，也可以通过网络在线填写、电子邮件或信件邮寄精准推送，截止日期收回调查表，研究者进行结果统计和分析，最后得出调查结论，以指导和改进医学科技传播内容、传播信息类型和传播载体形式等。

三、医学文献分析法

文献分析方法对于传播研究也是常用的方法。它主要通过对相关文献检索或收集某方面的文献资料进行分析研究，用于探明研究对象的性质、状况或规律，以利于引出研究者的新观点的分析方法。

1. 确立分析主题　进行文献收集或检索前，首先要确立研究主题，围绕研究主题进行相关文献收集。由于文献分析方法和内容分析方法都有共同对象，研究者并不与文献中所记载的人与事发生直接接触，因而也称为非接触性研究方法。内容分析方法主要是通过文献的定量分析，通过统计描述来实现对事实的科学认识，两者的区别在于分析的重点与分析的手段有所区别。分析时，首先要找出文献论述的对象，再进一步查明是要论述该对象属于什么方面的具体问题；然后再找出文献中涉及的各种概念，进一步分析它们之间的关系，从而形成若干完整主题，当然，同一篇文献有时所分析出的主题数量可以是数个。

2. 文献分析程序

（1）确定文献来源：通过网络或专业数据库，检索浏览文献的篇名、目次、摘要、引言、结论或正文，对文献内容进行调查分析；文献信息来源包括内部文献信息和外部文献信息。

（2）分析文献信息：通过对文献调查进行基本情况判断，初步形成主题概念。

①确定分析选题：通过文献浏览，从大量文献中寻找有用信息点。

②整理收集的文献：针对文献内容，要点问题予以重点标记。

③整理分析文献：对文献中隐含的相关重点深入挖掘，进行分析求证用。

④完成分析初稿：通过综合分析，围绕主题，理顺思路，撰写完成初稿。

⑤报告定稿：关键是通过文献的综合分析，能够得出新的结论，提炼出自己的新观点、发现新的问题或线索，最后提出解决问题的对策或建议；这样做，文献分析研究才有价值。

四、医学文献计量学方法

文献计量学方法是以文献体系和文献计量特征为研究，采用数学和统计学方法，定量分析知识载体和医学科技知识传播效果；是集数学、统计学、文献学、传播学于一体，实施文献量化、传播效果量化评估的综合性方法学。其计量对象主要是医学科技传播的文献量。如医药卫生科技学术期刊、学术会议文献、医学学术机构、读者和作者等要素的计量学分析。

文献计量学方法的特点是能够较深刻地描述研究对象的性能、高度概括性能、定量相对准确的评价性能、良好的预测性能等。它定量分析和研究医学文献情报的分布结构、数量关系、引文数量、文献半衰期、作者关系、受众阅读数量、网络下载数量等变化规律和定量管理，为研究和分析医学科技传播信息某些结构、受众结构、数量特征和信息传播规律提供方法学手段。

第十三节　医学传播载体品牌培育与传播

医学期刊平面媒体和新媒体传播载体的品牌培育和创建，是增强医学科技学术传播社会效益、学术效益和经济效益的重要环节。因此，做好医学传播媒体的品牌传播，是提高医学传播效果的重要内容。

一、医学传播媒介品牌传播的基本概念

1. **媒介品牌传播定义**　医学传播媒介品牌的传播是指医学传播者通过各种传播手段将传播载体品牌信息、品牌价值、品牌权威性等，劝说受众认识品牌、认知品牌、接受和使用品牌、维持品牌记忆等各种直接或间接地左右受众的方法。

2. **媒介品牌传播的价值**　媒介品牌培育和创建与品牌传播，是医学科技学术传播者或传播机构的核心战略，也是传播媒体超越营销的重要法则。媒介品牌传播的最终目的就是要发挥创意的力量，发挥各种传播要素和市场要素的潜在能量，在医学科技学术传播市场上形成传播媒体的品牌形象、品牌印记和品牌声势，构建传播媒介品牌权威性和医学科技学术话语权，发挥传播媒介引导、导向和左右受众，促进医学科技学术交流和医学科技进步的最终目标。

3. **媒介品牌的塑造途径**　传播媒介的品牌传播是传播者或传播组织机构满足受众需要，培育受众品牌忠诚的有效手段。媒介品牌传播是传播者的核心战略，也是医学信息传播市场超越营销的重要法则。媒介品牌传播的最终目的就是要发挥创意、医学编辑策划和媒介品牌策划的力量，发挥各种有效发声点在医学传播市场上形成媒介品牌声势和品牌影响力，最大限度地占有医学科技学术传播的话语权。其传播力度是媒介品牌影响力塑造的重要途径。媒介品牌的基本定义：传播媒介品牌是名称、标志、标记、背景色调、术语、符号与设计，这些组合的运用，构成了媒介品牌的基本要素、信息传播产品和医学知识服务，同时与同类竞争对象的传播产品和知识服务区别开来。传播媒介品牌对于传播者或传播组织机构来说是至关重要的竞争取胜的法宝，构建媒介品牌形象、媒介品牌忠诚度，是传播媒体经营的重要措施。

二、医学传播媒介品牌基本传播方式

1. **媒介品牌广告传播**　广告作为主要的媒介品牌传播手段，是指媒介品牌所有者通过委托广告经营机构设计策划，通过相应传播媒介加以广泛传播。广告传播是以品牌策划为主体，以品牌

创意为中心，对目标受众实施的以品牌名称、品牌标志、品牌定位、品牌个性等为主要内容的宣传活动措施。对媒介品牌而言，广告是最重要的传播方式，广告对于品牌的传播具有重要地位。因为受众了解某品牌，其大多数信息是通过广告获取的，而广告也是提高品牌知名度、信任度和忠诚度重要途径，是塑造媒介品牌形象和品牌特色强有力的传播工具。

2. 媒介品牌促销传播　媒体传播知识产品销售促进传播是指通过鼓励对知识产品和知识服务实施尝试性或促进销售等活动而进行的媒介品牌传播，其主要工具或形式有设计有奖阅读、知识竞赛颁奖、订阅赠券、阅读赠品、订阅抽奖等激励活动。知识销售促进传播主要用来吸引媒介品牌转换者，这种促销传播在短期内能产生较好的销售反应，尤其对媒介品牌形象而言，如过度使用销售推广会降低品牌忠诚度，增加受众对价格的敏感性，从而淡化媒介品牌的质量概念。

3. 媒介品牌的人际传播　人际传播是原始而传统传播，也是最有效的传播手段。它是人与人之间直接沟通和传播，主要是通过传播者、传播组织机构人员的讲解咨询、示范操作、演讲介绍、知识服务示范等形式，使受众了解和认识媒介品牌，促进受众形成对媒介品牌的印象和品牌评价，这种品牌评价将直接影响媒介品牌形象和品牌忠诚度。人际传播也是形成媒介品牌美誉度的重要途径，在媒介品牌传播的过程中，人际传播是最易为受众接受、感染受众和引导受众的有效方法。但其影响或传播范围比较局限，对人际传播中的传播者素质要求较高。媒介品牌传播与传播方式的选择，需要结合自身媒体实际情况，精心设计和精心策划，如果传播方式选择不当或传播设计不合理，就很难收到比较好的品牌传播效果。

4. 媒介品牌传播特点　媒介介品牌是动态的品牌传播，其传播信息的聚合性，它是由静态品牌信息聚合性所决定的。因此，媒介品牌表层因素（如品牌名称、品牌图案、品牌色彩、品牌包装等），其信息含量是有限的，但媒介知识产品特点、受众利益、知识服务措施、媒介品牌认知、媒介品牌联想等，其品牌深层次的要素，这无疑聚合了丰富的品牌信息；而且构成了媒介品牌传播的信息源，这也就决定了媒介品牌传播自身信息的聚合性与受众的目标性。

三、医学传播媒介品牌传播的基本策略

1. 传播媒介　加拿大的传播学家麦克卢汉曾说过：传播媒介即信息，媒介传播技术往往决定着所传播的信息本身。如电视媒介传播超出报刊，广播多出信息，而网络媒介传播兼容所有媒介信息的"信息"。而在传播技术正得到革命性变更，新媒介的诞生与传统媒介的新生，则共同打造出一个传播媒介多元化的新格局，这为媒介品牌传播提供了难得机遇，也对媒介品牌运用的多元化和整合提出了新挑战。而传统的公众传播媒介（如报纸、杂志、电视、广播、路牌、海报等），对现代社会受众来说，其魅力依旧；这对传播方式选择组合形成多元性。而随着新媒体的诞生，对品牌传播媒介的多元性更加凸显，其传播形式、传播范围和传播感染力更胜于传统传播媒介；这给媒介品牌传播在新旧媒介的选择中，奠定了多元化品牌传播的优势条件。

2. 媒介品牌传播操作的原则　在品牌传播中，其品牌传播系统的构成主要为媒介品牌的拥有者与品牌受众，这两者具有特定的信息、特定的传播媒介、特定的传播方式、相应的传播效果。如受众对媒介品牌和知识产品的消费、对媒介品牌的评价、相应的传播反馈等信息互动环节，两者构成品牌传播要素。由于品牌传播追求的不仅是近期传播效果的最优化，而且追求长远的品牌效应。因此，媒介品牌传播总是在品牌拥有者与受众的互动关系中，遵循系统性原则实施传播操作。

3. 媒介品牌传播要略　要挖掘媒介品牌价值，整合媒介品牌资源和无形资产，形成巨大的品牌效益源泉，对于现代传播媒介或现代企业都把品牌培育、品牌维护和品牌传播作为企业发展的重要战略性措施。使媒体传播在市场中生存和发展，媒介品牌培育、品牌塑造、品牌维护、品牌传播与品牌效益增值，已成为众多媒体或企业最大的战略性竞争和战略性投资。而这就必须全方位研究构成媒介品牌传播要素，即媒介品牌传播的主体、品牌传播对象、品牌传播受众、品牌传播渠道和品牌传播内容，而对于这些要素相互关系的研究和科学运用，必然会使媒介品牌传播这项长

期而系统工程达到高效的品牌传播效果和品牌传播目标。

第十四节　新媒体与医学科技学术传播

医学科技学术传播载体最古老和最传统的传播载体是平面纸质版期刊，在当今新媒体或多媒体盛行的当下，虽然人们的阅读方式、信息获取途径和文献获取方式发生巨大变化，但平面纸质版传播载体依然是科技学术发表世界认可的主流或主体学术传媒载体。但在其传播途径或传播手段上，编者可在平面纸质版的基础上，充分发挥新媒体或多媒体优势而实施多业态传播，以利于加快传播速度、扩大传播半径、最大提升传播能力和方便受众获取阅读。

一、新媒体与医学科技学术传播

随着信息技术的发展，特别是互联网、5G技术、数字化和人工智能技术的发展，促进了新媒体的诞生和应用，使得信息传媒技术发生了颠覆性变化，促进了信息传播能力和受众信息获取的便捷性。

1.医学传播媒体　医学科技学术传播和其他传播一样，都离不开传播媒介，也就是传播渠道、信道、传播工具，是医学科技学术传播内容的载体。传播媒介具有传递信息的手段和功能（如通过报刊、互联网络、广播、电视等），是属于传播技术相关的媒体或载体；而从事信息的采集、选择、编辑加工、排版制作和传输的组织或机构（如医学科技学术期刊编辑部、编辑出版机构、电台、电视台等传播媒介组织机构），也属于传播媒介。作为技术手段的传播媒介的发达程度，决定着信息传播的速度、传播半径、覆盖范围和传播效率；而作为传播组织机构的传播媒介的制度、所有制关系、意识形态和文化背景及社会责任，决定着社会传播的内容和倾向性。

2.医学科技传播新媒体的定义　科技传播新媒体是以数字信息技术为基础，以5G技术为支撑，以互联网为学术信息传播载体，以科技学术互动传播为特点、具有创新形态的科技学术传播媒体。美国《连线》杂志对新媒体的定义：所有人对所有人的传播。新学术媒体就是能对专业技术人员或读者同时提供个性化信息内容的媒体，是传播者和接受者融会成对等的交流者，而无数的交流者相互间可以同时进行个性化交流的新兴传播媒体。

3.新媒体与医学科技传播　新媒体（New Media）可以说是一种信息获取环境。新媒体是在互联网技术、数字技术、5G技术和智能技术的支撑体系下而派生出的新兴媒体形态或信息载体。如网络版报刊、数字报刊、数字广播、短信版报刊、3D电子版阅读、客户端、移动电视、移动网络、桌面视窗、数字电视、数字电影、触摸媒体等。新媒体相对于报刊、户外、广播、电视四大传统传播媒体，新媒体也被形象地称为"第五媒体"。新媒体的概念比较宽泛，主要是利用网络技术和数字技术，通过互联网、宽带局域网、无线通信网、卫星等技术手段，通过计算机、手机、数字电视机等终端设备，向读者或专业技术人员提供医学科技学术信息服务的传播形态。在平面纸质版医学期刊载体基础上，开发和利用新媒体实施便捷学术传播，也被称为数字化出版或数字化新媒体传播。这是当前医学期刊和科技学术传播新的载体形式或业态，极大地提高了医学科技学术传播的力度、便捷性、传播速度和传播的覆盖面。

二、医学科技学术新媒体传播的特点

新媒体或多媒体的医学科技学术传播，可构建起"刊、网、微、端"矩阵式全媒体传播格局，构成强大的医学科技学术传播态势，形成个性化、定向精准、学科领域全覆盖的知识传播服务体系。

1.新媒体种类　门户网站、微信公众号、电子邮件版杂志、搜索引擎、虚拟社区、博客、维客、播客、手机短信、移动电视、网络电视、数字电视、手机版期刊、网络期刊、在线视频等。这些都属于新的媒体信息载体形态，这当中有的属于新的媒体软件、新的媒体硬件和新的媒体服务方式。这些也都可以在平面纸质版期刊上扫码链接或在

单篇研究论文后扫码深度阅读。如某种疾病的手术治疗的方法和手术入路的操作视频,使读者一看就会,随时用于临床疾病的诊断和治疗。

2. 新媒体医学科技学术传播方式与特点　医学科技学术传播实施平面纸质版与多媒体融合发展,可使传播半径和传播覆盖最大化,传播效果最优化,极大促进平面纸质版医学期刊媒体学术和社会效益,极大提升医学科技传播能力和知识服务效益。实现和凸显出新媒体医学科技学术传播的优势和特点。

(1) 医学科技知识全时传播:任何信息传播的时效性基本都具有4个发展阶段,即定时、即时、实时、全时,全时传播指的是医学科技信息随时可以上线发布。这极大地适应了科技人员快节奏的生活工作方式和阅读方式的变革及阅读习惯,使医学科技人员获取相关信息和文献不受任何条件及时空的局限。

(2) 医学科技知识全域传播:以往传统文献查询和信息获取受空间和地域限制显著,而在新媒体环境下,地域和空间对医学科技人员信息和文献获取的限制越来越少,医学科技人员只需要带上手机或笔记本电脑设备和传输信号,就可以随时随地获取信息、查阅文献或发布信息,实现互动交流。

(3) 医学科技知识全民传播:目前,医学科技知识传播不再是单纯出版机构、科技学术机构、科学共同体、媒体组织结构,已进入自媒体时代,临床医师个体、科技人员和护士个体都可以参与其中,推介自己的临床经验、疾病诊治知识、预防知识、疾病护理知识和健康保健知识等,每位医师、护士和医学科研技术人员都可能是专业记者和编辑,医学科技知识的传播者。

(4) 医学科技知识全速传播:新媒体传播速度比传统的平面纸质版期刊载体、广播、电视等媒体要快得多,是可以达到第一时间或即时传播,而传统媒体受其周期性和程序化处理的限制,很难达到零周期或即时现场直播式传播,而媒体医学科技知识的传播可在新知识或科研创新发生的同时就能够实施传播活动。

(5) 医学科技知识全媒体传播:以往传统平面纸质版医学期刊文献知识传播,其传播信息只是单纯文字或图片,更是受版面篇幅限制,在很大程度上很难诠释清楚。如某疾病的手术方法或手术入路,用文字叙述起来比较难且读者缺乏形象感和直观感,而新媒体可附有音频、手术具体操作和技巧视频等多种触觉通道,使读者身临其境,如同示范教学,其传播效果难以想象。

(6) 医学科技知识全渠道传播:新媒体使科技传播的载体或客户端多样化。如平板电脑、普通计算机、手机终端、短信公众号、科技头条、搜索引擎等都可以实时医学科技信息发布,而且都是一次信息,避免二次信息诸多环节的信息丢失和偏倚。

3. 医学科技知识全互动传播　学术在线文献搜集、引用情况分析、在线采访、期刊多媒体版本发行、读者-作者-编者等系列活动和互动,都有机会参与讨论,在线对话讨论和发表评论,使医学科技学术传播实现全互动式传播。

4. 医学科技学术去中心化传播　所谓科技学术中心化传播时代,就是指科技传播媒介或传播载体与传播机构的单一化。如以往医学科技学术信息的传播单纯靠某一医学期刊编辑出版机构、门户网站单一途径,自然形成医学科技学术传播的中心化现象。而随着医学科学的发展,医学文献和医学信息成海量增长,大有进入"信息爆炸"的势头,尤其是随着网络化、数字化、新媒体的发展,更加便捷和智能化的多媒体传播手段或传播载体冲击着传统中心化传播形式,人们获取信息的途径繁多,因而医学科技学术传播也出现去中心化的现象。而去中心化传播就是指在分布有众多节点的传播系统中,每个节点都具有高度自治性特征;而传播节点之间彼此可以自由连接,形成新的科技学术传播连接单元。任何节点都可能成为阶段性的传播中心,但不具备强制性的传播中心控制功能,传播节点与节点之间的影响,也会通过网络而形成非线性因果关系。而这种开放式、多媒体、扁平化、平等性的传播系统现象或结构,称之为科技学术传播的去中心化现象。当然,医学科技学术传播去中心化,同时也带来传播中心化再造的机遇。如对医学科技学术期刊、新媒体传播载体等实施集约化、多元化和集团化发展,形成多媒体和多业态的集约发展,再造医学科技学术传播的中心化格局。

5. 医学科技学术的议程设置传播　传播的议

程设置理论是指公众或大众传播媒介影响社会与公众的重要方式，这种观点主要来自政治学传播，早期由李普曼的《舆论》首先提出这一理论思想，被传播学界认为是传播学领域的奠基理论。传播的议程设置理论认为，大众或公众传播往往不能决定人群对某一事件或意见的具体看法，但可以通过提供传播信息和安排传播相关的议题来有效地引导和左右人群关注哪些事件和意见、公众对事件谈论的先后顺序；也就是说，公众传播可能无法影响人群怎么想，但却可以影响和引导公众去想什么。因此，传播的议程设置是公众传播媒介影响社会和公众的重要传播方式与手段。其实，传播的议程设置理论既适用于医学科技学术传播，而且又是医学期刊或新媒体载体比较常用的引导和影响读者的重要方式。如医学科技学术期刊事先公布各期选题重点、学术热点问题、医学期刊内容导读、医学编辑策划和选题策划，栏目设置计划、评论性文章、短评、编者按等，因为这些都是为了影响受众、引导阅读和影响读者关注，因此都属于医学科技学术传播的议程设置理论范畴。医学编辑要善于运用传播的议程设置理论，超前谋划、超前编辑策划、精心选题、突出选题重点、彰显热点难点焦点，超前发布期刊的议程设置，超前营造学术舆论，引导、吸引和影响读者及作者关注。

6. 医学科技学术新媒介自净化传播　自净化功能是指在相应范围内，环境能够通过自然作用使特定环境中污染物的含量降低的能力，而这种能力包括物理的、化学的、生物的或是综合因素作用。自净化能力可以是污染物的迁移、转化或是污染物自身的衰减，自净化能力的大小决定于环境要素的种类及其所具有的状态。水体、大气、土壤和生物等各环境要素对污染物都具有相应自净化能力。而新媒体科技学术传播环境与自然界环境自净化功能具有类似之处，新媒体科技学术传播环境也具有自净化功能。这种网络环境科学学术传播自净化功能，主要是指互联网和数字化传播场景下，其传播者、受众、专家学者或专业技术人员等参与者，根据各自的专业学术造诣、临床实践经验、医学科研实践和医药卫生科技知识，专业技术人员的智慧、立场与观点、正确的医德和医学伦理、学术道德与价值观、科学精神与社会责任等，在网络环境与新媒体阅读场景下，随时和便捷地对伪科学、谣言、虚假医学信息、学术不端等，即时性实施质疑、揭露、辩驳、讨论、证伪，使虚假、谣言、伪科学、学术不端、错误信息及时得到质疑、揭露或澄清，是新媒体医学科技学术传播环境得到自净化。这是平面纸质版医学期刊载体所不具备的自净化功能。

三、医学科技学术传播与新媒体传播特征

新媒体是相对于传统媒体而言，是报刊、广播、电视等传统媒体基础上发展的新媒体形态，是以数字技术、网络技术、移动技术、智能技术，通过互联网、5G 技术、无线或有线网络等渠道，以计算机、手机、数字电视机等终端，向受众、读者和观看者提供学术文献、医学信息或娱乐性视频的传播媒体形态与载体形态。新媒体的医学知识传播其特征具有交互性、即时性、跨空间性、文字与影像视频融合性、文献检索与获取的快捷性、智能分析与相关延伸链接自动性、海量文献共享性、多媒体与文本可复制性、平面纸媒与新媒体的扩展链接等优势与特点。新媒体是新的技术支撑体系下出现的媒体形态。如数字医学杂志、医学文献数据库、医学各专业客户端、医学各学科专业门户网站、数字报纸、电子数字版医学期刊、3D 电子版、数字广播、手机短信、移动电视、桌面视窗、数字电视、数字电影、触摸媒体、手机网络等。相对于报刊、户外、广播、电视四大传统意义上的媒体，新媒体相对于传统媒体具有独特优势。

对于新媒体的内涵，而被划归为新媒体传播载体，从新兴媒体的网络媒体、手机媒体、互动电视，到新兴媒体的车载移动电视、楼宇电视、户外高清视频等；对其内涵与外延难以界定与范畴比较模糊，这反映出新媒体发展之快和变化之多，当然也说明作为新媒体传播载体尚在快速发展之中。但其数字技术、互联网技术、移动通信技术、5G 技术、智能技术的维度与双向传播，自媒体传播者与受众互创内容的传播维度，将新媒体基本限定在网络媒体和移动媒体两大类，由此也明确了新媒体医学编辑的对象与传播模式。但新媒体传播特征应当具备以下特点。

1. 新媒体传播的价值性　就新媒体的功能和意义而言，新媒体是具备医学科技学术传播价值的信息载体；新兴传播载体受读者或受众青睐，适应了医学科技人员对医学科技学术信息获取的要求，具备信息传递的时间性、信息传递条件性、信息传递速度与传播半径最大化、信息传递获取的便捷性、信息传递受众心理需求与空间条件。新媒体的综合特征形成了新媒体医学科技传播的基本价值。由于新媒体载体具备其自身价值，同时医学科技学术传播内容的信息传递与受众获取价值，共同构成了新媒体科技学术传播的应用价值。这就是医学期刊平面载体与新媒体融合发展的基本条件和价值；而且具有很大的市场需求，也是医学科技学术传播发展的方向。

2. 新媒体传播的原创性　医学科技学术新媒体传播，应与平面纸质版医学期刊学术内容要求与标准相同，必须坚持科学性、创新性、原创性、真实性、时效性等基本原则与标准；尤其是原始创新研究的发表或新媒体传播，也应坚持同行评议国际通用原则，坚持编辑委员或专家评审制度和评审流程机制，严把学术质量关口。并非新媒体传播就可以放宽条件和要求，随意将重复内容、缺乏科学性、创新性和新颖性的学术内容通过新媒体传播载体进行传播。最好是构建平面纸媒载体医学期刊与新媒体融合，构建新型医学科技学术传播矩阵与传播格局，打造新媒体融合传播的品牌影响力，促进医学科技学术传播力的构建与全面发展格局。

3. 新媒体传播的效应性　新媒体传播的效应性是指由某种传播动因、传播行为或传播原因所产生的特定的回馈效应现象。如学术效应、社会效应与经济效应等。新媒体传播的效应性，是在有限环境或相应环境下，在某些传播因素作用下而构成的因果现象。而新媒体传播必须具备产生特定效应的特性，也就是，新媒体传播必须具备形成某种效应性结果，必须具备影响和引导特定时空内、特定医学专业技术人员群体受众视觉或听觉反应的因素，从而导致产生相应的学术效应、社会效应与经济效应结果。

4. 新媒体传播的生命力　新媒体作为新的媒介或载体形式而诞生，其信息传播的优越性决定了必然具有很强的生命力。而新媒体传播的生命力在于其科技学术传播价值和传播的效应性，而新媒体传播生命力长短决定了其存在和应用价值，这种价值体现的长短，就是新媒体传播的生命周期。近年来，新媒体传播发展日新月异，也由综合性向专科化或专业化传播演变，尤其是与平面纸质版医学期刊媒载体的融合传播发展，实现了多媒体传播矩阵和传播格局，这极大地提升了新媒体载体传播的效应性、生命力和学术传播价值。也就是，新媒体学术传播就是VOEL媒体，即原创性（Originality）、效应性（Effect）和生命力（Life），VOEL媒体构成了新媒体传播的核心，也是医学科技学术新媒体传播的价值呈现。

四、新媒体传播的特性与传播优势

1. 新媒体传播特性　满足不同人群休闲娱乐时间碎片化的需求；适应不同医学专业技术人员快节奏生活和临床医疗及科研活动，用碎片化时间和空间了解相关专业学术进展，更加便捷地查阅文献和获取文献资料，极大地提高了临床医疗和医学科研效率；专家学者、读者或受众实现随时随地互动性表达和学术交流，医学信息和社会信息获取需求；专业技术人员使用新媒体的目的性、选择性和主动性更强；新媒体对医学科技学术传播的内容的专业和个性化突出，受众阅读选择更具个性化和倾向性。也就是，新媒体的科技学术传播市场细分更加凸显，其特点突出，即学术交流的交互性与即时性，海量文献与信息共享性，多媒体传播与超文本个性化，文本阅读与视频影像融合，实现信息视听与下载共享。

2. 新媒体传播凸显互动性　受众注册时的互动性，传播沟通时的互动性，对文本解释的互动性，学术交流的互动性。

3. 新媒体传播的超文本性　超文本是用超链接的方法，将各种不同空间的文字信息组织在一起的网状文本。超文本更是一种用户界面范式，用以显示文本及与文本之间相关的内容。现时超文本普遍以电子文档方式存在，其中的文字包含有可以链接到其他位置或者文档的链接，允许从当前阅读位置直接切换到超文本链接所指向的位置。超文本的格式有很多，目前最常使用的是超文本标记语言，即标准通用标记语言下的应用与富文本格式。是用超链接的方式，将各种不同空间的文字信息组织整合的网络文体；医学文献数据库、医学专业门户网站、医学文献检索系统、数字图书馆等超链接；医学文献相关引用与著录个性化链接；搜索引擎、学术头条、科技新闻头条超链接等。

4.新媒体传播优势　医学科技学术传播与更新速度快，传播成本和受众获取成本低；医学信息容量大，内容丰富，海量信息；传播半径和覆盖面广，实现低成本跨时空与全球传播，其科技传播力达到最大化和最优化；医学文献和其他科技文献检索便捷，相关专业文献齐全；医学科技学术传播实现多媒体传播矩阵格局；超文本链接，在海量文献和信息海洋中畅游，精准获取相关有价值信息；互动性交流，实现与原创作者和相关专家的相互切磋与互动交流。

第十五节　医学科技学术传播效果评估

医学科技传播效果是传播者的期望值，获得最佳传播效果是医学科技传播者最终目的。如何评价传播效果，应用何种指标评价传播效果，这也是医学科技传播研究的重点和难点问题。传播效果主要集中在所传播信息传播度、受众关注度、影响度、传播文献信息质量。

所谓传播效果是指医学科技传播者所传播的信息在受众中引起学术观念、临床或医学科研思维、医疗或医学科研行为方式、学术交流效果等所发生的变化，也就是，医学科技传播者的传播行为在多大程度实现了传播者的传播意图或传播目的。是医学科技学术期刊、学术会议和其他医学科技学术传播媒介的传播活动对受众和学术界所产生的影响与结果的总和。

一、医学科技学术传播关注度

医学科技传播度，是反映和衡量信息扩散率的重要指标。医学科技传播度反映的是其传播内容对于受众的曝光度和触达率；传播效果首先是传播度的前提下，才能产生传播效果，传播效果评价方法将专业媒介传播、专业数据、学术文献检索系统的引用量，还有新媒体传播下的互联网领域所衍生出的微信公众号、微博、APP、新闻客户端、传统PC网页、网络媒体及论坛、视频＋VLOG＋博客等新媒体平台，进行分析研究各个平台上分别的播放和点击量，新媒体转载量、在线阅读量、网络下载量、视频下载量、搜索引擎搜索量等作为传播力度指标和评价指标。

医学科技传播受众作为独立的访问者，是由IP地址或cookie来决定的。一般在默认情况下，受众访问医学专业网站停留超过30分钟，登录者或受众没有任何实际操作，访问就会被终止；如果受众离开网站，然后30分钟后再次访问，其网站日志分析器将认为是两次访问；如果受众在30分钟以内再次登录访问，网站日志分析器仍然视为一次访问；这种访问量的程度，反映了医学科技传播的影响程度或吸引力。

1.医学受众点击量　多媒体点击量是指被传播医学科技文献信息被受众点击的次数。这说明媒介的影响力和内容的吸引力，被点击的次数越多，这说明受众关注程度越大，所传播医学科技文献信息价值也就越大，传播信息发挥的作用也就越好。

2.医学受众点击率　点击率是指专业网站页面上某一医学科技文献被点击的次数与被显示次数之比，即clicks/views，这个百分比反映了医学专业网页文献内容被受众所关注的程度，它是用来衡量医学科技多媒体传播对受众的吸引程度或影响度。

3.医学受众页面浏览量　页面浏览量是指传播受众每次在医学专业网站上查看的页面数量。一般而言，无论点击量多少，每一张图片在网页中都是一个单独文件。当受众浏览网页时，可能看了许多的图片、图像、图形等，由此产生了多次点击。点击量、点击率和页面浏览量，都说明医学专业网站所传播的医学科技信息被受众关注的程度。

二、医学科技学术传播的影响度

医学科技传播的影响度是衡量参与信息传播

扩散的媒介对传播受众影响程度的指标。医学科技传播影响度主要反映了参与传播载体的影响力，它包括传播媒介的重要等级程度、品牌影响力、期刊订阅量、医学专业网站或数据库阅读量、在线下载量、文献计量学指标等。

医学科技传播期刊载体影响力评价指标。

1. 总被引频次　期刊总被引频次是指该期刊自创刊以来所登载的全部论文在统计当年被引用的总次数。这一评价指标是一个绝对数量值，它比较客观地反映了期刊被作者引用情况的评价指标，而且充分显示了该期刊被其他作者或读者关注的程度，同时也体现了所发表文献的学术价值和被同行关注的范围和程度，在某些意义上也体现了期刊在学术交流中的作用和学术地位。

2. 影响因子（Impact factor）　科技学术期刊影响因子是指该期刊前两年发表的论文在统计当年被引用的总次数与该刊前两年发表的论文总数之比。人们所说的影响因子一般是指从1975年《期刊引证报道》（Journal Citation Reports，JCR）每年公布上一年度世界范围期刊的引用数据，并给出该数据库收录的每种期刊的影响因子。JCR最为世界著名权威性综合数据库，它的引用数据来自全世界的近万种期刊。其学科专业范围涵盖了自然科学、科学技术和社会科学；JCR是当前世界上评估或评价学术期刊比较好的综合性工具。影响因子评价指标目前已成为国际上通用的期刊评价指标，不仅是一种测度期刊学术价值和显示度的指标，而且也是测度期刊传播文献信息学术质量的重要参考指标。

3. 即年指标（Immediacy Index）　是衡量和评价期刊即时反应速率的指标，其主要功能是表述期刊发表的论文在当年被引用的情况。即年指标＝该期刊当年发表论文在当年被引用的总次数／该期刊当年发表论文总数。其意义在于可确定某一特定期刊在当年被引用的速度，特别适用于评估新创办的期刊，分析其研究领域中专业期刊的影响力。

4. 他引率　他引率也称为他引总引比，主要指某期刊的总被引频次中，被其他期刊引用次数所占的比例。他引总引比＝被其他期刊引用次数／该期刊总被引频次。他引率分析指标是利用数学、统计学和文献计量学的方法进行比较、归纳、抽象和概括的逻辑方法，对科技期刊、科研论文、作者等分析对象的引用和被引用现象进行定量分析，其目的是揭示数量特征和内在规律。

5. 自引率　这是体现或评价科研成果连续性的指标，相对应的他引率指标，它是指该期刊全部被引次数中，被该期刊本身引用次数所占的比例。自引率一般比例不可过高，在15%左右基本属于正常，若自引率过高，甚至曾有的期刊自引率达到50%以上，这似乎不大正常，可能有人为操作的嫌疑。

6. 被引半衰期（Cited half-life）　是确定被引用期刊的刊龄基准，它主要显示期刊从当前年度向前推算引用数占截至当前年度被引用期刊的总引用数50%的年份数，也就是指该期刊在统计当年被引用的全部次数中，较新50%被引论文发表的时间跨度，这就是说，从以前某时刻到现在的时间跨度N内的引用数占该期刊自创办起至今的总引用数的50%，N就是半衰期。被引半衰期是测量期刊老化速度和学术生命周期的一项评价指标，一般来讲，其半衰期长的期刊，它说明比相对较短的期刊其学术影响力更加深远。被引半衰期通常不是针对个别文献或某一组文献，而是指某期刊、学科或专业领域的文献总和。

7. 平均引文率（Mean citing rate）　是可测度期刊的平均引文（引证文献）水平，考察期刊论文吸收他人学术思想的水平。主要指该期刊在统计当年发表的每一篇论文平均引用的参考文献数。

8. 引用半衰期（Citing half-life）　它主要指从当前年份开始往前，其引文数目达到目前截至当年引用期刊提供的总引用数50%的年份数，其意义在于除了衡量医学期刊学术效用的寿命长短外，还可以通过与被引半衰期比较，以利评价医学期刊的编辑策略的效应。

9. 参考文献量　主要指该期刊在统计当年发表的论文所引用的全部参考文献数，是衡量医学期刊科学交流程度和吸收外部信息能力的评价指标。但是，在有的医学期刊为了压缩版面，人为地删减作者参考文献的数量，也有的医学期刊在稿约中就说明引用参考文献的限制数量，就使这一指标的意义打了折扣。

10. 平均作者数　这是指该期刊统计当年每一篇论文平均拥有的作者数，它是衡量医学期刊科学或学术生产力的评价指标，也说明其课题研究的参与规模与合作研究的格局。

11. 地区分布数　主要指该期刊统计当年登载论文所涉及的地区数量。这是衡量期刊论文覆盖面和全国影响力大小的评价指标。

12. 学术机构数　主要指该期刊统计当年刊出的论文的作者所涉及的医疗科研院校（所）的机构数量。它也是衡量医学期刊科学和学术生产力的评价指标。

三、医学科技传播期刊载体相关评价指标

1. H 指数（h-index）　H 指数是一项混合量化评价指标，它最初是由美国加利福尼亚大学的物理学家乔治·赫希（Jorge Hirsch）在 2005 年首先提出来的，其目的是用于量化科研人员作为独立个体的研究成果。Hirsch 的原始定义为，个体科学家的 H 指数是指其发表的 Np 篇论文中有 H 篇每篇至少被引 H 次，而其余 Np-h 篇论文每篇被引均小于或等于 H 次。H 指数也称 H 因子（h-factor），是评价专家学者学术成就的新方法。H 代表"高引用次数"（high citations），科研人员的 H 指数是指他至多有 H 篇论文分别被引用了至少 H 次，H 指数能够比较准确地反映科学家的学术成就。H 指数的计算方法是，一般要确定某人的 H 指数，首先登录 SCI 网站，先检索出其发表的所有被 SCI 收录论文，再按被引次数从高到低排列与核对，直到某篇论文的序号大于该论文被引次数，将该序号减去 1 就是某科学家的 H- 指数。其实，H 指数不仅用于科学家个体的评价，也可以用于具有相同来源项的评价对象。如医学科研群体、学术共同体、学术期刊等评价。

2. 特征因子（Eigenfactor）　特征因子是 2007 年由美国华盛顿大学和加州大学的研究小组发布的新的期刊引文评价指标。特征因子与影响因子和 H 指数都是单纯依靠引用的数量来判断期刊影响力的差异，而特征因子的基本假设为，假如期刊越多地被高影响力的期刊引用则其影响力也越高，当然也就满足和实现了引文数量与质量的综合评价。特征因子的分析原理类似于 Google 的"网页排名"，其两者都基于网络理论，它的区别在于 Google 是利用网页链接，而特征因子则是借助引文链接，但都基于整个网络结构对每篇论文的重要性进行评价。而期刊特征因子使用 JCR 数据源，重在构建剔除自引的期刊 5 年期引文矩阵，以类似于 PageRank 的计算方法迭代计算出期刊的权重影响值，从而实现引文数量与价值的综合评价。因为影响因子和 H 指数只考虑了施引文献的数量，其功能未涉及施引文献的质量问题，因而显现出影响因子诸多缺陷。比如，容易被人为操纵、统计错误、跨学科比较限制、选刊源标准、非英文期刊等干扰因素。

3. Web 即年下载率　Web 即年下载率是指期刊在某一期刊全文数据库中当年出版并上网的论文在当年被全文下载的次数与该期刊当年出版并上网论文总数之比率。计算公式：Web 即年下载率 = 该期刊当年出版并上网的文献在当年被下载的篇次总和/该期刊当年出版并上网的文献总数。它反映了阅读频率，较好地体现了期刊在读者中的扩散程度，更加真实地反映了期刊中论文流通和被读者阅读的情况。

4. 引用刊数　这一期刊评价指标主要衡量和反映被评价期刊被使用的范围。它主要体现引用被评价期刊的期刊数量，其引用期刊越多，这说明期刊的使用半径越大，期刊的学术传播范围越大，期刊的学术影响力也就越大。

5. 他刊影响因子　是客观反映期刊影响力的评价指标，他刊影响因子主要是指其他期刊引用本期刊的影响因子，即该期刊前 2 年论文被其他期刊在统计年引用的篇均次数，这一评价指标客观上能排除自引文献量对影响因子的不正当影响和干扰，可以更加客观地反映期刊的学术水平和学术影响力。

6. 扩散因子　这是用于衡量和评价期刊影响力的评价指标，它主要显示其总被引频次扩散的范围。其具体意义在于为该期刊当年每被引用 100 次所涉及的期刊数量。它说明期刊的辐射半径，也就是说，其辐射半径越大，期刊扩散范围越广，其学术传播范围越大，期刊的学术影响力也就越大。

7. 学科扩散指标　这主要指在统计源期刊范围内，引用该刊的期刊数量与其所在学科全部期刊数量之比。它的意义在于衡量或说明该刊的学

术内容的学科交叉性，也体现了该刊对其他学科或专业期刊的辐射半径和传播范围，当然也说明该期刊对其他学科期刊的学术影响力。

8. 学科影响指标　这一评价指标主要指期刊所在学科内，引用该期刊的期刊数占全部期刊数量的比例。学科影响指标＝所在学科内引用被评价期刊的数量/所在学科期刊数。这一指标的意义在于或说明该期刊在本学科领域的影响力，也说明期刊在本学科领域的学术领衔作用，是本学科领域旗帜性领衔期刊。

第十六节　医学科技学术传播评价标准

医学科技学术传播效果评估根据传播载体、传播内容和传播形式不同，其传播效果的评估标准也存在很大差异性。所谓传播效果评估标准，实际上是指对传播对象影响的范围、影响的程度实施分析和衡量评估。传播效果评估是科技学术媒体在传播过程中的重要环节，其传播效果评估既是对传播活动阶段性分析，也是对传播质量和传播效率的总结分析。传播效果评估的基本标准：在对传播效果实施评估时，要保证评估的客观、科学和防止评估结果偏倚，在评估前要制订相应评估标准，作为评估或评价的依据。由于不同的传播载体的特点、传播内容和传播形式不同，评估的标准也不同。因此，要依据不同的传播内容和传播载体，选择和制订不同的评估标准加以区别考量。

一、医学科技学术传播标准的基本要求

1. 医学科技学术传播目的与主题明确性　每种传播方法的运用都应具有明确目的和传播主题。如医学编辑选题策划专题、专业重点号、重点技术方法的临床推广和学术导向重点等，只有传播目的性和重点主题明确，才能发挥传播活动的作用。

2. 传播内容的完整性　学术内容是传播的主体要素，其传播内容也说明传播主题。因此，传播内容要符合传播主题或传播重点的需要。对于传播主题或传播重点，其选题内容要完整，符合其逻辑关系和传播专题的系统性，这样会被受众青睐，以利于达到预期传播效果。

3. 传播各要素的协调与合理性　传播各要素要合理协调，以保证传播的顺畅性和传播的有效性。

4. 传播评估指标的合理性　对于医学科技学术传播的评估，要具有科学合理的评价指标。如影响因子指标、科研论文被引总频次指标、他引率指标等，这些指标既反映了学术质量，同时也反映了医学科技学术传播的效果。

5. 传播的持续性与连贯性　科技学术传播的特点就是持续性和连贯性，其重点内容的传播要反映其学术发展内在逻辑与学术发展时序性关系，不断将专题学术报道的深度向纵深发展，逐步引向深入。

6. 受众的满足程度与传播的影响程度　受众的满足程度是指受众从传播内容中获得符合自己需要的医学科技信息，促进了受众学术水平的提高或指导医学科研及临床实践。传播的影响程度是指通过相关重点内容传播，对受众所产生的影响作用的大小，传播的影响程度是衡量传播效果的重要标准，也是受众满足程度的重要因素。因此，其传播效果评估应以受众的满足程度为标准，全面反映传播效果。

7. 传播的效益性　医学科技学术成果的传播，其效益性主要反映在社会效益、学术效益和经济效益三项主要指标。同时，这三项指标也是反映其科研成果创新价值的重要标准。也就是说，其科研成果传播后，所产生的社会影响，被社会、科技共同体或政府科技主管机构认可的程度。如科技成果获奖、被社会表彰情况等；学术效益是指其科研成果传播后，其创新的技术方法的实用性，在临床疾病诊断、治疗和预防中发挥的作用，所产生的临床实用效果和临床推广情况；而经济效益是指其科研成果传播后，其技术方法在实际应用中所产生经济价值或产业化市场应用与经济收益情况。

二、医学科技学术传播效果评估的衡量标准

要衡量事物的轮廓和形态，就必然具有度量

尺度和判断指标，这样才能反映事物的真实全貌和整体概念。医学科技学术传播效果的判断也是如此，要客观合理地评估传播效果，就要制订出其反映其效果本质的客观指标，以统一的指标去衡量和评估传播效果的优劣程度。

1. 学术传播度　学术传播度是衡量学术信息扩散效率的重要指标。学术传播度反映的是其传播内容对于受众或相关学科专业技术人员的覆盖面、传播半径和传播辐射范围，这一传播效果评价指标，直接反映了科技学术传播力度。

2. 阅读量　由于医学科技学术传播载体和传播形式的多元化，读者阅读方式和信息获取途径发生巨大变化，平面纸质版医学期刊发行数量的多少，已难以衡量其读者的数量，因此在计算和衡量期刊读者数量时，应统计多媒体阅读总人次数量，同时还可以计算单篇文章的阅读总人次数量，以利于全面评估传播效果。除了计算平面纸质版期刊发行量外，还要计算新媒体传播的受众阅读量。如网络版、微信客户端、微博等新媒体在线阅读量、点击量、下载量、转载量、搜索引擎搜索量等，以利于综合评估传播效果。

3. 满意度　满意度是所传播内容或传播载体被受众及广大医学科技人员赞许、满意和赞美的程度，是衡量医学传播受众对传播内容所持的情感倾向指标。满意度主要衡量传播内容所形成的受众态度，其中包括受众美誉度，正负向意见比例，正面评论与评论总数的比例等；满意度、美誉度与传播渠道、传播方式和受众量关系不大，而关键是与传播内容及学术质量密切相关。精心医学编辑策划和选题策划，具有高质量和热点学术内容的传播，是很容易被受众接受与扩散，从而引发受众学术共鸣。

4. 影响度　影响度是衡量参与信息扩散的传播载体对受众影响程度的指标。影响度主要反映了参与传播的媒体影响力，它与传播载体的权威性具有相关性。如传播载体的学术地位、知名度、权威性、学术影响力和等级程度等相关，社交媒体粉丝数量、媒体账号活跃程度、潜在访客数量、论坛议题数量等。当然其传播内容的学术质量和学术水平是重要的影响因素，其传播的覆盖人群数量和传播地域广度也是构成影响度的重要因素。

5. 互动度　互动度是衡量传播受众由于信息传播而参与交流和推广应用的程度。尤其是医学科技学术传播进入新媒体融合传播的时代，互动度更是新媒体传播与特点的重要特征，传播载体通过互动交流及时了解受众的意见、建议和想法，传播载体可通过互动而产生创新性传播创意和医学编辑选题策划，具有针对性地改变传播内容或传播形式，以利于满足受众的需要。

第十七节　医学科技学术传播效果评估方法

在传播效果评估方法中具有多种方法类型，不同传播内容和不同传播载体，应用不同的评估方法或从不同的角度实施传播效果评估。

一、传播效果评估方法分类

根据传播效果评估方法的时间和评估范围，一般可将传播效果评估方法分为以下几类。

1. 传播前预测评估　事前预测评估方法是在医学编辑选题策划、品牌策划或总体策划时的创意时，就要分析和预测其传播后所产生的效果与效益，它是根据传播的既定目标，对计划实施的医学编辑选题策划和传播方案的实施结果做出效果预测和评估，以确定和优化医学编辑选题策划和传播方案的效益价值。其方法采用主要有自我评估预测评估法和专家预测评估法两种选择。而这种方法适用于传播准备过程的评估，以判断其传播活动是否符合受众的需求与要求。

2. 传播后效果检测评估　事后传播效果是检验性评估，是在医学策划选题内容传播后受众接收信息后的反应与产生效果，它是采用各种调研、调查或抽样调查的方法，尽可能收集传播后的反馈信息；而抽样调查法，要注意实施严格和科学的调研设计，注意调研纳入对象的标准、样本数量、年龄结构和文化程度职业和调研区域范围的代表性等，因为在调研设计时这些因素考虑不全，这会直接影响调研分析结果的准确性，而造成调研结果和结论的偏倚。同时，对调研要实施定量分析评估与定性分析评估相结合，以确保和确定医学传播活动对特定受众的影响范围、影响程度和产生的效益与效果，以利于为下一步的传播规划和医学编辑策划提供可靠的参考依据。

二、整体评估方法与阶段性评估方法

这种评估方法是根据评估效果所属的范围不同而做出的方法分类。

1. 整体评估方法　这种方法是指从医学传播的整体或系统传播出发，对其传播效果实施评估。

2. 阶段性评估方法　这种评估方法则是根据医学传播过程不同阶段的特点，而运用相应的方法对相应阶段的传播效果做出效果评估，有利于及时纠正传播中的缺陷和传播项目的失误，以利于及时发现失误和纠正缺陷，以减少或降低对传播资源的浪费。在实际评估操作中，对于阶段性评估通常在相应传播阶段完成后进行评估分析。因此，阶段评估是整体或系统评估的基础。

（1）专家评估：邀请相关学科领域的专家实施评议和评估，对其传播效果实施评价、专业咨询、相关专业质询和咨询论证。经过专家咨询论证和评价，给出评估报告或评估结论，尤其是给出存在的问题和传播改进建议，这对传播者制订新的传播方法或修正传播计划具有重要的价值。

（2）定性评估法：这种评估方法是运用文字描述的形式，从传播总体过程对其传播效果和社会效益等，以及对传播活动实施概括性和描述性的评估，给出定性结论。其形式类似项目鉴定，定性评估相对于定量评估比较简单，无须严格的调研设计和大规模样本调查，对于初步传播效果的判断具有一定指导意义。

3. 定量评估　这种评估是运用具体调查数据和严格科学的调研设计与纳入样本设计，对调查数据运用统计学分析方法，同时应设计统计指标和评价标准，对传播效果或传播效益实施定量分析，从数量上和数据统计学分析上来反映传播效果数量概念或数量模型。这种方法凭借数理工具和统计学分析方法，科学和严谨地得出统计分析结论，是传播效果评价与评估的比较科学的方法。

三、传播效果定量评估方法的运用

在传播过程或传播系统运行中，具有不同的传播状态或传播形式，而传播效果定量评估方法的运用就是依据不同的传播阶段、传播状态和传播形式的不同，采用不同的定量评估方法，也只有采用正确合理的方法学实施评估，才能获得可靠的评估结果和评估结论。

1. 医学传播认知阶段的评估方法　医学传播认知阶段是指传播医学信息的到达阶段，而对这一阶段传播效果的评估，它主要是考察和检验受众对医学信息的了解情况，其受众或读者对这一阶段所传播的医学信息认知程度或掌握程度。其评估方法是在受众调查原始数据的前提下实施统计学分析，计算出受众认知率指标。其调查是相应范围或学科专业内的受众进行，目的是获取和了解某项医学知识或学术传播受众了解的人数，调查方法可根据受众或专业范围大小与构成，传播能力等情况加以考虑。如采用抽样调查方法、典型调查方法、重点调查方法、普查调查方法等，而对于调查方法的运用，根据情况可采用函询方法、期刊中刊登调查表、网络上在线调查法、采访登记法、电子邮件问卷调查法等。通过调查获得相应受众数据，再用公式计算出受众认知率。公式：

$$受众认知率 = \frac{知道某项信息传播的人数}{计划某项信息传播范围} \times 100\%$$

2. 医学传播情感阶段评估方法　情感阶段主要是指受众在传播信息认知的基础上，对所传播的医学科技学术信息具有了相应程度的记忆，但尚未受所接受医学信息影响而改变态度、学术价值取向和应用的阶段。而对这一传播阶段的效果评估，主要是检验受众对所接收医学信息的记忆程度或烙印。因此，其调查的目的是在于了解对传播信息的记忆程度或关注度，同时依据调查记忆受众人数代入计算公式，统计分析和计算出受众记忆率指标。而对于受众记忆人数检验和调查，应采取抽样调查的方法；这是因为调查受众记忆情况多采取直接提问或发放问卷的方法，这样才能获得准确可靠的结果和分析结论。对于传播受众范围较大，只有采用抽样调查的方法，但要注意抽样的质量。如样本纳入数量、抽样与传播信息的相关性、样本的职业与专业范围、性别与年龄等因素，这会直接影响调查结果和结论的可靠性，应当注意排除或避开样本纳入的偏倚因素。在调查时，采用类似品牌评价调查的形式，"不提示回想率""提示回想率"等了解受众对传播信息记忆程度。调查者得到受众记忆人数后，可采用统计分析或计算公式将数据代入公式：

$$受众不提示记忆率 = \frac{对某项信息传播地不提示记忆人数}{对某项信息传播的认知人数} \times 100\%$$

$$受众提示记忆率 = \frac{对某项信息传播的提示记忆人数}{对某项信息传播的认知人数} \times 100\%$$

$$受众记忆率 = \frac{对某项信息传播的记忆人数}{对某项信息传播的认知人数} \times 100\%$$

这三项传播效果受众记忆指标具有不同的含义，它分别反映了受众对传播信息记忆的不同程度，受众不提示记忆率，是指不用给调查受众提示引导，就能够给出准确回答所传播信息记忆的答案；受众提示记忆率，这是指只有对所调查受众加以暗示或提示，才能想起所传播信息的印象；而受众记忆率是一项总体记忆评价指标。

3.**医学信息传播态度阶段的评估方法** 这一阶段是指受众在传播信息认知和情感的基础上，对传播内容给予一定评价，而且在传播内容的认知和感染下，其学术观点、学术思想和学术倾向发生某些变化。对受众这一阶段的评估，主要是检验受众对传播内容的态度转变情况，是反映传播力和传播效果的重要标准。其评估方法或评估指标是在受众调查的基础上，根据调查相关数据，计算和分析赞成率、否定率和沉默率定量指标。要了解受众对传播内容的态度，就是要调查情感阶段受众的赞成、否定或沉默等不同态度的人数。其调查方法可以用态度量表和投射法两种方法。通过这些调查方法获取相应数据，将相应调查数据代入公式，计算出受众态度的定量指标。公式：

$$受众赞成率 = \frac{对传播信息持赞成态度人数}{对传播信息有记忆人数} \times 100\%$$

$$受众否定率 = \frac{对传播信息持否定态度人数}{对传播信息有记忆人数} \times 100\%$$

$$受众沉默率 = \frac{对传播信息持无所谓态度人数}{对传播信息有记忆人数} \times 100\%$$

4.**传播受众行动阶段评估方法** 这一阶段是传播的最佳阶段，它是在医学科技学术内容传播后，受众或医学科技人员践行与实际应用的阶段。如受传播内容的影响，实施重复性验证、在临床实际应用、在相关研究时参考或撰写科研论文引用等，其传播的内容支配或影响了相关受众及医学科技人员的临床科研行为，左右了受众的学术观点或学术思想倾向，改变了相关受众的专业技术行为或健康保健行为。因此，这种结果是医学传播的最佳效果。对这一阶段的传播效果评估，主要是看相关受众和专业技术人员学术行为及临床应用行为依从性状况，其评估的基本方法如下。

（1）学术交流观察方法：也就是通过观察学术交流情况，了解受众学术行为发生的变化。如相关学术交流会、专题学术报告会、专题研讨会等，专业技术人员的临床应用、经验交流、临床推广及引用情况，由此对医学传播效果做出判断和分析。

（2）调查统计分析方法：通过对传播受众调查统计对传播内容的实际应用和导致的学术行为结果数量，将数据进行统计学分析而得出统计结果，定量分析行为发生率或行动效果比率，从而分析判断医学传播效果。

（3）社会人群观察方法：这种方法比较适合于医学科学普及性内容传播效果的考察。如受众或相关人群在健康意识、健康保健行为、疾病预防行为等发生的改变；新型冠状病毒肺炎疫情期间人们戴口罩的行为习惯、勤洗手习惯、保持社交距离的行为变化等，由此对相关医学传播效果实施判断和分析。

四、传播效果评估方法的运用

在传播效果评估和判断客观指标上，其主要方法运用是通过调查和检验，在大量调查数据的前提下，以定量化的形式计算出客观评价指标。

1.**传播内容知晓率（％）** 这个指标是指通过医学传播，受众对其内容知晓程度，知晓人数占相关人数的比重，对于特定传播受众知晓某次传播内容的人数与特定范围总人数的比率；如果是医学科普内容传播是指其特定人群或公众知晓人数的比重，一般而言其传播效果与知晓人群数量成正比。这种传播效果评估一般采用问卷调查或访问的方法，通过统计获得调查数据，将数据代入公式，计算其知晓率。公式：

$$受众知晓率 = \frac{传播信息知晓人数}{传播范围总人数或特定受众人数} \times 100\%$$

2. 传播信息接收率　这项传播评估指标是指受众受到的医学信息量与传播者所发出信息量的比率，这一指标与传播效果呈正比关系。但这项评估指标相对模糊，获取数据具有相对难度，计算起来比较复杂。在计算信息接收率时，首先要获取信息收量和信息发出量这两种数据，在其具体实践中，一般用模糊概念，即"模糊信息量"为计算依据。对模糊信息发出量一般用统计学方法获得；而对模糊信息收量可在调查统计的基础上汇总获取。获取这两项数据后可代入公式计算得出传播信息接收率。公式：

$$传播信息接收率 = \frac{传播受众受到的信息量}{传播者发出的信息总量} \times 100\%$$

3. 传播信息传递率　这项指标是指在相应单位时间内，沿着某信息传播通道通过的平均信息量。这一项正向性指标，其传递率越高，它说明在单位时间内传递信息的量越大，这说明传播效果越好。公式：

$$传播信息传递率 = \frac{传播信息总量}{传播信息时间} \times 100\%$$

在这一公式中，其传播信息量可用模糊信息量代替，而传播时间则以实际记录时间为准；在计算中应注意，当某项传播向不同地区扩展时，由于其信息源离各信息宿的距离不同，而传播时间也存在一定差异。因此，其各地信息传递率也不同，这就要求计算平均信息传递率，最大限度地综合反映传播信息传递速度的快慢程度。

4. 传播接收率　这项指标是指接收传播的人数占知晓传播人数的比率，它与传播效果成正比，因其反映了传播的最终效果，故较前述评价指标更具有实际价值。公式：

$$传播接收率 = \frac{传播接收人数}{传播知晓人数} \times 100\%$$

传播接收率也可以采用调查的方法，主要对知晓人数实施调查，依据调查数据在实施整理，在此基础上计算出获得传播接收率。

第 12 章　医学编辑与健康传播模式

健康普及性传播，简称健康传播，是医学编辑学研究和实际应用的重要领域；研究和分析健康传播规律，是做好健康编辑出版与健康传播的重要内容。健康传播是相对于医学科技学术传播的一类专业传播活动，其最大的区别是传播内容、传播受众和传播目的有所不同。健康传播的内容主要以通俗性医药卫生科普知识为主，受众主要面向公众，目的是改变公众健康生活行为，全面提高大众健康水平。而医学科技学术传播的是高度专业化的医学科技学术研究内容，受众是相应学科专业和学术研究领域的专业技术人员，传播目的是繁荣学术交流，促进医学科学研究与医学科技进步。健康传播和医学科技学术传播都是医学编辑学研究的内容和掌握的知识，只是分工不同而已，健康传播更多侧重于医学科普书刊编辑，而医学科技学术传播则侧重于医学科技学术编辑，但其最终目的都是为了保证和促进人民健康水平。

第一节　健康传播概念与意义

在医学编辑社会角色责任和职能中，健康传播应该是其内容之一。特别是医学科学普及性医学书刊的编辑，更应掌握医学传播学尤其是健康传播的特点和规律，熟悉健康传播的理论和方法，才能更好地做好医药卫生健康知识普及和传播，全面提高健康传播效果，促进人民健康水平的不断提升。

一、健康传播的基本概念

1. 健康传播的定义　健康传播是以传播医药卫生健康知识为前提，以改变公众人群健康意识、健康态度和健康行为的传播过程。健康传播主要通过各种健康传播渠道，运用各种传播媒介、多媒体载体和传播方法，从维护和促进公众健康而实施的健康知识、疾病防治知识、健康生活知识，以及医学科普知识产品的创作、采集、选题策划、多媒体制作、传播分享健康信息的系统过程。

2. 健康传播的目的　健康是人类首要财富，只有具备健康的身体才能创造财富和享受财富。而根据世界卫生组织（WHO）对健康的定义：健康不仅是身体有没有疾病和虚弱现象，而是指在人的身体上、生理上、心理上和社会上的完好状态。健康传播就是要向人民群众普及医学健康知识和疾病防治知识，正确引导和教育人民群众养成良好的卫生习惯和有益于健康的生活方式及健康行为，教育公众树立健康意识和卫生保健常识，以保证公众在身体上、生理上、精神心理和社会生活中良好状态。也就是说，现代对健康的含义是多元的，既包括躯体的健康，也包括人的生理、心理、精神和社会适应性多维度，而对社会的适应性归根结底取决于人的生理、心理和精神健康状态；人类的心理健康是身体健康的精神基础，身体健康又是心理健康的物质基础。因此，良好的精神情绪和健康的心理状态可有效维护生理功能的稳定性和生理功能的平衡状态，反之则会降低和破坏机体的功能稳定状态和生理平衡而导致器质性疾病。当然，危害人类健康的原因是多因素造成的，具有生物因素、物理化学因素，也有遗传因素等。如传染性疾病、遗传性疾病、精神性疾病、心理性疾病、生活方式疾病，如糖尿病、高血压、心脑血管疾病、癌症等都与人们的不良生活方式有关。而健康传播，就是利用各种媒介载体和各种形式，教育人民群众树立良好的生活方式和健康意识，掌握预防疾病的常识，促进和保证人民健康水平。

3. 健康传播特征　健康传播的基本特征是知识性与实践性。不仅要向公众传播健康知识、疾病防治常识和健康生活方式，而且要通过有计划的健康教育和健康示范指导行动，具体指导公众或社区群众的健康生活实践，改变不良生活行为和有害健康行为方式，增强公众的自身保健意识和能力。因此，健康教育内容应该富有思想性、科学性、针对性和趣味性，健康传播者要教育群众克服旧的不良习惯、陈旧观念，改变不利于健康的行为习惯，养成有利于健康的良好习惯。健康传播者不仅是健康教育者、健康知识的传播者，还是健康传播的推动者，同时又是健康传播资源的挖掘者。

二、健康传播的意义

健康传播重要意义在于落实国务院《"健康中国2030"规划纲要》，促进健康中国建设，保证和提高人民健康水平，其意义深远而重大。共建共享、全民健康，是建设健康中国的战略核心。这一核心是以人民健康为中心，坚持以基层为重点，以改革创新为动力，预防为主，中西医并重，把健康融入所有政策，针对公众生活行为方式、生产生活环境以及医疗卫生服务等健康影响因素，坚持政府主导与调动社会、个人的积极性相结合，推动人人参与、人人尽力、人人享有，落实预防为主，推行健康生活方式，减少疾病发生，强化早诊断、早治疗、早康复，实现全民健康。国家健康目标是到2030年，促进全民健康制度体系更加完善，健康领域发展更加协调，健康生活方式得到普及，健康服务质量和健康保障水平不断提高，健康产业繁荣发展，基本实现健康公平，主要健康指标进入高收入国家行列。到2050年，建成与社会主义现代化国家相适应的健康国家。由此可见，作为医学和健康传播者与组织驱动者的医学编辑，尤其是医学科普编辑，应牢记肩上的责任，努力研究健康传播规律，致力于推进健康中国建设，为保障人民健康做出贡献。

1. 推进健康中国建设与全面提高人民健康水平　通过健康传播和健康教育，推进全民健康生活方式行动，强化家庭和高危个体健康生活方式指导及干预，开展健康体重、健康口腔、健康骨骼等专项健康传播行动，建立健康知识、健康技能与核心健康知识信息传播，健全健康素养和生活方式指导，提高健康教育服务能力，从小抓起，普及健康科学知识和健康文化传播，移风易俗，培育良好的生活习惯。塑造人民群众自主自律的健康行为，引导合理膳食、开展控烟限酒、促进心理健康、减少不安全性行为和毒品危害等，促进人民群众健康水平。

2. 克服不良生活方式与促进公众健康素质　在常见病多发病和慢性疾病中，其发病的重要成因或因素是不良生活方式。因此，健康传播的重点和意义在于加强健康生活方式知识的传播教育，移风易俗，构建科学合理的健康生活方式，从某些常见病和慢性疾病的生活方式源头控制和消除发病因素。

3. 构建健康理念与树立正确健康观　因为公众受多年传统的健康理念和健康观的影响，尤其是长期形成的和既定成俗不良生活行为。如吸烟、过度饮酒、不合理饮食、营养不均衡等，长期不良生活方式造成诸多慢性疾病。而健康传播就是要针对公众不健康的生活习惯，传播正确的健康理念，树立正确的健康观，从思想意识上改变观念，引导公众科学生活，做好自我健康保健，维护身心健康。

4. 增强防病意识与预防疾病发生　疾病的发生不仅给患者和家庭带来痛苦，增加经济负担，同时也给社会带来卫生资源的消耗负担。健康传播就是要传播疾病预防常识，教育公众如何预防疾病的发生，尤其是面对重大公共卫生事件和重大传染性疾病的流行，如何做好自我防控。如新型冠状病毒暴发流行，各级医疗机构和健康传播与健康教育者，积极配合疫情形势，多渠道多形式开展疫情防控知识的传播和防控知识教育，科学指导公众疫情防控的各种措施和自我防控常识，使疫情防控观念深入人心，为有效疫情防控发挥了重要作用。

5. 维护群众健康与保护生产要素　人是最重要生产要素，健康又是最重要的资源，保护人民群众健康，就是保护生产的第一要素。因此，健康传播的重要意义在于，健康传播既改变公众的健康意识和良好生活方式，又减少公众疾病发生，维护群众健康，减少因病致贫；同时也保护了社会生产要素。因此，健康传播与健康教育是利国利民的阳光事业。

6. 促进优生优育与保证人口素质 人类遗传性疾病是严重危害人民群众健康的一类重大疾病，据世界卫生组织报告，人类遗传性疾病已经达到 2000 多种，而且有些遗传性疾病治疗困难，终身残疾，极大地增加了家庭和社会负担。因此，优生优育，控制出生缺陷婴儿，是控制遗传性疾病发生，提高人口素质的重要环节。因此，优生优育，严格控制各种遗传性疾病患儿出生，确保出生人口质量，这既是健康问题，也是提高人口健康素质的战略问题，是健康传播和健康教育的重要领域；要大力传播普及优生优育知识，从遗传学关口入手，将婚前检查、孕期保健、产前筛查、围生期保健等环节优生优育知识普及给公众，让公众真正成为优生优育的践行者。

三、健康传播效果评估

健康传播效果是指公众接受健康信息后，在认知、知晓、思想、情感态度和健康行为等方面发生的改变。健康传播效果评估可用评估调查表形式进行，知晓健康信息这是传播效果中的最低层次，这主要取决于信息传播的强度、重复率、新颖性、定位点和传播创意性等健康信息的结构性因素。知晓健康信息是促使有效思考所必需的；健康信念认同是公众接受所传播的健康信息，对所接受的健康信息中倡导的健康理念理解和认同程度。这是由认知进而形成公众的健康价值观念的基础和先导，只有以公众为中心所形成的健康价值观念才能真正地影响健康态度和行为；健康传播受众就会自觉或不自觉地按照正确的健康理念，自我在健康方面的态度和行为表现及客观环境进行分析判断，这有利于健康传播受众态度和行为的转变，以及对健康环境的追求和选择，其健康态度和价值取向会向有利于健康行为转变。健康传播者通过健康信息的传播，使公众获得健康知识教育，促进健康态度从不利于健康的方面向有利于健康的方向转变。公众健康态度一旦形成，就会具有固定性和稳定性，将转变为一种心理定式和习惯，当公众建立起健康的心理定式和养成良好健康行为后，就不会轻易改变这种健康行为状态。

第二节　健康传播特点与要素

健康传播要素就是健康传播与健康教育的关键因素，作为医学科普期刊和健康传播新媒介编辑，把握健康传播的基本特点和要素，则有利于驾驭健康传播的规律和特点，更有利于发挥医学编辑在健康传播中的重要作用。

一、健康传播的特点

1. 健康传播内容的高度专业 健康传播的专业性是指所传播的内容具有非常鲜明的专业性，其传播者要具备相应医学教育背景和学科专业理论知识，因为所传播的内容是涉及人命关天的知识，而且其受众是公众群体，由于其知识背景和文化层次不同，其逻辑阻力和认识及辨别能力欠缺，传播的健康知识若缺乏科学性容易造成误导，反而危害公众健康。因此，健康传播是高度专业性知识传播，传播者必须具有医学科学相关学科专业素质和相应资质，传播内容如通过相应传播媒介载体广泛传播（如医学科普期刊、多媒体载体等），还应遵循质量把关程序，以保证健康传播的质量和效果。

2. 健康传播者的高素质性 由于健康传播内容的高度专业性，这就决定了其传播者必须具备高素质要求，是医学科学相关领域的专家学者，不但具有医学科研、临床医疗和疾病防治理论知识和能力，而且具有将高深的医学科技成果转化为通俗易懂的健康科普知识的能力，通过专家学者直接对医患传播、公众演讲健康传播、各种媒介载体等传播形式实施健康普及传播，增强健康传播的权威性、可信性和健康传播效果。

3. 健康传播途径的多样性 健康传播不同于专业学术传播，学术传播内容和形式相对单一，而健康传播从内容到形式及传播途径都具有多样性，其目的就是有利于公众接受。健康传播可以趣味化、通俗化、大众化、普及化和媒介传播多元化。

4. 健康传播目的性 健康传播要具有很强的目的性和针对性，结合公众对健康意识的薄弱地方和重大疾病等实施健康知识普及传播。如吸烟危害健康的知识、恶性肿瘤的预防知识、传染性疾病的预防知识、新型冠状病毒肺炎的防控知识传播等，医学科技工作者可将医学科研成果和传染性疾病有效专业防控方法转化为通俗的健康知识，从而转化为公众的健康意识和疾病防控行为，实现健康传播的针对性和传播效果的最优化。

5. 健康传播的互动性 健康传播要达到最佳传播效果，就必须发挥传播活动的互动性，传播者与受众之间的交流互动，让受众身临其境，场景式传播和传播过程中的信息反馈和双向交流。特别是要熟悉受众对健康知识内容的需求，注重受众健康需求评估和健康传播教育的选题策划和健康教育传播模式的研究，以利于提升健康传播效果。

6. 健康传播的公益性 健康传播的公益性是与其他传播最大的不同之处；这是由于健康传播的对象、目的和性质所决定的。因为健康传播是国家积极倡导和推行的公众健康教育和健康传播，其目的是不断改善国民健康水平，促进国民健康素质。因此，健康传播要建立在公益性基础上，以利于公众接受和公平接受健康传播教育。

7. 健康传播的通俗性 通俗性是大众健康传播或医学科普传播的基本特点，医学科学家要将高深的医学科研成果应用于临床疾病防治，就必须将高度专业和学术化的成果用通俗的语言加以"翻译"，转化为公众一看就懂的通俗健康知识，以利于转化为公众的健康行为，发挥事半功倍的效果，这是优秀医学科学家的共同特点，也是医患传播的重要表现形式。如著名妇产科学专家郎景和教授，同时又是著名的医学科普专家；著名心血管病内科学胡大一教授，同时又是著名的医学科普专家；著名肝脏病学（肝癌）专家杨秉辉教授，同时又是著名的健康教育家和全科医学家。

8. 健康传播的趣味性 趣味性是健康传播或健康教育的又一大特性。趣味性是指健康传播内容其表现形式和方法充满吸引受众的情趣，健康普及内容表现形式要形象生动，活灵活现、风趣，引人入胜，让不同文化层次的公众都能接受，而且印象深刻，难以忘怀。当然，通俗性和趣味性，并非不讲科学性，通俗性和趣味性是建立在科学性基础上，内容科学、真实、新颖的基础上满足公众的心理健康需求。使公众在寓教于乐中和饶有趣味的享受中接受健康传播教育，自觉养成良好和健康的生活方式与行为。

二、健康传播要素

健康传播要素是构成传播的关键因素，也是健康传播的必要条件和基础，缺乏某一种要素都不可能达到预期健康传播目的和效果，也就是说，科学整合与协调传播要素，是做好健康传播的基本前提。

1. 健康传播内容 即健康传播信息源，健康传播也是以内容为王的传播，其传播的关键要素就是内容，缺乏具有针对性和公众需求的健康内容，也就失去了健康传播的基本动力和抓手。因此，健康传播者，尤其是医学科普期刊、医学科普图书和新媒体健康传播的编辑，要提高健康传播效果，就必须在内容上下功夫，根据公众关心和国家关注的重大健康问题和公共卫生问题，突出选题策划的作用，打造精品健康传播知识产品，推动和促进相关健康知识的普及，改善人民健康意识和健康生活行为。

2. 健康传播者 健康传播者是健康内容或健康信息的发出者与健康传播活动的实施者，主要指健康知识产品信息的原始产出者或编辑加工者。健康传播者不是所有人都可以胜任的，必须具备医学科学理论知识和相关专业学科素养的专家学者或医学专业编辑，同时具有权威性和专业影响力，而且能够将高深的医学健康专业知识通俗化和趣味化，容易被公众理解和接受，成为公众健康生活行为习惯。

3. 健康传播受众 健康传播受众是指健康信息传播的接收者，是健康信息的接受者或信宿，也是健康传播的对象和健康传播活动的参与者，当然也包括健康科普书刊的读者、健康普及广播的听众、新媒体健康传播媒介的读者。受众是健康传播关键要素，也是健康传播的驱动力量，缺乏受众也就不存在健康传播。从宏观上讲健康传播受众是集合体,而从微观上看健康受众又是社会群体或个体。而健康普及传播一般更倾向于公众群体传播,使健康传播教育的受众更加广泛,传播效果会更好。

4. 健康传播媒介载体　健康载体传播不同于人际传播,健康载体传播就要借助相应传播载体。如医学科普期刊、新媒体、电视健康普及栏目、健康普及网络等,借助传播载体可最大限度地提高健康传播速度、传播覆盖面和传播效率。而人际健康传播指的是点对点的个体传播。如医师对个体患者传播、社区健康专题讲座等,一般受众面比较局限。而最常用的还是媒介载体传播,可发挥媒介的优势,使健康传播效率最大化。

第三节　健康传播基本方法

健康传播的基本方法的运用,是提高健康传播效果的重要手段,掌握正确的健康传播方法,就会使健康传播发挥事半功倍的效果。当然,健康传播方法的运用要根据传播的场景、传播的范围、传播受众的可接受程度和实际情况而定。

一、健康教育传播

健康教育是指有计划、有组织、有系统的专题健康教育活动,通过专题健康教育使公众自觉地实行有益于健康的行为和生活方式,最大限度地消除和减轻影响人群健康的危险因素,预防疾病,促进公众健康,同时对健康教育的效果做出客观评价。健康教育分为学校卫生教育和社会公众健康教育两大部分,公众健康教育亦称群众卫生教育;而学校卫生教育的目的是指导学生在生长发育过程和日常生活中坚持有利于健康的生活行为,促进学生增长健康知识,启发学生自觉采用有益于健康的生活行为。社会公众健康教育的对象则是个体、机构、社区和社会群体;其目的是促进公众和社会组织机构群体,正确认识影响公众健康的不良行为和危害健康的问题,从而改变公众的健康习惯和生活行为。根据人群的居住环境、职业、年龄、性别等的不同,健康教育又可分为城镇健康教育、青少年健康教育、优生优育教育、老年健康教育、劳动卫生教育、安全教育、公共场所健康教育、医疗机构中健康教育、残疾康复健康教育、疾病防治健康教育、妇幼健康教育、心理卫生教育和生活方式健康教育等。健康教育的核心是教育群众树立良好的健康意识,促进和改变群众不健康的行为生活方式,培养成良好的健康行为和生活方式,以减少和消除危害健康的危险因素。在健康教育中,课堂健康教育是极为重要的方法。所谓课堂健康教育,是指健康教育从幼儿园和小学课堂教育开起,将健康教育内容编入教材,作为健康教育专门课程,不同学段开设不同深度的健康教育课,让学生树立健康意识和良好健康生活习惯,构建人格健全和晋升心理健康的完美劳动者。

二、公众媒介载体传播

公众媒介载体传播是最常用的常规健康传播方法,其特点是面对广大群众或受众,覆盖面广,传播范围大。公众媒介载体健康传播其重要手段是通过媒体传播机构。如医学科普期刊、健康科普图书、医药卫生报纸、广播电视健康节目、健康普及网站、健康教育传播新媒体客户端、电影健康专题片等大众健康传播媒体。这种借助媒介载体的健康传播,具有内容严格把关,权威性强,传播速度快,辐射半径和覆盖范围广泛,受众阅读和接受方便的特点,是健康传播效率比较好的方法。

三、群体健康传播

群体健康传播是群体成员之间发生的健康知识传播行为。这种群体健康传播具有自发性特点,其表现为相应数量的群体按照习惯性的聚众方式,在相应的场所聚会交流健康信息的形式。这种健康知识传播的群体规模有大有小,而且不同的群体具有不同的特点。如以老年人群、青年人群、同学人群、战友人群、退休人群等不同群体,其健康传播话题也各不相同。但无论何种群体，在健康传播活动中其成员都要受群体形成的规范的调节和制约，保持大致统一的行为目标和认知结构。在社会生活中，人总要纳入和从属于一定的群体和交流圈，而且常要分属于许多群体。当入职社会活动还会加入某些团体，又会自觉不自觉地加入到相应群体中去。因此，以不同群体传播是无法避免的传播形式。人们为了消除对自己和对环境的不确定性而参与群体传播，从群体成员活动中获得更多的相关信息。群体成员的聚会一般在性别、年龄、职业经历、文化程度、社会观念、兴趣爱好、心理特征等方面总有大致相同的特点，具有共同语言和感受，因而很容易发生相互作用聚集成群。群体健康信息传播不但形成群体规范，而且容易产生群体压力，由此很容易引发依从性心理和遵从行为。

四、医患传播

医患传播指的是医师与患者之间的传播交流，这种传播具有极强的针对性，医师一般针对患者的疾病，传授给相应的健康知识和注意事项，这在医学传播学中应属于人际传播的范畴。医患传播一般具有针对性、专属性、个性化和患者依从性强的特点，因而传播效果好。因此，在医疗机构中，大力提倡医患之间的健康传播，医护人员应把医院传播作为医疗服务的重要内容之一。

五、健康危机传播

健康危机传播属于应急传播，也称为公共卫生危机健康传播。健康危机传播是针对社会发生突发公共卫生事件，严重威胁到公众健康的危机现象，而采取的公众健康应急传播措施和有针对性传播活动。如发生重要传染病的流行与传播，新型冠状病毒在全球的暴发，人们对其认识缺乏，如何有效防控，这就需要健康传播者，利用各种传播手段向公众传播疫情防控知识和有效阻断传播的手段，积极动员人民共同应对和防控病毒传播。在公共关系中，健康危机传播是一项非常重要的健康传播措施，它是对危害人民健康的危机现象采取的大众健康传播手段，对社会加以有效控制的健康信息传播活动，其目的在于按照社会需要和公共卫生事件危机需要传播健康知识和防护措施，对健康危机处理过程实施医学干预和影响，以促进健康危机向好的方向转化。

第四节　健康传播基本内容

一、健康素养传播

公众的健康文明程度是与健康素养紧密相关的，应该说有什么样的健康素养，就具有什么样的健康观。健康素养是指个体获取和理解健康信息，同时运用这些健康信息维护和促进自身健康的能力。城乡居民健康素养评价指标被纳入到国家卫生事业发展规划之中，作为反映国家卫生事业发展的综合评价指标，公众健康素养包括3点：①基本健康知识和健康理念、健康生活方式与行为、基本健康技能。②健康素养是个体通过各种渠道获取的健康信息，能够对这些健康信息予以正确理解，同时运用这些健康信息维护和促进自身健康的能力与基本素质。③健康不仅仅是没有疾病或虚弱，而是身体、心理和社会适应的完好状态；公众都有维护自身和他人健康的责任，健康的生活方式能够维护和促进自身健康。而健康生活方式主要包括合理膳食、适量运动、戒烟限酒、心理平衡等方面。因此，健康传播和健康教育就是要提高公众健康素养入手，构建正确的健康理念和健康观。

二、健康文化传播

健康文化传播通俗地讲就是健康文化与文化传播的融合与集成。健康文化传播是围绕健康这个核心概念所实施的各类文化传播的相关形式与具体内容的总称。精神文明离不开健康文明，文化也离不开健康内涵，健康文化传播不仅仅是传播健康知识，更重要的是传播健康文化理念，健康传播者是将健康视为一种特殊文化来实施传播。由此可见，健康文化传播所指的健康是一种大健康的概念和文化理念，不但涵盖了健康知识，还涵盖了健康理念、健康文化、健康心态、健康习俗、健康行为和健康环境等诸多元素。这也是健康文化传播有别于健康教育和健康促进概念；健康文化传播更着重于公众的精神需求，具有人类文化传承高度与内涵。所以，健康传播者和健康教育者责任和意义重大。

三、健康促进传播

健康促进是世界卫生组织首先提出的概念，主要是指运用行政和组织手段，广泛协调社会各相关部门以和社区、家庭及个人，使其履行各自对健康的责任，共同维护和促进健康的社会行为和社会战略。健康促进就是要使公众尽可能在精神和身体保持在最优状态，其宗旨是让公众知道如何保持健康状态，如何在健康的生活方式下生活，同时有能力做出健康的选择。也就是说，健康促进是帮助公众改变其生活方式，以利于实现最佳健康状态；维持公众身体和情绪、社会适应性与精神心理及智力健康的水平。

四、健康倡导传播

人们的理念和世界观的转变是最困难的事情，而健康理念的转变也是如此。在公众的传统观念中，普遍认为无病即为健康。而当今这种传统观念显然不够全面和准确的，现代观念强调的是整体健康和身心健康。世界卫生组织将健康定义为：健康是在身体上、精神心理和社会上的完满状态与良好的环境适应能力，而不仅仅是没有疾病和衰弱的状态。它包含了人的躯体健康、精神心理健康、社会环境适应良好和道德健康。而健康行为则指公众为了增强体质和维持身心健康而进行的各种健身活动。如充足的睡眠、平衡的营养、合理运动等；公众的健康行为不仅在于能不断增强体质，维持良好的身心健康和预防各种不良行为与心理因素导致的疾病，而且也在于倡导和促进公众养成良好的健康习惯与健康文化素养。因为大多数多发病和常见病的发生

多与人的行为因素与精神心理因素有着密切关系，在各种疾病的发生和发展中，最终都与人的行为和心理因素具有相关性。而健康传播就是要倡导和改变公众的不良行为和生活方式，最大限度地预防相关疾病的发生，促进公众身心健康。

五、疾病防治传播

健康传播是将医学研究成果转化为大众的健康知识，通过健康传播和健康教育改变公众健康态度和行为方式，以降低公众患病率和死亡率。而健康传播的两个关键元素是健康与传播，其对应的健康传播主体或是医疗机构和健康传播媒体。因此，医疗机构与媒体的合作，是健康传播的关键因素。

根据健康中国2030年规划目标：①人民健康水平持续提升，人民身体素质明显增强，2030年人均预期寿命达到79岁，人均健康预期寿命显著提高。②主要健康危险因素得到有效控制，全民健康素养大幅度提高，健康生活方式得到全面普及，构建起有利于健康的生产生活环境基本形成，食品药品安全得到有效保障，消除一批重大疾病危害。③健康服务能力大幅度提升，优质高效的整合型医疗卫生服务体系和完善的全民健身公共服务体系全面建立，健康保障体系进一步完善，健康科技创新整体实力位居世界前列，健康服务质量和水平明显提高。④健康产业规模显著扩大，建立起体系完整、结构优化的健康产业体系，形成一批具有较强创新能力和国际竞争力的大型企业，成为国民经济支柱性产业。⑤促进健康的制度体系更加完善，有利于健康的政策法律法规体系进一步健全，健康领域治理体系和治理能力基本实现现代化。因此，作为健康传播主体的医疗机构和健康传播媒体的医学编辑，责任重大，任重而道远。

六、公共健康危机传播

公共健康危机是指因突发的公共卫生事件和重大传染性疾病的暴发流行，严重危害到公众健康和社会秩序，同时触发危及公共健康的国家紧急状态和其他极端紧急情势。突发公共卫生事件，

是指突然发生，造成或可能造成社会公众健康严重损害的重大传染病疫情、群体性不明原因疾病、重大食物和职业中毒及其他严重影响公众健康的事件。根据突发公共卫生事件性质、危害程度、涉及范围，突发公共卫生事件可划分为特别重大为Ⅰ级、重大为Ⅱ级、较大为Ⅲ级和一般为Ⅳ级。公共健康危机的一般特点是：健康危机成因的多样性、危机分布的差异性、疫情传播的广泛性、健康危害的复杂性、健康治理的综合性、新发健康危害事件的持续性、健康危害种类的多样性、食源性疾病危害的严重性、公共卫生事件的频繁性和公共卫生事件危害的严重性。在发生突发公共健康危机时，健康传播主体和健康传播者要健康传播先行，积极配合政府机构协调行动，启动健康传播机器，制订相应疫情和传染性疾病防控指南，规范防治行为，向公众传播具有针对性的健康知识和疾病预防知识，把健康危机的控制行为转化为公众的共同行为。

第五节　健康传播基本模式

健康传播的基本模式也就是健康传播的基本形式。健康传播模式是根据实践和实际情况构建的，传播模式要适应实际健康传播的需要，就必须结合实际协调和整合健康传播要素，发挥所有健康传播要素和因素的活力，构建起行之有效的健康传播模式。

一、"医疗机构－健康媒体－社会"健康传播模式

这是一种综合性具有三维特点的健康传播模式，其关键点是调动各级医疗机构的医疗和健康资源，尤其是医疗技术人员的人才资源，健康知识蕴藏与产出的资源优势，发挥健康传播的主体意识、主体责任和主体传播者的职能作用；同时调动和发挥医学传播和健康传播媒体。如医学科普期刊、医学科普图书出版机构、广播电视健康专题节目、新媒体健康传播载体、互联网健康传播网站、健康传播客户端、健康传播微信平台等媒介载体优势，形成强大的健康传播阵容。同时调动和激活社会健康资源，构建起"医疗机构－健康媒体－社会"综合健康传播模式。

二、"健康教育－医患传播－健康媒体"健康传播模式

这又是具有三维立体结构的健康传播模式。

1. 健康教育维度　是指学校课堂健康教育，通过健康教材编制和设置健康教育课程，规范性和系统化健康教学，从幼儿园到中小学生，从小就接受系统、规范和正规的健康教育，这是一项健康战略性系统工程，其长远意义、重要性和战略价值不言而喻。同时还包括健康专题教育。如面对社区、街道、养老机构、部队等，开展的健康大讲堂和健康专题演讲等也都属于健康教育范畴。

2. 医患传播　是一项不可忽视的健康传播资源和传播力量。各级医疗机构、各级医疗卫生技术人员，尤其是临床医师，在接诊和诊治患者期间，结合患者疾病和病情，在诊断与治疗的同时，就对患者或其家属实施医嘱性的健康传播教育；特别是在自媒体时代，临床医师可借助自媒体优势，发挥学科专业特长，向自己的患者传播健康知识。医患传播因为其针对性强，权威性强，因而患者及其家属的依从性和可接受性也强，因而会取得更好的健康传播效果。

3. 健康媒体传播　具有强大的健康传播矩阵结构，借助现代媒介载体，实施融媒体健康传播，充分发挥其媒介载体传播速度快、传播半径大、传播范围广、传播全覆盖、传播互动强、跨地域和跨时空的传播优势，构建起强大的健康传播网，形成三维立体健康传播新模式。

三、"传统媒体－新媒体－移动互联网"健康传播模式

这是一个以传播媒介载体为主体的三维矩阵式全媒体健康传播模式。

1. 传统健康传播媒体　是指传统平面纸质版医学期刊、医学科普和健康科普期刊、健康科普

图书读物，传统平面纸媒健康传播具有其独到的优势，可满足传统阅读习惯读者需求，而传统健康书刊内容具有严格的评价系统和评价程序，其科学性和实用性比较强，特别是适合老年读者阅读习惯。

2. 新媒体健康传播　是指新兴的媒介载体形式。如健康传播客户端、健康传播微信平台、健康微信公众号、自媒体健康传播视频等。新媒体健康传播是以新的技术支撑体系下出现的媒体介质的传播，新媒体健康传播形式多样，如数字健康期刊、数字健康报纸、数字健康广播、手机短信、移动电视、网络终端、桌面视窗、数字健康电视、数字健康电影等。新媒体健康传播主要是利用数字技术，通过计算机网络、无线通信网、卫星渠道，通过计算机、手机、数字电视机等终端，向用公众传播健康知识信息和健康服务的传播形态。如果从空间上来看，新媒体特指当下与传统媒体相对应的，以数字压缩和无线网络技术为支撑，利用其大容量、实时性和交互性，可以跨越地理界线和实现全球化的媒体传播形态。由于群众生活水平的提高和媒介功能的完善，新媒体背景下的健康传播越来越成为专家学者关注的热点。新媒体环境对健康传播的消息来源方式和内容等方面带来了深刻变化，健康传播在新媒体时代，从突发健康危机事件、常态化健康传播和健康传播者都展现出了新的特点，以新媒体健康传播为基础，新媒体健康传播形式已经发生巨大变化，主要体现在健康传播理念、健康传播模式、健康传播媒介等变化，从而构建出新的健康传播格局。

3. 互联网健康在线传播　其实新媒体传播基本都是在互联网背景下的传播。移动互联网传播是 PC 互联网发展的产物，是将移动通信和互联网结合起来融为一体，是互联网技术、服务平台和移动通信技术结合与实践活动的总称。移动互联网是移动和互联网融合的产物，继承了移动互联随时、随地、随身和互联网开放分享与互动优势，是以宽带 IP 为技术核心，可同时提供话音、传真、数据、图像、多媒体等高品质电信服务的电信基础网络，由运营商提供无线接入，互联网企业提供各种成熟的应用技术。移动互联网是移动通信终端与互联网相结合，用户可使用手机、平板电脑和其他无线终端设备，通过速率较高的移动网络，在移动状态下随时、随地访问获取信息。通过移动互联网，人们可以使用手机、平板电脑等移动终端设备浏览健康教育内容，还可使用各种移动互联网应用技术。如利用在线搜索、在线互动、移动网络视频、手机、电视、在线阅读、网络社区等，收听、收看和下载健康传播内容和接受健康教育等。

第 13 章 医学编辑与医药卫生科技咨询

医学期刊应该说本身就具有医药卫生科技咨询功能，只是医学编辑或医学期刊没有意识到这一咨询功能，但是医学期刊和医学编辑在医学科技传播实践中，自觉不自觉地在发挥着医药卫生科技的咨询功能，这种咨询功能只是被医学编辑忽视了。如《中华医学杂志》多年开设"医药卫生策略探讨"栏目，刊登相关卫生策略研究的咨询类文章、某些医学期刊有时根据相关领域发展中存在的问题，策划组织召开的某些领域的对策研讨会、在医学期刊上发表的专家学者相关疾病防治对策研究课题、相关领域存在问题与对策、医学期刊开设的相关"对策研究"咨询性质的栏目等，都具有医药卫生科技咨询的性质和特征。因此，医学期刊或医学编辑，重视或加强咨询学概念的认识，充分发挥医学期刊在医药卫生领域的咨询功能，是体现医学期刊传播价值的重要因素。

第一节 医药卫生科技咨询概述

医药卫生科技咨询是借用咨询学的研究方法，发挥医学科技期刊的平台优势和多学科专家云集的专业智力资源，充分展现医学期刊的科技学术咨询功能，为医药卫生政府机构、医药卫生科研机构、疾病防治、医药企业等提供相关决策咨询服务。

一、医药卫生科技咨询的定义

医药卫生科技咨询，主要是指通过医学期刊平台优势和专家智力资源，对所储备的医药卫生科技知识、经验、思想和专业智慧，通过对各种医药卫生科技信息进行综合加工分析和综合性研究开发，为相关决策提供智力和智慧支撑；医药卫生科技咨询产生的是智慧劳动的综合效益，对相关领域的决策者或疾病防治提供战略、战术和对策，发挥参谋和外脑的智力支撑作用。

就咨询一词而言，其意思是指通过某些专家或专业学者头脑中所储备的专业知识和智慧，通过对相关专业信息资料的综合分析或研究设计，为医药卫生科技领域不同层次的决策者、重大疾病防治、医药企业发展等，实施咨询服务，为决策者提供决策方案和决策建议，这是相关领域决策者在专业知识缺乏或决策难以把握时，实施大脑智力延伸，借助外脑的智力资源和智慧，为相关决策者提供决策建议、实施对策方案等高智力产品服务。在古代"咨"和"询"原来是两个词，咨为商量，而询则是询问的意思；随着发展逐渐形成一个复合词组，其含义进一步复合与延伸，具有询问、商量、谋划、切磋、点子等外延含义。单就咨询而言，是一项高智力参谋服务，广泛应用于社会活动、科技活动、军事、政治和经济领域等，已成为决策科学化重要措施之一，逐步发展成为一门应用软科学。

二、医学科技咨询的性质

医学期刊实施的医药卫生科技咨询是借助医学期刊平台优势和多学科专家资源开展的专业学术咨询活动，它可以为医药卫生政府部门、医疗机构、医药企业、疾病预治等，根据需求提供卫生政策法规、专业技术、诊疗方案指南、专业标准规范、医药市场、医药产品论证、学术论证等决策咨询服务。其手段是可以通过医学期刊开展相关征文、组织召开专题研讨会、在期刊发表对策研究文章、组织专家学者研讨等形式，集中群体智慧和共识，形成对策建议或决策参考方案。

三、医学科技咨询的特征

特征是一个客体或一组客体特性的抽象结果，是用来描述概念的形式。单一客体或成组客体都具有众多特性，人们根据客体所共有的特性抽象出概念，这种概念即为特征。而不同专业领域对同一客体的众多特性侧重也不同，在相应领域中，其反映客体根本特性的特征，被称为本质特征。因此，事物的本质特征视概念所属专业领域而异，这反映了不同专业领域的不同侧重点。而区分特征反应的是该事物有别于其他事物的特征。因此，特征可以作为个体或事物特点的象征和标志性东西。正因如此，医学期刊实施的医药卫生技术咨询也具有其鲜明的个性特征：医学期刊咨询的学术特征、医学期刊平台特征、专家组织松散特征、学科专业的广泛特征、咨询的非盈利特征、咨询的独立性或第三方性特征。

1. 咨询的学术特征　这种咨询是以学术为抓手和独特优势，其咨询结果可以是学术讨论性的，可在医学期刊作为学术论文形式公开发表。因此，其咨询意见、建议或对策是学术讨论性的，受众可以选择性采纳，也可以参考或阅读了解而已。总之，这种学术性咨询具有非强制性，并且可以公开讨论，发表不同见解和观点。

2. 医学期刊平台特征　医学期刊非单纯发表文字性文章，而是一个学术交流平台，具有平台资源，也具有横向联合、综合交叉交流、跨地域、跨学科专业的优势，既可发挥纸质版平面优势，又可组织专家学者开会研讨，还可利用期刊网站实施在线学术研讨交流。如专家编辑委员资源、作者资源、读者资源等，整合学术资源和智力资源，形成智慧共识。因此，可以发挥医学期刊平台优势和学术资源，开展相关医药卫生科技咨询，也可以接受委托实施相关专题咨询研讨或咨询专题研究，策划组织多学科高水平专家咨询论证会，凝聚共识，提出建议和对策措施。

3. 专家组织松散特征　医学期刊的学术资源雄厚，但都具有松散性，即使医学期刊编辑委员会的众多编辑委员专家也具有松散性，一般呈散点状分布于全国各地、各个临床医疗与科研机构、各个学科专业；但具有整合性和可组织性。如组织专题研讨会、组稿会、评审会、编辑委员会、论证会等，可及时组织与整合这些专家的学术资源、智力资源和人力资源、稿源等，而形成智慧资源和共识，整合构成强大的学术思想和整体智慧。

4. 学科专业的广泛特征　医学期刊，即使是专科医学期刊，其专家学者也都具有广泛性，这是由期刊平台性质决定的，学术资源的大小和广泛程度，就在于如何组织与整合；综合性医学期刊，尤其是品牌影响比较好的著名医学期刊，其资源的整合性与广泛性更加突出。因此，医学期刊学科专业学术资源具有广泛性特点，这是实施专业学术咨询的优势条件。

5. 咨询的非盈利特征　医学期刊咨询功能的发挥，其松散性就决定了它具有非盈利性，也就是说，不管医学期刊的学术咨询采用何种形式，它都不是经济或经营性实体，具有非盈利性的基本特征，这就是说其咨询活动不以盈利为目的，但也不排除其他途径的经济支持与资助，以利于咨询活动的顺利进行。

6. 咨询的独立性或第三方性特征　医学期刊实施医药卫生科技咨询的独立性或第三方性，这由医学期刊平台的特性所决定的，医学期刊本身就具有学术独立性和中介性特征。因此，它也必然表现出第三方特点；它实施的医药卫生科技学术咨询具有公正性、权威性、学术性等特点。

四、医药卫生科技咨询的原则

1. 咨询的科学性原则　医学专业咨询，必须遵守科学性，这是咨询的生命力所在；整个咨询过程和所提交的咨询报告，要符合医药卫生科学的客观实际，符合发展规律；其咨询建议应具有极强的针对性，也就是一把钥匙解一把锁的原则；特异性和专注性，是咨询的重要特点和原则。

2. 咨询方案可操作性原则　咨询所提建议、对策、策略或战略方案，其可操作性是重要原则，再好的方案如果不具有可操作性和可执行性，也是没有任何价值的方案。因此，医药卫生科技咨询必须坚持可操作原则，使方案可以操作实施，才能达到咨询的预期目的，取得咨询的效果。

3. 咨询的科学性原则 对相关医药卫生科技咨询项目研究，其研究设计要合理，方法学先进，所得结果和结论具有较强的可靠性，所提咨询建议和方案要符合客观规律和科学性，这是医药卫生科技咨询赖以生存的基础。

4. 咨询的创新性原则 创新主要指所提供的咨询方案或医药卫生科技咨询性质的研究课题要具有新颖性、超前性和创新性，甚至要具有开拓性，以充分体现医药卫生科技咨询的价值。

5. 咨询的有效性 医药卫生科技咨询的有效性，这由咨询的性质所决定；时效性既表明其咨询提供的意见建议、方案或对策，要恰逢其时，快速提供，及时解决问题或困难；同时又表明医药卫生科技咨询快速性，最大限度地缩短咨询周期，快速及时地出对策出方案。如在重大公共卫生事件发生之初，医药卫生科技领域的专家学者就能做出快速反应，及时为政府卫生主管部门、疾病预防机构提供可行性措施或规范指南等，为突发重大公共卫生事件的有效控制提供技术和智力支撑。

6. 咨询的独立性 医药卫生科技咨询者不受任何外来因素干扰，独立地进行事件的客观分析，发挥咨询者的专业优势和智力资源，分析和判断出原始创新性的观点、方案和解决问题的有效路径，其咨询结果或结论，只代表咨询者自己，接受咨询结果的受访也是根据决策者的判断自由选择。

7. 咨询的第三方性 医学期刊的咨询活动和咨询形式，是非政府性和盈利性及松散性专业技术与学术咨询活动，不依附也不代表任何官方机构，是纯粹的医药卫生专业技术和学术咨询，其性质具有第三方性或中介性。因此，其咨询结果更具有客观性、科学性和权威性。

8. 咨询的合作性 在咨询活动中，其咨询者可以是独立个体，也可以是团体的，也就是说，对于重大和综合性咨询课题，单靠个体的智慧和资源有时是难以完成的，这时可以联合多学科、群体和多机构相关专家学者进行合作咨询课题研究，整合群体或集体专家学者的智慧。如对于某些疾病的防治指南或规范，就必须发挥群体专家学者的智慧，形成群体共识，这样才更具有权威性、可信性和指导性，以避免咨询失误。

9. 咨询的长期性 医药卫生科技咨询具有阶段性，随着前一个咨询方案的实施，事物会发生变化，也会出现新的情况和新的问题。因此，其咨询必然具有连续性、持续性和长期性特点。如在新型冠状病毒肺炎疫情暴发初期，随着人们对病毒本质认识的不断深入，临床救治经验的积累和新问题的出现，以及在疫情防控实践中出现的新情况，对于诊疗方案和疫情防控措施出现频繁修改，这就是专家学者们根据新的情况不断提出新的咨询意见或建议；在疫情期间，相关医学科技期刊也不断发表群体的或个体的专家学者对疫情防控提出的应注意的问题、意见、建议和对策等带有咨询性质的文章，这对集中医药卫生科技人员的群体智慧，卓有成效地控制疫情蔓延发挥了应有的作用。

第二节 医学科技咨询分类

医药卫生科技咨询具有不同的咨询层次，其分类可以按咨询内容进行分类，也可以按咨询形式或标准进行分类。如果按咨询内容的层次分，可以分为战略咨询、战术咨询、策略咨询；如果按咨询内容分可以分为医药卫生政策咨询、卫生管理咨询、医药企业咨询、疾病防治咨询、医学普及咨询、健康心理咨询等。

医药卫生科技发展咨询，主要是对国家或地域性整体医药卫生科技发展的中长期规划、学科发展或专题发展的咨询，对其发展的战略层面、战术层面、策略层面实施咨询活动，发挥医药卫生科技专家学者或智囊团的智力和智慧，规划发展蓝图，以避免或降低发展风险与失误的机会。

一、医药卫生科技战略咨询

医药卫生科技战略咨询是从宏观角度，研究和思考全面与长远的医药卫生科技发展的战略，以确立医药卫生科技发展方向、发展重点、发展规模、发展目标，以及与社会、经济、人口的合理结构，各种结构的合理比例、经费投入与发展速度等目标服务。这类咨询活动一般规模较大，涉及学科和专业领域高水平专家学者广泛。因这种战略性咨询成果一般对整体医药卫生科技发展在特定时期发展影响巨大，故需要多次论证，广泛征询、咨询意见。医药卫生战略咨询也可以是重大专题性咨询或学科发展战略咨询。如关于国家医药卫生体制改革发展战略、未来十年中国学科发展战略等，就属于专题发展战略。这些医药卫生科技发展战略咨询，既是指导医学期刊发展和学术导向的依据，也是医学期刊报道的重要内容，同时也是医学期刊参与咨询活动的契机。

二、医药卫生科技战术咨询

医药卫生科技战术是指按照战略咨询所提出的总体方针、方向和目标，在某些方向或范围内，实施的逐项具体操作性咨询，以顺利实施各个具体咨询项目，最终完成战略性咨询所制定的总体任务和目标。战术性咨询就是从微观层面、操作层面或局部较具体的咨询活动，涉及具体实施的技术、方法、路径、产品等方面的具体操作性咨询意见或建议；同时也可以按时效性划分为短期咨询、中期咨询和长期咨询活动。

三、医药卫生科技策略咨询

策略咨询是指计策和谋略，是可以实现的目标方案集合，也是根据医药卫生科技的发展而制定的相关行动路径、解决问题的方法和计策或谋略，在相关领域发展中的方式方法以及注意的策略。策略咨询可大可小，大到国家整个医药卫生科技领域的发展战略与策略问题，小到某些疾病的诊断策略和疾病的治疗策略。相关策略性咨询研究在医学期刊发表的论文中比较常见，但大多数局限在临床疾病的诊断策略和疾病的治疗策略，这主要是提供咨询研究者在某些疾病诊断和治疗中的方式方法和路径，以利提高疾病的诊断和治疗水平及效果。

四、医药卫生发展对策咨询

对策，简单地说就是应对措施或解决问题的方法。为了清晰可见，一般要针对问题制订对策，这在某些产品质量控制中比较常用，主要是针对产品质量问题的原因而制订的应采取的相应措施计划表，它广泛应用于各种质量控制活动中，而在医药卫生学术领域也经常采用对策研究或对策咨询，如某些传染性疾病的防治对策研究等。还有带有对策咨询性质的研讨会。如20世纪90年代，针对乙肝病毒性肝炎发病率居高不下和性病一度流行的状况，由中国科学技术协会和中华医学会牵头，联合多学科领域和相关社会学工作者参与在深圳市召开的"全国病毒性肝炎防治对策研讨会""全国性病防治对策研讨会"，会后将与会专家学者的讨论意见、建议、共识和提出的防治对策等，整理成为咨询性情况报告，报送国家政府机构后被采纳。对推动和有效控制病毒性肝炎和性病发挥了重要作用。

第三节 医药卫生科技咨询内容

医药卫生科技咨询内容比较广泛，所涉及专业领域也颇多，咨询的层次各异，一般常见的咨询内容有医药卫生政策咨询、医药卫生管理咨询、医药卫生领域标准咨询、医药企业发展咨询、临床疾病防治咨询等。

一、医药卫生政策咨询

医药卫生政策咨询属于决策咨询范畴，是指带有全面性、战略性和综合性，而且能够在某些程度上对影响医药卫生科技政策问题提供咨询；其主要内容包括卫生政策与社会发展、医药卫生与经济发展、医药卫生与科学技术发展、医药卫生与人口发展的政策与协调性，尤其是医药卫生科技各个方面中长期发展规划，制订全局性或区域性综合医药卫生科技发展方案的咨询设计。医药卫生政策咨询具有很强的层次性，医药卫生政策咨询其范围可大可小，大到整个国家、省市，小到县乡镇或企事业单位的医药卫生政策的咨询或论证。作为医学期刊，既是传播医药卫生科技政策的平台，同时也具有医药卫生科技政策咨询和评价的重要功能。

二、医药卫生管理咨询

医药卫生管理咨询涉及的专业领域也较多。如卫生事业管理、医院管理、医学科研管理、健康管理、医疗设备管理等，其咨询的本质就如同疾病诊疗，提供管理诊断和提高管理效能和管理质量的对应措施。卫生管理咨询活动是通过具有丰富专业管理经验的专家学者，深入管理单元，应用科学方法，诊断出其管理中的问题，实施定量和论证分析，找出管理中的缺陷和原因，给出改进或调整管理的措施，使其管理科学化。

三、医药卫生领域标准咨询

医药卫生领域的各项标准、规范、方案和指南较多，这些规范化和标准化的指导性文件是提高诊疗质量的重要保证，而这些仅次于行业法规的指导性规范的制订，都离不开各专业领域专家学者的参与制订和咨询论证工作，而医学期刊传播平台，既是这些标准、规范、诊疗方案、临床诊疗指南等重要发布平台，也是这些指导性医疗文件制订的组织和咨询论证的重要学术平台，如由中华医学会组织制定的《临床诊疗操作规范》就意义重大，为促进和提高医疗诊疗质量发挥了巨大和不可替代的作用，收到极好的学术咨询效果。

四、医药企业发展咨询

医药企业发展咨询也是咨询的重要领域，它涉及医药企业管理咨询、医药市场拓展咨询、医药产品开发咨询或论证等。

1. 医药企业管理咨询　医药企业管理咨询属于企业战略性咨询范畴，可从定性角度出发，运用各领域专家"智囊团"的智力优势和智力资源，实施综合分析和研判，找出医药企业管理中的问题和制约医药企业发展的不利因素，并提出改进医药企业管理的相应措施，以提高医药企业的管理效能，增进医药企业的经营效益。医药企业管理咨询的主要关键点：①帮助医药企业发现生产、经营和管理上的主要问题，也就是"企业管理诊断"，找出制约的因素和原因，制订切实可行和可操作性的改进措施或方案；②指导或参与改善方案或措施的实施；③传授医药企业经营管理的理论和科学管理方法，必要时培训医药企业各级经营管理人才，从根本上提高医药企业的管理人才素质。

2. 医药企业经营分析咨询　这是属于医药企业经营分析或市场营销性质的咨询，当属于医药企业的企业战略性咨询活动，也是问题性质的咨询。这种咨询活动相对于企业管理咨询范围比较局限，仅限定在相应医药产品的市场分析和市场判断，研判出市场拓展和占领市场的不利因素，如何化解不利因素，同时提供相应市场营销策略，推动医疗产品的市场推广。

3. 医药产品开发咨询　医疗产品是医药企业生存和发展的基础，缺乏拳头产品和医疗市场需要的产品，医药企业也就失去了生存基础。因此，如何开发医疗市场需求、应用广泛的诊断和治疗产品，是医药企业发展的重要基础。而从事临床诊疗的专家学者，最熟悉也最了解临床各个专业领域急需哪些医疗产品，需要开发和改进哪些医疗产品，这些临床医疗一线的各个专业领域的专家学者，也正是这些医疗产品的主要客户，也是医药企业的核心目标客户。因此，医药企业咨询这些专家学者的意见、建议，甚至参与医药产品的研发与临床验证，这正是他们的专业强项，是医药企业发展的智囊团、智慧库和智力资源，这种医药企业的咨询和论证是最行之有效的咨询活动，也是成本低和最容易实施的咨询活动，医学期刊要发挥学术平台的各种资源优势，为医药企业提供学术咨询服务和智力支撑，从服务中获取社会效益和经济效益，这正是医学期刊功能发挥的重要领域。

五、临床疾病防治咨询

临床各专业领域疾病的诊疗咨询，是这些专家学者的更加得天独厚的优势和强项。临床疾病防治咨询和临床诊疗指南咨询是临床医学应用范围最为广泛的学术咨询活动；临床疾病防治咨询可以是群体行为，也可以是个体的行为，专家群体咨询行为多用于重大传染病或突发公共卫生事件的防治决策咨询、防控措施咨询或防治方案咨询等。如新型冠状病毒感染救治策略研究、新型冠状病毒疫情防控战略研究；而个体咨询一般多见于患者门诊咨询、心理咨询、义务性健康咨询活动等。临床诊疗指南或专家共识的制订和咨询，是有其严格规范要求的，一般是相关领域的著名权威专家学者群体，因为临床诊疗指南具有法律效力，可以作为医疗事故判定的举证，所以其规范性、严谨性、专业性和指导性不言而喻。因此，必须是相关领域的群体专家参与咨询和论证才是典型的群体智慧的结晶。这些技术或学术咨询文件是医学期刊关注和抢先发表的重点，也是医学期刊组织制订和参与咨询活动的重要内容。

第四节 医药卫生科技咨询功能

医药卫生科技咨询活动在其管理、学术和技术实践活动中非常具有普遍性，是医药卫生科技活动的重要组成部分，也是医学期刊本身功能性质的体现；医药卫生科技咨询功能主要体现在医药卫生决策功能、医药卫生管理功能。医疗市场推广功能。

一、医药卫生决策功能

在咨询活动中，咨询的决策功能具有显著特点，包括社会管理的决策活动和各种医疗专业咨询活动，都凸显了其不同形式的决策性质，这也是咨询活动和咨询效果的重要特征。

1. 实现决策科学化　当今，拍脑门决策或独断专行的决策方式已经过时，尤其是专业技术或学术决策，更加讲究科学决策，循证决策。而决策科学化就是指任何决策都要以充足的事实和科学为依据，按照事物的固有规律和内在关系与联系，对大量材料和数据实施分析与计算，按照科学规律和程序以及严密的逻辑推理，从而提出决策咨询意见或决策咨询方案。对于特别重大决策甚至要实施科学研究、科学推演、模型构建和预测分析，判断决策后的效果与其他后果，以免发生重大决策失误，造成无法挽回的后果。实现决策科学化和民主化，还要具有科学决策咨询的支撑系统：①建立服务于决策的高层次参谋团队，也就是所谓的"智囊团"，实施决策咨询的智力支撑；②健全科学决策的信息支持系统，也就是要为决策或决策咨询提供全面、准确和及时的信息服务支撑；③建立健全符合医药卫生科技的各类数据统计制度，特别是要加快和完善基本数据库建设，为医药卫生科技决策科学化提供各种数据支撑，以保证各项决策的科学性。

2. 保证决策民主化　决策民主化是指在决策过程中要充分发扬民主，广泛听取专业技术人员的意见。医药卫生科技决策民主化的形式较多，这要根据决策的性质不同而采取不同的民主化决策方式。如用过某些相关研究中心、专业研究所等"智囊团"性质的结构实施决策前的咨询程序；向广大专业技术人员征求意见也是一种咨询形式或民主形式。对于某些临床诊疗指南或医疗救治方案，可以按"试行"或"征询意见稿"等形式征询意见或咨询，也可以边应用边咨询或征询意见。如《新型冠状病毒感染诊疗方案（试行第八版）》，从第一版至第八版，全是以"试行"形式咨询或征询专家意见，而且是在临床救治实践中不断咨询和征询专家的意见，使得诊疗方案不断完善，更加科学和接近客观实际，使临床救治决策更加科学有效。

3. 智力资源充分凝聚　其实，医药卫生科技领域的专家学者具有强大的智力资源，只是人们尚未充分认识智力资源的重要性，可以说，在人类所有资源当中，智力资源是最宝贵的资源，也是最无限的资源，各个专家学者的智力资源如何形成智慧能量，这需要定向整合与凝聚，才能形成巨大的科技能量和社会能量。医药卫生科技决策或临床诊疗决策方案等咨询过程，就是专家学者智力资源的整合过程，使得专家学者的智慧释放出来，构成科学决策的智慧能量。

二、医药卫生管理功能

医药卫生科技决策是决定采取某种行动，而这种行动的目的在于使决策的事物所面临的事件呈现出令人满意的效果和状态。这里所做出的决策事件或事物称为该行动的受益者，医药卫生科技的决策者通过制订决策，采用适合于相关领域的决策模式，以达到医药卫生科技管理的最佳效能和方法。医药卫生科技管理科学为咨询提供了方法论基础，而咨询活动则为管理活动提供了科学决策的依据，医药卫生科技管理的效率提高，在于对人流、物流、资金流和信息流的科学管理与应用，其合理性、科学性和效能的发挥，则离不开决策，而科学的管理决策又离不开咨询活动的支撑。

1. 卫生行政管理效能　咨询活动的应用在卫生行政管理中应用比较普遍，特别是高层卫生行政管理机构，其医药卫生科技政策、法规、规章、管理条例、医药卫生体制改革、医药卫生科技行业标准等，如果仅靠卫生行政管理人员是肯定难以完成的，必须依靠相关医药卫生科技领域的咨询机构、学术团体和相关领域的专家学者的智力资源和咨询功能，实施相应咨询活动或实施咨询立项，进入咨询程序，这是提高卫生行政管理效率和管理质量的重要途径与手段。

2. 医院管理效能　医院管理是一项综合性与系统性管理，整个医院管理就是一个复杂的系统工程，涉及人流、物流、资金流等行政管理，更涉及医疗管理、护理管理、医学科研管理、教学管理、后勤管理、设备管理等，这些管理机制、管理规范、管理制度、管理规章等建立健全，仅靠少数管理人员是难以胜任的，要实施全员参与、全员咨询活动，使专家学者和员工既参与制订管理规范，又参与意见咨询，同时又参与管理。医院管理咨询活动有利于增强被管理者的认同感和参与感，以提高管理的执行力，全面提高管理效能和管理质量。

3. 临床诊疗效能　临床诊疗效能和临床诊疗决策质量的提高，除了医学专家学者个体的技术和学术水平外，其相关学科专业领域或疾病诊疗指南、诊疗方案、临床操作指南、专家共识、临床诊疗常规等，以及临床诊疗指导性和规范性技术文献的指导也是必不可少的。而这些临床指导性文献的形成，是要靠相关领域的群体专家学者通过广泛和反复咨询活动才能形成权威性指导性文献。而医院在临床诊疗活动中，要增强临床决策的及时性和有效性，还要制订符合医院实际的临床诊疗路径、临床疾病诊疗方案或临床救治措施等，以利于提高临床诊疗决策的效率和质量，其最终目的是提高医院的整体医疗质量。而这些临床诊疗方案的制订，必须实施专业技术和学术咨询，对每个诊疗方案都应向相关领域的专家学者进行广泛咨询，使其更加科学、规范、有效，同时又符合医院实际。因此，咨询功能不仅仅局限于政府决策咨询、行政管理决策咨询和卫生管理决策咨询，更涉及临床诊疗决策咨询，这是提高临床诊疗质量和诊疗水平的重要咨询功能。

三、医疗市场推广功能

医疗市场作为健康产业的重要组成部分，它既促进国民健康水平，又促进经济发展，同时又促进科技成果转化。因此，医药卫生科技咨询活动对医疗市场的促进功能显而易见。

1. 医药企业促进功能　健康产业的发展离不开市场，更离不开相关健康产业领域的各个学科专业的指导和应用，尤其是医药企业的发展，从医药产品的研发到临床验证与临床应用推广，都离不开相关领域专家学者的咨询指导、临床验证和临床应用，医药企业所开发的医药产品，是否适合临床诊疗需要，其性能与效果如何，其实不是医药企业说了算，而是由临床相关学科领域的专家学者判定。因此，医药企业要发展，不管是产品研发、临床验证、临床应用推广，临床医疗技术人员都是直接参与者、医药企业的主要咨询对象；医药企业要发展，要不断开发新的医疗用品，就必须借助医学专家学者的外脑，提供智力支撑，发挥与整合医疗专家学者的智力资源，形成医药企业发展的智慧源泉和医疗市场推广的这一原动力。所以，医药卫生科技咨询活动是促进医药企业乃至整个健康产业发展的重要过程，也是整合、凝聚和发挥各领域专家学者智力资源的重要途径，也是将智力资源转化为生产力的重要途径和因素。

2. 科技成果转化功能　实际上，真正的医药卫生科技成果不是单纯发表在纸媒上，封存在保险柜内，而真正有价值的科研成果是能够转化为生产力，将科技成果转化产品，在医疗市场上推广，应用于临床为患者解除病痛，更直白一点就是能否带来经济效益，这是科研成果价值的主要特征；而医药卫生科技成果的产出者就是广大专家学者。这种医药企业的咨询活动，既可为医药企业提供智力救援，也同时为专家学者的科研成果转化带来对接和转化的可能机会，同时也为医药企业获得新技术、新方法、新的治疗药物等产品开发带来契机，从而促进医药卫生科技成果的转化和临床应用，促进产业化发展和经济发展。因此，医药卫生科技咨询活动可充分体现出科技成果转化的促进功能，通过咨询过程，促进健康产业发展和经济社会进步。

3. 临床应用推广功能　医疗诊断和治疗技术产品的开发和临床推广应用，临床医疗专家学者都是成果研发、临床验证、临床应用、临床效能评价、临床推广或市场推广的主体，这就决定了医药卫生科技咨询活动的主力军是临床医学的专家学者。因此，医药卫生科技咨询活动体现出的重要功能之一，就是临床应用推广功能。

4. 未来预测功能　医药卫生科技咨询活动本身就有对咨询对象或事务的未来效果评估与基本预测，是科技或学术咨询的重要功能之一。因为无论对任何事务实施的咨询活动，除了对咨询事务对象进行诊断、发现问题症结和提出解决问题的相应措施外，其实施咨询的目的就是要被决策的事项能够达到其理想效果。因而，咨询活动必然对所咨询事务对象可能达到的预期效果做出科学的未来预测，决策者根据未来预测效果评估，来选择决策方案和下决心，如果预测效果不佳，甚至弊大于利，其结果得不偿失，那么就会动摇决策者的决心，放弃决策，以避免决策失当造成不良后果。因此，医药卫生科技咨询的最有价值的功能就是对未来的预测评估功能。

第五节　医药卫生科技咨询方法

医药卫生科技咨询方法是指在咨询活动和咨询研究过程中，为政府决策、管理决策、经营决策、临床诊疗决策提供咨询服务所采用的手段和技巧，医药卫生科技咨询研究采用何种方法，它与咨询功能的实现具有密切关系，因为医药卫生科技咨询的主要功能是为用户，也就是医药卫生政府机构决策、医药卫生政策决策、卫生管理决策、医药企业经营决策、临床诊疗决策等提供准确的咨询诊断与存在问题的症结，并提出应对措施和策略，科学地预测其未来发展趋势，卓有成效地提出解决问题的建议方案。因此，了解和掌握正确的咨询方法和规律，为实现这些咨询功能而采取相应手段和方法，对正确和有效开展医药卫生科技咨询活动具有方法学意义。

一、问题咨询分析方法

对医药卫生科技存在问题咨询分析方法比较多，何种方法最适用，这要根据咨询对象所存在问题的情况而定，其中有定量分析、定性分析、结构分析和要素分析等多种分析方法。应用何种方法，是要根据所咨询专题或主题性质而定。

1. 座谈讨论法　座谈讨论法是比较常用的咨询方法，这种方法适用于所咨询的问题或专题，不用复杂的立项研究设计，只用借助相关领域的专家学者的智力和智慧，给出意见、建议或应对措施。这首先由座谈讨论会的主持人给出座谈讨论的主题，可在座谈讨论会前就提供给被咨询专家，提前思考。如所咨询的专题、题目、事项等，这样咨询座谈会一开始就可以进入咨询主题；主持人最好把握好咨询的方向，其重点要咨询什么。如找出问题、建议、对策或解决问题的路径与办法等，以保证达到咨询的目的。

2. 调查研究方法　调查研究方法是指被咨询专家通过调查研究和考察了解所咨询事物的客观情况，直接获取相应论证咨询材料，并对所获取的资料实施分析研究，得出科学的证据支撑。调查研究也是科学研究的常用方法，特别是在描述性、诠释性和探索性研究中都可以运用这一方法；它可以通过抽样方式，以个体或群体为样本，通过问卷调查、特别访谈等，了解被调查对象的相关咨询问题，并加以分析研究和判断；当然，也可以利用其他调查资料或数据实施分析，为所咨询问题提供依据和证据支撑。

3. 统计学分析方法　统计学分析方法是比较复杂的分析方法，其本身方法也比较多，它只要是通过收集、整理、分析和解释统计数据，对所反映的问题得出统计结果和结论，它是从微观结构来研究事物的宏观性质、特征和规律的独特的手段，统计学方法适用于所有咨询论证科学领域的通用数据分析，也只有通过数据统计分析才可能接近科学性和事物的本质规律。因此，统计学分析方法是咨询活动中常用的方法，是咨询论证的重要支撑手段。

4. 系统分析方法　系统分析方法是以系统的整体最优化为目标，对所要咨询的事项实施系统分析，对系统的各个方面实施定量和定性分析，这是一种有目标、按系统、有步骤的探索和分析过程，全面分析和提出问题，为相关领域的决策者提供直接判断和决策最优化方案。无论咨询的事项或问题大与小，其本身就是一个系统，是系统工程的重要环节或程序，这种系统观点和系统分析问题的方法，是相关领域咨询的常用方法，一般应用于重大而复杂问题的咨询分析。如政策性咨询、战略性咨询的分析、选择，也适用于医药卫生科技新产品和技术的开发与设计咨询。

5. 定性分析方法　在医药卫生科技咨询实践中，定性分析方法也是常用的方法。是依据咨询专家对事物的预测主观判断分析，推断或推理预测出事物的本质和发展趋势。定性分析方法主要靠咨询专家自身的专业知识、经验和判断力，给出定性分析判断结论；但定性分析预测的准确性相对较低，故定性分析方法一般用于咨询事物各方面条件不具备的情况下，做一个初步预测分析，也可以请比较熟悉被咨询事物的专家或同行，根据其积累的实践经验实施分析判断，从而提出初步意见、建议或应对措施，再通过座谈讨论形式进一步征询意见，补充完善，最后形成预测分析结果。

6. 定量分析方法　定量分析方法是常用的医药卫生科技咨询的科学论证方法，是对要咨询的医药卫生科技等问题数量特征、数量关系和数量变化规律实施定量分析，以利于揭示事物的本质规律和为咨询的医药卫生问题提供数量化的根据与支撑。在实施咨询中，咨询专家可以利用公共卫生统计数据，也可根据特定咨询问题需要，特别统计与调查获取第一手数据，实施综合分析，为所咨询问题提供论据，以保证所咨询问题的准确性与科学性。

7. 要素分析方法　要素是构成客观事物的存在，而且是维持其运动的最小单位，是构成事物必不可少的现象，也是构建医药卫生科技系统的基本单元，是医药卫生科技系统运行、功能活动、变化、发展的动力要素和动因。构成医药卫生科技系统的基本单元具有层次性，这些相应要素相对它所在的系统是要素，而相对于构成它的要素则是系统。所以，在系统中相互独立又按比例联系成一定的结构，这在很大程度上决定了系统的性质。同一要素在不同系统中具有不同的性质、地位、特征和作用也有所不同。因此，在医药卫生科技咨询活动中，采用要素分析要结合所咨询专题本身的要素，对所咨询问题实施要素归纳和要素分析，搞清哪些是关键要素或制约发展的要素以及相关要素，根据各要素的性质和对事物发展的影响程度，提出重点解决问题的对策措施。

8. 结构分析方法　结构分析方法主要是通过分析和确立事物或系统内部各组成要素之间的关系与联系方式，从而认识咨询事务或系统整体特性的科学分析方法。众所周知，任何客观事物都是具有一定结构的整体，医药卫生科技系统也是如此，医药卫生科技咨询的结构分析是咨询者认识所咨询事务的基本方法；特别是在医药卫生政策咨询、医药卫生决策咨询。如医药卫生体制改革的咨询中，其结构分析方法应用比较普遍。

9. 对比分析方法　这种方法也称比较分析法，是把所要咨询的客观事物加以比较，以达到认识客观事物本质和规律，并做出客观正确评价和提出咨询意见的方法。对比分析方法一般是把两个相互联系的事物、指标、统计数据进行比较，从数量上揭示或说明咨询对象规模大小、所处水平和位置、进展速度、关系等，在咨询活动中，选择合适的对比对象、标准是关键步骤，因为只有选择合适与具有可比性的指标，才能做出客观咨询评价。

10. 因素分析法 也称为经验分析法，是一种定性分析方法，主要是凭借咨询专家的自身实践和经验做出咨询判断或结论。这种凭借经验实施咨询简单易行，而且成本低廉，是医药企业市场咨询的常用咨询方法。

二、预测分析方法

医药卫生科技咨询活动本身就带有预测特征，是对某专业领域未来发展趋势和走向的预测性判断。预测分析方法就是根据所咨询事物的现状、过去和现在预测评估未来发展，通过已知咨询预测事物发展未知，以减少对相关医药卫生科技事业发展认识的不确定性，从而达到指导相关领域的决策活动，减少医药卫生决策的盲目性或最大限度地杜绝决策失误。

作为咨询研究常用方法的预测分析技术，还是一种统计学和数据挖掘制订解决方案的手段，其中包括结构化和非结构化的数据统计分析与使用，以确定对未来咨询预测结果的算法和技术应用。它可为预测、优化、预报和模拟等其他用途，也可为规划流程提供相应信息，从而为被咨询事物或咨询专题的未来给出关键洞察分析。预测分析方法一般可分为定性预测法、数学模型法和模拟模型法；可以看出，咨询预测分析方法比较复杂。在医药卫生科技领域咨询预测实践中，可以根据医药卫生科技实际情况或咨询专题，选取恰当的预测研究方法，也可以多种方法并用，以达到相互印证咨询预测结果和结论的目的。

1. 定量咨询预测的步骤　明确预测对象和目标、收集整理文献资料和统计数据、构建预测模型、模型参数评估、模型验证或检验、咨询预测实施与结果分析。

2. 定性预测方法　最常用也是最经典的德尔斐法，要经过3～4轮的调查，咨询专家意见协调一致；其预测中应遵循原则为对本方法做出说明、问题集中和提出问题的针对性、避免组合事件、用词要确切、领导的意见不应强加在调查中、调查表简化和问题数量限制性、鼓励专家参与、对咨询专家的回答实施分析和处理是最重要阶段。

3. 时间顺序预测法　其变量和指标数值按时间顺序排列成为一个数值数列，这被称为时间数列或时间序列；可以利用这一时间顺序实施咨询预测分析。

三、制订与评价方案法

这种咨询分析方法包括系统综合法、模型构建法、头脑风暴法、可行性研究法、方案比较法、创造分析法、系统优化法、方案评价方法等。

1. 系统综合法　系统综合分析方法是把相关领域的咨询主题或咨询事物对象视为系统综合体，对这一咨询对象系统综合体，以及要素、层次、结构、特征、功能、关系、发展趋势等实施辩证综合考察，也就是非孤立地看待和审视咨询对象，以利于取得带有创造性和创新性的医药卫生科技咨询成果。系统综合法首先是咨询专家要具有系统观和系统分析问题的理念，把所有咨询的问题都视为一个系统，系统考察、系统分析、系统实策。

2. 模型构建法　模型法在医药卫生领域应用比较广泛，特别是在基础医学研究领域或传染性疾病研究上，经常要通过构建某些模型加以验证和预测。如某些传染病的动物模型。它是指通过成功构建模型来揭示原型的形态、特征和事物的本质。模型法借助于与原型相似的物质模型或抽象反映原型本质的思想模型，通过间接的模型研究客体原型的性质和规律。通过引入模型才能方便咨询者解释那些难以直接观察到的事物内部构造、事物变化规律、发生机制、事物之间关系，这是比较复杂的医药卫生科技咨询手段。

3. 头脑风暴法　所谓头脑风暴法是指无限制地自由联想和讨论，靠咨询专家头脑中的智力和智慧对咨询事务本质的理解，自由迸发和释放自己的战略思想、战略观点和战略措施，其目的在于通过头脑风暴法产生新观念、新思维、新观点、新思想，从而激发和释放创新设想和咨询措施。头脑风暴法更适合于医药卫生科技领域相关群体决策中，这是由于群体成员受心理相互制约和影响作用，很容易屈服于权威专家、领导或大多数人的意见制约，形成所谓的群体思维的局限性或存在缺陷的一面；由于群体思维往往会在某种程度上削弱了群体的批判精神和创造性，因而会损害决策的质量。因此，为了保证医药卫生科技领域群体决策的创造力，最大限度地提高各项决策的质量，在管理上采用了改善群体决策的方法和策略，而头脑风暴法就是克服这一缺陷和提升群体决策质量的常用方法。

4. 可行性研究法　可行性研究方法适用于在重大医药卫生科技项目决策前，为避免决策失误，造成不必要的决策损失，对重大决策事项或重大科技攻关项目的必要性、可行性实施论证咨询，是当今科学决策的重要环节和路径，也是医药卫生科技咨询活动最常用咨询方法。可行性研究也称为可行性分析，是重大科研立项、重大医药卫生投资、重大医药工程项目、重大医学研究课题等，立项和决策前普遍应用的综合性决策咨询方法。它的主要任务是对咨询对象主要问题从社会经济、健康事业发展、医药卫生科技总体发展、国际竞争需要等实施全面、系统化研究分析，论证其必要性与可行性，同时对被咨询项目的社会效益、科技效益、经济效益等可能达到的效果和目标实施预测分析，以利于在既定范围内决策者实施有效的合理选择，以有限的社会资源达到最大效益目标和价值。

5. 方案比较法　方案比较法也称为技术经济比较法，它是通过对同一医药卫生科技项目的几个方案，通过反映医药卫生科学技术效果、健康战略实施、社会经济发展效果的指标体系，实施科学计算、反复比较、分析论证，优化最佳方案，选择最合理、最科学、最优化、最急需、最必要、最可行的决策咨询方案。运用方案比较法需要满足两方面的要求：①对比咨询方案应满足经济或科技发展衡量标准，也就是规定的标准定额指标。如项目基准创新效益或投资收益率，标准投资效果系数与定额投资回报周期等。②对比项目方案满足科技创新评价和经济效益评价的可比原则，也就是具有共同的可比条件。因此，这一比较方法主要是比较其可行性和效益性，效益优先原则，是咨询方案比较重要的内容。

四、相关技术方法

在医药卫生科技领域咨询实践中，所应用到的相关技术方法有情报信息技术、电子计算机技术、运筹学技术、计量学技术、网络技术等。这些相关技术的应用为科学咨询和有效咨询提供了技术支撑，是保证医药卫生科技咨询的重要手段。

第 14 章　医学编辑应用文书的撰写方法与基本规范

在医学编辑实践中，编辑不但要修改和编辑加工作者稿件，同时还要撰写编辑常用文书或文稿。因此，医学编辑熟练掌握常用编辑应用文书或文稿的撰写，对提高编辑质量和编辑工作效率具有重要作用，医学编辑文书或文稿撰写水平，既是医学编辑工作的基本功，也反映医学编辑的创作思维和思路，是医学编辑整体素质的重要方面。

第一节　稿件退修信件的撰写方法与规范

稿件退修信基本上是医学期刊编辑的日常撰写文件，撰写好一份合格的退修信，需要编辑认真负责的精神和工作态度。同时，还需要编辑熟练的专业技能与综合分析能力，也关系到作者退修稿件一次性修改成功的关键。

一、稿件退修信概述

稿件退修信就是指作者的论文稿件经过评审已决定在该刊正式发表，编辑部对稿件中需要补充修改意见、规范化和需要作者斟酌的内容，通过正式编辑文本形式告知作者，以利于达到在学术期刊发表的要求，这种专门针对作者对拟发表论文稿件提出具体修改意见的专门文件称为稿件退修信。对于医学期刊或其他科技学术期刊，当论文稿件决定正式发表，一般 100% 都要将稿件退给作者进行修改补充，即使没有学术内容的补充修改，也几乎都存在或多或少的规范化的问题。因此，稿件退修是保证稿件达到发表要求，进一步完善论文稿件内容与规范化的必要环节。

目的：①通过退修信函告知作者，文章已决定拟刊用，建议不要再投其他期刊。②告知作者文章发表的文体形式。如论著（原始创新研究）、简报（短篇论著）、论著摘要、评论性文章、专题讲座性普及性文章、综述等发表形式或体裁。③告知作者文章基本字数要求。④逐条写明需要修改、补充、规范化的内容或需要提醒斟酌的事项，以利于达到正式发表的规范化要求。⑤通知作者稿件的具体修回时间或拟发表的期数。同时，编辑在要求作者修回截止日期时，要计算好时间，给作者预留出修改的时间。⑥告知作者需要补充提供的证明。如版权授权书、单位论文投稿证明、重点科研基金资助证明等。

二、撰写内容与要求

稿件退修信的内容主要是学术内容。如同行专家评审意见、规范化方面存在的问题等；编辑应在阅读全文和所有同行专家评审意见的基础上，进行归纳分析和整理文章存在的问题。稿件退修信既要考虑完善文章内容达到发表要求，同时还要考虑达到促进和提高作者医学科研水平的目的，尽量指出研究存在的问题，这就需要编辑全面和完整地将文章中存在的问题，以有理有据的形式提供给作者思考、补充和修改，实现促进人才成长的目的。

1. 归纳分析评审意见与依据逐条反馈　首先归纳分析和整理同行专家评审意见及编辑审查意见，要将同行专家评审意见与编辑审查意见合并分析归纳；对同行专家评审意见也不可完全照搬，也要分析其合理性和必要性及重要性，然后逐条列出意见和建议及修改条款，以利作者逐条斟酌依次补充修改。

2. 注重标题修改与力求表达规范　编辑要重视文章标题的审查，对标题表达的规范性和准确性进行斟酌，对表达欠准确或不规范的文章标题，提出修改建议或建议作者斟酌修改；必要时，编辑可拟出修改标题形式，供作者参考或采纳。

3. 中英文摘要撰写的规范性　对表达欠准确性、完整性和规范化的中英文摘要，应当提出补充修改建议，以保证中英文摘要符合规范化要求，确实达到发表的标准。

4. 文章结构及导语的规范化　对文章的整体结构和布局的合理性与规范性，以及存在的问题提出调整建议或修改。对文章引语（导语）的规范性，如研究背景、研究意义和主要结论的交代情况，对表达欠规范的，建议作者予以补充和修改。

5. 方法学部分的科学性与合理性　方法学部分是医学科研论文的关键部分，首先对医学科研设计的合理性、样本质量和样本量、统计学分析方法的合理性、统计结果和结论的描述、试验药物或试剂来源等存在的问题提出补充修改意见。对涉及医学伦理和医学科研伦理情况交代情况，若缺乏对医学论文问题的叙述，应请作者予以补充。

6. 讨论内容的规范性　对讨论部分进行分析，对存在的问题建议作者予以补充修改。如讨论部分是否规范，是否围绕本研究结果和结论及存在的问题展开讨论，对存在的缺陷建议作者修改。

7. 参考文献著录的规范化　对参考文献著录存在的问题。如著录是否规范，参考文献著录和引用是否准确，并对遗漏参考文献等，建议其补充与核实准确。

8. 作者相关信息　作者信息存在的问题和需要规范化问题。如作者单位信息和通信地址是否正确规范；基金项目名称著录是否正确和规范等，一并提醒作者补充和修改。

三、撰写技巧与注意事项

1. 保证一次修改成功　反复修改或补充会给作者增加麻烦和工作量，同时也给编辑增加工作量，给文章按期发表带来不确定因素。因此，退修信全面与否，是关系到文章一次修改成功的关键，所以编辑在撰写稿件退修信时，要对全文进行认真全面斟酌，对所发现需要作者解决的问题一并列出；尽量防止疏忽或漏掉项目造成被动。

2. 避免不加分析照搬评审意见　同行评审专家意见或建议，编辑要重新进行归纳和分析，避免原话或原样照搬给作者，特别是有的评审专家用语比较苛刻和语气严厉的话语，编辑不应照搬给作者，以免造成作者心里不舒服，应将评审专家的意见和建议适当转化为以编辑部名义的形式。

3. 语气温和、平等协商　稿件退修信语气要温和，以平等协商的语气，避免强硬，编辑在撰写退修信时是以编辑部的名义在给作者回函，语气尽量温和，切忌居高临下，以命令的语气说话，应当以"建议做如下修改""建议对某问题进行斟酌"等，用客气和礼貌的语言，以平等协商和建议的语气与作者沟通和交流，这也是提升期刊凝聚力的重要形式。

4. 肯定稿件优点、激励作者信心　稿件退修信应首先肯定文章的优点，然后再指出稿件缺陷和不足，具体提出补充和修改意见或建议。并希望作者继续深入研究和支持本刊的工作，鼓舞和激励作者的科研活动，激发作者的钻研精神和科学精神。

第二节　稿件退稿信件的撰写方法与规范

在编辑实践中，对于医学期刊退稿信应当比稿件退修信还要多，其工作量比退修信还要大，但有些期刊编辑出于客观原因或图省事，以简单一句退稿原因或"另投他刊"了事，特别是在过去以纸质稿投稿年代，编辑部在退稿的稿件上附上一张印制好的"退稿信"（小纸条），在列出的几个退稿原因上打钩寄给作者了事。其实这是一种对作者不负责任的表现，严格讲，为提高作者的医学科研水平和医学论文的写作水平，即使退稿也应撰写完整的退稿信和退稿意见及建议，将文章存在的科研设计缺陷、选题缺陷、文章撰写中存在的问题、同行专家评审意见或建议等综合整理后反馈给作者，以促进和提高作者在医学科研设计、科研选题和文章撰写方面的水平。

一、退稿信概述

退稿信是指作者投稿后，经过编辑部审核评审、同行专家评审或专业评审组审定等，相应稿件评审流程和编辑决策系统对存在缺陷的稿件决定不予录用做退稿处理时，专门回复或致退稿作者的信函式文件，称为退稿信。退稿信一般由编辑部的分管编辑撰写，然后以编辑部的名义发给相应作者。

二、撰写内容与要求

一般退稿信不像稿件退修信要求那样全面，退稿信的重点撰写内容在于学术方面，也就是主要退稿原因。如先进性、创新性、科学性、实用性、重复性和真实性等存在某些缺陷，因为退稿原因大多为学术方面的问题，不外乎这几方面存在着不同的缺陷。如选题缺陷、科研设计缺陷、样本质量和数量设计缺陷、资料整理分析缺陷、结果与结论缺陷、统计学方法与结论缺陷等问题，编辑应将稿件存在的缺陷、意见和建议反馈给作者，至于文章结构、规范化、文字、标点符号等，可以少用笔墨，点到为止。退稿函件的意义在于，不仅告知作者退稿原因，而且将稿件中学术质量缺陷和建议提供给作者，这会有利于作者的提高医学科研水平，这也是科技学术期刊培养和促进人才成长的重要途径之一。在编辑实践活动中，经常可以遇见，退稿作者当收到退稿处理结果后不是抱怨期刊，而是致信感谢期刊编辑部的退稿"意见和建议"，为他们提供了非常好的研究思路和方法及建议，受到了启迪，增强了调整医学科研思路和选题及继续深入研究的信心。而作为编辑，其最高境界是在默默无闻的作者中发现和培养作者，通过编辑的努力和启蒙，使初出茅庐的新作者逐步成长起来，甚至成为著名专家学者，这是编辑的境界和意义所在。因此，编辑不要轻视或忽视退稿信内容的撰写，其意义在某种程度上不亚于稿件退修信的意义。

三、撰写技巧和注意事项

1. 用语温和、平等沟通 退稿信一定要用语温和，编辑与作者平等沟通，避免用过激语言和语气，以避免伤害或刺激作者。在退稿信开头，首先感谢作者投稿，感谢作者对本刊的支持，并欢迎继续关心支持本刊，欢迎继续投稿等致谢与鼓励语言，增强作者的信赖感、亲切感和信心。

2. 意见和建议要准确 在退稿信中所提出的意见或建议要有理有据，以理以据服人，不但告知作者退稿原因，还要尽可能指出研究论文的重要缺陷所在，并具有针对性地提出选题方向或方法、医学科研设计、文献查阅或完善修改注意事项等建议，通过退稿意见使作者能够得到启迪和进步。

3. 条理清晰、层次严谨 对所提意见或建议要条理清晰，科学严谨，逐条撰写，层次分明，先重要的，后次要的，先难后易，特别是在提出问题和建议的同时，最好提供解决问题的思路和方法，以利于帮助作者提高水平。

第三节 约稿函件的撰写方法与规范

组稿约稿活动是医学编辑常规性编辑实践，编辑通过选题策划和深思熟虑，确定好了选题，通过便捷的约稿函件，既可节省成本，又可较好达到选题约稿的目的，是医学编辑常用的约稿方法。约稿函撰写得如何，直接关系到约稿的成败，编辑要把选题的目的、选题背景、拟题、撰写思路和要求等简要交代清楚，这反映了编辑的思想性和专业学术评和基本素质。

一、约稿函概述

约稿函也称为约稿信，是指期刊、报纸、多媒体等编辑邀请或约请相应专业人士撰写稿件的信函。它是医学期刊编辑最常用的约稿方法，在当今通信手段现代化的今天，可以沿用传统的纸质信函形式，它的优点是彰显约稿的郑重性和严肃性，并加盖期刊编辑部公章，显示其权威性和可信性；也可以通过电子邮件信函和微信等形式发出约稿函件，但不管使用哪种形式，都应当以编辑部的名义实施选题约稿，尽量避免以个人名义或语气发出约稿函。

二、撰写内容与要求

约稿函的意义在于明确和清晰地告诉被约稿人本刊约稿的目的和意义、所约稿件和撰写的注意事项等。

1. 选题背景和意义　编辑要在约稿函中简要介绍选题的背景和意义，所选约稿主题或专业发展的基本现状、需要和存在的主要问题，要回答和解决哪些学术问题与对策建议，也就是说，把期刊编辑的选题思路原本交给被约稿专家，以利于激发和启迪被约稿人的写作思路及兴趣。

2. 选题约稿的目的　期刊编辑要在约稿函中明确交代约选本主题稿件的目的，也就是说，要回答期刊为什么要约此稿件，发表的意义是什么？这有利于被约稿专家了解期刊的约稿意图和目的，以利于被约稿人围绕期刊编辑选题意图撰写，满足或达到期刊约稿的要求和目的。

3. 文章题目与撰写基本内容　期刊编辑应当提出或建议约稿具体标题（题目）和主要内容，也就是说，编辑要在约稿函中提供明确撰写题目，文章要回答哪些问题，以及解决问题的办法或建议，甚至具有较高水平的编辑可将基本撰写思路进行简要交代，以利于开启被约稿人的撰写兴趣和思路。当然，约稿函还要根据所约稿件体裁不同而要求各异。如评论性文章要求要针对问题或主题评述、讨论，而不是撰写成综述形式；原始研究（论著）选题，要求创新和实用，反映当前国内外研究水平。因此，不同体裁、不同形式、不同目的和不同读者对象，在撰写约稿函时所提要求也不同。

4. 告知读者对象　所约稿件主要针对的读者对象或读者群是谁，应交代给被约稿人，以利于被约稿人具有针对性地撰写和所涉及的深度，以满足相应读者群的需要。

三、撰写技巧和注意事项

1. 相互理解、平等协商　编辑在撰写约稿函向专家或普通专业技术人员约稿时，其用语要温和，以协商或建议的口吻，相互理解，避免居高临下、语气强硬或命令式的口气，因为被约稿者都不是必须要接受期刊的约稿任务，都是义务性工作，最好在发约稿函前或发约稿函后及时与被约稿人再做一下电话口头协商或沟通，了解被约稿者是否有时间和胜任选题撰写任务，编者与作者沟通和达成共识，以利于互相理解和支持。

2. 层次清晰、简明扼要　撰写约稿函应避免过于繁杂、思路混乱、层次不清、目的不明，要让被约稿人清晰了解编者的约稿意图和目的，充分理解选题的背景和意义及撰写要求。

3. 明确要求、提供思路　在撰写约稿函时，要将约稿的具体要求明确告知作者。如稿件完成时间或交稿的具体时间、基本字数限制等，并请被约稿人回复是否有困难或能否按时完成稿件撰写，以利于编者安排相关事宜或另选约稿人选。此外，在可能情况下，编辑应向被约稿交代或提供简要的撰写思路，以利于启发作者思考，理顺作者思路，增强作者撰写兴趣。

4. 准确遴选撰稿专家、避免盲目选择　编者在遴选撰稿人时，必须对所选专家、学者的专业和研究方向及专业特长有足够了解，所选约稿题目或主题是撰稿人研究最深入和最了解的领域，对其相关领域学术发展的现状、发展趋势、热点难点问题和存在的问题了如指掌，驾驭轻熟，并根据约写体裁的不同，对遴选撰稿人的学术地位要求也不同。如评论性文章，因其具有很强的学术导向性、引导性和目的性，一般要求撰稿人不但非常熟悉相关领域的发展，而且还要具有较高学术知名度和学术影响力，应该遴选相关领域的著名学术/学科带头人撰写，发挥其权威性和学术影响力的作用，以利达到学术引导目的。

5. 慎重约稿、留有余地　对于期刊编辑约稿一定要慎重，全方位考虑成熟，并对其必要性、迫切性、可行性、效果预期做全面斟酌，一旦约稿尽量不做退稿处理，以免伤害或对被约稿专家难以交代。但编辑实践表明，在大量约稿中，也不是所有约稿100%都可顺利发表，也会有约稿确实质量过差，难以达到约稿目的和发表的要求，即使多次修改也很难达到要求，但为了保证期刊的质量，也只能不得已而做退稿处理。因此，期刊编辑要在约稿函最后应申明，因所约稿件还要进入评审流程，是否能最终采用发表，还要视同行评议结果而定。做到留有余地，避免编辑进退维谷。

6. 感谢支持　约稿函最后要以期刊编辑部的名义，感谢撰稿人接受本刊约稿，感谢多年对本刊的支持与厚爱，希望继续关注和支持本刊工作等致谢和亲切温和用语。

第四节　学术会议纪要的撰写方法与规范

学术会议纪要类文稿，是医学编辑撰写比较常用的编辑文书。但参加学会会议、专题会议或工作会议，要将会议主要成果用比较短的篇幅，比较准确和忠实地撰写出来，通过期刊发表，让更多的读者和医学科技工作者了解，是医学编辑的职责和义务。

一、学术会议纪要概述

医学期刊作为学术交流平台，为促进学术交流和引导学术发展方向，解决专业或学术发展中的问题，经常策划组织学术会议。如专题研讨会、专家讨论会、专题座谈会、专题学术论坛、学术报告会等，并通过学术会议纪要的形式在期刊发表，将会议交流的主要学术内容、新思想、新观点、新发展趋势、存在的问题、解决问题的对策及达成的会议共识，通过会议纪要形式发表，以利于更多的同行受益和指导学术研究。此外，还有工作性会议纪要，主要是指用于记载和传达会议情况、会议交流成果、会议共识、会议精神和议定事项的行政性会议文件，属于纪实性文件材料。单就会议纪要而言，其种类如下。

1. 办公会议纪要　主要用于记载和传达领导的办公会议决定、会议决议事项、工作安排事项；如其中涉及有关部门的工作，可将会议纪要发给他们，并要求其执行。

2. 工作会议纪要　用以传达重要的工作会议的主要精神和议定事项，有较强的政策性和指示性。

3. 协调性会议纪要　用于记载和协调性会议所取得的共识以及议定事项，对与会各方有一定的指导性或约束力。

4. 研讨会议纪要　主要记载研究讨论性或总结交流性会议的情况。这类会议纪要的撰写要求全面客观，除反映主流意见外，如有不同意见，也应整理进去。

二、会议纪要的特点

1. 内容的纪实性　会议纪要要如实地反映会议内容，不能离开会议实际搞再创作，否则，就会失去其内容的客观真实性。

2. 撰写表达的提要性　会议纪要是根据会议情况综合而成的。因此，撰写会议纪要时应围绕会议主旨及主要成果来整理、提炼和概括，重点应放在介绍会议成果，而不是叙述会议的过程。

3. 撰写人称的特殊性　会议纪要一般采用第三人称撰写方法；由于会议纪要反映的是与会人员的集体意志和意向，常以"会议"作为表述主体，使用"会议认为""会议指出""会议决定""会议要求""会议号召"等惯用语。

学术性会议纪要，除了具有其他普通会议纪要撰写的基本要素和要求外，学术性会议纪要主要是突出学术性内容，应根据会议交流的主要学术内容、会议取得的重要成果。如会议反映出的学术发展趋势、热点、难点、焦点问题，会议达成的学术共识、新的学术思想、新的学术观点、专业或学术发展中存在的问题、形成的建议和解决问题的对策等，以会议纪要的形式记录或记载下来，并通过学术期刊发表传播，扩大学术会议成果的传播半径，发挥学术指导作用。

如果与会专家学者经过研讨，会议形成的共识、提出的问题、对策措施和建议等，对政府主管部门正确决策具有咨询意义，可将会议纪要提交政府相关主管部门参考，也可以专门形成一个咨询报告递交政府部门供决策参考。

三、撰写内容与要求

1. 会议背景与概况　学术会议纪要首先应介

绍会议召开的背景和意义,也就是在什么学术背景和情况下,以及为什么要召开本次学术会议,通过学术会议要达到什么目的。会议的一般情况(如学术会议的名称、召开会议的时间和地点、参加会议人员来源和数量,都有哪些领导或著名专家出席会议,都有哪些领导或著名专家做专题学术报告或发言等),但这些背景和会议的一般情况应尽量简明扼要,避免罗列过多会议过程而喧宾夺主。

2.学术会议主题　会议纪要应简要交代会议的主题,也就是会议的中心议题或主要内容,以显示学术会议鲜明的主题思想和会议的目的性,以避免学术会议的盲目性和漫无边际的感觉,体现不出学术会议的主旨和中心思想。

3.主要会议成果与共识　这是学术会议纪要的重点内容,要具体全面体现会议所取得的成果,通过与会专家学者的讨论和交流达成了哪些学术共识,应将会议成果和会议共识根据其重要性按层次顺序逐一阐述清楚,充分体现会议成果。

4.整合与归纳会议亮点　通过学术研讨和学术交流,展现出的新的学术研究进展、新的学术思想和新的学术观点,学术研讨中呈现出的学术热点、难点和焦点问题等,以突出学术会议的亮点。

5.学科与学术发展存在的问题　俗话说,善于发现问题已经达到解决问题的一半。通过学术交流和研讨,就是要发现学科和学术发展及相关领域存在的问题、阻碍研究进展和临床实际应用的瓶颈问题等,善于发现学术发展中的问题,是促进学术进步的关键。

6.对策与建议　通过学术交流和研讨,发挥群体专家和学者的思想智慧,整合集体的智力资源,形成找准问题和解决问题路径;对通过学术研讨提出的问题,参加会议的专家学者形成的解决问题的对策和建议,作为学术会议纪要应条理清楚地逐条记载和阐述,以体现会议纪要的学术咨询价值和学术指导价值。

四、撰写技巧与注意事项

1.专人记录、专人整理　在召开学术会议之前,就要安排专人从事会议的记录工作,而且记录者应当是内行,也就是熟悉会议交流的相关领域或专业;特别是会议设分会场、分组讨论等,要安排专人分别负责记录,学术会议纪要的整理者要全程参加会议,以便了解会议的全过程和会议形成的成果。如果是期刊编辑承担执笔起草学术会议纪要,因涉及专业的学术问题和所涉及内容表达的准确性问题。因此,执笔起草后应请会议主席或与会相关专家审阅,以保证其内容的完整性和表达的准确性。

2.简明扼要、突出重点　在撰写学术会议纪要时,应避免流水账式的会议过程叙述,以及单纯罗列与专家主题报告或专题报告题目,使读者不知关键内容和思想观点;要紧紧抓住学术会议的主题,重点和集中反映会议所取得的重要成果,以及会议提出的重要学术思想、观点、学术发展趋势、重要研究进展和对策建议,真正把与会专家学者形成的学术思想共识和集体智慧成果通过会议纪要的提炼反映出来,以利于发挥指导作用,让更多未参加会议的专家学者受益。

3.正确把握、忠实于会议　学术会议纪要是反映本次会议的情况和成果,是典型的集体智慧的结晶,其内容要忠实于会议的实际内容,撰写时既不能掺杂会议以外的内容和观点,也不能融入撰写者个体的主观判断和思想认识,对会议形成的学术共识、建议或倡议,也尽量避免以专家个体形式表述,尽量以会议"会议指出""会议强调""会议认为"等第三人称形式表述。

4.去伪存真、结构严谨　学术会议纪要应忠实于会议,但也不是不加分析归纳、凝练和去伪存真地照搬照抄,撰写者要对会议资料进行认真分析、归纳和整理,对缺乏科学依据和欠客观,以及偏激的观点或建议要加以分析提炼,真正把具有学术价值观点和思想展现出来,以利于引导和弘扬学术正能量。撰写时要注意层次清晰,结构严谨,逻辑缜密,真实准确。

5.因会而异、注意技巧　学术会议纪要的撰写既有基本的规范,又要根据会议规模和形式不同,采用不同的叙述或撰写方法。

(1)内容集中概述法:这种撰写方法是把学术会议的基本概况、会议主题、研讨的主要问题,参会专家学者和代表的共同认识、共识、议定的相关建议,其中包括解决问题的对策、措施、办法、要求和建议等，用综合概括叙述的方法，实施整体的阐述和介绍。这种撰写方法一般多用于小型学术性专题会议。如专题研讨会、专家座谈会、学术讨论会等，而且讨论的问题比较集中单一，与会专家意见比较一致，容易达成共识和具有可操作性，会议纪要撰写的内容单一，而且篇幅相对比较短小；如果会议的议题比较广泛，撰写时可分项逐条叙述。

（2）按项叙述方法：对于大中型学术会议或非单一主题的学术会议，因会议涉及的学科、专业领域较多，甚至大会设分会场、分论坛、卫星会较多，一般要采取按项叙述或按学科及专业领域逐一撰写的方法，也就是说，把学术会议的主要内容分成几个部分或大的问题，分别列出小标题（二级标题）按专业领域加以撰写。这种撰写方法侧重于横向分析阐述和归纳，其内容相对全面和丰富，各学科或专业内容叙述相对较细，并对相应专业领域具有相对独立的会议目的和现状的分析，也具有各自的专项共识、会议成果、对政策措施等阐述。但是，虽然按专业领域分项撰写，因为是大会的一部分，所以，也应有分有合，对共性的东西，会议形成的总体成果和共识等，要具有综合与整体分析归纳和阐述，以体现会议的整体和中心主题思想。

（3）大会主题学术报告提要撰写法：一般学术大会都安排大会主题学术报告和分会场专题报告，提要撰写方法就是将学术大会的著名专家学者的主题学术报告或专题报告，并具有典型性、代表性的大会发言加以整理归纳，从中提炼出主要内容、观点和经典部分，按照报告顺序、不同内容或级别不同，分别加以阐述和介绍。这种撰写方法能比较如实地反映与会专家学者的学术思想和学术观点，把权威专家或学术/学科带头人的对相关主题和专业领域的前沿问题介绍给广大专业人员，发挥学术会议的指导意义。

6. **标题清晰、醒目准确** 学术会议纪要标题的命名应规范，尽量体现会议的主要元素，一般有四种表达形式。

（1）"会议名称+纪要"：如《临床心血管疾病防治研讨会议纪要》；如果是地域性会议，代表来自于某一省市，可以"地名+会议名称+纪要"，如《北京市心血管疾病防治研讨会纪要》；如果会议是全国性的，与会代表来自全国各省市自治区，还可以用"全国+会议名称+纪要"，如《全国心血管疾病防治研讨会纪要》。

（2）"主办单位+全国+会议名称+纪要"：如《中华医学会全国外科学术会议纪要》。

（3）"学术单位名称+届次+会议名称+纪要"：如《中华医学会第22届全国会员代表大会会议纪要》。

（4）以会议主题思想或主要成果为主标题、会议名称为副标题形式撰写：如主标题《发展趋势：即时化、自动化、智能化、远程化》；副标题"全国临床检验医学装备技术与临床应用学术会议纪要"；这种带有副标题的学术会议纪要一般采用得较少。

第五节　编辑委员会会议纪要的撰写方法与规范

编辑委员会会议纪要是比较特殊的具有学术性、专业性和工作性的会议纪要，对于医学期刊，除了编辑委员会换届会议外，几乎各期刊每年都要召开一次编辑委员会工作会议，研究和讨论期刊学术发展、重大编辑出版计划和编辑选题等工作内容，是医学期刊工作的重要会议。

一、编辑委员会会议纪要概述

医学期刊的编辑委员会会议一般属于工作性和业务性会议，但有时也涉及学术内容。如在会议上专门安排具有较强前沿性和焦点性专业学术问题的专题报告，使与会编辑委员和专家学者能及时了解本领域的发展热点、难点和焦点，以利于驾驭相关学科领域的学术发展趋势，更好地驾驭和把握本期刊的学术报道重点、学术导向和发展方向。编辑委员会会议纪要的撰写与其他会议纪要撰写具有相同的规范要求，也具有其不同的特点，主要体现在医学期刊的工作内容上。如办刊的方针、学术报道重点、期刊策划项目、专题研讨会选题、选题计划、办好期刊的建议和措施、编辑委员会成员责任分工等，会议形成的成果、计划和选题等，需要会后分头落实。因此，编辑委员会会议纪要具有其不同的特点，具有工作文件性质的特色。

二、撰写内容与要求

编辑委员会纪要是具有纪实性、记载性和实施性的文件，可以在相应期刊公开发表，把会议形成的共识和决定（如办刊方针、办刊宗旨、选题计划、重大编辑体例改革等），让更多的作者和读者了解，以便具有针对性地投稿和阅读期刊；同时，也可以作为编辑工作文件，呈报上级机构，寄发本刊的编辑委员、特邀编辑委员、审稿专家；还可作为编辑部的工作计划性文件，对编辑委员会会议形成的共识、决定和计划等，在编辑实践中加以逐步落实。其主要内容如下。

1. 会议基本情况　是指编辑委员会会议的一般情况（如到会编辑委员人数、其他与会领导、会上主要报告专家或领导发言的主要精神和要求、会议议题或讨论的主要内容等），并将召开会议的简要背景予以交代。

2. 共识与建议　到会编辑委员讨论会议议题形成的共识，对期刊发展和编辑出版工作、报道重点、选题重点、同行评议问题等提出的合理化建议，期刊改进建议等，因为对今后期刊发展具有指导意义。因此，要逐条记载，以利于编辑部改进工作。

3. 成果与措施　编辑委员会上达成的会议成果（如拟定的重点选题计划、重点学术报道题目、期刊编辑出版改进措施、栏目调整计划、栏目的总体设计、学术导向计划，以及具体负责编辑委员等），都要详细逐条撰写清晰，特别是提出的编辑工作改进措施，要翔实记录，以利于会后编辑部逐项落实。

4. 责任与分工　对于会议提出的期刊选题计划、重点约稿或重点文章题目等，在会议上可能期刊总编辑/主编或副总编辑会进行具体分工，特别指定某位编辑委员专家负责落实，在撰写会议纪要时应详细叙述清楚，以利于会后编辑部跟踪落实或催办。

三、撰写技巧与注意事项

1. 专人记录、专人整理　会上应安排专人负责会议记录工作，以免遗漏或会后遗忘，记录人要全程参加会议，特别是讨论阶段的会议，编辑委员发言时，要将与会编辑委员提出的建议和改进措施详细记录，归纳分析和整理，形成群体智慧，发挥指导作用。

2. 归纳准确、突出重点　会议纪要不是大杂烩，更不是会议的流水账，特别是编辑委员会的讨论阶段，发言编辑委员较多，所提问题和建议也具有多角度和多样性，具有共性的东西也有个性或局限性的东西，具有价值大的东西也可能有价值不大的东西。因此，纪要的撰写者要对会议发言、讨论提出的意见和建议进行系统分析，归纳整理，归类分析，形成具有共性、可操作性、条理性的意见、建议或改进措施等，并注意突出重点，围绕中心，避免照搬照抄，杂乱无章，展现不出会议形成的精华，失去会议纪要的意义。

3. 去粗取精、把握侧重点　编辑委员会会议纪要既要忠实于会议原意，又要注意抓住会议的中心议题，同时注意侧重表达与会编辑委员已经取得共识和大家普遍关心的问题并达成一致意见的重要议题。

（1）突出议题取精华：撰写时要抓住会议研究和解决的主要问题，也就抓住了纪要的侧重点；对会议讨论中涉及的其他问题，要加以分析，是否具有普遍性和重要性，对涉及非中心议题事项，而且其重要性不强，可操作性差的问题，可以从简而谈或简略。

（2）围绕讨论取精华：编辑委员会编辑委员在讨论中心议题时，往往各抒己见，角度不同，意见也不完全一致，甚至出现分歧，这种情况下，纪要执笔者应该对各种意见认真研究，归纳整理出完全一致或基本一致的意见；对少数人提出的意见，会议上如果没有被会议否定，也符合会议宗旨或有利于期刊发展，也应该采纳，而对于意见分歧较大，未能够统一认识达成共识的问题可以不写进纪要中。

（3）围绕总结取精华：在编辑委员会上，在会议结束时，会议主席或总编辑一般都要做会议总结性发言，对会议成果和共识进行概括，并对需决定的事项进行意向性肯定或否定，纪要的执笔者要围绕总结提炼会议纪要的关键材料，这是把握编辑委员会纪要关键内容的重要组成部分，也是避免会议纪要偏离重要议题成果的关键。

4. 会议成果表述的准确性　编辑委员会纪要的执笔者要把握其表述议定事项的"三性"。

（1）语言表达的准确性：要注意用语表述准确，文法的规范性，避免发生歧义，特别是对重要问题或敏感问题表达不准，就很容易引起歧义或误解。

（2）重要决定的依据性：在会议上决定问题和事项，应与国家相关期刊管理条例或政策法规及规定相适应，避免发生相互矛盾。

（3）实施的可行性：对于会议上提出的意见、建议或措施，应具有可行性和可操作性，否则，再好的建议也难以实现。

第六节　医学编辑选题策划报告的撰写方法与规范

医学期刊编辑选题策划是重要的编辑实践活动，编辑要保证选题策划的成功，必须将选题背景、选题意义、选题形式等进行设计，然后提请编辑部主任或社长审批，以保证选题策划的顺利实施。

一、选题报告概述

编辑选题策划报告，也称为选题策划方案，是编辑人员主动的编辑行为，这与作者来稿不同，作者自主来稿体现的是作者的功利目的，而编辑选题策划是体现编辑思想和编辑的功利目的，它具有很强的目的性、思想性、主动性、预期性和针对性的特点。因此，期刊编辑要顺利达到预期目的，就必须在选题实施前进行周密设计，制订完整的策划方案，特别是对重大选题，要对选题策划的学术背景，对学术发展的意义、目的、可行性和必要性、具备的条件和实施步骤进行认真设计，制订出具体实施方案，并将选题策划方案提交期刊编辑部或期刊社相关领导审阅把关，也可以征询相关专家和编辑委员会总编辑、副总编辑或编辑委员意见，其方案成熟后再具体按步骤实施，以保证选题策划的成功。

二、撰写内容与要求

撰写选题策划报告或方案一般用于重大选题策划，如果是单篇选题约稿一般不必撰写编辑策划方案或选题报告；重大选题策划需要足够的依据和实施计划，所以需要制订和设计具体方案，以保证相关资源的配置，保证选题策划成功。

1. 选题策划的背景　任何事物都不是无缘无故的，都具有其发生背景和原因，医学期刊的选题策划也是如此，其选题一定具有相应背景和缘由。因此，撰写选题策划时，首先要阐述选题的学术背景、选题领域的发展背景、科研或临床发展环境，也就是说，其背景和环境决定了所要实施选题策划条件。

2. 选题策划的依据　在撰写选题策划方案时，要详细阐明选题策划项目的依据，根据什么要选择该项目，其重大意义如何，特别是预期或预测可能达到的社会效益、学术效益或经济效益等，对推动相关领域的学术、技术进步和临床应用将发挥的作用等，都要尽可能有预测、有预期和效益性判断。

3. 可行性与必要性　期刊选题策划首先要考虑必要性，也就是说，做这个选题项目具有多大的必要性，要认真分析其利弊；具有必要性，不一定具有可行性。因此，还要阐述其可行性，否则投入人力、精力和资源未必能够达到目的，甚至不可能操作和实现设想。在撰写选题项目方案时，还要将事先对选题项目的论证情况和结论做详细交代。比如，咨询编辑委员或专家的情况和意见、征询相关临床或科研机构的情况和意见等，以避免选题项目失误。同时，也提高了方案或报告的可批性。

4. 实施步骤与资源配置　选题项目方案要详细说明实施的步骤、起始时间和完成时间。还要详细说明经费来源和经费预算，以及所需人力资源情况等，对于比较大型的选题策划项目，可能要采取不同的形式。如策划召开专题研讨会议、专家座谈会，甚至大型学术会议，对选题实施全方位征稿、学术交流和研讨，以利于选题的全面性和对选题项目领域发展的现状、趋势和存在的问题等准确了解，具有全方位的把握，以利于实施正确的学术引导、临床推广或科技成果转化，增强选题项目的系统性或学术选题的可连续性，使选题项目成果不断向深层次发展，以体现学术选题报道的可持续性和延伸性。

三、撰写技巧与注意事项

1. 逻辑清晰、层次分明　一般方案或报告都具有基本格式，但无论如何撰写，其逻辑要清晰，层次要分明，特别是选题方案的目的、意义、必要性与可行性、实施步骤、预期成果或效益、成本预算，成本效益分析等，这些要逐项阐述，使其一目了然。

2. 目标明确、操作性强　一般来讲，方案的制订和设计首先要具有明确的目标性和目的性，这是制订或撰写选题方案或报告的重要环节，否则，方案或报告缺乏明确目标和目的，也就失去了方案制订的关键理由；同时，在制订、设计和撰写过程中，要考虑和显示出其可操作性。一个缺乏或未体现其可操作性的方案，它会失去可执行性与可实施性，这是方案不成熟的现象，应当在撰写过程中进行认真推敲，以利于方案的顺利实施。

3. 方案的预选性和预测性　一般提供决策方案应当具有选择性，也就是同时提供可供选择的多种方案，以保证从中优选出最佳方案；对于期刊选题策划项目方案，不一定提供多种方案，但在方案中应当具有预案，防止实施中出现其他预料不到的情况，可有条不紊地随机处置或调整。此外，撰写选题方案，要具有预测性，既要预测到可能发生的问题，又要预测到选题策划项目预期效益。

4. 简洁精练、重点突出　选题策划项目方案或报告，应避免复杂理论性东西或叙述过多无关紧要的东西，要简洁精练，突出重点，抓住关键要素，展现重点内容，注意方案实施的时序性和进程。

第七节　医学期刊编者按文稿的撰写方法与规范

编者按是报刊常用写作文体，它具有评论、评价、引导、鼓励和表明编者意见的作用，特别是新闻类刊物应用比较普遍，在医学科技期刊也经常运用，是体现期刊编者意见，正确引导读者、作者和科技人员学术发展或临床及科研行为的重要手段。

一、编者按概述

编者按，也称按语或编者案（editor's notes），"编者"指的是编者或编辑；"按"指的是编者附加的评论、判断，是编者为了让读者、作者或广大医学科技人员认识、理解或更明白而增加的特别说明，是编辑对一篇文章所加的意见、评论等，常放在文章或消息的前面。编者按不是一种固定的单独运用的文体，而是编辑在编稿过程中经常使用的一种处理方式，是以最简短、最轻便的言论形式，阐明和表达作为编者的意见、看法和立场，这在编辑实践中用途很广。

1. 文字精练、切中主题　编者按通常200字左右，甚至更短，有时仅三言两语，但要能够切中要点、切中时弊，没有独立的标题，位置也较自由，但一般用于所发文章之首，是一种最简短最便捷的评论形式，是编辑对所研究学术价值报道所做的说明和批注，编者按可以表明编辑对文章的态度和意见，也可以提示要点、解释或引申，还可交代背景、补充材料或借题发挥，一般起强调重点、表明态度的作用。如《中华医学杂志》曾发表有关饮茅台酒不导致肝纤维化的研究论文，该研究结论是饮茅台酒不导致肝纤维化，而饮普通白酒具有致肝纤维化的改变，对本研究是否发表编辑和编辑委员专家意见不一，一种意见认为有给茅台酒厂做广告的嫌疑；另外意见则认为，只要科研设计科学合理，方法学正确，统计学分析方法得当，所得结果和结论可信及可靠，研究真实就可以发表。最后编者们认为，本研究科研设计科学合理，研究方法正确，样本量和样本质量设计科学，既有两组人群样本设计，又有两组动物样本设计，各组样本量足够大，样本质量确切而可靠，所有样本均做肝脏穿刺，做病理切片和电镜观察，其诊断使用金标准，最终该研究得到发表。但为了不给读者造成鼓励饮酒的歧义，同时鼓励研究者继续深入研究，在发表该科研论文的同时，编辑部配发了"编者按"，进一步说明过量饮酒有害，早有定论；同时激励研究者继续深入研究，进一步验证结论，对饮茅台酒不产生肝纤维化，以及饮普通白酒易造成肝纤维化的发生机制进行深入研究，并扩大样本的广泛性和样本量。这一编者按的配发，较好地表达了作为科技期刊编者的意见，控制了可能发生的歧义或不良影响。

2. 编者按的类别　一般讲，就其编者按的性质和内容的不同，可大致可分为政论性编者按、介绍性和说明性编者按和科技学术性编者按三类。

（1）政论性编者按：一般多在新闻报纸和政论性刊物应用，其要点是提纲挈领、简明扼要地把新闻报道和文章的中心思想点出来，赞扬什么，反对什么，直截了当。

（2）介绍性或说明性编者按：其主要目的是旨在帮助读者便于理解所发表文章的内涵，进一步补充说明和交代报道主题的背景，如刊载该文的目的和意义及作者的身份等，以引起读者的兴趣和重视。

（3）科技学术性编者按：主要表明期刊编辑部或编者的学术见解、评论和存在的问题，特别是指出学术背景和研究的意义，编者按具有"第三方"的特点。因此，编辑部所配发的编者按，具有认可、激励和评述的作用及效果，发挥好医学期刊编者按的功能和作用，对于鼓励和激励作者和广大医学科技人员加深研究，注重相关领域发展中存在的问题，进一步推动学术和科学研究发展具有不可低估的作用和效应。同时，也是活跃医学期刊学术交流和平台沟通的好形式。

二、编者按的内容与要求

1. 文章发表的背景　要说明发表该文的学术或社会背景。如学术或学术发展的现状与趋势，发表该文的学术和科技环境及社会背景等。例如，2005年，《科技导报》曾再次刊登19世纪，也就是1883年8月23日在《科学》杂志发表的美国著名物理学家、美国物理学会首任主席亨利·奥古斯特·罗兰（Henry Augustus Rowland）于1883年8月15日在美国科学促进会（AAAS）年会上所做的报告，题目为"为纯科学呼吁（A plea for pure science）"的大会演讲，后来，此文被国际学术界誉为"美国科学独立宣言"；罗兰在130多年前的这篇演讲中，列举了中国科学落后的原因，以此警示美国科学界。罗兰在演讲中指出"我们的科学停留在应用上，将很快就会退化成中国人那样，他们多少代人以来，在科学上都没有什么进步，因为他们只满足于科学的应用，而从未追问过所做事情的原理，这些原理就是纯科学，基础研究；中国人知道火药的应用已经若干个世纪了，如果能用正确的方法进一步探索研究其特殊原理，他们就会在获得众多应用的同时创造发展出化学，甚至物理学；就是因为他们只满足于火药能爆炸的事实，而忽视了对其寻根问底，深入研究其原理，这使中国人已经远远落后于世界科技的进步"。而《科技导报》（中国科协机关刊物）为什么要重新发表130多年前外国人的文章？在其编者按中将其意义和背景精练地指了出来，因为中国轻视或忽视基础研究的现象几百年来无从改变，《科技导报》再次向中国科技界警醒和敲响警钟！其意义可想而知，这也是学术性编者按的作用和魅力。

2. 实际意义和目的　编者要对某文章配发编者按，一定是具有肯定的缘由触动了编者。因此，撰写编者按既要结合学术或科学研究的背景，又要与当时社会和科学环境紧密结合，要指出发表该文的实际意义和目的，以引起读者、科技学术界的思考或启迪。

3. 观点鲜明、评述准确　编辑在撰写编者按时，对某些重要科学研究项目论文或文章配发编者按，要十分了解相关领域的状况，撰写时要明确表达编者的鲜明观点，并要求评论准确，赞扬什么，反对什么，注意什么，尽可能扼要精准地画龙点睛，避免缺乏评论和观点，使其失去了思想性和意义。

三、编者按撰写技巧与注意事项

1. 避免配发编者按的随意性 在编辑实践中，编者按的运用要掌握好标准和禁忌，编者按不是随便配发的，对需要配发编者按的文章，一定具有其重要性和实际意义，所关注的问题应该具有普遍性和指导性，避免编者按配发的随意性。要通过编者按，重点指出学术事实或新闻事件中带普遍性和引人深思的问题，以引导读者思考，达到更好的传播效果或是明确地表示编者自己的观点，发表旗帜鲜明的议论，凸显编辑意图，以启迪读者。

2. 精练准确、语言经典 编者按文体短悍精练，一般在200字左右，不可字数过多，最好控制在200字以内，甚至更短，有时仅三言两语，但要能够切中要点；虽然字数少，但其关键要素不能缺，既要说明背景和意义，又要点出和表明编者观点、态度和评述，给读者启示、启迪和思考。这就要显示编者的文笔基本功，用精练准确的语言，展现编者的经典之作。

3. 编者标题与位置 编者按一般不提炼或设标题，只以"编者按"为题即可。编者按可以表明编者的态度和意见，也可以提示要点，还可交代背景、补充材料或借题发挥，一般起强调重点、表明态度的作用。编者按一般放在所发表文章的前面，但仅有少数可以放在文章末尾，但为了增强编者按显示程度，吸引读者的阅读欲望，最好放在所发表文章的最前面。

第八节 医学期刊短评文稿的撰写方法与规范

短评作为评述性文体，在时政性报刊应用比较广泛，对医学期刊也经常应用；学术性短评对于强调、深化、解释、辩驳、评论和渲染学术研究的意义及重要性具有独特功能，是医学编辑应该掌握和运用的重要编辑手段，充分发挥短评犀利、一针见血、短小精悍和快捷的特点，可有效发挥科技学术期刊的学术效益和学术引导作用。

一、短评概述

短评最早属于新闻评论的一种文体形式，一般多用于时政类报刊多重要报道事件报道时配发短评，是报刊上发表比较多的简短的评论。短评是对人和事物进行的简短评论，属于评论的一种；短评是新闻评论中常见的一种文体，篇幅短小、语言精悍、内容单一、分析扼要尖锐，是十分便捷的评论体裁，在报纸、广播、电视等时政媒体中都可以使用，其中在报纸上的短评最为常见。近年来，在科技学术类期刊也普遍应用，特别是医学期刊，对特殊学术内容的报道配发短评也比较常见，它可以就一篇文章或学术报道主题配发短评，也可以就学术发展中某一热点或难点问题发表短评。编辑实践表明，恰当运用短评形式或手段，对重大学术专题或具有相应背景的学术技术问题的报道，同时配发短评加以评论，可有效增强学术引导性和学术及技术的渲染效果。

1. 短评在发表时有署名与不署名两种 署名短评以个人身份发言，形式自由，手法多样。不署名短评代表媒介编辑部发言，是编辑部评论中比较短小、灵便的一种体裁。

2. 短评在运用时有两种形式 针对某一事物或问题发表的独立成篇的简短评论；为配合重大学术报道或新闻报道就实论虚、就事论理的短小评论。

3. 短评的主要功能 评论功能、引导功能、强调功能、学术或技术推介功能、深化功能、解释功能、认可功能、警醒功能、辩驳功能等，短评的功能是多元化的，无论是时政类报刊，还是科技学术类期刊，编辑恰如其分地运用好短评手段，对增强所报道课题的效果和学术引导以及渲染具有重要的作用。

4. 短评的特点

（1）短小精悍、形式灵活：短评最大的特点是体现在篇幅的短小上，一般来说，短评的字数多在500字左右；短评的短小精悍还体现在所评析内容的具体、中心突出、立论集中、结构简约、语言文字精练上。短评与医学期刊的"述评"不同，述评篇幅比较长，围绕学科或整个学术领域发表述评；而短评比较局限，可局限于一篇文章配发短评，就事论事；而对于时政类报刊的短评，不同于社论或评论员文章，其形式短小，是社论或评论员文章的缩写形式，抓住新闻报道或所评析事物的某一点实施议论，观点明确，瞄准射击。

（2）新鲜独到、切中时弊：短评以短、新、特、快见长。①表现在选题独特新鲜、及时，抓住最具时效性的学术、技术或方法问题，具有重大发现和研究热点的课题报道或新鲜事实做出分析和评价；②表现在立题和立论角度的新颖和观点的独到上，能够从新的视角观察研究的趋势和前景，做出与众不同的学术分析，并得出具有个性和编辑思想性的见解和结论；③表现在引入新的论据，采用新的论述和表述方式，使学术评论给人以新的信息和新的启迪等，给广大医学科技人员和读者以新鲜感，强烈吸引读者眼球，活跃学术氛围，扩大学术影响，激励作者，鼓舞读者，锻炼编者。

（3）生动活泼、文采飞扬：对于学术短评也要讲究生动的语言表达，首先是短评的分析说理应该生动引人，议论风生，逻辑严谨，运用多种议论手法使文章富有生气和引人入胜；学术短评的结构形式应该灵活多样，依据不同的评析课题或对象变换文章的导语和结尾，对短评的整体谋篇布局；虽然是学术性短评，也要讲究其语言文字的生动活泼，文采飞扬的风格，使文章在言之有物的同时短而有趣，贴近读者，切中主题。

（4）以点扩面、就实论虚：医学期刊的学术短评既要短，又要深，以点带面，就实论虚；短评是依托所报道文章而发的短评，应注意依据课题报道中的重要发现或结论及意义，深入揭示其意义，挖掘其根源，剖析其本质，预测其影响和未来，立意深邃，就题务虚，缘题议理，依托个别，指导学科领域。

（5）表达编辑观点、展现编辑思想：学术短评是一种篇幅相对短小、内容集中、简明扼要、运用灵活的学术言论，与医学期刊的述评、专家论坛、学术专论等文章相比，其题材局限，点面结合，轻便活泼的特点较突出，是编者通过所报道课题配发短评表达编辑观点，展现编辑思想的好形式，也是作为医学期刊激励、鼓舞、鞭策读者和作者，促进学术争鸣与发展的重要形式。

二、短评的内容与要求

学术性短评撰写的内容主要是紧扣所报道课题的主要结果和结论，就其利弊、重要学术价值和意义、研究前景和趋势、存在的问题、作者的科学精神、学术贡献、建议和注意的问题等展开评论，展现编者的观点，体现编者的思想，表明编者的立场。

1. 深层剖析、精准概括　医学期刊的学术短评要把握一事一议、就题论题的写法，围绕中心，集中概括，精准评述，其笔墨往往集中一个点，不及其余，以点突破，就点论点，瞄准一点，深挖其井，深入剖析，凸显事物本质。学术短评除了深入剖析外，短评还要有精准得当的高度概括，以小见大，使短评中心突出，焦点清晰明确，切中要害，抓住关键。

2. 抓住热点、论难点　学术短评要大中取小，小中见大，围绕报道主题，评述热点，在短评撰写的选题和论证中，首先要引起注意的是热点问题，在选题时，应该大中取小，抓住本课题或本领域的热点问题，解析难点，展现难点，短评针对的学术范围很虽小，但却不能仅仅就事论事、见树木不见森林，要借助学术热点，阐述和阐释难点，论其广泛意义和深刻学术价值和思想见解。

3. 抓住亮点、论述焦点　编者要善于透析所发表研究课题的学术亮点问题，以学术亮点为牵引，聚焦学术焦点，深刻分析、阐释、解读和呈现学术焦点问题，既要启迪读者，又要启发研究者或作者，引发研究深度，激发研究热情。

4. 形式多元化、语言活泼化　学术短评是议论文，是反映编者学术立场、学术观点和学术思想的阵地，其形式具有多元化特点，尽管为学术评论，但其语言应活泼，这是短评的特点、优势和魅力所在；为了引起读者、作者和医学科技人员的共鸣，短评要尽量写得通俗、生动、活泼、短小精悍，要做到这些，首先要注意和体现文本体式的多样化，可以写成论文式的、也可以采用读后感、小评论、随笔的形式。因此，语言不可拘谨生硬，适当有些幽默和含蓄，要有些独特的风格和文采，才能体现学术短评的独特魅力，真正让学术期刊活起来。

三、短评撰写技巧与注意事项

1. 熟悉内涵、把握外延 学术短评的撰写首先有赖于编者对所发表文章或研究课题本身内涵熟悉，并对其外延领域和相关领域的现状、进展和发展趋势具有准确把握，只有这样才能触文生情，有感而发，借题发挥，抓准问题，精准评论，运用自如，驾驭有度，生动活泼，言之有物，语中有理，才思敏捷，挥毫成章。

2. 抓准主题、以点促面 学术短评不是随意而为，严格避免随意性、频繁性，所配发短评的文章或研究课题要具有重要性和学术价值，而且具有以点促面的学术效果，哪些值得配发短评，必要配合短评要具有严格的条件；哪些不值得配发短评要认真权衡与斟酌，对其发表后所产生的效果要有基本预测，严格规避盲目性和随意性，达到不发而已，一发惊人，吸引读者，鞭策作者和激励来者的目的。

3. 题目精练、画龙点睛 学术短评可以提炼标题，但标题力求短小精悍，避免冗长，要有画龙点睛的特点，这是刺激读者眼球的重要组成部分，学术短评一般署名，也可以不署名，一般以编辑部的名义署名，尽可能不用个人署名形式。一般字数控制在500字左右，可放在所配发文章前，也可以放在文章后面。

4. 论题突出、一事一议 撰写者要紧扣所依附的学术或研究课题报道，据事说理，以及抓住课题报道中最值得议论之处，评其一点，一事一议，长话短说，议在深处，在短评的结构上要精彩开头引申，简化结构，评在实处，论在深处。编者要构思要抓住关键，开门见山，撰写短评必须抓热点、抓焦点、抓重点、抓中心、抓要害，避免被枝节的东西所绑架；观点要鲜明，是非清晰，语言要简洁明快，避免重复所发表文章内容。

5. 评中有析、论中有评 学术短评既要短，又要突出评字，做到评中有析，论中有评；撰写者首先要明确评什么、论什么，是学术热点还是难点问题，是结果结论的重大发现还是问题与趋势，其所选主题和重点要具有针对性，要切合文章重点和实际，做到有的放矢，言之有物；撰写者要运用辩证法，从事物的运动、发展、转化的观点出发，分析问题，评论问题。如对某一研究结论、重要发现或某一问题，可从几个不同的角度进行深入分析和评述，从现象与本质，原因与结果，过去与现在，正面与反面等予以评述，将其充分铺展开来，分层评析，逻辑清晰，条理顺畅，思考严谨，文风精彩。

第九节 医学期刊编后语的撰写方法与规范

编后语，也称编后记，多用于新闻媒体类媒介，是指在新闻事件、重点文章后面，依托于文章的新闻背景、科研重大发现、重要理论和指导意义比较强的学术背景、对文章内容实施评说和点评，以引发和提醒读者思考及启迪思维的短小言论。

一、编后语撰写概述

编后语，是报纸、时政刊物、科技学术期刊编辑在编辑一期报刊或某篇文章后，编辑依托文章的时政背景或学术背景及意义，编辑有感而发，针对重点或亮点文章选题内容，亲自撰写的编后评语和情况介绍，以表达编辑意见、评论和有感而发的简短言论文章。

编后语一般最长不应超过500字，甚至更短。一般多紧随文后，作为本文的附加部分附文章之后，不需要另拟标题，而以"编后语""编后记""编者的话""编后絮语""编后附记"等代之。因为是作为编者第三方的角色地位而发，其代表了期刊社看法和观点，因而不署作者姓名，以显示其中立性。

一般在电视和广播新闻媒体，多用"编前话""编后语"等具有新闻性、政治性、时效性、指导性、群众性、短小性等基本特征与特点；而它评说的是刚刚播出或即将要播出的具有新闻性、新闻价值和导向性的重要新闻内容与新闻背景，其评说的依据是当前形势、党的路线、方针、政策、国家法律法规和人民的愿望。因此，其评说时又要观点鲜明，应表明政治观点、立场和看法，编者应明确地表明支持什么、提倡什么、倡导什么、反对什么的鲜明态度，并指明是非、是非曲直和应该如何做，不该做什么，应该怎样去做的鲜明立场。而医学科技期刊的学术性编后语也是如此，要依托文章的学术背景和技术背景，以其鲜明的观点，画龙点睛地予以点评。

二、编后语撰写内容与要求

1. **编后语撰写要点** 编后语撰写要坚持有所为和有所感，可针对期刊某期、某项学术选题、某组或某篇医学科研论文发表编者议论与评论，有利于读者和作者了解编辑意图、编辑思想、编辑观点和编辑立场，把握阅读重点和思考焦点，启迪思维。同时，激励作者和提高读者阅读兴趣；在编后语的撰写中编辑要有感而发，切中要害，力求旗帜鲜明，褒不掩失，评不掠美；评说应是三言两语，用语精悍凝练，语击要害，褒赞亮点。

2. **编后语类型** 根据编后语基本特征和作用，一般可将其分为六种类型。

（1）说明性编后语：主要说明文章内容研究背景和意义或需要说明的其他问题，以便读者理解，避免误解。

（2）提示性编后语：对研究课题或文章内容、主题思想、重要学术观点、研究发现和存在的问题予以提示性告知，以引起读者关注和讨论，甚至引起学术争鸣。

（3）褒扬性编后语：对研究选题课题、研究发现、学术贡献或作者的科学精神予以赞扬和鼓励，以体现编者的学术价值观和立场，鼓励医学科技人员发扬成绩，激励正能量。

（4）指导性编后语：根据文章的内容和研究方向，提出编辑的看法和指导思想，以利于正确指导和引导读者的思想和行为，更有效地指导读者和作者正确理解，坚持继续研究。

（5）辩驳性编后语：对文章提出的错误观点或主张，编者提出理由和证据予以反驳或否定，并给出正确的意见。

（6）引导性编后：编后语的引导性和评论性是编后语的重要功能。因此，尽量采用引导式编后语对某一学术问题或误区予以正确引导，弘扬正能量。

三、编后语撰写技巧和注意事项

1. **短小精悍、避免过长** 编后语的撰写要短小精悍，简明扼要，用语精练，一目了然，一般控制在300字左右，甚至更少。

2. **突出重点、紧扣主题** 应紧扣文章内容主题或重要学术事件的关键点，突出重点，紧扣主题，切中时弊，评说有度。

3. **议题单一、凸显主要矛盾** 编后语要议题单一，避免多路出击，靶点分散，凸显关键矛盾，对准一个问题。

4. **开门见山、直击要害** 编后语要开门见山，直击问题，要一语中的，切忌拐弯抹角。

5. **学识渊博、语言干练** 编后语撰写者要具有文字和语言驾驭能力，其语言经典干练，精辟准确，精彩纷呈，活灵活现，赋予编后语思想性和生命力。

6. **理解原文、选准角度** 编后语虽短，但撰写难度大，要用寥寥数语彰显编者思想、观点、立场和价值取向，正确引导读者或作者学术问题，实属不易。因此，编者要吃透原文，研判分析，比较和鉴别，选好角度，突出重点，瞄准靶点，这是准确撰写高质量编后记的基础。

7. **切中时弊、有感而发** 编后语大有编辑有感而发的意味，是所编发的文章内容触动了编者的思想，激发了编者点评的愿望，只有这样撰写编后语才真切感人，针对性强，准确击中靶点。

8. **生动活泼、彰显灵性** 编后语的最大特点是让科技学术期刊呆板的面孔活起来，增加刊物的思想性和灵性。因此，撰写时力求形式和语言生动活泼，活灵活现，激发读者和作者阅读欲望。

9. **注重价值、彰显意义** 在一期杂志中，发表的文章很多，不是任何文章都具有加编后语的价值和意义。因此，编者在撰写和加编后语时，要权衡和考量其意义和价值所在，要选取具有重要性、普遍性、指导性、引导性、警示性和热点问题，以利于达到应有的效果。

第十节　医学期刊社论文稿的撰写方法与规范

社论是新闻评论或学术评论的重要形式，是最为重要的新闻评论或学术评论的舆论工具，是新闻报纸或医学科技学术期刊编辑部就重大问题站在期刊社及编辑部的角度发表的评论性文章，它在时政新闻媒体应用得比较普遍，在医学科技学术期刊应用得比较少。但对于重大学术或技术问题，也应站在期刊社或编辑部的角色地位，针对性地发声，以表明期刊社或编辑部的学术立场、观点、学术技术价值取向，以利发挥社论的重大学术导向和学术引导作用。

一、社论撰写概述

1. 学术社论基本定义　社论也称社评或社说。是代表期刊社或编辑部的重要学术和技术发展指导性言论载体及学术舆论工具。社论往往就当前国内外本学科领域发生的重大学术、技术、科研创新重大突破、重要学术技术事件等问题，适时发表期刊社或编辑部的具有鲜明价值取向的评论性重要文献。

2. 社论的作用与意义　社论作为重量级学术舆论导向工具和载体，是医学科技学术期刊的"旗帜""眼睛"，集中反映了医学科技学术期刊的社会角色和学术角色地位与社会责任，也集中反映了期刊社或编辑部对本学科领域重大学术问题的立场、观点和价值取向，是影响学术舆论、引导学科发展方向、推动医学科技和学术进步的重要方式与手段；学术性社论的基本任务是旗帜鲜明地表明态度与学术立场、论证有据的评论、国家卫生政策与医学科研重点诠释、正确学术发展方向的指引等；社论应具有极强的学术时效性、学科发展的方向性、政策性、针对性等特点。

3. 社论的基本类型　医学科技期刊社论一般分为全局性的综合社论和局部性或专题社论。综合性社论主要针对不同时期的医药卫生科学重点、医学科研攻关重点、临床诊治和疾病预防等系列重大问题实施概述性评论，以阐述临床和科研重点、发展方向、存在的问题、正确的指导思想和解决问题的对策，阐述今后的任务、发展重点和发展方向。而局部性和专题社论主要对当前某学科专业或专题学术技术问题做专题性评论。

二、社论文章撰写内容与要求

学术性社论的撰写选题要面对重大学术研究问题，要站在学术出版机构或学术共同体视角与高度，立足学科或整体学术发展的宏观视野，严谨、准确发现学术发展问题，深度分析解读，善于提供解决问题路径，科学展望和提出战略性指导思想。

1. 选题重大、突出导向　社论不同于一般性评论文章，不轻易发社论类的文章，因为社论的发声代表了学术出版机构对论述问题的观点、价值取向和学术舆论导向。因此，其选题和发布要格外慎重，同时选题要紧紧围绕学科、学术和专业发展的重大问题，阐述学术出版机构的鲜明观点和学术引领。

2. 突出重点、紧扣学术　作为医学科技学术期刊，其社论的撰写要紧紧围绕学术发展问题，针对本学科领域重大学术问题、重大疾病的诊断、治疗和预防中的热点、难点和焦点问题、重大技术应用推广问题、学科和学术发展中存在的问题、学术发展方向、医学科研重点和学术发展趋势等实施重点评论，以利于发挥学术导向作用。

3. 准确把握、宁少勿劣　由于社论的地位和作用，决定了社论发表的严肃性、慎重性、必要性和准确性，避免随意性，坚持宁少勿劣和高质量的原则。医学期刊的社论与其他评论性文体比较，社论的论题和重点是针对当前重大学术或技术问题、重大科技或学术事件、重大公共卫生问题等发表评论，以表明学术立场和观点。因其具有明确的代表性、立场观点的鲜明性、严肃的政策性、准确的学术导向性、学科和学术发展的指导性、所论及学术问题的重要性、其内容的特殊性等。因此，对社论的发表应慎重，周密研究和斟酌，准确把握，避免造成负面影响。

4. 社论的署名问题　社论代表了学术媒体机构发声，是集体行为和观点，其学术成果也属于出版机构。因此，为体现其权威性和重要性，社论署名一般署期刊编辑部或期刊社，一般不署个人作者名字。所以，社论可以先由个人执笔（如由编辑部主任、社长、总编辑或编辑执笔起草），然后广泛征询各相关专家学者意见，以保证所论及的问题的准确性、客观性和实际社会价值和学术价值。

三、社论文章撰写技巧与注意事项

社论选题要准确，够分量有高度，具有方向性，瞄准问题，深度分析，深入解读，重在评论，观点和立场鲜明，解决问题路径与策略行之有效，周密构思、设计严密，文章结构合理，前后呼应，逻辑缜密，重点与核心突出，这是撰写社论文章基本应注意的问题。

1. 找准主题、论述有据　社论的撰写首先要找准主题，突出热点，对焦点相关领域的问题、难点与焦点问题、相关学术界普遍关注度高的问题、普遍性的问题等，都可以此作为话题或主题，深入评论和论述，要立论准确，论述有据，以增强说服力和感染力。

2. 要高屋建瓴、深度分析　社论的撰写要站在相关领域的整体高度，深度分析和剖析，把握宏观，驾驭方向，引导学术潮流；彰显新理论、新观点、新技术、新动态、新趋势、新理念、新观念的推出。

3. 辩证分析、深度解读　在社论的撰写中，要讲究辩证法和辩证唯物主义观和方法论，注意全面而系统地看待问题和分析问题与解读，判断、推理、评析、结论预留余地和空间，判断和推理客观合理，逻辑缜密，思路清晰，用词严谨。对于重点问题、学术研究和发展中的热点、难点、焦点问题、瓶颈问题应深度剖析和深入解读。

4. 权威厚重、短小精悍　学术性社论要体现和突出权威性，要论证有据，权威厚重，充分发挥社论的引导作用。同时，文章又要短小精悍，一般应控制在 2000 字左右，应避免长篇大论，读来厌烦。文章对重要论据引证可以著录参考文献，以利于读者延伸阅读。

第十一节　医学期刊述评文稿的撰写方法与规范

述评，也称为评述，同属于评论类文章。述评文章是医学科技学术期刊中应用比较普遍的文体形式，主要用于学术性或专题性问题的评述；具有思想性、学术导向性、引导性和针对性很强的特点，文章彰显了作者对评述主题的观点、看法、立场、倾向，以及提出问题与解决问题的路径，是医学期刊重要的学术文献。

一、述评文章撰写概述

1. 述评文章的概念　述评文章与社论文章同属评论性文体，只是表现形式有所区别而已。述评主要是针对某一学术或技术专题对现状、发展趋势、存在的问题、研究热点、难点和焦点问题实施评述，彰显作者的观点、立场和看法，同时提出解决问题的路径和策略。述评文章一般由编辑部根据学科、专业发展中存在的问题或重点选题配发述评，一般约请相关领域的著名专家或学科带头人撰写和署名，也由编辑部或编者撰写和署名，但一般都代表个体作者的思想和观点。而社论虽然也属于评述性文章，具有述评的一般特征和特点，但其展现形式和重点与述评有所差异。社论是以报刊社或编辑部名誉署名，主要站在报刊社或编辑部立场发声，对重大和宏观性学术问题、学科发展问题、重要学术事件和重大科技创新等学术问题实施评论，以充分彰显编辑出版机构的立场、分析、观点、看法、意见、建议和主张，其特点是旗帜鲜明，评论的主题宏观和重大，具有学术导向性、思想性、评论性和引导性强的特点。

2. 述评文章的基本类型　述评文章可分为综合性述评与专题性述评两种类型。①综合性述评是针对某一学科领域或某些综合性学术领域的发展状况、发展趋势和热点问题加以评论；②专题性述评在医学期刊中一般多针对某期重点选题内容、临床专题、重大疾病防治等专题研究报道而配发的述评；当然，也可以不针对当期报道重点，而根据需要和实际情况针对某一专题学术问题发表述评文章。也就是说，述评文章既论述当期重点学术报道内容的热点和难点问题，又对其发展趋势、问题和研究重点等做出必要的分析与评价，做到有述有评，评述结合。而从医学期刊述评文章的篇幅和特征来看，一般述往往多于评，但其重点应在于评上，因为述评文章本质是为了评，而述是为评服务的；因述评属于学术评论的范畴，主要通过评述结合的方式，充分表达作者的学术观点、思想、立场和看法，以作者在相关领域或研究方向上的权威性和学术影响力，体现和发挥学术导向的作用。

3. 述评的特点

（1）评述结合、以评为主：述评作为一种具有独特个性的学术评论体裁，它不同于原始医学科研论文和综述性文章，其核心是要针对某评述主题进行评述，而不是单纯论述和罗列文献观点，特别是应注意不要将述评撰写成为专业或专题进展及综述性文章，缺乏对学术专题内容和问题的评论，使其失去了述评的意义，要围绕主题评述结合，以评为主，给读者以启迪和引导。

（2）述中有评、评中有述：述评文章应以学术问题为依据，既要论述相关专题学术现状、趋势和问题，同时又要深入评论，表达作者的分析和观点，揭示和反映专题学术问题本质与规律。述评，即叙述和展现学术事实和现状；评，即评论，讲道理，凸显作者严谨有据的分析和观点及价值取向；述与评有机结合，由客观呈现到评论，由个别到一般、由具体到抽象、由感性到理性地认识规律。因此，学术性述评可采取夹叙夹议的论述形式，做到述中有评，评中有述，从基础研究到与临床实践的结合上，驾驭和把握科学规律以及解决问题的对策。

（3）以述促评、以评促述：述评文章应以述呈现学术发展客观事实，以评凸显思想观点，通过作者对国内外大量学术文献的分析而得出新的结论。因此，学术性述评作者要占有国内外最新研究文献，把握国内最新进展和研究动态，做到事实与观点的结合，学术背景与文献分析的结合，以保证做出正确评论。

二、述评文章撰写内容与要求

述评，首先是述，即善于发现问题和提出问题，客观陈述和呈现所评论主题的学术发展背景、现状与趋势、热点与难点问题；在提出问题的基础上，突出和彰显评的功能和意义，以有理有据的分析，展现作者的观点、立场和看法，简单地说，述评作者要善于提出问题、分析问题与评论问题、善于解决问题和提醒注意的问题、科学预测发展趋势与可能出现的问题，侧重点是针对性地善于给出解决问题的路径和方法。述评文章的主体内容，应首先从文章立题与立论入手，周密构思撰写结构和展开形式，一般采取三段式或三部分总体结构：第一部分要确立撰写主题内容和评论重点，以提出问题为基点，陈述和呈现主题状态，这就是撰写什么；第二部分要明确为什么，也就是重点突出评论和分析，融入作者创新思想、独到观点和鲜明立场，揭示立题和立论的学术本质与规律；第三部分是怎么办，也就是解决问题，是作者善于提出独到建议和策略措施以及注意的问题，凸显作者智慧，给出健康发展路径，预测未来发展趋势。

1. 启迪科研思维、注重学术导向　述评文章是对学科或学术发展状况、发展趋势、热点和难点、问题与焦点实施评论，是具有分析性、预测性和导向性的学术文献。由于述评作者都是相关领域的著名专家或学术/学科带头人，在本学科领域或相关研究方向上学术影响力和权威地位，也决定了作者的学术话语的分量。因此，对其发表的评论观点和立场，对学科发展的趋势预测和驾驭具有准确可靠性及指导性，能启迪读者或同道的科研思维，引导科研方向。述评文章对学科和学术发展具有风向标、旗帜性和学术导航的作用与功能，启迪医学科研人员选题思路、立题路径和确立科研选题，驾驭发展趋势和预测学科新的生长点；同时，也为相关政府科研管理部门提供政策和决策咨询作用。

2. 把握政策、明确方向　述评文章的作用与功能，决定了作者撰写时应把握国家相关医疗卫生和医学科技政策，结合国家医学科研攻关和重大疾病防治重点，分析基础性和最新医学文献，掌握国内外发展现状与趋势，应提出适应国家医药卫生科技发展的思路和措施，以利于正确把握国家政策，驾驭正确学术导向。

3. 客观评价、评述适度　述评文章是思想性、立场性、观点性和导向性强的学术文献，编辑实践证明，这类评论性文献具有读者关注度高、引用率高、影响大的特点，它不同于原始科研成果论文或临床经验总结性论文，更不同于综述性文章，述评文章重点和亮点是在于评论和对学术问题的评价，特别是对其论题的理论意义、临床应用范围、优缺点等做出全面的评价与评论。因此，作者应思考周密，客观评价，评述严谨适度，避免出现偏差。

4. 把握基本框架、注重结构布局　述评文章的基本框架或结构布局可分前言或导语、发展史与现状分析、热点与难点问题、分析与评论、改进建议与措施策略、结束语、参考文献。在导语主要阐明选题的背景和意义。主体部分主要陈述或呈现专题的学术发展历史和国内外发展现状，特别是重大科研创新进展和背景，主要问题、热点、难点和焦点问题及亟待解决的难题。而接下来就是结合问题的提出，作者要站在学科"领袖"的高度，展开对问题分析评论，彰显作者学术思想、学术观点和学术立场，准确把握，旗帜鲜明，善于提出问题，勇于且智慧地解决问题，对其利弊进行比较分析，凸显思路、建议和措施以及策略，给出发展趋势和发展中值得注意的问题。然后是结尾，即结束语，画龙点睛地点出主要结论和观点及展望之言，以结束全文。

三、述评文章撰写技巧与注意事项

在述评文章撰写中，应突出评字，以评为主，以述为辅；同时，要注意突出重点、把握作者标准、注重署名的规范和医学伦理规范及合理规避利益冲突问题。

1. 掌握文体本质、正确运用评论　作者在撰写述评文章时，要把握述评文章的体裁形式和特点，遵循述评的功能和作用及撰写要求，避免将述评撰写成综述文章、科研论文、课题总结或与作者研究工作混合的体会式文章。作者要站在学科、专业和学科带头人的高度与视角，跳出小圈，纵览大圈，审视和纵观专业全局，深度评述命题。

2. 突出重点、以评为主　述评文章主题性、专题性、专业性、侧重性强，在一篇述评文章中如果多点出击、面面俱到，必然优势分散、重点不明，评述深度受限。因此，述评文章选题要突出重点，选好角度，找准靶点，以点突破，一针见血，客观评价，深入评论，集中展现破解学术难题的思路、路径、方法、策略、建议和学术发展注意的问题。

3. 把握标准、注重作者资格　在医学科技学术期刊，述评文章不是随意或任何专家学者都可以撰写发表，因为述评文章具有学术影响力和学术导向意义，因此除了选题要准确和谨慎外，对撰稿人或作者资格应具有一定把握和遴选标准，要尽量选择在临床、科研、教学一线的著名专家和学科带头人，其研究领域和研究方向在国内外或相应地域具有领衔性和先进性，具有权威性、学术影响力和本专业学术话语号召力，而且其作者署名单位尽量选择具有权威性和学术影响力的高级别医疗、科研和教学结构或科学共同体，以利于读者和业内认可，发挥其学术引领作用。

4. 述评文章的署名问题　述评文章在医学期刊评论性体裁中，其形式和意义，仅次于社论，而且有专家学者将述评文章就视为期刊的社论，其实它与社论的区别，在于署名形式上和评论问题的层面上，述评一般为作者个体署名，而社论是团体机构署名，因为其是代表期刊社或编辑部发声，展现的是学术共同体的学术立场和观点。因此，其署名规范如下。

（1）个人署名：述评文章除了必要情况下由编辑部撰写，以编辑部名誉署名发表外，其他应以个人署名为妥，而且尽量为一个人署名，特别是避免将自己的在读学生作为述评作者列入其中，以免弱化其权威性和严肃性。

（2）作者学术机构署名问题：为体现述评文章的权威性和学术影响力及所评论主题学科与学术在国内外的学术领衔地位，知识产权单位署名应署作者所在级别最高、最具权威性和影响力的临床、科研或教学单位。

（3）学术共同体署名问题：述评作者如为相关领域学术团体或科学共同体的学术带头人（如中华医学会某专科分会、中国医师协会某分会、中国药学会某专业分会、中华护理学会某专业分会等，其担任主任委员、副主任委员、常务委员等学术职务），为体现述评文章的权威性、全局性和学术引领性，根据述评选题需要，署名作者单位最好以学术共同体的名誉署名，以展现述评作者立足学术地位和高度，增强述评的学术导向力度。

5. 伦理与利益冲突　正是因为述评文章的特殊功能和作用，也就更加凸显了述评文章存在利益冲突问题的严重性和危害性。如在述评中推介的某些治疗药物、诊断和治疗设备等，应具有循证性、科学性和客观性，避免作者隐含利益冲突，为医药企业产品发声，误导读者和医学科技人员。因此，在选题约稿时，编辑部应提醒作者，在撰写中应注重或规避利益冲突问题，述评作者也要恪守医学伦理规范，承担学术责任、社会责任和伦理道德责任。

第十二节　医学期刊导读文稿的撰写方法与规范

医学期刊导读文稿，通常用于每期重要学术专题内容的介绍和引导，被称为"本期导读"，也称阅读指南和编者导读。它是医学期刊编辑常用文体，其主要功能是引导读者阅读，使读者以最短的时间大致了解当期的重要内容，激发读者引导和激发读者的阅读欲望，指导读者有重点地选择性阅读，以利于节省读者宝贵时间；这是期刊为读者服务的一种形式，它在中华医学会主办期刊中应用得比较普遍。

一、医学期刊导读的基本概念

导读，也称本期导读、阅读指南、编辑导读、阅读导航、阅读要览。在新闻报刊和医学期刊应用都比较广泛，是医学期刊编辑常用文体和表现形式。本期导读的主要功能和作用是为读者提供当期的主要研究成果、学术观点和学术亮点的阅读指南和学术导航，节省读者阅读时间，激发读者阅读欲望。其主要功能如下。

1. 激发阅读欲望、提高读者阅读效率　读者通过浏览本期导读，快速了解当期的主要栏目设计，重要研究成果的创新亮点和重大创新发现，新理论、新方法、新技术、新观点、新理念等，激发和引导读者阅读欲望，可有选择、有侧重、有目的、有方向地精准阅读全文，提高读者阅读效率。

2. 活跃版面、增强版面冲击力　在各种期刊，导读表现形式多种多样，已非简单的文字叙述和流水账式的介绍，而是运用了多种编辑排版手段。如运用醒目标题、图形、线条、阅读标识、字体变化等多种排版要素，将重要学术亮点、信息要素、特色内容等，实施读者兴趣链接，增强版面视觉冲击力，激发、刺激眼球和吸引读者关注与阅读。其实，这是编者们为读者服务的重要形式之一。

3. 凸显个性特征、彰显编辑思想　本期导读的内容和形式设计，凸显了医学期刊的个性特征和特色。同时，从导读展现的主题和重点内容及当期学术亮点，也有效彰显了编辑的思想性和编辑策划及选题策划的总体设计理念，从而展现了医学期刊个性化、特色化和差异化的风格魅力。

二、本期导读的撰写内容与要求

1. 选题背景与编辑思想　导读非流水账式的介绍，而是要凸显选题策划背景和编辑策划思路，其目的是让读者了解重点选题的背景意义，编辑为何要做这个选题，增加读者阅读的背景感，从而提升阅读兴趣，以利于读者带着问题和思考选择性阅读，以提高读者阅读的理解力。

2. 重点内容与学术亮点　本期导读，将本期重点选题、重要的原始创新发现、重要科研结论、重要新理论、新观点、新技术和重要学术亮点简要呈现给读者，以利于引导、激发读者阅读欲望，用较短的时间，达到最佳阅读效果。

3. 总体设计与学术版块　不同读者具有不同的阅读偏好，本期导读要注意满足这些读者的阅读需求。如本期特色栏目、特色文章等，读者来信、学术争鸣、专题述评、专家论坛等，将不同栏目要点和亮点呈现出来，引导和激发读者阅读。

三、本期导读撰写要点与注意事项

1. 导读撰写 本期导读一般由本期责任编辑或编辑部主任执笔撰写，因为本期责任编辑和编辑部主任对本期总体设计、栏目设计、重点选题内容、重要学术亮点等具有全面了解，特别是本期责任编辑对整体内容实施审读，具有全面了解。因此，撰写更加有的放矢，客观准确。

2. 突出重点、彰显亮点 因为导读文字篇幅很短，要想面面俱到实属不易。因此，应突出重点选题内容和重要学术亮点，特色栏目内容要点和亮点，切忌流水账式的罗列，并尽量减少评论、议论和评价性语言，以免占用更大篇幅，失去导读的特色和特征。

3. 简短精悍、一目了然 本期导读一般文字不宜过多，应限制在300字左右，甚至更少，让读者一目了然，用简短时间，迅速了解本期重要选题和重要学术亮点。

4. 位置显耀、设计醒目 作为本期导读，一般放在本期的最前面，也就是目录前，而且其版面设计应醒目，刺激眼球，以利产生视觉冲击力，吸引读者阅读。

第十三节 医学期刊作者简介文稿的撰写方法与规范

作者简介是医学期刊常用文体形式，是介绍作者学术和成果及学习背景，增强文章权威性，吸引读者阅读，鼓励和激发作者对期刊的凝聚力和忠诚度，扩大专家学者知名度和学术影响力的好形式。

一、医学期刊作者简介文稿概述

作者简介也称为作者介绍，是简要介绍文章作者的学术背景和任职的短文，作者简介不同于简历。简历更具全面性和时间性，以个人成长历程的时空顺序性，一般比较长和比较全面；作者简介一般比较短，一般在几十字左右或100字以内，甚至更短，这要看配发作者简介的形式与场合而定。作者简介的作用与功能如下。

1. 增强权威性 通过介绍作者的学业、学术业绩和任职兼职情况，让读者了解作者的学术背景，提高所发表文章的权威性。

2. 扩大作者知名度 通过介绍作者学术背景，扩大作者的学术影响力和知名度，让更多的读者和同道了解。

3. 提升期刊地位 通过介绍作者背景和学术地位及权威性，对提升期刊的学术地位和权威性具有很好的促进作用，这也是期刊品牌培育和品牌载体的重要形式和内容。

4. 增强读者阅读兴趣 当读者阅读到作者简介，可形成个人品牌效应，促使读者阅读兴趣和阅读全文的激情，并能促使读者跟踪阅读，形成品牌溢价能力和品牌效应。

5. 激励作者 作者简介就是作者的简要事迹介绍，可有效鼓励、激发作者的创新、创造和科学精神，进一步提升作者对医学期刊的忠诚度和心理满足感及心理需要。

二、医学期刊作者简介文稿内容与要求

1. 主要学习或学历背景 作者简介要扼要介绍作者的学习或学历背景。如毕业的院校和专业、取得的学历、获得的学位、在国际留学、国内进修情况，以及跟随的名师名家等。

2. 学术任职背景 简要介绍作者的主要和最高学术职务或行政职务，担任学科或学术带头人情况。如担任重要学术团体领导人、学科领导人、国家重点实验室或学科负责人，以及担任重要国际和国内科技学术期刊编辑委员及主编等兼职情况。

3. 学术成就背景 介绍作者主要从事的专业和研究领域及研究方向，主要和重大学术成就、科研成果和学术贡献。如出版的学术著作、在学术期刊特别是著名学术期刊发表的研究论著数量和情况、获得的科研成果奖项、获得的国内外重要专利、获得的国际和国内重要荣誉等。

4. 承担主持重大课题 在作者简介中，简要介绍作者主持或承担的国家和省部级重大科技攻关课题、国家重要自然科学基金资助课题，以及所取得的重要成果或突破。

三、医学期刊作者简介文稿撰写技巧与注意事项

1. 简短精练、重点突出　作者简介要有别于个人简历，排除时空顺序，以介绍主要学业、主要学术和行政任职、重要学术成就为主，体现其深厚的学术造诣和学术权威性，文字要高度精练，重点要极为突出，避免重复和描写性撰写形式。可以简略时间或时空顺序，以尽量减少过多文字，弱化了重点内容。

2. 真实可信、严禁虚构　作者简介是作者的真实背景和写照，必须严谨真实，严肃认真，叙述事实，所介绍内容必须真实可信，避免虚夸，也尽可能避免应用赞美之词和表扬用语，撰写时只是客观呈现，精练表达，忌讳杜撰。

3. 严谨认真、避免错误　作者简介一旦刊登，发生错误就难以挽回，甚至给作者造成心理负担和心理压力，造成不良影响。因此，编者撰写作者简介不能凭印象，编者在撰写前，应该请作者亲自撰写提供给期刊编辑，然后编辑根据作者提供稿件予以浓缩和改写，改写后也尽可能让作者过目核实认可。特别是严格忌讳发生作者简介错误。如姓名错误、重要学位错误、重要职务错误、重要学术成果错误等，以免伤害作者，酿成不良影响。

4. 实事求是、客观真实　作者简介必须实事求是、客观真实、严谨夸大事实，客观叙述，尽量避免描述性、评论性和评价性语言，只客观呈现作者基本情况即可。

第十四节　医学新闻或消息文稿的撰写方法与规范

在医学科技期刊中，一般都设有"消息"栏目、"医学新闻"栏目或"简讯"栏目，这些都是专门刊登消息或新闻类稿件的栏目，其实都属于科技新闻类的稿件。因此，消息或医学新闻（科技新闻）类稿件的采写是医学期刊编辑最基本技能，也是最常用的文体形式，它以简短、及时、快捷的形式，传达重要科技成果新闻信息，可有效活跃版面，还可作为补白刊登，保证版面完整性。

一、医学科技新闻或消息文稿概述

医学科技消息或医学新闻从体裁和写作形式上是有区别的，但都属于新闻类体裁。

1. 消息　消息一词应用比较广泛，一般把新鲜事物都称作消息，消息一般只报道事情的概貌而不讲述详细的经过和细节，以简明的文字迅速及时地报道最新事实的短篇稿件，是最常见和最经常采用的新闻体裁形式，如果按写作特点，消息可分动态消息、综合消息、经验消息、评述消息类型，如果按报道内容分，消息一般可分为政治新闻、军事新闻、经济新闻、文教新闻、科技新闻、体育新闻、法制新闻、社会新闻等；如果从新闻和事件的关系上分，消息大致分为事件新闻、非事件新闻；若从反映的对象分，可大致分为人物新闻、事件新闻；若从篇幅长短上分，消息可大致分为长消息、短消息、简讯、一句话新闻、标题新闻等。

（1）动态消息：一般也称为动态新闻，主要以迅速、及时地报道国内国际的重大事件，以新人新事、新气象、新成就、新经验为主；在动态消息中有不少是以简讯、短讯、简明新闻形式刊发，其内容更加简单，文字也更加精练，一般是一事一讯，几行文字即可说明所发生的事件。

（2）综合消息：一般也称为综合新闻，指的是综合反映带有全局性情况和动向，以及成就和问题的消息报道。

（3）经验消息：也称为典型消息或典型新闻，是对某典型经验或成功做法的集中报道，用以典型经验指导全局。

（4）述评消息：也称新闻述评，除具有动态消息的一般特点外，还往往在叙述新闻事实的同时由作者直接发出一些必要的议论，简明地表示作者的观点。如记者述评、时事述评等。

2. 医学新闻或科技新闻　是对科学技术领域新近发生的事实的报道文稿。这种科技事实可以是重大科研或科技成果，也可以是党和国家的重大科技政策，当然也可以是科技工作者的成就或科技界的重大学术活动等。医学科技新闻有许多

种类，常见的有科技消息、科技通讯、科技评论、科技人物专访、科技特写等新闻性体裁。科技新闻一般具有以下特点。

（1）新闻性与新闻价值："新"是新闻的主要特征，是指科技新闻内容要新，在时间和空间上是新近发生的重大科技事件；新闻性是科技新闻区别于其他科技文体的主要特点，"新"未必具有新闻价值，也就是说，新闻既要新，还要有新闻价值。

（2）科学性与准确性：科学性是科技新闻与其他新闻的主要区别，科学性是指科技新闻中报道和传播科学内容必须是真实的，其结果和结论是可靠的，用词表述准确，具有科学根据。同时在报道和传播科学事实时，要注意向广大读者普及相关科学知识。因此，科学性是科技新闻区别于其他新闻体裁的根本特征。

（3）通俗性与普及性：科技新闻一般是面向公众的。因此，撰写科技新闻时，应注意其普及性，语言要形象生动，注意撰写技巧，巧妙运用比喻或解释，也可以插入背景资料，便于广大读者接受和理解；但作为医学科技学术期刊，其读者群一般为专业技术人员。所以，撰写时不一定采用普及性语言，应该应用专业术语，以保证其科学性和严谨性。

二、医学科技新闻或消息文稿撰写内容与要求

1. 注意基本要素、凸显基本格式　消息稿的采写应注重其基本要素，反映基本内容，撰写时要注重设想和回答读者问的问题，要回答读者需要了解的基本要素，也就是人们常说的新闻采写的"五W"，这是构成新闻的五大要素：When（何时）、Where（何地）、Who（何人）、What（何事）、Why（何故）。但在某些新闻学上又增加了一大要素，即How（如何）；在五W和H中，其最主要的是What（何事）、Who（何人），在采写时要认真撰写这几个方面的内容，当采写者搞清了消息稿要说些什么，同时就要思考怎么写好内容，这就涉及消息稿的结构安排和布局问题。其实，消息稿件的结构比较固定、简单，消息稿件大多数为"倒金字塔式"的结构，也就是最重要的内容材料放在开头、次要材料放在后面，消息稿的基本结构为标题、导语（引语）、主体内容、结尾等部分。

2. 精心提炼标题、吸引读者阅读　标题是消息或新闻的眼睛，采写消息稿不但要具备新闻价值或消息价值的内容，而且还要有精练而精彩的标题，以强烈的新闻刺激感吸引和激发读者的阅读欲望。新闻或消息稿件的标题必须简明扼要，精练准确，高度概括消息的实际内容，标题既要精练醒目，又不能过度夸张，失去科技新闻的基本特征。在公众新闻媒体上，新闻或消息稿的标题一般有主题（也叫正题）、引题（也叫眉题）、副题（也叫次题）三种。

（1）主题：概括与说明主要事实和思想内容。

（2）引题：简要揭示消息的思想意义或交代背景，表明其原因，以烘托新闻气氛。

（3）副题：主要提示消息或新闻报道的事实结果。在医学科技学术期刊的消息或医学新闻稿件撰写时，其引题或副标题一般可以省略，只有主题也可以，客观呈现其消息或新闻内容的主体，基本可达到吸引读者阅读的目的。

3. 彰显新闻场景、巧妙运用导语　采写消息或新闻稿件，一般比较讲究新闻导语（引语）的撰写和运用，它是消息的开头或第一自然段或第一句话；导语是用精练生动的语言，展现出消息中最主要、最新鲜的事实，鲜明地提示消息的主题思想，自然引出下文，烘托新闻场景或新闻背景。消息或新闻导语的要求：要抓住新闻事实的核心；要能吸引和激发读者求知欲望，迫使读者继续往下看。其主要形式如下。

（1）叙述式：采用综合方法，把新闻或消息中最新鲜、最核心和最主要的事实简明扼要地写出来。

（2）描写式：撰写是对消息的主要事实或意义做简洁朴素而又具特色的描写，以利于烘托新闻氛围和气氛。

（3）提问式：是对新闻内容先揭露矛盾，尖锐、鲜明地提出问题，同时简要回答，以引起读者的关注和思考。

（4）结论式：在撰写新闻稿件时，先把结论写在开头，以提示报道某事物的意义、目的。

（5）号召式：撰写时以启发性地提出号召，

旨在给读者指出方向和目标。

4. 突出主题、展现核心　新闻或消息的核心部分是其主要内容，它紧随导语之后，是对新闻或消息导语具体全面的阐述和呈现，其具体展开新闻事实的叙述，进一步展现导语所引出的内容，凸显全篇消息或新闻的主题思想，一般应按时间顺序或逻辑顺序撰写和叙述，但要注意主次分明，层次清晰。

5. 呈现新闻背景、烘托新闻氛围　要使新闻或消息活灵活现，采写者就必须注意新闻背景的呈现和语言运用，让消息活起来，使读者具有身临其境的感觉。所谓新闻背景，主要指新闻事件的历史背景、周围和现场环境等。撰写新闻稿件时要交代背景，其目的在于帮助读者深刻理解新闻的内容和价值，起到衬托和深化主题的作用。

三、医学科技新闻或消息文稿撰写技巧与注意事项

医学科技学术期刊所刊载的消息或新闻，具有自身的特点。既要讲究公众媒体消息或新闻稿件采写的基本要求，又要结合医学期刊自身的实际和习惯，但要符合新闻或消息的基本要求。

1. 增强新闻敏感性、及时捕捉新闻　新闻或消息的特点是"新"，其核心是"新闻价值"。因此，医学期刊编辑要增强新闻，尤其是科技新闻的敏感性，准确分析新闻价值或报道价值，在参加学术会议、科技成果评审或评价活动和科技活动中，增强和提高对新闻事件条件和背景的认识、判别和预见能力，以及对新闻人物、新闻事件包含的新闻价值的识别与选择能力等，注重捕捉具有新闻价值的消息或新闻，及时撰写，快速发表，实现传播半径最大化。

2. 掌握政策、树立保密意识　科技学术期刊编辑要熟悉国家科技工作的方针、政策、原则和要求，在采写科技或学术性消息或新闻稿件时，要注意与国家科技工作重点和要求相适应，既要重视科技和学术导向性，还应具有科学技术保密意识；哪些可以报道，哪些不可以公开报道，要做到心中有数，编辑应有强烈的科技保密意识，严守科学技术国家秘密，防止科技泄密事件发生。

3. 真实性与新鲜性　真实性是任何类型消息或新闻新的生命，科学技术性新闻也是如此，必须保证其真实性，这是新闻或消息撰写的基本要求，也是科技新闻或消息报道的根本原则。它是由新闻或消息的内涵及特性所决定的，其新闻或消息所表现的必须是现实生活中真实发生、客观存在的事物，严禁夸张、歪曲事实。作为科技信息，科技新闻或消息是事实的反映，但并非任何事实和任何信息都能成为新闻；科技新闻或消息必须是新鲜的所见所闻。新闻的新包含内容的新和时间的新两方面：内容的新，即新闻或消息要具有新意；时间的新，就是要体现新闻的及时性，时过境迁的新闻很难称其为新闻。

4. 倾向性与选择性　任何新闻媒体和科技学术期刊都具有立场性，都是根据读者群的需要和国家的利益实施新闻宣传的，这就必定给新闻或消息带上政治倾向性。因此，无论是社会新闻还是科技新闻，都要注重其导向性和政治倾向性。科技新闻或消息都是反映新近发生的重要科技事实、科技学术活动或重要科技突破成果项目的报道，但同时科技消息或新闻同时又具有凭借事实传播科技政策、方针、学术思想观点和科学技术舆论影响的作用。因此，对科学技术新闻事实和科技活动事件消息报道也具有其所选择以及倾向性。所以，科学技术消息或新闻报道也要弘扬正能量，要紧紧围绕党和国家重大科技方针和政策，围绕中心服务大局的思想来指导科技消息或新闻的采写。

5. 时效性与可靠性　科学技术消息或新闻，特别是对重要科技成果的报道，要注重捕捉具有科技新闻价值的科技事实、材料。如科技领域的新发现、新理论、新发明、新技术等科学研究重大突破，以及科技工作新成就或重大科技活动等消息报道，在报道和传播这些有新闻价值的科技事实时，要用科学事实来说话，所报道和传播内容必须是真实和具有可靠性及科学根据的科技成果；在报道科技成果时还须注意所报道的科技成果要经历时间的考验，而且经过权威专家或科学共同体评价鉴定才可发布消息；对于涉及保密内容的科技成果在报道前应经相关部门审查和批准。另外，撰写科技新闻或消息要注重时效性，也就是说，报道要及时、迅速，使科技新闻或消息能第一时间报道和传播，避免过时消息或新闻的报道。

第十五节 医学综述性文稿的撰写方法与规范

医学综述性学术文稿是指作者结合自身研究领域和研究成果，对某专业或专题研究领域，在深入和全面检索与搜集相关领域研究文献、通过阅读和分析相关研究领域或专题海量文献的基础上，通过作者系统分析、归纳整理、鉴别和推理，对相关研究领域的学术发展进程、重要研究成果和突破、研究现状和研究趋势、研究热点和难点问题、研究存在的问题、在相应时期内取得的主要研究成果实施深入与全面的叙述及评论，在可能情况下提出具有独到见解的研究思路和研究切入路径，以利于增强学术综述性文稿的学术引导性和指导性。医学综述性文稿撰写的目的不在于文献观点、研究结果或研究结论的罗列，而是要在占有和分析海量权威文献的前提下，结合作者自己的研究工作或对本专题领域研究的驾驭，深度综合分析文献和研究文献评估，推导出和凝练出作者新的观点和发现，瞻望和预测相应专题研究问题的发展前景与趋势，通过综述分析给出符合逻辑和具有启迪性新的研究思路、评价和建议，准确指出其研究领域下一步研究方向，甚至给出深入研究的选题思路。因此，真正撰写一篇具有学术价值的医学学术综述性文稿非轻而易举之事。

医学期刊学术综述性文稿是医学编辑常用学术性文稿，其撰写能力体现了医学编辑对相应专业领域或专题的了解和学术发展的驾驭能力。为促进或引导相关领域研究的深入，医学编辑在可能的情况下亲笔撰写综述性文稿有时更具有针对性和编辑思想性，尤其是当编辑出席学术会议时，撰写学术会议综述性文稿（会议纪要），对会议交流和研讨的学术内容、会议成果、相关领域重要进展和发展趋势等撰写成综述性文稿，对于读者了解学术会议成果和相关领域学术发展趋势具有重要意义。

一、医学综述性文稿撰写的基本结构

综述性文稿是对某专业领域、专业或专题重要研究进展和发展趋势实施评述的专题文稿，其内容主要围绕所综述专题的研究实施深入和整体分析，对其重要研究成果、研究热点和发展趋势等进行论述，给出具有思想性和观点性的综述分析结论，以利于指导相关领域的学术发展。学术综述性文稿的基本框架结构如下。

1. 导语或引语　导语也称为前言，主要是简要交代所综述专业或专题领域研究的进程、研究背景，综述的目的和意义；概括性介绍所综述专题学术价值、重要研究突破和发展趋势，本专题领域研究存在的主要问题和综述分析结论。

2. 综述文稿的主体结构　医学综述性文稿主体撰写内容主要包括相应研究领域的研究进程、研究现状、研究趋势、研究中存在的问题和建议、对研究走向的预测等内容，但在综述性文稿的实际撰写中，不一定面面俱到，有些要有所侧重和突出重点，而有些则简要叙述。

（1）研究过程：所谓研究进程也就是相应学科、专业或专题研究领域的学术及技术发展史。众所周知，医学科学各个分支学科或专业诊断和治疗技术，都是由初级向高级发展，而通过对其发展进程的综合分析，贵在发现其自身发展规律和不同发展阶段的转折点，非流水账式的撰写方式，可采用纵向对比的方法，从比较中凸显发展规律。

（2）呈现研究现状：医学专题综述文稿。其重点是要全面展示研究现状和所处的学术水平、国内与国际先进水平的差距，从研究现状中发现差距、存在的问题和新的研究思路；这可以采取横向对比的方法，全面和深度横向分析，从中发现新的研究路径和思路，因而从文献综合分析中创新思路，启迪读者。

（3）凸显研究趋势与走向：医学综述性文稿的撰写者，在大量占有国内外相关领域海量文献和阅读分析的基础上，能够把顺相关领域发展的规律和走势，得出基本发展趋势和走向预测，引导相关领域专家学者的研究方向，这是医学综述性文稿的价值所在。

（4）问题与建议：俗话说，善于发现问题已经达到了解决问题的一半。通过对相关专业领域研究大量文献的分析，善于从中发现研究中的问

题，这不是件容易的事情。而综述性文稿的意义和价值就在于发现研究文献中的问题和揭示基本规律，同时提出解决问题的建议，这是综述性文稿的关键价值所在。

3. 综述分析结论　通过文献综述分析，要给出分析结论，具有综述者独到和创新性的见解和观点，给出相关专题研究存在的问题、发展方向、研究重点和趋势分析基本结论，最好能提出解决问题或进一步研究的切入路径，为读者提供科研选题思路启迪。

4. 参考文献　作为综述性文稿，参考文献应该说是文稿的重要组成部分，而引用参考文献也要突出重点，而且必须是阅读过的最新文献，同时注重参考文献著录的规范性，以便于读者重复查阅。

二、医学综述性文稿的撰写特点

医学综述性文稿主要功能在于作者系统反映相关专业领域的研究概况、发展趋势，帮助相关专业领域的专业技术人员和读者系统了解其最新研究热点、难点和研究思路。医学综述性文稿就性质而言，属于二次文献性质的学术文章，是作者对大量国内外海量相关文献实施搜集、综合分析、系统归纳、深度整理、概括提出新的思路和见解。医学综述性文稿的撰写，一般都具有比较明确的目的性和针对性。如在科研选题、重点研究课题申报、研究生选择研究方向、为了让相关专业领域的专业技术人员了解相关专题发展概况等。医学综述性文稿要反映出有关专题研究存在的问题、研究历史和研究现状，特别要反映出其研究的新动向、新趋势和新的研究热点。

1. 文稿内容的全面性　综述性文稿的选题的学科面尽量不要过宽，要选择某研究专业、研究专题或某一疾病的研究进行综述分析，但对其选题的文献分析要具有全面性、系统性和深入性，对本专题研究所涉及的相关文献和内容都要进行分析，尽量避免遗漏，以免造成综述性文稿内容的欠缺，而导致分析结论的偏倚。

2. 综述结论的思想性　尽管医学综述性文稿的性质与原始创新性研究论著不同，是属于非原始创新性研究论文，但综述性文稿也非单纯的研究文献结果和结论的罗列和堆砌，在阅读和分析大量文献的基础上，也要有综述作者的评述评价、发现存在问题、给出新的研究思路和建议等，凸显综述作者的学术思想性，充分彰显综述性文稿的意义和学术价值。

3. 学术导向性　医学期刊是为了加强和引导对某重要医学专题的研究，具有针对性地约请相关专家学者撰写某一专题领域的综述性文章，其目的就是为让相关领域的专业技术人员了解研究概况，引导研究方向。因此，综述作者要在全面阅读大量研究文献和深入分析的基础上，要纵览相关研究领域全局，高瞻远瞩，要站在学术或学科带头人的高度，综合分析相关领域的发展趋势、发展前景、发展方向和研究重点，应能预测相关研究领域的未来走势，引导相关专业领域的专家学者把控正确的研究方向。

4. 综述性文稿篇幅与参考文献　医学综述性文稿一般有别于原始研究论著文稿，其篇幅比较长，以保证其全面性。而参考文献也比原始研究论著文稿要多，尽量将引用的主要文献和最新文献按顺序著录，以利于读者查阅和保证文献的全面性。

三、医学综述性文稿撰写的注意事项

在医学综述性文稿的撰写中，应避免撰写误区和普遍存在的缺陷，以保证医学综述性文稿的撰写质量和价值。

1. 避免文献罗列与堆砌　在已发表的医学综述性文稿中，经常可以看到有些综述性文稿，只单纯罗列或堆砌所发表文献研究结果、结论或观点，流水账式的谁做了什么研究、取得何结果或结论，更有甚者原文拷贝粘贴，最后堆砌成一篇综述性文章；而且文中既没有作者的评述和分析，也没有任何作者自己的分析结论，更没有指出相关领域的研究方向和发展趋势。所以，这类综述性文章缺乏指导意义，也缺乏学术价值。

2. 规律性与逻辑性　综述性文稿的重要功能之一，是通过对大量相关文献的综合分析，从中发现相关研究领域或专题的学术研究发展的内在联系和逻辑性，从而揭示发展和研究规律，为相关学科领域的专家学者提供新思路和科研思维启迪。

3. 评价性与思想性　综述性文稿的撰写作者最好是相关研究领域的行家或研究者，这样综述作者可结合自身的研究课题、成果或对专业学术发展的了解，结合对大量相关文献的综合分析，实施评价分析，展现综述作者的学术思想或学术观点，发现相关研究领域的问题和建议，增强综述性文稿的学术导向性和引领性，促进相关研究的深入，驾驭相关领域研究的正确走向。

4. 避免文献阅读省略　在综述性文稿的撰写中，首先是全面阅读大量相关文献，并且亲自阅读，深入理解研究文献的科研思路、科研设计思路和结果结论，避免阅读省略，而出现以偏概全或分析结论偏倚误导读者。在著录参考文献时，对未经阅读或文内未涉及的文献应避免著录，更忌讳不加选择地将参考文献拷贝粘贴，失去了参考文献引用著录的意义。

5. 综述文章的结论与问题分析　撰写综述性文章的关键在于选题和通过相关海量文献分析，发现相关领域研究趋势、存在的问题和给出作者自己的分析结论，而不是单纯的文献观点或结论的堆砌，综述性文章比较忌讳的是选题缺乏新颖性和单纯文献的罗列，缺乏综述作者自己的分析、观点、发现存在的问题、分析结论等。只有通过大量相关文献分析，作者得出自己的分析结果和结论及相关领域存在问题，这样的综述性文章才具有指导意义。

第 15 章 医学期刊审稿制度与审稿质量控制方法

审稿，是医学科技学术期刊必须遵循的流程和编辑的日常工作，也是期刊质量控制和编辑决策的重要保证制度和环节，无论是编辑初审、外审（同行专家评议）、终审等，不同的编审角色和审稿流程环节，具有不同的审稿方法和审稿质量控制重点，而医学期刊的审稿与其他非医学科学类期刊审稿的方法和侧重点具有不同的要求，这由医学科学的特殊性所决定的。因此，医学期刊审稿的重点、要求和方法也存在一定差异。所以，了解和掌握医学期刊的审稿制度、审稿机制、审稿方法、不同编辑角色审稿重点等，是做好医学编辑的重要基础和基本技能。

第一节 医学期刊同行评议审稿制度

医学期刊的审稿制度是一项重要的质量、公正性与客观性的控制制度，它是保证期刊学术质量的根本性制度，也是维护作者权益，保证学术论文成果发表的科学性、创新性、先进性、实用性和真实性的制度保证和制度安排。

一、医学期刊审稿的目的

1. 保证文章学术质量　通过审稿实施学术质量把关，保证所发表科研论文的学术质量。

2. 科研成果评价　科研论文发表评审过程，其实就是研究成果的评价过程，通过评审，对科研论文的创新性、价值意义和存在的缺陷做出客观评价，为科研论文发表提供编辑决策依据。

3. 完善和深化研究　原中国科学院院长卢嘉锡院士曾说过："科技期刊对于科研工作来说，既是龙头，又是龙尾。"也就是说，科研论文发表的过程是科学研究的基本过程，是科研工作的组成部分。龙头，是科技期刊的学术引领和学术导向功能，对科研工作者和临床医师的指导作用；龙尾，是科学研究完善的过程，通过科研论文评审，对科研设计的科学性与合理性作、结果、结论的可靠性做出评价，并提出科研设计存在的缺陷，补充修改和完善深化研究的建议，这对研究者来说是难得的财富。

4. 发现不足、修改完善　通过对稿件的评审，发现其学术、文章结构和规范性等缺陷，并提出修改建议，为作者和编辑进行修改和完善提供思路。

5. 启迪思维、促进交流　通过稿件评审过程，发现不同的学术观点、新的学术思想、新的理论和独到的学术见解，可选择性和具有针对性地安排学术交流和学术争鸣，交流学术思想，启迪科研思路。

6. 发现人才、培养人才　科研论文评审的过程，也是人才发现、扶持和培养的过程，通过审稿，发现具有创新和学术潜力的研究人才，主动扶持和培养，这也是医学期刊平台的责任和义务。

二、同行评议制度

医学科技期刊同行评审或同行评议制度，是医药卫生科技期刊科研论文发表的通行做法，也是国际生物医学期刊审稿的普遍要求和审稿评价程序。实践证明，同行评审制度是保证医学科技学术期刊审稿质量和编辑决策科学化及民主化的关键环节。

1. 同行评审的定义　同行评审，也称同行评议（peer review），是指专家学者对本学科、专业领域或本研究方向的学术成果论文的评价过程，这里主要指的是同行个体评议过程。其实，作为同行评审还不仅如此，其中包括科研论文成果的发表、著述的出版、科技成果评审评价、科技奖励评审、科研项目评定、专业技术职称评审、科技成果和医疗事故鉴定等。通常情况下，人们把被评审或评价主体的学科专业与所从事相应研究领域或研究方向相一致的专家学者实施评审，称之为同行评审或同行评议。换言之，非同一学科、专业或研究方向，因对评审主体专业不熟悉，很难做出客观公正的评价，人常说隔行如隔山，这就是同行评审的依据所在。

2. 同行评审的发展史　医学科技期刊稿件实行同行评议由来已久，其形式也多种多样。科技学术期刊的同行评审最早的雏形可追溯到17世纪中叶的1665年，当时英国皇家学会哲学学报 The Philosophical Transactions of the Royal Society 创刊初期，首任该刊主编首先将文章请同业人专家学者评审，以决定文章是否可以在该刊发表的依据，由此首开同行评议的先河。英国皇家学会会长 Paul Nurse 曾指出，The Philosophical Transactions of the Royal Society 是世界上科技学术期刊中首先致力于科学探索，并引进科学的优先权和施行论文稿件同行评议概念的期刊。不言而喻，这种同行评审方法想必对学术界的专家学者而言，总比期刊主编、编辑或编辑部自己决策要公平和客观得多。这种同行评议经过350多年的发展经久而不衰，而且被世界科技学术界所认可和推崇，一定具有其道理与合理性。虽然历经350多年，这种评议的基本思想大致没有根本的变化，但随着科学的发展和科技成果产出量的与日俱增，科技界学术交流日趋繁荣，科技学术期刊的数量和承载的信息量剧增，呈现出海量增长的态势。因此，同行评议也在与时俱进，成为科技学术界普遍评价手段，当然也成为科技学术期刊编辑出版的重要把关措施和环节。

同行评审方法被世界普遍公认是20世纪中叶的事，这主要是第二次世界大战后，世界科学领域科技进步导致科研论文成果数量的激增，特别是科技学术期刊种类和数量的海量增长，促进了同行评审的普遍应用。毫不夸张地说，如果没有同行评审就不会有庞大的科技学术期刊编辑出版业，当然也很难诞生众多的高学术水平、高质量、高品牌知名度、雄霸全球的著名权威科技学术期刊。因此，医学科技学术期刊同行评审制度是期刊质量的基本保障，也是科技期刊编辑出版质量的重要环节之一。而广义的同行评审制度起始得更早，比狭义的学术期刊稿件同行评审制度要早几个世纪。根据有关文献记载，其同行评审原始雏形应该起源于叙利亚。在当时，叙利亚有明确规定，医院医师给患者诊断和治疗疾病时，医师每次都要准备一份诊断和治疗文书的副本，如果患者治愈或死亡后，其疾病诊断和治疗文书的副本要汇总递交给专门的同行评审小组进行审议，医师可能由于存在过错或医疗失当而由此受到相应处罚，这就是最早同行评审的起始和雏形。

三、科学/学术共同体评审制度

学术共同体或科学共同体，是同一领域、同专业或同一研究方向专家学者的资源结合的集群，他们所产生的学术思想、智慧或学术成果，是一种群体智慧结晶，是个体科学家智慧、学术思想、学术观点群体整合与共识后的群体智慧，其特点是更具有科学性和权威性。

1. 科学共同体的基本定义　科学共同体（scientific community），也称学术共同体，是指共同遵守同一科学规范和科学伦理道德的科学家所组成的群体；他们在同一科学规范和伦理道德的约束和自我认同和认可之下，这些学术共同体的成员从事同一学科专业和研究方向，并掌握着大体相同的学术文献和接受大体相同的理论知识，并且有着共同的科研探索目标和专业研究兴趣。1942年，英国科学家、哲学家和社会学家M.波兰尼首先提出科学共同体的概念；美国社会学家R.K.默墩也很重视和强调科学共同体的作用，他认为科学的目的是探索未知，获取科学而可靠的理论知识和技术方法，而科学共同体或学术共同体的任务则是建立和发展科学家之间的智慧，为获得可靠理论知识和学术思想与学术观点的最佳交流关系。而他提出科学共同体的准则，即规范性、普遍性、公有性、大公无私和有根据的怀疑态度。1962年，美国科学史家和科学哲学家T.S.库恩的《科学革命的结构》一书出版后，科学共同体的概念更加引起自然科学界和社会学界的广泛重视。而库恩的贡献是提供了科学共同体形成与发展和转变的认识论基础。

2. 医学期刊学术共同体的同行评审　医学期刊科学共同体或学术共同体，主要特指编辑委员会、专业评审组、专题学术委员、会议学术委员会、专家委员会、评审委员会、专业组、指南研究组、专家共识起草讨论组等松散的专家集群组织。是某一专业科学家作为群体的一般存在形式，也具有常设性或临时性学术群体组织的特点。

虽然科学共同体具有较多功能和责任，但其中一项重要功能是科学共同体的守门把关、评议、评审、鉴定等功能，这是医学期刊所看重的主要功能之一。这就是科研论文发表评审、学术成果评价认可与公开发表及奖励的社会认可过程，这是医学期刊所发表科研成果文献科学性、创新性、实用性和真实性的重要守门把关环节和守护者。而守门把关的重要手段则是同行评审和论文稿件的系统审查。当然，这里指的是作为学术共同体的编辑委员会或专业评审组等群体同行评价过程，而不是同行个体评价过程。

当然，不管是同行个体评议（如稿件送某一编辑委员、审稿专家审稿），还是学术共同体群体同行评议（如编辑委员会或专业评审组）集体讨论形成共识和编辑决策等，都是在期刊编辑制度和编辑规范的约束下实施的。任何学术共同体都应严守科学伦理道德和科学标准，敬畏和遵守科学精神，严于律己，客观公正地评价每一篇科研成果论文。因此，需要严密的程序设计和严格的同行专家遴选规章制度和标准，特别是科研论文评审和医学科技期刊编辑出版和发表。是典型的学术或科学共同体的群体智慧知识产品呈现和最后出口之处，其科研论文成果发表的过程，就是成果同行评价认可和社会认可的过程。因此，必须具有科学严密的学术治理结构和严谨、规范及合理的程序设计，严防死守，真正把好这个学术关口，确实从同行个体评议和同行群体评议中做到优胜劣汰，发现科研创新亮点和成果，培育和激励科技优秀人才脱颖而出。

3. 科学共同体评审的特点　科学共同体咨询、科学共同体评议、科学共同体论证等，其最大特点是智慧或成果的群体性，它凝聚的是群体同行专家的智慧结晶，调动和激发的是群体专家的聪明才智，整合的是群体专家的智力资源，发挥的是群体专家的作用。众所周知，学术或科学共同体及世界科技学术界还有未成文的律令，那就是所有科学研究成果，必须首先在科技学术会议和科技学术期刊发表，特别是以其在正式公开发行的科技学术期刊发表为其知识产权的归属和时间界定的依据之一，其他新闻报道、社会流传等都不认可或成为依据，也就是以接受科学家的同行评审和审查才认可，然后在期刊公开发表才被认可，任何越过科学共同体（诸如，召开新闻发布会、在公众媒体、新闻媒体和新媒体等草率传播和炒作）是有违科学规范和科学伦理道德的行为，当然为科学家和科技学术界所不齿。

在这里特别指出的是，医学科技学术期刊每年都发表了大量各个学科和专业的疾病诊断和防治指南、专家共识、诊疗规范等指导性学术文件，这种学术性、权威性和指导性的学术文件，是典型的学术共同体或科学共同体群体智慧的成果和结晶，严格讲是不适合以专家个体名誉或署名发表的，科学家个人或个体发表学术指南和规范性学术指导性文件是不适宜的。其理由：①学术指导类文件，应该是学术共同体或科学共同体群体认可或同行评价，是典型的群体智慧产品；②专家个体起草撰写和个体署名发表，很难具有其客观性和权威性。

医学科技学术期刊在组织撰写学术指导性文件或评审发表指导文件时，应严格和慎重专家个体撰写、专家个体署名发表，一般应以学术共同体或科学共同体群体组织集体撰写、研讨和认可（当然应有主要执笔起草者或领衔专家），在医学期刊发表时，其署名也以学术共同体或科学共同体的名誉署名发表。如中华医学会糖尿病分会、中华医学会内科分会内分泌学组、高血压病临床诊疗指南专家委员会、甲状腺诊疗专家共识专家组等学术共同体形式。当然，为体现参与专家的学术贡献和智慧，其参与专家在文后依据贡献大小，依次列出专家个体名字。如执笔起草者、参与讨论和研讨者等，以显示其对成果的贡献和尊重，同时也具有学术发展历史的史学价值。

四、医学期刊"三审五定"制度

在医学期刊审稿评价实践中，特别是在中华医学会主办医学期刊编辑出版流程及审稿制度中,"三审五定"编辑出版制度多年在中华医学会系列杂志中普遍应用,被誉为"最严格的审稿制度"。这大概也是中华医学会系列医学期刊始终保持高度严谨、高标准编辑出版质量、高学术水平和高品牌影响力的原因所在。

1. 医学期刊"三审五定"的基本概念 "三审五定":编辑部分管编辑初审(一审)、同行专家评审(二审,送两位以上同行专家评审)、学术共同体群体审定(终审,专业审稿组);"五定":供稿责任编辑审定、本期责任编辑审定、编辑部主任审定、主管社长审定、总编辑审定。各个环节不同编辑角色各司其职,层层把关,逐一审阅签字负责。这一制度的优点在于,通过同行专家评议审稿,学术共同体,即专业编审组集体讨论审定,可最大限度地控制审稿偏倚因素的发生,保证文稿的学术质量,严格控制学术不端行为,同时在很大程度上避免了人为因素造成的审稿偏倚。但也存在难以两全的问题,这就是进入审稿程序和编辑出版程序,其流程较长,造成论文稿件的发表周期或时滞相对较长。因此,如何加快审稿和编辑出版流程各环节的处理周期,是编辑部应当考虑的问题。

2. 初审(内审) 一般是由编辑部专职编审或兼职专家完成初审任务。

(1)初审的目的:初审的主要目的是对期刊来稿实施快速初筛,以免对明显不符合期刊发表要求的稿件都进入审稿程序。一般来讲,各个学术科技期刊来稿或选题组稿数量都比较大,若不加以初步遴选都送同行专家评议或其他处理程序,这无疑增加了编辑委员、审稿专家等同行评议审稿负担。同时,也加大了无效劳动和审稿成本。此外,通过初审,编辑仔细阅读稿件,了解和判断稿件的研究内容和专业,以利于准确选择同行评审专家及时送审,保证送同行评审成功。

(2)初审的基本任务或标准:初审阶段,编辑通过阅读全文,主要判断稿件内容是否符合期刊报道范围和读者对象,是否符合在期刊发表的要求,是否符合期刊约稿要求,对存在明显的科研设计缺陷和重复性研究工作及缺乏新意的同类报道的稿件酌情审定退稿。同时,审查和判断稿件撰写的规范性。初步判断研究内容的创新性、科学性和学术价值,然后准确选择相应同行评审专家,及时送同行专家评审,对涉及复杂的统计学处理和科研设计的研究论文,还应选择医学统计学专家评审,涉及基础和临床的还应考虑同时送审相应专业的基础研究专家和临床医学专家评审。为了缩短审稿流程,尽量几个同行专家同时送审,以免因分期逐步送审,即回来一个再送审一个耽搁时间,加大了同行评审周期。

(3)初审的要点:初审的要点是能清楚稿件的研究内容和专业,保证送同行评审避免发生偏差,送到非本专业或根本不熟悉本研究的评审专家审阅,以免影响审稿流程或发生审稿偏倚。另外,要准确把握初审退稿的标准,以免盲目退稿漏失重大或具有潜在价值的研究成果。

3. 外审(同行专家评审) 医学期刊同行评议,是医学科技学术期刊审稿或把关的重要环节,是保证稿件学术质量的关键。

(1)外审的目的:主要是学术质量把关,是否具备期刊发表的条件,其真实性和存在的问题,需要补充修改的内容。

(2)基本任务和标准:同行专家评审的主要任务是在学术质量上,至于具体文字或文章结构一般不用同行专家耗费宝贵时间,这一般由编辑部分管编辑对文字、规范化和文章结构等存在的问题进行斟酌和修改。同行专家重点在研究论文的科研设计、统计学方法、样本设计等方法学上审查,科研设计和统计方法是否合理,结果和结论的科学性和可靠性如何?科研设计的合理性或存在的缺陷,以判断其结论的可靠性。是否符合医学科研伦理道德要求和学术不端行为或现象。一般学术期刊科研论文发表掌握的基本标准:论文的科学性、创新性、实用性、真实性基本标准。

(3)评审要点:同行专家评审时,还要注意期刊的基本水平,量体裁衣,以免评审标准和要求过高,使期刊稿件贫乏,要求过低,影响期刊质量和水平;另外,还要注意文章的性质和体裁。如对于医学科研论文,也就是原始研究(论著),就必须要求其科学性、创新性、实用性的标准,而对于评论性文章(如述评或专论等),就必须要求其发表的实际意义、对学术的导向性、对临床或学科发展的指导性、学术观点的鲜明性、所提建议或对策的合理性及操作性等;如果是普及性文章(如专题笔谈、专题讲座等),主要掌握其文章发表的意义、科学性、实用性和指导性等；对于二次文献性文章（如综述性文章），主要掌握其新颖性、实际意义、是否通过大量国内外最新文献分析，发现和推导出新问题、新观点、新线索、新建议等，综述文章并非他人文献结果、结论和观点的罗列，最重要的能给同行以启发和指导。

同行评审环节是在编辑初审基础上送审。因此，编辑送同行专家评审时，送审编辑要充分了解所送专家的研究专业和研究方向，确保送审准确，以免论文研究专业与专家专业相悖，造成审稿流程进度或审稿偏倚。所以，分管编辑在送审时，要根据论文研究和科研设计的性质及复杂程度，对送同行专家有一个初步设计。如送同行专家评审、涉及复杂医学统计学方法时，同时送医学统计学专家评审或临床流行病学专家；研究内容涉及交叉学科时，还要同时送相关交叉学科的专家评审，最大限度地控制审稿偏倚的发生。

4. 专业评审组集体审定　专业评审组相当于医学期刊的一个学术共同体，也就是说，这一环节是集体说了算。专业评审组群体审定形式，在中华医学会系列杂志中，大部分期刊编辑部都根据期刊所涉及的专业不同，设有数量不等的不同专业的专业编审组。一般各专业评审组都设有组长或副组长，其主要职责是负责主持审稿会，对编辑部提交的相关专业的文章实施集体同行评审；其成员也都是本专业领域高水平同行专家，成员数量一般都在 7～10 人，甚至更多。

（1）专业评审组评审的目的：其主要目的是对一审和二审基本通过的稿件，实施集体评议和评审，对稿件逐一审议，并全面权衡，特别是对二审同行专业意见不一致或具有明显争议的稿件，实施集体讨论和评议，以决定取舍，并对稿件提出补充修改建议。

（2）专业评审组的任务与目的：专业评审组的主要任务是，将编辑部提供的经过一审、二审通过的稿件或具有争议的稿件再实施集体审定，最终决定是否可以录用在期刊公开发表或进行哪些补充修改；其主要目的是，发挥学术共同体的群体智慧，实施群体或集体评议，以最大限度地控制审稿偏移的发生，保证稿件的学术质量。特别是对具有争议的稿件，进行集体讨论和评议，

以利形成共识，决定取舍。实践证明，即使二审有 2～3 位同行专家评审都建议或同意发表的稿件，在三审，即专业评审组群体评审时，其被否决的稿件也不乏其例。

（3）专业评审组评审的重点：专业评审组评审的重点是对比较重大的科研创新论文、二审专家评审意见严重分歧者、具有争议性研究或结论、具有争议的学术观点、编辑部提供的特别选题约稿等，实施重点讨论和评议。

5. 医学期刊"五定"制度　医学期刊"五定"制度，是进入编辑出版流程的必要的质量把关制度，是在严格的稿件评审流程结束后，实施的编辑出版流程，也是不同编辑角色所应承担的责任，在这一流程环节中，不同的编辑角色其把关的侧重点有所区别，但总体目标和任务都是医学期刊的全面质量控制。

（1）供稿/本文责任编辑审定：供稿编辑审定签字，主要是分管编辑对审稿流程通过的稿件，并经过退修的稿件，供稿责任编辑对全文进行严格推敲和编辑加工，已达到排版发表的规范要求，并在提交本期责任编辑时审定签字，以示负责。对于所发表稿件的质量问题，本文编辑（责任编辑）的作用很重要，其关键点是，在退修时本文责任编辑能够把所有同行评审意见和建议，以及本文责任编辑所发现的规范化等问题，实施周到而全面的综合分析与整理，认真撰写好退修信件，逐条提供给作者斟酌和补充修改，尽量保证一次性退修成功。本文责任编辑在编辑加工阶段还要逐字逐句和全文推敲及修改，直至达到规定的规范化发表要求。因此，编辑加工阶段是编辑出版流程环节中的重要阶段。

（2）本期/当期责任编辑审定：本期或当期责任编辑审定，主要是对所有供稿编辑提供的发排稿件都要进行逐一审阅，审定签字。当期责任编辑的主要任务是对本期杂志实施总体设计，包括内容总体设计、重点内容设计、栏目总体设计和布局、当期版面的总体设计等，并对当期所有稿件的规范化、稿件质量问题、是否符合审稿流程等实施总体把关和负责，及时反馈给本文责任编辑进行斟酌和修改。

（3）编辑部主任审定：本期责任编辑对整期稿件编排完成后，提交给本刊编辑部主任审定签

字。编辑部主任审定的主要任务职责是,对当期所有准备发排的稿件实施总体把关,其任务是对本期的重点内容、总体设计的合理性、栏目设计的科学性、稿件评价流程的严谨性、重要内容的质量和政治性问题实施把关,并对期刊质量负有主要责任。

（4）分管社长审定:分管社长审定的主要任务是,对本期重点内容、总体设计、重大学术问题、重要文章或政治性问题实施总体审定把关,以尽可能控制重大编辑失察或编辑失误的发生。

（5）总编辑/主编审定:期刊总编辑或主编审定,是整个稿件的评审流程和编辑出版流程的最后环节,在这一环节,总编审定的主要任务是,对本期学术内容和学术质量总负责,其审定的重点是总体学术内容的质量、重点内容和重点文章学术质量问题、总体学术导向、涉及的重要的医学科研伦理道德及医学伦理问题、重要结论的科学性问题等。对存在的重大学术问题,及时反馈给编辑部主任或分管社长实施斟酌或处理,避免重大学术失误或视察的发生,把隐患和问题控制在期刊的出版和发行之前。

第二节　医学期刊审稿评价方法

医学期刊的审稿方法主要是建立在同行评审制度基础上的审稿方法的适宜性选择,在严格遵守稿件评审流程设计的前提下,根据相应期刊的实际采用不同的审稿方法。其主要的审稿方法有盲法审稿,包括单盲、双盲、非盲法和公开审稿等方法。

一、非盲法审稿方法

这种审稿方法主要是评审者知道作者名字、通讯作者、作者单位、合作单位、联系方式等作者信息;当然,编辑部也不用对稿件进行盲法处理,取消稿件中的所有作者信息,作者也可以向编辑部推荐审稿专家,把最熟悉自己研究论文内容的同行专家推荐给编辑部,以供责任编辑实施同行评审设计,优选同行专家审稿人。优点:节省稿件处理程序,评审者知道作者所从事的研究方向和学术水平。同时,在评审中遇有相关问题方便与作者沟通交流;作者也可以与评审者交流和沟通,解答和解释研究工作的背景与科研设计想法。缺点:评审者容易碍于情面而发生网开一面,甚至发生审稿偏倚的可能性,这主要靠评审者的自律性、科学精神和伦理道德的自我约束。

二、公开评审稿方法

公开审稿方法也就是公开评议,与以往单盲和双盲同行评议相比,具有公开性,算是一种新生事物或新的评审方式与思路,最早始于1996年 *Journal of Interactive Media Education*,之后,也有科技学术期刊效仿。这种同行评审方法是,即作者与评审者彼此都相互知晓,作者和评审专家都不需要隐匿,谁都知道是谁,评审者与作者都公开在明处。优点:评审者可以质疑询问,作者可以申述,主动或被动讲清自己科研设计思路和设计初衷,辨明是非,解答评审者疑惑或难以理解之处;显示其高度的学术民主性和公开透明性,消除潜规则之说。缺点:由于评审者和作者双方知己知彼,同行评审者很可能会心存顾忌,给客观评价带来心理压力和障碍,因而造成审稿偏倚;作者也可能出于发表目的或功利目的,对评审者实施某种形式上的情感投入,动摇评审者的主观意志,从而发生倾向性和客观性。这种审稿评议方法目前还存在一定异议,使用时应慎重选择,尽量征询期刊编辑委员会专家集体的意见和建议,严格遴选其合适的同行评审方法。

三、盲法评审方法

在医学期刊同行评审实践中,盲法同行评审是应用比较多的评审方法。在盲法评审中,又可分为单盲评审方法和双盲评审方法。但也有研究认为,盲法审稿并非能够达到理想结果,因为同行专家在其本领域内,谁在从事哪些课题研究,某些研究成果出自何单位或何人,一般都能分析出来,很难达到盲法评审的初衷。但不管如何，盲法评审方法起码在形式上具有公正客观的一面。

1. 单盲评审方法　单盲评审方法也称单向隐匿审稿方法，是指作者不知道谁在评审自己的稿子，但同行评审专家知道作者名字和单位等信息。当然编辑部分管编辑也知道作者是谁，当论文稿件评审返回编辑部后，分管编辑再对同行专家评审意见或建议，进行分析与综合，整理后以编辑部的名义将审稿意见和建议反馈给作者，而评审专家的情况是向作者保密的，不告知是谁评审了自己的稿件。这种评审方法的目的是保护评审专家姓名不至于被泄露，达到保密的目的，以免作者对评审者的干预，也减少评审专家的心理压力和影响，保证评审的客观性。这种单盲评审方法在国际上的科技学术期刊中应用比较广泛，比较多的医学期刊也基本采用是单盲方法实施同行专家评议。

2. 双盲评审方法　双盲评审方法也称双向隐匿评审方法，是指作者和同行评审专家双方均不知道作者与评审者是谁，编辑部在送同行专家评审时，对稿件上的作者信息进行处理，删去所有作者名字和作者单位等信息，当然也不告知作者其评审者是谁，只有编辑部相关编辑知道彼此双方，其初衷是对双方同时保密。但这种双盲同行专家评审方法，将大大增加编辑部对稿件处理的程序和难度，也容易造成失误或错误。同时，因同领域研究专业和研究方向的局限性与相互熟知性，也很难达到双盲评审的理想结果，一般同行基本都熟悉谁在做什么研究及水平，要做到绝对双盲是很困难的，故在国际上医学期刊中应用比较局限。

四、同行评审的基本原则

编辑部完成初审，在送同行专家评审中，除了视情况选择不同的同行评审方法外，编辑部在送同行专家评审时，还应遵循专业对口、专家分散、地域交叉、回避、对作者保密、不可替代和多审的基本原则或要求。

1. 专业对口　俗话说，隔行如隔山。随着学科和专业愈加细化，专家研究方向不同，对科研论文的评价和判断的准确性也存在很大差异。因此，编辑部要准确把握稿件研究内容所涉及的专业领域，并对送审的同行专家的专业和研究方向要有深入了解，确保稿件研究内容与同行评审专家对口，以利审稿专家做出客观评价，避免发生审稿偏倚现象。

2. 专家分散　编辑部在送审同行专家评审时，要注意分散送审，避免过于集中。如避免过于集中在同一地区、同一医院、同一科研院校，甚至同一科室的审稿专家，尽可能避免各种因素对稿件评价的客观性和干扰因素。

3. 合理回避　编辑部在送审时，应避免将同一单位的论文稿件送相同单位的审稿专家评审，也不可以送作者的老师或关系密切的审稿专家。同行评审专家遇此情况应回避，特别是在专业评审组召开集体审定会议时，当评审和讨论到作者是本医院或同一科研单位、亲属或学生的稿件时，相关评审专家应采取暂时回避的措施，以避免利益冲突的发生。

4. 交叉送审　论文稿件送同行专家评审时，编辑部尽可能分别送不同科研院校、不同医院、不同地区的审稿专家交叉评审；根据稿件研究内容，也可以交叉送相关交叉学科、医学统计学和临床流行病学专家评审。

5. 合理保密　对同行评审和作者信息相互保密，即背对背评审；对退稿反馈作者评审意见时，为维护审稿专家的权益，应避免将审稿专家信息告知作者，以保证评审的客观和公正性。同时，同行评审专家也具有为作者所研究内容和科研思路保密的义务及责任。

6. 同行多审　在送同行专家评审时，应同时交叉送审 2 位以上审稿专家评审，最好同时交叉送审 3 位审稿专家。一稿多审可增加把关和客观性，但一般稿件审稿过多也没有必要，这会增加审稿周期和论文稿件的时滞及编辑部经济负担。

7. 控制审稿负荷　编辑部在送审时应尽量避免数量过多或过于集中，以免造成审稿专家审稿负荷过重，影响审稿的质量和审稿效率。一般来讲，同一位审稿专家掌握在 10～15 篇／年。

8. 不可替代性　对于同行专家评审和期刊审稿程序或审稿流程，任何其他形式意见（比如，单位和机构的鉴定意见、评审材料、媒体报道等），都不具有可替代性，也就是不能替代审稿流程和同行评审的基本原则。作者提供的相关鉴定意见或评审材料，尽可能规避审稿专家，以免影响审稿专家思路和评审的客观性。

第三节 医学期刊审稿的特别评审机制

医学科研论文发表过程是一个学术民主、学术评价和成果评审的过程，目的是要保证具有创新性、科学性、实用性、真实性、科技竞争性强的重大医学科技创新成果，新的理论和新的学术思想能够尽快发表，使其迅速融入国际学术交流体系。在医学期刊学术论文评审流程和编辑出版流程中，如何快速实现上述编辑理念和编辑目的，除了实施论文评审流程和编辑出版流程优化、再造措施外，还要建立必要辅助评审和编辑出版机制，以尽可能提高期刊的学术竞争力。

特例打破常规快速处理稿件，避免在编辑部或编辑手中耽搁时间，以最快的速度送同行专家评审。编辑部在送同行专家评审前，要与同行专家沟通和确认其完成评审的要求，并向专家申明其背景，要求限时审回的期限。编辑部在送同行专家评审时，一般同时送三位以上同行专家评审。当三位以上同行专家评审回来后，其评审意见都基本一致，确属重大创新或突破性科研成果，则可再呈送期刊主编/总编辑认可或编辑部集体商定即可做出快速发表的编辑决策。

一、快速评审机制

医学期刊快速评审机制，主要是指基本评审流程外的评审机制，主要目的是，为加快具有重大创新成果和突破性的新成果、新理论和新的学术思想能够以最快速度发表，尽快融入国际学术交流体系，以争取首发权和知识产权，增强和提高国内和国际学术与科技竞争力所建立的学术快速反应机制。

快速评审机制其实就是医学期刊的学术快速反应能力，学术期刊编辑部和编审者为重大创新成果快速发表特别提供的"绿色通道"。但它应具备几个条件方可进入"快速通道"。

1. 作者或研究者申请　作者在投稿时，首先向学术期刊编辑部书面申请，申明其研究论文成果的简要国际发展背景、创新性和重要性及学术意义。

2. 同行专家推荐　如果研究者或作者未申请快速评审，具有同行专家推荐快速评审或快速发表的，编辑部也可以将其列入快速评审机制。

3. 其他　对符合快速评审的研究成果论文，编辑部可适当加收快速处理费用，当然，最好应在期刊《稿约》中加以说明。对于作者为了晋升职称、学位评审、科技奖励等个人功利目的申请"快速通道"者，一般不予放行。

对列入快速评审机制的论文稿件，编辑部应

二、快速编辑出版

对做出快速发表决策的论文稿件，应快速进入编辑出版流程。为加快编辑出版流程，应实施编辑出版优先原则。

1. 编辑加工环节　编辑对快速发表稿件优先实施编辑加工，迅速完成论文稿件的相应修改和规范化修改，使其达到发表的规范标准。

2. 快速出版环节　排版或出版人员接到快速发表稿件，应实施优先出版原则，按照事先预留版面或撤版让路的措施，将已排版、定版或准备出版的稿件选择性地撤下来，将快速发表稿件补上去。

3. 快速出版印刷环节　编辑部应向印刷出版人员申明，将本期杂志列为快速出版印刷的行列，使其能够以最快的速度实现快速发表，以保证其研究成果的捷足先登的效果，最大限度地提高学术和科技竞争力。

三、申述重审机制

要保证学术期刊的学术民主性，同时，最大限度地避免具有潜在创新和学术价值的研究成果漏失，使其失去发表时机。因此，医学期刊建立申述重审机制是必要，既体现了期刊的学术民主性，同时也保证了作者或研究者的基本权利，这也是学术期刊编辑应遵守的编辑伦理道德。

申述重审机制，主要是对已退稿的研究论文，作者对其退稿意见或退稿处理难以接受，作者"不服判决"的稿件，可由作者书面、电子邮件或电话申述重审。作者要申明其重审的理由和依据，尽可能说明其研究的创新之处和学术价值及意义所在，也可以由作者建议或推荐同行评审专家，建议规避的同行评审专家。编辑部对提出申请的退稿作者要慎重对待，及时设计重审方案，合理遴选同行评审专家，以保证其同行评审的客观性，并根据重审意见做出客观、科学的编辑决策。

第四节　医学科研论文常见的方法学错误与评审要点

在医学期刊审读中，其发表的科研论文科学性和学术质量方面比较常见的是方法学问题，比较常见的是医学科研设计方法缺陷或统计学处理失当。其科研方法学缺陷或错误，会直接影响研究结果和结论的可靠性与科学性，这是医学期刊编辑人员始终应当重视的期刊质量问题。因此，医学编辑应当对医学科研论文常见的方法学错误有足够的认识，并在审稿和编辑实践中加以有效控制。

一、临床医学科研论文研究对象设计缺陷

在临床医学研究论文中，研究对象或样本的设计、入组标准和样本量等，都是影响临床医学科研论文质量的重要因素。常见的样本设计缺陷如下。

1. 疾病诊断金标准选择缺陷　在临床医学科研设计中，在研究对象的选择上，缺乏样本质量控制标准，常以不可靠的诊断方法作为金标准，致使研究样本的质量与可靠性受到质疑，严重影响了所得结论的可信性。另外一种情况是，研究样本设计缺少金标准，仅与非金标准诊断方法做一般统计学差异比较，这也严重影响了研究结果和结论的可靠性。如在重症急性呼吸综合征（SARS，也称传染性非典型肺炎）疫情期间，据说在收治的 SARS 患者中有 15% 并非 SARS，而是有大量其他普通肺炎或其他普通发热患者混杂其中。但在疫情期间或疫情之后，产出和发表了大量相关临床研究论文，可以想象，用这些样本进行分析得出的某些结论其可靠程度可想而知。所以，用金标准筛选研究对象，是保证科研质量的关键。如 1972 年美国《儿科学杂志》曾发表过一篇论文，题目是《婴儿突然死亡综合征》，该论文结论是，婴儿突然死亡综合征是一种遗传性疾病。但在论文发表 23 年后，死亡婴儿的母亲供认是她闷死了自己的 5 个孩子；经过调查证实，这是一起谋杀案，而非疾病，更不是遗传性疾病。因为这一论文发表错误，直接导致美国国家卫生研究院数百万美元科研经费投入的损失。这一事件给医学期刊编审人员什么启示？作者科研论文病例具有何种诊断依据或金标准证明是遗传性疾病？是有遗传家系调查，还是具有染色体或基因检测分析做出的基因诊断依据？这虽然是作者的医学科研道德问题，罪责难逃，但同时也是医学期刊编审人员严重失职的例证。

2. 样本或对象选择缺陷　在临床科研设计时，只选择健康人群作为对照；在其研究对象中，缺乏易混淆病例或不交代入组病例的病情轻重程度，使临床科研设计存在严重缺陷，失去了其研究意义和价值。此外，还有的临床研究缺乏对照组，在其临床科研设计中就未考虑对照组的设计，造成严重科研设计缺陷。在临床科研设计中，研究样本的选择要符合随机化的原则，以确保所选样本能够客观地反映总体。某些临床医师对随机化原则认识不足，有不少作者对随机化分组的意义及方法不够了解，误以为随机就是随意，没有真正理解随机的方法和意义；也有的交代了随机抽样，而没有交代抽样和分配的具体方法；也有的甚至主观地在论文撰写中冠以随机化的描述，其实根本未按随机化原则进行分组设计和实施；这些都影响了临床科研设计的严谨性和结果与结论的可信性。

3. 金标准比较方法缺陷　在研究样本选择和入组分配时未使用盲法；还有医学科研论文中未交代或叙述本研究的重复性试验结果。在一些实验室诊断性的研究论文中，应该采用而未采用实

验诊断评价方法或评价指标。

4. 临床诊断性研究评价指标缺陷　在诊断性研究方面，特别是实验室诊断性研究，比较常见的是临界值或正常值确定不合理，入组对象诊断标准缺陷或掌握不严。还有就是敏感性、特异性、准确率等评价指标应用不正确。此外，在有的实验诊断性研究论文中，联合实验指标评价缺陷。

5. 临床对照设计缺陷　在临床医学研究中，实施对照设计是常用科研设计方法，是指某种试验要阐明相应因素对研究对象的影响和处理效应或意义时，除了对试验所要求研究因素或操作处理外，其他因素都保持一致，并把试验结果进行比较的试验，在研究过程中通常分为试验组和对照组；试验组是接受试验变量处理的研究对象组；对照组也称控制组，是不接受试验变量处理组，两组一般是随机决定，由于试验组与对照组无关变量影响，因而是相等、平衡的。因此，试验组与对照组两者之差异，一般可认定为是来自试验变量的效果，这样其研究结果和结论才是可信的。这在临床医学科研中尤为重要，不设对照组就难以鉴别其差异。在临床医学科研论文中，影响其科学性的主要原因是对照组的设计不合理或存在缺陷。众所周知，在临床上，疾病的自愈现象是疾病转归的普遍现象，也就是说人类的疾病具有自愈倾向，由于人体患某些疾病后，机体应激反应的作用或应激活力增强，激活免疫系统，因而出现病情自行缓解的现象；当然，人类疾病还与诸多病理过程的复杂因素的相互作用有关，除治疗因素外，还受精神、环境、营养等诸多因素的影响。因此，在临床医学研究中，如果不通过严格的对照设计进行对照试验研究，就很难得出正确的判断和结论，难以说明其结果是何种因素作用的结果。在编辑实践中，经常可以看到有些医学科研论文，特别是临床医学研究论文，虽然设有对照组，但入组研究对象缺乏均衡性和可比性，同样会严重影响研究结论的可靠性。

6. 研究对象随机分组均衡性缺陷　在医学科研设计中，其对照组与试验组还必须遵循均衡性原则，以保证分组样本的一致性，也就是说对照组除了缺少试验处理因素外，其他条件应与试验组保持基本一致，从而排除非处理因素对结果和结论的影响。比如，试验组与对照组两组的年龄、性别等应均衡一致，如果在分组设计时对照组与试验组缺乏均衡性，这会给对照组与试验组造成样本设计差异，使研究的可比性降低，影响研究结果的真实性。如一项高血压病患者肾脏早期损害指标的研究，其研究目的是探讨高血压病患者早期肾脏损害的诊断方法，研究对象为74例高血压病患者，其中男43例、女31例，平均年龄61岁（40～73岁）；对照组为健康体检职工53例。众所周知，高血压病与年龄关系很大，而研究者并未说明对照组的年龄和性别，但一般来讲，在职人员年龄不会太大。因此，本研究试验组和对照组入组样本很明显缺乏可比性或均衡性。

7. 样本量设计缺陷　在大量临床性研究论文中，在样本量的设计上存在量不足的缺陷。大家知道，抽样误差是普遍存在的，即使再高的抽样技术，也不可能使样本完全反映总体情况；样本过小，很难代表目标人群；在统计学上，其样本越小，误差也就越大。因此，在其样本量的设计上，要尽可能满足科研设计要求。在样本含量估计中，对于计量资料样本小于30例或计数资料样本小于50例称为小样本，而对于样本大于30例或计数资料样本大于50例的称为大样本。

8. 偏倚因素控制缺陷　在医学科研，特别是临床研究中，其偏倚因素较多，研究者在科研设计之初，如果对研究中的偏倚因素估计不足，而在研究中又控制不力，同样会影响到研究结果和结论的可靠性，这也是医学期刊评审在审稿实践中经常被忽略的科研设计问题。一般在医学科研论文中常见的偏倚如下。

（1）选择性偏倚：是指在临床研究中由于选择研究对象或样本的方法不当，在临床研究过程中就会发生样本变异而使研究结果偏离了真实情况。在临床病因及治疗研究中，选择试验组和对照组时，如果不采取随机分组易产生此种偏倚。如评价一种药物疗效，若对照组的病情重于观察组，其药物疗效观察结果可能两组差异非常显著，而客观事实该药疗效并非那么好，是由于两组病情差异所造成的假象，导致错误的结论。

（2）测量性偏倚：又称之为观察性偏倚或信息偏倚，是指在收集临床资料阶段对入组研究对象所采用的观察方法或测量方法不一致所发生的组间差异。如询问病史时易产生"回忆偏倚"；

向患者或家属调查既往史时易产生"家庭信息偏倚";在临床病案统计中易产生"临床资料遗漏偏倚"或由于某些临床诊断方法价格昂贵、不安全等,患者拒绝检查而产生"不接受测量偏倚"等。在临床研究中,还应特别注意"不敏感测量偏倚"和"测量仪器偏倚"。

(3) 混杂性偏倚:是指由一个或几个变量或混杂因素导致的偏倚,由于这些混杂因素会掩盖或扩大了暴露因素与疾病的真实关系,也会使其研究结论偏离真值。

二、医学科研论文统计学处理方法常见缺陷

在医学科研设计实践中,正确及合理地运用统计学方法,科学合理地处理和分析数据,是正确分析试验组与对照组之间差异性程度的主要方法,是保证获得正确结论的重要组成部分,也是医学期刊编审人员审稿把关的重点之一。

1. 定性资料和定量资料分析缺陷 在医学科研论文中,一般常见的有定量资料统计分析缺陷和定性资料统计分析缺陷等。如误用 t 检验处理单因素多水平定量资料、错误地用 t 检验处理两因素析因设计的定量资料等;把定性资料误用 χ^2 检验处理配对设计的定性资料、误用 χ^2 检验处理缺少金标准的配对设计定性资料、误用 χ^2 检验取代 Fisher 的精确检验、误用 t 检验处理定性资料等。

2. 统计检验方法选择或应用缺陷 在选择统计学检验方法上,首先应确定资料的性质,分析清楚是定性资料还是定量资料,而采用不同的检验方法,在医学期刊审读中,最常见的是对多组均数比较时用 t 检验代替方差分析,还有四表格 χ^2 检验的误用;组间 t 检验与配对 t 检验的误用问题。当多组间率的比较时,常误用两组间率的比较 χ^2 检验,以及配对 χ^2 检验与成组 χ^2 检验的误用缺陷。

在资料统计学分析中,如果是定性资料,要求应先将观察单位按性质或类别进行分组,然后统计各观察单位的个数所得的资料。如在临床治疗转归上,一般计算有效率、治愈率、病死率、阳性率等指标。而定量资料则是要求对每个观察单位用定量方法检测某项指标数值大小所得的资料。如血压、脉搏、体重、身高、白细胞总数等检测指标。

定性资料最常用的统计学方法为 χ^2 检验或 U 检验,定量资料最常用的统计方法为 t 检验或 F 检验。一般情况下,应用 t 检验应具备条件:①研究对象或样本比较小时,一般要求样本应符合或近似正态分布;②在实验设计中,当两样本均数比较时,其两样本方差相等;③如果样本不符合正态分布时,一般应采用 t' 检验代替 t 检验方法;④在两样本方差不等的情况下,一般多应采用秩和检验或 t' 检验方法。而在医学科研论文审读中,其最常见的是在使用 t 检验时未考虑到上述这些因素。而对于等级资料,一般是介于计量资料和计数资料之间的一种资料,它可通过半定量方法测量获得。如临床某些检验指标结果分为 -、+、++、+++,肌力分级或疼痛分度等,它又称为半定量资料;等级资料的特点是观察单位没有确切数值,其各组之间只有性质上的差别或程度上的不同。

3. 统计学分析结论描述缺陷 对统计学结论描述的缺陷,这在医学科研论文审稿中或医学期刊审读中比较常见;数理统计分析的基础是概率论,而对统计学分析的资料下结论其依据是小概率事件,一般在单次试验中是不可能发生的。这一般在统计学上习惯把概率 $P \leqslant 0.05$ 或 $P \leqslant 0.01$ 认为是小概率事件。当通过假设检验或显著性检验获得 $P > 0.05$ 时,认为是大概率事件,这说明在这单次试验中很可能发生。因此,接受假设,认为差异无统计学意义。反之,若 $P \leqslant 0.05$,则认为差异有统计学意义,$P \leqslant 0.01$ 差异有非常显著意义,也就是说 P 值越小,就越有理由认为被比较的均数或率之间有差异,至于两者差异有多大,这要由它们之间实际相差有多大并结合专业实践来判定,也并非由 $P \leqslant 0.05$,还是 $P \leqslant 0.01$ 来决定其结论。一般统计学分析上说的"差异有统计学意义"($P \leqslant 0.05$)或"差异非常有统计学意义"($P \leqslant 0.01$)是统计学的术语,实际上它不同于一般意义上的显著的概念。

4. 标准差与标准误应用缺陷 实际上,标准差是反映变量值离散状况的指标,它主要说明一组变量值与算数均数的距离。因此,它能直接概括和平均地描述其变异的大小。而标准小,这说

明个体间变异较小,也就是说其变量值分布比较集中而整齐;如果标准差比较大,则说明个体间变异较大,这说明各变量值分布比较离散。而标准误也是统计指标分析的标准差,它可以是均数,也可以是相对数或两个平均数差数的标准差,它主要说明样本均数围绕总体均数的分布情况。而标准误越小,则说明样本均数的分布越分散,对总体均数的代表性也就越差。

5. 统计分析指标误用或缺陷 这在医学科研论文中也比较常见,一般常出现率与构成比、发病率与患病率、死亡率与病死率等的混淆。

构成比是说明事物内部各构成部分在整体中所占的比重,也就是说某事物在整体中所占比重或同类事物的比值,构成相对数或对比相数;出现率则表明具有某种特征个体发生的频率,说明某事物在其范围内可能发生的频率,应属于强度相对数,这两者均属于相对数指标,一般用百分数表示,这也是医学科研论文中容易混淆或应用错误的原因。

发病率是指观察期内新发生某病的例数与同期平均人口数之比,它强调在观察期内的新发病例数;患病率则指观察时点的某病的现患病例数与该时点人口数之比,强调的是该观察时点上某病的现患情况。

某病死亡率是观察人群中某病的死亡频率,一般以 10 万分率表示;某病病死率是某病患者中因该病而死亡的频率,一般以百分率表示。前者反映人群因该病而死亡的频率,后者反映疾病的预后;在部分论文中常将某病住院病死率误为某病死亡率。

6. 参变量统计学分析方法缺陷 参变量也称参数,是描述总体特征的概括性数字度量,是研究者想要了解总体的某种特征值,是总体未知的指标。在临床研究中有时研究者关心某几个变量的变化,以及变量之间的相互关系,其中有些是自变量,还有些是因变量。如果引入一个或一些其他变量来描述自变量与因变量的变化,引入的变量本来并不是当前问题和必须研究的变量,人们把这样的变量叫作参变量或参数。对计量资料的统计数据经常用 t 检验或 F 检验,但也经常出现把非参数计量资料的数据用参变量统计学分析方法进行处理。如微量元素等生理指标数据经常出现偏态分布,当其数据呈现偏态分布时,小样本不能用参数统计分析方法,而应该用非参数统计分析方法或进行数据转换后用参数统计分析方法。

7. 医学科研论文中统计分析图表缺陷 在疾病防治研究的论文中,经常使用大量的统计图表,以阐明疾病发生与发展的客观规律,评价防治措施的效果。正确的统计分析表应该是简单明了,统计图表具有自明性,主谓语关系清晰,逻辑关系明确,一般应用能够阐明各统计量之间关系和差异的三线式统计表。图表设计不宜过繁、过多、难以看懂和表达不清等,也不能把几种不同性质的和不具有逻辑关系的统计量堆砌到同一统计分析表格内。在医学期刊审读中或论文评审中,一般常见的统计分析图有直条图、构成图、普通线图、半对数线图和直方图等,各种统计分析图表有各自的绘制方法和规则,统计分析图表常见的问题是选择图表缺乏合理性。如纵、横坐标比例不当,纵、横坐标未标识计量单位,难以读懂其内涵和意义。

第五节 医学期刊审稿中对科研设计评审重点

在医学期刊编辑审稿中,医学科研设计的审查是其中的重要内容和环节,而不仅仅注重文章一般的创新性、规范性或文字,这是保证所发表论文稿件科学性和学术质量的关键。

一、把握医学科研设计的基本原则问题

审稿中,要对论文的研究主体和研究目的进行分析,是否符合医学科研设计的基本原则。医学科研的基本目的是研究和观察处理因素施加于研究样本或研究对象所发生的反应情况,研究者根据反应性质与程度判断其作用和效果。但实际上,人体反应有时不取决于处理因素,而是与人体状态、环境、精神心理等多种因素有关,当然,其中还包含了诸多混杂因素和偏倚因素。比如,受到研究对象年龄、性别、种族、疾病的轻重程度、

并发症、病程和精神心理等诸多因素的影响。因此，实验反应其实是处理因素与非处理因素的综合效应的表现，其科研设计的基本目的是设法使处理因素所引起的效应单独显现出来。所以，医学科研设计的核心是保证实验误差能够降低到最低程度，以确保实验结果和结论的可靠性和可重复性，使研究结论具有良好的可信性。因此，医学科研设计的科学性、合理性和优劣，直接关系到科研论文的科学性、创新性、结果、结论的可靠性。这就是医学期刊编辑审稿把关的重要原因所在，它不仅仅是同行评审专家的任务，同样也是责任编辑的重要任务。医学科研实验设计坚持的基本原则是对照原则、随机化原则、重复原则、盲法原则和均衡性原则，在评审医学科研论文时，要严格权衡其原则的遵从性，特别是临床医学类研究，更应严格遵守医学科研设计的基本原则。

1. **医学科研设计的对照原则** 实验设计对照的实际意义在于鉴别处理因素与非处理因素的差异，尽可能消除或减少实验误差。对照就是在研究中设置与实验组均衡而且相互比较的对照组，在确定接受处理因素的实验组时，同时设立不施加处理因素的对照组。任何事物没有比较就没有鉴别，比较的最好办法就是设置参照系。因此，设立对照的目的是更好地鉴别和评价实验结果的真实性和科学性，以避免产生错误的研究结论。

医学科研设置对照的要求是，研究样本的对等性，也就是除了处理因素外，对照组必须具备与实验组对等的非处理因素；研究样本的同步性，也就是在整个研究中，对照组和实验组始终处于同一条件；研究样本的专设性，也就是说，实验设计的对照是为相应实验组专门设计的。因此，不能具有任何代替性。

实验设计对照的形式多种多样，这需要依据研究的目的和内容不同加以合理选择。一般常用的对照形式：①空白对照，也就是对照组不加任何处理因素；②实验对照，在空白对照难以控制影响研究结果的诸多因素时，而采用并与实验组条件一致的对照措施；③标准对照，是用公认的标准值或正常值作为对照；④自身对照，设置的对照与实验用同一研究对象；⑤相互对照，一般不设立对照组，而是在实验组间互为对照。如果按对照的形式分，还有交叉对照、配对对照、潜在对照、相互对照等。

2. **医学科研设计的随机化原则** 随机化的意义在于，其研究对象或样本在分组处理时，都有等同机会随机入组或处理，使研究样本均衡地被分配到各组中，其目的是避免研究者的主观臆断性，完全由机遇所决定，而不是按研究者的主观倾向性决定。但在编辑审稿实践中常常可以看到，研究者未理解随机的含义，以为随机就是"随意"，在医学科研论文中未交代随机方法，只交代是随机。随机的方法一般有随机数字表法、随机排列法、计算器随机数法、临床病例随机表法、计算机统计软件随机法等。

3. **医学科研设计的重复性原则** 重复性原则的意义在于，其实验对象或样本量含量应足够大，也就是实验处理组与对照组的受试者要具有适当数量，这就是实验样本含量大小的问题，以保证在相同实验条件下能够具有重复性，避免实验结果的偶然性，使其实验结果表现出必然规律和客观真实的情况。其实，任何研究结果都应经得起重复实验的验证，并能得出相同的结果，不具有重复性的实验结果一定是缺乏科学性的研究。重复的目的在于测量实验效应指标，稳定标准差，观测其差异，获得实验误差的大小和估计。

4. **医学科研设计的盲法原则** 这也是医学科研设计的重要原则之一，其意义在于所有研究对象（患者）、研究者和其他相关人员都不知道接受的是何种处理，以避免所有参与人员对试验结果的人为干扰和心理因素影响。在盲法中，一般有单盲、双盲、三盲和非盲法试验设计，在临床试验研究中选择何种盲法，这要根据研究类型、研究目的和试验因素而定。

5. **医学科研设计的均衡性原则** 坚持均衡性原则的意义在于，要求实验组和对照组或其他实验组之间，除了观察的受试或处理因素不同外，其他所有条件应尽可能相同一致。比如，年龄、性别、种族、病种和疾病严重程度等，以便避免实验误差，尽可能控制偏倚因素的干扰，保证其研究结果不偏离真值。

二、医学科研论文中科研设计合理性审查要点

医学期刊编审人员在稿件评审中或医学期刊审读中,对于科研论文学术质量的评审或期刊审读,其重点是分析科研论文中的研究类型,要根据其研究对象、研究目的、实验因素是多因素还是单因素等加以综合分析。医学科研设计类型总体上可分为比较型实验设计、关系型实验设计和基础研究型设计三大类。

在医学科研论文评审中,对实验设计类型要有初步判断,因为医学科研中有时涉及一个因素或多个因素,在某些研究中或研究对象的选择中,还要考虑比较重要的非实验因素对结果的影响,在科研设计中,对这些因素的水平以不同的方式实施组合研究,这会对实验结果产生不同的影响。医学研究的目的是希望通过实验设计和研究,了解和明确哪些因素对实验结果的影响是主要的,哪些实验因素对结果的影响是次要的,又有哪些因素在其特定的水平范围内对结果没有影响,研究者需要根据课题研究中可能会涉及的因素的种类、个数和水平数实施组合研究,以实现研究目的和实验设计目的,这种特定因素组合对应的具有针对性的实验设计,被冠以医学科研设计类型或医学实验设计类型。它的作用在于合理地利用各种医学实验设计类型,医学期刊编审人员可以准确地评价其研究各因素对实验结果的影响和科研设计类型运用的正确与否,并且可以合理地评价因素之间的交互作用的效应程度。在医学科研设计中,标准的实验设计类型具有相应的标准的医学统计学分析方法。因此,合理分析和处理定量资料的关键在于正确判断定量资料所对应的医学实验设计类型,同时,准确分析定量资料是否具备参数检验所要求的独立性和正态性及方差齐性。

在临床医学研究中,应用比较普遍的是比较型研究的试验设计,医学期刊编辑熟悉或了解这些医学科研设计的类型,对提高论文稿件评审的质量控制具有重要的把关作用,也应该是医学期刊编辑应具备的基本能力。

1. 单因素研究科研设计的审查要点 当论文课题研究的目的只研究一个因素,也就是研究者单纯分析一个因素对效应指标的影响,这种情况采用完全随机化设计类型就属于单因素设计研究。这一类型科研设计往往需要将研究对象按照随机原则分配到实验组和对照组,并分别给予处理因素和对照物。因此,正确分组是保证实验条件一致性和可比性的关键之一,其目的是减少实验的误差,提高实验结果的正确性。由于分组不正确导致结论错误的例子并不少见。随机化就是将每个研究对象都有等同机会被分配到实验组或对照组中去,即除了处理措施之外,两组的其他因素基本一致和均衡,而不是凭研究者的主观意愿随意对研究对象进行分组。随机并非随意,任意将研究对象或样本一分为二的随机方法都是错误的,那不是随机而是随意。因此,医学期刊编审人员在评审论文稿件时要分析其研究目的和研究因素是单因素还是多因素,以正确判断其医学科研设计的合理性。

完全随机化实验设计的适用范围:主要适用于两组实验无法配对及多组实验无法配伍设计的情况下,一般均可采用完全随机化实验设计方案。特别是在临床医学科研设计中,完全随机化实验设计比较适用于非专科疾病的对比研究,其优点是此设计方案简单、灵活、容易理解,处理数和重复数不受限制,可充分利用全部受试对象,并且统计学处理简单,便于样本例数的估计。

2. 组间均衡性设计的审查要点 在实验设计方案中,要解决和保证非实验因素对处理组及对照组的不均衡性干扰因素,使其尽可能相同或匹配,最好的科研设计方法是应用配对实验设计。配对实验设计主要指受试对象相同或基本齐同的医学实验设计,它包括自身前后配对设计、左右配对设计和异体配对设计。优点是抽样误差小,实验效率高,所需样本量相对较少。

(1) 自身前后配对设计:这种设计也称自身对照试验,主要是以研究对象接受处理因素的变量值作为实验值,观察一定数量相同条件的研究对象,接下来对处理因素作用前后的效应指标的变化实施统计学分析。适用范围:主要适用急性与短期的实验研究,需要时间较长的实验不宜用此种设计。其原因是随着时间的延长,有可能混入一些干扰因素,从而使处理前后失去可比性。

(2) 左右配对实验设计:这种实验设计是

对两种不同处理因素分别施加于同一个体，并分成左右两部分的实验设计。它是根据人体同一个体器官的对称性，其反应也相近的道理而设计的医学科研设计方案。适用范围：主要适用于人体局部处理因素的临床研究。如在临床上对扩瞳药物的临床试验研究、局部用药反应性临床观察研究等。

（3）异体配对实验设计：这种医学科研设计方案是将研究对象按照一定的条件，并将其条件相同的个体实施配对，然后再按随机方法分别分配到实验组和对照组中，实验结束后，对其结果再以配对分析的方法进行统计学分析，得出实验结论。适用范围：这是一种同期平行性观察研究，比较适用于急性实验研究，多用于慢性实验以及长期观察研究。其临床试验配对要求病种、病情、病程、年龄和性别相同的配对研究；如果是动物实验配对，一般要求同种、同性别、同品系、同体重等配对研究。

3. 两因素实验设计的审查要点　在医学研究中，要回答处理因素或叫第一因素的差异或治疗效果的影响，同时还需要回答第二因素的差异以及对实验结果和结论的影响作用，以这种研究为其目的，一般选用随机区组实验设计，也称配伍组实验设计。它的含义是按照一定的条件，将几个条件相同的受试对象划分成一个配伍组或区组，然后在每个区组内部随机将每个受试对象分配到各组，对每组分别施加不同的处理因素，然后对其结果进行分析。其特点是各个区组内部条件基本相同，组间均衡性好，因而抽样误差小，实验效率高。应用范围：一般情况下，凡是研究目的要解决或回答两个因素，也就是被试因素和配伍组因素各自的差异有统计学意义的情况下，均可采用随机区组实验设计方案。

4. 双因素实验设计的审查要点　对于临床上各种药物疗效、治疗方法、对慢性疾病短期症状缓解性与疗效观察性研究。比如，对一些药物疗效、治疗方法的效果。如慢性疾病、高血压病、支气管哮喘等疗效观察或临床验证性研究，一般采用双因素实验设计方案，也就是交叉实验设计。这种交叉实验设计是在自身配对设计的基础上，进一步扩展的双因素科研设计。特点：试验样本分配按完全随机或异体配对方式分为两组，但在施加处理因素上将两组分别先后处理观察。这种类型科研设计也称交叉配对设计。应用范围：主要在受试对象来源较少且受试对象状态比较恒定的状况下使用这种科研设计方案。

5. 依照不同因素实验设计的审查要点　在医学科研实践中，往往被研究主体具有不同的影响因素，要真实而客观地找出存在的不同因素，并回答不同因素对疾病治疗或正常生理指标的影响，一般最常用的是层次分组实验设计方案。在临床研究中，研究对象可按甲因素分为几个大组，然后再按乙因素分为几个小组，每个小组又可按丙因素分为几个亚组。这种设计是依照不同因素进行分层，每层再分组，因而称层次分组设计。应用范围：是生理参数的确定、病因研究、治疗效果影响因素的研究。

6. 多因素研究实验设计的审查要点　在医学科研选题实践中，有些研究目的在于不仅要回答各因素的主体效应，而且还要了解和分析各因素之间的交互作用，这种多因素多水平研究，一般采用析因实验设计，也称为完全交叉分组实验设计。由于前面谈到的其他医学科研设计方案均只考虑因素本身的作用，而未考虑因素之间的交互作用，但事实上，在临床医学研究或基础医学研究中，任何研究主体或要素之间都存在着交互作用，甚至这种交互作用有时会超过因素本身的作用。因此，有些研究有时既要知道各因素的作用，又要知道因素之间的交互作用，故采用析因实验设计可以满足这一要求。特点：将两个或多个因素的各个水平进行排列组合，实施交叉分组实验研究。

7. 临床控制试验和药效评价试验设计的审查要点　在临床医学研究特别是临床药学研究中，一般多采用序贯试验设计。这种实验设计的特点和其他实验设计方案的区别在于，其他设计都是按既定要求将研究对象分配到几个试验组中，而序贯实验设计则在研究之初先不规定样本数量，而是每观测一例或一对受试者后即进行分析，等到可下结论时即停止试验观察。这样可避免盲目加大样本造成浪费，又可避免样本过小做不出应有的结论。适用范围：用于新药和老药配对、新药与安慰剂的配对试验研究。

8. 观察性研究实验设计的审查要点　在临床

观察性试验研究中（如大样本多中心临床试验研究、罕见病例的临床研究、难见疾病的疗效评价研究等），一般采用队列实验设计，也称队列研究。它是由果到因的研究设计，在临床因果关系相关研究中应用比较广泛。特点是试验研究前不规定样本量，而是受试对象配对后随机分配到两个处理组，每当得到一对试验结果就实施统计分析，直到能够判断其结果，可以做出研究结论，即可终止试验研究；对两种处理措施确实存在差异时，可以比较早地得出结论。因而，可减少样本量，大大缩短试验周期，并可节省科研经费。此外，还有不同个体的前后对照实验设计，这是在进行某种防治措施或接触某种可能的致病因素前后，在不同个体中随访观测结果。

（1）病例对照实验设计：主要是从果到因，从现在回顾过去的一种回顾性调查分析研究。

（2）横断面实验设计：也称现况调查或横断面研究，适合于患病率调查或普查，即对现场情况的监测调查研究。

（3）单病例实验设计：就是临床上特殊病例报告和病例分析，是指10例以下的临床病例报告（如罕见、特殊个案病例报告），这在中华医学会系列杂志上比较常见，也是比较简单的科研设计，但应注意其诊断和治疗效果及结论的可靠性。

三、临床检验诊断性科研论文科研设计审查要点

临床检验诊断性研究的科研设计与其他实验设计具有不同特点，主要体现在评价指标和样本设计上存在一定差异。因此，医学期刊编辑在审稿实践中，应结合其不同专业研究特点，实施重点审查把关。

（一）临床检验诊断科研设计的要点

1. 确立金标准　临床诊断的金标准，是指临床上大家公认的诊断某一疾病最可靠的诊断方法，称为金标准。用金标准正确判断和区分有病和无病，是否真正符合研究对象的入组要求，以确定入组研究对象。

2. 正确选择研究对象　临床检验诊断研究的对象包括两组，即用金标准判断为有病的实验组和用金标准确定为无病的对照组（明确无本病的患者或正常人群）。一般来讲，研究或评价筛检诊断方法的价值，研究对象应选择正常人群，研究或评价临床实验室诊断价值，研究对象应选择患者。

3. 研究样本大小的设计　用金标准确定有病和无病后，再进行实验观察或指标动态检测，将其分为阳性、阴性，然后再用"评价诊断试验的四表格"分析评价指标。正确估计样本的大小，是检验诊断科研设计中的一个重要问题。样本过大，可能造成人力、物力及时间的浪费；样本过小，差异无统计学意义，往往造成假阴性，影响研究结果的正确性和可靠性。

（二）临床检验诊断研究评价指标的判断

在临床检验诊断性评价指标中，比较稳定的指标有敏感性、特异性、阳性似然比和阴性似然比。但敏感性和特异性要达到何种水准才有价值，需要根据临床实际进行分析，一般来说，其敏感性和特异性越强，临床意义也就越大。

1. 敏感性评价指标　敏感性就是指由金标准确诊有病的实验组内，检测出阳性病例数的比率（%），即本实验诊断的真阳性率。其敏感性越高，假阴性率也就越低。假阴性率等于漏诊率。因此，敏感性高的检验诊断方法用于疾病诊断时其值越高，漏诊的机会就越少。所以，敏感性和假阴性率具有互补性。

2. 特异性评价指标　是指由金标准确诊为无病的对照组内，其诊断实验检测出阴性例数的比率（%），即本诊断实验的真阴性率。特异性越高，其假阳性率也就越低。假阳性率等于误诊率。因此，特异性越高的检验诊断方法用于疾病诊断时，其发生误诊的机会就越少。由此可见，特异性和假阳性率也具有互补性。

3. 准确性评价指标　是指临床诊断实验检测出的真阳性和真阴性例数之和，占病例数的比例，即称本临床检验诊断的准确性。准确性反映了检验诊断的基本特性，即敏感性和特异性。准确度高的检验诊断方法，其敏感性和特异性之和也一定较高。因此，其假阳性和假阴性之和也就最小。

4. 漏诊率评价指标　是指由金标准确诊为患

病的病例组中被待评价的诊断试验判断为阴性的比例。因此，敏感性与漏诊率是互补的，敏感性越高，其漏诊率就越低。

5. 误诊率评价指标 是指用金标准确诊无病的对照组中被评价的试验判断为阳性的比例。特异性和误诊率也是互补的，特异性越高检验诊断方法，误诊率也就越低。

6. 阳性预测值评价指标 又称预测阳性结果的正确率，是指临床检验诊断检出的全部阳性例数中，真正患病的例数所占的比例，即从阳性结果中能预测真正患病的百分数，这也是临床医师最关心的诊断指标。阳性预测值的高低主要受患病率的影响。因此，临床检验诊断研究的阳性预测值能在不同的患病率情况下指导临床医师合理运用检验诊断项目。

7. 阴性预测值评价指标 又称预测阴性结果的正确率，是指临床诊断实验检测出的全部阴性例数中，真正没有患本病的例数所占的比例。一般情况下（患病率）敏感性越高的实验诊断项目，其阴性预测值越高；相反，特异性越高的临床试验诊断阳性预测值越好。但是，患病率对预测值的影响要比敏感性和特异性的影响更为重要。

8. 患病率评价指标 是指被检测的全部对象中真正患者的比例。患病率受很多因素影响，如不同水平的医疗机构或患者来源不同，其患病率会有很大差别。因此，不同的患病率，其诊断的预测值也有较大的差别。患病率对被评价的诊断试验，也称为验前概率，而预测值属于验后概率。

9. 阳性似然比评价指标 阳性似然比是指临床诊断检测出的真阳性率与假阳性率之间的比值，即阳性似然比＝敏感性/（1-特异性）。阳性似然比这一指标较阳性预测值为优，反映了敏感性和特异性二者的特性，不受患病率影响，比敏感度和特异度更为稳定。利用这一指标可以计算出不同患病率的阳性预测值。

10. 阴性似然比评价指标 阴性似然比是指临床试验检测出的假阴性率与真阴性率之比值，此值越小，它说明该检验诊断方法越好。

（三）临床检验诊断研究正常参考值及其确定方法的判断

众所周知，影像诊断学和病理诊断学是以形态变化依据诊断疾病不同，而实验诊断学主要是以提供数值判断有无疾病，主要以数字指标为特点。因此，以何依据判断数值的异常或正常？这就需要有正常参考值作为参比系。在临床上，正常值范围的概念是指正常人的解剖、生理、生化等数值指标的变化范围。制订正常值应以正常人为对象，并且不是指机体任何器官、组织的形态和功能都正常的人，而是排除了影响所研究指标的疾病和有关因素后，所确定的同质人群。确定参考值的基本方法如下。

1. 均数加减标准差法 在临床上，对正常值的确定大多采用均数加减2个标准差作为正常范围，凡超过平均数2个标准差者视为异常。但是，采用此方法确定正常值必须注意，其诊断所测数据的频数分布应该是正态分布。

2. 百分位数法 大家知道，多数检验诊断所测定数值的频数分布是非正态的，为此主张用百分位数法制订正常或异常界限。这是因为采用百分位数表示可以不考虑数据的分布问题。当然，采用百分位数制订正常值有时误差较大，故要求观察的样本数要大，一般应在130例以上才能减少误差。

3. 受试者工作曲线（ROC法） 临床诊断项目用于疾病诊断同时面临着正常和异常，临床医师通过诊断项目检测提供的数值区别就医者有病或无病。多数情况下，临床实验室在健康人群所测定数值的频数分布和在患者中所测定的数值的频数分布是互相交叉重叠的。所以，如将正常值的上限定得过高，其敏感度和阴性预测值可达标100%，这种情况一般不会漏诊患者，但会有相当一部分健康人被误诊为患者。假如，将正常值的上限定得过低，其特异度和阳性预测值可达到100%，也就是说，这种情况下不会发生将健康人误诊为患者的情况。但是，它会发生漏诊情况，将相当数量的患者被漏掉。假使我们将正常值定在两者频数分布曲线的交叉处，这会使误诊率和漏诊率减少到最低程度。因此，这在疾病人群筛查中，将交叉点作为正常值的上限是比较合适的，这就是最佳临界值。应用交叉点作为划分正常和异常的界限，其假阳性和假阴性的病例数之和最小。

ROC曲线是以敏感性为纵坐标，假阳性

（1-特异性）为横坐标，所形成的曲线，可以用来决定最佳临界值。其计算方法是选择一系列不同的临界值，再计算出各自的敏感性和特异性，然后列出各临界点的敏感性和假阳性标在图上，将各点连接起来形成曲线，即为 ROC 曲线。最靠近左上角的点即为最佳临界点。以该点作为区别正常或异常的临界点，其敏感性和特异性都比较高，而且假阳性和假阴性之和最低。当然，仅靠一两次实验要想找到一个敏感性和特异性都好的临界点是难以完成的。ROC 曲线可用来比较 2 种以上的实验诊断项目的诊断价值，有利于帮助临床医师做出最佳选择。

4. 根据临床实际制订正常值　在有些情况下，临床检验诊断的测定值要达到何水准，有时需要根据临床疾病治疗实际而定。

（四）临床检验诊断研究科研设计的原则和评价标准判断

临床检验诊断方法研究的科研设计原则或评价原则，其实就是对研究创建和开发新的检验诊断方法或对已发表的新的检验诊断方法在应用于临床前进行临床验证所遵循的基本原则。这也是检验诊断研究科研论文发表审查的重点。

1. 金标准选择与比较问题　所纳入研究对象是否与金标准实施了盲法同步比较？这是保证研究结果和结论可靠性的关键因素。首先是试验诊断的准确性，即临床试验诊断方法是否能准确地反映研究对象确实有病或无病，首先是与金标准进行盲法比较，也就是临床上大家公认的标准诊断方法的比较。

2. 样本代表性与均衡性问题　研究样本或病例选择的方法要正确，并详细交代纳入研究样本或对象的代表性如何？病例组是否包含各型病例？对照组是否包括极易混淆的其他疾病患者？并对研究对象的来源交代其出处。在检验诊断研究的病例或样本的选择上，应包括各型病例，也就是入组样本的均衡性问题。在临床检验诊断的研究设计，其研究对象应当包括各型病例，如轻型、重型、治疗的和未治疗者，以及患有容易混淆的疾病。

3. 样本量设计问题　也就是说检验诊断研究的入组样本量要符合科研设计要求。尤其注意样本总量和必要分层设计分组后的样本量，在有的科研论文，看上去样本总量不小，但其设计中又实施分层设计，这样一来其分层的样本就显得不足，也不符合样本量设计要求，这也会影响其结果和结论的可信性。

4. 正常值或临界值问题　研究中对正常值所下的定义是否合理。如是正态分布、百分位数、危险因素、文化习惯、诊断性或治疗性等情况，再有，其临界值的确定是否合理可靠。首先正常值的含义应清楚，因为不同含义的正常值可直接影响测定值的意义。正态分布的数据，正常值可用平均值均数加减标准差表示。非正态分布数据可用中位数和百分比数表示，注意不要通用正态分布法。

5. 试验结果的重复性问题　在检验诊断研究论文中，要详细交代试验的方法，其结果的重复性和变异测量情况等，以保证其结果的可重复性及对实验进行重复性操作。重复性即本试验方法的重复测定值处于相对稳定状态，即多次重复测定其结果彼此接近的程度，也就是说，在不同时间、不同操作者和不同实验室都能重复试验，而且能得到相同的试验结果。

6. 检验诊断研究的评价指标问题　其检验诊断研究的评价指标确定和计算要正确合理，并且能正确解释和证明其合理性。

7. 联合试验研究的评价问题　联合试验评价不仅要看试验总的敏感性、特异性、准确性，同时还要评价其单项试验的敏感性、特异性及准确性指标。只有这样才能正确评价联合试验的诊断价值。另外，其联合试验的方法是否得当，也是这类科研论文审查的注意点。

8. 检验诊断研究的步骤问题　科研论文要对试验的指征、试验的操作步骤、结果的分析和判断方法交代清楚。如对纳入试验的对象在饮食种类和摄入量等实施限制及限制的程度，参与试验前的注意事项和不良反应等。另外，样本的获取、储存和运送情况，都应详细交代，以利于他人重复试验，也说明其结果的可靠性。检验诊断方法研究或用于临床，必须要求研究者将操作步骤、注意事项、结果判断方法、指征、检验标本的采集、运送和储存方法等加以描述。

9. 检验诊断研究的实用性评价问题　检验诊

断性研究的科研论文应对其临床实用性做出实事求是的评价。如其诊断方法的简便性、易操作性、特异性、患者的依从性、临床医师的认可性等，患者和临床医师接受程度，操作简便、无创、快速、经济是患者和临床所欢迎的。因此，在进行临床检验诊断方法研究的选题和科研设计时，临床实用性诊断价值是首先要考虑的问题和出发点。此外，本检验诊断方法作为一组或一个系列试验方法的一部分，能否判断它是一系列试验中最确切和可靠性最强的方法。同时，还应注意其研究的科学性、创新性、逻辑性、规范性、伦理性的一般原则外，在医学统计学的要求上，还要遵循对照、随机、重复、均衡和盲法原则。

10. 试验组与对照组样本来源问题　在检验诊断研究中，不同来源的样本或研究对象对临床诊断研究的结论和评价也有其影响，采用的样本或研究对象不同，将会直接影响检验诊断评价结论的可靠性。

第 16 章　医学编辑出版模式与医学编辑要素

医学编辑出版模式是编辑的行为主体方式或范式，而医学编辑出版要素是构成医学编辑活动和编辑过程的必要因素或关键因素；要素是指构成编辑出版客观事物存在和维持其运动的必要的最小单位，是构成事物必不可少的因素，又是组成系统的基本单元，是医学编辑出版系统产生、变化和发展的动因。对医学编辑出版模式和编辑要素的正确把握，是做好医学编辑的基本前提，只有遵循相应规范模式，熟悉医学编辑出版基本要素，注重编辑出版要素管理，才能更好地驾驭和做好医学编辑出版工作。

第一节　医学编辑出版模式与要素概念

医学编辑出版模式和要素，是医学编辑出版的关键因素，研究和掌握医学编辑模式，对有效规范医学编辑出版行为和编辑出版活动具有一定意义，而研究和掌握医学编辑出版要素，对把握医学编辑出版活动的关键要素、实施有效的要素管理和关键要素协调、促进和保证编辑出版活动的顺利开展具有相应指导意义。

一、医学编辑出版模式概念

编辑出版模式就是某种编辑出版范式，是可以供相关编辑出版领域和事物效仿的标准样式与编辑出版行为活动模式，是编辑实践经验的总结与理论的升华。是从编辑实践经验和编辑出版活动经验中，经过抽象概括与凝练而获得的核心理论和知识体系；也是解决编辑实践和编辑活动中所遇问题的方法论。也就是说，将解决编辑出版领域和相关事物问题的方法提炼与归纳到理论高度，而且通过编辑实践证明是行之有效的，这就构成了相对稳定的编辑出版模式。编辑出版模式具有指导性，在科学合理的编辑模式指导下，则有助于制订和设计相应编辑出版方案，获得最优化解决问题的方法。而编辑模式在认识论的层面上是确定的编辑思维方式，是人们在编辑实践或社会生活实践中经过经验积累的抽象概括和理论升华，是人们从不断重复的编辑实践活动中发现和抽象凝练出的一般规律；是在编辑实践解决问题中形成的实践经验的高度归纳和总结，在其相应编辑实践活动中重复出现的规律化形式，这就形成了相应编辑出版模式。编辑模式并非一成不变的东西，而是随着编辑实践活动和规律的变化而不断演化，以利于适应新的变化。

编辑模式具有普遍性特点，所有编辑实践活动和事物都具有相应运行规律和行为模式；医学编辑出版同样也具有相应管理模式和运行模式。尤其是现代管理科学，都是通过不同的管理模式作为指导。其管理模式是在管理实践和现代管理理念下高度概括构建的，由管理模型、管理方法、管理制度、管理工具和管理程序构成的管理系统，不同的管理目标和管理重点具有不同的管理模式，一般常用的管理模式如下。

1. *创业型管理模式*　这是与人们二次创业时期相对称的管理模式，是以知识管理为主导，以机会管理为核心的管理模式。

2. *亲情化管理模式*　这种管理模式是利用家族血缘关系中的很重要的功能，即内聚功能，通过家族血缘关系的内聚功能特点来实现对集团成员的管理。

3. *友情化管理模式*　这种管理模式也是在集

团初创阶段具有积极意义的管理模式，是具有内聚力量的管理模式。

4.温情化管理模式　这种管理模式更强调激发和调动人性的内在情感和动力。

5.随机化管理模式　这是一种独裁式管理，在集团的某种阶段和发展状态下，也是一种行之有效的管理模式。

6.制度化管理模式　这种管理模式是按相应规则和约束机制运行的管理模式。

7.系统化管理模式　这种管理模式是建立在系统化标准化基础上，对集团和员工发展各要素实施统筹化系统设计及规划的管理模式。这些管理模式对医学编辑出版管理也都具有共性特点和借鉴意义。

二、编辑出版要素的基本概念

编辑要素是构成编辑出版的关键因素，通俗讲就是构成编辑出版和谋事业必不可少的因素。如稿源、编者、媒介载体、出版印刷设备是编辑出版的基本关键要素；词汇是语言的基本要素；人物、环境、情节是文学创作的三个要素。要素是构成运行系统的基本单元，具有层次性，要素相对它所在的系统是要素，若相对于组成它的要素则是系统；在系统中相互独立又按比例联系成相应结构，而且在很大程度上决定系统的性质。同一要素在不同系统中其性质、地位和作用也不尽相同。要素具有普遍性，任何编辑出版活动和系统都具有不同的构成要素，认识要素、分析要素、协调要素，做好要素管理，是做好编辑出版的重要环节。

第二节　医学编辑出版基本模式

在医学编辑出版和社会实践活动中，都具有相应活动和行为模式。如医学模式、管理模式、心理模式、医学期刊经营模式、科学实验模式、经济发展模式、出版盈利模式等。医学编辑出版模式是编辑理论与编辑实践的中介环节，具有普遍性、简单性、重复性、结构性、稳定性、可操作性、理论性和实践性的特征。医学编辑模式在实际运用中也要结合具体情况，实现普遍性、一般性和特殊性的结合，根据医学编辑实际的变化随时对基本模式实施要素和结构调整，使其更具可操作性、适应性和指导性。

一、医学编辑基本模式构建

医学编辑出版模式是在编辑实践经验中构建形成的，是对医学编辑现象和编辑实践互动中而构建，其构建主要是围绕医学编辑出版要素和运行要素作为构建的基础，反映医学编辑出版程序和编辑活动的一般规律。医学编辑模式应与编辑现象和实践相结合，而且还要在编辑实践和认识过程中逐渐检验和修正，以利于逐渐加深其本质认识与完善。医学编辑出版基本模式构建见图16-1。

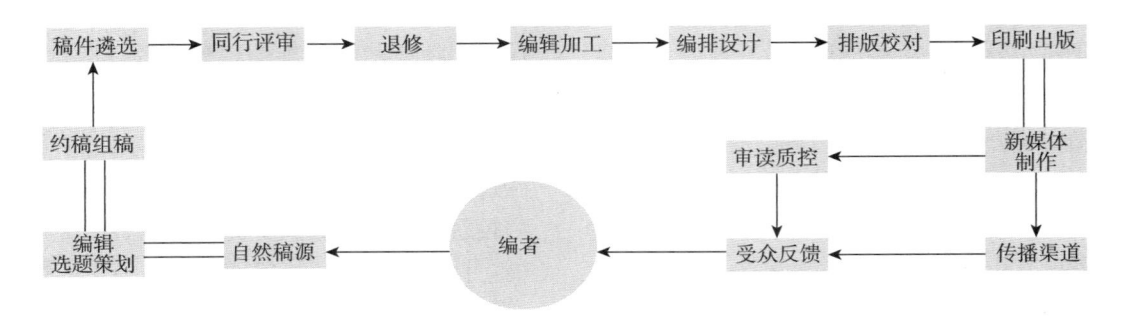

图16-1　医学编辑出版基本模式

这一编辑出版模式的特点是以核心要素"编者"为中心，既体现了医学编辑的基本要素构成（如稿源、读者和编辑出版的重要过程），也体现和构建了其受众信息循环反馈对改进编辑出版内容与形式的促进作用，使医学编辑出版活动始终处于循环激励的激活状态，从而促进医学编辑出版和医学科技学术传播的最优化。

二、智能化网络环境与医学书刊编辑出版模式

由于信息化、数字化、网络化和物联网的发展，尤其是互联网络智能化的发展，这给医学编辑出版模式带来巨大转变。编辑工作已从无纸办公、虚拟办公、移动办公到虚拟编辑部，传统医学编辑模式受到颠覆性改变，编辑办公桌堆满稿件、信封和稿纸的场景已经被一部手机和平板电脑所取代。其编辑工作模式实现了在线"收稿—审稿—编辑决策—作者修改—编辑修改加工—编排设计—质量控制—编校排版印刷—新媒体制作—传播"一体化医学编辑出版与医学传播模式。这种出版模式是在线进行的一体模式，其最大特点是可在虚拟编辑部和移动编辑条件下完成编辑出版流程，而且实现无纸无笔编辑活动，实现医学编辑出版的现代化和高效率。在线编辑出版可最大限度地度简化编辑出版程序，极大地降低编辑出版成本和提高效率，实现了即时即地编辑出版（图16-2）。

三、医学书刊多样化文本模式

在智能化网络环境下的医学书刊编辑出版，不再是单纯的平面纸媒文本模式，而是内容产品出版形式可根据读者阅读习惯，智能化制作出不同的文本模式，医学书刊的形态可以有平面纸媒版、在线网络版书刊、新媒体版、3D阅读版、视频版等，可实现高度专业化、个性化和精准推送；在线医学书刊、新媒体版本和视频影像版可实现全时全域连续传播与连续出版，实时更新，快速公布最新医学科技科研成果和信息。

四、智能化医学编辑出版模式

由于数字化、网络化、大数据和人工智能技术在医学书刊领域的运用，其传统的医学编辑模式也正在发生改变。智能化编辑是出版活动或出版流程在智能计算机网络、大数据、物联网和人工智能等技术的辅助下，编辑出版流程要素具有智能化地满足编辑各种需求的属性。医学书刊编辑出版智能化是建立在数字化和大数据分析技术基础上的医学科技学术传播载体功能的全面升级。这意味着医学科技学术新媒体传播能通过人工智能技术的应用，其人工智能撰稿机器人和编辑出版人工智能机器人具备人类的感知能力、记忆能力、学习能力、逻辑思维能力、自适应能力和编辑决策能力，在各种场景中，能以传播受众的需求为中心，按照编辑思维模式和编辑出版规则完成相应编辑出版活动与医学科技学术内容的传播。如方正电子股份有限公司致力于打造智慧出版解决方案，通过数字出版和智慧出版实现数据检索和智能化挖掘，实现全媒体结构化和海量信息资源管理. 构建交互式数字出版物内容制作和内容的动态重组，使医学期刊从数字出版向智慧出版转变。医学期刊的智慧出版是以互联网为平台，通过数字化和大数据深度挖掘分析与人工智能辅助编辑出版技术，以大数据智能化分析和

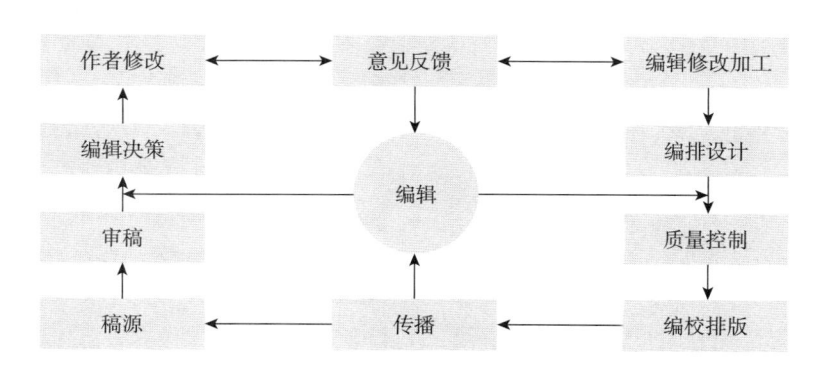

图16-2 智能化网络在线编辑出版一体化模式

智能网络数据分析为资源库，对读者和作者需求实施预测分析，从智能化编辑选题策划、稿件评审、作者意见反馈、编辑加工、内容制作、个性化传播推送、知识产品服务等流程赋予智慧元素，以实现医学书刊编辑出版选题策划智慧化、编辑加工规范自动化、内容制作智能化、传播推送精准化、阅读体验场景化、内容服务定制化，构建医学编辑出版智能化现代模式。

第三节　医学编辑出版要素

医学编辑出版要素是编辑实践活动的关键因素，是编辑活动必不可少的要素，缺少其中某一要素都无法实施，这就是编辑出版活动的关键要素。而不同的编辑单元或编辑出版系统又具有不同的要素，正确认识编辑出版要素，合理协调要素和实施有效的编辑要素管理，具有相应的实践意义和理论价值。

医学编辑职务个体要素：医学编辑职务构成要素，主要是指作为医学编辑个体应具备的编辑素质和编辑能力构成要素，编辑个体的要素构成直接决定了编辑个体的能力。医学编辑的构成要素：知识结构要素—智能结构要素—编辑创意要素—选题策划要素—文笔创作要素—编辑加工要素—社交组织要素（图16-3）。

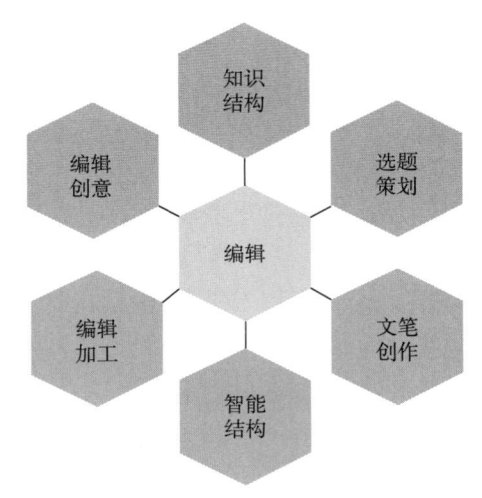

图 16-3　医学编辑要素结构

一、医学编辑个体的要素结构

构成和体现了医学编辑的个体能力要求。

1.知识结构要素　所谓知识结构是指人们经过专门教育培训后所拥有的知识体系构成与结合方式；合理的知识结构是担社会职业角色的基础条件，也是编辑人才成长的基础。医学编辑个体要具有合理而完善的知识结构，因为知识结构是编辑创新思维能力和工作能力的前提，医学编辑既要具备编辑出版知识，还要具有医学科学知识和社会学知识，要具有医学编辑实际需要的最合理和最优化的知识体系才能胜任医学编辑职业岗位。

2.智能结构要素　智能是知识、技能和能力诸因素的有机结合，反映医学编辑认识、观察、记忆、思维、想象、实际操作和编辑实践能力。

3.编辑创意要素　编辑创意就是编辑创造意识和创新的代名词，编辑要不断迸发创意和创新的点子，才能不断给读者带来亮点；创意是对传统的叛逆，是不断冲破常规的哲学，是创新性编辑思维的碰撞，也是编辑智慧的对接，是编辑具有新颖性和创造性的想法，可以想象，编辑缺乏创意和创新，也就不能给读者和受众提供优质与需要的知识产品。

4.选题策划要素　编辑策划是运用脑力智慧和创新思维的理性行为，是编辑思想的重要凸显形式。编辑选题策划是具有设计思想、预定目标、针对性和目的性、效益的预期性的编辑行为；编辑选题策划中采用创造性思维和独辟蹊径的选题，是医学编辑选题创新和内容产品创新，满足受众知识服务的重要技术手段。编辑选题策划的能力如何，是彰显编辑素质高低的重要特征。

5.文笔创作要素　主要指编辑作为文字性很强的职业，首先自身应具有较强的文笔功底，熟练掌握各类文章体裁、结构和撰写特点，尤其是熟练驾驭各类医学科技学术文章撰写规范，而且编辑自身也能熟练采写和撰写相关文章及编辑文书，这是作为医学编辑职业角色的基本要素。

6.编辑加工要素　编辑常规性工作是发表前对作者文章实施编辑加工，对医学科技学术文章实施全方位的斟酌与修改和规范化加工，这一环节凸显了编辑的整体素质，是保证医学书刊质量的重要流程环节，是编辑的基本要素。

7.社交组织要素　医学编辑不仅是"文字匠"，更是学术活动家，既要具有与作者、读者和专家学者交流沟通的能力，又要具有策划和组织各类专题学术性会议的能力，这也是医学编辑应具备的基本要素。

医学编辑出版基本要素构成：医学编辑出版流程中，各个环节都具有相应的关键要素，这些要素对于医学编辑出版系统而言缺一不可，缺少任何一项要素都不可能完成编辑出版系统的惯性运行和运行目标及运行效果（图16-4）。

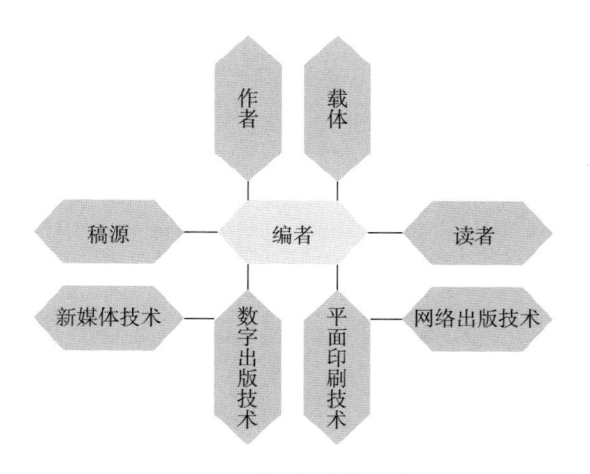

图16-4　医学编辑出版要素构成

二、编辑出版要素具有层级性特点

具有一般要素、主要因素和关键要素。因此，实施有效的要素整合、要素协调和要素管理，对提高医学编辑出版质量和效率具有重要的意义。编辑出版的关键要素有稿源-作者-编者-信息载体-读者-数字出版技术-印刷技术-网络技术-新媒体技术。

1.稿源要素　这是知识产品内容制作的关键要素，缺少稿源也就无从谈起医学编辑出版和医学知识传播。

2.作者要素　作者是原始内容信息的创造者和所有者，也是原始研究的创新者和发明者、知识产权的拥有者。如果没有作者的原始创造，也就没有了信息源或稿源。

3.编者要素　编者要素也是医学编辑出版的关键要素，具有中介性、媒介性和第三方特性，编者要素发挥着内容信息的过滤、甄别、评价、修改和规范等再创造的过程，以保证内容的科学性、真实性、完整性、规范性。

4.信息载体要素　信息载体（Information carrier）即承载信息的工具，也就是在信息传播过程中携带信息的媒介，是信息赖以承载的物质基础，是用于记录、记载、传输、存储和信息储存的实体。信息载体以能源和介质为特征。如运用声波、光波、电波传递信息的无形载体，以实物形态记录信息为特征的纸张、胶卷、胶片、磁带、磁盘传递和储存信息的有形载体。而现今更多指平面纸质版期刊、互联网和新媒体等载体，编辑就是依托这些载体将编辑完成的知识产品传播给受众。因此，载体也是编辑的关键要素。

5.读者要素　读者也称为受众，读者是编辑的核心客户，是知识产品的消费者，编辑就是要以读者为中心，缺乏读者，编辑也就失去了存在的价值。

6.出版技术要素　编辑要将知识产品通过不同形式的出版技术完成知识产品的制作，就必须依托相应的和不同形式的出版技术。如平面纸版报刊印刷技术、数字出版技术、网络技术、新媒体技术等实现快速传播。

医学编辑出版管理要素：编辑出版管理是一项复杂的系统工程，在其系统运行中环节和要素众多而复杂，实施有效的要素管理，可最大限度地激活编辑出版要素，保证编辑出版质量，是提高编辑出版效率和效益的重要保证。在编辑出版管理要素中，编辑出版人员要素是管理的关键要素，调动激发和激活编辑出版职工要素的潜在智能，是医学编辑出版事业兴旺发达的重要因素。医学编辑出版要素主要概括和构建：思想要素-福利待遇要素-资源管理要素-绩效考核要素-稿源管理要素-流程管理要素-规章制度要素-目标管理要素-信息控制要素-质量控制要素-战略管理要素（图16-5）。

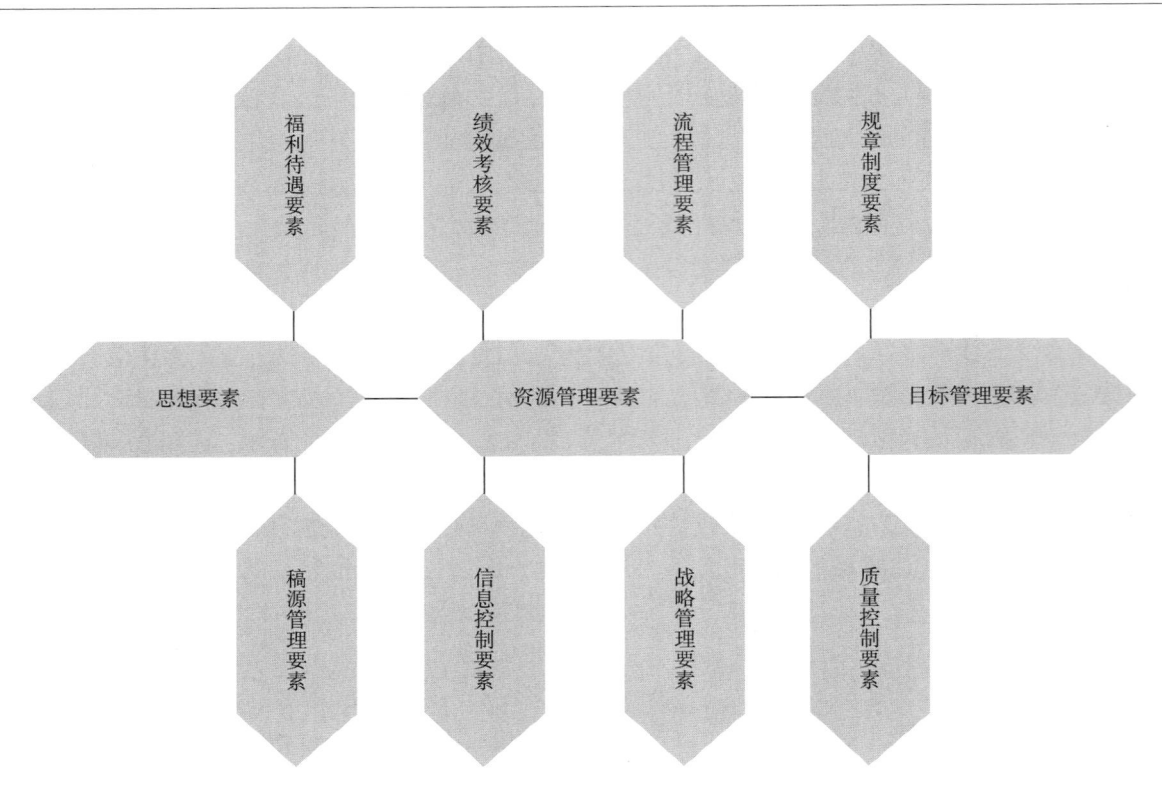

图 16-5　医学编辑出版管理要素结构

三、医学编辑出版要素构成

基本要素由 11 条管理要素构成。

1. 思想要素管理　因为任何事业都是由人去做的，在管理要素中，人的思想管理始终占有重要地位。

2. 资源管理要素　资源要素包括人力资源、财务资源和物资设备资源。

3. 目标管理要素　是医学编辑出版的重要目的，是医学传播效果目标，包括社会效益、传播效益、经济效益。

4. 福利待遇要素　是激励和增强编辑出版人才忠诚度和稳定性的重要因素。

5. 绩效考核要素　是激励和调动编辑出版人才积极因素的重要形式，在要素管理中必不可少。

6. 流程管理要素　流程管理要素，是规范和约束编辑出版行为的重要手段。

7. 规章制度要素　是编辑出版系统运行中的重要制约和规范机制，在要素管理中有重要地位。

8. 稿源管理要素　是编辑出版的核心要素，没有稿源也就没有编辑出版和信息传播。

9. 信息控制要素　编辑出版管理靠的就是信息，离开信息所有管理都是盲目的。因此，信息要素是编辑出版管理中的最活跃的要素。

10. 战略管理要素　编辑出版的战略规划、战略管理和战略实施，是保证编辑出版事业长远发展的重要因素。

11. 质量控制要素　质量是医学编辑出版和医学科技学术传播的生命。因此，编辑出版质量要素管理与质量有效控制，是保证医学编辑出版健康发展的重要因素。

第 17 章　医学科技学术融媒体出版与融合传播

由于新兴媒体传播载体的发展，医学科技学术期刊的编辑出版和传播也由单纯传统平面传播向融媒体编辑出版与传播发展，这极大地拓展了编辑出版和传播的形式，同时也提高了医学科技学术传播的效率、传播覆盖面和传播效果。

第一节　融媒体医学编辑出版与传播优势

一、融媒体医学编辑出版概念

医学科技学术融媒体编辑出版和传播，就是整合多种媒介载体形式，实施融合编辑出版，同时达到融媒体载体形式的医学传播。融媒体编辑出版和医学传播，是以传统平面纸媒编辑出版为基础，充分发挥和利用新媒体技术，实施多维度和不同形式的编辑出版与医学传播，以利于实现和优化医学传播效果。是利用平面纸媒版、网络版、微信客户端、专业公众号、小程序、在线视听视频等新媒体融合出版和传播形式，实现优势互补，同时在编辑出版资源、内容、传播等方面实施有效资源整合，从而实现编辑出版资源融通、内容兼容、传播互融、效益共融的新型医学科技学术媒介载体传播理念。医学科技学术融媒体编辑出版与传播既是一种理念，也是编辑出版形式和传播手段多元化的演变；融媒体编辑出版和传播不是非独立的媒介，而是以传统平面纸媒、数字出版和以互联网为依托而派生出来的新媒体互为整合，使其编辑出版功能、学术传播手段和医学科技学术传播价值最优化的医学编辑出版新模式。

二、融媒体医学传播价值

融媒体医学传播价值属于关系范畴，是指客体能够满足主体需要的效益关系，在某种程度上是表示客体的属性及功能与主体需要间的一种效用，也就是效益和效应关系；而价值作为哲学范畴具有最高的普遍性和概括性。而对于融媒体载体传播，新媒体具备新型信息载体价值，而且有巨大受众和个性知识服务需求，其传播的便捷性、互动性、场景式、即时性、跨时空性、跨地域性和个性化的特点，凸显了新媒体传播的价值优势，也是融媒体编辑出版与传播的价值。而医学科技学术传播追求的最高境界是传播力的最大化，知识服务的最佳化，传播效果的最优化，融媒体医学编辑出版作为新型传播形态，正在改变着医学科技学术出版和医学传播模式。医学科技学术融媒体编辑出版与传播，并非单纯将平面纸媒出版改变不同的传播媒介，而是要发挥各种新媒体载体技术特点和传播优势，充分发挥融媒体所有数字化传统媒体、网络媒体、移动端媒体、数字电视、数字报刊等，发挥和利用数字技术、网络技术，通过互联网、宽带局域网、无线通信网、卫星等渠道，以计算机、手机、数字电视机等终端，向读者和受众提供医学科技学术知识服务的传播形态。通过融媒体传播，改变传统平面纸媒传播形式的局限，充分利用新媒体载体传播的便捷性、互动性、场景式、即时性、跨时空性、跨地域性和个性化的特点，为读者或受众提供不同形式的医学科技学术知识服务产品，以利于满足医学科学飞速发展对知识服务的需求。

三、融媒体医学编辑出版与传播效应

效应是指由某种动因和原因所产生的一种特

定的反应现象，效应在有限环境下，由于某些因素和结果而构成的一种因果现象，一般多用于对某种自然现象和社会现象的描述，而效应一词使用的范围比较广泛，也不一定指严格的科学定理和定律中的因果关系。而互联网技术作为信息载体的发展，给人们的社会生活和数字经济带来巨大效应，改变了人类的生活和工作方式，而依托互联网和5G技术派生出来的新媒体传播的优势和特点，为医学科技学术传播带来特定效应。这种效应主要反映在知识信息传播的便捷效应、知识产品服务的个性化效应、科技传播力的最大化效应、传播效果的最优化效应。

四、融媒体快速传播与低成本

新媒体传播的优势和特点，适应了人们生活需要和对知识获取形式与阅读方式的需求，而对于编辑出版和传播主体，其编辑出版和传播成本降到了极致。

五、融媒体传播的原创性

融媒体编辑出版人员可以通过不同的新媒体技术，对医学科技学术内容制作成不同形态和形式的知识产品，在特定时空赋予不同新的内容创造。如文字性文献、视听视频、立体图片、相关内容链接等，每一种知识产品形态都彰显出原创新型特征。

六、融媒体传播信息容量与流量最大化

医学科技学术融媒体传播摆脱了平面纸媒容量的有限性和单纯文字表述的局限，使信息容量达到无限化和信息流量的最大化，而且可以实现文字叙述与立体现场视频相结合的传播。如新的手术操作方法或手术入路有时很难用文字叙述清楚，读者也难以学习、领会和掌握，而配合术者现场手术操作视频，读者具有身临其境的感受，很容易理解和掌握，而且可以循环播放和重复学习，从而达到平面纸媒难以达到的传播效果，使医学传播达到事半功倍的传播效果。

七、实现多媒体传播

新媒体的发展，使医学科技学术传播实现传播载体和传播形式的多元化，尤其是对于医学科学普及性传播，可满足不同文化层次和阅读习惯的受众选择。由于读者阅读方式和阅读习惯的改变，多媒体传播形式给读者和受众在不同空间赋予了不同的阅读方式，使读者和受众几乎不受地域和时空阅读条件的限制，任意选择适宜的阅读和视听需要的医学科技知识产品；这就是数字化和新媒体与多媒体医学科技学术传播的魅力。

八、融媒体传播的互动性与即时交流

传统平面纸媒传播的最大障碍是难以实现互动交流，这就形成了传统平面纸媒传播互动交流的盲区。而新媒体传播载体，不仅可以实现读者、作者与传播者之间的互动交流，而且可以实现随时随地的即时交流互动，真正实现了学术交流和学术争鸣，为激发和启迪学术思想，促进和繁荣学术进步提供了便捷交流平台。

九、融媒体传播全天候与全覆盖特点

传统平面纸媒传播具有覆盖面局限的缺点，也很难实现传播半径的最大化和即时性传播，尤其是医学科技期刊，其传播范围极其局限，受众范围单一，而且仅局限在少数专科医学技术人员。而融媒体编辑出版和多媒体传播，轻松实现传播的即时性和传播范围与传播半径的最大化，实现全天候和全覆盖传播。融媒体编辑出版与融合传播，借助门户网站、微信、微博、手机APP、公众号、小程序、网络直播平台等，实现空间一体化编辑出版，构建编辑选题策划一体化、信息采集一体化、多元产品生成一体化，构建起医学科技学术多元传播、全天候滚动传播和全球覆盖的矩阵式医学传播模式。

第二节　融媒体医学编辑出版与传统编辑出版模式演变

医学科技学术融媒体编辑出版与融合传播，给传统医学编辑出版和传播模式带来极大挑战，新的医学编辑出版与传播形式的变革，对医学编辑人才和编辑出版模式与编辑出版流程都带来新的变化。在融媒体编辑出版与传播的背景下，传统医学编辑出版与传播模式已不适应融媒体出版与传播场景，必须实施相应转变，重新构建编辑出版与传播模式。

一、医学编辑出版内容与形式的转变

医学科技学术编辑出版与传播核心是内容的传播，无论传播媒介载体如何变化，医学科技学术内容的质量是不变的定律，只是由于融媒体或多媒体编辑出版与传播形态的演变，对学术内容质量的控制难度在增大；而且多媒体编辑出版制作和传播对不同载体技术要求也愈加严格。如传统平面纸媒编辑出版只是单纯以文字为主，而多媒体编辑出版要求作者不仅提供文字稿件，而且对于涉及诊疗技术操作、手术入路或手术治疗操作、临床形态学诊断研究等，应同时提供视频影像资料，以利于相应新媒体制作传播或与平面纸媒版链接，便于读者或受众阅读。这就给内容学术和技术质量的有效控制提出了新的要求。

二、医学编辑出版人才结构的变化

传统平面纸媒，一般只需要文字编辑和策划编辑，而融媒体编辑出版与传播，其内容形态发生变化，而且不同媒介载体需要的技术制作也不同。因此，以往单纯文字编辑已经难以完成多媒体编辑出版与传播的技术要求，为适应多媒体编辑出版与传播的变化，医学编辑出版人才结构也要适应多媒体出版与传播的实际需要，不仅需要平面纸媒的文字编辑、策划编辑，同时需要新媒体编辑。如摄影/视频录制编辑、新媒体文案编辑、新媒体策划编辑、网络编辑、网络/新媒体美术制作编辑、多维动画制作编辑、新媒体编辑、新媒体广告制作编辑、新媒体运营与技术支持等。只有具备完善的融媒体编辑出版人才结构和人才团队，才能保证医学科技学术融媒体编辑出版与传播的运行。

三、医学编辑知识结构与技能结构的转变

医学编辑要适应现代医学出版和传播方式的变革，首先要完善知识结构的缺陷，弥补新媒体编辑技术与传播技术知识，构建适应融媒体医学编辑出版与传播的知识和技能需要。所谓知识结构，作为医学编辑既要有相应专业学科知识，还要具有广博的多学科知识面，构建合理的知识体系，完善合理的知识结构和技能结构，以适应融媒体医学编辑出版与传播对编辑职业岗位的要求。

第三节　融媒体医学编辑出版流程的构建

在融媒体医学编辑出版与传播背景下，传统医学编辑出版与传播流程面临颠覆性冲击，传统平面纸媒构建的编辑出版流程已经不适应新的编辑出版和传播形式。因此，必须根据融媒体编辑出版与传播的实际需要，重新调整编辑出版与传播要素，重新构建融媒体编辑出版流程，以利于适应新的医学编辑出版形态的变化。

一、融媒体医学编辑出版流程的定义

融媒体编辑出版流程是一项完整的要素运行系统，是具有连续性和规律性与逻辑性的编辑出版活动程序，也是融媒体编辑出版行为方式与约束性执行模式，是将输入转化输出的相互关联和相互作用的编辑出版活动的程序化活动组合。

在这种流程设计中，包含了融媒体编辑出版与传播的关键要素、程序、内容、方法、标准和目标。其基本流程设计应该具有融媒体编辑流程、出版流程 - 融媒体传播流程，由此构成融媒体编辑出版与传播系统。

二、融媒体医学编辑出版流程要素与特点

1. 流程的目标性　融媒体编辑出版流程不同的流程节点具有不同的输出目标和任务，各节点流程目标构成总体目标；而总体目标就是医学科技学术传播内容的质量和传播效果的最优化。

2. 流程的内在性　融媒体出版流程是结合自身实际构建的，是内在的业务管理约束机制，是具有共性特点，同时又具有个性特征，其目的是保证效率和质量稳定实现。

3. 流程的整体性　融媒体编辑出版流程的整体性，就是把融媒体编辑出版与传播的过程看作是各个构成要素形成的有机整体或运行系统，从整体与局部相互依赖和相互制约的关系中揭示融媒体编辑出版的特征及运行规律，以彰显融媒体编辑出版与传播要素的整体性质。

4. 流程的动态性　融媒体编辑出版与传播流程的动态性是流程系统的重要特点。系统作为一个运动着的有机体，其稳定状态是相对的，运动状态则是绝对的。系统不仅作为一个功能实体而存在，而且作为一种运动而存在。流程运行系统内部的联系其实就是处在运动状态，融媒体编辑出版流程系统只有不断处于运动形态才能凸显活力，流程系统与环境是相互作用的运动形式，同时随着编辑出版和传播要素的整合与协调，流程系统的功能和运行状态也随之发生变化，这是因为不论是编辑出版流程系统要素的状态和功能，还是编辑出版环境状态与联系的状态都是在变化的。所以，融媒体编辑出版与传播流程运动性是系统运行的活力所在。

5. 流程的层次性　融媒体编辑出版与传播流程系统的层次性是指流程系统各要素在系统结构中表现出的多层次状态特征。实际上在业务管理中，任何运行系统都具有其层次性；层次性是运行系统本身的特性，反映了流程系统从简单到复杂，从低级到高级的构建要求、功能和运行过程。其层次不同，流程系统的属性、流程结构、流程功能也不同。在编辑出版流程中层次越高，其流程属性、流程结构、流程功能也就越复杂。在重塑和构建融媒体编辑出版与传播流程中，应以控制和干预流程系统的层次性和要素为基础。

（1）注重流程层次的结构：融媒体编辑出版与传播流程要比传统平面纸媒编辑出版流程复杂，其要素也成倍增加，因而流程系统中的各个要素都依从各自的属性和功能，同时又从属于与之相匹配的层次，并执行系统所赋予的职能。因此，重塑和构建融媒体医学编辑出版与传播流程系统应遵循层次结构为基本要求。

（2）流程层次和要素的协调：流程系统管理和控制的过程，实际上就是对流程系统层次和要素实施协调的过程；流程系统层次之间，各自依从其流程环节职能，充分发挥各要素的潜能，协调一致地向流程系统的总目标运动；这就是融媒体医学编辑出版与传播新流程系统有序化运行的保证。

（3）流程的平衡与稳定：对医学编辑出版流程运行系统实施干预和重构，关键就在于对流程系统层次和要素之间比例关系的协调与整合，应将不适合居于较高层次的编辑出版要素调整到低层次，而把低层次要素中具备高层次属性和功能的要素，适时调整到高层次系统运行环节，以利于保证流程系统从内容层次到层次形式的匹配和协调统一，这是保证融媒体医学编辑出版与传播流程系统平衡和稳定的基础。

6. 流程的结构性　融媒体医学编辑出版与传播流程的结构性，是指流程系统各要素之间的相互关联和相互作用的方式。如流程系统构成要素的数量、质量和比例，其层次和排列次序，相互结合方式和运行中发生的变化。流程的结构性是任何编辑出版流程存在的形式和特性，而不同的编辑出版流程结构也不同。因此，融媒体医学编辑出版与传播流程的重塑就是要结合多媒体出版实际，构建符合实际需要的流程结构，以利于流程系统运行的质量、效率和效果。

第四节　融媒体医学编辑出版与传播要素

融媒体医学编辑出版与传播业态的演变，实际上就是出版要素和传播要素内容与结构的改变。因此，要重新整合与调整医学编辑出版与传播要素，尤其是关键要素的整合，以利于发挥各个要素的潜在能量和作用，促进融媒体出版与传播的效率。

一、医学信宿

信宿也称为受众，即受传者；受众既可以是某个体，称为读者；而以某个学科专业群体、学术领域或某个学术组织称为受众。受众是医学科技学术传播者的主要客户，受众获取到相关医学科技学术信息后会根据自身的理解，而产生相应的反应和专业行为，用以指导医学临床和科研实践活动。

二、医学传播者

医学信息的传播者也称传者和医学信源，是医学传播行为的引发者和控制者，即在医学传播过程中医学信息的主动发出者。医学传播者处于医学信息传播链条的首要环节，是医学传播活动的启动者，也是医学传播内容评价把关、编辑制作和传播的发出者。因此，医学传播者不仅控制和决定着传播内容和传播活动的进程，而且还决定着医学信息内容的学术质量、内容数量、内容流量、学术导向和内容流向，具有引领和推动医学科技学术发展的重要作用。

三、医学信源

医学信源，是医学知识信息原创者和各类医学信息的原始创新实体，也就是广大医学科技人员或作者。医学信息具有抽象性，而医学信源则是具体的。如医学科技人员撰写的科研成果学术论文、技术方法创新操作视频、专题学术会议交流的内容和文献、医学科技期刊记者采写的医学科技新闻稿、医学科技学术共同体发布的相关医学科技和卫生政策等，都属于原始信源。此外，医学信源还有图像信源、数字信源、视频信息源等。医学信号的产出（如医学科技论文的产出）被称为信源，而相对应的是信号的接收者被称为信宿。医学信息传播过程可简要描述为医学信源、医学信道、医学信宿。医学信源是医学信息的原创者和发布者；医学信宿是医学信息传播的接收者，也就是医学信息的接收终端受众。在医学信息传播过程中，对医学信源，尤其是医学科研论文学术文献的传播是具有严格标准限制的，通常是医学科技相关专业学术期刊、医学专业数据库、医学专业网站、学术共同体等专业机构。

四、医学信息传播媒介

医学信息传播媒介也是传播的关键要素，通常称为传播渠道、信道、传播工具等，医学信息传播者要实现信息快速传播和专业领域全覆盖，就必须借助传播工具或传播媒介，也就是医学信息内容传播的载体，以利于保证医学信息的传播速度、传播范围、传播效率、传播质量和传播效果。如医学科技学术期刊、医学科学普及期刊、医学科技新闻期刊、医学专业数据库、医学专业网站、医学专业新媒体等。

五、新媒体传播技术

新媒体传播技术是医学科学术融媒体编辑出版的关键要素，新媒体编辑出版与传播不同于传统平面纸媒单纯文字编辑，新媒体编辑出版要求具有相应特殊编辑制作技术，具有其特有的要素。

1. 数字出版技术要素　数字技术（digital technology）是与电子计算机相伴而派生的新技术，主要是指借助相应技术设备将各种信息。如文本文献、图像、声音、视频等，转化为电子计算机能识别的二进制数字"0"和"1"后实施运算，同时进行数字化编辑加工、存储、传送、传播和还原的新技术。数字技术在运算和存储等环节中要借助计算机对信息实施编码、压缩和解码。因此，通常被称为数码技术和计算机数字技术；数字技术也被称为数字控制技术。而数字出版主要是指利用数字技术实施学术内容编辑加工，同时通过网络传播数字内容产品的新型编辑出版模式；数字出版技术主要特征为知识内容产品的数字化，内容管理过程数字化和知识产品形态数字化与传播渠道网络化。数字化医学编辑出版产品形态主要有数字医学期刊、数字医学图书、数字化新闻报纸、数字医学文献数据库、手机终端数字医学出版物等。而数字医学编辑出版产品的传播途径主要有互联网在线、无线通信网和卫星网络等。数字化医学编辑出版与传播的最大特点是海量存储、搜索便捷与智能检索、快速传输、传播范围广、编辑出版成本低、受众互动性强、环保低碳等特点，数字化医学出版已经成为医学书刊编辑出版与传播的战略性发展方向。

2. 网络技术和计算机技术要素　融媒体或新媒体编辑出版是建立在数字技术和网络技术基础上而产生的媒介传播形态。因此，计算机信息处理技术是新媒体编辑出版的基础平台，而互联网、卫星网络、移动通信等则是融媒体或新媒体编辑出版的运作平台。

3. 矩阵式医学知识传播构建要素　融媒体医学编辑出版与传播，是在平面编辑出版基础上，融合新媒体编辑出版呈现方式；而新媒体对医学信息编辑出版通常以声音、文本文献、图像视频、3D版阅读等形式，其应用技术含量高，而且具有跨地域、跨时空、跨媒体、全天候、全覆盖的医学信息传播，而且具有传统媒体无法比拟的互动性特点。

4. 新媒体种类的多样性要素　新媒体传播形式较多，融合编辑出版可实现医学科技学术传播效果的最优化。如网络媒体、在线数字媒体、无线数字媒体、卫星数字媒体、无线移动媒体等；新媒体编辑出版的特征是在数字化基础上各种媒介载体形态的融合与传播。

5. 互动性要素　新媒体传播载体与传统载体的最大优势和区别在于其互动性。受众、作者与传播者可跨地域和跨时空即时性交流互动，相互展现各自观点和学术争鸣，也为医学科研协作和启迪医学科研思维提供了便捷平台，使医学科技学术传播效果实现最优化。

第五节　融媒体医学编辑出版流程构建目的与意义

构建融媒体医学编辑出版与传播流程，使其整个编辑出版与传播活动的机制化、操作的规范化、角色责任的鲜明化、目标的明确化和编辑出版与传播效率的最优化。

一、医学编辑出版目标的明确性

目标，是指射击和攻击及其要寻求针对的目标对象，也指想要达到的境地或标准。医学编辑出版流程的目标性，是流程设计与构建的重要目的，缺乏目标的流程是盲目的，也是毫无价值的；医学编辑出版目标是流程活动的预期结果的主观设想与客观设定，目标也是出版者头脑中形成的主观意识形态，当然更是流程活动的预期目的，为编辑出版流程活动指明了方向和到达目标的轨迹。因此，在构建融媒体医学编辑出版与传播流程时，要以目标性作为流程的构建的核心内容。

二、医学编辑出版活动的机制化

机制，是指各要素之间的结构关系和运行方式。早期指机器的构造与工作原理；在生物学和医学领域通过类比移植推理，指生物机体结构组成部分的相互关系和其间发生的各种变化过程，诸如物理和化学性质与相互关系的机制。而用于医学编辑出版与传播活动流程，是指流程内部组织、要素和运行变化的规律。理解流程机制的概念，最主要的是把握融媒体医学编辑出版各环节要素的存在是机制存在的前提，因为医学编辑出版有各要素和环节的存在，就存在如何协调各要素和环节之间关系的协同性问题；此外，协调流程各要素和环节之间关系是一种具体的运行方式，流程的机制化是以一定的运作方式把融媒体医学编辑出版与传播流程的各个部分联系起来，使其协调运行而发挥应有的作用的。而编辑出版管理机制通常由价值链、流程、规则、制度、规范、组织协调、能力、激励机制等要素构成。而价值链说明编辑出版管理机制是服务于价值的逻辑关系，价值性是机制建立的基础；而流程是对价值链的解码，是具体落实到流程中分工和协作规则及工具。编辑出版流程与传播流程除了内在性机制外，同时对编辑出版员工受业务流程约束，管理者不用每天布置任务，其员工就会按照流程机制惯性运转，避免管理者过多干预而影响惯性运行。

三、医学编辑出版的规范化

规范，是指符合逻辑、客观标准、真实全面、完整准确、适时实现目标。通常也指明文规定和约定俗成的标准。如医学期刊编辑出版规范、医学图书编辑出版规范、临床技术操作规范、护理技术规范、道德规范、技术规范等。规范的最突出特点是约束性和一致性；而流程的规范性是融媒体医学编辑出版与传播流程的显著特性，是对编辑出版员工业务流程的规矩和标准，流程中的各要素和角色都按照流程规范各自的行为，流程的目的和目标就能顺利实现。

四、医学编辑出版流程角色责任的鲜明性

医学编辑出版与传播流程中的各个环节是由不同岗位角色完成的，其明确和鲜明的角色责任，是保证流程目的和目标实现的重要内在因素。所谓角色责任是由外驱动力导向和显性约束力构成，表示的是当行为个体为满足组织期望，其结果具有共性和一致性，对类似这种行为评价的总和，即为角色责任，典型特征是不违反组织规则和制度为原则，保持行为与结果之间的共性和一致性，以及易评价和监管的特征。由于人们在现实社会中往往会同时扮演不同的角色，不同的角色就会产生相应的责任，人们角色的转换同时伴随着角色责任的相应转变，否则角色与角色责任就会脱节。而医学编辑出版与传播流程各个环节中，都具有不同岗位角色和不同层次级别的岗位角色，这就自然构成了不同层级的角色责任，这种角色责任是医学编辑出版与传播流程中的内在驱动力量，从而推动着流程的系统循环运行，共同促进医学编辑出版与传播目标的实现。

五、医学编辑出版与传播效率最佳化

效与率，既有质量效果含义，也有两个相关的数在相应条件下的比值，显示数量的内涵。也就是说，效率主要是指有用功率对驱动功率的比值，效率可分为很多种。如机械效率、热效率、工作效率、传播效率等。融媒体医学编辑出版与传播效率，是指在给定投入编辑出版资源和技术设备等条件下，最有效地使用编辑出版资源以满足设定的医学编辑出版与传播效率目标和需要的评价方式。而编辑出版与传播流程的构建其中最核心的目的，就是实现融媒体医学编辑出版与传播效率，也就是社会效益、学术效益和经济效益的最佳化，这是流程重塑和构建成功的重要标志。

第六节 融媒体医学编辑出版与传统传播观念的转变

在融媒体全新传播技术推动背景下，医学科技学术传播模式发生巨大变化。对此，传统主流平面纸媒版继续秉承内容优势、权威性和品牌影响力，依然坚持服务读者和作者原始创新成果发表与交流的需要，秉持平面纸媒版医学期刊办刊宗旨和办刊理念，构建融媒体医学科技学术传播的矩阵式传播格局，创建医学科技学术融合媒介传播平台，适应融媒体医学出版与融媒体医学传播规律，全面提升医学科技学术传播力。

一、融媒体医学出版与传统医学传播的新变化

在当今融媒体技术发展环境下，传统平面纸媒版传播力度、辐射范围、影响力和学术引导力短板凸显，制约了医学科技学术传播的影响力、传播范围和传播效果。而融媒体的编辑出版与传播，在极大提升传播效率的同时，也给传统平面纸媒编辑出版与传播带来了新的变化和挑战。

1. 医学科技学术传播质量与把关难度的变化　随着融媒体医学出版与传播形态的变化，医学科技学术传播内容和学术质量的评价把控难度也在不断增加，尤其是新媒体医学出版与传播，不能单纯将平面纸媒版变换一下载体形式了事，而是要充分发挥新媒介载体的特点和优势。如对于临床诊疗技术操作方法、手术方法和创新性手术入路，以技术或学术视频形式编辑出版与传播将更加便于受众学习和临床应用，但其学术和技术评审与把关如何实施，显然其学术把关难度、评价流程与传统平面纸媒版存在很大差异，这就给医学编辑出版与传播带来新的挑战。

2. 医学科技学术知识产品和编辑加工要求的变化　医学编辑出版与传播媒介载体的不同，其医学知识产品的形态也不同，而要求医学编辑的知识结构和技能也不同。传统平面纸媒版编辑出版与传播只是文字稿件的编辑加工，而融媒体涉及新媒体与新的知识产品形态，从医学信息的采集、编辑加工和传播手段都截然不同。因此，传统医学编辑工作模式、编辑加工技术手段和传播技术都面临着很大变化。这就需要医学编辑不同的职业角色转变，完善知识结构和相应专业技能，以适应融媒体医学出版与传播的环境变化。

3. 医学科技学术传播内容质量与形态的多元化　医学科技学术新媒介载体融合编辑与传播，虽然内容产品形态发生巨大变化，但以内容为核心的知识产品质量是永恒的标准。因此，各类不同的传播媒介载体和学术内容形态，其科学性、创新性、实用性、严谨性要求是不变的，依然要保持其学术公信力、学术权威性、品牌影响力、学术引导力，这是医学科技学术编辑出版与传播的生命力和生存基础。

二、融媒体医学科技学术出版与传统媒体的优化

这很显然，在融媒体医学科技学术编辑出版与传播环境下，传统平面纸媒出版与传播空间被压缩，特别是受众阅读方式和阅读习惯的变化，传统平面纸媒传播方式其读者量在不断滑坡。但传统平面纸媒和新媒体编辑出版与传播在凸显各自优势的同时，也凸显各自的缺陷。所以，融媒体编辑出版与传播的时代，应研究适合新旧媒体优势和劣势互补的发展路径，以利于发挥各自优点，促进融媒体医学科技学术出版与传播的效率。

1. 突出学术内容质量基础、发挥传统平面纸媒载体优势　尽管在传播载体多元化的今天，原始科研创新成果的公开发表和产权时限认定国际上依然以平面纸媒科技期刊为认可依据，网络和公众媒介发表依然不被国际上承认。因此，传统平面纸媒科技期刊的权威性、首发性和学术公信力依然无可动摇，这就为传统平面载体传播奠定了无与伦比的权威地位，这也是传统媒介传播的最大优势。所以，在融媒体医学传播环境下，要注重发挥各自的独特优势，实现优势互补，传统平面媒介载体医学科技学术原始创新成果评价和采编过程中，仍然坚持传统的编辑出版流程，而在传播载体形式上可采用多媒体形式，以利于发挥新媒体传播的优势，实现传播效益的最大化。

2. 突出受众阅读需求导向、实现知识服务多元化　医学科技学术知识服务的目标客户是读者或受众，以读者为中心是医学科技学术知识服务的重要理念。在多媒体和智能化媒介广泛应用环境下，医学编辑出版与传播服务，也必然充分发挥现代传播载体的优势，突出受众阅读需求和阅读方式与阅读习惯的多元化，医学科技知识服务的形式也要多元化和个性化。因此，在医学科技信息传播过程中，要结合受众和广大医学科技人员兴趣、阅读需要提供不同形式的知识产品，要将以读者为中心理念融入医学科技学术信息传播的全过程，通过为受众提供高度分享、随时参与、随时分享、个性化选择的知识产品内容。

3. 坚持学术和学科特色、增强医学传播内容的实际效果　在多媒体医学传播的时代，医学科技知识产品传播的特色化和品牌化依然是不容忽视的手段。要发挥智能互联网、大数据分析、人工智能技术和数字化出版的优势，为专业学科受众打造智能化和特色化的知识服务平台，不断提升知识服务能力和医学传播能力，助力推进医学科技进步与学科发展。

4. 以提供优质阅读体验为基础、不断提升知识传播的影响力　在融媒体医学编辑出版与传播环境下，传统阅读方式的局限性更加凸显，医学科技学术传播也不再是单一枯燥的代名词，受众

可以采用不同的传播载体形式，充分体验和感受阅读的愉悦感。如 3D 阅读、立体视频阅读、智能阅读、互动交流阅读等，可在轻松阅读中达到学术交流和启迪科研思路的效果，甚至可以寻找到科研合作伙伴，助力医学科研创新。这就要求融媒体医学科技学术编辑出版与传播者，发挥现代科技的优势，通过优化读者交流、互动机制，使医学信息传播活动呈现新的学术交流点。在融媒体编辑与传播环境下，受众不再局限于单纯接受者形象，而是医学信息传播和交流的参与者，这无疑丰富了医学信息传播和交流的内涵，由以往单向传播，转变为互动传播与交流，真正达到学术交流的境界和学术交流效果。融媒体医学编辑传播，为特色化和个性化知识产品服务提供了可能，这是传统媒介载体与新媒体的不同之处，新媒体、智能化与数字化编辑出版，为个性化知识产品和专属知识服务提供了可能。在医学信息传播过程中，各类媒介载体要充分发挥和适应新的传播环境，注重提高不同载体形式的学术内容质量，为受众提供更多形态的知识产品和阅读选项，严格把控医学科技学术信息传播质量和品质，通过对受众或读者的个性化阅读服务和互动交流，了解受众需求，根据受众阅读兴趣和需求制订医学科技学术信息传播规划，以利于提融媒体医学出版与传播的学术影响力。

第七节　云编辑出版与虚拟编辑出版和虚拟传播

随着网络化、数字化和大数据分析，尤其是智能化网络的发展，给虚拟编辑出版、云编辑出版、融媒体编辑出版和新媒体编辑出版与科技知识传播带来新机遇。医学科技学术书刊编辑出版与传播，正由实体化向虚拟化编辑出版和云编辑出版新型编辑出版模式演变。

一、云技术与云编辑出版

由于电子计算机信息技术的发展，为互联网的诞生提供了硬件技术支撑，同时也派生出了数字出版技术，在数字技术的基础上又衍生出云技术，因而诞生了云编辑出版与传播。

1. 云技术基本概念　所谓云技术（Cloud technology）就是基于云计算应用的网络技术、信息技术、整合技术、信息管理平台技术、计算机应用技术等的总称。云技术可以组成资源池，可以按需所用，便捷灵活。在云编辑出版上，云计算技术将变成重要编辑出版与传播技术支撑；网络技术系统的后台服务则需要大量的计算和资源存储。如视频网站、图片类网站和门户网站等。而伴随着互联网领域的高度发展和实际应用，将来各种事物和物品都有可能存在相应识别标志，这些都需要传输到网络后台系统实施逻辑处理，而不同程度和级别的数据将会分隔处理，各类科技专业数据皆需要强大的系统后盾作为支撑，而这些只能通过云计算来实现。最常用的云计算技术在互联网络服务中已经比较普及（如搜索引擎、网络信箱、文献检索等），科技人员只要输入相应指令（如关键词、主题词、作者姓名、文献名称等）就能轻松得到所需要的大量文献信息。

2. 云编辑出版　云编辑出版与云传播主要是以云计算、云存储、云编辑出版平台、云知识服务平台、云终端等形式，编辑出版与传播者、作者、读者或受众、知识产品营销者等，其所需科技知识内容、文献信息等所需的工作系统都可以从云平台快速获取，而整个融媒体编辑出版流程从信息源、同行评议、编审评价、编辑加工、编辑出版、编排设计、多媒体制作、融媒体传播和传播效果评估等相关流程要素与环节都可相互连接在同一个云编辑出版平台上，在云编辑出版平台上构建出完整的医学编辑出版与传播产业链。通过云编辑出版平台，编辑出版机构可以自主实施数字内容的制作、科技知识产品打造，在云编辑出版平台上快速对接传播渠道，同时完成数字知识内容产品的运营合作与精准推送。传播渠道运营者可通过云编辑出版平台的应用程序的支撑快速开发自身数字内容运营平台，实时面向受众或读者精准推送跨媒体知识服务。

3. 医学云编辑出版与云传播　云编辑出版与云传播从本质上讲是在数字出版基础上，通过云技术构建医学云编辑出版平台；云编辑出版是对传统平面纸媒出版与传播方式的颠覆性变革。它通过医学云编辑出版平台，可以对内容资源实施加密，同时也可以选择传播或发行渠道授权与安全分发，传播渠道运营者可以打通各种传播渠道的终端应用客户，对编辑出版机构授权的知识内容产品资源实施运营和推送。而所有融媒体编辑出版与传播流程都通过云编辑出版平台的运行，使传播渠道的销售数据、读者和受众情况随时呈现在平台上，编辑出版与传播机构可以随时掌握传播和推送数据，编辑出版与传播者可实时对受众或读者的查询、点击浏览、对知识产品的价值取向与倾向性、接受购买等行为数据做出分析，同时也可实现实时互动交流和接受传播效果反馈，使医学科技知识编辑出版与传播者不断改进和提升内容产品质量。通过云编辑出版与知识传播服务平台，编辑出版机构或销售者可以实现整个医学编辑出版传媒产业无库存、无退货、无欠款的最佳经营境界。

二、虚拟技术与虚拟编辑出版

1. *虚拟技术基本概念* 虚拟技术是通过计算机组合与分区现有的计算机资源（如CPU、内存、磁盘空间等），以改变计算机资源处于多个操作环境，以利于计算机提供优于原有资源配置的访问方式的技术。而虚拟化就是将计算机物理资源转变为逻辑上可以管理的资源，从而改变计算机硬件物理结构之间的壁垒。虚拟化环境需要多种技术的协调配合。如后台服务器和操作系统的虚拟化、存储虚拟化、系统管理、资源管理和软件提交，这些与非虚拟化环境保持一致的应用环境。计算元件在虚拟的基础上而不是真实的基础上运行，虚拟化技术是广义术语，可以扩大硬件的容量，简化软件的重新配置过程，减少软件虚拟机相关成本和支持更广泛的操作系统，CPU的虚拟化技术可以单CPU模拟多CPU同时运行，而且在同一平台可同时运行多个操作系统，其应用程序都可以在相互独立的空间内运行而互不干扰，从而显著提高计算机的运行效率。虚拟化技术可按对象不同划分为存储虚拟化、网络虚拟化、计算虚拟化等，计算虚拟化又分为系统级虚拟化、应用级虚拟化和桌面虚拟化等。在云计算的应用中，云计算系统虚拟化是以"云"上服务与应用为基础。而虚拟化技术的应用范围主要在CPU、操作系统、服务器等，虚拟技术是提高计算机和互联网服务效率的最优化技术路径。

2. *虚拟化编辑出版* 虚拟出版（Virtual Publishing）范围比较广泛。如网络出版、电子出版、桌面出版、互联网出版、数字出版、虚拟编辑出版机构、虚拟稿件评审会议等多种编辑出版活动形式。虚拟化出版主要以数字技术、多媒体技术和网络技术为基础和技术支撑，同时表现出数字化、网络化、移动化、智能化、非线性等特点。虚拟出版是编辑出版机构在组织结构上突破有形的界限，虽然具有选题策划、期刊编辑、出版印刷、期刊发行、人才资源管理、财务管理、信息管理等基本功能，但在编辑出版机构内部不需要相应的职能组织机构，编辑出版机构为节省内部编辑出版要素和资源，为最大限度地降低编辑出版成本和提高竞争力，促进编辑出版社会效益、经济效益的最优化，仅仅保留编辑出版机构中最关键要素和最核心竞争力，而将其他组织机构功能虚拟化，通过整合外部资源和网络化资源，最大限度地以最低成本创造最佳效益编辑出版与传播效益。

在虚拟编辑出版活动实践中，比较典型的虚拟实践是编辑出版机构的虚拟化。如虚拟化编辑部。随着虚拟化编辑出版和新媒体传播载体技术的发展，期刊编辑部虚拟化趋势显著，编辑出版部门可以不需要办公楼和办公室，更不需要办公设备和纸张，网上虚拟化编辑部可随时随地工作，处理编辑出版业务。在网上虚拟编辑部可即时随地、跨地区和跨时空接收稿件、编辑选题策划、组约稿件、审阅稿件、同行专家评议、审稿定稿会议、作者退修、编辑修改加工、版面设计、发稿排版、融媒体传播等，全编辑出版流程与传播流程轻松实现，真正实现了无纸编辑办公、无办公设备办公、无编辑部办公室办公的境界。而且编辑出版专业技术人员数量降低到极致，编辑出版专业技术人员或编辑部人员即使分散在天南海北、国内国外不同地域都可随时随地在同一个虚拟编辑部办公，完成其融媒体编辑出版流程与知识传播流程环节所赋予的角色责任、角色任务、角色效率、角色质量和角色目标；传统编辑部的功能在虚拟编辑部几乎都可以高效实现，而且比传统编辑部和编辑出版模式更加便捷、灵活、高效、高质量和高速完成。编辑人员可在虚拟编辑部的网上《稿件处理系统》完成作者投稿、收稿、稿件审理、同行专家评议、审稿定稿会议、退修、作者修改、编辑修改加工等编辑流程，同时编辑还可通过智能化文献检索分析，遴选某专业学科或专题研究核心研究者、核心作者、相关研究者、相关作者、热门研究领域、学科和专业学术带头人等，为编辑选题策划和组稿约稿提供参考依据和编辑思路启迪，同时可在虚拟编辑部发布专题征文通知，扩大和及时征集相关热点领域的研究论文和研究成果，实施重点专题报道和学术引导，以利于彰显学术导向和学术引导，促进学术交流和医学科技进步。

而对于虚拟编辑部，笔者具有深刻实践与体会，笔者在每次自驾游少则万里的路上，带上一部手机和平板电脑，在不影响领略游览大好河山美景的同时，随时随地独自完成多期医学期刊的编辑出版流程的工作任务，既不影响医学期刊的正常编辑出版，也不影响自驾游路线设计流程的景点游览，甚至是在自驾游西藏和新疆全域"天路318"线上轻松完成一期医学期刊的编辑出版任务。这完全是得益于虚拟编辑部和虚拟化编辑出版的新时代所赐予的良机。

第 18 章　医学期刊学术治理结构原理与机制构建

医学期刊学术治理结构，特点是学术治理的自治性、自我约束性和相互制约性；主要目的是保证期刊学术论文稿件评价和价值取向的客观公正性，以确保和维护作者和读者的权益。

医学期刊学术治理结构，主要是指医学期刊学术治理的组织构架形式、编辑出版程序或流程设计以及制度约束机制。因此，其程序设计的科学性与合理性，是保证医学期刊学术评价客观、独立公正、民主自律的重要形式。医学期刊的学术治理结构，具有其自治性、相对独立和自我约束性，健全而完善的期刊学术治理结构是医学期刊良好学术形象、良好社会形象、良好品牌形象和良好期刊文化的体现。当然，在医学期刊的学术治理结构中，仅靠其学术治理的组织形式是不够的，还有保证学术治理结构正常运行的各项编辑制度、编辑角色职责、编辑出版规范、编审伦理道德和医学科研道德等作为支撑，以确保学术治理结构的惯性运行和质量控制的有效性。

第一节　医学期刊学术治理结构基本原理

任何事物的存在都具有其客观依据和基本原理，医学期刊的学术治理也不例外，其学术治理结构也遵循着客观原理和理论。

一、同行评议原理

医学期刊的学术治理结构，无论是期刊的编辑委员会、编辑部、专家委员会、专业评审组等学术共同体，都是建立在同行评议基础上的组织形式。也就是说，医学期刊围绕如何办好期刊所自主设立的专家群体，都是相关领域的专家，而且都是知名专家，构成了医学期刊同行评议或同行评审集群形式。

同行评审在某些学术领域也称为审查程序，也就是研究者或作者的科研论文、学术著作或科研成果请同一领域的专家学者来加以评议或评审，这在医学期刊主要以同行评审的形式评审科研论文，以决定科研论文取舍，并对科研论文的科研设计、统计学分析、医学科研伦理、结果、结论、创新性、科学性等提出完善和补充修改建议，使其科研成果论文更加完善。同时，也启发作者的科研思路，提高作者的科研水平。同行评议是国际盛行的科技学术期刊论文发表的审查程序，国际上几乎所有著名医学期刊都是采用同行评审的方式，以确保所发表科研论文的质量。学术期刊的同行评审最早的雏形可追溯到 17 世纪中叶的 1665 年，英国皇家学会哲学学报 *The Philosophical Transactions of the Royal Society* 创刊初期，首任该刊主编首先将文章请同行专家学者评审，以决定文章是否可以在该刊发表的依据，由此首开同行评议的先河。学术期刊实行同行评议制度经过 350 多年的发展经久而不衰，而且被世界科技学术界所认可和推崇，一定具有其道理与合理性。

二、制约原理

制约原理也称约束理论，最早是由以色列的物理学家和企业管理大师高德拉特博士（Dr. Eliyahu M. Goldratt）创造的。基本概念：在控制系统中，限制系统实现组织目标的因素并不是系统的全部资源，而是其中某些被称之为"瓶颈"的个别资源，也就是说，找到有碍实现组织系统目标的约束因素，将其实施消除的系统改善方法。制约理论认为，系统运行中的每一事物都不是孤立存在的，其组织的行为由于自身因素或外界环境因素的作用而发生变化，尽管其中具有许多相互关联的原因，但其中总有一个最关键性的因素。因此，如果找出制约系统的关键因素并加以解决，就能发挥事半功倍的效果。组织系统管理的艺术就在于发现瓶颈并转化瓶颈，促使其发挥最大效能。而制约理论就是帮助管理者找出瓶颈并改造瓶颈，使组织系统的效能最优化。而医学期刊的学术治理结构是利用其瓶颈，实现约束目的，其实就是要构建一个制约系统，形成一个具有程序设计、互相制约、自我约束、独立运行的学术论文同行评价机制和学术治理结构，这就如同企业的法人治理结构同理，使其发挥企业经营或学术治理的功能。

三、治理原理

治理原理是以奥斯特罗姆为代表的制度分析学派提出的多中心治理理论。其原本是为政府对经济、政治，以及意识形态所探寻出的理论和实践。也就是说，单中心治理理论意味着政府作为唯一的主体对社会公共事务实施排他性绝对管理，而多中心治理原理则意味着在社会公共事务的管理过程中，政府组织非唯一主体，而是包括中央政府、地方政府、非政府组织、学术或科学共同体以及个体在内的诸多决策主体，它以治理主体多元化、治理模式多样化的社会公共事务治理体制，这就叫作多中心治理体制。但它要在相应规则、行业标准和行为规范的约束下，以多种模式共同行使治理主体性权力。而医学期刊的学术治理结构和体制机制，其构建与再造，就是顺应了治理理论的基本原理。

四、学术独立性原理

从一般意义上讲，学术独立性指学术不受权力、政治的制约和利益冲突左右、干扰或影响，也不因为政治、市场、外界各种干扰因素等影响而限制研究方向，违背研究者意志和科学规律修改科研设计、篡改结论和学术观点，使学术研究者具有充分理性和客观性，其专业性和科学精神不会受到损害和干扰。从事的专业学术活动没有禁区限制，可以自由发表群体或个体对研究领域的独立学术见解，而从专家学者的角度讲，学术的独立性是不以任何先决条件为前提，它只依据科学研究结果和结论、科学规律自由而理性地进行学术思考与科学判断。应该讲，相关领域的专家学者只有从自由理性出发，才能真正面对客观事物和现实，恪守科学精神和科学伦理底线。因此，就其独立性而言，就是学术个体或学术群体意志的独立性。意志的独立性是指研究者的意志不易受他人的干扰和影响，具有较强的独立提出问题、发表学术观点和实施行为目的的权利，它体现了研究者意志的行为价值的内在稳定性；其意志的行为价值的内在稳定性来自于价值观的独立性和专业学术的独立性，具有这种意志品质的个体或群体善于按照自己的见解或研究结论提出行为目的，并按照专业或行业规范与规律去实现其目的，而不受他人观点或干扰因素的影响。相反，对于意志品质不强的群体或个体容易受到暗示，这种意志品质的群体或个体容易接受外来干扰、提示或建议等，当然，也容易屈从于外来干扰而改变意志。学术独立，意味着学术的自由进行，一般是无前提和无偏见地对待学术，具有定向力和稳定的立场。

而医学期刊学术治理结构的功能特性就具备了学术独立性的特质，它可以独立自由地实施同行评议，并可独立做出个体的或群体的学术决策和建议。如期刊编辑委员会可在期刊专业学术领域策划学术活动、策划报道选题、发表学术评论、实施学术引导和学术导向，实现其促进学术发展的功能和作用。

第二节　医学期刊学术治理结构的机制构建

医学期刊基于学术治理的基本原理，完善和构建期刊学术治理结构，为期刊的学术质量控制提供组织和机制保证。

医学期刊的学术治理的组织构架，虽然各期刊有所差异，但最基本的组织形式是应该都具备的，在编辑实践中其设置应根据期刊学科专业和期刊实际合理设计（图18-1）。

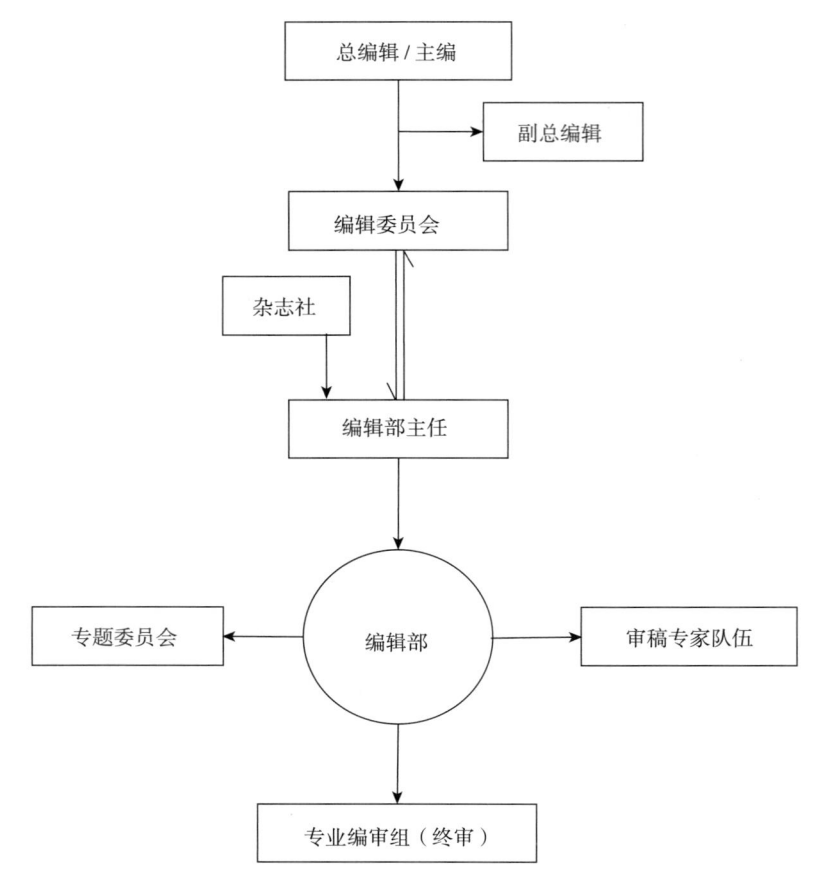

图 18-1 医学期刊学术治理结构模式

一、编辑委员会

编辑委员会是医学期刊重要的学术共同体和学术治理的重要组织结构形式，其性质具有松散性的特点。医学期刊编辑委员会一般由总编辑/主编、副总编辑/副主编和若干编辑委员会委员组成。其编辑委员会成员一般遴选本学科领域的专家学者，以及相关交叉领域的权威专家；其编辑委员会成员的产生可由编辑部、学术团体的各专科分会或相应专业委员会推荐，编辑委员会成员一般由期刊主办单位或期刊社聘任。

1.编辑委员会的组成 医学期刊编辑委员会成员一般任期5年，到期换届，以保证新老交替和吐故纳新，保持编辑委员会学术水平和活力。到期换届时一般由期刊编辑部或期刊社筹备和组织实施。

（1）总编辑/主编：在一般情况下，期刊设一名总编辑。总编辑是期刊编辑委员会的主要领导者、期刊学术治理和学术质量的主要负责人。因此，选好期刊的总编辑是办好医学期刊的重要环节。总编辑应具备热爱医学期刊事业，在本学科领域具有较深学术造诣，在国内外具有较高学术影响力和知名度，是相关学科领域著名学术/学科带头人，并具有很强的凝聚力和人格魅力的专家担任。

（2）副总编辑/副主编：根据期刊学科特点和亚专业的数量情况，设置若干名。其设置的原则：要考虑到专业分布和地域分布，即本学科主要专业领域应设置一名副总编辑。同时，还要尽可能考虑和兼顾地域分布，并尽可能选择某一专业领域或研究方向在国内外居于优势学科地位的学术机构的著名专家和学科带头人。对于综合性医学期刊，由于涵盖学科或亚学科较多，其副总编辑设置人数相对多一些；而专科医学期刊，学科专业相对较少。因此，设置副总编辑的数量相对少些。副总编辑的主要任务：协助总编辑做好期刊相关工作，特别是做好其专业领域选题计划、重点内容稿件的组织、学术导向、及时指出期刊存在的问题和提出办好医学期刊的建议等。

（3）编辑委员会委员：编辑委员会委员设置数量应根据期刊性质、地域和专业分布情况设置。设置的原则：要考虑到学科专业或亚专业的分布。同时，兼顾地域分布，也就是说，每一专业领域或亚专业领域原则上都有至少一位编辑委员，每个省或直辖市至少有一位编辑委员，既照顾到专业，又尽可能兼顾到地区分布。

2. 编辑委员会的任务

（1）把握方针与政策：贯彻党和国家的科技工作方针和政策，执行上级主管部门的有关规定，把握正确的办刊宗旨和办刊方向。

（2）驾驭学术导向：把握思想和学术导向，引导潮流，驾驭方向。

（3）研究重大问题：研究解决期刊学术与发展的重大问题，根据学科发展动向和广大读者的需要，研究期刊的总体设计与学术导向，研究或指导编辑部制订编辑方针与报道计划。

（4）组织专题会议：承担组织期刊专题学术会议或专题组稿会议。

（5）学术质量控制：承担必要的组稿、审稿、定稿，保证期刊学术质量。

（6）人才队伍建设：承担期刊编审稿队伍和作者队伍培育及建设。

（7）国际学术交流：加强期刊的国际交流，联系与合作，扩大期刊国际影响。

（8）把握学科发展：跟踪国际和国内本学科或本领域研究动向、发展趋势与进展。

3. 编辑委员资格

（1）热心编辑委员工作：热爱期刊和编辑委员工作。

（2）奉献精神：编辑委员工作具有社会性、义务性，应乐于奉献。

（3）驾驭学科：能跟踪学科发展动态，驾驭学科进展与发展趋势。

（4）技术职称：具有高级专业技术职称或相应职称。

（5）学术影响：具有专业内较高知名度和学术影响力，是本学科或本地区学术带头人。

（6）人格魅力：具有较强的人格魅力、凝聚力和充沛的精力。

4. 编辑委员要求

（1）政治要求：拥护共产党的领导，坚持中国特色社会主义道路。

（2）道德要求：具有良好医学职业道德、医学科研伦理道德和学术道德、公平公正和科学精神。

（3）学术民主：学风正派，讲究学术民主，倡导学术争鸣。

（4）专业要求：专业技术和学术水平处于优势地位和较高知名度及学术影响力。

（5）能力要求：具有临床、科研、教学、编审、外语能力。

（6）执行要求：贯彻办刊方针和办刊宗旨，执行编辑委员会或编辑部决定。

5. 编辑委员优势

（1）社会认可：对学术水平和地位的认可，载入期刊学术发展史册。

（2）扩大学术影响：通过期刊载体增加传播半径，扩大学术影响力。

（3）学术交流平台：增加交流渠道和平台，提供与诸多著名专家交流机会。

（4）信息渠道：优先获取学术信息，增加信息获取渠道。

（5）学术话语权：增加学术话语机会和重大活动的机会，具有话语权和建议权。

6. 编辑委员职责

（1）落实办刊方针和办刊宗旨。

（2）选题与组稿，组织推荐优秀稿件。

（3）重视期刊建设，发现问题和提出改进意见，书面或口头建议。

（4）承担同行评审责任。

（5）承担学术导向，引导学术潮流，撰写评论文章、编者按等。

（6）发现和培养和优秀人才，推荐优秀编辑委员或审稿专家。

（7）策划组织专题研讨会议，策划组织重点选题等。

（8）开展学术争鸣与评论，促进学术民主。

7. 编辑委员权益

（1）编辑委员自愿性：医学期刊聘任编辑委员应征询专家意见，保证其自愿的权益，避免违背专家意愿。

（2）尊重编辑委员话语权：要保证编辑委员

通过各种形式反映对期刊学术质量和发展的话语权利。例如，在出席编辑委员工作会议和其他会议时，保证其发表意见和建议，并对意见和建议的采纳情况或结果予以回复。

（3）编审决策建议权：要保证编辑委员具有发表意见和建议的权利，特别对重大学术决定应具有表决权。

（4）稿件编辑决策权：出席编辑部定稿会或稿件终审会议，对稿件的质量和取舍具有建议权。

（5）发表优先权：编辑委员在本刊发表科研论文在标准和条件具备的情况下具有优先权。

（6）学术评论优先权，发表评论性文章。例如，短评、述评、编者按等具有优先发表的权利。

（7）享受期刊赠阅权：编辑部优先免费赠阅期刊全套杂志。

8. 编辑委员义务

（1）保密义务：有编辑委员的评审伦理道德，为作者研究工作保密，维护作者的合法权益。

（2）宣传义务：向国内外宣传期刊。

（3）荣誉维护义务：维护期刊声誉和影响力。

（4）推广义务：宣传和组织订阅期刊。

（5）推荐义务：为编辑部推荐优秀稿件、优秀选题、推荐人才、推荐广告产品。

9. 编辑委员任务

（1）学术把关任务：保证期刊的学术质量，反映学科最新进展和水平，担负论文稿件的同行评议，按时和要求及时评审任务。

（2）学术引导任务：引导学术潮流，促进医学科技学术进步。

（3）学术咨询任务：编者、读者、作者、社团、政府等重大事件的咨询。

（4）答疑解惑任务：编者、读者、作者、患者的书面解答或口头解惑。

（5）领衔组织任务：积极选题，组织专题会、研讨会、组稿会议、审定稿会议、主持会议。

（6）选题组稿任务。

（7）继续教育任务：继续教育培训授课、撰写专题讲座、普及新技术、新方法。

（8）对外交流任务：利用学科和学术优势，借助参加国际学术技术交流之际，促进期刊国际联系与交流。

（9）其他：宣传订阅任务。

10. 编辑委员会工作方法和内容

（1）交流与会议平台：编辑委员会工作会议、专题学术会议、专题座谈会。

（2）面对面：出席和参与会议提出建议和意见，登门提出建议或邮件及书面提出建议和意见。

（3）双向沟通：沟通无极限，编辑部与编辑委员，编辑委员与编辑部相互沟通。

（4）通信法：通过网络、电子邮件、通信手段、《编辑委员通讯》等。

（5）书面方法：包括书面递交建议、公开发表评论或建议。

（6）决策咨询：主动参与学术咨询，政策咨询、专业咨询和提供咨询意见。

11. 编辑委员选题组稿

（1）选题原则：超前性与前瞻性、必要性与可行性、先进性与实用性、思想性与导向性、创新性与实用性。

（2）组稿选题内容：本学科热点难点课题、临床急需课题、学科前沿课题、临床新技术、新理论、新方法普及课题、学术导向课题、突发重大公共卫生和医学事件等。

二、医学期刊专业评审组

在医学期刊中，中华医学会系列杂志一般都设有专业评审组。这也是比较重要的学术治理的学术共同体组织，它具有松散性，但作为医学期刊的集体同行评审和学术治理结构中的重要环节，对医学期刊的学术质量发挥着重要作用。

1. **医学期刊专业评审组的设置** 医学期刊专业评审组设置数量按本刊所涉及专业数量而定，一般每一个重要专业领域都设置专业评审组，做到学科专业全覆盖。每一个专业评审组设组长和副组长及成员若干名；其评审专家成员尽量保持相对稳定，但也可以随时调整补充，尽量能保持年内相对稳定性。

2. **专业评审组组长** 医学期刊专业评审组的组长或副组长，尽量由本刊编辑委员会的副总编辑或编辑委员担任，其主要责任是负责主持定稿会，对编辑部提交的经过同行专家评审通过的稿件或具有争议的稿件实施集体审定。

3. **专业评审组成员** 医学期刊专业评审组成

员可由本刊编辑委员或其他审稿专家组成，但必须是本专业学术造诣比较深、在本专业具有一定知名度和学术影响力的专家；视情况需要也可以设置医学统计学或临床流行病学专家，以利于对涉及复杂科研设计或医学统计学方法其科学性与合理性实施把关。专业评审组成员数量一般在5～10名，其成员尽量保持相对稳定，这样比较熟悉评审流程和审定稿件的要求。

专业编审组成员名单，应在每期杂志显著位置列名刊登，以示对评审专家所做贡献的尊重与肯定，并具有显示其权威性和负责性的意义。

4. 专业编审组的任务

（1）审定编辑部提交的并经过两位以上同行专家评审（二审）基本意见同意发表的稿件，再实施同行专家群体审定，评审会议上要对每一篇稿件逐一审定，当然可以对二审同行专家评审意见提出质疑、讨论或否定意见。

（2）对提交评审会议的稿件经过集体审议和讨论，形成共识，并提出进一步完善、补充和修改的建议；对具有重要意义和背景的重要学术观点或重大研究成果等，会议指派专家撰写编者按、短评或述评等。

（3）重点讨论审定具有争议性的科研论文或学术观点。

（4）审定或讨论编辑部提交的重要选题、编辑策划项目等。

（5）对已审定发表稿件，需要配发短评、述评或编者按的文章，负责指定相关专家撰写评论性文章。

三、医学期刊审稿专家队伍

医学期刊编辑实践证明，在科研论文同行评审中，仅靠编辑委员会成员是远远不够的，必须建设雄厚的专业和研究方向齐全的审稿专家队伍，以保证医学期刊同行评审的效率和质量。

1. 审稿专家队伍建设　医学期刊的审稿专家队伍，实际上就是同行评审或同行评议专家队伍，其数量可以相对较多，但要尽可能涵盖期刊所有涉及的专业领域、亚专业或研究方向，并应具有相关交叉领域的专家，其审稿专家队伍要具有完善的专业结构和年龄结构，但尽量以中青年为主，以利于从中发现人才和培养人才，通过医学期刊平台推出优秀人才。审稿专家队伍具有松散性，但期刊编辑部要聘任专家为审稿专家，就应发放聘书，以显示其关系的依存性，并将稿件尽可能送这些审稿专家评审，以保证其相互联系和交流。

2. 审稿专家的任务　医学期刊的审稿专家其主要任务是承担同行评审或同行评议任务，接受期刊编辑部送审的稿件，并按编辑部时间要求完成评审任务。也可应邀参与期刊其他学术活动、评审项目、专家委员会、列席编辑委员会工作会议等。

3. 审稿专家的责任或义务　医学期刊的同行评审专家具有社会性和义务性，评审稿件的酬劳甚微，是对学术事业和期刊的无私奉献。因此，应遵循自愿的原则。但既然同意承担期刊稿件评审任务，就理应承担应有的社会责任和义务。

（1）认真负责、保证质量：对送审稿件要认真审阅，避免草率行事，按照期刊稿件录用标准，对其科学性、创新性、实用性、真实性进行权衡，特别是在科研论文的实验设计、医学统计学方法、偏倚因素控制的合理性与科学性上进行推敲和斟酌，分析其结果和结论可行性与可靠性。在撰写审稿意见时，尽量避免和忌讳简单地"同意发表"或"退稿"的审评结论了事，要尽量简要说明文章的意义和缺陷，建议补充和修改的内容，同意发表或退稿都应具有一定依据。

（2）缩短时滞、按时评审：对于编辑部送审稿件，专家若由于客观原因不能按时完成评审，应及时告知或退回编辑部，避免时滞过长，影响文章流程周期。避免稿件积压时间过长，甚至影响其发表周期。对于送审稿件其研究内容非本专业领域或不熟悉，对其研究难以准确把握时，应及时告知或退回编辑部，也可以推荐相应专家评审，尽量避免评审不熟悉的专业稿件，以避免发生审稿偏倚。

（3）严于律己、遵守规范：审稿专家应恪守学术伦理道德，注意保护作者或研究者的合法权益，在未公开发表前，要为作者的研究工作保密，尤其忌讳因被评审稿件研究内容与自己研究课题相同或具有竞争性时，审稿者应恪守科学精神和学术道德，避免主观压制或袭用其科研思路等学术不端行为。

四、医学期刊专题委员会或专家委员会

在医学期刊编辑实践和学术活动中，为促进期刊的品牌影响力和期刊学术质量，经常组织专题学术研讨会、学术论坛、专题组稿会、专题论证会、研究课题、学术协作项目、临床指南或专家共识制订等期刊学术活动项目，为保证这些学术活动项目的质量和公正性，根据实际可设置临时性专家委员会或专题委员会等，这些临时性专家委员会也具有同行专家评议的组织形式。因此，也具有医学期刊学术治理结构系统的性质，对期刊学术活动项目的质量控制具有重要作用。

1. 专家委员会　对于医学期刊召开专题学术研讨、学术论坛、专题论证会等，可设立专家委员会，其成员和规模应根据实际需要而定，尽量吸纳期刊编辑委员和相关专业领域的专家参与。专家委员会的性质具有临时性，但也具有学术共同体的特征与功能。专家委员会的主要任务：参与学术活动项目的学术治理、会议来稿的同行评审、学术活动的组织、学术报告的主持、学术纪要的起草等工作。

2. 专题委员会　专题委员会与专家委员会的区别不大，但专家委员会特点一般都是同行专家；而专题委员会最大的区别是为了专题项目的顺利完成和组织协调，可以有非专业人员。比如，管理者、领导者或其他行政人员。医学期刊的专题项目活动常见于临床科研协作项目、招投标项目、重大活动项目等。专题委员会的主要任务：参与专题项目的质量治理、组织协调、质量评价评审等工作，其性质也具有临时性和期刊学术治理结构的组织形式，其中心任务都是参与期刊学术治理，保证医学期刊的全面质量控制。

3. 临床指南专家委员　医学期刊在领衔组织专家制订临床指南或专家共识一般要设立专家委员会，这是根据学科或专业需要，领衔组织专家起草临床指南或专家共识，以规范和指导临床、科研实践，促进相应专业领域的规范化与科学化发展。因为这类学术文件具有很强的指导性和导向性，因此参与制订的专家一般为同行专家，并在本专业领域具有学术优势地位或领衔作用，是本专业领域的技术或学术带头人，而且具有较强的权威性和专业知名度及学术影响力。专家委员会具有学术共同体的性质，一般为临时性，是医学期刊学术治理和学术质量控制的重要组织形式。临床各专业指南及专家共识由于是学术或技术指导性学术文件，因此医学专家个体制订或个体署名公布发表都缺乏其权威性，应经过专家委员会群体同行专家的反复讨论、斟酌和修改，最后形成同行专家集体智慧成果，并应当以学术共同体的名誉公布发表。如学术团体、某学会、专家委员会等。为体现参与专家所做贡献，同时体现其权威性，可在文后以贡献大小依次列出执笔起草专家、领衔专家或专家委员会主任、成员等名字。

第三节　医学期刊学术治理的基本程序设计

医学期刊要保证其学术治理的公正性和相互制约性，就必须建立和完善期刊学术治理的程序化设计，也就是制订和设计必要的编辑出版流程，包括评价或评审流程和编辑出版流程，当然，这两个流程是紧密衔接的，具有极强的连续性（图18-2）。

1. 论文稿件的评审流程　评审流程设计和实施的目的是保证学术质量，体现评审的程序化设计，实施有效的学术质量控制和相互制约性，充分展现评审过程的严谨性和公正性。

医学期刊审稿基本流程：稿件注册→初审→外审→终审。稿件评审的程序化或流程化设计，是科研论文在学术期刊发表必须要走的流程或程序。当然，在评审流程中，各个环节或阶段都具有不同的操作和规范化要求，使稿件评审既具有程序性，又具有程序化的相互约束性，以保证稿件评审的科学性、公正性和程序化。这一流程评审的重点是学术质量评价和学术把关。

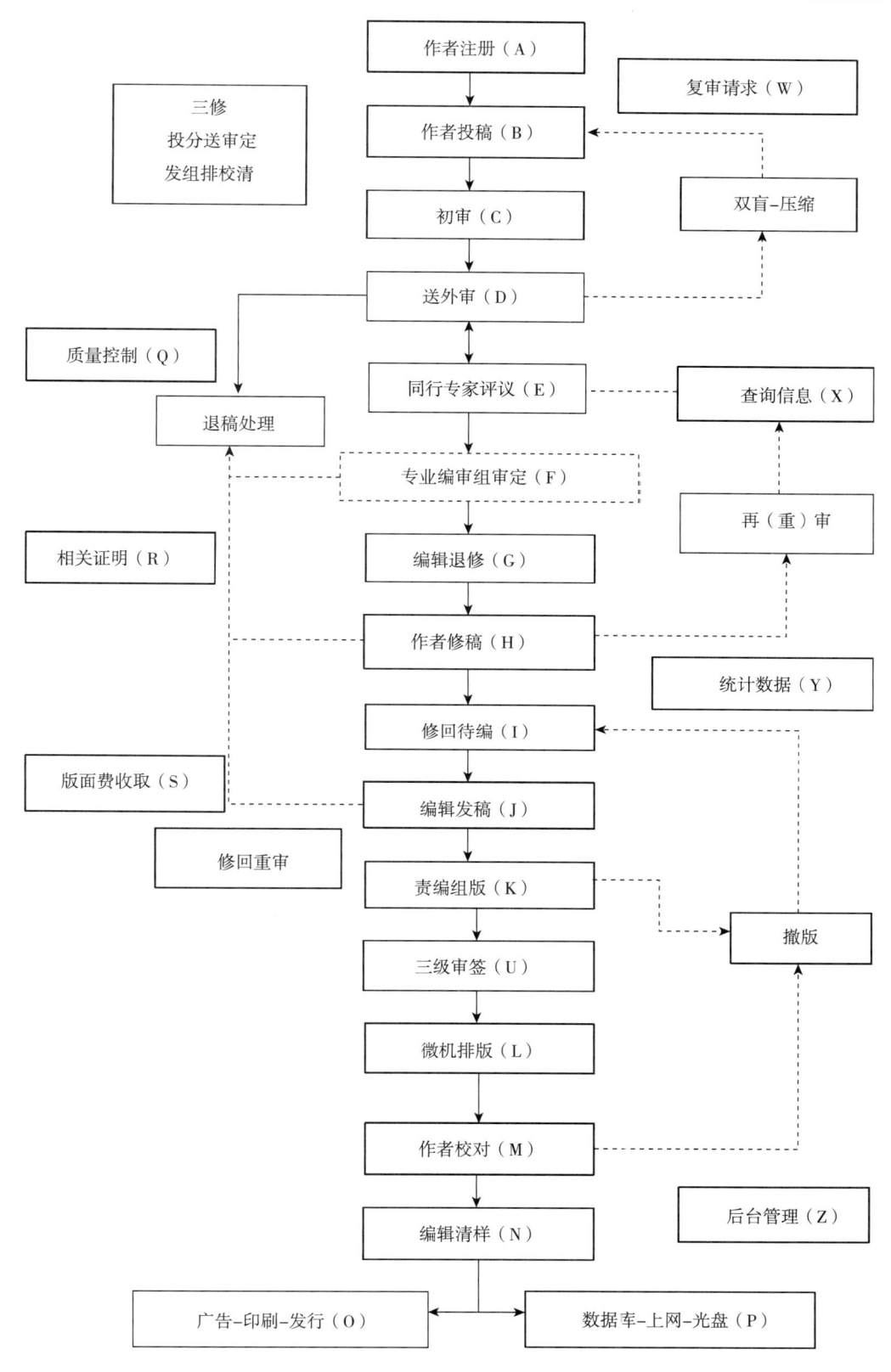

图 18-2　医学期刊审稿流程与编辑出版流程治理结构

虚框为可选流程，实线为主要流程，虚线为可能出现流程，单箭为单向流程，双箭为双向流程。
O、P 为稿件处理后续流程，元数据化后可以同步进行；Q、R、S 为刊检质控、证明文书、费用结算
W、X、Y、Z 为全程独立共享功能：交流、查询、统计、后台

2. 医学期刊的编辑流程设计　如果稿件的评审流程是第一流程，那么，编辑出版流程就算是第二流程。其实这两个流程在整个医学期刊编辑出版活动中是连续的，也是难以分开的联系化程序，只是具有不同的侧重点和任务。

医学期刊编辑程序化或流程设计：稿件退修→编辑加工（责任编辑）→当期责任编辑→编辑部主任→分管社长→总编辑。在这一流程中，虽然各个环节具有不同的编辑角色要求和重点任务，但稿件的学术质量和编辑质量是各个环节都必须关注的问题，也就是说，期刊质量是编辑流程全流程控制或制约的重点，这就是医学期刊学术治理结构中的特点之一。

3. 医学期刊出版流程　审稿流程和编辑流程走下来，则进入出版流程。医学期刊出版流程的主要任务和责任是要保证校对质量和出版印刷质量，这也是期刊整体质量不可忽视的重要环节。

医学期刊出版流程设计：组版发稿→微机排版→一校样（同时送作者校对）→二校样→三校样→清样（核红）→拼版→出样刊→印刷→发行。

这种出版流程设计也因刊而异，特别是网络化和数字化在期刊编辑出版领域的应用和普及，其编辑出版流程设计也发生变化，应根据期刊实际需要实施编辑出版流程再造。

第四节　医学期刊学术治理结构的运行机制

医学期刊学术治理结构单纯靠学术治理的组织构架形式、编辑出版程序或流程设计还是不够的，要保证组织构架和编辑出版流程发挥应有的效能，还必须建立和完善运行保障机制和制度安排，使各个环节涉及的角色都明确自己的应承担的责任和义务，以保证其系统运行环节的有序、高效和正常运行。

一、作者的责任与义务

作者并非单纯投稿和发表研究成果如此简单，作者既具有发表研究成果的权利，同时也应了解作者的责任与义务，在投稿前要了解所投期刊的相关要求，期刊编辑部也应在期刊发布相关要求供作者投稿时了解和遵循，以保证顺利投稿和发表。

1. 稿约声明　稿约是指期刊编辑部向投稿人声明刊物性质、栏目设置情况、主要学科报道内容、对稿件的要求和投稿的注意事项等，向投稿作者事先声明和说明性的文件。既是对作者投稿相关要求的声明，也是告知作者责任和义务的公告。其内容一般有期刊的办刊方针和宗旨、期刊的性质、栏目设置和期刊的一般情况介绍等。

（1）对来稿的要求：对论文稿件创新性、科学性、导向性、实用性要求，对各类稿件文字、字数、图表、规范性、名词术语、统计学符号、法定计量单位、数字用法、数字出版信息、参考文献著录格式、临床试验注册号、临床研究设计方法、医学统计学分析方法、医学伦理问题及知情同意、保密问题、作者资格和署名要求、基金资助项目要求、投稿方式等。

（2）对论文稿件撰写要求：对评论类、原始研究（论著）类、综述类、描述性研究文章、临床医学指南和专家共识、读者来信、会议纪要、消息等不同类型稿件的撰写规范与要求。

（3）审稿：向作者告知或说明实行的审稿制度、审稿方法、稿件处理程序、稿件录取标准和要求、作者申请复议、申述重审和回避等要求情况。

（4）稿件处理时限要求：应说明和告知作者期刊稿件处理时限、作者投他刊的要求、申请"快速通道"发表稿件的要求和标准等情况。

（5）对著作权事项的相关要求和说明：提醒和说明作者对来稿的真实性及科学性负责、依照《著作权法》有关规定本刊可对来稿具有文字修改和删节权利（征询作者意见）、对退修稿的要求和处理、签署授权书、收取版面费标准和收取方法、支付稿酬标准和支付方法、赠阅样刊等向作者声明清楚。

（6）其他：向作者说明投稿方式、投稿地址、编辑部地址、各种联系方式等。

2. 遵守学术伦理道德规范　应通过各种形式，向作者申明和告知应遵守的学术伦理道德规范要求，自觉抵制学术不端行为。如抄袭、一稿多投、一稿多发、署名不端、伪造数据、同行评议诈欺、不披露利益冲突等情况，应宣传和提醒作者遵守"五不准"原则：不准由"第三方"代写论文、不准由"第三方"代投论文、不准由"第三方"对论文内容进行修改、不准提供虚假同行评审人信息、不准违反论文署名规范。

3. 学术不端行为处理 应通过期刊或其他渠道告知作者学术不端行为现象和界定以及标准，期刊对学术不端行为的处理措施和作者应承担的责任。

二、编者责任制度

任何社会角色都具有角色责任，医学期刊的编辑出版人员也不例外，在医学期刊学术治理结构的各个环节上都承担者相应责任；在期刊学术治理结构中，各自明确的责任与义务，是保证学术治理结构发挥应有效能的基础。编者包括编辑、编辑部主任、总编辑/主编、副总编辑/副主编、编辑委员会、同行评审专家等都属于编者范畴。因此，都应明细各自的角色要求和责任。

1. 编辑责任的制订 编辑部的专职编辑在整个期刊学术治理结构和辑出版流程中居于重要位置，其明确的职责和岗位职责是保证期刊学术治理结构运行效果的重要因素。因此，应制订和完善不同岗位和不同分工的编辑职责和岗位责任，以保证其角色作用和角色地位功能的充分发挥。

2. 编辑部主任责任的制订 编辑部主任在期刊学术治理结构中居于枢纽地位和作用，具有纵向与横向联合、协调、调度、沟通、控制、总体设计、总体策划、总体布局、编辑决策等功能，具有重要的角色功能和角色作用。因此，制订和明确完善的编辑部主任的岗位职责和责任，是保证医学期刊学术治理结构功能和效果发挥的重要前提，理应强化编辑部主任的功能作用和责任意识，以保证医学期刊学术治理结构系统运行效果的最优化。

3. 总编辑和副总编辑责任的制订 医学期刊的总编辑或主编，在医学期刊学术治理结构中居于学术引领和学术总体把关的重要职能和作用，是医学期刊学术导向和学术引领、总体学术设计、总体学术质量控制的驾驭者。因此，制订和完善总编辑职责和岗位责任，清楚总编辑岗位的角色地位和角色功能，充分发挥总编辑在医学期刊学术治理结构中的位置和责任，是有效发挥医学期刊学术治理结构功能和效果的关键环节和基础。

4. 编辑委员责任的制订 在医学期刊学术治理结构中，编辑委员扮演着重要的角色功能，但是在医学期刊的编辑委员中，在某种程度上绝大部分编辑委员并不清楚编辑委员的责任和义务，并非清楚编辑委员的职责和义务，因为很少有医学期刊编辑部能制订、完善和明晰的编辑委员职责和编辑委员义务通告编辑委员，一般多制订或下发一个"审稿通则"或"编辑委员通则"了事，这显然片面地把编辑委员视为单纯审稿人，其编辑委员的角色地位和角色功能并未充分意识到或充分发挥。其实编辑委员在医学期刊的学术治理结构中居于重要地位，对医学期刊的全面发展、学术质量控制、学术咨询、学术引导、学术选题、学术评价、学术策划、学术组织、学术交流等，都具有重要的角色作用和角色意义。因此，制订、完善和明晰编辑委员责任，发挥编辑委员在医学期刊学术治理结构中的重要作用，是保证学术治理结构功能发挥的重要前提。

5. 审稿专家责任的制订 审稿专家，即同行评议专家，因更具松散性，因而其责任和义务更多被忽略。但从医学期刊学术治理结构和编辑出版流程控制系统中可见，同行评议专家在医学期刊学术治理结构中具有重要功能，是期刊学术质量的重要把关者，学术期刊的同行评议原则是国际医学期刊普遍认可和坚守的原则。因此，制订和完善同行评议专家的职责和义务，对医学期刊学术治理结枃功能的发挥具有基础意义。

三、编辑约束性制度与规范

在医学期刊学术治理结构功能的发挥中，仅靠人的主观因素及其职责的是不够的，还必须指定和完善相应约束性制度和编辑出版规范，为医学期刊学术治理结构功能的发挥提供制度保证。

1. 编辑出版制度的制订 编辑出版制度一般是指要求编辑出版人员共同遵守的工作规程或行动准则，在不同的行业不同的部门不同的岗位都有其具体的行为准则，其目的都是保证医学期刊编辑出版按要求和规范达到预计目标。因此，为保证医学期刊学术治理结构和编辑出版治理流程的惯性运行或正常运行，必须根据其各个运行环节制订相应的制度作为约束机制，以确保学术治理结构和编辑出版流程运行效果的最优化。如制订同行评议审稿制度、"三审五定"制度、审读制度、快速通道制度等。

2.编辑出版规范的制订　编辑出版规范是指明文规定或约定俗成的标准。如医学期刊编排规范、医学科研论文撰写规范、参考文献标引规范、编辑道德规范、编辑技术规范、出版印刷规范等。在医学期刊学术治理结构和编辑出版流程中，根据其实际需要，制订相应的行为规范和编辑出版规范。

3.编辑出版标准　编辑出版标准主要指科技期刊相关行业标准和国家标准及相应法规，这些标准是医学期刊学术治理结构和编辑出版流程治理机构的各个环节必须遵守的行业标准，也是保证医学期刊编辑出版规范化的重要保证。

第 19 章　医学期刊编辑出版基本规范

医学编辑与医学期刊出版规范，是保证编辑质量和出版质量的重要措施，是在遵循国家相应编辑出版标准的同时，兼顾医学出版物的特点和特殊性，遵循既定成俗的医学编辑和出版行为规范要求。因此，编辑出版规范不同学科领域的科技学术期刊具有不同的特色和编辑出版规范要求，医学期刊编辑出版规范也不例外。所谓编辑规范是指符合逻辑、客观、真实、全面、完整、准确、及时和达标。如道德规范、技术规范、操作规范等，按照国家标准（GB）规定和规范要求实施操作，做到规范统一，使医学期刊或医学出版物编辑与出版行为和编辑出版活动达到国家标准规定或相应医学出版物规范要求。

第一节　医学编辑出版基本规范概述

医学编辑出版规范：规，即尺度；范，即模具；规范，泛指对物料的约束器具。对某项作业或行为实施定性的信息规定，其主要是对无法精准定量而形成的标准，是既定成俗的标准化要求，称之为规范。规范，现今拓展为对思维和行为的约束力量。如除了法律、规章制度、纪律外，伦理规范、行为规范、职业规范、学说、理论和数学模式也具有规范性质。规范是一种群体或专业领域所确定的行为准则，可以由学术组织、编辑出版机构根据具体实际情况制订相应规范，以保证医学编辑出版的规范化和质量。

医学期刊编辑出版规范，是保证医学期刊编辑出版规范化和编辑出版质量的重要因素；只有遵循相关国家标准（GB），根据不同专业期刊特点，制订相应的编辑出版规范，才能实现医学编辑出版的标准化和规范化，促进医学编辑出版事业的健康发展。

医学编辑出版规范首先应遵循相应GB标准，在此基础上，不断完善医学期刊编辑出版规范，使其更加符合医学期刊编辑出版实际和学科特色，充分体现出医学期刊的差异化。在医学编辑出版领域应遵循的相应GB如下。

1. GB/T 1.1—2009 标准化工作导则：标准编写的基本要求。

2. GB/T 3179—2009 科学技术期刊编排格式。

3. GB 9999—2001 中国标准连续出版物号。

4. GB/T 16828—1997 中国标准刊号（ISSN部分）条码。

5. GB 788—1987 图书杂志开本及其幅面尺寸。

6. GB 3259—1992 中文书刊刊名汉语拼音拼写法。

7. GB 11668—1989 图书和其他出版物的书脊规则。

8. GB/T 16159—2012 汉语拼音正词法基本规则。

9. GB/T 13417—2009 期刊目次表。

10. GB 3469—1983 文献类型与文献载体代码。

11. GB 6447—1986 文摘编写规则。

12. GB/T 3860—1995 文献叙词标引规则。

13. GB/T 3860—2009 文献主题词标引规则。

14. GB 7713—1987 科学技术报告、学位论文和学术论文的编写格式。

15. GB 3100—3102—1993 量和单位。

16. GB/T 8170—2008 数值修约规则。

17. GB/T 7408—2005 数据元和交换格式、信息交换、日期和时间表示法。

18. GB/T 15835—2011 出版物上数字用法。

19. GB/T 3358.2—2009/ISO 3534—2：2006

311

统计学词汇及符号。

20. GB/T 16751.2—2021 中医临床诊疗术语。

21. GB/T 16751.2—2021 中医诊疗术语：证候部分。

22. GB/T 16751.3—1997 中医诊疗术语：治法部分。

23. GB/T 12346—2021 经穴名称与定位。

24. GB/T 13734—2008 耳穴名称与部位。

25. GB/T 7714—2015 信息与文献参考文献著录规则。

26. GB/T 15834—2021 标点符号用法。

27. 国家质量监督检验检疫总局，国家标准化委员会. 中国人名汉语拼音字母拼写规则. 2011-10-31。

28. 中国地名委员会、中国文字改革委员会、国家测绘局. 中国地名汉语拼音字母拼写规则. 1984-12-25。

29. 中华人民共和国法定计量单位。1984-02-27。

30. 国家计量局. 中华人民共和国法定计量单位使用方法。1984-06-59。

31. 国家新闻出版署、国家语言文字工作委员会. 出版物汉字使用管理规定. 1992-07-07。

32. 国家新闻出版署新出字 [1993]1070 号. 关于在出版物上全面推广使用条码的通知. 1993-08-09。

33. CY/T 35-2001 科学文献章节编号方法。

34. 国务院令第 594 号. 出版管理条例. 2011-03-10。

35. 国家新闻出版署令（2005）第 31 号. 期刊出版管理规定. 2005-09-30。

36. ISO 690：1987 Information and documentation-Bibliographic refereences-Content，form and structure.2002-08-15（更新）。

37. ISO 690-2 Information and documentation-Bibliographic refereences-Part2：Electronic documents or parts thereof.2002-08-22（更新）。

38. International Committee of Medical Journal Editors.Uniform Requirements for Manuscripts Submitted to Biomedical Journals：Writing and Editing for Biomedical Publication.2006-02。

39. ISO 4：1997 Information and documentaion：rules for the abbreviation of title words and titls of publications.2002-04-02（更新）。

第二节　医学期刊编辑加工基本规范

医学期刊稿件的编辑加工修改和规范化，是在同行评议和评审程序完成后决定录用待发表的论文稿件，在发表前由责任编辑对文稿进行编辑加工、修改和规范化，以利于达到本刊发表的要求。文稿的编辑加工修改阶段，是非常重要的对文稿进一步完善、修改和规范的流程阶段，也是不可缺少的环节。应该说，没有一篇文稿是不需要编辑加工和修改的，编辑不仅对论文稿件实施科学性、逻辑性、结构性、实验数据、参考文献、文字表述的准确性、规范性进行推敲和修改完善外，还要对医学名词、统计学符号、计量单位、文字、标点符号、作者署名、基金项目、作者单位等要素的等规范性实施推敲或修改完善，以达到期刊发表的要求。

一、医学期刊编辑加工的基本原则

医学编辑要保证文稿达到发表的规范要求，就必须坚持正确的稿件编辑修改加工的基本程序和基本原则，避免其基本环节的缺失，而忽略或遗漏相应编辑规范要求。

1. 阅读全文与评审意见　编辑在下笔修改加工稿件之前，要认真阅读所有同行专家评审意见、作者的来往信件，特别是编辑要阅读稿件全文，全面把握文稿存在的缺陷、专家提出的修改意见和全文的规范化缺陷，以利于有重点和有步骤地实施编辑加工和修改。特别是对文中的重要部分要精读和斟酌，全面驾驭文稿的加工重点和意向方可动笔修改。

2. 把握研究主体与客体、实施准确修改完善　编辑要准确理解本研究文稿课题的研究主体、客体、主要研究目的和结果结论，尤其是对文章标题的修改和提炼，要把握这些要素，才能准确提炼和修改文章标题。对于拿不准的尽量慎重修改，而且对重大修改和原意的修改，编辑修改后或在发表前应征询作者意见，待其认可后再发表。对于存在某些缺陷或资料交代不全的研究论文，编辑可提出修改意见，返给作者补充修改。

3. 编辑规范化修改　对待发表文稿的规范化修改是编辑加工的重要内容。一般来说，作者撰写的研究论文稿件从形式上很难达到期刊发表要求的规范化格式。因此，这就需要编辑根据期刊稿约要求、各要素的规范化格式和各项规定实施规范化加工完善，以确保达到期刊发表的规范要求和统一规范格式。

4. 规范化与风格兼容　编辑要尊重作者原著内容与撰写风格，做到规范化与个性风格的兼容，对于文章中论点、论据、结果、结论和观点，编辑尽量不随意修改，对可能存在明显缺陷或欠妥的，应提出建议给作者斟酌和推敲。对于文稿结构的重新调整和安排及相关内容的增删，都属于重要修改，必须与作者沟通商讨，由作者决定或认可方可修改发表。

5. 增删修改与认可原则　对于文稿表达或叙述欠准确，以及个别与研究主题无关或过于累赘的段落删减和修改，应征得作者同意或请作者重新提供修改稿。修改稿应以 1.5 倍或 2 倍行距单面打印，同时附上修改稿 U 盘或电子邮件发回编辑部。

二、文稿内容的编辑加工

1. 文稿内容加工重点　编辑对文稿内容的斟酌、推敲和编辑加工是重点，包括对文稿内容的科学性、真实性、准确性、文稿结构、资料完整性、研究目的、研究对象、研究结果和研究结论的可靠性与逻辑性、文稿表达的逻辑性和名词术语的规范性、文字表达的准确性、文字的精简与修改、数据和参考文献的核对、统计学分析的审核、名词和表述的规范统一性、法定计量单位应用的规范性，编排格式的规范化和标准化修改等。

2. 文字斟酌与推敲　编辑应对文稿实施斟酌和推敲，使其表达更准确和严谨、通顺流畅、避免前后重复和矛盾、语义含混和导致歧义等。文字修改不要在原字上修改，应将原错字或段落圈掉，然后在其上方或左右侧写出加入的文字并画线引入。添加字句可写在其上方的空行间或当页左右和上下侧的空白处且画线引入。删除原稿中的字句，可以用横线或方块划掉，但应保持被删除的部分仍然清晰可见，切忌用墨笔涂掉。修改电子版文稿应该用相关标记格式。注意改正错别字和自造简化字；简化字应以《简化字总表（1986年版）》为准。对有关汉字的字形、字音及释义等，应以新版《新华字典》为准。

3. 文内插图与表格核对　编辑应注意文稿插图和表格与正文的核对，插图的基本要素和表格基本要素及数据的准确性，表达与描述的规范性，以力求准确、规范、完整和一致性。

4. 图表和参考文献修改　编辑在删改正文、图表和参考文献后，应注意重新调整文章结构序号、图号、表号和参考文献序号。对正文内半字线、一字线、破折号、罗马数字、外文种类、大小写、公式、算式、特殊符号、角码、字体、文献号、上角码和下角码等，都应做相应核实和必要的修正与标注，以保证文稿的严谨性和规范性。

三、文稿标题的提炼与编辑加工

1. 文稿题名的基本要求　文稿题名或标题，应以简洁准确的词语反映文稿中最重要的特定内容和创新亮点。文稿标题一般使用能够充分反映研究论文主题内容的短语，可以不具有主、谓、宾结构的完整语句，标题中尽量不用标点符号和缩写词。中文标题一般不超过 20 个汉字；学术研究性论文一般不用副标题；确有必要时，推荐用冒号将副标题与主标题分开或应用与主标题字体、字号不同的文字排印副标题，以示区别。采用后一种编排格式时，在目次表中主标题与副标题用冒号隔开。

2. 文稿题名与关键词　文稿标题的制作和组词，应含有和有助于选定关键词和编制目录、索引应用等因素；应尽量避免使用非公知公认的缩略语、字符、代号等，也不应将原形词和缩略语同时制作标题。标题中的外文人名应用原文。

3. 文稿相对独立成篇 对有的作者在一个大题目下撰写多篇文稿，每篇加副标题。遇到此种情况，编辑应建议作者分别改写为独立成篇。若一篇文稿很长，需要连载，应当于连载时在标题后注明"（续）""（续一）""（续二）"，并应在连载的各部分结尾处注"（未完待续）"，最后部分结尾处注"（完）"。

4. 英文与中文的一致性 英文标题应与中文标题含义一致。

四、作者署名与工作单位规范

1. 作者署名权益 文稿作者署名是基本权利，但要成为作者，需要具备相应条件才能构成作者。作者是指直接参与选题、科研设计、实验研究、观察分析、资料收集与分析，能够解释或参与撰写文稿关键内容，能够对文稿内容负责与解释，且同意文稿发表者，才可能成为署名作者。来稿决定刊用后，应请全体作者在《论文著作权转让协议》上逐一签名，将论文专有使用权授予主办单位。

2. 作者排序的规范要求 作者署名排序不分院所、科室，应统一按对文稿贡献大小的顺序排列在标题之下。作者排序应由全体作者讨论后投稿前确定，投稿后一般不得改动，编辑也不得自行改动作者顺序。推荐多位作者的署名之间用"，"隔开，以便于计算机自动切分。若作者系文稿的整理、执笔、综合者，其姓名一般放在文末且加括号。如"（×××整理）"。消息类文稿的作者署名也置于文末加括号。

3. 作者单位名称规范 作者单位名称应使用全称且具体到科室，避免用简称或不规范单位名称，包括所在省、自治区、城市名（省会城市可以略去省名）和邮政编码。凡以"中国人民解放军"开头的作者单位，"中国人民"字样可以省略（如解放军总医院第一医学中心外科、西部战区总医院临床检验中心）；西部战区总医院和军医大学名称可以进一步省略"解放军"字样。省会及著名城市（如大连、鞍山、大庆、齐齐哈尔、锦州、唐山、保定、包头、大同、青岛、开封、洛阳、徐州、延安、宁波、苏州、厦门、瑞金、深圳、桂林等）的医院和所有医学院校均不加省名。省、自治区等行政区划名要写全称。如"河北省大厂回族自治县人民医院外科""内蒙古自治区巴林左旗人民医院内科"，不应写成"河北省大厂县人民医院外科""内蒙古巴林左旗人民医院内科"。

4. 涉外合作研究署名规范 在医学课题涉外合作研究完成的研究论文，应与国外合作者共同署名，且应在文内注明其研究完成单位名称。国外作者署名其姓名和单位应标注原文。

5. 英文摘要作者署名标注规范 英文摘要中我国作者的姓名用汉语拼音字母标注；汉族作者姓名姓在前，复姓连写，全部大写；名在后，首字母大写，双名间加连字符；名不缩写，姓与名之间一字空。对于复姓或双名的汉语拼音音节界限易混淆者，应加隔音号"′"。少数民族作者姓名按照民族习惯，用汉语拼音字母音译转写，分连次序依民族习俗。我国香港、澳门、台湾地区作者姓名的书写方式应尊重其传统习惯。外国作者的姓名写法应遵从国际惯例。英文摘要中的作者单位著录应与中文保持一致性，并应在邮政编码处加注国名。

6. 署名作者基本规范 署名作者在2人以上（含2人）及以集体作者署名时，应注明通信作者；列出通信作者的工作单位（到科室）、所在省、自治区、城市名称和邮政编码，一般位于文章首页脚注处。为了便于读者联系，也可以列出通信作者的电话号码、传真和电子邮件地址。集体作者成员姓名可标注在文末；通信作者如变更工作单位，应注明其目前的联系方式。

五、中英文摘要书写规范

1. 中英文摘要意义与要求 中英文摘要的目的是便于中外读者阅读和获取信息，用最短的时间了解文稿的主要研究目的、方法、结果和结论，以利于引导读者阅读全文；同时也有利于国内外检索机构收录。对外发行的医学科技期刊可以编排外文（一般为英文）摘要；需要提供摘要的论文类型和摘要撰写格式应在期刊稿约中注明。摘要撰写格式和规范化，可随文章体裁不同而有差异；同类研究论文中英文摘要撰写格式应一致。摘要应重点反映研究中的创新内容和作者的独到观点；不必列出本学科已成为常识性的内容；也不要简单重复标题中已有的信息。

2. 结构式摘要基本规范　原始研究论著类文稿，其摘要内容应包括研究目的、研究方法、主要研究发现（包括关键性或主要的数据结果）和主要研究结论。目前，中文摘要一般用结构式摘要："目的（Objective）""方法（Methods）""结果（Results）""结论（Conclusions）"。对于临床试验研究论著，其结构式摘要的小标题也可以适当扩展。如"背景（Background）"交代或提供研究背景资料和研究目的，"方法"可以包括研究设计（Design）、附属机构（Setting）、患者或研究对象（Patients or participants）、干预措施（Interventions measures）、主要结果测定（Main outcome measures）等，"结论"包括研究最终结论、临床应用前景和优缺点等。

3. 综述类文稿摘要撰写规范　综述类文稿的摘要，应包括综述的主要目的、文献资料来源、综述时所选取的文献量和依据、数据提炼的规则和应用方法、数据综合得出的结果和结论。综述性文稿也可以采用结构式摘要：背景（Background）、数据来源（Data sources）、结果（Results）、结论（Conclusions），也可以撰写成为指示性摘要或报道指示性摘要。但无论采取何种摘要形式，都要坚持在同一卷期刊或年度内各期的一致性和统一性。

4. 文稿中摘要人称的应用规范　中文摘要一般使用第三人称撰写，不列图表，不引用参考文献，也不加评论。除了公知公认外，摘要中首次出现的缩略语、代号等，需要注明全称或加以说明。对新术语或尚无合适汉语译名的术语，可使用原文或在译名后括号注明原文。

5. 摘要字数要求　中文摘要一般控制在300～600字，英文摘要应与中文摘要内容原则上相对应，但考虑到国外读者的习惯需要，也可以在撰写英文摘要时适当详细些。

六、医学期刊关键词著录规范

1. 关键词著录要求　关键词是为了便于编制索引、检索和阅读需要而选取的能够反映文稿研究主题概念的词或词组。一般每一篇文稿选取2～5个关键词；中、英文关键词应一致。

2. 关键词选取方法　关键词应尽量从美国国立医学图书馆的 MeSH 数据库（http：/www.ncbi.nlm.nih.gov.entrez/query.fcgi? db=mesh）中选取，中文译名可参照中国医学科学院医学信息研究所编译的《医学主题词注释字顺表》。未被词表收录新的专业术语（自由词）可直接作为关键词使用，但建议排在最后。中医药关键词应从中国中医科学院中医药信息研究所编印的《中医药主题词表》中选取。

3. 关键词著录事项　在著录关键词时，要特别注意首标关键词的选用，因为该词应反映全文最主要的内容，切勿将副主题词当作关键词列出。尚未被词表收录的词（自由词），必要时作为关键词使用，但排序应在最后。

七、文稿正文主体部分的编辑规范

1. 正文格式与结构规范　文稿主体格式和结构，应根据文稿的内容和栏目，参照 GB 7713—1987《科学技术报告、学位论文和学术论文的编写格式》的基本规定编写排列，一般应分为前言（导语、引语）、研究对象与研究方法、结果、讨论四部分。

2. 前言（导语、引语）基本规范　主要概述研究或选题背景、目的、研究思路、理论依据、预期结果、主要发现和意义等。某些研究还应说明研究开始的年月，也应提供与研究主题紧密相关的参考文献。前言一般不涉及本研究中的数据或结论，也不可撰写成为摘要形式。未经检索，前言中切忌用"国内外未见报道"等字样，也不可以自我评价"达到××水平""填补××空白"等。前言一般不需要标题。

3. 研究对象与研究方法　研究方法中要描述研究对象（病例或实验动物，包括对照组）的选择、病例资料来源和基本情况，以及研究所采用的方法和观察指标。一般常用标题有材料与方法、对象与方法、资料与方法等；以患者或健康人为观察研究对象的一般用"对象与方法"；以实验动物或体外样本材料为研究对象的一般用"材料与方法"。

（1）临床试验研究：应说明试验程序，是否经过所在医院和科研院校（所）单位或地区医学伦理委员会相关机构的批准，研究对象（患者或健康人）或其家属是否知情同意，并签署了知情同意书。

（2）观察研究对象：为患者时，需要注明病例和对照者的来源、纳入标准或入组诊断标准（诊断金标准）情况等，必要时还应说明排除标准。临床随机对照研究应交代随机方法、干预方法设计和所采用的盲法。为实验动物时，需要注明动物来源、名称、种系、等级、数量、性别、年龄、体重、饲养条件和健康状况等。

（3）创新性研究方法：应详细说明"方法"的细节，以利于他人重复试验。改进方法应详细叙述其改进之处，并以引用文献的方式给出原方法的出处。原封不动使用他人的方法，应当以引用参考文献的方式给出方法的出处，无须再详细叙述。

（4）实验用药品或化学试剂：必须使用通用名称，并注明其剂量、法定剂量单位、纯度、批号、生产厂家和生产时间。如确需使用商品名时（如新药的临床试验研究），应在其通用名称后的括号内注明学名及生产厂家。以药材研究为主题的论文，应注明药材的拉丁学名、鉴定人姓名及工作单位。实验仪器、设备应注明名称、型号、规格、生产单位、精密度和误差范围等，无须描述工作原理。

（5）其他：应明确描述研究的科研设计名称和主要做法；调查设计应阐明是前瞻性、回顾性，还是横断面调查研究；实验设计应描述具体的设计类型，如属于自身配对设计、成组设计、交叉设计、析因设计或正交设计等；临床试验设计应说明属于第几期临床试验、采用了何种盲法措施或偏倚控制措施、受试对象的纳入标准（诊断金标准）和排除标准等。应阐明如何控制重要的非试验因素的干扰和影响。详细描述统计学处理方法及其选择依据，并说明所使用统计学分析软件。

4. 研究结果基本叙述规范 文稿研究结果的叙述要实事求是，以实验或试所得实际数据为主，数据真实明确，简洁明了，层次分明清晰，逻辑关系严谨，避免与讨论内容相混淆。若文稿有图表，正文无须复述其全部数据，只需要简述主要发现和重要数据即可。反之，若作者没有合理使用图表而文字描述篇幅过长且又难以描述清楚，则建议作者改用图表，以利于一目了然。编辑在修改加工文稿时，应认真核对正文和图表的数据，以利于达到准确无误和规范统一。作者应重点总结和分析主要研究数据和创新结果发现；以数据反映其结果时，不能只描述导数（如百分数），应同时给出具以计算导出的绝对数；一般应对所得数据进行统计学处理分析，并给出具体统计结果或结论，给出统计值和检验值。如 $t=2.36$；$P < 0.01$。

5. 医学科研论文讨论部分基本规范 研究论文稿件的讨论部分应重点讨论和分析本研究结果的创新发现，从中得出研究结论，包括理论意义、实际应用价值、局限性和对下一步研究的思路和启事。如果不能得出正确结论，也可通过讨论和分析提出设想、建议、改进意见和亟待解决的问题等。同时，应将本研究结果与其他相关研究相比较，并将本研究结论与目的联系起来加以讨论和分析；不必重复已在前言和结果部分叙述过的数据资料，也不要过多罗列参考文献，以避免做出不成熟的推断，讨论部分一般不再列图表讨论。

6. 文稿标题层次与编号规范

（1）文稿的标题层次和分级编号：是对本段和本条主题内容的高度概括，应简短明确。同一级别标题层次词组结构应尽可能相同，语气一致。标题层次不宜过多，一般不超过4级标题；同一期标题层次表达方式应统一规范。

（2）标题层级编号：标题层级的分级编号，应执行 CY/T 35—2001《科技文献的章节编号方法》，该标准要求科技文献章节的编号采用阿拉伯数字。科技文献的第1级层次为"章"，每一章下可以依次再分为若干连续的第2级层次"节"，还可以进一步细分为第3级、第4级层次的"节"。章、节约从1开始连续编号，节的编号只在所属章、节范围内连续。即采用 1，1.1，1.1.1，1.1.1.1.2，2.1.2……的方式进行章节编号。考虑到各医学期刊的原有习惯，各节内层次序号也可以用"分层排序法"，即按一、（一）、1、（1）顺序逐级标明，以示区别。在"一"等后要用顿号"、"，在"1"等后用圆点"."，带括号序号后不用标点。如果标题层次仅2层，序号可隔层使用，即第1层采用"一"系列，第2层采用"1."系列。

如果标题层次仅一层，可采用"1."系列，"一、"系列的标题后，一般不接正文，其余各层标题后均可接排正文。

（3）论著文稿的各节标题：论著文稿的"材料（对象）与方法""结果""讨论"各节标题，如果采用阿拉伯数字章节编号，各节标题加序号，左对齐排，宋体四号字，两行接排。"参考文献"前不加序号，左对齐，黑体五号字。如果按"分层排序法"，则各节标题位置居中，不加序号，凡是居中标题一律采用黑体字编排。采用短篇论著、简报类文稿均不采用居中分节标题，可加序号和标题分层或分段叙述。病例报告类文稿一般不设"病历摘要""病例报告"的标题。病例为1例时，直接以"患者"或"患儿"等开头，接排病历摘要内容。其病例多于1例时，分别用"1例""2例"（黑体字）……，后空一字距，不加冒号，接排病历摘要内容（白体字）。"讨论部分"也是黑体字，"讨论"字样后空一字，不加冒号，接排讨论内容。其他类型文稿的文内标题和序号，可参考以上基本规范实施编辑加工。

（4）文内接排的序号：可用圆括号"（1）"或圈码"①"。

八、文稿内表格的处理规范

1. 确定设置表格的必要性　编辑在加工表格前，首先要确定表格的必要性和取舍。文内表格的设置有助于简洁明了和直观地表达研究结果。若表格的内容很简单，用简洁的文字即可表达清楚，就没有必要设置表格，可以删去表格而用文字加以叙述即可。若用文字叙述过于烦琐，而且表达不清楚，用表格表达便于理解，则可建议作者选用表格处理。表格的内容不要与正文文字及插图内容过多重复，图表可以一目了然叙述清楚的，就不必再文字重复叙述。文内表格设计的原则是重点突出、简单明了、主谓分明、层次清晰、结构完整即可，表格的最大特点是应具有自明性。

2. 文稿表格设计的规范性　文稿内表格应按医学统计学制表原则进行设计，力求结构简洁。①横与纵标目间应具有逻辑上的主谓语关系，主语一般置于表的左侧，谓语一般置于表的右侧。医学期刊文内表格一般采用三线表，如果有合计行或表达统计学处理结果的行，则在该行上再加一条分界横线。②表格应具备序号和简明的表题，居中或齐左排印在表的上方，同一种期刊其体例应一致。表序一律使用阿拉伯数字依序编排。只有一张表格时应注明"表1"，且"表1"为黑体字。表的序号与表题之间至少留一个同类字符的空隙。表题反映了表的内容，必要时可说明资料的时间和地点。表题较长时应在语气停顿处转行。表题与表不得分排在两页上。③文内表格一般不设"备注"栏，若有需要说明的事项（如P值等），可在表内有关内容的右上角标出注释符号（建议以英文小写字母顺序标注），在表格底线的下方以相同的注释符号引出简练的文字注释说明。④表格中各栏应标明标目词，参数栏的标目词一般为量或测试项目及单位符号。若表格中所有参数的单位相同，可标注在表格右上方或表题之后（加括号）。各栏参数的单位不同，则应将单位符号加括号标注在各栏标目词后或下方，也可以在标目词与单位符号之间以"，"隔开。⑤表格中同一栏的数字必须以按位次上下对齐。若数值中有加减号（±）或起止号（～），则以"±"或"～"为中心对齐。因表内无竖线，文字与数值、数值与数值间至少留有一个六号字的间隙。⑥表格中不用"同上""同左"""等类似的词或符号，一律填入具体数字（包括0）或文字。若使用符号表示"未测"或"未发现"，应在表格底线的下方以简练文字加以注释。

3. 文稿表格标目的处理规范　医学论文表格主语横标目和谓语纵标目需要时均可分层；横标目分层时，应在横标目下缩一字排列；纵标目分层时，在两层标目之间加短横线。纵、横标目分层一般不超过两层，个别可至3层。

4. 文稿表格缩略语处理规范　文内表格中的量、单位、符号、缩略语等必须与正文一致。为保持表格的自明性，对表格中使用的缩略语应予以注释。

5. 文稿表格角码的标注规范　为便于排版和编辑掌握，表中注释用的角码符号一律采用单个右上角的形式，按英文字母小写形式顺序选用，如a、b、c、d……在表中依先后先纵后横的顺序依次标出。表注栏要有"注"字样，上述符号仍为角码形式。

6. 文稿内表格的位置编辑规范　表格应随正文插入，应紧跟在"（表×）"或"见表×"文字的自然段落下，一般先见文字后见表格。在该段文字下方所余的篇幅不够插入表格，可以继续排正文，而将表格排在下一页上方，但排版时仍应排在该段文字之后。需要转页的表格，应在续表的右上角或左上角注明"续表×"，并重复排印表头。表宽超过版心宽度时，可将表格左转90°排，以版心高度为图宽，双页码表格顶向切口，单页码表格顶向订口。此类表格最好占满或接近占满一页，以避免空白过多造成的版面和版式不美观。通栏表格力求顶天或立地排，以免形成腰截文字的现象。

7. 文稿中表格的版式编辑规范　根据表格的繁简情况，在"三线表"的基础上，可以适当变通表格的版式，以利于版面协调，并可节省篇幅。

（1）直表专栏编排：凡表格的谓语项目较少，表格横短竖长时，可转成双栏甚至三栏编排。两栏之间用双线隔开（双线的间距为1mm），转栏后重复表头。

（2）横表分段排：凡主语项目较少，表格横长竖短时，可将表格分成2段，上下重排，上下2段之间用双线隔开（双线的间距为1mm），下方的一段需要重排主语横标目。

8. 文内表格标注规范　在编辑加工表格时，要确保文内每张表格都在正文中相应位置予以标明，以利于文章论述和结果叙述的逻辑顺序，也利于读者阅读。

九、文稿内插图的处理规范

1. 文内插图主题应明确　文稿内插图具有进一步说明和补充文字的功能，是研究结果和研究发现的重要证据。文稿内的插图主题要明确，并且具有为本研究结果提供实证的作用（如照片图），当作者同时用表格和插图来反映某研究结果时，编辑应向作者提出取舍的建议，如果是反映事物的性状或参数变化的总趋势，以使用统计图为宜；如果反映的重点是项目的隶属关系或对比的准确程度，则一般使用统计表为宜。文稿内插图应具有自明性和美观的特点；插图的内容文字不应与正文文字及表格内的文字重复。

2. 插图的标题或题名　文稿内的插图应有简短而准确的标题，连同插图的序号置于插图的下方。图例可置于插图与图题之间或插图的空白处。图序号一律使用阿拉伯数字顺序连续编排。当只有一幅插图时，应标注"图1"且"图1"为黑体字。

3. 插图的缩放比例　曲线图大小和比例应适中，线条均匀，主辅线应分明，高度与宽度之比一般以5∶7左右为宜。纵与横标目的量和单位符号应齐全，并置于纵和横坐标轴的外侧居中排列。横坐标标目的排列自左至右；纵坐标标目的排列自上而下、顶左底右。右侧纵坐标标目的排列方式与左侧相同。坐标名称与标值数列的间距在图形缩放后约2mm，坐标值与坐标轴线的间距在图形缩放后约1mm。图中文字缩放后其大小以处于六号或新五号之间为宜。同一期刊各篇文章选用的字号应保持一致性。

4. 文稿中条图制作规范　文稿中的条图各条宽度以及各直条之间的间隙应保持相等。其间隙的宽度一般为直条图宽度的1/2或与其相等。条图指标数值的尺度必须从"0"开始，应等距，不能折断，否则会改变各直条长短的比例，使读者产生错觉。复式条图一组包括两个及以上直条，直条所表示的类别应使用图例予以说明。同一组的直条间不留空隙，各组内直条的排列顺序应保持一致性。

5. 文稿中半对数图的制作规范　半对数图的纵坐标没有零点，起点根据资料的数据情况可……0.1，1，10……。若起点为0.1，则第一单元为0.1～1.0，第二单元为1～10……；起点为1，则第一单元为1～10，第二单元为10～100……，即后一单元的对数尺标指标数值为前一单元的10倍。各单元距离相同，但同一单元内为不等距。

6. 文稿中点图的制作规范　文稿内的点图的横轴代表自变量；纵轴代表因变量。纵轴和横轴尺度的起点不一定从"0"开始，可根据资料的情况而定。点图的点一般用大小相等的实心圆表示，应注意核对图内画出的点数与图题中注明的总例（次）数相一致。

7. 文稿中照片图的制作规范　照片图主要来显示的部分轮廓清晰、层次分明、反差适中、无杂乱背景的照片图。对于人体照片只需要显示必要部位或病变部位，但应能看出是人体的哪一部分。人体颜面或全身照片，若不需要显示眼部或会阴部位，应当加以覆盖处理。作者使用特殊染色方法的显微照片（如各种血液细胞或组织图片），应标明其染色方法和放大倍数。显微照片中使用的符号、指示性箭头或字母，应该与背景有较好的对比度。涉及尺寸的照片应附有表示目的物尺寸大小的标度。

8. 文稿内插图数值单位的规范　文稿中的插图，其量、单位、符号、缩略语等，必须与正文中使用的保持一致。为保持插图的自明性，插图中使用的缩略语应有相应注释。

9. 文稿插图的注释规范　为便于编辑掌握和排版，文稿中插图的注释用的角码符号一律采用单个右上角码的形式，按英文字母小写形式顺序选用a、b、c、d……在图注中依先纵后横顺序依次标出。图注栏要有"注："的字样，上述符号仍为角码形式。

10. 中文医学期刊插图的标目　中文期刊文稿中的插图的标题、图例和插图内其他文字说明应该使用中文，也可以中英文对照形式，但不宜单纯使用英文。

11. 插图在文中的位置规范　插图一般应随正文，在文内应先见文字后随即见插图；也可以拼版制图后集中排列于正文的适当位置。拼版插图应在插图内排印表示图序的角码，在插图的下方依序排印图序、图题。需要排印在插页上的插图，应在正文引用处标明插图所在插页的页码，并在插页中插图的上方标明文章的题名和所在页码。当插图宽大于版心宽度而又无法缩小其制版时，这时可将插图左转90°排，以版心高度为插图宽，双页码插图顶向切口，单页码插图顶向订口。这类插图最好占满或接近占满一页，以避免空白过多造成的版式不美观的情况发生。

12. 插图在文中的标注要求　在同一篇文章中，所有插图都要确保在正文中标明。

十、医学文稿中量和单位的使用规范

1. 医学出版物量和单位执行标准　医学期刊量和单位规范执行GB 3100-3102-1993《量和单位》中有关量、单位和符号的规定及其书写规则，具体执行可参照中华医学会杂志社编写的《法定计量单位在医学上的应用》第3版（人民军医出版社2001年出版）。

2. 医学出版物各种量和单位应用规范　各种量和单位除了在无数值的叙述性文字和医学科普期刊中可以使用中文符号外，在医学研究学术性文稿或学术性期刊中，均应规范化使用具体量和单位的国际通用符号。对于非物理量的单位（如个、次、件、人等），可以用汉字表述。

3. 医学出版物量的符号应用规范　量的符号通常是单个拉丁字母或希腊字母，一般用斜体排印（pH除外），符号后不加缩写圆点，对于表示物理量的符号作下标时也应用斜体排印。单位符号用正体排印，无复数形式，符号后不加缩写圆点。对于来源于人名的单位符号（如Pa、Gy等），其首字母要大写；对于"升"可用大写"L"；其他单位符号均为小写。

4. 医学出版物SI词头符号排印规范　SI词头符号应正体排印，而且于紧接其后的单个单位符号构成一个新的单位符号，其两者间不留空隙。10^6以上的词头符号（如M、G和T等）要大写，其余为小写。词头不能单独使用（如"μm"不能写作"μ"），当然也不能重叠使用（如"nm"不能写作"mμm"）。

5. 医学出版物量值符号应用规范　在表示量值时，单位符号应置于数值之后，数值于单位符号之间留1/4汉字空。但对于平面角的单位。如度（°）、分（′）和秒（″），数值和单位符号之间不留空隙。

6. 医学出版对单位和符号的要求　医学编辑在文稿编辑加工中，一般不能对单位和符号进行修饰性修改。如加缩写点、下标、复数形式或在组合单位符号中插入化学元素符号等。但在mmHg（毫米汞柱）、cmH_2O（厘米水柱）例外，书写时单位符号与化学元素符号之间留一个字母的空隙。根据国家质量技术监督局和国家卫生部联合发出的质技监局量函〔1998〕126号文件《关于血压计量单位使用规定的补充通知》，凡是涉及人体及动物体内的压力测定，可以使用毫米汞柱（mmHg）或厘米水柱（cmH_2O）为计量单位，但首次使用时应注明mmHg或cmH_2O与kPa的换算系数，即1mmHg = 0.133kPa，1cmH_2O =

7. 文稿中插图和表格中量与单位应用规范　在文稿中插图、表格中表示数值的量和单位时，对于量符号明确的物理量可采用量符号与单位符号相比的形式。如 m/kg、t/min。鉴于医学专业领域中很多检测指标难以规范量的符号，仍然可以沿用国际通用的表达方式，即列出检测指标名称，在括号内写出单位符号。如血糖（mmol/L）或在检测指标名称与单位符号之间隔以"，"。对于同一种期刊其体例应保持一致性。

8. 医学出版物中计量单位升的应用　在一般情况下，统一用升（L），作为表示人体检验生理指标组分浓度单位的分母，而不使用ml（毫升）、dl（分升）、mm³（立方毫米）等作为分母。但当涉及高精度检测结果时，可以用ml、μl（微升）等作为分母"L（升）"与词头组合时，其大小写字母均可以，但同一种期刊应保持体例一致性。

9. 医学出版物单位符号组合的应用规范　单位符号可以与非物理量的单位组合应用。如件、台、人等汉字构成组合形式的单位（如件/d）。

10. 医学出版物组合单位符号规范　在一个组合单位符号中，其斜线不能多于一条。如 mg/kg/d 应书写为 mg/（kg·d）或 mg·kg⁻¹·d⁻¹。单位符号是一个整体，不得拆开或者移行至下行。如 mmol/L，不宜上行末排"mmol/"，下行排"L"，应将上行末的"mmol/"移至下行与"L"连排成一行。

11. 医学出版物时间单位的应用规范　作为单位修饰词仅为数字时，天（日）用"d"，小时用"h"，分钟用"min"，秒用"s"。非单位时可用天、小时、分钟、秒。如描述第×天、第×小时、第×分钟或每天、每小时、每分钟等时，均可用汉字表述。

12. 中医药学计量单位应用规范　中医针灸描述穴位位置或针刺深度时，可使用"寸"，其表示的是"同身寸"概念，是用患者人体某段长度标志作为测量单位，因人而异，不同于旧市制长度单位的"寸"，不能换算成公制单位。中药剂量1钱按3g计，1两按30g计。

13. 离心加速单位用法　在表示离心加速作用时，应以重力加速度（g）的倍数形式表示表达。如6000×g 离心 10 min。或者在给出离心机转速的同时给出离心半径。如离心半径 8 cm，12 000 r/min 离心 10 min。

14. 英文缩写不能作为单位　ppm、pphm、ppb、ppt 分别为 parts per million、parts per hundred million、parts per billion、parts per trillion 英文名词的缩写形式，在医学科技期刊中不能作为单位使用。

十一、数字的应用规范

1. 医学出版物数字应用规范执行标准　医学期刊数字使用规范按 GB/T 5835—2011《出版物数字用法的规定》处理医学期刊文稿所涉及的数字。

2. 医学期刊阿拉伯数字应用规则　①凡是可以应用阿拉伯数字，而且比较得体的地方，一般均应使用阿拉伯数字。②公历世纪、年代、年、月、日和时刻必须使用阿拉伯数字；其年份不能简写。如 2021 年不能写成"21 年"。日期的表示采用全数字式写法。如 2021 年 8 月 18 日，但可以写作 2021-08-18、20210818 或 2021.08.18（年、月、日之间应空出一个数字的空隙）。日的时间表示，按 GB/T 7408—2005《数据元和交换格式 信息交换 日期和时间表示法》规定的写法，如下午 6 时 10 分 58.6 秒写作 18：10：58.6 或 181058.6。③计量单位前的数字和统计表中的数值一律应用阿拉伯数字。④在引文标注中的版次、卷号、期号、页码等用阿拉伯数字。⑤多位数的阿拉伯数字不能拆开转行。⑥多位整数和小数的分节，从小数点起向左或向右每 3 位空半个阿拉伯数字（1/4 个汉字）的空隙，不用千分撇"'"分节。恰好 4 位的整数不分节。年份、部队代号、仪器型号等非计量数字不分节。

3. 医学出版物汉字数字的应用规范　①数字作为词素构成定型词、词组、惯用语、缩略语或具有修辞色彩的词句，应当使用汉字数字。如一氧化氮、二倍体、十二指肠、"十四五"规划等。②邻近的两个数字并列连用表示概数时，应当使用汉字数字，连用的两个数字之间不加标点，如七八个人、五十二三岁、两三家医院等。③非公历的历史纪年用汉字数字。如清咸丰十年九月二十日、八月十五中秋节等。④部队医疗机构编号有"第"字者，其编号用汉字数字。如解放军第三〇六医院、解放军第四军医大学等。⑤对于不定数词一律用汉字数字。如任何一例患者、这是一种变态反应、该院抢救百例重症心力衰竭患者无一例死亡。

4. 医学期刊张参数与偏差范围的应用　①数值范围符号的应用要统一，一般使用浪纹连接号"～"。如10至30可以写成10～30；但10万至30万应写成10万～30万，不能写成10～30万。②幂次相同的参数范围应用，前一个参数的幂次不能省略。如$3×10^9～5×10^9$不能写成$3～5×10^9$，但可写成$(3～5)×10^9$。③百分数范围的使用，前一个参数的百分号不能省略。如20%～30%，不能写成20～30%。④单位相同的参数范围，只需写出后一个参数单位即可。如15～25℃，不必写成15℃～25℃，但不能写成15°～25℃。⑤单位不完全相同的参数范围，每个参数的单位必须全部写出。如36°～42°18′。⑥偏差范围的应用，参数与其偏差单位相同时，单位可以只写一次，并应加圆括号将数值组合，置共同的单位符号于全部数值之后。如(15.2±0.2)mm。当表示带中心值的百分数偏差时，可以写成(27±2)%，也可以写成27%±2%，而不能写成27±2%。

5. 文稿中有效数字的确定　有效数字是在测量中所能得到的具有实际意义的数字。一个由有效数字构成的数值，只有末位数字是估计数字，其余各位数字都是准确的。而有效数字于测量仪器的灵敏度有关。以天平称重为例，如果天平的灵敏度为0.1mg，那么称重结果12.34mg中，12.3mg为准确数字，0.04mg为估计数字，两项合在一起组成有效数字。平均值±标准差($\bar{x}±s$)的位数，除了取决于测量仪器的精密度外，还取决于样本内个体的变异，一般按标准差的1/3来确定。如(3.61±0.42)kg，标准差的1/3为0.14，其标准差波动在百克位，即小数点后第一位上，故应取到小数点后第一位，即3.6±0.4，其过多的位数并无意义。但是在一系列数值并列时，小数点后的位数应保持一致。如在3.61±0.42、5.86±0.73、2.34±0.15这样一组数据中，第三组数据标准差0.15的1/3为0.05，在小数点后第二位，则这组数据的有效位数均可取到第二位。

6. 医学期刊数字应用中的注意事项　①尾数"0"多的5位以上数字，可以改写为以万和亿为单位的数。一般情况下不得以十、百、千、十万、百万、千万、十亿、百亿、千亿等作单位（百、千、兆等词头除外）。如1 800 000可以写成180万；142 500可以写成14.25万，而不能写成14万2千5百；同理，5000字不能写成5千字。②纯小数必须写出小数点前用以定位的"0"，数值有效位数夫尾的"0"也不能省略，应全部写出。如1.500、1.750、2.000不能写成1.5、1.75、2。③数值的修约按照GB 8170—2008《数值修约规则》进行，其简明口诀为4舍6入5看右，5后有数进上去，尾数为0向左看，左数奇进偶舍弃。如修约到1位小数，12.149修约为12.1；12.169修约为12.2；12.150修约为12.2，12.250修约为12.2。④附带长度单位的数值相乘，每个数值后单位不能省略。如5cm×8cm×10cm，不能写成5×8×10cm或$5×8×10cm^3$。⑤一系列数值的计量单位相同时，可以仅在最末1个数字后写出单位符号。如60、80、100mol/L，不必写成60mol/L、80mol/L、100mol/L。⑥分数在一行中排列时，分号用斜体。⑦正文内并列的阿拉伯数字间用逗号还是顿号可视情况而定，但在同一种期刊中选用何种符号，应做到全刊统一规范即可。⑧表示数字增加或减少，用词要尽量做到准确。增加：可用倍数或百分数表示。如增加到原来的2倍（原来是1，现在是2）；增加（或增加了）2倍（原来是1，现在是3）；增加80%（原来是1，现在是1.8）；超额80%（定额是100，实际是180）。减少：不能用倍数的提法，只能用百分数或分数表示。如降低到原有的80%（原来是100，现在是80）；降低（或降低了）80%（原来是100，现在是20）；减少到原有1/5（原来是1，现在是0.2）；减少（或减少了）1/5（原来是1，现在是0.8）等。⑨用数字作为分层或分组标志时，要注意避免含混不清或数值不连续。如共60例患者，<10岁40例，>10岁11例，>20岁9例，应询问作者整10岁属于哪一组；>10岁与>20岁有重叠，前者包含了后者，应要求作者予以明确区分。

十二、医学统计学方法的应用规范

1. **医学出版物统计学符号执行标准** 对于统计学符号应按照 GB 3358—1982《统计学名词及符号》的有关规定。在医学期刊中，统计学符号一律采用斜体排印。一般常用的有：①样本的算数平均数用英文小写 x 或 mean（中位数用 *M* 或 median）；②标准差用英文小写 *s* 或大写 *SD*；③标准误用英文小写 *sx* 或大写 *SE*；④ *t* 检验用英文小写 *t*；⑤ *F* 检验用英文大写 *F*；⑥卡方检验用希文小写 χ^2；⑦相关系数用英文小写 *r*；⑧自由度用希文小写 *v* 或 df（degrees of freedom）；⑨概率用英文大写 *P*（*P* 值前应给出检验值，如 *t* 值、χ^2 值、*q* 值等）。

2. **医学科研设计** 应说明医学科研设计的类型名称和主要设计思想及做法。如临床调查设计（分为前瞻性、回顾性还是横断面调查研究设计）、实验设计（应交代清楚具体设计类型，如自身配对设计、成组设计、交叉设计、析因设计、正交设计等）、临床试验设计（应交代清楚属于第几期临床试验，采用了何种盲法措施等）；其医学科研设计应围绕或坚持的原则是重复、随机、对照、均衡原则。这些均应予以交代清楚，因为这涉及其研究结果和结论的可信性与可靠性。尤其要交代如何控制重要的非试验因素的干扰和影响，也就是偏倚因素估计和有效控制措施。

3. **临床研究资料的表达与描述** 用 $\bar{x} \pm s$ 或 mean ± *SD* 表达近似服从正态分布的定量资料，用 *M*（Q_R）表达呈偏态分布的定量资料；应用统计表时，要合理安排纵横标目，并将数据的含义表达清楚；应用统计图时，所用统计图的类型应与资料性质相匹配，并使数轴上刻度值的标法符合数学原则；应用相对数时，分母不应小于 20，要注意区别百分数与百分比的不同。

4. **医学科研统计学方法的选择** 对于定量资料，应根据所采用的医学科研设计类型、资料所具备的条件和分析目的不同，选用合适的统计学分析方法，不应盲目套用 *t* 检验和单因素方差分析；对于定性资料，应根据所采用的医学科研设计类型、定性变量的性质和频数所具备的条件和分析目的，选用合适的统计学分析方法，而不应盲目套用 χ^2 检验。对于回归分析，应结合专业知识和散布图，选用合适的回归类型，不应盲目套用直线回归分析；对具有重复实验数据检验回归分析资料，不应简单化处理；对于多因素、多指标资料，要在一元化分析基础上，尽可能运用多元统计学分析方法，以便对因素之间的交互作用和多指标之间的内在联系做出全面及合理的解释与评价。对于涉及复杂的统计学问题，应尽可能请流行病学专家或医学统计学专家评审稿件，予以把关。

5. **统计结果结论的解释与表述** 当 $P < 0.05$（或 $P < 0.01$）时，应说对照组之间的差异具有统计学意义，而不应说对照组之间具有显著性（或非常显著性）差异；应写明所用统计学分析方法的具体名称。如成组设计资料的 *t* 检验、两因素析因设计资料的方差分析、多个均数之间两两比较的 *q* 检验等；统计学量的具体值（如 $t = 3.45$，$\chi^2 = 4.68$，$F = 6.79$ 等）；在用不等式表示 *P* 值的情况下，一般情况下选用 $P > 0.05$、$P < 0.05$ 和 $P < 0.01$ 这三种表达方式即可满足需要，无须再细分为 $P < 0.001$ 或 $P < 0.0001$。当涉及总体参数（如总体均数和总体率等）时，在给出显著性检验结果的同时，应给出 95% 的可信区间。

十三、医学名词术语应用规范

1. **医学名词使用标准** 医学名词术语应使用全国科学技术名词审定委员会公布的名词。尚未通过审定的学科名词，可选用最新版《医学主题词表（MeSH）》《医学主题词注释字顺表》《中医药主题词表》中的主题词。对于没有通用译名的名词术语，应于文内首次出现时注明原词。中西药名以最新版本《中华人民共和国药典》《中国药品通用名称》（均由中国药典文员会编写）为准。英文药物名称则采用国际非专利药名。在题名和正文中药名一般不得使用商品名称，确需使用商品名称时，应先注明其通用名称。

中医名词术语应按 GB/T 16751.2—1997《中医临床诊疗术语疾病部分、证候部分、治法部分》执行；经络针灸学名词术语按 GB/T 1675.2—1997《经穴部位》和 GB/T 16751.3—1997《耳穴名称与部位》执行。中药采用正名，药典未收录者应附注拉丁文。

2. 冠名人名医学名词使用规范　在冠以外国人名的疾病名称、体征、试验方法、综合征、诊断方法、治疗方法、手术名称等，其人名可以用中译名，但人名后不加"氏"（单字名除外，如福氏杆菌）；也可以用外文，但人名不加"s"。如 Babinski 征，可以写成巴宾斯基征，而不写成 Babinski's 征，也不能写成巴宾斯基氏征。

3. 文稿中缩略语的应用　已被公知公认的缩略语可以不加注释直接使用。如 DNA、RNA、HBsAg、PCR、CT、WBC 等。不常用的和尚未被公知公认的缩略语以及原词过长的，在文中多次出现者，若为中文可于文中首次出现时写出其全称，在圆括号内写出其缩略语。如流行脑脊髓膜炎（流脑），阻塞性睡眠呼吸暂停综合征（obstructive sleep apnea syndrome，OSAS）。对不超过 4 个汉字的名词不宜使用缩略语，以免影响文章的可读性。不要使用临床口头简称（如将"人工流产"简称为"人流"）。西文缩略语不得拆开转行。

4. 文稿中地名的使用规范　中国地名以最新公布的行政区划名称为准，外国地名的译名以新华社公开使用的译名为准。

5. 文稿中复合名称用法　复合名词用半字线连接。如下丘脑 - 垂体 - 肾上腺轴等。

6. 文稿中英文名词用法　英文名词除了专有名词。如国名、地名、姓氏、协作组、公司名称、会议名称等，其首字母要大写外，其余均应小写。德文名词一律首字母大写。

十四、医学出版物数学公式与化学反应式的使用规范

1. 文稿中数学式和反应式用法　医学文章中的数学公式和化学反应式等，在文章中可以另排，并用阿拉伯数字连续编序号（式号）。序号加圆括号，右顶格排。公式应比正文小一号字排或用楷体和仿宋体排，以利于区别和醒目。

2. 文稿中数学公式编排要求　数学公式转行，应在"="" ≈ ""<"" >"等关系符号或在"+"" -"" ×"" ÷"等运算符号之后转行，居中排列的公式上下式尽可能在"="处对齐。

3. 文稿中反应式编排规范　反应式在反应方向符号"→""="等之后转行。式中的反应条件应该用正文小一号的字符标注于反应方向符号的上下方。

4. 文稿中公式的编排　为了节省版面，在不引起误解的情况下，上下叠排分式应尽量改成横排分式或负数幂。

5. 其他各式的处理　对于实验式、分子式、离子式、电子式、反应式、结构式和数学式的编排，应遵守有关规则。化学结构式中键的符号与数学符号应严格区别。如单键"—"与减号"–"，双键"="与等号"="等应注意不要混淆。

十五、医学出版物外文字母应用规范

1. 正确使用外文字母　在编辑加工文稿中，要注意正确使用外文字母的正斜体、黑白体、大小写和上下角标，以免发生误解。如"t"（吨）与"t"（时间）、"V"（伏[特]）和"V"（体积）等不可混淆。

2. 外文字母应用场合的区别　外文字母正体的常用场合。①计量单位符号和 SI 词头。②数学式中的运算符号、指数和对数函数符号、特殊常用符号、缩写符号等。如∑（连加），e、ln（自然对数），lg（常用对数），lim（极限），π（圆周率），max（最大值），min（最小值）等。③生物学中亚族以上（含亚族）的拉丁文学名及定名人。④化学元素符号。⑤仪器、元件、样品等的型号或代号。⑥用作序号或代号的字母。如附录 A，组 B。⑦外文的人名、地名和机关名以及缩略语、首字母缩写词等。

3. 文稿中外文字母斜体应用场景　①所有的量符号和量符号中代表量及变动性数字的下角标符号。②用字母代表的数和一般函数。③医学统计学所有统计量或单位符号。④生物学中属以下（含属）的拉丁文学名。⑤化学中表示旋光性、分子结构、构象、取代基位置等符号。如左旋 l-，右旋 d-，外消旋 dl-，邻位 o-，对位 p-，顺式 Z-，反式 E- 等。⑥基因符号中的拉丁字母（基因符号用大写拉丁字母表示或由大写拉丁字母与阿拉伯数字组合而成）。⑦在文稿中引用的外文书名、期刊名和中文书名、期刊名的汉语拼音名称（不使用汉语书名号"《》"）。

⑧中药方剂的汉语拼音名称。

十六、医学出版物化学元素与核素符号应用规范

1. 文稿中化学元素符号应用　化学元素符号应用罗马（正体）排印，首字母大写，在其符号后不加圆点。

2. 文稿中核素符号的应用　核素的核子数（质量数）标注在元素符号的左上角。如 ^{14}N、^{60}Co，而不能写成 ^{14}氮或 N^{14}、^{60}钴或 Co^{60}。

3. 文稿中分子核素的标注　分子中核素的原子数标注在核素符号的右下角。如 $^{14}N_2$。

4. 文稿中质子数的标注　质子数（原子序数）标注在元素符号的左下角。如 $_{82}Pb$，$_{26}Fe$。

5. 文稿中离子价的标注　离子价和表明阴、阳离子的符号"+"或"-"标注于元素符号的右上角，离子价数写在符号前。如正2价的镁离子，应写成 Mg^{2+}，而不宜写成 Mg^{++}。

6. 文稿中激发态的标注　激发态标注在元素符号的右上角。如 $^{90}Tc^m$，而不能写成 ^{99m}Tc 锝、Tc^{99m} 或 ^{99m}Tc。

十七、医学出版物文字与标点符号应用规范

1. 医学出版物执行标准　应严格执行《出版物汉字使用管理规定》，以1986年10月国家语言文字工作委员会重新发布的《简化字总表》和1988年3月国家语言文字工作委员会和国家新闻出版署发布的《现代汉语通用字表》为准。

2. 文稿中禁忌使用繁体字和异体字　除了特殊需要（如中医古籍整理及文献考证的文章，专向境外发行的期刊等），不得使用已经废弃的繁体字和异体字。

3. 文稿中标点符号用法　应根据GB 15834—2021《标点符号用法》正确使用标点符号。使用标点符号需要注意的问题：①在中文版医药卫生期刊中，句号可用"。"，也可用"."，采用"。"为宜。②表示数值范围的连接号采用"～"为宜。但在参考文献表中表示文献页码起止范围时，应一律采用连字符。连接复合词、重叠词的两个部分的连接号，用连字符。③省略号采用两个三连点"……"，其后不写"等"字。④撰写外文文章时，应遵循外文习惯使用标点符号。如英文无顿号"、"，应使用","；无浪纹连接号"～"，连接应使用连字符"-"；无书名号"《》"，刊名用斜体排印。

十八、医学出版物其他特殊问题的处理规范

1. 文稿中患者姓名使用　医学文稿中不能写出患者姓名，可采用"患者""例1"等非特代定词。某些特定领域（如放射科）的特殊情况，可按国际惯例用专指性符号代表某一特定病例。

2. 文稿中患者诊疗文书编号的应用　患者病案号、门诊号、标本号、尸检号、涉及具体患者的各种医院编号在文章中刊出时一律应删除。

3. 文稿中度"°"的应用　"°"是平面角"度"的符号，不能用以表示患者病变的程度。如Ⅲ度烧伤，不能写成Ⅲ°烧伤。

4. 文稿中"0"的应用　用"0"表示手术缝线的号数，可以写成"3.0""4.0"或"3-0""4-0"，而不宜写成"000""0000"或"3个0""4个0"。

5. 文稿中括号的使用　正文内尽量少用括号。如显效（80%）、有效（10%）、无效（10%），最好写成显效占80%，有效占10%，无效占10%。另外，"……结果见表x"。此"见表x"在句中起叙述文的直接补语作用，不宜加括号；反之，如仅起注明作用，则加括号。

6. 文稿中插图和表号的应用　正文内列出"（图x）""（表x）"时，若图、表仅反映一句文字的内容，"（图x）""（表x）"应放在句号之后。

7. 文稿中时间概念的应用　一般情况下，应尽量避免使用时间概念不明确的词或时间的代名词，而应写出具体年、月、日。如"随访至今病情稳定"，"至今"的"今"是什么具体时间概念？不明确，应改为"随访至xxxx年x月x日"；"学术会议于今年召开"，应改为"学术会议于xxxx年召开"。文稿中提及2000年以前的年代时，应说明是哪个世纪的具体年代。如20世纪90年代。

十九、医学期刊文章后的致谢应用规范

在文章中，致谢部分应当单独成段，放在文章的最后，但是它不是文章的必要内容和组成部分。它是对曾经给予论文课题的选题、构思或撰写给予指导或建议，对考察或实验过程中做出某种贡献的有关人员或给予过技术、信息、物质或经费支持的单位、团体或个人等致以谢意。而对例行的劳务一般不必专门致谢。

二十、医学出版物文后参考文献的著录规范

1. **参考文献引用与著录的意义** 医学科研论文引用参考文献，是反映科研论文的科学性和学术水平的重要依据，也是作者对前人研究成果的尊重和体现，同时也向读者进一步提供有关科技成果信息。除了学术会议报道等简讯外，医学科技期刊发表的相关学术性文章均应附有参考文献。

2. **作者引用与著录参考文献的规范要求** 作者引用参考文献应限于其亲自阅读过的、主要的、并引用其中观点或在其研究文献基础上或启发下实施的相关研究，而且引用的应当是正式出版物上原始文献。要避免引用摘要为参考文献。私人通信、未公开发表（不包括已被接受的待发表的文献）或在非正式出版物上发表的文章，一般不应作为参考文献引用；若确有必要引用，可用括号插入正文或在当页地脚中注释说明，并应征得原作者的书面许可。审核后非必须用的参考文献应予以删除。

3. **医学期刊参考文献著录格式执行标准** 参考文献著录格式基本执行 GB/T 7714—2015《文后参考文献著录规则》。考虑到国际医学期刊编辑委员会推荐的文后参考文献著录格式为美国 NLM 在其数据库中使用的 ANSI（American National Standards Institute）标准格式（http://www.nlm.nih.gov/bsd/uniform-requirements.html）（NLM 格式），而且 NLM 格式已经为国外多数和国内医药卫生科技期刊采用。因此，凡声明加入国际医学期刊编辑委员会的医学科技期刊均可以采用 NLM 格式。

4. **文稿正文参考文献的标注规范** 著录参考文献的顺序编码制：采用顺序编码制，即按文献出现的先后顺序用阿拉伯数字连续编码，并将序号置于方括号内。可根据具体 3 种情况分别按 3 种格式之一标注：①植少坚等[1]阻塞性睡眠呼吸暂停患者睡眠脑电慢波活动的特征。②急性冠状动脉综合征患者腰臀比与睡眠呼吸障碍的关系及其对远期预后的影响分析[5, 4-6]。③成人副流感病毒下呼吸道感染患者临床特征和预后分析见参考文献 [8]。

医学论文指明原始文献作者姓名时，序号标注于作者姓名之后，如例①；文稿正文未指明作者或非原始文献作者时，其序号标注于句末，如例②；其正文直接述及文献序号时，不用角码标注，如例③。

5. **医学期刊参考文献标注要求** 标注参考文献应尽可能靠近有关引文处，写在标点符号之前。在同一处同时引用多条文献时，其文献序号应排放在 1 个方括号内。文献序号不连续时，用逗号分隔；连续时文献序号不必一一列出，用"x-x"的形式即可。如相关重症新型冠状病毒肺炎综合治疗曾有多有报道[8, 9-15, 18-23]。文内若引用文献中的某段文字，则文献角码应标注于有关引文的右上角。若引文在全句之末，其中引文句号在引号之内，文献角码应标注在引文之外（"……"[x]）；否则，应标注在句号之内（"……[x]"）。

6. **医学期刊文献作者的著录规范** 文献作者为两位时，文内引用处应列出 2 位作者的姓名，之间用"和"连接，在第二位作者姓名右上角标注文献角码。

7. **医学期刊引用专著书籍规范** 专著类多次引用同一文献时，在正文中标注首次引用的文献序号，并在序号的"[ ]"外著录引文页码。无论"[ ]"是否为角码，引文页码均处于角码位置。如包含多次引用同一著作文献时，其方括号外需要标注页码，同一处可排放多个方括号。如[6, 8][10]228-268。

8. **医学期刊插图和表格中引用参考文献方法** 插图中引用参考文献，按其在全文中出现的顺序编码，标注写在插图说明或注释中，插图中不应出现引文标注。表格中引用参考文献，按其在全文中出现的顺序编码，在表注中依次标注或在表格中单列一栏说明文献来源，该栏应列出文献第

一位作者姓名，在其姓名右上角标注文献角码。

二十一、医学期刊文稿后参考文献表规范

1. 文稿中参考文献编排要求　参考文献一般采用小于正文的字号排印在正文之后。参考文献字样可以左顶格排，句末不用":"；也可以居中排。同一种期刊其体例应保持一致性。

2. 文稿中参考文献序号编排规范　文后参考文献表中的各篇文献要按正文标注的序号左顶格依次列出。序号一律用阿拉伯数字，加方括号，并与正文中的序号格式一致。只有1条参考文献时，其序号为1。

3. 文稿中参考文献文字使用规范　参考文献使用文字原则上要求用原文文字，除了版次、卷号、期次、页数、出版年等数字用阿拉伯数字表示外，均应保持文献原有的形式。

4. 文稿中文献著录项目应齐全　在文后参考文献的著录中，每条文献著录的项目应齐全规范，不得用"同上"或"ibid"等省略形式表示。

5. 文稿中参考文献作者的著录规范　同一文献作者不超过3人的，全部著录；超过3人的，可以只著录前3位作者，后加"等"字表示（依文种不同，如西文加"et al"，日文加"他"）。作者姓名一律姓氏在前，名字在后；用西文或汉语拼音字母书写的著者的姓，采用首字母大写，其余字母应以小写形式；外国人的名字采用首字母缩写形式，缩写名后不加缩写点；姓名中有区别著者的作用的部分需要著录：如Jr，格式为"Nord GL Jr"。不同作者姓名之间用"，"隔开，不用"和""and"等连词。团体名称由上至下分级著录。

6. 文稿中参考文献不同类型著录要求　题名后标注文献类型标志，电子文献时必选著录项目，其他文献任选。文献类型和电子文献载体标志代码参照GB 3469《文献类型与文献载体代码》。

7. 文稿中书籍文献著录规范　学术专著书籍出版项中的出版地（者）有多个时，只著录第一出版的（者）。无出版地（者）的中文文献在括号内著录"出版地（者）不详"；外文文献出版地著录"S.I."，出版者著录"s.n."，并置于方括号内。但至少应有一项确切的信息，不能同时出现"[S.I.]：[s.n.]"的著录形式。

8. 文稿中文献期刊名称的著录　在出版项中的期刊名称，中文期刊用全称；外文期刊采用美国国立医学图书馆编印的 *Index Medicus* 中列出的刊名缩写形式书写。

9. 文稿中文献出版项时间的应用规范　参考文献出版项中的出版年采用公元纪年，用阿拉伯数字著录。如有其他纪年形式时，将原有的纪年形式置于"（）"内。如1705年（康熙四十四年）。出版年代无法确定时，可依次选用版权年、印刷年、估计的出版年，估计的出版年需要置于方括号内。如c1986：146-149；1993印刷：402-410；[1938]：28-35。

10. 文稿中文献版本的著录规范　文献版本的著录采用阿拉伯数字、序号缩写形式或其他标志表示，第1版不著录，古籍的版本可著录"写本""抄本""刻本""活字本"等。如3版（原题：第三版或第3版）；5th ed.（原题：Fifth edition）；2005版（原题：2005年版）。

11. 待发表文献的著录　对于已经明确被杂志接受的待发表文献，可以标明年代与期刊名称，其后标：待发表或Inpress。以e-public形式优先发表的文献，请注意核对其纸版格式。同一期刊同一期的文献可以相互引用。

二十二、医学编辑参考文献的核查校对

医学编辑应对作者文稿中所涉及的和列出的参考文献实施认真核查，逐条在网上相关医学文献数据库核查或查阅原著、*Index Medicus*、《中文科技资料目录（医学）》和《医学中央杂志》（日文），予以核查修改。还有的作者把西文作者的名当姓、姓当名予以缩写，则可从其提供文献的其他信息中进行核查。

二十三、医学期刊稿约的处理规范

1. 医学期刊稿约　医学期刊各刊都应有较详细的稿约，一般于每年第1期和年中期（周刊第25期，半月刊第13期，月刊第7期，双月刊第4期，季刊可只刊登于第1期）刊登稿约。上半年其他各期每期均要在目次表最后一行与栏目名称同字体字号顶格排"本刊稿约见xx页"；下半年其他

各期每期则应排"本刊稿约见本卷第 1 期第 xx 页、第 25 期（周刊，半月刊第 13 期，月刊第 7 期，双月刊第 4 期）第 xx 页"。

2. 医学期刊稿约内容要求　在稿约中应包括期刊的性质、办刊方针、办刊宗旨、读者对象、学科或专业范围、主办单位、发行范围、栏目设置等，投稿与撰写各类稿件的具体要求、同行评议审稿原则、稿件处理基本周期、稿件录取方式或退稿修稿形式，编辑部地址和各种具体联系方式等内容。

3. 要明确稿件处理原则　为保证著作权人的合法权益和避免一稿两投，应遵守《中华人民共和国著作权法》的有关规定，在稿约中写明自稿件发出（或自稿件收到）多长时间内编辑部发出稿件处理结果通知。

4. 著作权转让的声明　在稿约中均需写入关于著作权转让的内容声明：期刊来稿一经接受和刊登，由作者亲笔签署《论文著作权转让协议书》，该论文的专有使用权即归本刊主办单位所有。如"该论文的专有使用权归中华医学会所有，中华医学会有权以电子期刊、光盘版等其他方式出版已刊登的论文，未经中华医学会同意，该论文的任何部分不得转载他处"。

5. 知情同意与利益冲突　在期刊的稿约中，应写明研究参与者要提供知情同意书，作者要申明无任何形式的利益冲突。

二十四、医学期刊总目次与索引的处理

1. 总目次的编印　医学期刊可以按需要在每卷（年）终编印总目次，以供全卷或全年合订成册时装订在卷首。其版头应标明刊名、卷次和出版年份。

2. 卷终索引的编印　医学期刊每卷（年）终应编印总索引。索引的意义便于读者查阅，可以采用分类索引、主题词索引、作者索引或关键词索引（叙词）。索引名称应冠以刊名、卷次和出版年份，也可以编印累计索引。

（1）分类索引和主题索引的著录项目：题名、作者姓名（3 名以上作者可只列出前 3 位，后加"等"）、期号、起始页码或起止页码。

（2）作者索引的著录项目：按照文章的每一作者姓名汉语拼音或以姓氏笔画为序排列，列出作者姓名、题名、期号、起始页码或起止页码。

（3）关键词（叙词）索引的著录项目：关键词名、题名、作者姓名（3 名以上作者可以只列出前 3 位，后加"等"）、期号、起始页码或起止页码。当某个关键词（叙词）下著录量过大（30 篇以上），为了查阅方便，可按 *Index Medicus* 的提示，列出副主题词。冠有阿拉伯数字、西文字母、西文姓氏的主题词，应按其后汉字的拼音排序。如 Addison 病，按"病（bing）"字排在 B 部。在汉语相同的情况下，按数字、英文字母、西文字母顺序排列。缩略语及未译出的原文按英文字母顺序排在各（字母）部之首。

第三节　医学期刊参考文献著录基本规范

学术论文著录参考文献体现了科学技术研究的继承性和研究工作的依据与背景。一般而言，科学研究一般都是在已有相关研究基础上进行的相关领域继承性、扩展性、延续性或更深入的研究。因此，在相关科学研究的科研论文中必然涉及研究背景、立题依据、已有研究结论和观点等，参考文献的著录，既表明其言之有据，也表明其研究与已有研究的差异和深度，同时也是对前人研究的继承与尊重。也为科研论文的同行评议审稿、编者评价和读者延伸阅读提供文献索引与客观依据。在参考文献著录规范要求上，医学刊物的参考文献著录格式或著录规范，基本参照执行标准为 GB/T 7714—2015《文后参考文献著录规则》，采用顺序编码制。同时也要根据医学期刊或医学出版物的特点和实际情况，合理而规范地处理特殊文献的著录规范。

一、医学期刊文献的著录

主要责任者.题名[文献类型标志/文献载体

标志，电子文献是必选著录项目，其他文献可选择标注]．刊名，年，卷（期）：起页-止页[引用日期]．获取或访问路径．

1. 期刊分卷和连续编页码著录规范　见[1]、[2]。

[1]Shapiro AM，Lakey JR，Ryan EA，et al.Islet transplantation in seven patients with typa 1 diabetes mellitus using a glucocorticoid-free immunosuppressive regimen [J].N Engl J Med，2000，343（4）：230-238.DOI：10.1056/nejm200007273430401.

[2]杨维中，冷志伟，单广良，等.群医学：弥合预防医学与临床医学裂痕的新兴学科[J].中华医学杂志，2020，100（26）：2001-2005.DOI：10.3760/cma.j.cn 112137-20200515-01549.

2. 医学期刊分卷和每期单页编码规范　见[3]。

[3]莫晓冬，许兰平，刘代红，等.急性移植物抗宿主病患者发生移植相关血栓性微血管病危险因素及预后分析[J].中华内科杂志，2013，52（2）：156-160.

3. 医学期刊不分卷的著录规范　见[4]。

[4]Haahr MK，Jensen CH，Toyserkani NM，et al.Safety and potential effect of a single intracavernous injection of autologous adipose-derived regenerative cells in patients with erectile dysfunction following radical prostatectomy：an open-label phase I clincal trial [J]. EBio Medicine，2016，5：204-210.DOI：10.1016/j.ebiom.2016.01.024.

4. 期刊无卷和无期的著录规范　见[5]。

[5]Browell DA，Lennard TW.Immunologic status of the cancer patients and the effects blood transfusion on antitumor responses[J].Curr Opin Gen Surg，1993：325-333.

5. 期刊卷的增刊著录规范　见[6]、[7]。

[6]汪晓雷，凌祥，刘祖舜.家兔迷路破坏眼震电图描记[J].中华耳鼻咽喉头颈外科杂志，2007，30增刊：13.

[7]Gerand G，Spierings EL，Keywood C.Tolerabillity and safety of frovatriptan with short- and long-term use for treatment of migraine and in comparison with sumatriptan[J]. Headache，2002，42（Suppl2）：S93-S99.

6. 期刊卷中分布部的著录规范　见[8]。

[8]Abend SM，Kulish N.The psychoanalytic method from an epistemological viewpoint.Int J Psychoanal，2002，83 Pt2：491-495.

7. 医学期刊期的增刊著录规范　见[9]。

[9]Glauser TA.Integrating clinical trial data into clinical practice.Neurology，2002，58（12 Suppl）：S6-S12.

8. 医学期刊期中分册的著录规范　见[10]。

[10]Ahrar K，Madoff DC，Gupta S，et al.Development of a large animal model for lung tumors[J]. J Vasc Interv Radiol，2002，13（9 Pt 1）：923-928.

9. 医学期刊两期合刊的著录规范　见[11]。

[11]Rose ME，Huerbin MB，Melick J，et al.Regulation of interstitial excitatory amino acid concentrations after cortical contusion injury[J]. Brain Res，2002，935（1/2）：40-46.

10. 医学期刊集体作者的著录规范　见[12]、[13]。

[12]Diabetes Prevention Program Research Group.Hypertension，insulin，and proinsulin in participants with impaired glucose tolerance[J]. Hypertension，2002，40（5）：679-686.

[13]中华医学会检验分会.检验科严重急性呼吸综合征标本检测安全管理指南（暂行）[J].中华检验医学杂志，2003，26（5）：320-321.

11. 期刊文章作者未署名的著录规范　见[14]。

[14] 21 st century heart solution may have a sting in the tail[J]. BMJ，2002，325（7357）：184.

12. 医学期刊不同期连载的著录规范　见[15]。

[15]北京市检验学会继续教育委员会.临床免疫学检验练习题[J].中华检验医学杂志，2002，25（5）：314-315；2002，25（6）：379-381.

13. 电子期刊的著录规范　见[16]～[19]。

[16]Abood S.Quality improvement initiative in nursing homes：the ANA acts in an advisory role[J/OL].J Nurs，2002，102（6）：23[2002-

08-12].http/www.nursingworld.org/AJN/2002/June/Wawatch.htm.

[17] 莫少强. 数字式中文全文文献格式的设计与研究 [J/OL]. 情报学报, 1999, 18 (4): 1-6[2001-07-08]. http://periodical.wanfangdata.com.cn/periodical/qbxb/qbxb99//qbxb9904/990407.htm.

[18] 彭凯. "同步同调"针刺治疗卵巢巧克力囊肿 [J/CD]. 中华针灸电子杂志（电子版）, 2020, 9 (4): 141.

[19] Kinra S, Lewendon G, Nelder R, et al. 化学气体污染突发事件中的人群疏散：横断面调查. 陈雷, 译. 英国医学杂志中文版, 2005, 8 (5): 285-288.

二、图书的著录规则

著作和编著的引用著录：其著录格式是，对主要责任者，题名、其他题名信息（文献类型标志/文献载体标志，电子文献是必选著录项目，其他文献可以选择性标注）。对于其他责任者，如翻译者，版本项（第1版不著录），出版地、出版者、出版年、引文起页-止页[引用日期]，获取与访问路径应当详细著录。见 [20]～[29]。

[20] 丛玉隆, 王前. 实用临床实验室管理学 [M]. 北京: 人民卫生出版社, 2011: 380-480.

[21] 陈新谦, 金有豫. 新编药物学 [M]. 14版. 北京: 人民卫生出版社, 1998: 360-460.

[22] Abrams PR, Rosenhal KS, Kobayashi GS, et al. Mediccal microbiology[M]. 4th ed. St. Louis: Mosby, 2002: 45-49.

[23] 忽思慧. 饮膳正要 [M]. 影印明刻本. 上海: 上海古籍出版社, 1990: 180-260.

[24] 王夫之. 宋论 [J]. 刻本. 金陵: 曾氏, 1865（清同治四年）: 33.

[25] Abrams WB, Beers MH, Berkow R. 默克老年病手册 [M]. 陈灏珠, 王赞舜, 刘厚钰, 等, 译. 2版. 北京: 人民卫生出版社, 1996: 60-80.

[26] 赵耀东. 新时代的工业工程师 [M/OL]. 台北: 天下文化出版社, 1998[1998-09-26].http//www.ie.nthu.edu.tw/info/ie.newie.htm（Big5）.

[27] Foley KM, Gelband H. Improving palliative care for cancer[M/OL]. Washington: National Academy Press, 2001[2002-07-09]. http://www.nap.edu./books/0309074029/html.

[28] 林江涛. 支气管哮喘的诊断与治疗 [M/OL]. 北京: 中华医学电子音像出版社, 2005: 45.

[29] 北京市神经外科研究所. 王忠诚神经外科手术学术系列多媒体教程 [M/CD]. 北京: 中华医学电子音像出版社, 2001: 186.

三、学术专著析出文献的著录规范

其著录格式，对于学术专著析出文献的主要责任者，析出文献题名（文献类型标志/文献载体标志，电子文献是必选著录项目，其他文献可选择性标注）// 专著主要责任者、专著题名：其他题名信息、版本项（第1版可以不著录）。出版地、出版者、出版年：析出文献起页-止页[引用日期]，获取和访问路径应详细著录。见 [30]～[33]。

[30] 丁荣晶, 范晓锦. 高血压心脏病康复治疗前的全面评估 // 陈琦玲, 李瑞杰. 特殊类型高血压的诊断与治疗 [M]. 北京: 北京大学医学出版社, 2017: 26-33.

[31] Meltzer PS, Kallioniemi A, Trent JM. Chromosome alterations in human solid tumors// Vogelstein B, Kinzler KW[M]. The genetic basis of human cancer. New York: McGraw-Hill, 2002: 160-180.

[32] 陈彪. 帕金森病 [M/CD]// 贾建平, 张新卿. 神经系统疾病诊治进展. 北京: 中华医学电子音像出版社, 2005.

[33] Anderson SC, Poulsen KB. Anderson's electronic atlas of hematology[M/CD]. Philadelphia: Lippincott Williams & Wilkins, 2002.

四、学术会议文献的著录规范

1.会议文集和论文汇编的著录　其著录格式：主要责任者、题名：其他题名信息 [文献类型/文献载体标志，电子文献是必选著录项目，其他可以选择性著录]。其他责任者（如翻译者）、出版地、出版者、出版年：引文起页-止页[引用日期]、获取和访问路径应详细著录。对于文集和论文汇编，其题名后应注明会议地点和会议年份。见[34]、[35]。

[34] 中华医学会检验分会.中华医学会学术会务部.第6届全国检验医学学术会议大会论文汇编.北京，2005.北京：中华医学会检验分会.2005.

[35]Harnden P，Joffe JK，Jones WG.Germ cell tumours V.Proceedings of the 5th Germ cell Tumour Conference，Leeds，UK，2001.New York：Springer，2002.

2.学术会议文献中析出文献的著录 会议文献中析出文献的著录格式，对析出文献主要责任者、析出文献题名[文献类型标志/文献载体标志，电子文献是必选著录项目，其他文献可以选择性标注]//会议文献的主要责任者、会议文献题名：其他题名信息，出版地、出版者、出版年：析出文献起页-止页[引用日期]、获取和访问路径。见[36]～[38]。

[36] 董家祥，关仲英，王兆荃，等.重症肝炎的综合基础治疗//张定凤.第三届全国病毒性肝炎专题学术会议论文汇编.南宁，1984，北京：人民卫生出版社，1985：203-212.

[37]Christensen S，Oppacher F.An analysis of Koza，s computational effort statistic for genetic programming//Foeter JA，Lutton E，Miller J，et al.Genetic programming.EuroGP 2002：Proceedings of the 5th European Conference on Genetic Programming，Kinsdale，Ireland，2002.Berlin：Springer，2002：182-191.

[38]Burger J，Gochfeld M.Lead levels in exposed herring gulls：differences in the field and laboratory[C/OL]//The International Congress on Hazaardous Waste：Impact on Human and Ecological Health，Atlanta，1995[2006-04-22].hppt//www.atsdr.cdc.gov/c95ab.html.

五、科技报告的著录规范

同"图书文献著录规范"。见[39]。

[39]World Health Organization.Factors regulating the immune response：report of WHO Scientific Group.Geneva：WHO，1970：1-74.

六、学位论文的著录规范

学位论文的著录格式，如论文作者、题名，学位授予单位所在城市：学位授予或学位论文出版单位，年份。见[40]、[41]。

[40] 杨宁.HLA-G诱导肝脏移植免疫耐受的研究.上海：第二军医大学，2004.

[41]Borkowski MM.Infant sleep and feeding：a telephone survey of Hispanic Americans.Mount Pleasant（MI）：Central Michigan University，2002.

七、专利文献的著录规范

其著录格式：专利申请者或拥有者、专利题名：专利国别、专利号[文献类型标志、文献载体标注，电子文献是必选著录项目，其他文献可选择性标注]。公告日期或公开日期[引用日期]、获取和访问路径。见[42]～[44]。

[42] 刘加林.多功能一次性压舌板：中国，92214985.2.1993-04-14.

[43]Pagedas AC.Flexible endoscopic grasping and cutting device and positioning tool assembly：US，20020103498.2002-08-01.

[44] 西安电子科技大学.光折变自适应光外差探测方法：中国，01128777.2[P/OL].2002-03-06[2002-05-28].http：//211.152.9.47/sipoasp/zljs/hyjs-yx-new.asp?recid=01128777.2&leixin=0.

八、法令条例的著录规范

其著录格式：主要责任者、题名、公布日期。见[45]、[46]。

[45] 中华人民共和国著作权法.2001-10-27.

[46] 中华人民共和国国务院.医疗器械监督管理条例.2000-01-04.

九、标准，如国家标准、国际标准、行业标准著录规范

其著录基本格式为：主要责任者、标准标号、标准名称，出版地：出版者、出版年度。在编排中，注意标准号与标准名称之间空留一字空。见 [47]。

[47] 全国文献工作标准化技术委员会 .GB/T 3179-1992《科学技术期刊编排格式》.北京：中国标准出版社，1992.

十、报纸文章的著录规范

其著录规范：主要责任者、题名 [文献类型标志 / 文献载体标志，电子文献是必选择标注项目]。报纸名称、出版日期、版次 [引用日期]。获取和访问路径。见 [48]、[49]。

[48] 何秉贤 .高新技术代替不了物理诊断 .健康报，2006-03-13（3）.

[49]Tyuan T，Medical improvements lower homicide rate：study sees drop in assault rate.The Washington Post，2002-08-12（A2）.

十一．电子文献的著录规范

除了以上一～十条述及的文献类型电子版文献外，其他著录格式均为：主要责任者、题名 [文献类型标志 / 文献载体标志，是必选择的著录项目]。出版地：出版者、出版年（更新或修改日期）、获取和访问路径。

1. 在线数据库　见 [50]、[51]。

[50]Who's Certified[DB/OL].Evanston（IL）：The American Board of Medical Specialists，2000[2001-05-08].hppt：//www.abms.org/newsearch.asp.

[51]Jablonski S.Online multiple congenital anomaly/mental retardation(MCA/MR)syndromes [DB/OL].Bethesdki（MD）：National Library of Medicne（US）.1999（2001-11-20）[2002-12-12].http：/ www.nih.gov/mesh/jablonski/syndrome-title.html.

2. 电子公告著录规范　见 [52]、[53]。

[52] 萧玉 .出版信息化迈入快车道 [EB/OL].（2001-12-19）[2002-04-15].http：//www.creader.com/news/20011219/200112190019.html.

[53]OCLC Online Compuurer Library Center，Inc.Histery of OCLC[EB/OL].[2006-04-08].http：//www.oclc.org/about/history/default.htm.

3. 计算机程序的著录规范　见 [54]。

[54]Scitor Corporation.Project scheduler [CP/DK].Calif S：Scitor Corporation，c1983.

十二、待发文献或材料的著录规范

对于已经明确被公开发行的期刊接受的待发表文献资料，可以标明期刊及年代，其后标注：待发表或 InPess. 见 [55]、[56]。

[55] 姜忠利，王忠诚，江涛 .不同手术入路切除额叶内测胶质瘤的手术治疗效果 .中华医学杂志，2005，待发表 .

[56]Leshner Ai.Molecular mechanisms of cocaine addictior..N Engl J Med，1996，In press.

十三、网络电子版期刊优先发表的文献著录规范

以 e-pulic 形式优先在网络电子期刊发表的文献，在著录时应核对其纸版格式。见 [57]。

[57]Kurth T，Gaziano JM，Cook NR. Unreported financial disclosures in a study of migraine and cardiovascular disease[J/OL].JAMA，2006，296：EI[2006-09-08].http：//jama.ama-assn.org/cgi.data/296/3/283/DCI/1.[pulished online ahead of print July 18，2006].

十四、中文期刊参考文献的双语著录规范

对于中文医学期刊参考文献采用中文和英文双语形式著录，一般不主张用双语形式著录，因为其意义不大。但要双语著录时，其文献序号先后列出完整的中文文献英译文，并在该文献最后加注"(in Chinese)"，另起行齐头列出中文文献。作者姓名的英译文采用汉语拼音形式著录，姓的首字母大写，名用首字母缩写形式，大写。见 [58]、[59]。

[58]Chen XS, Zhang MD, Wang HX, et al.Sensory gating of patients with first-episode schizophrenia.Natl Med J China, 2005, 85 (49): 3457-3459.

[59]陈兴时, 张明岛, 王红星, 等.首发精神分裂症患者的感觉门抑制.中华医学杂志, 2005, 85 (49): 3457-3459.

第四节　医学期刊编排基本格式与规范

医学期刊编排格式和编辑规范, 其原则是在遵守相关国家标准（GB）基本要求外, 为体现医学科技期刊和不同学科专业特点, 应尽可能彰显出其学科或专业特色, 以利于避免医学期刊同质化现象, 增强不同学科或专业医学期刊的差异化和期刊品牌形象特点, 以利于在读者心目中树立不同学科或专业医学期刊的品牌印迹。

一、医学期刊开本规范

医学科技期刊的版式应力求相对统一和稳定, 最好应保持一年全年期刊的刊本和版式稳定统一。若必须更改开本和版式时, 应等到下一个出版年度再变更。根据目前国内纸张、印刷装订和相应配套设备生产现状, 幅面尺寸可以适当变通, 但同一期刊在同一年内各期的幅面尺寸应保持一致性。如果必须变更, 则应新的一卷的第1期开始变更。采用大16开本, 根据期刊用纸情况的不同, 可以有两种尺寸, 其允许误差范围应控制在均为 ±1mm。

1. 纸张尺寸要求1　纸张尺寸应为 889 mm × 1168 mm, 幅面尺寸应为 205 mm × 280 mm, 版心尺寸应为 170 mm × 245 mm。

2. 纸张尺寸要求2　纸张尺寸为 889mm × 1194mm, 幅面尺寸为 210mm × 285mm, 版心尺寸为 170mm × 250mm。

对同一期刊各期的征文页码原则上应相对稳定统一。若要增减期刊页码, 应按相应规定向主管部门申请报批。

二、医学期刊的刊名

1. 医学期刊　医学期刊刊名应刊印于封面、目次和版权页的显著位置; 期刊封面其他文字标识不得明显于刊名, 其字号和字体应有别于刊名。

2. 外文版医学期刊　外文版医学期刊封面上除刊印外文刊名外, 必须同时刊印中文刊名。

3. 少数民族语言文种期刊　少数民族语言文种期刊封面上除刊印少数民族语言刊名外, 必须同时刊印汉语刊名。

4. 中文版医学期刊　中文版医学期刊在刊印汉语刊名同时, 应加注汉语拼音刊名, 汉语拼音刊名参照《中文书刊名称汉语拼音拼写法》拼写, 可刊印在封面、封底、目次页或版权页上。中文版医学期刊刊名无论在期刊的任何位置出现, 必须保持刊名的一致性和统一完整性原则, 不可应用缩写形式用于刊名, 并列刊名在封面、刊脊、目次页、版权页上, 都应以刊物名称的全称予以表达, 在页眉、参考文献中可以用缩写, 缩写格式按 ISO 4: 1997 Information and documentaion: rules for the abbreviation of title words and titles of publications 的规范要求。具体可参照美国国立医学图书馆（National Library of Medicine, NLM）编印的《推荐的文献引用格式》附录B（http://www.nlm.gov/pubs/formats/internet.pdf）。

三、医学期刊封页规范

医学期刊封页包括封面、封二、封三、封底和刊脊。一般情况下, 医学期刊的封面和封底, 可以根据学科或专业实施特色化、个性化和品牌形象化特殊设计, 其设计空间也比较大, 也可以每期封面和封底设计主题与风格不同, 也可以每期色调或图案相对固定, 而封二和封三一般可安排广告或其他体裁的文稿。

1. 医学期刊封面设计　①封面设计应体现医学科技学术期刊特点和特色, 应庄重, 严肃活泼, 简洁美观, 突出和体现学科特点和编辑出版特色, 要有利于读者形成期刊品牌印迹。封面设计形式和风格力求相对稳定, 以利于读者品牌印迹识别,当然，也可以考虑美观或广告布局的需要，灵活变换色彩、色调或图案等风格。②封面自上而下依次排印中国标准连续出版物号（右上角），中文刊名（包括并列刊名和可能有的副刊名），汉语拼音刊名，中文出版年月、卷号、期号（出版增刊时，其封面应注明"增刊×"字样），英文刊名、英文卷号、期号、出版年月，会徽；中国标准连续出版物号（ISSN部分）条码（左下角）。当"卷终"或附有总索引时，应在该期封面或目次页中予以标注，以利于引起读者关注。③英文刊名纵排时，词序排列为由下至上，即订口朝上时由左向右阅读。封面标志项目中的数码采用阿拉伯数字，中文版期刊刊名中的数字采用汉字书写。条码置于封面或封底下方靠近订口处，条码符号条的方向与装订线平行或垂直。④中国标准连续出版物号用不小于13级照排字（新五号字）印在封面的右上角。其一般格式为：

$$\frac{\text{ISSN} \times\times\times-\times\times\times}{\text{CN} \times\times-\times\times\times\times/R}$$

ISSN\CN与数字之间应留出1字空。

2. 医学期刊封二、封三和封底　封二可作为封面标志项目的延续；封二、封三和封底均可以视情况刊印版权标志、目次表或刊印广告，但版权标志和目次表的位置应相对固定。没有广告的期刊，一般排目次表、期刊介绍、稿约等。封底下方应刊印中国标准连续出版物号、邮发代号和期刊定价。以下示例以《中华医学杂志》为例：

ISSN 0376-2491；CN 11-2137R；邮发代号：2-588；国内定价：×××元

3. 医学期刊刊脊　①平订期刊厚度大于或等于5mm，应设计刊脊编排刊脊名称；刊脊名称应包括刊名、卷号、期号、出版年月和主办单位名称。刊名距上切口35mm，出版年月距刊名20mm，卷号距出版年月15mm，主办单位名称字样距下切口20mm。排五号黑体反白字。②骑马订期刊或厚度小于5mm的平订期刊，应在封底上方距订口4～5mm、距刊脊边缘不超过15mm处排边缘名称，内容为刊名、卷号、期号和出版年月。③中文刊脊名称和边缘名称纵排，其中的数字排汉字；英文刊脊名称及边缘名称按国际惯例横排，阅读顺序为由上至下，其中的数字排阿拉伯数字。

④刊脊颜色与封面左侧深色块相同；刊脊名称字体、大小、颜色、距离在同一卷期刊的各期应保持一致性。

四、医学期刊目次

医学期刊每期都应编排目次，以利于读者阅读。目次页包括版头和目次表两部分。中、英文目次页一般应紧接封二编排，一般不编入正文连续页码；也可以编排在封二、封三、封底上，但目次页所在位置各期应相对保持一致；若需要变更，应从新的一卷期刊开始编排。

1. 医学期刊中文目次表　目次具有导读和索引的功能，一般读者在阅读期刊时首先翻阅目次，对阅读重点做出选择，引导读者阅读，节省读者时间。因此，目次编排要规范和醒目，让读者一目了然，迅速抓住需要阅读的重点文章。

（1）目次：中文目次表一般应排在每期的第一个单页码页上（暗码），不编排在封二、封三和封底，也不从双页码页排起，其后的双页码页可以续排目次表，也可以排广告，而将目次表的第2页排在第2个单页码页上。目次表第2页可以排通栏或双栏，选用哪一种格式可以视情况而定，只要在一段时间内相对固定即可，最好在同一卷期刊内各期应保持一致，以利于规范化。

（2）版头：中文目次表第1页上方排版头。版头左侧顶格排中文刊名（长13mm以内，高2.5mm以内）。中文刊名下顶格排英文刊名（四号白正体），每字之间留半字空，英文刊名转行时顶格排，单词避免断开移行。英文刊名下顶格五号宋体字排出版周期（2字空）、创刊年月（2字空）、卷号（1字空）、期号（1字空）、出版年月日。

（3）版头下方：版头下方排通栏反线，空一行后靠左侧约3/10处排竖线，线左侧排版权标志，右侧再排"目次"（四黑）字样，其下方排目次表。若为卷末期，在"目次"字样下方，目次表的上方齐右侧页码排"第××卷终，本期附有索引"（小五宋体）字样；该字样右侧与页码平齐。

（4）目次表：目次表竖线1字空。"目次"字样顶格排（四黑），字间距2字空。目次表中应按规范列出该期全部文章的标题、作者姓名和起止页码，以及分栏编排的栏目名称。栏目名称顶格排（五黑），只有两个字的栏目名称，字间距离2字空。不同栏目之间空一行。题名在栏目名称下缩一格排（五仿），若转行再缩一格排。凡有副标题者，正题与副标题之间推荐用冒号。

作者姓名（小五楷）视其著录方式不同可以有两种排版方式：①以作者超出3位时仅列出前3位，作者姓名后加"等"字为著录方式的期刊，其作者姓名排在题名的右侧。题名与作者姓名之间以点连线接，点线不得少于3个点（1字空）。若题名较长，但不回行导致作者姓名单占一行时，题名末不加点线，点线在题名下缩一格排，并与右侧的作者姓名相连。不同作者姓名之间一字空，最末一位作者姓名与"等"字之间不加逗号。页码在作者姓名后空一字空排。②以每篇文章均列出全部作者姓名为著录方式的期刊，其作者姓名于题名下缩一格排，不同作者姓名之间一字空，回行文字齐头排。题名右侧排页码，题名与页码之间以点线连接。若题名回行，则缩一格排，回行题名与页码之间以点线连接；页码（小五宋）不加括号，个位对齐。当目次表第1、2页均排足版心高度（即正文包括页眉的高度）仍排不下，而所余部分不多时，可将次要栏目题名连排，甚至可以改用小一号的字编排。

（5）分期连载的文章：应在目次表中题名后加注"待续""续一"或"续完"等字样。每卷中未刊登"稿约"的各期杂志，应在目次表的终末与栏目名称齐头排："本期稿约见本卷第×期第××页"，用五黑字体编排。

（6）目次表中栏目名称：目次表中的栏目名称应避免重复并保持相对稳定性。栏目的排列次序一般应与文章刊载的顺序相一致。同一栏目内的文章应按页码依序排列。

（7）广告编排：广告量较多的期刊，应刊登列出广告目次。在中文目次表内列出"广告目次"字样，将广告目次表作为补白编排在其他页，在"广告目次"字样后给出其所在页码。

广告目次页编排：在中文目次前的广告，封面拉页、封二、前插页1、前插页2、前插页3，对中文目次1；中英文目次表均单页起排，背面排广告，对中文目次2、对英文目次、对正文1；插在正文中的广告，如果在78-79页之间插入4面广告，分别排成78a、78b、78c、78d；排在正文之后的广告，如正文最后一页是160页，其后的广告排成160a、160b、160c……对封三、封三、封四。

（8）责任编者位置：在目次表下方通栏排本期责任编者。如本期执行编辑委员、责任编辑、责任校对、责任排版等，用通栏小五黑编排，责任编者排小五楷。空白较大时（超过10mm）可排编辑委员会成员名单，也可以排期刊的征订、邮购等信息，不要排补白类文稿，所排内容需要上目次，页码可标注中文目次2等。

2. 英文目次表

（1）英文目次表：一般紧接中文目次表编排；英文目次表占单页码页时，其后的双页码页可编排广告或编排中英文编辑委员会名单，但不要编排正文。一般应将英文目次表控制在一页以内，超过一页时，第二页英文目次排通栏，其篇幅最好超过半页，可以考虑扩大英文题名的栏目数，所余空白处不要排补白类文稿。

（2）英文目次版头：英文目次上方版头，从左起顶格排英文刊名（二黑），刊名转行顶格排，英文单词避免断开移行。刊名下五号白体字顶格编排出版周期（2字空）、创刊年月（2字空）、卷号（逗号）、期号（2字空）、出版月日（逗号）、出版年。

（3）版头上方：版头上方排通栏上粗下细文武线，下方排通栏反线，空一行后靠左侧约3/10处排竖线，线左侧排英文版权标志，右侧排主要论文目次。

（4）英文目次表距竖线一字空："CONTENTS IN BRIEF"顶格排（四号方头镇）。英文目次表只列出主要文章的题名（包括所在栏目名称）、作者姓名和起止页码。栏目名称缩一格排（五黑、每个词首字母大写）；题名在栏目名称下缩一格排（小五黑），若转行再缩一格排；无栏目名称时，题名顶格排。题名右侧排页码，题名与页码之间以点线相连。作者姓名在题名下缩一格排（小五斜）。署名作者姓名可以全部列出，也可以在超过3位时仅列出前3位，在末位作者姓名后加"et al"。中国作者姓名用汉语拼音，姓的全部字母大写，名字首字母大写，双字名中间加连字符。

如丛玉隆，CONG Yu-long。

五、医学期刊版权和其他信息

1. 版权标志　每期杂志应在固定位置（如封底、封二、封三、目次页旁或目次页下方等）刊载版权标志。①内容包括刊名（副刊名、并列刊名）、出版周期、创刊年份、卷号（年份）和期号；出版年月（半月刊、旬刊、周刊还应标示出版日）；主管单位及其地址、电话、传真、电子邮件地址；编辑单位及其地址、电话、传真、电子邮件地址、网址；出版单位及其地址、电话、传真、电子邮件地址、网址；印刷单位及其地址；发行单位（国内外）及其地址、期刊邮发代号；订购处、邮购处（包括电话、传真、电子邮件地址等）；主编/总编辑和编辑部主任姓名、中国标准连续出版物号、增刊批准号（必要时）、广告经营许可证号和商标注册号（必要时）；版权标志与归属、期刊定价等。②对海外发行期刊，应同时刊印英文版权标志；用外文出版发行的期刊，其版权标志应该用同种语言刊出。③若有编辑委员会，每年应该刊登编辑委员会成员名单。

2. 中文版权　各条目名称小五扁黑体字顶格排，条目具体内容小五扁白体字缩一格排，但其中的地址、电话号码、传真、电子邮件地址等，排小六扁白体字；各条目之间空一行，条目内紧排。中国标准连续出版物号下依次顶格齐头排"××××年版权归中华医学会（主办单位）所有"（小五扁黑）、"除非特别声明，本刊刊出的所有文章不代表主办单位或本刊编辑委员会观点"（小五扁白）和"本刊如有印装质量问题，可向本刊编辑部调换"（小五扁白）三段文字，段末不用标点；每段文字之间空1行或2行。

3. 英文版权　英文版权部分的标志内容与中文版权标志相对应，但总编辑和编辑部主任姓名为汉语拼音与汉字并列，汉字姓名加圆括号；此外，可以不编排"因印装质量问题调换杂志的声明"。版权标志的条目名称排小五黑，条目内容排小五白，地址、电话号码、传真、电子邮件地址等排小五白，版权归属排小五黑，编辑委员会声明排小五白。

六、医学期刊的卷、期、页码、页眉和栏头

1. 卷与期　医学期刊应依次分卷期出版，通常为每年出版1卷。每卷的各期按顺序连续编号；卷号和期号使用阿拉伯数字。每卷的最后一期，应在封面或目次页注明"卷终"字样。

2. 页码　页码采用阿拉伯数字，连续标注在切口侧右上角，全卷连续编排页码。每期的首页和翻开的右页，均应为单数页码。应避免分散跳页编排文章，尽量避免文章的转页，确需转页时，应在中断处标注"（下转第××页）"字样，在接页处标注"（上接第××页）"字样。而且每一篇文章最多转页一次。且只能顺转，即由数值小的页码转至数值大的页码，不能逆转，即由数值大的页码转至数值小的页码。非图随文的期刊，插图页每期单独编排页码，不与正文页码连续编排。目次页的页码可以与正文的页码连续编码，也可以不编入正文连续编码中。

3. 页眉　正文部分应在页眉或其他适当位置标注刊名、出版年月、卷号和期号；在海外发行的期刊使用相应外文标注相同信息。并列刊名可用缩写；每页页眉均排中文刊名、出版年月（半月刊、旬刊、周刊还应标示出版日）、卷号和期号（六宋），中文在前、英文在后，间隔1字空。其基本格式：如中华检验医学杂志2015，2月第38卷第2期 Chin Lab Med，February 2015，Vol.38，No.2。

4. 栏头　期刊正文部分可以设栏头，栏头用词应与目次表中的栏目名称相一致；栏头一般宜标注在每篇文章的题名上方，右侧顶格排。如果同一栏目的文章连排，栏头可以排在该栏目首篇文章的题名上方；原则上每篇文章均加排栏头。栏头文字连排，两侧加居中圆点，一律右侧顶格排（小二扁宋体），栏头距页眉（或水线）和题名的距离空1行空（均为五宋字体）。

七、医学期刊题名

1. 左侧顶格排，长度超过版心宽度4/5时需要转行，转行时需要考虑语气的停顿和该行末词的完整性，以避免将一个意义完整的词拆开转行；

虚词（"的"等）应尽可能留在行末，而连词（"和""与""及其"等），不宜留在行末。

2. 不得排在页末而不接正文，即避免背题。

3. 一般不设副题名；确有必要时，用冒号将副题名与主题名分开或用与主题名字体、字号不同的文字排副题名，以示区别。采用后一种编排格式时，在目次表中主题名与副题名用冒号隔开。

八、医学期刊作者署名与作者单位

1. 作者署名

（1）文章均应有作者署名；作者署名位置在题名下方，多位作者署名之间是否用"，"或"、"空格隔开，这可根据期刊习惯而定。推荐用"，"隔开，以利于计算机自动切分。医学科技新闻稿、消息稿非学术研究性文章，其署名可括号标注于文末。

（2）个人作者姓名或集体作者名称顶格排列在题名下方（五楷）。作者中单姓单名者，姓与名之间不留空格，各姓名之间空1字空或用"，"隔开；个人作者与集体作者并列署名时，个人作者姓名顶格排在第1行，集体作者名称顶格排在个人作者姓名下方（五楷）。例如：

张×× 李×× 崔×× 王×
×××××× 协作组

（3）英文摘要中我国作者的姓名用汉语拼音字母拼写标注；汉族作者姓名在前，复姓连写全部大写，名在后，首字母大写，双名间加连字符；姓与名之间空1格。对于复姓或双名的汉语拼音音节限易混淆者，应加隔音号"'"。

（4）署名作者在2人（含2人）以上和以集体作者署名时，建议标注通信作者，著录通信作者的工作单位全称、所在省市自治区、城市名称（省会城市可以略去省名）和邮政编码，一般著录在文章首页地脚处。为便于读者联系，也可以标注出通信作者的电话、传真或电子邮件地址。集体作者成员姓名可以标注于文末，除一般标出集体名称之外，还应标出项目主持或协调者。署名作者应自行确定通信作者，按照国际惯例，未注明通信作者的文章第一作者即为通信作者；通信作者如果变更工作单位，应注明当前联系方式。

（5）医学期刊一般不建议著录同等贡献，文章作者需确定论文的主要责任者；确需著录可脚注作者项目后另起一行著录"前×位作者对本文研究具有同等贡献,均为第一作者"，英文"×× and ×× are the first authors who contributed equally to the article"。英文摘要中同等贡献第一作者均需著录其工作单位，以* # △等顺序标注。同一单位的作者不能著录同等贡献。

2. 工作单位　在题名左下方脚注作者工作单位（六宋），但视署名方式编排格式也有所不同。

（1）个人作者：在"作者单位："字样后，依次列出第一作者单位、邮政编码、城市名称、单位名称到科室。首行缩2格排；邮政编码与城市名称之间空半字空；城市名称与单位名称之间隔以"，"，但若单位名称已体现城市名称时，则不再标注城市名称；同一单位不同科室之间隔以"，"，不同单位之间隔以"；"，句末不加标点。第一作者单位变更或作者中有研究生、进修生等情况时，均在括号内标注，必要时用中括号套小括号。作者超过1位时，作者指定一位通信作者，再另起一行在"通信作者："字样后列出通信作者姓名和电子邮件地址。例如：

作者单位：100730 北京，中国医学科学院北京协和医院检验科[王××（现在北京大学第三医院检验科）]、张××、李××（进修生），病理科（章××）；北京大学人民医院检验科（李××、王××）

通信作者：李××，Email：×××@×××.××

（2）集体作者：集体作者署名的论文，无论是多中心研究，还是临床随机对照研究等，原则上都应有责任作者署名，人数1～3位，通常是研究课题的设计与实施者、课题主持与承担者或课题协调者；确定1位通信作者，在论文首页脚注通信作者有关信息。题名下署名次序为作者1，作者2……研究组名称。如张晓明，李长龙，Lodoz临床科研协作组。

（3）刻意不列作者：对刻意不列作者的，可在文章末与参考文献之间列出所有参与研究或起草文章的人员和单位，"协作组成员"（六黑），冒号后六宋字依次接排参加协作组各单位名称，单位名称后括号内列出参加者姓名。

如题名下署名为"武汉地域新型冠状病毒肺炎防治协作组",同页左下脚注"通信作者:王××,武汉大学人民医院呼吸科,Email:×××@××××.××";文末整理者姓名后、参考文献前单列一段:"协作组成员:武汉同济医院呼吸(张××);武汉协和医院感染科(李××、赵××)……"。

(4)个人作者与集体作者并列署名:个人作者单位编排格式同(1),作者单位下另起一行写"……(集体作者名称)成员名单见文后"。正文后、参考文献前同(2),集体作者中所示格式注明集体作者成员名单。应注明全称到科室,包括所在省市自治区、城市名称(省会城市可以省略去省名)和邮政编码。推荐以"作者单位:"或"[作者单位]"作为标识,按作者姓名的排序依次将其工作单位著录于文章首页的地脚,不同单位之间用";"隔开。也可以在作者姓名右上角加注不同阿拉伯数字序号(但这种形式显得比较乱),在地脚依序号分别著录其工作单位名称;或将工作单位直接置于题名下作者姓名的上、前、后或下方。

(5)英文摘要中作者单位著录项目应与中文保持一致,应在邮政编码后加注国名。

九、课题基金资助项目的著录形式

1.基金资助项目　基金资助项目是指研究论文产出的科研经费资助背景。如国家自然科学基金资助项目、国家高技术研究发展计划基金资助项目、国家科技攻关基金资助项目、国家重点基础研究发展基金资助项目、卫生部科学研究基金资助项目等。获得国家重点课题资助产出的科研论文,应在文章首页地脚以"基金资助项目"作为标志注明基金项目名称,并在圆括号内注明其资助项目的编号。如果文章首页地脚同时标注作者单位,基金项目的标注应置于作者单位上方、数字对象唯一标识符(DOI)标注下方。

2.基金项目名称　基金项目名称应按国家有关部门规定的正式名称标注,要用全称,多项基金项目资助应依次列出,其间以";"隔开。如基金项目:国家自然科学基金资助项目(30271269);国家"十五"高技术研究发展计划资助项目(2008AA05005);国家"十五"科技攻关计划基金资助项目(2006BA719A10);中国博士后科学基金资助项目(2008036157)。

十、医学期刊编者按与编后语

医学期刊编辑委员会或编辑部欲向读者推荐某文章或编者认为有必要提请读者注意或思考以及需要探索的学术问题时,为增强学术引导作用,编者可以加"编者按"或"编后语",彰显编者思想和引起读者思考。一般"编者按"为五黑体,余为小五楷体,排左侧4/5版面。"编后语"一般反映编者的感想和看法,利于引导读者阅读和思考;一般编排在文章的最后,其字号字体应与正文有所区别,并尽量醒目,以利于引起读者注意。

十一、医学期刊摘要与关键词

1.医学期刊摘要与关键词　应占左侧4/5版面,右侧约1/5版面空白。英文摘要排在中文摘要下方,中英文摘要关键词分别排在中英文摘要的下方。"摘要(Abstract)"和"关键词(Key words)"排小五黑,加黑体方括号,缩2格排,转行文字顶格排。摘要的撰写格式可依栏目而异。同一栏目论文摘要的撰写格式应一致。

2.论著与摘要　论著文章如果有摘要,其内容应包括研究目的(Objective)、研究方法(Methods)、研究结果(Results)、研究结论(Conclusions)四部分,以小标题的结构式中英文摘要。临床试验研究论著结构式摘要的小标题也可以扩展。如可以细分为设计(Design)、附属机构(Setting)、患者或研究对象(Patients or participants)、干预措施(Interventions measures)等,可以根据需要灵活选择应用。四要素小标题排小五黑,并在1字空后小五宋体排相关内容。英文四要素小标题应根据实际情况确定单、复数。

3.综述性文章摘要　综述性文章如果有摘要,其内容应包括综述的主要目的、文献来源、文献的选择、数据提炼、数据综合与结论。也可以撰写成结构式摘要,当然也可以撰写成为指示性摘要或报道指示性摘要形式。

4. 摘要编排格式　英文摘要上方顶格排英文题名（首字母及专有名词要大写，其余小写）、作者姓名（汉语拼音）、单位名称（到科室）、所在城市名称、省份名称、邮政编码及国名。英文题名排小五黑正体，题末不用标点；其余各项排小五白斜体，各项之间除最后一个姓名后用实心点"."、除城市名与邮政编码之间留半字空外，均隔以","，国家名后不用标点。已经被Medline收录的医学期刊，应列出每篇论文的全部作者姓名，其他期刊可以仅列出前3位作者姓名，3位以后加上"et al"；前3位作者不属于同一单位者，在第一位作者姓名右上角加"*"，同时在单位名称前加"*"。

5. 关键词　每一篇论文选取2～5个关键词，各关键词之间以"；"隔开。无摘要的文章，其关键词编排在正文前。

十二、医学期刊临床试验注册号和论文分类号

1. 临床试验注册号　①为了增加临床试验信息的透明度，提高临床医学试验研究的质量和公众信任度，国际医学期刊编辑委员会于2004年9月在美国《内科学纪事》发表述评文章，提出从2005年7月1日开始其成员期刊只发表在公共试验注册机构注册的临床试验结果报告。我国医药卫生期刊也应逐步实施只发表经注册的临床试验研究报告文章。②临床试验注册号，临床试验注册号应从WHO认证的一级临床试验注册中心获得的全球唯一注册号。③临床试验注册号编排位置，临床试验注册号应编排在摘要结束处。以"临床试验注册"为标题（字号、字体应与摘要的其他小标题相同），注明其临床试验注册机构名称和注册号码。

2. 论文分类号　①论文分类号不是医学期刊必须著录的项目；选择著录论文分类号的期刊，应按照最新版《中国图书馆分类法》标注。当一篇论文涉及多学科，在主分类号之后还可以标注1～3个相关学科的分类号。②医学论文分类号排在中文关键词下方；无须标注英文分类号码。

十三、医学期刊正文的编排要求

1. 评论类文章　评论类文章。如述评文章一律采用题名二黑、正文五仿双栏编排格式；论著一律采用题名二宋，正文五宋双栏编排格式，栏距空2字空；其他文章的编排格式（如通栏、双栏、三栏等）和字体、字号由期刊根据习惯而定，但至少同一卷内各期应保持一致。不同栏目文章连排时加通栏水线。各页左右栏起始处不得有一两个字甩出。每篇文章应避免分散跳页编排；应在中断处注明"下转第××页"，在接续部分之前注明"上接第××页"，不得逆转。

2. 标题使用方法　国家新闻出版总署于2001年8月30日发布了新闻出版行业标准CY/T35—2001《科技文献的章节编号方法》，自2002年1月1日起实施。该标准要求科技文献章节的编号采用阿拉伯数字。科技文献的第一级层次为章，每一章下可依次再分成若干连续的第2级层次的"节"，还可以进一步细分为第3级、第4级层次的"节"。章、节约从1开始连续编号，节的编号只在所属章、节范围内连续，即采用1，1.1，1.1.1，1.1.1.1……2，2.1，2.1.1，2.1.1.1……的方式进行章节编号。论著文稿的"材料（对象）与方法""结果""讨论"各节标题，如果采用上述章节编号法，各节标题加序号，左对齐排，宋体四号字，两行接排。"参考文献"前不加序号，左对齐，黑体小五号。考虑到医学期刊长期以来形成的惯用格式，对此暂不作统一要求，是否采用可由期刊根据惯例决定实施。

十四、医学期刊插图的处理

1. 随文图的处理　随文一般应编排在相应正文段落之后，即先见文字后见图；其版位安排确有困难时，可适当予以变通。半栏图宽度小于3.5cm或通栏图宽度小于11cm时，图旁可以串文。图序排六黑和图题六宋，一般置于图形下方，图序与图题之间空1字空；遇图旁可以串文，也可以排在图的右侧。图例一般排在图内空白处，也可以排在图与图题之间。图注排在图与图题之间（六宋）。图序、图题等文字顶格排还是居中排，图题转行时转行文字齐头排、齐肩排还是居中排，

这可根据期刊习惯而定。

2. 插图的处理　插图集中编排在铜版纸插页时，应拼制成一块图版，缩放后各图之间距离为1cm。每组图上方应列出正文题名（四仿宋居中排，副题名可以省略），题名下一行右侧顶格小五号字排"（正文见××页）"字样。每图右下角排图序号（圈码）。图序和图题集中排于图下方。插页的页码每期单独排序，以期号-插图页序号表示，期号前加"插页"字样。如插图1-1，这表示该卷第1期第1页插页。同一插页内排来自不同文章的组版插图时，应在不同文章插图之间加水线隔开。

3. 病理图的处理　病理图应注明染色方法和放大倍数，每项内容之间空一字空。

十五、医学期刊表格的处理

医学期刊文章中表格应编排于相应正文段落之后，即先见文字后见表格；其版位安排确有困难时，可以适当变通。无论半栏表还是通栏表，均应避免腰截文字，即半栏表应排在提及该表的一段文字之后，读者阅读到文字即能够阅览到相应表，通栏表一般应顶天或立地排。表序和表题排在表格上方，表序与表题之间空1字空；表注排在表格的下方。表序排小五黑，表题排小五宋体，表内数字、文字和表注排六宋体。

十六、医学期刊参考文献的处理

参考文著录格式基本执行GB/T7714—2015《文后参考文献著录规则》。采用顺序编码著录，尽量避免引用摘要作为参考文献。内部刊物、未发表资料（不包括已被正式期刊接受而待发表文章）、个人通信等，不能作为参考文献加以引用，确需引用时，可在正文相应位置注明。引用文献（包括文字和表达的原意）作者应与原文核对无误。日文汉字请按日文规定书写，避免与汉语文字和表达混淆。

1. 文内标注方法　参考文献著录采用顺序编码制，即按文献出现的先后顺序用阿拉伯数字连续编码，并将序号置于方括号中。可根据具体情况分别按下述3种格式之一标注。

例如1，刘振国等[1]强调了帕金森病非运动症状需要全程规范化管理。

例如2，成人副流感病毒下呼吸道感染患者多合并基础疾病[2, 4-6]。

例如3，急性冠状动脉综合征患者腰臀比升高与睡眠呼吸障碍共同影响着患者预后见参考文献[5]。

当正文指明原始文献作者姓名时，序号标注于姓名右上角（例如1）；正文未指明作者或非原始文献作者时，序号标注于句末（例如2）；正文直接述及文献序号，将之作为语句的组成部分时，不同角码标注（例如3）。

2. 文后参考文献　依照其在文中出现的先后顺序用阿拉伯数字标出，并将序号置于方括号中，排列于文后。同一文献所列作者不超过3人，全部著录。超过3人，可以只著录前3人，后依文种加表示，"等"的文字。作者姓名一律姓氏在前、名字在后，外国人的名字采用首字母缩写形式，缩写名后不加缩写点；不同作者姓名之间用"，"隔开，不用"和""and"等连词。题名后标注文献类型标志，对电子文献是必选著录项目，其他文献可选择标注。文献类型和电子文献载体标志代码参照GB 3469《文献类型与文献载体代码》。外文期刊名称用缩写，以Index Medicus中的格式为准；中文期刊用全名，每条参考文献著录起止页码。每年连续编码的期刊可以不著录期号。国外医学系列的参考文献，其刊名中"国外医学"字样与分册名称连排，不加居中黑点。

十七、医学期刊文章致谢的处理

文章致谢非在正文之后，参考文献之前。致谢对象：①对本研究论文有贡献，但不能成为作者的人员。如给予课题研究支持的相关负责人。②为课题研究提供相应技术帮助者。③对课题研究提供财力和物力支持者，说明其支持的实质内容。在知识方面为本研究做出贡献但又不构成作者的人员，可以在志谢中提出其姓名和工作或陈述其贡献。如"科学指导""协助统计学分析""审议研究计划""协助数据收集""参与临床试验"等。致谢文字需要经被致谢者同意后方可发表。"致谢"二字排六黑体字左侧顶格排，空 1 字空后，六号宋体排具体文字，回行左顶格排，句末不加标点。致谢不与正文的层次标题连续编码。

十八、收稿日期的处理

在医学期刊中，除了消息报道或征文通知类文稿外，其他文章均应在文末（参考文献下方）括号内注明收稿日期（六宋，右顶格排）。如（收稿日期：2021-06-08）（本文编辑：×××）。

十九、DOI 的标注处理

从 2009 年 1 月 1 日出版的医学期刊开始，除消息类稿件外，其他正式学术性文章均需标注 DOI，标注于每篇文章首页脚注的第 1 页。标注规则：统一前缀 / 学会标志 . 文献类型 . 杂志 ISSN. 年 . 期 . 论文流水号。例如：

DOI：10.3760/cma.j.issn.×××-×××.yyyy.nn.zzz

各字段释义：10.3760：中华医学会系列杂志的统一前缀

cma：中华医学会标志

J：journal 的缩写，信息资源类别为期刊

issn.×××-×××：各期刊 ISSN 号码

yyyy：出版年

nn：期号

zzz：本期论文流水号

DOI：10.3760/cma.j.cn112137-20191212-02709

基金项目：国家自然科学基金项目（81472133）；国家重点研发计划基金项目（2016YFB1101300）

作者单位：430030 武汉，华中科大学同济医学院附属同济医院骨科

通信作者：李锋，Email：lifengmd@hust.edu.cn

二十、医学期刊更正和启事的处理规范

医学期刊"更正"应在目次中列出。更正内容可在分栏排文章后占一栏排或在三栏排文章后占一栏或二栏或通栏排。"更正"字样排五号黑体字，字间空 2 字空，在所占栏内居中排；其内容在所占栏内通栏排。启事等可参照此格式编排。

二十一、医学期刊稿约的处理规范

医学期刊稿约一般于每年的第 1 期和年中期、周刊在第 25 期、半月刊在第 13 期、月刊在第 7 期、双月刊在第 4 期、季刊在第 1 期刊出，"稿约"字样前冠以杂志名称。如《中华医学杂志》稿约。在目次中，"杂志稿约"同栏目词一样顶格排黑体字。上半年其他各期均要在目次表最后一行与栏目名称同字体字号顶格排"本刊稿约见本卷第 1 期 ×× 页"；下半年其他各期每期则应编排"本期稿约见本卷第 1 期、第 25 期（周刊在第 25 期，半月刊在第 13 期，月刊在第 7 期，双月刊在第 4 期）第 ×× 页"。

二十二、医学期刊编辑委员会成员名单的处理规范

医学期刊编辑委员会成员名单应在每年上半年和下半年各刊登一次，其时间一般同稿约；也可以每期刊登。"编辑委员会成员名单"字样前应注明杂志名称和编辑委员会届次。如《中华医学杂志》第 26 届编辑委员会成员名单。排编辑委员会名单时，单姓单名的姓与名之间空 1 字空，以利于版面协调和美观。

二十三、医学期刊总目次和索引的处理规范

1. 医学期刊卷与总目次　医学期刊可按需要在每卷（年）终编印总目次，以供全卷（年）合订成册时装订在卷首。其版头应标明刊名、卷次和出版年份。期刊每卷（年）终编印索引；索引可以采用分类索引、主题词索引、作者索引或关键词索引，索引名称前应冠以刊名、卷次和出版年份；也可以编印累计索引。

2. 医学期刊索引的处理　索引标题三黑左侧顶格排。关于索引的说明六宋通栏排；索引内容六宋双栏、三栏排均可以，栏距空一字空，行距 ×4。标引词（关键词或作者姓名）顶格排黑体字，空 1 字空后排题名等有关信息。主题词索

引于题名后加括号排作者姓名（1～3名全部列出，姓名之间"，"；3名以上时只写前3名，后加"等"），其后排期号（加括号）和页码（页码前用冒号）。作者索引于题名后直接排期号和页码。同一标引词条内有多条题名时，每条题名缩1字空起排，转行文字再缩1字空排。

3. 总目次与索引的编码　期刊总目次或索引可以另编页码，不与正文部分混同连续编码；也可以与正文连续编码。同一种期刊各卷的编排体例或格式应保持一致。

二十四、医学期刊增刊和特刊的处理规范

1. 医学期刊增刊的处理　增刊是指按正常期以外，根据学术需要额外增加出版的期刊。增刊应在封面、目次页和版权页上注明"增刊"字样。增刊的封面，应在原排印中、英文期号处，分别以"增刊"和"Supplement"字样取代期刊号。增刊不编入正刊各期连续期号和页码；增刊可以编入总期号、总目次和索引。

2. 医学期刊特刊与专刊的处理　期刊的特刊（专辑、专刊）是指按照某一专题或特殊需要而编辑出版的期刊，可以是正刊的某一期，也可以是额外增刊。特刊应在其封面上注明"×××特刊"或"×××专辑"。

二十五、医学期刊更改刊名的处理规范

1. 刊名变更的处理　刊名应稳定，需要更改时应按有关规定办理审批、登记手续。批准后应在本刊发出预告。

2. 更名与原刊名　更改刊名一般应从第1卷或下一年度的第1期开始，并在新刊出版的第1年内于每期封面上注明原刊名。

第五节　DOI 的基本概念与著录规范

DOI 作为数字对象唯一标识符（Digital Object Unique Identifier，DOI），其应用已成为全球医学期刊、出版机构数字化文献出版的国际标准和规范，其应用已基本普及，成为医学科技文献编辑出版的基本规范之一。

一、DOI 的基本概念

1. DOI 产生背景　DOI 的产生基于①解决传统文献信息统一资源定位符（Uniform Resource Locator，URL）链接中的"死链"问题；②解决异质科技文献资源的相互引用与便捷链接问题；③规范数字化文献版权，保护知识产权。基于以上考虑，为此美国出版商协会（AAP）在1998年创立了非营利性组织国际 DOI 基金会（IDF），同时创建了 DOI 标识技术系统，国际 DOI 基金会承担其管理和运营。其最初的目的是促进互联网数字化文献知识产权保护，也被誉为设置互联网上数字文献条形码。

2. DOI 的概念　DOI 是数字对象唯一标识符码，是一套识别数字文献资源的机制，其中包括的对象有文献、视频、报告、书籍等。它既有一套为资源命名的机制，也有一套将识别号解析为具体地址的协议。DOI 的体现形式主要是通过二维码、条形码、字符码、网络域名等，其数字对象的唯一性，是 DOI 的重要特征，也是数字时代科技文献"身份证"号码。

DOI 是用来标识在数字环境下的文献对象，也就是用来标识该文献的代码，它可揭示有关该文献的信息，如从网站或数据库中可以输入 DOI 查询和检索该文献；DOI 是数字对象唯一标识符，是一套识别数字文献资源的技术手段，它相当于文献的数字身份证，这极大地保证了在网络和数字化环境下对文献的准确获取和有效避免重复；同时有利于国际国内的知识产权保护，促进文献资源的合理应用与便捷应用。

3. DOI 组织机构　国际数字对象识别号基金会（International DOI Foundation）是成立于1998年的非营利组织，它是 DOI 系统的运行管理机构主体，其目的在于保障与 DOI 系统相关的知识产权，推广 DOI 的运用，同时确保 DOI 系统的一切改进，例如创造、维护、注册、解析与相关决

策等，以利于能为全体注册用户应用。基金会由会员选出的理事会控制，设全职主席一名，负责活动计划与协调。对所有愿意参与电子文献出版与相关科学研究的学术组织开放会员资格入会。

二、DOI 的基本特点

1. DOI 的唯一性　DOI 标识符作为数字化对象的识别符，对所标识的数字对象而言，相当于文献的"身份证"，而具有唯一性。这种特性保证了在网络环境下对数字化对象的准确提取，以利于有效地避免重复。

2. DOI 的持久性　一个数字化对象的 DOI 标识符一经产生就永久不变，不随其所标识的数字化对象的版权所有者或存储地址等属性的变更而改变。

3. DOI 的兼容性　DOI 标识符的兼容性体现在 DOI 号码的后缀中可以包含任何已有的标识符，例如国际标准书号 ISBN、国际标准刊号 ISSN、国际标准文本代码 ISTC、出版物件标识符 PII 等。

4. DOI 的互操作性　DOI 的处理系统可以与任何因特网上不同的计算机操作系统在处理同一数据时能保持一致，还能与不同时期的技术系统兼容。

5. DOI 的动态更新　DOI 系统可对其元数据、应用和服务功能进行快速和简便的动态更新。DOI 的主要目的是唯一标识网络环境下的各种信息资源实体，包括各种物理和数字资源。DOI 是从统一资源定位符（Uniform Resource Locator，URL）发展而来，被称为"下一代 URL"。它与 URL 的最大区别就是实现了对资源实体的永久性标识。

三、DOI 的基本结构与标注规则

DOI 基本结构是由前缀和后缀两部分构成，前缀由"10."开头，后最跟着 4 位数字，后缀不限制长度和字符形式，一般由字母、数字和符号构成。前缀 10.：DOI 在解析系统中的应用代号是固定的；1016（4 位数字）由 IDF 的注册机构统一分配给 DOI 注册用户；后缀由注册用户（出版机构）赋予的数字对象的内部唯一编码。

1. 编码方案　DOI 的编码方案（即美国标准 ANSI/NISO Z39.84-2000）规定，DOI 由两部分组成：前缀和后缀，中间用"/"分割。对前缀与后缀的字符长度没有任何限制，因此从理论上讲，DOI 编码体系的容量具有无限特点。

2. 前缀构成　DOI 前缀由两部分组成，其一是目录代码，所有 DOI 的目录都是"10."，即所有 DOI 代码都以"10."开头。而另一个是登记机构代码，任何想登记 DOI 的组织或单位都可以向 IDF 申请登记机构代码。登记机构代码的分配也是非常灵活的，例如一个出版商可以为其所有的信息资源只申请一个前缀，也可以为其数字图书、音像制品各申请一个前缀。

3. 后缀构成　DOI 后缀是一个在特定前缀下唯一的后缀，由登记机构分配并确保其唯一性。后缀可以是任何字母数字码，其编码方案完全由登记机构自己来规定。后缀可以是一个机器码或者是一个已有的规范码，如 ISBN 号或 ISSN 号。2007 年 3 月，IDF 正式授权中国科技信息研究所和万方数据成立中文 DOI 注册机构。

4. DOI 命名规则　DOI 码由前缀和后缀两部分组成，之间用"/"分开，并且前缀以"."再分为两部分。前缀由国际数字对象识别号基金会确定，后缀部分由资源发布者自行指定，用于区分一个单独的数字资料，具有唯一性。发布者可以选择以何单位进行注册，如一本书可以注册单一的 DOI，也可以依各章节分别注册，甚至独立注册其中的一个表格或图片。

5. 医学期刊 DOI 标注规范　①医学论文 DOI 标注位置：医学科技论文数字出版文献信息 DOI 一般标注于论文首页脚注处，即文章首页左下角作者单位信息之后或脚注处，也可以标注在英文摘要关键词之后。但标注在何处，每一期刊要相对固定，要尽可能标注在显要位置。除转载和消息类稿件外，其他文章均需标注 DOI。②标注形式：根据 IDF 编码方案，美国标准 ANSI/NISO Z39.84-2000) 规定，中华医学会系列杂志标注规则如下："DOI：统一前缀 / 学会标识 . 信息资源类型 . 杂志 ISSN ××××-××××. 年 . 期 . 论文流水号"。即："DOI:10.3760/cma.j.issn.××××-××××.yyyy.nn.zzz"。③参考文献

DOI 的著录：作者在撰写论文所列参考文献时，其文献具有 DOI 号的参考文献必须加以正确著录，其著录位置紧接在相应参考文之后。

四、DOI 应用的价值

1. 基本意义　当今，数字化期刊或电子期刊数据库已成为图书馆虚拟馆藏建设的发展方向，从图书馆自身角度来说，随着馆藏电子期刊种类和数量的增多，相关文献机构迫切希望能在不同的电子期刊数据库之间、数字化期刊数据库与文摘数据库或自建数据库之间实现无缝链接，从而实现图书馆数字化信息资源的深层次整合与高效利用；而通过使用 DOI 可以帮助图书馆更加有效的实现文献信息服务和共享。

2. DOI 的作用　DOI 有助于实现链接的本地化，可以把中文 DOI 系统作为本地化链接方案的一部分，通过提供指向馆藏全文信息的永久性链接来增加已获得资源的可用性，丰富其在线书目及数据库文献资源。①可以提供链接的扩展服务，图书馆会员可为学术研究、教育、科学研究、专家学者、非商业化的目的使用 DOI 及相应元数据；②可提供一个对不同文献数据库的通用管理入口；③通过标准的方式将不同的数据库集成；④享受高效率的单边链接协议；⑤享受低成本的扩张，实现自有文献资源使用效益与覆盖范围的快速增长；⑥享受标准化带来的方便，实现二次文献、文摘信息和集成信息等与一次文献的无缝集成；⑦实现中西文科技文献的有效链接和信息资源分享。

3. DOI 系统的功能　①命名：赋予数字化文献资源终身和全球化的唯一标识身份；②解析：通过 DOI 能够持久和方便地链接到数字化文献资源，提升文献资源的利用效率；③数据模型：通过 DOI 在各种系统间交换信息，便宜扩展文献资源利用；④知识产权保护：通过 DOI 源头注册发放"身份证"，可有效保护知识产权；⑤文献资源管理：构建期刊社、出版社、服务商、图书馆、科技文献信息研究中心、科学研究者的共同服务区，实现相关专业或行业的共赢。

4. DOI 读者应用　对于读者来说，当需要获取信息时只需要点击文献的 DOI 号，就可以获取文献全文；而且其链接能够永久保持。

五、DOI 国内外应用实践

当前 DOI 标注应用已经成为医学期刊论文发表的基本规范，国际著名医学期刊也都将 DOI 作为参考文献和论文发表标注规范，成为医学期刊论文发表的元数据，是当前医学期刊国际化和规范化的标志之一。如 Springer、Nature、The Lancet、BMJ、JAMA、中华医学会系列杂志等，都将 DOI 的使月作为基本规范。

1. DOI 的国际认可　DOI 最为一个完整的系统，是完整的唯一标识符管理、技术和标准体系，它由 IDF、CNRI（全美研究创新研究所）和全球各注册机构（RA）等运行，为用户提供完整的唯一标识符注册、解析与增值服务。2010 年 11 月 15 日 DOI 系统（ISO 26324）通过 ISO 最终认可成为 ISO 标准，即：ISO TC46/SC9。

2. 国外应月实践　国外的数字文献出版机构较早采用唯一标识符来标识其出版的电子科技文献，而且已形成了很多应用在不同环境下的标识符方案。例如：连续出版物及其单篇文献的标识（Serial Item and Contribution Identifier，SICI）、图书及图书内的内容片断（章节、前言、索引、段落）的唯一标识符（Book Item and Contribution Identifier，BICI）以及出版物件标识符（Publisher Item Identifier，PII）等。但是大多标识符方案仅仅定义了标识符名称空间及标识符构成机制，尚未构成一个完整的包含解析系统的标识符系统。相对于这些唯一标识符，美国出版协会（The Association of America Publishers，AAP）建立的 DOI 在技术上比较成熟。它主要是针对因特网环境下如何对知识产权进行有效的保护和管理而产生的。1998 年 AAP 创立非盈利性组织 IDF，IDF 在 CNRI 的配合下，制定了 DOI 标准和相应的解析系统。

目前已有上千万个已经分配并解析的 DOI 号码，众多 DOI 注册代理机构，例如中国科技信息研究所和万方数据研究院联合申请为 8 个代理机构，以及数百个使用单位，超越了美国、欧洲和澳大利亚以及一些非英语国家，应用领域也扩展到政府部门。目前国外 Elsevier、Blackwell、John Wiley、Springer 等大型出版商大多使用 DOI 对数字文献资源进行标识，形成了比较完整的命名、申请、注册、变更等管理机制，DOI 的解析系统发展也比较成熟。在此基础上，也有些网络、数据库或出版商相继推出各种与 DOI 相关的增值服务。例如 CrossRef Search 结合 Google 检索技术与 DOI 系统的定位服务，实现了 CrossRef Search 检索结果到出版商全文之间持久与有效的链接。

3. 国内应用实践　国内 DOI 应用推广较快，2007 年初，中国科学技术信息研究所和万方数据联合向 IDF（国际 DOI 基金会）申请取得了 DOI 的中文注册权，在此基础上成立了中文 DOI 注册中心，成为中文信息服务领域的第一个国际 DOI 基金会组织下的中文代理机构。构建和负责运作中文 DOI 的推广与应用，作为第一个中文合作式参考链接服务，万方数据研究院作为 DOI 注册中心的日常管理机构。其中心的任务与目标是通过与国内外相关机构的合作，推进 DOI 在国内出版界、科技信息服务界的应用，同时积极探索通过 DOI 实现中文与英文文献资源的链接；其中心不仅提供 DOI 的注册服务，而且还通过建设一个 DOI 中文应用平台与门户网站，积极提供基于 DOI 命名及应用相关的增值服务。在科技信息资源整合的基础上通过 DOI 系统提供更多的附加服务。目前，在国内医学科技期刊领域 DOI 的著录已基本普及，成为基本的编辑出版规范要求。

第 20 章　医学科研伦理规范与编辑审稿要点

医学科研伦理尽管是研究者应遵循的科研行为准则，但作为医学期刊编审者在审稿中也应对医学科研论文所涉及的医学科研伦理规范知识有所了解，特别是在医学科研论文评审中，应严格控制和防范严重违反医学科研伦理规范及道德的医学科研论文的公开发表，以保证所发表的医学科研论文符合医学科研伦理规范。因此，医学期刊编审者在医学科研论文的发表中应当负有重要的编辑把关责任。

第一节　医学科研伦理的基本概念及原则

一、医学科研伦理基本要义

医学科研伦理，是指医药卫生科技人员在从事医学科研活动中，处理和调节研究者与被研究者、主要科研人员与其他参与研究人员、研究集体与个体、课题立项与科研目的、受试者/患者与权益保护、科研经费资助与课题利益冲突、科研动机与科研立项、隐私权与保密、科研成果与著作权、受试者与生态环境、科研风险与科研价值、科研设计与样本设计、科研论文发表与作者署名、科研目的与利益冲突等医学科研活动间各种关系的伦理道德、行为规范和行为准则。科研伦理贯穿于医学科研的全过程，当然，这些也体现在科研论文中，医学科研伦理涉及科研选题、科研立项、研究对象的设计与选择、实验设计、动物实验、人体试验、临床试验、成果鉴定、科研成果与知识产权、科研论文发表等诸多环节。医学科研伦理是从事基础医学研究和临床医学研究者必须遵循的基本伦理道德规范，特别是世界医学大会发布的《赫尔辛基宣言》，是指导医学科研和科研人员伦理行为的基本准则与要求，遵守规定的伦理道德规范，是医学科研人员的基本义务，也是医学期刊编审人员在审查和评审医学科研论文发表资格的重要内容之一。因此，医学编辑审稿和医学科研论文作者在审稿和论文撰写中必须熟悉和遵守医学科研伦理行为规范和要求。《赫尔辛基宣言》是医学科研伦理指导性准则，是用以指导医学科研人员及其他参与者进行人体医学研究应遵循的伦理要求。在医学科研实践中，促进和保护人类健康是临床医师或医学科研工作者的基本职责与义务；患者的健康和患者的利益也是临床医学科研人员首先考虑的问题，只有在符合患者利益时，临床医学科研才可提供对患者的生理和心理的医学科研与医疗行为。

二、受试者健康与权益优先原则

众所周知，医学的进步是以科学研究为前提的，这些研究在一定程度上最终有赖于以人作为受试者的基础或临床试验研究，医学科研只有以人体为样本进行研究时才更接近临床。因此，在人体医学研究中，对受试者健康和权益的考虑应优先于研究本身；临床医学研究的主要目的是提高疾病预防、诊断和治疗水平，促进对疾病病因学和发病机制的认识，即使是医学实践中已被证实了的预防、诊断和治疗方法也应不断地通过临床研究来验证其有效性和安全性。在目前的医学实践和医学研究中，大多数的预防、诊断和治疗都有风险。因此，医学研究应遵从医学科研伦理标准，对所有的受试人群高度尊重，并保护他们的健康和基本权益。医学科研选题中，难免有些对受试人群中的弱势群体更应加以特别保护。必须满足在经济利益和医疗上处于不利地位受试者的特殊需要，并特别关注那些不能做出知情同意或拒绝知情同意，防止可能在胁迫下被动做出知情同意，所以，医学研究者和医学期刊编辑必须了解人体研究方面的伦理、法律和法规的要求，并且要符合国际的要求。任何国家的伦理、法律和法规都不允许减少或取消《赫尔辛基宣言》中对受试者所规定的保护措施和要求，更不能将不符合医学科研伦理道德的医学论文在期刊上予以公开发表。

三、普遍接受的科学原则

在医学研究中，特别是临床医学研究，保护受试者的生命和健康，维护他们的隐私和尊严是医学科研人员或临床医师的职责与义务。人体医学研究必须遵从普遍接受的科学原则，并基于对科学文献和相关资料的全面了解及充分的实验室与动物实验，必须适当谨慎地实施可能影响环境的研究，要尊重用于研究的实验动物的权利。在医学科研活动中，每项人体试验的设计和实施均应在试验方案中明确加以说明，将试验方案或课题提交给相应的医学科研院校（所）的医学伦理审批委员会进行审核、评论、指导，实施审核批准。相应科研单位的医学伦理委员会必须独立于研究者和申请者之外，不受其他方面的影响。医学伦理委员会应遵从所在国的法律和制度，医学伦理委员会有权监督进行中的医学科研活动或临床试验行为或临床研究项目，研究人员也有责任和义务向医学伦理委员会提交监察资料，尤其是所有的严重不良事件的资料。医学科研人员，特别是科研课题的主持者还应向医学伦理委员会提交其他资料以备审批，包括有关资金、申办者、研究机构，以及对受试者潜在的利益冲突或奖励的资料，其研究方案必须有关于医学科研伦理方面的考虑说明，并表明该研究方案符合《赫尔辛基宣言》中所要求的原则。

医学科研行为，特别是人体医学研究必须由具有专业资格的技术人员并在临床医学专家的指导和监督下进行，具有资格的承担者对受试者负责，而不是由受试者本人负责，即使受试者已经知情同意参加该项研究，每项人体医学研究开始之前，应首先认真评估受试者或其他人员的预期风险、负担与受益比。这并不排除健康受试者参加医学研究，所有研究设计都应公开。医学科研人员只有在确信能够充分地预见试验中的风险，并能够较好地处理时才能进行相应的人体研究活动。医学科研中，人体医学研究只有试验目的的重要性超过了受试者本身的风险和负担时才可进行，这对健康志愿者作为受试对象时更为重要。

四、受试者权利保护原则

在医学研究中，必须始终尊重受试者的保护权利，尽可能采取措施保护受试者的隐私，应将受试者资料严格保密，并将对受试者身体和精神及人格的影响减至最小。在任何人体研究中都应向每位受试者充分地告知研究的目的、方法、科研经费来源、可能出现的利益冲突、研究者所在的研究附属机构、研究的预期的受益和潜在的风险及可能出现的不适，受试者有权拒绝或在任何时间退出试验并且不会受到报复。当确认受试者理解了这些信息后，医学科研人员或临床医师应获得受试者自愿给出的知情同意，以书面形式为宜。如果不能得到书面的同意书，则必须正规记录非书面同意的获得过程并要有见证。在医学科研实践中，对取得研究项目的知情同意时，应特别注意受试者与医师是否存在依赖性关系或可能被迫同意参加。知情同意的获得应由充分了解但不参加此研究，并完全无依赖关系的医师来进行。对于在法律上没有资格，身体或精神状况不允许给出知情同意或未成年人的受试者，研究者必须遵照相关法律，从法定全权代表处获得知情同意，只有该研究对促进他们所代表的群体的健康是有积极的意义的，这些人才可能考虑被纳入研究对象。当无法认定受试者资格时，如未成年儿童，研究者除要得到法定授权代表人的同意外，还必须征得本人的同意。有些研究不能获得受试者的同意，包括委托人的同意，只有当受试者身体/精神状况不允许获得知情同意时，这项研究才可进行。应当在试验方案中阐明致使参加研究的受试者不能做出知情同意的特殊原因，并提交医学伦理委员会审查和批准。研究方案中还需说明在继续的研究中应尽快从受试者本人或法定授权代理人处得到知情同意。严格地讲，违背医学科研伦理的论文作者和编审人员都要承担伦理责任。在发表研究结果时，研究者有责任保证结果的准确性。阴性与阳性结果一样，阴性也应发表。发表论文时应说明资金来源、附属机构和任何可能的利益冲突。任何与《赫尔辛基宣言》中公布的医学科研伦理原则不符的研究论文不能被学术期刊接受和发表。

第二节 医学科研设计实施的伦理规范要求

医学研究主要医学伦理学合理性的基本特征：①本研究所采用的方法和所获取的资料是用其他方法无法获取的；②科研设计科学合理，研究方法符合研究目的；③研究风险相对于预期受益是合理的；④在医学科研设计和研究活动中尊重、保护和公平地对待受试者，符合临床科研的道德规范；⑤参与研究人员在教育和经验方面都具有医学科研资格承担并胜任相应研究课题。临床医学科研伦理问题主要有科研设计与实施、研究风险与受益、受试者的招募、知情同意书告知的信息、知情同意的过程、受试者的医疗和保护、隐私和保密等，涉及弱势群体的研究（如妇女、孕妇、儿童、精神障碍者的研究），以及境外医学科研机构、医药企业、学术组织等发起的合作研究等，是否符合医学科研伦理要求。

一、医学科研设计的基本准则

医学科研立题或实施要满足受试者的要求，特别是要遵循《赫尔辛基宣言》的要求。对于涉及人类受试者的医学研究必须符合普遍认可的科学研究原则，应基于对科研文献、相关科研信息、满足试验和适宜的研究信息的掌握和了解，同时对其的福利应给予应有的尊重。特别是对涉及人类受试者的医学研究必须由受过适当医学科研伦理和科学培训，且具备医学科研资质的人员来实施研究过程，对患者或健康志愿者为样本的研究，要求由一名能胜任的并具备资质的医师或卫生保健专业人员负责监督管理，每项涉及人类受试者的研究在招募第一个受试者之前，必须在可公开访问的数据库进行登记。研究者、作者、申办方、编辑和出版者对于研究成果的出版和发布都应承担应有的医学科研伦理义务和责任。医学科研人员有责任公开他们涉及人类受试者的研究结果，并对其研究报告的完整性和准确性负责。医学科研工作者的研究论文应遵守被广泛认可的医学科研伦理规范要求，对负性或不确定的结果必须和正性结果一同发表，不能只发表研究者期望的正面结论。对于科研资金来源、机构隶属和利益冲突必须在研究论文中或在出版物上公布，严格讲，对不遵守医学科研伦理原则的研究论文不应被接受和发表。

二、临床医学科研与基础医学科研的伦理原则

医学科研一般分为临床医学科研和基础医学科研，在医学科研实践中，通常把以人体或患者为研究对象的归为临床医学科研；而把以动物为研究对象或体外实验性研究一般归为基础性医学研究。当然，在医学科研实践中，由于研究目的不同，在科研设计中，既有人体研究对象或样本，同时又有动物研究对象或样本，这种研究对象混合性设计，一般称为临床与基础结合性的医学研究。无论是涉及以人体和动物为研究对象，作为研究者，在医学科研设计和实施的全过程中，都应分别遵循人体试验和动物实验的相应科研伦理原则和道德要求。

1. 临床试验研究应坚持的伦理原则

（1）受试者知情同意原则：这是临床医学研究以人体或患者为研究对象的试验中，首先应遵循和保障受试者的知情权，是否参加研究的自主决定权由患者或纳入研究对象的正常受试者选择，并严格履行知情同意程序，严防使用欺骗、误导、利诱、胁迫等手段使受试者同意参加研究，要允许受试者在任何阶段无条件退出。

（2）受试者风险控制原则：研究者应将受试者人身安全、健康权益放在优先地位，其次才是研究目的和社会利益，其研究风险与受益比例应当合理，尽可能使受试者避免任何伤害。

（3）受试者免费补偿原则：在临床研究中，应当公平与合理地选择受试对象，对受试对象参加研究不得收取任何费用，对于受试者在试验研究过程中，对其因参与试验所支出的相关合理费用，应给予适当补偿。

（4）受试者隐私保护原则：研究者应切实保护受试者的隐私权，并如实将受试者的个人信息在使用、存储情况和保密措施告知受试者，未经受试者授权不得将信息向第三方透露。

（5）受试者依法赔偿原则：当受试者参加研究过程中受到损害时，应当得到及时免费治疗，并依据法律法规和双方约定给予相应赔偿。

（6）受试者特殊保护原则：在临床试验研究中，应对儿童、孕妇、智力低下者或精神障碍患者等特殊人群的受试者加以关注，给予保护措施。

2. 基础医学实验研究应坚持的伦理原则　对基础医学研究涉及以动物为研究对象，在《赫尔辛基宣言》中已有规定；同时，国家实验动物数据资源中心对"动物福利伦理审核的原则"也有规定；科技部《关于善待实验动物的指导性意见》，也对饲养、管理、实验、运输过程中如何善待实验动物做出了规定。因此，在医学科研实践中，涉及以动物为研究对象的，研究者要遵循对动物的伦理原则。

（1）实验动物的3R原则：这项原则是目前公认的实验动物福利的核心和主要研究内容，3R原则，即实验动物保护原则，包括减少（reduction）医学科研活动中的动物使用量，尽量使用能够达到相同目的或能获得相同结果的动物替代（replacement）方法；尽可能采用可行技术和手段，使实验动物免受因实验所造成的痛苦、不安和疼痛，尽可能改善实验动物的生活环境，从而提高实验动物的生存质量的优化（refinement）方法；优化是实验动物福利的具体体现，它需要研究者在动物实验中应根据3R原则，对是否需要实验动物进行研究、动物实验中需要给予哪些具体的动物福利措施等判断。

（2）医学实验动物福利原则：主要是指要保证医学实验动物生存时，包括运输中享有最基本的权利，享有免受饥渴、生活舒适自由，享有良好的饲养和标准化的生活环境，各类实验动物管理应符合该类实验动物的操作技术规程。

（3）医学实验动物伦理原则：是指要充分考虑实验动物的利益，善待动物、防止或减少动物的应激和痛苦及其他伤害，研究者要尊重实验动物的生命，防止针对实验动物的野蛮行为，采取痛苦最少的方法处置动物；实验动物项目要保证从业人员的安全；动物实验方法和目的必须符合人类的道德伦理标准和国际惯例等。

（4）医学实验利益平衡的原则：实验动物福利和动物伦理的审核，并不意味着绝对地保护实验动物不受到任何伤害，而是以当代社会公认的伦理道德价值观，同时兼顾实验动物和人类利益，尽可能地减少因实验给动物带来的过度伤害。

三、医学科研伦理与论文发表审稿要点

1. 医学科研立题依据　医学科研选题要符合公认的科学原理和基础研究与临床需要，并基于对相关领域研究文献、其他相关领域和本领域研究进展及趋势等文献资料的充分了解和驾驭，并基于充分的实验研究依据，医学研究具有科学价值和社会价值，对人类疾病预防、诊断和治疗具有潜在价值，对于将受试者暴露于科研风险，而又没有可能受益的不科学和无任何实际应用价值的医学研究都是违背医学科研伦理道德的行为。

2. 医学科研设计伦理　医学科研设计中，要明确研究目的，充分说明研究的背景和研究的意义及价值，明确不同研究阶段。一般分为早期探索性阶段和疗效确证性临床研究阶段。

（1）明确和交代研究类型或科研设计类型：如实验性研究、临床试验研究、现场试验研究、社区干预试验研究、观察性研究、分析性研究（队列研究、病例对照研究）、描述性研究等。

（2）医学科研设计入组研究对象的选择：根据研究目的选择研究现场和研究对象；制订严格的纳入标准和排除标准，用临床诊断金标准确定入组样本，以避免某些因素影响研究的真实效应或存在医学伦理问题。对于临床试验性研究的入组对象要求：干预措施有效、代表性好、预期结局事件发生概率较高、容易随访、干预措施对其有益或至少无害、依从性好且乐于接受并能坚持临床试验等。

（3）确定干预措施：对于临床试验性研究必

须说明干预措施的名称、来源、剂型、剂量、用法等，其次还须说明措施的实施方法和统一的实施标准。

（4）研究样本设计：样本设计应注意研究的样本量、随机、对照、盲法、观察期限、结局变量等的设计要求；在确定样本量时，不同科研设计方法，其样本量的计算及其依据也存在差异。

（5）坚持随机化分组原则：在试验性研究中，随机化是分配研究对象到各组别的首选方法，除非有另一种方法在科学或伦理上是合理的，如历史对照或文献对照。随机化分组，除了通常的科学性优势外，还要具有使所有参加试验的受试者可预见的利益和风险均等的优点。但随机化分配可能使受试者被剥夺已知的有效疗法而受到损害，特别是随机化对照研究中的试验干预措施，是用于防止或推迟致命的致残的后果，此时，应通过风险最小化设计，制订相应的对策。

（6）确定对照的方式：在临床试验性研究中，要正确评价干预措施的效应，必须采用严密的、合理的对照设计，由此来有效控制偏倚因素，使研究结果更可靠和接近其真值。

（7）研究中盲法的应用：对于实验性流行病学研究信息的真实性往往容易受到研究对象和研究者主观因素的影响，会产生信息偏倚。因此，可以采用盲法避免偏倚的产生。在临床医学科研中，盲法研究设计是基本原则之一，但盲法也不是所有研究都必须采用或都能应用。

（8）确定观察期限：在试验性研究中，需根据试验目的、干预时间和效应（结局事件）出现的周期等，确定研究对象的开始观察时间、终止观察的日期。

（9）研究结局变量及其测量方法：在试验性研究中，研究的效应是以结局变量来衡量的；而在临床试验研究中，结局变量也可称为终点。选择结局变量时还要规定测量的方法和判断的标准，否则将导致测量偏倚，造成结果的误差。如新疫苗的Ⅲ期临床试验需要通过所研究疾病/终点事件发生率的变化来评价疫苗的有效性，故病例诊断的标准/终点事件的定义和诊断是影响临床有效性结果评价的关键因素。病例疾病的诊断标准要具有合理性，应符合国内外公认的相关标准，特别是金标准，并具有高度的特异性、合理性和较好的敏感性。

（10）确定基线数据和监测系统：基线资料一般包括人群的基本人口特征、结局指标的基线水平、其他可能影响研究结果的因素等。监测系统必须有相对低的成本和较高的灵敏度。

（11）研究对象的随访和资料收集：确定随访观察的内容、人员、资料收集方法等。在疫苗临床试验方案中应明确说明访视和随访的时间、间隔、次数并阐述理由。应有一个周密的访视计划和全面的随访表。对访视点和随访时间的考虑取决于研究的人群、评价终点（临床终点、免疫原性终点和安全性终点）、疫苗接种程序、疫苗的特点等因素。

（12）统计学分析方法：应明确数据处理的方法及标准，所使用的统计工具集软件名称。

（13）研究的预期风险：避免或最小化风险的措施，如纳入标准和排除标准对风险人群的限定、提前中止研究的标准、预期严重不良反应的处理方案与程序、紧急破盲的规定、对症处理的规定、叠加研究设计等。

3. 医学科研的实施条件

（1）研究条件与研究人员：实验室或研究现场的设备及条件是否符合临床研究方案实施的要求。特别对主要研究者的资格、经验、是否有充分的时间参加临床研究。主要研究者和课题负责人，不得同时进行不同申办者相同课题的临床研究，并不得同时进行过多种选题的临床研究；主要研究者和课题负责人应接受临床研究管理规范进展的培训。其研究团队的人员配备满足临床研究实施的需要，研究岗位与其资格相符。所有研究人员均经过 GCP 培训、受试者保护的培训、利益冲突政策的培训，以及临床研究方案与实施操作的专业培训。

（2）医学研究中的利益冲突问题：根据研究利益冲突政策的规定，审核研究人员的经济利益声明；研究者研究经济利益声明报告的经济利益超过研究者的月平均收入，可采取相应限制性措施。

（3）医学研究的公开性：以人类为研究对象的前瞻性、干预性临床研究，在招募首例受试者之前完成临床研究注册，方案应符合关于临床研究注册责任者的规定。研究结果的发表方式，多中心临床研究，应在合同中规定谁拥有发表研究结果的权力，并规定报告研究结果的文稿要与主要研究者一起准备，并服从主要研究者的意见。在阴性结果的情况下，通过公开发表或向药品注册当局报告途径，以保证可以得到相应结果。在某些情况下，可能被认为不适合发表的研究结果，如流行病学、社会学或遗传学研究的发现，其研究结果和结论可能对社会、人群、种族或民族定义的群体的利益造成损害。

四、临床医学研究中对照设计问题

1. 医学科研对照的基本定义　临床研究中设立对照组的主要目的是判断研究对象在接受干预措施前后的变化是由干预措施引起还是由其他原因引起，是临床研究质量和研究结论说服力的关键保证。临床研究中的对照组可根据接受干预措施的类型和决定将谁分配到对照组的方法，一般可分为安慰剂对照、同期空白对照、剂量效应同期对照、有效药物对照和外部对照。前4种是同期的对照（对照组和试验组从同一人群中选择且同时开始干预），外部对照（历史性对照）只应用于特殊的情况。保证各对照组间患者分布的均一性和均衡性、基础情况的均衡性是对照临床试验取得科学结论的基本前提。对照可以是平行对照交叉对照盲法、非盲法；同一个临床试验可以采用一个或多个类型的对照组形式，但需视具体情况或试验目的而定。在临床试验研究中，如对于疫苗临床试验研究，当所采用对照的同类阳性疫苗的有效性已经确定，此时设计对照的目的主要是用于确定新疫苗的相对有效性，在没有合适的阳性对照疫苗时，可考虑采用安慰剂对照或者与其他抗原成分的疫苗对照进行有效性评价。对于联合疫苗则可采用与各单价疫苗进行对照观察和比较研究。当阳性对照疫苗的有效性可能受到疫苗的质量和稳定性、抗原的变异、免疫接种的覆盖率、流行病学因素、接种人群的状况，以及其他保护措施等因素影响时，则需要设计有多组对照的临床对照研究（如同时包含试验组、阳性对照组和安慰剂对照组），在符合医学科研伦理的前提下，选用安慰剂组作为研究的内部对照，可使研究结果更为客观。一般而言，诊断、治疗或预防性干预试验中对照组的受试者，应得到公认有效的干预。当研究目标是评价性研究，主要观察干预措施的有效性和安全性时，使用安慰剂对照通常比有效药物对照更能产生科学而可靠的结果与结论。在很多情况下，除非是安慰剂对照，否则难以区分是有效干预、还是无效干预。如果使用安慰剂，剥夺了对照组的受试者接受公认有效干预的权利，因而使他们暴露于严重的损害，如果损害是不可逆的，使用安慰剂显然是有悖于医学伦理和医学科研道德的行为。

2. 医学科研安慰剂对照或同期空白对照设计

（1）安慰剂对照应用标准：对所研究的疾病尚无有效的防治药物，使用安慰剂后或不采用防治药物对研究对象的健康和病情无影响时，延迟或不采用公认有效的干预，可能使受试者感到暂时的不适和症状缓解延迟时，对不采用公认有效的干预，可能使受试者感到暂时的不适和症状缓解延迟时。对采用公认有效的干预作为对照将会产生不可靠的研究结果，这时出于令人信服的以及科学合理的方法学上的理由，使用安慰剂是确定一种干预措施有效性或所必需的，而且使用安慰剂治疗不会使患者遭受任何严重的风险及不可逆的伤害。

（2）临床研究中安慰剂对照的应用：当缺乏有效的替代干预的安慰剂对照时，根据《赫尔辛基宣言》规定，对缺乏预防、诊断和治疗方法的情况，临床试验的对照组使用安慰剂在医学科研伦理上是可接受的。在这种情况下，安慰剂比不干预更科学，但在某种情况下，如果一种替代的设计方法既科学又符合医学科研伦理要求，这可能是更可取的研究设计。如对某些疫苗的临床试验研究，其研究者可为对照组选择一个与研究疫苗无关的疫苗进行对照研究。

（3）安慰剂对照风险：对于风险较小的安慰剂对照，其研究干预针对的病情相对较轻，即使不采用公认有效干预措施其风险确实很小，而且很短暂，其安慰剂对照设计符合医学科研伦理要求，而且从科学依据上更具有可取之处。如安慰剂或阳性治疗仅在生理测量上产生较小差异，出现血压轻微增高或血清胆固醇轻度升高，而且延迟治疗或不加治疗仅导致暂时性的不适，并不会发生严重不良后果。

（4）临床安慰剂对照研究的合理性：对阳性对照很难产生可靠结果时的安慰剂对照，必须同时满足2个条件，才可被医学科研伦理所接受。①文献经验证明公认有效的干预措施，而又不足以为研究干预措施提供科学可靠的对比。如没有经过随机、对照的临床试验，并证明其显著优于安慰剂的上市药物。②采用安慰剂对照不会对受试者产生严重损害，特别是不可逆损害的风险。假如，干预所针对的情况非常严重（癌症或HIV/AIDS），而且不能剥夺对照组中受试者使用公认有效的干预措施，当缩短安慰剂的使用时间，并且科研设计允许在无法忍受的症状发生时改用阳性治疗，这种安慰剂对照研究在医学科研伦理学上是符合要求的。医院或科研单位的医学伦理委员会应确信受试者的安全与权利得到充分保护，对受试对象采用可替代的治疗方法应告知受试者，此种研究目的和科研设计具有合理性。

（5）临床安慰剂对照研究风险控制：在安慰剂对照中，采用受试者损害最小化的方法，如果医学伦理委员会审查认为安慰剂对照是合理的，还应确信其风险已在可控范围内和最小化。安慰剂对照损害效应最小化的方法有叠加设计，在标准治疗基础上，加上试验治疗和安慰剂，这类研究一般用于研究性治疗的作用机制与标准治疗不同时。对已知标准治疗可以降低病死率或不可逆损害的发病率，但这种试验采用标准治疗做阳性对照则难以实施或难以做出解释时，其方案应明确规定标准治疗方案，以保证组间基线的一致性。

3. 医学科研有效药物对照试验 作为安慰剂对照试验的替代，有效药物对照又称标准方法对照，也称等效性试验。有效药物对照是将研究干预措施与公认有效的干预措施对比，从而得出科学和可靠的数据。当有效药物对照不是为了判断研究干预是否优于公认有效的干预，其目的是判断研究干预措施的有效性和安全性，并与公认有效的干预措施是否相等或几乎相等；然而，与公认有效的干预措施相比，等效或几乎等效的研究干预措施或优于其他干预措施并得出这样的结论是危险的。阳性对照药物的有效性是基于其随机盲法安慰剂对照临床试验的结果，如果等效性试验设计与该研究的条件不同（诊断标准和纳入人群的疾病程度、合并疾病、干预药物的剂量和疗程、主要疗效指标及其观测时点和测量方法等），由此得出试验药物与阳性药物同样有效的结论可能是不可靠的。在不同国家、地区、机构进行的临床试验，其结果表面相同，但实际可能因为研究实施环境的不同，可能导致其结果有相当大的差异。

4. 医学科研剂量效应同期对照试验 在临床医学研究中，剂量效应试验是指受试者被随机分类到试验药物的几个剂量组，伴有或不伴有安慰剂组，其任务是建立剂量和效力、不良反应间的关系或为了说明效力，这在理论上已知防止死亡或发病有效的剂量，随机有意地给予有效剂量治疗与予安慰剂治疗，这是不符合医学科研伦理规范要求的，只有在疾病不严重的情况或治疗产生明显毒性反应时，其剂量反应试验应用有效剂量或安慰剂可能被患者和研究者接受。对于剂量效益研究可以让患者和研究者接受较小的有效剂量以取得较大的安全性，这符合医学伦理和实际操作要求。

5. 医学科研中外部对照试验 外部对照是指对照组的患者与接受试验药物的患者不是来自同一治疗人群，即没有同期的随机对照组。一般讲，对照组是那些以前已被明确的病例，当一种新药是用于临床治疗严重的疾病，而当前又没有令人满意的其他治疗时，尤其是新药在理论上、动物数据、早期经验都证实是有希望的，那么有理由可以不接受新药治疗的同期对照组的对比试验。

第三节 预防医学科研伦理规范与审稿要点

在疾病预防中，疫苗无疑是预防传染性疾病传播的重要防控手段。在疫苗开发研究、临床免疫试验和疫苗接种中，都应遵循医学科研伦理规范要求。

一、人用疫苗临床研究的基本要求

人用疫苗是指能诱导宿主对感染病原、毒素或其他重要抗原性物质产生特异性和主动保护性免疫的异源预防用生物制品。人用疫苗包括含用化学和（或）物理方法灭活但仍具有免疫原性的微生物灭活疫苗；对人无毒或减毒但保留免疫原性的活微生物，即减毒活疫苗；由生物体或其分泌物提取及重组 DNA 等技术获得的抗原制备的疫苗。疫苗的研发主要分为两部分：临床前研究和临床试验。对疫苗临床试验提出总的要求是，疫苗临床试验的全过程应严格按照《药品临床试验管理规范》进行。

二、人用疫苗临床研究的特点

1. 疫苗组成的多样性　疫苗抗原具有多种多样性和复杂性，大部分疫苗成分复杂、不均一、结构难以确定、难以建立标准、难以采用理化方法定量和定性。因此，许多情况下只能通过测定生物学效价来间接测定其含量。人用疫苗与多种组分经化学和物理方法灭活仍具有适当免疫原性特征的微生物，被选择性减毒仍保留了免疫原性特征的活微生物，从微生物提取的抗原，微生物分泌的抗原，重组 DNA 技术产生的抗原，嵌合体微生物，活载体或核酸疫苗免疫宿主体内表达的抗原，体外化学合成的抗原，可以是天然状态抗原或是在引入突变后的不完全抗原或被修饰的抗原，用物理、化学方法去毒或抗原聚集、聚合或与一个载体结合增加免疫原性，抗原可以单独出现或与一个佐剂结合或与其他抗原、添加剂、赋形剂结合等。

2. 人用疫苗生产原料的生物活性

（1）细菌病毒种子：疫苗是由细菌、病毒种子扩大培养制备而成，由于它们具有固有的可变性及生产工艺过程可能引起的变化（如减毒疫苗毒力返祖、减毒稳定性改变等），直接或间接影响疫苗的质量。

（2）细胞培养：用于扩大培养的细胞基质存在动物源性病原体污染的风险，需要加以控制（如用于麻疹疫苗生产的鸡胚细胞通常会污染禽白血病病毒）；用于脊髓灰质炎疫苗生产的猴肾细胞可能有猴病毒污染（如 SV40 病毒污染等）。

（3）动物源性原材料：细胞培养基中可能涉及的动物源性原材料存在潜在安全性隐患。

3. 人用疫苗生产过程的复杂性　疫苗的生产系统错综复杂，涉及生物过程及生物材料的加工处理，且这些生物学过程具有其固有易变性，过程中还存在内源性和外源性污染的风险；在发酵或细胞培养产物中也常有许多杂质，这些污染物及杂质具有多样性和不确定性，定量困难，而终产品又不能在最终容器内灭菌和去除有些杂质。因此，在生产过程中必须采取无菌控制。由于这些问题，致使它们在不同疫苗之间、同种疫苗不同批次之间容易产生较大波动，这些污染物和杂质在成品检定时可能难于检测到，而影响疫苗产品的安全性和质量。因此，对疫苗生产原料进行质量控制、控制生产过程、对疫苗生产的中间产物及疫苗最终产品实行检验检测是保证疫苗质量及安全性的重要条件。

4. 人用疫苗质量评价的独特性　疫苗制品的质量控制大多采用生物学技术和生物分析方法，此类方法的检测结果的变异范围往往大于理化测定方法。因此，必须提高疫苗检定方法的准确性，研究建立简单易行的检测方法；而对于生物活性的效价或效力检定方法，一方面要使各个环节标准化，另一方面采用生物标准物质进行校正，以取得相对准确和稳定的检测结果。

5. 人用疫苗使用对象的特殊性　疫苗大多应用于健康人群，特别是婴幼儿和儿童，疫苗通过免疫机制使健康人预防疾病。对疫苗的质量和不良反应的控制应有更加严格的要求。

三、人用疫苗临床试验问题

1. 临床前研究和实验室评价　疫苗临床前研究结果证实试验疫苗适合于人体试验。应确定试验疫苗的性质，包括适宜动物模型中安全性、免疫原性指标；应提供效力和免疫原性资料，建立和完善疫苗免疫原性（如血清阳转率、抗体滴度、细胞免疫等）和效力的检测指标和方法。

2. 试验疫苗的生产和质量控制　应提供疫苗生产、质量控制资料；试验疫苗和安慰剂应按 GMP 要求生产，并通过国家检定。临床试验所用疫苗的菌毒种批和（或）细胞批应与注册后生产的代次一致。临床试验所用疫苗应有完整的批制造及检定记录，并保持工艺稳定一致。临床试验用疫苗的质量标准应与上市疫苗的一致；临床试验的数据应能反映疫苗质量的稳定和一致性。由于常用的药品毒性试验可能不适用于疫苗，缺乏合适的动物模型及动物模型反应模式与人体不同，研究者应对疫苗安全性评价的设计进行充分的考虑。

3.疫苗不同免疫程序和剂量与途径研究资料提供　DNA疫苗、重组疫苗、合成肽疫苗应分别按相应生产、质控和临床前评价要求进行；应证明佐剂、新型添加剂和疫苗的相配性和相容性。联合疫苗应尽可能在动物模型上进行合适的免疫原性研究，评价单个抗原的反应性。减毒活疫苗应提供毒力返祖、可能传播和与野毒株进行遗传信息交换等的研究资料。应提供疫苗拟用人群的流行病学以及相关传染病疫情监测资料，目的是确定疾病的发病率、感染与发病之比例、临床表现、诊断标准、高危人群（年龄、性别、种族或人群、地理、社会特征及季节等有关因素）等。在此基础上确定试验所需人群样本数量及临床试验时间。对于注射用疫苗通常不要求进行药动学研究，因其不能为确定合适的推荐剂量提供有用信息，但在其他途径给药时，则应考虑。

四、人用疫苗临床试验分期

人用疫苗临床试验研究分为Ⅰ期、Ⅱ期、Ⅲ期和Ⅳ期。

Ⅰ期临床试验：重点观察安全性，观察对象应健康，一般为成年人。

Ⅱ期临床试验：观察或评价疫苗在目标人群中是否能获得预期的效果（通常指免疫原性）和一般安全性信息。

Ⅲ期临床试验：目的为全面评价疫苗的保护效果和安全性，是获得注册批准的基础。获得干预有效性的初步证据后进行。应当注意Ⅲ期试验不能过早地进行，只有在获得Ⅱ期剂量探索的数据之后才能开始。临床试验的目的是评价对某种临床状况的干预。阳性（阴性）数据可能导致推荐使用（不使用）该疫苗。使用非最佳剂量虽然安全但无效，并不能满足社会的需要。如果Ⅲ期试验受试人群的纳入标准比前期试验更宽，前期试验在有限的受试人群所显示的有利的安全性结果未必适用于Ⅲ期扩大的人群。应当说明制剂在扩大的人群中使用是否安全存在争议。因此，Ⅲ期临床方案应当包括安全性参数的重新检测。在Ⅲ期临床试验中重新检测安全性参数的另一个理由是，Ⅲ期临床试验更多的病例数可以有更大的机会发现罕见不良事件。

Ⅳ期临床试验：是疫苗注册上市后，对疫苗实际应用人群的安全性和有效性进行综合评价。

五、人用疫苗的特殊性考虑

用于健康人群，应避免或减少不良反应事件的发生。对目标人群为儿童和婴幼儿的疫苗，由于儿童和婴幼儿对不良反应的耐受力低，应按照成人、儿童、婴幼儿的顺序进行。疫苗来源于活生物体，其成分复杂，需建立特定的检测方法测定，以保证疫苗的质量和其批间质量的均一性。

第四节　医学科研的风险与受益的伦理问题及评审要点

医学科研应坚持科研风险与收益的基本原则，同时要做好医学科研风险评估、分析可能存在风险的影响因素，以利于做好科研风险控制。医学期刊编者在医学科研论文评审中，也要重视其科研所带来的风险是否符合科研伦理要求。

一、医学科研风险与收益的基本原则

医学科研的根本目的是为疾病防治提供新知识和新方法，研究者不能凌驾于受试者权利和利益之上。当涉及人类受试者的医学研究时，必须符合普遍认可的医学科研伦理原则，这也应基于对医学文献、其他相关信息和足够的基础实验及动物研究信息的充分认识基础上。以动物为研究样本，还要注意实验动物的福利和应给予的尊重。在医学实践和医学研究中，绝大多数干预措施具有风险，并有可能造成一定心理负担，只有在研究目的的重要性高于受试者的风险和心理负担的

情况下，所涉及人类受试者的医学研究才可以考虑实施。所有涉及人类受试者的医学研究项目在开展前，必须认真评估该研究对个人和群体造成的可预见的风险和心理负担，并比较该研究为他们或其他受影响的个人或群体带来的可预见的益处，必须考量如何将风险最小化。研究者必须对风险进行持续监控、评估和记录，只有在确认对研究相关风险已做过充分的评估并进行了令人满意的管理时，医学科研人员才可以参与到涉及人类受试者的医学研究之中。当发现研究的风险大于潜在的获益或已有决定性的证据证明研究已获得明确的结果时，医学科研人员必须评估是继续、修改还是立即结束研究。

二、医学科研论文评审要点

对于所有人体生物医学研究，医学科研人员必须保证潜在的利益和风险得到了合理地平衡，并且使风险最小化。

1. 医学科研风险的评估

（1）医学科研预期风险：要注意鉴别研究风险与医疗风险。

①医学科研风险：其研究行为（包括研究干预和研究程序）可能造成的伤害。

②医疗风险：即使不参加临床研究也将承受的医疗风险；只有研究风险在伦理审查的考虑范围之内，如从研究干预、研究程序等方面，分析并定义预期的研究风险，比如身体伤害、心理伤害、社会伤害和经济伤害。

（2）医学科研风险的等级：最小风险指研究预期伤害或不适的可能性和程度不大于日常生活，当进行常规体格检查和心理测试时所遇到的风险。如不涉及危险性程序的非干预措施研究、抽血、营养评估、行为学调查等。还有不使用镇静药的影像学检查、研究标本的二次利用、心电图、步态评估、调查/问卷表等。

①低风险：主要指研究风险稍大于最小风险，有可能发生可逆性的轻度不良事件可能性增加。如低风险干预措施研究风险与临床实践中预期产生的风险相当（如内镜检查、口服糖耐量试验、皮肤或肌肉活检、鼻腔清洗、腰椎穿刺、骨髓活检、要求镇静的影像学检查等）。非治疗性干预措施研究（如行为学研究、精神病学调查、营养性治疗等）。对涉及已知可能有安全性问题的制剂，但获准在本适应证和人群使用的治疗性试验。

②中风险：主要指研究风险大于低风险，但概率不是非常高；发生可逆性的、中度不良事件。如低血糖反应、支气管痉挛、感染的可能性增加，但有充分的监督和保护措施使得其后果最小；严重伤害的可能性非常小到几乎没有。如既往有明确的人体安全性问题数据，提示为适度的、可接受的治疗或干预相关风险的Ⅰ期或Ⅱ期临床试验（如胰岛素钳夹试验、静脉糖耐量试验、器官活检等）。还有涉及弱势群体的低风险研究，可能有较小的不可逆改变的可能性和涉及健康志愿者的研究。

③高风险：是指研究风险大于中风险，而发生严重而且持续的，并与研究相关不良事件的可能性增加；以及关于不良事件的性质或可能性有很大的不确定性。如所涉及新的化学药品、药物或装置，在人体几乎没有或完全没有毒性数据的试验；具有已知潜在风险的涉及干预或侵入性措施的试验，患者的基础疾病可能会产生与研究治疗有关的严重不良事件。

2. 医学科研风险的影响因素　依据试验干预措施的临床经验、目标受试人群特征（如疾病状况、体质差异等）、试验药物的生物学特性，分析研究风险发生和风险程度的影响因素。

3. 医学科研风险在可能的范围内最小化　针对预期的风险及其易感因素，采取研究风险最小化的措施。如排除对研究风险更敏感或更易受伤害的个体或群体参与研究。预期不良事件的处理方案与程序，包括研究者应急处理能力的培训。无法忍受的症状发生时，允许采用阳性药物治疗的规定。叠加设计，当研究性治疗的作用机制与标准治疗不同时，可以考虑在标准治疗的基础上，进行研究干预与安慰剂的对照设计。

4. 医学科研预期受益的评估　受试者的受益，如具有诊断、治疗或预防的直接益处。作为激励或报答向参加研究的受试者支付的报酬或其他形式的补偿，不应被考虑为研究的"受益"，其个体研究受试者福祉必须高于所有其他利益、科学和社会的受益。

5. 医学科研风险与受益比是否合理的评估 对受试者有直接受益前景的研究，提供给受试者的具有直接诊断、治疗或预防益处的干预措施或治疗过程的合理性在于，从可预见的风险和受益的角度，并与常规医疗任何可得到的替代方法相比至少是同样有利的。这种有益的干预措施或治疗过程的风险相对于受试者预期的受益而言必须是合理的。医院或科研单位医学伦理委员会，对受试者没有直接诊断、治疗或预防益处的干预措施的风险，相对于社会的预期受益而言必须是合理的。受试者的风险应能被社会的预期受益所辩护，风险相对于将要获得的知识的重要性而言必须是合理的。知情同意：并不限制充分知情、能够完全认识研究的风险和受益的志愿者，为了无私的理由或为了适度的报酬而参加研究。伦理审查应重点关注：充分告知风险和避免过度劝诱。

三、对不能做出知情同意受试者风险的要求

1. 受试者最小风险 对不能做出知情同意受试者的医学研究，同时该项研究对受试者没有直接受益可能，其研究风险应不大于最小风险。此时，除了需要满足所有涉及该特殊人群研究的一般要求外，无须专门的附加保护措施。

2. 对超出受试者最小风险的要求 当具有非常重要的科学或医学科研攻关理由时，并得到医学伦理委员会的批准，对于超出最小风险值也可允许实施。但医学伦理委员会必须判定，其研究目的是针对受试者所患疾病或针对他们特别易感状态，并在研究所处条件下或相应的临床环境下，研究干预措施的风险仅略大于对受试者常规体格检查或心理检查的风险，其研究目的和意义十分重要，而且能证明受试者风险增大的合理性。以临床医疗常规适应证为判断条件，要求研究的目的是针对受试者的有关疾病或症状。如腰椎穿刺或骨髓抽吸，要求研究受试者属于该项检查适应证范围内的患者，而不能对健康儿童使用这类干预措施。

3. 随机对照研究的风险最小化 随机对照试验的受试者有被分配接受已被证明疗效较差的治疗的风险，为了评价一种干预措施预防或推迟致命的或致残后果的随机对照临床试验，为使其风险最小化，临床医学科研人员决不能为了进行试验而不使用已知的标准治疗措施。

四、医学科研数据与安全监察

临床试验研究数据和安全监察的目的是保证受试者的安全，避免以往未知的不良反应，保证数据的有效性，以及当明显的受益或风险被证实时，以及试验不可能成功获得结论的情况下，适时中止试验，保护受试者不必要地长时间接受疗效较差的治疗。

1. 医学科研数据安全基本原则要求 所有的临床试验都应制订数据和安全监察计划；安全监察的强度应该与研究风险的等级相适应，必要时需要建立数据和安全监察委员会。

2. 医学科研安全监察强度要求 安全监察的强度应该与该研究风险的等级相当。对于处于两者之间的风险等级，应该就高一级的风险等级进行监察，而且该研究干预有关的所有不良事件都将被详细记录在受试者的医疗文件和病例报告表中，并且进入研究机构数据库。医学科研是在获得了干预有效性的初步证据后进行的。因此，对每一不良事件的发生、持续时间、程度、所需治疗、结果以及需要早期中止干预措施的情况提供文件证明，以判断不良事件与该研究干预措施的相关性。在研究中，所有不良事件都必须跟踪到满意缓解或事件的稳定阶段，并及时向医学伦理委员会、科研申办者和药品监督管理部门报告非预期不良事件或严重不良事件。定期对所有不良事件进行累积性审查，负责提交临床研究年度报告，其内容包括预期不良事件与非预期不良事件发生率、不良事件等级和归因比例、不良事件处理的说明等；受试者退出研究的人及其原因的说明文件，违背方案数及其处理的说明资料等。双盲临床研究的监察要在盲态下实施，而且具有可疑研究病例的揭盲程序。

3. 医学科研低强度安全监察 如包括最小强度的监察行为，应定期召开课题研究分析会议，讨论科研项目的风险情况和安全监测措施。

4. 医学科研中等强度安全监察 对低强度的

监察行为，应密切监察研究，主要研究者对不良事件进行实时监察。按临床研究干预后的规定时间内随访者，严密观察临床情况的变化情况。在其研究方案中应规定最大耐受剂量的限定标准，中止研究或终止受试者继续研究的标准，以及外部监察者的介入等。如必须由安全监察员或者数据安全监察委员会审查不良事件，并事先规定审查的频率或时间，以确定多少比例的严重不良事件或非预期的不良事件是可以允许的范围。

5. 医学科研高强度安全监察　对中等强度的安全监察行为，其研究数据报告的时限要求，如按观察的随访时点进入电子CRF系统或寄送书面CRF。还要建立紧急情况下受试者的呼救系统，以及与研究者的有效联系方式。大多数高风险临床研究还需要有数据和安全监察委员会，其中包括高危、双盲临床研究、预防或推迟致命的或致残后果的随机对照研究、大于最小风险的多中心Ⅲ期临床研究、涉及转基因或基因治疗的临床研究等。

6. 医学科研数据和安全监察计划　数据与安全监察计划至少应包括针对风险等级的安全监察强度、负责监察的人员、组织和不良事件处理及报告等。①医学科研风险等级的评估，以及基于风险等级的安全监察强度。②负责监察的人员或组织，在大多数涉及人类受试者的研究中，应指派一名数据和安全监察委员是不必要的。为了保证研究受到密切监控，以早期发现不良事件，研究者或主要研究者指定一个人负责，对认为需要改善的不良事件监测系统或知情同意过程乃至对终止研究提出建议。③对不良事件处理和报告，预期不良事件，以及不良事件风险最小化的措施，包括不良事件的医疗计划、揭盲程序、中止研究的规定等。

五、医学科研中特定人群的风险

在科医学科研实践中，某些领域的研究（如流行病学、遗传学或社会学），可能对团体、社会或以人种及民族定义的人群的利益带来风险。可能发表的研究信息也许会给一个群体打上不良烙印，致使其成员受到歧视或偏见。这样的信息，可能正确或错误地提示（如对某一人群的酒精中毒、精神疾病或性传播疾病的发病率比平均发病率要高或特别易患某些遗传性疾病等），实施研究计划时应注意这类问题。

1. 要特别注意研究期间和研究之后的保密。
2. 要特别注意尊重所有各方利益的方式发表研究结果或在某些情况下不发表研究结果。
3. 医院或科研单位的医学伦理委员会应确认所有有关各方的利益都得到了适当考虑；在这方面，研究者明智的做法通常是征求个体知情同意，再辅以社会咨询。

第五节　医学科研受试者招募的伦理问题与评审重点

临床医学科研受试者的招募应坚持其基本伦理原则，注重受试者所关注的问题，研究者对受试对象的激励与补偿措施，以保证招募受试对象的权益和伦理规范。同时，医学编辑也要重视受试对象招募的伦理问题的审查。

一、医学科研受试者招募原则

应通过公平分配研究负担和利益的方式，选择研究的受试人群，如果潜在受试者与研究者有依赖关系，以及有可能被迫表示同意的可能，在设法获得其参与研究项目的知情同意时，研究者必须特别谨慎。

二、医学科研受试者的关注要点

在临床医学研究中，招募合格的受试者是临床试验过程中至关重要的科研环节，可能也是医学科研最困难、最富有挑战性的工作。作为医学伦理审查的一部分，其招募材料必须经过医学伦理委员会的审查和批准，并且这些文件的任何修改都必须作为试验的正式修改再次提交审查。

1. 医学科研受试者招募方式　招募受试者的步骤、媒介（如广告）或医疗过程。应坚持尊重隐私、合理说服、自愿参加的原则和保密原则。临床医师或研究者在知情同意过程中必须向受试者保证，不论受试者决定参加研究与否，都不会影响医患关系或他们应得的其他利益。严禁以诱导的手段影响可能受试对象的决定，更严格避免强迫和不正当的影响，绝不可以有意夸大研究的潜在受益程度，也不可以向受试者承诺受益情况，更不可以低估其研究的风险。研究者不应做出关于研究受益、风险或不便的不合理的保证。

2. 医学科研受试人群的选择　应坚持公平公开的原则，对所有受试者不分群体和等级，其负担均不应超过其参加研究公平承担的负担。同样，任何人群都应公平地获得研究利益，包括参加研究的直接利益和间接利益。受益和负担公平分担审查主要考虑：研究目的是否证明研究目标人群的选择是正当的；仅因为贫困者更容易受到小额报酬的引诱而参加研究，就有选择地招募贫困者作为受试者是不公平的。如果有选择地招募贫困者作为受试者参加针对该人群普遍存在问题的研究，则不是不公平的。其研究的受益和负担是否在目标疾病受试者群中公平分配，从研究的整个地理区域内的合格人群中招募受试者时，不应考虑种族、人种、经济地位或性别，除非其科研设计需要或存在合理科学的理由，需要以另外的方式去招募。承担研究风险的特定受试者或特定受试者群体是否从研究中获益，其限制某些可能受益的人群参加研究的理由必须是合理的，对弱势群体的成员也有同样的权利从对非弱势群体显示有治疗效应的研究干预措施中受益，特别是当没有更好的或等效的治疗方法时，其代表性人群通常是指研究应该包括男性、女性、少数民族和各年龄参加者，使其与受试者代表的人群分布比例保持一致。因此，研究包含人群的代表性不仅是重要的，而且有时是强制性的。其研究人群代表性的审查主要考虑受试者的种族、年龄和性别分布是否合适，是否符合代表性原则。

3. 医学科研受试者的激励与补偿　对所有提供给受试者的报酬、补偿和免费医疗服务应是合理的，并必须得到医学伦理委员会批准。补偿合理性的评估应根据研究的复杂程度、占用受试者的时间、预期的风险、不良反应、不适合受试者参加研究的额外开支等，审查其补偿数目是否合理。

第六节　医学科研知情同意书告知的伦理要求与评审

在医学科研设计中，无论是住院患者、门诊就医患者、健康人群或招募受试者，其最基本的原则是知情同意，必须将试验的目的、可能存在的风险和受试对象的权益等，如实告知研究对象，征得同意，并履行相应文书。医学编辑在实施科研论文评审中，也要特别注重知情同意等伦理要求的审查。

一、医学科研知情同意的基本原则

在医学科研中，特别是临床研究，涉及以人为研究对象时，每位受试者和潜在受试者必须得到足够的信息，包括研究目的、方法、资金来源、任何可能的利益冲突、研究者组织隶属、预期获益和潜在风险、研究可能造成的不适等任何与研究相关的信息。受试者必须被告知其拥有拒绝参加研究的权利，以及在任何时候收回同意退出研究而不被报复的权利。特别应注意为受试者个人提供他们所需要的具体信息，以及提供信息的方法。在确保受试者理解相关信息后，研究者或其他合适的、有资质的科研人员应该设法获得受试者自由表达的知情同意，最好以书面形式。如果同意不能以书面形式表达，那么非书面的同意必须进行正式记录并有证明人在场，必须向所有参与医学研究的受试者提供获得研究预计结果相关信息的选择权。根据《赫尔辛基宣言》规定，临床医师必须完全地告知患者在医疗护理中与研究项目有关的部分。患者拒绝参与研究或中途退出研究的决定，绝不能妨碍患者与临床医师之间的关系。

二、医学科研论文审稿要点

1. 临床试验性研究应告知受试者的信息　研究性质、研究目的、干预措施，以及随机分到各组的可能性，所需遵循的试验程序，包括所有侵入性操作、受试者的责任、干预措施和程序的说明等。还有与试验相关的预期风险和不良反应，应十分客观地告知受试者的各种细节。

2. 前瞻性研究受试者应知晓的信息　在要求受试者同意参加研究之前，研究者必须以其能理解的语言或其他交流方式提供信息：①受试者是受邀参加研究，适合参加该项研究的理由，以及参加是自愿的；②受试者有权拒绝参加，并可在任何时候自由地退出研究而不会受到惩罚，也不会丧失其应得利益；③本研究的目的、研究者和受试者要进行的研究过程，以及说明该研究不同于常规医疗之区别；④关于对照试验，要说明研究设计的特点，例如随机化，还是双盲，在研究完成或破盲以前受试者不会被告知所分配的治疗方法；⑤预期个体参加研究的持续时间，试验提前中止或受试者提前退出试验的可能性；⑥受试者待遇，是否有经济或其他形式的物质作为受试者参加研究的报酬，如果有，应说明种类和数量；⑦一般在研究完成后，受试者将被告知研究的发现，每位受试者将被告知与他们自身健康状态有关的任何发现；⑧受试者有权利在提出要求时获得他们的数据，即使这些数据没有直接的临床用途；⑨对参加研究的受试者带来的任何可预见到的风险、疼痛、不适或不便，包括给受试者的配偶或伴侣的健康或幸福带来的风险；⑩受试者参加研究任何预期的直接受益；⑪受试者完成研究后，在何时、如何得到被研究证明是安全和有效的干预方法，受试者是否要为此支付经济负担；⑫对受试者医疗过程中的病历记录和生物标本的直接研究利用和二次研究利用的可能性；⑬研究结束时是否计划将研究中收集的生物标本销毁，如果不是，关于生物标本储存的细节和将来可能的利用，以及受试者有权做出关于将来的使用、拒绝储存和让其销毁的决定。

三、医学科研知情同意的过程

1. 医学科研知情同意过程的基本原则　个人以受试者身份参与医学研究必须是自愿的，尽管与家属或社区负责人进行商议，但除非知情同意能力的个人自由地表达同意还是不同意，否则不能被招募进入研究项目。

2. 医学科研知情同意的表达　在确保受试者理解相关信息后，临床医师或其他研究人员应该设法获得受试者自由表达的知情同意的意愿，并最好以书面形式表达，如果不能以书面形式表达，非书面的同意必须进行正式记录并有证明人在场。同时，必须向所有医学研究的受试者提供获得研究预计结果相关信息的选择权，如果潜在受试者不具备知情同意的能力，研究人员必须从其法定代理人处设法征得知情同意的手续。

3. 医学科研受试者表达知情同意能力受限的要求　根据《赫尔辛基宣言》规定，当被认为不具备知情同意能力的潜在受试者，不能够表达是否参与研究的决定时，其研究人员在设法征得其法定代理人的同意的情况下，还必须征询受试者本人的某种表达形式，以保证受试者的异议应得到尽可能地尊重。

4. 医学科研人体材料或标本的处理　对于使用可辨识的人体材料或标本、数据的医学科学研究，通常情况下临床医师或研究者必须设法征得对收集、分析、存放或再利用这些材料或人体标本数据的同意。在以下情况下，征得其本人同意可能难以做到或无法获得、未得到其本人同意可能会对研究的有效性构成威胁，医学科研人员只有在得到医学伦理委员会的审查和批准后方可实施科研。

5. 医学科研特殊受试人群的处理　当研究涉及身体或精神上不具备知情同意能力的受试者时（如无意识的患者或精神障碍患者）。这种情况只有在阻碍知情同意的身体或精神状况正是课题攻关研究目标人群的一个必要特点和目的时，其研究方可实施。在这种情况下，临床医师必须设法征得其法定代理人的知情同意。如果缺少此类代理人，并且研究不能被延误，那么该研究在没有获得知情同意仍可开展，前提是参与研究的受试者无法给予知情同意的具体原因已在研究方案中被重点说明，并且该研究已获得医学伦理委员会批准。即便如此，仍应尽早从受试者或其法定代理人那里获得继续参与研究的知情同意的相关意见材料。

四、医学科研中免除知情同意的要求

1. 临床医疗资料和人体生物标本　在临床医学研究中。利用在临床诊疗中记录和积累的医疗病历资料和生物标本进行基础或临床设计研究，但要符合以下所有条件，并经医学伦理委员会认可，部分或全部免除知情同意：①该研究项目对诊疗资料获取有益或对人体生物样本的当事患者造成的风险极小，受试者的权利或利益不会受到侵犯；②受试者的隐私、个人资料、秘密或匿名得到严格保护；③医学科研设计和研究的目的是一个重要的医学问题；④如果按规定逐一获取知情同意，其研究将无法实施；⑤在条件具备的情况下，尽可能在研究后在适当机会向受试者提供适当的有关研究信息。受试者有权知道其病历资料或人体标本可能用于临床研究工作，医学研究机构也可以通知所有新入组受试者，其病历档案或诊疗用过的人体标本可能会因医学研究目的而被利用，应给予受试者同意或拒绝这种利用的机会和权利；若受试者先前已明确拒绝在将来的医学研究中使用其医疗病历资料和标本，则该受试者的医疗资料和标本只有在公共卫生紧急情况需要时才可被利用。

2. 患者诊疗资料和生物标本用于研究的伦理要求　①在以往研究中已获得受试者的书面知情同意，已授权允许用于其他的医学研究项目使用其病历资料和剩余标本；②本研究所用材料符合原知情同意的许可条件；③其受试者的隐私和身份信息得到充分保密和安全保证。

五、医学科研无法获得知情同意研究伦理规范

1. 医学科研特殊研究无法获得知情同意时应同时满足以下条件　①该研究处于危及生命的紧急状况或特殊情况，需要在发病后很快进行干预。②该研究情况极为特殊和紧急，大部分受试者无法给予知情同意，且没有时间找到其合法代表人。③缺乏已被证实有效的治疗方法，而试验药物或干预有望挽救生命。

2. 医学科研特殊或紧急情况下研究的伦理考量　①临床医学研究方案根据目前的科学证据，必须给予试验干预的治疗窗，而且该治疗窗包括了一个联系合法代表人的时间段；②医学研究者承诺在开始研究之前，在治疗窗的分段时间内，尽力联系受试者的合法代表人，并有证明努力尝试联系的文件记录；③受试者的状态许可或找到其合法代表人，应告知所有相关信息，并尽可能早地获得其反对或继续参加研究的意见；④本研究得到所在社会或医学领域的支持。

3. 医学科研特殊或紧急情况相关规范要求　在药物临床试验质量管理规范中，在特殊和紧急情况下，无法获得本人及其合法代表人的知情同意书，如缺乏已被证实有效的治疗方法，而试验药物有望挽救生命，恢复健康或减轻病痛，可考虑作为受试者，但需要在试验方案和有关文件中完整说明其接受这些受试者的方法，并获得医学伦理委员会的认可和同意。在执业医师法中指出，临床医师进行试验性临床医疗和研究中，应当经医院伦理委员会批准并征得受试者本人或其家属同意。在人体生物医学研究国际伦理指南中指出，在急诊条件下，在未征得受试者同意前就拟开始的研究计划，如果缺乏当时社会和必要性的有力的支持，其研究是有违医学科研伦理规范的。

第七节　医学科研中受试者医疗保护的伦理问题与评审

在医学科研活动中，除受试对象要符合规定除伦理要求外，在其科研实践中，受试对象的安全和医疗保护也是应坚持的基本原则，同时也是医学期刊编者评审中应关注的医学科研伦理问题。

一、医学科研受试者医疗保护的基本原则

根据《赫尔辛基宣言》规定，促进和保护患者的健康，包括那些参与医学研究的患者，是临床医师的责任所在。

1. 医学科研受试者健康得到保证 当临床医师将医学研究与临床医疗相结合时，患者作为临床研究的受试者参与研究，对于潜在疾病预防、诊断和治疗价值而言是公正的，而且具有充分理由相信参与临床研究不会对受试者健康带来任何负面影响。

2. 医学科研周密的研究方案 在研究方案中，对涉及受试者的研究项目的科研设计和操作，都必须在医学科研设计方案中有明确的说明和描述。研究方案中应包括与研究方案相关的医学科研伦理问题表述，特别是应表明《赫尔辛基宣言》中的伦理原则是如何得到体现的，研究方案应说明有关课题资金资助来源、申办方、隶属机构、潜在利益冲突、对受试者的诱导，以及对因参与研究而造成的伤害所提供的治疗或补偿条款等。在临床试验研究中，研究方案还必须描述试验后如何给予受试者适当的安排。

3. 医学科研受试者干预措施的要求 对个体患者实施治疗时，如果被证明缺乏有效的干预措施，以及其他已知干预措施无效，临床医师在征得专家意见并得到患者或其法定代理人知情同意后，方可使用尚未被证明有效的干预措施，其前提是根据临床医师的判断干预措施有希望挽救生命和健康。但之后应将干预措施作为研究对象，实施临床评估，对其安全性和有效性实施临床设计研究，并记录其新信息和临床价值，在适当的机会和场合将结果予以公布。

二、医学科研设计方案的审稿要点

1. 医学科研受试者的医疗与保护 医学研究者具有临床试验方案中所要求的专业知识和经验，能胜任所承担的临床试验项目，其研究有充分的依据和出处，并具有潜在的疾病预防、诊断和治疗价值，而且有充分的理由相信研究对受试者的健康不会造成不良影响。

2. 医学科研对照干预伦理规范 在临床干预试验中对照组的受试者应得到公认有效的干预，其安慰剂或同期空白对照应符合临床研究中对照的选择所提出的标准要求。如果研究剥夺了受试者接受公认有效干预的权利，因而使他们暴露于严重的损害之中，特别是损害是不可逆的，很显然，这样的研究是违背医学科研伦理道德要求的。

3. 医学科研受试者医疗监测与保护 受试者在试验中，应当给予适当的医疗和保护措施，当受试者自愿退出研究或提前中止研究时，拟采取的措施应恰当。在研究过程中，为受试者提供适当的医疗保健，并为受试者提供适当的医疗监测和心理支持。

4. 医学科研受试者治疗与补偿 当受试者发生与试验相关的损害时，受试者应得到及时的临床治疗与必要补偿。受试者因参加研究而受到伤害，应保证其有权获得对这类伤害的免费医疗，以及经济或其他方面的补助，作为对于造成的任何损伤、残疾和功能障碍应公正地给予补偿；参加试验研究而死亡的，受试者的受赡养人有权得到补偿。

第八节 医学科研隐私和保密的伦理问题与评审要点

在医学科研实施过程中，受试对象的隐私与保密，是研究者必须重视和采取有效措施加以保护的科研重要伦理内容。根据《赫尔辛基宣言》规定，医学科研必须采取一切措施保护受试者的隐私，并对个人信息进行保密。医学期刊编者在科研论文评审中，也应关注其文内对受试对象隐私与保密所采取的措施的描述。

一、医学科研隐私与保密的基本规则

1. 医学科研者必须采取安全措施，有效保护受试者的隐私和个人信息的秘密。

2. 参与研究的受试者应被告知，其研究者保守受试者秘密的能力受到法律和其他规定的限制，并对受试者秘密泄露的可能后果具有足够的认识。

二、医学科研人员和受试者之间的秘密限定

1. 研究者必须保护受试者的隐私和个人信息的秘密；在数据报告时隐藏可识别受试者身份的信息，并可限制接触和使用这些信息的权限，减少无关人员对信息的接触和使用，必要时对数据实施匿名措施。

2. 知情告知义务，对所采取的保守秘密的防范措施，应该告知受试者本人，由于法律和其他的原因，研究者严格保守秘密的能力是有限制的。如研究者有责任向有关机构报告某些传染病、食品药品监督管理部门有权视察临床试验记录等。

3. 对HIV/AIDS疫苗临床试验，参加HIV/AIDS疫苗临床试验可使受试者受到严重的社会歧视或伤害的风险，对这类风险与疫苗的不良后果一样值得研究者慎重考虑，必须努力减少风险的可能并减轻其发生严重后果的程度。同时，要向参加HIV/AIDS疫苗临床试验的健康受试者提供文件证明，以表明他们参加了疫苗临床试验课题研究，他们的艾滋病病毒或血清抗体阳性是由于接种疫苗而不是自然感染所致。

三、医学科研中临床医师与受试者之间的秘密问题

临床医师负责受试者秘密保护，临床医师有责任严格保守受试者的任何信息秘密；临床医师不应将任何可识别受试者身份的信息公开给其他无关人员，除非同时满足以下两个条件：①获得受试者的同意；②利用医疗病历资料进行相关研究，医师和其他卫生保健专业人员在病历或其他临床病历资料中记载了观察和干预措施的详细信息。

四、医学科研中遗传学研究的保密问题

利用可识别受试者身份的生物标本，进行已知临床或预后价值的相关遗传学研究。

1. 必须获得受试者的知情同意或法定代理人的同意。

2. 如果符合免除知情同意的条件并得到医学伦理委员会批准，还必须使生物标本完全的匿名并脱离有关联系，以保证从该研究中不会得到有关具体个人的信息。

3. 人体生物标本不是完全匿名，并且预料到可能有正当的临床研究的理由，需要将遗传学研究的结果和受试者相联系，研究者应向受试者保证，受试者的身份将通过生物标本的安全编码限制其访问数据库而得到保护，并向受试者解释这些过程。出于促进医学发展或者研究的理由，要将遗传试验的结果报告给受试者或受试者的医师时，受试者应该被告知将要发生这种公开以及试验标本将被清楚地标记。未经受试者同意，研究者不得将诊断性遗传学研究结果公开给受试者的亲属。医学科研设计方案应说明没有受试者同意情况下防止将结果公开的措施。所有上述保护性措施，应在知情同意实施过程中明确地加以解释和说明。

第九节 医学科研中涉及弱势群体研究的伦理问题与评审

在医学科研设计和临床医学研究中，由于研究课题、研究目的和研究对象或人群的不同，难免涉及弱势人群。如智力障碍人群、残疾人群、儿童、服刑人员等，其医学科研设计尤其应重视基本原则和伦理要求，医学期刊编者在科研论文评审中，尤其要重视弱势人群受试对象的权益和伦理道德问题，对有违人权和伦理道德的医学科研论文要严禁或慎重发表。

一、医学科研弱势群体研究的基本原则

在医学科研中，有些参与研究的群体和个人特别脆弱，他们更容易受到胁迫或伤害。当所有弱势的群体和个人作为受试者时，都需要得到特别的保护和关注，这在《赫尔辛基宣言》中已明确规定。但当医学科研攻关课题研究重点就是解决特殊弱势群体的本身问题时，以及研究处于弱

势人群的健康需求或卫生工作需要，同时又无法在非弱势人群中开展时，所涉及这些弱势人群的医学研究才算是正当的。不仅如此，还应该保证这些弱势人群从研究结果中获益的权利。

二、医学科研论文中涉及弱势群体审稿要点

1. 医学科研特殊弱势人群的概念　在医学科研实践中，特殊弱势人群是指那些相对没有能力维护自身利益的人群，也就是说，这些弱势群体没有足够的能力、智力、教育、财力、力量或其他必需的属性来保护其自身利益。通常被认为弱势的群体，是指那些能力或自由受到限制而无法表示同意或拒绝同意的人群、无能力自主决定同意或拒绝的人群。如儿童、精神障碍而不能给予知情同意的人群。老年人通常被认为是弱势的，他们可能处在公共福利机构照料之下或有不同程度的痴呆，接受生活补助或社会援助的人。如贫困者和失业者、急诊室的受试者、少数民族、无家可归者、难民或被迫流离者、服刑人员、患不治之症的受试者以及不熟悉现代医疗概念的社会成员等。患有严重的、可能致残或致命疾病者。

2. 医学科研弱势群体受试者特殊保护措施　当涉及弱势群体作为受试者的临床研究，其研究可能导致参加研究的受试者负担和利益分配不公平，这在医学科研设计中，邀请弱势群体参加临床研究需要特殊的理由，如果选择这些人群，必须切实履行保护这些弱势人群的权利和健康的措施。临床研究纳入弱势群体受试者，医学伦理委员会需要确信，若以非弱势人群为受试对象，无法达到预期的研究目的。研究是为获得该弱势群体或是受试者本人，以及弱势人群中其他相同处境的成员，具有特有的或独特的疾病，并为其健康和疾病诊断、预防和治疗所必要。作为研究成果能为疾病诊断、预防或治疗产品发挥作用，并通常要保证能合理地用于受试者或弱势群体。当可能的受试对象无能力或因其他原因不能充分地给予知情同意时，弱势群体的同意要由他们的法定监护人或其他合法代表人予以许可。一般来说，临床研究必须先研究弱势程度较小的人群，再涉及弱势程度较大的人群。

三、医学科研和论文中涉及儿童研究伦理的审稿要点

1. 医学科研儿童相关法律规定　在相关法律中，10岁以上的未成年人是限制民事行为能力人，可以进行与他的年龄、智力相适应的民事活动，而其他民事活动应由他的法定代理人代理或征得他的法定代理人的同意。也就是说，不满10岁的未成年人是无民事行为能力人，由他的法定代理人代理民事活动。未成年人不具有完全民事行为能力，属于弱势群体。因此，以儿童为受试者参加医学科研或临床试验的，其伦理审查需要考虑一些特殊问题。

2. 医学科研儿童受试者研究的合理性　研究儿童期疾病和儿童特别易感的状态，如疫苗试验，以及用于儿童又用于成人的药品的临床试验，在这种情况下，儿童作为受试者的参与是绝对必要的。现在已经普遍公认，作为一般规律，任何可能适用于儿童的新的治疗、诊断或预防产品在上市前，申办者必须评价其对儿童的安全性和有效性。当涉及儿童的临床研究时，其研究者必须确保：以未成年人为受试对象，研究不能同成年人，研究的目的是获得有关儿童健康需要的成果，每位儿童的父母或其法定代理人给予同意，已获得每位儿童在其能力范围所给予的同意，儿童拒绝参加或拒绝继续参加研究的意见将得到充分尊重。

3. 医学科研儿童受试者风险的特殊考量　应坚持痛苦最小化和风险最小化的科研设计原则，受试者的预期受益证明所涉及的风险是正当的，其研究风险和受益比至少与现有备选的干预措施相当。

4. 医学科研儿童受试者的赞同　儿童和未成年人参加临床试验应该获得其父母或法定代理人的知情同意，并在儿童发育和智力程度的允许范围内告知其研究情况，并征求儿童的合作意愿。而10岁以上的儿童，应获得他们本人的知情同意。

5. 医学科研儿童的父母或监护人的同意　未成年人参加临床研究，必须获得其父母或法定监

护人的同意，未成年人的父母已经死亡或没有监护能力的，则由其他具有监护能力和法定资格的人担任监护人的同意。

6. 医学科研儿童监护人参与试验过程　作为儿童受试者参加研究做出许可的父母或法定监护人应有机会，在适当的程度上参与观察研究的进行，以便能使孩子及时退出研究，如果其父母或法定监护人判定这样做是从孩子的最大利益出发，可以继续参与研究。

7. 医学科研受试者心理学和医学支持　涉及儿童的研究应在儿童和其父母能够获得充分的医学和心理上支持的情况下实施。作为对儿童的加强保护，研究者可以就关于孩子参加该研究的问题获得孩子的家庭医师、儿科医师或其他卫生保健工作者的建议。如果研究明显不同于常规治疗，应该邀请儿童的父母一方或双方在场给孩子安慰，必要时，代表儿童与未成年人处理相关事宜。如果研究不允许儿童的父母在场，应该加以解释，并且在知情同意书中明确说明。

8. 医学科研儿童受试者知情同意的特殊考量　儿童作为受试者，必须征得其法定监护人的知情同意并签署知情同意书。当儿童能做出同意参加研究的决定时，还必须征得其本人同意。并提供给儿童和未成年人受试者的知情告知信息，应以符合他们年龄和理解水平的语言和文字表述解释研究信息。10岁以上的未成年人，必须获得其参加研究的同意；如果其具备相应的阅读和理解能力，应要求其签署知情同意书。10岁及以下的儿童，如果能做出同意参加研究的决定时，也应获得其参加研究的同意。告知儿童的父母或法定监护人，他们可以在什么程度上观察研究的进行，并可以从孩子的最大利益出发，决定孩子退出研究。

9. 医学科研中涉及公共福利机构儿童和未成年人的研究　公共福利机构中的儿童没有父母或其父母在法律上无权给予监护或同意，关于招募儿童受试者进行研究的合理性，医学伦理委员会在审查中应寻求熟悉公共福利机构儿童情况的主管人员或监护人意见，应获得法定监护人的同意。公共福利机构的工作人员，即使是合法监护人，一般不被认为是代理知情同意的合适人选。对已经由法院指令由公共福利机构托管的儿童和未成年人，纳入他们参加研究需要法律授权。而且当儿童能做出同意参加研究的决定时，须征得其本人同意。

四、医学科研中涉及精神障碍人群研究的伦理问题

1. 医学科研精神障碍患者受试者的伦理要求　在医学科研活动中，对精神疾病的研究也是医学科研攻关的领域之一。精神障碍是各种精神或心理异常的总称，又称精神和行为障碍或精神疾病，大多数精神障碍的受试者能够理解研究的性质和研究的风险，能够做出自主决定。这里所指那些没有能力给予充分知情同意或由于病情恶化变得暂时没有能力的精神障碍患者。

2. 医学研究合理性的考量　其研究的目的是为获得有关精神障碍者特有的健康需要的科研成果、治疗方法、理论知识等，并且只能在精神障碍人群身上进行的临床试验研究；如果在给予充分知情同意能力没有受损的人身上能同样好地进行研究，这类人就不能成为受试者。而对于探索某些严重智力或行为障碍的病因和治疗的大部分研究，精神障碍者显然是唯一合适的受试者。对已获得与每位受试者能力程度相应的同意，受试者拒绝参加研究应始终受到尊重，同时，还应获得其法定监护人的同意。

3. 医学科研精神障碍者知情同意的实施规范　首先是其法定监护人的同意；即使在法定监护人同意的情况下，仍需尊重能力低下者本人的感觉和意愿，而对已经由法院指令由公共福利机构托管的精神障碍受试者，纳入他们作为受试者参加研究还需要法律授权。对于能够理解研究的性质和研究风险，给予知情同意的精神障碍受试者，应在他们精神状态许可范围内征得其本人对参加与否表示同意和拒绝，任何反对参加或没有直接受益的研究应始终受到尊重；绝对不能在没有征得本人同意的情况下作为受试者纳入临床研究。

第十节　医学科研中涉及妇女的伦理问题与评审

在临床或基础医学研究中，对涉及育龄期妇女在研究期间有怀孕情况，其本身不能作为排除或限制参加研究的理由。这就涉及人类受试者的临床研究应包括不同的性别，这样研究结果可以使得患有该疾病的所有人群都能受益，特别是妇女易患疾病的研究。排除生物学上能够受孕的妇女参加临床研究的规定是不公平的，因其使妇女这一群体丧失了从研究中获得新理论知识或治疗方法的利益。如果是在基于人群的研究中，某个性别被排除在外，研究者必须提供明确的有说服力的理由，这也是医学科研设计，特别是临床医学研究设计的要求。在进行研究设计和符合研究目的的样本量计算时应该考虑性别问题。

一、医学科研中育龄期妇女作为受试者的条件

要分析和研究对孕妇和胎儿的风险，是妇女做出参加临床研究理性决定的先决条件，这应以妊娠试验确认受试者未受孕，并在研究开始之前采取有效的避孕措施；如果由于宗教或其他原因，不能采取避孕措施，则研究者不应招募可能怀孕的妇女进行可能有这类风险的研究。如果研究的潜在风险足以要求排除孕妇参加，就必须明确排除可能妊娠妇女参加研究，以确保育龄期妇女在研究期间及其后一段时间不受孕，在必要情况下，可对其进行单独研究。

二、医学科研中育龄期妇女受试者知情同意的伦理问题

应帮助育龄期妇女理解如果在研究期间受孕，特定研究程序可能对胚胎或胎儿、本人具有当前已知的或不可预测的风险存在，可建议在研究期间甚至在研究结束后的一段时间内避孕或中止哺乳。受试者一旦妊娠，要立即通知研究者。如果受孕可在两个方案中选择：自愿退出研究或终止妊娠。如果不终止妊娠，应该向受试者保证提供医疗随访和健康监测。

三、医学科研中育龄期妇女受试者知情同意的履行

对生活在某些地区的妇女习惯于服从权威或丈夫，在这种情况下，研究者在知情同意过程中要给予特别的关心，以保证她们有充分的时间、适当的环境、根据给予的明确信息做出自己的决定。在涉及育龄期妇女的研究中，不论怀孕与否，只需要该妇女本人的知情同意，她就可参加研究。其配偶或伴侣的许可决不能代替个体的知情同意，如果妇女希望在决定参加研究以前与其配偶或伴侣商量或自愿地获得许可，这不仅在伦理上是允许的，而且在有些情况下是非常可取和必要的。然而，严格要求配偶或伴侣的授权，这有违尊重个人的独立原则。

四、医学科研中涉及孕妇的伦理问题

1. 医学科研中孕妇作为受试者研究的合理性　只有当研究是针对孕妇或胎儿特有的健康需要或针对孕妇总体的健康需要，并且如果适用，还应有来自动物实验，尤其是关于致畸和致突变风险的可靠证据予以支持，才能在孕妇群体中实施研究。在涉及孕妇的研究时可能对妇女及其胎儿带来风险和可能的受益，因而要证明其研究的合理性。

2. 医学科研孕妇受试者知情同意的考量　要充分告知有关对受试者自己、怀孕和胎儿及对后代的影响，以及受试者的生育力风险和受益情况。关于风险可接受性的决定作为知情同意过程的一部分应该由母亲做出，而针对胎儿健康的研究，即使没有或没有明确的有关风险的证据，如果可能，对胎儿风险可接受的决定最好也应征求其父亲的意见。

3. 医学科研孕妇受试者的特殊考量　①研究人员无权参与终止妊娠的时间、方法或措施的决定；研究人员也无权参与胎儿生存问题的决定；在有些群体或地区的文化信仰认为，胎儿比妇女的生命或健康更重要，妇女可能感到是被迫参加

或被迫不参加研究。因此，应采取特别保护措施，防止不适当地劝诱孕妇参加对胎儿有直接受益前景的干预措施的研究，特别是当研究可能对孕妇造成伤害时。②在胎儿异常情况下，一般不被认为是流产适应证的时候，如果受试者参加研究确实可能导致胎儿异常，就不应该招募孕妇受试者参加研究。③研究者应在涉及孕妇的科研设计方案中包括监测怀孕结果的计划，即关于妇女的健康，以及孩子近期和远期的健康问题。

第十一节　医学科研国际合作研究中的伦理问题与评审

这种情况是指国外机构发起的研究而在国内的研究机构实施，一般由国外的国际或国家的组织、医药企业与国内相关机构、学术团体或个人合作研究，并达成合作研究协议。

一、医学科研国际合作研究的原则

1. 医学科研伦理的规范性问题　国外的申办组织或个体的研究者应向其所在国提交研究方案，并进行医学科研伦理学和科学性及意义的审查，医学科研伦理评价标准应和研究实施所在国同样严格。研究实施所在国的医学伦理委员会应审查确认研究方案是针对研究所在国的国民健康需要，并具有重大科学价值和意义，而且符合必要的医学科研伦理标准和规范要求。

2. 医学科研国际合作研究课题符合伦理要求　其研究实施所在国和申办者所在国的医学伦理委员会都有责任进行科学性、实用性、必要性、可行性、重要意义和医学科研伦理问题的严格审查，对不符合科学性和实际需要及医学科研伦理标准的研究合作方案，医学伦理委员会都有权拒绝批准，并且必须尽可能地保证其审查是独立的，避免与其研究任何方面有关的和可能影响医学伦理委员会判断的利益冲突。当国外的申办者是一个国际组织，对其研究提案的审查，必须符合其自身的独立医学伦理委员会审查程序和标准。

二、医学科研课题国际合作研究审稿要点

1. 医学科研课题国际合作研究的要求　①国外申办国家或国际组织的医学伦理委员会的特殊职责，应判定科学方法是否合理并符合研究目标；②如果是属于疫苗研究，其程序是否符合安全标准；③研究不是在申办者所在国家或由其他国家实施是否存在合理性依据；④医学科研课题国际合作研究方案是否符合申办者所在国家或国际组织的伦理标准。

2. 医学科研国际合作研究国内医学伦理委员会把关与职责　①其研究目标是否针对本国的健康需要，是否具有科学依据和重要的实际意义。②根据国内的社会风俗和传统，严格判断研究方案各个方面的医学科研伦理的可接受性，获取知情同意的方法和途径，尊重受试对象权利等方面，以及所提议的保护研究受试者健康的方法的可接受性。根据当地社会的礼物互赠及其他风俗和传统，就物质利益或激励措施是否提出合理性建议。③根据国内受试人群的文化和道德标准，审查研究计划的依从性问题。

3. 医学科研国际合作研究应具备国内健康需要　①其研究是针对实施研究所在地人群或社会的重大健康需要问题，特别是疾病的预防、诊断和治疗所需要的重大问题。②对任何干预措施或开发的医学新产品或获得的理论知识和技术等，都将被合理地用于使该国人民健康和社会受益为前提。③国际合作研究是针对实施研究所在国人群或社会的健康需要问题。如对某疾病在这人群中的流行概况，需要新的或进一步的深入研究。同时，该国人群将获得成功的干预措施或其他健康的受益。如果研究实施国绝大部分人群负担不起试验产品，而研究所获得的理论知识、技术和医疗产品等主要使极少数人群受益，缺乏普惠性和普及性，这就证明其研究具有私利特征，这样的国际合作研究是违背医学科研伦理和道德规范的行为，理应予以拒之。

第十二节　人工智能诊疗技术临床应用中的伦理问题

随着人工智能诊疗技术在临床医学各个专业领域的应用，无疑给临床诊断、临床治疗、临床诊疗决策、健康管理、智能护理和医院管理质量与效率带来进步，也促进了人工智能医学或智慧医学的飞速发展。但作为全新技术和近年新兴领域在临床医学中应用的同时，也面临着诸多应重视的医学伦理问题。

针对人工智能诊疗技术在临床医学中的应用，世界卫生组织对其涉及的伦理问题也极为关注。世界卫生组织对人工智能诊疗技术应用给出了6项指导原则。为限制利用人工智能促进健康所固有的风险和最大限度地利用人工智能诊疗技术带来的医学科技进步，世界卫生组织提出了以下原则，作为人工智能监管和治理的基本原则。因此，随着人工智能诊疗技术在临床中的应用和相关科研课题的开展，人工智能医学研究和应用论文不断增多，医学期刊编者要特别关注和重视相关科研论文所涉及的伦理道德规范问题审查。世界卫生组织提出的基本原则如下。

1. 保护人类自主权（Protecting human autonomy）　在医疗保健方面，这意味着人类应该继续控制医疗保健系统和医疗决策；应保护隐私和机密性，患者必须通过适当的法律框架给予有效的知情同意，以保护数据。

2. 促进人类福祉和安全与公共利益（Promoting human well-being and safety and the public interest.）　人工智能技术的设计者应满足明确定义的用意或适应证的安全性、准确性和有效性的监管要求。必须提供实践中的质量控制措施和人工智能使用中的质量改进措施。

3. 确保透明度和可解释性与可理解性（Ensuring transparency, explainability and intelligibility）　透明度要求在人工智能诊疗技术设计或部署人工智能技术之前发布或记录足够的信息。此类信息必须易于获取，并有助于技术的设计方式以及应该或不应该如何使用技术进行有意义的公众咨询和辩论。

4. 培养责任感和问责制（Fostering responsibility and accountability）　尽管人工智能诊疗技术执行特定任务，但利益相关者有责任确保在适当的条件下并由经过适当培训的医疗技术人员使用它们。对于因基于算法的决定而受到不利影响的个人和团体，应提供有效的询问和补救机制。

5. 确保包容性和公平性（Ensuring inclusiveness and equity）　包容性要求健康人工智能旨在鼓励尽可能广泛的公平使用和获取，而不论年龄、性别、收入、种族、民族、性取向、能力或受人权法保护的其他特征。

6. 促进具有响应性和可持续性的人工智能（Promoting AI that is responsive and sustainable）　人工智能诊疗技术的设计者、开发者和用户应在实际使用过程中持续、透明地评估人工智能应用程序，以确定人工智能是否充分、适当地响应期望和要求。人工智能系统的设计还应尽量减少对环境的影响并提高能源效率。政府和公司应解决工作场所的预期中断问题，包括培训医护人员以适应人工智能系统的使用，以及因使用自动化系统而导致的潜在失业。这些原则将指导世界卫生组织未来的人工智能医学的发展工作，以支持和努力确保人工智能在医疗保健和公共卫生方面的全部潜力被用于造福所有人。

第 21 章 临床医学诊疗指南制定伦理规范与编辑出版伦理

临床医学诊疗指南，也称临床实践指南（Clinical Practice Guideline），是重要的临床诊断和治疗决策的重要指导性文件，是现代临床医学发展的重要进步和临床医疗决策行为规范化的重要表现，不仅具有临床诊断和治疗的指导性、规范性和实用性，而且还具有法律质证效力。因此，其制定的程序性、规范性、权威性、科学性、实用性、客观性就显得尤为重要，其涉及制定规范和伦理问题以及编辑出版伦理，也直接影响其整体质量。所以，医学编辑掌握其制定的原则、规范和程序、利益冲突、临床指南评价和编辑出版伦理问题，对临床医学指南的质量控制具有重要意义。

第一节 临床医学诊疗指南基本概念

在国际上，早在 20 世纪初就开始了临床医学指南的制定。1951 年，世界卫生组织（WHO）制定了《临床指南制定规范》，以后又编制了《WHO 临床指南制定手册》，并进行了多次修改和完善。在我国，20 世纪 80 年代才开始重视临床医学指南的制定工作，进入 21 世纪以来，临床医学指南的制定发展非常迅速。目前，各个临床学科或专业基本都制定了相应临床诊疗指南，但有不少是国外相关临床医学指南的翻版，也有不少相关临床指南的制定缺乏规范性和权威性，更有甚者在其制定过程中存在着临床指南伦理、利益冲突和编辑出版伦理处理失范现象，这在某种程度上影响了临床医学指南作用的发挥。

一、临床医学诊疗指南与专家共识基本定义

临床医学诊疗指南作为综合当前最佳临床研究证据，是指导临床诊断和治疗的重要指导性规范性文件，是确保临床医疗质量和最大限度地降低医疗成本的重要措施，也是促进临床诊疗规范化的重要手段；对指导临床医师实施正确诊疗决策，帮助临床医师或患者恰当处理临床诊疗中的相关问题，实现临床疾病诊疗方案的最优化和提高医疗质量及促进临床医学发展发挥着重要作用。

在医药卫生科学领域学术技术指导性和规范性文件中，如果按其执行强度或依从性而言，其依次为专家共识（建议）、临床医学诊疗指南、规范、标准、法规条例。而专家共识、临床医学诊疗指南和规范属于指导类技术规范文件；标准属于国家强制性技术文件；而法规条例属于法律层面的国家法律范畴。临床医学指南和共识的制定是通过系统循证或证据评价，对相关证据实施再评估与整合，同时考虑利弊关系，经过专家集体讨论和研讨达成一致意见，也可提出最恰当的推荐意见，形成具有权威性的诊疗指导性文件。帮助和指导医药卫生技术人员做出正确的临床诊疗决策。在实际临床实践中，临床诊疗指南或专家共识也很难满足或适用于所有临床问题及患者千差万别的具体情况，其最终的诊疗方案的制订和临床决策，还要根据患者的具体病情和患者的意愿、临床医师认知和认可等综合因素而定。临床医学指南、专家共识、专家意见或建议的区别，这三者的服务宗旨均是为广大临床医务工作者和患者提供特定临床问题的指导性、建议性意

见或推荐意见，以最大限度地减少不恰当的临床决策行为，降低医疗成本，改善医疗服务质量和医疗安全性。①临床医学指南：是基于循证医学的系统评价证据和平衡了不同干预措施的利弊，在此基础上形成和制定的，能够为临床患者疾病诊断与治疗提供最佳医疗护理服务的推荐意见集合。②专家共识：体现和强调是专家经验，在临床医学指南制定过程中发挥的作用，其专家经验主要来源于多学科专家代表组成的团队，针对具体临床问题和诊疗方案达成的共识结果，专家共识尚达不到指南的要求和条件，其质量难以保证，缺乏可靠性。③专家意见或建议：是专家个体或几个专家的个人见解或建议，是没有经过正式或非正式的共识过程提出的意见或建议，其科学性差，只是作为一般参考。④临床医学诊疗指南类型：一般分为标准指南、完整指南和附属延伸版指南。标准指南：主要是针对单纯某专业、专科或技术方法的临床实践问题而制订的，也是比较常见的临床医学指南类型；一般来讲，标准指南内容针对性和专一性极强，不需要覆盖或涉及其他各种疾病的临床问题，其推荐意见也必须基于高质量的临床证据。完整指南：一般是指全面覆盖某学科领域的系统临床或公共卫生问题，其特点是系统性和涉及各个方面的临床问题。如诊断、治疗、预后、预防监测和干预措施等相关推荐意见，并且各个方面都必须具备高质量临床循证系统评价。附属延伸版指南：一般是指针对基层的，适用于基层医疗机构和指导基层医疗卫生服务实践的临床医学诊疗指南版本。

1. 证据评价、最优指导　临床医学诊疗指南是通过系统综述分析相关科学证据，对各种临床备选干预方式和诊断及治疗方案的利弊实施循证评价，经过医学相关领域最优同行群体专家制订和评审认可，由科学/学术共同体发布的临床最优指导性与规范性文件，称为"临床医学诊疗指南"。

2. 系统开发、严格论证　临床医学诊疗指南是规范性和指导性文件，是通过严格及科学的系统研制开发出来的临床医学成果，又是集体专家群体智慧的结晶，其内容经过严格的证据和循证评价，并经过严格论证，适用于相应的临床疾病的诊断与治疗领域，以指导临床医师的医疗行为和医疗决策。所以，临床医学指南具有很强的权威性、科学性、指导性、可操作性和临床适用范围。

3. 制定科学、程序严谨　临床医学诊疗指南其制定应具备以下条件：①严格筛选，系统评价，首先是对相应学科或专业现有临床证据的系统评价。②专家团队、集体智慧，临床医学指南的制定者，必须是来自专业团队，是本专业领域的顶级专家和学科带头人，特别是领衔和执笔专家，应该是本领域或本专业的领军人物，是各相关学科专家和主要学术共同体专家参与制定而成的文件。③制定透明、控制偏倚，临床医学指南的制定其过程应当公开透明，最大限度地控制各种人为干扰、偏倚因素控制和利益冲突的最小化，保证其客观公正。④严格证据质量、解释合理，临床医学指南中对各项备选干预措施和相应结局之间的关系给出合理解释；同时，对证据质量和推荐意见实施分级描述。⑤适时修订、重新评议，临床医学指南在应用过程中，对重要的新证据，如新方法、新技术、新的特效药物诞生，应对原来临床医学指南适时进行重新修订和评议。⑥以人为本、兼顾患者，临床医学指南制定过程中，要注意尽可能兼顾重要疾病患者亚群和患者的偏好，适当考虑患者的依从性。

二、临床医学诊疗指南的功能与价值

临床医学诊疗指南的制定和实行，是临床医学的一大进步，它的主要功能和意义在于对临床决策和诊疗行为的指导意义，促进诊疗行为的规范化和统一化，降低诊疗、预防和保健服务成本，全面提高医疗、预防、护理和保健质量。

1. 指导临床决策、规范诊疗行为　在以往临床诊疗实践中，各医疗机构之间和医疗技术人员之间，在同一疾病的诊断、治疗和护理上，其采取的诊疗行为是千差万别的，所应用的诊断措施、治疗方案和护理手段等都具有较大差别，也存在着不合理的现象，过度诊疗、过度治疗、不合理用药等现象严重，对同一种疾病或临床问题，不同国家、不同地域、不同医疗机构、不同医疗技术人员，甚至同一医疗机构或同一科室，其处理方法和措施等医疗服务行为各异，这些差异存在着医疗行为的不合理、不规范和科学的问题，试验性和经验性治疗、药物滥用、过度诊断和扩大应用诊断措施等医疗行为普遍存在，使临床决策失去了科学性与合理性，致使医源性疾病与日俱增，而基于研究证据和循证评价的临床医学诊疗指南，具有缩小这些差异和规范及统一医疗行为的功能与作用，使临床决策更趋于合理性，让患者享受到更加优质的医疗服务。

2.降低医疗费用、减轻疾病负担　当今世界，医疗卫生资源的有限性，难以满足日益增长的卫生资源的消费，更经不起无休止的医疗卫生资源的不合理应用与浪费，即使经济发达国家其医疗卫生资源的消费承受力也频频告急；而临床医学诊疗指南对相关疾病根据证据分析和成本效益分析，制订出整套规范化与科学的诊断与治疗措施，以及推荐意见，用最适宜、最可靠和最经济实惠的诊疗技术解决临床问题，既减轻疾病和诊疗负担，又最大限度地减轻患者痛苦，这是临床医学指南最佳功能。

3.医疗措施科学化、诊治技术适宜化　调查研究表明，以往在临床诊疗实践中，所有诊疗、预防、保健、护理等医疗卫生服务行为中，具有1/4～1/3的诊疗措施是没有必要应用的，甚至是滥用或是误用的现象。如普通感冒和普通发热患者，缺乏应用抗生素的证据，临床上多以试验性、经验性和预防性使用抗生素，形成抗生素的不合理使用，甚至滥用，而造成抗生素耐药趋势日趋严重。而临床医学诊疗指南使诊疗措施证据化、科学化、规范化、合理化和实用化，使用诊断和治疗的最适宜技术解除患者痛苦，促进诊疗服务行为的合理化与规范化。

三、临床诊疗指南的制定原则

1.遵循医疗卫生需求、体现健康核心价值原则　临床医学指南的制定首先是遵从临床需要，制定前应对其必要性实施评估，确定没有其他相应临床指南可以覆盖或代替，并充分体现患者的健康利益为核心价值；具有明确的指南应用的专业群体队伍和指南普及传播措施，以保证临床医学指南的实用性与效益。

2.严格确认目标人群、增强使用效率原则　临床医学指南的制定要考虑目标使用人群，以免制定发布后没有明确应用人群；其目标使用人群可以是医疗卫生行政管理者、卫生政策的制定者、临床医师、护理人员、患者和普通群众等，要确保指南的使用效率和效果。

3.实施诸学科合作、严格控制偏倚原则　临床医学诊疗指南是集体智慧成果，而且涉及各个相关利益者的知识和观点，在组建指南制定专家委员会或小组时，就要考虑其成员的学科专业结构的合理性，既要考虑本专业领域的专家，又要考虑相关专业领域的专家。如临床药学专家、诊断学专家、方法学专家和临床流行病学专家及医药卫生政策制定者等。同时，尽可能考虑其成员的年龄、性别、专业、技能、地区分布和价值观等因素的平衡问题，以确保所有利益相关方能够平等参与制定。在制定过程中，要分析可能存在的干扰因素或偏倚因素，尽可能控制偏倚风险的发生。

（1）保持制定的独立性、避免干扰因素：在临床医学指南制定或撰写中，要保持其独立性不受外来因素干扰。如临床指南中涉及的药物、医疗器械设备和产品等，应符合法规要求，根据充分，合理合规，避免涉及医药企的商业利益渗透和干扰。

（2）充分交流、形成共识：在临床医学指南制定过程中，其专家委员会或专家小组成员，要充分研讨和交流，并征询相关领域专家学者意见，全体成员应切实达成共识，避免一言堂。

（3）公开利益报告、严控利益冲突：对参与临床指南制定的专家学者，特别是主要领衔专家和执笔者，应进行利益声明，公开报告利益冲突，而且要进行严格评价、严格控制可能的利益冲突，确保指南制定的客观、公正性和权威性。

4.证据公开、客观评价原则　要保证临床指南制定中证据的公开获取性，其推荐意见也是对现有证据的全面客观评价；在形成推荐意见前应全面检索和综合当前证据，确定是否具有相关指南和系统评价，以便采取不同的系统评价形式，在方法学上，应采用国际公认的制定透明推荐意见的标准评价证据质量和推荐意见强度及质量，以确保临床指南是现有最佳证据和证据的最优化。同时，应考虑和兼顾患者的偏好和依从性及价值观，尽可能处理好利弊平衡与资源整合利用的关系，最大限度地增强临床指南的客观公正性。

5. 流程系统、透明清晰原则　在临床医学指南中过程中，其制定流程设计应系统，透明清晰，评审委员会实施初审和终审，并受相应机构或学术共同体监督，在其临床应用中，其效果和存在的问题也应得到评价和监测；专家委员会或专家小组在制定中应公开研讨，保证决策的透明性；对利益相关者参与制定，既要有体现用户群体代表的利益，又要对推荐意见的制定过程、制定依据能够充分了解。

6. 指南的普惠性、不同地域的普及性原则　临床医学诊疗指南的制定应在不同地域环境下的适用性。如既可在经济发达国家和地域实施，又可兼顾中低经济收入的国家或地区的疾病诊断治疗和健康服务。同时，又要考虑妇女、儿童、老年人群和残疾人群等弱势群体的普惠性，以及推荐意见评估强度的可实施性问题。

7. 重视公平、注重人权原则　在临床医学指南制定中，应重视其公平性，关注人权，以及性别和卫生问题等社会因素，在其制定的规划阶段、制定阶段、发布阶段和修订更新等各个环节，都应考虑其公平性、人权性、性别和卫生问题。

8. 伦理风险控制原则　由于临床诊疗指南对临床医疗决策的指导性、规范性，对临床医师的医疗实践具有重要的指导意义和规范医疗行为的作用，因而事关患者的生命和健康，不言而喻，它的正确性和可靠性对于临床疾病诊断和治疗显然极端重要；临床医师对临床指南所依赖的诊断和治疗方案其本身出现偏差，甚至在临床指南制定中其专家责任心不强、故意造假或发生利益冲突，使临床诊疗指南发生严重偏倚，不难想象，其后果将是灾难性。如2011年11月，欧洲心脏病学会临床指南制定小组主席，世界著名心血管病医学专家、荷兰伊拉斯谟医学中心教授汤珀德曼（Don Poldermans）被开除，原因是在起草制定欧洲心脏病学会临床指南中其证据采纳存在严重缺陷和学术不端行为，给临床医师和患者带来严重伤害。

2014年1月，世界著名的医学期刊《欧洲心脏杂志》发表了英国伦敦皇家学院国立心肺研究所的科尔（Graham D. Cole）和弗朗西斯（Darrel P. Francis）两位医师的文章："研究的失误会致命：临床研究是这个世界上最为危险的专业吗"，这篇质疑文章，其结论震惊了学术界和国际社会，轰动了世界医学界以及世界各大媒体。2011年，欧洲新版心脏病指南中推荐对于大多数非心脏手术的患者在术前给予β受体阻滞药。然而，这一推荐证据是基于一组已被发现有数据造假和学术不端的临床研究的结论而做出的。而该研究的作者所属的大学所进行的调查发现，该研究的领衔者和主要作者涉及一系列不正确或前后矛盾的声明，其所涉数据有伪造和不可信的证据。2012年，该大学的后续调查中确认了其中被欧洲心脏病临床指南直接引用的文章数据不严谨，且存在严重偏差。欧洲心脏学会的临床指南非常倚重于此系列相关研究，因为这些研究提示在非心脏手术患者术前给予患者β受体阻滞药能大幅度降低病死率。但如果剔除这个小组的系列研究结果，而大样本大数据研究则得出相反的结论，也就是说，非心脏手术的患者术前给予β受体阻滞药可能提高围术期病死率达27%。Graham D. Cole和Darrel P. Francis两位医师指出：根据新版指南，整个欧洲每年实施非心脏手术后而死亡的患者数达76万之多，如果按照新指南小组推荐的计算方法，则可推算出约有因为错误指南而导致16万患者不必要的死亡。基于此计算，则可以初步估计在新指南的5年有效期间内会，约有80万欧洲患者因错误的心脏病临床指南而丧命。Graham D. Cole和Darrel P. Francis医师认为："如果是临床医师出现失误，哪怕没有患者死亡，英国的医学委员会也会进行调查。然而如果研究有误，它所带来的伤害会大得多，大到只有政治领导人的错误才能相提并论。在过去50年世界各国因政治领导人的错误决定所导致的8个最大的人口死亡平均数是50万。也就是说，据以上估计，临床研究的错误导致的不必要死亡甚至比政治动荡更为严重。"这篇文章引发了巨大反响，世界知名媒体争相转载。《福布斯》杂志用了这样一个题目：是医学还是大屠杀？其实，Graham D. Cole和Darrel P. Francis医师在文中虽然没有点名，但被两位医师形容为导致比大屠杀更严重的原系列研究论文的作者就是荷兰著名的心血管专家、欧洲心脏病学会临床指南制定和起草小组主席汤珀德曼（Don Poldermans）。Don Poldermans 是荷兰伊拉斯谟医学中心的心血管病学教授，世界著名心血管疾病研究专家，他领导着围术期心脏监护室，同时还是欧洲心脏病学会临床指南委员会成员、欧洲心脏病协会任务组主席。Don Poldermans 多年来致力于围术期的心脏病预防和治疗的研究，发表了多达 500 多篇研究论文；其研究论文被广泛引用，诸多相关研究团队的课题都是基于其发表的研究成果。因此，欧洲心脏病学会心血管委员在更新指南时毫不犹豫地采用 Don Poldermans 研究团队的研究结果和结论。

荷兰伊拉斯谟医学中心发布公告开除 Don Poldermans。理由：①未能适当地保留和管理研究的原始资料和数据，导致进一步的调查和分析成为不可能；②在临床研究中未能记录实际所用药物的数据；③未能取得研究参与患者的知情同意书；④最严重的是他在多项研究中出现伪造或者篡改的数据。其最为严重的指控是，Don Poldermans 所领导的研究未能遵循现有科学标准，在收集数据时非常草率混乱，在其中一项研究中，Don Poldermans 使用了患者的数据，但未能获取知情同意书，这有违医学科研伦理道德；他还被发现使用捏造的数据，其中两个提交到学会的研究报告含有不可靠的数据。Don Poldermans 在围术期的治疗和预防领域，长期影响着临床医师对于围术期的用药选择，影响或左右着欧洲心脏协会的临床指南的内容，甚至还影响了欧洲各国对于临床医药的相关政策的制定。Don Poldermans 的学术不端不但损害了无数相关研究的科学家，还导致大量经费的浪费，更严重的是无数患者的健康和利益因此受到侵害。因此，临床医学指南制定的伦理问题和医学科研人员的学术不端或者学术造假，不仅违背了科学精神和医学科研伦理道德和科研诚信，更严重的是误导了医学科研和医学科技进步，给患者带来难以弥补的损害。因此，临床诊疗指南的制定存在着巨大伦理风险，其制定者和医学期刊编辑，应重视其相应伦理问题的风险控制，尽可能将临床诊疗指南伦理风险控制在最低，以确保临床诊疗质量和患者生命与健康利益。

第二节 临床医学诊疗指南制定程序与方法

临床医学诊疗指南是权威性指导性医疗卫生文件，其特点是凝聚与整合了群体高水平相关领域专家的专业智力资源，是高智力专家群体或集体智慧的结晶和成果，主要功能是指导医务人员的医疗卫生服务行为。因此，其制定必须合规、合理、符合程序和资质、符合规范，具有明确的针对性、必要性和目的性。

一、临床医学指南立项与备案

在临床医学诊疗指南制定或修订工作启动前，应向相应的学术/科学共同体或专业机构申请立项。如学会、专科分会、协会或政府科学技术主管部门立项与备案，只有立项备案认可后方可启动制定或修订工作。

二、严格制定目的与需求评估

临床医学诊疗指南的制定或修订的目的，也就是其实施可后所带来的效果，能否达到规范和指导临床诊疗服务行为、促进临床诊疗水平提高、提高临床诊疗质量、保证医疗安全、降低医疗费用成本、患者结局满意的目的；也就是说，临床指南的制定或修订者、使用者、患者三方满意为最终目的。临床医学诊疗指南启动与实施，还应确定其真正需求，制定者要考虑谁需要指南，其受众专业队伍情况和目的，必要性与可行性，以及是否具有相同交叉专业的资源。

三、严谨确定主题、明确专业范围

要确定临床医学诊疗指南的制定主题，确认专业或疾病范围，界定是单一临床实践问题，还是某类疾病的诊断与治疗、适应证或诊疗等一系列问题，主题与范围的确定应由领衔专家提出，并征求相关专业领域专家学者的意见；其范围还应包括临床医学诊疗指南适用实践、学科领域或政策领域、目标受众人群、诊疗方案、干预措施和可能的结局指标等。

四、实施证据检索与系统评价

确定指南主题后，应进行文献预检索确定相关资源。如对现有相关指南、系统评价、临床技术评估与医学经济学评价报告等进行认真分析，并确定无相关专业领域相同主题的临床医学指南，以避免重复，造成资源浪费。

五、严格遴选参与者、成立专家小组

在指南项目启动后，应遴选确定参与制定的各相关学科专业领域专家学者，成立临床医学诊疗指南制定或修订小组，其成员应由具备相应临床专业的权威专家、临床流行病学、循证医学、卫生经济学、医学统计学、文献学等；根据《WHO指南制定手册》规定，临床医学指南制定小组其成员还应包括技术专家、终端用户、利益相关者、卫生经济专家等。同时，还应成立外部评审小组和系统评价小组。

1. 领衔专家或首席专家　临床医学指南制定小组应设领衔专家或首席专家，一般由学术/科学共同体提名确认。首席专家应对指南所涉及的学科专业和病种具有深入了解，是相关领域的著名权威专家和学术/学科带头人，并熟悉临床医学指南制定的方法或程序及相关要求。其任务是负责指南的总体构想和设计，具体指导制定工作，对指南制定质量、验证和评价等系列工作负有监督检查和指导责任。

2. 临床指南专家组组长　应具备较高学术水平，是相关领域的著名专家和学科/学术带头人，相应专业领域的领军人物，主要负责指南制定或修订方案的制订和草案撰写及组织管理，协调成员之间的分工合作，确保制定小组正常高效运作，并在相关研究领域履行相应的职责。

3. 专家组成员　应是相关专业领域高水平权威知名专家，学术造诣深厚，根据分工，主要负责相应章节的执笔起草撰写工作。

六、经费资助与利益声明

临床医学指南制定的经费资助者可以是私人、基金会、医药企业或政府相关部门，但经费支持者不参与其制定过程，更不能影响推荐意见的形成，避免影响临床医学指南制定的独立性与客观公正性。利益声明报告主要说明经费来源的合理性、合规性与合法性，其主要内容有制定过程中利益冲突及其处理方法的简要介绍，对无利益冲突的也要同样需要声明；临床医学指南制定专家组成员及全体参与者均应做出利益冲突声明。

七、严格征询意见与同行评审

完成临床医学指南撰写和专家组讨论确定后，应安排研讨会或征询意见会及专题培训会议，实施多方面的意见征询和完善工作，进一步修改完善后，根据《WHO指南制定手册》要求，还应递交相关评审组进行评审，其评审人员应是指南制定或修订小组以外的独立成员，在其成员中应当包括临床诊断（病理、影像、临床检验或实验室）、治疗、临床流行学、方法学、医学统计学、卫生经济学、临床药学等多方面的专家和患者代表参与评议或评审。

1. 同行评议或评审　根据《WHO指南制定手册》的要求，临床医学诊疗指南定稿后，还要呈送外部评审组进行评审或评议，其外部评审组主要是由对该指南感兴趣的相关专业技术人员等组成，其主要责任是对指南实施评议或评审，这也称为同行评议。此外，还要经过系统评价小组的评议，主要是由不具有利益冲突关系的相关专家组成的系统评价小组实施评议，在国际上，一般由世界卫生组织委托制定系统评价相关内容和要求；这在我国制定医学类指南过程中一般都省略或淡化了这些评议或评审环节。严格讲，规范的制定程序、过程或方法其基本的同行评议或评审环节是应当不许遵守的。总体来讲，其评审或评议的主要内容有指南系统评价的方案，其中包括了研究方案和纳入标准、排除标准及纳入的研究标准等，还有证据概要表的草稿、推荐意见、实用性和规范性等内容。

2. 撰写格式与发布　对于临床医学指南一般应具备执行总结、主体和附录部分。其执行总结应包括主要推荐意见，正文应包括目录、简介、方法、推荐意见和结论。在撰写、编辑和校对之前，应确定执笔人选，一般不以委员会的名义撰写，并在指南中应避免出现专利产品名称和特定的产品与产品商标以及特定相关信息；当临床医学指南得到评审委员会认可通过后，可进行排版、印刷和发布，其发表可通过在线出版、医学期刊发表、翻译版本和印刷专辑册子、新闻发布会、学术会议资料赠送、网站等传播形式。

3. 临床试用与意见征询　临床医学诊疗指南在正式发布前，应进行适当范围和规模的临床试用阶段，也可先发放征询意见稿，广泛征询相关领域医疗卫生技术人员的意见，收集与汇集各方面意见后再进行补充修改。

4. 制定说明与背景阐释　在指南制定或修订的同时，应附上指南制定说明，主要阐释其制定背景、编制简况、经费来源、协作单位、主要执笔人及所做工作；其制订或修订原则，包括文献检索策略、信息资源、检索内容与检索结果、文献纳入与排除标准等。对于专家共识的实施过程、意见征询的处理过程和依据、征询意见的形式和方法、意见的处理形式与处理结果及指南临床试用效果。

第三节　临床医学诊疗指南伦理规范与发表的审稿要求

临床医学诊疗指南和专家共识类医疗卫生文件的特殊性和重要性及地位，也就决定了其在医学期刊发表的严肃性和规范性，对不具备条件和规范化要求的草率制定、粗制滥造和发表，都是对患者的侵害与失责，是有悖于医学伦理和编辑出版伦理的行为，不难想象，对于缺乏规范要求的临床医学诊疗指南的发表，将会给临床诊疗或医疗卫生服务行为及患者带来不可估量的伤害。因此，医学期刊对于发表临床医学诊疗指南、诊疗规范、专家共识和专家意见建议等指导类文章，都必须对其制定过程或编制的资质、权威性、程序性、规范性、科学性、实用性、指导性、客观公正性、经济性和伦理要求（利益冲突）等进行认真审查与核实，以保证发表后的临床诊疗工作的安全性与有效性。

一、临床医学诊疗指南制定中伦理规范与利益冲突

伦理问题涉及各个领域，制定临床医学诊疗指南也不例外。是人与人、人与自然关系和处理这些关系的伦理道德规则；同时，临床医学诊疗指南更多涉及医学伦理，是认识和解决医疗卫生实践和医学科学发展中人与人、医患关系、医学与社会之间的伦理道德关系。在临床医学诊疗指南制定过程中，制定者应对指南伦理问题和利益冲突问题具有全面考量和规范化处理措施。

1. 明确目标人群、均衡利益关系　在《WHO指南制定手册》中具有相关要求。对于临床诊疗指南的制定，应明确使用人群或专业队伍，其目标人群包括相应专业的临床医师、医药卫生政策的制定者或管理者、其他医务人员、医疗卫生项目管理者、患者、照护者、普通人群和其他利益相关者，临床指南制定者应对这些利益各方关系进行考量，并做出合理的兼顾处理措施。

2. 兼顾公平、注重人权　世界卫生组织曾强调，关注和兼顾公平性、性别、人权和公共卫生问题的社会因素。因此，临床诊疗指南制定的规划阶段、制定阶段、发布阶段和更新修订阶段，在其各阶段和环节及步骤中，都应考量其伦理问题，注重其公平性、人权、性别和公共卫生问题的各种社会因素。指南的制定者要对不公平现象和其他因素的证据实施分析，分析现有相关指南、标准、政策、法规和社会决定因素，对资源分配进行分析，正确处理性别问题的策略和措施，参与卫生决策的方式和相应规定，临床诊疗指南制定透明性、问责机制和责任担当；以确保其制定过程中的性别平衡、利益均衡和其他公平因素敏感性的合理关切与处理。

3. 群体合作、风险控制　在《WHO指南制

定手册》中强调，临床诊疗指南的制定与编制是诸多学科和专业及群体专家合作的智慧成果，在组建相关制定小组或修订小组、评审和评价专家小组或专家委员会时，必须考量遴选纳入专家的学科或专业领域分布、相关临床专家、医药卫生管理者和政策制定者、方法学专家、临床药学专家、诊断学专家等，以利于利益相关者参与其制定，在可能的情况下，还应兼顾各小组或委员会成员的性别、年龄、专业或研究方向、技能、价值观或观念、地域分布与覆盖面等因素的均衡性。对于偏倚风险的控制，临床医学诊疗指南的执笔或制定者，要注意其撰写和编制的独立性原则，对指南中推荐和涉及的药物、诊断仪器设备、治疗设备、手术器械等，应具有足够的循证依据证明其有效性和适用性，而且不能提及医药企业名称，以避免涉及商业利益和利益冲突。

对于临床诊疗指南或专家共识的制定，其利益冲突的伦理规范问题近来备受关注，如果控制和防范不力，很容易造成临床诊疗指南的伦理规范缺陷，甚至发生伦理失范或失控，不仅严重影响临床诊疗指南的学术权威性和实用价值，而且会严重侵害患者利益，甚至影响诊疗质量和患者经济负担，其危害比任何学术文章失范造成的危害都大得多，其后果难以估量。在临床诊疗指南研制或制定实践中，其制定者确实面临着伦理道德规范的考量和挑战，在个别医药企业，极力想参与相应临床指南的制定或提供经费资助，以获得参与权或话语权，甚至走关系，唯恐该医药企业的药物、器械设备、诊断试剂、诊断技术方法等产品被排除在相应临床诊疗指南或专家共识的应用范围之外，如果制定者伦理失范，极易被利益所绑架，使临床诊疗指南或专家共识的制定丧失伦理规范标准和准则，其学术价值、实用价值和临床指导价值失去真值。如作为世界癌症治疗的金标准和权威指南的《NCCN恶性肿瘤临床实践指南》，就被国际著名顶级医学期刊之一的《英国医学杂志》（BMJ）质疑。

据CNN报道，美国俄勒冈健康与科学大学的Vinay Prasad团队在《英国医学杂志》发表最新研究表明，该NCCN指南并非完全公允，对癌症患者推荐的某些治疗药物，不但没有得到美国FDA的批准，也没有充足的临床试验数据和循证支持。Vinay Prasad研究团队在2016年3月将美国FDA批准的癌症药物与该NCCN指南的建议进行了比较研究，并对其指南中超出美国FDA批准的建议进行研究，重点评估了这些额外建议的临床证据是否充足，其研究发现，美国FDA共批准47种新型抗癌药物用于69种适应证，而NCCN指南则将这47种药物的适应证扩大到了113种肿瘤的治疗，其适应证中有69种（61%）与美国FDA批准的一致，另外44种（39%）属于额外建议。他们的进一步研究发现，该NCCN指南的额外建议中只有10项（23%）是基于随机对照试验，其中7项（16%）基于Ⅲ期临床研究的证据。而77%的建议依赖于小型和不受控的研究或病例报告，甚至根本没有提供证据。实施跟踪研究后还发现，该指南的额外建议提出两年后，仅有6项（14%）获得了美国FDA批准，而另外的大部分（86%）仍然并未获得美国FDA批准。

Vinay Prasad认为，这一研究发现和结论令人恐慌。该NCCN指南目前实施20多年，已覆盖约97%的癌症种类，由于它的权威性，现在美国的普通医师，每时每刻都在参考它，在临床上决定癌症患者的治疗方式和用药，这直接造成了效果不明的药物的广泛应用。而且，这些药物通常价格不菲，大大加剧了患者的治疗负担。而国内的肿瘤临床治疗中，也受该指南的误导，因为国内没有这些药物进口，而有些患者就通过各种途径高价从美国购买用于癌症治疗。

因此，临床诊疗指南和专家共识制定中的利益冲突问题既要引起制定专家的高度重视和防范。同时，医学期刊编审人员也要发挥审稿把关作用，严格控制和防范相关利益冲突和伦理规范的缺陷。

对临床诊疗指南研究或编制完稿后，其制定专家小组应集体进行研讨和交流，逐条斟酌和推敲，论证其证据的可靠性，科学性和实用性，首先应达成共识和意见基本一致；对所有参与制定的成员都应有利益冲突声明，而且要严格管理、评价和公开报告利益冲突，特别是对经费资助者或医药企业的参与程度实施风险评价，以利有效控制临床指南成果偏倚和发生伦理规范风险。

二、临床医学诊疗指南编辑出版审稿要点

医学期刊对指南类文章的评审程序可以有别于其他医学科研论文，一般不用再进入同行评议程序，对其审查重点是合规性、资质性、权威性和制定程序的合理性，重点审查其应提供的相应资质文件和指南评审小组的评审意见证明等文件。医学期刊编辑审查要点如下。

1. 合规性与合理性　编辑应对提供发表的临床诊疗指南制定的合规性与合理性进行审查。合规性，即指南的制定是否经过相应学术/科学共同体备案、批准或认可。如学术团体、学会、协会、研究会或政府医药卫生主管部门认可。合理性也就是需求或需要，相应医学指南的制定是该领域迫切需要的，具有较强的必要和明确的专业用户群体，并且有利于促进医学科学相应领域的进步与发展。

2. 资质性与权威性　临床医学诊疗指南作为专业或行业指导性学术文件，不是谁都能制定，也不是任意召集几个人就能随意制定指南用于指导临床，而必须具有相应的学术或专业资质，其制定或编制团队必须在相应学会、协会或学术团体等医学科学共同体的监督、指导或评审下进行制定工作，特别是参与制定的专家学者应具备相应专业技术水平和学术认可度，其领衔专家或主席、组长必须是本学科或专业领域的著名专家或领军人物，具有较高的学术权威性和学术影响力；其成员或委员，也必须是相关专业领域的高水平知名专家学者，而且其成员数量、相应专业覆盖面应足够大，真正呈现整合集体专家智慧，反映群体高智力专家智能的结晶产品，以保证指南质量的可靠性和权威指导性。

3. 程序性与方法学　医学编辑应审查其指南或专家共识制定的程序设计是否合理和规范性，其制定的方法是否正确。对于临床医学诊疗指南的制定过程，必须具有严谨与符合临床医学指南制定要求的程序化设计，而且应注意其程序的执行情况和程序各环节的操作效果，避免"有组织无纪律"，有名无实，搞形式化，使指南的编制过程脱离程序性控制，其质量得不到保证。

4. 规范化与偏倚控制　临床医学诊疗指南制定的规范性是其质量保证的前提，而偏倚因素贯穿于制定的全过程，对其偏倚因素估计不足和控制不力，也会影响指南制定的质量。其制定的规范性首先是制定过程应当规范。如制定指南题目的优选、对临床问题的陈述、证据的收集、证据的评价、整合证据形成指南建议、对推荐意见或建议的分级、患者意愿的考量、成本效益分析等，以及证据的系统检索和循证、方法的正确运用、证据级别的评分和根据证据级别及其强度提出的推荐意见的规范性；对系统证据检索、证据质量分级与推荐意见的形成和指南制定的公正性和透明性，都会影响到指南制定的规范性，以致影响其权威性。此外，在制定过程中的偏倚因素的估计和控制手段，也会影响到指南制定的质量，如果偏倚因素控制不力，也会使指南在某些程度上失去其真值，会不同程度地影响临床医疗决策和医疗卫生服务行为效果。

5. 实用适宜性与经济实惠性　制定临床医学诊疗指南的最大目的是规范诊疗行为和指导临床医疗决策，用最适宜、最有效、最经济、最节省医疗卫生资源的技术方案，让医疗卫生人员和患者受益，使患者真正得到实惠。因此，编辑在审查指南时，要认真考量其实用性、安全有效性、技术方法的适宜性和简便性、诊疗费用的最低性，这是衡量临床医学诊疗指南制定成败的关键，也是发表的意义所在。

三、临床医学诊疗指南期刊发表规范要求

临床医学诊疗指南和专家共识的制定与临床推广，是当前医疗决策和医药卫生服务行为规范化的重要手段，也是临床医学的标志性进步。因此，医学科技学术期刊及时组织制定指南、发表指南和普及指南是义不容辞的责任担当，并为临床医学诊疗指南的推广、扩大传播半径和显示度做出应有贡献。如近些年来，中华医学会系列杂志不但积极主动发表相应学科领域制定的临床医学诊疗指南，而且还对空白学科专业领域积极组织专家制定和发表，并且在临床推广和普及上下功夫，中华医学会杂志社还专门组织了"临床医学诊疗指南巡讲团"深入全国医疗机构，特别是相对基层的医疗机构解读和巡讲普及，极大地发挥了临床医学诊疗指南的功能和效益。但是，为

保证和控制临床诊疗指南制定得科学、公正、权威、实用和规范。因此，在医学科技学术期刊发表时应遵循相应编辑出版伦理和发表的规范化要求，使其更加严谨、科学和规范。其审查要点如下。

1. 指导类学术文件范畴　医学期刊发表的学术或技术指导文章有专家意见建议、专家共识、临床医学诊疗指南、医疗操作规范或临床诊疗规范、草案、标准、医疗卫生法规条例。对指导类学术或技术文件，根据不同体裁和执行强度具有不同的特点、制定程序和批准发布要求。本章主要阐述临床医学诊疗指南和专家共识发表要求与审稿要点。

2. 作者署名问题　临床医学诊疗指南和专家共识类文章，其特点是整合与凝聚了相关专业领域顶尖水平专家的高智力资源，是专家集体智慧的结晶和成果，而且其制定也是在专家组集体和医学科学共同体的指导下完成的。因此，为体现指南的权威性，其发表或发布应以医学科学共同体的名义署名发表。如学会、协会、专科分会、专业委员会、某专家委员会或专家组形式署名，其知识产权和著作权归上述医学科学共同体所有。但是，为体现专家个体的学术和智慧贡献与参与专家的价值，将参与制定的专家依据其所发挥的作用和贡献，依次在文后列出。如首席专家或领衔专家、专家组组长、副组长、执笔者，以及专家组或专家委员会成员等依次列出；对于指南的更新修订后的作者署名形式也应当照此规范进行。

3. 范围与目的　对于临床医学诊疗指南和专家共识，应具有明确和极具针对性的学科专业范围，应该说，临床诊疗指南的制定越高度专业或越深入越好。如细化到某疾病的诊疗规范指南，这样对临床才根据实用性与可操作性，临床诊疗指南过于泛化，很难具有实用性，其可操作性也会大大降低。因此，其范围应当很明确，界定清晰。按照行为科学界定，一切行为都具有其行为目的，临床诊疗指南的制定更是如此，其制定或编制应有明确的目的性，为什么制定指南？具有何用处？要达到什么目的？这些必须十分清晰和明确，避免赶时髦和盲目制定，失去其作用和功能，以及在医学期刊发表的实际意义与价值。

4. 专家结构合理、彰显相应专业水平　编辑在审查时，要考量制定者的资质，也就是说，参与制定的专家学科专业领域和利益相关各方人员布局及其结构的合理性；其制定者学术和学科专业技术水平为相关领域最权威专家学者，具备制定指南的资格，并具有极强相关学科专业或领域的学术群体代表性，是极具权威性的和不可替代性的相应专业临床医学诊疗指南。

5. 制定程序严谨、证据评价到位　在指南启动或制定初期，应具有科学的前期研究铺垫和基础，应具有循证医学证据支持，制定过程和程序设计符合要求，严谨规范，撰写格式规范，符合要求，文字表述精练明确，其选题具有显著的代表性和临床需求及必要性。

6. 论证充分、评议严谨　临床医学诊疗指南的框架、结构和内容应经过专家群体的充分论证、临床检验和调研，制定背景和制定依据充分，对其内容评议科学严谨，具有极强的应用性和普及性。

7. 保持独立性、承担社会责任　临床医学诊疗指南的制定者与编辑出版者以及医学期刊都应保持其独立性，制定者和出版发表者不能受任何医药企业、经费支持等利益方的左右，必要时向用户群或读者明确告知或声明利益冲突情况。此外，临床诊疗指南作为指导性极强而且具有法律质证效力技术文件，制定者和发表者都应具有神圣的科学精神和社会责任担当。

8. 文本合规、证明充分　在医学期刊发表时，制定者应提供内容和文字经过审核的终稿。同时，应提供相应评审及评议委员会或评审小组的意见结论文本证明，具有在医学期刊公开发表或发布的权威资质文件依据方可发表，用于临床推广应用。

9. 适合期刊专业与读者群定位　作为医学科技学术期刊，一般都愿意发表指导类和评论类文章，因其指导性和学术导向性强，被读者和作者及相关领域专家学者引用的机会比较多。但不是所有医药卫生领域的指南都适合在期刊发表，应符合其报道范围和基本读者群定位，也就是说，所要发表的相关医学指南应适应期刊专业领域范围和特点，这样才能发挥其应有的功能和效益。

10. 多刊发表与转载的一致性　对于临床医学诊疗指南可以在相关医学期刊多刊发表或转载，

但在不同医学领域专业期刊共同决定同时或联合发表时，以及其他医学期刊转载时，对其内容和版式必须保持一致性和完整性，任何期刊或编者不得更改和删节。为保持指南文件的连贯性和阅读及标引方便规范，同一份临床医学诊疗指南或专家共识文件，尽量安排在同一期杂志上发表，尽量避免分期、分段和化整为零的发表形式，人为造成文献的凌乱和阅读困难。

11. 重复发表与二次发表　一般来讲，作为临床医学指南在多种相同专业和交叉专业期刊以及医学专业网站转载或重复发表，这对扩大相应读者群和传播范围及发挥指南效能是极为有利的一面，应当鼓励适合相应专业和读者群医学期刊的转载或重复发表。但应遵循相关医学期刊编辑有关规定和二次发表的规范要求，转载时应征询首次发表期刊编辑部的意见和署名作者意见，符合《国际生物医学期刊投稿指南》中有关重复发表或二次发表的相关规范要求。

第 22 章　医学编辑出版伦理与伦理失范控制方法

在医学编辑实践和编辑活动中所涉及的伦理考量是多方面的。如出版伦理、编辑伦理、作者伦理、同行评审（审稿人）伦理和医学科研伦理等。作为医学编辑面临着多重伦理问题的考量、把关、压力或制约是医学编辑自身应恪守的编辑伦理规范和临床医学科研论文审稿中应注重审查把关的科研伦理问题。医学编辑自身应恪守的伦理规范，主要是编者与作者、编者与读者、审稿与发表、录用与退稿、编辑与职业之间的伦理关系和遵循的编辑伦理规范。同时，医学编辑在其编辑活动中，也要明确编辑角色本身的伦理规范要求和出版伦理规范，并严格遵守编辑伦理规范和职业道德原则，这是确保医学科技期刊质量的重要环节和内容。

第一节　医学编辑出版伦理基本概念

医学编辑出版伦理是规范和指导编者、作者和医学出版者职业观念和职业行为的原则，是从编辑出版伦理概念角度上对医学编辑出版道德现象的哲学思考；包含了编者与作者、出版者与社会责任之间关系处理中的行为规范，而且也深刻地蕴涵着依照一定的伦理原则来规范医学编辑出版行为的深刻道理。

一、医学编辑出版伦理基本定义

严格讲，医学编辑出版伦理涉及编辑者伦理、作者伦理（学术伦理）出版者伦理，应该都属于出版伦理范畴，只是其伦理问题发生的主体和对象不同而已，但无论是编者伦理缺陷或缺失，还是作者学术伦理缺失、缺陷、违背伦理学术道德规范或出版者伦理失当，但最终都体现在科技出版物的学术质量、学术权威性和学术公信力的受损。因此，这三者的伦理规范的概念既有区别，又具有内在联系和结果的一致性，只是其侧重点不同而已。医学编辑伦理和出版伦理及学术伦理，在医学期刊编辑与出版实践活动中很难截然分开，因为作为编辑角色，既是编辑伦理的恪守和依从者，同时又是医学出版伦理和学术伦理规范的把关者和守门人；各方出现伦理问题或伦理道德失守和伦理缺陷，都会影响到医学编辑出版质量和医学科研学术质量以及学术公信力，其结果是一样的。因此，要给医学编辑出版伦理下一个定义是比较难的事情。可以试定义：医学编辑出版伦理是指在编辑出版实践活动中，在编辑出版行为和学术上基于共同的价值观念和价值取向而认同的出版伦理道德标准和行为规范与准则。主要指出版机构（期刊社、出版社、编辑部等）的出版行为所折射出的学术、文化、价值观、伦理道德标准、社会责任和社会伦理的角色担当。具体地说，是编辑在处理编者与作者、编者与读者、论文评审与论文发表、稿件录用与退稿、编辑与专家、编辑规范与出版规范、相关利益冲突、学术规范与学术不端、出版选题与出版价值取向等相互关系，以及处理这些关系的准则，而在学术上则往往指人们基于共同的价值观念而认同的道德标准和行为规范，以及在处理这些关系中应遵循的道理、准则和伦理规范。是指一系列指导编辑出版行为和观念的守则，是从医学编辑伦理概念角度上对编辑伦理道德的哲学思考。应该说，不同的社会角色和职业角色具有不同的职业伦理规范或道德要求，不仅包含着编者与作者、编者与作者、投稿与审稿之间关系处理中的行为规范，而且也深刻地蕴涵着依照一定原则来规范编者行为的深刻道理。当然，在一般意义，仅就伦理而言，也是指编辑的基本道理，其中也包括人的情感、人生观、核心价值、处世哲学、意志和价值取向等方面。简单地说，就是指职业之间、社会角色之间、编者之间、作者之间和人与人之间符合某种伦理道德标准的行为准则或行为规范。"伦理"的"伦"，即人伦，特指人与人之间的关系；"理"，即道理或规则。伦理就是人们处理相互关系，其中包括职业关系和各种社会角色关系之间应遵循的基本道理、规则和底线。在人类社会活动或社会生活中的人与人、社会角色与社会角色之间、职业角色与职业角色之间都存在着各种各样的社会关系和内在外在联系，如工作关系、编者与作者、服务与被服务关系、领导与被领导关系、亲属关系、朋友关系、同事关系等。由此必然产生碰撞、利益冲突和各种矛盾及问题，这就需要有一种道理、规则、规范来约束人们的行为，以利调整人们相互之间的关系。而编辑出版伦理道德就是调整编者、作者、出版者相互关系的行为准则和规范的总和。因此，现代伦理学就是研究道德问题的学问，伦理学又称"道德哲学"或"人生哲学"。实际上，医学编辑伦理、出版伦理和学术伦理具有不同的概念和内涵，医学编辑伦理侧重于编者（包括编辑人员、编辑委员、同行审稿专家等）在编辑活动中应遵守的伦理道德规范。出版伦理和学术伦理更多地涉及作者在论文发表、图书编著出版、学术研究等活动中的伦理问题。如利益冲突、作者署名、学术不端行为、医学科研伦理的依从性和规范性等伦理道德问题。而医学编辑除了要遵守编辑角色所赋予的伦理规范外，同时还肩负着对医学科研论文、医学图书出版和医学多媒体编辑出版中涉及所有伦理道德问题的考量与把关，以保证编辑出版的医学刊物符合相应伦理道德准则标准。虽然在整个学术研究活动的产业链中，编辑出版处于下游，但作为编辑出版守门人的编辑角色，在防范医学出版伦理问题方面是重要的把关环节和底线的坚守者与守门人。因此，作为医学期刊或医学图书编辑，如果不掌握相关的出版伦理规范，就会对相应编辑出版伦理规范缺乏认识，这很难在医学编辑出版实践中发挥作用，甚至放任违反相应伦理道德和伦理缺陷的医学科研成果公开发表，使医学期刊或图书的公信力受到严重损害，不仅会损害读者利益，还会影响到疾病预防、诊断和治疗水平，甚至误导医药卫生技术人员，危害人民群众的健康。

二、医学编辑出版伦理发展基础

在社会生活和编辑出版实践中的各个社会角色，既有各自的角色要求和目的，同时又受到社会政治、社会责任、社会角色义务和责任、国家法规和伦理道德的支配与约束；要使所有社会角色和整个社会真正具有理性和规范其各自行为，就必须具有相应伦理道德的自觉规范，作为社会调控体系的重要手段，伦理道德与法律规定共同构成个体角色和团体角色社会伦理道德行为规范。当然，医学编辑出版中所涉及的编辑、作者、出版者、读者个体和医学出版机构团体也受到相应伦理道德规范的制约。

近年来，医学编辑出版伦理受到重视，相关编辑出版准则和学术组织先后成立，作为医学编辑要熟悉和掌握医学编辑出版伦理的相关要求，以利于更好地履行医学编辑角色。如2013年国际医学期刊编辑与出版伦理学术论坛在北京召开，会议期间成立中国医学期刊编辑与出版伦理委员会（China Committee of Medical Journal Publication Ethics，CCMJPE），CCMJPE的基本任务是开展相关学术研讨和学术交流、制订、普及和推行医药卫生期刊编辑与出版伦理规范，以确保医学编辑出版、医学科学研究和知识服务产品的客观、公平、真实、负责和透明，不断提高医学编辑出版和医学科研论文发表的权威性与公信力。在国内，2014年，原国家卫计委发布了《涉及人的生物医学研究伦理审查办法》（征求意见稿），对伦理委员会的设定、伦理审查的原则、知情同意的签署、伦理审查工作的监督管理，以及法律责任的认定等进行了界定，这为医学编辑出版伦理的重视、研究和学术发展奠定了基础。

在国际上具有代表性的医学伦理规范是《赫尔辛基宣言》：1997年，在英国成立了国际出版伦理委员会（Committee on Publication Ethics，

COPE），旨在应对全球范围内违反科学研究及出版规则的学术伦理问题的滑坡，其目的是探讨和寻找处理出版伦理问题的实用方法和对策，研究制定科学出版伦理方面的指南与规范，就此对医学科技学术期刊的作者、主编、编辑委员会成员、读者及所有编辑出版者受益，回归学术本真和科学精神，促进和推动科技学术进步。COPE针对出版伦理的各个方面制定出了指导性的文件，尤其是如何应对科研和出版中的伦理规范不当行为。COPE还制定了一系列科学出版伦理方面的指南和规范，以应对全球范围内违反科学研究和出版规则的学术伦理问题；为便于操作和实施，COPE还制定了普及性和操作性较强的流程图，并专门还发布了中文版流程图。这一编辑出版伦理发展的国际背景和发展趋势，为我国医学编辑出版伦理的重视和发展提供了国际学术背景支撑。

三、重视医学编辑出版伦理规范的意义

在当今，在医学出版领域和医学科学研究领域，都面临着相应伦理问题的无情挑战，甚至发生医学科研或学术伦理及医学出版伦理的严重失范，这在国内外发生学术伦理和出版伦理失序的现象都屡见不鲜。因此，重视医学编辑出版伦理的研究和普及，具有重要的学术意义和规范医学编辑出版行为的现实意义。

1. 规范编辑出版职业行为、实现编辑出版职业自律　医学编辑出版职业行为是指人们对编辑出版实践活动的认知、认识、评价、价值取向、情感和职业态度的心理过程及行为反映，是实现医学编辑出版职业目的基础。编辑出版职业行为从形成意义上说，是由相应编辑出版主体和客体与出版职业环境、医学编辑出版职业要求的相互关系所决定的。编辑出版职业行为包括编辑出版创新行为、编辑出版竞争行为、职业奉献行为和伦理道德行为等。编辑出版职业纪律是在编辑出版活动范围内所涉及的行为主体必须共同遵守的行为准则；这包括医学编辑纪律、出版纪律、同行评议纪律、编辑出版规范、组织纪律、保密纪律等基本自律要求。而医学编辑出版伦理道德规范是规范编辑出版行为和职业自律的重要行为准则，是保证编辑出版职业行为规范化和编辑出版职业自律基础和前提。

2. 保证学术权威性、增强刊物社会公信力　医学期刊作为医学科学知识的载体和知识服务产品，是推动医学科技进步、促进学术交流和医药卫生科技创新，保证人民群众身体健康和指导疾病预防、诊断和治疗的重要知识与技术支撑。因此，其学术的权威性、科学性、创新性、真实性和实用性，以及社会和学术公信力是其生存基础和基本法则。要保证医学编辑出版的权威性和社会公信力，其编辑出版的个体、群体和团体机构，都必须严格依从和恪守编辑出版伦理规范行为准则，使医学期刊始终成为人类可以信赖和依靠的知识产品。

3. 牢记使命、承担社会责任　编辑出版者、编辑出版机构及其生产的知识产品，古今中外社会都赋予了特殊使命和应肩负的社会责任，其社会角色和职业角色定位、角色责任和角色义务，是医学编辑出版职业的根本，要求编辑、作者、主编、编辑委员、同行审稿专家、印刷出版者、医学出版的管理者等所有参与人员，都必须恪守医学编辑出版伦理道德行为规范和准则，这是使命，也是责任。

第二节　医学编辑出版伦理规范主体与范畴

医学编辑出版伦理是涉及作者、编辑、审稿专家、医学期刊主办者、期刊出版者和出版管理者等所涉及的编辑出版相关人员的伦理道德要求。因此，医学编辑出版涉及环节众多，当然涉及相应伦理问题的主体责任也各异，但它们之间既具有不同的概念和特点，同时又具有相同目的和目标及最终结果的同一性，这也是医学编辑出版伦理规范的特点所在。在医学编辑出版伦理各主体中，由于其主体不同，所遵循的编辑出版伦理道德规范和行为准则也不同。

一、作者或研究者伦理要求

作者或研究者伦理问题，实际上是学术或科研伦理问题，是造成学术质量问题的源头，涉及学术不端、学术失范和利益冲突等伦理问题。是指违反学术规范和学术伦理道德的行为。多指捏造科研数据、篡改实验数据和剽窃等学术伦理失范行为。捏造科研数据是指凭空假造医学实验数据的行为；篡改科研数据一般指以作伪的手段将原始实验数据进行改动或曲解相应科研数据；抄袭和剽窃一般指窃取或抄袭他人的科研成果，其中包括原作者观点的抄袭、段落抄袭、全文抄袭等。在医学期刊编辑实践中常见的有伪造、剽窃、篡改、署名失范、一稿多投、重复发表、拆分发表等学术伦理问题。另外，还有利益冲突问题，是指在其医学科研活动中，在科研经费支持、资源分配或涉及医药企业产品等所发生的利益冲突问题，甚至干扰研究和失范行为。

作者的学术伦理或出版伦理失范既有作者的问题，同时也有编辑出版者失察或失责的伦理问题。如被肿瘤学界盛赞为"伟大的突破，将拯救无数人性命"的美国杜克大学的明星科学家安尼儿·珀替（Anil Potti），连续在《柳叶刀》《美国医学学会杂志》《新英格兰医学杂志》等世界著名医学杂志上发表数篇论文。但很快就被查出来他的研究全是伪造，其很多实验根本就没有做，这一学术事件震惊了学术界。无独有偶，日本的干细胞科学家小保方晴子的学术造假丑闻导致她的导师笹井芳树黯然自杀更是轰动全球。小保方晴子因2014年1月在世界著名科技期刊《自然》发表具有突破性的干细胞研究论文而名声大噪，甚至被追捧为有望冲击诺贝尔奖的"日本居里夫人"。然而，她的论文很快引起造假质疑，有众多研究人员对研究论文提出诸多疑点，迫于舆论压力，日本理化学研究所成立了专门调查委员会，对其论文材料的可信性实施调查。委员会发布调查报告认定，小保方晴子研究过程中存在"捏造"和"篡改"图片行为，科研论文中的一张实验照片酷似小保方博士论文中照片，这从根本上破坏了数据的可信度，属于"捏造"行为，而另一张实验照片是合成照片，属于"篡改"行为。

近年来，由于学术伦理和医学编辑出版伦理失范导致的论文撤稿时有爆出。如据2011年发表在《医学伦理学杂志》上的一项调查文章统计，2000年学术杂志的论文撤稿数还仅只是个位数，而到了2010年就达到了近200篇之多，这10年间仅医学文献数据库PubMed上能查到的撤稿数就达到了742篇。其中73.5%是因为数据的错误或未公示的原因，这其中有26.6%是因为伪造或修改数据。特别是2017年4月，施普林格自然出版集团发表声明，宣布撤回旗下《肿瘤生物学》期刊107篇发表于2012—2015年的科研论文；这些论文全部来自中国作者，撤稿原因是同行评议造假，涉及524名医师和119家医院或科研院校，也是涉及中国学者人数最多的一次集体撤稿。截至2018年5月，全球共有15 059篇论文被撤稿，其中我国学者6879篇，占45.68%；2018—2021年中，中国学者被撤稿数为1437篇。这是对学术伦理和医学编辑出版伦理的严峻挑战。而从撤稿期刊看，撤稿数与杂志的知名度成正比，杂志的知名度越高，其撤稿数就越多。虽然有些科研论文的错误的确是无意失误造成的，也的确有一些研究者是抱着良好善意的目的修改数据，但科学研究最重要一点应该是追求真实，特别是医学科学研究事关人们的健康和生命。这些发生在学术界的科研诚信问题，既是研究者的学术伦理问题，也是出版伦理把关者的问题，应当引起医学编辑的高度重视。

1. **作者责任与义务** 作者或研究者应对科研论文的真实性负责，在提交学术期刊发表时，负有责任和义务向编辑部提供原始实验数据、照片资料、科研基金立项任务书、项目名称和批准项目标号等课题原始证明材料。

2. **证明文件与说明** 作者在向医学期刊投稿时，应按规定提交科研单位证明信，其科研管理部门应把关，除证明其科研论文稿件内容和作者的真实性外，还应证明稿件无一稿多投和重复发表、是否涉及保密问题、署名是否存在争议和署名的规范性。发表时，向编辑部提交所有作者签名的《医学科研论文专有使用权授权书》。

3. **秉承原则、杜绝失范** 作者应严格遵守科研论文"五不准"原则：不准由第三方代写论文，不准由第三方代投论文，不准由第三方对论文内容进行修改，不准提供虚假同行评审人信息，不准违反论文署名规范；杜绝学术不端现象的发生。

4. **规范署名、拒绝人情署名** 作者在完成科研论文撰写时，要对署名实施严格推敲，按照作者的条件要求署名，满足《国际生物医学期刊投稿指南》对作者的四项条件和对其他贡献者处理要求。严禁无关作者和人情作者的署名。作者署名原则上按贡献大小排序，而且在投稿时确定；作者和单位署名一经确定，原则上不得更改，如确需变更时，应由论文的主要负责人向编辑部提交书面变更申请，由所有署名作者签字认可，避免在修改稿中任意更改署名作者。

5. **通信作者与同等贡献作者** 通信作者一般只标注1位，对临床多中心研究或多学科协作研究，可根据需要酌情增加通信作者，其增加的通信作者应该是合作研究的不同研究机构的学术负责者。对具有同等贡献的作者，应在投稿时标明。同等贡献者一般不超过2位，对大样本多中心临床研究或多学科协作研究，可酌情增加。但增加的同等贡献者应来自于合作研究的不同研究机构。

6. **作者署名单位与知识产权归属** 对作者隶属的科研机构单位与科研课题完成、科研设计方案、病例样本来源和提供实验室研究条件的机构不一致时。如研究生、进修生、访问学者，应当以提供研究条件和完成研究课题的机构为署名单位，可注明作者身份，这关系到知识产权归属单位问题。

7. **遵循临床研究规范、防范医学科研伦理缺陷** ①对临床医学研究论文作者，应遵循国际相关指南要求。如随机对照试验报告规范（CONSORT）指南、非随机对照试验研究报告规范（TREND）、观察性研究报告规范（STROBE）、诊断准确性研究报告规范（STARD）等相关要求。②临床试验科研论文作者应遵循国内外的相关医学科研伦理要求；对涉及以人体为研究对象或实验动物为实验对象的科研论文，作者应提供伦理审查证明文件和受试者的知情同意书。③对涉及随机对照研究、队列研究、病例-对照研究、病例报告或以人体标本实施的研究，作者原则上应在WHO国际临床试验注册中心进行登记注册，在其科研论文中标注临床试验注册号。④作者应采取保护受试者隐私的措施，在其科研论文中不得涉及患者姓名、住院ID号等个人身份信息。对涉及可识别人体材料或数据医学研究，应按要求征得受试者的同意。

8. **利益冲突与声明** 在完成科研课题，作者向医学期刊投稿时，应对所涉及的利益冲突予以声明；对存在利益冲突的，要说明对其研究成果可能带来的影响，对所有可能发生利益冲突。如本研究与医药企业是否存在商业利益关系、科研资金资助方对科研设计、数据处理、结果结论、论文撰写是否有干扰等都应予以声明。

9. **解释与说明** 在编辑和同行专家评审中，对论文会有不同意见是很正常的，作者如果对评审意见和结果存在异议，作者有权向编辑部提交书面申述和说明，对其评审意见做出有理有据的详细的解释和说明，充分表明作者的意见或要求重审。

10. **首发与再次发表** 医学科技期刊一般遵循首发原则，作者应遵守国际生物医学期刊多次发表的伦理规范，对于原始研究成果，医学期刊可以有条件地再次发表，但应符合下列规范：①以另一种语言面向不同国家或地区的读者群再次发表；②作者必须获得首发医学期刊和再次发表期刊的授权和同意；③再次发表的时间与首发时间间隔1周以上；④再次发表的科研论文应标明首次发表的期刊名称、年、卷、期、页码、题目以及原文网址等信息，并遵循首发原文内容与形式，避免更改。

二、同行评审专家伦理要求

医学期刊科研论文稿件的同行评议是国际生物医学期刊通行规则，对保证医学期刊学术质量和编辑决策质量发挥了不可替代的重要作用，但是，其同行评审过程中评审者的伦理问题也备受作者和编辑关注。因此，重视和分析同行评审专家的伦理规范和要求，对保证医学期刊学术质量和医学期刊的学术公信力具有重要意义。其同行评审专家主要伦理规范有以下几点。

1. **客观公正、对稿件负责** 作为同行评审专家，无论是期刊编辑委员还是普通审稿人，都具有相应的社会角色，承担着相应的社会责任和学术责任，也是学术期刊的信任和认可。因此，在同行评议过程中，应秉持客观、公平、公正和及时的伦理规范原则，对论文稿件的学术质量负责和对作者负责相统一，认真对待每一篇论文稿件，及时对稿件做出认真细致和负责任的评审意见或补充修改建议。避免草率从事，轻率下结论或耽搁延误，贻误作者发表时机；尤其是对作者的科研机构、地域、专业资历、学历、职称、民族、年龄等产生偏见或歧视，这些都是有悖于同行评审专家的伦理规范的行为。

2. 严格保密义务、防止内容泄露　作者多年的研究工作完成后投向学术期刊发表，编辑首先送同行专家审评，无疑这是对专家或编辑委员的信任。因此，在作者科研论文尚未公开发表之前，评审专家有义务为其内容保密，严禁将其研究内容泄露给其他同行或同一研究方向的同道，以免给作者带来无法挽回的伤害。

3. 合理回避、规避利益冲突　同行审稿专家接到熟悉的作者稿件是难免的，但当评审专家与作者存在利益冲突。如亲属关系、师生关系、校友关系、同事关系、学术或研究领域竞争关系时，为保证评审的公正性，审稿专家应及时向编辑部申明利益冲突，由编辑部调整审稿专家予以回避，是有效规避利益冲突的好方法。

4. 严谨压制贬低、维护公平正义　医药卫生科学的专业学科或亚专业，从事同一研究领域和研究方向的专家学者很多，当评审专家发现作者从事的研究和自己相同或相近时，应保持平常心态，不嫉妒、不压制、不贬低，公平正义，客观公正，认真负责和及时做出评审意见或修改补充建议，这是基本的学术伦理道德规范要求。

5. 注重评审时效性、提高评审质量　同行评审专家应按时完成所提交论文稿件的评审家任务，因外出开会、休假或工作忙等客观原因不能按时完成评审的，应及时告知编辑部或退审，也可推荐其他审稿专家评审。但未经编辑部同意，评审专家不得委托自己的学生、同事等代为评审，以免不熟悉论文评审标准影响评审质量。

6. 客观判断、忌讳沟通　评审专家在论文稿件评审过程中，应对作者保密其评审专家是谁，避免直接与作者沟通和交流，以免影响评审专家的客观判断或发生利益冲突；当需要与原作者了解、说明或提供相关资料时，应用通过编辑部与作者联系予以满足。

三、编辑出版伦理规范要求

医学编辑作为医学期刊或医学图书编辑出版的主体，具有编辑策划、选题组稿和论文稿件编辑决策的主动权。因此，编辑的伦理道德规范意识和行为准则的依从性，直接关乎期刊的学术和编辑出版质量，也直接影响到学术和社会公信力。其编辑伦理道德规范主要如下。

1. 编辑道德问题　编辑是处理作者论文稿件的主体，担负着初审、选送同行专家评审和参与编辑决策过程的实施者。因此，编辑应公平、公正、客观、高效率、快速和认真严谨地处理每一篇稿件，严格践行编辑伦理行为规范，依据稿件标准慎重对待作者论文稿件，是保证学术质量和编辑出版质量的重要环节。

2. 编辑保密问题　由于编辑职业岗位优势，作者的私人信息和科研论文内容信息和相关文件都提供给了编辑部，这是作者对编辑的信任。但是，编辑对作者个人信息和科研论文相关内容具有严格保密的责任；另外，编辑还具有在同行审稿专家和被评审作者之间的保密义务和责任，这是作为编辑职业的基本操守。

3. 利益冲突问题　编辑职业岗位的特殊性，在某种程度上形成了利益冲突的焦点，各种社会关系、人情关系、医药企业的利益关系。如亲属关系、师生关系、校友关系、同事关系、竞争关系等，在某种程度上会干扰编辑的职业行为。因此，编辑要坚守职业红线，应回避处理该稿件，以避免受到利益冲突驱使，更不能操纵或干预同行评审专家的评审，要保证同行专家评审的独立性，以确保同行评议的公平公正。

4. 选择同行评审专家问题　编辑在选送同行专家评审时，应了解或核实审稿专家相关信息，要尽可能选择与被评审稿件作者无相关利益冲突，而且比较熟悉被审稿件研究内容的专家，同时避免与作者为同一单位，也不得选择在被审稿件中署名作者作为审稿专家，以尽可能规避利益冲突和审稿偏倚的发生。

5. 对读者作者负责问题　编辑要满腔热忱地为读者和作者服务，要做到对作者负责，让读者满意。积极策划和组织选题，以满足读者对学术内容的需求。对作者，编辑有责任提醒作者科研论文发表中可能存在的学术风险。如学术不端、重复发表、一稿多投、署名问题、著作权和知识产权问题带来的学术风险。

6. 学风问题　编辑首先要具有良好的学术风范，尊重作者的学术观点和科学发现，对具有重大创新苗头的科研论文，要尽可能抢先发表，以提高学术竞争力和首发权。在不影响编辑出版规范的情况下，尽可能维护作者行文风格，对科研论文所做的涉及学术观点、结果和结论等关键性修改，必须征得作者的同意和认可。

7. 帮助作者提高问题　编辑要具有发现人才和培养人才的意识，其最好的方式是帮助作者提高科研论文水平。科研论文稿件无论是录用还是退稿，编辑都应尽可能给作者提供详尽的修改意见、论文稿件的优点和缺陷、需要补充修改建议、注意的问题等，以利帮助作者提高医学科研和论文撰写水平，即使是退稿，也忌讳一退了之，要将退稿理由、论文学术缺陷、改进意见和建议、研究中或科研设计中注意的问题等向作者交代清楚，把医学科研论文评审、退修、发表、退稿的过程，当成培养作者、教育作者和提高作者的过程。这是编辑的责任，也是编辑出版伦理道德规范所赋予的特殊使命。

四、医学出版者伦理规范要求

就狭义的出版者主体而言，一般指医学期刊的主办单位、医学出版机构（学会、协会、研究会、政府科学技术主管部门、杂志社、出版社等）、出版人、医学期刊版权的所有者、医学图书出版机构和出版的领导与管理者等，其主要特征是他们都具有医学刊物的主办权、出版权、版权、审批权、编辑和编审人员的聘用与解雇权、管理权等。因此，出版者的伦理规范行为的缺失、缺序和缺位，都会更严重地干扰和影响到医学编辑出版的学术权威性、学术公信力和社会公信力。

1. 维护编审者学术独立性问题　作为医学出版者或主办者，具有行政权力、管理权力和人事权力，但出版者不能以权力干预学术，应避免对医学期刊或图书出版学术选题、学术报道内容、编辑策划项目、科研论文取舍、学术导向等实施行政干预或行政威胁，应维护和保证编辑、总编辑/主编、编辑委员等编辑独立性、学术独立自由和编辑决策的自主与独立权力。

2. 行政利益冲突问题　编辑出版行政管理机构、出版领导者、出版的管理者等，应避免以行政权威方式向编辑推荐、授意和介绍具有利益冲突关系的科研论文。如亲属、朋友、同学、领导等，更不能干预评审程序或以行政命令方式授意编辑对某学术文章责令发表或退稿，以确保学术期刊或图书出版的客观与公正。

3. 出版者支持编辑活动问题　作为医学期刊或图书出版机构、主办机构、出版社，应全力支持和维护编辑的权益和编辑出版活动。如对总编辑/主编、编辑委员、同行评审专家或编辑具有建议聘任自主权，以保护正常的编辑决策活动和编辑实践的运行，避免过多的行政干预。

4. 对学术不端行为的治理问题　医学期刊是学术不端现象的重灾区，出版管理者或版权所有者应与编辑形成合力，对学术造假、学术违规、抄袭剽窃他人科研成果等学术不端行为，应形成学术治理合力，对一经确定具有严重学术不端者，应采取退稿、撤稿、撤销著作权、刊登声明、通报作者单位等措施，积极抵制和控制存在学术不端问题稿件的发表。

5. 利益冲突和学术不端治理的制度化问题　出版机构和出版管理者除了重视编辑出版伦理规范的建设外，还应对有效控制利益冲突和学术不端行为的发生实施制度化管理，制定和完善相应制度，实行出版伦理道德规范与制度化管理措施并举。

第三节　医学编辑出版伦理规范的基本内容

医学编辑出版伦理涉及作者署名伦理、医学研究论文利益冲突、编审者的伦理责任、编辑出版增刊、专刊或特刊的编辑出版伦理要求、医学期刊电子版编辑出版伦理规范、医学期刊广告发布伦理规范要求、医学科技学术期刊与公众媒体伦理规范、临床医学试验研究的注册规范要求、医学科研论文发表失当处理、编辑出版中对学术不端行为的处理、医学科研论文重复发表的处理等伦理关系问题。

一、作者署名的伦理规范要求

作者署名是很严肃的事情，非随意添加或删减，甚至人情署名或照顾性署名，作者署名必须在具备作者署名资格的前提下，才拥有署名权益。而署名权是属于知识产权法范畴特有的精神权利概念，是基于科研研究论文或其他作品创作产生的权益。世界上第一部国际版权公约《伯尔尼公约》指出，署名权包含以任何方式在自己作品上署名的权利；在我国，著作权法也规定了作者拥有的署名权力，也就是说，在科研创新论文和其他创作作品，作者具有显示身份和在其发表作品上署名的权益。两人及以上合作完成的科研论文或创作作品，其著作权由合作的作者共同享有。也就是说，合作的作者均具有相应的署名权。但是对于署名权的具体内容，具体到署名排序的问题，我国著作权法及其实施条例中并没有相应的规定。因此，作者署名权既是法律范畴，又是学术伦理和编辑出版伦理问题。

1. 作者资格 ①在科研设计和构思上具有实质性贡献，也就是说具有科研思路或创新性思想；②对实验数据的获取和分析具有实质性贡献，并对结果和结论进行阐释；③对科研论文执笔整理或关键性重要内容进行补充修改；④对科研论文最终发表进行审核校阅和把关，最终同意发表；⑤对科研论文的各个方面承担责任，以确保该研究课题论文相关问题的处理和解决。只有满足上述条件才具备作者资格要求，而对于不能全部满足于作者资格的，但又在科研资金资助、数据采集、统计处理、论文修改等做出贡献而不具备作者资格的，可以在致谢中加以注明。

2. 通信作者与第一作者署名 在科研创新性文献中（如科研论文、专利、调研报告等署名中），由于多为合作完成课题研究。因此，其署名作者不止一人，对研究贡献大的主要研究者名字通常署名在最前面，其他根据贡献大小依次排列；而在科研论文署名中，各学术期刊也都有比较细致的规定在约稿中加以提示。署名，对于专家学者而言，涉及研究生毕业、科技成果评审、职称评定、知识产权界定等个人利益。因此，署名作者的名次有时比较重要，第一作者显然比第二、第三作者重要得多。由于科学研究的复杂性、系统性、多学科性和多样化，个别重大课题研究的科研论文署名作者多达几百人。因此，署名不仅是责任的象征，也是学术贡献的象征。因而，署名具有其严肃性和规范性，应符合编辑出版伦理规范。

（1）第一作者：第一作者是指署名排在最前面的主要作者，第一作者与通信作者不同，这主要与创造性贡献不同，在课题研究中角色地位不同，发挥的职能和作用不同，承担的责任也不同。第一作者应当是主要科研创新思路或创新性科研思维的贡献者，科研设计方案的设计者和科学实验的实施者或亲自操作者，必须具备科学实验操作的首要实施者和原始数据的收集、整理分析和处理的完成者，同时又是科研论文资料整理和执笔起草者。因此，第一作者的责任是要对研究结果和数据的真实性负首要责任。所以，研究生毕业论文的第一作者必须是研究生本人，而不应该是导师或领导者。

（2）通信作者：通信作者一般要求应是课题研究的总负责人，承担课题的经费、科研设计、实验室和实验设备条件、科研论文审阅把关。大多情况下通信作者是研究生导师、访问学者或进修生所在科及实验室主任等负责人、科研论文和研究材料的联系人；最重要的是要承担文章可靠性和真实性的责任，并负责与期刊编辑部的相应通信联系和相关咨询等。实际上，科研论文的知识产权单位隶属通信作者的所在单位，其研究成果的知识产权个体归属应属于通信作者。也就是说，研究生、进修生或访问学者，在通信作者单位的实验室、科室完成的研究工作及科研论文，发表时必须署名通信作者所在单位，即使毕业或完成访问学习离开后到新的单位，如果发表时也只能署名通信作者所在单位，因为这涉及知识产权归属问题。

通信作者一般多是该研究的学术指导人或研究生导师，但所在研究单位的非高级职称的作者和研究生都是有资格作为通信作者在发表科研论文时予以标注。通信作者作为研究论文的指导者，对科研选题的先进性、创新性、科研设计、统计学方法的严谨性、科学性与合理性，其研究结果和结论的可信性等负有主要责任；通信作者还对论文发表时署名安排和次序，论文一稿多投或重复发表学术不端现象负有主要责任。通信作者由于不直接实施研究的实验操作，因此对原始数据的真伪虽然负有一定责任，但一般不负首要责任。在科研课题研究中或科研论文发表中，由于其扮演的研究角色不同，因而其责任也不同，一般讲，原始研究（论著）或研究生毕业论文，其通信作者不应兼做第一作者。所以，通信作者作为论文的指导者或导师，在学术单位中一般具有较高而稳定的学术地位。因此，科研论文发表之后，学者或读者有质疑和咨询时，当与通信作者联系咨询或反映意见时，通信作者有责任承担回答咨询或质疑问题。

（3）并列第一作者：并列第一作者一般又称"共同第一作者"，其条件必须具备第一作者的资格和条件方可列为并列第一作者。应在科研论文公开发表时在文章中相应位置予以标注声明；一般适用于原始创新性研究成果论文的发表，即论著类文章。应标注说明"并列第一作者与第一作者具有同等贡献"或"相同贡献"等的声明。在创新性医学科研作品（如医学科研论文、技术专利、调研报告等署名）中，对于多个作者共同完成的情况，对科研作品贡献最大的人的名字通常署名在最前面，特别对于科研成果论文的署名，各科技期刊都有更细致的伦理规范要求。由于科学研究、特别是医学科学研究的复杂性和多样化，尤其是大样本多中心临床研究、大面积多中心大样本流行病学调查、医学生物信息研究和调查研究等，仅靠少数专家学者的智慧和科研思维及科研设计等难以完成。如曾有生物信息学研究论文发表，同一篇论文其作者署名人数达到几百人的情况。

二、医学科研论文发表的利益冲突问题

医学科研论文涉及利益冲突问题比较复杂，对于医学期刊编辑出版，就医学科研论文本身而言，其潜在的利益冲突的产生在诸多环节上都可能存在。如作者、编辑、审稿人、专业编审组、编辑委员等。因此，正确合理与透明地处理医学期刊潜在的利益冲突，是保证医学期刊学术公信力、可信度、学术权威性和信任度的重要因素。

1. 作者或研究者利益冲突　医学期刊编辑出版中与作者的潜在利益冲突可能涉及受试对象利益、课题经费资助来源方、作者功利目的、经济关系、学术竞争、学术信仰等。作者或研究者要正确处理利益冲突，无论是研究课题与医药企业合作，还是与非营利性组织合作，作者在其协议中和具体实践中，都应确保自己研究所获取的所有数据、结果和结论都客观公正，保持研究的学术独立性，而且能够独立地进行数据分析和解释。科研论文投稿发表时，应根据医学期刊要求提交相应利益冲突声明。在声明有无利益冲突的同时，研究者或作者也可以声明研究数据的获取和分析受到了多大程度的影响，其潜在利益冲突对数据的获取和分析的影响程度，这有助于编辑和同行审稿专家对其研究论文结果和结论的可信性程度实施准确评价。在某些情况下，对涉及利益冲突的相关资料可在论文加以显示并发表。如研究经费资助来源、数据采集、分析和解释、论文撰写、论文投稿等。如果科研经费资助方未参与研究工作，应声明其研究未受资助方影响。期刊编辑部为了确认这些内容，编辑有时会要求作者签署一份声明，声明作者能够完全获取所有的研究数据，对数据的完整性和分析的准确性全权负责。

2. 同行审稿专家的利益冲突　审稿专家在履行同行评议过程中，难免遇到同学、同事、学生或利益相关等关系亲密作者的论文稿件，在这种情况下，审稿专家应向编辑部提出回避，向编辑部声明可能影响评审意见的利益冲突，如果确实存在发生偏见的可能性，应当回避和避免参与评审相应稿件。担任同行评审专家，应当避免在所审论文稿件发表之前，利用论文中的信息材料达成自己的利益；特别是当遇到与自己研究课题或研究方向相近时，应忌讳故意拖延审稿时间，甚至压制或做出不客观的评审意见。作者论文稿件在未公开发表前，应属于保密阶段。因此，编辑和同行评审专家所审稿件应属于保密资料，编辑

或同行评审专家应严禁向第三方透露，也不能向作者咨询。当确有必要与作者联系时，应通过编辑部与作者联系沟通或咨询。编辑部编辑对存在利益冲突的论文稿件，编辑应当回避对相关稿件的处理或做出最终取舍的编辑决策；编辑部其他参与稿件编辑决策的人员，也应当对具有任何利益或其他利益冲突的告知相关负责人，对确实存在利益冲突的，应采取规避措施。编辑是除作者外，首先目睹作者论文研究成果的人，因此编辑应避免利用处理稿件的优越条件，利用工作之便获取科研论文成果信息来谋求私利。编辑部应当建立定期声明与编辑相关的潜在利益冲突的报告制度。

三、编辑部的责任与编审伦理要求

编辑部具有第三方或中介色彩，医学科技人员完成一项课题研究非常不容易，甚至耗费一生的智慧和精力，当艰难完成其研究，最先将研究成果投给学术期刊，这是对编辑的信任。因此，编辑有责任对作者的相关信息严格保密，编辑应避免向作者和审稿专家以外的第三方透露作者的相关信息。如论文稿件是否已被接受、评审过程和评审意见、论文稿件研究内容、论文稿件最终处理结果等，编辑也无权允许或提供给第三方将论文稿件及其审稿意见用于司法程序，以及其他任何用途。

1. 编辑和审稿专家保密义务　编辑部应在《审稿通则》中做出要求或明确规定，应当提醒或要求同行审专家对作者的论文稿件和相关资料承担严格保密的义务；同行审稿专家和编辑部工作人员应避免公开讨论作者研究的所有意见。

2. 作者论文权益保护　论文稿件在评审过程中，同行审稿专家应避免在作者论文稿件发表前盗用其中的科研思路、材料和观点等，更严禁将作者论文稿件留作为私用，审稿专家在完成评审任务后，应当销毁作者论文稿件的复印文档，及时删除电脑中的电子文档，以确保作者论文稿件权益避免侵害。

3. 退稿论文稿件保护　在医学期刊，退稿处理是正常编辑决策活动，因医学期刊稿件的录用率一般在10%～30%，可见退稿是很正常的事情。但论文稿件退稿后，应将退稿意见、理由和建议回馈作者。同时，编辑部应当从其存储稿件系统中删除该文档，如需保留退稿文档，应在稿约中声明。但已做退稿处理的论文稿件，编辑部未经作者同意或授权不得用作他用。

4. 录用或发表后的保护　作者论文稿件录用和发表后，编辑部应当保留作者原始投稿文件、同行专家和专业审稿组意见、编辑修改意见等文档实施归档保存，一般应保存3年，特殊文档应永久保存。对同行专家评审意见或建议，未经作者或审稿专家的同意或授权，编辑部无权公开发表或以其他形式公开。

5. 同行评审专家权益保护　对采用盲法（匿名）评审审稿的，特别是审稿意见未被署名，编辑部在未获得审稿专家授权同意或书面同意时，编辑不可以向作者和任何其他人透露审稿专家身份和评审意见。但发现有不诚实或欺诈事件以及学术不端行为者，编辑部可以违背匿名或盲法原则，将相关事实材料提供给监督或鉴定方，但要尽可能将相关情况通知作者和相关编审人员。

6. 读者权益维护　作者论文稿件发表后，编辑部应当继续支持读者或同行评议，倡导和允许读者对已发表论文提交评论、学术争鸣、存在的问题和批评意见，作者有责任对同行或读者提出的问题予以认真解答，作者应配合编辑部回应任何对数据和其他质疑。

7. 维护编审决策的公正性　学术期刊的编审决策应基于科研论文的内容质量、创新性、科学性、真实性和实用性，应当避免受到商业利益、私人关系、阴性结果、学术权威或领导的干扰和挑战，始终保持编辑的独立性。

四、对增刊和特刊的编辑出版伦理要求

在医学期刊编辑实践中，编辑部根据选题需要、重点内容、读者或作者需求以及稿件的积压情况，具有针对性地在正常规定期数之外，编辑出版特刊或增刊已成为医学期刊编辑出版的常态。但编辑部应当坚持编辑出版的基本程序和原则，保证其学术质量和编辑出版质量，不应因为是增刊或特刊就放松原则和质量，特别是避免因受到外来资金支持或相关利益冲突影响选题、质

量或偏离期刊报道内容主体，偏离办刊方向，应始终坚持正确的办刊方针和原则。

1. 坚持正确的办刊方针和宗旨　期刊编辑部必须全权负责增刊和特刊编辑出版的方针、办刊宗旨、选题内容、出版的必要性、全面质量控制等，以及学术选题内容、文章作者、同行评审专家的选取；特别应严禁授权经费资助方或医药企业选题和编辑出版，也不应当以营利为目的编辑出版增刊或特刊。

2. 期刊编辑部权利　期刊编辑部在额外编辑出版增刊和特刊时，这会增加编辑工作量。因此，编辑部有权为出版增刊聘任外部编辑承担相应工作，但必须为外部编辑的工作承担责任，也就是说，尽管有权聘请外部编辑，但所出增刊和特刊的选题、组织、评审和全面质量控制的责任都必须由期刊编辑部负总责，其责任和义务不可转移。同时，期刊编辑部有权将增刊论文稿件送外审（同行专家评审），而且无论有无外审，编辑部都有权根据实际情况需要做出退稿处理的编辑决策；这些规定应当在编辑出版前编辑部具有告知权，其作者、审稿专家、读者和外聘编辑具有知情权。

3. 增刊和特刊背景声明　在增刊和特刊编辑出版的编者按或前言中，应当交代编辑出版增刊和特刊的背景、目的和意义，声明增刊和特刊主题或选题来源、所发研究内容和出版所接受的资金资助来源、与资金资助方或医药企业产品有关的内容等，将潜在的或可能的利益冲突交代清楚，以利读者和同行评判与监督。

4. 增刊和特刊广告伦理要求　增刊和特刊所刊发的广告产品，应当遵循与其他常规化出版的期刊所刊登广告要求相同的政策，必须符合广告法和国家药品及医疗器械广告管理条例的要求，更严格避免刊登虚假广告，严防利益冲突发生。

5. 增刊和特刊识别　为确保读者和作者能够区分常规期刊内容与增刊和特刊的区别，编辑部应当在增刊和特刊的封面显要位置标识增刊和特刊字样，以利于读者和作者区别常规期刊与增刊和特刊。

6. 增刊和特刊编辑利益冲突问题　编辑出版增刊和特刊其伦理要求与常规期刊一样，期刊编辑部和增刊和特刊编辑，应当避免接受增刊和特刊资金赞助方的个人利益或报酬，以保证其内容的公正性。

7. 增刊和特刊中二次发表与署名规范问题　严格讲，对于文章二次发表和署名伦理规范与增刊和特刊并无本质区别，其要求是同等的，在增刊和特刊中，其文章二次发表是可以的，但应当注明首次发表的期刊，标题和内容应当与首次发表一致，并且应当为不同语种或不同读者群的期刊。常规期刊作者署名权和潜在利益冲突的声明也适用于增刊或特刊。

五、医学期刊电子版编辑出版伦理规范

随着医学期刊出版业态和传播段的多样化，其编辑出版已冲破单纯纸质版的局限性，不断向电子版、网络版和多媒体延伸，这为学术信息的扩散和扩大传播半径提供了现代化手段；但同时也带来编辑出版中的伦理规范的问题。因此，加强多媒体编辑出版伦理规范的认识，对保证医学期刊多媒体编辑出版和传播的公正性具有重要意义。

1. 网络电子版的出版伦理原则　网络电子出版等多媒体期刊的出版伦理原则与常规化纸质版期刊出版，其所遵循的出版伦理原则是相同的，并无其他例外。但网络电子出版应慎重对待外部链接，虽然期刊编辑无法控制外部链接的内容，但对读者会造成期刊认可的概念，对此，期刊编辑部应当谨慎对待。若确有必要建立外部链接，期刊编辑部应当声明对其内容、广告、产品及其他内容并无授权认可，对其链接不承担责任和义务。

2. 网络版文章保留的永久性　在网络版刊出的文章，应当在其网站上具有永久和稳定保存的要求，以便文献查阅。如果基于法律或违规原因需要移走某篇论文，必须详细说明其理由，但同时该论文应当保留在期刊的内网文档中，以利于备查。

3. 出版者的责任　对网络版期刊所刊发的文章要永久保存，并保持期刊全部内容的完整性，这是编辑出版单位、主办单位或出版者的责任和义务；如果杂志停刊，编辑出版单位应当将网络

版期刊内容完整移交给具有信息资源管理、开发利用的第三方负责利用，以利保证网络期刊内容可持续性为读者获取和服务。

4. 网络版期刊的标识　网络版期刊的 Logo 或品牌标识、主办单位和编辑出版单位等，应当与常规期刊标识一致，以保证期刊品牌标识的统一性、稳定性和读者的识别性。并要求对网站上非论文内容页内容更新后应当注明其更新日期，特别是对期刊编辑出版人员、正（副）总编辑、编辑委员、稿约等标明更新时间。

六、医学期刊广告发布伦理规范要求

医学期刊广告发布是常规编辑出版经营活动，期刊发布的多少，还反映了期刊的效益和品牌影响力，也是医学期刊推动和促进成果转化，为临床提供诊断、治疗和预防手段的重要形式。但医学期刊广告产品的发布应严格遵守其广告发布法规和伦理规范，保证其发布的质量，这是医学期刊编辑出版伦理规范必须遵循的要求。

1. 医学广告发布的利益冲突　尽管医学期刊允许刊登广告，但医学期刊不应被广告商或医药企业的利益所主导，对于不符合广告发布规范的广告产品，其广告商支付再多的钱，编辑也不能违背伦理规范和法规；更不能因为刊登企业广告而受到广告商的左右，避免因广告利益冲突影响或干预编辑决策的正确性。

2. 医学期刊多媒体刊物广告伦理规范的一致性　无论是纸质版常规期刊、增刊和特刊、网络电子版期刊，只要发布医学广告，其法规和伦理规范要求是一致的，不应由于期刊出版形式不同标准发生改变，无论是纸版期刊和网络电子版，都应当严格执行广告法和国家药品及医疗器械广告管理条例，并向广告商声明。

3. 医学期刊学术内容与广告内容的利益冲突　医学期刊所刊登广告内容不应与学术内容并列或混用，更不能以学术性文章代替广告发布，也不能在医学科研论文或其他学术文章中故意夸大某企业产品的功效，其刊登的广告内容应当具有明确的广告形式和标识，具有相关政府管理部门的广告审批文号。

4. 医学期刊广告发布权益　期刊编辑部其纸质期刊、网络电子版期刊等具有广告招商和发布的权利，并承担广告合法性与合规性把关，严禁虚假广告和有害健康的产品在期刊发布广告；编辑应当确保所刊登广告的合法性与合规性以及真实性，并接受对刊登后广告的社会监督和对所刊登广告的批评意见。

七、医学科技学术期刊与公众媒体伦理规范

高度专业化的医学科技学术期刊读者或受众面总是具有局限性，对重大科研成果通过公众媒体报道，发挥其受众广、传播范围大的优势，以扩大社会影响。如中国科协实施的科技期刊新闻发布会，就是定期召开新闻发布会，由学术期刊的编辑将最新发表的重大科研成果撰写成科技新闻稿，在新闻发布会上发布，由与会的各公众媒体记者采纳报道，这既保证了科研成果的及时宣传，又保证了公众媒体报道科技新闻的准确性。但学术期刊科研论文成果在公众媒体发布，应坚持正确的伦理规范要求。

1. 医学科技学术期刊向公众媒体报道的要求　从科技学术期刊到公众媒体，可有效链接传播链和扩大传播半径，但编辑向公众媒体推介前，应征得作者认可，达成一致意见，也可在稿约或通知作者论文发表时加以声明；对科研论文尚处于审稿或待发表阶段，编辑不应向公众媒体公开其研究成果，这要与媒体达成一致，在论文尚未发表前不要加以报道。

2. 特殊需要公众媒体报道的成果　对于具有重大公共卫生需要，具有加快推广和重要的临床意义的研究成果，需要在医学科技学术期刊发表前迅速公布于众。如在 SARS（传染性非典型肺炎）疫情暴发时期，处于紧急防治的需要，对有关专家学者有效的防治经验和成果论文及相关诊断与防治指南，因在医学期刊发表需要较长周期，为加快其传播和推广应用，在医学期刊尚未发表前，就破例抢先在公众媒体发表，这对疫情防控发挥了积极作用。而对于这种情况，必要时应当由政府公共卫生主管部门决策，对此承担其责任；编辑、作者与主管部门应当达成共识，获得知情同意。

3. 科研论文发表前允许扩散的形式 作者研究论文在发表前,应当可以用于学术会议报告、学术会议的论文摘要;在学术会议报道的科研人员可以与媒体记者介绍其研究,但应掌握其限度,一般不能透露超过会议报告以外的研究细节。

4. 医学科技学术期刊与公众媒体的合作 当科研论文成果将要发表,期刊编辑应当积极向其他新闻媒体提供准确的报道文稿,在可能情况下准备新闻发布会、回答问题、提供新闻背景材料、向媒体记者推荐相关专家等;当然,新闻媒体应当配合期刊发表论文与新闻媒报道的时间差。

八、临床医学试验研究的注册规范要求

临床试验研究的注册,主要体现了其前瞻性临床试验的特点,可有效增强临床试验的透明度,同时又可在研究结果发表后核对其试验方法的准确性和完整性,这样可有效降低选择性结局偏倚和发表偏倚的发生,最大限度地提高临床试验的真实性与可靠性,而且有利于加强国际及地区间的科研交流与合作,为患者和临床医师提供参考和信息来源,同时,还可以为医学期刊编辑判断和理解试验结果提供帮助,也对科研基金的有效投入和分配发挥作用。临床试验注册,还可使试验结果以标准化格式提交,对系统性综述分析和研究及发挥文献的最大效用。因此,世界卫生组织将临床试验注册视为一种科学和医学伦理道德行为责任,国际医学期刊编辑委员会要求所有的临床试验研究均进行注册,否则其研究论文将不允许在医学期刊发表。临床试验注册的基本要求:对随机对照试验研究必须在科研设计和研究开始前注册;观察性研究目前尚未做统一要求,但目前也有需要注册的趋势,一般建议观察性研究也尽可能进行注册。国际医学期刊编辑委员会(International Committee of Medical Journal Editors,ICMJE)则要求所有的医学期刊编辑,在临床试验招募首例患者之前,就必须在公共临床注册机构注册,这是临床试验研究论文发表的前提条件。注册地址可登录世界卫生组织临床注册平台(WHO International Clinical Trials Registry Platform,ICTRP)或其下属注册机构注册均可。

九、医学科研论文发表失当处理

在医学编辑出版和科研论文发表过程中,发生出版伦理失当比较常见,这里有主观的也有客观的,但发生后应适时处理。

1. 发表失误的修正 其发生一般由于编辑排版校对失误和作者数据计算以及书写错误,对于有些失误影响到概念、研究结果、结论的意义,容易造成歧义的错误,应当予以更正;一般由作者或编辑撰写更正声明,在同一期刊"更正"栏目中刊登,予以纠正。

2. 严重学术错误的处理 由于作者客观或主观原因,在研究资料统计分析和整理过程中发生错误,导致整个科研论文的数据、结果和结论偏离了真值,严重影响了论文结果和结论的可靠性,已经失去了发表的意义,而且用简单的更正声明也难以弥补,这种情况就必须撤回文章,对其研究数据、资料进行重新分析,甚至重新撰写。

3. 撤回稿件的处理 如果被撤回的科研论文错误是客观原因所致,并非作者主观故意行为,主观上不存在学术不端行为,这种情况论文稿件通过严格修改后,再进入审稿评审程序,评审通过后期刊可以再次发表,完全替换原来的论文稿件,作者应在附件中说明被修改的内容或数据以及结论的变化。

十、编辑出版中对学术不端行为的处理

医学期刊比较常见的学术不端行为一般有捏造实验数据、伪造数据和剽窃他人研究成果等,对于质疑或发现了已投稿或已发表论文的学术不当,医学期刊通常会启动相关调查程序,责成其作者单位的科研管理机构进行核实调查,并责成作者写出书面说明或检查,如果经调查核实确属学术不端行为,应对论文稿件做撤稿处理,甚至可对作者在以后投稿时,要求其所属研究机构提供保证。常见的学术不端行为一般如下。

1. 学术成果剽窃或抄袭 在学术界,剽窃或抄袭无论是国内还是国外都有发生,它破坏了学术风气和学术生态环境,也对其他学者造成了不公,尤其是误导读者,从而伤害读者的利益。剽窃或抄袭还涉及侵犯他人著作权,极端的甚至有

侵占他人学术成果的恶劣行为。作为医学期刊编辑，有责任维护学术研究和学术出版的纯洁性和规范性。

2. 科研论文篡改和伪造　篡改和伪造也是比较常见的学术不端行为，与剽窃/抄袭相比，其手段更隐蔽，主观故意更强，影响更恶劣。其内容涉及篡改或伪造数据、图像等资料，编造虚假的研究成果和学术履历等信息，虚构合作者署名等。在国内，在学术不端行为中论文买卖和第三方代写论文同属伪造。如国内某医学期刊，经过对某时期来稿严格分析，发现疑似第三方代写代投论文高达21.0%，近年来，发生多起国内部分科研工作者在国际学术期刊发表论文被撤稿事件，给我国科技界国际声誉带来极其恶劣影响。为了抵制学术不端行为，中国科协、教育部、科技部、卫生计生委、中国科学院、中国工程院、国家自然科学基金会七部委于2015年联合印发《发表学术论文"五不准"》的通知。其中明确规定不准由"第三方"代写、代投、修改论文等。然而，2017年再次发生严重学术不端事件，施普林格·自然出版集团一次性撤销了涉嫌造假的107篇文章，当然，撤稿的原因是多方面的，但其中不少作者是将科研论文交给"第三方机构"，由其再向学术期刊进行代投。这些第三方机构不仅提供投稿前的"润色"服务，而且还提供代替作者投稿的服务，这些属于伪造科研信息，是一种灰色地带的科研不端行为。

3. 科研论文拆分式出版和重复发表　这种拆分式出版，即同一个研究被"碎片化"后拆分成几篇小文章发表，这在学术出版领域并不少见。另一种情况是一稿多投、重复发表。个别作者甚至将题目和摘要等改头换面，稍做修改另投期刊发表，看上去发表了许多文章，其实质是同一个内容。这两种出版的直接后果是稀释了学术论文的含金量，浪费了出版资源，误导了读者。这些同属于出版伦理和学术伦理范畴，医学期刊编辑要尽可能控制违背学术和出版伦理规范的文章发表，最大限度地避免编辑出版伦理行为和缺陷的发生。

十一、医学科研论文重复发表的处理

在医学科研论文发表过程中，对于一稿多投和重复发表，无论是从编辑出版伦理、国际医学期刊编辑委员会的规定和《国际生物医学期刊投稿指南》所规定，都是不予接受的出版伦理行为。

1. 一稿多投与处理　一稿多投是指同一篇论文，其作者或同一研究群体不同作者，在期刊编辑和审稿人不知情的情况下，试图或已经在两种或多种期刊同时投稿，无论是以同一种语言，还是多种语言的形式同时投多家期刊，都是不允许的行为。这种行为会造成资源浪费，容易发生重复发表，造成学术文献资源混乱。一经发现，应做退稿处理，并对作者提出警告。

2. 重复发表与处理　重复发表是指作者内容相同的研究论文在两种以上不同期刊多次发表，以及其科研论文内容（如方法、样本数量、数据、图表、结果和结论等）具有相当重复性和一致性的文章，而且论文之间缺乏充分的交叉引用或标引，其论文稿件、作者、研究机构与已发表论文有显著或大量重复内容，称为重复发表。这是违反编辑出版伦理规范的行为，如果确定属于重复发表，根据ICMJE规定，应做退稿或撤稿处理，令其作者做出检查，在以后投稿和发表中加以有限度的制约。仅在具备以下条件的情况下允许二次发表：①在两家期刊编辑均同意的情况下可以发表，但应当与作者协商，留出适当的发表间隔期；②在二次发表时，是针对不同的读者群，并在首次发表的文稿上做了删减；③在二次发表时，应忠实于首次发表的数据和结论；④在二次发表时，应告知读者、审稿人和文献机构，并文中予以标题处注明为二次发表，并标引首次发表的文章；⑤虽然为同一数据，但为不同研究可以被考虑发表，其前提是采用了不同的分析方法或有不同的解释和结论，并恰当地引用以往基于该数据的研究文献。对于二次发表，不管是不同读者群，还是不同语言或不同国家的期刊，一般学术界都持质疑态度，不予认可。

第四节 医学编辑出版伦理失范控制措施与方法

医学编辑作为职业伦理道德规范的守门人，是由其职业角色和职业特点所决定的，因为医学编辑处在医学期刊学术平台之上，科研工作者把自己的研究成果论文首先提交给医学编辑，对编辑具有高度的信任。因此，坚守医学编辑伦理和职业道德，是医学期刊编辑的本分和职责。

一、医学编辑出版伦理规范基本准则

医学编辑出版伦理规范是在编辑出版活动中应遵循的基本伦理守则，是社会伦理道德要求与编辑职业伦理的具体实践相结合的产物。医学编辑的伦理准则，既具有普适性，同时又具有职业性特点，也具有个性化特征。医学编辑伦理所调整的利益范围是内部主体（如编辑主体、选题内容、稿件录用与退稿、编辑决策等），同时与外部环境（如相关的社会关系、编者与作者、编者与读者、编辑与编辑委员、选题与约稿等）的利益关系。因此，医学编辑主体与客体的外在伦理规范准则，是其内在伦理道德品质与职业素养或操守的有机结合，也是他律与自律的有机统一。在医学编辑活动中，医学要坚持公平、公正、公开原则，诚实尊重原则、平等相待原则、守信保密原则、同行评议原则、协商沟通原则、稿件质量唯一原则等。作为编辑，既要维护编辑的自主权，也要尊重作者的自主权益，坚持以论文稿件质量作为唯一的录取标准，并且与作者的人格平等和信息对称，合理保护作者的权益。特别是在当今数字化、网络化、投稿、送审、退修网络上远程化管理，加大了论文稿件内容保密和复制便利的机会，这给医学编辑出版和编审人员的伦理道德规范提出了新的要求。

二、医学编辑出版的伦理规范要求

严格讲，医学编辑在编辑实践中，经受着多重相关伦理规范的考量，既有自身的编辑职业伦理道德的约束，也有医学科研伦理、评审专家伦理规范、作者伦理等把关的任务。俗话说：打铁还需自身硬。因此，作为编辑职业，理应做相应伦理道德规范的坚守者和践行者。

1. 公平相待、质量唯一　医学编辑要公正地对待每一篇稿件，不以作者或单位高低大小取舍，避免任何偏见，坚持论文稿件第一的原则，克服盲目认为大牌专家或大的医疗科研单位的稿件质量高，而对基层单位的稿件不屑一顾的偏见心理，更不能因为是熟人或存在利益关系而放宽标准，编辑活动的主体对象是稿件本身而不是稿件作者。因此，编辑对稿件中可能存在的利益冲突要保持相当的敏感性，要严格把握和处理稿件著作权、作者排序方面的利益冲突，严格遵守作者署名和著作权要求。

2. 坚持职业操守、做好稿件保密　科研工作者把研究成果论文首先提交给编辑，这是对期刊的信任，在未公开发表之前，编审人员有责任保守作者研究成果的秘密，其研究思路和设计等内容不得泄露给任何人，并确保审稿过程的保密性和稿件信息的安全性。同时，又要做好审稿过程的保密性和公正性，尽可能采用盲法审稿，避免作者、单位等个人信息泄露，并尽可能保证同行评议审稿过程的公正，避免同行评议受到客观信息的干扰和影响，从而保护作者的权益。当然，也要对于送审同行评议专家的信息保密，以保护稿件评审者的利益，最大限度地避免外界因素干扰，保证审稿过程的公平性。

3. 对稿件负责、让作者满意　编辑要认真对待每一篇稿件，严格编辑规范要求，对稿件要及时送审，不积压稿件，对完成稿件处理流程，确定录用稿件要及时安排发表，对决定退稿的稿件要及时整理退稿意见，及时反馈和告知作者。对于录用稿件也应做到及时整理评审意见反馈作者和退修，以尽可能缩短发表时滞，缩短作者等待周期。编辑要对每一篇稿件都做到有处理结果，对作者查询审稿状态的给予及时热情回复。对录用稿件或退稿做到有理有据，特别是退稿，不能一退了之，应将稿件存在的问题、补充修改内容、科研设计缺陷和修改建议完整地反馈给作者，以利于作者修改和提高。

4. 维护作者权益、保护读者利益 作为编辑要注意维护作者的合法权益,作者享有投稿权、发表权(即决定研究论文是否公之于众的权利)、署名权(即表明作者身份,在研究成果论文上署名的权利)、修改权(即修改或授权他人修改文章的权利)、保护研究论文完整权(即保护研究论文内容不受歪曲、篡改的权利,编辑有权修改作者文章,但修改后必须征得作者认可才能发表)、复制权(即以印刷、复印、拓印、录音、录像、翻录、翻拍等方式将论文制作一份或多份的权利)、发行权等一系列法定权益。对于读者,主要是维护读者订阅或退订期刊的权利,同时,编辑要在期刊的内容组织上,要尽可能满足读者的需求,维护读者的利益,任何粗制滥造、偏离期刊报道范围和背离读者群需要的内容,都是对读者利益的侵害。这是医学期刊编辑在工作实践中应当注意的问题,也是被期刊编辑忽视的职业伦理问题。

三、医学编辑出版伦理失范控制方法

1. 实施伦理规范培训、增强伦理道德规范意识 应加强医学编辑、出版人员、医学科技工作者相应伦理规范的学习培训,特别是医学编辑,既要熟悉和遵守编辑出版伦理规范,同时又要了解作者伦理规范、医学科研伦理规范、同行评审专家伦理规范,以利于实施有效伦理失范的控制和把关。

2. 完善制度、建立约束机制 作为编辑出版伦理道德规范,具有软性特点,非强制性规范,是靠人们的自觉意识实现的行为规范。因此,要教育编辑和医学科技人员遵循相应的伦理规范、规范和约束各自的行为,同时还要在不同层面建立或完善约束性制度,在相应医学院校的科研管理机构、医学期刊和图书出版机构等建立伦理失范的惩戒机制,对严重违背医学科研伦理、学术伦理规范、编辑出版伦理规范的行为实施必要的惩戒措施。

3. 完善伦理规范、做到有理可循 根据编辑、同行评审专家、出版者、作者等相应社会角色不同和实际情况,制定和完善相应伦理规范行为准则,以利于各社会角色间都清楚相应伦理规范要求,在编辑出版和学术实践中约束伦理道德行为。

4. 声明公告、昭告业界 在编辑实践中,可将相应伦理规范要求在《本刊稿约》中予以声明,也可以在医学期刊专门发布相应伦理规范要求,还可以在编辑部给作者退修稿时,附送相关伦理规范要求和必要的提醒,在召开编辑委员会会议时,向期刊编辑委员或评审专家发送相关伦理规范要求,使其各个编辑流程环节上的职业角色都能熟悉相应伦理道德规范要求。

5. 严格队伍标准、维护伦理主体纯洁 对于编辑队伍、出版人员队伍、评审专家队伍和编辑委员队伍,要严格纳入标准,对存在伦理主体失范、学术道德和职业道德缺陷的应避免进入医学编辑出版和编审队伍。对发生编辑出版和职业伦理失范及造成严重影响的人员,应当及时予以撤销其相应资格,以保持队伍的纯洁性。

6. 评审专家伦理规范控制措施或方法

(1)履行义务、及时评审:同行审专家是实施同行评议和学术质量把关的重要环节,也是学术研究和科研活动的组成部分,是科学共同体中每个参与者的责任和义务。因此,应该尽力履行审稿任务,如果不能履行职责应尽快退审、推荐他人评审、告知编辑可能延期评审的原因。

(2)公正评价、鼓励创新:对评审稿件要以科学性、创新性、实用性、真实性为标准,避免偏见,公正评价,要对稿件科研选题依据和意义、创新点和学术价值、结果和结论的可靠性、解释和论证的合理性等做出公正的评价,应尊重作者思想的独立性和科学研究创新的积极性,避免门户之见、学术偏见、种族歧视和私人恩怨等对学术伦理规范和职业伦理规范的影响。

(3)客观评价、循证评审:在同行评审过程中,应充分考虑个体在学术研究上的局限,应坚持客观评价,循证评审,对做出的评审意见和建议,应有理有据,尽可能地解释和引证评价的依据,必要时提供评价所依据观点和事实的参考文献,追求评价的客观性和循证性,而且易于编辑和作者对审稿意见的理解,避免评价的主观性和臆断性,严禁过激语言和人身攻击,维护作者权益和声誉。

(4)全面审查、分析严谨:在同行评议过程中,应注意评审的全面性,既注重学术质量的审视，同时也注意医学科研伦理、学术伦理、利益冲突的评审和把关，同时也不忽视学术伦理道德的评判。如科研论文中存在的漏引、错引、抄袭和伪造等学术不端行为的关注，即使不确定也应提醒作者和编辑部稿件中可能存在的嫌疑，以利于编辑与作者进一步地核实。

（5）规避冲突、及时提醒：要维护评审稿件的公正性，对于存在利益冲突的应当主动规避，及时提醒，对确实存在利益冲突的应向编辑部声明，实施退审，由编辑部另行安排其他评审专家。

（6）坚守责任、严格保密：评审专家应牢记信任与嘱托，应对所评审科研论文稿件的内容负有保密义务和责任，在未公开发表前，严禁向其他相关人员泄露作者稿件的研究内容、结果、结论和作者相关信息，若确因评审需要而求助于其他专家学者或相关人员时，应尽可能事先向编辑部告知身份信息和一般情况。

（7）恪守规范、端正学风：同行评议是国际学术界通行规则，也是同行专家学者的义务和学术活动形式之一。因此，评审专家应恪守学术伦理规范，树立正确的学术风气，对于受到作者研究启发而形成或完善的个人研究成果要予以审慎考虑，处理好学术伦理关系，尽可能事先征得作者同意、引用作者研究成果发表后的文献或开展合作研究，应严禁使用或泄露作者被审稿件中的结果、结论和科研思路；也不得借审稿意见明示或者暗示作者引用自己的文献和学术观点。

7. 作者伦理规范控制措施或方法

（1）明确作者责任、恪守科学精神：医学科技人员追求学术功利是应该的，但应树立正确的学风，坚守科学精神，明确作者署名的社会责任、科学责任和法律责任，对作者的科研论文应确保成果描述的准确性、客观性、科学性和可靠性，严禁避免夸张和虚构；对原始研究的科研论文的实验数据、相关试验记录、设备数据等原始资源慎重保管，以备质疑，也为同行重复研究或验证研究提供依据。

（2）实施发表承诺、警醒学术失范：作者科研论文在正式发表前，编辑部可要求作者签署相关承诺文件，保证其科研论文无重复发表、一稿多投和成果的真实性，实施发表承诺，警醒作者学术失范的发生。

（3）发挥查重系统作用、严格学术伦理缺陷：医学期刊编辑部发挥查重系统检测软件的作用，对来稿实施查重检测，分析其相似度或重复比率，对存在严重重复的科研论文应实施退稿处理，同时提醒作者注意或警告。

（4）增强编辑责任意识、提高识别能力：在编辑实践中，编辑要增强责任意识，不断提高识别学术不端行为的能力，要严判"第三方代写代投"论文的特征和查重检测判定标准，严格控制作者学术失范的发生。

（5）风险警示，善意提醒：对作者科研论文可能存在的学术伦理、医学科研伦理和编辑出版伦理问题，编辑有责任与作者沟通交流，善意提醒，告知存在伦理缺陷或伦理失范可能带来的社会风险和责任。

8. 编审者伦理规范的控制措施或方法　医学期刊的编辑、编辑委员和同行评审专家既是编辑出版伦理规范的践行者，也是编辑出版伦理和学术伦理的守护者。因此，编者的相关伦理道德规范的水准，对医学编辑出版的整体质量。

（1）严把人才关：对编审人员，除了注重科学文化、学术和编辑出版业务水准外，还要注重人才的职业伦理规范和学术伦理道德行为的考量，使编审者真正成为相关伦理规范践行的模范和忠实守护者及把关者。

（2）增强责任意识：编审者要具有很强的责任感和责任意识，既要对学术期刊负责，也要对读者和作者负责，同时还要对学术和社会负责，严禁和忌讳草率失责，放任失控的不良学风。

（3）实施失范问责：对于编审者，无论是自身相应伦理规范缺失造成不良影响，还是负责编辑、评审的科研论文出现编辑出版伦理规范、学术伦理规范和医学科研伦理规范出现失察的，特别是严重违背学术和科研伦理道德规范失范，尤其是造成恶劣社会和学术影响，应当对所涉及编审人员实施问责机制。

（4）公正评价：编审者对论文稿件的评价和编辑决策过程中，应当客观公正地对待每一篇稿件，严格录用和退稿标准，严禁与作者的种族、医学科研机构、职称、国籍、性别、资历等相联系，做到在论文稿件评价标准面前一视同仁、公正评价。

（5）科学评价：要建立和完善论文稿件科学的评价机制和论文稿件的编辑决策评审流程设计，所有科研论文稿件必须进入程序化评审流程，杜绝流程外操作。为了保证评价的公正性和科学性，当作者要求回避某些审稿专家时，编辑应当充分地考虑；对退稿要允许作者申述和满足重审的要求。

（6）主动回避：对编辑人员自己撰写和署名论文稿件，尽量规避在自己所在的期刊上发表，如果确实必要向本期刊投稿，应当交给编辑部其他编辑处理，而且严格执行评审流程，以尽可能避免发生利益冲突，确保其客观性与公正性。

第 23 章 医学期刊和医学图书编辑出版简史与史学研究方法

中国医药卫生科技期刊（医学期刊）和医学图书编辑出版史上早期出版物，医学期刊当属1792年唐大烈创办的《吴医汇讲》，距今已有230年历史。而最早医学图书出版可追溯到我国先秦至汉代时期出版的《黄帝内经》中医学名著；如此算来，中国医学图书出版的历史具有约3000年的编辑出版历史。

在我国，从最早的第一本医学期刊创刊算起已经走过230年的历史。在国外，从最早的第一本相关生物医学期刊诞生算起，已经走过352年的编辑出版发展历程。国内外医学期刊编辑出版史，经过几百年的漫长发展历程。中国目前医学期刊已发展到1300多种，而世界医学期刊已发展到1万多种，仅美国就有医学期刊3600多种、日本有1265种、英国有172种；被美国医学在线《MEDLINE》《美国科学引文索引》（SCI）和《国际医学文摘》（BIOSIS）三大著名检索系统收录的医学核心期刊有2000多种。本章主要介绍国外医学期刊发展简史，重点阐述新中国成立前，即1949年以前我国不同时代医学期刊编辑出版史概况，同时重点阐述具有代表性和能够反映我国医学期刊水平和编辑出版发展史的中华医学会主办系列医学期刊的简要发展历史，并以具有代表性的《中华医学杂志（英文版）》和《中华医学杂志》的编辑出版简史为例证，以追溯和呈现我国医学期刊编辑出版的发展历程的简要概况。同时简要阐述医学图书编辑出版简史和医学编辑出版史学研究方法。

第一节 医学期刊与医学图书编辑出版史学研究方法

医学期刊和医学图书编辑出版史学研究，是医学编辑学研究的重要组成部分，要研究和完善学科理论，探索和把握医学编辑出版的发展规律，促进医学编辑出版事业的发展，就必须研究和了解医学编辑出版发展的今世前生，也就是医学编辑出版史学的探索。而要探索和研究医学编辑出版史学，就必须了解和掌握其研究方法，这是研究医学编辑出版史学的基本前提。

一、科学技术史学研究与出版物概述

科学技术史主要是描述和解释科学技术的产生、发展和系统演变过程，特别是研究科学技术的演化和发展规律，对政治、军事、经济、工业、文化、宗教、哲学等各个社会领域之间历史互动关系的学问。

1. 科学技术史与科学出版物　科学技术史的研究也一定离不开对科学著作编辑出版和学术期刊编辑出版的研究，因为科学出版物既是科学技术史发展的文献见证，同时也记载着某学科的学术或技术发展的水平，是科学技术史最好的教科书。科学技术史属于理学的一级学科，其研究范围涉及理、工、农、医四大学科门类，主要包含科学史、技术史、农业史、医学史、科技考古与文化遗产保护、科学技术与社会等研究方向。科学技术史综合运用自然科学、技术科学和人文社会科学的相关方法，以文献资料和实物遗存为研究内容，揭示科学发展的规律性。

2. 科学技术史学研究起源与编辑出版史学研究　在世界上，科学技术史学科和研究有着相当悠久的历史。它是伴随着近代科学技术的产生，西方的学者首先开启了对科学技术发展历史的研

究。早在17世纪，英国、丹麦等国家就已有科学史著作问世。而到了18世纪，欧洲学者对于数学、化学、物理学、天文学、医学等发展的历史已有分门别类的研究文献。早在1892年，法兰西学院就设立了世界上首个科学史课程和科学史教授职位。20世纪初，随着科学技术的发展和日益渗透到人们的生产和生活的各个方面，科学技术史的研究也受到了科学界和社会各方面的重视，使其逐渐发展和演化成为一门独立的学科。因此，科学技术史学的创立和发展，作为科学技术发展史中重要记载和见证的科学出版物，必然也会派生出医学科技期刊与医学图书编辑出版史学研究的重要内容及组成部分。

3. 医学史研究与编辑出版物　在医学史的研究和相关编辑出版物，中国可谓是历史悠久。早在汉代司马迁所著《史记》中就有"扁鹊仓公列传"，这是最早的医学史学记载。唐代甘伯宗的《名医传》是我国最早的医学史专著。宋代周守忠的《历代名医蒙求》、明代李濂的《医史》；清代王宏翰的《古今医史》和徐灵胎的《医学源流论》。近代比较完整和系统的医学史学研究专著，陈邦宪1919年出版的《中国医学通史》、1920年4月出版的《中国医学史》等；1932年，王吉民和伍连德合著出版的《中国医史》（英文版），李涛的《医学史纲》和《医学史》等医学史学研究著作。这些医学史学研究著作为后世提供了较为丰富的史料，但缺乏对医学发展史经验性和发展客观规律性的论证与探索。因此，其医学史学研究早期很难形成一门学问或学科。

二、医学编辑出版史学研究方法论

医学编辑出版史学方法论，也称医学编辑出版历史方法论，是医学史或科学技术史研究方法论的组成部分。医学史学方法论和医学编辑出版史学方法论一样，并非是具体的研究方法，而是指用什么样的方式、历史观、世界观、观点来认识和观察医学编辑出版史的相关问题，也就是医学编辑出版史学研究的方法理论，也可称之为方法学（methodology）。

1. 史学方法论与医学编辑出版方法论　只有把握了正确的方法论，其医学编辑出版史学研究才能在呈现历史的同时，探索出发展的本质规律，用以借鉴和指导现实医学编辑出版事业。因此，医学编辑出版史学方法论是可以借鉴和融合史学方法论，是研究相关史学的普遍方法理论，以此来观察、分析研究、呈现和探索医学编辑出版的历史经验与发展规律，就构成了医学编辑出版史学研究的基本方法论。

2. 史学方法论种类与借鉴融合　但在科学研究实践中，为达到其共同目的而使用的方法、手段是多样的，在不同时代、不同国家、不同学派和不同研究个体中，其史学方法论也存在显著差异，但不具有尖锐对立性，而且可以相互补充、兼容并蓄的，这就形成了史学方法论的开放性特点。在史学方法论上，还有辩证唯物的史学方法论、实证主义史学方法论、结构主义史学方法论、解释学史学方法论、发生学史学方法论、符号学史学方法论、精神分析学史学方法论、证伪主义史学方法论等。而从其他角度，史学方法论也可以理解为论史学方法；但这并非是具体方法或简单排列组合，而是从比较抽象的角度，从理论思维的高度，阐明史学方法一般的内涵、外延、特征、层次结构、内部联系；论述其历史观和历史认识论的关系，论述其与普通科学方法论的共性和差异性，同时借鉴和吸收相关科学方法的优势和局限。

三、医学编辑出版史学研究的基本方法

史学研究，是关于历史的记述和阐释，也称为历史，如果单就历史而言其范围极为广泛。它可应用于社会学科领域、自然学科领域和地理科学史学领域的研究等；也就是说，只要是追根求源、追溯事物发展的轨迹、探究发展轨迹中某些规律性的东西，就属于史学研究的范围，当然也就不可避免地要运用到历史研究法。历史研究就是以过去时为研究重点，通过对史料文献的深入挖掘和分析研究，从而发现史实和证据，以相应的轴线进行梳理，探索发展规律，充分利用这些信息来归纳分析和诠释发展过程，从中揭示其一般规律、经验、教训和问题，用以指导和借鉴现实医学编辑出版事业的发展，对未来发展提供预测。而史学研究既可以是定性研究，也可以

是在文献史料综合分析的基础上实施定性研究，当然也可以两者结合相互印证研究，其说服力会更强。

1. 文献史料分析方法　历史事件的记录通常来自于书面记录。如期刊、书籍、报纸、日记、信件、文稿、会议记录等。文献史料分析研究方法是医学编辑出版史研究的主要方法，通过查阅文献史料，尤其是创办的原版医学期刊、编辑出版的原版医学图书、史实记载性文献等，是求根和追溯医学编辑出版史的重要依据。除此之外，对于历史研究还有遗迹、遗址、遗骸。如陶器、钱币、瓦罐、战斧、界址、原始工具、器皿、碎片等证据信息。史学研究的文献资料通常分为第一手文献资料和第二手文献资料。第一手文献资料指的是原本该事件的首次原始记录或原始文献资料（如最早或最初编辑出版的原版医学期刊和医学图书资料等）。第二手文献资料是指非原版文献内容，一般被引用和复述其事件在一次以上，也就是学界所说的二次文献资料。因此，从信息传递、信息传输、信息储存和信息转换的角度看，第一手文献资料在转变为第二手文献资料或信息传输过程中，由此发生信息过滤、信息遗漏和信息误传的现象，因而有可能存在信息失真或信息偏倚的可能性。因此，史学研究对象或历史研究证据以第一手文献资料最为宝贵和可信，这也是历史研究的基本原则。所以，在医学编辑出版史学研究上，在查阅和分析文献资料时，应首先考虑历史记录文献资料是第一手资料还是第二手资料，对其真实性实施考证和分析，否则其研究就会出现偏颇或失去史学价值。

2. 编辑出版考据法　在进行相应医学编辑出版史学课题研究前，首先是查阅、搜集和考证历史文献资料，编辑出版事件或史实进行考证，这也是医学编辑出版史学最基本的研究方法。

3. 编辑出版计量研究法　编辑出版史学研究要定性研究与定量研究相结合，通过数量统计分析得出结论，更进一步论证和支撑定性结论。如医学编辑出版物的印刷数量、发行数量、医学期刊或医学图书某历史年代创刊数量或医学图书出版数量等。由此数量统计分析，可以初步得出在某一时代医学编辑出版的兴衰史，再进一步分析其兴衰的原因，而得出这些史学研究结论对当今医学编辑出版事业也具有借鉴和指导意义。这就是人们俗话说的"以史为鉴"的意义和医学编辑出版史学研究的价值。

4. 编辑出版史口述研究方法　通过亲历者或实际操作者见证历史或述说历史，这种研究方法是运用现代化的手段收集医学编辑出版事件的亲历者口述的历史资料，用来研究医学编辑出版历史事件的方法。这种亲历者口述性研究具有真实性和场景感强的特点，但有时也需要与实际文献史料相结合，进一步论证和完善史学证据和完整再现编辑出版的重要历史事件。

5. 编辑出版比较史学研究方法　这种研究方法在医学编辑出版史学研究上应用得比较少。主要是通过两种或两种以上的历史现象，实施对照比较，从而加深、扩展和进一步验证对编辑出版历史事件认识的比较研究方法。

6. 编辑出版跨学科与交叉学科史学研究方法　这种研究方法是以跨学科、交叉学科或相关学科间的内在关系，对其关注的共同问题为研究对象，运用其他相关学科理论和方法，探究解决问题的路径，揭示医学编辑出版事件的背景和相关因素，以利于探究其共有和相互促进的发展规律。如要研究中国医学史相关史学著作的编辑出版，就不可避免涉及医学史学的学术发展背景和相关医学史著名专家在本领域所做贡献及发挥的促进作用。由于当今医学科学发展的突出特点是学科既高度分化又高度综合，其分支学科或亚学科越来越细。同时，又具有各学科之间相互渗透、相互交叉、相互融合的特点。因此，要研究某一学科领域的医学期刊和医学图书编辑出版史，必然离不开对相应学科的技术和学术发展背景的了解与认识。

在医学编辑出版史学研究中，首要的是查阅和阅读文献史料，尽可能把握所研究历史文献资料的全面性和准确性。由于其文献史料都是经过前人编辑加工整理而成的，编者受所处社会环境、学术环境、历史环境、价值取向和个体喜好等制约，其编写的文献史料的真实和全面性等，也会不同程度地存在其局限性。因此，医学编辑出版史学专题研究者，应对相关文献史料做全面分析，去伪存真，以避免造成史实严重偏倚。

第二节　国外生物医学期刊编辑出版简史

国外生物医学期刊的创办历史早于我国 120 多年，这是因为受欧洲启蒙运动的发展以及欧洲工业革命的影响，特别是西方文艺复兴以后，医学科学逐渐兴起和重视，尤其是 16—19 世纪欧洲医学的兴起，催生了医学期刊的诞生与发展。在西方文艺复兴运动中，怀疑教条和反对权威之风盛行，1493—1541 年，在西方医学界发生了一场以帕拉切尔苏斯为代表的医学革命，这极大地促进了医学科技的振兴和医学期刊的孕育。早期欧洲国家由于工业革命的激发，科技学技术发展比较迅速，同时伴生的科学共同体/学术共同体的诞生（如学会、协会、研究会等学术组织的诞生），以学术共同体为平台和依托，为科技期刊在内的生物医学期刊的创办提供了良好环境、土壤和条件。

一、国外生物医学期刊的萌芽时期

在世界生物医学期刊编辑出版史上，17 世纪后期，欧洲的英国、法国、德国、意大利、丹麦等国家，先后开始创办科技期刊，但大多期刊编辑出版刊龄较短，大部分未能持续出版，绝大部分期刊编辑出版几期即停刊，而且其种类大多以综合新闻、述评和科学知识介绍为主，这一时期创办科学类期刊约有 30 多种，其中生物医学类期刊约有 10 多种，其中在世界上创刊最早的第一本生物医学期刊诞生在 17 世纪中后期的 1670 年，在德国莱比锡创办的医学生物学期刊《利奥波尔迪纳新学报》，这份以刊登医学与生物学为主要内容的期刊至今仍在编辑出版中。

17 世纪的 1671 年，法国又创刊了专门的医学专业期刊《Nouvelles Decouvertes Sur Toutes les PartieS de la Midicine》（医学各科新发现），以刊登医学科学各个学科新的进展和最新发现为主要内容，并一直持续编辑出版，距今已有 346 年的发展历史，而且是连续出版。比我国 1792 年创办的医学期刊《吴医汇讲》早了 121 年。随着西方国家以科技期刊为主要传播载体的发展，医学期刊的发展速度也不断加快，在一些发达国家开始创办医学期刊。如英国最早的医学期刊是 1684 年创刊的《医学奇闻》，西班牙最早的医学期刊是 1734 年创刊的《马德里大气医学记录》，俄罗斯最早的医学期刊是 1792 年创刊的《圣彼得堡医学纪要》，美国最早的医学期刊是 1797 年创刊的《医学文库》，德国最早的单纯医学期刊是 1917 年创刊的《柏林医学报》。之后，医学期刊创刊的数量在不断增加，特别是随着西方国家科技学术团体的不断诞生，以科技共同体为依托创办学术期刊的势头进入高峰，由此诞生了不少世界著名的医学期刊。

二、国外生物医学期刊快速发展时期

历史的车轮行进到 19 世纪，这是西欧等国家医学期刊发展的黄金时期，世界上创办的期刊已达 1 万多种，其中包括大量的医学期刊。19 世纪中叶，医学期刊创办发展较快，而且以综合性医学期刊创办为其特点。如 1812 年美国创办了《新英格兰医学杂志》、1823 年英国创办了《柳叶刀》、1881 年日本创办了《药学杂志》、1883 年美国创办了《美国医学会杂志》、1830 年德国编辑创办了《药学杂志》即后来的德国《化学文摘》、1840 年英国医学会创办了《英国医学杂志》等。国外生物医学期刊的发端起始于欧洲，但强势崛起于美国和英国。目前，其生物医学期刊的强势霸主地位依然属于美国和英国。法国创办的《医学新进展》，创刊于 1679 年，目前已有 338 年的历史；《新英格兰医学杂志》（New England Journal of Medical）目前已有 205 年的刊龄；美国《美国医学科学杂志》（American Journal of The Medical Sciences）创刊于 1820 年，目前已有 197 年的刊龄；《柳叶刀》（Lancet）有 194 年的刊龄；《美国医学会杂志》（The Journal of the American Medical Association，JAMA）1883 年创刊，有 124 年的刊龄；《英国医学杂志》（British Medical Journal，BMJ），1840 年创刊，有 177 年的刊龄。

《新英格兰医学杂志》，是由美国麻州医学

会（Massachusetts Medical Society）主办并编辑出版的综合性医学期刊，是1812年由约翰·柯川博士创办，创办之初称《新英格兰医学与外科杂志》，到了1828年，随着期刊影响的不断扩大，稿件数量剧增，麻州医学会决定改为周刊，同时将刊名更名为《波士顿医学与外科杂志》，直到办刊百年之后，将其更名为现今世界医学界人所共知的《新英格兰医学杂志》；早期的杂志主编有奥立佛·文戴尔·赫尔（Oliver Wendell Holmes, Sr.）爵士、汉斯·辛瑟尔（Hans Zinsser）和路易斯·汤马斯（Lewis Thomas）；最早的一位医学编辑，杰洛美·史密斯（Jerome V. C. Smith），在1857年辞职，并升任波士顿市市长；历任主编还有瓦尔特·普兰提斯·鲍尔（Walter Prentice Bowers，1921—1937年）、罗伯特·那森·奈尔（Robert Nason Nye，1937—1947年）、约瑟夫·加兰德（Joseph Garland，1947—1967年）、法兰斯·英吉尔芬格（Franz J. Ingelfinger，1967—1977年）、阿诺德·雷尔曼（Arnold S. Relman，1977—1991年）、杰洛美·卡希尔（Jerome P. Kassirer，1991—1999年）、马希雅·安吉尔（Marcia Angell，1999—2000年）、杰佛瑞·德拉任（Jeffrey M. Drazen）。这些一代又一代的主编，为杂志的发展做出了重要贡献。

《美国医学会杂志》，自1883年7月14日在美国芝加哥市创刊以来，至今已有134年连续编辑出版的发展历史，是国际著名的医学期刊之一。是由美国医学会主办的一种综合性临床医学杂志，周刊，每月出版4期，全年出版48期；主要刊载临床及实验研究论文、编者述评、读者来信、相关述评等类型文章。《美国医学会杂志》的办刊宗旨每期刊载在目次的上方。美国医学会（American Medical Association）是世界三大医学会之一，拥有会员30多万人，在世界医学领域拥有很高的地位和声誉，其会刊《美国医学会杂志》主要面向会员发行或赠送，其内容比较广泛，向读者提供医学及卫生保健领域的非临床性信息，内容涉及政治、哲学、伦理、环境、经济、历史及文化等方面；《JAMA》的编辑委员会成员来自美国、法国、德国、荷兰、澳大利亚、丹麦等国家的医学专家，是真正的国际化编辑委员会；同时，还有一个国际性编辑顾问委员会，其成员分别来自意大利、土耳其、墨西哥、阿根廷、中国等16个国家。《JAMA》以其独具特色的设计、新颖先进而又实用的内容、严谨的临床科研设计、极强的科学性、海量信息、丰富的栏目和活泼的编排风格而备受世界医务工作者喜爱。此外，《JAMA》还利用其品牌优势，在世界不同地区或不同语言由近20种海外版出版发行的海外版，其中与中华医学会合作出版的《JAMA中文版》即为其海外版之一。《JAMA中文版》创刊于1983年，双月刊，每期64面，迄今已连续出版35年，每期从8本原版杂志精心挑选，汇总为一本《JAMA中文版》；其常设栏目有原著、综述、共识报告、特讯、医学进展、约翰霍普金森医院大巡诊、临床抉择、临床心脏病学、医学新闻与展望、述评、临床检查、原著摘要、来自FDA、来自疾病控制与预防中心等。刊出内容以大内科为主，重点为对人类生存、健康威胁最大的重大疾病、临床热点（共性）问题以及医学科学重大成果；适用于不同医学临床医师阅读，特别是在临床第一线工作的内科医师阅读。

世界著名医学期刊《柳叶刀》（Lancet），是1823年由汤姆·魏克莱（Thomas Wakley）所创刊，当时他以外科手术刀"柳叶刀"（Lancet）的名称来为这份期刊命名，而"Lancet"在英语中也是"尖顶穹窗"的意思，借此寓意期刊立志成为"照亮医界的明窗"。1823年由爱思唯尔（Elsevier）出版公司出版承担期刊的编辑出版任务，部分是由李德·爱思唯尔（Reed Elsevier）集团协同出版。《柳叶刀》登载有原创性的研究文章、评论文章、社论、述评、短篇研究文章等，同时也有其他（如特刊消息、案例报道等）。

《英国医学杂志》（British Medical Journal, BMJ），是英国医学会的会刊，周刊，期刊创刊于1840年，是全球著名的四大主导医学期刊之一，《BMJ》是一份在全世界医学科技界广受欢迎的综合性医学期刊，是坚持同行评审性质的综合医学期刊。英国医学会以《BMJ》的品牌影响力为资源，实施品牌扩张，以BMJ平台，创办成立了BMJ出版集团公司（BMJ Publishing Group Ltd），隶属于英国医学协会（British Medical Association），在旗下又先后创办了多种其他相关医学期刊。如神经科学、神经外科学、精神医学、心脏医学、胸腔医学等诸多专科医学期刊；另外，还创办了专门面对学生的医学期刊。如《学生 BMJ 杂志》(Student BMJ)，主要是为全球医学院校的在校医学生读者编辑出版发行。

三、国外生物医学期刊发展的鼎盛时期

20 世纪中叶，特别是第二次世界大战后，世界各国科研机构开始恢复，科学事业逐步发展，科技期刊诞生的土壤适宜，促进了包括医学期刊在内的科技学术期刊的创办和发展。其中日本 85% 的科技期刊是在 1945 年后创办的；世界上科技期刊的创办以每 50 年增加 9 倍的速度在递增。如 1675 年只有 10 种，到了 1800 年增加到 100 多种，1850 年 1000 多种，1900 年达到 1 万多种。20 世纪以后，已达到 5 万多种，而且还以每年约 1000 种的速度递增。美国鲍克出版公司的《乌利希国际期刊指南》1981 年统计为 6.3 万种。特别是生物医学期刊，其创刊和发展速度很快，20 世纪初叶，据 C.P.Fisher 统计，在 1913 年底，美国的生物医学期刊达到 630 种、德国和奥地利为 461 种、法国 268 种、英国 152 种、意大利 75 种、西班牙 20 种；全世界共有生物医学期刊 1654 种。虽然有不少期刊在第一次世界大战中停刊，但在第一次世界大战后不久，各国经济和科技开始恢复，大量生物医学期刊恢复出版或创办诞生了新的期刊，尤其是以拉丁语为主的国家，在第二次世界大战前的医学期刊数量超过了 1913 年的数量。国外生物医学期刊在第二次世界大战中受创严重，到第二次世界大战后，医学期刊的数量下降到比 1913 年的数量还要少。

国际生物医学期刊发展最猛的时期是第二次世界大战结束后期，特别是随着医学科学的发展，学科或专业分化趋势加剧，生物医学期刊的创办不再是以综合性医学期刊为主，而是凸显专科化，甚至是单病种、单器官、单组织、单细胞、单分子为一种期刊的发展趋势。如美国、英国等国家的《细胞钙》(Cell calcium)、《神经元》(Neuron)、《神经肽》(Neuropeptides)、《喉镜》(Laryngoscope)、《吞咽困难》(Dysphagia)、《龋齿研究》(Caries research)、《胎盘》(Plaacenta)、《神经成像》(Neuroimage)、《海马》(Hippocampus)、《干细胞》(Stem Cell)、《肺癌》(Lung cancer)、《前列腺》(Prostate)、《角膜》(Cornea)、《血栓形成研究》(Thrombosis Research)、《淀粉样蛋白》(Amyloid)、《凋亡》(Apoptosis)、《皮质》(Cortex)、《神经胶质》(Glia)、《松果体研究》(Journal of Pineal Research)等。生物医学期刊高度分化，适应了生物医学科学发展的趋势，同时也促进了相关领域研究的深入和学术交流。

第三节　中国医学期刊编辑出版简史

在中国，医学期刊编辑出版如果从 1792 年创刊最早的医学期刊《吴医汇讲》算起，至今已有 226 多年的办刊历史。通过对 1792—1949 年中国大陆编辑出版的医学期刊进行文献考察和分析表明，在 1949 年新中国成立之前，我国创刊编辑出版的医学期刊初步统计有 442 种（表 23-1）。这些医药卫生科技期刊在新中国成立之前的 1949 年，已有 98.8% 的期刊停刊，延续到新中国成立后编辑出版的只有为数不多的几种期刊。

回溯旧中国医学期刊的创办和编辑出版史，大致经历了封建社会的萌芽与成长时期（1792—1912 年），半殖民地半封建社会的发展与衰落交织时期（1912—1949 年），近代中国革命史上的特殊发展时期（1931—1949 年）三个历史阶段。

一、我国封建社会医学期刊的萌芽与成长时期

中国封建社会的乾隆 57 年（1792 年），在苏州由唐大烈创办了我国最早的中医期刊《吴医汇讲》。从这一医学期刊创办开始，即 1792—1912 年辛亥革命胜利，中国封建社会结束，"中华民国"政府成立，在这 120 年间，共创办医学期刊 23 种。

表 23-1 新中国成立前我国医药卫生期刊创办一览表

序号	刊名	刊期	地区	创办年代	创办人	备注
1	吴医汇讲	不定期	苏州	1792	唐大烈	1801年停刊
2	海关医报	不详	广州	1871	不详	停刊
3	西医新报	季刊	广州	1880	嘉约翰	1883年停刊
4	医学报	月刊	广州	1880	尹瑞模	停刊
5	广州新报	月刊	广州	1886	不详	停刊
6	博医会报	双月刊	上海	1887	博医会	合刊
7	利济学堂报	半月刊	上海	1897	瑞安陈	停刊
8	医学报	半月刊	上海	1901	不详	1904年停刊
9	西医知新报	月刊	广州	1904	嘉约翰	1906年停刊
10	医药月报	月刊	绍兴	1906	神州医学研究会	停刊
11	医药学报	双月刊	日本	1907	中国药学会	停刊
12	卫生世界	月刊	日本	1907	国民卫生会	1908年停刊
13	医学世界	月刊	上海	1908	丁福保	1914年停刊
14	上海医报	旬刊	上海	1908	汪启缓	1910年停刊
15	三三医报	不详	上海	1908	裘吉生	合刊
16	卫生白话报	月刊	上海	1908	不详	不详
17	绍兴医药报	月刊	绍兴	1908	何廉臣	1923年停刊
18	医事公报	半月刊	上海	1909	医事改进社	不详
19	医学卫生报	月刊	广州	1908	梁慎余	1909年停刊
20	中西医学报	月刊	上海	1910	丁福保	1930年停刊
21	医学杂志	月刊	上海	1810	蔡小香	1911年停刊
22	医学扶轮报	月刊	镇江	1910	袁桂生	1912年停刊
23	光华医事杂志	月刊	广州	1910	叶菁华	1931年停刊
24	齐鲁医刊	双月刊	济南	1921	齐鲁大学	合刊
25	中华医学杂志英文版	月刊	上海	1887	中华医学会	
26	中华医学杂志	双月刊	上海	1915	伍连德	
27	现代医药	月刊	福建	1933	俞慎初	1937年停刊
28	西医新报	季刊	广州	光绪八年	嘉约翰	出版8期停刊
29	医学报	月刊	广州	光绪十二年	尹瑞模	出版2期停刊
30	西医知新报	月刊	广州	光绪三十二年	权约翰	出版4期停刊
31	卫生世界	月刊	日本	光绪三十三年	国民卫生会	出版5期停刊
32	医学卫生报	月刊	广州	光绪三十四年	梁慎初	出版10期停刊
33	医学世界	月刊	上海	光绪三十四年	中国医药学会	出版34期停刊
34	卫生白话报	月刊	上海	光绪三十四年	不详	停刊
35	医药学报	月刊	上海	光绪三十三年	中国医药学会	停刊
36	光华医事卫生	月刊	广州	宣统二年	叶菁华	出版14期停刊
37	医药学报	月刊	日本	宣统二年	医药学社	停刊

续表

序号	刊名	刊期	地区	创办年代	创办人	备注
38	中华医报	双月刊	广州	1912	嘉惠霖	出版21期停刊
39	医药新报	月刊	上海	1913	度边久作	出版2期停刊
40	齿科学报	月刊	广州	1914	中国齿科医学会	停刊
41	医药观	月刊	杭州	1914	属家福	出版11期停刊
42	广济医报	双月刊	杭州	1914	广济医科同学会	出版41期停刊
43	浙江医专校友会杂志	季刊	杭州	1915	钱崇润	停刊
44	餐卫严刊	季刊	上海	1915	慎食卫生会	出版3期停刊
45	广东光华医报	月刊	广州	1915	光华医社	出版9期停刊
46	卫生严报	双月刊	北平	1916	侯希民	停刊
47	拒毒	双月刊	上海	1916	中华民国拒毒会	停刊
48	卫生	双月刊	上海	1918	光华医社	停刊
49	同济	双月刊	上海	1918	黄胜白	出版3期停刊
50	博济	月刊	广州	1919	博济医院	停刊
51	医学周刊	周刊	上海	1919	不详	出版55期停刊
52	中国护士	季刊	上海	1920	孔美玉	停刊
53	医药杂志	月刊	上海	1920	不详	出版7卷停刊
54	同德医学	月刊	上海	1920	黄胜白	出版8卷停刊
55	改造与医学	不定期	上海	1920	姚伯麟	停刊
56	医事月刊	月刊	北平	1920	北平艾西学会	停刊
57	药报	月刊	杭州	1920	杭州公立医院	停刊
58	中法医学杂志	季刊	北平	1921	波棣鲁氏、朱毓芬	停刊
59	齐鲁医刊	双月刊	济南	1921	齐鲁大学	合刊
60	医药话	月刊	杭州	1921	浙江医专校友会	停刊
61	东亚医学	月刊	上海	1922	黄天民	停刊
62	通俗卫生月刊	月刊	北平	1922	不详	停刊
63	香港大学医刊	四月刊	香港	1922	不详	停刊
64	卫生	月刊	杭州	1922	中国卫生会	出版4期停刊
65	新医人	半月刊	上海	1922	新医人杂志社	出版6期停刊
66	医药	季刊	日本	1923	医药学社	停刊
67	中国医药月刊	月刊	上海	1923	顾忍	出版10期停刊
68	化学药业杂志	双月刊	上海	1923	化学药业杂志	停刊
69	民国医学杂志	月刊	北平	1923	侯毓汶	停刊
70	广济医刊	月刊	杭州	1924	阮其煜	停刊
71	卫生	季刊	上海	1924	卫生教育会	停刊
72	协和	月刊	广州	1924	不详	停刊
73	新同德	月刊	上海	1924	新同德社	出版8期停刊
74	实用卫生	季刊	哈尔滨	1924	不详	出版8期停刊

续表

序号	刊名	刊期	地区	创办年代	创办人	备注
75	医药学	月刊	上海	1924	黄鸣龙	停刊
76	卫生杂志	季刊	北平	1925	中央防疫处	停刊
77	医学原著索引	月刊	奉天	1925	伊藤谅	停刊
78	生命与健康	周刊	上海	1925	虞施福	停刊
79	同济医学月刊	月刊	上海	1925	盖思理	停刊
80	日新治疗	月刊	日本大阪	1926	儿秀玉卫	停刊
81	协和通俗月刊	月刊	北平	1926	不详	停刊
82	新医与社会	周刊	上海	1926	上海医师公会	停刊
83	卫生月刊	月刊	吉林	1926	卫生月刊社	停刊
84	医学周刊	周刊	北平	1926	丙寅学社	停刊
85	天德医疗新报	月刊	上海	1927	天德医疗新报社	停刊
86	英文拒毒季刊	季刊	上海	1927	黄嘉惠	停刊
87	麻风季刊	季刊	上海	1927	邬志坚	双语
88	医药卫生浅说报	半月刊	天津	1927	不详	停刊
89	中国生理学杂志英文版	季刊	北平	1927	中国生理学会	
90	同仁	月刊	日本	1927	日本同仁会	停刊
91	协医校刊	月刊	北平	1927	北平协和医学校	停刊
92	通俗卫生	月刊	北平	1927	中央防疫处	停刊
93	诊疗医报	月刊	上海	1928	夏慎初	停刊
94	新市场公共卫生月刊	月刊	杭州	1928	王吉民	停刊
95	卫生月刊	月刊	北平	1928	不详	停刊
96	卫生导报	半月刊	杭州	1928	毛咸	改刊
97	东南医刊	月刊	上海	1928	东南医学院	停刊
98	北平大学医学院刊	半月刊	北平	1928	北平大学医学院	
99	同仁会医学杂志	月刊	日本	1928	小野得一郎	中日双语
100	卫生月刊	月刊	上海	1928	胡鸿基	停刊
101	德华医学杂志	月刊	上海	1928	丁惠康	出版12期停刊
102	卫生公报	月刊	北平	1928	北平卫生局一科	停刊
103	社会医报	周刊	上海	1928	余云岫	停刊
104	卫生周报	周刊	杭州	1929	杭州医师公会	停刊
105	卫生周刊	周刊	北平	1929	北平大学	停刊
106	辽宁药报	季刊	沈阳	1929	辽宁医科专门学校	停刊
107	中国卫生杂志	月刊	上海	1929	不详	停刊
108	卫生局月刊	月刊	天津	1929	天津卫生局	停刊
109	医光	周刊	北平	1928	北平医光社	停刊
110	卫生公报	月刊	南京	1929	民国政府卫生署	出版2卷停刊
111	医药评论	半月刊	上海	1929	褚民谊	停刊

续表

序号	刊名	刊期	地区	创办年代	创办人	备注
112	新医药观	月刊	日本	1929	张德周	停刊
113	中德产科女医学校刊	月刊	上海	1929	中德产科学生会	出版4期停刊
114	立兴杂志	半年刊	上海	1929	立兴洋行	宣传药品
115	卫生周刊	周刊	杭州	1929	杭州医师协会	出版10期停刊
116	华北医报	旬刊	北平	1929	周寰西	出版16期停刊
117	新医学月刊	月刊	天津	1929	虞抑浦	出版2期停刊
118	新医声	旬刊	汕头	1929	陈仰韩	出版28期停刊
119	医事药刊	季刊	上海	1929	宋国宾、余云岫	停刊
120	军医公报	月刊	南京	1930	陆军军医公报社	停刊
121	慈幼月刊	月刊	上海	1930	中华慈幼协济会	出版20卷停刊
122	卫生周刊	周刊	南京	1930	民国南京市政府卫生局	出版67期停刊
123	医学周刊	周刊	济南	1930	侯宝璋	出版11期停刊
124	生活医院月刊	月刊	上海	1930	张克成	原名生活月刊
125	民众医报	月刊	广州	1930	李达潮	停刊
126	康健杂志	月刊	上海	1930	中华健康会	停刊
127	南京医刊	不定	南京	1930	金鸣宇	停刊
128	新药与治疗	季刊	上海	1930	李芬	停刊
129	杭市卫生	月刊	杭州	1930	杭市卫生月刊社	出版1期停刊
130	军医杂志	季刊	广州	1930	八路军卫生处	
131	新药业与卫生	月刊	上海	1930	南洋医大同学会	停刊
132	济生医院月刊	月刊	杭州	1931	梁闰放	停刊
133	医学世界	月刊	上海	1931	医学世界社	停刊
134	汽巴季刊	季刊	上海	1931	刘步青	药品宣传
135	同济医学	季刊	上海	1931	同学会	停刊
136	大众医刊	半月刊	广州	1931	温泰华	停刊
137	现代医药	月刊	杭州	1931	陈万里	出版2期停刊
138	医药	月刊	杭州	1931	国立中央医学院	停刊
139	医林新志	月刊	杭州	1931	汪建侯	停刊
140	新医	月刊	广州	1931	夏爱麟	停刊
141	科学医报	月刊	杭州	1932	钱潮	停刊
142	卫生常识	周刊	杭州	1932	黄贻青	停刊
143	军医杂志	双月刊	南京	1932	吴羽白	停刊
144	中国眼科学杂志	半月刊	哈尔滨	1933	石增荣	
145	民众医药	周刊	上海	1932	民众医学社	停刊
146	医与药	季刊	上海	1932	不详	停刊
147	新医药刊	月刊	上海	1932	赵缙黄	停刊
148	医学与药学	月刊	杭州	1932	杭州医师公会	停刊

续表

序号	刊名	刊期	地区	创办年代	创办人	备注
149	中国健康月刊	月刊	上海	1932	叶勤风	停刊
150	民艺医学	月刊	上海	1933	张希渠	停刊
151	精神治疗	月刊	嘉兴	1933	不详	停刊
152	申报医药周刊	周刊	上海	1933	上海申报馆	停刊
153	科学医药	月刊	上海	1933	黎惠年	停刊
154	军医月报	月刊	南京	1933	吴羽白	停刊
155	北平医刊	月刊	北平	1933	北平医刊社	停刊
156	浙江省立病院季刊	季刊	杭州	1933	陈万里	停刊
157	妇女医报	月刊	上海	1933	郑纯棣	停刊
158	广西卫生旬刊	旬刊	梧州	1933	卫生旬刊社	停刊
159	东方医学杂志	月刊	满洲	1933	不详	停刊
160	康健杂志	月刊	上海	1933	褚民谊	停刊
161	新药时报	不定期	上海	1933	刘步青	停刊
162	卫生月刊	月刊	北平	1933	北平卫生事务所	停刊
163	壬申医学	半年刊	河北	1932	不详	停刊
164	西京医学	月刊	陕西	1933	西京省立医院	停刊
165	助产月刊	月刊	南昌	不详	省立助产学校	停刊
166	河南大学医学院刊	季刊	郑州	不详	研究会	停刊
167	卫生促进会会刊	半月刊	贵阳	不详	王兴周	停刊
168	卫生半月刊	半月刊	贵阳	不详	赵寥夫	停刊
169	卫生旬刊	旬刊	广州	不详	冯根强	停刊
170	药刊	季刊	北平	不详	孟目的	停刊
171	中华兽医期刊	不详	辽宁	不详	中华兽医学会	停刊
172	通俗医事卫生	月刊	北平	不详	通俗医事月刊社	停刊
173	大众医刊	月刊	北平	不详	大众医刊社	停刊
174	中国齿科月刊	月刊	上海	不详	齿科医局	停刊
175	绍兴医药学报	月刊	绍兴	1908	何廉臣、裘吉生	1933年改刊
176	医事公报	月刊	上海	1909	上海中国医学会	停刊
177	医学杂志	月刊	上海	1910	蔡小香、唐乃安	出版12期停刊
178	医学扶轮报	月刊	镇江	1910	袁桂生	1912年停刊
179	南京医学报	月刊	南京	1912	南京医学报社	1913年停刊
180	神州医药学报	月刊	上海	1913	余伯陶、包识生	1916年停刊，1925年复刊
181	和济医学卫生报	月刊	绍兴	1913	曹炳章	1920年停刊
182	医药卫生通俗报	月刊	南京	1916	南京医药联合会	1926年停刊
183	桂林医药浅报	不详	桂林	1916	桂林神州医药会	停刊
184	医学卫生报	月刊	宁波	1918	徐友丞	1920年停刊
185	通俗医事月刊	月刊	北平	1919	通俗医事月刊社	1921年停刊

续表

序号	刊名	刊期	地区	创办年代	创办人	备注
186	厦门神州医药	月刊	厦门	1921	福州医药分会	1927年停刊
187	医学杂志	双月刊	太原	1921	中医改进研究会	1937年停刊
188	江苏中医联合会月刊	月刊	上海	1922	李平书、王一仁、秦伯未	1926年停刊
189	常熟医学会月刊	月刊	常熟	1922	吴玉纯、张汝伟	1924年停刊
190	宜兴医学月刊	月刊	宜兴	1922	徐堂芬、李麓门	1924年停刊
191	恒星医报	不详	上海	1923	王慎轩、李天球	1924年停刊
192	镇江医学公会月刊	月刊	镇江	1923	袁桂生、闵金禾	1929年停刊
193	如皋医学报	月刊	江苏	1924	黄景楼、陈爱棠	1931年停刊
194	绍兴医药月刊	月刊	绍兴	1924	何廉臣、曹炳章	出版4卷停刊
195	沈阳医学杂志	不详	沈阳	1924	张锡纯、刘景素	1928年停刊
196	中医杂志	不详	广州	1926	广东中医药学校	
197	医界春秋	月刊	上海	1926	张赞臣	1937年停刊
198	医药卫生报	月刊	苏州	1926	王慎轩	停刊
199	中医求是月刊	月刊	浙江	1927	张山雷	停刊
200	医药新闻	周刊	上海	1927	吴克潜、张汝伟	停刊
201	妇女医学杂志	不详	苏州	1927	王慎轩	停刊
202	吴兴医学杂志	不详	浙江	1927	吴兴中医协会	1931年停刊
203	中国医学院院刊	不详	上海	1928	中国医学院	不详
204	硖石医药报	半月刊	浙江	1928	金修常、孙连茹	1931年停刊
205	医药会刊	不详	上海	1928	全国医药团体总联合会	1931年停刊
206	台湾黄汉医界	不详	台北	1928	曾六瑞、陈茂通	1936年停刊
207	中国医学	不详	上海	1928	陈渊雷	1930年停刊
208	杏林医学月报	月刊	广州	1929	江坤、张阶平	1937年停刊
209	广东杏林	不详	广东	1929	李始明、江笑	1933年停刊
210	中国卫生杂志	不详	天津	1929	蒋世劼	1929年停刊
211	中国医报	不详	上海	1929	丁仲英	1931年停刊
212	中医世界	双月刊	上海	1929	秦伯未、方公溥	1937年停刊
213	自强医学月刊	月刊	上海	1929	祝味菊、陆渊	1931年停刊
214	家庭医学杂志	不详	上海	1930	万公溥、秦伯未	1931年停刊
215	苏州医报	月刊	苏州	1930	苏州医报社	出版15期停刊
216	浙江医药月刊	月刊	杭州	1930	陆冕英	停刊
217	国医杂志	不详	香港	1930	中华国医学会	1937年停刊
218	广东中医学校校刊	不详	广州	1930	学校校务处	1937年停刊
219	汉口医药月刊	月刊	汉口	1930	谢汇东	停刊
220	医林一谔	月刊	广州	1931	李忠守、陈亦毅	1935年停刊
221	中国药学	月刊	苏州	1931	李爱人	
222	中华医药报	不详	上海	1931	夏应堂、蔡济平	停刊

续表

序号	刊名	刊期	地区	创办年代	创办人	备注
223	现代国医	月刊	上海	1931	蒋文芳	1932年停刊
224	温灸医报	不详	宁波	1931	张俊其、魏其光	1936年停刊
225	南京国医公医会杂志	双月刊	南京	1931	冯瑞生、郭天寿	1937年停刊
226	国医杂志	不详	上海	1931	上海国医学会	1935年停刊
227	神州国医学报	不详	上海	1932	蔡济平、陆仲安	1937年停刊
228	江都医学月刊	月刊	扬州	1932	江都县中医公会	停刊
229	医药卫生月刊	月刊	杭州	1932	王一仁	1935年停刊
230	卫生杂志	不详	上海	1932	张士英	1937年停刊
231	医药月刊	月刊	长沙	1932	吴汉仙、汪康白	1934年停刊
232	国医公报	月刊	南京	1932	中央国医馆	1937年停刊
233	江都国医报	月刊	扬州	1932	樊天徒	停刊
234	大众医学月刊	月刊	上海	1932	杨志医	1934年停刊
235	医报	月刊	上海	1932	陆渊雷	1934年停刊
236	厦门国医学报	不详	厦门	1932	林志生	停刊
237	健康报	不详	中央苏区	1931	苏区前敌委员会军医处	
238	国防卫生	不详	不详	1940	八路军军医处	停刊
239	医务生活	不详	山东	1941	医务生活出版社	停刊
240	医务文摘	不详	不详	1944	第二野战军卫生部	停刊
241	卫生通讯	不详	不详	不详	晋绥军区卫生部	停刊
242	药学摘要	不详	不详	不详	八路军总卫生部	停刊
243	华中医务杂志	不详	不详	1946	新四军华中卫生部	停刊
244	活叶医刊	不详	不详	1947	华东军区卫生部	停刊
245	药学生活	不详	不详	1947	华东军区卫生部材料处	停刊
246	卫生月刊	月刊	不详	1948	华北军区卫生部	停刊
247	医药介绍	不详	陕西	1948	陕甘宁边区卫生署	停刊
248	胶东医刊	不详	山东	1944	胶东医学研究会	停刊
249	光华医药杂志	月刊	上海	1933	朱殿、余济民	1937年停刊
250	国医评论	月刊	上海	1933	周天铎、范天馨	停刊
251	医事公论	半月刊	镇江	1933	镇江医事改进会	1937年停刊
252	针灸杂志	双月刊	无锡	1933	承淡安	1937年停刊
253	国医月刊	月刊	兰州	1933	兰州国医研究会	停刊
254	温针医报	月刊	宁波	1933	温针医报社	停刊
255	克明医刊	不详	广州	1934	罗文凯	停刊
256	上海国医学会月刊	月刊	上海	1934	上海国医学会	1937年停刊
257	现代中医	月刊	上海	1934	余鸿仁	1936年停刊
258	铁樵医学月刊	月刊	上海	1934	铁樵医学函授事务所	停刊
259	苏州国医杂志	不详	苏州	1934	苏州国医学社	停刊

续表

序号	刊名	刊期	地区	创办年代	创办人	备注
260	中国医药杂志	不详	山东	1934	赵恕风	停刊
261	国医正言	不详	天津	1934	天津国医研究会	停刊
262	神州国医学报	不详	厦门	1934	神州国医学会	停刊
263	中医新生命	不详	上海	1934	陆渊雷、谢讼穆	1937年停刊
264	鹭声医药杂志	不详	厦门	1934	陈叹生、孙嵩樵	1936年停刊
265	中国医药杂志	不详	上海	1934	医事春秋社	1937年停刊
266	中华国医药学杂志	不详	长沙	1935	杨华清	停刊
267	寿世医报	月刊	江苏	1935	寿世医报社	1937年停刊
268	丹方杂志	月刊	上海	1935	朱振声	1938年停刊
269	国医卫生	不详	北平	1935	刘奉春	1943年停刊
270	明日医药	双月刊	北平	1935	明日医药社	停刊
271	文医半月刊	半月刊	北平	1935	施今墨、陈伯诚	1937年停刊
272	国医月刊	月刊	重庆	1935	国医月刊社	停刊
273	梧州医药研究所医刊	不详	梧州	1935	不详	停刊
274	中华医药报	月刊	上海	1936	中华国医学会	1937年停刊，1947年复刊
275	医铎	不详	福州	1936	福州中医学校	停刊
276	吴兴医药	不详	浙江	1936	吴兴国医会	1946年停刊
277	中国医药研究月报	月刊	杭州	1936	汤士彦	1937年停刊，1946年复刊
278	中华药学杂志	月刊	上海	1936	中华国药学会	
279	大众医药月报	月刊	四川	1936	大竹医药研究会	1937年停刊
280	国医砥柱	不详	北平	1937	杨医亚	1948年停刊
281	国医月刊	月刊	重庆	1937	国医研究会	1939年停刊
282	新中医刊	月刊	上海	1938	朱小南	1941年停刊
283	中国医药	月刊	上海	1938	曹向平	停刊
284	北京医药月刊	月刊	北京	1939	汪逢春	停刊
285	国药新声	月刊	上海	1939	丁福保	59期停刊
286	国医新声	月刊	上海	1939	王玉润、汪浩权	1942年停刊
287	国医导报	不详	上海	1939	朱仁康	1942年停刊
288	复兴中医	双月刊	上海	1940	时逸人	停刊
289	中国医药月刊	月刊	北京	1940	董德懋、朱紘章	1943年停刊
290	医药改进月刊	月刊	成都	1941	四川国医学院	停刊
291	复兴医药杂志	月刊	柳州	1941	张子英	停刊
292	柳江医药月刊	月刊	柳江	1942	张子英、罗一樵	停刊
293	医文	不详	上海	1943	范行准	停刊
294	中西医报	月刊	洛阳	1943	张少云	停刊

续表

序号	刊名	刊期	地区	创办年代	创办人	备注
295	中国医药月刊	月刊	重庆	1944	邓炳奎、马云	停刊
296	现代医学季刊	季刊	汕头	1944	现代医学社	1946年停刊
297	中国针灸学季刊	季刊	北平	1945	杨医亚、马继兴	1948年停刊
298	新中华医药月刊	月刊	重庆	1945	沈炎南、潘国贤	1948年停刊
299	医学导报	月刊	重庆	1945	韦宏岐、潘国贤	1947年停刊
300	现代医药杂志	不详	贵阳	1945	张子英	停刊
301	华中医药报	半月刊	湘潭	1946	陈康雅	改刊
302	华西医药杂志	不详	重庆	1946	任应秋	1949年停刊
303	新中医	不详	广州	1946	梁乃津	
304	台湾国医药报	月刊	台湾	1946	国医药改进社	1947年停刊
305	验方集成	月刊	北平	1946	杨医亚、汪浩权	1948年停刊
306	康乐医刊	半月刊	上海	1946	上海国医学会	停刊
307	广西中医校刊	不详	南宁	1946	南宁高级中医执业学校	1948年停刊
308	中华医史杂志	季刊	上海	1947	中华医学会医史分会	原名《医史杂志》
309	神雷医刊	月刊	上海	1947	郭承祖、朱颂陶	1949年停刊
310	医药汇刊	月刊	西安	1947	西安中医师公会	停刊
311	中医药	月刊	上海	1947	上海中医药学社	停刊
312	中医药情报	月刊	上海	1947	金明哲、张汝伟	停刊
313	医药研究月刊	月刊	南京	1947	施今墨、汪济良	1948年停刊
314	中国医药建设文库	不详	潮安	1947	医药建设学社	1949年停刊
315	中国医药导报	月刊	上海	1947	医药导报社	
316	中国医学月刊	月刊	罗定	1949	罗定医学社	停刊
317	现代医药	月刊	福清	1933	俞慎初	1937年停刊
318	克明医刊	不详	广州	1934	罗文恺	停刊
319	国医月刊	月刊	兰州	1933	甘肃国医研究会	停刊
320	苏州国医杂志	不详	苏州	1934	苏州国医学会	停刊
321	中国护士季刊	季刊	不详	1920	中国护士学会	停刊
322	医事公论	月刊	江苏镇江	1933年10月	镇江医事改进会	1937年7月停刊
323	上海国医学会月报	月刊	上海	1934年1月	上海国医学会	1937年停刊
324	上海中医学会月刊	月刊	上海	1930年2月	上海中医学会	停刊
325	国医讲习所季刊	季刊	上海	1929年6月	国医讲习所	停刊
326	医药顾问	年刊	上海	1931	蔡济平等	不详
327	三益月刊	月刊	浙江	1931	三益月刊社	不详
328	丹方汇报	不详	浙江	1935	国药丹方研究社	1937年停刊
329	医醒杂志	季刊	江苏	1935年12月	吴县中医师公会	1936年3月停刊
330	自觉月刊	月刊	上海	1920年2月	同济医工大学	不详
331	同济	双月刊	上海	1920年4月	黄胜白	不详

续表

序号	刊名	刊期	地区	创办年代	创办人	备注
332	新医人	半月刊	上海	1922年12月	新医人杂志社	不详
333	新同德	月刊	上海	1924年5月	同德医专	不详
334	南洋医学	不详	上海	1926年4月	上海南洋医科大学	不详
335	东南医刊	月刊	上海	1929年1月	郭琦元等	不详
336	新医药卫生	月刊	上海	1930年1月	南洋医科大学同学会	不详
337	湖北医药月刊	月刊	汉口	1935年3月	张丹樵等	1935年6月停刊
338	吉祥医药	半月刊	湖南	1937年4月	吉祥医药社	1938年5月停刊
339	起华医药杂志	半月刊	四川	1937年5月	夏子善等	1937年12月停刊
340	家庭医药	不详	上海	1939年9月	朱振声	不详
341	国粹医药	月刊	重庆	1939年2月	国粹医药月刊社	不详
342	东南医讯	月刊	上海	1934年1月	东南医学院校友会	不详
343	大德助产年刊	年刊	上海	1939	大德助产学校	不详
344	药与化学	不详	上海	1939年3月	上海中法大学药科	不详
345	中西医学报	月刊	上海	1910年5月	中西医学研究会	1930年6月停刊
346	南京医学报	月刊	南京	1912年5月	南京医学会	1913年8月停刊
347	上医月刊	月刊	上海	1947	上海医学院校友会	不详
348	新军医	月刊	上海	1947年4月	上海军医学校	不详
349	医学周刊	周刊	南京	不详	中央大学卫生教育科	不详
350	军医	双月刊	南京	1928年11月	南京陆军军医同学会	不详
351	医政周刊	周刊	湛江	1935	江苏省立医政学院	不详
352	医政通讯	月刊	湛江	1945年12月	江苏医学院	不详
353	协医月刊	月刊	北平	1924年2月	协和医学校	不详
354	协医校刊	月刊	北平	1927	协和医学校	不详
355	唯生医学	月刊	北平	1931年7月	唯生医学社	不详
356	妇女医学杂志	季刊	苏州	1927年2月	王慎轩	1930年停刊
357	台湾皇汉医界	月刊	台北	1928年11月	曾六瑞等	1936年11月停刊
358	中医新刊	月刊	浙江	1928年4月	宁波中医协会	1929年5月停刊
359	台湾国医药报	月刊	台湾	1928年7月	国医药改进社	1947年6月停刊
360	自强医学月刊	月刊	上海	1929年1月	自强医学月刊社	1931年10月停刊
361	医药指导录		上海	1929年5月	国医药讲习所	
362	国医讲习所季刊	季刊	上海	1929年5月	中华医药	1927年8月停刊
363	自强医学月刊	月刊	上海	1929年1月	自强医学月刊社	1931年10月停刊
364	南京国医工会杂志	双月刊	南京	1931年9月	冯瑞生等	1937年5月停刊
365	江都国医报	月刊	扬州	1932年10月	江都国医报社	1936年6月停刊
366	新会国医月刊	月刊	福州	1932年11月	不详	1932年12月停刊
367	医钟	双月刊	太原	1932年12月	太原中医会	1933年6月停刊
368	醒亚医报	月刊	厦门	1934年12月	醒亚医报社	1935年2月停刊

续表

序号	刊名	刊期	地区	创办年代	创办人	备注
369	铁樵医学月刊	月刊	上海	1934年1月	铁樵医学事务所	1935年12月停刊
370	文医半月刊	半月刊	北平	1935年12月	施今墨等	1937年7月停刊
371	医醒杂志	季刊	苏州	1935年12月	吴县中医公会	1936年3月停刊
372	昌明医刊	月刊	上海	1936年6月	昌明医药学社	不详
373	和平医报	月刊	上海	1935年6月	和平医学社	1935年7月停刊
374	国医素	月刊	江苏	1936年12月	钱今阳	不详
375	掘港医报	半月刊	江苏	1936年12月	夏子善等	1937年1月停刊
376	吴江国医学报	月刊	江苏	1936年6月	吴江中医公会	1936年8月停刊
377	吉祥医药	半月刊	衡阳	1937年4月	吉祥医药社	1938年5月停刊
378	食物疗病月刊	月刊	上海	1937年5月	上海国医出版社	1937年8月停刊
379	新医药杂志	月刊	浙江	1937年3月	潘澄濂等	1937年5月停刊
380	中央医学杂志	月刊	天津	1937年7月	中央医学杂志社	1937年8月停刊
381	中和医刊	半月刊	成都	1938年3月	中和医刊社	1938年8月停刊
382	苏州国医医院院刊	不定期	苏州	1939年12月	叶橘泉等	出版1期停刊
383	余姚中医公会会刊	不详	浙江	1939年12月	余姚中医公会	不详
384	中医疗养专刊	月刊	上海	1939年5月	秦伯未	1939年9月停刊
385	联谊医刊	不详	上海	1940年2月	不详	不详
386	中国女医	月刊	上海	1941年1月	钱宝华	1941年8月停刊
387	国医求是月刊	月刊	北平	1941年9月	陈书贤	1941年10月停刊
388	柳江医药月刊	月刊	广西	1942年11月	张子英等	1943年9月停刊
389	验方集成	月刊	北平	1941年9月	杨医亚等	1948年停刊
390	民间医药	月刊	江苏	1943年1月	朱良春等	1943年5月停刊
391	神宵医刊	双月刊	上海	1947年3月	朱颂陶等	1949年6月停刊
392	进修月刊	月刊	上海	1947年5月	上海中医师进修班	不详
393	中药职工月刊	月刊	上海	1947年5月	上海中药业职业公会	1948年7月停刊
394	中药情报	月刊	上海	1947年5月	国药用品服务社	1948年6月停刊
395	医声通讯	五日刊	成都	1947年6月	成都医声通讯社	1949年3月停刊
396	杭州医药周报	周刊	杭州	1912	贵翰香	不详
397	存粹社医报	不详	北京	1917	陆锦燧	1919年停刊
398	桂林医药浅报	不详	桂林	1916	桂林神州医药会	不详
399	医林丛录	季刊	重庆	1922年6月	四川医学协进会	不详
400	嘉善医药	月刊	浙江	1924年1月	叶汉章等	1927年7月停刊
401	益智报	不详	上海	1928年3月	朱少坡等	不详
402	医学杂志（吴兴）	不详	浙江	1927	吴兴中医协会	1931年1月停刊
403	清洁医报	五日刊	上海	1928年5月	陆清洁	不详
404	汕头国药月刊	月刊	汕头	1929年12月	汕头商民协会医药分会	不详
405	汉口国医药刊	月刊	汉口	1930年10月	汉口医药分会	出版2期停刊

续表

序号	刊名	刊期	地区	创办年代	创办人	备注
406	岐黄医报	不详	广州	1930	张亦毅等	不详
407	梅县医药月刊	月刊	广东	1930年7月	梅县中医公会	不详
408	黄渡中医学报	不详	武汉	1931年10月	汉口国医分馆	不详
409	中医旬刊	旬刊	南京	1932	汪康白等	不详
410	汉和药学	月刊	上海	1932年5月	汉和医弓编译馆	1932年6月停刊
411	科学国药	不定期	上海	1933	佛慈药厂	1936年12月停刊
412	四川医学杂志	月刊	成都	1932年6月	四川高等国医学校	1932年停刊
413	华佗	不定期	上海	1933年12月	华佗期刊社	不详
414	桐乡医药杂志	季刊	浙江	1933年6月	俞福田等	1936年12月停刊
415	东方针灸	半月刊	宁波	1933年1月	东方针灸社	1933年7月停刊
416	河南国医月刊	月刊	开封	1933年8月	开封国医馆	不详
417	永好医报月刊	月刊	河南	1934年4月	李焕卿	1934年8月停刊
418	常熟国医杂志	不详	常熟	1934年9月	赵子琴等	1935年1月停刊
419	健华医铎	不详	广东	1935	何汝湛	不详
420	祥林医刊	月刊	杭州	1937年1月	祥林伤外科医院	出版1期停刊
421	国医汇谈	月刊	陕西	1937年4月	贺云生等	不详
422	医药与救亡周刊	周刊	上海	1937年9月	上海中西医药研究社	1937年10月停刊
423	潮安医药周刊	周刊	广东	1938年10月	张长民	不详
424	平民医药周报	周刊	陕西	1943年6月	沈伯超	1948年3月停刊
425	新中医半月刊	半月刊	成都	1943年7月	成都县中医公会	1943年10月停刊
426	江津中医周刊	周刊	四川	1944年2月	任应秋	不详
427	康乐医刊	上海	半月刊	1946年12月	上海医学会	1948年2月停刊
428	药业月刊	广东	月刊	1946年8月	何信泉等	1947年1月停刊
429	中医药消息	上海	月刊	1948年12月	洪贯之等	1949年1月停刊
430	汉兴校刊	广东	不详	1949年8月	中医职业学校	不详
431	国荣医刊	广东	不详	1928	袁国荣	不详
432	金山中医报	上海	月刊	1931	金山中医报社	不详
433	助产季刊	季刊	北平	1934	北平助产学校	不详
434	夏葛医学杂志	不详	广州	1920年3月	夏葛医校	不详
435	广西医刊	季刊	广西	1941年2月	广西医刊社	不详
436	广西医讯	不详	广西	1946年3月	广西军医学校	不详
437	医学月刊	月刊	成都	1921年11月	成都军医学校	不详
438	军医通讯	月刊	安顺	1939	贵州陆军军医学校	不详
439	卫生勤务	不详	安顺	1940	贵州陆军军医学校	不详
440	医药年刊	年刊	上海	1940	上海国医广告社	1954年1月停刊
441	国医月刊	月刊	甘肃	1933年11月	甘肃国医研究会	1934年4月停刊
442	国医月报	月刊	武汉	1933年11月	汉口国医公会	1934年3月停刊

1. 早期医学期刊的创办 在我国创办最早的医学期刊《吴医汇讲》，是由苏州名医唐大烈于1792年创办，属于不定期连续出版物。当时，唐大烈出身三代祖传名医世家，他本人也医术高明，声誉卓著，是江浙名医。在唐大烈所处的年代，基本生活在乾隆盛世的时期，浙江文化比较发达，特别是苏州及附近名医辈出，学术气氛浓厚，著书立说者不乏其人。唐大烈鉴于苏州为良医荟萃之地，为集众家学说，互相学习，流传后人，并在同乡名医孟超编撰的《吴中医案》的启发下，萌发了创办《吴医汇讲》的念头。唐大烈经过斟酌和筹措，于1792年编辑印刻出版了第1卷，直至嘉庆6年（1801年）唐大烈去世，共编辑刻印出版11卷，刊发文章128篇，共有40多位作者在其期刊上发表撰写的文章。

《吴医汇讲》的创办，比光绪二十六年10月（1900年11月）创办的我国最早的科技期刊《亚泉杂志》，早创刊108年；比我国最早创刊的专业科技期刊《农学报》，即光绪二十三年4月（1897年）创刊，早创刊105年；比我国1833年创刊的第一家中文期刊《东西洋考每月统计传》，早创刊41年；比我国最早的近代中文报刊，即1815年8月由英国传教士马礼逊等创刊的《察世俗每月统计传》，早创刊23年；比最早由中国人创办的近代中文报刊，即1858年伍廷芳在香港创办的《中外新报》，早创刊66年；比同治十一年（1872年）在北京出版的我国最早的自然科学期刊《中西见闻录》，早创刊80年；比1895年康有为、梁启超创办的《万国公报》，早创刊103年；比1896年5月梁启超在上海创办的《务时报》，早创刊104年。在世界科技期刊发展史上，《吴医汇讲》的创办，比1787年英国创办的世界最早的专业性期刊《库尔提斯植物杂志》，晚创刊5年；比1665年1月在法国创办的世界上第一家期刊《学者杂志》，晚创刊127年；比1665年5月在伦敦创办的世界上第一家科技期刊《哲学汇刊》，晚创刊127年。在世界医学期刊发展史上，我国《吴医汇讲》的创办，比世界上最早的医学期刊，即1671年在法国创办的 Nouvelle Decouvertes sur Toutes les parties dela Medicene，晚创刊121年；比英国1648年创办的第一家医学期刊 Medicene Curida（医学奇观），晚创刊108年；比西班牙1734年创刊的第一家医学期刊《马德里大气医学记录》（Efemerdes Barometrco-Medicus Matritenses），晚创刊58年；比意大利1763年创办的第一家医学期刊《医学杂志》，晚创刊29年；比美国1797年创办的第一家医学期刊《医学文库》（Medical Repository），早创刊5年；比德国1917年创办的第一家医学期刊《柏林医学学报》（Acta Medicorum Berlieusunm），早创刊125年。

2. 维新变法与医学期刊的兴办 在我国，从最早的医学期刊《吴医汇讲》问世，到同治十年（1871年）第二种医学期刊问世，横跨时空79年。直到1874—1908年光绪年间，医学期刊的创办才开始复兴。以光绪帝为代表，康有为、梁启超等为首的改良派，倡导变法维新，兴起了影响巨大的维新变法运动，特别是"公车上书"失败后，办学会、兴学堂、创办杂志如雨后春笋般地出现。初期，以社会政治性刊物为主，到后来自然科学期刊也不断问世。1898年的戊戌变法，光绪帝颁布《定国皇诏》，施行变法，在变法诏书中明令准许创立报馆、学会、奖励科学著作和发明等，进一步促进了当时我国学术发展。同时，也加大了西方现代科学技术知识引进与传播。受其影响，在当时名医荟萃及外来文化科学的影响很大的广州、上海两地，医学期刊的创办发展较快。在中国封建社会创办的23种医学期刊中（表23-2），仅光绪年间创办的就有13种，占60%。

3. 国外传教对医学期刊创办的影响 在新中国成立前，帝国主义在对中国进行军事领土侵略的同时，也进行着经济文化的侵略。鸦片战争后期，外国各教会团体开始涌入中国，相继在广州、上海办教会医院和医学院校。同时，外国传教士也将西方医学带进中国并得到传播。19世纪末叶，在华的外国传教士或教会开始在我国创办西医药卫生期刊，先后有《西医新报》《博医汇报》《西医知新报》等在中国创办。1868年，由美国传教士医师嘉约翰（JG.Kerr）在广州创办了《广州新报》，为中文版，嘉约翰旨在向广大群众宣传医疗卫生知识，是我国最早的医学科普期刊。而我国最早的西医临床类期刊是《西医新报》，于光绪六年（1880年）在广州创办，也是由嘉约翰亲自创办，广州博医局发行，是中国医学期刊

表 23-2　中国封建社会医学期刊创办表

期刊名称	出版频率	出版地	创刊年代	创办人	备注
吴医汇讲	不定期	苏州	1792	唐大烈	1801 停刊
海关医报	不详	广州	1871	不详	不详
西医新报	季刊	广州	1880	嘉约翰（美）	1883 停刊
医学报	月刊	广州	1886	尹瑞模	1886 停刊
广州医报	月刊	广州	1886	不详	不详
博医会报	双月刊	上海	1887	中国博医会	合刊
利济学堂报	半月刊	上海	1897	瑞安陈	不详
医学报	不详	上海	1904	不详	1910 停刊
西医知新报	月刊	广州	1906	权约翰（德）	1906 停刊
医药月报	月刊	绍兴	1906	神州医学研究会	不详
医药学报	双月刊	日本千叶	1907	中国药学会	不详
卫生世界	月刊	日本金泽	1907	中国国民卫生会	1908 停刊
医学世界	月刊	上海	1908	丁福保	1914 停刊
上海医报	旬刊	上海	1908	汪启缓	1910 停刊
三三医报	不详	上海	1908	裴吉生	1923 合刊
卫生白话报	月刊	上海	1908	不详	不详
绍兴医药学报	月刊	浙江绍兴	1908	何廉臣	1923 停刊
医事公报	半月刊	上海	1909	中国医事改进社	不详
医学卫生报	月刊	广州	1908	梁慎余	1909 停刊
中西医学报	月刊	上海	1910	丁福保、丁仲枯	1930 停刊
医学杂志	月刊	上海	1910	蔡小香、唐乃安	停刊
医学扶轮报	月刊	镇江	1910	袁桂生	1912 停刊
光华医事杂志	月刊	广州	1910	叶青华、陈垣	1931 停刊

史上第一家西医学期刊，其创刊号载文比较丰富，其主要栏目或内容有论医院、中国行医传道会、内科新说、方便医院之情况、烫伤之治法、真假金鸡纳霜、初起之眼炎、大腿截除术、上臂截除术、肉瘤奇症略述、论血瘤、癫狂之治法、论内痔、论外痔等。就在 6 年后，即光绪十二年（1886 年），在广州博济医院任职的尹瑞模医师创办了《医学报》，这是中国人独自创办最早的西医期刊。光绪十四年（1887 年）以外国传教士医师为主和少量留洋归国的中国医师创建了博医会，并创办了会刊《博医会报》，之后改为《中国博医会报》，为全英文期刊，这是在我国大陆最早创办的英文版医学期刊。

在 18 世纪末和 19 世纪初叶，我国比较有影响的医学期刊有《吴医汇讲》《西医新报》《医学报》《博医汇报》《医药学报》《绍兴医药学报》等；其中影响较大的是《绍兴医药学报》，于光绪三十四年（1908 年）由何廉臣等创办，是中医界早期交流学术的重要园地，当时很多中医名家的学术著作大都首先在本刊发表，在当时中医药界具有较高的学术地位；1922 年 12 月，为扩充报道内容，进一步推动医药学术交流和发展，何廉臣将其迁至杭州，并与裴吉生创办的《三三医报》合并，仍称《三三医报》，合并后改为旬刊；合刊后内容更加丰富，为发展和促进中医药学学术做出了重要历史贡献，也是我国早期医学期刊办刊延续时间较长、影响较大的医学期刊之一。

二、我国半封建半殖民地社会医学期刊的发展与衰落交织时期

在半封建半殖民地社会，医学期刊的编辑出版由于受社会政治制度的影响和制约，我国医学期刊的出版发展受限，尤其是医学期刊的编辑出版，即使也有民间零散医学期刊创办，但因缺少政府支持和社会环境的制约，其刊龄都极短，大多创办后几年内即停刊。辛亥革命成功，推翻了几千年封建社会制度，为医学期刊的编辑出版提供了宽松的制度保证和社会环境。

1. 辛亥革命与医学期刊的创办　在半封建半殖民地时期，以1911年12月辛亥革命爆发算起，即1912—1949年中华人民共和国成立。1912年1月，孙中山领导的辛亥革命成功，"中华民国"首开纪元，标志着中国2000多年的封建社会宣告结束。以孙中山为代表的民主资产阶级倡导国民有居住、出版、言论、结社等自由，因而为医药卫生期刊的创办和发展提供了合法社会政治环境。从中华民国成立开始到1949年中华人民共和国成立的37年中，共创办医学期刊数百多种。在这一时代，主要是受近代西学东渐思潮的影响，西方现代医学和中国传统中医学两种医学学术体系发生了激烈的碰撞和冲击，西方现代医学在中华国民政府的大力扶持下和西方传教士医师的推动下迅速传播和发展，而传统中医学在西方现代医药学的碰撞和冲击下，大有在狭缝中顽强生存的态势。尤其是1925年，时任上海医师公会会长的余云岫，公开打起了废除中医的旗帜，学术界一些偏激的废止中医论者以"废止旧医以扫除医事卫生之障碍"的提案被当时的中华民国政府中央卫生委员会通过后，医学界废止中医的逆流达到了高峰；中华国民政府行政院院长汪精卫也蓄意废除中医药学，极力阻挠允许中医药学合法化的"国医条例"的颁布，特别是时任中华民国政府卫生署署长的刘瑞恒，在任期间支持并采取行政命令的手段极力废止中医。在这种形势下，施今墨、张赞臣等著名中医学家联合上海中医药学界奋起抗争，以医界春秋社等团体的名义通电反对，得到全国医药界的响应，全国中医药界纷纷罢工停业。无奈，南京民国政府被迫取消了提案和行政命令。在废止传统中医药学的逆流中，现代西医学术界也通过《社会医报》《博医汇报》等医学期刊广泛传播普及现代医学知识，还有的发表"废止中医"等学术见解和言论。中医学术界则以《中西医学》《三三医报》等医学期刊为学术阵地，对废止中医的思潮和逆流进行学术抗争，两个学术派别借助医学期刊进行学术争鸣和抗争。同时，也促使中医药学术界纷纷创办中医药期刊。在这一时期分别创办了大批中医药学期刊，仅创办的药学专业期刊就达50余种。特别是在20世纪初，帝国主义出于文化侵略和价值观输出的需要，以办刊办报为载体，把西方价值观在中国推行，开始在我国创办西医期刊，中国医学界知识分子为了维护和发展祖国传统医学，促进中医学的发展和学术交流，在旗帜鲜明地反对国内废止传统中医学思潮的同时，大力弘扬祖国民族医学，中医学术界在极力抗争废止中医和保护与继承传统医学的同时，也开始积极创办了大量中医药学期刊。

2. 国外现代医学的传入与现代医学期刊的创办　在我国，随着现代医学（西医学）的传入和医疗机构开设，相关现代医学期刊的创办出现旺盛时期。在我国创办较早的现代医学期刊是1871年创办的《海关医报》（Customs Medical Reports），是我国创刊较早的西医期刊。1871年，在上海由海关医务官贾米森（JamiesonRA）主编，半年刊，主要发表海关医务官及其他医师在国内的疾病调查报告和医学论文；于1904年休刊，1911年改为小册子出版了1期而停刊。而现在公认最早在我国由医学机构编辑出版的现代含义的西医药期刊是1880年创刊，由美国传教医师嘉约翰主编，广州博济医院出版的《西医新报》，创办2年，仅编辑出刊了8期即停止。

1886年，由博济医院助理医师尹端模创办的《医学报》在广州出版，也是国内创办较早的西医期刊，可惜仅出刊2期，国内未见藏本。1887年，由外国传教士在我国创办的中国医学传教会，又称博医会，在上海创办了 Medical Missionary Journal（《博医会报》），季刊、英文版，1905年改为双月刊，1923年改为月刊。1907年5月更名为 China Medical Missionary Journal（《中国博医会报》）。1923年1月与《中华医学杂志》英文部分合并，《中华医学杂志》中英文单独出版，《中国博医会报》更名 Chinese Medical Journal

(《中华医学杂志英文版》)。在抗日战争期间为躲避战争,保证正常编辑出版,在成都和华盛顿两地分设编辑部,分别编辑出版。是我国最悠久的综合性医学期刊,目前刊龄已达135年,也是在国内外颇具影响的医学期刊。早期创办的医药卫生科技期刊还有1907年留日学生在日本创办,中国医药学社编辑出版的《医药学》、中国国民卫生会编辑出版的《卫生世界》。1908年在上海创刊的《卫生白话报》、汪惕予创办的《医学世界》;广州梁慎余编辑的《医学卫生报》。1910年创刊,上海顾实秋主编的《上海医报》,中西医学研究会主编的《中西医学报》,广州梁培基、陈垣、潘达微创办的《光华医事卫生杂志》等。辛亥革命以前我国西医药期刊处于萌芽时期,除《博医会报》和《中西医学报》历时较久外,其他创办的医学期刊仅出版数期即相继停刊。

3. 现代医学期刊创办的发展时期 1912—1937年,民国时期至抗日战争爆发,是我国现代医学期刊发展成长时期。辛亥革命后,现代医学(西医)医院和西医学校日趋增多,为适应学术和经验交流,现代医学期刊创办呈现出雨后春笋发展趋势。在这一时期,(1912—1937年)25年间创办的现代医学期刊就达237种,仅1928—1937年这10年间就创办现代医学期刊达169种,而且由沿海向内陆快速发展;由综合性医学期刊向专科性医学期刊发展。而且其刊龄也在延长,刊龄在20年以上的医学期刊有《广济医报》(1914年)、《中华医学杂志》(1915年)、《中华护士季报》(1920年)、《民国医学杂志》(1923年)、《卫生月刊》(1920年)、《医药学》(1924年)、《麻风季刊》(1927年)、《医药评论》(1929年)等。

4. 民间办刊与政府办刊 在这时期创办的50余种医学期刊中,其中政府相关部门创办的有15种,这说明政府相关主管部门也在重视医学期刊的创办。如由广州卫生局于1923年创办的《卫生年刊》、上海市政府创办的《卫生月刊》等。在这一时期,现代医学期刊的创办呈现出专科化趋势。如相继创刊了牙科、护理、精神、麻风、眼科、药科、法医、产科、生理、妇科、性科学等10余类专科期刊。由中华护士会于1920年在汉口创办的《中华护士季报》,是国内较早的护理学综合性期刊。还有由中华麻风救济协会于1927年在上海创办的《麻风季刊》,是国内研究麻风病的较早的学术期刊,其创刊早于现在继续编辑出版发行的国外主要的麻风病专业学术期刊。在这一时期创刊的医学期刊达237种,而且基本都是国内学术机构和专家学者创办,是我国医学科技进步和学术交流不断发展的重要特征。

1911年,创办和发行的就有19种中文医学期刊,其中包括中医学医学期刊8种;留日学生创办的医学期刊有6种,其中包括丁福保创办的《中西医学报》;而中国本土创办的现代医学期刊有5种,其中包括广东东莞传教医师权约翰(John E.Kuehne)创办的《医学知新报》;这极大地繁荣了当代医学期刊的繁荣。

5. 社会团体与医学期刊的发展 进入20世纪20—30年代,随着全国性和地方性医学学术团体的不断诞生,中医药学的学术交流气氛日趋浓厚,同时也带动了医学期刊的创办和发展。初始,医学期刊的创办大部分集中在国外传教士或教会集中的广州等地,成为医学期刊创办的发源地,尔后带动上海、杭州、北平等地相继创办医学期刊。据初步统计,我国南方城市创办的医学期刊占当时总数的95%以上。以后开始由南向北扩展,形成了南北转移的趋势,在这一时期,几乎各个省市和医药学术团体都有自己的学术期刊。在南方地区的一些地县都创办出版地方性的医学期刊;仅1912—1931年抗日战争爆发前的19年间,就创办医学期刊200多种,平均每年创办11种医学类期刊。这一时期医学期刊创办的特点是均以综合性医学期刊为主,其学科主要集中在中医学、西医现代医学和药学三大学科体系。

1907年,中国留日学生在日本成立了中国医药学学会,同时创办了《医药学报》,在日本编辑出版。第二年又有其他两种中文医学期刊在日本创办,也就是由中国医药学社的《医学新报》和中国国民卫生会的《卫生世界》,这些都是由留日学生创办和编辑出版。辛亥革命前,在日本的留日学生创办的中文医学期刊就达到7种。

在这一时代创办的医学期刊,影响较大的中医学期刊有《神州医药学报》,于1913年在上海由余伯陶、包识生创办,1916年10月停刊,1923年10月复刊,1925年4月再度停刊,是当时较有影响的医学刊物。《医学杂志》1921年6月由山西太原中医改进研究会创办，内容比较丰富，学术水平也较高，曾受到当时中医药学术界的赞誉，是当时国内颇有影响的医学期刊。于1926年5月在上海由张赞臣创办的《医事春秋》，该刊内容充实，栏目别具一格，设有评坛、短刀、学说、调查、讨论等栏目，特别是1929年2月以余云岫等为首的偏激的废止中医论者，其废止中医的提案被民国政府通过后，该刊在中医药学界反抗民国政府废止中医药学的斗争中，旗帜鲜明，奋力抗争，为维护中医药学合法学术地位发挥了骨干作用，并保留了大量珍贵历史史料，为继承和发展中医药学发挥了重要的历史作用。1921年12月由上海中医学会创办的《中医杂志》，其编者大部分为我国著名中医学家和医学教育家，具有较高的学术影响力和权威性。于1927年6月由杨志一等在上海创办的《幸福报》，是我国最早的医药卫生科普期刊，其办刊宗旨就是普及医药卫生知识，介绍防病常识和方法，指导大众健康途径，公开古今秘方，促成有病自疗；期刊稿件大部分由当代著名中医学家杨志一、朱振声、沈仲佳、时逸人、张涛甫等名家撰写，栏目设有预防疾病、养生保健、卫生知识、经验良方等栏目；因期刊的撰稿人多为当代医坛名流，文章质量很高，针对性强，内容新颖实用，篇幅短小，深入浅出，引人入胜，因而期刊极为畅销，深受民间大众欢迎，是我国早期影响较大的医学科普期刊。由我国著名针灸学家承淡安于1933年10月在江苏无锡创办的《针灸杂志》，是我国医学期刊编辑出版史上最早的针灸专业期刊，也是较早的专科期刊，但在1937年冬，无锡被日本侵略者践踏和占领，无锡沦陷后被迫停刊，一直到1951年1月才正式复刊。该刊为研究和发展及提高我国针灸学术，促进针灸人才培养发挥了重要作用。此外，还有《中医世界》《国医公报》《国药新声》《国医正言》《光华医药杂志》《新中华医药月刊》《中医新生命》《国医砥柱》《复兴中医》《华西医药杂志》《医潮》《寿世医报》等具有一定学术影响的医药卫生期刊。

在这一时期，具有代表性的现代医学期刊有1915年11月由伍连德等在上海创办的《中华医学杂志》，最初为中英文双语并列出版，季刊，1924年改为双月刊，1932年4月博医会与中华医学会合并，其会刊《博医会报》与《中华医学杂志》合并出版，合并后刊名《中华医学杂志》，只是《中华医学杂志》的中英文单独编辑出版，即分别编辑出版《中华医学杂志》和《中华医学杂志英文版》，而且具有各自独立的编辑部和不同的办刊方针及读者对象，但都同属中华医学会主办和管理。1932年，《中华医学杂志》又与山东齐鲁大学医科孟合理等创办的《齐鲁医刊》合并，其稿件和编辑人员也都并入，合并后刊名《中华医学杂志》。这一时期，由于《中华医学杂志》学术水平不断提高，国内外影响力不断提升，早在1927年就被美国《累积医学索引季刊》收录，1941年1月被美国医学会《世界医学索引》收录，这是我国医学期刊较早被世界著名医学检索系统收录的核心期刊，是我国近代医学期刊史上具有深远影响的医学期刊。于1914年10月由广济医科同学会创办的《广济医报》，双月刊，1924年1月更名为《广济医刊》，改为月刊，于1935年底停刊，编辑出版10余年，对介绍国外医学、交流和普及医学知识发挥了较好作用。于1918年9月由上海同济医工专门学校创办的《同济》，1921年更名为《同济杂志》，1925年又更名为《同济医学月刊》，1931年再次更名为《同济医学季刊》，1948年改为《同济医声》，是我国同一期刊变迁较大的医学期刊。此外，还有《医药评论》《现代医学》《卫生月刊》《药学季刊》《新中华医药月刊》《西南医学杂志》《医史杂志》等具有一定影响的医学期刊。

6. 民国时期医学期刊的兴盛与衰落　在旧中国半封建半殖民地社会，也就是民国时期，医学期刊创办之多，其学科门类之丰富，是旧中国时期历史上的顶峰，其数量达到数百种之多。此时期中国医学期刊发展也存在着脆弱的一面，一般刊龄都不长，绝大部分办刊几年即停刊，其主要原因是社会政治动荡和战争，缺乏良好的社会环境。另外，医学期刊的创办基本都是民间自发性，因而缺乏办刊能力，加之缺乏政府的组织管理与支持，面临着经费缺乏和专门编辑出版人员不足和发行渠道局限的问题，同时这个时期政府歧视中医学，大多数期刊出生不久即早逝，形成了自生自灭的历史现象。据初步统计，约有50%以上的医学期刊其刊龄不满几年即夭折停刊。特别是抗日战争爆发后，大量医学期刊被迫停刊，但同时也有个别期刊在日寇沦陷区，如上海、北平的医学界知识分子和有识之士，为了国家的医学事业和学术事业，在极端困难的环境下仍然继续编辑出版和创办了一些医学期刊。抗日战争胜利后，内战爆发。由于长期的战乱，民不聊生，专家学者无瑕学术研究，也更不具备创办医学期刊和期刊生存的土壤，从8年抗战的烽烟中生存下来的少数医学期刊又在内战中相继停刊。到1949年，中国医学期刊的编辑出版已经衰落到几乎为零的程度，能够坚持编辑出版，艰难地走入新中国成立时代的只有寥寥无几的几种医学期刊。这一时期医学期刊创办和发展主要集中在三个历史时期，即1912年中华民国政府成立至1931年抗日战争爆发，1931—1945年抗日战争时期，1946—1949年的解放战争时期。这一时期的现代医学期刊无论是总数还是年度创刊数都明显高于中医学期刊，这和民国时期国民政府大力支持西医学发展有关。通过分析表明，民国医学期刊的年创刊数量有两个高峰，即1928—1937年，也就是国民政府成立卫生署，由此发端到抗日战争爆发的10年。抗日战爆发后，医学期刊的创办数量急剧下降，在办的期刊纷纷停刊。1945年抗日战争胜利后，医学期刊数量开始增加。民国时期医学期刊的地域分布比较广泛，除西藏、新疆、宁夏、海南、香港和澳门外，全国各省市均创办了医学期刊。这一时期所创办医学期刊的主体主要为学术团体、医学院校、政府机构、研究机构和个人等多种形式。

第四节　中国革命根据地医学期刊发展的特殊时期

在中国医学期刊编辑出版史上，有一段值得一提的特殊发展时期，这就是由中国共产党领导的革命根据地医学期刊发展的特殊时期和特殊地域。这一时期从1931年在中央苏区创办最早的《健康》算起，即1931—1949年。特别是在革命根据地的延安时期，在极其艰苦的环境下，在硝烟战火中陆续诞生或创办了不少医药卫生期刊，仅在解放战争时期的一年中，由全军编辑出版的医学期刊就超过了国民党统治区同一时期的创刊总数。在革命战争和抗日战争时期，解放区共创办医学期刊40多种。其中土地革命时期有4种、抗日战争时期有11种、解放战争时期有30余种。在革命根据地编辑出版的医药期刊的特点是大多为油印本、出版地不固定、刊期也不确定、印数较少。但其涉及专业领域比较全面。

一、中央苏区医药卫生期刊的创办

早在中央苏区时期，1931年2月，由红军总军医处在江西瑞金创办了《健康》，即《健康报》的前身，这是中国共产党领导的革命根据地创办医药卫生报刊的萌芽时期。1932年，中国工农红军卫生学校为指导红军的卫生防病和医疗卫生工作，在延安创办了《卫生讲话》。1932年10月，湘赣省军区医院政治处创办了《医院小报》，油印本，不定期出版，每期300份。1933年10月，由中国工农红军卫生学校教务主任王斌，协助红军卫生部在江西瑞金创办了《红色卫生》。1933年在延安创办了《医学摘要》。1934年创办了《卫生常识》。1940年在延安和其他革命根据创办了《国防卫生》。1941年创办了《西北卫生》。1941年11月，由新四军二师卫生部创办了《医务生活》，这是抗日战争时期闻名全军的卫生专业报刊，以后成为新四军卫生部的机关刊物，新中国成立前后成为华东地区和全国性的期刊。1942年创办了《卫生建设》。1946年创办了《山东医务杂志》《卫生月刊》《先锋医务》《医卫通讯》《红卫报》等医药卫生期刊。1947年创办了《卫生通讯》《冀北卫生》。1948年创办了《医卫汇刊》等医学期刊。其中影响较大的有延安时期创办的《国防卫生》；当时红军卫生部给毛泽东主席写了一个报告，报告称："为指导红军的卫生工作和交流学术经验，卫生部拟筹备创办一个卫生期刊，暂拟名为'国防卫生'，如主席同意，请为该刊题写一个刊头"。两天后，毛泽东主席的秘书叶子龙送来了毛主席题写的刊名。很快，《国防卫生》第1期就创刊面世了，定为月刊。当时主要刊登红军卫生部的指示、通知、评论和战伤救治及部队常见病的防治经验，同时也刊登一些宣传卫生防病知识的科普性文章。为办好这个期刊，集中了当时延安所有医学专家的智慧，许多技术性稿件都由专家撰写或经过他们审阅后才能发表。如黄树则、鲁之俊、魏一斋、谭状等老一代从延安走来的红色著名医学专家都曾为期刊撰过稿件。同时，也有前方作战部队的野战医务人员送来的有关战伤救治的稿件。该期刊的编辑工作由当时红军卫生部秘书室负责，其发行量也较大，据在晋绥、晋冀鲁豫、晋察冀等革命根据地从事卫生工作的同志讲，在当时工作期间都能看到每期期刊。

二、抗日战争与解放战争时期医药卫生期刊的创办

1938—1949年战争期间，正处于抗日战争和解放战争的非常时期，其医药卫生期刊的创办和编辑出版非常困难。1938—1945年，8年抗日战争期间国统区新创办的西医药期刊不足40种，而且其刊龄都比较短，其刊龄在5年以上的期刊有《军医通讯》《西南医学杂志》《战时医政》《云南卫生》《现代医学》等。沦陷区新创办的西医药期刊更是寥寥可数。抗日战争胜利后，在解放战争期间创办的西医药期刊有50余种。特别是在中国共产党领导下的革命根据地，为指导革命根据地和部队的医药卫生工作，早在土地革命时期，中央苏区前敌委员会军医处在1931年就创刊出版了《健康》，之后更名为《健康报》。主要是向苏区军民宣传卫生常识，实施卫生防病教育和战伤救治普及。在抗日战争时期，八路军军医处于1940年创刊了《国防卫生》、山东医务社于1941年创刊了《医务生活》、第二野战军卫生部于1944年创刊了《医务文摘》、晋绥军区卫生部创刊了《卫生通讯》。在解放战争时期，八路军总卫生部创刊了《药学摘要》、新四军华中区卫生部于1946年创刊了《华中医务杂志》、华东解放军总部卫生部于1947年创刊了《活叶医刊》、华东军区卫生部材料处于1947年创刊了《药学生活》、胶东医疗文辑社于1948年创刊了《医疗文辑》、华北军区卫生部创刊了《卫生月刊》、陕甘宁边区卫生署于1948年创刊了《医药介绍》、长春大学医学会创刊了《长春大学医学院杂志》等。这些医药卫生期刊的创刊出版发行，对促进根据地和解放区医药卫生工作的发展发挥了重要作用。

第五节　中国医学图书编辑出版史略

在世界医学图书编辑出版史上，中国可谓是历史悠久，是中华民族灿烂文化和早期图书出版的原始发祥地。中国是世界上最早发明纸张和印刷术的国家，而早期原始图书编辑出版还要早于纸张的发明和印刷术的发明。

早在我国古代先秦时期，即旧石器时代至公元前221年，是秦朝建立之前的历史时代，这一时代经历了夏、商、西周、春秋战国（公元前770—前221）历史阶段，这一时代早期著述的记载主要以甲骨（甲骨文）、青铜、玉石、竹木简牍和缣帛为记载或出版材料或出版载体。我国古代，最早出现的正规书籍，是书写在竹简或木简上的简策及缣帛上的帛书；古籍上有"先王寄理于竹帛"（《韩非子·安危》）和书之竹帛，传至后世的《墨子·明鬼》中有其记载；这说明早在春秋战国时期（公元前770—前221）竹帛已成为著书的主要载体。汉代许慎的"说文解字"序文中说得更明确：著于竹帛谓之书。这应该是我国图书古籍出版的雏形和发祥时代。而医学图书出版更可谓是历史悠久，要追溯最早期的医学图书出版的证据和历史代际，这必然要追溯到中国古代先秦时期出版的中医学名著《黄帝内经》了。这样算来，中国医学图书编辑出版史要在约3000年；这既说明中国传统医学（中医药学）的悠久历史和灿烂文化瑰宝，又呈现出中国医学图书出版的悠久历史。

一、中国古代医学图书编辑出版的萌芽时代

在古代中国，中医药诞生于原始社会，距今已有5000多年历史。进入春秋战国时期，中医药学理论已基本形成。由于中医药知识和中医治疗疾病经验的积累，这一时代的中医药学家开始萌发编撰中医药书籍的欲望，因而开创和促进了早期医学图书出版历史的发端时代。

1. 古代先秦时期医学图书的编辑出版　早在先秦时期（旧石器时期至公元前221年，是指秦朝建立之前的历史时代），中医学图书典籍《黄帝内经》问世。《黄帝内经》也称《内经》，分为《灵枢》《素问》两部分，是中国最早的医学典籍，传统医学四大经典著作之一。《黄帝内经》奠定了人体生理、病理、诊断以及治疗的认识基础，是中国影响极大的一部医学著作，被称为医之始祖。所谓医经就是阐述人体生理、病理、诊断、治疗和预防等医学理论著作。目前比较公认的《黄帝内经》最终成型于西汉，非一人所著。是世界上最早的医学典籍之一，也是中国传统医学四大经典之首，同时也是中国医学图书编辑出版的发祥时代。

2. 古代东汉时期医学图书的出版　东汉时期（东汉指公元184—220年，截至2021年已有约1802年历史），这一时代，我国医学著作图书出版更是进入兴盛时代，出版的经典医学图书增多，具有代表性的如下。

（1）《神农本草经》的编辑出版：《神农本草经》也称《本草经》或《本经》，为东汉时期出版。是中医四大经典著作之一，也是已知最早的中药学著作。《神农本草经》全书分三卷，记载药物365种，以三品分类法分上、中、下三品，文字简练古朴，成为中药理论的经典；也是我国中药学的奠基之作。相传起源于神农氏，代代口耳相传，于东汉时期集结整理成书，其非一人所著。特别是秦汉时期众多医学家搜集、总结、整理、完善而成的中药学专著。

（2）《伤寒论》的编辑出版：《伤寒论》为东汉名医张仲景所著汉医经典著作，是一部阐述外感热病治疗规律的专著，全书12卷。现今遗存10卷22篇。张仲景原著是《伤寒杂病论》，在其流传过程中，经后人整理编纂将其中外感热病内容结集为《伤寒论》。此外还有《金匮要略方论》，主要论述内科杂病的中医专著。

（3）《本草纲目》的编辑出版：《本草纲目》专著也为东汉时期所出版，本草著作共52卷。后由明代名医李时珍1552—1578年重新编撰，本书采用目随纲举编写体例，故以纲目名书；以《证类本草》为蓝本加以编撰。其序列1卷和2卷相当于总论，系统论述本草要籍与药性理论；1卷历代诸家本草，介绍明以前主要本草41种。属于一部临证用药专著，其5卷至52卷为各论，收集药物1892种，附图1109种。

（4）《金匮要略》的编辑出版：这部中医名著是东汉时代著名医学家张仲景所著，也是中国古代汉医经典著作之一，是现存最早的一部诊治杂病的中医专著。撰于3世纪初，其作者原成书为《伤寒杂病论》16卷中的另一部分，后经晋王叔和整理后，其古传本之一为《金匮玉函要略方》共3卷。上卷为辨伤寒，中卷则论杂病，下卷记载药方；到了北宋时期经校正医书局林亿等根据当时所存的蠹简文字重新编校，突出以杂病为主的内容，更名为《金匮要略方论》。《金匮要略》也是中国现存最早的一部诊治杂病的专著，是仲景创造辨证理论的代表中医著作。《金匮要略》3卷25篇，第2篇至第22篇介绍以内科杂病为主的多科病证脉治，为中国传统医学提供了辨证论治和方药配伍的基本原则，堪称是中国中医临床医学的奠基性专著之一。

二、近代中国医学图书出版的发展时期

1. 近代中医药书籍相关专业出版机构的发展　近代专业性医学图书出版专业机构的发展，促进了我国医学图书出版的专业化和医学图书出版事业的发展。而最早的医学图书出版相关专业机构是商务印书馆。商务印书馆创立于1897年，是我国历史最悠久的现代出版机构，商务印书馆与北京大学同时被誉为中国近代文化的双子星。由商务印书馆编辑出版的现代医学书籍最多。1902年，张元济在商务印书馆创办了编译所，开始编纂学校教材和翻译出版外国著作。先后编译出版也由谢洪赉编译的《生理学》《医学小丛书》

等。中华书局自创办以来至1949年，编辑出版现代医学书籍约104种。其后首推何廉臣、裘吉生于1908年创办的绍兴医药学研究社，该社初期出版《绍兴医药学报》，连续刊登医药书籍。还有裘吉生创立的《三三医社》，出版医学期刊和编辑出版医学图书。而医学专业出版机构当属20世纪20年代创立的上海中医书局，其主要任务是传承中医药学和宣传中医文化，以利于中医药著述的出版和学术交流，在创办初期，出版社广泛征集前贤著作书稿，整理和编辑出版。上海千顷堂书局、广益书局、锦章书局出版近代医学书籍百余种。继商务印书馆创办后，在我国不同时期又先后创办了上海大东书局、世界书局、上海江南制造局翻译馆、中华书局、同文馆等相关综合性图书出版机构，这为促进医学图书的出版和发展提供基础条件。

在近代中国医学图书的出版史上，1840—1874年，这时出版的中医药图书，绝大部分是重刻或刊刻古医书；1875—1911年编纂出版不少有价值的医学著作。1912—1949年各地书局在近代刊刻医籍出版，尤其以上海、四川、广东、北京、天津比较突出；上海千顷堂书局、广益书局、锦章书局出版近代医学书籍百余种。上海大东书局30年代初聘请鲁炳康为主编，编辑出版了《中国医学大成》。中华书局1941年出版蔡陆仙编辑的《中国医药汇编》。世界书局于1986年编辑出版《珍本医书集成》90种和《皇汉医学丛书》72种。

2. 近代中国西方现代医学图书的编辑出版　早期，现代医学图书的编辑出版主要是来华外国传教医师的翻译著作为主。日本明治维新以后，赴日留学生开始大规模翻译现代医药学著作；在20世纪初期，现代医药学在中国发展较快，相关医药学术团体相继创办，这极大地促进了现代医学图书的编辑出版。

最早的现代医学翻译著作的编辑出版始于19世纪初叶。由英国医师皮尔逊（PearsonA.）将所著的《种痘奇法》一书，由斯坦顿（Stannton GT.）医师于1815年翻译成中文出版。以后皮尔逊的学生邱浩川又将本书加以诠释，于1817年更名为《引痘略》出版。这一时代医学翻译著作比较少，19世纪50年代，外国传教士合信和嘉约翰来华传教，开创了现代医学著作翻译出版的高峰。合信先后翻译了《全体新论》于1851年在广州出版，在几年间曾再版多次；《博物新编》于1855年在上海出版；《西医略论》于1857年在上海出版，是介绍到中国的现代医学外科临床经验著作；《内科新说》于1858年在上海出版；《妇婴新说》于1858年在上海出版。嘉约翰于1859年开始翻译西医图书作为传授教材，1859—1886年先后翻译、出版了《论发热和疝》《化学初阶》《西药略释》《皮肤新篇》《内科阐微》《花柳指迷》《眼科撮要》《割症全书》等20多部现代医学著作。1864年来华传教的英国医师德贞先后翻译和编著出版了《西医举隅》《中西闻见录》《续西医举隅》等现代医学理论、基础医学和临床治疗内容的著作，还有《全体通考》18卷9册、《身体骨骼部位及脏腑血脉全图》《全体功用》《西医汇抄》《英国官药方》《医学语汇》等著作。在1861年来华的英国传教医师傅兰雅，曾任香港圣保罗书院院长，他与赵元益合作，先后翻译、出版了《儒门医学》《西药大成》《西药大成补编》《西药大成药品中西名目表》《西药大成》《法律医学》等著作。在这一时期，广州博济医院助理医师尹端模相继翻译、出版现代医学基础理论和临床治疗的多部著作，截至1894年翻译、出版了《医理略述》《病理撮要》《体质穷源》《儿科撮要》《胎产举要》等医学著作。

3. 学术团体与医学图书出版　1887年，由外国传教医师上海的美国圣公会传教医师文恒理（BooneHW.）倡议和组织下，中国教会医学会（China Medical Missionary Association）中文简称"博医会"，正式成立，之后更名为中国博医会。这是在中国创立较早的现代医学学术团体。博医会成立之初其首要任务就是翻译出版现代医学书籍，为医学传教提供教学书籍；1890年，在学会下成立了名词委员会，实施医学名词和术语的规范和统一工作；1905年，在学会下又成立了编译委员会；1926年，这两个委员会合并为医学编辑出版委员会。1897—1907年的10年间，博医会集中精力组织现代医学教科书的翻译和英汉医学词典的编辑出版工作，旗下成立的博医会出版委员会，确立福州医学传教医师惠亨通（H.T.Whiney）修订《全体阐微》为医学教科用书，苏格兰长老会的高似兰医师（后移居日本），在日本全力以赴对英汉医学辞典的编著出版工作。高似兰为苏格兰来华传教医师（英文名菲力浦·伯鲁涅列斯基·高似兰，Philip Brunelleschi Cousland），1860年出生于苏格兰，1883年高似兰奉苏格兰长老会之命，来到中国广东省潮州教会医院布道行医；曾任博医会会长。高似兰编撰的英汉对照《医学辞汇》Lexicon of Medical Terms 是中国近代西医学最主要的医学工具书；在他的参与和推动下，成立医学名词审查会，为医学名词翻译标准化奠定基础。他除了早期关注传染病和营养缺乏性疾病之外，还把主要精力放在了医学教科书的翻译和医学名词的统一工作上。他翻译的医学教科书为我国早期西医教育奠定了基础，其中最著名的有《体学图谱》（Cunningham's Atlas of Anatomy，附有中英词汇对照表，432幅图，240幅彩图）、《哈氏生理学》（Hallibuton's Physiology）以及《欧氏内科学》（Osler's Principle and Practice of Medicine）。这些教材出版后风靡一时，数次再版。至1912年，高似兰领导的博医会名词和出版委员会编译了多部医学教科书。如1907年以来编辑出版的《妇科学》《皮肤证治》《医学辞汇》《嘉氏内科学》《剖腹理法》《护病要术》《体学全旨》《体学新编》《禾雀学新编》《眼科证治》《欧氏内科学》《护理新编》《体学图谱》《解剖学讲义》《傅氏眼科》《哈氏体功学》（1919年更名为《哈氏生理学》）《贺氏疗学》《伊氏产科学》《外科便览》等。在华英国伦敦会传教医师孟合理（McAll. Percy Lonsdaie）于1921年担任中国博医会医学图书编译部担主任期间，先后编译、出版了《医学用语简易读本》《高氏医学词汇》《医学词典》《护病要术》《内科临症方法》《斯氏实验诊断学》《史氏病理学》《梅氏眼科学》《惠嘉二氏内科概览》《骨折新疗法概要》等多部医学著作。这些教科书在我国近代早期的现代医学教育中发挥了重要作用。1932—1949年编辑出版的现代医学图书达70种，其中有不少医学图书被医学院校作为教材。至1907年，博医会曾报告称：仅出版委员会就已有11本标准中文版医学图书编辑出版并发行，还有一部医学词汇和医学辞典正在编辑出版中，另有4本医学图书编辑完成正在出版中，同时还有部分医学著作正在翻译编辑中。可以说，博医会对中国医学图书的编译出版发挥了重要促进作用。据1918年出版的《中国基督教中文图书分类目录》统计，用中文著译出版的现代医学图书著作和医学科普书籍达103种。1915年成立的中华医学会，1932年博医会与中华医学会合并，两会合并后仍然称中华医学会；而且在中华医学会设有编辑出版委员会，更加重视医学期刊和医学图书的编辑出版工作。而中华医学会于1915年成立初期，就设立了编辑出版委员会，在其主持和组织下，现代医学图书的编辑出版更是进入兴盛时代。

4.民间自发医学图书的编撰出版　在民间自发的医学图书编辑出版方面，具有代表性的当属翻译家和医学家丁福宝。丁福宝1874年生于江苏无锡，曾创办丁氏医院、医学书局，先后编译出版《卫生问答》《历代医学书目提要》《四库总录医药编》《肺病最经济之疗养法》《传染病之警告》《疟疾新论》《霍乱新论》《喉痧新论》等80多部中外医学著作。丁福保1906年在无锡创建译书公会，1910年自创上海医书局编辑出版其编译的书籍。尤其对日文医学图书的翻译出版，截至1914年编译出版日文版医学图书68种，由其独自编撰出版的医学图书10多种，并合编成《丁氏医学丛书》，其内容囊括了现代医学基础和临床医学。自1908年开始，丁福保医师开始侧重于日本医学著作的编译出版，直至1910年已有47部日本医学著作翻译出版。1910年丁福保还创办了《中西医学报》，这使日文医学图书翻译出版和中国留日学生翻译出版进入了新的时代。

5.政府卫生主管部门与医学专业图书出版机构的编辑出版　在清朝，由清朝官办或洋务派创办的图书出版机构有江南书局、广雅书局、京师同文馆、海关总署造册所、江南机器制造总局翻译馆等。由民国政府主办的中华书局、正中书局、广益书局、群益书局、北新书局、开明书局、民智书局、大东书局、亚东图书馆、泰东图书馆等，构成了当代政府主导的图书出版机构，为包括医学图书出版提供了条件。1930年，由政府主导编撰出版和颁布的《中华药典》；1935年，民国卫生署成立编审委员会，专门从事编审医学图书工作，先后编撰出版了《理学实习指导》《组织学实习大纲》《内科诊疗须知》《公共卫生学》等医学图书；1930年民国政府教育部编审处译名委员会编撰出版了《药学名辞》，其书内载有药名词和化学药品及制剂名词共1400余条。中华医学会创建初期就成立了中华医学出版社，王吉民任社长，编辑出版了大量医学图书。1936年，由中华医学会组织编写的《中国医界指南》出版，这是中国医学史上最早的"医学指南"。1953年，人民卫生出版社成立，这标志着新中国医学图书出版事业进入繁荣发展时期和医学图书编辑出版向专业化迈进。至今已有人民卫生出版社、人民军医出版社、中国医药科技出版社、中国中医药出版社、中医古籍出版社、新疆人民卫生出版社、中国人口出版社等多家医学专业出版社。医学图书专业出版机构是医药卫生图书出版的主力军，曾有作者统计，近年来，约70%的医药卫生图书是由医药卫生图书专业出版社编辑出版。

三、近代英汉医学辞典的编辑出版

在中国近代早期英汉医学辞典的编辑出版是由西方传教医师开始的，这主要是为了方便和规范西方医学传教士和中国本土医生行医及教学，早期传教医师合信（Benjamin Hobson）编辑出版了《英汉医学词汇集》，传教士医师高似兰（P. B. Cousland）编辑出版了《高氏医学辞典》等；随后，有中国本土医师鲁德馨编辑出版了《名词汇编》，赵师震编辑出版了《赵氏英汉医学辞典》等。

1. 合信与《英汉医学词汇集》 合信（Benjamin Hobson）为英国传教士医师；1835年伦敦大学医学院毕业，1839年被伦敦教会派往中国澳门，为驻澳门教会医院的传教医师；1843年被派往广州，在广州创办惠爱医馆和施医舍药。合信是最早在中国翻译西医西药书籍的传教士医师，1855年在广州用中文出版《博物新编》介绍西方自然科学知识，1850年编译出版《全体新论》（原名为解剖学和生理学大纲），1857—1858年编译出版了《西医略论》《内科新论》《妇婴新说》等。合信还根据其此前翻译的西医书籍编纂出版了《英汉医学词汇集》（A Medical Vocabulary in English and Chinese），全书收录了1829个医学词汇，这是国内已知编译最早的英汉医学词汇工

具性图书，也是以中文进行现代医学术语翻译的首次尝试。

2. 高似兰与《高氏医学辞典》 高似兰（菲力浦·伯鲁涅列斯基·高似兰，Philip Brunelleschi Cousland）为来华传教士医师，1860年生于苏格兰；以优异成绩毕业于爱丁堡大学医学院，1883年奉苏格兰长老会派遣到广东潮州的教会医院布道行医，参与创办博医会，曾任中国博医会主席和《博医会》主编，高似兰编撰的英汉对照《高氏医学辞典》（Lexicon of Medical Terms）是中国近现代医学最主要的医学工具书。也是早期在中国倡导和推行规范化医学名词的主要西方传教士医师，曾在博医会成立医学名词审查会，为医学名词翻译和标准化与规范化奠定了重要基础。1888年，高似兰鉴于当时西医书籍数量极其有限，决定编译现代医学书籍，成为博医会编译部重要创始人；先后出版了《疾病名词》《眼科名词》《解剖学词汇》《生理学名词》等；1908年，在此基础上，为适应医学教学的需要，高似兰编纂出版了《高氏医学辞汇》（Cousland's English-Chinese Medical Lexicon），是早期中国标准化中英医学辞典，1908—1949年共再版10次，被视为中国近代最重要的医学工具书。

3. 鲁德馨与《英中医学辞汇》 鲁德馨为湖北天门人，1916年毕业于汉口大同医学院，获医学博士学位；曾任中国博医会编译、中华医学会出版委员会主任委员、《齐鲁医刊》主编。新中国成立后曾历任卫生部医药院校教材编审委员会常委、编审，人民卫生出版社副总编辑。对医学名词术语研究较深，著有《英中医学辞汇》，是早期中国本土医师出版医学辞典工具书的先行者；还编译出版《孔氏实地解剖学》《葛氏妇科全书》等。在清朝时期，除了中国博医会、益智书会，从事翻译和名词统规范工作的还有官方背景的江南制造总局、京师编译馆等。由中华医学会和博医会主持审定的《医学名词汇编-拉英德汉对照》（Latin-English-German-Chinese Medical Terminology）于1931年出版。由此在中华医学辞书史上，20世纪30年代是英汉医学词典的黄金期，从此中国人取代西方传教士，开启医学辞典的编纂出版的历史。

4. 赵师震与《赵氏英汉医学词典》 赵师震

为上海人，著名医学家和医学编辑家，1899生于上海市。1924年毕业于日本千叶医学专门学校；1926年曾任江苏省立医科大学药理学讲师、哈尔滨市立医院内科副主任、南通医学院内科教授和院长、青岛市立医院内科主、陕西省立传染病医院医务处长兼内科主任、上海东南医学院内科教授、人民卫生出版社编审等职。著有《近世内科学》《内科诊断学》《药理学》《赵氏英汉词典》，译著有《神经病学》《巴浦洛夫全集》《包特金内科临床演讲集》等。20世纪50年代，赵师震为了更好地服务读者，潜心编著属于适合于中国读者的高质量英汉医学辞典，参考了国外多种著名医学辞典，耗时几年时间，精心斟酌和修改，编著完成了《赵氏英汉医学词典》，成为20世纪50—60年代国内最具影响力的医学工具书。

第六节 中国博医会与中华医学会的创建史略

在中国近代医学发展史或医学学术团体发展史上，中国博医会（博医会）与中华医学会的诞生，是中国医学发展史上的重要事件和重要地位，两会具有本质区别，又具有内在联系，是中国医学发展史上绕不开的历史史实；两会对中国现代医学在中国的普及和发展，特别是学术繁荣和学术交流都发挥了不可替代性的重要作用。

一、中国博医会

在中国19世纪40—50年代开始，外国传教士陆续进入中国传教，西方传教医师从那时起就来到广州和上海行医布道，传播和介绍西方现代医学知识及卫生制度，在广州、上海等通商口岸开设小型的医院和医学院校。随着外国传教士医师来华不断增多，传教医师几乎每到一地，都会创办医院或医学院校。传统的中医药虽然在治疗一些常见病和慢性疾病上有其独到之处，但在治疗急性病和传染病方面缺乏快速有效的方法。如当代流行的霍乱、鼠疫、猩红热、脑膜炎、肺结核、麻风病等，中医药基本上缺乏有效治疗和控制手段，因中医学对致病微生物的传播特点缺乏深入认识。而西方传教士医师把西方先进的现代医学知识和治疗手段引进中国及传播普及，促进了西方现代医学的应用和发展。由于全国各地外国传教医师比较多，同时缺乏学术交流组织机构，这时在上海的美国圣公会传教医师文恒理（BooneHW.）鉴于传道医学活动范围不断扩大，西方各教会来华传教医师与日俱增，且分散各地，急需组织起来协调活动和学术交流，当时广州虽有在华医学传教会专业组织设立，但仅局限广东地区，从而不能适应和满足各地医学传教的发展需要。文恒理在《教务杂志》（Chinese Record）上首先倡议组织成立"中国医学传教士学会（China Medical Missionary Association）"，简称博医会，同时推荐嘉约翰（J.G.Kerr）传教医师领衔组成筹备委员会。1887年，在华盛顿准备召开的第九届国际医学大会，成为博医会加速成立的动因。因为会议规定与会者必须是正式的医学团体的会员，这使希望参加该次大会的在华传教士医师将成立中国医学团体的计划加速推向日程，要尽可能赶在第九届国际医学大会之前成立，以利于取得参会资格。1886年，还是在上海美国圣公会医学传教士文恒理（H.W.Boone）的积极推动下，其倡议获得传教医师的积极响应，他们首先成立了提名委员会，其成员包括伯驾（Peter Parker）等传教士医师，推举嘉约翰（J.G.Kerr）为主席、天津的马根济（J.K.Mackenzie）传教医师等为副主席、上海的格里菲斯（E.M.Griffith）任书记兼出纳、北京的阿特伯里（B.C.Atterbury）等任监察。此外，该提名委员会还建议出版一种医学期刊，由嘉约翰等任编辑。由此，中国医学传教士学会于1886年10月6日正式宣告成立。在中国医学传教士学会下，设立医学图书出版与翻译、公共卫生、医学教育、护士会、医院行政管理等专业委员会。其主要学术活动包括编译出版医学著作、倡导和推行中译医学名词的规范统一、推行和提倡公共卫生教育、推广现代医学教育、定期召开学术会议、创办和出版《中国医学传教士杂志》（博医会报）等。同时在华北、上海、武昌、汉口、广州、福建、台湾等地设立分会。其成立初期有会员30名，到1913年会员达500多人，其中包括在国外留学回国行医的中国医师会员，此后数十年间，其会员不断增多，特别是中国学成回国的现代医学医师纷纷加入本学会，其会员不断增多。为适应中西方医师会员的学术交流，1925年决定改组为中国博医会（China Medical Association），对符合入会资格的医师，不分国籍都可申请入会。

二、中华医学会

1910年末，中国东北发生肺鼠疫大流行，仅吉林、黑龙江两省死亡就达39 679人，当时清政府惊慌失措，经外务省施肇基举荐，1910年12月9日，清政府委派伍连德为全权总医官，赴东北领导防疫工作；1911年，伍连德博士主持召开了万国鼠疫研究会议。在他竭力提倡和推动下，中国收回了海港检疫的主权。他先后主持兴办检疫所、医院、研究所共20所，还创办了哈尔滨医学专门学校（哈尔滨医科大学前身）、中央医院（北京大学人民医院前身）等。伍连德是中国现代医学的先驱、近代著名医学家、公共卫生学家、爱国华侨，他出生、居住在马来西亚，1903年获剑桥大学医学博士学位，后在槟城行医。曾于1907年应清政府直隶总督袁世凯之邀，回国任天津北洋陆军军医学堂副监督、清朝政府总医官等职。

1910年，伍连德在应邀回国后几年的医药卫生工作实践中，深感国内学术交流极为贫乏，而且没有中国自己的学术团体或学术组织和医学期刊。为此，伍连德博士于1910年便登报倡议成立中华医学会，后因前往东北领导鼠疫防治工作，成立中华医学会之事被搁置。1914年，颜福庆、俞凤宾、伍连德等21位医师趁出席博医会年会之际，又重提倡议成立中国自己的学术组织一事，并达成共识。1915年2月5日，颜福庆、俞凤宾、伍连德等医师又在上海集会，正式宣布中华医学会的成立，英文名为National Medical Association of China。推举颜福庆为会长，伍连德为书记，会所暂设在俞凤宾医师诊所。颜福庆为中国近代著名医学教育家和公共卫生学专家，祖籍厦门，1882年出生于上海江湾。先后毕业于上海圣约翰大学、耶鲁大学，获医学博士学位，颜福庆博士与兄长颜惠庆为中国近代著名外交家，曾任袁世凯北京政府外交次长，民国政府国务总理和内务总长等职，他与颜德庆（铁道专家）被称为"颜氏三杰"。颜福庆先后创办湖南湘雅医学专门学校（湖南医科大学前身）、国立第四中山大学医学院、上海中山医院等医学教育和医疗机构，为我国医学教育事业做出了卓越的贡献。1915年中华学会成立时，推选为首任届会长。据史料记载，因为伍连博士是首先登报和倡议成立中华医学会的发起者，而且在医学界学术地位和影响力比较大，首任会长本来应由伍连德担任；但伍连德考虑颜福庆博士的哥哥在当时民国政府任国务总理，为方便学会的审批和容易得到政府重视与支持，伍连德极力推举颜福庆为首任会长。1915年7月学会获当时民国政府教育部批准立案。学会以"巩固医家交谊、尊重医德医权、普及医学卫生、联络华洋医界"为宗旨。会员分别设特别会员、普通会员、名誉会员三种。1916年，中华医学会召开首届会员代表大会，选举伍连德博士为会长，同时完善学会机构，成立编辑出版部、会员部、医学名词部、公众卫生部。会议决定每两年召开大会一次会员代表大会。

三、中国博医会与中华医学的合并

随着中华医学会组织不断扩大，至1931年，各省市先后成立了支会，全国发展到近千人的会员队伍；中华医学会会员逐渐拒绝参与博医会活动，中华医学会在国内外已逐步替代博医会，在国内的学术话语权逐渐成为主导，成为当时中国现代医学学术领域的主要代表。在此背景下，博医会主动提出与中华医学会合并的意向，经两会协商，于1933年两会合并，合并后仍称中华医学会，英文名称改为Chinese Medical Association，选举牛惠生博士为会长。同时，两会编辑出版的《博医会报》与《中华医学杂志》合并。两会合并后实力大增，中外会员达到2767人，同时允许牙科医师申请入会成为会员。1947年，中华医学会加入了世界医学会这一国际医学组织。这一时期学会拥有外科、公共卫生、儿科、眼科、妇产科、医史和病理微生物7个专科学会，还有编辑出版委员会、防痨、医院标准、医学教育、业务保障、防癌、麻风等专业委员会。1915—1949年，学会在全国各地共设立分会33个,其中包括中国香港、中国澳门和纽约,会员总数达4000余人,为我国近代医学事业的发展做出了贡献。

第七节 《中国博医会报》与《中华医学杂志(英文版)》

追溯中国医学期刊编辑出版史,《中华医学杂志(英文版)》在中国医学期刊发展史可谓举足轻重,1887年创刊的《中华医学杂志(英文版)》距今已有135年的办刊历史,是我国医学期刊,乃至整个科技期刊中刊龄最长的学术期刊。其前身是由外国传教医师创立的中国博医会(The Medical Missionary Association of China)于1887年创办的本会会刊《博医会报》(The China Medical Missionary Journal)与1915年创办的《中华医学杂志》合并而来。

一、《中国博医会报》的创办

《中国医学传教士杂志》(The China Medical Missionary Journal;简称:博医会报)由西方传教医师于1887年在上海创办,是全英文医学期刊。其早期是由西方传教医师成立的中国博医会创办的,以报道现代医学为主,属于中国博医会的会刊。初期报道范围以医学传教、医院报告和世界医学进展为主。在《博医会报》上也有中国医师或会员作者在其期刊发表相关医学文章。如颜福庆就在《博医会报》共同署名3位作者发表过医学论文,他与其中两位中国作者有着特殊的关联,吴虹玉是其舅舅、颜永京是其伯父,颜福庆是在《博医会报》发表医学论文的第3位中国作者。颜福庆1905年毕业于圣约翰书院医学堂,1909年获得耶鲁大学医学博士学位,1913年作为华人代表参加博医会年度大会,并被补选为博医会医学课程委员会委员。1915年,博医会成立公共卫生理事会,颜福庆被选为6名理事之一。1914年,中国作者伍连德在《博医会报》署名发表医学论文。1911年,伍连德因在东北领导抗击鼠疫获得成功,因而伍连德在学术界的名望扩大,受到西方医学界和博医会传教医师成员的特别推崇。

1907年,博医会召开大会,会议期间做出两项重大决定:会议决定去除《博医会报》英文名称中的"Missionary"(传教士)一词,以利于淡化期刊的宗教内容和宗教色彩,进一步强化西方现代医学知识的传播与学术信息和临床经验的交流,更名为 The China Medical Journal。博医会领导层还对《博医会报》提出更高要求和目标,尽可能仿照海外同类医学期刊。如 The British Medical Journal(英国医学杂志)和 The New York Medical Journal(纽约医学杂志),转型为纯粹的现代医学学术刊性医学期刊。同时,确定中文会名为中国博医会和刊名为《中国博医会报》。这一报道内容上的转型,为纯西方现代医学学术期刊,是当时在华传教医师传播西方现代医学和报道临床医学研究成果的重要医学期刊,也是中国医学期刊出版史上首屈一指的现代医学学术期刊,是当之无愧的中国现代医学期刊发展的启蒙和发祥之刊。

二、《中华医学杂志(英文版)》的诞生

1932年,随着博医会与中华医学会的合并,《博医会报》也与中华医学会会刊《中华医学杂志》合并,《中华医学杂志》将英文部分分离与《博医会报》合并,更名为《中华医学杂志(英文版)》(The Chinese Medical Journal);《中华医学杂志》和《中华医学杂志(英文版)》分设两个独立的编辑部,其报道内容截然不同,但都由中华医学会主办。其创刊年代延续和继承《博医会报》的创刊年代,同时接续其卷期连续编辑出版。

实际上,《博医会报》这份由外国传教医师主导的西方英文医学期刊早期曾经设想编辑出版一份面向本土医师的中文医学期刊。按照传教士浅文理(Easy Wen-li)翻译《圣经》的汉语表达形式,开拓西方现代医学的中国化传播方式,构建现代医学知识传播与交流的新路径。1897年底,《博医会报》报道,其中文医学期刊的创办已在筹划和集资中。但此后却无任何创刊中文医学期刊的相关消息,而且在长达10年的时间里,博医

会的例次会议都未曾有记录中文医学期刊的文字记载；至1897年底，博医会和《博医会报》计划出版中文版医学期刊的计划和呼声终止。这一设想和计划曾成为博医会工作的重点任务，历任博医会主席都支持和参与其间。然而，由于种种原因，历时多年的这项计划被终结，给博医会及其传教医师留下历史遗憾。

第八节　《中华医学杂志》编辑出版简史

在中国医学界学术领域，起初有不少专家学者将《中华医学杂志（中文版）》和《中华医学杂志（英文版）》搞混，不少学者或作者认为是同一杂志，还有的误以为《中华医学杂志（英文版）》就是《中华医学杂志（中文版）》的中文翻译成英文的翻版，认为其内容是一致的，其实不然。1932年中华医学会与博医会宣布合并，至此，中华医学会成为代表中国唯一的现代医学学术团体。同时由博医会创办的会刊《博医会报》也与1915年创刊的中华医学会会刊《中华医学杂志（中文版）》英文部分合并，因当时《中华医学杂志》虽为名誉上是中文医学期刊，但其编辑出版风格是采用中文和英文双语出版。两刊合并时决定将其拆分为纯中文版和纯英文版两个医学期刊。这样《博医会报》与《中华医学杂志》的英文部分分出来，专门编辑出版纯英文版的《中华医学杂志》，其刊名定为 The Chinese Medical Journal。同时，中华医学会总干事，北京协和医院细菌室的林宗扬教授与山东齐鲁大学医学院讲师、中华医学会出版委员会成员孟合理（Dr. P.L.Mcall）创办的《齐鲁医刊》协商，林宗扬总干事找到孟合理，首先建议他的《齐鲁医刊》与《中华医学杂志》中文版合并，也是因为《齐鲁医刊》稿源困难，孟合理医师愉快接受了建议。1932年1月，《齐鲁医刊》与《中华医学杂志（中文版）》正式合并，其刊名仍然为《中华医学杂志》，但在其内页保留《齐鲁医刊》刊名。孟合理（McAll.Percy Lonsdaie）为英国伦敦会传教医师，1869年生于苏格兰肯；1898年来华在汉口布道行医传教，1902年在汉口创办伦敦会医学堂（London Mission Medical School），1906年更名为大同医学堂，孟合理任教务长，同时教授解剖学和病理学等课程。1909年兼任仁济医院院长；1917年大同学堂并入齐鲁医科大学转入济南任教。曾创办《齐鲁医刊》等多种医学期刊，在担任中国博医会医学图书编译部主任期间，编译出版了多部医学图书。《齐鲁医刊》与《中华医学杂志》合并后，孟合理其本人也进入《中华医学杂志》编辑部担任医学编辑工作多年。

在中国医学发展史和学术交流发展史上，20世纪初叶发生了一个重要事件，那就是中华医学会和《中华医学杂志》的诞生。特别是在中国医学期刊编辑出版发展史上，《中华医学杂志》的创刊具有里程碑意义，它对推动我国医学发展和学术交流具有举足轻重的作用，其报道的学术内容基本反映了我国医学科学发展的基本水平。

在我国，新中国成立以前，即1949年中华人民共和国成立之前创办的医药卫生期刊据史料报道有600多种。而1915年以前创刊的医学期刊有30余种，其中比较早且具有代表性的有1792年由唐大烈创刊的《吴医汇讲》、1871年创刊的《海关医报》、1880年创刊的《西医新报》、1886年创刊的《医学报》、1887年创刊的《博医会报》、1897年创刊的《利济学堂报》、1908年创刊的《上海医报》、1908年创刊的《绍兴医报》等，这些医学期刊虽然诞生较早，但其刊龄都不长，有的办刊几年即停刊；唯有1915年创刊的《中华医学杂志》，经过数代医学专家和编辑人员的不懈努力，历经北洋政府、国民政府、"九一八"事变、抗日战争、解放战争时期，直至中华人民共和国成立，几乎没有间断过编辑出版，至今已走过了一个多世纪的艰难发展历程，成为现今我国医药卫生期刊中刊乃至整个科技期刊刊龄最长、在国内外影响最大的综合性医学科技期刊。先后有17任中华医学会会长、27任副会长担任过本刊总编辑或副总编辑。伍连德、俞凤宾、刁信德、林宗扬、高镜朗、金宝善、李涛、黄贻青、朱恒璧、余岩、王吉民、朱章赓、张昌绍、贾魁、方石珊、钟惠澜、黄树则、黄胜白、徐诵明、钱信忠、李志绥、顾方舟、王镭、巴德年、高润林等医学科学家曾担任总编辑或主持工作。在《中华医学杂志》成长中，发现、培育和成长了我国一代又一代医学科学家。我国众多的著名医学科学家，如沈克非、张孝骞、林巧稚、黄家驷、汤飞凡、钟惠澜、张晓楼、曾宪九、诸福棠、林兆耆、朱宪彝、吴英恺、吴阶平、邓家栋、黄树则、钱信忠、宋鸿钊、裘法祖、陈中伟、翁心植等都曾是《中华医学杂志》的核心作者、读者和编者。

《中华医学杂志》的发展反映了我国医学科学发展的进程，见证了近代我国医学科学发展的进程。其发展历史大致经历了初创时期；发展时期和繁荣时期。

一、《中华医学杂志》初创时期

追溯和研究《中华医学杂志》的编辑出版史，不能不追溯中华医学会的创建和诞生，因为该刊的创刊是伴随着中华医学会的创建而孕育的，同时又是中华医学会的学术机关刊物，其开拓者和创办者就是中华医学会的创始人。

在国际上，《中华医学杂志》于1920年被美国 Chemical Abstract 收录，1927年起就被美国医学会 Quarterly Cumulative Index Medicus 收录，是中国最早被国外医学索引收录的中文版医学期刊；1960年起被美国国立医学图书馆出版的 Index Medicus 收录，其后被该馆的联机检索系统 Medline/Pubmed 收录；1976年起被荷兰 Excepta Medica 数据库收录；2004年起被俄罗斯 РефераTNвный Журнал—РЖ 收录。目前被国内外35个数据库和检索系统收录，并与60多个国家和地区的相关刊物建立了长期交换关系。

1. 中华医学会的诞生与《中华医学杂志》的创办　中华医学会的创建者之一和本刊的主要倡导和创刊创办者伍连德博士，是中华医学会的第二任会长，也是本刊首任总编辑。伍连德祖籍为广东广州府新宁县，1879年生于马来西亚槟榔屿。近代中国著名医学家、医学微生物学家、流行病学家和医学教育家以及中国医学史学的开拓者。1903年毕业于剑桥大学医学，获医学博士学位，后在槟城行医。是1935年诺贝尔生理学或医学奖候选人，也是中国人首位诺贝尔奖候选人。1907年应清政府直隶总督袁世凯之邀，回国任天津北洋陆军军医学堂副监督、清朝政府总医官等职。1910年东北鼠疫大流行，仅吉林、黑龙江两省死亡就达39 679人，清政府惊慌失措；清政府委派伍连德前往东北领导和扑灭疫情；是中国卫生防疫、检疫事业的创始人。伍连德参与创办北京协和医学院、北京协和医院，创办哈尔滨医科大学、中央医院（现北京大学人民医院）、检疫所和医学研究所等20多个医疗教学机构。是中国医学史上首例病理解剖者，世界上肺鼠疫概念的创立者和首先倡导疫情期间戴口罩及"伍氏口罩"的设计者。伍连德在应邀回国后几年的医药卫生工作实践中，深感国内学术交流极为贫乏，而且没有我国自己的学术团体或医学期刊，非常需要创办学术组织和学术期刊，为此，1910年他便登报倡议成立中华医学会。

1915年，由英国人创办，以西方传教士医师为主，仅有少量中国医师参加的学术团体中国博医会在上海召开例会，参加会议的有公共卫生学家伍连德博士，医学家和医学教育家颜福庆博士（1884—1970年），公共卫生及热带病学家俞凤宾博士（1884—1930年）等相聚于上海，并再次提议成立"国家医学会"。1915年2月5日，伍连德、颜福庆、刁信德、俞凤宾等21位医师在上海出席博医会年会，他们再次在上海聚会，经商议达成共识，宣布中华医学会正式成立，并推选颜福庆为首任会长。颜福庆（1882—1970年），祖籍厦门，中国近代著名医学教育家，公共卫生学家。1904年毕业于上海圣约翰大学医学院，后赴美国耶鲁大学医学院深造，获医学博士学位、赴英国利物浦热带病学院研读和美国哈佛大学公共卫生学院攻读。回国后曾任长沙雅礼医院外科医师。1914年创办长沙湘雅医学专门学校（湖南医科大学前身），任第一任校长、北京协和医院副院长。曾组建第四中山大学医学院（上海医科大学前身），并任第一任院长。创建澄衷肺病疗养院（上海市肺科医院前身），任第一任院长、武汉国民政府卫生署署长、上海医学院副院长等职。1915年7月3日，学会获得民国政府教育部正式批准。中华医学会成立后急需办的第一件大事，就是创办一个学术性的机关刊物，并定名为《中华医学杂志》，英文刊名为 The National Medical Journal of China，由刚组建的学会编辑委员会负责，具体工作由伍连德组织创办。经过紧张的筹备，1915年11月，《中华医学杂志》在上海正式创刊，伍连德任总编辑，1915年11月出版第1期，为中英文并列双语期刊。这一时期，正值伍连德博士在东北领导防疫工作，为不影响杂志的编辑出版，故编辑部设在哈尔滨东三省防疫局内，作者投稿也寄至防疫局伍连德收。1916年3月出版第2卷第1期，定为季刊。主要刊登临床经验、病例报告、译文、学会活动消息等内容。这一时期的办刊宗旨基本遵循了"巩固医家交谊，尊重医德医权，普及医药卫生，联络华洋医界"的学会宗旨。

2. 期刊总编辑推选与更迭　在《中华医学杂志》106年的办刊实践中，由于其作为中华医学会机关学术刊物，因而其总编辑的推选尤为重要，每一届总编辑都是当代著名医学家，而且大多由中华医学会会长、副会长或国家卫生部部长担任；这足以说明《中华医学杂志》的学术地位、重要性和社会影响力。推选高水平总编辑是保证期刊学术影响力和学术地位重要方面。

由于伍连德同时兼任天津北洋陆军军医学堂副监督、中央防疫处处长、中央医院院长（北京大学人民医院）、国民政府军医署署长、中华医学会会长（1916年2月7日接任颜福庆会长职务）等职，其工作十分繁忙，为了减轻伍连德博士的工作负担，1917年1月24～27日中华医学会第2次大会与中国博医会同时举行，最后会议决定，由俞凤宾、伍连德共任本刊总编辑，以利于减轻伍连德博士的工作压力。

这一时期《中华医学杂志》的主要编辑工作实际上由俞凤宾博士具体主持，并且他一干就是多年。俞凤宾博士为江苏人，1884生于江苏太仓。光绪三十三年（1907年）毕业于上海圣约翰大学医学部，获医学博士学位。即应聘服务于邮传部高等实验学堂，并组建脚气病研究所。1911年辛亥革命爆发后，其弟俞颂华带领护理人员，组成救护队到南京浦口等战地为革命军救护伤员。1912年留学美国宾夕法尼亚大学专修热带病学及公共卫生学，获公共卫生学博士学位。民国4年（1915年）回国，在上海开业行医。兼任南洋大学校医、圣约翰大学医学部教授、卫生部中央卫生委员会委员。

俞凤宾博士早年加入由西方传教医师创办的博医会，1914年4月，伍连德、颜福庆和俞凤宾博士等10余人在上海集会，商议发起组织医学会。1915年2月5日，伍连德、颜福庆、俞凤宾、刁信德等21位医师在上海再次聚会，正式宣告我国医学界第一个现代医学学术团体中华医学会成立，并选举颜福庆为首届会长，伍连德为书记。俞凤宾为中华医学会和全国医师联合会创建者之一，并任中华医学会上海分会第三届会长。

俞凤宾博士对中医和中药也颇有研究，并与中医界关系甚密，主张"去旧医之短，采西医之长"，推动了当时中西医结合。他在上海创办《医学世界》和主持《中华医学杂志》编辑工作，暇时热心著作，著有《卫生丛话》四册、《个人卫生篇》《中西医学沿革》《中国药科分剂表》等，译作有《肺痨康复法》《婴儿保育法》《学校卫生讲义》《学校卫生要旨》等。俞凤宾博士在他的学术黄金时期为期刊的编辑工作和医学名词的统一倾注了主要精力，并在期刊发表了《医学名词意见书》《推行医学名词之必要》的述评文章，在我国首先倡导和推行规范化医学名词，成为倡导使用规范化医学名词最早的医学期刊和先行者。可惜的是，俞凤宾博士英年早逝，时年46岁，在他短暂的学术生涯中，为中华医学会和期刊的发展及我国医学名词的规范化做出了重要贡献。

3. 百年坚持办刊初衷和办刊宗旨　1920年2月21～28日，中华医学会第3次大会在北京协和医学院礼堂与中国博医会同时举行，会议选举俞凤宾为中华医学会会长；会议决定伍连德、俞凤宾共任《中华医学杂志》总编辑。本刊从创刊伊始，就坚持了正确的办刊方针和宗旨，注重学术导向和学术引领作用。20世纪20年代，正是中西医两大医学体系在学术上对立的时期，国内医学界一些人掀起了废止中医的逆流。曾任国民政府中央卫生委员会委员、内政部卫生专门委员会委员的余岩（字云岫）曾积极倡导废止中医。余云岫为浙江人，1879年生于浙江镇海。光绪二十七年（1901年）就读于浔溪公学。后公费赴日本留学。辛亥革命期间，曾回国参加救护工作。民国五年（1916年）大阪医科大学毕业后回国，任公立上海医院医务长。翌年，在沪开业行医，兼任上海商务印书馆编辑。曾任国民政府卫生部中央卫生委员会委员、内政部卫生专门委员会委员、教育部医学教育委员会顾问、东南医学院校董会副主席、中国医药研究所所长、上海市医师公会首任会长、《中华医学杂志》编辑部主任和主编等职。余云岫是我国现代医学家和医学史家，并对古文造诣很深，文字功底非凡，早年既以西医开业于上海，又以研究中医史、文献、古籍而著称，其著作颇多。早在 1914 年在日本大阪医科大学留学时，便开始撰写《灵素商兑》一书，用西医解剖学和生理学的观点对中医主要经典著作《内经》进行了批判，该书 1917 年正式出版，成为中国"废除中医"和"废医存药"思潮的主要先声。作为刚创刊不久的《中华医学杂志》，尽管以西医学术交流为主，但对此没有随和"废除中医"的错误倾向。1916 年俞凤宾博士在《中华医学杂志》发表的《保存古医学之商榷》一文中指出"中西两医折中至当，则我国医学行将雄飞于世界"。这表明中西两医结合及保留中医学的必要，也成为倡导和推行"中西医结合"的先声期刊。尤其是到 1925 年，余云岫任上海医师公会会长，公开打起了废除中医的旗帜，学术界一些偏激的废止中医论者以"废止旧医以扫除医事卫生之障碍"的提案被当时的民国政府中央卫生委员会通过后，中国医学界废止中医的逆流达到了高峰。国民政府行政院院长汪精卫也蓄意废除中医药学，极力阻挠允许中医药学合法化的"国医条例"的颁布，特别是中华医学会第六任会长刘瑞恒离任后就任民国政府卫生署署长期间，支持并采取行政命令的手段极力废止中医。在这种形势下，我国著名中医学家张赞臣等联合上海中医药学界奋起抗争，以医界春秋社等团体的名义通电反对，得到全国医药界的响应；全国中医药界纷纷罢工停业，无奈，南京政府被迫取消了提案。作为以西医报道为主的《中华医学杂志》，没有迎合当时政府和学术界一些人偏激的行为而随波逐流，而是客观地评价中医和历史作用，大力提倡中医去伪存真，去糟存精，积极倡导中西医并存，共同发展，取长补短的学术立场。在这一废止中医学的逆流中，《中华医学杂志》为加强学科和学派之间的团结，保存和发扬祖国传统医学中医药学做出了自己的历史贡献。而有趣的是，余云岫这位废止中医学的急先锋，后来（1934—1939 年）还主持期刊的编辑出版工作。令人欣慰的是，这位中国医学史上的现代医学家迫于学术界的呼声和压力，未再发表过任何不利于中医学发展的言论，而且在他主持期刊编辑出版工作期间，是期刊发展较快的时期之一。在此期间，余云岫还与王吉民、李涛等专家连续 10 年每年在期刊组织一期中国医学史专刊，而且用中英文发表，在国内外影响非常大，为弘扬祖国医学，让世界了解中医学的渊源历史和伟大做出了巨大贡献；并在《中华医学杂志》中国医学史专刊的基础上，于 1947 年创办了《医史杂志》，余云岫任总编辑。1953 年 3 月，《医史杂志》更名为《中华医史杂志》，李涛任总编辑。余云岫为中国医学史学和期刊的发展做出了自己的历史贡献。

1922 年 1 月 31 日至 2 月 4 日，中华医学会第 4 次大会在上海青年会堂召开，大会选举刁信德为中华医学会会长；会议决定由刁信德、俞凤宾担任期刊总编。刁信德为广东人，1878 生于广东兴宁，宣统元年（1909 年）毕业于上海圣约翰大学医学部，获医学博士学位。宣统三年留学美国，获宾夕法尼亚大学卫生学博士和热带病学博士学位。民国四年（1915 年）回国，历任上海同仁医院内科主任，上海红十字会医院院长，圣约翰大学医学部教授、教务长、院长，同仁、宏仁医院主席董事等职。同时在上海开业行医。刁信德学识渊博，医术高明，在圣约翰大学医学部执教 30 余年，沪上不少名医皆出其门下。热心社会公益事业。曾参与创建中华医学会，被推选为第四届会长。还先后任中华医学会上海分会会长，上海圣约翰大学同学会、中华健康协会和中华麻风救济会会长，担任总编辑期间，为期刊的发展做出了贡献。

4. 百年坚守为国家卫生工作重点和学术交流服务的办刊理念 1924 年 2 月 7～12 日，中华医学第五次大会在南京东南大学召开，会议选举牛惠霖为中华医学会会长；俞凤宾、刁信德为期刊总编辑。决定期刊从 1924 年 2 月由季刊改为双月刊。

《中华医学杂志》从创刊伊始，就紧紧围绕不同历史时期我国重大医药卫生问题、公共卫生问题和国家医疗卫生工作重点组织报道，紧紧抓住国家不同时期卫生工作方针，实施超前性学术引导和推动。早在创刊初期的 20 世纪 20 年代，就较早地关注着我国的人口问题，意识到我国人口问题的重要性，最早在医学期刊上开辟了"生育节制"栏目，提倡节制生育和介绍节育技术。在《中华医学杂志》创刊后的前25年中，发表有关节制生育的文章占论文总数的1.7%。1936年，发表了兰安生的述评文章《节制生育与中国》，指出人口过剩已成为中国极严重之问题。成为我国最早报道和倡导实行计划生育的医学期刊。在新中国成立前，吸毒和娼妓是两大社会毒瘤，在当时腐败政府及不良社会环境下，《中华医学杂志》毅然肩负起学术期刊的历史责任。早在1924年就对这两大社会卫生问题进行了大量卫生学术报道和学术评论，发表了"《禁毒》《取缔娼妓》"和"花柳病之社会观"的专论和述评文章，积极倡导取缔娼妓和禁止吸嗜毒品，大力弘扬社会文明。早在20世纪20年代，还先后发表了陈伯赐的《心理与疾病》、高维的《社会医学》等文章，是我国较早提出重视社会医学和心理与疾病关系理论的医学期刊。

5. 坚持学术质量与推动医疗质量　1922年第4期发表了朱恒璧的述评文章《解剖尸体之商榷》一文，指出推行尸体解剖有利于提高我国疾病诊断水平，促进医学科学的发展，是最早在我国倡导尸体解剖的医学期刊。1926年2月16～22日，中华医学会第6次大会在上海博济医院召开，大会选举刘瑞恒为中华医学会会长；高镜朗（中文）、伍连德（英文）共同任本刊总编辑。高镜朗为浙江人，1892年出生于上虞章镇，是我国著名儿科学家和医学教育家；中华医学会儿科学会的创建人之一，被誉为中国儿科医学界的一代宗师，他与诸福棠时称为"南高北诸"。曾就读于嘉兴秀州书院、杭州之江大学、南京金陵大学、山东齐鲁大学。1915年入湖南湘雅医学院攻读西洋医学，1921年毕业获医学博士学位后留校任内科助教。他与颜福庆一同创办国立上海医学院，任教授、儿科主任，并兼任附属护士学校校长。1928年公费派送赴美国哈佛公共卫生学校及哈佛大学儿科医院深造；1930年回国后，创办沪上最早的儿童专科医院福幼医院。参与筹建上海第二医学院和新华医院。1953年，被上海第二医学院特聘为广慈医院儿科主任，创立儿科医学系。1954年，被聘为上海第二医学院儿科系主任、上海福利医院院长等职。1978年指导创建上海市儿科医学研究所任首任所长。在这一时期，由于本刊在国际上影响不断扩大，国外医学期刊纷纷邀请交换杂志，截至1926年12月，期刊与国外著名医学期刊交换杂志达到40余种。

由于《中华医学杂志》学术水平和质量不断提高，能够代表和基本反映我国医学发展的整体水平，其影响力不断扩大，同时也引起国际医学界和学术界的关注。1927年，《中华医学杂志》被美国医学会《累积医学索引》收录，成为我国最早被国外医学索引收录和被世界医学界关注的医学期刊。1928年1月26至2月2日，中华医学会第7次大会在北平红十字会医院召开，会议选举林可胜为中华医学会会长；会议决定由林宗扬任本刊总主笔、李涛为中文主笔、陈鸿康为英文主笔。林宗扬1891出生于马来西亚槟榔屿，是我国早期著名临床微生物学家。1911年从槟榔屿南洋中学毕业后，考入香港大学医学院于1916年毕业。1918年应伍连德邀请到北京开办中央医院，1919年入美国约翰霍普金斯大学公共卫生学院深造，1922年获公共卫生学博士学位，其间到英国利物普大学热带病专门学校学习制备疫苗。1937年任北京协和医学院教务长，1942年任北京大学医学院教授，曾于1934年中华医学会第十次代表大会上被选为理事会主席。1930年10月，李涛任中文总编辑，林宗扬任英文总编辑，陈鸿康任英文主笔。李涛为著名医学家和医史学家，1901年出生于北京房山，1925年毕业于北平医学专门学校，毕业后在北平协和医院细菌科工作，后任北平清源医院院长，1946年任北平医学院医史系主任，1955年起兼任中国中医研究院医史研究室主任。李涛教授从1928—1959年先后担任《中华医学杂志》中文主笔、总编辑、编辑、特邀编辑职务，任职时间长达31年，是在期刊任职时间最长的医学专家，可以说他为期刊的编辑出版和发展奉献了一辈子，为期刊的建设和发展做出了重要贡献。根据学会执委会决定，从第14卷第5期开始，由上海迁移至北平编辑出版；编辑部设在崇文门内大街325号。第14卷第5期刊载了杨崇瑞的专文《产科教育计划》。1929年10月第15卷第5期刊发社论《卫生部医师暂行条例之不当》，对该条例的颁布期刊提出了不同意见。同期还刊载了伍连德总编辑的社论《医学会亟宜统一论》。期刊于10月份编辑部改设在北平协和医学院内。

1930年2月2~8日，中华医学会第8次大会在上海青年会堂召开，会议决定由会长制改为执行委员会制，会议选举牛惠生为中华医学会执行委员会主席；会议决定由李涛任《中华医学杂志》中文总编辑、伍连德任英文总编辑、林宗扬任总主笔。第16卷第2、3期刊发了林宗扬总主笔的社论《中央疫苗血清制造机关与传染病之预防》。还在第16卷第6期刊发了李涛总编辑的社论《极宜修正之解剖尸体规则》，对当下尸体解剖规则提出了规范化修改意见。1931年第17卷第6期刊发社论《医学教育之进化》和朱恒璧的《论两级制医校》的社论文章。1931年1月，为适应医学的发展，适时调整编辑计划，扩充报道内容，改变编辑体例，由纵排版改为横排版，并分设中文总编辑、英文总编辑和总主笔制度，进一步加强编辑工作，同时还增设了公共卫生栏目。

二、《中华医学杂志》"兴盛"时期与遭受磨难交织时期

《博医会报》和《齐鲁医刊》先后与本刊合并，其实力大增，被学术界称为"全盛时期"，但由于抗日战争的爆发，《中华医学杂志》遭受了磨难。

1.两刊合并与期刊"全盛"时期　20世纪30年代中国有两个医学会：一个是由英国传教士于1886年在中国成立的中国博医会，会员中有外国传教士医师，也有中国医师，总部设在济南。另一个是中华医学会，当时会员全部是中国本土医师，总部设在上海。在当时，中国博医会中的外国医师藐视中华医学会，身为我国著名药理学家、医学教育家和中华医学会副会长兼《中华医学杂志》总编辑的朱恒璧教授抵制参与博医会的活动。朱恒璧教授为江苏阜宁人，1890年出生于江苏；1916年毕业于上海哈佛医学院。1918年和1923年两度留学美国。回国后，曾任湘雅医学院、协和医学院教师，上海医学院院长、中华医学会总干事、中华医学会副会长。新中国成立后，历任浙江医学院、浙江医科大学教授、药学系主任。朱恒璧处于爱国情怀，对中国博医会部分外国传教医师的行为极为反感，他说服中国博医会中的中国医师采取"三不"，即不参加中国博医会的活动、不向中国博医会办的期刊投稿、不交纳会费。如此抵制了3年，加之中华医学会在国内外的影响不断扩大，成为中国医界的主要代表，医界一些知名学者都参加中华医学会的活动，很少再参加中国博医会的活动。在这种情况下，中国博医会负责人麦克斯威尔（Maxwell）只得让步，主动要求两会合并。朱恒璧和牛惠生代表中华医学会与麦克斯威尔进行了面对面的谈判，于1932年4月15日，中华医学会执委会与中国博医会执委会在上海召开联席会议，经过进一步协商达成协议，正式宣布两会合并，会名仍称中华医学会，并在期刊上发布消息。与此同时，于1887年创办的中国博医会会刊 The China Medical Missionary Journal（《博医会报》）也同时与《中华医学杂志》合并，将其中英文部分剥离，并决定中英文分别出版，设备各自的编辑部，并有不同的办刊方针和读者对象，但都为中华医学会主办。《中华医学杂志英文版》的英文名称为 The Chinese Medical Journal，月刊，其出版卷序仍延续《博医会报》创刊年代和卷序，并与之衔接。

1932年2月，山东齐鲁大学医科西方传教士孟合理医师等创办的《齐鲁医刊》由于其报道内容与《中华医学杂志》相近，加之稿源比较缺乏，林宗扬教授主动提出两刊合并的建议，当即得到《齐鲁医刊》同仁的赞同，两刊合并后仍称《中华医学杂志》，其编辑部2名编辑人员也同时调期刊编辑部工作。这样，杂志内容更加丰富，栏目不断扩大，有论说、原著、医学统计、诊治经验、病例报告、医药译萃、医学教育、卫生事业等栏目，被医学史界称为"《中华医学杂志》的全盛时期"。期刊第18卷第2期刊发社论《上海中日战争与医学之影响》一文，呼吁医学界同仁"鼓勇振臂，迎接挑战"。

1932年9月29日至10月6日，中华医学会与中国博医会召开合并后的第一次大会，即中华医学会第9次大会，在上海李斯特研究院举行；会议选举牛惠生为中华医学会会长。会议决定由李涛任本刊总编辑；林宗扬和马士敦任《中华医学杂志（英文版）》总编辑。《中华医学杂志》第18卷第6期刊发李涛总编辑的述评《关于医学教科书》和张维的《医学院校卫生课程改进之商

权》述评。

1934年1月，余云岫主持本刊编辑工作，黄贻清任编辑干事。这一时期，由于稿源比较丰富，为满足读者和作者的需要，决定由双月刊改为月刊。1934年3月31日至4月7日，中华医学会第10次大会，即合并后的第2次大会在南京召开；会议选举林宗扬为中华医学会理事会主席。会议决定由余岩（余云岫）任本刊总编辑、林宗扬和马雅各任《中华医学杂志（英文版）》总编辑。

为进一步加强编辑力量，不断提高期刊质量，1935年2月设立了编辑网，在南京、上海、北京、济南、长沙、广州等地聘请了29位专家为编辑顾问。1935年11月1~8日，中华医学会第11次大会在广州博济医院召开，大会选举朱恒璧为中华医学会理事会主席。会议决定由余云岫（余岩）任本刊总编辑、许雨阶和马雅各任《中华医学杂志（英文版）》总编辑。1937年4月1~8日，中华医学会第12次大会与中国生理学大会、中国病理学与微生物学大会、中华麻风救济大会在国立上海医学院联合召开。会议决定由余云岫（余岩）和李涛担任本刊总编辑、许雨阶和杜儒德担任《中华医学杂志（英文版）》总编辑。1939年12月，增聘王霖生等10位专家为编辑顾问。由于原著性文章与日俱增，原创性的论文不断增多，学术水平和学术质量不断提高，因而受世界医学界的关注。

2. 经受磨难与办刊初心的坚守　正当《中华医学杂志》被世界医学界所重视，开始走向世界时，日寇的铁蹄践踏了中国大地。1937年8月爆发了淞沪战役，1941年日本发动了太平洋战争，中国人民的抗日战争也进入最艰难的时期。但这些医学专家们即使在抗战最艰难时期，也依然坚守办刊初心，从未间断编辑出版。1940年1月1日，《中华医学杂志》第26卷第1期出版创刊25周年纪念特刊，同时发表题词和题字12幅及相关纪念文章，其中刊载中华医学会会长金宝善的文章《为本会成立25周年纪念敬告医学界同仁》和王吉民的《中华医学杂志25年来之演进》等文章。1940年4月1~6日，中华医学会第13次大会在昆明昆华医院召开，大会决定金宝善继续任中华医学会会长、李涛和朱章赓担任本刊总编辑、许雨阶和斯特拉特担任《中华医学杂志（英文版）》总编辑。1940年，《中华医学杂志》被正式收录和编入《美国医学季刊》索引。钱建初和王吉民将本刊第1~25卷编辑完成25年索引。从1941年1月自第27卷第2期开始，《中华医学杂志》被美国国家医学图书馆《医学索引（IM）》收录，成为美国国家医学图书馆馆藏期刊。

1940年2月1日，《中华医学杂志》第27卷第3期发布中华医学会会务报告。报告指出：中华医学会公共卫生委员举办的公共卫生护士班开课，受训学员均系红十字会第一医院和仁济医院的护理专业人员。1940年12月1日，学会理事会联系会议决定，由于战乱原因，《中华医学杂志》和《中华健康杂志》减少适当页码继续编辑出版。1942年11月1日，因抗战原因，中华医学会上海办事处正式停止工作，但为了继续供应沦陷区医学期刊和图书，学会决定成立中华医学出版社，由王吉民担任社长、富文涛任董事部主席，其主要任务是继续编印和发行中华医学会主办的4种中英文医学期刊及5种医学图书。

1942年11月，中华医学会总会被迫由上海迁往重庆，《中华医学杂志》被迫改在上海和重庆分别出版。上海版由中华医学出版社编辑出版，由医学家及医史学家王吉民（1889—1972年）教授主持编辑和发行工作。王吉民为广东东莞人，1910年毕业于香港西医大学堂，曾任上海中国防疫医院院长，1937年授命在上海筹建中华医学会新会址办公楼；1936年创办中华医学会医史学会，1938年创建了我国第一个医学史博物馆，并任馆长，为中华医学会和《中华医学杂志》的创建以及我国医学史的发展做出了重大贡献。这一时期，由于编辑力量不足和战乱等多种原因，被迫于1943年1月由月刊改为双月刊。重庆版由药理学家张昌绍（1906—1967年）主持编辑工作。后因出版困难，被迫改出《医文摘要》，为双月刊，到1943年10月开始恢复原刊，出版第29卷第1期。1944年，在第2期报道了北平协和医院熊汝成的"肠之分段移植成功"，显示出我国腹部外科的水平。1945年8月，日本投降，中华医学会于1946年迁回上海办公，《中华医学杂志》才结束了分地出版的局面。但是，不管遇到什么困难，办刊初心依旧，都从未停止编辑出版，显示出极强的学术生命力和医学科学家的社会责任。

1943年5月11～15日，中华医学会第14次大会在重庆歌乐山中央卫生实验院召开，大会选举沈克非为中华医学会理事长；会议决定由张昌绍担任本刊总编辑、侯宝璋为《中华医学杂志（英文版）》总编辑。张昌绍为江苏省嘉定人，1906年生于嘉定县望仙桥镇。是我国著名药理学家，1937年赴英国伦敦大学医学院药理系学习，获哲学博士学位。1940年赴美国哈弗大学医学院访问进修。曾任上海医学院药理学副教授兼中央卫生实验院药理研究室主任、上海医学院药理学教授兼科主任、上海医学院教授兼教研室主任、中国生理科学会理事。著有《磺胺类化学治疗学》《青霉素化学治疗学》《现代药理学》《现代中药研究》等学术著作。张昌绍是中国药理学的奠基人，中药研究抗疟药的先驱；1946年和1948年分别在《科学》和《自然》发表中药常山及其活性成分的抗疟作用，对后来青蒿素的科学研究有重要贡献。

1943年10月，《中华医学杂志》重庆版第1期在歌乐山编辑出版，主编为张昌绍，双月刊。中华医学会理事长沈克非教授为重庆版第1期撰写的卷首语中指出：发展会务，做好医学期刊编辑出版事业乃中华医学会的重要工作，除《中华医学杂志（英文版）》已在美国蓉分出两个版本外，本刊已在渝复刊。1944年2月，《中华医学杂志》上海版第30卷第1期编辑出版，由设在上海池滨路35号的中华医学出版社负责编辑出版和发行，为双月刊；王吉民为担任主编兼发行人。《中华医学杂志（英文版）》的上海版也编辑出版，为双月刊。1944年12月，王吉民和戚明远将本刊第26～30卷索引编制完成。

1945年4月，《中华医学杂志》上海版第31卷第1、2期合刊出版30周年纪念专刊，余云岫为封面题字，王吉民撰文《中华医学杂志30周年纪念感言》；戚明远编写完成《中华医学杂志30周年大事记》。1945年，抗日战争胜利后，中华医学出版社即完成历史使命结束其工作，将全部房产移交中华医学会理事会。在1945年12月，根据中华医学会理事会决议，太平洋战争爆发后在成都、华盛顿编辑出版的《中华医学杂志（英文版）》和在重庆编辑出版的《中华医学杂志》停止编辑出版；自1946年1月起，《中华医学杂志》和《中华医学杂志（英文版）》仅分别编辑出版各自一种版本，均为月刊，在上海中华医学会总部编辑出版。1946年1月，《中华医学杂志》第32卷第1期在上海编辑出版，张昌绍担任总编辑；当期刊发了陈耀真和张昌绍的文章《简介抗日战争期间中英文杂志编辑出版情况》。

1947年5月5～10日，中华医学会第15次大会在南京中央卫生实验院召开，大会选举朱章赓为中华医学会理事长；会议决定由张昌绍担任本刊总编辑、马涸德为《中华医学杂志（英文版）》总编辑。1947年6月本刊第33卷第5、6期合刊编辑出版中华医学会第15次大会专刊号。1947年7月6日，中国科学期刊协会在上海成立，同时发表成立宣言。中国科学期刊协会由《中华医学杂志》倡议推动和其他学会主办的18种科学技术期刊共同组成，《中华医医学志》总编辑张昌绍当选中国科学期刊协会监事。1947年10月本刊第33卷第9、10期刊登《中华医学对宪法之意见书》，在文章中指出1946年首届民国大会修改宪法草案未能将国家卫生政策列入其中，这有悖宪法精神。

1948年11月10日，中华医学会常务理事会第8次会议由朱章赓理事长主持，会议讨论通过修正会费和医学杂志及医学图书定费案；鉴于学会编辑出版的《医文摘要》成本过高，从1949年起与《中华医学杂志》合并出版。同时会议决定，呈请民国政府明示补救中华医学会编辑出版法案，请求民国政府对中华医学会医学杂志和医学图书编辑出版给予经费支持。

三、《中华医学杂志》快速发展时期

1949年5月27日，上海解放，人民解放军接管上海，《中华医学杂志》作为学术期刊，第一次受到中国共产党和人民政府的关怀。时任上海军管会卫生处处长兼上海市卫生局局长的崔义田医师（后任中央卫生部副部长），全面负责了旧上海整个医药卫生界的接管和领导工作；他在上海卫生界施政方针新闻发布会上，特别提到了中华医学会及《中华医学杂志》，并给予了特别关怀和指示，对《中华医学杂志》在学术上的成就给予高度评价和肯定，同时指出今后要为大多数医学科技人员服务。1949年6月29日，上海市邮政管理局向中华医学会颁发了《中华医学杂志》《中华医学杂志（英文版）》新闻纸类登记执照。1949年7月12日，中华医学会理事会第10次会议决，因朱章赓理事长赴日内瓦世界卫生组织任职，会议推举姚克方代理中华医学会常务理事会理事长，同时聘请林宗扬教授为《中华医学杂志（英文版）》代理主编，同时决定《医文摘要》正式停刊。1949年12月，《中华医学杂志》35卷第11、12期刊发《中华医学杂志》编辑部述评"谈谈中医问题"，积极倡导传统中医学与现代医学的结合，更好地为人民健康服务。

1. 坚持国家卫生方针与调整办刊宗旨　新中国成立后，党和国家非常重视科学事业的发展，特别是1950年8月第一届全国卫生工作会议后，进一步明确了"面向工农兵、预防为主、团结中西医"的卫生工作方针，《中华医学杂志》也进一步明确了"团结医学工作者、研究学术、交流经验、普及与提高并重"的办刊宗旨。1951年3月《中华医学杂志》第36卷第3、4期发布中华医学会消息，《医文摘要》自1951年起停刊。1951年7月本刊自第36卷第7期开始恢复月刊出版，每月定期出版一期。

1950年8月23～27日，新中国成立后的首次大会，即中华医学会第16次大会在北京中法大学召开，中央人民政府副主席李济深、委员徐特立、文化教育委员会副主任沈雁冰等出席大会。大会推举中央卫生部部长李德全、副部长贺成为中华医学会名誉会长；大会推举中央卫生部副部长傅连暲为中华医学会理事长。会议决定《中华医杂学志》由李涛、《中华医学杂志（英文版）》由林宗扬分别负责处理两个期刊的相关工作事项。出版委员会和编辑委员会总编辑由傅连暲理事长提名后确认。1951年1月，中华医学会总会由上海迁入北京，《中华医学杂志》也由上海重新迁往北京出版，中文版为月刊，英文版为双月刊。同时，中华医学会决定由贾魁教授任本刊总编辑，钟惠澜教授为《中华医学杂志（英文版）》总编辑，李涛为经理编辑，编辑委员会委员以在京委员为常务委员。贾魁为河北遵化人，医学家和健康教育家；1926年毕业于北平协和医学院，1925年在北平创办丙寅医学社和《丙寅医学》周刊，创办《医潮》医学普及性月刊，主编天津大公报《大众医学》和南京中央报《卫生与健康》副刊；曾任河北医学院教授，抗日战争爆发后学院被迫停办；1938年3月，他带领河北医学院部分教职员工西迁贵阳，参与成立国立贵阳医学院并任教务主任，创建内科系，承担教学工作。

1951年，全国政协副主席谢觉哉为《中华医学杂志》题写刊名。1952年4月《中华医学杂志》第38卷第4期刊发傅连暲理事长的文章《纪念阿维森纳要彻底粉碎美帝国主义的细菌战》；同期还刊发北京大学文学院马坚教授《阿维森纳传》的文章。1952年8月17日第13次理事会决定聘请黄树则为本刊副总编辑。

1952年9月，《中华医学杂志》第38卷第9期刊发中央人民政府卫生部和新闻出版总署关于调整全国医药卫生期刊出版的决定：《中华医学杂志》与中央人民政府卫生部出版的《中华新医学报》合并，仍称《中华医学杂志》，为当时全国唯一的综合性医学期刊。在1952年第10期报道了"调查在朝鲜和中国的细菌战事实国际科学委员会汇报"一文，引起国际社会和科学界的反响。在此期间，《中华医学杂志》紧紧围绕国家卫生工作重点，进行有效的专题报道和学术讨论，并介绍国外的先进的医学科学理论，经常组织重点号。如1952年11月，出版了原苏联医学文摘专号，介绍巴甫洛夫学说在临床上的应用；中华医学会理事长傅连暲还发表了专论《学习苏联的先进医学》。特别是时任中华人民共和国卫生部副部长傅连暲兼任中华医学会理事长（会长）期间，对《中华医学杂志》极为支持，经常亲自给本刊撰文，积极倡导中西医结合，引进苏联先进医学理论和技术。傅连暲为福建长汀人，1894年出生于长汀县。1955年被授予中将军衔，是开国中将；也是中国人民解放军和新中国医疗卫生事业的奠基人、创始人之一。1933年参加红军，将其担任院长的原长汀福音医院迁至瑞金根据地改建为中央红色医院，任院长，同时兼任中华苏维埃共和国国家医院院长。抗日战争时期，任延安中央总卫生处处长兼中央医院院长。解放战争时期，任中共中央革命军事委员会总卫生部副部长兼中央卫生处处长和军委总卫生部党总支书记。新中国成立后，任总后勤部卫生部第一副部长，

1952年兼任中华人民共和国卫生部副部长、中华医学会会长。这一时期由于党和政府的支持，《中华医学杂志》发展很快，学术影响力不断扩大。

1952年12月14～17日，中华医学会第17届大会在北京大学医学院召开，大会推举中央人民政府卫生部李德全部长、贺诚和苏井观副部长为名誉理事长；大会选举傅连暲为中华医学会理事长。1952年12月，《中华医学杂志》第38卷第12期发表傅连暲理事长述评《学习白求恩同志的革命精神——纪念白求恩逝世13周年》。

2. 强化编辑领导力量、促进期刊全面发展 1953年1月，为进一步加强本刊的领导和编辑力量，中华医学会理事会决定由方石珊、黄树则任编委会主任委员，贾魁、钟惠澜、黄树则、李涛共任总编辑、使编辑力量进一步加强。方石珊为福建闽侯人，1884年出生，是我国著名医学家，原北京首善医院院长，1910年毕业于日本千叶医学专门学校。1916年在北京开办首善医院，任院长兼内科主任。后任北京大学公共卫生系主任、北京师范大学讲师。新中国成立后，历任中华医学会第16届理事会兼总干事、第17届副理事长、第18届副会长，中国巴基斯坦友好协会副会长，中国科协组织部副部长，中央防疫委员会研究组组长，中国红十字会北京分会副会长，北京防痨委员会副主任委员。钟惠澜为广东梅县人，1901年出生于梅县，是我国著名内科学家、热带病学家和医学寄生虫病学家，1929年北京协和医学院毕业，获美国纽约州立大学医学博士学位；曾任北京协和医院内科教授、北平中央医院内科主任和院长、中华医学会副会长、中华内科杂志总编辑等职。黄树则为天津人，1914年出生，1932年进入北平大学医学院学习，1935年参加"一二·九"爱国学生运动，1936年参加中华民族解放先锋队，1938年毕业于北平大学医学院，1938年在延安参加八路军，曾任延安白求恩国际和平医院医务主任、儿科主任、院长，1943年任毛泽东主席的保健医师，解放战争开始后任第一野战军卫生部副部长兼中央直属卫生处处长。新中国成立后，历任北京医院院长，总后勤部卫生部教育处处长，卫生部保健局局长，卫生部副部长、中华医学副会长等职。李涛为北京房山人，1901年出生于房山；是著名中国现代医学史家，

1925年毕业于北京医科专门学校（北京医科大学前身），1929年到私立北平协和医学院细菌学科工作，1936年与王吉民共同创立中华医史学会，1942创建北京清源医院并任院长，1946年在北京大学医学院创立医史学科任系主任和教授，1950年任《中华新医学报》主编、《中华医史杂志》主编兼任中医研究院医史研究室主任。

3. 重视中西结合、突出重大疾病防治研究 这一时期，在报道方针上，始终把中西医当作发展我国医学科学的两个组成部分，在党的中医政策指引下，以保护和弘扬中医学为己任，不断加强中西医两个学派的学术团结。中华医学会积极倡导西医学习中医，促进中西医结合。1954年9月，《中华医学杂志》第40卷第9期编辑出版中医专刊，以利于西医学习中医，加强中西医结合发展；1954年10月，《中华医学杂志》第40卷第11期转载傅连暲理事长在《人民日报》发表的《关键问题在于西医学习中医》；1954年第41卷第5期编辑出版学习中医学专刊。同时也加强学习苏联先进医学的要求。如1955年1月，《中华医学杂志》第41卷第1期发表了本刊社论《进一步学习苏联先进医学》的专论文章。20世纪50、60年代，更是积极倡导西医学习中医，走中西医结合之路。还根据中医诊断和用药处方不规范的问题，《中华医学杂志》第40卷第10期发表了著名中医学家施今墨的专论《编辑中医统一标准用药建议》，对规范中医诊断和用药发挥了积极作用。这些举措，对促进中西医结合发挥了重要的历史作用。1955年第41卷第6期发表本刊社论《在医学杂志上必须开展学术上的自由讨论和批评》，积极倡导学术争鸣和学术讨论。

1955年1月，为进一步加强期刊多学科领域学术发展和强化编辑出版的领导力量，中华医学会决定设5位不同专业领域的著名专家担任总编辑，由黄胜白、贾魁、钟惠澜、黄树则、李涛共任总编辑。黄胜白为江苏人，1889年出生于江苏，是我国著名药物学家，上海同济大学医科毕业，先后任教于南通医学院、上海同济大学、圣约翰大学等。1919年创办上海同德医学院。新中国成立后，历任华东卫生部医教处副处长、华东医务生活社社长、中华医学会副秘书长等职。这一时

期,《中华医学杂志》结合我国卫生工作实际和重点进行学术报道。为配合我国政府大规模消灭血吸虫病的行动,1956 年,在第 42 卷第 4 期转发了人民日报《一定要消灭血吸虫病》的社论。在第 42 卷第 5 期发表了刘仲恒的述评《防治血吸虫病工作中的几个问题》,并编辑出版了两期血吸虫病防治专刊,对指导血吸虫病的防治工作发挥了重要作用。

1956 年 7 月 23～29 日,中华医学会第 18 次全国会员代表大会在北京召开,大会继续推举中央人民政府卫生部李德全部长为名誉会长;大会选举傅连暲再次连任中华医学会会长。1956 年 9 月 1 日,中华医学会第 18 届常务理事会第 2 次会议决定,徐诵明任中华医学会编辑出版部主任。1956 年 10 月,中华医学会常务理事会决定,由著名病理学家徐诵明教授任《中华医学杂志》总编辑,黄胜白、贾魁、钟惠澜、黄树则、李涛、计苏华任副总编辑。徐诵明为浙江新昌县人,1890 年出生于新昌县,是我国著名病理学家和医学教育家,中国病理学的先驱者和开创者之一。1908 年东渡日本求学,经章太炎介绍加入中国同盟会。1909 年考入日本东京第一高等学校预科;1914 年进入日本九州大学医学院。1916 年任职于国立北京医学专门学校,1919 年出任北京医学专门学校教授,1926 年任第二中山大学医科教授,1928 年就任国立北平大学医学院院长,1932 年任国立北平大学代理校长,1937 年任国立北平大学代理校长兼农学院代理院长,1939 年任国民政府重庆教育部医学教育委员会常务委员和浙江医学院院长,1944 年调任同济大学校长,1946 年担任沈阳医学院院长兼病理学教授,1950 年任中央人民政府卫生部教育处处长兼任北京医学院病理学教授,1953 年出任人民卫生出版社社长。

1956 年 6 月,我国著名医学家汤飞凡、张晓楼、黄元桐、王克乾教授分离出并证实了沙眼病毒。1957 年,《中华医学杂志》进行了首次报道。这一研究成果引起了世界医学界的重视,并导致了世界微生物分类的变革。后来,将沙眼病毒正式命名为沙眼衣原体,从此微生物分类上增加了衣原体目。世界卫生组织沙眼及其他衣原体感染菌种和研究协作中心主任沙赫特(J.Shachter)称这一发现是全世界衣原体研究第 4 次高潮的标志。1958 年,上海广慈医院抢救烧伤患者邱财康成功,首创大面积烧伤救治成功的先例,《中华医学杂志》将其经验及时进行了报道,引起世界医学界的关注。1960 年,发表了国家卫生部副部长钱信忠的专论《烧伤研究的辉煌成就和今后的任务》,对该学科的发展起到了促进作用。《中华医学杂志》还以学术上的高瞻远瞩,进行超前性学术导向。早在 20 世纪 60 年代,就意识到心血管病和肿瘤将是未来威胁人民健康的主要疾病,为此,1960 年和 1963 年先后邀请中国医学科学院院长、胸外科专家黄家驷教授撰写专论《我国心血管系统疾病的研究现状及今后的发展方向》《积极开展肿瘤的防治研究工作》的述评。此后,又根据当时我国医学科学发展的重点和卫生工作的实际及存在的问题,对我国职业病、鼻咽癌、传染病、地方病、麻疹疫苗等防治研究中存在的问题,进行了学术引导和研究报道。如 1961 年第 1 期刊发职业病专家吴执中教授的述评《现阶段我国矽肺防治问题》;1961 年第 4 期刊发徐荫祥教授的述评《关于鼻咽癌防治研究的几个问题》;1961 年第 6 期编辑部刊发短评《麻疹减毒活疫苗研究中的若干问题》;1962 年第 1 期刊发国家卫生部钱信忠部长的述评《积极开展克山病的防治工作》等,及时指明了学术研究方向和存在的问题,对推动这些领域的发展发挥了重要的促进作用。

4. 医学期刊调整与期刊重组时期　1959 年 1 月 21 日,中华医学会党组会议由傅连暲会长主持,会议决议:中华医学会等 7 个医药学会合并,合并后名称拟定为"中国医药卫生学会",但对外翻译名称不变;这 7 个学会原有的 27 个中医药卫生期刊,《中华卫生杂志》并入《人民保健杂志》,《中华结核病科杂志》和《中国防痨杂志》并入《中华内科杂志》,《中药通报》并入《药学通报》,《中华寄生虫传染病杂志》移交上海医学会编辑出版;《中华眼科杂志》由月刊改为双月刊,并有 9 个医学期刊分别减少编辑出版面数。1959 年 1 月,为贯彻中国科协会议精神,调整学术团体的组织机构,中华医学会、中国药学会、中华护理学会、中国防痨协会实行四会合署办公。1959 年,《中华医学杂志》与《医学与保健组织》合并,并更名为《人民保健》,1959 年 4 月《中华卫生杂志》

也并入《人民保健》。由于报道范围和重点及办刊方针出现混乱，读者和作者难以认可。1960年1月《中华医学杂志》又从《人民保健》中分出，重新复刊了《中华医学杂志》，并补出版第40卷；《人民保健》也只出版了不足2卷，于1960年7月停刊。1960年5月《中华医学杂志》第5期发表述评《积极开展医药卫生界的学术争鸣》，率先倡导医药卫生学术界积极开展学术争鸣，促进学术健康发展。1960年6月，根据上级通知，要求停刊，检查杂志中有无"泄密、浮夸和修正主义"等问题；《中华医学杂志》到1961年6月才复刊，停刊达一年之久；1961年6月《中华医学杂志》复刊。

1962年12月14日，中华医学会党组召开会议，会议决定呈报国家卫生部党组、中国科协党组"关于当前医学杂志编辑工作中几个问题的报告"。报告从办好医学学术期刊是学会的一项重要工作，医学期刊的办刊方针、任务与要求，编辑工作的组织领导，党的领导是办好医学期刊的根本问题等方面阐述了学会的意见，同时提出拟在常务理事会下设立编辑工作委员会，以利于加强对医学期刊编辑出版工作的指导作用。1963年1月，编辑委员会换届改选，钱信忠当选总编辑。钱信忠为江苏宝山人，1911年出生于宝山，1932年参加红军，历任八路军一二九师卫生部部长，华北军区卫生部部长。1950年任西南军区卫生部部长。1951年赴苏联学习并获医学副博士学位，后任总后勤部卫生部副部长兼军事医学科学院院长，中华人民共和国卫生部副部长、部长兼党组书记、中国红十字会总会会长、中华医学会会长、国家计划生育委员会主任兼党组书记等职。

1963年10月，《中华医学杂志》报道了上海市第六人民医院陈中伟、钱允庆、鲍约瑟的《前臂创伤性完全截肢的再植一例报告》，引起国际上的瞩目，开创了世界断肢再植成功的先河；陈中伟教授也被国际医学界誉为断肢再植的奠基人和"断肢再植之父"的美誉，并当选中国科学院院士。黄家驷教授专门在《中华医学杂志》发表述评《从截肢再植手术成功看外科干部的培养问题》。首例断肢再植成功，推动了我国乃至世界断肢再植的发展，并导致了显微外科学的诞生，并使我国这一领域始终处于国际领先地位。1964年10月20日，中华医学会接到国家卫生部徐运北副部长办公室电话，要求将《中华医学杂志》以后每期经国家科委由李志绥呈送毛泽东主席一册阅览。

10年浩劫，作为学术性期刊的《中华医学杂志》也未免遭劫，期刊的发行数量受到限制。不少著名医学专家、编辑委员被打成"反动学术权威"，被剥夺了学术研究的权力和条件，审稿队伍和作者队伍被削弱，审稿的运行机制被破坏，期刊的主要版面充斥了大量的政治性文章。1966年8月，中华医学会主办的医学期刊，除了《中华医学杂志（英文版）》外，其他医学期刊全部相继停刊；直到1972年5月，《中华医学杂志》才在周恩来总理的关怀下批准复刊。此次停刊时间达6年之久，形成了学术空白区，给我国医学科技学术的发展造成了巨大损失。1972年11—12月出版两期内部发行的试刊号；1973年1月才恢复公开发行。1974年，中国科学院院长、全国政协副主席郭沫若为《中华医学杂志》题写刊名，再次显示了国家科技领导人对学术期刊的关怀。在这一时期，虽然也报道了不少断肢再植、烧伤、肿瘤等方面的创新性成果，但由于受当时社会政治的影响，刊出的文稿多有政治色彩，几乎每期显要位置都刊登或转载政治性文章，造成学术导向和学术研究上的混乱，所发表的论文也很少有个人署名，一个具有很高权威性的纯学术期刊形象被严重扭曲。

四、《中华医学杂志》繁荣发展时期

党的十一届三中全会以后，特别是全国科学大会和全国医药卫生科技大会的召开，迎来了科学技术繁荣的春天。

1. 重塑期刊影响与繁荣发展　为重塑《中华医学杂志》的学术地位和学术影响力，加强编辑委员会的力量，1978年11月，在太原召开了停滞多年的编辑委员会会议，及时召开了第19届《中华医学杂志》编辑委员会会议，时任中华医学会副会长和国家卫生部副部长的黄树则当选总编辑，郭子恒、邓家栋、黄大有、佘铭鹏、翁永庆任副总编辑。黄树则为天津人，1914年出生；1938年毕业于北平大学医学院，1938年参加八路军；曾任延安白求恩国际和平医院医务主任、儿科主任、院长，第一野战军卫生部副部长。新中国成立后，历任北京医院院长，总后勤部卫生部教育处处长，卫生部保健局副局长，卫生部副部长、顾问，中华医学会老年医学学会主任委员，中国卫生宣传教育协会主席。本届会议组成了由我国各学科著名医学专家参加的编辑委员会，增补和扩大了审稿专家队伍，进一步明确了"宣传党和国家的卫生工作方针和政策，坚持理论与实际相结合，普及与提高相结合，百花齐放、百家争鸣"的办刊方针。以服务广大会员和医药卫生科技人员，促进国内外医学学术交流和医学科学发展，提高全民健康水平为宗旨。以全面反映我国医药卫生科研成果，快速传递世界前沿信息，积极推广现代先进技术，及时交流防病治病经验，大力普及医学科技新知识为己任。健全了编辑和审稿的运行机制，严把学术质量关，及时报道了大量具有国内和国际先进水平的研究成果，学术质量不断提高。

1980年6月，在北京召开了第12届《中华医学杂志》编辑委员会会议，李志绥博士当选总编辑，邓家栋、徐荫祥、黄克维、雷海鹏、黄大有、佘铭鹏、陈灏珠、翁永庆任副总编辑。李志绥为北京人，1919年出生于北京。是医学世家，其曾祖父李德立是满清同光年间的御医。毕业于四川成都华西协和大学医学院，1945年获医学博士学位；自1954年被任命为毛泽东主席的私人保健医师，直到1976年毛泽东主席去世为止。1980年担任中华医学会副会长、中国老年学会副会长兼任《美国医学会杂志中文版》总编辑。本届会议通过了《关于改进中华医学杂志的几点建议》，进一步加强了一些重点学科的学术导向和专题研究报道，先后刊发了编辑部述评《加强遗传学的研究》、朱宪彝的述评《深入开展地方性甲状腺肿和地方性克汀病的研究工作》、陈灏珠的述评《人工心脏30年》、陶恒乐的述评《加强老年医学的研究》，朱盛修、张伯勋的述评《把我国显微外科的研究提高到一个新水平》，谢桐、吴阶平的述评《为迅速发展我国肾脏替代工作而努力》，吴旻的述评《基因治疗纵横谈》等，进行多学科学术引导。1981年，根据所刊发论文有些存在科研设计不严谨的状况，为提高医药卫生科技人员的科研设计水平，提高科研工作质量，编辑部组织36名著名专家召开了医学科研设计座谈会，率先倡议重视医学科研设计，其会议纪要在《中华医学杂志》刊发后，在学术界引起了强烈反响，受到医学界高度评价，曾有学者在报刊撰文称之为"81纪要""中国医学史上的一件大事""中华医学杂志率先举起了重视科研设计的大旗"等赞誉。

1984年12月，在昆明召开了《中华医学杂志》第21届编辑委员会会议，中华医学会副会长李志绥教授继续担任《中华医学杂志》总编辑，雷海鹏、陈灏珠、费立民、翁永庆任副总编辑。1985年6月2日，庆祝中华医学会成立70周年暨《中华医学杂志》创刊70周年大会在北京全国政协礼堂举行。中华人民共和国主席李先念致信："希望学会进一步团结广大医学科技工作者，为发展我国的医学科学事业做出新贡献"；陈云、方毅为大会分别题词："广泛开展学术交流，推进医学科学发展"和"为发展中国医学科学事业而奋斗"。国家卫生部崔月犁，中国科协副主席王顺同、张维，解放军总后勤部部长韩光，中华医学会原会长钱信忠、贺彪等出席庆祝大会；中华医学会会长吴阶平发表讲话。

1989年10月24日，中华医学会第20届大会第4次常务理事会审议同意，顾方舟任《中华医学杂志》总编辑并在黄山召开的《中华医学杂志》第22届编辑委员会会议选举通过，雷海鹏、王爱霞、黄楚庭、陈灏珠、廖有谋任副总编辑。顾方舟为浙江宁波人，1926年出生，是我国著名医学病毒学家，1950年毕业于北京大学医学院，1951年留学苏联，1955年获苏联医学科学院医学科学副博士学位。历任中国医学科学院医学生物学研究所副所长、病毒学研究所脊髓灰质炎研究室主任、中国医学科学院院长，中国协和医科大学副校长、校长，中国医学科学院北京协和医学院院长和一级教授。中国生物医学工程学会理事长，中华医学会常务理事等职。是第三世界科学院院士，英国皇家内科学院院士，欧洲科学艺术文学学院院士。长期致力于脊髓灰质炎的预防与控制研究，是中国组织培养口服灭活疫苗开拓者之一，被称为中国脊髓灰质炎疫苗之父。

2. 突出综合体现交叉、实施多学科学术引

导 为使《中华医学杂志》更具有综合性医学期刊的特点，全面反映我国医学科学各学科的发展，从 1992 年开始，每年第 12 期为"中国医学科学进展专刊"，请医学各学科或专业的学术带头人撰写每年我国各学科和专业的进展，得到医学界的普遍赞扬。

1995 年 3 月，在汕头召开了第 23 届《中华医学杂志》编辑委员会会议，中华医学会副会长王镭任总编辑，吴旻、陈灏珠、黄楚庭、徐弘道任副总编辑。王镭为山东泰安人，1935 年出生。著名医学教育家，毕业于北京大学口腔医学系，在该校从事口腔医学教学和研究工作。曾先后任国家教育委员会高等教育司副司长兼体育卫生司副司长、中国高等医学教育学会首任理事长、中国法医学会副会长、《中国高等医学教育杂志》总编辑、中华医学会副会长兼任党组副书记、中华医学会医学教育分会主任委员、国家医学教育发展中心主任等职。每届编辑委员会会议都不断总结经验，改进工作，调整编辑委员会的力量，把国内医学各学科的学术带头人充实到编辑委员会。1998 年，即从第 78 卷开始，由小 16 开本扩改为大 16 开本，版面由 64 面增加为 80 面，并根据临床和科研实际，紧紧围绕国家卫生工作重点或重大课题组织重点号，及时约请各学科带头人撰写专论或述评，主动进行学术引导，注重学术或学科培育。如发表的具有国内或国际先进水平的科研论文占了很大比例，医学科技工作者以能在《中华医学杂志》发表论文视为一种很高的学术荣誉。《中华医学杂志》在国际上也享有较高声誉，多年来，被国内外 10 多个权威检索系统收录。1988 年被我国图书情报界确认为 7 个学科的核心期刊。在全国被引次数最多的 100 种科技期刊中排第九位，在医学期刊中排第一位。1992 年和 1996 年在国家科学技术委员会、中共中央宣传部、国家新闻出版署联合举行的全国科技期刊评比中，连续两次荣获全国优秀科技期刊评比一等奖；中国科学技术协会优秀学术期刊一等奖，北京市优秀科技期刊全优奖；1999 年获首届国家期刊奖；在我国被引频次最高的 20 种自然科学期刊排名中位居第五位，在医药卫生科技期刊中位居第一位。2001 年国家新闻出版总署推出的"中国期刊方阵"获医药卫生期刊首位"双高期刊"（即高知名度，高学术水平期刊）。1995 年创刊 80 周年时，全国人民代表大会常务委员会副委员长吴阶平题词："发扬成绩更上一层楼，继续为医学科学事业的发展做出新贡献"；国家卫生部部长陈敏章题词："辛勤耕耘医学科学园地 80 年，为提高学术水平、沟通科技信息、培养人才做出巨大贡献"。

2000 年 1 月 13 日，在深圳召开了由 75 位各学科著名学术带头人组成的第 24 届编辑委员会，中国工程院院士、中华医学会副会长、中国医学科学院院长、中国协和医科大学校长巴德年教授任总编辑，刘德培、赵雅度、杨秉辉、徐弘道任副总编辑。巴德年为吉林四平人，1938 年出生。我国著名免疫学家和医学教育家，中国工程院院士。1962 年毕业于哈尔滨医科大学，1967 年北京医科大学研究生毕业，1982 年于日本北海道大学获博士学位。曾任中国医学科学院院长兼中国协和医科大学校长、中华医学会副会长、浙江大学医学院院长、中国免疫学会名誉理事长、中国生物医学工程学会名誉理事长，中国生物医学工程学会名誉理事长，国务院学位委员会委员等职。

我国著名医学专家、全国人大常委会副委员长吴阶平教授、中国工程院院士裘法祖教授、中国科学院院士吴旻教授、中国工程院院士陈灏珠教授、方圻教授、国家卫生部张文康部长任顾问。会议决定，为缩短发表周期，增强国内外竞争力，从 2001 年第 81 卷第 1 期开始改为半月刊，并逐步向周刊过渡。

3. 适应学科发展、创一流学术期刊　2004 年，中华医学杂志编辑委员会会议在吉林省延吉市召开。出席会议的编辑委员有 83 名著名专家，中华医学会党组书记、副会长兼秘书长宗淑杰出席会议。中国工程院院士、中国医学科学院长兼中国协和医科大学校长巴德年教授继续当选总编辑。

历经一个多世纪和数代医学科学家的努力，《中华医学杂志》树立了科学性强、权威度高、影响力大、覆盖面广的医学期刊旗帜，在国内外医学界享有较高的声誉。先后被中国国家图书馆、中国科技信息研究所、中国医学科学院科技信息研究所、中国科学文献计量评价研究中心等国家科技信息检索机构为核心期刊。据中国科技论文与引文数据库和中国科学引文数据库提供的资料，《中华医学杂志》被引总频次和综合评价连续数年在中国医学综合类期刊中位居第一。1992年和1996年分别荣获首届和第二届全国优秀科技期刊一等奖；1999年荣获首届国家期刊奖；2002年荣获第二届国家期刊奖，2004年荣获第三届国家期刊奖，连续数年荣获中国百种杰出学术期刊称号；连续多年被中国学术文献国际评价研究中心评为"中国最具国际影响力的学术期刊"，连续多年被中国期刊协会评为"科技期刊影响力100强"期刊。其栏目设置更加丰富，设有总编寄语、述评、专家论坛、医药卫生策略探讨、医学与人文、标准与规范、临床研究、基础研究、流行病学调查、荟萃分析、新技术新方法、经验交流、疑难病例析评、循证病例报告、临床病理讨论、病例报告、争鸣与教育、继续教育园地、讲座、综述等。

2008年，中华医学杂志第26届编辑委员会会议在广州召开。中华医学会会长钟南山院士、中华医学会副会长白书忠出席会议。中国工程院院士高润霖教授任总编辑。高润霖河北唐山人，1941年出生于唐山。我国著名心血管病学专家、中国工程院院士、教授/主任医师、研究员。曾任中国医学科学院心血管病研究所所长、北京阜外心血管病医院院长、心内科首席专家。中国工程院医药卫生工程学部副主任、中华医学会常务理事、中华医学会心血管病分会主任委员、中国医师协会副会长、《中华心血管病杂志》总编辑等职。

2012年，中华医学杂志第27届编辑委员会会议召开。中国工程院院士高润霖继续当选总编辑。编辑委员会制定了《中华医学杂志》未来4年发展规划和设想，争创一流医学科技期刊。

2018年，中华医学杂志第28届编辑委员会召开，选举中国工程院院士曹雪涛教授为总编辑。曹雪涛为山东省济南人，1964年出生。我国著名免疫学家和医学教育家，中国工程院院士。先后任第二军医大学基础部免疫学教研室主任、教授，博士研究生导师，第二军医大学免疫学研究所所长，第二军医大学副校长，少将军衔。2011—2015年任中国医学科学院院长、北京协和医学院校长；2017年任南开大学校长、天津国际生物医药联合研究院院长，是国家免疫学重点学科带头人，国家杰出青年科学基金获得者、国家"973"免疫学项目首席科学家、国家"863"计划生物技术与现代农业领域专家；先后当选国际欧亚科学院院士、美国国家医学科学院外籍院士、美国人文与科学院院士、德国科学院外籍院士、法国医学科学院外籍院士、英国医学科学院外籍院士、海军军医大学医学免疫学国家重点实验室主任、中国医学科学院免疫治疗中心主任等职。编辑委员会组成了以多学科学术带头人为主的庞大编辑委员会队伍，编辑委员会将在继承上创新，力争将《中华医学杂志》推向更高水平，向国际名刊迈进。

4. 坚守办刊初心、突出期刊优势 《中华医学杂志》历尽百年沧桑，走过了一个多世纪的艰难道路，记录了我国近现代医学科学发展的历程，见证了我国医学科技期刊的发展历史。其基本经验如下。

（1）依托学会优势、突出学术领导：《中华医学杂志》的惯例是总编辑一般由中华医学会副会长或会长兼任。曾有17任会长，28任副会长兼任过《中华医学杂志》总编辑或副总编辑及编辑工作（表23-3）。

（2）坚持以学术质量为中心、促进学术繁荣：反映当代医学科学发展的水平，重视学术导向，加强学术争鸣，促进学派团结，是办好期刊的前提。

（3）依靠专家办刊、发挥专家的创新精神：学术期刊专家办，是《中华医学杂志》生存的发展的基础。中华人民共和国成立前和新中国成立初期，《中华医学杂志》没有专职编辑，我国的著名医学家们，如伍连德、俞凤宾、刁信德、林宗扬、沈克非、朱恒璧、钟惠澜、张孝骞、诸福棠、黄家驷等，一代又一代的医学泰斗们既是专家，又当编辑和编辑干事，亲自登记稿件，利用节假日和业余时间审稿改稿，给作者回信，从不计报酬。所以，《中华医学杂志》的办刊历史就是一部专家办刊史。专家的无私奉献和对学术事业的献身精神，是本刊得以生存发展的真谛。

（4）围绕国家卫生重点、服务医药卫生事业：紧紧围绕我国不同历史时期医学科技和医药卫生工作重点及危害人民健康的重大疾病进行学术支持，是期刊发展的重要任务。

表 23-3 《中华医学杂志》历届总编辑与主要负责人变迁

总编辑（主要负责人）	任职年度
伍连德	1915—1916
伍连德、俞凤宾	1917—1919
伍连德、俞凤宾	1920—1922
刁信德、俞凤宾	1922—1924
俞凤宾、刁信德	1924—1926
高镜朗、伍连德	1926—1927
林宗扬（总主笔）	1928—1930
李 涛（中文主笔）	
陈鸿糠（英文主笔）	
李 涛（中文总编辑）、李宗恩（主笔）	1930—1932
李 涛	1932—1934
余云岫（余岩）	1934—1934
余云岫（余岩）	1935—1937
余云岫、李 涛	1937—1939
李 涛、朱章赓	1940—1942
王吉民（上海版）、张昌绍（重庆版）	1943—1945
张昌绍、史伊凡（经理编辑）	1946—1946
张昌绍、俞焕文（经理编辑）	1947—1950
方石珊、黄树则（主任委员）	1953—1954
贾 魁、钟惠澜、黄树则、李 涛	1953—1954

续表

总编辑（主要负责人）	任职年度
黄胜白、贾 魁、钟惠澜、黄树则、李 涛	1955—1955
徐诵明	1956—1962
钱信忠	1963—1977
黄树则	1978—1979
李志绥	1980—1984
李志绥	1985—1989
顾方舟	1990—1994
王 镭	1995—1999
巴德年	2000—2003
巴德年	2004—2008
高润霖	2008—2012
高润霖	2012—2018
曹雪涛	2018—

（5）突出编辑策划与总体设计：发挥编辑部的学术管理和组织职能，增强专职编辑的学术敏感性和编辑思想，加强学术期刊的总体设计，积极实施有效的编辑策划和选题组织，是本刊发展的重要环节。

第九节 《中华医学杂志（英文版）》编辑出版简史

当翻开中国医学期刊编辑出版历史，1887年创刊的《中华医学杂志（英文版）》*The Chinese Medical Journal* 赫然显耀，它有着曲折的办刊历史，在中国科技期刊编辑出版史和中国医学期刊编辑出版史及学术发展史上都具有举足轻重的地位，特别是在我国现代医学学术期刊编辑出版史上具有里程碑意义；至今已有135年的编辑出版历史。而且从未间断过编辑出版，目前已出版130多卷，这在我国目前整个5000多种科技期刊中，是刊龄最长和最悠久的医学科技期刊。在中国医学学术界，其实有不少专家学者至今还将《中华医学杂志》（*The National Medical Journal of China*）和《中华医学杂志（英文版）》（*The Chinese Medical Journal*）搞混，以为是同一期刊或两个刊物内容一致，是相互的翻版。其实这是误解，这两个期刊是各自独立的综合性医学期刊，具有各自独立的编辑部、编辑委员会、专职编审人员和独立的办刊方针、读者对象和期刊定位，但都隶属中华医学会主办，编辑部也都设在中华医学会办公楼内，均在中华医学会杂志社/中华医学会期刊管理部的直接管理下编辑出版。

要呈现《中华医学杂志（英文版）》编辑出版简要历史，就必须追溯其今世前生。其实，《中华医学杂志（英文版）》前身是中国医学传教士学会，简称博医会，后更名为中国博医会；1887年创办的博医会机关刊物《中国医学传教士杂志》，英文名称 *The China Medical Missionary Journal*，（简称《博医会报》），后更名为《中国博医会报》。在《中华医学杂志（英文版）》办刊过程中，其英文名称曾几度变化，中文名称曾有过《中华医学会英文杂志》《中华医学杂志(外文版)》《中华医学》,到最后恒定的《中华医学杂志(英文版)》。1887—2022年,中国乃至整个世界发生了翻天覆地的变化,历经数次改朝换代和不同社会制度,经过多少代专家学者的努力和易手,历经人世沧桑,从未间断过编辑出版。要追溯《中华医学杂志(英文版)》的前世今生,就必然要追溯其前身《博医会报》的诞生背景。

一、《博医会报》西方传教医师初创时期

《博医会报》作为博医会机关刊物,是中国最早创刊的第一份西方现代医学期刊,博医会和《博医会报》在中国的创办,标志着现代医学的学术话语权掌握在外国传教医师手中。

1.西方传教医师行医布道、带来西方现代医学　早在13世纪,公元1245年西方罗马教皇就试图派传教士进入中国进行传教,把西方信仰和普世价值传教给华人,以改变华人信仰,由于中国官方禁止和拒绝,屡次派遣都未成功过。1557年,葡萄牙基督教传教士试图派遣传教士入华传教,于是天主教领袖吸取以往西方传教士派遣受阻和失败的教训,采取了新的策略,西方传教士在派遣之前,首先苦学汉语、风俗和礼仪,并且都有中国名字,而且向地方官府示好以利于赢得官方支持;1644年清朝建立后,西方传教士甚至梳起辫子,以利于接近民众和信教徒。为了传教,罗马耶稣会士南怀仁(Ferdinand Verbiest),接近康熙帝并获得信任,还任命工部侍郎,身穿清朝官服,官居六品。1671年康熙帝发布谕旨,全国禁止迫害基督徒。Ferdinand Verbiest向罗马教皇报告称,皇帝虽然对西方科学倍感热心,但对基督教毫无兴趣;呼吁法国也加入到对中国的传教事业中来。于是法国派遣6名传教士进入北京;1692年皇帝施恩降诏:[容教令],自此,西方传教活动趋于合法化。到雍正继位后,即1724年降诏,正式禁止基督教传教活动。在旧中国几百年来,西方传教士可谓是前赴后继,其传教活动始终未断绝。新教在中国的传教活动大致可分为四个时期:①准备时期,1807—1842年;②口岸时期,1842—1860年;③向内地深入时期,1860—1877年;④严重受挫与繁荣时期,1878—1907年。

西方传教士在来华传教屡次受挫甚至失败后,不断总结经验教训,认为在缺医少药的中国,老百姓比较容易接受医师为其解除病患,同时医师也是最能接近底层人群行医传教,传播西方现代医学。由此,西方传教医师不断被西方多国宗教组织派遣来华,起初在中国南方沿海地区,以后逐渐向内地扩展,西方传教医师开办医院和医学院校。1834年,首位美国传教医师伯驾(Peter Parker)来到广州,创办广州博济医院、中华医药传道会和澳门眼科医院。1839年,英国传教医师雒魏林(Lock hart)与合信(Benjamin Hobson)也来到广州开设医院行医传教、翻译出版医学图书和创办医学期刊。

1840年爆发的鸦片战争,英帝国主义用炮舰轰开了中国的大门,由此结束了大清王朝从雍正元年开始的闭关锁国的时代。自此,中国逐步沦为半殖民地半封建的社会,历经一个半世纪,任人宰割。这一时期,耶稣教随着帝国主义的侵略势力,乘势涌入华夏大地,尤其是传教医师大批陆续来华,先后有60多个西方传教士宣教团来华,这其中大部分是西方各国传教医师。清朝咸丰同治后,耶稣教会在中国更加活跃,仅在1860—1890年,西方传教士在中国创办和发行的各种期刊就达76种,翻译出版的西方现代医学图书数百部。美国传教士卡雷.布朗曾经毫不掩饰地说:"单纯的传教工作,是不会有多大进展和效果的,因为传教士在各个方面都受到无知官吏的阻挠和限制。学校可能会消灭这种无知,但在短期内,在这样一个地域辽阔、人口众多的国度里,少数基督教学校能干出什么呢?我们还有一个办法,而且是比较迅速的办法,那就是编辑出版书、期刊的办法,在期刊和书籍内,不但能传播基督教福音,同时还传播西方现代医学、自然科学和哲学"。据1911年《中国宣教年鉴》记载,仅由西方传教医师创办的医院就有170多所、药房151所,年住院患者312 480多例,门诊患者1 021 002例;还有多所医学院校。

2.成立传教士社团、创办医学期刊　西方传教士医师正是在当时社会背景下,1886年在上海的英国传教士医师发起成立了中国医学传教士学会(The China Medical Missionary Association),

同时创办医学期刊也在其重要计划之内。通过传教士们讨论后，期刊名称定为《中国医学传教士杂志》(*The China Medical Missionary Journal*，简称《博医会报》)，1887年3月正式创刊。以传教士医师克尔（John G.Kerr，中文名嘉约翰）为主编，赖夫斯奈德（B.Reifsnyder）、马肯沃（J.K.Mackenzie）和久利克（S.Gulick）为副主编。嘉约翰为美国长老会教徒，1824年出生于美国，原名John Glasgow Kerr，他是较早来中国的著名传教医师之一。1859年他在广州创办了中国最早的教会医院博济医院；1898年在广州建立了第一所精神病医院；创办了西医学校，当时为中国培养了第一代现代医学临床医师人才。嘉约翰一生中共为70多万例患者诊断和治疗，为患者做过近5万例手术，培养了150名现代医学人才，编译出版医学著作34部，创办了多种医学期刊。时任博医会首任主席兼《博医会报》主编的嘉约翰在创刊号中讲到："学会目标包括治疗病患、培训本土医护人员和由此实现上述目标来辅助福音的传播与基督教会在中国的建立"。《博医会报》是基督教国家以外的首份医学传教期刊，初创时为季刊，1905年后改为双月刊，1923年后改为月刊。而且期刊多次被其他国家的医学期刊所引证。作为博医会的学术机关期刊，1887年出版了第1期。

中国博医会初创时期完全由欧美等西方国家的传教士医师组成的学术团体，在以后逐步有些留学回国的中国籍学者医师加入。所以，当时博医会从事的学术活动，包括出版、翻译医学书刊的经费均来源于教会。在当时，由于其期刊为外国教会所办，因此其稿件提供者也都是教会医院的外国传教士医师。在创刊号即第1期期刊上，刊登了中国博医会第二任会长文恒理（H.W.Boonc，1889—1891年）撰写的文章，他在文章中指出："期刊主要发表传教士医师的医疗和科研成果，以便积累越来越多的病例观察资料和临床经验，同时也有利于世界医学发展"。在中国现代医学发展史上，西方传教士医师的来华，标志着西方现代医学开始传入中国。在1887年以前，现代西医学文献在中国比较罕见，当然，这个时代在中国也没有专门传授西医现代医学的专门医学院校。1889年，文恒理（H.W.Boonc）接任嘉约翰兼任《博医会报》主编。文恒理为美国传教士医师，1839年出生于巴达维亚。其父文惠廉为美国圣公会首任驻华主教，幼年随父居住上海；后回美国就读，毕业于纽约内外科学院。1861年返回上海开业行医，光绪六年（1880年）美国圣公会任命文恒理为驻华教会医师，主要负责在华创办西医学医院和医学院。曾创办上海同仁医院（任院长）、圣约翰医学院（兼任教务长和教授）、同仁护士学校、医学图书馆和医学博物馆等；担任博医会主席、兼任《博医会报》主编。

1898年，师图尔（George.A.Stuart）接任主编。师图尔为美国马里兰州人，1859年出生于马里兰州；获哈佛大学医学博士学位。1886年来华，在南京传教；后创办芜湖弋矶山医院（任院长），1896年任南京汇文书院院长。师图尔翻译医学著甚多。如《解剖学名词表》《贫血病于组织学形态学及血液化学之特别关系》《圣经研究》《美以美会教会例文》《医科学生之习练法》等，还将《本草纲目》翻译成英文版，创办《兴华报》。还先后任中华基督教教育会和中国博医会会长。师图尔在华行医传教期间还是积极应用、推行和研究中医药的西医学者，对60多种中药的化学有效成分进行了测量研究，确定了某些中药的有效性，也确定了一些缺乏有效治疗价值的中药；1911年，师图尔出版了《中国药物学：植物类》专著，这是世界上最早也是首部西方现代医学医师研究中医药的学术著作。

3. 传教士创办医学院校、促进现代医学学术交流　在《博医会报》创办初期，刊登的学术文章大部分是麻风病、霍乱、梅毒、痢疾等传染性疾病的临床诊治经验内容。从1835年伯驾创办博济医院开始，截至1905年，中国已有外国教会医院近300所，西药房241个，西方传教医师3445名，其中内科医师301名。截至1925年，在中国的西方教会医院已突破300多所和多所医学院校。其中北京办和医学堂，就是1906年由在北京的6个教会联合创建的；1915年，由美国罗氏基金会买断又加以扩建而成并于1921年更名为北京协和医学院，英文名称The Peking Union Medical College。在以后的发展中，现代西方医学教育机构陆续诞生。如相继创建的广州夏万女子医校、天津北洋海军学堂、沈阳盛京医学堂、上海哈佛医学校、震旦大学、圣约翰大学、同济大学医学院、山东齐鲁大学医学院、湖南湘雅医学院、成都华西医学院等教学院校，均由教会资助，施行医教结合形式传授西方现代医学。受外国教会势力影响，1913年，民国政府还颁布了《解剖尸体条例》，这足以说明西方传教士医师对当代中国医学观念的影响力。

1902年，聂会东（James Boyd Neal）接替《博医会报》主编。聂会东1855年出生于美国，是美国基督教北长老会传教医师，1881年来华到登州，1883年在登州文会馆招生教授西医。1890年，聂会东夫妇来到省城济南，负责教会在济南的医疗事务，在济南创建华美医院和医学教育学校。1907年医学教育学校与英国浸礼会在青州和邹平创办的医院合并，合并后创建共和医道学堂（兼任校长），之后共和医道学堂又更名为齐鲁大学医学院，任首任院长；1911年任齐鲁大学校长，聂会东是现在山东大学齐鲁医学院、山东齐鲁医院的创始人。1890年，在第一届中国博医会上，聂会东主张在中国发展医学教育应以中文为教学语言；由于他在行医传教的过程中发现西医与中医是截然不同的医学理论体系，因此医学术语的翻译显得格外重要，由此他将医学名词术语翻译和规范作为重要内容之一。1903年，聂会东在济南成立了山东博医会，中国博医会下成立了出版委员会（兼任主席）。在此期间，他组织编译出版了多部西方医学著作，完成了医学名词术语的中西统一，结束了医学名词术语一词多义的混乱局面，规范和促进了医学教育的发展，为以后医学辞典的编辑和西医的传播提供了基本条件。他还翻译出版了《皮肤证治》（1898年）、《眼科证治》（1906年）和《化学辨质》等专著，是知识渊博的全科医师，也为中国的医学教育和医疗事业的发展做出了积极贡献。

在当时，外国教会医学院和医院，给当下的中国培养了一大批具有现代医学知识和技能的医药卫生人才。如北京协和医学院在美国罗氏基金会中华医学基金会，即称罗氏驻华医社（The China Medical Board of the Rockcfeller Foundation）的控制下，实行严格的8年制医学教育，包括3年的预科数理化基础教育，并实行启发式教学，注重理论与实践相结合，严格教学质量。由其培养的学生，在后来的我国医学教育、临床医学、科学研究、医疗卫生和医疗保健等领域做出了杰出成绩，相当部分学生成为我国医学科学相关领域的著名大家。后来由梅润思（Edward M.Merrins）接任《博医会报》主编。梅润思为美国传教士医师，致力于医学教学；毕业于纽约大学，获生理学博士，早期来华在上海圣约翰大学教授生理学与胚胎学；曾参与创办中国解剖学会。

二、《博医会报》中国化演变与《中华医学杂志》面世

在这个时期，由于西方现代医学在中国的传播与推广，从事西医的医师不断增加。同时，从国外留学归国的中国本土学者医师也不断加入到医疗卫生行业，其中也有不少中国本土医师加入到西方传教医师为主导的中国博医会，成为其中的会员，这也大大改变了《博医会报》都是外国传教医师作者的格局。

1. **倡导学术本土化与淡化传教士色彩** 西方传教医师以传播西方现代医学手段实现传教布道，要让现代西方医学被中国人所接受和推广普及，其首要的就是本土化。因此，博医会和《博医会报》更名的举措，都是在促进期刊向纯学术化和中国化转变的措施。在博医会召开的年会上，其主席章嘉礼（Charles F.Johnson）曾向会员透露关于博医会的愿景和意图，但很多持有这一愿景和愿望的传教士医师不敢直言此事，因为害怕学会宗旨受到损害或有不忠于本学会的嫌疑。这个愿景便是去掉C.M.M.A.（中国医学传教士学会）中的一个"M"（即传教士），使之成为China Medical Association（中国医学会），这正如British Medical Association（英国医学会）于英国、American Medical Association（美国医学会）于美国。因此，1907年博医会大会做出两项决定：第一是《博医会报》更名为 *The Chinese Medical Journal*；第二是确定博医会的中文会名和再创办面向本土医师的中文医学期刊和刊名。同时，博医会执委会决定将机构学术化和本土化、医学传播汉语化；这极大地加速了《博医会报》向本土

化演变的趋势和速度。

1912 年 7 月，《博医会报》的社论中指出："毫无疑问，所有的医学院校最终都会由中国政府接管，但是，在中国政府建立起稳固的基础之前，他们不会有时间和财力投入到医学院校的建设中。因此，若要满足这一国家对于医学的不断增长的需求，在接下来的几年中，还将主要依靠教会医疗力量以及接受了海外西方医学教育的归国人员"。1913 年，博医会在年会上给袁世凯的呈文中也表达了加强和中国医学同行合作的意愿；同时博医会指出："西方传教医师只是中国的宾客，传教医师的任务是将西方科学的精髓传给中国，直至有足够数量的中国本土医师能够承继西方传教医师所开拓的医疗事业。当这一天来临时，西方传教医师将会高兴地把任务移交给中国同行"。这些都说明博医会和《博医会报》中国化演变的动力和进程。1925 年，中国博医会在香港召开会议，会上通过投票表决，最后会议决定将期刊的英文名称更改为：The China Medical Association，彻底模糊了"Missionary"含义的影子，以使期刊尽快融入中国本土学术界。同时《博医会报》也从英文名称中删去"Missionary"一词，其目的就是淡化"传教士"的含义，进一步拉近与本土医师的关系和距离，模糊和消除隔阂心理，融合于中国医学学术界。

2.《中华医学杂志》创办与《博医会报》两刊作者的融合　在外国传教医师创办的博医会早期，除了创办纯英文版《博医会报》外，还有计划创办面向中国本土医师的中文版"博医会报"的计划，由诸多著名医学传教士积极倡议与设计，也获得数任博医会主席的支持，但历经漫长的筹划和多次论证过程，终因诸多原因而创办中文版医学期刊的计划和愿望宣告流产。如果追溯其主要原因，当时博医会编辑、稿源、经济困难、翻译人才匮乏是其主要因素。

医学期刊或科技期刊是近代科学发展、记载研究成果和交流经验的产物，起初源自 17—18 世纪欧洲在科学家中兴起的信函交流，原始的需要和目的是相互传递学术思想和新发现与新发明。1664 年，英国皇家学会设立通信委员会，以通信时间为依据确定科学家发明和发现的先后顺序与知识产权所有权标志，还在科学沙龙上公开朗读信件，后来印刷成册在学会内部发行。19 世纪后，这种通信交流形式逐步演变为定期出版的期刊，这成为科学家原创成果发表与交流的手段。而作为当时中国医学期刊的早期代表，英文版《博医会报》就是西方传教医师向华人传播西方现代医学知识的载体和工具。《博医会报》的编辑理念、编辑模式、出版发行方法和广告经营等，这无疑给当时本土医师提供启迪和示范，因而创办中国人自己的现代医学期刊的想法也就应运萌生了。记载原创医学成果和临床经验，把握中国人自己的学术话语权，是当时创办中华医学会开拓者们的初衷和动力。这些中国本土现代医学医师在思考，如果创办中国本土医师的中文医学期刊是否具备同样的功能和效果，也能达到与英文医学期刊相当的要求和目的，是否有能力以中文发表原创医学论文和传播现代医学知识，也能以平等的权利、姿态与国际同行交流和对话？由此，就在 1915 年 2 月 5 日，由伍连德、颜福庆等中国医师倡议下，经民国政府批准，在上海成立了自己的现代医学学术团体，即中华医学会（The National Medical Association of China）。1915 年 11 月，在伍连德主持下，创办了《中华医学杂志》（The National Medical Journal of China），当初为中英文两种文字并列编辑出版，即双语期刊。中华医学会创建之初，其发布的宗旨是"巩固医家友谊，尊重医德医权，普及医药卫生知识，联络华洋医界"为其办会宗旨。在其影响下，中国博医会和中华医学会的医师都相互在对方的期刊上发表学术性文章，交流学术成果和临床经验已较为普遍。如 1887—1923 年，在《博医会报》发表文章的 531 位作者的文章中，只有本土华人医师作者 20 人，占作者总数的 3.8%；而到了 1924—1933 年，外国医师与中国医师作者投稿的比例增加到 310：221，已达到 41.7%。时任《博医会报》主编埃德伍德. 默里斯（Edward M.Merris）在 1925 年发表的社论中指出："北京协和医学院和博医会医师投稿分别为 30% 和 52%。"并说"如果没有北京协和医学院教职员工的投稿支持，《博医会报》是很难按时出版的"。如北京协和医学院药理系陈克辉教授（K.K Chon）和施米特教授（C.F.Schmidt）是世界著名的麻黄研究者，其研究文章就是发表在《博医会报》第 39 卷上。还有北京协和医院和其他医院发表（诸如，有关钙磷代谢、软骨病、疟疾、血吸虫病、伤寒、黑热病等）临床科研成果的论文。《中华医学杂志》的创办促进了《博医会报》作者的融合，同时也加快了《博医会报》本土化的演化速度。由此以华人医师为主导的中英双语医学期刊《中华医学杂志》诞生，以此为标志，以传播现代医学科技知识为主的汉语语系出现转型趋势，医学学术话语权开始被中国本土现代医学医师把握，使中国现代医学知识体系的建构迈入新时代。由此可见，《博医会报》与《中华医学杂志》的融合既体现了现代医学期刊发展趋势，也实现了博医会早期创办中文版医学期刊的夙愿。

3. 开创广告经营、扩大报道范围　1915年1月，埃德伍德.默里斯（Edward M.Merris）接任主编。由于《博医会报》创刊伊始，其经费来源主要靠基督教会的支持和传教医师以及国人的教会医药事业的捐赠；后来，为弥补办刊经费来源，开始招募西方医药器械和编译出版的医学图书广告在期刊上刊登，由此，广告费用收入成为《博医会报》经费来源的重要补充。1911年，其广告收入达到956.6美元，占到期刊总收入的1/3。如1910年3月第2期中刊登25则广告，其中医学图书出版销售宣传广告4则、医疗药品和化学试剂广告12则、银行汇票广告1则、船运物流广告2则、医学院校教育宣传广告2则、医疗器械广告4则。《博医会报》也成为我国医学期刊刊登广告的先河。1915年，为加强《博医会报》的经营，拓展期刊经费来源和经营效益，还专门增设期刊经营负责人，推举比必（Robert Case Beebe）担任总经理。比必为美国美以美会传教士，医学博士，1884年来华布道施医兴学，派驻安徽芜湖，还曾担任汉中金陵医院、汇文书院医道馆教习。1915年派驻上海，任中国传教医学会（China Medical Missionary Association）执行干事兼《博医会报》总经理。

为扩大《中国博医会报》报道范围，1916年7月，从第30卷开始，增设了"日本医学文献"栏目，这当时是由于汉城协和医学院的拉尔夫.G.密尔斯（Ralph G.Mills）医师做期刊的翻译和摘要的编辑工作，他考虑到中日两国文化的渊源具有相似之处，日本对中医学和西医都有较深入的研究，开辟日本医学栏目介绍给中国医师，增加一个了解日本医学发展的窗口，应该具有借鉴意义。这一栏目一直坚持到1921年的第35卷为止。1908年，传教士医师高似兰（P.B.Cousland）等在《博医会报》呼吁成立护士组织，作为本刊主编，他承诺在《博医会报》上开设一个"护士专栏"，直到该组织有自己的刊物为止。

《博医会报》作为当时一家教会医学期刊，发展成为具有较高学术水平和权威性的学术期刊，为刊载研究成果和传播现代医学技术，促进西方现代医学在中国的推广、学术交流、医学教育和卫生立法都发挥了历史推动作用。这其中与默里斯主编的努力是分不开的，他1915—1929年一直担任《博医会报》主编，为学术交流和期刊的编辑出版做出了突出贡献。

三、《中华医学杂志（英文版）》与《博医会报》合作办刊时期

1929年，博医会推举高似兰（Philip Brunelleschi Cousland）接替埃德伍德.默里斯（Edward M.Merris）担任主编。高似兰英文名：菲力浦·伯鲁涅列斯基·高似兰，为苏格兰传教士医师，1860年出生于苏格兰；1883年，高似兰奉苏格兰长老会派遣，来到中国广东省潮州教会医院布道传医。高似兰曾编撰英汉对照《医学辞汇（Lexicon of Medical Terms）》，是中国近代西方现代医学最主要的医学工具书；为了统一和规范医学名词，由他参与和推动下，在博医会下成立了医学名词审查会，为医学名词翻译标准化奠定了基础。在其担任《博医会报》主编期间，积极推行医学名词的标准化，为规范医学名词做出了贡献。

1. 两刊合并与中外合作办刊　在中华医学会和《中华医学杂志（英文版）》发展历史上，其中发生了一个重要历史事件，就是1932年1月，中国博医会与中华医学会的合并、《博医会报》与《中华医学杂志》的合并。《博医会报》与《中华医学杂志（英文版）》部分合并，但刊名仍称《中华医学杂志》，两会决定中文版和英文版各单独编辑出版，分别设立独立的各刊编辑部，英文版名称定为：*The Chinese Medical Jouirnal*。接着，

中华医学会和中国博医会经过两年多的协商和谈判，于1932年4月15日实行两会合并，但仍称中华医学会，英文名称为：The Chinese Medical Association。也就是说，当时中国博医会已有46年的办会历史，而中华医学会只有17年的办会历史。两刊合并后的期刊卷数为46卷，接续《中国博医会报》延续出版。

1932年8月29日，中华医学会与中国博医会合并后的首次大会，即中华医学会第9次大会在上海李斯特研究院召开，会议最后决定，林宗扬和马士敦任《中华医学杂志（英文版）》总编辑。林宗扬祖籍福建海澄，1891年出生于马来西亚槟榔屿的华侨富商家庭。是我国著名医学家和医学微生物学的一代宗师；1911年考入香港大学医学院，1918年应伍连德邀请到北京开办中央医院，1919年入美国约翰霍普金斯大学公共卫生学院深造，1922年获公共卫生学博士学位，期间到英国利物浦大学热带病专门学校学习制备疫苗，曾任北京协和医院微生物科任主任和北京协和医学院教务长，1942年任北京大学医学院教授；1934年中华医学会第10次大会被选为理事会主席。马士敦（J.P.Maxwell）为英国传教士医师；1904年时33岁的马士敦受英国长老会派遣来到福建泉州永春县的永春医馆接替骆约翰医师，1919年受聘为北京协和医学院妇产科主任，1935—1937年任北京协和医学院代行政院长职务，曾任中华医学会妇产科学分会首任主任委员。1934年3月中华医学第10次大会，会议推举北京协和医院细菌科林宗扬教授和上海的传教士医师马雅各（James Laidlaw Maxwell，即马士敦的弟弟）共同担任总编辑，负责《中华医学杂志（英文版）》的编辑出版工作。马雅各为英国传教医师，1836出生于苏格兰。是英国基督长老教会派往中国台湾的第一位海外传教医师，时年27岁。他于1858年毕业于英国爱丁堡医学院。于1863年抵达上海，由此开启了他一生在中国的传教医师的生涯。他于1865年从厦门登陆中国台湾打狗港，在台创办首个西医馆、西街医馆。马雅各医师身为英国人，但对英国出售鸦片给中国表示极为不满，他目睹英国船贩运鸦片侵害中国台湾人民健康深感痛心；马雅各便于1899年在启用的新楼医院内设立了鸦片戒毒室。马雅各在行医传道之余，以罗马字翻译新约圣经。1872年马雅各因病返回英国，在患病期间，于1873年完成厦门音新约圣经的翻译和编辑出版。是首部新约圣经。1880年还将其创办的聚珍堂捐赠给中国台湾教会，其印刷机和排字架与铅字等共11箱的印刷设备捐给中国台湾相关机构，由此开启了中国台湾民众没有报刊阅读的历史。其次子马雅各二世（Dr.James Laidlaw Maxwell, Jr.）也继承父业，来到中国台湾台南医院从医传教，后转往上海，曾担任中国红十字会总干事。

在期刊编辑出版史上有一个非常有趣史实，马雅各（James Laidlaw Maxwell）一家三人在华行医传教，都曾先后担任过《博医会报》主编，这就是马雅各的哥哥马士敦（John Preston Maxwell）和其子马雅各二世（Dr.James Laidlaw Maxwell）。马士敦出生于1871年，毕业于伦敦大学妇产科专业，学成后于1898年来华，在福建闽漳浦医院从事医疗工作，担任外科主任。1904年前往泉州永春，主持永春医馆（今永春县医院），因努力救治伤兵，还得到民国北洋政府嘉奖。1919年调往北京，担任北京协和医学院妇科学和产科学教授，同时兼任北京协和医院妇产科首任主任；1929年成为英国皇家妇产科学院院士。1928年，在北京协和医学院有位聪明的小姑娘，引起了马士敦的关注，后来成为良师益友，受到马士敦的严格和精心培养，在马士敦的极力帮助下，她成为北京协和医院首位留院的中国本土妇产科医师和总住院医师，她就是后来成为中国妇产科医学奠基人的林巧稚教授。就在林巧稚入职北京协和医院妇产科医师不久，亲手接生了一位名叫"袁小孩"的男性婴儿，他就是后来成为世界杂交水稻之父的袁隆平院士。而林巧稚教授的首位学生郎景和教授，现今成为世界著名妇产科医学专家和中国工程院院士而享誉世界。

而马雅各之子马雅各二世（Dr.James Laidlaw Maxwell）从伦敦大学获得医学博士后，于1900年随父亲马雅各来到中国台湾新楼医院行医。1923年到上海担任中国博医会执行干事；1937年任中国红十字会总干事，还积极投身中国人民的抗日战争并做出了贡献。马雅各二世是麻风病防治专家，长期致力于中国麻风病的防治事业。他从中国红十字会卸任后，于1848年在杭州近郊创建麻风病医院。在华工作50余年，1951年因患疟疾逝世，安息在杭州。

这一时期实际上还是在两个期刊的基础上编辑出版，只是合刊后用同一个名称编辑出版而已。J.L.Maxwell是当时北平协和医院妇产科主任J.P.Maxwell的弟弟，都同为传教士医师，处于这种关系，J.L.Maxwell和林宗扬教授在期刊的编辑出版工作上关系很融洽，而且配合得很默契。两刊合并后，主要出于经济和出版成本原因，期刊改在北平商务印书馆印刷出版，编辑部名誉上在北京协和医院，实际上在北平和上海两处。J.L.Maxwell曾在期刊撰文指出："作为总编辑，办好期刊很不容易，要照顾各方面的兴趣，但尽可能考虑刊登临床方面的文章，以适合本国临床医师的需求，所报道文章还要反映医学发展的最新成果和前沿。"

在以后的办刊实践中，《中华医学杂志（英文版）》在林宗扬教授的不懈努力下，学术质量和编辑出版质量得到很大提高，而且有些文章经常被欧美主要医学期刊的文章所引用。1934年3月31日，中华医学会第10次大会，即与博医会合并后的第2次大会在南京召开；会议决定由林宗扬、马雅各（J.L.Maxwell）继续担任本刊总编辑。

2. 融入世界学术交流体系、开创医学期刊新纪元　1935年11月8日，中华医学会第11次大会在广州博济医院召开，会议决定由许雨阶和马雅各任《中华医学杂志（英文版）》总编辑。许雨阶教授为寄生虫病学专家，时任北京协和医学院寄生虫系主任。当时《中华医学杂志（英文版）》为月刊，每期印刷2000册，由于其学术影响力和权威性不断增强，学术水平和质量不断提高，先后被美国 Chemical Abstract 和美国医学会 Quarterly Cumulative Index Medicus 收录，是中国最早被国外医学索引收录的中文版医学期刊。也被美国 The Cummulative Index Medicus（美国累积医学索引）收录的唯一中国医学期刊。因当时期刊信息容量比较大，每年一卷，每期200多页，每年每卷达到2000多页的厚度，根据图书馆和读者建议，为了缩小每卷厚度，以利使用和阅览方便，编辑部决定从1937年开始每年改出两卷。

随着期刊学术影响力的提升，作者投稿面不断扩展，其来稿多来自于北平的各医院、上海的各医院，以及成都、汉口、广州等各医院临床医师来稿颇多。由于稿件量增加，1936—1940年，又先后编辑出版了多期增刊，每次容量都达到500～600页，同时，也刊载来华访问的著名外国专家的演讲报告、中华医学会各专科分会的学术会议论文等。如1936年刊登有病理学和临床微生物学首届大会的学术论文专辑，1938年刊登有美国哈佛大学医学院细菌免疫学教授 Hans Zinsser 的斑疹伤寒流行病学与病原学及预防研究的论文，1939年刊登有美国明尼苏达大学 McQarrie Irvine 的多系统代谢研究与实践经验等文章，1940年刊登有康奈尔大学病理学教授 Eugene L.Opie 的病理学实践与研究报告。

3. 中西研究并举与临床实用兼顾　尽管在抗日战争期间，1937年4月1～8日，中华医学会第12次大会与中国生理学大会、中国病理学和微生物学大会、中华麻风病救济大会联合在国立上海医学院还是如期召开，会议决定由许雨阶和杜儒德（E.B.Struthers）任《中华医学杂志（英文版）》总编辑。余岩（余云岫）任《中华医学杂志》（中文版）总编辑。杜儒德（Ernest.Black.Struthers）为传教士医师，1886年出生于加拿大安大略省的高尔特，1912年毕业于多伦多大学医学院，后受加拿大长老会派遣到中国行医传教。曾任齐鲁大学医学院院长和公共卫生学院院长，知名内科学专家，参与编著经典内科学专著《欧氏内科学》。1938年，日军入侵中国，齐鲁大学南迁，杜儒德和其他大学员工经历1000多英里辗转跋涉到达中国西部的成都，任华西协和医院（由南迁的南京中央医院、齐鲁医院和华西医院组成）内科主任。抗战胜利后返回济南，1950年回国。1973年再次来到中国，受到国务院周恩来总理的亲切接见。

这一时期，当阅读各卷期刊内容，很明显，各期都能阅读到很多中国本土西医专业技术人员独立从事和完成的各项研究工作，其研究论文内容相当丰富，从传统中医学到现代医学的基础研究和临床病例观察研究及临床经验等。如 Eugene L.Opie 在为期刊的增刊撰写的引言中指出："现在逐期阅览《中华医学杂志(英文版)》内容表明，可以肯定地说，用西方医学科学方法训练出来的中国医师已经能够成功地按照自己的选择研究医学科学问题，并能研究中医几千年来传统药物的药理作用"。Hans Zinsser 还认为："这除了说明中国医学研究的价值与合作精神外，其每篇研究论文的学术水准都比较高"。

这一时期的办刊实践证明，《中华医学杂志(英文版)》对中国医学科学的发展发挥了重要作用和贡献，而且有些研究论文至今仍为经典论文。但同时，也有人对期刊存在不同看法，认为期刊追求刊登高水准研究论文，而一般会员难以看懂和实用。对此，期刊采取一些办法，尽可能满足基层医师的需求，在选稿上尽可能照顾到大多数读者的要求，这始终是《中华医学杂志(英文版)》难以两全的问题。当然，期刊从满足临床医师的需要出发，每期开辟了"医学文献专栏"，由于当时中华医学会尚缺乏专科性期刊，为此，《中华医学杂志(英文版)》每期按专科重点编辑出版"重点专题"。如麻风病专题、妇产科疾病专题、传染病专题、寄生虫病专题等。

1937年，日本帝国主义发动了卢沟桥事变，悍然发动了侵华战争；即使北平沦陷，日本侵略者占领北平后，设在北平协和医院的编辑部依然克服干扰，坚持正常编辑出版工作，并连续出版10年。1941年，珍珠港事件爆发，第二次世界大战全面爆发，《中华医学杂志(英文版)》才被迫停刊。

四、第二次世界大战与期刊的艰难编辑出版时期

1940年4月，中华医学会第13次大会在昆明昆华医院召开；会议决定由许雨阶、斯特拉特为《中华医学杂志(英文版)》总编辑。1941年，第二次世界大战爆发，中华医学会及其各地医学会难以开展正常的学术交流活动，学会与会员之间既不能保持联系，也基本停止了各项学术活动。实际上，中华医学会总会和各地医学会都不可能召开学术性的会议，其学会活动处于停摆状态。因为日本的大举侵华战争，当时中国已分成沦陷区和大后方两部分，中国人民的抗战进入最艰难的时期。就在这一时期，为坚持《中华医学杂志(英文版)》的编辑出版，期刊被迫开辟出三个版本，即上海版、成都版和华盛顿版。

1. 上海版的编辑出版　1941年6月2日，因许雨阶离开北平，推举林宗扬再度为《中华医学杂志(英文版)》总编辑。1941年12月7日清晨，日本海军的航空母舰战斗群，突然袭击美国海军太平洋舰队在夏威夷军事基地珍珠港，以及美国陆军和海军在瓦胡岛上的军用机场。由此太平洋战争全面爆发；珍珠港被袭，最终将美国卷入第二次世界大战。太平洋战争的爆发，日本侵略者随之攻陷上海。上海的陷落，使上海中华医学会总部再也不能正常运转和开展学术活动，中华医学会总部面临往大后方搬迁转移，为此，总部的部分执委临时决定《中华医学杂志(英文版)》继续在上海坚持出版，临时由侯祥川医师代理总编辑，并主持戌立编辑委员会。1942年3月，编辑出版第1期，仍保持期刊原有设计和风格。侯祥川为广东揭阳人，1899年出生于揭阳；著名营养学家。毕业于北京协和医学院，获医学博士学位。后赴欧洲、加拿大和美国进修访问，在美国宾夕法尼亚大学解剖科、华盛顿大学细胞组织系和海滨生物学研究院任研究员。回国后历任北京协和医学院副教授、上海雷士德研究院研究员、中央卫生实验院营养研究所主任。新中国成立后任第二军医大学教授兼生物化学教研室主任、训练部副部长、科研部部长。是中国生理学会和中国生化学会创始人之一。曾任中华医学会理事及上海分会会长、上海公共卫生学会会长。

由于战乱时期，编辑出版经费来源困难，1942—1943年，被迫减少出刊期数，以尽可能减轻成本经济负担，每年只编辑出版6期，1944年只出版4期，一直到1945年锐减到每年只出版3期。1942年，先期编辑出版的期刊除了由海路通过遣返者携带出部分期刊外，其余期刊的发行仅限在上海沦陷区内。1942年11月1日，中华医学会上海总部停止活动，期刊出版交由中华医学出版社承办。

1943年2月2日，中华医学会理事会在重庆民国卫生署会议室召开，临时应急决定，由刘瑞恒、施思明扫任《中华医学杂志(英文版)》国外华盛顿版的主编。由 Dr.E.R.Stmthen 担任《中

华医学杂志（英文版）》国内成都版的主编。两家期刊的稿件可互相交换刊登，但各自筹集办刊经费以保证编辑出版。刘瑞恒为天津人，1890年出生，是我国近代公共卫生事业创建者。毕业于北洋大学，留学美国哈佛大学，获医学博士学位。回国后任教于上海哈佛医专，后任北京协和医学院教授、院长，兼协和医院院长；1928年出任南京国民政府卫生署常务处长、民国政府卫生署署长，创立中央医院、中央卫生实验院，兼任两院院长，还协助成立中央大学医学院。施思明为天津人，1908年出生；是施肇基博士的长子，施肇基为中国20世纪初知名的杰出外交官，曾任民国政府驻英国、美国大使，中华民国外交部长，曾出任中华民国驻联合国代表。施思明博士毕业，曾就读于温切斯特公学和剑桥大学基督学院；中国著名外交家，世界卫生组织（WHO）主要创始人，曾出任联合国医监。曾任中华医学会上海支会总行政秘书。

1943年5月11日，中华医学会第14次大会在重庆歌乐山中央卫生实验院召开；会议决定由侯宝璋担任《中华医学杂志（英文版）》总编辑。侯宝璋为安徽省利辛县人，1893年出生；我国著名病理学家、医学教育家。毕业于齐鲁大学医学院，先后到美国芝加哥大学和德国柏林大学深造。1934年出版我国第一部《病理组织学图谱》，曾出任齐鲁大学医学院病理学系教授和系主任，英国教育部香港大学医学病理系主任教授，曾代理院长，中华医学会常务理事等职务。

1947年5月，中华医学会第15次大会在南京中央实验研究院召开；会议决定由马弼德任《中华医学杂志（英文版）》总编辑。1949年7月12日，中华医学会理事会第10次会议上，经讨论决定，再次聘请林宗扬为《中华医学杂志（英文版）》代理总编辑。

1951年1月，中华医学会理事会决定，由钟惠澜担任《中华医学杂志（英文版）》总编辑。1960年7月11日，根据上级指示，中华医学会主办的所有医学期刊全部停刊，检查"泄密""浮夸""修正主义"等问题。

2. 成都版的编辑出版　当时，由于北平陷落，北平邮局拒绝向重庆方面邮递期刊。1941年夏天，在大后方的一些医师建议在成都编辑出版《中华医学杂志（英文版）》的成都版，1941年12月，经在成都的中华医学会总部领导批准同意，临时组成6人编辑出版委员会，临时负责在成都编辑出版《中华医学杂志（英文版）》的成都版。1942年10月出版第1期，总共编辑出版了3卷；当时由斯特拉斯（E.B.Struthers）和邱焕扬（E.Y.Khoo）担任主编；期间出版的期刊基本全靠热心医师的协助和相关组织与个人的热情支持。当然，时任中华医学会理事长的沈克非教授给予了鼓励和支持。另外，在成都的美国医学援华署（The American Bureau for Medical Aid to China）和英国情报部（The British Ministry of Information）在经费上也给予大力支援，保证了成都版期刊的编辑出版。

3. 华盛顿版的编辑出版　在战争时期，为保证《中华医学杂志（英文版）》编辑出版的连续性，避免学术发展历史出现空白区，也便于国外图书情报检索机构和相关医学研究机构在邮政阻隔的情况下仍然可以正常获得期刊。1943年12月，在重庆的中华医学会执委会成员研究决定，在美国华盛顿编辑出版《中华医学杂志（英文版）》，即华盛顿版。1943年1月开始编辑出版，由刘瑞恒（J.Heng Lui）和施恩明（Szeming Sze）担任编辑工作。1943—1944年，总共编辑出版2卷8期，编辑出版的期刊保持了原有设计风格和形式。在当时投稿者极少，其主要稿件来源是中国大后方的医师，并负有战时医疗救治任务，撰写的一些论文转至而来；另外，上海医学界的稿件通过日本邮路转运到成都，再由成都转送到华盛顿。1943年10月和1944年4月，施思明专门为期刊稿件事宜访问重庆。在这一时期，医学文摘的出版和其他文献，通过华盛顿的编辑部转送至成都再编辑出版。

在当时，上海的《中华医学杂志（英文版）》编辑部的编辑们听说《中华医学杂志（英文版）》分别在成都和华盛顿编辑出版相应版本，并致函成都和华盛顿版编辑部，主要问题是提出《中华医学杂志（英文版）》的卷数和卷序的问题，如何保持其卷数和卷序的一致性和连续性，以利于期刊的总索引工作，便于文献的查阅和检索。在当时，上海版暨北平版已经编辑出版数期，为此，建议成都版和华盛顿版接续上海版的卷数和卷序，为了区别，分别标注 A、B 卷，同时，在华盛顿版的编辑也提出建议，华盛顿版第 1 期定为第 61 卷第 1 期，即 1943 年 1 月出版；而成都版为第 62A 卷第 1 期，即 1942 年 10 月编辑出版。在当时战乱、通讯困难和沟通不畅，只有成都版采纳了这一建议，上海版和华盛顿版仍以第 61 卷开始接续卷数。以至于这三个版本的期刊在卷数上常常被外界和学术界所混淆，这就是历史环境对期刊造成的影响、留下的痕迹和遗憾。

1945 年，第二次世界大战结束。上海版由于稿源缺乏，后来只编辑出版了 3 期，划归为第 64 卷。1945 年 12 月，中华医学会理事会研究决定，成都版和华盛顿版停止编辑出版。实际上成都版已于 10 月结束出版，定为第 63A 卷。华盛顿版取消了 1945 年 1～3 月出版的合刊，其出版到 1944 年为止，定为第 62 卷。

《中华医学杂志（英文版）》经受第二次世界大战的磨难，在极其艰苦的环境下仍然维持其编辑出版，从未间断，彰显了编辑人员、医学专家、学者的社会责任和无私奉献及对学术事业的执着追求。

1946 年 10 月 1 日，上海中华医学会总部机构恢复日常工作，《中华医学杂志（英文版）》又重新编辑出版，1946 年《中华医学杂志（英文版）》为第 64 卷，主要弥补 1945 年上海版，即第 64 卷文献信息的不足。《中华医学杂志（英文版）》在上海的编辑出版一直持续到 1951 年随中华医学会总部迁入北京。

五、《中华医学杂志（英文版）》快速发展时期

1949 年 10 月 1 日，中华人民共和国宣告成立。至此，《中华医学杂志（英文版）》的编辑出版工作进入了快速发展的时期。1951 年，《中华医学杂志（英文版）》随中华医学会总会机构搬迁北京，当时为双月刊。

1. 社会主义建设与期刊发展　新中国成立初期的几年，我国医药卫生事业飞速发展。在社会主义建设时期，《中华医学杂志（英文版）》也围绕国家卫生工作重点，适时调整办刊方针："坚持为工农兵服务，预防为主，中西医结合的卫生工作方针"。1951—1956 年《中华医学杂志（英文版）》仍为双月刊，到 1957 年改为月刊。随着期刊影响力不断扩大，投稿量与日俱增，稿件覆盖面遍及全国各地，其学术内容也极其丰富，《中华医学杂志（英文版）》影响力也不断提高。国际订户涉及 37 个国家和地区，并与 30 多个国家的 422 种国际医学期刊建立了交换关系。在这一时期，为加强《中华医学杂志（英文版）》的学术领导，展现综合性医学期刊特点，中华医学会理事会决定分别由林宗扬、钟惠澜和黄家驷担任总编辑。钟惠澜为广东梅县人，1901 年出生；我国著名内科学家、热带病学家和医学寄生虫学家。1921 年中学毕业后保送上海沪江大学理学院医预系学习，次年考入北京协和医学院。1934 年，他奉派去欧美考察热带病，在德国汉堡热带医学与卫生学院参加研究工作。1935 年底离开德国返回中国协和医院内科及热带病研究室工作，历任住院医师、住院总医师及主治医师。1955 年当选为中国科学院学部委员。毕生致力于内科疾病特别是热带病的研究，对回归热、斑疹伤寒、黑热病、肺吸虫病、钩端螺旋体病等的病原学、流行学、临床学和防治进行了开拓性研究；建立了为国际医学界公认的新学说和发现 8 个新种肺吸虫，并首次发现以钉螺为四川养殖吸虫的中间宿主对钩端螺旋体病、中华分支睾吸虫病、麻风病等多种疾病的研究，在病因学、病原体学、传染途径、诊断与治疗等方面做出了重大贡献。黄家驷为江西上饶人，1906 出生；中国科学院院士、著名胸心外科学家、医学教育学。1933 年毕业于北京协和医学院，获医学博士学位，后留学美国密执安大学。曾担任上海第一医学院副院长兼上海中山医院和上海胸科医院院长、中国医学科学院院长、首都医科大学校长、中国科学技术协会副主席、中华医学会副会长、中华医学会胸心外科学会主任委员等职，是中国心胸外科学和生物医学工程学的奠基人之一。著有世界著名的《黄家驷外科学》等经典学术专著。这些多学科著名专家在以后的期刊发展中，为《中华医学杂志（英文版）》的编辑出版和崛起做出了卓越贡献。

20 世纪 60 年代，我国医药卫生科学研究蓬勃发展，特别是临床研究水平不断提高，《中华医学杂志（英文版）》所刊登论文学术水平和质

量比较高，特别是有些临床研究成果处于世界领先水平。如 1963 年第 82 卷，先后刊登了北京协和医院妇产科主任宋鸿钊、吴葆桢教授等子宫绒毛上皮癌化疗和手术治疗的经验；董方中、史济湘等大面积烧伤患者的治疗经验；方先之等中西医结合小夹板治疗骨折；陈中伟、钱允庆等世界第一例断肢再植成功的报告，使我国显微外科处于世界领先水平，在世界学术界引起很大反响，以后陈中伟在国际上被称为"断肢再植之父"。

1961 年 12 月，理事会决定由黄家驷担任《中华医学杂志（英文版）》总编辑。黄家驷为江西省上饶市玉山县人，1906 年出生于玉山县；著名胸心外科学家，中国科学院院士。1933 年毕业于北京协和医学院，获医学博士学位，上海医学院任教；曾留学于美国密执安大学，回国后创建中国医科大学，创建上海市胸科医院任院长兼胸外科主任。曾先后任中国医学科学院院长、首都医科大学校长、中国科学技术协会副主席、中华医学会副会长和中华医学会外科学会主任委员等职。

2. 《中华医学杂志（英文版）》的更名和被迫停刊与复刊　就在期刊学术飞速发展的黄金期之际，1966 年，十年浩劫，不仅给社会带来混乱，也给医学科学技术和学术发展带来严重损失，而《中华医学杂志（英文版）》也不可避免地遭到厄运和劫难，1966 年 10 月到 1968 年，《中华医学杂志（英文版）》被迫更名为《中国医学》（China's Medicine）。

《中国医学》（China's Medicine）1969 年 1 月到 1974 年停刊，停刊时间长达 6 年之久。1975 年，《中华医学杂志（英文版）》复刊，因受其社会政治影响，所刊登论文隐姓埋名，几乎没有个人作者署名发表文章，大部分是以集体形式署名，并刊有大量政治性文章，致使严肃而科学的学术期刊形象遭到严重扭曲，甚至失去了学术文献价值。

3. 新起点与新跨越　1978 年，特别是全国科学大会后，科学的春天来临，《中华医学杂志（英文版）》才走向正轨，恢复严格的同行专家评议审稿制度，并重新组建以黄家驷教授为总编辑的编辑委员会，稿件迅速增加，并出现论文稿件过多积压现象，期刊学术质量和编辑出版质量逐步提高，对外交流不断扩大，其品牌影响力再度弘扬。

《中华医学杂志（英文版）》（Chinese Medical Journal）是中华医学会面向国际的英文版会刊，在新中国尤其是改革开放以来，《中华医学杂志（英文版）》在新起点上实现了新的跨越。《中华医学杂志（英文版）》是中国唯一被 SCI 核心版收录的综合性医学期刊，至今已有 135 年历史的医学期刊。其报道重点是我国医学各学科最新进展和高水平科研成果，是我国医学与世界交流的重要窗口。2010 年，《中华医学杂志（英文版）》被选为国际医学期刊编辑委员会成员，获得了国际同行的广泛认可与接受。被国际上 20 余种著名数据库收录，包括《科学引文索引（SCI）》《医学索引（IM）》、Medline、《化学文摘（CA）》《生物医学文摘（BA）》《荷兰医学文摘（EM）》《俄罗斯文摘杂志（AJ）》等国际著名检索系统；其 SCI 影响因子和总被引频次不断增高。《中华医学杂志（英文版）》稿件除来源于国内 20 余个省、自治区和直辖市外，还来源于美国、英国、日本、德国、法国、比利时、瑞典、瑞士、土耳其、巴基斯坦等 20 余个国家和地区。《中华医学杂志（英文版）》全球发行，作为中华医学会英文版会刊，还与全世界 50 余个国家和地区建立了交换关系，交换回原版医学期刊 400 余种。1992 年分别获国家三部委全国优秀科技期刊一等奖，中国科协优秀学术期刊一等奖，1993 年获中国科协全国优秀科技期刊奖，1997 年获国家三部委第二届全国优秀科技期刊二等奖和中国科协优秀科技期刊一等奖，1997、1998、1999 年连续 3 年获中国科协优秀期刊择优资助最高奖，1999 年获得国家新闻出版署颁发的首届国家期刊奖和国家自然科学基金委员会期刊专项资助，2002 年获第三届中国科协优秀科技期刊奖二等奖和专项经费资助以及国家期刊奖重点科技期刊奖，2003 年以来多次获得中国科协和国家自然基金委的专项基金资助和中国科协的优秀论文奖。

1984 年，总编辑黄家驷教授不幸辞世。1985 年 11 月，在杭州召开第二届全国编辑委员会会议，会议选举冯传汉教授担任总编辑。冯传汉为湖北武汉人，1914 年出生。1932 年入燕京大学医预科，1940 年毕业于北京协和医学院，后留学美国纽约州立大学获医学博士学位。曾任北平协和医院外科住院医师、副主任，北京人民医院骨科主任、副院长、院长，北京医学院副院长、北京市创伤骨科研究所所长、中华医学会骨科学分会首届主任委员、北京医科大学和协和医科大学联合出版社理事长、社长等职。在这次编辑委员会会议上，给《中华医学杂志（英文版）》提出了更高要求，作为对外学术交流窗口，要刊登能代表我国高、新、特水平的研究成果，努力争取《中华医学杂志（英文版）》进入世界著名医学期刊行列。总编辑冯传汉教授，著名骨科学家。另外，还有7位副总编辑，均为不同领域或学科的著名专家，信心百倍地努力办刊，使其走向世界。

1987年7月5日，《中华医学杂志（英文版）》创刊100周年纪念活动在北京科学会堂召开，国家科委、国家卫生部、中国科协领导出席活动，卫生部胡熙明副部长和中华医学会会长吴阶平等致辞，同时编辑出版了创刊100周年纪念专刊。1989年7月18日，中华医学会第20届第三次常务理事会在北京召开，会议同意聘请陈敏章部长为《中华医学杂志（英文版）》名誉总编辑。陈敏章为浙江杭州人，1931年出生于上海市；我国著名消化内科学家。毕业于上海震旦大学医学院和上海第二医学院医疗系。历任上海第二医学院附属广慈医院内科住院医师，北京协和医院内科副主任、研究员。首都医科大学临床医学部主任、中国医学科学院临床医学研究所所长、首都医科大学副校长、首都医院院长。1984年9月起，先后任国家卫生部副部长、部长、党组书记，全国爱国卫生运动委员会副主任、中央保健委员会副主任、中国红十字会总会会长、中华医学会会长、中国科协副主席等职。先后被世界卫生组织授予"人人享有卫生保健"金质奖章，获美国霍普金斯等大学的多项名誉学位和荣誉称号。

1990年4月25日，《中华医学杂志（英文版）》召开新一届编辑委员会会议，继续选举冯传汉为总编辑。1995年4月第四次全国编辑委员换届会议在江苏张家港市召开。会议选举北京医院名誉院长、心内科专家钱贻简教授任总编辑；陆道培、戴玉华、孔华宇、陈宝兴、雷海鹏、黎磊石、汤钊猷任副总编辑。钱贻简为浙江嘉兴人，1925年出生于嘉兴，我国著名的心血管病学专家和老年病医学专家，曾任北京医院内科主任医师、中国协和医科大学老年医学客座教授、北京医科大学兼职教授、卫生部北京老年医学研究所所长、中华医学会心血管病学会常务委员、中华医学会北京分会心血管病学会副主任委员等职。自1995年开始，《中华医学杂志（英文版）》应邀参与国际核心医学期刊重点号选题，报道全球共同关心的热点问题，受到国际医学杂志同行及专家们的高度赞扬。

2006年7月，《中华医学杂志（英文版）》第六届编辑委员会议召开，选举照日格图为总编辑。照日格图为蒙古族，1946年出生于内蒙古自治区哲里木盟。著名儿科学家，先后任北京儿童医院和北京市儿科研究所病毒研究室主任、副所长、中国医学论坛报总编辑、《中华儿科杂志》副总编辑、首都医科大学客座教授、中华医学会编辑出版工作委员会委员。是美国《新英格兰医学杂志》编辑委员，也是《新英格兰医学杂志》创始以来第一位中国编辑委员；*European Journal of Clinical Investigation* 编辑委员。

2014年11月24日，《中华医学杂志（英文版）》第八届编辑委员会成立大会于在北京成功召开。会议选举照日格图教授为名誉总编辑，王辰为总编辑。王辰为山东省德州市人，1962年出生，著名呼吸病学和危重症医学专家，中国工程院院士，美国国家医学院外籍院士，中国医学科学院学部委员，中国工程院副院长，中国医学科学院院长，中国协和医学院校长，国家呼吸系统疾病临床医学研究中心主任。曾任北京朝阳医院院长、北京医院副院长、北京中日友好医院院长、国家卫生计生委科技教司副司长（主持工作）等（表23-4）。

近年来《中华医学杂志（英文版）》适应新时期杂志发展的要求，积极报道我国医学领域的临床和科研等各方面的研究成果，其影响因子呈上升态势，影响因子达到1.016。王辰总编辑指出：以后《中华医学杂志（英文版）》要努力成为真正的国际学术交流平台；要求各位编辑委员能在会后向编辑部提出对杂志发展的建议和各自承担应有的责任，同时建议增设《中华医学杂志（英文版）》杂志工作指导委员会，以利于指导和促进本刊的全面发展，向着国际化和国际著名医学期刊行列迈进。

表 23-4 《中华医学杂志（英文版）》历任主编/总编辑任职变迁

姓名	任职时间	任职
嘉约翰（John Glasgow Kerr）	1887	主编
文恒理（H.W. Boone）	1889	主编
Percy Mathews	1894	主编
师图尔（Geo. A Stuart）	1898	主编
聂会东 James Boyd Neal	1902	主编
梅润思（Edward M.Merrins）	不详	主编
S.F Lincoln	不详	主编
W.H. Jefferys	不详	主编
R.T. Booth	不详	主编
埃德伍德.默里斯（Edward M.Merris）	1915	主编
比　必（Robert Case Beebe）	1915	总经理
马雅各二世（James Laidlaw Maxwell）	不详	主编
高似兰（Philip Brunelleschi Cousland）	1929	主编
林宗扬、马士墩（Jhon Praston Maxwell）	1932	总编辑
林宗扬、马雅各（J.L.Maxwell）	1934	总编辑
许雨阶、马雅各（J.L.Maxwell）	1935	总编辑
许雨阶、杜儒德（E.B.Suthers）	1937	总编辑
许雨阶、斯特拉特	1940	总编辑
林宗扬	1941	总编辑
侯祥川（上海版）	1942	总编辑（代理）
斯特拉斯（E.B.Struthers）（成都版）	1941	主编
邱焕扬（E.Y.Khoo）（成都版）	1941	主编
刘瑞恒、施思明（华盛顿版）	1943	主编
Dr.E.R.Stmthen（成都版）	1943	主编
侯玉璋	1943	总编辑
马弼德	1947	总编辑
林宗扬	1949	总编辑（代理）
林宗扬	1950	总编辑
钟惠澜	1951	总编辑
黄家驷	1961	总编辑
冯传汉	1985	总编辑
冯传汉	1990	总编辑
陈敏章	1989	总编辑（名誉）
钱贻简	1995	总编辑
照日格图	2006	总编辑
照日格图	2010	总编辑
王辰	2014	总编辑

这一时期，《中华医学杂志（英文版）》发展迅速，影响因子不断升高，影响力不断扩大，已经成为我国医学科学对外学术交流和了解中国医学科学进展的重要窗口。这时期，《中华医学杂志（英文版）》每期发行 6000 多册，并与国际上 66 个国家 760 多种期刊建立了交换和交流关系。从 1990 年，《中华医学杂志（英文版）》由英国倍格曼公司代理国外总发行。《中华医学杂志（英文版）》多年被美国《科学引文索引》（Science Citation Index，SCI）收录和诸多国内外著名权检索机构收录，是我国唯一被 SCI 收录的综合性医学期刊，并多次获得国家优秀科技期刊奖，被中国科学技术协会列为国家重点支持期刊，得到中国科协和国家自然科学基金会的择优扶持，本刊的学术影响力和品牌影响力不断提高和发展。

结论：西方传教医师创办和主导的博医会与《博医会报》，最终与中华医学会和《中华医学杂志》合并，学术话语权回归本土，是博医会和《博医会报》最佳归宿；也是西方传教医师和有识之士的夙愿。西方传教士在华传教 400 多年，试图将西方文化、宗教信仰和普世价值传授给华人，以改变国人的文化和信仰，但华夏是具有 5000 多年文明和灿烂文化的民族，西方传教士何以撼动和轻易渗入，西方信仰和文化终因"水土不服"未能达到传教布道效果。但国人对西方传教士传教内容具有自然"过滤"和选择性吸收的天然本能。如西方传教医师传播的西方现代医学知识和技术，不但吸收和接纳很快，而且具有很强的包容性和创新与发展，这使西方现代医学在中国发展极为迅速，以至于在近代迅速跻身于世界先进水平行列，而且在多个学术和临床医学领域都领先于世界。西方传教士在华几百年的传教历史证明，要改变一个民族的文化、信仰和普世价值是难以做到的事情。

第十节　中华医学会主办系列医学期刊编辑出版简史

中华医学会系列杂志是指由中华医学会主办的所有医学期刊，医学界习惯地称为中华医学会系列杂志或中华系列杂志。

在中国医学期刊编辑出版史上，中华医学会主办的系列医学期刊从一个侧面反映和展现了我国医学期刊编辑出版历史的基本概况，也从一个侧面反映了我国医学科学研究和学术发展的进程。其理由是：①创办医学期刊历史最悠久，如果从 1887 年《中华医学杂志（英文版）》创办算起，中华医学会办刊历史已有 130 多年的历史；②医学期刊学科或专业覆盖面最全，形成三大医学期刊系列，即中华系列、中国系列和国际系列；③医学期刊数量最多（截至 2017 年 12 月共主办医学期刊 140 多种）；④在国内外影响力最大的医学期刊群。

回溯中华医学会系列杂志的发展历史，大致经历了五个发展时期：医学期刊创办和发展时期（1887—1955 年）、医学期刊调整与停滞时期（1955—1971 年）、医学期刊恢复发展时期（1971—1983 年）、医学期刊发展与繁荣时期（1984—2000 年）、医学期刊快速发展时期（2001—2009 年）。

一、中华医学会医学期刊创办初期（1887—1955 年）

中华医学会 1915 年 2 月在上海成立，1915 年创刊《中华医学杂志》，1915 年 11 月在上海编辑出版第 1 卷第 1 期，为中英文双语并列出版。1932 年，中华医学会与外国传教士医师组织的中国博医会合并，《中华医学杂志》的英文部分与博医会 1887 年创刊的 China Medical Journal《中国博医会报》合刊，刊名为 Chinese Medical Journal《中华医学杂志（英文版）》；1932 年 2 月，将出刊 12 年的中文杂志《齐鲁医刊》并入《中华医学杂志》中文部分，刊名仍为《中华医学杂志》，编辑出版地随中华医学会机关仍在上海。1937 年抗日战争爆发，为躲避战火影响杂志正常出版，中华医学会决定《中华医学杂志》分别在上海和重庆出版；《中华医学杂志（英文版）》分别在上海、成都和华盛顿出版，至 1945 年底《中华医学杂志》中英文版又统一在上海编辑出版。抗日战争期间，国内的一些医学期刊相继停刊，《中华医学杂志》中英文版亦不得不减少版面维持其正常出版。

1939年8月，《中华健康杂志》创刊。1947年3月，由中华医学会医史分会牵头创刊了《医史杂志》；1947年7月，在上海创刊了《医文摘要》杂志。这两家期刊创刊不久，又分别于1948年10月和1950年在上海停刊。

1949年，为满足日益发展和学术交流的需要，中华医学会加强了医学期刊的创办。1950年7月，《中华儿科杂志》在上海创办。1950年10月，中华医学会第16届全国会员代表大会召开后，中华医学会由上海迁至北京；1951年，《中华医学杂志》也随中华医学会办事机构迁至北京编辑出版。1950年10月，《中华眼科杂志》在北京创刊；Chinese Medical Journal更名为《中华医学杂志(英文版)》。1951年3月，《医史杂志》在上海复刊。1952年8月，根据国家卫生部、国家新闻出版总署的《关于调整全国医药卫生期刊出版的决定》精神，中华医学会肩负了出版综合性医学期刊和专科医学期刊的任务。1952年，将国家卫生部出版的《中华新医学报》并入《中华医学杂志》编辑出版。

1953年，是中华医学会主办期刊取得较大发展的一年，这一年，原在南京出版的《内科学报》《外科学报》移交中华医学会主办，并相继变更为《中华内科杂志》《中华外科杂志》在北京中华医学会办事机构办公楼内编辑出版；《医史杂志》更名《中华医史杂志》，并由上海迁至北京编辑出版；1953年《中华妇产科杂志》《中华结核病及呼吸杂志》《中华口腔科杂志》《中华耳鼻咽喉科杂志》《中华放射科杂志》《中华卫生杂志》《中华皮肤科杂志》在分别在北京创刊。1955年《中华神经精神科杂志》《中华病理学期刊》创刊。此时中华医学会主办出版的期刊达17种。

二、中华医学会医学期刊调整与停滞时期（1955—1971年）

1956年3月，《中华医史杂志》因稿源不足，暂行第二次停刊。1958年，《中华寄生虫病传染病杂志》创刊，一年后停刊。1959年，中华医学会、中国药学会、中华护理学会和中国防痨协会，为贯彻中国科协工作会议精神，以"挂靠并动"为指导，调整学术团体组织结构，实行四会合署办公，中华医学会主办期刊由人民卫生出版社管理。1959年1月，《中华医学杂志》《医学史与保健组织》两刊合并，改名《人民保健》；随后《中华卫生杂志》并入《人民保健》，1960年停刊，《中华医学杂志》从中分离继续出版。1960年1月，《中华医学杂志》从《人民保健》中分出复刊，并补出第45卷，《人民保健》继续出刊。1959年，《中华结核病科杂志》并入中国防痨协会的《中国防痨》，两会联合出版；1960年停刊，1963复刊更名为《中国防痨杂志》，1966年再次停刊。

1961年1月，《中华外科杂志》复刊，崔义田（时任国家卫生部副部长）任总编辑，吴英恺、吴阶平、曾宪九、冯传宜为副总编辑。1961年1月，《中华内科杂志》复刊，谭壮任总编辑，张孝骞、邓家栋、王叔咸、方圻为副总编辑。1962年10月，《中华儿科杂志》复刊，诸福棠任总编辑，邓金鍌、周华康、祝寿河、薛沁冰任副总编辑。1963年1月12日，《中华妇产科杂志》复刊，林巧稚任总编辑，王淑贞、俞霭峰、严仁英任副总编辑。1964年7月，中华医学会主办期刊的编辑出版工作由人民卫生出版社移交中华医学会继续自主编辑出版和管理。

三、中华医学会医学期刊恢复发展时期（1971—1983年）

1971年，中华医学会系列医学期刊相继陆续复刊。这一时期，中华医学会加强了医学期刊编辑出版的管理工作，所主办的医学期刊相继得到恢复和发展。

1. 抓紧期刊复刊、回归常态轨道　在学会所办期刊复刊时期，中华医学会积极调回编辑人员，并迅速着手复刊停刊多年期刊的准备工作，其中在1973、1975、1976、1977年相继复刊了《中华医学杂志》《中华医学杂志（英文版）》《中华内科杂志》《中华外科杂志》；1978年复刊了《中华妇产科杂志》《中华眼科杂志》《中华儿科杂志》《中华放射学杂志》《中华神经精神科杂志》《中华耳鼻咽喉科杂志》；1981年复刊了《中华皮肤科杂志》《中华医史杂志》；1982年复刊了《中华病理学杂志》。在近10年间共复刊中华医学会主办的13种医学期刊。

2. 调整期刊结构、合理布局学科专业　为完善医学期刊学科和专业覆盖面，中华医学会调整期刊结构，完善学科布局，促进学科和专业的合理化，根据学科和学术交流的需要，实施期刊更名，遴选外刊加入系列的措施，加快完善期刊的学科或专业领域，更有效覆盖专业范围，促进学科建设和学术交流，增强学会办刊实力。1978年，《中华卫生杂志》更名为《中华预防医学杂志》，《中华口腔科杂志》更名为《中华口腔医学杂志》，《中国防痨杂志》更名为《中华结核和呼吸系统疾病杂志》。同时，对科研院校（所）和地方办的医学期刊，在自愿申请的情况下，为进一步完善中华医学会主办医学期刊的学科结构，加快了对外办医学期刊的收编入列工作。

1978年8月20日，《中华理疗学杂志》在鞍山创刊，郭万学任总编辑，张玉田、金石正任副总编辑。1978年8月，《中华卫生杂志》更名为《中华预防医学杂志》，吴执中任总编辑，王肇元、叶恭绍、朱既明、刘世杰、陈春明任副总编辑。1978年9月18日，《中华医学检验杂志》在北京创刊，叶应妩任总编辑，李健斋、陈湘、汤兆熊、陶义训、徐功元、娄永新任副总编辑。1979年3月30日，《心脏血管疾病杂志》更名为《中华心血管病杂志》，吴英恺任总编辑，方圻、陈可冀、陶寿淇、顾复生、黄宛、蔡如升任副总编辑。

1979年3月，《中华肿瘤杂志》在北京创刊，金显宅任总编辑，李冰、李光恒、哈献文任副总编辑。

1980年2月15日，《中华泌尿外科杂志》在北京创刊，吴阶平任总编辑，施锡恩、熊汝成、虞颂庭、吴文斌、孙昌惕、许殿乙任副总编辑。1980年3月15日，《中华小儿外科杂志》在武汉创刊，童尔昌任总编辑，张金哲、佘亚雄、何应龙、陈文龙任副总编辑。1980年10月20日，《中华器官移植杂志》在武汉创刊，裘法祖任总编辑，吴阶平、谢毓晋、董方中、夏穗生任副总编辑。

1980年《天津医药杂志输血及血液》复刊后收编中华医学会主办，并更名为《中华血液学杂志》，委托卫国医学科学院天津血液病研究所承办。

1981年1月，《中华放射医学与防护杂志》在北京创刊。1981年2月10日，《中华消化杂志》在上海创刊，江绍基任总编辑，过晋源、朱无难、李宗明、陈国桢、陈敏章、张国治任副总编辑。1981年2月15日，《中华骨科杂志》在天津创刊，陶甫任总编辑，王桂生、过邦辅、郭巨灵、陆裕朴、宋献文、朱通伯任副总编辑。1981年2月，《中华微生物学和免疫学杂志》在北京创刊，谢少文任总编辑，李河民、朱既明、陈正仁、吴安然、顾方舟、陆德源任副总编辑。1981年3月20日，《中华麻醉学杂志》在石家庄创刊，谢荣任总编辑，吴珏、李芳、李德馨、尚德延、姜杰任副总编辑。1981年8月15日，《中华核医学杂志》在无锡创刊，王世真任总编辑，张满达、周前、赵惠扬、夏宗勤、唐谨任副总编辑。1981年8月20日，《流行病学杂志》更名为《中华流行病学杂志》，苏德隆任名誉总编辑，何观清任总编辑，蒋豫图、耿贯一、高守一任副总编辑。1981年9月18日，李志绥副秘书长和美国医学会高级副会长斯特巴在京签署协议书，由中华医学会编译出版该杂志。1981年，由中国药品生物制品研究所出版的《生物制品通讯》收编中华医学会主办，并更名为《中华微生物学和免疫学杂志》，仍然委托原单位承办；由中国医学科学院流行病学研究所出版的《流行病学杂志》，收编中华医学会主办，并更名为《中华流行病学杂志》，仍然委托原单位承办。

1982年2月14日，《中华老年医学杂志》在北京创刊，陶桓乐任总编辑，王焕葆、王新德、李志绥、李培熊、吴振庚、郑集、黄克维、薛邦祺任副总编辑。1982年2月17日，《美国医学会杂志中文版》在北京创刊。

1982年，由上海医学会出版的《中华寄生虫病传染病杂志》收编中华医学会主办，并更名为《中华传染病杂志》，仍然委托上海医学会承办。

1983年2月15日，《中华传染病杂志》在上海创刊，王季午任总编辑，张乃峥、毛守白、曹钟樑、戴自英任副总编辑。1983年6月25日，《中华劳动卫生职业病杂志》在天津创刊，刘世杰任总编辑，王乃谦、王世俊、冯志英、陈炎磐、金淬、顾学箕、程慰南任副总编辑。

1984年，由湖北医学会出版的《实验外科杂志》收编中华医学会主办，并更名为《中华实验外科杂志》，仍然委托湖北医学会承办编辑出版。

3. 适应专科化趋势、加快创办专科医学期刊　随着医学科学的发展，学科分化，专科化趋势愈加凸显，为适应专科化发展和学术交流的需要，中华医学会根据专科分会的发展，加强了创办新刊，满足专科化发展的需要。20世纪70年代末到80年代初，中华医学会主办的系列杂志以其学术严谨、规范严格、权威性强、学术影响大的声誉，在学术界占有重要的学术地位和学术影响力。特别是随着我国改革开放的进程和步伐的加快，医学药卫生事业蓬勃发展，学科不断分化和派生，各学科更加趋于专科化倾向，并出现了如内、外、妇、儿学科专业的三级学科或亚学科，此时，中华医学会主办的学术期刊种类已经远远不能满足专业学科学术交流的需要，而且由于中华医学会办刊人财物条件所限，在某种程度上没有能力直接编辑出版或创办更多学术期刊。并且更多医学科研院校、研究所、省市医学会等单位出版的期刊纷纷入围中华医学会。在广大医药卫生工作者的强烈呼吁下，中华医学会将入围和新创办的医学期刊以一种新型的办刊模式加以解决：期刊由中华医学会主办，选择在国内或国际上具备优势学科和学术领先地位的学术机构，实施中华医学会委托制，由各大医学科研究所或各大临床医院等学术机构承办，并由期刊的承办单位提供办刊所需办刊场地、办刊经费、配备编辑出版人员，由中华医学会对该刊编辑部人员进行业务培训、业务指导和编辑出版质量管理，并严格执行中华医学会统一的规章制度、编排格式、编辑规范，以确保中华医学会系列杂志的学术水平和编辑出版质量水平；实践证明，这一模式较好地解决了全国各地医学期刊的合理布局和学会办刊资源缺乏的实际困难。

这一时期共创办了15种新的医学专科期刊。这部分期刊分布在全国的7个省市的医科大学、研究所和学会，新医学期刊的创建缓解了改革开放初期，百废待兴、医药卫生事业蓬勃发展和学术交流及科技创新的需求，促进了我国医学科学的快速发展。

4. 整合学术资源、实施中外合作办刊　在我国改革开放迅速发展的背景下，为了推动我国医疗卫生事业的发展，加强和促进国际间的学术交流，及时了解国际医学科学进展和发展趋势，开辟了解国外科研成果及信息的窗口。1982年，中华医学会与美国医学会联合在北京创办《美国医学会杂志中文版》。至此，中华医学会在原有主办期刊的基础上，又增加了中外合办期刊。这一时期，中华医学会创办医学期刊达到37种，是中华医学会期刊史上发展比较快速的时期。

四、中华医学会医学期刊发展与繁荣时期（1984—2000年）

1984年10月29日至11月1日，中华医学会第一次医学期刊编辑出版工作会议在北京召开，到会代表50人。会议总结了1972年期刊复刊以来的编辑工作经验，就进一步提高学会系列医学期刊的质量，加强各期刊间的协调和管理以及在编辑出版工作中贯彻改革精神等进行了探讨。会议讨论通过了《期刊编辑委员会通则》《期刊编排统一要求》《稿约通则》《编辑室日常工作程序》《编辑守则》。为加强医学期刊的领导和总结办刊经验，规划学会期刊发展。

1984年10月，《中华实验外科杂志》在武汉创刊。

1985年2月，《中华整形烧伤外科杂志》在北京创刊，宋儒耀任总编辑，史济湘、朱洪荫、汪良能、张涤生、盛志勇、黎鳌任副总编辑。

1985年2月，《中华神经外科杂志》在北京创刊，王忠诚任总编辑，薛庆澄、史玉泉、殷国升、朱桢卿任副总编辑。

1985年3月，《中华医院管理杂志》在北京创刊，谭壮任总编辑，王甲午、刘振声、林钧才、廖继尧任副总编辑。

1985年3月，《中华肾脏病杂志》在广州创刊，李仕梅任总编辑，叶任高、黎磊石任副总编辑。

1985年7月，《中华内分泌代谢杂志》在上海创刊，邝安堃任总编辑，陈家伦、池芝盛、钟学礼任副总编辑。

1986年2月25日，《显微医学杂志》更名为《中华显微外科杂志》在广州出刊，朱家恺任总编辑，朱盛修、陈中伟、张涤生、钟世镇、程绪西、黄恭康任副总编辑。

1986年7月，《中华医学信息导报》创刊，黄树则（时任国家卫生部副部长）题写刊名，李志绥任主编。

1987年9月、1992年12月，中华医学会分别在北京分别召开了四次期刊工作会议，就学会医学期刊工作进行总结，拟定了中华医学会医学期刊的发展目标。在这一时，中华医学会期刊开始逐步走向正轨和更加规范化的轨道，期刊的种类已基本覆盖当时的医学专业门类，其间创办新期刊18种。

1987年9月16～18日，中华医学会第二次医学期刊编辑出版工作会议在北京召开，同时召开了委托杂志工作会议，在广泛征求意见基础上，会议做出了《中华医学会关于进一步加强委托杂志工作的几点意见》。会议进一步明确了办刊方向，交流了办刊经验，交换了工作意见，并制定和修订了编辑出版工作的一系列规定、规范和标准。会议还进行了中华医学会系列杂志的第一次评比活动，评出了12种优秀杂志。一等奖：《中华妇产科杂志》《中华医学杂志》；二等奖：《中华内科杂志》《中华医学杂志（英文版）》《中华儿科杂志》《中华泌尿外科杂志》；三等奖：《中华口腔医学杂志》《中华肿瘤杂志》《中华皮肤科杂志》《中华病理学杂志》《中华核医学杂志》《中华骨科杂志》。

1988年10月，《美国医学会眼科杂志中文版》在北京创刊，李凤鸣任总编辑，郑邦和、李子良任副总编辑。

1992年9月28日，中国科协召开了优秀科技学术期刊表彰大会。中华医学会主办的系列志中有15种获得了表彰。一等奖：《中华医学杂志》《中华医学杂志（英文版）》《中华内科杂志》；二等奖：《中华外科杂志》《中华妇产科杂志》《中华眼科杂志》《中华核医学杂志》；三等奖：《中华放射学杂志》《中华心血管病杂志》《中华病理学杂志》《中华耳鼻咽喉科杂志》《中华口腔医学杂志》《中华肿瘤杂志》《中华显微外科杂志》《中华航空医学杂志》。

1992年10月15日，《中华超声影像学杂志》在石家庄创刊，徐智章任总编辑，于鹤春、曹海根、张缙熙、王新房任副总编辑。

1992年12月24～26日，第三次杂志工作会议在北京召开。会议在总结第二次编辑工作会议以来杂志工作的基础上，重点围绕在改革开放新形势下如何进一步坚定办刊方针、提高杂志质量、推动科技进步、改善经营管理、使医学期刊从学术型向学术兼经营型转变等若干问题进行了讨论，会议修订了第一、二次编辑工作会议提出的八个文件，新制定了《中华医学会杂志社评价杂志质量指标及说明》《中华医学会系列杂志管理办法》两个文件。会议期间进行了第二次中华医学会优秀杂志评比。表彰了为中华医学会期刊发展做出贡献的65名总编辑和102名编辑出版工作人员。会议期间召开了首次中华医学会系列杂志总编辑联席会议。

1992年12月26日，在国家科委、中宣部、新闻出版总署组织的第一次全国优秀科技期刊评比中，中华医学会有7种杂志获奖。一等奖：《中华医学杂志》《中华医学杂志（英文版）》；二等奖：《中华妇产科杂志》《中华内科杂志》；三等奖：《中华外科杂志》《中华眼科杂志》《中华核医学杂志》。

1993年2月4日，为加强中华医学会主办期刊的广告经营效益，理顺期刊与广告经营的关系，中华医学会决定注册成立广告经营企业，注册成立了北京华康广告公司，隶属中华医学会，主要经营中华医学会主办期刊广告业务，并代理国内和国外医药企业广告业务。

1993年，创办了中华医学会第一本科学普及杂志，即《健康世界》科普期刊。

1994年2月，《中华航海医学杂志》在上海创刊，龚锦涵任总编辑，曹诚意、王近中、卢海、庄坚、王崇亮任副总编辑。

1994年9月，《中华医学科研管理杂志》在北京创刊，刘海林任总编辑，姚树印、薛志福任副总编辑。

1995年，经国家科委批准《中华神经精神科杂志》更名为《中华精神科杂志》，同时批准创办《中华神经科杂志》。

1995年，《中华医学美学美容杂志》创刊，季刊。

1996年，《中华肝脏病杂志》《中华消化内镜杂志》创刊。

1997年，在中共中央宣传部、国家科委、国家新闻出版总署联合主办的第二次全国优秀科技期刊评比中，中华医学会有9种杂志获奖。一等奖：《中华医学杂志》；二等奖：《中华医学杂志（英文版）》；三等奖：《中华病理学杂志》《中华耳鼻咽喉科杂志》《中华妇产科杂志》《中华口腔医学杂志》《中华外科杂志》《中华微生物学和免疫学杂志》《健康世界》。

1997年4月9日，由中国科协主办的第二届中国科协优秀科技期刊评比中，中华医学会有36种杂志获奖。一等奖：《中华医学杂志》《中华医学杂志（英文版）》；二等奖：《中华儿科杂志》《中华口腔医学杂志》《中华心血管病杂志》《中华内科杂志》《中华皮肤科杂志》《中华外科杂志》《中华妇产科杂志》《中华血液学杂志》《中华耳鼻咽喉科杂志》《中华检验医学杂志》《中华医学遗传学杂志》《中华放射学与防护杂志》《中华实验和临床病毒学杂志》《中华肿瘤杂志》《中华神经外科杂志》《中华神经精神科杂志》《中华结核和呼吸杂志》《中华预防医学杂志》《中华核医学杂志》《中华航空医学杂志》《中华病理学杂志》《中华眼科杂志》《中华微生物学和免疫学杂志》。三等奖：《中华创伤杂志》《中华老年医学杂志》《中华劳动卫生职业病杂志》《中华泌尿外科杂志》《中华显微外科杂志》《中华消化杂志》《中华航海医学杂志》《中华眼底病杂志》《中华整形烧伤外科杂志》《健康世界》。

1997年10月15日，《中华医学杂志（英文版）》成为首批获得中国科协最高专项资助期刊。

1997年，国家卫生部陈敏章部长为中华医学会系列杂志获奖题词："笔墨耕耘四载创辉煌，百尺竿头更上一层楼"。

1998年，《中华围产医学杂志》在北京创刊，双月刊。

1998年，《中华肝胆外科杂志》在北京创刊，双月刊。

1998年，《中华创伤杂志英文版》创刊，半年刊。

1998年5月25日，《英国医学杂志中文版》在北京创刊，季刊。

1998年11月30日，经中国科协择优支持基础性和高科技学术期刊专项资助评审委员会的严格审议，中华医学会有5种杂志获得该项资助，其中《中华医学杂志（英文版）》第二次获得最高专项资助10万元，《中华医学杂志》《中华内科杂志》《中华微生物学和免疫学杂志》《中华肿瘤杂志》各获3万元的期刊择优扶持专项资助。

1999年12月27日，《中华医学杂志（英文版）》获中国科协自然科学基础性、高科技学士期刊经费资助10万元，《中华医学杂志》《中华妇产科杂志》《中华病理学杂志》《中华内科杂志》《中华微生物学和免疫学杂志》《中华结核和呼吸杂志》《中华外科杂志》《中华传染病杂志》《中华血液学杂志》各获3万元资助，《中华肿瘤杂志》获7万元资助。另外，《中华医学杂志》《中华病理学杂志》《中华普通外科杂志》《中华外科杂志》《中华内科杂志》《中华肿瘤杂志》各获2万元的中国科协设备经费资助。

2000年，《中华医学检验杂志》变更刊名为《中华检验医学杂志》。

2000年1月13日，《中华医学杂志》在深圳召开了由75位各学科著名学术带头人组成的第24届编辑委员会，会议决定，为缩短发表周期，增强国内外竞争力，从2001年第81卷第1期开始改为半月刊，并逐步向周刊过渡。

2000年5月9日，首届国家期刊奖、国家期刊奖提名奖名单。中华医学会有3种杂志获国家期刊奖：《中华医学杂志》《中华外科杂志》《中华医学杂志（英文版）》。获国家期刊奖提名奖的杂志：《中华肿瘤杂志》。

2000年9月19日，《中华医学杂志（英文版）》《中华外科杂志》获得国家自然科学基金委员会"重点学术期刊专项基金"资助，两刊各获2000年与2001年度每年12万元的资助。

2000年12月12日，中华医学会有三种杂志获中国科协择优支持基础性和高科技学术期刊经费资助，其中《中华医学杂志（英文版）》获10万元，《中华心血管病杂志》获5万元，《中华医学杂志》获3万元。另外，《中华医学杂志（英文版）》《中华结核与呼吸杂志》《中华妇产科杂志》《中华放射学杂志》《中华老年医学杂志》

《中华泌尿外科杂志》《中华神经外科杂志》《中华肝胆外科杂志》各获得中国科协支持的设备费2万元。

中华医学会还收编和更名11种期刊。

1984年3月，由中国科学院北京整形医院出版的《整形外科学报》更名为《中华整形烧伤外科杂志》，委托中国医学科学院北京整形医院承办，并于2000年份刊，更名为《中华整形外科杂志》和《中华烧伤杂志》分别在北京和重庆编辑出版。

1984年10月《中华结核和呼吸系疾病杂志》更名为《中华结核和呼吸杂志》，仍然由中华医学会总会直接编辑出版。

1986年2月，由广州出版的《显微医学杂志》更名为《中华显微外科杂志》，在广州编辑出版。

1988年，《胸心血管外科杂志》更名《中华胸心血管外科杂志》，在北京编辑出版。

1990年6月，《航空医学》更名《中华航空医学杂志》，在北京编辑出版。

1990年8月，《创伤杂志》更名《中华创伤杂志》，在重庆编辑出版。

1992年1月，《遗传与疾病》更名《中华医学遗传学杂志》，在四川编辑出版。

1992年3月，《中国放射肿瘤杂志》更名《中华放射肿瘤学杂志》，在北京编辑出版；由中国医学科学院病毒学研究所出版的《实验和临床病毒学杂志》更名为《中华实验和临床病毒学杂志》，由中国医学科学院病毒学研究所承办。

1993年2月，《眼底病》更名为《中华眼底病杂志》，在河南编辑出版。

1993年3月，《手外科杂志》更名为《中华手外科杂志》，在上海编辑出版。

2000年，《中华医学检验杂志》变更刊名为《中华检验医学杂志》。

2000年5月，《中国胃肠外科杂志》更名为《中华胃肠外科杂志》。

至此，中华医学会系列杂志已达69种，由中华医学会总会直接编辑出版22种，委托承办48种，期刊分布在全国13个地区。根据客观需求和学会条件，开创委托承办管理模式和中外合作出版期刊，并在中华医学会期刊编辑部的基础上，成立了中华医学会杂志社委托杂志办公室，分别对中华医学会系列杂志实施统一管理。随着期刊学术影响力的不断提升，中华医学会系列杂志的品牌地位和学术权威性逐步稳居我国医学科技学术界。

五、中华医学会医学期刊快速发展时期（2001—2009年）

2001年11月14～17日，中华医学会在北京召开了第四次医学期刊工作会议，会议全面总结了1992年中华医学会三次医学期刊工作会议以来的工作，交流了主要办刊经验和体会，并对今后的发展规划和主要工作做了部署。会议期间，还对荣获中华医学会优秀期刊奖、优秀编译期刊奖和优秀英文期刊奖的27种杂志进行了表彰。

随着国家改革开放的不断深入和医药卫生科学的发展，中华医学会主办的医学期刊逐步发展，其品牌影响力不断扩大，被中国科协和科技部誉为"中国科技期刊的一面旗帜"；被广大医药卫生科技人员称为"中华牌"的美誉。

2001年下半年，完成了《中华物理医学与康复杂志》《中华理疗杂志》的合刊工作，合刊后的《中华物理医学与康复杂志》自2002年第1期正式出版。

2001年11月和2008年12月，又分别召开了中华医学会第四次和第五次期刊工作会议，全面总结了1992年以来的期刊工作，交流了办刊经验和体会，并对今后中华医学会医学期刊的发展进行了规划部署，拟定了发展计划：①实施精品战略，打造精品医学科技期刊；②加强质量管理，建立健全质量管理体系；③加快期刊网络化和数字化建设，实现期刊现代化；④加强编辑人才培养，建设一流的编审队伍；⑤实施期刊国际化策略，加快期刊国际化进程；⑥实施多元化经营，提高期刊经营效益；⑦深化期刊体制改革，建立适应期刊市场的经营体制；⑧加强期刊体制和机制创新，加快期刊集团化步伐。

根据中华医学会期刊工作会议精神，对期刊结构实施优化。

2001年将《中华理疗杂志》并入《中华物理医学与康复杂志》合为一刊，并于2002年正式出版。

2001年《急诊医学》入围中华医学会系列杂

志，并更名为《中华急诊医学杂志》，登记地北京。

2002年9月，《中华全科医师杂志》在北京正式创刊，在中华医学会总会编辑出版。

2001年12月6日，中华医学会有6种杂志获2001年中国科协"自然科学基础性、高科技学术期刊经费资助"：《中华医学杂志（英文版）》《中华内科杂志》《中华医学杂志》《中华儿科杂志》《中华风湿病学杂志》《中华肿瘤杂志》。获得2001年中国科协"自然科学基础性、学术性期刊编辑部办公设备配置资助"的中华医学会系列杂志：《中华风湿病学杂志》《中华医学美学美容杂志》《中华医学科研管理杂志》《中华医史杂志》《中华胃肠外科杂志》，资助数额为每刊2万元。

2001年12月，在国家新闻出版总署正式公布的"中国期刊方阵"期刊名单中，中华医学会系列杂志共有24种期刊榜上有名。"双高"（高知名度、高学术水平）期刊：《中华医学杂志》《中华医学杂志（英文版）》。"双奖"（获国家期刊奖、国家期刊奖提名奖）期刊：《中华外科杂志》《中华肿瘤杂志》。"双百"（百种重点社科期刊、百种重点科技期刊）期刊：《中华妇产科杂志》《中华内科杂志》。"双效"（社会效益、经济效益好）期刊：《中华病理学杂志》《中华耳鼻咽喉科杂志》《中华口腔医学杂志》《中华微生物学和免疫学杂志》《中华核医学杂志》《中华眼科杂志》《中华创伤杂志》《中华儿科杂志》《中华放射学杂志》《中华肝脏病杂志》《中华骨科杂志》《中华检验医学杂志》《中华结核和呼吸杂志》《中华老年医学杂志》《国际病毒学杂志》《中华心血管病杂志》《中华血液学杂志》《中华预防医学杂志》。

2002年12月，中华医学会期刊在国家新闻出版总署和科技部组织的"第二届国家期刊奖"的评选中，《中华医学杂志》《中华外科杂志》入围国家期刊奖，《中华内科杂志》《中华病理学杂志》入围国家期刊奖提名奖，《中华医学杂志（英文版）》《中华耳鼻咽喉科杂志》入围重点科技期刊。

2002年12月，《中华医学杂志》《中华结核和呼吸杂志》《中华检验医学杂志》《中华口腔医学杂志》《中华外科杂志》《中华病理学杂志》《中华放射学杂志》《中华儿科杂志》《中华耳鼻咽喉科杂志》《中华骨科杂志》《中华肿瘤杂志》《中华神经外科杂志》12种中华医学会系列杂志被评为"中国百种杰出学术期刊"称号。

2002年12月7日，中国科协学术部公布的自然科学基础性、高科技学术期刊经费资助期刊中，《中华内科杂志》获5万元的经费资助，《中华心血管病杂志》《中华预防医学杂志》《中华结核和呼吸杂志》《中华儿科杂志》《中华医学杂志》《中华医学杂志（英文版）》《中华肿瘤杂志》《中华风湿病学杂志》各获得3万元的经费资助，另有《中华精神科杂志》《英国医学杂志中文版》《中华肝脏病杂志》各获得2万元的"中国科协自然科学基础性、学术性期刊编辑部办公设备资助"，共计获得35万元资助。

2002年12月31日，中华医学会系列杂志有27种期刊获"第三届中国科协优秀科技期刊奖"。一等奖：《中华内科杂志》《中华外科杂志》。二等奖：《中华医学杂志》《中华结核和呼吸杂志》《中华医学杂志（英文版）》《中华神经科杂志》《中华心血管病杂志》《中华创伤杂志》《中华病理学杂志》《中华耳鼻咽喉科杂志》《中华皮肤科杂志》《中华放射学杂志》《中华微生物学和免疫学杂志》。三等奖：《中华口腔医学杂志》《中华医学遗传学杂志》《中华血液学杂志》《中华神经外科杂志》《中华眼科杂志》《中华肿瘤杂志》《中华预防医学杂志》《中华妇产科杂志》《中华检验医学杂志》《中华泌尿外科杂志》《中华骨科杂志》《中华儿科杂志》《中华肾脏病杂志》《中华内分泌代谢杂志》。

2003年5月，根据国家新闻出版署30号文件精神，将国家卫生部所属31种期刊进行主办单位分离：《中国危重病急救医学》《中国地方病学杂志》《小儿急救医学》《中国综合临床》《中国行为医学科学》《中国医师杂志》《中国基层医药》《医师进修杂志》《中国实用眼科杂志》《国外医学儿科学分册》《国外医学皮肤性病学分册》《国外医学脑血管疾病分册》《国外医学内分泌学分册》《国外医学肿瘤学分册》《国外医学麻醉学与复苏分册》《国外医学放射医学核医学分册》《国外医学呼吸系统分册》《国外医学耳鼻咽喉科分册》《国外医学病毒学分册》《国外医学寄生虫病分册》《国外医学临床生物化学与检验学分册》《国外医学泌尿系统分册》《国外医学流行病学传染病学分册》《国外医学免疫学分册》《国外医学生物医学工程分册》《国外医学外科学分册》《国外医学护理学分册》《国外医学眼科学分册》《国外医学遗传学分册》《国外医学预防、诊断、治疗用生物制品分册》《国外医学输血及血液学分册》。2003年在北京创刊的《国外医学移植与血液净化分册》与这31种期刊划归中华医学会主办，由中华医学会电子音像出版社实施编辑出版管理。

2003年，中华医学会系列杂志有13种杂志被评为"第二届中国百种杰出学术期刊"称号：《中华儿科杂志》《中华耳鼻咽喉科杂志》《中华放射学杂志》《中华骨科杂志》《中华检验医学杂志》《中华结核和呼吸杂志》《中华口腔医学杂志》《中华皮肤科杂志》《中华神经外科杂志》《中华外科杂志》《中华医学杂志》《中华肿瘤杂志》《中国危重病急救医学》。

2003年10月22日，中国科协学术部公布的"自然科学基础性、高科技学术期刊经费资助杂志"中，《中华内科杂志》获5万元的经费资助，《中华风湿病学杂志》《中华胃肠外科杂志》《中华结核和呼吸杂志》《中华病理学杂志》《中华心血管病杂志》《中华外科杂志》《中华儿科杂志》《中华医学杂志》各获得3万元的经费资助，另有《中华全科医师杂志》《中华预防医学杂志》《中华检验医学杂志》《中华急诊医学杂志》《中华流行病学杂志》各获得2万元的"中国科协自然科学基础性、学术性期刊编辑部办公设备资助"，共计获得41万元资助。

2004年，中华医学会根据期刊学科分布情况，将《中国实用护理杂志》收编，由中华医学会主办，在大连编辑出版；2004年收编《国外医学中医中药分册》《肿瘤研究与临床》《白血病·淋巴瘤》，2004年收编《中华神经医学杂志》《中原医刊》变更由中华医学会主办。

2004年，在第三届国家期刊奖评选活动中，在参评的908种杂志中有9种中华医学会中华系列杂志期刊入围，其中获第三届国家期刊奖的科技期刊：《中华医学杂志》《中华内科杂志》；获第三届国家期刊奖提名奖科技期刊的杂志：《中华心血管病杂志》；获第三届国家期刊奖百种重点科技期刊的杂志：《中华神经科杂志》《中华耳鼻咽喉科杂志》《中华妇产科杂志》《中华放射学杂志》《中华病理学杂志》《中华外科杂志》。

2004年，由科技部委托中国科学技术信息研究所组织"中国百种杰出学术期刊"，中华医学会系列杂志有15种杂志入围：《中华病理杂志》《中华儿科杂志》《中华耳鼻咽喉科杂志》《中华放射学杂志》《中华骨科杂志》《中华检验医学杂志》《中华结核和呼吸杂志》《中华口腔医学杂志》《中华内科杂志》《中华神经科杂志》《中华外科杂志》《中华医学杂志》《中华肿瘤杂志》《中华眼科杂志》《中国危重病急救医学》。

2004年10月26日，中华医学会系列杂志14种期刊获得中国科协择优支持自然科学基础性、高科技学术期刊专项经费资助：《中华内科杂志》获得5万；《中华医学杂志》《中华医学杂志（英文版）》《中华放射学杂志》《中华检验医学杂志》《中华心血管病杂志》《中华妇产科杂志》《中华结核和呼吸杂志》《中华泌尿外科杂志》《中华风湿病学杂志》《中华肿瘤杂志》《中国危重病急救医学》《中国实用护理杂志》《中华航空航天医学杂志》各获得3万元经费资助。《中华心血管病杂志》《中华围产医学杂志》各获得2万中国科协自然科学基础性、学术性期刊编辑部办公设备资助。

2004年，由北京大学第一医院出版的《中国糖尿病杂志》变更刊名为《中华糖尿病杂志》，由为中华医学会主办，主管单位由教育部变更为中国科协，在中华医学会总会编辑出版。

2004年12月，在国家卫生部全国医药卫生优秀期刊奖评比活动中，中华医学会主办的18种国外医学和中国医学系列杂志榜上有名。一等奖（2个）：《中国危重病急救医学》《中国地方病学杂志》；二等奖（4个）：《小儿急救医学》《国外医学儿科学分册》《国外医学皮肤性病学分册》《医师进修杂志》；三等奖（12个）：《国外医学脑血管疾病分册》《国外医学内分泌学分册》《国外医学肿瘤学分册》《中国综合临床》《国外医学临床生物化学与检验学分册》《国外医学麻醉学与复苏分册》《中国实用护理杂志》《国外医学放射医学核医学分册》《中国行为医学科学》《国外医学呼吸系统分册》《中国医师杂志》《国外医学耳鼻咽喉科分册》。

2005 年,在第四届中国百种杰出学术期刊评比中,中华医学会系列杂志有 15 种杂志入围:《中华病理杂志》《中华儿科杂志》《中华耳鼻咽喉科杂志》《中华放射学杂志》《中华骨科杂志》《中华检验医学杂志》《中华结核和呼吸杂志》《中华口腔医学杂志》《中华流行病学杂志》《中华内科杂志》《中华神经科杂志》《中华外科杂志》《中华医学杂志》《中华肿瘤杂志》《中国危重病急救医学》。

2005 年 4 月 22 日,中国科协自然科学基础性、高科技学术期刊专项经费资助,中华医学会共有 26 种期刊参加该项活动:《中华内科杂志》《中华医学杂志》各获得 5 万元,《中华胃肠外科杂志》《中华眼科杂志》《中华儿科杂志》《中华妇产科杂志》《中华检验医学杂志》《中华结核和呼吸杂志》《中华核医学杂志》《中华航海医学与高气压医学杂志》《中华医学杂志(英文版)》《中华风湿病学杂志》《中华急诊医学杂志》《中华烧伤杂志》《中华预防医学杂志》《中国实用护理杂志》各获得 3 万元经费资助,共计 52 万元资助。《中华烧伤杂志》《中华核医学杂志》《中华眼科杂志》《中华神经医学杂志》《中华口腔医学杂志》《中华航海医学与高气压医学杂志》《中华耳鼻咽喉头颈外科杂志》《国外医学皮肤性病学分册》《国外医学脑血管疾病分册》《中国基层医药》《中华地方病学杂志》《中国综合临床》各获得 2 万元中国科协自然科学基础性、学术性期刊编辑部办公设备资助。

2006 年,为扩大国外医学系列期刊的报道范围,改变期刊单纯以二次文献报道为主的局限性,丰富期刊内容和信息容量,中华医学会决定将国外医学系列期刊全面改版和更名,将"国外系列期刊"改为"国际系列期刊":《国外医学儿科学分册》更名为《国际儿科学杂志》,《国外医学皮肤性病学分册》更名为《国际皮肤性病学杂志》,《国外医学脑血管疾病分册》更名为《国际脑血管病杂志》,《国外医学内分泌学分册》更名为《国际内分泌代谢杂志》,《国外医学肿瘤学分册》更名为《国际肿瘤学杂志》,《国外医学麻醉学与复苏分册》更名为《国际麻醉学与复苏杂志》,《国外医学放射医学核医学分册》更名为《国际放射医学核医学杂志》,《国外医学呼吸系统分册》更名为《国际呼吸杂志》,《国外医学耳鼻咽喉科分册》更名为《国际耳鼻咽喉头颈外科杂志》,《国外医学病毒学分册》更名为《国际病毒学杂志》,《国外医学寄生虫病分册》更名为《国际医学寄生虫病杂志》,《国外医学临床生物化学与检验学分册》更名为《国际检验医学杂志》,《国外医学泌尿系统分册》更名为《国际泌尿系统杂志》,《国外医学流行病学传染病学分册》更名为《国际流行病学传染病学杂志》,《国外医学免疫学分册》更名为《国际免疫学杂志》,《国外医学生物医学工程分册》更名为《国际生物医学工程杂志》,《国外医学外科学分册》更名为《国际外科学杂志》,《国外医学护理学分册》更名为《国际护理学杂志》,《国外医学眼科学分册》更名为《国际眼科纵览》,《国外医学遗传学分册》更名为《国际遗传学杂志》,《国外医学预防、诊断、治疗用生物制品分册》更名为《国际生物制品学杂志》,《国外医学输血及血液学分册》更名为《国际输血及血液学杂志》,《国外医学移植与血液净化分册》更名为《国际移植与血液净化杂志》,《国外医学中医中药分册》更名为《国际中医中药杂志》。

2006 年,将广州南方医院出版的《中华创伤骨科杂志》收编中华医学会主办,并变更登记地为北京;由原北京医科大学出版的《医学教育》收编中华医学会主办,并更名为《中华医学教育杂志》,《中国医药》《中国临床实用医学》在北京创刊,由中华医学会主办。2006 年 6 月,经国家新闻出版总署批准,《美国医学会眼科杂志中文版》更名为《中华健康管理学杂志》,白书忠任总编辑,并于 2007 年 10 月正式创刊,在中华医学会总会编辑出版。

2006 年 12 月,中国科协精品期刊工程项目评审中,中华医学会主办医学期刊有 42 种入围:其中 A 类 1 种、B 类 26 种、C 类 15 种,其中 19 种期刊喜获该项目资助,共获资助金额 185 万元。B 类项目资助 9 种:《中华结核和呼吸杂志》《中华儿科杂志》《中华神经科杂志》《中华肿瘤杂志》《中华骨科杂志》《中华医学杂志》

《中华口腔医学杂志》《中华眼科杂志》《中华妇产科杂志》；C类项目资助10种：《中华血液学杂志》《中华微生物学和免疫学杂志》《中华物理医学与康复杂志》《中华急诊医学杂志》《中华神经外科杂志》《中华放射肿瘤学杂志》《中华预防医学杂志》《中华劳动卫生职业病杂志》《中华放射学杂志》《中华外科杂志》。

2006年，在"第五届中国百种杰出学术期刊"的评选中，中华医学会系列杂志有17种杂志入选：《中华医学杂志（英文版）》《中国危重病急救医学》《中华儿科杂志》《中华放射学杂志》《中华肝脏病杂志》《中华骨科杂志》《中华检验医学杂志》《中华结核和呼吸杂志》《中华口腔医学杂志》《中华流行病学杂志》《中华皮肤科杂志》《中华神经科杂志》《中华外科杂志》《中华心血管病杂志》《中华眼科杂志》《中华医学杂志》《中华肿瘤杂志》。

2007年，将重庆出版的《消化外科杂志》收编中华医学会主办，并更名为《中华消化外科杂志》，登记地变更为北京。

2007年8月31日，中华医学会主办期刊有19种获中国科协精品期刊工程项目资助，共获资助金额185万元。B类项目资助9种：《中华神经科杂志》《中华儿科杂志》《中华妇产科杂志》《中华肿瘤杂志》《中华结核和呼吸杂志》《中华口腔医学杂志》《中华医学杂志（英文版）》《中华医学杂志》《中华眼科杂志》；C类项目资助10种：《中华血液学杂志》《中华预防医学杂志》《中华劳动卫生职业病杂志》《中华急诊医学杂志》《中华病理杂志》《中华耳咽喉头颈外科杂志》《中华神经外科杂志》《中华放射肿瘤学杂志》《中华放射学杂志》《中华外科杂志》。

2007年11月5日，经国家新闻出版总署批准，《胰腺病学》更名为《中华胰腺病杂志》，双月刊，登记地由上海变更为北京，由中国科技协会主管，中华医学会主办；《现代临床生物医学生物工程学杂志》更名为《中华生物医学工程学杂志》，双月刊，登记地由广东变更为北京，由中国科技术协会主管，中华医学会主办。

2007年11月15日，在第六届中国百种杰出学术期刊评比中，中华医学会主办期刊有19种期刊入选：《中华医学杂志（英文版）》《中华病理学杂志》《中华儿科杂志》《中华耳鼻咽喉科杂志》《中华放射学杂志》《中华风湿病学杂志》《中华骨科杂志》《中华检验医学杂志》《中华口腔医学杂志》《中华流行病学杂志》《中华麻醉学杂志》《中华内科杂志》《中华神经科杂志》《中华外科杂志》《中华心血管病杂志》《中华血液学杂志》《中华医学杂志》《中华预防医学杂志》《中华肿瘤杂志》。

在国家卫生部期刊管理调整过程中，共有32种国家卫生部主管期刊变更为中华医学会主办。这使中华医学会主办医学期刊的学科和专业领域全面拓宽，学科和专业覆盖面基本达到全覆盖，医学期刊集群的整体实力进一步增强，医学期刊出版集团化、集群化、规模化、集约化的雏形基本形成。截至2016年12月，中华医学会主办的医学系列期刊的数量已经达180种，基本覆盖医药卫生科学的各个领域和专业，以及不同载体形式和传播业态，医学期刊的地区覆盖面遍及全国。

第 24 章　医学编辑创意境界与创意方法

医学编辑创意是编辑策划的前提和基础，任何编辑策划或选题组稿策划都首先是具有编辑创意，这是编辑策划中重要环节，也是不可缺少的首要环节。可以说，如果没有创意为前提的编辑策划项目也就没有成功的编辑策划，最初的创意体现了编辑策划者的创新、素质、理想和创新思维能力。所以，编辑创意是编辑策划的灵魂和精髓。

第一节　医学编辑创意的基本概念

编辑创意是创造意识或创新意识的简称。编辑创意是一种通过编辑创新思维和创新意识，从而进一步挖掘和激活期刊资源组合方式，进而提升期刊资源价值的方法；编辑创意是对传统和常规编辑模式的叛逆与挑战，是冲破编辑常规的哲学思考，是医学编辑和期刊破旧立新的创造和创新的过程与循环，也是编辑创新思维的碰撞和编辑智慧的对接，是具有新颖性和创造性的思维火花，编辑创意是不同于寻常的解决方法。

创，即为创新、创造、开创、创立、创制；意，即为意识、观念、智慧、点子、思维、思想。创意是人类最大的财富，是人类大脑开启意识的金钥匙；创意起源于人类的创造力、技能、才华和智慧，创意来源于社会又指导着社会发展。人类是创意、创新、创造、开拓的产物。原始社会类人猿首先想到了造石器，然后才动手把石器造出来，而石器一旦造出来类人猿就变成了人。人类是在创意、创新和创造中诞生的，当然也要在创意、创新和开拓中发展。

医学编辑创意或策划创意，是编辑创新思维、创新思想和编辑开拓发展的体现，编辑创意是一种灵感，虽具有偶然性或突发性，但也存在着必然性，也就是这种编辑创意灵感来源于深厚的编辑功底和多年积累的编辑工作经验；编辑创意是编辑策划的首要环节，没有编辑创意，也就没有编辑策划，创意是策划的开始。

编辑创意的定义：编者在面对期刊发展的重大问题中，在深思熟虑和苦思冥想中，突然迸发出的编辑灵感、提出解决问题的点子、策略或促进发展的路径，这种编辑灵感称为编辑策划创意。

编辑创意和编辑策划是两种不同的概念，编辑创意只是提出了解决期刊发展问题的点子或策略路径，但要具体实施，并实现编辑创意的内涵目的，就要实施编辑策划，精心、周密设计策划方案，确定通过编辑策划方案的实施应达到的目标。编辑创意和编辑策划可以是同一人，即自己提出编辑创意，自己实施编辑策划；也可以是两人，即编辑创新者只提出创意，实施编辑策划也可以是其他人。如果编辑创意和编辑策划非同一人，那么，编辑策划者要深入了解编辑创意的深远意图和意义，以便正确把握编辑策划要实现的目标，避免违背编辑创意的初衷。

第二节　医学编辑创意的基本原理

编辑创意是一个复杂的编辑心理和思维活动过程，是灵感产生的必要条件和表现形式，这种复杂而又高级的心理和思维活动来源于编者的编辑实践感知，是基本的编辑创意原理。脱离了期刊编辑实践，也就很难产生具有创新性的编辑心理活动过程和思维活动。其编辑创意心理和思维活动具有以下几种类型。

一、编辑创意的表象型

编辑创意的表象其实是编辑心理现象或思维过程。是客观对象不在主体面前呈现时，编辑创意者在观念中所保持的客观对象的形象和客体形象在观念中呈现的过程。表象不仅是编辑创意者的映象，而且是一种操作，即心理操作可以以表象的形式进行，也就是形象思维活动。因此，编辑创意者表象的心理操作、形象思维与概念思维可处于不同的相互作用中，这在心理学中，创意表象是指过去感知过的事物形象在编者头脑中再现的过程。

编辑创意表象又可分为记忆表象和想象表象。记忆表象是指编辑创意者感知过的事物不在面前而在脑海中再现出的形象；想象表象是指编辑创意者由记忆表象加工和改造成的新的没有直接感知的事物的新形象。众所周知，想象本身就是一种创新，也是对编辑创意者表象的重新分解和重组，它源于编辑实践又高于编辑实践。因此，表象是编者创新的思维过程。

二、编辑创意的意象型

编辑创意的意象也是编者的心理智能活动，编辑创意除了充分挖掘感性意识外，也要发挥理性意识，即编辑意象。编辑表象是感性认识的产物，是浮现在脑海中的一种朴素的、表面的、外化的感性形象。而编辑意象则带有理智的成分，渗透了编者主观情绪、意向、心意和情意的感性形象。

三、编辑创意的联想型

联想是编辑创新性思维的重要思维形式之一。编辑创意要脱离传统和现实的制约，从实践、现实和未来而引发新的联想。编辑创意联想是指编者的期刊实践和客观事物之间的不同联系，在编者大脑中形成的心理构想现象，是从一种事物的体验而联想到不相关的另一事物的思维和心理过程，敢于联想、善于联想、勤于联想，是编辑创意灵感产生的重要心理和思维形式。

四、编辑创意的抽象型

在编辑创意活动中采用抽象型的思维和表现方法，也是编辑创意活动中值得运用的方法。编辑创意抽象是通过分析与综合的途径，运用概念在编者头脑中再现对象的质和本质的方法，可分为非本质抽象和本质的抽象，通过分析形成非本质抽象，再综合分析形成本质抽象，也称具体的抽象。编者创意抽象是从众多的期刊和编辑事物中抽取出带有共性和本质性的特征，而舍弃其非本质的特征。比如，科技学术期刊、科学普及期刊、科技图书等，具有共同特性的事物，这一认识过程就是抽象的过程。抽象的前提是要比较，缺乏比较就无法找到在本质上存在的共同点或共同特征。而共同特征是指那些能把某类事物与其他类事物区分开来的特征，这些带有区分特点的特征就是本质特征。所以，编辑创意者找出期刊的共同特征，也就悟出了期刊的本质特征。因此，编辑创意者抽象的过程也是去粗取精的过程。

五、编辑创意的意境型

编者意境，顾名思义，是指一种能令编辑创意者感受领悟和意味无穷，但又仅能心意不能言传的感觉。但无论编辑创意的形式如何，一般都离不开编辑创意者的主题编辑思想，也就是编辑创意的意境。实际上，编辑创意的意境也称境界，是编者头脑中情景交融，并具有浓厚情感和具体形象的带有艺术境界场景思维构象。这种编者意境，一定是编者对其编辑事业达到如痴如醉的程度和执着追求的境界，编辑创意者才可能自然进入创意灵感迸发的程度。因此，热爱编辑事业，研究期刊编辑业务，追求卓越，是编辑创意灵感产生的基础。

六、编辑创意的形象型

从心理学的角度来看，形象就是人们通过视觉、听觉、触觉、味觉等各种感觉器官在大脑中形成的关于某种事物的整体印象，简单说就是知觉，即各种感觉的再现。有一点认识非常重要：形象不是事物本身，而是人们对事物的感知，不同的人对同一事物的感知不会完全相同，因而其正确性受到人的意识和认知过程的影响。由于意识具有主观能动性，因此客观事物在人们头脑中形成的不同形象会对人的行为产生不同的影响。

所以，编辑创意者只有扎根期刊编辑实践，深入临床、科研、教学第一线，全面了解广大科技人员的实际需要和国家科研重点，才能产生和迸发编辑策划灵感，创新性提出编辑策划的好点子。

第三节　医学编辑创意灵感的产生过程

编辑创意作为一种编辑灵感，既神奇，又具有生命力，同时又富有创造性、创新性、思想性，并具有偶然性和突发性的特点。其实，编辑创意的灵感主要来源如下。

一、编辑创意来源于编辑实践

编辑创意灵感是一种积累和沉淀，根基于编辑实践之中，任何空穴来风的创意都是没有生命力的创意，脱离编辑实践的根基很难产生编辑灵感和迸发出编辑创意。因此，作为科技学术期刊的编者，要善于实践和勤于实践，潜心研究期刊编辑业务，勇于发现期刊发展的问题和制约期刊发展的瓶颈，为编辑创意的迸发提供来源基础。

二、编辑创意来源于执着

编辑创意灵感始于对编辑工作的热爱和浓厚兴趣，以及对期刊编辑事业的执着追求，同时对编辑工作富有强烈的责任感和编辑好奇心，这是产生编辑创意灵感的来源基础。很难想象，一个对编辑业务毫无兴趣和责任意识及责任担当的编者，其头脑中是难以迸发出编辑创意的，只有在强烈的事业心和编辑好奇心的驱使下，编辑创意才会呼之欲出，源源不断。

三、编辑创意来源于积累

任何具有生命力的编辑创意都不是无中生有的，更不是天上掉馅饼，它需要长时间的知识、实践、思考、分析研究的积累。只有当编辑创意者达到一定程度的积累，其编辑创意灵感会意外迸发和产生。因此，善于学习，用于实践，钻研不止，勤于总结，不断思考，编辑创意产生的源泉。

四、编辑创意来源于普通

编辑创意源于普通，这有两层含义。创意者并非要领导者、管理者或专业策划家，而普通编辑工作者就是编辑创意的主力军。因为普通编辑工作者每天在期刊的编辑实践和编辑活动中，最熟悉期刊存在的问题和解决问题的办法。因此，其编辑创意更有针对性和实际意义。

编辑创意要从小着眼，不要贪大求全。比如，从一篇学术导向文章题目或内容的选题创意、一个特色栏目的设计创意等，这种创意虽小，但是提高科技学术期刊质量和水平的重要创意点子。所以，从小处着眼，是做好编辑创意和编辑策划的基础。

五、编辑创意来源于初始化

对编辑创意活动而言，编辑创意者就是要使自己处于心灵的空白状态和初始化，要具有初学者的天真、胆大和敢想敢做的心态，创意者头脑中缺乏框框和模板，没有任何束缚，更容易在思考和意识上敢于冒险和突破，赢得编辑创意的主动权。

六、编辑创意源于幻想

编辑创意是一项很强的创造性思维活动，虽然创意的思考技巧比较多，但富于幻想，是编辑创意思维活动的特点。编辑创意者就是要克服习惯思维或惯性思维，冲破固有的思维定式，富于想象和幻想的翅膀，让创意者的智慧充分释放，促进编辑创意灵感的涌流。

七、编辑创意源于创新

编辑创意的灵魂和根本是创新，缺乏创新的

编辑创意不能称其为创意，编辑创意者就是要想别人没想到的，做前人未做过的事，开拓创新是编辑创意和编辑策划的重要特征。

第四节　医学编辑创意者的基本素质

编辑创意者要具备一定素质、完善的知识结构和智能结构，应具有敏捷活跃的思路，严谨的逻辑思维意识和能力，善于观察，勤于思考，勇于提出问题和善于解决问题的编辑品质和素质。

一、更新观念、追逐潮流

编者的职业特点就是策划人、思想者、未来预测者和学术谋划者，作为编辑创意者，要善于不断更新和接受新的编辑观念，不断追逐学术潮流，勇于引领潮流，"指点江山"，适应科学技术和学术飞速发展的形势，驾驭学术和学科发展趋势和最新进展，编辑创意者只有具备全新甚至超前的观念和学术发展趋势的驾驭和把握，才能把握科技学术期刊发展的脉搏，不断迸发出编辑创意灵感。

二、思路清晰、观点独特

编辑创意是思想性极强的脑力劳动，也是创新性编辑思维的重要体现，因此编辑创意者一定是思维活跃，思路清晰，逻辑性极强，观点尖锐、独特而鲜明，这是编辑创意者应具备的基本素质。

三、思想敏锐、感受力强

编者产出的产品是要引领和指导广大科技人员开展科学活动的精神产品，编者思想的敏锐性和感受力要高于其他科学工作者，才能策划和编辑出超前的学术产品（期刊）。因此，作为编辑创意者其思想敏锐性、学术洞察力和学术感受力要强，只有具备这种特质的编者，在编辑实践中比较容易产生有价值的编辑创意和具有影响力的编辑策划。

四、富于幻想、敢于冒险

具有丰富的幻想和想象力，同时，敢想敢做，敢于冒险和承担风险，脚踏实地，勇于实践，是编辑创意者应具备的精神。创意活动如果思想禁锢和僵化，思维局限，惧怕风险，就很难在编辑创意上有所突破。

五、好奇心强、善于发现问题

优秀的编辑创意者应具有很强的好奇心，这是创新型人才或创意者所具有的特征之一。具备好奇心，对所有事情都心存疑问，追本溯源，才能善于提出问题，而提出问题就已经达到解决问题的一半。

六、毅力坚韧、执着追求

坚韧不拔的毅力，对期刊编辑事业勇于奉献和执着追求的敬业精神，这是做好编辑创意的基础。不思进取，对事业无所追求，缺乏敬业精神和毅力，是很难有编辑创意灵感的，即使有，也很难实现其价值。

第五节　医学编辑创意的基本程序

编辑创意或创意灵感并非心血来潮，无中生有，也非偶然，而是创意者对编辑工作有计划、有预测、有设计、有方向、有目标的深入思考，深思熟虑的思维和意识行为，创意灵感的产生也是需要前提的。因此，编辑创意也遵循着其固有的程序，无论是何种创意活动，都应该遵循提出问题、发现问题、研究问题、查阅文献、收集和获取相关信息、分析他刊成功经验和案例等一般准备工作。

一、编辑创意的孕育期

编辑创意的酝酿阶段或准备阶段,此时编辑创意者不仅获取和掌握了大量信息,而且对相关信息具有深入研究和了解,创意者已经开始深入思考。这一时期或阶段,编辑创意者的主要任务是分析文献和转化信息,触类旁通,在编辑创意者头脑中实施象征性尝试,并对概念和思考进行重新组合。在这一阶段思考不受理性、意识和逻辑思维等,可能阻碍编辑创意思考的限制,创意者在长时间思考、集中精力酝酿、假设、否定、幻想等潜意识活动,这为创意灵感的诞生创造着孕育条件。

二、编辑创意的产生期

这一阶段编辑创意的灵感有时瞬间产生和降临,创意灵感的来临,对于创意者有时具有戏剧性,在无意中或睡眠醒来灵机一动,创意的灵感悠然而发,类似十月怀胎、一朝分娩之势,经过创意的潜伏期或孕育阶段,编辑创造性的新观念、新观点或创意的点子突然迸发,呈现出柳暗花明又一村的感觉。

三、编辑创意的验证期

编辑创意者经过前两个时期或阶段,对创意一般要思考验证一下创意的可行性和实际效果。所以,创意者验证阶段是对已有经验教训的总结,并对创意点子在头脑中实施模拟验证,衡量利弊,对比分析,斟酌和思考其前景和预期效果,思考成熟后将其创意提交受意者或同道,征询意见,进步验证其价值和可行性。同时,这过程也为以后创意提供参考依据。

第六节　医学编辑创意灵感与创意思路

在编辑实践中,多学习、多观察、多思考、多分析,善于提出问题和解决问题,是编辑创意的基本要素,也是期刊编辑不断和连续产生编辑创意的基础。

一、善于提出问题、研究解决问题

在期刊编辑活动中,编者头脑中要多提出问题,多问几个为什么,善于提出问题,就是编辑创意的灵感的萌芽状态;提出问题就要解决问题,研究解决问题的过程,就是编辑策划的萌芽状态或编辑策划过程。因此,善于提出问题,勇于研究解决问题,是编辑创意的基本技巧。

二、编辑创意的延伸与扩展

在期刊编辑创意实践中,往往一项编辑创意成功,有时会发生派生性、延伸性、扩展性、关联性或连续性的编辑创意灵感的产生,也就是人们常说的"一发不可收拾"。编辑创意者当完成一项创意时,会引发或激发出新的创意线索和灵感,当然也会产生对已完成创意的连续性创意,这种连续性创意会不断完善初始创意,使编辑创意和编辑策划活动不断向纵深发展。这种编辑创意的派生性、延伸性、扩展性、关联性和连续性的效应、效果或技巧的产生,首先基于编辑创意者对编辑事业的执着追求和不断思考,编辑创意者真正把握和驾驭编辑创意的主动权。

三、瞄准切入点、寻求路径

编辑创意还要注意具有创意思维的科学性,对一个问题的提出和解决,其创意的出路就是要找准切入点,寻求合适的切入路径,这是编辑创意成败的关键。

四、突破思维定式、更新创意观念

编辑创意是一项创新性的思维活动和行为,要获得意想不到的创意灵感和创意效果,编辑创意者首先要战胜自己。战胜自己就是要勇于突破自己的思维定式和固有编辑思维模式,善于更新编辑观念,否则很难在编辑创意上有所突破。

五、触类旁通、移植再造

编辑创意者在其创意思路处于困境或难以走出重围时，不妨跳出思维怪圈，跳出专业和学科领域，回顾一下其他学科、专业和成功案例，甚至可以采用移植再造创新的方法，将其触类旁通，以期达到"柳暗花明"的效果。当然，这需要编辑创意者具有广博的多学科知识和应用能力。但触类旁通，移植创新，是研究和解决各类问题的有效方法，也是编辑创意的有效技巧。

第七节　医学编辑创意的方法与创意境界

编辑创意尽管是一种编辑心理思维意识活动，但受到编辑实践和创意者知识结构的影响甚大，也就是说，任何编辑创意思维活动都不是凭空生意，而是受到编辑活动需要的支配。同时，其创意意识活动和成功的编辑创意，也一定具有创意方法学的支撑与合理运用。比较常用的编辑创意的方法有以下几种。

一、编辑境界创意方法

这种创意方法既有对编辑实践的深邃思考和对编辑目标的情景再现，同时又具有编辑创意者对其编辑事业的高标准境界的憧憬与追求。清朝国学大师王国维在代表作《人间词话》中，曾提出的"古今之成大事业大学问者，必然经过三种境界"，用三段绝美的宋词极其形象地总结和概述了创意思维求索和解决方案的过程，即"三镜法"创意过程。

第一境界："昨夜西风凋碧树，独上高楼，望尽天涯路"。这是对编辑目标、编辑对象和编辑环境的审视，是对编辑任务高标准、站在国内外学科发展的高度、多角度、全方位观察、思考、搜集、整理和分析学术信息资源的过程；正所谓站得高，看得远，能够看到和把握学科和学术发展的方向与趋势。

第二境界："衣带渐宽终不悔，为伊消得人憔悴"。这是编者或创意者根据实践经验、目标和标准、规律等参照期刊编辑系统对以往编辑实践经过分解列举各个关联要点进行筛选和判断，并不断地去伪存真，去粗取精的艰辛编辑创意思维活动过程。

第三境界："蓦然回首，那人却在，灯火阑珊处"。这是编辑创意经过不断地思考、探索、类比、比较、求证的创意思维过程，看到创意的思维曙光，终于迎来顿悟开朗的创意萌发和创新点子的诞生与胎儿落地时刻。

"三境界"创意方法，不仅被广泛地运用于诸多领域和社会实践中，而且也可运用到医学编辑活动的创意实践中，因为无论任何主体或客体，人们思维创意活动的过程都具有相似性和共性的特点。因此，编辑要善于运用这些创意方法，打开编辑创意的钥匙。

二、编辑创意的"五W二H"方法

这种编辑创意方法，正所谓"五W二H"方法，这种编辑创意方法是分别从七个方面去思考创意对象和目标实施设问。既是角度，也是对创意目标的分解，更是对编辑创意对象的思考程序。在其分解步骤和分解内容中，要分解的这七个方面的英文单词的第一个字母正好是五个W和两个H，因此，被称为"五W二H"创意方法。这分解的七个方面分别是：Why，为什么需要创新和创意？What，什么是创新和创意的对象？即创新和创意的内容及应达成的目标。Where，从什么地方着手？Who，什么人来承担这项任务？When，什么时候完成创意任务？How，怎样实施创意点子？即用什么样的方法实施。How much，要达到怎样的水平？需要何种资源和成本。

这种编辑创意方法能够帮助创意者的思维路径实现条理化，可有效理顺和调整思维路径，使编者围绕创意目标，理清思维和思考步骤，以避免思维的盲目性、混乱性、无序性、随意性，这会使编辑创意更合乎实际和理性。

三、编辑创意的"行停法"方法

这也是一种设问类型和启发式的编辑创意方

法。行停法（gonging-stopping method）是美国创造学家阿里克斯·奥斯本（A.F.Osbern）总结整理出的一种设问类型的创新或创意技法。它通过Go（行）实施发散思维首先提出创造性设想和Stop（停）运用聚敛思维对编辑创意或创造性设想进行冷静分析与思考，并注重程序化思考，以利逐步接近所需创意和解决的问题。

基本思考步骤：Go（行），创意者思考列举与所需要解决的问题相关联的要点因素；Stop（停），对所思考创意的编辑事项实施详细的分析和比较；Go（行），对所要创意和解决问题有哪些可能用得上的信息与资源；Stop（停），如何方便地得到这些文献和信息资源；Go（行），要提出编辑创意和解决问题的所有关键点；Stop（停），科学判断和确认最好的解决切入路径；Go（行），尽量找出验证试验的方法；Stop（停），选择最佳的试验和验证方法，并循环往复，直至编辑创意思维和创新达到预期目标，并获得成功答案或创意点子，最终形成完整的编辑策划方案。

四、编辑创意的"六顶思维帽法"方法

这种六顶思维帽法（lateral thinking）创意方法，是英国剑桥大学的心理学医学博士爱德华·德·波诺（Edward de Bono），在20世纪80年代发明的平行思维法。是针对具体事情，在编辑创意思维的某个小环节和同一时刻，在创意者思考时，将情感、信息、逻辑、希望、创造力等都要参与到思考之中，编辑创意者要同时控制这些思维要素。这种编辑创意方法主张，在创意思维活动中，要把情感和逻辑分开，创造力与信息分开，以此类推。这种编辑创意方法形象地把各个概念比作不同颜色的思考帽，戴上一顶帽子代表使用一种思维方式。

基本创意思考步骤：白帽，纯白，属于纯粹的事实、数字、文献和信息等。红帽，刺目的红，属于创意者情绪和感觉，包括预感和直觉。黑帽，漆黑，属于错误倡导者，是否定判断，代表负面因素。黄帽，阳光的，属于明亮和乐观主义，肯定和建设性的，具有一定机会。绿帽，象征丰收，属于创造性的，种子萌动发芽成长，意动和激发。蓝帽，冷静和控制，属于管弦乐队的指挥，对创意思维实施思维控制。

这种编辑创意思维形式是戴上不同颜色的帽子，分别从不同的倾向角度去面对思考的问题，最后所得出的结论会有所不同，通过综合这些思维结果所得出的结论往往是最好的编辑决策方案。

五、编辑创意的头脑风暴法

头脑风暴法（Brain-storming）是人们比较熟悉，而且应用广泛的创意方法，在医学期刊编辑创意活动中也具有普遍应用意义。头脑风暴法也是由阿里克斯·奥斯本（A.F.Osbern）于20世纪30年代提出的思维方法，主要是激发人的大脑思维产生创造性设想的一种集体讨论方法，又称BS法。

奥斯本头脑风暴法的有效性归因于四个方面：①思想的产生有赖于联想，联想能力在一定程度上依赖于不同思想的相互启发和诱导。②一般人在小组讨论中比单独思考更能发挥其想象力。③智力活动在竞争情况下，会产生思想的能力增强50%，尤其以产生灵感的能力增强最为突出。④在小组中个人设想往往会立刻得到他人的鼓励、引申和发展，从而增加激发和启发创意者提出更好设想的机会。

编辑创意头脑风暴法的具体思考路径是：编辑创意者围绕某个编辑目标或明确的学术主题，在组织有10人左右专家参加的咨询或讨论会上，请会议主持人的言辞能妙趣横生，创造场面轻松和谐，善于引导、激励与会成员积极思考的气氛。

要使会议气氛轻松热烈，对与会专家或编者约定4条原则：①不允许批评他人提出的任何意见和设想；②要提倡无约束地自由思考和倾吐想法；③要鼓励尽量提出新奇设想和思路；④要结合他人的见解提出新设想。其主要步骤包括准备、热身、明确主题、自由畅谈、加工设想5个步骤。然后先把设想归为明显可行的、荒谬的和介于两者之间的3类，再经评价筛选出最佳编辑创意方案。

第 25 章 医学期刊审稿偏倚与控制方法

审稿偏倚（Peer review bias）在科技期刊审稿中应该说普遍存在，审稿偏倚可以发生在审稿过程中的各个环节，是影响审稿质量的重要因素。把握和分析审稿偏倚的原因和要素，加强审稿偏倚的控制，是保证科技期刊审稿质量，全面提高科技期刊学术水平、科学性、创新性和编辑出版质量的重要措施。

第一节 医学期刊审稿偏倚的概念

偏倚，在测量学中是指一切测量值对真值的偏离。后来，科研人员把这一概念引用到临床医学科研中，特别是临床科研设计中，以此分析科研设计中的偏倚因素，其中包括测量仪器校验欠准确、样本过小，科研设计不合理、研究样本分配或分组不均衡、样本抽样未按随机要求进行、研究者或测量者具有心理主观倾向等。在医学研究或科研设计中，偏倚是指在其临床研究中，研究结果总是或多或少地偏离其真实情况，这种偏离在临床研究中称之为误差（error）。在不同的研究或学科中，对偏倚的认识或释义差别不大，一般都统称为与真实目标发生偏离的意思。因此，在科学研究，特别是临床医学科研中，必须严格分析和估计偏倚因素，在科研设计中尽可能考虑到偏倚因素的存在的状况，并在科研设计时加以控制和排除偏倚因素，使研究结论更可靠。

临床医学研究中的偏倚（bias）是指从科研设计、样本设计、科研实施、试验资料和数据处理各个环节中产生的系统误差，以及结果解释、推论中的片面性，导致研究结果与真实情况之间出现倾向性的差异和偏离，因而其结论偏离其真值，甚至被假象所掩盖。临床研究中误差的来源可以分为两类：一类是随机误差（random error）；另一类是系统误差（systematic error）。这些常见的误差有以下几种。

1. **随机误差** 是由于抽样误差所引起的，其大小可以用医学统计学方法进行估计，但没有方向性，也就是说，这种误差的存在可使研究结果随机地高于或小于真值。

2. **系统误差** 即偏倚（bias），是指研究结果系统地偏离了真实情况，与随机误差有所不同，偏倚的存在总是造成研究结果或高于真值或低于真值，因而具有方向性。由于在临床研究工作中定量估计偏倚的大小比较困难，而确定偏倚的方向却相对较容易。当偏倚使研究结果高于真值时，称之为正偏倚；反之，偏倚使研究结果低于真值时，称之为负偏倚。

3. **选择性偏倚** 这一般多出现于研究设计阶段，是指由于研究对象选择不当而使研究结论偏离真实情况而产生的偏倚。一般临床科研设计上的缺陷是选择偏倚的主要来源，在确定研究对象时表现得最为突出。常见的情况是在研究开始时将试验组和对照组就存在着除诊疗措施以外的差异，而缺乏可比性。

4. **信息偏倚** 信息偏倚也称观察偏倚、测量偏倚，是指研究过程中进行资料和信息收集时产生的系统误差。这主要由于测量方法的缺陷、入组样本临床诊断标准，特别是金标准不明确或掌握不严格，以及存在资料缺失遗漏等，都是造成信息偏倚的来源因素。

5. **混杂偏倚（confounding bias）** 这在临床流行病学研究中，因为单个或诸多外来因素的存在和影响，在某种程度上掩盖或夸大了研究因素与疾病的联系，因而部分甚至全部歪曲了两者间的真实因果关系。在临床医学科研设计中，对其偏倚的控制根据偏倚因素的性质，具有不同和行之有效的控制方法，这就保证了其研究结果和结论的可信性和可靠性，确保研究质量和研究成果的科学性。

综上所述，将其概念进一步延伸，把偏倚的概念引申到医学科技期刊审稿过程中，同样具有实践意义。因为编者都知道，医学科技期刊同行评议是基本准则，其稿件评审工作是一项复杂的系统工程和编辑决策过程，审稿的目的是对科研论文稿件的科学性、创新性、实用性、真实性和学术价值做出科学与正确的评价，并得出稿件取舍建议和修改完善意见，为论文稿件取舍提供编辑决策依据。

但是，在审稿过程中，同样会受到诸多不利因素或偏倚因素的影响，这会干扰审稿人对稿件的客观评价的因素，使审稿结果最终偏离真实情况或偏离其真值，甚至发生严重科学性或学术造假失察的情况发生，以致造成科研论文真实学术价值的误判。因此，医学科技期刊审稿偏倚，就是指在科研论文的评审过程或评价过程中，由于诸多干扰因素的存在和影响，使其评审结果与其论文稿件真值之间出现了某种程度上的偏差，这种稿件评审的偏差现象称为审稿偏倚。

第二节　医学期刊审稿误差发生的类型

医学科技期刊审稿控制作为一个系统工程，其环节较多，干扰因素或偏倚因素也比较多。因此，审稿偏倚在某种程度上带有普遍性、复杂性和难控性。一般常见的审稿误差或偏倚有以下几种类型。

1. 审稿人选择性误差　现代科学的特点是高度分化，分科愈来愈细，同一学科、同一领域或不同专业，甚至不同的研究方向和研究重点不同，其科学家对学科研究的把握程度也存在差异，尤其是新学科、新技术、新方法、新理论日新月异，发展速度很快，同一领域或同一学科其研究方向不同，对该领域学术进展的驾驭也存在其局限性。因此，编辑在送审稿件时，由于对审稿人专业或研究方向及侧重点了解得不全面，所送审稿件研究内容偏离了审稿专家的专业特长，特别是有的审稿人退审怕麻烦或碍于面子，在不熟悉稿件研究内容的情况下评审，难免发生误差。另外，期刊编辑部对审稿专家选择标准不高，审稿人未能达到应具备的学术水平，由此发生审稿人选择性误差。

2. 学术伦理道德与情感误差　审稿人缺乏自律意识，对学术道德、科学伦理意识淡漠，在审稿过程中从主观意愿出发，人为地对稿件过于苛求挑剌或降低标准，甚至不能一视同仁，对熟人或学生网开一面，不能客观公正地对稿件进行评价，偏离编辑道德或学术道德规范，特别是对"人情稿"不能正确对待，放松标准，而发生道德与情感误差。

3. 审稿态度误差　担任科技学术期刊的审稿是一项公益性活动，审稿人的劳动是一种无私的奉献，报酬很少甚至没有任何报酬，审稿者应以促进学术发展的高度责任感，对待每一篇稿件，一丝不苟，认真负责。但是在审稿过程中因时间紧张，工作繁忙等诸多因素的影响，致使有的审稿人对稿件处理得草率从事、不负责任，导致审稿态度误差。

4. 审稿心理误差　编辑审稿和专家审稿同样具有复杂的心理活动，对知名专家或著名科研机构的稿件过度崇拜，以及对知名专家审稿意见过度依赖或依从心理，而造成心理因素对稿件评价的无形干扰，审者不能以循证为客观依据、公正地评价每一篇稿件或碍于对名家的情面，而使审稿心理发生偏倚，不能以良好的编审心理对待每一篇稿件。

5. 审稿者个体误差　审稿者个体误差也称为审稿者偶然误差，是指在相同条件下，对同一科研论文不同个体评审者给出不同的评审结果。这主要是由于评审者各种偶然因素，以致出现不同的认识、学术判断、看法和学术价值取向。其产生评审者个体偶然误差的原因很多。如专业知识水平、对研究发现的认识差异、责任态度、学术敏感性等诸多原因，而且难以确定某个因素产生的具体影响的大小。因此，评审者个体偶然误差难以找出原因加以干预或排除。因此，主要控制措施是在盲法评审的基础，同时多送几位同行专家评审，再具体分析其评审意见一致性的多寡，慎重做出编辑决策。另外，加强同行评审专家学术水平和资格的遴选标准，确实保评审专家具有相应学术判断水平和责任意识。

6. 编辑管理控制误差　这是由于编辑出版管理和学术管理因素造成的系统误差。主要是编辑管理者存在管理和控制缺陷，甚至管理缺失造成的。如管理者责任缺失或缺位、缺乏制订评审规范或学术标准、编辑出版制度缺失等原因，其控制方法是加强编辑部主任、总编辑责任感和责任意识，发挥编辑角色职能作用。

第三节　医学期刊审稿偏倚产生的原因

审稿偏倚可由很多干扰因素引起，其中有主观的，也有客观的，可发生在编辑审稿、专家审稿、编辑委员会审稿等各个阶段，但其最终结果是造成编辑决策失察，影响科技期刊的整体质量。因审稿偏倚酿成编辑失察的例子屡见不鲜。如1986年4月，Cell杂志发表的美国著名生物医学家、诺贝尔奖获得者戴维·巴尔的摩（David Baltimore）等发表的有关移植外来基因对鼠基因物质影响的研究论著，由于编审人员对著名专家的信任心理和名人效应心理，编辑和审稿人对稿件未能仔细分析或核实数据，文章即得到发表。其实该文有些实验根本没有做过，一些数据是伪造的。文章发表后麻省技术研究所癌研究中心博士后研究生Margort O'Toole提出质疑，经过美国有关机构长达5年的调查，作者于1991年5月在Nature杂志上发表了检讨书。这一震惊世界科技界的事件，虽然是科学家违背了科学伦理道德，但作为审稿人和编辑失察，对导致这一事件的发生也有不可推卸的责任和教训。一般审稿偏倚发生的原因主要如下。

1. 审稿的运行机制失控　科技期刊审稿质量控制是以严格的审稿制度为基础的。因此，必须严格执行国家对科技期刊审稿的规定，建立和完善审稿的运行机制，真正做到在审稿过程中各个阶段层层把关、互相制约。缺乏良好的审稿机制和制度制约，期刊审稿无章可循，稿件取舍个人说了算，甚至违反同行评议原则，编辑决策随意性大是造成审稿偏倚的重要因素之一。

2. 审稿专家专业不对口　现代科学的特点是学科高度分化，分科越来越细，而且不断产生和派生出新的学科。科学家同一学科，但有不同的专业或不同的研究方向，对一个学科的学术发展的熟悉程度差别较大，而对审稿内容的把握程度也存在较大差异。人们常说隔行如隔山；有时一篇论文涉及多个专业，如临床医学、基础医学、统计学各个专科医学等。所以，对稿件评审的困难性和局限性是客观存在的，在这种情况下如果送审稿件不对口，而有的专家有时碍于情面，对接收到与自己专业不太对口或不太熟悉专业的稿件也坚持评审，这样容易发生审稿偏倚。

3. 职业伦理规范的依从性　不同职业有不同的职业伦理规范和职业道德，编审人员和专家也不例外。甘做人梯、无私奉献、善于发现人才、推出人才、认稿不认人、公正无私、一视同仁是审稿专家和编审人员应遵守的职业道德，也是编辑道德和学术道德的具体体现。但是在实际工作中，当作者的研究成果送杂志发表，有的审稿人在遇有与自己专业相同、研究方向一致甚至对自己的研究具有挑战性时，如果不能正确把握学术道德准则，在审稿中就会带有苛求、挑刺，甚至压制，造成审稿道德与情感偏倚。

4. 编审人员态度失衡　审稿人的劳动既是创造性劳动，又是一种默默无闻的社会责任，应具有甘当幕后英雄的奉献精神，以对学术发展的高度责任感，对每一篇被审稿件认真负责，以科学的态度和科学精神对待每一篇稿件，是赋予审稿专家及编审人员的社会责任。但是由于审稿态度不端正，对被审稿件草率从事，不负责任的做法在审稿实践中也是屡见不鲜的，这也是造成审稿偏倚的原因之一。

5. 同行评审专家和编辑的业务素质　编辑在审稿过程中具主动控制的职能，而且承担着审稿全部过程的调控。因此，对编辑素质应有特殊要求，特别是编辑要对学术发展动态，某些学科的国内外的研究水平和进展，审稿人的专业特长和研究方向等应当有比较深入的了解，否则在送审过程中容易出现偏差，而审稿专家的专业学术水平也是影响稿件客观评价的重要因素。

6. 编审心理与情感因素　编辑和审稿人的心理因素和情绪变化直接影响被审稿件的准确把握

和严谨性。另外，编辑对名专家审稿意见过度依赖或依从，审稿人对名人稿的过度崇拜和过度信任心理，容易造成心理偏倚，因而影响对稿件评审的客观性及真实性，使所审稿件偏离真值。编审人对知名专家有崇拜心理，过度信任或过度依赖，使编审人在审稿时不敢提出不同意见。另外，对经常来往的熟人、老师、同学在审稿时降低要求等，是编审人员共有的编辑心理状态。这些因素均会影响审稿的公正性和准确度。而有的作者为迎合编者、读者心理，在写文章时总愿署上一位名人，认为这样做可以提高文章的分量，产生一定的"名人效应"。而编审人遇有这种情况时，往往也会产生"马太效应"，发生心理和情感失衡，而出现审稿偏倚现象。

第四节　医学期刊审稿偏倚的控制方法

审稿发生偏倚对科技期刊的质量影响是比较严重的。因此，应重视对审稿偏倚的控制，特别是应加强超前控制，并贯穿于审稿的全过程，把事后把关提到事先预防上来。审稿偏倚可发生于审稿的各个环节，其影响因素较多。因此，必须根据偏倚产生的特点，采取具有针对性措施加以控制。

一、坚持同行评议制度控制

医学科技学术期刊论文稿件的同行评议原则，是国际上，特别是著名医学科技学术期刊严格遵守的准则，同行评议制度的执行，对保证医学科技学术期刊质量发挥着不可替代的作用。因此，医学期刊要严格遵循同行评议的原则，所有稿件首先经过同行专家评议程序，即使编辑部专职编辑人员具备相应医学专业学术水平，也应通过临床、科研一线的同一专业的专家学者评审，以保证其评审的客观性，尽可能减少审稿偏倚的发生。

二、完善和优化审稿队伍

审稿是决定文章取舍，保证科技期刊学术质量的关键环节。由于现代医药卫生科学发展较快，仅亚学科就发展到近千个，不同学科的专家有不同的专业侧重点和研究方向，有时一篇论文涉及多个专业。如临床医学、基础医学、统计学、各专科医学等。因此，要求审稿专家对每一篇论文都能准确无误地把握和评价显然是不现实的，应根据期刊的学科及内容不同，不断完善和优化审稿队伍，建立审稿专家库，是科技期刊的基本建设，也是保证审稿质量和避免审稿偏倚的基础。编辑可以根据论文的研究内容和所涉及的专业、审稿专家的专业特长和研究方向，准确地选择有关审稿专家，最大限度地控制选择偏倚。因此，扩大杂志的审稿专家队伍，做到学科结构合理十分必要。如《美国医学会杂志》就有4000名审稿者的详细数据库。《中华医学杂志》是我国重要的综合性医学核心期刊，除有各学科著名学科带头人组成的编辑委员会外，还根据本刊综合性强、涉及学科多这一特点，建立了有1000余名多学科专家组成的审稿专家库。这些审稿专家都是由全国各大医院、学校、科研单位推荐而来，其学科带头人占90%，审稿专家库内除有每位审稿人的基本情况及承担审稿的专业范围外，还有从事的研究课题，承担国家重点课题项目，国内外发表论文情况、获科技成果奖等详细资料，编辑可根据稿件的具体内容，从审稿专家库中调出合适的审稿专家，做到送审准确无误，最大限度地减少选择性偏倚。

三、交叉评审控制

为减少由于同一地区或单位的审稿者偏见、情感和心理可能造成的审稿偏倚，充分体现公正性，对送审稿采取异地和不同单位交叉送审，如北京地区的来稿可送上海等地区审稿人评审，上海地区的来稿送北京等地区审稿人评审，以减少由于同一地区或同一医学科研院校评审者学术、情感和偏见等原因造成的审稿偏倚。

四、专业立体交叉评审控制

在编辑实践中，经常处理涉及多学科或专业的研究论文，有时一篇论文稿件所研究内容涉及多个不同领域或交叉学科，如何从不同的专业视角予以审视和评价，尽可能避免因审稿人专业的局限性带来审稿偏倚，这就要求编辑了解稿件研究的类型和涉及的专业，了解审稿专家的专业特长和研究方向，准确地选择审稿专家，实施合理的专业审稿设计，如遇多中心临床研究类型的稿件，除送临床专科审稿人外，还要送基础医学、统计学、临床流行病学甚至临床药理学专家审评；涉及临床和基础交叉的稿件，除送临床专科专家外，还应送基础医学专家审评，从不同的学科视角进行立体交叉评审，特别应重视临床科研设计和统计学方法合理性的评审，严格控制审稿偏倚的发生，以保证所报道研究结果的可靠性。

五、实施盲法评审控制

所谓盲法审稿，即审稿者不知道被审稿件的作者姓名、单位等，投稿者（作者）也不知道审稿人名字；审稿人与审稿人之间也不知道各自的审稿意见。盲法审稿可减少对名人稿、熟人稿可能发生的误差或偏倚，体现公正性和客观性，评审者可无拘束、无顾忌地完全按照自己的客观判断来行使对稿件的判断和裁决权，打消审稿人的顾虑，减少审稿人心理误差。

六、分级审稿逐层把关控制

健全医学期刊的审稿机制，是控制审稿质量的保证，中华系列杂志制定了严格的"三审五定"的编辑制度："三审"，即编辑初审、外审（两名或两名以上同行专家评审）、专业编审组或编辑委员会终审。"五定"，即供稿编辑、责任编辑、编辑部主任、社长、总编辑分级审定签字，各负其责，发挥不同编辑角色的职能作用，以尽可能防止和控制审稿偏倚的发生。

七、稿件评审标准化控制

科研论文稿件评价标准的一致性，在评审中稿件优劣的标准是客观的，为统一评价尺度，应具有可遵循的评价指标和标准，以避免因审稿人的情感、身份和职业而改变。应该说，其客观标准只有一个，那就是从创造性、科学性、实用性、真实性、可靠性上评价文章的质量。不同的医学期刊或不同的栏目对稿件的要求和标准各异，审稿意见是否符合期刊的要求，除审稿人自身的因素外，编辑部向审稿人提出的要求是否合理、全面、简明也是一个重要因素。所以，要准确把握医学期刊对不同类型稿件的要求和标准，就必须让审稿专家熟悉期刊的对不同类型稿件的评价或录用标准、审稿通则或要求，使不同类型稿件评审差异化和标准化。既要有定性审稿的形式，还应配有量化标准，以减少或避免各种偏倚因素的发生。

八、网络远程稿件处理系统流程控制

医学期刊网络远程稿件编审系统，为医学期刊的评审流程控制提供了现代化手段。在线稿件远程处理系统是通过以权限管理为基础的编辑、作者和审稿专家多向交流的网络平台，可实现稿件编辑管理流程的自动化与信息化管理。

1. 编辑部主任监控管理　由于在线稿件远程处理系统是编辑部现代化网上处理平台，可以将论文稿件的处理过程自动实施全景式的分类记录，而且是作者、编者和同行评审专家共享及参与的平台，从作者注册投稿、编辑初审、送同行专家评审、编审组集体审定、作者退修、审稿意见反馈、作者校样审校、编辑排版校对等系列流程。因此，这为编辑部主任和总编辑/主编实施流程管理提供了便利条件。所以，编辑部主任应掌握医学期刊在线编辑出版流程的关键环节，实施有效的监测管理控制，以保证系统流程的有效性。

2. 总编辑/主编网上学术管理与质量控制　总编辑/主编作为医学期刊学术的掌门人，在线稿件远程处理系统为总编辑/主编学术质量控制提供了有效的平台和路径。在线稿件远程处理系统的论文稿件编辑出版、编辑决策评价流程系统、编者办公系统的主编工作区等，为医学期刊总编辑/主编的学术管理控制提供了便捷的平台。总编辑/主编可通过授予的权限实现对论文稿件实施学术评价和编审决策职能，把控、驾驭学术内容、学术质量和学术导向，可有效提高编审决策效率和编审决策质量。同时，总编辑／主编在远程稿件处理平台工作区下，可以显示编辑部当前所有论文稿件的状态，可直观地观察到论文稿件所处阶段。如待初审、待外审、审回、编审组待审定、录用情况、退稿、退修、待发录用通知、责任编辑处理、待发排、拟发排期数等一系列编辑决策流程和编辑出版流程，可适时进行学术质量管理控制。同时，总编辑／主编工作区还可对论文稿件初审、同行评议、稿件退修、评审意见、退修意见等实施总体监测评价，随时对医学期刊学术质量和编辑出版质量实施有效控制。从系统编辑流程的角度，将医学期刊的质量控制划分为前馈控制、同期控制和反馈控制等不同编辑流程环节与阶段的质量分析及控制。总编辑／主编还可以了通过在线平台工作区实现对医学期刊学术质量的前馈控制和同期控制，实现学术质量的扁平化管理，及时分析论文稿件的来源、稿源状况、质量状况、稿源分布、稿件积压状况等，根据具体情况实施必要的干预和调度。同时，还可以了解编辑、责任编辑、同行评审专家、本刊编辑委员的评审效率、时效和处理稿件的质量与能力，客观评价编辑委员、同行审稿专家的工作态度，为激励和优化编审人才队伍提供依据，实现全方位的质量控制角色职能。

3. 编辑决策流程时效与质量控制　医学期刊科学合理的编辑决策流程设计和高效的流程运行，是科研论文评价与编辑决策质量及时效控制的重要手段，而通过在线稿件远程处理平台，可实现医学编辑决策流程的自动化和智能化，实现作者、评审者、编辑、编辑部主任、总编辑／主编之间的实时信息传递、信息交流和信息反馈，这提高了编辑决策和编辑出版的质量与工作效率。但其流程运行效率和质量，是受到编辑主体的编辑和评审者的能动性所控制的。因此，要发挥在线平台的作用，编辑部主任和总编辑／主编的角色意识和责任意识很重要，要勤于和善于对编辑出版和编辑决策流程环节实施有效监测管理，适时进行必要的运行提醒或管理干预，以促进流程高效和高质量运行。编辑部主任或总编辑／主编可通过其管理权限和工作区及时有效干预及管理初审、同行专家评审、退修、责任编辑处理等编辑流程环节，以避免某环节的主观和客观原因所造成的运行延误，确保编辑出版和编辑决策流程的优化与高效。编辑部主任或总编辑／主编及时跟进编辑流程，了解和监测论文稿件的最新状态和处理情况，从而实施对编辑审稿流程的控制管理，以达到相互制约和促进的目的。如编辑部主任或总编辑／主编通过检查所有在线处理稿件显示项目中的稿件标题、处理状态、投稿日期等二级显示项目了解稿件审稿流程，根据论文稿件所处状态和投稿日期判断稿件是否得到及时的处理，因稿件处理系统设有强大的提醒功能，对未在限定时间内完成编辑审稿任务的稿件自动显示提醒或催审警示，编辑管理者还可发送催审信，避免编辑、审稿者的疏漏。此外，按照医学期刊稿件处理周期要求，编辑部主任或总编辑／主编可通过其工作区对所有在线处理稿件的各个环节实施观测掌握稿件处理情况，以利于实施编辑决策流程和编辑出版流程的质量和效率控制，防范偏倚因素的发生。

第 26 章　医学科技学术评价与评价方法学

医学编辑工作在某种程度上，从事的就是学术评价性活动，而医学科研论文的发表过程，就是学术评价或医学科技研究成果的评价过程。因此，医学编辑掌握和研究科学评价理论、评价指标、评价标准、评价方法和评价技能等，对于医学编辑是基本技能，具有重要的理论与实践意义。

第一节　医学科技学术评价的基本概念

在社会活动和生活中，从国家、团体组织、各项事业或个体，随之都可面临着评价，通过评价被评价对象的客观评价而得出评价结果，给出评价结论，从而做出相应决策。而科学评价目前有两种理解，即有广义和狭义。广义上的科学评价是指用科学的方法对评价对象实施的评价，其意指科学的评价、评价科学化。这种评价的范围非常广泛，包括各行各业、各学科领域、各层次、各种类型的评价。狭义上的科学评价是指以科学活动，即对科技成果、论文发表评审、医学期刊质量和水平评价、职称晋升评审、研究生毕业答辩评审、申报国家重点科研资助项目评价等科学研究活动为对象的评价。还有对科学研究活动有关的人才、事项、设备产品的评价，这主要指评价科学或科学研究。其中对科学出版物评价、文献评价（如科研论文、医学期刊、医学图书著作、医学专利、临床医学指南、诊断标准、学术期刊数据库等评价），对医学科研机构评价、医学科研计划评价、医学科研项目立项评价、学术成果评价、科研投入与产出评价、科研绩效评价、科研能力评价、科研人员评价、科研管理评价、科研政策评价等。医学科技评价包括科研攻关计划、医学科研课题项目、医学科研学术机构、临床与基础科研人员评价、医学研究成果、卫生科技政策、医学科研管理评价。学科评价包括学科发展的阶段、发展现状、发展水平、发展前景、学科结构和学科之间的相关度等评价。在医学科学研究活动中，医学科学研究者的贡献主要是以科研成果的形式呈现出来，最初体现在其医学科研论文。而科学评价是对其科研论文或科研成果的科学性、创新性、实用性、有效性、可靠性、效益性和应用价值的评价，这种科学评价即是对医学科研人员创造性劳动的仲裁。因此，科学评价对于评价对象尤为重要，对评价对象来说，这种评价活动就是生杀活动。

一、科学评价的基本认识

科技学术评价概念是由"科学"和"评价"两个原概念构成的，而每个原概念都包含着系列相关概念，两组原概念之间交叉组合形成了内容丰富的科学评价相关概念集合。

1. 科学　科学是指反映自然、社会、思维等的客观规律的分科知识体系，是符合科学逻辑、自然规律和事物本质的科学。科学实际上是很难界定的名词，更是复杂的社会现象。对科学的定义有多种，每一定义解释都反映出科学某方面的本质特征。同时，随着社会和科学本身的发展，人们对它的认识不断深化，科学在不同的时期、不同的场合有不同的意义。一般人们更多的是从一个或几个侧面对其本质特征加以揭示和描述，到目前，还没有特别公认的关于科学的确切定义。广义的科学概念是包含了科学和技术的集合概念，因为科学和技术是辩证统一的，科学中有技术，技术中也有科学，科学产生技术，技术也产生科学。狭义的科学则仅指科学本身，不包括技术。在科学研究活动中科学活动仅指自然科学中基础研究活动。

2. 技术　技术是指人类在利用自然和改造自然的过程中积累起来的手段，在社会生活或生产劳动中体现出来的经验和知识，当然也指其他操作方面的技巧、技能和技术设备。

3. 科研　科研就是指科学研究。而对于科学研究的概念，美国资源委员会的定义：科学研究是科学领域中的探索和应用，包括对已经产生知识的整理、统计分析、图表及其数据的收集、编辑和分析研究工作。联合国教科文组织用研究与发展（Research and Development）来表示科学研究的概念。日本内野晃认为：科学研究就是追求真理探索学问的行为。王凭慧认为：科学研究，又简称科研，是指科技人员对科学技术实施有目的的探索和运用，其内容包括创造知识和整理知识两部分。无论是自然科学研究还是社会科学研究，大致分为理论研究和应用研究两大类。而对于自然科学研究，将科学理论转变成直接生产力，这需要经过开发研究阶段。因此，自然科学研究一般又分为基础研究、应用研究和开发研究三种类型。

4. 研究与开发　国际通行称为研究与开发活动，是指增加已有的科学知识，同时赋予以实际应用的系统性的创造性活动。在实际中常成为科学技术研究活动和科学研究活动的代名词。其研究主要是指探求事物的规律、真相、性质等，是针对某个专题的科学知识实施海量和系统及反复的探索研究，通过对事物现象的周密调查与反复思索而揭示出事物的本质。开发或发展是指运用科学知识对基本思想和基本原理作进一步的开拓发展，而产生新的物质形态或技术设备产品，最终实现经济效益和社会效益。研究与开发是人们不断研究探索、创新、发展与应用新知识的系统过程。在当今科学研究规模、创新速度、竞争日趋激烈的形势下，其科学研究经费、人力、物力日益增加的情况下，为了有效地实施研究与开发管理，当前已把研究与开发的基本过程划分为不同阶段，而国际上通用的划分是将研究与开发划分为基础研究、应用研究与开发研究三大类型。

5. 学术　学术是指具有系统性专门学问，是对事物及其规律的学科化论证。学术对应的英文 Academia 是指实施高等教育和研究的科学与文化群体，其对应于中文的学术界或学府；学术是以学科和领域来划分。这是源自于中世纪欧洲第一所大学内的学者思想模型所定下来的三学四科；而随着社会发展和学术内容逐渐细化，各类专门的学术领域逐渐出现，研究内容也越来越有针对性、专有性和深入性。学术活动其概念更加宽泛，人们通常把与科学技术研究或科学研究活动有关的所有活动都称为学术活动。在一定的条件和环境中，学术有时也特指学术活动的成果，即学术成果。

6. 知识　知识是指人们在改造世界的实践中所获得的认识和经验的总和；也指有关学术文化。知识是人类在认识世界的过程中对自然现象和社会现象的客观描述，是人类科学技术活动、科学研究活动、研究与开发活动和学术活动的结果与产物，包括科技成果、科研成果、学术成果、研发成果。在实际的科学评价活动中，人们往往根据成果的数量、质量和价值，评价科学技术活动、科学研究活动、研究与开发活动和学术活动的效率效益与效果。

二、科学评价的基本形式构成

科学评价其实包括学术评价、评议、审稿、同行评议、评估、鉴定、评审、审查、审议、论证、咨询等概念。

1. 学术评价　主要内涵是评价主体的价值高低优劣、科学性、创新程度、实用价值、可靠性和开发应用前景及意义。而评价主体或评价对象，是根据相应评价标准对评价客体做出价值评估和定性。科学评价在某种程度上是指对某研究成果、科研选题、学术成果、对某人才或某事物的认同程度。在生活中有时说：你对这件事怎么评价？大家对这事评价很好。因此，仅就评价而言在社会生活中无处不在，所有组织或个体都在不断做出评价，一般而言，评价就是按照确定的目标，在对被评主体或对象实施系统分析，以此来测定被评价对象的相应属性和性质，以及将其转变为主观效用的过程，这就是明确价值的评价过程。因此，科学评价具有其基本点：①在评价目标的指导下，对被评价对象进行实施分析，确定评价指标体系及相应的权重体系；②对被评价对象的相应属性实施测定，从而将其转化为评价者的主观效用。因此，科学评价带有主观性与客观相融合的评价过程，这是组织决策者或个体决策实施正确决策的基础。

2. 学术评估　也就是评议估计，这带有预测性。评价和评估两个概念的内涵和外延十分相近，经常被当作同义概念使用。在实际评价工作和研究中，评价与评估两个词也常常混用。但两者仍有一些细微差别。一般而言，在理论研究特别是在方法论研究中常使用评价一词。如评价标准、评价指标、评价公式、综合评价等；而评估常与实务相结合，带有预测、阶段性或初步估计的含义。如科研课题立项评估、风险评估、技术评估、项目评估、经济效益评估、价值评估、未来趋势评估等。

3. 学术评议　这在医学编辑实践活动中应用比较广发。如科研论文同行评议、期刊质量评议等；主要指经过分析商讨而评定。评议也是评价的相关概念，因为评议是评价的一种重要形式。如评价中的同行评议法、专家评议法、公众评议法等定性评价。即使是定量评价，其评价标准和指标体系，甚至是评价方法也要做出正确选择，必要时也需要通过同行评议的方法来完成评议。

4. 学术评审　也就是评议审查；其评审过程中也包含评价。因为评审过程实质上就是依据事先确定的标准与原则对评审对象实施比较、选择和评价，即评选。如稿件评审、职称评审、科技成果评审、科研论文评审、优秀论文评审等，而评审或审查，对其评审对象应具有相应评审标准、评审原则和评审程序。

5. 学术审查　审查是检查核对是否正确、妥当，主要指计划审查、科研成果材料审查、资格审查、合规性审查、资质审查。审查类似于评审，也是根据预定的标准或目标对审查对象实施核查，看是否相符条件，应该说是评审前的初步环节。通常用于科研课题、重点项目、计划和期刊资质的检查与监督。

6. 学术鉴定　鉴定具有鉴别、识别真假和性质评定含义。辨别和确定事物的真伪与优劣等。如科技成果鉴定、医疗事故鉴定、项目鉴定等；鉴定与评价是高度相关概念，评价的本质也就是鉴别事物与主体是否有价值和意义，鉴定其真伪和评定其价值。常用的有技术鉴定、项目鉴定、成果鉴定、产品鉴定等，其实质就是要鉴别和评定事物的价值，即评价与评估。

7. 学术咨询　咨询具有征求意见和建议的基本含义，就是对某事物征询相应专家意见和出主意及点子。如决策咨询、卫生政策咨询、管理咨询、企业咨询、市场咨询等。从广义的角度看，咨询是人类不断获取知识和信息求生存的一种本能，这种本能决定了咨询是无所不在的，是人类社会普遍存在的社会现象。咨询是服务性产业，以专门的知识、信息、技能和经验为资源，帮助用户解决各种复杂难题，提供解决某问题的建议和方案，为领导决策提供参谋作用，以利于减少决策失误。咨询是一项提供与实际管理问题有关的专业知识、技术、意见、建议和思想的服务性工作，是卫生管理和决策过程科学化不可缺少的重要环节。因此，咨询与评价存在着一定的交叉，特别是咨询中的政策咨询、管理咨询、科技咨询、技术咨询和工程咨询等都涉及大量论证和评价活动。广义上，评价本身也是咨询活动的一种重要形式。因此，科技评价被认为是一种为决策提供参考意见的专业性咨询活动，科技评价是科技咨询的重要内容。

8. 学术论证　论证主要是指阐述专家自己的观点后，对其加以证明，使自己的观点有论据证明。如比较常用的可行性论证、某课题或工程项目立项的必要性论证等。论证的内容有事实论证、道理论证、对比论证、比喻论证等。事实论证运用真实、可靠，具有代表性的事例证明论点，具体有力地证明了中心论点，增强事物或科研论文的说服力。道理论证可以增强事物或文章说服力或文采，使论证更有力和更有吸引力。对比论证其正确错误分明，是非曲直明确，给人印象深刻，使论证更有力和更有吸引力。比喻论证道理讲得通俗易懂，语言生动形象，容易被人接受。逻辑学指引用论据来证明论题的真实性的论述过程，是由论据推出论题时所使用的推理形式，论述并证明，立论的根据。在科学技术活动中通常指可行性论证，即对事物进行分析，弄清事物之间的因果关系。评价离不开论证，评定事物有无价值及价值的大小，必须有理有据，实施科学的论证，才能得出科学和准确的评价，以利于获得对某事物的决策依据，这科学决策的基本环节。

第二节 医学科技学术评价与评价形式

医学编辑活动中重要内容就是运用学术评价方法或实施医学科研论文的学术价值的评价。学术评价就对学术研究成果、学术理论、学术论文、学术著作、学术思想、学术观点的价值和传播意义给出定性评估。学术评价的基本方法有两种：一种是基于内容的学术评价，即基于学术发展的内在规律和学科本身的逻辑结构的评价方法；另一种是基于形式的评价方法，即游离于学术研究之外，客观描述学术研究成果的外在特征和学术成果之间的形式联系，从而描绘出学术研究的形式化图景，从而达到学术评估的目的。

学术评价是基于内容的评价模式，就是以学术成果的内容特征来评价学术成果。显然，基于内容的评价模式是最符合学术逻辑和学术性质的学术评价方法。基于内容的评价模式的其先决条件是评价人是否为相关学术评价内容的专家，评价者能够读懂和理解学术成果的内容，应该对相关的学术领域有深刻的了解和非凡的洞察力，对本领域学术发展趋势具有驾驭能力。而要满足这样的条件，评价者非该领域的专家莫属。所以，基于内容的学术评价本质上就是专家评价或同行评价。医学期刊采用的专家审稿就是典型的基于内容的学术评价方式。

一、学术评价模式

在各种基于内容的学术评价方法中，比较典型的评价模式是学术综述，这是学术评价的最好方法。当某学科里的专家将近期某领域里的研究情况进行分析，找出相应时期某学科的重要进展和未来发展趋势，其本身也是一项系统性学术研究。学术综述之所以是最好的评价方法，其原因有两条。

1. 专家与专业学术综述　撰写综述的作者本身就是这个领域的研究者，甚至是领先的研究者，因而对所讨论的相关领域的研究课题具有较深入理解和驾驭，也具有比较敏锐的学术洞察力。

2. 海量文献分析与文献研究结论　学术综述是基于占有海量文献研究内容的评估，而实施的分析和得出的结论，其遵循的是学科本身的内在逻辑和研究形式，可以比较准确地描述出该学科研究的现状和发展趋势，由此可以比较准确地对学术研究成果做出评价。学术综述属于回顾性文献分析，其目的是回顾学术研究本身的发展历程，从中发现研究规律和存在的问题，从而得出作者自己的分析结论，从而论述相关领域学术研究的现状、发展趋势、研究路径和未来发展方向，用以指导相关领域的研究，从目的上讲，学术综述的评价目的比较学术化，也相对单纯，这样就使得学术综述更加客观，确保综述的价值中立。因此，学术综述分析是比较好的学术评价方式。

二、学术评价的局限性

任何评价都是通过人来评价，因而任何评价都具有局限性，这是学术评价中客观因素。而基于内容的学术评价是最符合学术逻辑的学术评价方法，其形式是国际通行的同行评议和科学共同体评议。但是，其局限性主要体现在学术评价方法往往受到评议专家主观因素的影响和心理倾向因素的影响，因而发生学术评价偏倚的情况是难免的。所以，这种基于学术内容的评价主要有赖于评价者对内容的理解，因而难免受制于评价者学识、专业兴趣、情感因素、学术道德伦理的依从性等个体因素的影响。而这些因素都会降低学术评价的客观性和公正性。为了尽量可能降低评价者的主观因素的影响，基于内容的评价往往需要群体评价者，同时具有完善的评价程序化设计和具有客观评价标准，从保证学术评价的客观性和公正性，就像医学编辑对同一篇论文会同时盲法送审多个相关领域的专家评审，最后再集中召开编审组会议，请相关领域的编辑委员或编审专家实施群体讨论和编辑决策，这样会最大限度地克服主观因素对学术评价所产生的偏倚影响。

三、学术评价的基本形式

基于形式的学术评价和基于内容的评价方法相反,主要利用学术研究成果的客观性参量来描述学术成果的客观特征,以及与其他成果之间的相关关系,从而达到评价的目的。这些客观性参量主要有数量参量、聚类参量和关联参量。

1. 学术评价的数量参量　数量参量描述了学术成果的数量特征,即同一项研究者的相关研究成果的数量。其相关研究成果是指与评价目标相关的研究成果。如当评价目标是人才评价,评价科研人员总体研究水平和能力,相关就是指被评价的科研人员和从事研究的成果。评价科研人员个体在某一领域的研究成果。如消化内科学,相关性就是其所有与消化内科学的研究成果。因此,关于其他消化系统的研究成果就不相关了。学术评价的数量特征描述了该研究者的研究经验。假如对一项研究成果的评价,应通过数量特征来评估该项研究成果的研究者在相关领域中的研究背景和经验,这项成果的研究者在相关领域研究多年而且成果颇丰,是具有丰富研究经验的研究者,还是初次涉足该领域的研究者。这对于评价个体学者的研究或学术水平,通过数量特征可以客观评价该研究者的总体研究经验和学术水平。

2. 学术评价的聚类参量　所谓聚类关系是指学术成果是否聚类于相关的研究成果,本项指标描述了学术成果被同行认可的程度。布拉德福定律,学术文献的分布具有聚类分布的特征,也就是说学术文献是学术成果的表现形式,而学术成果的研究也具有聚类的特征。学术成果的聚类特征就是指该项学术成果是否能够发表在具有影响力或著名专业领衔学术期刊上。很显然,其学术成果发表在越专业的本学科学术期刊上,其聚类性特征就越强。而根据布拉德福定律,某专业领域的学术期刊可分为核心期刊和非核心期刊,当然发表在核心期刊上的专业研究成果,其聚类性要强于发表在非核心期刊上的学术研究成果。

3. 学术评价的相关参量　学术成果的相关关系主要是指学术研究成果与其他研究成果的相关关系,这项参数描述了该项研究成果对其他研究成果的影响,即描述了该项成果的影响力。这是因为所有课题研究都具有背景性,基本都是在前人研究的基础上不断地延伸和扩展性研究,任何学术研究都离不开已有前人的研究成果。而对于一项学术研究成果却并非都能够成为他人进一步延伸研究的基础。其原因很显然:①该项研究成果缺乏新颖性或创新性,是非前沿性的研究成果或重复性研究,也就自然不能成为其他研究者延伸研究的动因和研究思路的启迪。②学术项成果缺乏指导性和科研思路的启发性,很难引起同行学者的关注和启迪研究思路、延伸研究、深入研究兴趣与实际意义。③本研究项目成果有游离于相应学术界的研究兴趣之外,甚至该项学术研究成果不能被同道或被学术界认可,其研究缺乏应有的学术价值。④本项学术研究成果对本专业领域缺乏发表的意义和学术价值。

而研究成果的相关性指标主要是通过研究论文的引文特征表现出来的。一个符合学术规范的研究论文总有引文部分来指示该论文和其他论文的逻辑关系,这是现代学术研究的基本范式。通过引文关系可以清楚地描绘出一个研究成果的相关性脉络:两个基本面和两个维度。

四、学术评价的基本层面

1. 成果的文献引用指标与学术价值　首先该学术研究成果与以往研究成果的相关性,这主要表现为该成果发表引用以往相关研究成果文献,也就是文献引用率指标。某项已发表学术研究成果缺乏相关文献的参考文献的引用,其学术研究的背景和研究成果的继承性或者缺乏立题研究依据;如果其研究成果引用的文献是相关研究非主流的研究成果文献,而缺乏印证主流研究成果的证据,这种学术研究成果的价值也会被学术界质疑。由此可见,学术评价的内容之一,就是看研究论文参考文献的引用情况,假如该学术论文的引文质量不高,自然也会质疑作者在立题前,是否认真研读过相关领域的重要文献,这是衡量学术研究成果质量的一个层面。

2. 被引用率与学术价值　对于一项学术研究成果与现今研究成果文献的相关性,这主要表现为该成果被别的研究者或研究成果引用的情况,也就是被引率指标。在学术价值的评价中,被他人的研究成果引用得越多，这说明这项学术成果可能具有较强的创新性、新颖性和前瞻性及学术价值，对其他研究者的科研思路启发性越强，也就越能说明该项学术研究成果具有进一步延伸研究或扩展研究的前提，说明其科研论文具有较高的学术价值。而作为相关领域的专家学者，其研究成果被他人广泛引用，这从一个侧面被认为专家学者对相关领域学术发展的贡献。

五、学术评价的维度

1. 学术研究的历时性维度　历时性维度具有两个时间方向，即前向性和后向性。

（1）前向性：是指该项学术成果与以往已发表的研究成果的相关性。众所周知，任何科学研究都正如牛顿所说，所有研究都是站在巨人的肩膀上，是在前人的研究基础上实施的延伸性、扩展性、深入性和相关性探索研究的结果。因此，某项学术成果与前人的研究成果的相关关系，是作为判断该成果创新价值的依据。医学编辑可以通过该科研成果的前向时间维度，作为评价该研究论文是不是建立在前人研究基础上的接续探索，还是重复前人已有的成果或是研究者独创性、开拓性或里程碑性质的新发现；但是真正独创性和开拓性研究发现极少，当然作为医学编辑对于前人没有研究的独创性发现的国际首报成果，其评价或发表应予以高度重视。其研究成果的前向历时性可以通过该研究成果的科研论文中的文献引用情况基本可以呈现出来，医学编辑通过这项科研成果论文的引用他人的研究成果的文献情况来判断这项成果的新颖性、创新性、科学性或独创性，当然可以判断这项成果是否是在前人已有的研究成果基础上的延续探索，从而判断该作者是否做了全面的文献综述分析。

（2）后向性：是指该科研论文成果对后续研究或他人扩展研究是否具有参考价值。众所周知，学术研究文献是具有生命周期的，其学术生命周期主要表现在该项研究成果对后续学术研究成果具有参考价值的时间长度，也就是说，该项研究成果发表后在多长的时间内，能够持续地对后续研究产生的影响。在医学科研实践中，可以发现有的研究成果文献的生命周期很长，而有的文献生命周期较短，更有甚者所发表的研究文献就没有生命周期，其发表出来就意味着学术生命周期的终结。因此，学术研究成果的生命周期构成了学术相关性评价的理论基础和基本依据。学术研究成果文献的生命周期是通过文献的引用度量出来，这就是文献计量学的意义所在。

2. 研究成果文献的共时性维度　这一学术评价维度表现了该成果和同时期的研究成果的相关性。这个维度同样有个时间方向，即前向性和后向性。学术评价的共时性可以通过该研究成果最新引用他人文献和他人引用该成果的文献体现出来。比如，该研究成果论文最新的一篇引文是6个月前的成果，其发表后第一篇被引用的论文发表于6个月后，这说明其共时性特征前向性是6个月，后向性也是6个月。因此，学术研究文献的共时性维度是呈现研究成果新颖性、科学性、创新性、独创性和学术价值的重要性的定量指标。

第三节　医学期刊评价标准与评价功能

医学期刊乃至整个科技期刊评价是一个复杂的问题，如何客观和科学地评价期刊，是科技期刊界和科学技术界一直在探索的命题。评价是指人类在社会活动的行为中发现其意义和价值，从而揭示价值内涵的方法与手段。而科技期刊评价则是对期刊的学术质量、期刊影响力、期刊知识服务能力、期刊品牌影响力和期刊价值做出的客观判断。如果从广义的科技期刊评价，其评价内容还应包括期刊的学术质量、编辑出版质量和政治内容的考量。期刊评价具有判断、评估、预测、选择、引导、激励和发现问题的基本功能，对促进科技期刊发展具有激励和助推作用。严格讲，要客观而科学地评价一家科技学术期刊的真实学术价值，应该具有3个条件：①严谨的评价标准，也就是精品期刊或优秀期刊应具备什么标准；②完善而科学的主观和客观评价指标体系；③期刊评价的程序化设计。

在医学期刊评价指标中，具有一般的工作量

统计指标和期刊影响力评价指标，了解和运用这些指标的评价方法和意义，对期刊影响力评价和办好期刊具有重要实际意义。因此，针对期刊内在质量和学术影响所进行的各种评判标准就是期刊评价指标，不同指标从不同的角度反映了期刊的质量和影响力，合理构建期刊评价指标就构成了期刊评价的指标体系。期刊评价指标是文献计量学研究的重要组成部分，通过对学术期刊的发展规律和增长趋势进行量化分析，揭示学科文献数量在期刊中的分布规律，为优化学术期刊的使用提供重要参考，同时可以提高学术期刊的内在质量，促进学术期刊的健康成长和发展。

第四节 医学期刊编辑工作量评价指标

一、总刊出率

总刊出率是指一定时期内期刊全部收稿中最终刊出稿所占的比率。在实际统计计算时，通常统计某年度刊出稿在该年度全部收稿（包括上年度存稿）中所占的百分率。其计算方法为：

$$总刊出率 = \frac{全年刊出稿篇数}{全年收稿篇数 + 上年度存稿篇数} \times 100\%$$

总刊出率主要反映期刊稿源的充足度与用稿的精选度。一般来说，综合性医学期刊和专业范围较宽的期刊，一般来稿量较大，其总刊出率一般不宜超过20%；而专科医学期刊和专业范围较窄的期刊，其来稿量相对较小，一般总刊出率应控制在30%左右。

二、时段刊出率

时段刊出率是指在某一时段稿件刊发的比率，这是衡量和评价某时段稿件刊出的量化指标。如医学期刊一般为缩短发表时滞，最大限度地缩短稿件发表周期，一般规定并考核期刊或编辑年内刊出率、280天刊出率、180天刊出率指标，以考察稿件的处理周期，衡量期刊或编辑工作效率。是指某一时期内刊出稿件中，从收稿到刊出的时间不足1年、280天或180天所占的比率。医学期刊通常统计某年度收稿后不足1年、280天或180天刊出的稿件在全年刊出稿中所占的百分率，以考核或评价期刊编辑部对稿件发表时滞和处理效率。其计算方法为：

$$时段刊出率 = \frac{全年刊出稿中1年或280天及180天内刊出篇数}{全年刊出篇数} \times 100\%$$

时段刊出率主要反映期刊刊出稿件的时效性。医学期刊一般要求1年内刊出率要求均达到100%；280天内刊出率，要求周刊达到95%、半月刊达到85%、月刊达到75%、双月刊达到60%、季刊达到45%；180天内刊出率，要求周刊达到60%、半月刊达到45%以上、月刊达到35%以上、双月刊达到25%以上、季刊达到15%以上。

三、某时段稿件处理率

某时段稿件处理率也是衡量医学期刊稿件处理效率的评价指标，是指一定时期内收到稿件中，在3个月内已具有处理结果的稿件比率，包括拟刊用、退稿或修改后重审等处理结果的稿件，并且已将处理结果通知作者的稿件所占的比率。医学期刊通常统计某年度3个月内已处理稿件在全年收稿中所占的百分率。其计算方法为：

$$某时段稿件处理率 = \frac{全年3个月内处理稿篇数}{全年收稿篇数} \times 100\%$$

某时段稿件处理率主要反映医学期刊处理来稿的及时性和工作效率。根据《中华人民共和国著作权法》规定，作者向期刊投稿30天内未收到通知决定刊登的通知，作者可以另投他刊；而双方另有约定者除外。根据此规定，医学期刊，特别是中华医学会系列杂志一般在稿约中写明投稿3个月内未收到通知决定刊登的，作者可另投他刊。到3个月尚未做出是否刊用或退稿决定的,编辑部应及时通知作者,并尽快决定处理结果。医学期刊一般要求3个月内处理率应达到100%,但在目前条件下难以完全办到。因此,要求3个月内处理率达到85%以上,其余在6个月内处理完毕。

四、组稿率

组稿率是一项医学期刊工作效率评价指标,是指某一时期内刊出稿件中组稿所占的比率。通常统计某年度刊出的组稿在全年刊出稿中所占的百分率。其计算方法为:

$$组稿率 = \frac{全年组稿刊出篇数}{全年刊出篇数} \times 100\%$$

组稿率主要反映医学期刊编辑策划和选题策划的主动性和能动性,由被动编辑模式向主动编辑模式的转变,也体现了编辑的思想性。一般医学期刊的组稿率控制在20%~30%,不宜过高或过低。组稿方式包括函约、面商、公开征稿和召开专题组稿座谈会等选题策划。

五、重点号率

重点号率是一项期刊编辑工作效率和质量的评价指标。是指某一时期内,一般以统计某年度重点号刊出数量为主,也就是在期刊总期数中重点号刊出所占的比率。其计算方法为:

$$重点号刊出率 = \frac{全年刊出重点号期数}{全年刊出期数} \times 100\%$$

重点号率主要反映医学期刊的总体设计、学术导向性和选题策划的编辑质量与效率的量化指标。医学期刊的重点号主要是在每一期期刊中具有某一学术报道的侧重点,一般应以配合国家医药卫生工作重点、医学科研攻关重点工作重点或重大公共卫生问题及重大学术热点问题实施的具有学术导向性的重点报道,以反映本学科领域重要研究进展、热点和难点问题为目标,编辑部策划组织一系列高质量的学术论著,配以述评、专论、专家论坛、座谈纪要、综述、专题讲座等,从各方面进行学术引导性报道。医学期刊重点号一般要求应占全年期数的50%以上。

六、基础研究与临床研究的比例

基础研究与临床研究的比例是指某时期内刊出内容中基础医学研究与临床医学(包括预防)研究的比例。在实际计算时,医学期刊通常统计某年度刊出的基础医学研究论著性稿件与临床医学研究论著性稿件分别占全部刊出篇幅的百分率。其计算方法为:

$$基础与临床比率 = \frac{全年基础研究论著刊出页数}{全年刊出页数} \times 100\%$$

基础临床与临床研究的比例主要反映医学期刊基础医学研究与临床医学研究报道的协调性、实用性。医学期刊既要重视重大基础医学创新性研究的报道,同时又要注重临床医学研究的报道,以指导广大临床医务人员的临床实践。根据医学期刊的办刊方针和宗旨及读者定位,对于临床医学类期刊,基础医学研究应适当控制其发表的数量,一般应控制在15%左右,临床医学研究稿件,其中包括基础医学研究与临床应用结合的稿件应占70%左右比较合适。还有15%左右为其他各类体裁和不同内容的文章。但在以基础医学研究为主的期刊,则适当控制临床医学研究类文章的刊出数量和比例。

七、刊出提高性内容与普及性内容比例

刊出提高性内容与普及性内容比例是衡量和评价医学期刊提高性与普及性及实用性强弱的指标,是指某时期内刊出内容中提高性研究内容,尤其是基础性研究内容与普及性内容的刊发比例。一般是统计某年度刊出的提高性研究内容稿件与普及性内容稿件分别占全部刊出篇幅的百分率。其计算方法为:

$$提高性内容比例 = \frac{全年提高性内容刊出页数}{全年刊出页数} \times 100\%$$

$$普及性内容比例 = \frac{全年普及性内容刊出页数}{全年刊出页数} \times 100\%$$

对于以临床医学研究报道为主的期刊，一般应以50%左右篇幅报道高水平的原始创新研究内容，如新进展、新成果等；同时注重普及性内容的报道，一般以50%左右篇幅报道普及内容，以保证基层医疗机构的广大医务人员的实用性与普及性，以利于指导基层医务人员的临床诊疗实践活动，最大限度地占有读者群。

八、出版准期率

出版准期率是衡量和评价期刊出版效率的评价指标，是指某时期内（通常统计某年度）期刊出版各期中准期出刊的比率。其计算方法为：

$$出版准期率 = \frac{全年出版准期数}{全年出版期数} \times 100\%$$

出版准期率主要反映医学期刊出版的准时性，是考核出版印刷人员的工作效率指标，以及评价期刊按时出版，期刊按时与读者见面；期刊非准时出版或延期出版，是对读者合法利益的侵害，应当严格期刊的按时出版，一般医学期刊出版的准期率要求达到100%。

九、编辑出版差错率

编辑出版差错率是衡量期刊或编辑出版人员工作质量的统计指标或评价指标，是指某时期内出刊各期的编辑出版和排版印刷错误发生的频率或占总字数的比率。一般统计某年度所有各期中编辑、校对和排版印刷错误数占总字数的百分率。其计算方法为：

$$编辑出版差错率 = \frac{全年编辑出版差错数}{全年出刊总字数} \times 100\%$$

编辑出版差错率主要反映期刊编辑、校对和排版、印刷工作的质量和严谨性。编辑出版期刊中的文字、图表和数据错误，一般均应予以统计计算，反映了期刊编辑出版人员对工作的认真程度和工作质量；特别是对其中影响文章含义、概念错误、作者和单位署名错误等，必须要刊发更正的错误，应严格加以控制，一般要求控制在1/3万。

十、刊后自查率

刊后自查率是衡量医学期刊质量控制的评价指标，是指某时期内，一般统计某年度期刊出刊后编辑部自行检查质量的期数占总期数的比率。其计算方法为：

$$刊后自查率 = \frac{全年刊后自查期数}{全年出刊总期数} \times 100\%$$

刊后自查率主要反映医学期刊贯彻落实审读制度及期刊质量管理的情况和严肃性，一般要求期刊出刊后认真进行质量自查，并认真如实填写期刊质量自查表，对达到要求者方可计入自查期数。一般要求出刊后自查率要达到100%。

十一、获奖成果首发率

获奖成果首发率是衡量医学期刊发表科研论文学术质量和水平及科研成果首发情况的评价指标，是指某时期内获得国家级和省部级科技成果奖项目中，其相应医学科研论文在期刊首发或发表刊出的比率。在实际统计分析和计算时，一般以统计某年度公布的国家和部级科技奖及中华医学科技奖项目中，在期刊专业范围相关项目的医学科研论文在期刊当年或以往年份首先发表刊出的百分率。其计算方法为：

$$获奖成果首发率 = \frac{某年度国家或部级科技成果奖中本刊发表数}{某年度国家或省部级获奖成果总数} \times 100\%$$

获奖成果首发率主要反映医学期刊学术上的创新性、先进性和权威性，是医学期刊学术水平与学术影响力高低的重要衡量及评价指标。此外，还可以统计获奖成果刊出率，也就是在某年度内，期刊发表医学科研论文的总数，其中获得国家和省部级科技成果奖的比率或百分率。其统计分析和计算方法为：

$$获奖成果刊出率 = \frac{某时期内刊发获国家和省级科技成果奖论文篇数}{同期发表医学科研论文总篇数} \times 100\%$$

获奖成果刊出率能够较好地反映医学期刊的学术质量和学术权威性，也体现了医学期刊的学术影响力。

十二、基金论文比率

基金论文比率是反映和衡量医学期刊发表国家和省部级科研基金资助课题论文发表数量的统计与评价指标，集中体现了期刊发表国家自然科学基金、国家科技攻关专项基金、重大科技项目基金、国际科研基金和省部级科研基金等资助课题论文，在某时期或某年在本期刊发表的数量和比率。反映了医学期刊的学术质量和学术水平，也从一个侧面反映了某医学期刊对科学家论文发表选刊的价值取向与影响作用。这是一项比较客观地反映医学期刊质量和水平的重要评价指标。其统计分析和计算方法为：

$$基金论文比率 = \frac{某年度内刊发国家和省级科研基金论文篇数}{同期发表医学科研论文总篇数} \times 100\%$$

十三、国际论文比率

国际论文比率是衡量和评价医学期刊国际化程度的统计指标，它主要反映国外作者或科学家在本刊发表科研论文的数量，其国际作者发表科研论文比例越高，它说明期刊的国际影响和国际化程度越高，这是衡量医学期刊是否达到国际化期刊的重要指标，仅仅在期刊编辑委员会成员中增设几个跨国编委，这根本算不上国际化医学期刊，要成为国际化期刊，必须扩大国际影响力，增加和吸引国际作者、特别是多国作者或科学家投稿发表科研论文，创办真正意义上的国家化医学期刊。其统计分析和计算方法为：

$$国际论文比率 = \frac{某年度内刊发国际作者论文篇数}{同期或年度内发表医学科研论文总篇数} \times 100\%$$

第五节 医学期刊影响力与学术评价指标

一、总被引频次

期刊总被引频次是指该期刊自创刊以来所登载的全部论文在统计当年被引用的总次数。这一评价指标是一个绝对数量值，比较客观地反映了期刊被作者引用情况的评价指标，而且充分显示了该期刊被其他作者或读者关注的程度，同时也体现了所发表文献的学术价值和被同行关注的范围和程度，在某些意义上也体现了期刊在学术交流中的作用和学术地位。

二、期刊影响因子（Impact factor）

期刊影响因子是指该期刊前两年发表的论文在统计当年被引用的总次数与该刊前两年发表的论文总数之比。在1998年，美国科技信息研究所所长尤金·加菲尔德（Eugene Garfield）博士在《科学家》（The Scientists）杂志中叙述了影响因子的产生过程。这说明他最初提出影响因子的目的是为《现刊目次》评估和挑选期刊。人们所说的影响因子一般是指从1975年开始，《期刊引证报道》（Journal Citation Reports，JCR）每年公布上一年度世界范围期刊的引用数据，并给出该数据库收录的每种期刊的影响因子。JCR为世界著名权威性综合数据库，引用数据来自全世界的近万种期刊，其学科专业范围涵盖了自然科学、科学技术和社会科学，是当前世界上评估或评价学术期刊比较好的综合性工具。

影响因子评价指标目前已成为国际通用的期刊评价指标,不仅是一种测度期刊学术价值和显示度的指标,也是测度期刊的学术水平和论文质量的重要参考指标。影响因子作为一个相对统计量,也并非是最客观的评价期刊或科研论文影响力的绝对客观标准。从某种意义上讲,其影响因子越高,期刊的影响力就越大;但实际上对于某些综合性期刊,由于其发表研究的领域广泛,因此其引用率也比较高,国际上影响因子较高的医学科技学术期刊,大多数为综合性医学期刊。影响因子评价指标尽管在某些程度上可体现学术质量的优劣,但其影响因子与期刊学术质量或科研论文间并非呈线性正比关系,可以说,其影响因子为8.5的期刊,很难讲就优于影响因子为3.0的期刊,也就是说,期刊影响因子不具有这种对学术质量实施精确定量评价的功能和价值。其计算方法为:

$$期刊影响因子 = \frac{期刊前两年发表论文在统计当年被引用的总次数}{期刊前两年发表文章总数} \times 100\%$$

三、即年指标(Immediacy Index)

即年指标是衡量和评价期刊即时反应速率的指标,其主要功能是表述期刊发表的论文在当年被引用的情况。其意义在于可确定某一特定期刊在当年被引用的速度,特别适用于评估新创办的期刊,分析其研究领域中专业期刊的影响力。其计算方法为:

$$即年指标 = \frac{该期刊当年发表论文的被引用次数}{该期刊当年发表文章总数} \times 100\%$$

四、他引率

他引率也称为他引总引比,主要指某期刊的总被引频次中,被其他期刊引用次数所占的比例。他引率分析指标是利用数学、统计学和文献计量学的方法进行比较、归纳、抽象和概括的逻辑方法,对科技期刊、科研论文、作者等分析对象的引用和被引用现象进行定量分析,其目的是揭示数量特征和内在规律。他引分析具有3种基本类型:①数量分析,主要用于评价期刊、科研论文,分析科技文献情报流的规律;②网状分析,主要用于揭示学科结构、学科相关程度和进行文献检索;③链状分析,期刊或科研论文间存在着"引文链",对引文链状结构的分析,可揭示科学或科研课题的进程。他引率指标的意义在于其体现了非本刊作者对本刊所发表文章的关注,是评价期刊学术质量和影响力的重要参考指标。其计算方法为:

$$他引率 = \frac{被其他期刊引用的次数}{期刊被引用的总次数} \times 100\%$$

五、自引率

自引率是体现或评价科研成果连续性的指标,相对应的他引率指标,是指该期刊全部被引次数中,被该期刊本身引用次数所占的比例。自引率一般不可过高,比例在15%左右属于正常,若自引率过高,甚至曾有的期刊自引率达到50%以上,这似乎不大正常,可能有人为操作的嫌疑。其计算方法为:

$$自引率 = \frac{本刊自引的次数}{本刊被引用的总次数} \times 100\%$$

六、被引半衰期(Cited Half-life)

被引半衰期是确定被引用期刊的刊龄基准,主要显示期刊从当前年度向前推算引用数占截至当前年度被引用期刊的总引用数50%的年份数,也就是指该期刊在统计当年被引用的全部次数中,较新一半被引论文发表的时间跨度,这就是说,从以前某时刻到现在的时间跨度N内的引用数占该期刊自创办起至今的总引用数的一半,N就是半衰期。被引半衰期是测量期刊老化速度和学术生命周期的一项评价指标,一般来讲,半衰期长的期刊说明比半衰期相对较短的期刊学术影响力更加深远。被引半衰期通常不是针对个别文献或某一组文献，而是指某期刊、学科或专业领域的文献总和。

七、平均引文率（Mean citing rate）

平均引文率是可测度期刊的平均引文（引用文献）水平，考察期刊论文吸收他人学术思想的水平。主要指该期刊在统计当年发表的每一篇论文平均引用的参考文献数。其计算方法为：

$$\text{平均引文率} = \frac{\text{该期刊当年刊出论文所引用参考文献量}}{\text{该期刊同期来源文献量}} \times 100\%$$

八、引用半衰期（Citing Half-life）

引用半衰期主要指从当前年份往前，其引用数达到目前截至当年引用期刊提供的总引用数50%的年份数，其意义在于除了衡量医学期刊学术效用的寿命长短外，还可以通过与被引半衰期比较，以利于评价医学期刊的编辑策略的效应。

九、来源文献量

来源文献量主要指该期刊在统计当年发表的全部论文数，其主要体现和说明统计期刊被引数据的来源。

十、参考文献量

参考文献量主要指该期刊在统计当年发表的论文所引用的全部参考文献数，是衡量医学期刊科学交流程度和吸收外部信息能力的评价指标。但是，有的医学期刊为了压缩版面，人为地删减参考文献的数量，也有的医学期刊在稿约中就说明引用参考文献的限制数量，这样就使其这一指标的意义打了折扣。

十一、平均作者数

平均作者数是指该期刊统计当年每一篇论文平均拥有的作者数，是衡量医学期刊科学或学术生产力的评价指标，也说明其课题研究的参与规模与合作研究的格局。

十二、地区分布数

地区分布数主要指该期刊统计当年刊出论文所涉及的地区数量。这是衡量期刊论文覆盖面和全国影响力大小的评价指标。

十三、机构数

机构数主要指该期刊统计当年刊出的论文的作者所涉及的医疗科研院校（所）的机构数。也是衡量医学期刊科学和学术生产力的评价指标。

第六节 医学期刊相关学术评价指标

一、H指数（h-index）

H指数是一项混合量化评价指标，最初是由美国加利福尼亚大学的物理学家乔治·赫希（Jorge Hirsch）在2005年首先提出来的，其目的是用于量化科研人员作为独立个体的研究成果。Hirsch的原始定义为个体科学家的H指数是指其发表的 Np 篇论文中有 H 篇每篇至少被引 H 次，而其余 Np-h 篇论文每篇被引均小于或等于 H 次。H指数也称H因子（h-factor），是评价专家学者学术成就的新方法。H代表"高引用次数"（high citations），科研人员的H指数是指他至多有H篇论文分别被引用了至少H次，H指数能够比较准确地反映科学家的学术成就。如某科学家的H指数越高，则表明他的研究论文学术影响力就越大。假如，某科研人员的H指数是20，这说明其已发表的论文中，具有每篇科研论文被引用至少20次，其科研论文总共有20篇。因此，H指数是一项用于科学家个体科研绩效评价的文献计量学评价指标；自诞生以来，H 指数得到了国内外科技情报学界和科技期刊界的广泛关注，由开始用于科学家个体评价迅速推广到用于科技期刊、研究机构、科研基金资助项目、学科研究热点等方面的科学评价。

H 指数的计算方法：一般要确定某人的 H 指数，首先登录 SCI 网站，先检索出其发表的所有被 SCI 收录论文，再按被引次数从高到低排列与核对，直到某篇论文的序号大于该论文被引次数，将该序号减去 1 就是某科学家的 H 指数。其实，H 指数不仅用于科学家个体的评价，也可以用于具有相同来源项的评价对象。如医学科研群体、学术共同体、学术期刊等评价。

二、特征因子（Eigenfactor）

特征因子是 2007 年由美国华盛顿大学和加州大学的研究小组发布的新的期刊引文评价指标。特征因子与影响因子和 H 指数都是单纯依靠引用的数量来判断期刊影响力的差异，而特征因子的基本假设为：假如期刊越多地被高影响力的期刊引用则其影响力也越高，当然也就满足和实现了引文数量与质量的综合评价。特征因子的分析原理类似于 Google 的"网页排名"，其两者都基于网络理论，区别在于 Google 是利用网页链接，而特征因子则是借助引文链接，但都基于整个网络结构对每篇论文的重要性进行评价。而期刊特征因子使用 JCR 数据源，重在构建剔除自引的期刊 5 年期引文矩阵，以类似于 PageRank 的计算方法迭代计算出期刊的权重影响值，从而实现引文数量与价值的综合评价。因为影响因子和 H 指数只考虑了施引文献的数量，其功能未涉及施引文献的质量问题，因而显现出影响因子诸多缺陷，如容易被人为操纵、统计错误、跨学科比较限制、选刊源标准、非英文期刊等干扰因素。

三、Web 即年下载率

Web 即年下载率是指期刊在某一期刊全文数据库中当年出版并上网的论文在当年被全文下载的次数与该期刊当年出版并上网论文总数之比率。反映了阅读频率，较好地体现了期刊在读者中的扩散程度，更加真实地反映了期刊中论文流通和被读者阅读的情况。其计算方法为：

$$\text{Web 即年下载率} = \frac{\text{该期刊当年出版上网文献下载总数}}{\text{该期刊当年出版上网文献总数}} \times 100\%$$

四、引用刊数

引用刊数评价指标主要衡量和反映被评价期刊被使用的范围。主要体现引用被评价期刊的期刊数量，其引用期刊越多，说明期刊的使用半径越大，期刊的学术传播范围越大，期刊的学术影响力也就越大。

五、他刊影响因子

他刊影响因子是客观反映期刊影响力的评价指标，主要是指其他期刊引用本期刊的影响因子，即该期刊前两年论文被其他期刊在统计年引用的篇均次数，这一评价指标客观上能排除自引文献量对影响因子的不正当影响和干扰，可以更加客观地反映期刊的学术水平和学术影响力。

六、扩散因子

扩散因子是用于衡量和评价期刊影响力的评价指标，主要显示其总被引频次扩散的范围。其具体意义在于为该期刊当年每被引 100 次所涉及的期刊数量。说明期刊的辐射半径，其辐射半径越大，期刊扩散范围越广，其学术传播范围越大，期刊的学术影响力也就越大。其计算方法为：

$$\text{扩散因子} = \frac{\text{总被引频次涉及的期刊数}}{\text{总被引频次}} \times 100\%$$

七、学科扩散指标

学科扩散指标主要指在统计源期刊范围内，引用该期刊的期刊数与其所在学科全部期刊数之比。意义在于衡量或说明该期刊的学术内容的学科交叉性，也体现了该期刊对其他学科或专业期刊的辐射半径和学术传播范围，当然也说明该期刊对其他学科期刊的学术影响力。其计算方法为：

$$学科扩散指标 = \frac{引用刊数}{所在学科期刊数} \times 100\%$$

八、学科影响指标

学科影响指标主要指期刊所在学科内，引用该期刊的期刊数占全部期刊数量的比例。这一指标的意义在于或说明该期刊在本学科领域的影响力，也说明期刊在本学科领域的学术领衔作用，是本学科领域旗帜性领衔期刊。

$$学科影响指标 = \frac{所在学科内引用被评价期刊数量}{所在期刊数量} \times 100\%$$

九、文献选出率

文献选出率按统计源的选取原则选出的文献数与期刊的发表文献数之比。

第七节 医学期刊全面质量评价内容

医学期刊的评价应建立在全面质量管理与全面质量控制的基础上，不仅要重视期刊的学术质量、期刊学术影响力和期刊品牌影响与价值，同时也要重视期刊的整体设计、编辑规范化、编辑出版、印刷装帧、广告刊登质量和政治性质量等评价。采用定量评价、定性评价、期刊自主评价与第三方评价相结合，实施期刊的全面质量和影响力的评价。

一、医学期刊政治质量

医学科技学术刊物也要恪守政治规矩，避免出现政治导向性错误，其刊载内容和出版过程等方面应严格避免有违党和国家方针、政策的重大问题，尤其是被国家期刊管理部门给予处罚，应视为不合格期刊的政治性问题。

1. **政策法规** 对执行国家有关新闻出版、版权、保密、专利、广告、科技、医药、卫生、人口、环保、国家主权与外交等方面，应严格恪守其相应法规、政策、条例及其他有关规定。遵守国家出版管理法规和期刊出版管理规定的相关要求。

2. **办刊方针及办刊原则** 坚持四项基本原则，贯彻执行党和国家科技政策及医药卫生工作方针，促进医学创新和卫生事业发展。履行办刊宗旨和学科报道范围，坚持以社会效益为主，兼顾经济效益。

3. **坚守医学伦理和道德规范** 以弘扬科学的世界观、方法论和科学精神，避免和反对各种伪科学。严格遵守医学科研伦理道德规范和医学伦理道德，避免和控制学术不端现象发生。

二、医学期刊学术质量

以创新性、科学性、真实性、实用性和学术导向性为标准。①创新性：对医学科研论文发表要求具有原始创新、新发现、新认识、新理论或修正、补充、否定已有理论或技术方法，探索或研究出具有实际意义的新问题，引领或代表学科发展前沿。②科学性：所发表医学科研论文其研究方法先进、医学科研设计严谨、医学统计学分析方法合理正确，研究数据和结果真实可靠，结论合理可信。③学术导向性：研究成果具有较强的学术导向性和引领性，具有促进专业深入研究，又具有促进疾病预防和诊断治疗的意义。④实用性：医学科研论文其结果既具有可重复性，又具有在疾病预防和临床诊断治疗的实际应用意义，注重理论与实践、基础与临床、科学普及与提高相结合。期刊评价指标结构要求如下。

1. 期刊评价指标

（1）期刊总被引频次：指该期刊自创刊以来所登载的全部论文在统计当年被引用的总次数。以在本学科专业领域影响相对值（即在同专业领域被引频次排名中所处水平）进行评价。

（2）期刊影响因子：为期刊前2年发表的论文在当年的被引次数除以该期刊前2年发表的论文总数。以本学科专业领域影响相对值进行评价。

（3）期刊他引率：指该期刊全部被引次数中，被其他期刊引用次数所占的比例。以在本学科专业领域影响相对值进行评价。

（4）期刊自引率：指该期刊全部被引次数中，被该期刊本身引用次数所占的比例。要区分合理自引和人为蓄意自引。此外，还要考虑因为学科不同可能导致的自引率不同。一般而言自引率应<30%为准。

（5）期刊基金论文比：是指省部级及以上各类基金资助的论文占所发表全部论文的比例。基础研究类与临床应用类期刊应分别评价。

（6）科技成果首报率：计算期刊单位时间内，其发表的原创科研论文获得国家和省部级及以上科技成果奖所占比例。

2. 期刊评价参考指标

（1）期刊国际化程度：①被本领域世界著名专业检索系统或数据库收录，能被世界同行检索或了解。②在国际上具有一定知名度，具有一定数量的跨国作者论文发表。③期刊具有一定数量的国际发行；期刊为国际通用语言或双语期刊（英文摘要）出版。④具有一定数量的跨国编辑委员。⑤属于具有相对国际优势的学科，应根据期刊语种及专业特点选取评价指标或分别评价。

（2）获奖论文数：科技奖项目是指国家、省部级最高科学技术奖、自然科学奖、技术发明奖、科技进步奖和国际科学技术合作奖。

（3）期刊影响因子：是指该刊前5年发表的论文在统计当年的被引用总次数除以该刊在前5年内发表的论文总数。以在本学科专业领域影响相对值进行评价。

（4）期刊平均引文数：指来源期刊每一篇论文平均引用的参考文献数，主要用于评价基础研究类期刊。

（5）期刊引文新颖度：是指期刊出版前2年（不包括出版当年）的参考文献占整个参考文献的比例，以期刊审读统计数据为准。

（6）其他评价指标：其他评价指标还有即年指标、进步指标、Web下载率、扩散因子等指标。

3. 期刊编辑质量

（1）期刊总体设计：具有明确的办刊宗旨和编辑方针，以及学科报道范围和读者对象。期刊定位明确，栏目相对固定且生动活泼。具有完整的年度设计和选题计划，每期具有相应编辑策划重点选题，年重点号>50%，年组稿率20%～30%。

（2）期刊编辑规范化：贯彻执行国家有关标准和规范。遵守国家卫生部颁布的《中国医药卫生期刊编排规范》及相应国家标准。封面设计、法定计量单位、插图及表格、语言文字、标点符号、参考文献等使用规范。

（3）文字加工：文稿内容准确、结构严谨、层次清楚、文理通顺、引文正确、图表安排合理、数学公式和反应式及外文字母书写正确、规格统一、表达规范；发排前符合齐、清、定要求；科普文章深入浅出、通俗易懂、图文并茂。

（4）编校差错：编校差错率<2/万，年度出刊需要更正错误率（包括编辑、排印、校对）≤1/万。

（5）稿件录用率（总刊出率）：反映期刊稿源的充足度与用稿的精选度。稿件录用率应控制在30%以下。

（6）论文发表时滞：要求周刊达到3～5个月、旬刊4～6个月、半月刊5～7个月、月刊6～8个月、双月刊8～10个月、季刊10～12个月。

4. 医学期刊印刷装帧出版质量

（1）封面及版式设计：期刊版式和谐醒目、图表规范、体例统一、装饰适度。封面美观庄重、主题突出、构图新颖、简洁明快。著录项目符合国家标准和要求。

（2）印刷装订：期刊印刷字体清晰、线条规范，无压痕，无"重影"，版面清洁，插图反差强弱适度，层次分明。装订牢固平整，裁切整齐，无缺、损、倒、联、白页等。

5. 医学期刊综合质量

（1）期刊学术共同体：具有完备的期刊编辑委员会和编辑部组织构架；总编辑/主编具有较高学术水平和学术知名度，是相关学科专业领域的学术/学科带头人。具有完善的期刊发展规划；健全和完善的各项编辑出版规章制度。健全和完善的稿件评审机制和同行评议/评审流程设计。

具有较好的发展潜力及自我生存、自我发展的能力。

（2）社会效益与经济效益：以学术引导期刊经营，在确保社会效益的前提下，兼顾期刊的经济效益，并具有较好的社会效益和经济效益。

（3）期刊影响力：①被本学科专业相关重要数据库收录情况，被国内外重要文摘期刊收录情况，被专业相关图书馆收藏情况。②读者认同度，根据国内主要科技期刊网的读者点击情况和期刊发行量判定。③期刊获奖情况，期刊获国家、省部级优秀期刊奖及发表的科研论文获奖情况。④期刊人才培养，期刊管理人员具有开拓精神和能力及编辑策划成果；拥有一支高水编辑队伍，期刊直接或间接发现和培养相关专业科研人才。⑤期刊现代化建设，是指在编辑、审稿、出版、稿件管理等编辑活动中实现网络化、自动化、数字化或智能化的程度。⑥期刊出版发行，发行达到100%准时准期出版发行，发行量保持稳定或增长。

（4）期刊品牌影响力评价指标：如期刊品牌知名度、期刊品牌认可度、期刊品牌美誉度、期刊品牌偏好度、期刊品牌占有率、期刊品牌满意度和期刊品牌忠诚度指标。

第 27 章 医学期刊编辑策划原则与编辑策划方法

在医学期刊编辑出版实践中，编辑策划是体现编辑创意和创新能力的具体表现，也是展现编辑思想的重要形式，同时也是提高医学科技期刊编辑质量和经营效果的重要手段之一。尤其是综合性医学科技期刊，面对的是多学科，各专业学科稿件都有，没有一个独具匠心的总体设计思想和总体设计方案及有效的编辑策划，来什么稿编什么稿，编出的刊物只能是一本"论文汇编"。这种编辑模式必然存在盲目性，编辑出来的期刊内容缺乏针对性和学术导向性及学科特点，对临床和科研及学科建设缺乏指导性。

第一节 医学期刊编辑策划的基本概念

对于医学科技学术期刊，仅仅有了总体设计是不够的，要具体落实总体设计方案，实现编者的总体设计思想和设计目标，其关键是要做好编辑策划，实施具体的编辑策略。编辑要有思想性、创新性、目的性、计划性、组织性、超前性和学术敏感性及编辑快速反应能力。编辑要具备"策划师和导演"的素质与能力，要善于调动、开发、培训和组织专家，挖掘与整合专家闪光的学术思想和智慧，通过医学科技学术期刊让更多的同行了解，放大和辐射，发挥更大的学术效益。来什么稿编发什么稿，简单地把稿件堆砌起来，是单纯的文字匠，必然缺乏目的性，也就很难有指导性。当然，有效的编辑策划要建立在编者对学科发展趋势、本领域存在的问题和对专家研究方向有较深了解的基础上。特别是选题策划，要有创新性的编辑构思和组织计划及对专业发展趋势的驾驭能力。

一、编辑策划的定义

医学期刊编辑策划的定义是：在编辑实践中，根据期刊的办刊方针、办刊宗旨、总体设计思想和总体设计框架，针对相关学科领域临床和科研中的热点、难点及存在的问题，依据本学科发展的需要，对期刊的编辑活动进行超前谋划，实施阶段性或单位时间内的编辑构思，预先设计编辑选题、编辑框架、操作程序、实施计划和策略，这一编辑方案的制订和实施的过程，称为编辑策划。为实现特定的编辑目标或实现办刊目的，编者创新性地提出新颖和具有开拓性的思路创意，在大量信息和文献分析的基础上，从而制订出具体的编辑策划方案的创新编辑思维和编辑创意的实施过程。实施编辑策划有利于实现和落实办刊方针和期刊的总体设计，避免编辑的盲目性，体现编辑的思想性和学术导向性，提高医学期刊的编辑和经营的计划性，以达到预期效果。

二、编辑策划发展简史

医学期刊编辑策划的提出是近些年的事，尚未形成理论框架和完整的理论与实践体系。编辑策划首先出现和应用于新闻报纸编辑，也有大量具有影响深远的新闻编辑策划成功案例，期刊编辑策划，特别是医学期刊的编辑策划一词的运用则更晚，而且更缺乏完整的系统理论与实践经验。但仅就"策划"而言，在我国已有2000年的历史。在古代，策划最早来源和应用于军事领域，是一种军事谋略的行为过程。人们把策划习惯称为"出谋划策"；当今策划又称"科技咨询"。策划实际上具有计划、方案、谋略、筹划、计策、对策的含义。策划以其创意、信息、文献资料、谋略、点子、目标等要素为核心。策划既是科学又是艺术，同时也是技术和文化。

在我国古代的策划，实际上是一种智谋或出谋划策，策划一般仅限于政治、军事和外交之中。如《尚书》《史记》《汉书》《资治通鉴》《二十四史》等，对策划人和策划案例及策划思想都有记载，《孙子兵法》中的"妙算"，也是讲的计谋；《汉书·高帝纪》中记载的"运筹帷幄之中，决胜于千里之外"，都记录了策划的含义。1998年，《兰德咨询》一书中，称邓小平为"国策的总策划人"。应该说"策划"在人类社会生活中都在普遍运用，而且是自觉与不自觉地在运用着策划技术和方法。

三、编辑策划的属性

1. 编辑策划的目标性 编辑策划的行为目的就是要达到高层次的办刊目标，实现预期的编辑构想，即良好的社会效益和经济效益。因此，编辑策划要围绕着本期刊的办刊方针、期刊任务和期刊的整体战略规划实施，充分体现期刊的总体办刊目标。

2. 编辑策划的创新性 概念创新和理念创新是编辑策划的本质特征，没有创新的编辑策划是没有生命力的策划，也就不可能达到预期的编辑目标。编辑策划追求创新是策划与常规计划的根本区别，编辑策划创新非常强调通过资源整合进行创新，这与临床科研创新必须通过实验发现创新是有区别的，通过资源整合创新是编辑策划的精髓。因此，创新是编辑策划的根本。

3. 编辑策划的目的性 就策划而言，其本身具有极强的目的性，策划的目的就是要达到谋划者的行为目的；科技学术期刊编辑策划也是如此。编辑策划不管是期刊品牌策划、学术报道重点策划，还是编辑选题策划，都隐含着编辑策划者的战略目的和预计实现的策划目标。因此，在编辑策划创意之初，编辑策划者就预谋好明确目的，要达到的预期目标，严格禁忌编辑策划的盲目性。

4. 编辑策划的可操作性 任何编辑策划缺乏可行性和可操作性，那必然是纸上谈兵，最终造成编辑策划失败。因此，编辑策划者要周密思考、精心谋划、科学设计，反复掂量和斟酌初始创意，对其创意的实施条件和基础，策划方案的可行性、必要性、可操作性等实施全面分析，避免盲目决策造成策划失误。

第二节 医学期刊编辑策划的基本原理

编辑策划的最基本原理就是别出心裁、出奇制胜与创新。同时，编辑策划是在期刊办刊方针、办刊宗旨、期刊总体设计思想的指导下实施的编辑谋划。因此，编辑策划要坚持正确的办刊方针和宗旨，围绕办刊的总目标实施编辑策划，以避免编辑策划偏离办刊方向和期刊运行轨迹。

1. 创新求变原理 创新与奇特、求变与创新是编辑策划的灵魂和特点，编辑策划就是要与众不同，求新求变，突破常规，冲破常规思维和习惯思维，从常规中寻求突破，追求标新立异，新奇独特，这是编辑策划的基本原理。缺乏创新的编辑策划或许只是个编辑计划，没有创新的编辑策划是没有价值的策划。

2. 读者满意原理 不同的学科期刊有不同的基本受众群体，编辑策划的目的是能让更多的读者受益和认可，满足读者的需要，让读者满意，这是编辑策划的基本出发点。因此，编辑策划的基本前提是要了解读者的需求，回答读者的问题，引起读者思考和共鸣，使编辑策划具有较强的针对性，这是为谁实施编辑策划的问题，也是编辑策划的原动力。

3. 系统制胜原理 编辑策划者要站在本期刊整体系统中考虑和提出创意，要善于运用系统论思想分析问题，即使是局部或专题策划，也用系统观点考量策划项目对期刊全局或期刊系统的影响。因此，编辑策划者要高瞻远瞩，深谋远虑，以系统论或系统思想为指导，把编辑策划项目放在整个编辑系统中加以分析，充分掌握策划项目对局部、对系统、对长远的影响，不仅要取得策划项目本身或局部的效果，还要实现局部对全局或期刊编辑系统的良好效果。

4. 临床需要原理　作为医学期刊，首先考虑其策划内容和目的是否对临床具有指导意义，为临床和科研提供新理论、新技术和新知识，指导临床医务人员的医疗和科研工作，最终让患者受益。因此，编辑策划的出发点应着眼于临床需要，推动医学科技进步，只有这样编辑策划才有意义，策划的成果才具有生命力，这也是衡量编辑策划成败的重要标准。

5. 动态变化原理　编辑策划与其他事物一样，都是在变化中的，变是绝对，不变是相对的，作为编辑策划者或策划方案的执行者，都要具有动态变化的意识，根据期刊的发展形势和实际情况，要善于随机应变，对变化了的形势和条件要具有快速反应能力，及时调整和修正编辑策划方案，以适应期刊发展的实际需要。

6. 学术发展原理　科技学术期刊作为学术交流的平台，促进学术发展为基本功能。同时还要以发展的观念审视相关学科领域的学术发展，既要跟上和反映学术发展的进程，又要超前引领学术发展的趋势，促进和推动学术发展的方向。因此，编辑策划者要以学术发展为基本动力，在编辑创意和编辑策划时，要严格遵守学术发展的基本原理。当然，编辑策划也要立足于对学术热点和难点的跟踪及解读，一切有利于促进学术发展、开展学术争鸣、促进学术成熟、完善学术体系的范畴，也都是编辑策划应当涉猎。因此，编辑策划者要以促进学术发展为主要动力。

7. 突出学科特点原理　编辑策划者要结合本学科或本期刊特点与特色，把握学科优势和学科发展趋势，善于抓住学科发展中的难点、热点、焦点问题，回答学科发展中的急需破解的疑难问题。因此，编辑策划要突出学科特点原理，善于挖掘学科和学术及技术发展中的亮点，单刀直入，深挖细研，才能使编辑策划更有深度，取得意想不到的学术效果和策划效果。

8. 学术导向原理　学术导向是科技学术期刊的重要功能之一，也是科技学术期刊的基本属性。学术期刊要善于发挥学术导向作用，引导学术潮流，促进学术发展。为此，编辑策划的重点和主要目的要突出学术导向性，引导学术沿着健康的方向发展，弘扬学术主旋律，避免学术误导，贻害患者。

9. 居高俯视原理　居高俯视原理就是指编辑策划者在实施策划创意和制订编辑策划方案时，要善于超越时空限制和专业限制，把眼光放远些，跳出固有思维和习惯思维模式，要站在本学科领域和本期刊的金字塔尖的高度，用全新视角审视、预测和分析编辑策划项目的实际意义，而且策划项目起点要高、要新、要具有创新性、目标要高、水平要高，编辑策划者就是要站在学科发展的高度，实施高水平编辑策划，以利于推动期刊和学科的发展，最大限度地达到编辑策划的目的。

10. 连续追踪原理　无论是期刊、学科学术或科学研究都具有较强的周期性和阶段性。比如，基础研究阶段、临床研究阶段、临床远期观察阶段等，需要长期的基础和临床研究才能证明其临床实用价值或学术价值，期刊也是这样，其发展具有周期性和阶段性。因此，对于编辑策划也要具有连续性，根据研究进展，不断实施跟踪策划，以体现其学术研究的周期性和学术报道的连续性，不断引导学术向纵深发展，以展现和显示其发展的规律性，吸引学者跟踪阅读，避免心血来潮，虎头蛇尾，给读者造成遗憾。

11. 策划超前原理　编辑策划的最大特点就是超前性和预测性。滞后性、模仿性或跟随性编辑策划是忌讳的，这种滞后或模仿性策划既缺乏创新，也没有意义。因此，编辑策划要有超前意识，充分体现编辑的分析和预测能力，编辑的组织能力，在其学术研究的萌发或孕育阶段，出其不意地实施编辑超前策划，为其学术发展点火加油，施加推动力量。

12. 策划整合原理　实施一项大的编辑策划往往就是一项系统工程，有时涉及各个方面。所以，要完成一项编辑策划任务，仅靠编辑一个人有时是难以完成的，必须整合社会资源，如信息资源、专家资源、学术资源、人力或资金资源、有形和无形资源，特别是要发挥编辑委员会的作用，调动专家的积极性和创造性，使分散和无形的社会资源整合起来为我所用，使其发挥更大的作用。

13. 策划的易行原理　编辑策划项目的简单易行、可操作性和可执行原理，是编辑策划者首先要考虑的，因为再好的编辑创新和编辑策划方案，其可操作性差，甚至不能顺利和有效实施，这样的策划是没有意义的。此外，编辑策划的可执行原则，也是策划者应当注意的原则，也就是说，实施一项编辑策划方案有时非一人能完成，有时需要团队合作，甚至多领域参与。因此，其策划要具有很强的可执行性和可操作性，容易被接受和实施，并能取得预期的编辑策划目标。

第三节　医学期刊编辑策划的基本原则

策划具有无穷的魅力，周密而创造性的策划给事业带来蓬勃发展的机会。当今，各行各业具有众多通过策划手段而获得成功的案例，策划是事业走向成功的重要手段，俗话说，只有想不到的事，没有做不到的事，这就是策划的魅力所在，策划者比常人高一筹的是，他人想不到的事，策划者想到了，他人办不到的事，通过策划办到了。但事物总是具有两重性，通过策划可以办大事，办成事，成就事业。当然，策划失误，也可以坏大事，一败涂地。编辑策划也是如此，策划成功，事半功倍；策划失败，也会给期刊发展带来负面影响或损失。所以，这就需要编辑策划者要掌握正确策划原则，最大限度地控制编辑策划偏倚或失误，确保编辑策划质量。

1. 编辑策划的创新原则　创意就是点子，创，就意味着别具匠心，独出心裁，具有创新性，前所未有；创意就是解决问题办法，破解难题的钥匙，具有一个好的创意点子有可能挽救一家企业，救活一家期刊，人们常常将好的创意称作金点子，是事业成功的无价之宝。具有独到见解的创意或好点子，就是编辑策划的引爆点，比较好的策划方案和成功的编辑策划首先是从编辑创意开始和起步，没有编辑创意，也就谈不上编辑策划。因此，编辑创意或编辑策划具有如下特点。

（1）突破常规、跳出框框：编辑创意者就是要打破习惯思维，富有极强的想象力，善于突破编辑常规，从传统编辑常规中寻找突破点。否则，编辑创意难以有所突破。

（2）跟踪模仿、立足创新：在编辑策划实践中借鉴和模仿其他期刊成功案例或经验是难免的，受到前人或其他期刊经验启发也是正常的，但是，作为编辑创意，贵在不原样照搬，而是在前人的基础上有所创新和与众不同。否则，很难称其编辑创意。

（3）逆向突破、独辟蹊径：在编辑实践中，往往提出一个好的编辑创意或点子很不容易，编辑实践也证明，具有很高价值的编辑创意，一定是独辟蹊径，逆向突破。因此，编辑创意者要善于运用逆向思维，跳出学科、领域和专业限制，跳出条条框框，逆向思考，独辟蹊径地寻找灵感，这是迸发具有价值的编辑创意的路径之一。

2. 临床与科研需要原则　医学期刊所报道的内容要对临床疾病预防、诊断与治疗具有指导和促进意义，为临床和科研提供新理论、新技术和新知识，适时指导医药卫生科技人员的临床和科研实践。因此，编辑策划的出发点应着眼于临床和科研的需要，解决和回答临床热点、难点和焦点问题，推动医学科技进步，只有这样编辑策划才有意义，策划的成果才具有生命力，这也是衡量编辑策划成败的标准。

3. 信息独占原则　古语曰"运筹帷幄，决胜千里"，其实靠的就是大量而准确的信息。信息实施上就是情报，在实践活动中，无论是对重大事项的决策还是策划，都离不开对大量信息或情报的占有和分析，信息也是编辑策划的原材料和基本内核，编辑创新或编辑策划也是在占有大量信息和文献分析基础上实施的。在实施编辑创新和编辑策划前，首先是对相关信息加以收集、整理、加工和分析。因此，信息的真实性和全面性是编辑决策成败的关键。

坚持原则：①全面收集相关原始信息；②甄别信息真伪，力求收集信息真实可靠；③信息收集的系统性和连续性；④重在收集系统外原始信息；⑤信息整理准确、加工及时、适用。

4. 出奇制胜原则　编辑策划要想获得成果，并取得较好的社会效益、学术效益和经济效益，编辑策划者就必须坚持出奇制胜的原则，编辑创意者或策划者就是要"异想天开"，敢于想象，善于设计，洞察科技发展趋势，把握学科、学术、社会发展和空间的时机，出奇制胜，超前谋划，适时策划。

5. 目标优先原则　编辑策划的特点就是具有

创新性、计划性、操作性、效益性和目标性。在编辑创意阶段，就首先考虑到编辑策划的目标，也就是编辑策划要达到什么效益，何种程度的效益。因此，编辑策划首先要目标优先，缺乏明确目的或目标的编辑策划是盲目的策划，很难达到编辑策划的实际意义。

6. 周密设计与运筹原则　策划就意味着其中的复杂性，涉及期刊内部系统和外部系统的各方面，一项大的编辑策划就是一项系统工程。因此，编辑策划者要周密思考、系统分析、通盘考虑、周密运筹、权衡利弊、投入与产出比、风险分析、风向规避、补救措施、预案等，都要精心设计，避免草率从事，导致编辑策划失败。

7. 编辑资源集中整合原则　编辑策划就意味着竞争、要比同行或对手技高一等、优先一步、要知己知彼、了解同类期刊或对手的情况，是编辑策划捷足先登和技高一等的关键。此外，编辑策划和策划方案的实施，需要消耗人力和物力资源，要取得编辑策划的成功，就必须集中和有效整合各方面的资源，如人力、物力、资金、专家优势资源、学科专业优势资源、学术资源、社会资源等，集中力量实施编辑策划项目，以保证策划项目的成功。

8. 编辑策划的随机权变原则　任何事物都不是一成不变的，编辑策划也如此，也是动态变化的，经常会遇到各种影响因素或突发事件，甚至由于期刊发展的变化，原来的策划方案已经不适应实际变化的需要，这时要根据实际情况修改和调整编辑策划方案或者终止编辑策划，以避免不必要的损失。

9. 策划的连续性原则　编辑策划具有很强的连续性，而且随着策划成果效益不断产生，编辑策划也要不断向纵深发展，甚至派生出其他编辑策划创意和策划项目。如国际著名科技期刊 Nature 策划实施的期刊 "杰出导师奖" "年度十大科学人物" 评选，《福布斯杂志》策划的 "三十岁以下医疗科技界领军人物" 称号，Lancet 编辑策划的 "全球最佳论文" 评先、"学科人物介绍" 栏目和 "科学家事迹介绍"，《美国医学会杂志》编辑策划的 "全球心脏介入领域最重要研究" 评奖项目，美国的 Fortune Magazine 1954 年编辑策划推出的 "全球500强排行榜" "世界财富论坛" 等，世界影响巨大，都让世界相关领域的专家学者刮目相看，梦寐以求。其编辑策划项目连续和持续策划几十年，并形成了具有世界影响巨大的期刊编辑策划品牌项目，极大地扩大了期刊影响力，成功地培育了期刊品牌，成就了这些期刊世界品牌地位，蓄积了强大的期刊品牌资源和无形资产，也极大地推动了相关领域的发展，取得了举世瞩目的社会效益、经济效益和学术效益。

10. 学科与学术发展原则　学术期刊是推动本学科学术发展的重要形式和手段。当然，编辑策划也要立足于对学术热点的关注，有利于促进学术发展，繁荣学术交流，开展学术争鸣，促进学术成熟，完善学术体系。

11. 突出学科特色原则　对编辑策划的主题要具有学科优势和学科特色，善于抓住学科发展中的难点，回答学科发展中的疑难问题。因此，编辑策划者要善于挖掘学科和学术及技术发展中的亮点，单刀直入，深挖细研，才能使编辑策划更有深度，取得意想不到的学术效果。

12. 读者满意原则　不同的学科期刊有不同的基本受众群体和读者定位，编辑策划的目的是能让更多的读者受益，满足读者的需要，这是编辑策划的基本出发点。因比，编辑策划的基本前提是要了解读者的需要，回答读者问题，引起读者共鸣，使编辑策划具有较强的针对性，单纯满足作者的编辑策划是没有生命力的策划。

13. 学术导向原则　学术导向是医学期刊的重要任务，也是学术期刊的基本功能之一。医学期刊要善于发挥学术导向作用，引导学术潮流，促进学术发展，为此，编辑策划的重点和主要目的是突出学术导向，引导学术沿着健康的方向发展，纠正错误的认识和误区，弘扬学术主旋律，避免学术误导。

14. 连续追踪原则　学术或技术研究具有较长的周期性和阶段性，比如基础研究阶段、临床研究阶段、临床远期观察阶段等，需要长期的基础和临床研究才能证明其临床价值。因此，对于编辑策划要有连续性，根据研究进展，不断实施跟踪性编辑策划，以体现其学术研究的连续性，不断引导学术向纵深发展，显示其发展的规律性，吸引学者跟踪阅读，避免心血来潮，虎头蛇尾，给读者造成遗憾。

15. 超前创意与及时策划原则　编辑策划的特

点是超前性,其中首要前提是编辑创意的超前性和及时性,应避免随大流、事后模仿的追随性编辑形式。因此,编辑策划要有创新意识,充分体现出编辑的分析和预测能力、编辑的组织能力和创意能力,在其学术研究的萌发或孕育阶段,就出其不意地实施超前编辑策划,为其学术发展点火加油,施加推动力量。

第四节　医学期刊编辑策划的类型及分类

医学期刊的编辑策划视其策划范围和策划重点不同,一般可分为总体编辑策划和局部编辑策划、宏观编辑策划和微观编辑策划等。如果用系统论观点分析问题,也可将编辑策划过程视为系统工程。因此,又可将其分为系统编辑策划、分系统编辑策划、子系统编辑策划和次子系统编辑策划。

一、按系统分类

1. 系统编辑策划　一般对于准备新创刊的期刊应进行系统策划,也就是对办刊方针、办刊宗旨、学科定位、读者定位、市场定位、启动资金、发行模式、广告经营模式、办刊理念、编辑部运行机制等一系列编辑运行系统实施统筹谋划,这在新刊创刊之初是不可缺少的编辑策划过程。

2. 分系统编辑策划　分系统编辑策划是指在办刊过程中,根据期刊的总体设计实施的局部编辑策划过程,如单纯对报道内容、期刊发行或广告经营等编辑系统运行中的分支工作进行战略和策略的调整,制订和谋划编辑、发行或广告经营策划方案。

3. 子系统编辑策划　子系统编辑策划是指在分系统范围内,对某一专题实施的编辑策划过程,如对某一专业、技术、栏目等实施的专题组稿策划、新栏目设计或调整等,是操作性很强的具体的编辑策划。

4. 次子系统编辑策划　次子系统编辑策划是指在编辑实践过程中,对某一具体的编辑活动实施的策划。如编辑选题、约稿命题、撰稿人选择、编排形式、版式设计等谋划过程,这是编辑具体操作意义上的筹划,也是编辑不可缺少的技能。

二、按编辑策划的对象分类

1. 编辑战略策划　谋划科技期刊长远的、重大的和带有发展性的编辑策划,是一种宏观和带有战略中长期编辑策划项目。

2. 编辑策略策划　编辑策略策划,就是为了实现某一编辑目标,预先根据可能出现的问题制订的若干对应的编辑策划方案,并在实现目标的过程中,根据期刊形势的发展和变化来制订出新的方案,以及根据学术形势的发展和变化来选择相应的编辑策划方案,最终实现期刊编辑目标。

3. 编辑战术策划　谋划期刊具体的编辑活动或编辑项目的策划,是一种编辑技术或操作性的编辑策划。

三、按编辑策划的频度划分

1. 周期性编辑策划　按编辑流程进行的常规编辑策划。

2. 阶段性编辑策划　谋划期刊编辑中某一时期的编辑计划。

3. 单一性编辑策划　谋划单独或一次性的编辑任务。如选题策划、约稿策划等。

四、按编辑策划的动机划分

1. 依赖性编辑策划　编辑策划的动机是为了谋求主管部门或委托者的认可。

2. 自主性编辑策划　为了达到期刊发展目标,独立自主实施的编辑策划项目。

3. 主动性编辑策划　期刊在编辑实践中,抓住时机,主动出击实施的编辑策划,以利获取最好的社会、学术和经济效益。

五、按编辑策划的性质划分

1. 处方型编辑策划 主要解决期刊发展中存在问题的编辑策划,具有针对性地解决某一问题。

2. 开发型编辑策划 从期刊现实可能性出发,开发和拓展期刊新的领域所做的编辑策划。

3. 预防型编辑策划 预测和防止期刊发展中可能发生的问题所做的编辑策划。

4. 改善型编辑策划 探索期刊问题,改善期刊现状的编辑策划。

六、按编辑策划内容划分

编辑策划按其策划的内容可分为期刊品牌策划、期刊营销策划、广告销售策划、编辑选题策划、期刊栏目策划、报道重点策划等。应该说编辑策划的范畴是比较广泛的,从编辑方针到办刊宗旨,从内容定位、读者定位、市场营销等到选题策划、专题策划、栏目策划等。而本节仅限定在一般编辑策划,因为一般编辑策划是保证期刊质量和赢得读者,保证期刊生存与发展的基础。

1. 编辑选题策划 选题策划是保证期刊质量和提高竞争力的重要手段,是编辑的常规工作,可根据栏目设置进行选题。选题要切中学科发展中的难点、热点和焦点问题,有针对性地进行命题,向有关专家组稿,而不是单纯靠自由来稿随意选编,避免学术报道的盲目性。

选题策划的原则:强化选题策划意识,选题策划的创新意识,选题策划的时效意识,选题策划的重点意识。

2. 学术导向策划 医学期刊导向策划包括学术导向策划、思想导向策划和学术争鸣策划。学术导向是学术期刊的重要职能,充分发挥学术期刊的学术导向性,对促进学术发展将发挥重要作用。众所周知,在学科和学术发展中,特别是在临床、科研和教学中,一些误区或不正确认识是普遍存在的,学术期刊就是要及时指明航向,引导学术和学科健康发展。思想导向就是要引导医学科技人员树立正确的医德医风和科研道德,弘扬科学精神。学术争鸣就是要倡导学术民主,鼓励学术争鸣,通过学术争鸣达到去伪存真、促进学术发展的目的。

3. 报道专题策划 编辑围绕某一专题或技术进行组织筹划,实施有计划地集中专题报道,以利于集中总结和反映某一专题研究成果,引起学术界的关注,促进对该研究的发展。

4. 广告销售策划 编辑围绕广告经营实施的经营谋划,作为学术期刊,广告经营应以学术为主导,以学术促进和吸引广告销售。比如,编辑组织了某一疾病专题文章,编辑可有针对性地联系相应医药企业,争取广告配合发表,这样不仅提供了某一疾病研究的成果,同时通过广告提供了治疗这一疾病的药物或诊疗器械,这样既增加了信息量,又提高了广告发布的效果,是读者和商者双赢的编辑策划。

5. 期刊发行策划 编辑针对期刊发行实施的筹划。发行策划具有多种手段和形式。如在实施专题策划的同时兼顾发行策划;专门采取的发行优惠、有奖发行、会员制发行等多种形式的策划手段。

6. 编辑管理策划 编辑管理策划是制订非人力资源与人力资源相匹配的管理策划,编辑管理策划的关键是要调动人的积极因素,发挥编辑人才的最大潜在能力,包括岗位设置、编辑职责、各项惯性运行制度、编辑流程等编辑操作系统。

7. 期刊形象策划 期刊形象策划也就是期刊识别战略或期刊形象战略,通过期刊的形象策划和宣传设计,在本学科和相关领域及读者印象中建立期刊的识别特征,体现本期刊有别于其他期刊的标识或标志。塑造期刊在学科和读者心目中特定位置和形象的战略,具有判别化、系统化和长期化的特点。如《中华检验医学杂志》在设计宣传彩页时,就醒目地打出了"百种中国杰出学术期刊、医学科学主流学术期刊、检验医学重要核心期刊"等形象标识。

8. 期刊品牌策划 期刊品牌除多年编辑出版积累和沉淀外,同时也需要期刊品牌策划加以放大,不断提升期刊影响力,扩大学术著名度和社会知名度,在学科和读者中树立品牌期刊的烙印。

9. 期刊文化策划 期刊文化,一般有广义和狭义之分。广义的期刊文化是指期刊在创业和发展过程中形成的物质文明和精神文明的总和,包括期刊管理中的硬件与软件、外显文化与隐形文化两部分。而狭义的期刊文化是指意识形态范畴的，包括期刊的编辑部的思想、意识、习惯、感情等。一般来讲，期刊文化既是指期刊编辑人员在长期的创业和发展过程中逐步培育形成，并共同遵守的最高目标、价值标准、基本信念、办刊理念及行为规范等。如《中华检验医学杂志》在其宣传策划时，就醒目地打出了"对作者负责，让读者满意"的编辑理念，旨在树立本期刊的文化形象。

第五节　医学期刊编辑策划的基本方法

科技学术期刊编辑策划的方法不是一成不变的，应根据策划内容或项目不同，采取不同的策划方法。但作为编辑策划者和策划的操作执行者，应掌握其基本方法。一般常用的方法如下。

1. 头脑风暴法　编辑自身头脑中萌发的具有创新性编辑构思，无须借助外脑的智力支撑，并经周密计划制订和完成的编辑谋划方案。这种策划来源于编者对学科和学术发展状况的准确把握，特别是对临床和科研或技术有非常深入的研究和了解，深知临床、科研和教学领域的热点和难点问题，对学科或学术亟待解决的问题具有足够的把握，体现了编辑的综合素质。

2. 专家咨询法　编辑对某一研究或专业缺乏了解，对学术研究中的热点和难点难以把握，编辑选题无从下手，这时编辑需要延伸大脑，借助外脑实施编辑咨询。如召开编辑委员会、征询编辑委员对学术报道和选题的意见和建议，还可以向学科或学术带头人及专家咨询，征询意见。通过咨询提出的编辑策划一般更具有针对性，同时也会得到同行专家的支持，策划容易达到预期目的，受到专家欢迎。

3. 读者调查法　期刊是给读者看的，读者喜欢什么，哪些内容对科研和临床有指导性，只有读者最清楚。因此，编辑策划要围绕读者需要进行，通过读者调查，征询读者的意见和建议，借此制订编辑策划方案，这样会更适合读者胃口，让读者满意。

4. 座谈讨论法　对学术或技术发展中的误区，可邀请专家召开短期座谈会，对某一专题或专业进行座谈讨论，提出建议和指导性意见，对形成的会议成果，通过会议纪要或配合相关文章实施报道，对有重要意义的咨询意见，还可以形成有价值的"咨询报告"，提供给政府有关部门，以唤起决策层的重视或为政府决策提供参考依据，促进学术发展。

5. 专题研讨法　为了更深入了解或推动某一研究领域或专题的发展，策划组织全国性或地域性专题学术研讨会，征集相关研究论文，组织专科学者或跨学科专家进行学术交流和研讨，对研究趋势、存在的问题、建议和对策等进行研讨，并撰写完整的学术纪要，配合相关文章发表，这种形式可起到事半功倍的学术效果。

6. 重点报道法　编辑根据对专业或学科及存在问题的把握，针对某一学术难点和热点，策划专题组稿，拟订组稿计划和实施方案，然后在期刊上以突出位置集中予以重点报道，即所谓的"重点号"，这种策划形式是中华医学会系列杂志多年来成功的做法。

7. 重点跟踪法　学术报道要有针对性和时效性，作为编者，必须了解国家卫生工作重点和科学研究重点，熟悉国家重点研究课题或重大科技攻关课题的实施计划，特别要熟悉学科带头人和专家的研究动向和进展，编辑进行适时跟踪，及时组稿，快速发表。在编辑部坐等来稿的消极编辑模式是不可取的，必然会被迅速发展的学术期刊所淘汰。

第六节　医学期刊编辑策划者的素质与基本技能

医学期刊编辑策划是跨学科的行为。因此，作为编辑策划者应具有综合素质和综合能力，其中包括编辑创意能力、编辑创新能力、学科驾驭能力、期刊市场调研能力、编辑组织能力、编辑洞察能力、编辑竞争能力、编辑整合能力和编辑执行能力等。

1. 编辑创意能力　编辑创意是指具有独创性的思维，编辑在实践中应处于主导地位，不能什么都推给编辑委员或依靠编辑委员，编辑自己没有创意和点子。编辑首先自己拿出创意，再征询编辑委员和有关专家的意见，然后实施创意。

2. 编辑创新能力　编辑策划意味着创新和编辑常规的突破，编辑不能满足于单纯抠标点符号和标字号及简单的编辑堆砌。

3. 学科驾驭能力　编辑策划的动力源泉来源于编辑对医学科学或本学科现状和发展趋势的把握，能够准确把握学科发展走势，了解学科和临床中存在的问题，熟悉临床需要，驾驭和跟踪本领域发展趋势。

4. 期刊市场调研能力　期刊市场调研能力是指编辑策划者对同类期刊的掌握程度、竞争对手、本期刊的核心竞争力、期刊受众群体的状况和价值取向的获取能力。

5. 编辑组织能力　编辑组织能力是指编辑策划者能够根据策划本身的要求，将编辑策划资源进行有机地整合，包括对编辑策划所需资料的搜集、分析归纳，策划方案的制订和实施，专家积极性的调动和组织协调等。

6. 编辑洞察能力　编辑洞察能力是指策划者能够全面、正确和深入地分析客观现象的能力，并具有很强的学术敏感性和快速反应能力，善于抓住编辑时机，以快和准制胜。

7. 编辑竞争能力　有人说期刊的竞争是编辑人才的竞争。编辑策划者除具备应有的素质外，还应具有较强的竞争意识，迷恋和满足于昏天黑地编辑，很难有竞争意识和竞争力。

8. 编辑整合能力　编辑整合能力是指编辑策划者对信息的有效使用能力，即指编辑策划者在占有大量信息资源的基础上，所应具备的有效取舍信息元素，形成编辑策划要素组合的合力效应的能力。

9. 编辑执行能力　编辑执行能力是指期刊编辑策划者将创意整理为可实行方案，并指导操作者予以有效实施的能力。任何一种好的编辑创意，如果不能实施，就不可能产生效益。因此，编辑策划者要尽可能使编辑创意及编辑策划方案能够付诸实践，达到编辑策划预期目的。

第七节　医学期刊编辑策划的关注点与基本要点

在科技学术期刊编辑实践中，有了总体设计和有效的编辑策划是不够的，还应注意必要的编辑策划实施策略，在具体的编辑策划中还要注意以下几点。

1. 突出综合、体现交叉　对于综合性医学期刊而言，其优势就在于"综合"，要发挥综合优势，就要站在大科学发展的高度，纵览学科全局，始终站在学术发展的潮头，引导学术发展的方向，报道具有交叉性和普遍关注的学术热点和难点课题，而不是与专科期刊"争稿源"，去协助专科期刊报道专科技术问题。如 20 世纪 80 年代，我国医学科技界普遍存在较严重的科研设计缺陷问题，极大影响了我国科研质量和学术论文发表的科学性、可靠性，成为学术界不可忽视的重大问题。作为综合性医学期刊的《中华医学杂志》首先抓住这一问题，策划组织 60 多位我国各学科著名专家，召开了"临床科研设计问题座谈会"，会后在期刊上发表了长篇会议纪要。会议纪要发表后，在当时医学界引起了很大反响，有学者纷纷在报纸、期刊撰文称赞座谈会议纪要称为"81 纪要""《中华医学杂志》在我国举起了重视科研设计的大旗"等。这一选题，引发和推动了我国医学界对科研设计的重视。编辑部注意连续跟踪策划，到了 20 世纪 90 年代，又根据科研设计和统计学应用中存在的新问题，又组织召开了"全国临床科研设计和统计学应用研讨会"，会后组织发表了一系列有关文章。文章发表后，国内很多医学期刊纷纷转载，这一选题策划对加强和促进我国临床科研设计和统计学的重视发挥了重要作用。

2. 突出专科、体现特色　对于专科学术期刊，其特色之一就是"专"。因此，编辑策划要围绕专科，突出专科特色，实施"单刀直入"的编辑策划和学术报道，更进一步体现学术研究和学术报道的深度。如《中华检验医学杂志》针对我国细菌耐药性监测研究、毛细管电泳技术的临床应用研究、蛋白飞行质谱技术的临床应用研究等实施的编辑策划等，都是在"点"上做文章，带有极强的学科特色和临床试验诊断应用价值。

3. 突出难点、体现热点　编辑策划的基本要点是有的放矢，其策划的依据是解决和回答学术研究中的难点和热点问题，有针对性地推动其研究和发展。众所周知，基因诊断和基因治疗涉及医学各个学科，具有很强的交叉性、边缘性和方向性，是基础医学和临床医学研究的前沿领域，也是医学科学研究的难点和热点。早在20世纪90年代，《中华医学杂志》就意识到本领域的重要性，在国内率先策划组织召开了"首次中国人类基因诊断与基因治疗及预防学术研讨会"。此后，《中华医学杂志》紧紧跟踪本领域的研究和发展，连续策划召开了4次中国基因诊断与基因治疗学术研讨会，每次会议都云集了我国多学科两院院士出席会议，让多领域的学者从不同的学科视角进行交流和研讨，使其学术思维形成立体交叉和碰撞，使其产生学术或科学创新思维火花。这一点，在每次研讨会的论坛或讨论中得到充分体现。《中华医学杂志》还根据本领域研究中出现的问题，适时组织发表了大量述评和专家论坛文章。10多年来，仅此专题就组织发表了几十篇评论性文章，其中大部分是约请两院院士所撰写，特别是在我国基因治疗研究出现"过热"和"过冷"现象的时期，及时约请"863"首席科学家撰写评论文章，较好地发挥了学术导向作用，引导这一前沿领域研究的健康发展。

4. 关注焦点、培育亮点　编辑策划要善于触及学术敏感点和焦点问题，以引起学术共鸣，同时还要注意扶植和培育学术或学科亮点，通过有效的编辑策划，促进其成熟，完善学术或技术体系。因此，学术期刊要善于站在科学发展的高度，审视学科发展中的学术焦点，最大限度地发现和培育新的学术亮点，点燃学术研究火焰。如细菌耐药是临床各科抗感染治疗的难题和十分棘手的医学问题，也是临床抗感染治疗失败的重要原因之一，对此，世界卫生组织也高度重视。为加强和推动我国对此领域的重视和研究，我们抓住这一学术难点和热点，积极实施超前性编辑策划，在国内首次组织召开了"首届全国细菌耐药监测与临床专题研讨会"，会议还根据目前我国抗生素滥用和细菌耐药流行趋势严峻的情况，起草了《合理使用抗生素，遏制细菌耐药性流行》的倡议书，与会专家纷纷在倡议书上签名。会后及时将倡议书送交国家食品药品监督管理局，得到国家政府部门的重视和采纳，促成2004年7月1日国家正式实行为抗生素处方药。倡议书也同时在《光明日报》头版发表，引起很大社会反响。《中华医学杂志》发表的相关论文，受到临床各科医师的关注，对指导和促进临床合理应用药，提高抗感染治疗水平，节省有限的卫生资源发挥了积极作用，同时也取得了很好的学术效益、社会效益和经济效益，同一期《中华医学杂志》3次再版印刷，其发行量超过当期发行量的数倍。实践证明，医学期刊只要重视和发挥编辑策划的作用，真正发挥优势，突出难点，体现热点，抓住学科关注的热点问题，以学术引导期刊的经营，是会赢得读者，引来作者，吸引商者，实现学术效益、社会效益和经济效益的最佳结合。

在科技期刊编辑活动中，选题策划具有重要的地位，是编辑思想和编辑创新的重要表现形式之一，也是科技期刊赢得读者、满足临床和科研需要的重要手段。是编辑主动创新、开发编辑出版资源、挖掘和设计选题内容的创造性活动，选题策划对提高科技期刊质量，最大限度地提升期刊的学术效益、社会效益和经济效益具有重要作用。

第八节　医学期刊编辑策划的内容与类型

应该说编辑策划的范畴是比较广泛的，从编辑方针到办刊宗旨，从内容定位、读者定位、市场营销等到选题策划、专题策划、栏目策划等，而本节仅限定在一般编辑策划，因为一般编辑策划是保证期刊质量和赢得读者，保证期刊生存与发展的基础。

1. 选题策划　选题策划是保证期刊质量和提高竞争力的重要手段，应该说是编辑的常规工作，编辑可根据栏目设置进行选题。选题要切中学科发展中的难点、热点和焦点问题，有针对性地进行命题，向有关专家组稿，而不是单纯靠自由来稿随机编辑，避免学术报道的盲目性。

2. 学术导向策划　在学科和学术发展中，特别是在临床、科研和教学中，往往出现某些误区，如何拨乱反正，引导学术健康发展，这就需要期刊实施有效的学术导向，正确加以引导。可根据存在的问题，召开专题座谈会，通过专家讨论达成共识，提出指导性意见，并通过座谈纪要、建议等形式发表，同时约请有关学术带头人撰写评论性文章，对存在的问题、应采取对策等实施评述，正确加以引导。

3. 专题策划　为推动某一领域或新的诊治方法的发展，编辑围绕一个主题实施的组织筹划，并有计划地集中进行专题研讨和专题报道，以利于总结和反映某一专题研究趋势和进展，引起学术界的关注，促进对该研究的不断向深入发展。

4. 栏目策划　医学期刊栏目是体现办刊方针和充分体现学科及期刊特色的重要表现形式。因此，栏目的合理而科学的设计策划对办好期刊尤为重要，可有效发挥栏目的导读功能、学术导向功能、分类功能、索引功能等。通过栏目设计可反映编者的编辑思想，体现办刊宗旨和学术报道的重点，同时也体现期刊的特色和学科特点。

5. 期刊品牌策划　要树立期刊在目标读者中的良好形象，扩大期刊的影响力，蓄积期刊的无形资产，除不断提高期刊的学术质量、编辑出版质量和权威性外，还应实施期刊的品牌宣传策划，注重期刊的内在文化建设，在医药卫生科技人员中树立良好的期刊品牌形象。策划的形式是多种多样的。如策划宣传期刊的活动、策划优秀论文评奖项目、杰出医学专家学术影响力评选、优秀科研论文影响力排名等项目，激励、凝聚和吸引相关领域科技人员关注期刊，扩大期刊品牌印迹和品牌影响力。

6. 广告策划　作为学术期刊，广告经营应以学术为主导，以学术引导期刊广告的经营。如组织了某一疾病治疗性的专题文章，编辑可有针对性地联系相应医药企业，争取配合广告发表，这样不仅提供了某一疾病研究的成果，同时通过广告提供了治疗这一疾病的药物或诊疗器械，这样既增加了信息量，又提高了广告发布的效果，是读者和商者双赢的编辑策划。

7. 发行策划　是编辑针对期刊发行实施的重点筹划。发行策划具有多种手段和形式，可根据期刊特点和优势，采取不同的发行策划方案。如结合重点选题策划同时实施的发行策划；专门采取的优惠发行、有奖发行、会员制发行等多种形式的策划手段。还可以根据重点内容与医药企业或作者联系，实施单行本或抽印本发行服务。

8. 读者激励策划　读者订阅期刊，也是具有其订阅的功利目的，如何使读者的功利目的最大化和增强读者的忠诚度，这是医学编辑工作者应当考量的实际问题，不仅仅是将期刊正常按时出版和送到读者手中如此简单。因此，医学编辑要善于运用编辑策划手段，实施有效的读者激励，激发读者兴趣和满足感，这是因为读者是医学期刊的客户，满足读者或客户的功利目的，是产品制造者和营销者重要任务。编辑可实施编辑策划项目激励读者。如为读者服务的策划项目、读者沙龙、读者俱乐部、读后感的征集与奖励项目等，增强读者的获得感、荣誉感、服务感和功利目的实现感。其实，这是双赢得读者激励编辑策划活动，既能提高读者对刊物的忠诚度，同时又能提高期刊的品牌影响力。

9. 作者激励策划　作者发表科研论文具有更强的功利目的，而医学期刊编辑目前仅仅是满足论文发表的基本功利目的，而缺乏对作者的激励措施和手段。大家从中外著名医学期刊或其他科技期刊的编辑策划中不难看出，国外世界著名科技期刊最大特点是都具有对作者的激励手段，使作者的荣誉感和作者功利目的得到无限放大，这也是高水平科研论文外流或投向国际医学科技期刊的原因之一，高水平的研究发表后，很快能得到期刊认可、激励和荣誉，使作者功利目的最大化。在国际著名医学期刊，常用的作者激励形式是，在作者具有创新或开拓性研究成果发表同时，经常配发编者按、短评、述评、作者学术事迹介绍或人物事迹介绍等认可和激励形式，极大地鼓舞和激励作者的科学精神，实现作者功利目的，这是具有第三方性质的权威认可和激励，备受作者和科学工作者青睐，也备受科研评价机构认可。在国内医学期刊，这种作者激励形式被视为"禁区"，也很少有医学期刊实施策划。另外，还有世界著名期刊 *Nature* 策划实施的"杰出导师奖""期刊年度十大科学人物"评选策划项目、

《福布斯杂志》杂志的"三十岁以下医疗科技界领军人物"称号策划项目、Nature 编辑策划的"全球最佳论文"评先、"学科人物介绍"栏目和"科学家事迹介绍"、《美国医学会杂志》编辑策划的"全球心脏介入领域最重要研究"评奖项目、美国的 Fortune Magazine 1954 年编辑策划推出的"全球 500 强排行榜""世界财富论坛"等作者激励编辑策划项目，都具有世界影响力和深远意义。比如，曹雪涛教授，2015 年被 Nature 评为杰出导师奖：终身成就奖。杨璐菡教授，2014 年评为《福布斯杂志》"三十岁以下医疗科技界领军人物"，原因是在 Nature 发表的研究，应用基因编辑技术敲除猪基因组中的有害基因，攻克了猪器官用于人体器官移植的重大难关。陈化兰教授，2013 年被 Nature 评为"年度十大科学人物"，因发明疫苗研究在该刊发表。钟南山教授，2008 年因在 Nature 发表羧甲司坦多中心研究论文，被该刊评为"全球最佳论文"。韩雅玲教授，因发表的研究论文获《美国医学会杂志》"全球心脏介入领域最重要研究"奖励。王俊教授因其学术研究创新性贡献，Nature 两次专文介绍其科研和学术事迹。孙颖浩教授因在 Nature 发表创新性研究和学术贡献，其"科学人物"栏目专文介绍孙颖浩在前列腺癌临床研究的事迹和故事。陈竺教授，将三氧化二砷与全反式维甲酸作诱导联合治疗白血病成功的相关研究在 Nature 和 Blood 相继发表后，1992 年被列为 20 世纪全美白血病治疗重大进展事件，被誉为 20 世纪 90 年代国际抗癌药物三大发明之一。还有，美国的《财富》Fortune Magazine 1954 年编辑策划推出的"全球 500 强排行榜"，世界影响巨大；其举办的世界财富论坛，更是吸引全球国家首脑争先出席，推动着世界经济的发展，其世界影响极其深远，为期刊赢得无尽的品牌资源和经济效益。

第九节　医学编辑策划方案设计与制订方法

在编辑创意的基础上，制订和设计周密的编辑策划方案，这是编辑创意和编辑策划实施的初步阶段，这样编辑创意和策划设计才有可能按计划实施和落实。编辑策划案一般分为新创办期刊策划方案、选题策划方案、学术导向策划方案、期刊品牌策划方案、专题技术推广方案、医学指南和专家共识制订策划方案、医学广告策划方案、学术研讨会策划划案、期刊营销策划案、期刊网站策划案等。在编辑策划方案制订前，首先要明确策划的目标和目的是什么，策划的依据是什么，策划的对象是什么，策划的意义是什么，策划预测效益是什么，策划的成本和资源，策划的方法是什么，策划的步骤和策划的时间节点是什么，因为编辑策划方案是策划成果的表现形态，通常以文字或图为载体，编辑策划方案源自于编辑创意和编辑策划者的初始创新思维，终结于编辑策划方案的实施者的具体按步骤操作，其目的是将编辑策划思路与内容客观、清晰、生动和创新性地将策划成果呈现出来，以达到编辑策划的目的和促进期刊发展的最终目标。

一、编辑策划方案设计与制订的原则

1. 方案的可执行原则　编辑策划方案的设计与制订的目的是为了更好地有计划有步骤地实施。因此，方案的可行性或可操作性是基本原则，否则，方案只不过是纸上谈兵，落在纸上，而很难执行和落实，更不可能达到编辑创意和编辑策划的目的与目标。所以，在可能的情况下，方案设计和制订后，应实施必要的论证分析，特别是对重大编辑策划方案应慎重。

（1）方案的可执行性分析：编辑策划方案的设计与制订，应实施可行性分析，其原则是建立在科学实践基础上，召开相关专家座谈会实施论证，也可以通过其他形式征询相关领域人士的意见，对其必要性和可执行性进行深入论证分析，以保证方案的可靠性。

（2）编辑策划方案的实验性分析：对涉及面广和周期长及可持续性的编辑策划重大项目，为科学而准确掌握可行性或效益性，可在方案实施前进行实验性分析，这是编辑策划方案可行性验

证的高级别形式或手段，方案的实验性分析可采取局部试点、小范围试行的方法，考察和分析方案的可执行性或可操作性。

（3）方案的效益分析：一般编辑策划的实际目的就是为了效益，包括社会效益、学术效益和经济效益，而原则是社会效益优先，兼顾三个效益是方案的最优化境界，无利可图和劳民伤财的编辑策划方案是无意义的。因此，在方案制订后，应对方案实施效益分析、预测分析和必要的测算，以利达到预期目标。

2. 编辑策划方案的优势及制高点原则　编辑策划项目方案要考量其优势与制高点的基本原则。在方案制订中，要分析策划项目方案的优势，是否站在了相应领域的制高点上，这有利于把握和驾驭策划项目领域的全局，可有效控制事物发展的走势、运行状态和发展的本质规律。

（1）编辑策划战略制高点：编辑策划方案的设计与制订，就是要站在医学期刊或学科发展的长远和战略高度去思考，围绕相关领域长远战略问题，也就是制高点策划设计和运筹，避免短视，只顾眼前利益，忽视长远战略意义和可持续发展的问题。

（2）编辑策划方案独特性与特色性制高点占领：编辑策划方案要具有竞争优势，必须具有独占性和特色性，这本身就是创新与发展，要分析本刊各种优势和资源，突出本刊特色与特点之处，别出心裁，唯我独有，克服同质化和简单模仿，这也是策划方案的意义和价值体现。

（3）方案的方向定位：战略、特色和方向是编辑策划方案制订与设计的三要素，把握好编辑策划的方向，就不会犯方向性错误，尽管实施中有挫折，但方向正确就会达到预期目标。

3. 编辑策划方案的借势原则　所谓借势，就是要借助其他资源和优势为我所用，因为任何医学期刊或出版机构的资源和优势都具有其局限性，要弥补自身优势缺陷，就必须合理借助相关优势和资源，实现方案设计的目标。

（1）借资源：编辑工作的技能和资源具有局限性，对于重大编辑策划方案的实施，仅靠编辑部的能力和资源有时难以完成，这时就可以实施资源整合与借势，实施合作运作，利用社会资源、专业资源、人力资源、技术资源和资金资源实施借势合作运行，实现合作共赢，风险共担。

（2）借优势：要分析自身优势和缺陷，了解对方优势所在，发挥合作方的优势，增强方案的执行优势和效益优势。

（3）借形势：编辑策划方案的设计与制订，要结合国家的总体科技政策和国家科技攻关的战略重点及科学技术发展的形式。同时，还要结合本学科领域学术发展趋势，借势扬帆，行稳致远，是编辑策划方案制订和实施成功的基本前提。

4. 编辑策划方案的细化与量化原则　编辑策划方案的制订与设计的目的是为了操作和落实。因此，其方案的制订要周密细致，应分析和估计可能出现的不确定因素和干扰因素。同时，制订干扰因素的预防和控制措施，对实施的具体步骤和环节都应当有详细的安排，并尽量用数量或指标化界定，避免"大概""大约"等模糊概念制订或描述，而且做到每个事项都尽可能量化和指标化，以保证方案的科学性和准确性。

二、编辑策划方案制订内容与程序

编辑策划方案和内容具有多样性和形式的多元性，应根据期刊编辑需要选定不同的策划方案。首先，编辑策划方案选题要准确，具有重要意义，制订策划方案要周密细致，具有操作性和目的明确的特点。同时，还要考虑资源和经费的可承受性，量力而行，尽量以较低成本换取良好的社会效益、学术效益和经济效益，实现策划的目标。

1. 编辑策划方案制订的背景　在撰写编辑策划方案时，首先简要交代方案制订的背景，也就是说，其方案是在什么情况下制订的，社会背景、学术背景、期刊发展背景等应加以交代。

2. 编辑策划方案制订的指导思想　为避免编辑策划方案制订的盲目性，应在方案中简要交代策划的指导思想，明确和清晰的指导思想，反映了策划者清晰的思路和正确的认识把握，也反映了策划者的价值取向，这是做好编辑策划方案的思想基础和实施前提。

3. 编辑策划方案的目的和意义　方案设计与制订的目的和意义，表明了方案制订和实施的价值，充分体现了策划者明确的目的性和实际意义，也充分体现了编辑策划方案的预期效果和实施的必要性。

4. 编辑策划方案实施内容　这是编辑策划方案设计和制订的重点部分，是方案制订成败的关键。因此，方案的制订者要周密设计具体实施步骤、内容、目标和时间节点，具体操作的注意事项，应达到的数量和指标要求，以提高方案实施的准确性。

5. 编辑策划案预期目标　方案的设计和制订，应明确实施的总体目标，也就是说要达到何种效益或效果，使方案的实施者或操作者目标清晰明确，避免盲目性和方案实施的方向性。

6. 编辑策划方案资源配置　这也是方案设计和制订的重要内容，应对方案实施的资源投入具有清晰的估算。如人力资源投入、经费预算投入、技术投入、学术资源投入等实施科学分析，而且具体和数量化计算，避免模糊概念，盲目投入。同时，应对方案的投入与效益比实施分析，测算其投入产出比，以利有效控制成本效益。

7. 编辑策划方案的实效性与时间性　众所周知，编辑策划方案具有很强的实效性和时间节点的严谨性，其方案实施周期越长其消耗资源越大，牵涉策划者或实施者精力越大，并且很有可能随着时间的延长，编辑策划的内容失去意义。因此，编辑策划方案的实施要严格掌握其实效性，对其实施步骤要严格界定完成时间节点，实施者必须按时间节点要求完成各个环节任务和步骤的实现，以免影响整体策划方案的系统运行效果、实效和目标效益。

第 28 章　医学期刊学术导向功能与学术导向方法

医学期刊的学术导向性，是期刊的重要功能和任务，也是医学期刊应承担的学术责任和社会责任。应该说，医学期刊的学术导向作用和功能，是医学期刊固有的责任与功能，只是在办刊实践中有一些期刊和编者不同程度地忽视了期刊的这一功能和责任。医学期刊或科技学术期刊的学术导向功能发挥如何，反映了期刊的学术水平和办刊境界及期刊的思想性，可以说，医学期刊的学术导向任务，是编辑部和编者日常编辑活动首要考虑的问题。否则，期刊就会失去思想性和生命力，也就很难发挥学术引导作用。

第一节　医学期刊学术导向的基本概念

医学科技期刊的学术导向性或学术导向功能，是期刊所固有的特性、功能、责任和任务，只是期刊编辑人员在实践中缺乏对其概念的认识，在期刊评价和期刊质量审读中也是缺失的，特别是有些医学期刊或科技学术期刊在办刊活动中忽视了这一功能，概念和认识严重缺失，从而导致不少期刊缺乏学术导向性，使期刊的思想性、可读性、导向性、引导性不强，其作用发挥缺失。

一、医学期刊学术导向的概念和基本定义

要做好和强化医学期刊的学术导向性和导向功能，首先对其基本概念和基本定义有个初步认识和理解。

1. 医学期刊学术导向基本概念　医学期刊或科技学术期刊的学术导向，即学术引导或指引方向。是借用医学科技期刊学术交流平台，运用学术舆论操纵相关领域和相关学科科技人员的学术意识和学术价值取向，引导或指引专业技术人员的学术意向与科研方向，从而导向或控制专业技术人员的学术和科研活动行为，使他们沿着正确的学术方向和国家科学技术重点开展科研活动，按照党和政府及社会管理者制定的正确路线、方针、政策、规章制度和科技政策从事学术及科学技术研究活动，纠正学术误区，修正科学研究和实践中存在的问题与改进的对策，紧跟科学和学术发展的大趋势，及时指引和校正学术研究正确发展方向。

2. 医学期刊学术导向基本定义　编者根据本学科领域临床、科研和教学中存在的实际问题，以及临床技术和学术误区，具有针对性地策划和组织正确的学术舆论、学术评论、述评、社论、学术评价、专题讨论、专家共识、学科指南、学术或技术专论、专题重点报道等，强化思想性、评论性、评价性、指导性、导向性、引导性，并具有很强编辑思想性、针对性及学术指引性的文章，以利于修正和引导学术发展的正确方向，促进科技人员树立正确的学术观念和学术价值取向，规范学术或技术活动行为以及医学科研伦理道德，这种具有很强针对性和思想性的编辑措施称为学术导向。

3. 医学期刊学术导向的作用　首先是体现了期刊编者的编辑思想和编辑创新；医学期刊或科技学术期刊不仅仅是科研成果发表记载功能和学术交流职能，更重要的是反映编者的思想性和学术引导，发挥医学期刊学术风向标和导航指引学术（学科）及科学研究活动与方向的特性，这是

医学期刊学术水平和思想水平的重要标志和意义所在。

二、医学期刊学术导向的价值

医学期刊学术导向功能的发挥，是期刊学术平台和编者的责任，是期刊学术价值取向的标志。因此，医学期刊学术导向既要具有思想性、主动性、驾驭性，又要具有及时性、准确性、针对性和鲜明性，使医学期刊真正成为学科和学术旗帜。

1. 医学期刊学术舆论导向的学术价值　医学期刊具有反映、营造和调控学术舆论的功能和任务，而学术导向功能的发挥，是实现期刊学术导向功能的重要手段和措施，体现了医学期刊的学术引导作用和学术价值。

2. 医学期刊学术舆论导向的科学价值　医学期刊的学术舆论是反映和引导学术界或相关学科领域学术导向的有力手段，期刊的学术舆论影响和作用于学科领域的全过程，也是科技学术期刊引导广大科技人员做出价值判断和价值取向选择的过程。同时，医学期刊学术舆论还把分散的科研人员联系起来，在学科领域和学术界形成具有秩序的学术氛围及学术思想活动与凝聚，并且从精神层面通过期刊学术舆论导向，促使广大科技人员对客观事实做出科学和客观评价，为学术界提供理性认识和分析思考，规范学术行为和学术思想，实现学术价值取向和学术观点的规范化和有序化，促进学术健康发展。

3. 医学期刊学术舆论和学术导向的社会价值　科技学术界和科技人员都离不开社会环境和良好的学术环境。因此，医学期刊正确的学术导向和引导，使医学科技人员在临床实践活动、医学科学活动和医学科研活动中少走弯路，这会调整和平衡医学科技人员心理压力，从而促进学术研究和谐与社会和谐，更好提高医学科技人员的科研创新能力，为临床医学实践和医学科研实践提供思想、理论、价值观、方向、策略和措施支撑。

三、医学期刊学术导向的意义

医学期刊通过有效的学术导向和学术引导，积极指引学术发展方向，充分展现期刊的思想性、可读性、引导性和编辑创新性，也反映学术共同体和学科带头人及编者的学术意志。

1. 增强期刊的思想性　看一本医学科技期刊是否具有活力和思想性，其重点是看期刊的学术导向性或学术引导功能发挥的程度。

特点：①充分体现了编辑的思想性和编者的创新意识，展现编辑创新价值和责任意识；②彰显期刊内容的思想性和学术引导性，使期刊内容增添灵性和生命力，克服医学科技期刊呆板面孔和单纯科研论文记载功能，通过具有针对性和精准学术导向策划，增强医学期刊的学术导向性，激发和引导读者思考，不断修正学术研究和学科发展中的不足与缺失。

2. 增强期刊的可读性　医学期刊或科技学术期刊的可读性一般误认为单纯刊载具有创新性和国内国际先进水平的研究成果，能够反映本学科最新研究进展就是高水平的期刊，因而编者们往往把主要精力投放在发现和组织原始创新科研成果的报道，而轻视了期刊的学术导向或学术引导性及思想性强的评论性文章的报道，而导致期刊可读性缺陷，学术思想性和启发性不强。两者兼顾，才有可能更进一步增强期刊的可读性，吸引和培育忠诚度高的读者，这也是编辑亟待改进的工作。

3. 发挥期刊的引导性　医学科技学术期刊特别是专科学术期刊，就是相关学科领域的一面学术旗帜，既然是旗帜，就凸显了方向性和引领性与空间方位性，能否有效发挥学科旗帜的学术领衔作用，突出的特点就是期刊的学术导向性和引领性的彰显程度，在这方面，医学期刊应当仁不让，弥补缺失，充分展现学术责任担当，把握和驾驭好学术发展的航向，握住学术航向的方向盘。

4. 展现编者的创新性　医学期刊编辑创新思维和创新性思想的展现，在很大程度上要看医学期刊学术导向性和思想性很强的学术引导选题的报道，因为这类的学术导向选题极少有自然投稿或专家主动撰写，而绝大部分是要编者具有针对性和目的性地编辑选题策划，这种编辑选题策划直接反映了编者的编辑意志、编辑思想和学术思想及学术价值取向。因此，医学期刊的学术导向性和学术引导性选题，是展现编者编辑创新和编辑思想的重要标志。

第二节 医学期刊学术导向基本原理

医学期刊学术导向最基本的原理是源于期刊功能原理、期刊责任原理、期刊任务原理、期刊问题导向原理、导向设计原理。

1. **医学期刊功能原理** 医学科技期刊是知识的载体，传播医学科技成果和医学理论知识的重要工具，这是医学期刊的基本功能，实际上医学科技期刊还具有基本属性和固有功能，学术导向和学术引导功能，也是医学科技学术期刊做好和发挥学术导向和学术引导的基本原理之一。

2. **医学期刊责任原理** 医学科技期刊在学术交流和学术促进中扮演着重要角色，既然在学科和学术领域具有应有的角色地位，理当承担着应有的学术责任和社会责任，其中包括学术导向和学术引导的责任。因此，发挥医学期刊的学术导向作用和责任，是医学科技期刊的重要属性。

3. **医学期刊任务原理** 原中国科学院院长卢嘉锡教授曾说"在科研活动中，科技期刊既是龙头，又是龙尾"。这话很形象，又很精辟。何谓龙头，何谓龙尾，其实龙头和龙尾都具有引领方向和平衡方向的功能与任务，这一精辟比喻，真实地反映出整个科技学术期刊的学术引领和学术导向的基本任务原理。

4. **医学期刊问题导向原理** 善于发现问题和解决问题这是期刊学术平台和编者的特有素质与职业特点，医学科技期刊编辑就是要善于发现学科和学术发展中的问题，以问题为导向，倒逼解决学术问题的办法、战略、策略和措施，这是医学科技期刊编辑学术敏感性、学术敏锐性、学术针对性、学术驾驭性的基本素质要求。因此，医学科技期刊以学术问题为导向，善于提出问题和解决问题，是有效发挥医学期刊学术导向和学术引导功能的重要原理。

5. **医学期刊导向设计原理** 导向设计原理（Orientierungs sevetem）从狭义上来讲，其导向设计系统的基本概念分为两个部分：其一，用来指明或表明方向和区域走向的图形符号；其二，图形符号在环境空间中的呈现方式。一般来说，前者是从视觉效果上和传达角度来诠释，主要关注的是如何用简洁的图形符号来表达准确的方向的含义，而且还能跨越国界，无须语言诠释，人们瞬间就能理解和识别其意义。而后者是从环境设计的角度研究，重点着眼于形式、材质、感官、位置、艺术表现形式等因素，而且将图形符号在环境氛围中融合实施设计。因此，导向设计关系到视觉传达和环境设计两个领域，概念彼此交叉，同时又相互独立。广义上，就是用大导向视野观察社会或学科学术环境，把一切用来传达空间概念的视觉符号和表现形式都看作是导向设计。所以，导向设计也可以是文字、图案形式，大导向视野的基础是建立在导向设计，是规范社会或学术功能角度的，凡是用来规范社会区域和学术环境正常运行的都可以视为导向设计的组成部分。据此原理，医学期刊的学术导向设计，既要从本学科领域科研学术环境进行考量，同时又要结合国家科学技术需要和整体价值取向有机结合，紧跟学术发展的方向和正确的学术价值取向实施学术导向设计，适时向医学科技人员和读者释放出学术导向音符、学术舆论和学术风向标，及时指引、警示和提醒医学科技人员和读者注意的问题，并提供解决问题的方法和路径。

第三节 医学期刊学术导向的内容与导向重点

医学期刊学术导向内容比较广泛，主要是围绕临床、预防、科研中存在的问题、热点、难点和焦点问题，实施具有针对性的学术导向设计和学术引导。另外，医学期刊还要担负起医学职业伦理道德规范、医学科研伦理规范、学术伦理道德规范和职业核心价值观及价值取向的正确引导。

1. **当前学术和学科发展的评价与引导** 在临床、科研和学科（学术）发展中，其发展趋势、存在的问题、热点、难点、焦点问题，广大医学科技人员普遍关心的学科和学术问题等，都是开展学术评价、学术评论和学术导向的内容。编者要善于发现和瞄准这些问题，积极设计和策划学术导向选题，实施卓有成效的评价与评论，及时实施学术引导，引领学术发展的正确航向。

2. 科研和技术研究重点与方向引导　为避免医学科技人员迷失方向，抓住相关领域发展重点和研究重点及研究方向，特别是国家健康战略和医药卫生工作重点，警醒和引导医学科技人员的学术研究重点和方向，以利于指点迷津，倡导学术和医学科研发展主旋律，促进医学科技进步和健康战略目标的实现。

3. 临床和科研及教学存在的问题　医学期刊在开展学术导向和学术引导中，要善于发现问题，并提出解决问题的办法。因此，以问题为导向，抓住学科发展中具有代表性的问题和难点，做好导向设计，及时约请相关专家撰写评论性或述评文章，实施正确的学术引导，推动相关领域学术发展。

4. 学术共识和学术价值取向　在临床上，对于某一学科、专业或某一疾病的诊断治疗规范性文件（如各类临床疾病诊断治疗指南、实验室诊断指南、影像诊断指南、疾病诊断治疗规范、技术操作规范、对某一专业领域的专家共识等），都属于规范性、指导性学术和技术文件，对临床具有很强的指导性、规范性和学术与技术导向性。根据临床和科研需要，医学期刊编辑部可与相关领域及专业的学术共同体共同组织专家研究制订相关指南。在研究制订这些临床指南、规范或专家共识时，应组成专家委员会或专家组，对这类技术指导和学术导向性极强的文献，实施专家集群讨论制订和论证，一般不应由个人制订，需要发布或发表时，也应由集体署名。如以学会、研究会、专家委员会等发布，以显示其权威性、可靠性和可信性。

对学术价值取向的学术导向，一般指对新的学术观点、新的诊断治疗技术、新理论、新方法等，广大专业技术人员尚不能了解和普及推广，编者可选题约请相关专家撰写评论性文章，对其实施和应用前景加以评论和学术引导，促进其临床推广应用和研究。

5. 学术环境与职业价值观引导　在当今科技学术领域追逐功利和学术伦理道德规范出现滑坡的情况下，医学期刊有责任实施职业伦理道德价值取向的引导设计，积极配合政府相关部门制订的要求，实施学术伦理和职业道德规范价值取向的正确导向。如策划与设计对学术不端、医学科研伦理失范、医学伦理道德失序等现象的专题评论或述评，积极倡导正确的学术和职业伦理道德规范的依从性利害关系，引导广大医学科技人员正确的功利观和学术价值观，崇尚科学精神，践行和弘扬正确的学术伦理规范行为。

第四节　医学期刊学术导向的方法与路径

医学期刊学术导向要掌握正确的方法，力求学术导向内容科学、客观准确，要抓准问题，瞄准要害，避免出现偏差或误导。

1. 编辑委员会讨论法　对于重大学术导向命题，学术导向选题的创意者，可将学术导向创意方案。如选题的依据、目的、意义、必要性、选题的背景等实施方案提交期刊的编辑委员会讨论和论证，制订出具体实施的计划、方案，以免造成学术导向失误，酿成不良后果。

2. 专家研讨法　对于需要规范化的临床诊断治疗、技术应用等具有指导性和规范性的导向性学术文件，一般采用组织相关专业或相关领域的著名权威专家，集体实施研讨和制订，可先由领衔专家执笔草拟成文，然后提交专家组或专家委员会集体论证和讨论。如制订某一专业、某一领域、某一疾病或某一技术方法临床诊断治疗和应用指南、专家共识、诊断治疗规范、技术操作规范等指导性学术技术文件。因为对其科学性、实用性、规范性、针对性、权威性和指导性要求特别高，所以要求参与研讨的专家要具有权威性和严谨性，以确保文献制订的科学、客观，以免造成学术或技术误导。

3. 选题约稿法　编辑在很有把握的情况下，可实施学术导向的创意选题，由期刊编辑部直接向编辑委员、专家、学科带头人或重点课题领衔专家命题约稿。这种选题约稿方法多用于比较简单的学术导向问题的约稿，不需要复杂的选题策划方案，但也要周密设计和思考，避免选题失误。

学术导向创意或选题策划者，要向约稿专家详细交代学术导向选题的背景、目的、意义、内容、要求、注意事项等，让约稿专家充分理解选题的目的和意义，以利于启发专家思路，并得到约稿专家的支持，激发专家撰写欲望，保证学术导向选题策划的成功。

4. 专题研讨会法　在编辑实践中，对于重大学术导向的课题一时难以把握，可实施研讨会议的方法，命题召开专题学术研讨会议，征集稿件，云集与整合多领域专家学者进行会议研讨，最后将研讨会议讨论的内容、达成的共识、提出的观点和问题、解决方法、对策建议等，以"专题学术研讨会纪要"的形式发表。同时，也可配发其他相关文献集中发表，这种形式也可有效达到学术导向和学术引导的良好效果。

5. 社论与短评引导方法　对于重大学术问题或重大科研突破成果的报道，为加强学术导向的力度和彰显其重要性与意义，必要时以期刊社、编辑部或编辑委员会的名誉，发表社论、短评、述评或专论，以及其鲜明的观点，彰显期刊社、编辑部或编辑委员会对某一学术问题的鲜明态度和观点，以强化对重大学术问题学术引导。

第五节　医学期刊学术导向的基本原则

医学期刊的学术导向选题或学术导向策划，是期刊重要而影响大的编辑活动，编辑部必须严格把关，精心研究，周密设计，要坚持政策法规原则、科学真实原则、正面引导原则和学术导向原则。

1. 政策法规原则　医学期刊的学术导向有时涉及政策法规，其内容要避免与国家政策法规相冲突，特别是科技政策、行业规范、国家标准、政府主管部门条例和规章制度相悖，以免造成误导，给期刊带来不必要的影响。

2. 科学真实原则　医学期刊的权威性和影响力对广大医学科技人员具有影响和引领作用。因此，在学术导向创意和学术导向策划时，其学术导向内容的科学性和真实性是首要原则问题。在编辑实践中，要针对本领域学术和技术发展的实际需要和必要性，周密创意和策划学术导向选题，对其内容要客观真实，学术引导的方向要科学，符合科学和学术发展规律，具有科学和实践意义。严格避免学术导向内容和引导方向错误或偏倚，以免造成难以弥补的学术影响。

3. 正面引导原则　在医学期刊学术导向的实践中，要坚持正面引导的原则，严格避免伪科学、未经科学证实的理论、技术和方法的无依据的导向，要弘扬科学精神和学术主旋律，重点是广大医学科技人员普遍关心的学术热点、难点和焦点问题，为医学科技人员答疑解惑，指引学术研究和发展方向，促进学术和科技进步。

4. 学术引导原则　医学科技学术期刊以学术为本，当然，其学术导向和学术引导也要紧紧围绕本专业学术问题进行，避免扩大学术导向内容范围或触及其他敏感领域。此外，医学期刊的学术导向或学术引导，是一种学术评论、交流和讨论的形式，严格避免用行政命令式或指示性形式实施导向，这是学术与行政的区别之处。

第29章 医学期刊的系统设计或总体设计原则与设计方法

医学期刊的系统设计，也称期刊总体设计或整体设计，实际上就是对办好期刊的系统或总体规划。医学期刊的系统设计编辑出版和经营实践中具有重要的位置，是在总体编辑构思的基础上实施的重要编辑过程，也是医学期刊编辑出版不可缺少的重要步骤。卓有成效的期刊系统设计会使期刊从内容到外在形式及经营效果达到最优化；缺乏独具匠心的系统设计思想和系统设计构架或方案，盲目模仿和盲目办刊，就会在期刊编辑出版实践和运行中顾此失彼，也很难体现出期刊的整体效果和特色。

第一节 医学期刊系统设计原理与概念

任何事物都具有其内在的基本原理，医学期刊的系统设计或总体设计也不例外，把握其基本原理，就为医学期刊的系统设计或总体设计奠定了基础依据。

一、医学期刊系统设计的定义

系统设计，就用系统论或系统工程的观点、理论和方法，首先把期刊视为一个系统，将期刊放到大系统中加以全面、系统考察和分析，用系统论的观点、思想考量期刊整体系统中的诸多环节、分系统和子系统的设计和系统规划设计问题。

医学期刊系统设计，是指在办刊过程中，以系统编辑思想和编辑构思为核心，在单位时间内，对医学期刊的整体编辑架构进行超前性的系统而全面的整体谋划、设计制订出总体编辑模式、期刊运行机制、期刊运行模式和全面的设计方案及编辑出版目标等，这一全面的谋划与设计过程。优点：有利于实现期刊的总体要求和目标，克服和避免编辑出版及期刊经营的盲目性，体现编辑出版超前的系统编辑思维和编辑思想，提高医学期刊编辑和经营的整体效果；期刊的系统设计或总体设计，对于新创办期刊更是不可缺少环节，期刊的总体设计犹如建楼房，要建设什么风格和功能的楼房，要满足什么目的和目标，必须根据需要进行总体设计，然后按设计图纸或方案施工建造；期刊也是如此，编者要办成什么样的期刊，应达到什么样的目标和特色风格及系统运行模式等，都必须事先实施期刊的系统或总体设计，按照期刊的总体设计规划实施期刊编辑出版，以提高办刊的针对性和目标性，尽可能减少办刊的盲目性。

二、医学期刊系统设计基本原理

医学期刊系统设计原理，首先是在系统分析的基础上，整体设计出能够高标准满足期刊发展预定目标的系统设计过程。医学期刊系统设计内容主要包括确定设计方针和方法，并将系统分解为若干子系统，再确定各子系统的目标、要求、功能和相互关系，以决定对期刊各子系统的目标、运行机制、管理体制和控制方式，对期刊各子系统实施运行设计和评价，对期刊整体系统实施设计和系统评价等。

1. 系统原理　系统原理的主要理念是运用系统观点、理论和方法对期刊整体系统实施系统分析，以达到办刊预期效益和管理的最优化目标。其实，任何社会组织都是由人、物、信息组成的系统，任何管理都是对系统的管理，其中蕴含了整体性原理、动态性原理、开放性原理、适应性原理和综合性原理。不仅为认识管理的本质和方法提供了新的视角，而且所提供的观点和方法广泛渗透到人本原理、责任原理和效益原理之中。在期刊的办刊实践和运行中，实际上很自然运用到系统论、信息论和控制论的经典的老三论的观点和方法，其基本观点可应用于诸多科学领域，既是方法论，同时又是认识论和系统思想的基础。系统论的观点认为，事物的复杂性、开放性、自组织性、等级结构性、关联性、动态平衡性、整体性和时序性等，是人类社会和自然界所有系统的共同特征。既是系统所具有的基本思想观点，而且也是系统方法的基本原则，揭示了系统论不仅是反映客观规律的科学理论，而且具有科学方法论的实际意义，也是系统论的基本特点，而系统论的核心思想是系统的整体观念。

2. 系统的整体观原理　众所周知，系统论是把任何系统都看作是一个有机的整体，不是各个部分的机械组合或简单相加，系统的整体功能是各要素在孤立状态下所没有的性质。同时认为，系统中各要素不是孤立地存在着，都具有内在联系和关联性，每个要素在系统中都处于一定的位置上，并具有其特定的功能，发挥着特定的作用，这就是人们常说的"牵一发而动全身"的道理，要素之间相互关联，构成了一个不可分割的整体，要素是整体中的要素，如果将要素从系统或整体中分割出来、孤立出去，将失去要素的基本作用和功能，同时也会影响系统功能和系统的正常运行。比如，人体由众多器官组成人体复杂系统，各个器官又在各自的系统和功能发挥作用，任何器官（分系统）发生障碍，都会影响整体系统的正常运行，甚至造成整体系统调节障碍。而系统论的基本思想方法，就是把所研究和处理的对象或事物，甚至把世界上任何事物都看成是相应系统，系统在自然界和人类社会及生活中是普遍存在的。因此，从分析系统的结构和功能，研究系统、要素、环境三者的相互关系和变化的规律性，并优化系统的各个要素或环节。如任何建设工程施工总是设计先于施工，施工遵从总体设计，只有这样才能达到和保证设计要求，实现质量和目标的最优化和有机统一。而用系统论的观点看问题，任何事物都具有系统性或整体性，应当把任何事物都当作一个系统来分析研究。因此，医学期刊或科技学术期刊也不例外，任何一家期刊都是一个完整的复杂系统。

3. 系统工程原理　医学期刊实际上就是一个复杂的系统工程，从设计、施工到产品形成，到期刊的发行、知识传播和信息反馈，是一个完整而复杂的开放系统。而系统工程学实际上是组织管理技术；所谓系统工程，首先是把要研究的对象与工程管理问题看作是一个由很多相互联系相互制约的组成部分构成的总体，然后运用运筹学的理论和方法及电子计算机技术，对构成系统的各组成部分实施分析、预测、评价、设计，最后实施综合统筹，从而使医学期刊的系统达到最优。系统工程学的根本目的是保证最少的人力、物力和财力在最短的时间内达到系统的编辑目标，完成医学期刊系统工程的任务。系统工程原理通过人和计算机的配合，能充分发挥医学编辑人才的理解与创新智慧、综合分析、整体推理、综合评价、整体创新等能力的优势，同时利用计算机高速计算设计、互联网和跟踪能力。以此来实验和剖析医学期刊系统，从而获得丰富的相关信息，为编辑决策和选择最优的或次优的系统编辑方案提供有力工具。医学期刊编辑系统工程学研究的对象是复杂的医学编辑系统。医学期刊除了一般系统所具有的结构复杂、影响因素众多、制约因素、系统行为时滞现象、系统内部具有诸参数随时间而变化等特征外，系统工程学认为的复杂系统还有一些其他特征。比如，系统都是高阶数、多回路、非线性的信息反馈系统，系统的行为具有反直观性，即行为方式往往与多数人所预期的结果相反；而系统内部诸反馈回路中存在某些主要回路，系统的非线性多次反馈以后，呈现出对外部扰动反应迟钝的倾向，对系统参数变化的敏感性降低。所以，医学期刊就是这样一个复杂的系统工程，其成功与否涉及诸多因素和环节。

4. 工程设计原理　要完成一项复杂工程，首先是需要事先地勘探、设置工程目标、工程项目的功能、工程项目的结构和系统工程设计，其系统工程设计包括工程设计的指导思想、工程设计的目的和要实现的目标、施工组织设计、施工项目工程概况、主要机构、工程的施工方案和施工方法等；另外，还要有施工进度计划、施工平面布置图、工程主要技术指标和效益指标等，为了使工程顺利按时按质完成，还必须合力组织人力、施工设备、施工材料等；要保证工程实施，还需要组织流水施工和施工过程的合理搭配。而医学期刊的系统设计或总体设计也是如此，其设计既有系统性和整体性，同时也具有层次性。要实施好医学期刊的系统设计或总体设计，就要明确办刊方针、办刊宗旨、办刊目的、办刊目标、学科特点、目标读者等系列要素，避免医学期刊系统设计或整体设计的盲目性与目的性。

系统设计的内容从编辑方针、办刊宗旨、期刊社运行和编辑出版发行，实际上就是一个完整而复杂的系统工程。将医学期刊的编辑出版视为一个系统，就是要从医学期刊的整体性出发，研究或设计期刊系统内部和外部各组成部分之间的有机联系，以及外部环境的相互关系，这就是系统编辑思想和期刊的系统设计的基本理念和基本原理。医学期刊的系统设计强调的是整体与局部、期刊系统本身与外部环境之间相互依存、相互影响的制约关系。医学期刊的系统设计具有整合性（资源整合）、相关性、层次性、整体性、目的性、动态性、目标性、时间性和有序性等基本特性。即以系统工程理论为指导，将期刊放在大系统中加以考察、分析和设计；要按照医学期刊本身固有的系统性，始终从医学期刊的整体与局部、外部与内部、本学科与相关学科、本期刊与相关期刊、大环境与小环境的相互联系、相互影响、相互竞争、相互作用、相互制约的关系中，综合、全面、准确地加以分析和系统设计，以达到期刊运营的最优化设计。

第二节　医学期刊系统设计的原则

在医学期刊系统设计中，应遵循系统设计的前瞻性、系统设计的全面性、系统设计的可操作性、系统设计的独创性、系统设计的时机性、系统设计的相关性、系统设计的环境适应性、系统设计的优化基本原则。

1. **系统设计的前瞻性**　医学期刊的系统设计要具有预测性和超前意识，能够把握国家相关政策和国家卫生工作重点，以及本学科或相关学科发展的脉搏，实施超前性的系统设计，避免设计后短期内落后于总体发展形势和学科及学术发展的趋势。

2. **系统设计的全面性**　期刊的编辑出版是复杂的系统工程，涉及诸多环节和内外环境，任何环节的失误或设计不合理都会影响编辑出版流程的运行效果。因此，既然是系统设计，就要有整体思想、整体观念和系统观点，充分体现系统设计的整体效果。

3. **系统设计的可操作性**　可操作性是指根据可观察、可测量、可操作的特征来界定变量含义的方法；即从期刊具体的行为规范、特征、指标上对变量的操作进行设计描述，将抽象的概念转换成可观测、可测量、可检验、可实施、可重复的项目。期刊系统设计的可操作性定义就是详细描述设计变量的操作程序和测量指标。在实证性操作研究中，可操作性更为重要，体现了实证研究是否有价值的重要前提，而期刊的系统设计也是如此，其设计要结合期刊实际，便于实际操作和实施，避免盲目性；否则，使期刊的系统设计方案难以付诸实施。

4. **系统设计的独创性**　医学期刊编辑的系统设计要有新意，独具匠心，避免雷同，要结合本学科特点和本刊实际需要，实施创造性的系统设计，以利于取得良好的学术效益和社会效益，促进期刊全面发展。

5. **系统设计的时机性**　医学期刊的系统设计具有时效性和时间性，非一次性设计，而是根据期刊发展的不同时期和需要，适时修正原有设计，在期刊发展中，要善于把握期刊发展需要和学科发展的脉搏，结合期刊市场、知识服务和学科发展的难点和热点，抓住时机，实施有效的系统设计，以利于引导和推动学科的发展。

6. **系统设计的相关性**　医学期刊系统各要素之间是有机联系和相互作用的，在诸多要素之间具有某种相互依赖和互为因果的特定关系。因此，在实施期刊系统设计时，首先要对内部和外部的影响要素进行系统分析，知己知彼。同时，对有形资源、无形资源、可整合资源和非整合资源进行分析或整合，使期刊的系统设计更符合本刊实际、特色与优势。

7. 系统设计的环境适应性　达尔文说过"物竞天择，适者生存"，而任何系统都存在于物质环境和社会环境之中，医学期刊更不例外。医学期刊的系统设计要结合环境、适应环境、满足环境，只有这样，医学期刊的系统设计才能生存和发展。

8. 系统设计的优化　期刊的系统设计方案要坚持最优化原则，也就是在系统设计中，最好多设计几个不同方案，然后实施设计方案的优化论证，从中遴选出最优化设计方案。如果设计方案单一，使论证者或决策者缺乏选择余地，也就达不到最优化原则。

第三节　医学期刊系统设计的意义

医学期刊系统设计或总体设计的意义在于对期刊长远发展和近期重点有一个总体规划和基本设计，以保证期刊发展的规范性、长远性、整体性、全面性和目标性，避免盲目性。

1. 科学规划、明确方向　期刊的系统设计对于刚创办或创办不久的期刊尤为重要，涉及期刊如何发展，要办成什么样的期刊，为谁办刊的重大问题。因此，对期刊的系统设计就是要科学规划期刊的发展定位和发展方向，确定办刊方针和办刊宗旨，明确期刊的基本定位、发展方向和发展目标，为期刊设计和解决发展的重大问题。

2. 明确目标、避免盲目　要解决盲目办刊的问题，就必须对期刊实施全面地系统设计，将期刊的总系统、分系统和子系统等办刊环节与要素都实施科学而系统的设计，明确不同时期和中长期刊物的发展目标，克服办刊的盲目性，增强办刊的科学性和针对性。

3. 突出重点、明确定位　期刊在发展过程中，真正做到全面发展是很难做到的。因此，要办好期刊，就必须坚持有所为、有所不为的原则，要突出重点，彰显特色。此外，期刊的定位很重要。如期刊报道内容定位、读者定位、作者定位、期刊性质定位等，都必须通过期刊的系统设计予以明确和界定，以利于期刊的健康发展。

4. 凸显期刊风格、突出期刊特色　期刊的系统设计的重要内容之一，就是期刊的风格和期刊特色的系统设计。如栏目的整体设计、期刊封面和标识的设计、期刊品牌设计等，只有通过期刊的系统或整体设计，并在办刊和编辑实践中加以落实，通过编者的努力，才能实现期刊风格和期刊特色的系统设计思路。

第四节　医学期刊系统设计的方法

医学期刊系统设计的方法比较多。如参比模仿方法、系统模块化设计方法、期刊市场调研方法、大数据分析方法、同行评议论证方法，同时还可以采用归纳法和演绎法。归纳法：实施期刊系统设计的基本程序，首先尽可能地了解和收集现有期刊成功做法、相关规范要求和同类期刊系统设计经验资料，在对这些系统设计、规范要求和运行状况进行分析研究的基础上，根据本期刊设计系统的功能要求和目标实施优化选择和比较，通过对同类期刊设计系统做出相应修正和选择，结合本期刊特色、特点、目标和定位最后设计出理想的系统设计。演绎法：是公理化方法，首先是从期刊普遍规则和原理出发，根据办刊者的知识、经验和规范，从期刊具有一定功能的元素集合中选择能够符合系统功能要求的多种元素，然后将这些元素按照一定形式进行组合，从而创新性的设计出新的总体设计系统。一般常用的系统设计方法如下。

1. 参比模仿方法　相同期刊一般都有相对成熟的办刊经验和运营模式，学习、借鉴和参比其他期刊的模式，吸取和学习名牌期刊的设计形式是期刊系统设计常用的方法。但在参比、借鉴和学习中，要结合本期刊的实际情况和目标任务，突出本期刊的特点和特色，切忌全盘照搬，在参比和学习其他期刊成功经验的同时，要有所创新和突破，在模仿和跟踪过程中创新发展。当然，最好是根据本期刊实际自我创新设计，真正做到与众不同，前所未有，彰显特色与个性，做到开拓发展。

2. 系统模块化设计方法　在期刊总体设计思想和总体框架的指导下，按照期刊系统原理，分成总系统、分系统和子系统，也就是实施模块化设计。比如，期刊的运行机制设计、报道内容或重点设计、期刊编辑出版流程设计、期刊封面设计、期刊品牌标识设计、期刊栏目设计、期刊定位设计、期刊营销宣传设计、期刊装帧设计等模块化，然后汇总成总体设计方案。

3. 期刊市场调研方法　期刊的系统设计一定是在掌握相同期刊市场状况的情况下，根据大量信息和市场分析才能做出符合实际的期刊系统设计方案，仅凭印象或一知半解很容易脱离实际，造成期刊系统设计偏离真值。因此，在对期刊实施系统或总体设计之前，应采用市场调研和信息分析的方法，对同类期刊的市场状态、办刊模式、运作机制、期刊品牌状态、经营状况等，实施全方位的市场调研和分析，只有知己知彼，才能发现路径和方向，避免期刊的盲目设计。

4. 大数据分析方法　利用国内外各类期刊数据扩库、数字化期刊平台和网络等现代数字化平台，采用大数据分析技术和分析方法，对同类和相关期刊实施大数据分析，从不同角度和需要，全面分析期刊的状态和发展趋势，为本期刊的系统设计提供大数据证据支撑，进一步完善期刊的系统设计，增强期刊系统设计的科学性。

5. 同行评议论证方法　为使期刊系统设计更严谨，还可以召集相关专家学者进行研讨，广泛听取本学科或相关领域专家学者意见。期刊系统设计方案设计出来后，再召集相关专家实施论证和评议，以确保期刊系统设计方案的可靠性、可行性和可操作性。

第五节　医学期刊系统设计或总体设计的内容

医学期刊系统设计就是要明确任务和目标，规划期刊系统的规模，确定期刊系统的模块规格和组成部分，并明确和界定分析系统或模块在整个系统中的职能、作用和相互关系，以确定期刊系统中的硬件配置，确定期刊系统中采用的运行机制、编辑出版规范、期刊经营模式等，以确保期刊整体目标的实现。因此，期刊系统设计应全面，特别是初创期刊，除一般设计外，还要建立系统功能模型、系统运行流程设计。如编辑出版流程、编辑决策流程、编辑行政管理流程等。此外，还要对期刊系统运行环境进行设计。比如，期刊编辑部（社）硬件环境设计、期刊软件环境设计（各类规章制度和规范）、期刊编辑岗位设置等。这里只简要介绍期刊编辑出版方面的系统设计。

1. 医学期刊办刊方针的设计　办刊方针是医学期刊不可缺少的重要组成部分，是引导和指明期刊前进方向的指引或旗帜，是期刊运行的轨迹，指引期刊沿着正确的方向前进，达到预期目标。脱离了正确的办刊方针，也就意味着脱离了期刊运行的轨道，必然造成脱轨，迷失办刊方向，其后果可想而知。办刊方针的制订和设计，依据是结合国家的大政方针和政策，以及国家卫生工作的方针政策加以设计。同时，办刊方针也不是一成不变的，要结合国家不同时期卫生工作的重点，随时修改办刊方针，以适应国家卫生工作的需要。

2. 医学期刊办刊宗旨的设计　办刊宗旨也就是医学期刊的办刊目的，是要回答为什么办刊，为谁办刊，要办成什么样的期刊的问题。一家期刊没有正确的办刊宗旨就会失去办刊目的，不知道为何办刊，为谁服务，期刊的受众群体是谁。因此，设计正确的期刊办刊宗旨，首先要有准确的期刊定位，包括办刊目的、内容定位、读者定位、学科定位等，同时还要结合学科发展的水平、专业队伍的整体素质，以及临床、科研和教学实际设计正确的办刊宗旨。

3. 医学期刊治理结构的设计　对于新创办期刊，其系统设计中还应涉及期刊治理结构的设计。如编辑委员会成员数量、学科或专业结构、总编辑和副总编辑设置、专业编审组设置、编辑部专业人员设置，以及其他相应学术和编辑出版机构的设置设计等。

4. 医学期刊的导向设计　医学期刊的导向是期刊本身所肩负的职能，也是期刊学术质量的重要标志之一。医学期刊的导向一般包括学术导向、思想导向和学术争鸣。要突出和发挥医学期刊的导向作用，编辑就必须实施有效的导向设计或谋划。如专门设计相应专题栏目、侧重学术报道重点专业等，只有这样才能达到预期学术导向效果。

5. 医学期刊内容的设计　医学期刊内容的系统设计关系到读者是否喜欢本期刊，能否满足读者需求的关键。医学期刊内容的设计要依据办刊方针，体现提高与普及并重的原则，突出选题的整体设计，要根据读者和学科实际，结合国家不同时期医药卫生工作重点、临床、科研、教学中的难点、热点和焦点问题，学科或某一技术最新发展趋势等，实施学术内容的重点选题设计。在内容的系统设计中，要突出学术导向性，始终把期刊的学术导向作为医学期刊的重要职能，以有效地引导学术和学科沿着正确的方向发展。根据栏目的系统设计，结合栏目的内涵和外延，进行有针对性的内容设计，要坚持"对作者负责，让读者满意"的编辑理念，科学合理地设计内容。

6. 医学期刊品牌设计　期刊品牌设计是重要的系统设计内容，涉及期刊封面设计、品牌标识设计、品牌载体设计、期刊品牌营销规划设计等，这是办好期刊必须认真周密设计的重点。

7. 医学期刊版式与装帧的设计　学术期刊除了内容要实用和读者喜欢外，期刊的外在形式也是不可忽视的，其设计要体现学术期刊特点和学科特色，具有美学意识，既要体现学术期刊的严肃性和高雅，同时又要兼顾可视性，给读者以视觉上的美感，做到形式与内容的统一，触发读者的阅读欲望，加深读者对期刊的牢固印象，树立品牌期刊形象。

8. 医学期刊经营设计　医学期刊的经营有两大经济支撑点：一是期刊的发行量；二是期刊的广告销售。期刊是特殊产品，这已是共识。既然是产品就要销售，没销路的产品也失去了生产的任何意义和生存价值。因此，期刊的发行量是衡量期刊经营效果的重要指标，也是期刊生存的基础。期刊发行设计，就是要根据读者定位或受众群体，设计多元化发行模式，最大限度地促进期刊发行。医学期刊广告经营也应实行多元化经营模式，并结合期刊不同的报道重点，及时与相关企业沟通，配合内容，实施主动广告版位销售，达到互惠互利的目的。

第六节　医学期刊栏目的系统设计

在医学科技期刊的总体设计中，栏目的总体设计尤为重要，通过栏目设计可体现办刊方针和学术导向，体现期刊特色。因此，应依据办刊方针和学科特点，按照期刊的总体设计思想和整体设计框架，对期刊栏目实施总体设计和配置。

一、医学期刊栏目设计的要点

根据期刊的学科特点和编辑思想及编辑目标，设计不同类别的栏目；其结构应科学合理，突出专业期刊特点，而且栏目的内涵和外延尽量丰富，避免公式化和雷同。科技期刊的栏目可分为评论类、原著类、普及类、指导类、争鸣类、讨论类、进展类、互动类、宣传类、信息类等。

1. 栏目设计的时间性　栏目设计分年度设计和当期设计。也就是说，要根据每年的期刊报道重点和任务，进行年度栏目设计或调整栏目，但要尽量保留实践证明读者喜欢的栏目，保持其连续性，以利于形成名牌栏目。当期设计，即编辑或责任编辑按照总体设计要求，对当期期刊的栏目实施个性化设计，以保证当期栏目合理性和具有丰富的内容。

2. 栏目的学术导向性　栏目的总体设计体现了编者的编辑思想、办刊方针和办刊宗旨，同时栏目又具有导读和学术导向作用。为体现学科特点和真正体现"提高与普及相结合"的办刊思想，对栏目进行了系统设计，并经编辑委员会讨论，最后将栏目设计为9类40多个常设和非常设栏目，经过一年的实践，受到读者广泛好评。

3. 栏目设计结构的合理性　栏目要体现办刊方针，就必须注意栏目结构的合理性。比如，要体现"提高与普及相结合的办刊方针"，就要在栏目的设置上既要有原始创新性的栏目,还要有普及性的栏目,以指导和提高科技人员的技术水平。

二、医学科技期刊栏目设计的原则

科技期刊栏目设计要体现学科和专业特点,并结合实际需要,重点反映期刊特色,突出编辑思想和学术导向性,同时坚持以下原则。

1. **突出办刊方针原则** 任何一个期刊都有自己明确的办刊方针和办刊宗旨,在编辑实践中如何落实和体现办刊方针和宗旨,首先是要对栏目实施系统设计和栏目策划,通过栏目体现和落实办刊方针。因此,在栏目设计和策划中,应始终围绕办刊方针和宗旨这一原则,才能保证和避免期刊偏离方向。

2. **体现读者定位原则** 每一个期刊都有自己受众群体的基本定位,熟悉自己读者群的基本情况,满足读者的需要,牢牢抓住读者,也就抓住了市场,这是期刊发展和生存的基础。因此,栏目设计和策划,要把读者需要放在第一位,要贴近读者,服务于读者,满足于读者,只有这样,所设计栏目才有生命力。

3. **突出期刊特色原则** 栏目是体现期刊特色的重要组成部分,一个期刊具有何种特色,栏目是重要标志。因此,期刊栏目设计与策划要有创新性,独具匠心,别出心裁,突出特色。

4. **体现学科发展原则** 栏目设置要有利于促进学科发展,抓住学科发展的热点和难点,促进学术交流与发展。

5. **增强期刊个性原则** 目前同一学科的期刊众多,有的甚至连刊名都大同小异,众多期刊栏目雷同,缺乏个性化。所以,要体现期刊个性,首先应在栏目上下功夫,通过栏目设计和策划,突出期刊个性化,使期刊在读者心中打下烙印。

6. **相对稳定与动态平衡原则** 期刊栏目要让读者认可,并读有所循,就要保持栏目的相对稳定性,逐步形成名牌栏目,但又要注意不断完善。一般讲,一个栏目的出现,最好能持续1年,若确实读者不喜欢,可在第二年进行调整或修改栏目。

第30章 医学期刊选题策划的原则与选题方法

医学期刊选题策划既是常规性的编辑活动和技术，也是全面提高医学期刊学术质量和效益的重要手段，医学编辑对选题策划方法和选题原则掌握得如何，直接影响选题策划的效果和期刊的内容质量。因此，特别列出加以重点阐述。

第一节 医学期刊选题策划的概念

对于医学编辑，选题策划是基本技能，是编辑创新思维的具体展现，也是凸显编辑思想的重要方面，医学期刊的选题策划是办好医学期刊的重要因素。

一、医学期刊选题策划的定义

医学期刊选题策划，又可称选题策略方案、选题战术计划，是为达到某种编辑目的、任务和目标，借助编辑方法学和编辑策划手段而实施的有创意、有构思、有计划、有目标、有设计地制订选题方案和实施方案的编辑活动过程。

医学科技期刊选题策划是将来时，是编辑未来行动的准备过程；选题策划是精心设计的学术营销宣传和手段，对学术事件发生和发展的驾驭；选题策划是整合学术资源，采用各种策略和方法实现编辑思想的系统工程；选题策划是从无到有的编辑创新性和创造的行为活动；选题策划是编辑程序和编辑智慧的集成；选题策划是编辑创造性、构想、谋划、设计、选择、决策、学术蓝图的设计；选题策划是医学科技期刊出奇制胜、赢得期刊良好效益的有效方法。

医学期刊选题策划就是根据学科热点、焦点、难点问题，并结合读者和学术发展需要，对医学科技期刊编辑选题内容实施超前编辑构思、设计、谋划、操作和方案的制订过程；是有思想、有创新、有目的、有目标、有构思、有设计、有计划、有程序、有预测、有操作的选题策划的实施流程，这一过程称为选题策划。选题策划实际上是一种学术内容设计、学术再创造和学术引导，是编辑创新性思维和创造性产品，也是编辑生产力和学术生产力的再现形式。

二、医学期刊选题策划原理

1. 选题策划的心理原理　编辑选题策划作为创新性智慧的具体表现形式，是编辑在实践活动中心理活动的结果；离开编辑心理活动就不可能产生选题策划项目。因此，编辑选题策划是大脑对人与人之间和学术刺激因素的兴奋点与学科知识经验的创新性发现而发生的系列编辑思维活动。编辑选题策划实际上是大脑对学术发展和读者需要这一客观事物的主观反映，从而迸发出创新性的选题思维，这种创新性的选题思维活动，既受到编辑实践活动的影响，也受到编辑个体知识结构、个性特征、经验阅历和专业兴趣等因素制约。同时，又带有编辑个体主观特征和创新性编辑思维成果集中体现。

2. 选题策划的创意原理　选题策划的初始来源于创意，而选题创意应具备基本条件。
（1）形成的前提：动机与目的。
（2）形成的基础：专业知识积累。
（3）方法与过程：选择性与可变性。
（4）实现的关键：联想与假设。
（5）成功的核心要素：创新。

编辑选题创意就意味着迸发出具有创新的点子，编辑创意者要具有创新性编辑思维，善于突破传统的和固有的编辑思维模式，从狭隘的习惯或惯性编辑思维模式走向开阔的编辑思维境界，应摆脱惯性和单一编辑思维形式，实现和跨入多维度立体编辑思维空间，这是选题创意是否突破常规和实现创新的关键。

3. 选题策划的主体原理　编辑选题的主体原理是编辑对于自身主体地位、主体能力、主体价值和主体角色的自觉意识，是编辑具有主观能动性的重要动力；编辑选题的自主意识、自由意识和选题的主体意识，是编辑选题创新的重要前提。编辑的自主意识主要指编辑能够意识到自己在期刊选题中的主体角色地位和责任，在编辑创意和选题实践活动中，编辑始终居于选题创意和实施的主导性和主动性。编辑应始终意识到自己是选题创意的主人，具有编辑选题的独立性和独立自主的职业性格；而编辑自由意识主要指编辑选题主体的最高理想和最终目的就是要克服主体与客体的关系，真正实现选题主体的独立性、自由性、能动性和创造新性。而在现实医学编辑实践中，编辑往往忽视和缺乏选题的主体意识与主体责任，往往变主体为客体，把编辑选题的主体责任推卸给主编、编辑委员或相关专家，因而形成选题创意和实施的依赖性，编辑的选题的主动性、独立性、创新性颓废和发生废用性退化，使编辑失去了选题创意的能动性和创新性编辑思维的发挥。

第二节　医学期刊选题策划的意义

医学期刊办刊方针和办刊宗旨及期刊总体设计的实现，很大程度上依赖于选题策划的实施，也是突出编辑思想、体现编辑创新、增强编辑针对性、避免盲目性、提高对期刊效益预期性等具有重要意义。

1. 实现办刊方针　科技期刊办刊方针和办刊宗旨的落实，主要依赖于有针对性的选题策划，结合办刊方针和宗旨、学科现状、学术发展实际，特别是要结合读者和学术发展的需要，实施有针对性的选题策划，可有效体现期刊和学科特色及学术导向性。特别是期刊总体设计、栏目设计和学术导向和编辑思想的体现，其选题策划是重要的具体技术手段和措施。

2. 突出编辑思想　在编辑活动中，一般很难体现出编辑的思想，但要充分体现编辑思想，只有通过编辑策划得到体现和展示，通过选题策划实现编辑设想，将编辑的思想融入选题策划的全过程，并将其选题策划的成果转化为学术效益、社会效益和经济效益，充分体现编辑的职业价值和思想价值。

3. 体现编辑创新　创新是人生价值的体现，也是期刊编辑活动的生命力所在。选题策划是编者创新的重要手段和表现形式，编辑的创造和创新通过选题策划得到展现，选题策划的过程就是编辑创新思维和编辑内容设计结合创造的过程。

4. 增强针对性、避免盲目性　选题策划是在期刊总体设计思想指导下，是有依据、有目的、有计划、有步骤的选题设计过程。因此，具有极强的目的性和针对性，不是坐等来稿，也不是来什么稿就编辑什么稿，可有效避免办刊的盲目性，按照策划的预期实现选题目的，这对提高期刊编辑和经营的计划性有重要作用。

5. 效益的预期性　期刊选题策划是主动编辑模式，而单纯靠来稿是被动编辑行为，被动选稿模式对其效果和效益缺乏可控性和预测性，而主动选题策划对其效益具有基本分析、评估和预测，而且选题的目的就是要效益，并且这种效益具有可控性和预期性，这是主动选题模式与被动选稿模式的本质区别。

第三节　医学期刊选题策划者的基本能力

选题策划是编辑的基本技能，对选题策划者应具有综合素质和综合能力。因此，选题策划者应具备编辑创意能力、编辑创新能力、学科驾驭能力、市场调研能力、编辑组织能力、编辑洞察能力、编辑竞争能力、编辑整合能力和编辑执行能力等。

1. 编辑创意能力　选题创意是指编辑具有独创性的思维和创新思想，主动思考实施选题策划，而不是单纯靠编辑委员或专家，编辑自己缺乏创意和点子。编辑首先能拿出创意和方案，再征询编辑委员和有关专家的意见，然后实施选题创意。

2. 编辑创新能力　选题策划就意味着创新和编辑常规的突破，缺乏创新能力和创新意识，也就很难策划出好的选题，编辑满足于单纯来稿和简单的编辑堆砌，只能说是"简单劳动"，编辑的期刊也只能是论文汇编。

3. 学术驾驭能力　选题策划要求编辑对本学科和医学科学发展现状和趋势、学术热点、难点和焦点具有基本把握，能够准确把握学科发展走势，了解学科和临床中存在的问题，能驾驭和跟踪本领域学术进展，这是实施有效选题策划的基本前提。

4. 市场调研能力　医学期刊选题策划者，要善于应用调研方法，具有对学术市场、临床应用和推广、医药市场、期刊市场的调研能力，这也是衡量选题策划者对同类期刊的掌握程度、竞争对手、核心竞争力、受众群体的状况、目标客户价值取向和市场信息的获取能力。

5. 编辑组织能力　编辑组织能力是指选题策划者能够根据策划本身的要求，将编辑策划资源进行有机地整合，包括对编辑策划所需资料的搜集、分析归纳，策划方案的制订和实施、专家积极性的调动和组织协调等。

6. 编辑洞察能力　编辑洞察能力是指选题策划者能够全面、正确和深入地分析客观现象、捕捉选题机会的能力，同时具有很强的学术敏感性和快速反应能力，善于准确抓住选题策划的时机，以快和准制胜。

7. 编辑竞争能力　竞争是自然界和人类社会的普遍现象和规律，没有竞争就没有进化和发展，期刊的竞争是编辑人才的竞争。选题策划者除具备应有的素质外，还应具有较强的竞争意识，同类期刊或竞争对手越多，越能体现选题者的竞争优势和能力，只有竞争才能将期刊越办越好，缺乏竞争意识和竞争能力的编辑很难办好期刊。

8. 编辑整合能力　编辑整合能力是指选题策划者对信息的有效使用的能力。即指选题策划者在占有大量信息资源的基础上，所应具备的有效取舍信息元素，形成编辑策划要素组合的聚合效应的能力。如编辑委员资源、专家资源、作者资源、读者资源、文献资源、网络资源等有效整合与利用的能力。

9. 编辑执行能力　编辑执行能力是指期刊选题策划者将创意整理为可执行与可操作方案，自我操作实施和指导操作者有效执行选题方案的能力。任何一种好的选题创意，如果不能执行和缺乏可操作性的话，就不可能实现设想和产生效益。因此，选题策划者要尽可能使编辑创意及编辑策划方案能够付诸实践，实现选题策划的预期目的。同时，一项重大选题策划有时不是一个编辑能够完成的，需要其他编辑的配合与执行，这就需要编辑具有选题方案的执行力。

10. 编辑营销能力　编辑营销能力是指编辑将自己编辑出版的内容产品推销给目标读者的能力；而市场营销是指营销者通过产品、价格、销售渠道、促销措施、售前售后服务等手段，对营销对象、目标客户（读者、作者、专家、企业）进行的有偿经营推销活动。编辑的营销能力就是要体现出把握学术市场、期刊市场、目标客户、竞争对手、提高读者（客户）购买力，实现期刊利益最优化的能力。这是目前医学期刊编辑应当具备的能力，仅仅满足于制造产品而不推销产品，很难以适应当今期刊市场发展。

第四节　医学期刊选题策划的原则

医学期刊选题策划最重要的原则是效益优先原则，即"社会效益和经济效益"。如果要想获得比较好的经济效益，应做到两个满意：读者满意，医药企业满意。选题策划要具有生命力，就必须坚持正确的办刊方针和宗旨，围绕国家不同时期医药卫生工作重点，结合临床实际和重大疾病防治工作需要，并抓住学术研究中的热点、难点和焦点问题，实施有针对性的前瞻性选题策划，避免选题偏离办刊方向和办刊宗旨，影响选题的效果。

1. 选题效益优先原则　选题策划的目的就是要效益：社会效益、学术效益、经济效益。不能产生效益的选题是无价值的选题，哪怕只有一个效益，最好两个效益结合，单纯将同一专业稿件堆砌和拼凑的"重点号"是不可取的。因此，选题或重点号应优先考虑到效益性。

2. 选题价值优先原则　不同的学科期刊有不同的基本受众群体和读者定位，选题策划的目的是能让读者满意，并让更多的读者受益，满足目标读者的需要，这是选题策划的基本出发点。因此，选题策划的基本前提是要了解目标读者的需要，回答目标读者问题，引起读者的共鸣，使选题策划具有很强的针对性，单纯满足作者功利目的的选题策划是没有生命力的选题。

3. 选题创新性原则　选题策划就意味创新，缺乏新意和创新的选题很难达到预期效果。选题策划就是要突破惯性思维模式，跳出固有的编辑思维形式，运用多种编辑创新思维方法，别出心裁，唯我独有；事后追随和模仿的选题思路是不可取的。因此，选题创新是跳出编辑思维怪圈的关键，也是选题成功的基础。

4. 选题超前原则　选题策划的特点就是超前性和前瞻性，在学术技术热点的萌芽和孕育时期，就能预测到学术事件的发生，把握其脉搏，实施黎明前的选题策划。应避免随大流、事后模仿的选题形式，在其学术研究的萌发或孕育阶段，就出其不意地实施超前选题策划，为其学术发展实施引导和施加推动力量。医药卫生学术期刊要引导和推动学科和专家发展，而不是学科和专家推着期刊发展。

5. 临床与科研需要原则　医学期刊所报道的内容要对临床疾病预防、诊断和治疗有指导意义，为临床和科研提供新理论、新技术和新知识，指导医务人员的临床实践。因此，选题策划的出发点应着眼于临床的需要和亟待解决的问题，推动医学科技进步，只有这样选题策划才有意义，选题策划的成果才具有生命力，这也是衡量选题策划成败的标准。

6. 促进学术发展原则　学术期刊是推动本学科学术发展的重要平台和手段。当然，选题策划也要立足于对学术热点的关注和学术争鸣，以促进学术发展、繁荣学术交流、开展学术争鸣，促进学术成熟，完善学术体系。

7. 突出特色原则　对选题策划的主题要具有学科优势和学科特色，善于抓住学科发展中优势、特色、难点，回答学科发展中的疑难问题。因此，选题策划者要善于挖掘学科和学术及技术发展中的亮点，单刀直入，才能使选题策划更有深度，取得意想不到的学术效果。

8. 发挥学术导向原则　学术导向是医学期刊的重要功能和任务，也是学术期刊的基本功能之一。医学期刊要善于发挥学术导向作用，引导学术潮流，促进学术发展，并实施超前引导。因此，选题策划的重点和目的是要体现学术导向性，引导学术沿着健康的方向发展，纠正临床和学术上的误区，弘扬学术主旋律，避免学术误导。

9. 连续追踪原则　学术或技术研究具有较长的周期性和阶段性。如基础研究阶段、临床研究阶段、临床远期观察阶段等，需要长期的基础和临床研究才能证明其临床价值。因此，对于选题策划要有连续性，根据研究进展，不断实施跟踪性的选题策划，以体现其学术研究的连续性，不断引导学术向纵深发展，彰显其学术发展的规律性，吸引读者跟踪阅读，避免心血来潮、虎头蛇尾给读者造成遗憾。

第五节　医学期刊选题策划的基本内容

医学期刊选题内容非常广泛，只要是读者、临床和科研需要的，都是选题策划的内容。

1. 学术导向选题　学术导向作用是学术期刊的重要功能之一。但如何主动导向、导向的内容、导向的形式等，需要根据学术发展的实际需要和编辑目标实施选题策划及设计，一般常用的导向形式是有针对性地选题，选择合适的学科带头人撰写评论性文章。如以述评、社论、专家论坛、专论等载体形式，实施学术引导。但要避免将评论性文章撰写成综述式，要能提出问题、发现问题、评述问题、解决问题。选题策划者还要将选题的背景、目的、意义和编辑基本思想与执笔专家实施有效沟通，编辑策划者还要将题目、内容、重点、撰写的基本思路、文体形式、撰写要点、字数要求等，以建议口吻向约稿执笔专家沟通，以便执笔专家领会其编辑思想、意图和目的。

学术导向策划的选题内容、形式和范围比较广泛。如为了加强和引导对某一领域或重大疾病的研究攻关，编辑策划者可专门策划这一领域的专题研究选题，实施集中和重点专题报道，在学术期刊形成一种重视相关领域研究的趋势，这样会有效引导相关领域专家学者和广大科技人员的关注和研究，促进其研究的不断深入。

2. 科研创新选题　学术期刊要体现当代学科发展的水平和最新进展，成为某一学科领域具有学术权威性的领衔期刊，就要跟踪学科最新研究成果，报道具有国际和国内水平的研究成果，特别是原始创新研究。如临床创新研究、基础创新研究等；尤其是要跟踪国家科技攻关课题、国家重点疾病防治课题研究的进展，及时实施选题策划。

3. 临床普及选题　创新与普及相结合，是学术期刊的立足之本。根据某领域、应用技术和新方法等临床推广与普及的需要，有计划和有针对性地实施选题策划，以专题讲座、专题笔谈、继续教育等形式进行推广普及，使医务人员达到更新知识，普及新知识、新技术、指导临床实际应用的效果。

4. 临床热点选题　在学科和学术发展中，特别是在临床实践中，其临床热点、难点、焦点问题是普遍存在的，作为学术期刊，就是要抓住临床、科研、教学中的难点问题实施选题策划，解决和回答临床亟待解决的热点问题。

5. 学术前沿选题　作为学术期刊要纵览和跟踪国内外最新进展，将本领域和相关领域国际上的新理论、新发现、新进展、发展趋势和热点问题有重点地介绍给目标读者，这就需要有周密的选题设计和选题策划，以回顾性或综述性形式，反映国内外某一领域的研究历史、现状、进展和发展趋势，使目标读者一刊在手，纵览学科发展全局。

第六节　医学期刊选题策划的基本程序

期刊的选题策划是编辑工作的一项重要而严肃的任务，来不得半点马虎和随意，否则就会造成选题失误或偏离初衷，给期刊带来不利影响和损失。因此，期刊的选题策划要遵循基本的市场调研（读者和学术）、信息及文献分析、选题设计、选题论证和选题优化等基本步骤。

1. 期刊相关信息及文献分析　期刊选题策划要具有足够的选题依据，就必须获取大量相关信息，占有足够文献分析证据，编辑策划者要通过现代多媒体手段，纵览国内外相关领域的发展趋势和研究进展，收集和获取相关信息，研判和分析选题的必要性、先进性、可行性，通过海量文献分析，修正选题方向或选题定位，通过信息和文献分析，从中发现新的选题线索或选题创意。因此，这一步骤是编辑选题策划者基本前提和准备。

2. 期刊市场调研　期刊市场调研就是编辑选题策划化者要熟知和了解自己的客户（读者）的心理和实际需求，读者在想什么、读者需要什么、读者的困惑是什么，围绕自己的客户需求和亟待解决问题的基本路径去立题，才能策划出受读者喜爱和有生命力的编辑选题。另外，还要了解本领域国内外的学术发展市场状态，也就是本学科和相关学科领域学术发展的学术技术热点、难点、焦点问题和学科亟待解决的问题，从学科中寻找立题的支撑点，是编辑选题策划的基本立足基础。

3. 期刊选题设计　在实施编辑选题策划前，要对选题实施严谨而周密的选题设计，对目标和预期所要达到的效益实施预测，其基本要点如下。

（1）抓热点，选难点：在选题设计中，首先注意捕捉新的选题热点，本领域专家学者和专业人员所关注的学术问题和难点问题，就是期刊选题设计的基本方向。

（2）选题与整体匹配：严谨构思选题与期刊总体结构及总体设计的关系，避免与期刊总体设计和期刊总体结构发生冲突，违背期刊方针和办刊宗旨及期刊特色，也就是要与期刊整体设计相匹配。

（3）注意选题内容的创新点：这是选题的核心问题，其内容要新颖，避免与相关期刊已报道内容的雷同与重复，要具有独到之处。

（4）选题的效益分析和预测：编辑选题策划的目的就要效益，即社会效益、学术效益、经济效益。要以社会效益优先，尽量做到三个效益兼顾，这是选题策划的最优效果和最佳状态。

在选题设计中还要注重设计的细节问题。如选题的专业或研究方向、选题撰写专家的遴选等。对选题的具体操作和撰写要求。如题目的提炼、撰写的格式和结构、撰写内容的侧重点，甚至撰写的字数和提交稿件的期限等要求，都应设计好，并与约稿撰写专家进行有效沟通，编辑还要向约稿专家详细交代所约稿的背景、目的、意义、所要达到的目标等，尽可能让约稿专家理解选题的意图，同时启迪约稿专家的思路和撰写欲望及兴趣。另外，在选题设计时，还要注意选题中子题的数量与不同类型文章的科学匹配。比如，在选题的一组文章中，应具有基础研究、应用研究、评论性文章或学术导向性文章、述评、专论或综述性文章的合理搭配，以保证选题的效果。

4. 期刊选题论证　在编辑选题策划之前，确定选题之初，应对选题实施科学论证，特别是对某些重大选题策划的编辑决策，要确保决策的正确性和科学性，实施必要的选题论证是应该考虑的问题。

（1）论证的内容

①选题内容论证：对选题的内容设计提交相关专家、编辑委员、读者或作者讨论，征询意见。

②主题和形式论证：对选题的主题、选题形式和在期刊报道的形式征询相关专家和业内专家意见。

③选题前景论证：对选题的创新性、新颖性、必要性和可行性咨询相关专家意见，并对选题市场前景（如读者需求前景、对学科或学术发展的前景、社会效益、学术效益和经济效益、存在的问题、还要进一步深入选题的方向等），做出分析和预测。

（2）论证的方式：可选择的方式方法比较多，这要根据选题的大小和难易程度决定其论证的方式，一般可采用以下几种方法。

①编辑委员会讨论法：编辑委员会是科技学术期刊的学术组织，具有对期刊学术把关和学术选题的职能，同时，编辑委员也都是相关领域或专业的学术（学科）带头人，对选题最有发言权。因此，对重大选题策划和选题计划，适时提交编辑委员会，开会讨论是期刊常规做法，也是实施学术把关的有效措施。

②调研分析方法：采用调查研究的手段，对其选题实施研究和分析，以确认选题的可靠性和必要性。

③组织研讨法：召集和组织相关领域的专家学者，对选题进行专题研讨，全方位研讨和论证选题的意义、前景，提出选题方案或修正意见，完善选题内容。

④读者和作者调查法：科学设计问卷，向读者或作者发出问卷调查，广泛征询本期刊客户（读者和作者）的意见，这是保证选题具有针对性和受到读者认可的重要途径。

⑤网上咨询法：将选题提交到本期刊网站或微信群，征询广大专家、网友、读者和作者的意见，并可引起广大读者和专业技术人员对选题的广泛期待、关注和跟踪阅读，是一种既省钱，又具有广告效应的咨询方式。

⑥个性化咨询：对于非大型选题（如个别特殊文章、述评、专论等文章），可通过电子邮件、微信、短信、电话等通信手段，直接向本刊总编辑、副总编辑、编辑委员咨询和征询意见，这样更便捷，而且效率高。

5. 期刊选题优化　事物总是在运动和变化之中的，俗话说计划赶不上变化，就是这个道理。因此，即使在选题方案确定后，还要对其题目、内容、选题设计、组稿计划、稿件评审等实施进一步修正和完善，在选题方案确定后和实施中都可以不断优化选题，尽量做到尽善尽美，优化完善。

第七节 医学期刊选题策划的思路与选题方法

在期刊选题策划实践中，掌握了正确选题方法就能达到事半功倍和预期效果，一般常用的选题策划方法有文献分析法、学术预测法、市场调研法、专家咨询法、目标读者调查法、座谈讨论法、专题研讨法、经验判断法、重点报道法等。

1. 文献分析法 是编辑选题前常用的方法，通过对大量国内外文献的检索分析，获得选题灵感和选题依据，判断选题的必要性、可行性和选题价值。选题策划者要善于应用文献分析法对海量文献实施检索、搜集、鉴别、整理、综合、认识、分析和推导，从中获得正确的判断和结论。

2. 学术预测法 学术预测是指选题者在掌握现有学科、专业和学术发展信息的基础上，应用预测方法学和掌握的信息及规律对学术发展未来做出的预测、评估和分析，以利于达到事先或超前了解学术和学科发展进程及结果。

学术预测常用的方法：临床应用评价法、经验估计法、文献综述分析法、逻辑推导法、学科发展趋势分析法、专家咨询法、相关学科调查预测法、读者作者调查法、典型调查分析法等。

3. 市场调研法 对临床应用前景、临床应用范围、临床推广程度等实施调研分析。

常用市场调研方法：文献（文案）调研法、临床调研法、特殊调研法（如统计分析法）等。

4. 专家咨询法 是指选题策划者借助专家的专业知识、技术专长、经验、智力优势作为外脑智力资源，实施咨询、论证和决策建议。作为编辑选题策划者不可能对所有学科或专业学术研究中的热点和难点都能把握，编辑选题无从下手，这时编辑需要延伸大脑，借助外脑实施编辑咨询。如召开编辑委员会、征询编辑委员对学术报道和选题的意见和建议，还可以向学科或学术带头人及专家咨询、征询意见。通过咨询提出的编辑策划一般更具有针对性，同时也会得到同行专家的支持，策划容易达到预期目的。

5. 目标读者调查法 选题受众是读者，读者喜欢什么，哪些内容对科研和临床有指导意义，只有读者最清楚。因此，选题策划要围绕读者需要进行，通过读者调查，征询读者的意见和建议，借此制订选题策划的方向和重点，这样选题会适合读者胃口，让读者满意。

6. 座谈讨论法 选题策划者对选题内容难以把握时，可邀请专家、临床医师、读者召开座谈会，对选题策划内容、当前学术热点、难点和焦点问题进行座谈讨论，提出选题方向、建议和意见，为选题决策提供咨询参考，避免走弯路。

7. 专题研讨法 为使选题更深入读者和作者，推动选题领域的发展，扩大选题组稿范围，辐射和影响相关学科，可策划组织全国性或地域性专题研讨会，征集相关研究论文，组织专科或跨学科专家进行研讨，对研究趋势、存在的问题、建议和对策等可撰写完整的学术纪要，同时配合相关文章发表，这种形式可起到事半功倍的学术效果。

8. 经验判断法 选题者根据自身对学科、专业、技术、临床和学术的把握、凭借自身积累的实践经验判断而萌发的具有创新性选题构思，无须借助外脑的智力支撑，并经周密计划制订和完成的选题谋划方案。这种选题策划源于编者对学科和学术发展状况的准确把握，特别是对临床、科研进展和技术有非常深入的研究和了解，并具有丰富的编辑经验积累，体现了选题者的综合素质。

9. 重点报道法 选题者根据对专业或学术发展的需要，为推动或引导本领域学术发展，选题策划组织专题报道，拟订选题组稿计划和实施方案，并在期刊突出位置集中重点报道，即所谓的"重点号、专题报道"。这种选题策划形式是中华医学会系列杂志多年来成功的做法。

10. 热点跟踪法 学术报道要有针对性和时效性，作为编者或选题策划者，必须了解国家卫生工作重点和国家研究重点与方向，熟悉国家重点研究课题或重大科技攻关课题的实施计划，领衔科学家或课题承担者的研究动向与进展，适时跟踪，及时选题组稿；同时，还要注意跟踪本学科学术带头的研究动向，国内外研究动向和进展，把握时机及时组稿，快速发表，这是选题组稿取得成效的重要方法。

11. 大数据分析法　利用国内外医学数据库和相关数据库，实施大数据和云计算分析，探寻本领域专家学者普遍关心的学术前沿、热点领域和热点问题，通过大数据和云计算，预测、分析和研判相关领域发展趋势和问题；为超前和创新性选题提供科学依据。

第八节　医学期刊选题策划的实施策略

在医学期刊选题策划实践中，具有选题策划意识和选题内容还不够，还应注意选题实施策略和选题要点，正确把握选题策划的要领。在具体选题策划中应注意以下几点。

1. 显示综合、突出交叉　对于综合性医学期刊而言，其优势就在于"综合"，要发挥综合优势，就要纵览学科全局，引导学术发展的方向，报道具有交叉性和普遍关注的学术热点和难点问题，而不是与专科期刊"争稿源"。

20世纪80年代，我国医学科技界普遍存在科研设计的问题，影响了我国科研质量和学术论文发表的科学性、可靠性，成为学术界不可忽视的重大问题。作为综合性医学期刊的医学编辑敏锐地抓住这一问题，组织策划了"临床科研设计问题专题座谈会"，组织60多位我国各学科著名科学家进行座谈，会后组织发表了长篇会议纪要和述评文章，在当时医学界引起了极大反响，有学者纷纷在报刊撰文大加赞扬"《中华医学杂志》在我国率先举起了重视科研设计的大旗"。这一选题，引发和推动了我国医学界对科研设计的重视。《中华医学杂志》注意连续跟踪策划。20世纪90年代，根据统计学应用和科研设计的新问题，又策划实施了"临床科研设计与统计学应用研讨"，会后组织发表的有关文章被国内多家医学期刊纷纷转载。

2. 凸显专业特点、彰显学科特色　对于专科学术期刊，其特色之一就是"专"。因此，选题策划要在点和"专"上下功夫，突出专科特色，实施"单刀直入"的选题策划报道，使其选题内容既有学科特色和专业特点，同时又具有专科深度，充分体现学术研究和学术内容的特异性。如《检验医学杂志》策划的"肌钙蛋白临床应用、自动化流水线临床应用、耐药监测、毛细管电泳技术、蛋白飞行质谱技术"等新技术临床应用选题，其选题策划都是以专业热点为切入路径，带有极强的学科或专业特色，因而取得了很好的学术效益和经济效益。特别是根据临床抗感染耐药的难题，选题策划的"细菌耐药监测与抗感染专题研讨"，组织多学科专家讨论，形成了专家建议、对策和共识，并以倡议书的形式，签名呈送政府有关部门，被国家食品药品监督管理局采纳，并在人民大会堂召开新闻发布会，倡议书分别在《人民日报》《光明日报》《中国药房》等报刊发表，促使政府下决心将抗生素纳入处方药管理，这对控制抗生素滥用，促进合理用药，遏制细菌耐药流行趋势发挥了重要推动作用。之后，卫生部、各省、地区细菌耐药监测中心、耐药监测网纷纷成立，促成了一个"专业领域"的诞生。在期刊发表的多期选题重点和述评文章，受到临床各科医师的关注和欢迎，对指导和促进临床合理应用药、提高抗感染治疗水平、节省有限的卫生资源发挥了积极作用。选题策划组织发表的文章有多篇入选"中国百篇最具影响的论文"。同时也取得了很好的社会效益和经济效益，同一期的期刊3次再版印刷，其额外大宗发行量超过邮局发行量的数倍，还售出单行本几十万册，获得非常好的学术效益和经济效益。

3. 抓学科难点、突出临床热点　选题策划的基本要点是有的放矢，选题策划的要点就是回答和解决学术研究中的难点问题，解决和回答临床热点问题，有针对性和超前性地引导和推动其学术研究，引领学术发展的潮流。

众所周知，基因诊断、基因治疗、基因预防是医学发展的方向，涉及各个学科，具有很强的交叉性、边缘性、前瞻性和方向性，是基础医学和临床医学研究的前沿热门领域，也是医学科学研究的难点和热点。20世纪90年代，《中华医学杂志》就超前实施选题策划，在国内外率先选题策划实施了"人类基因诊断和基因治疗与基因预防研讨"。《中华医学杂志》连续跟踪其研究发展，连续多次选题策划，发表了大量基础和临床研究及述评文章，每次研讨会都吸引了20多位多学科两院院士出席。当美国基因治疗发生"杰辛格事件"（临床基因治疗死亡病例）后，其研究从国内到国际都陷入低谷，甚至停滞，质疑和迷茫！这一研究领域向何处去？为此，《中华医学杂志》再次选题策划，申请召开了香山科学会议，即第149次香山科学会议，以"基因治疗研究与开发战略"为题进行讨论，出席会议的有政府官员和多位两院院士参加。会议成果以高级内参形式呈报国务院和政府有关部委。并根据会议共识整理了"我国基因诊断与基因治疗研究的战略重点"，署名多位院士和首席科学家，以长篇述评发表，进一步推动了本领域研究的健康发展。

4. 关注学科焦点、培育临床亮点　选题策划要善于触及学术敏感点和焦点问题，以引起学术共鸣，同时还要注意扶植和培育学术或学科亮点，通过有效的选题策划，促进其成熟，完善学术或技术体系。如《中华医学杂志》对癌转移临床热点问题的选题策划和报道，最终促成癌转移学会的成立和一个新兴学术领域的诞生。实践证明，医学期刊只要重视和发挥选题策划的作用，真正发挥优势，突出难点，体现热点，抓住学科关注的热点问题，以学术引导经营，是会赢得读者，引来作者，吸引商者，实现学术效益、社会效益和经济效益的最佳结合。

5. 关注企业成果、催生产品转化　转化医学是研究如何加快"从实验室到临床应用"的学问，也就是将科技成果如何尽快转化为生产力。而医学期刊可再延伸一步，通过期刊平台或学术媒介优势，将医药企业产品尽快推广到临床，扩大新产品、新技术和新方法的推广半径，选题策划编辑就是要及时跟踪医药企业新技术、新成果、新方法、新产品的发展，及时掌握医药企业新技术和新产品的问世，抓住时机为企业新技术和新产品的临床推广实施选题策划，为企业拓展市场，将医药企业具有临床应用价值的新产品推广普及到临床，促进成果转化。这会取得临床满意、患者满意、企业满意、社会满意、选题策划者满意的良好效果。

第 31 章　医学文章标题的制式分类与制作方法

标题（heading，title），又称文题、题名、题目、篇名。标题是文章的总纲，是用最恰当、最简明的词语，反映出文章中最重要的特定内容的逻辑组合和研究主体、研究客体、研究方法和结论。标题是文章的眼睛，也是文章最精髓的集中体现，同时还具有引导读者和文献检索的重要功能。因此，医学科技文章标题表达的规范性和准确性与否，直接影响医学科技文章的编辑质量和信息交流。

第一节　医学科技期刊文章标题分类

医学类文章标题的制式运用不是绝对的，首先应根据文章的类别、形式及内容或研究主题来提炼标题，采用适当的标题制式，同时也要结合文章类别和栏目特点加以正确选择和修饰。主要应根据文章内容的需要来推敲和选择标题形式。医学科技文章的标题总体上分为母标题、子标题、次子标题。

一、医学期刊学术性论文标题制式分类

医学科研文章标题从词组类型上一般可分为词组型标题、动宾型标题、动宾偏正结构标题、陈述句标题等。①词组型标题，主要由一个或数个单词或词组单独或并列，按偏正关系排列组成；如果按组成关系又可分为三类：一是单一概念标题，是由一个不可再细分的和具有完整概念的单词或词组构成；由于这些单词或词组是文章的主要对象或研究主体，这也就是文章标题的中心词。二是多概念并列标题，由两个及以上具有独立完整概念的词组并列组成。三是多概念偏正标题，由多个具有独立和完整概念的单词或词组构成，而其中有一个受其他单词或词组所修饰、限制或说明；这个被修饰、限制或说明的单词及词组就是文章标题的中心词，位于标题末，是与修饰、限制或说明的词共同构成偏正关系。②动宾型标题，是由动词和宾语共同组成的词组类型。③动宾偏正结构标题，以动宾词组充当中心词的定语。④陈述句标题，主要是用陈述句作为标题。一般常见医学文章标题分类如下。

1. 提示式标题　这类标题以提示性语气警示相关领域的专业技术人员和读者注意，作者或研究者用自己的研究发现或临床经验提醒和警示同行，引起对相关发现和问题的关注和阅读。如高碘对甲状腺疾病发病的影响。

2. 评述式标题　文章标题以评论的形式表达，以展示文章的类别、性质、主题和观点所在，使读者对文章的观点一目了然。这类标题一般多用于评论性文章（如述评、社论、专家论坛、专论等评述性文章），作为科技学术期刊，这类文章一般由相关领域的学科（学术）带头人或著名专家撰写，并且以约稿为主，主要是根据相关领域临床、学术科研、教学和学术发展中存在的问题，实施权威性和有针对性的评述，这类评论性文章具有较强的学术导向性和学术引导作用。如我国基因诊断与基因治疗研究的重点。

3. 直陈式标题　这类标题的特点是直接把研究结果或结论表达出来，比较直观，在标题中直接告诉读者和相关领域的专业技术人员其结论或要注意的问题。如青霉素治疗儿童急性咽喉痛可降低链球菌感染后遗症的发生率。

4. 联合式标题　这类标题具有新颖性，标题使用连词，如"和""及"等，把不同的研究内容或目的等巧妙地连接起来，丰富了标题的内涵。这类标题一般用于或表达两个及以上的研究主体，也可用于既反映其研究主体，又同时体现出其研究客体的重要性。同时，也可以用于其他文章所提出两个以上问题的表达。如突发性烈性传染病的诊断和防治建议，严重急性呼吸综合征的发病特点及病原学鉴定。

5. 加强式标题　为使文章主题或问题关注，更加醒目和震撼读者，并体现对某一研究主题的关注，标题语气较重。这类标题一般用于评论性或述评性文章，在文章中提出的问题对相关领域影响比较大，所提问题比较严重，迫在眉睫，对问题评述或论述的语气较重，需要引起相关领域的专业技术人员或管理者及决策者高度重视，并加以改正的问题。如加强细菌耐药性流行控制刻不容缓。

6. 祈使式标题　这类标题表达一种要求和希望，比较明确地表达文章主题希望如何做，一般多为评论性文章，应该多由权威性强、学术影响大的著名学科（学术）带头人撰写。如应重视检验与临床的结合。

7. "的"字式标题　这类"的"字式标题反映了某一研究或临床治疗的基本状态，体现出的是静态的状况，反映的是相关领域常规技术或学术问题。如儿童抑郁症的治疗。

8. 提问式标题　此类标题是以提问的形式点出观点或研究主题，以激发和引起读者的兴奋点和兴趣，适应读者求知心理和激发读者求知欲望，因而有效调动读者阅读的积极性和阅读欲望；这类标题在学术性文章和科学普及性文章中都可以运用，能较好地达到意想不到的效果。如食管癌发病的真正原因是什么。

9. 否定式标题　此类标题直接反映出对某一研究主题结论和问题的否定，其结论鲜明，直接将研究结论或要回答的问题在标题中展现出来，也是对研究结论的直接表述，将核心问题直接告诉读者。如激素替代治疗不能减低卵巢癌的危险性。

10. 并列式标题　这类标题也是反映或体现不同研究主体及研究客体、研究目的或结论，特别是同一研究课题，有时研究的并非一个问题或两个及以上的研究主体，但为了体现课题研究的整体性和文章所研究结果结论的系统性及相关性，为在同一篇文章中反映出来，避免拆开分别发表影响研究的整体性，这时可以用并列式标题加以体现。如移植静脉粥样硬化与管壁蛋白聚糖关系的实验研究，静脉疾病的基础与临床研究，石杉碱甲治疗阿尔茨海默病的有效性与安全性多中心研究。

二、医学科普文章标题的特点及制式分类

科学普及性文章其读者对象一般是非专业技术人员或大众人群，其目的是普及和推广医药卫生科学知识，促进大众群体健康水平和疾病防治常识。因此，其标题要通俗易懂、引人入胜、形象生动，能吸引读者眼球。所以，科学普及性文章标题要采用多种表现手法提炼、推敲、斟酌标题，一篇精彩有趣的文章标题，可使读者牢记终生，记忆犹新。

1. 比喻式标题　这类标题采用比喻手法，以拟人和拟物，形象生动的比喻感染和吸引读者阅读，以展现文章主题和普及的内容。如"人体卫士"，文章比喻血液中的白细胞抗菌和吞噬细菌的功能，以生动和形象的普及血液白细胞的功能，使读者更容易理解。如"医院里的侦察兵"，比喻医院检验技术人员的工作特点或工作性质，展现医院检验技术人员的作用和意义，也凸显了检验专业人员的职业特点。

2. 幽默式标题　这类标题采用幽默和带有情趣的表现手法，把复杂深奥的科学理论和科学现象，以幽默有趣的表现形式加以拟题，形象生动地达到普及和讲清科学道理及科学知识。如"一颗豆粒的旅行"。通过一颗未被消化的豆粒从食入到排出的全过程，通俗易懂地向大众普及人体消化道知识和食物消化的过程及常识，也说明了饮食和咀嚼功能的意义。

3. 点睛式标题　这类标题以点石成金的手法，直接点睛看穿实质和事物的本质特点，直截了当地告诉读者要了解的东西，一语道破天机。如"把好病从口入关"。一语道破患病的重要关口和预防疾病的关键所在。

4. 评述式标题　这类标题以评论的形式展现事物本质和要普及的知识要点所在，以其充分的理论依据和实践证据评述某一主题，其说理性比较强，使读者信服。如"肥胖对心脑血管病的影响"。

5. 判断式标题　此类标题主要以科学证据和因果关系，实施逻辑推理判断，在标题中展现对研究的结论或论断，以展现事物的本质规律，达到启迪思维，普及医学知识的目的。如"吸烟是肺癌发病的重要元凶"。

6. 联合式标题　这类标题的特点是要体现两个及以上主题或问题，并具有科学性和因果关系的主题或问题，它可以直接展现和告诉读者某一行为会造成的因果关系。如"运动与健康""饮酒与健康"。

7. 提问式标题　在科学普及性文章中也经常用提问式标题，以激发读者的求知欲望和猎奇心理，促使读者迫切阅读和了解其结果。如"林黛玉死于何病"。通过林黛玉所患疾病，普及结核病的防治知识。

8. 祈使式标题　这类标题一般体现对读者的劝告、叮嘱、请求等语气，从标题中就体现要求人们或读者做某事或不做某事；这类标题也使读者感到亲切、温暖和关心。如"老年人要积极预防骨质疏松症"。

9. 直叙式标题　这类标题比较直截了当，标题中直接体现主题或结果，使读者一目了然，虽未阅读全文，但文章的主要内容已经心中有数了。如"长寿六要素"。

第二节　医学文章标题的基本功能

1. 标题的命名功能　世间的任何物质或事物都有名称，这样才有利于分类、记载、铭记和交流。文章也不例外，有了写作主题，完成了文章的写作，还要根据文章主题思想命名一个标题，以其最简短和精练的语言体现文章的研究主体和重要发现及结论，以便于发表、记忆、传播，引导读者选择性地阅读。

2. 标题的导读功能　读者阅读书刊一般首先浏览标题，以了解文章的基本研究和结论内容，然后根据需要选择感兴趣和需要的内容阅读。因此，论文标题可引导读者阅读全文或指导读者阅读的价值取向。

3. 标题的信息功能　科研论文标题是文章的首要信息，主题决定标题，标题体现主题。因此，论文标题给读者和检索工具一个容易记忆和收录的信息载体。

4. 标题的检索功能　一般而言，文章标题中体现了文章主要研究内容或主题，同时也含有和具备主要关键词或主题词。因此，文章标题是关键词、主题词的主要来源，为数据库索引和科技文献检索系统提供了主要检索关键词或主题词，以利于在任何时候和检索系统准确快速地检索到相应或类似研究的文献。

5. 标题的分类功能　通过文章标题进行文章内容的学科和专业的分类，以利于文献计量学分析和学科及专业科研论文产出量的统计分析与文献管理。

6. 标题编制目录功能　通过文章标题编制期刊或书籍目录，以利于读者选择性阅读，为数据库和文献目录编制提供方便。

第三节　医学文章标题的结构与提炼方法

医学科研论文具有记载创新科研成果、传播学术信息、交流学术思想、指导临床和医学科研实践的功能，而医学论文的标题是重要的信息载体和创新主体的集中体现。因此，要求医学科研论文命题要准确反映研究主体和主要内容，展现和提供最有价值的创新亮点和信息，故要求医学科研论文标题要精练、简洁、鲜明、贴切、准确，同时又要有特异性、特色性、创新性和可检索性。

一、文章标题的语法结构

一般来讲，文章的标题应该是一个完整的句

子，表达一个完整的意思，其主要修辞成分包括主语、谓语、宾语，有时还有附加成分（定语、状语、补语）。主语和谓语是标题的基本语法成分；但不是绝对的，不一定每条标题都具备各种语法要素，应根据文章主题和研究内容实际需要来提炼标题，运用适当的语法修辞形式。

二、医学文章标题的构词要素

作为一条规范、准确、精彩的标题，应该具备主要的词语要素：主题词、中心词、限制词、关键词。为理解这些词在标题中的意义和重要性，首先对这些词有一个基本定义和大致的概念。

1. 主题词　主题词也称叙词，在标引和检索中用以表达文献主题的规范化的词或词组，是体现科技论文或文章研究主体和客体及文章主要内容的主题词组。

2. 中心词　中心词就是指与研究客体或主体相邻近的属；中心词也称中心语或定位词。要理解这个概念，必须具备一定的现代汉语语法知识。中心词是偏正短语中被修饰语所修饰、限制的中心成分。在含有多层定语或多层状语的偏正短语中，每一层定语或状语所修饰的中心语成分都是中心词。要注意这个概念，多层定语或多层状语，也就是说，定语+名词（代词），状语+动词（形容词），这两种结构中的"+"后面的就是中心词。如《循证医学》中的"循证"就是中心词，"新书出版消息"中的"新书"就是中心词。

3. 限制词　也称限定词，是揭示中心词与研究客体之间的种差。限制词是在名词词组中对名词中心词发挥特指、类指，以及表示确定数量和非确定数量等限制作用的词类。名词词组除有词汇意义外，还有其所指意义，是特指还是类指（即泛指一类人或物）；是有确定的数量，还是没有确定的数量。能在名词词组中表示这种所指意义的词类就是限制词。

4. 关键词　关键词是图书馆学中的词汇，主要反映文章主要内容或主题的词语，也是供编制目录、索引、检索等二次文献的特定信息要素。

在医学科技论文标题中，比较常用的为动宾结构和主题词结构两种表达形式。

（1）动宾结构：标题例1如下。

<u>用纤维胃镜</u> <u>观察</u>
　方法　　动词
<u>萎缩性胃炎患者</u> <u>胃黏膜病理</u> <u>动态变化</u>
　限制词　　　中心词　　结论
　　　　　　主题词

动宾结构的标题一般由动词+主题词构成，可以比较准确表达研究过程中所用的某种特殊手段或研究方法。

（2）主题词结构：标题例2如下。

<u>偏头痛患者外周血液中</u> <u>血小板超微结构的</u> <u>变化</u>
　限制词（多次）　　　　中心词　　　结论
　　　　　　　　主题词

三、医学科技论文标题的词语组配

在医学科技论文的标题中，一般比较常见的是主题词结构。因此，准确地组配中心词及恰当地运用限制词进行逻辑限制，使其外延不至于过大或过小，是制作主题词结构标题的基本原则。同时还要兼顾特定信息词组的选配，使论文标题既表达准确又符合规范。

1. 关键词的组配　医学论文标题中所用词语应该提供有助于编制题录、检索、索引等二次文献的特定信息。也就是说，论文标题既要反映文章的研究主体、方法和结论，又尽可能兼顾关键词的标引，在标题中应含有1个以上的关键词，并特别注意尽可能选用《医学索引》（*Index Medicus*）中的医学主题表（MeSH）中的词，为国内外图书情报检索机构等文献检索系统收录和科技人员进行二次文献开发与利用提供特定的信息，使人们在任何时候和任何检索机构都能用规范的关键词检索出相应主题的研究文献，为科研选题和查新提供便利条件。标题例3如下。

<u>丙型肝炎病毒</u>NS5a蛋白<u>单克隆抗体</u>的<u>杂交瘤</u>细胞株的建立及应用

关键词：丙型肝炎病毒；单克隆抗体；杂交瘤

2. 医学论文标题中心词的组配　在医学论文的标题中，如果中心词组配不当（词的概念外延过大或过小），都会影响标题表达的准确性，甚至造成文不对题的感觉。因此，在进行标题词语组配时，应进行全面的分析，掌握好以下基本原则。

（1）明确研究方法与研究客体或研究主体：在一项科研课题或一篇论文中，对其客体的研究和在研究客体过程中进行方法学的探索是比较常见的，特别是实验诊断学（检验诊断学）研究论文，一般是以方法学研究为主，但在撰写论文或制作标题时，应严格区别其研究主体与客体的关系，否则容易将研究主体（方法学研究）当作研究客体，而把研究客体作为研究主体。当然，有的课题其研究主体本身就是对方法学的探索。因此，更要特别注意其研究主体与客体的关系，避免混淆，在同一篇论文标题中应主次分明，重点突出，符合逻辑关系。标题例4如下。

<u>垂体多激素瘤的</u> <u>免疫组化与电镜</u> <u>研究</u>
　　研究主体　　　　　研究客体

例4标题中的"免疫组化与电镜研究"运用欠恰当，研究主体与研究客体表达欠准确，重点不够明确。免疫组化和电镜技术是常用的研究方法或手段，不是本研究的主体，本文研究的不是"免疫组化与电镜"，这两种方法或技术都是成熟方法，只是作为本课题的研究方法。而且该研究只检测了几种激素的变化和观察了细胞形态变化。所以，其限制词运用不当，外延过大，表达不确切。并且将研究主体与研究客体混淆。

可试改为：

<u>用免疫组化和电镜</u> <u>观测</u>
　　　方法　　　　　动词

<u>垂体多激素瘤的</u><u>激素与细胞形态学</u>　<u>变化</u>
　限制词　　　　　中心词　　　　结果

也可试改为：

<u>垂体瘤</u>　<u>多激素与细胞形态</u>　<u>变化的研究</u>
　限制词　　中心词（并列）　　　　结果
　　　　　　主题词

标题例5：反相斑点杂交快速检测幽门螺杆菌基因突变方法的建立

例5标题研究主体和研究客体表达欠准确，从标题难以判断"反相斑点杂交"是本研究的主体，还是"幽门螺杆菌基因突变"是研究主体，通过阅读全文才了解本文研究的思路。作者是应用"反相斑点杂交技术"这一方法，也并非是作者"建立"了一种新方法，实际研究者是探讨"幽门螺杆菌基因突变"的位点、规律和其临床意义，同时验证了其快速检测的方法的有效性。

可试改为：反相斑点杂交在幽门螺杆菌基因突变快速检测中的应用与临床意义

（2）中心词并列应确切：在实际科学研究中，有时在同一研究中涉及多个相关问题，而且又具有因果及逻辑关系，分别论述会使研究成果缺乏系统性或失去分量。所以，难以将其分开论述，这在标题中一般常采用中心词并列的方法。但要特别注意明确并列中心词之间的主次及概念关系，一般以两个中心词并列较为常用，过多会造成标题复杂化，显得文字冗长，研究主体不明确等现象。标题例6如下。

<u>我国食管癌的</u> <u>流行病学与病原学</u> <u>研究</u>
限制词（二次）　中心词（并列）　结果
　　　　　　　主题词

通过阅读全文和分析，事实上，本研究只对某一地区的人群饮食习惯，即食用腌熏制品与食管癌发病的因果关系进行了调查分析，显然，标题运用"流行病学与病原学研究"作为中心词并列是不够确切的，外延过大，人为地夸大了其研究范围，使本文显得头重脚轻，读者难以通过标题就领悟到本研究的真正内容，其实反倒失去吸引读者阅读全文的兴趣；如果将其改为以下标题，不但研究主体一目了然，而且专业人员或非专业群体都会受到研究主体的吸引，迫切需要知道食用腌熏食品与食管癌发病的关系，以利引以为戒，防止自身发生食管癌，这样具有很强吸引力的研究主体，肯定会引导大量读者去阅读该文。另外，本文的限制词运用也欠妥当，某一地区的某一人群很难代表全国。因此，应根据主要研究范围进行修正。

可试改为：

<u>某人群长期食用</u> <u>腌熏制品与食管癌发病</u> <u>关系的</u>
　　限制词　　　　　并列中心词　　　　　结果
　　　　　　　　　　主题词

<u>调查分析</u>
　动词

（3）限制词的组配：在一些研究论文中，往往研究或论述的是某一学科的某一个专业上的局部问题，一般很难有现成的通用单独概念的中心词可选配，因此，在论文标题中，往往要运用限制词对中心词实施修饰性限制，使其概念适当，并增加内涵，恰当地限制其外延，以避免形成"大题小做"和"小题大做"的现象，增强标题表达的准确性，使主题词概念更明确，论文主题更鲜明。标题例7如下。

<u>低流量</u> <u>血液透析滤过</u> <u>300例临床研究</u>
限制词　中心词　　　　　　结果
　　　主题词

例7标题看上去表达比较模糊，什么低流量？前面缺乏定语或限制词。其实，本文的研究思路是：根据慢性肾功能衰竭患者不能耐受常规血液透析的问题，而采用低流量血液透析，对其耐受性进行了观察。显然，标题对中心词"低流量血液透析"的范围未加限制，并运用临床研究，其概念也不明确。

可试改为：

<u>慢性肾衰竭患者</u> <u>低流量血液透析</u> 的
　限制词　　　　　中心词
　　　　　主题词
<u>耐受性观察</u>
　　结果

（4）主题词的组配：主题词是表达论文主要研究客体的词组，正如前所述，只要抓住主要的研究客体，正确运用中心词和限制词，主题词就能准确地予以表达。

3. 论文标题内容的基本要素　作为一条论文标题，一般应反映出研究的主体、对象、目的、方法、结论等，但这些不一定面面俱到，其表达模式或在标题中的位置也不是固定不变的，应根据研究的主体与客体，取其重点、恰当取舍。论文标题一般表达模式如下。

主题词（一个以上）+研究对象（目的）+研究方法+结论（重要性或贡献）。

标题例8如下。

<u>恶性肿瘤</u> <u>局部热疗后</u> <u>自然杀伤细胞活性变化及对肺转移影响的实验研究</u>

标题例9如下。

<u>偏头痛患者</u> <u>外周血液中血小板</u> <u>超微结构的变化</u>

第四节　医学科技文章标题的质量控制要点

在编辑实践中，提炼制作标题应做到四性，即准确性、鲜明性、生动性、新颖性。要做到这四性，必须在制作标题前，认真阅读文章全文，了解文章研究主题、主要结果和结论，熟悉文章研究的背景和意义，在理解文章要意的情况下，再提炼或修正文章标题。

1. 准确贴切　论文标题应不抽象、不笼统、不含糊其词、不夸张。医学科研论文标题，不像文学作品文章标题，可以采用夸张、描写、形容等写作手法，而医学科研文章标题要客观呈现该研究主题和重要创新发现，紧贴研究内容和研究主体，并准确展现。

2. 简洁精练　文章标题应简洁精练，高度概括，集中体现，一般不超过20个字为宜，最多在30字以内。医学科研论文标题忌讳繁杂和罗列概念，应简短干练，以展现主要研究主体和重要发现或亮点，并尽可能避免使用副标题。

3. 重点突出、主题鲜明　对于一篇科研论文不可能在其标题中面面俱到，应突出重点，非重点内容和创新发现可在文中加以阐述即可，标题主要是体现研究重点内容和重要发现或意义，做到突出重点，主题鲜明。

4. 体现新意、避免雷同　具有原始创新性和重要创新发现的研究工作，一定要在其标题中予以展现，要突出科研论文的独创性和创新性内容的主要亮点，也就是说，创造性成果应有创新性标题，以增强标题的学术感染力。应避免文章标题的雷同，要反映出本研究与其他相关研究的不同点。

5. 突出特点　每一项研究课题和研究创新发现都具有其相应特点或特色。因此，制作、提炼或加工修改论文标题，应尽可能反映研究主体内容的特点或特色，这是有别于其他相关研究的主要区别，也是科研论文标题的亮点所在。文章标题的词语应尽可能相称，醒目明快，突出特点。

第五节 医学科研论文标题的修改范例

1. 原标题1 乳腺癌组织中葡萄糖转运活性显著增高

试改为：

（1）乳腺癌组织中葡萄糖转运活性显著增高的临床意义

（2）葡萄糖转运活性增高在乳腺癌早期诊断和预后判断中的价值

2. 原标题2 孕妇及胎儿体内铅、砷、镉、锰和锌元素水平及影响因素探讨

试改为：孕妇和胎儿微量元素与重金属水平及其影响因素

3. 原标题3 沙门菌检测的实时荧光定量PCR联合显色培养技术

试改为：实时荧光定量PCR联合显色培养技术在沙门菌检测中的应用

4. 原标题4 采用血清蛋白质组学方法筛选能诱发自身抗体的鼻咽癌相关抗原

试改为：

（1）血清蛋白质组学方法在鼻咽癌相关抗原筛查中的应用

（2）蛋白质组学方法在鼻咽癌肿瘤标志物筛查中的临床意义

本研究筛选到13个NPC相关抗原，这些抗原能诱导患者产生自身抗体，这些抗体有可能成为NPC诊断标志和治疗靶标。

5. 原标题5 应用血细胞分析仪检测网织血小板在肿瘤患者化疗中的临床应用

本研究应用2100血细胞分析仪进行IPF检测精密度高，稳定性好；IPF可作为肿瘤化疗患者PLT生成情况的有效评估指标。

试改为：血细胞分析仪在网织血小板比率检测中应用及在肿瘤化疗评估中的意义

6. 原标题6 高效液相色谱法测定肿瘤化疗患者紫杉醇的血药浓度

试改为：

（1）高效液相色谱法在肿瘤患者紫杉醇血药浓度检测中的应用

（2）患者化疗中紫杉醇血药浓度检测方法的建立与临床意义

7. 原标题7 高效毛细管电泳法检测甲氨蝶呤耐药细胞内整体DNA甲基化水平

试改为：

（1）高效毛细管电泳法在甲氨蝶呤耐药细胞内DNA甲基化检测中的应用

（2）甲氨蝶呤耐药细胞内DNA甲基化检测方法的建立与临床应用

8. 原标题8 建立一种低速离心提高重组逆转录病毒滴度和靶细胞感染率的方法

试改为：重组逆转录病毒滴度和靶细胞感染率方法的建立与应用

第六节 医学文章标题编辑制作注意的问题

医学科研论文标题和医学科普文章标题具有本质不同，但无论何种文章体裁的标题，都应做到精练、主题突出、新颖创新、构词规范、表达准确精彩。所以，医学编辑在医学科研论文或医学科普文章的编辑加工和修改中，要特别注意标题的提炼和修改制作，以利于文章标题具有醒目和强烈吸引力的作用。因此，在文章的标题修改制作中应注意相关问题，把握其基本要领。

1. 构词严谨、概念一致 医学科研论文标题使用的各种概念应统一，不应将本质属性上没共同点的不同概念并列在一起。其标题中词语概念和用法应与文内保持一致性，避免标题中的词语表述、概念和内涵与文内出现差异，以免造成概念和逻辑混乱，影响文章表达的准确性和严谨性。

2. 逻辑性清晰、概念明确 在文章标题的制作、提炼、斟酌或修改中，应注意标题概念和词语运用的因果关系，逻辑清晰，概念严谨，避免逻辑性缺陷。

3. 缩写词和符号运用规范 在科研论文标题中缩写词和符号应用以公认公用为原则，尽量不用不常用的缩略语、代号或公式等。同时，应避免在文章标题中使用标点符号，人为造成断句，

一条文章标题要表达和使用一个完整句式，对于连词应避免多次出现或同一连词重复使用，以免造成标题凌乱。

例1标题：PCR和ELISA检测HBV DNA

例1标题中多次使用英文缩写词，特别是不常用的缩写词，使读者难以理解，标题失去可读性和基本功能，而且标题表达过于简单，未能体现研究目的，使文章标题失去了应有的精彩和对读者的吸引力。

可改为：聚合酶链反应和酶联免疫吸附分析在乙型肝炎病毒DNA检测中的应用及价值

例2标题：应用生物芯片技术、PCR技术检测支原体，幽门螺杆菌与胃癌的关系

例2标题多次出现标点，使标题凌乱，逻辑关系表达不清，不能准确地表达文章研究客体和研究方法的关系，失去了文章标题应表达完整主题和精练的要求。其实很简单，在原词序和表达不变的情况下，合理而巧妙地运用连词就可以满足标题的要求，并且注意避免同一连词在同一标题中的重复出现。

可改为：应用生物芯片和PCR技术研究支原体及幽门螺杆菌与胃癌的关系

4. 数词应用规范　在医学科研论文标题中，数字一般用阿拉伯数字，而且尽量不用于主语，将数字用于标题之首，作为名词、形容词或定语用的数字一般用汉字，如二氧化碳、十二指肠等。

例3标题：686例医院真菌感染的病原学分析

可改为：医院内真菌感染686例病原学分析

5. 避免重复、可读性强　在医学文章标题中应尽量避免同一词组或单词的重复使用，以及同音字或同义字的重复出现，以增强文章标题的可读性和规范性。

例4标题：糖尿病患者血糖连续监测对糖尿病诊断的意义

可改为：血糖连续监测对糖尿病患者诊断的意义

6. 连词运用应得当、避免重复　对于并列关系的研究或重要发现，在标题中可巧妙运用联合式标题，并避免同一连词在同一标题中重复出现。

例5标题：同型半胱氨酸和高敏C反应蛋白和纤维蛋白原及冠心病的相关性

例5标题不但连词重复，而且逻辑关系表达欠准确。

可改为：同型半胱氨酸和高敏C反应蛋白及纤维蛋白原与冠心病的相关性

7. 有的放矢、避免盲目　在编辑加工中修改或制作标题时，编辑应首先应通读全文，弄清作者的科研思路，在明确研究主题或研究主体与客体的前提下，明确研究的重要创新点和意义，在读懂全文的情况下，再思考和斟酌修改标题，以免盲目造修改，造成南辕北辙，曲解原意，以确保证标题表达的准确性和严谨性。

第 32 章 综合性与专科性医学期刊办刊策略和办刊方法

在我国医药卫生科技期刊中，综合性医学期刊占32.1%，是医药卫生期刊的重要力量，并在我国医药卫生期刊发展史上发挥了重要作用。但是，随着医学科学的发展，医学科学分支学科高度分化，专科化和专业化趋势愈加突出，分科越来越细，专业化程度越来越高，这是医学科学乃至其他科学领域发展的必然趋势，也是现代科学发展的特点之一。而医药卫生学术期刊也不例外，也由综合向专科化或专业化转变，医药卫生学术期刊由原来的办刊局限在一级学科不断向二级学科、三级学科、亚学科发展，甚至发展到一种疾病、一种器官、一种细胞、一个分子，其办刊分化程度和专业化程度极高。如我国最具代表性的中华医学会主办的中华医学会系列杂志，20世纪20—40年代，只有《中华医学杂志》一种综合性医学期刊，从20世纪50年代开始，随着中华医学会各专科学会的相继成立，各专科学会开始创办专科学术期刊。到目前为止，已发展到140多种专科，而且期刊从一级学科、二级学科向三级学科甚至向单病种、单器官分化和单细胞发展。高度分化的专科医学期刊的发展，对促进学科或专业的发展和深化学术交流发挥了极大的促进作用，但同时也给综合性医学期刊的发展带来了严重危机和挑战。综合性医学期刊如何面对挑战，调整定位，抓住机遇促进发展，正确掌握综合性医学期刊的办刊方法和办刊策略，是综合性医学期刊能否可持续发展所要思考的问题，也是办好综合性医学期刊的方法学保证。

第一节 综合性医学期刊的基本定位

在当今医学专科学术期刊如林的今天，综合性学术期刊如何进行重新定位，找准自己的位置，调整办刊理念。"综合"是综合性医学期刊的特点，如何真正发挥"综合"的优势，是综合性医学期刊所要面临的新课题。"综合"并非是大杂烩的代名词，也不是各科的稿件都登就是综合性期刊。因此，正确的期刊定位是综合性医学期刊发展的前提，也是综合性医学期刊赖以生存的基础。医学期刊学科分化程度和专业化程度越高，分科越来越细，也更加需要综合性医学期刊，这也是分化与综合（交叉）的必然趋势。

1. 综合性医学期刊的内容定位　人们往往误认为各学科文章都刊登，其内容是大综合、内容全面、各学科或专科内容都有就是综合性医学期刊，而缺乏正确的内容定位，使综合性医学期刊出现既不像"综合"又不像"专科"的扭曲现象。综合性医学期刊正确的内容定位是：应站在整体医学科学的高度，其重点是体现"综合"、突出"共性"、彰显"交叉"，以其内容的交叉性、边缘性、前沿性、新兴专业学科重要原创研究，以及医学科学的热点、难点、焦点问题为切入点，引导医药卫生科学的学术潮流。同时，注重医学人文、作者激励性和医学伦理问题等导向性报道，实现硬科学与软科学的有机结合，让内容活起来，使期刊既见创新学术，又见人文。在具体学术内容或文章类型上，在重视重大原始创新研究的同时，应当侧重和突出评论性、评价性、论述性、观察性、学术引导性、专论性和重大卫生政策等思想性和学术导向性及指导性强的文章，特别是突出各相关学科和学术带头人评论性文章的约稿和发表的力度，实施全方位和多元化学术评论与学术导向，以其强烈的多学科吸引力激发读者阅读和需要。

2. 作者定位 综合性医学期刊的作者定位具有相对性，但应以各学科学术或学科带头人为侧重点，这是学术（学科）"领袖型"群体，具有独领学科风骚和代表学科潮流及引导学术发展的优势。同时，兼顾不同层次和不同学科具有交叉性、跨学科性或相关学科所关注内容领域的作者。

3. 读者定位 中文学术期刊其读者基本定位应该是母语读者群体，其办刊宗旨和办刊方针毫无疑问是根据母语国家的国情而定的，满足的是母语读者群体的学术交流需要。作为综合性医学期刊，对于母语群体来说，应该是各个学科医药卫生技术人员均能开卷有益，从中得到启迪和汲取有用的东西。在当今期刊如林，"信息爆炸"的年代，作为医药卫生技术人员，如何把握本学科和本专业的发展动态，既要精通和掌握本专科的发展动态，又要熟悉一级学科（母学科）的发展概况和动向，所以，阅览一本有代表性的专科期刊和一本有代表性的综合性医药卫生期刊就基本能把握对学科发展的大致方向。因此，综合性医学期刊的读者定位应该是各个学科的医药卫生科技人员；综合性医学期刊应成为各专科学者了解和掌握整体医学发展动向的窗口及重要的信息源。

第二节 综合性医学期刊面临的危机和挑战

综合性医学期刊既有与其他专科期刊相同的危机，又面对着专科期刊的迅速发展带来的挑战，这使综合性医学期刊的发展更加困难。

1. 作者分流、稿源不足 稿源是期刊的第一资源，也是期刊生存的基础。目前，我国有医药卫生期刊近1200种，而其中大部分为专科期刊。对于作者，总是渴望自己的研究成果被同行所了解和认可，特别是专科化程度较强的研究工作。因此，大量水平较高的专科研究论文被投向专科学术期刊，专科学术期刊也在努力跟踪自己的核心作者，将反映本专业最高水平研究工作争取到本刊发表，由此形成综合性医学期刊稿源或作者的严重分流，使综合性医学期刊的作者群不断减少，出现稿源不足或与专科期刊的竞争现象，甚至当专科学术期刊退稿后才转投综合性医学期刊，综合性医学期刊成了专科期刊的"副刊"，也使综合性医学期刊的学术质量下降。

2. 读者分流、订户减少 医学科学专科化的发展，使读者更加关注自己所从事的专科期刊，较少订阅综合性医学期刊，因而导致综合性医学期刊读者群的分流，其订户大量下降，使综合性医学期刊的发行量锐减。如有的综合性医学期刊在20世纪50—60年代发行量达十几万多册，而目前下降到数千册。同时，由于数字化、网络化和多媒体等阅读方式和信息获取渠道的改变，综合性医学期刊面临更大的危机和挑战。

3. 广告分流、经营效益下降 当今，学术期刊的广告发布，是学术期刊赖以生存的重要经济支柱。由于学术期刊的专科化，医药企业更多地将企业的专科产品的广告投放到目标用户集中的专科期刊，较少投向综合性医学期刊，这使综合性医学期刊的广告大量分流，经费困难，有的甚至难以维持，举步维艰，使其大有在狭缝中生存的状况。

4. 误区与怪圈 在学术期刊界，一味地追求所谓的高质量和高水平，崇尚SCI，成了医学期刊的一大误区。但忽视了国家医学科技水平和创新论文产出的局限性和有限性，学术期刊的高水平是与创新性的研究工作和大量高水平论文的产出成正比的，脱离了国家整体科技水平，学术期刊的高水平也就无从谈起。另外，有的学术期刊千篇一律是论著、论著、简报，单纯满足了作者研究生毕业、职称晋升、成果评奖等功利因素，而忽视了读者的需要和利益，不管读者是否喜欢和需要，单纯满足了作者的发表需求。因此，编辑出版的杂志成了单纯的低水平重复的"论文汇编"，这种恶性循环，既失去了读者，也逐渐失去了作者。这也是综合性医学刊面临的误区和怪圈；跳出怪圈，走出误区，是综合性医学期刊必须面对的问题。

第三节 综合性医学期刊面临的机遇和办刊路径

虽然综合性医学期刊面临着严峻的危机和挑战，但往往挑战和机遇是并存的，综合性医学期刊要抓住科学发展的特点，扬长避短，调整定位，发挥优势。医学科学专科化程度越高，对综合性医学的需要应该说越迫切，也给综合性医学期刊的发展提供了空间，正如目前国内外方兴未艾的全科医学的发展。医学科学是庞大的科学系统，人体是一个系统和整体，任何一个专科与专科之间都有其内在的密切联系，任何一个器官的病变都不是孤立的，诊治疾病必须有整体医学观和系统观及系统思维观念。综合性医学期刊就是要提供医学交叉学科和整体医学的新理念、新理论、新思维、新知识和新进展。特别是在当今，边缘学科、交叉学科、新兴学科不断派生是科学发展的一大特点。另外，医学科学的热点、难点、焦点问题比比皆是，大量跨学科的医学问题和临床问题都是综合性医学期刊所要回答和涉足的内容，这些也都是综合性医学期刊需要跟踪和关注的切入点，是专科医学期刊所不及和难以关注和涉及的，更是作为医药卫生科技工作者都亟待关心的问题，这给综合性医学期刊提供了极大的发展机遇和发展空间。综合性医学期刊就是要站在比专科期刊更高一层的高度和整体医学的角度，高屋建瓴地去开发报道内容，整合各科医药卫生科技人员都喜欢读并带有共性和普遍意义的选题，同时也避免综合性医学期刊与专科期刊"竞争稿件"之嫌，避免把综合性医学期刊办成专科期刊的附属品，致使丢了读者又失去作者的尴尬境地。努力抓住专科期刊的劣势，充分发挥综合性医学整合前沿新理念，扬长避短，就一定会吸引作者，满足读者，招来商者，做到以学术引导期刊的经营。

一、推崇整合医学、需要综合医学期刊

医药卫生科学是一门庞大的科学系统，其涉及的学科和专业之多是难以想象的，据世界卫生组织统计，医药卫生科学的学科，即一级学科、二级学科、三级学科和亚学科约有数千个，形成庞大的学科体系，而且其他学科也不断向医药卫生科学渗透，新兴学科和交叉学科不断派生。从临床医学角度讲，高度专科化和专业化促进了研究的深入与临床诊断治疗的深化和精准，但同时也显现出其弊端，就是医学科学的碎片化，临床诊断思维的局限化，在临床上，大有各专科老死不相往来，只知其一，不知其二的现象，也出现患者在各专科之间推来推去，谁也说不准是归属哪一科的疾病的现象。因此，在高度专科化的同时，也在呼唤综合。医学期刊也是如此，单靠高度专科化期刊来涵盖这一庞大的系统学科是不可能的，存在很大的局限性。所以，医药卫生科学的发展也呼唤综合性医学期刊对其学术引导作用，从整体医学的高度宏观而系统地指导医学科学的发展。

正是在医学科学高度分化和专科化程度极高的发展现状下，给临床医学也带来了不利的一面，在此背景下，中国工程院副院长、中国工程院院士樊代明教授，中国医师协会会长张雁灵教授，中国医师协会整合医学分会会长、军事医学科学院院长张士涛教授等专家积极倡导和推行"整合医学"的新概念，并成立了"中国医师协会整合医学分会"的学术组织机构，大力倡导整合医学，促进整合医学的发展。整合医学的基本理念和观点认为，现代西方医学借鉴自然科学中还原论的分析方法，试图将人体和疾病还原为各种不同层次的物质实体，以此来探寻生命的真谛，揭开疾病的本质，使医学走上了不断的专业细化和专科分化的发展道路。这种以分为主的发展方式极大地促进了医学知识的爆炸式增长，也适应了整个社会分工和疾病预防、诊断和治疗分工的需要，提高了人类对疾病的诊疗水平并增进了自身的健康状态。但是，随着社会环境、自然环境和生活方式的变化，面对疾病谱的变化和老龄化，越来越多的医学工作者和研究者意识到，现代医学亟待转型，否则医学知识和理论呈现碎片化和短路，医疗实践走向机械化，逐步远离以人为本的核心价值，其发展缺陷日趋凸显。也就是在这种医学发展背景下，整合医学（holistic integrative medicine，HIM）的概念和措施应运而生。

整合医学就是将医学各领域最先进的知识理论和临床各专科最有效的实践经验分别加以有机整合，并根据社会、环境、心理的现实进行修正、调整，使之成为更加符合、更加适合人体健康和疾病治疗的新的医学体系。整合医学是对现代医学知识和技术体系的凝练和升华，在庞杂的生命物质之间、生理与心理之间、生命与时空之间建立普遍的联系，以一个简单而充满内在和谐的原则把它们整合到由少数彼此独立的基本要素组成的系统框架之中。不少专家学者将整合医学的基本特征概括为：以系统论和系统方法为思维方式；实施医学内部结构合理耦合；学科研究领域相互交叉、相互融合、相互协同；医学与外部环境的关系日趋紧密与和谐，患病的人和人的病患作为有机整体进入医学的领域，受到全面的关怀和照顾；医学处于整体发展、趋向成熟的状态。整合医学的提出得到了医学界和学术界的广泛关注和认可及大力推崇，虽然学术界对其看法尚不统一，认识上不一致，但整合与综合应属趋势，其研究和推行趋势方兴未艾。

整合医学的倡导和推行，意味着医学科学在高度专科化发展的同时，更需要整合医学和综合医学的支撑。因此，整合医学概念的提出和推行，也为综合性医学期刊的发展带来良好机遇，这是办好综合性医学期刊的基础，也正说明综合性医学期刊是不可缺少的医学期刊门类。应该在大力发展和呼唤整合医学及综合医学的今天，也为综合性医学科技期刊的发展提供了学术环境和有利条件。

二、突出综合、体现交叉

《中华医学杂志》是我国创刊历史较久的综合性医学期刊，学术青春之所以长久不衰，正是发挥了"综合"的优势，做到"引导学术潮流，当仁不让"，真正站在大学科的高度纵览学科全局，始终站在学术发展的潮头，引导学术发展的方向，而不是与专科期刊争稿源，去协助专科期刊报道专科技术和经验问题。如20世纪80年代，我国科技界拨乱反正，科学的春天刚刚来临，我国学术论文的产出量不断增加，但也普遍存在着较严重的科研设计缺陷问题，极大影响了我国科研质量和学术论文发表的科学性、可靠性和质量，成为学术界不可忽视的重大问题。《中华医学杂志》编辑部首先意识到这一问题，策划组织60多位我国各学科著名学术（学科）带头人和著名专家，召开了"临床科研设计问题座谈会"，会后在《中华医学杂志》发表了长篇会议纪要。会议纪要发表后，犹如一石激起千层浪，在整个医学界引起了极大反响，特别是有学者纷纷在报刊撰文，称为"81纪要""《中华医学杂志》举起了重视科研设计的大旗"等赞誉。这一选题，引发和推动了我国医学界对科研设计的重视。20世纪90年代，编辑部根据科研设计和统计学应用中存在的新问题，又组织召开了"全国临床科研设计和统计学应用专题学术研讨会"，会后《中华医学杂志》组织发表了科研设计和统计学问题相关重点文章。文章发表后，国内很多医学期刊纷纷转载，对推动我国临床科研设计和统计学分析方法的正确运用发挥了重要作用。

临床流行病学和循证医学是20世纪80—90年代国际上的新兴学科，其学科特点是具有交叉性和边缘性，对各学科又具有实用性和指导性，而且具有方法论意义，是医学各科都应该了解和应用的学科，《中华医学杂志》敏锐地抓住并及时跟踪本领域的发展，在国内医学期刊率先开设"循证医学""临床流行病学"栏目，策划组织发表了大量有关临床流行病学和循证医学的文章，促使这一领域很快被国内医学各学科接受和普遍应用，研究机构和学术团体相继成立，促进了我国对本领域的研究，缩短了与国际间的差距。

众所周知，医学科学已从器官水平发展到细胞水平，又从细胞水平发展到分子水平，从形态学诊断和治疗，发展到分子诊断、分子病理、分子影像、基因诊断和基因治疗等，这是医学科学的进步和必然，具有前沿性，基因诊断和基因治疗涉及医学各个学科，具有很强的交叉性、边缘性和方向性。20世纪90年代，《中华医学杂志》就意识到本领域的重要性，在国内率先组织召开了"首届中国人类基因诊断与基因治疗及基因预防学术会议"，在我国吹响了对基因诊断与基因治疗研究的号角；此后，《中华医学杂志》紧紧跟踪本领域的研究和发展，连续组织召开了多届全国基因诊断与基因治疗学术会议，每次会议都云集了我国众多各学科两院院士出席会议，《中华医学杂志》还根据本领域研究中出现的问题，策划选题和组织发表了大量述评和专论文章，培育和引导这一医学前沿领域的健康发展。

三、突出难点、体现热点

在临床工作中，细菌耐药性和肿瘤耐药，是临床各科抗感染治疗失败和肿瘤化疗失败的重要原因，也是临床十分棘手的临床难点和热点问题，更是多学科医师关注的问题，同时也是全球性关注的热点，就此世界卫生组织也成立了专门机构；《中华医学杂志》编辑部敏锐地及时抓住这一具有跨学科和交叉性的重大临床学术难点，在掌握了国内外有关现状和发展趋势的前提下，在国内外率先组织召开了"细菌耐药性与抗感染化疗专题学术研讨会""肿瘤耐药与肿瘤化疗专题学术研讨会"，这一选题得到各科临床工作者的极大兴趣和关注，会后分别在《中华医学杂志》组织发表了"重点号"，特别是"细菌耐药与抗感染化疗"重点，发表了多中心细菌耐药监测结果，产生了很好的学术效益、社会效益和经济效益，同一期3次再版印刷，增加期刊发行和制作单行本数万册，超过其发行量的数倍，并吸引了大量广告，当期期刊额外实现直接经济效益数十万元，而且其学术效益，如指导临床各科合理使用抗生素，最大限度地避免抗生素的滥用，提高抗感染治疗水平，其巨大的间接经济效益更是难以估量。实践证明，综合性医学期刊只要真正发挥综合优势，突出难点，体现热点，抓住各学科都普遍关注的焦点学术问题，是会赢得读者，引来作者，吸引商者，实现学术效益、社会效益和经济效益的最佳结合，走出综合性医学期刊"生存难"的狭道，开辟综合性医学期刊的市场。

众所周知，尸体解剖率是影响和制约医疗水平提高的重要因素，多年来是我国医疗实践中的难点，1922年，《中华医学杂志》就率先倡导和发表了有关重视尸体解剖率的评论。20世纪90年代，随着医学科学现代化的发展，临床尸体解剖被忽视，在一些大医院的尸体解剖率极低，甚至为0；医院现代化诊断仪器的应用，尸体解剖还是否需要。对此，《中华医学杂志》编辑部组织我国著名医学专家召开了"现代医疗条件下尸体解剖重要性座谈会"，会后发表了座谈纪要，并在同期期刊发表了吴阶平教授的"尸体解剖与提高医学水平的关系"、裘法祖教授的"最后一句要由病理学家来说"、罗慰慈教授的"提高医院尸体解剖率，促进医学发展"述评文章；再一次告诫我国临床医学：现代医疗条件下仍然需要高度重视尸体解剖。这是综合性医学期刊应该担当的学术引导任务，也是专科学术期刊难以涉猎的领域。

四、关注焦点、培育亮点

作为综合性医学期刊，要善于站在整个医学科学的高度，审视学科发展中的焦点问题，并善于发现和培育新的学术亮点，促进成熟。如癌转移是恶性肿瘤诊断和治疗的焦点，其转移的机制如何，怎样有效并早期控制癌转移，是临床肿瘤诊断和治疗的重点和难点。20世纪90年代，《中华医学杂志》就抓住这一学术焦点，率先在国内组织专家召开了"癌转移主题学术研讨会"，这极大引起肿瘤内科、肿瘤外科、病理科和影像诊断科等多学科专家学者的极大兴趣和关注，为推动研究和学术交流，不断培育新的学术研究领域，对其研究成果在杂志连续进行重点专题报道，并连续召开多届学术研讨会，直至培育其成立"中国癌转移专业学术组织"，使其专业学术研究从幼稚不断走向成熟，发挥了综合性医学期刊培育亮点，促进专业成熟的作用。

脑死亡是医学界多年普遍关注的热点问题，也是世界医学界长期面临和关注的热点问题，既是医学科学的理论问题，又是临床医学实践的观念问题，涉及临床诊断学、急救医学、医学伦理学、法学、卫生经济学等诸多领域，也正是综合性医学期刊应当涉足和关注的领域。对此，作为综合性医学期刊的《中华医学杂志》，当仁不让地肩负起这一学术交流和推动其发展的责任。率先在国内组织多学科专家召开学术座谈会，及时将讨论会纪要在杂志发表，并组织多学科专家起草和制定了《脑死亡条例》，得到国家卫生部的关注、支持和指导，并引起中央电视台、健康报等多家新闻媒体关注，多次采访编辑部和有关专家，并进行了大量报道，直至向全国人大提交了"脑死亡立法的议案"，使学术期刊的作用得到有效延伸，发挥了期刊的"学术咨询"作用，得到国家政府有关部门的肯定。

第四节 综合性医学期刊的办刊策略与方法

综合性医学期刊不同于专科学术期刊，专业稿件比较集中单一，而综合性医学期刊稿件专业学科繁杂，涉及多领域。什么稿都刊登，来什么稿登什么稿，必然编辑的期刊形成"大杂烩""论文汇编"之嫌。也就是说，刊登过于专科化的稿件，又失去其综合性特色，而且专科稿件刊登得再多，也难以与专科学术期刊媲美和竞争，最终失去特色，既不像综合性期刊，又不像专科性期刊，结果失去读者，也未赢得作者。因此，综合性医学期刊必须体现编辑思想，重视总体设计，实施编辑策划和选题策划，避免编辑的盲目性和随意性。如果将综合性医学期刊比作"大拼盘"，要突出整体效果和目的，体现特点，突出特色，抓住重点，适合不同读者的口味或总能在这一"大拼盘"中发现适合与喜欢的口味，使其口味尽量"大众化"。这就必须精心策划、精心设计、精心组织、精心选料、精心组合，并要实施编辑超前策划或前瞻性创意。

一、综合性医学期刊的系统设计方法

期刊的系统设计在综合性医学期刊尤为重要，没有一个独具匠心的系统设计和系统设计思想及理念，必然处于盲目办刊的状态，特别是在编辑部坐等来稿，有什么稿编辑什么稿，这是一种"简单劳动"，这种编辑模式编辑的期刊必然存在盲目性，缺乏思想性和针对性，读者难以从中得到启迪、引发思考、点燃科研火花，对临床、科研和教学缺乏指导性，只不过是单纯满足了作者发表的功利需要。因此，读者不喜欢读而失去读者，也背离了办刊的目的。

1. 综合性医学期刊栏目的系统设计方法 栏目的设置体现出编者的编辑思想，编辑方针和办刊宗旨，同时具有学术导向作用。栏目系统设计要体现本学科和本刊的特点及综合医学期刊的特色，注意连续性和长期性，逐步形成特色和名牌栏目。栏目系统设计可分为长期设计、年度设计、当期设计，也就是说，有了全年的系统设计还不够，还要在年度系统设计的框架内，做好当期期刊的系统设计。目前，多数学术期刊栏目缺乏设计，随大流，有的栏目单一，既缺乏内涵，又缺少外延，只局限于论著、简报、论著摘要、综述栏目，众多医药卫生期刊一个面孔，缺乏学科期刊特点，未能形成自己的特色和风格，这是综合性医学期刊应当避讳的通病。

综合性医学期刊栏目设计，要充分体现综合性医学期刊的特点，要在综合、整合与交叉性上设计和思考栏目的特色，其栏目设计、设置和特点要有别于专科性学术期刊，要在原始创新性栏目、学术导向和引导性栏目、学科交叉性栏目、学术争鸣性栏目、新兴学科栏目、学术普及性栏目、学科发展趋势性栏目、新技术新方法性栏目、医药卫生政策性栏目、答疑解惑性栏目、医学科学热点难点性栏目、问题与建议性栏目、标准与规范性栏目、临床与指南性栏目、医学人文性栏目等设计上下功夫，真正体现综合性医学期刊的特色与不同之处。

2. 学术内容的系统设计方法 作为综合性医学期刊，具有了较好栏目设计是不够的，还必须加强栏目内容的策划和内容的选题组织工作；否则，设计再好的栏目而缺乏实质内容，也是局限在设计层面，而不能以其栏目相匹配的丰富内容。因此，栏目内容设计和选题是非常重要的设计，具有栏目总体设计的基本框架，再根据国家不同时期医药卫生工作重点、临床、科研、教学中的难点、热点和焦点问题及需要，学科或某一技术最新发展趋势等，实施编辑策划，选题组稿，避免学术报道的盲目性，提高针对性和实用性。

3. 专题重点设计方法 综合性医学期刊要摆脱"大杂烩"的现象或倾向，就必须克服编辑无重点、无中心、无思想、无目的、无目标的盲目编辑出版模式，即使是综合性期刊，也要每期尽

可能突出一个重点专题或热点专题问题，以反映相关专业领域的学术热点和学术动态，引导或吸引相关专业的研究。这就需要编辑部具有很强的编辑思想和学术敏感性，充分了解和驾驭相关领域学术热点、难点和焦点问题，以及学术进展和发展趋势，适时策划、设计和组织专题文章。对此，编辑在具有足够的选题依据的情况下，实施精心策划和设计与计划，拟订选题组稿计划，对约稿数量、文章体裁结构和比例、作者遴选、组稿题目等，都要做出计划和设计，以保证选题设计和策划成功。

4. 版式与装帧系统设计方法　综合性学术期刊除了内容要实用和读者喜欢外，期刊的外在形式也不可忽视，其设计要体现综合性医学期刊特点和特色，具有美学意识和品牌意识，给读者以视觉上的美感。

二、综合医学期刊的编辑策划策略

编辑策划在综合性医学期刊的编辑实践中具有举足轻重的位置，编辑没有掌握策划方法或缺乏编辑策划意识，很难办好综合性医学期刊。因为期刊高度专科化，本领域专家学者都倾向于将研究工作投向专科学术期刊。此外，综合性医学期刊若缺乏选题策划，仅靠单纯自由来稿很难组织适合综合性医学期刊发表的内容和选题。同时，靠自由来稿也很难组织起具有较强针对性和学术导向性很强的选题。所以，要办好综合性医学期刊，必要加强有效的编辑策划和选题策划，这是办好综合性医学期刊的重要技术方法。

编辑策划，简单地说，综合性医学期刊的编辑要有较强的编辑思想性、编辑的目的性、编辑的计划性、编辑的组织性、编辑的超前性和编辑的学术敏感性。编辑要具有"导演"的技能，坚持"编辑搭台，专家唱戏"的原则，并善于"培训"、调动和组织专家，激发专家的积极性和热情。来什么稿编辑什么稿，简单地把作者来稿堆砌起来，只能说编辑出来的不是期刊，而是"论文汇编"，编辑也只是单纯的文字匠，必然缺乏目的性、针对性和指导性。因此，缺乏有效的编辑策划很难办好综合性医学期刊，特别是应实施超前编辑策划。当然，有效的编辑策划要建立在编者对学科发展趋势、整体医学科学和相关学科领域发展走势和存在问题的把握与驾驭，这也是编辑综合能力的体现。特别是选题策划，要有创新性的编辑构思和组织计划，突出和体现编辑思想。

众所周知，在作者的文章中不可能体现出编者的思想，即使作者按着编者的要求修改文章，其思想和观点毫无疑问是署名作者的，编辑的思想和观点就是体现在当期期刊的总体设计内容和编辑策划上。如《中华医学杂志》根据临床细菌耐药性流行趋势日趋加剧的问题，针对这一临床各科抗感染治疗十分棘手的难题，在当时国内尚极少开展细菌耐药性监测工作的情况下，为加强和推动我国对此项领域的重视和研究，编辑部抓住这一新兴热点，积极实施超前性编辑组织策划，从编辑构思到编辑初期组织策划经过一年多时间，率先在国内和国际上首次组织召开了"细菌耐药性监测与抗感染化疗研究专题学术研讨会议"，并约请有关专家介绍国际上细菌耐药性监测工作的最新动态和细菌耐药性流行的趋势，及时把这一新的热门研究领域介绍给国内学者，会后又在期刊上专门组织了"细菌耐药性监测重点"号。很快，此项工作在全国各大医院相继开展，跨地区的细菌耐药监测协作组或监测网相继成立，国家卫生部还成立了"国家细菌耐药监测中心"，极大地促进了这一领域的研究工作的发展。在我国经过两年的监测研究工作的基础上，大量多中心高水平的监测结果和研究成果完成，编辑部适时跟踪各地的研究动态，当时机成熟时，根据该研究中出现的带有普遍性的问题，编辑部又进行了连续跟踪策划，组织召开了"第二届全国细菌耐药性监测与抗感染化疗专题研讨会"，及时总结和交流我国各地区的监测结果和研究成果，会后又在期刊上组织了"重点号"发表，根据会议上反映出的"实验室与临床的结合问题""细菌耐药监测的质量控制问题""临床抗感染治疗中抗生素应用的若干问题"等，拟订选题，组织专家撰写相应专题的述评文章同时发表，引导和促进本领域研究的健康发展，在学术界引起很大反响；发表的大量监测结果，受到临床各科医师的关注，对指导和促进临床合理应用抗生素，提高抗感染治疗水平，节省和充分发挥我国有限的卫生资源发挥了重大作用。这一选题策划从编辑构思到连续跟踪策划,其时间跨度历时4年,体现了学术发展的周期规律,取得了很好的社会和学术效益。

三、实施多学科引导与学术导向方法

在学术期刊的作用和职能中,除了报道记录或交流研究成果外,学术思想导向和学术导向是非常重要的作用,特别是学术导向作用,这是学术期刊至关重要而又容易被忽视的作用,特别是综合性医学期刊,缺乏学术导向性,期刊也就失去了思想性(学术思想)、指导性、针对性和活力,把期刊办成了单纯的"论文汇编"。而且综合性医学期刊的学术导向与专科学术期刊学术导向应有不同之处,如果说专科学术期刊学术导向侧重于"战术或战役"导向,重点是专科技术问题的学术引导,而综合性医学期刊则应偏重于"宏观学术战略性"的导向,也就是说,要站在整个医学科学或某一学科的重大学术发展的高度,抓住学科发展中存在的重大问题和热点及难点,实施有针对性的重点学术导向,引导学科的健康发展。作为综合性医学期刊还注重学术导向的连续性跟踪,发挥连续导向作用,及时纠正学术和学科发展中存在的重大问题,促进学科发展。学术导向常用的主要方法如下。

1. 评论性文章的学术导向 在学术期刊中,最能体现学术导向性的是评论性文章,类似于新闻报纸的社论性质,具有极强的引导性。这类选题文章具有针对性、思想性、权威性、及时性;倡导什么,反对什么,存在什么问题,应采取的对策和注意的问题,观点明确,评述有据,具有极强的学术引导作用,这类文章就像大海里的航标灯、航船上的舵手,及时指明学术研究和学科发展的航向和目标,使学科和科技人员少走弯路,并对国家政府职能部门具有决策咨询作用。评论性文章的栏目可以分不同层次或侧重。如《中华医学杂志》的"述评""专家论坛""专论"等评论性栏目。编辑实践证明,评论性文章自由投稿极少,即使有也缺乏应有的权威性和针对性,因此这就需要编辑应建立在对学科发展趋势和存在的问题有足够了解及对本领域学术(学科)带头人研究方向比较熟悉的基础上,主动实施选题组稿策划,及时向学科带头人约稿。如在我国医学学术界,一度出现分子生物学过热的倾向,科研选题和撰论文章不涉及分子生物学就错误地认为没有达到一定水准,使本领域的研究大有脱离临床和实际的现象。为此,《中华医学杂志》编辑部专门召开由著名学科带头人参加的"分子生物学与临床的结合座谈会",讨论如何看待和纠正医学科研中分子生物学"过热"和脱离实际的问题。会后发表了座谈纪要,并同时发表了中国工程院院士、中国工程院副院长、中国医学科学院院长刘德培教授的"当前我国医学分子生物学研究的几点看法"和北京协和医院张之南教授的"临床医师如何面对医学分子生物学的发展"的述评文章,在学术界引起了很好的反响。20世纪90年代,特别是基因治疗,在我国学术界就曾经出现过"过热"和"过冷"的现象,根据学术研究中存在的错误认识,及时组织学术带头撰写述评文章,克服一哄而起和盲目乐观的倾向。1997年,美国18岁的杰辛格因患遗传性疾病在宾洲大学人类基因治疗研究所接受基因治疗而死亡,在学术界称为"杰辛格事件",引起世界轰动,一时间,基因治疗研究在国内外出现低潮,由过热突降为过冷,大有被"冷落"或停滞的势头。为此,《中华医学杂志》编辑部及时策划选题,约请有关学术带头人撰写述评文章,正确和科学看待基因治疗死亡事件,引导基因治疗研究的健康发展,《中华医学杂志》从20世纪90年代至21世纪初,连续跟踪其发展动态,根据不同时期学术研究中出现的问题,适时组发评论性文章,引导学术航向。多年来连续组织发表了国家863首席科学家吴旻院士的"基因治疗纵横谈",国家863首席科学家顾健人院士的"我国基因诊断与基因治疗研究的前景及有关问题""论肿瘤生物治疗研究中的若干问题""我国基因治疗研究的冷与热""基因治疗研究的现状与对策""我国基因治疗研究十五发展战略与对策及建议",曹雪涛教授的"肿瘤生物治疗方法及研究的热点问题"等。根据我国基因治疗研究出现的"过冷"和存在的问题,通过申请和立项,2000年9月中国科学院香山科学会议第149次会议召开,对我国基因诊断与基因治疗研究实施研讨和决策咨询,根据会议达成的共识和结果,编辑部编辑执笔撰写述评,然后

征询曹雪涛教授、顾健人院士、强伯勤院士、刘德培院士、吴旻院士、卢圣栋教授等同意并联名发表了"我国基因治疗研究的方向与重点"重要述评文章。该述评文章在《中华医学杂志》发表后，在学术界产生很大反响，对促进我国本领域的研究和健康发展发挥了重要促进作用。

综合性医学期刊评论性文章的基本类别和选题方法如下。

（1）综合性医学期刊述评文章的选题方法：综合性医学期刊述评文章的选题与遴选撰写专家有所不同，其选题要具有足够的选题依据和选题的必要性，选题方向重点侧重于整体医学、综合性和交叉学科的热点与难点问题，要站在整个医学科学的高度去审视学术和学科发展的问题。文章撰写专家的遴选一般选择相关领域国内外著名学科（学术）带头人，应具有驾驭和引导学科（学术）发展的水平与学术地位，具有较高的学术影响力，并且应位居较高的学术、科研、临床或科研院校所学术及学科领衔单位，以保证其具有较强权威性和学术影响力度。

编辑部在向学术带头人约稿时，首先要进行有效沟通，详细交代选题背景和意义，并向撰写专家建议或交代命题（具体题目）、撰写的评述或论述内容、回答或解决问题的对策、撰写的格式、篇幅或字数要求、交稿时间、规范化和基本要求等。并在必要的情况给予思路上的启发或启迪，以利激发专家思路和撰写的兴趣。这是保证达到选题目的和发表后效果的重要环节。

（2）综合性医学期刊专题论述性导向文章的选题方法：专题论述性文章同样具有很强的学术引导性或学术导向性的文章，但它与述评性文章有所区别。专题论述性文章一般仅对专业性较强的学术问题、技术问题、存在的问题等予以论述，并指出改进的建议和解决问题的策略。这类评论性文章约请撰写专家一般选择在某一专业领域学术造诣较深、专业或专科研究比较深入、具有一定著名度、权威性和学术影响力的专家署名发表。编辑在选题时，其选题的依据要充分，选题意义和目的要明确，同样也要与约稿专家进行有效沟通，让专家充分了解编辑部选题背景、目的和意义。这类评论性文章一般发表在"专家论坛""专论"等评述性栏目中。

（3）综合性医学期刊导向性学术纪要文章的选题方法：这类学术导向性文章选题和操作一般比较复杂，一般应用于重大学术或技术问题的学术导向。这类会议纪要性质的学术导向性文章，是集体智慧的结晶，是凝聚群体专家智力资源而产生的学术成果。一般对重大学术问题，通过召集相关领域的专家学者，召开专家座谈会、专家论坛、专家讨论会、专题研讨会等形式，通过集体专家学者的深入研究、讨论和座谈，整合群体专家智慧，最后形成专家共识、提出有价值的建议、解决问题的对策等，甚至还可形成学术或政策性咨询报告，提供给政府相关部门参考。通过以学术纪要或座谈纪要的形式，把讨论达成的专家共识成果实施归纳整理，最后以学术纪要的形式发表，以达到学术引导或学术导向的目的。因此，这样学术成果得来成本较高，其操作也比较复杂，需要编辑部实施精心策划和组织实施，并对讨论的问题和预期达到的学术成果有一个基本预测及把控，以避免偏离目标，达不到预期目的。

这类学术纪要性质的文章撰写可以由编辑部编辑执笔归纳整理，然后请与会专家审阅补充修改，也可以由会议领衔专家或主持专家（主席）执笔归纳整理，然后征询与会专家的意见，同意后可在期刊发表。同时，为达到更好的学术效果，最好同时配发述评文章和背景学术研究文章等同时发表，可以达到更好的学术导向和学术引导的效果。

2. 专题报道的示范与导向方法　综合性医学期刊如果来什么稿刊登什么稿，各科各专业稿件都刊登，其结果就是"大杂烩"和"论文汇编"，专业或学科文章形成碎片化。所以，专业或专科医药卫生科技人员觉得读综合性医学期刊对所从事的专业收获小，难以满足需要。这就造成专业或专科技术人员不投稿、不阅读的现象。因此，综合性医学期刊也要改变传统编辑形式，要精心策划，每一期也要突出一个重点，展现一个专题或主题，以较大的篇幅重点报道某一专业的热点内容，体现期刊对该领域研究的重视和关注，以利于体现和推动某一领域的研究趋势和进展，即所谓的"重点号"，也是综合性学术期刊的另一种有效的学术导向形式或手段。如20世纪90年代，在国际上刚刚发现一氧化氮在多种疾病发生发展和治疗中的重要作用，国内仅有极少数学者在涉足研究，为引导科技人员重视对一氧化氮的研究，《中华医学杂志》率先倡导召开了"全国一氧化氮临床应用研究专题研讨会"，会后组织了重点号，发表了国内学者的初步研究工作，并同时配发了刘耕陶院士的述评"一氧化氮的研究前景"和会议纪要。一石激起千浪，很快有关一氧化氮的研究在各个学科开展，极大地推动了本领域的研究。近年来，肿瘤内科学临床研究发展迅速，特别是以化学药物治疗为重要手段的肿瘤内科治疗，有效提高了恶性肿瘤患者的生存期，并有些肿瘤经化学药物治疗可达到治愈的良好效果。但随着化学药物治疗药物的临床应用，肿瘤耐药性问题日趋突出，成为临床肿瘤化学药物治疗失败的重要原因，成为临床肿瘤内科的热点和难点问题。因此，重视和加强对肿瘤耐药性的研究已成为当务之急。为此，《中华医学杂志》率先策划组织召开了"全国肿瘤耐药性与肿瘤化疗专题研讨会"，会后组织了专题重点号，并配发了杨纯正教授的述评"肿瘤耐药性研究的若干问题"，促进了我国对肿瘤耐药问题的基础和临床等不同层面的研究工作。

3. 综合性医学期刊学术争鸣及选题方法 发扬学术民主，倡导学术争鸣，是学术界的优良传统，也是学术期刊的重要职能，更是综合性医学期刊的优势所在，通过学术争鸣澄清真伪，达到去伪存真、避免误入学术误区的目的，引导学术研究始终沿着正确的方向发展。《中华医学杂志》曾发表过天津医科大学总医院内分泌科邱明才教授的"甲状腺疾病治疗的反思"一文，其文中提出了甲状腺功能亢进症用糖皮质激素治疗的实践和观点。文章发表后，引起了内分泌学术界的很大反响，产生了很大学术分歧，一时成为学术界热点问题，有的临床医师写信询问，如果采用这一观点治疗，患者发生医疗纠纷问题，医师可否作为"举证倒置"的依据。对此，为取得共识，避免临床治疗驶入误区，在北京市内分泌专业委员会的倡导下，召开了"糖皮质激素治疗甲状腺功能亢进症学术争鸣会"，在《中华医学杂志》"争鸣与评论"栏目加编者按发表了"糖皮质激素在甲状腺功能亢进症治疗中的地位"的长篇学术争鸣纪要，同时配发了北京协和医院白耀教授的述评"目前我国甲状腺疾病治疗中需要注意的若干问题"，通过学术争鸣，取得了学术共识，引导了学术发展和临床治疗，受益的是患者，提高的是医务人员的学术水平。

一般来讲，学术争鸣性文章更加难以组织，自由来稿也几乎没有。其原因是，人们的普遍心理时是不愿意得罪人，特别是具有一定学术影响力的专家学者，即使其观点或研究结论存在某些异议，也很难有人写文章发表不同观点进行学术争鸣讨论。因此，学术期刊开展学术争鸣是一个老大难问题，在医学科技期刊上开展学术争鸣几乎名存实亡。这其在某种程度上是编辑部或编辑的原因，主要是缺乏对学术争鸣文章的编辑策划和选题策划工作的意识，具有畏难心理。综合性医学期刊要引导学术争鸣，必须做好编辑策划与设计，其方法是根据学术争鸣的问题，具有针对性地选择撰文对象，首先做好思想和说服工作，精心策划和提供争鸣主题文题，鼓励其撰写。同时，再遴选作者，撰写以读者来信或读后感的形式提出自己的观点和意见，一并在期刊上发表，以利引导和开展学术争鸣，鼓励和引导在学术期刊上开展学术争鸣活动。

四、综合性医学期刊品牌培育方法

综合性医学期刊要赢得效益，就必须加强期刊的品牌培育，不断扩大期刊品牌影响力，真正体现出期刊品牌的溢价性和溢价能力。这就需要编辑部要重视期刊的品牌建设。这是综合性医学期刊赢得学术效益、社会效益和经济效益的重要基础。综合性医学期刊品牌培育的基本路径和方法如下。

1. 期刊内容质量培育路径 期刊是内容为王的知识产品，其内在质量主要体现在学术内容上，这主要体现在内容的创新性、科学性、实用性、指导性、权威性、导向性等，期刊学术质量是期刊品牌建设和品牌培育的核心。因此，在某种意义上讲，期刊质量是期刊品牌的代名词。

2. 期刊形象培育路径 期刊品牌形象培育包括期刊形象设计（如期刊封面设计、期刊标识设计、期刊版式设计等），其设计要具有差异化和特色，使读者和作者及专业技术人员打下牢固的期刊品牌印迹。

3. 期刊软实力培育路径　期刊品牌的形成是多因素积淀的结果，除了期刊整体质量和期刊形象外，其软实力也是期刊品牌培育的重要因素（如期刊服务质量），也就是为读者、作者、广大医药卫生技术人员服务，以及服务于国家科技创新战略与健康中国战略的实际成效。此外，还有期刊文化建设、编辑部文化、办刊理念、办刊宗旨等期刊软实力建设，这些也是期刊品牌培育的重要因素。

4. 期刊品牌营销路径　仅仅具备很高品牌价值、品牌条件、品牌要素、品牌效应、品牌影响力是不够的，还必须通过期刊品牌营销，不断扩大品牌影响，俗话说"酒香也怕巷子深"。期刊品牌具有了高美誉度后，就要在提高知名度上下功夫，还必须通过期刊品牌营销由品牌高美誉度提升品牌高知名度和品牌忠诚度。因此，期刊品牌培育达到一定程度，就要采取品牌营销措施和手段，将期刊品牌核心价值让读者和作者认同，其方法可以采取多种媒体实施品牌宣传，以期刊名誉召开大型学术会议、学术论坛、联合相关学术团体、国际学术组织参与主办大型国内和国际会议，以期刊名誉设立有奖征文、优秀论文奖项、设立科研基金、继续教育等形式推介期刊和扩大期刊影响力，培育读者和作者队伍，最大限度地提高读者和作者对期刊品牌的忠诚度，让期刊品牌的溢价性和溢价能力得到充分发挥。

第五节　专科医学期刊的办刊策略与办刊方法

综合性医学期刊与专科医学期刊最大的区别在于综合性和专科性，综合性医学具有广泛的学科涵盖面，而专科医学期刊则局限于比较小的范围或专业领域。在医学编辑实践中，诸多编辑普遍认为综合性医学期刊办刊难度逐渐加大，主要体现在稿源的极度分流；而专科医学期刊编辑则普遍认为办刊难度相对较小，其原因是学科范围窄，稿源相对集中，尤其是专科技术人员，对本专业专科医学期刊比较青睐，读者和作者都相对集中。因此，这两类医学期刊出现了不同的办刊场景。

一、综合性医学学科与专科医学学科的基本概念

人类在社会生活和科学探索中不断积累经验，其经验的积累、消化与融合使人们不断升华形成更深入的认识；而人们的认识又通过思考、归纳、理解、抽象和概括而升级成为知识体系，而知识又反过来运用于科学探索、生产和社会实践，在其运用过程中知识不断得到验证，又进一步发展到系统理论和科学层面，而逐渐形成完整的学问或知识体系。人类在知识体系的运用中，始终处于不断演变、发展和演进的过程。由此，人们对知识体系依据其某些共性特征又实施知识体系的界限划分，由此而形成学科的基本概念。

1. 学科与学科分类　学科是相对独立的学问或知识体系，相对、独立和知识体系三个概念是 GB/T 13745《学科分类与代码》国家标准定义学科的基础。而相对强调的是学科分类具有不同的角度和侧面，对于独立的特征则是某个独立的学科具有不可被其他学科所替代的特性。GB/T 13745 分类对象是学科（不同于专业和行业），是根据学科所具备的客观的、本质的属性特征与其相互之间的联系划分不同的从属关系和并列次序，因而组成一个有序的学科分类体系。从传递知识和教育技能及文化传承的角度看，学科就是在教学活动中的授课科目分类与界定。GB/T 13745 推荐标准建立的学科分类体系是直接为科技政策和科技发展规划，以及科研项目、科研成果统计和管理服务的便利，适用于基于学科的信息分类、共享与交换，亦用于国家宏观管理和科技统计。比如，国家科研人员用于基金项目、研究课题申报，高等学校科学研究优秀成果奖申报。这项国标在科技、教育、图书文献管理等领域发挥了重要作用，作用对象是从事课题研发的专家学者和相关管理部门。

2. 学科分级与亚学科　当前一级学科属于学科大类，二级学科属于旗下的小类，当今我国共设 14 个学科门类，即哲学、经济学、法学、教育学、

文学、历史学、理学、数学、工学、医学、管理学、军事学、艺术学、交叉学科。共有112个一级学科。随着医学科学的飞速发展，其学科分化和演变逐渐加速，二级学科、三级学科、亚学科或亚专业不断分化或派生，临床医学教育一般在三级或三级以上学科，医学专业毕业生完成院校教育以后，在经过卫生部门认可的培训基地，接受系统化规范化的培训，达到专科所需要的基本技能，使得能基本独立从事某一专科的医疗工作。具体而言，专科医师可分为普通专科医师和亚专科医师两种。在接受专科医师培训的时候，身份是住院医师，才能接受专科医师的培训。专科医师培养的基本定义是，普通专科医师通常指临床二级学科，而一级学科是医学，医学里面分很多二级学科，从二级学科里面又可分化出来三级学科或亚专业，普通专科主要指临床二级学科。

二、医学科学亚学科分化与演变趋势

随着科学和医学科学的发展，医学科学的专科化和学科分化趋势加剧，尤其是临床医学各分支学科在不断分化，分科越来越细。

1. 学科的基本概念　科学与学科或专业分化是把本来具有各种知识系统分别发展和分别对待的学科体系，但由于其学科发展中完全联系为学科整体，而没有细分的知识体系和专业技术，在这些学科发展中由于其研究方向和研究重点的差异性，为了更加专业化和研究的专门化，自然或人为地将其分化出来，通过人们自觉的认识和实践，使这些学科形成既相互联系和促进，又相互区别，各有不同特点、不同功能、不同研究重点和研究方向的分门别类的知识体系与技术系统。对于学科分化的动因是多方面的，既有学科发展的自然演变规律，也有人为分工高度专业化的因素，同时也有教学界定在内的整个科学知识体系演进发展的根本动力。学科高度分化促使原来的学科派生出新的亚学科或亚专业，学科高度分化和技术人员的高度专业化，对于本专业研究而言将更加深入和专注性，这极大地促进了专业课题的攻关研究和深入，促进了亚学科或专业学术发展。

2. 学科分化与演变　随着临床医学的高度分化，其学科和亚学科及专业分化演变趋势更加显著，以往看似很专科或相对专科的学科，现在看来已经演变为很综合化性学科了。如外科学，目前就已经分化为诸多分支学科或亚学科及亚专业；骨科学、脊柱外科学、关节外科学、心脏外科学、胸心外科学、肺脏外科学、普通外科学、肝胆外科学、肝脏外科学、消化道外科学、胰腺外科学等，还有其相应的内科学或专业。因此，医学期刊也随着临床医学各学科的分化与演变，促进了医学期刊的专科化和专业化演变趋势，更加凸显其专科化；目前已经发展到专科、专业、单器官、单细胞、单病种、蛋白质、基因等就创办有相应医学期刊；仅仅眼科学就有《中华眼科杂志》《中华眼底病杂志》《中华实验眼科杂志》《角膜病杂志》《中华眼外伤职业眼病杂志》《临床眼科杂志》《实用眼科杂志》等细分专业；曾有人调侃再创办"上眼皮杂志"和"下眼皮杂志"；这足以说明医学期刊的高度专科化或专业化演化趋势。医学期刊学科的高度分化和演变，使其核心作者群、核心读者群、核心医药企业广告群更加集中，本专业的技术人员也更趋向于将自己的研究成果发表在"自己专业学术期刊"上，以利于让同道了解；而这些专业的读者也更倾向于专注"自己专业的学术期刊"的阅读，以利于跟踪专业发展；这就形成了专科医学期刊作者、读者和广告客户的较高忠诚度。同理，医药企业也更倾向于将相应临床专科的专用药品或医疗专科器械的广告产品发布在相应专科期刊上，因为其核心用户群都集中于此。这就是综合性医学期刊越来越不被重视和关注，越来越难办，而专科医学期刊越来越被青睐，反而办刊比较轻松的原因。

三、专科医学期刊的办刊策略

实际上，专科医学期刊好办与难办都是相对的，专有专的特点，综合有综合的优势，综合与专科医学期刊要办出各自独有的差异和特色，这就是综合性医学期刊与专科医学期刊都不轻松的要点所在。

1. 突出专科、彰显特色　专科医学期刊的优势在于"专"，而"专"不是期刊全刊登本专科的研究文章就是"专"了,还要在专的基础上办出特色。这就要在期刊的系统设计或总体设计、报道内容设计、栏目版块设计、选题策划设计、学术引导与学术导向设计、版式设计、期刊品牌设计等下功夫。要突出专科,就要在内容上和选题上动脑筋,集中本专科或本专业里重点疾病、重点技术方法、重点攻关方向抓住不放,紧密跟踪,单刀直入,将研究不断向纵深引导,发挥出专科医学期刊的独特优势,独领风骚。

2. 塑造旗帜性与领衔性专科期刊　既然是高度专科化医学期刊,就要在本专科领域独占鳌头,塑造成本专科领域的旗帜和领衔性专科期刊。这就还要回到以专科内容为本的基点,在选题策划上,要专注于本专科高精尖和最前沿学术问题的深度报道,同时注重和回答本专科领域的难点、焦点和热点问题,突出本专科独有的最新技术、最新方法、最新理论和最新观点呈现。专科医学期刊学术内容要的是专、精、深、细,彰显的是独有性,研究内容凸显的是单刀直入,始终站在本专科领域的最前沿,充分展现学术引领性、学术导向性和期刊的学术领衔性,塑造成本专科领域旗帜性专业期刊。

3. 专科与交叉融合　专科医学的"专"是相对的,在临床医学领域从来就没有绝对的专科医学,而且其他任何学科也是如此。在科学领域,就没有绝对独立的专科学领域,都存在着综合、交叉、渗透、融合或移植的内在关系。也就是说,"专"是在综合与交叉的基础上,在研究方向上或专攻某疾病预防和诊疗而选取的侧重点,学科或专科的综合与交叉是绝对的。如果极致追求或过于"专",反而会使本专科领域误入死胡同,形成"井底之蛙"和"一叶障目"的怪圈,致使专科医师的临床诊疗思维、医学科研思维受到局限,甚至僵化,从而制约了临床诊疗和科研思路。因此,专科医学期刊的编辑,在选题策划上也要思路开阔,既专注于专科领域的高、精、深,同时也要关注其他学科领域新理论、新技术和新方法的交叉、渗透、融合与移植对本专科领域的促进作用,注重与本专科相关领域的新理论、新技术和新方法学的选题报道,以利于扩展专科医师的知识面和专科研究思路。如由于物理学的发展而产生了影像诊断技术(放射、CT、磁共振、超声等)、内镜或微创技术,因而派生出了影像诊断学、放射医学、激光医学、微创医学、内镜医学等。由于信息技术的发展,而诞生了人工智能医学或智慧医学等。所以,科学或技术具有相互交叉、相互渗透、相互融合、相互移植的特点,就科学研究而言,科学而合理的交叉融合与移植也是医学科技创新。因此,专科医学期刊编辑其选题策划既要专注于"专",同时也要关注于综合与交叉对本专科领域的促进作用。

4. 栏目特色与版块特点　在医学期刊的办刊实践中,其实最能凸显学科特色、期刊差异、学科特点或期刊特点、专科医学期刊与综合性医学期刊差别的是栏目设计或学术版块的划分。而且栏目特色化设计或设置,既丰富了不同学术内容的版块,又引导读者阅读,同时又彰显期刊的学科特点,还凸显学术上的导向性,因为期刊既然设置这个栏目,意味着编者重视这一研究领域,因而对读者和作者具有导向和引领性。对于一本医学期刊,就如同一桌宴席,既有不同的菜系,又具有不同的菜名和口味,其中总有让食客(读者)喜欢和可选择的空间余地。医学期刊要达到食客的效果,就要在栏目策划和栏目设置上下功夫,做到栏目版块的特色化、独特化和丰富化。

在医学期刊编辑现实中,随处可以看到期刊的同质化现象,无论是综合性医学期刊,还是专科医学期刊,当翻开杂志目次表,其栏目设置或学术版块设计基本同质化:论著、短篇论著、简报、综述等栏目,如果不看封面刊名,这很难辨别出属于何种学科的医学期刊。论著是什么概念,短篇论著或简报又是什么概念,其实编者都清楚,那就是都属于原始创新研究,只不过其中含有等级的含义,既然是作者的原始创新研究,无论其创新程度如何,都同属于原始创新研究,即所谓的"论著";既然都是作者的原始创新研究论著性科研论文,又何必分出论著、短篇论著、简报等层级呢。

而从另一层面说,把所有不同学术内容或专业研究特点的原始创新研究论文简单笼统地都归纳在"论著"栏目旗下,这就忽视或没有完全反映栏目的真正意义和作用,而应当按照其研究内容或学科特点设置栏目,划分不同学术版块,以利于发挥栏目的导读、引导作用和栏目特色。是不是原始创新研究论文，并非特意标上"论著"标签才能证明其医学科研论文的性质，也不是非要有中英文摘要才算得上是论著或原始科研论文。因此，医学期刊栏目的总体设计或设置要具有创新性，既要适当丰富栏目，更要凸显期刊特色和学科特点，尽量克服医学期刊同质化的现象和弊端。

第33章 医学期刊品牌评价方法与培育方法

医学期刊的编辑出版与经营具有不同的发展层面，而品牌经营是期刊经营的高级阶段和高级层面，也是期刊发展与经营的最高层面。当今，医学期刊的经营已由期刊产品经营转向期刊品牌经营，期刊品牌是期刊发展的无形资产与核心竞争力，是期刊经营制胜的无形资源和制高点，特别是在期刊如林与竞争激烈的今天，谁拥有了期刊品牌，谁就能赢得期刊经营与发展的主动权，缺乏品牌的期刊很难在市场中长期生存与发展。所以，医学期刊的总编辑/主编、社长、编辑部主任们，都应重视和加强期刊的品牌评价、品牌培育、品牌建设与品牌经营，这是促进医学期刊发展的重要工作和任务，也是期刊可持续发展的必由之路。

第一节 医学期刊品牌的基本概念

医学期刊品牌与商品品牌具有相同的属性，但又不完全等同于普通商品的品牌，同时也与其他时尚期刊和报纸品牌有所差异，其品牌内涵与核心价值也与普通商品和期刊有所不同，医学期刊品牌价值主要体现的是科学价值、学术价值、评价认可价值、学术交流价值、促进人类健康和推动医学科技进步的社会价值。

一、医学期刊品牌定义

著名广告大师奥格威给品牌下的定义是："品牌是与某个产品和企业相联系的属性、名称、包装、价格、历史、声誉、宣传风格的无形组合"。而期刊品牌与这种普通商品意义上的品牌有所不同，医学科技学术期刊是高层次的科技文化、知识和学术产品。因此，期刊品牌的定义与普通商品也应该有所区别。那么，医学期刊品牌的定义是什么？医学期刊品牌的定义是："能够全面反映本领域最新学术进展和医学科技创新水平，能有效指导临床实践活动，引导医学科学和学术发展方向，在相关领域具有较强的学术权威性和影响力，被本学科或相关领域的专家学者所广泛认知、美誉、崇尚、推崇、信赖和跟踪的学科旗帜性领衔期刊或精品期刊"。

在文化体制改革不断深入和期刊市场竞争日益激烈的今天，期刊品牌经营已成为医学科技期刊在竞争中获得可持续发展和经营制胜的重要途径；医学期刊品牌主要体现在促进医学科技进步和人类健康的价值、学术权威性和学术影响力、整体形象、学术文化内涵的先进性、读者和作者的信赖与崇尚、期刊品牌经营的溢价性等。医学期刊要在期刊市场竞争中求得生存与发展，必须改变期刊同质化现象，将期刊打下差异化或特色化的烙印，为读者、作者和广大医学科技工作者所识别、钟爱、跟踪和普遍赞誉，并在头脑中打下牢固的期刊品牌印迹。因此，重视医学期刊的品牌建设和品牌培育，实施期刊品牌战略，对于医学期刊的可持续发展具有深远的现实和战略意义。

二、医学期刊品牌的内涵与要素

医学期刊品牌具有其内在的和外在的品牌要素，具有其可视性和不可视性的东西，具备有形的，也有无形的，具有主观的，也有客观的，具有看得到的东西，也有看不到的东西。

1. **期刊品牌名称** 在期刊品牌中具有可以读出的刊名、主办单位和编辑出版单位名称、标识、词语、字母、数字或词组等组合。如 *Science*、*Nature*、中国科学院、《中国科学》、中华医学会、

《中华医学杂志》等品牌名称。

2. 期刊品牌标志　在期刊品牌中，具有不发声的有形印记标志，包括期刊的符号、标识、图案、明显的色彩或字体。如"刊徽""会徽""国家期刊获奖""国家自然科学基金资助""精品期刊工程""中华医学会系列杂志"等标识。

3. 期刊品牌角色　通过拟人化的标识来代表期刊品牌的方式，这样容易触发人脑空间形体记忆，有利于广大医学科技工作者对期刊的形象识别和印记识别，使期刊品牌形象具有形象化、唯一性、独特性和专有性。期刊品牌形象的塑造过程，其实也是通过一个有清晰性格特征的期刊品牌角色的塑造过程，富于感染力和亲和力的"期刊角色"必然引导并改变着读者、作者和广大医学科技人员的阅读欲望，由此达到吸引读者和作者，并最大限度地实现市场推广和增加期刊订阅或发行的目标。

每个人在日常生活中所有行为都有意无意追寻某种身份角色的实现与满足，期刊订阅行为也不例外。对身份角色的追求是现代人角色确认的最基本社会依据。期刊品牌角色营销的手段之一，就是通过期刊品牌形象给读者和作者一种身份承诺，让读者在阅读品牌期刊时获得一种学术身份和学术水平的确认感、认同感、认可感和心理满足感。期刊品牌角色的象征就因为它所具有的这种拟人化了的效果，最终使期刊品牌形象让广大读者和作者从心理、文化和社会感情上产生亲切感和敬重感，并赋予期刊品牌角色和切合读者或作者身份追求，这必将成为一个成功的品牌期刊，这种品牌角色形象将充满持久性，并能有效引导和创造期刊订阅发行，实现真正意义上的创造性期刊品牌营销。期刊品牌角色营销是期刊社品牌形象营销战略的实质，这是因为当代科技学术期刊市场的竞争实际上是期刊品牌形象的竞争，而期刊品牌形象的核心就是期刊品牌的角色感。这种期刊品牌角色感从专家学者、读者和作者的学术价值观念、学术追求、性格特征、生活情调、身份表现等精神、文化、心理、感情及社会的层面保障了一个期刊品牌的内在魅力。

4. 期刊品牌商标　这是期刊受到法律保护的整个期刊品牌、品牌标志、品牌角色或其各要素组合。当期刊商标使用时，要用"®"及"注"予以明示或条码指明期刊注册商标，从而实施有效的期刊品牌法律保护和品牌管理。

三、期刊品牌的相关概念

1. 期刊产品　期刊是可以交换的产品，具有产品的一般属性，但又不完全等同于普通商品，是高层次的科学文化产品。因此，期刊产品是能够提供给读者市场，被读者群阅读、使用和消费，能够满足读者群对学术进展、学术交流、科研成果与学术思想发表和功利需求；期刊产品具有不同的层次，即期刊核心产品、期刊形式产品和期刊延伸产品。期刊的核心产品是指整体内容产品提供给读者或订阅者获得直接利益和效用；期刊的形式产品是指期刊产品在市场上出现的物质实体外形，包括期刊品质、期刊风格特征、期刊总体设计感官、期刊品牌标识和封面特色设计等；期刊延伸产品是指期刊提供给读者和医学科技人员的系列附加服务或利益。如优秀论文评奖和作者激励项目、读者作者沙龙活动、专题学术研讨会和其他学术产品及品牌延伸服务。

2. 期刊品牌资产　期刊品牌资产也称期刊品牌权益，主要是品牌期刊所产生的经营效益和市场效益，其主要特征是期刊品牌的溢价性和溢价能力，其品牌资产或品牌资源是无形的，但也可以科学评估出其市场价值。期刊品牌资产或品牌资源是与品牌、品牌名称和品牌标志相联系，能够增加也可减少期刊所销售产品、服务价值的系列资产与负债；主要体现在期刊品牌忠诚度、期刊品牌认知度、期刊品牌联想和其他专有资产，这些品牌资产通过多种方式和渠道向读者、作者和期刊经营者提供价值。

3. 期刊商标　所谓商标是一种法律用语。应该是商品的品牌在政府相关部门依法注册后才成为商标。商品的商标是用来区别经营者的品牌与服务和其他经营者的商品及服务的标记；国家商标法规定，凡是经商标局核准注册的商标，图形，商品商标、服务商标、集体商标、证明商标，其商标注册人享有商标专用权，受法律保护。期刊既然是商品，也应具有商标，是编辑出版经营者在其编辑、出版印刷、公开发行、期刊销售服务上采用的，为了区别期刊商品和服务，应具有显著特征的标志，由文字、图形或其组合构成。经国家新闻出版总署核准注册和批准的期刊名称，即"期刊注册商标""中国标准连续出版物号"、ISSN 和 CN 号及期刊条码。

4. 期刊品牌定位　期刊品牌定位是在综合分析目标读者市场与同类期刊竞争的前提下，完善和建立符合期刊产品特点的独特品牌形象，同时对期刊品牌的整体形象实施系统设计和品牌营销宣传，从而在目标读者和作者心中占据独具价值地位的过程。期刊品牌定位着眼点是目标读者的心理感受，其途径是期刊对品牌整体形象的周密设计，从而在目标读者和作者心中形成期刊品牌的独特心理位置。

5. 名牌期刊　所谓名牌期刊，就是学术界广大科技人员或社会公众对某一期刊产品的学术权威性、学术影响力、学术价值和品质的普遍认知与推崇，对于名牌期刊最通俗的理解就是知名品牌期刊或著名医学期刊。名牌期刊不是出版机构或主办单位自封的，也不是政府行政机构或学术共同体命名的，而是广大医学科技人员普遍公认和耳熟能详的著名期刊，如被誉为世界四大顶级医学期刊的《新英格兰医学杂志》（nejm）、《柳叶刀》（Lancet）、《美国医学会杂志》（JAMA）和《英国医学杂志》（BMJ）世界著名四大医学期刊。

6. 期刊品牌识别　期刊品牌识别是品牌营销者希望创造和保持的，能引起读者和作者对品牌期刊美好印象的联想物；期刊品牌识别指从期刊产品质量、学术权威性和影响力、出版机构、编者、期刊服务、期刊文化、期刊标识等层面能够打动读者和作者及广大科技人员，而且有别于同类竞争者的品牌联想，与期刊品牌核心价值共同构成了期刊品牌联想。可以想象，著名医学期刊一般都具有强势品牌特征和鲜明的期刊品牌识别，而期刊品牌识别将指导期刊品牌的创建、品牌培育、品牌延伸、品牌扩张和品牌传播的全过程。

7. 期刊品牌符号　期刊品牌符号是区别期刊产品和期刊服务的基本手段，包括期刊名称、主办单位、标志标识、封面色调、特殊符号等。这些识别要素形成一个有机结构，对读者和作者具有影响作用，这是形成期刊品牌概念的基础。其实，期刊品牌培育成功的品牌符号也是期刊经营者的重要资产。

8. 期刊品牌个性　期刊品牌个性是特定品牌期刊所拥有的系列个性特色，也就是期刊品牌所呈现出的个性特色和品质；是期刊品牌识别的重要组成部分，期刊品牌个性或特色能带来强大而独特的期刊品牌联想，极大地丰富期刊品牌的内涵和外延。

9. 期刊品牌形象　期刊品牌形象主要是指读者和作者能够接触和感受到的期刊品牌信息，并经过自身的甄别、认识、选择与加工，在其大脑中形成的期刊品牌的印象总和。期刊品牌形象与品牌识别既有区别，又有联系，两者的区别在于，期刊品牌识别是品牌经营者希望读者和作者心目中的品牌形象如何，期刊品牌识别是品牌形象形成的来源和依据。

10. 期刊品牌文化　期刊品牌文化是指通过赋予品牌深刻而丰富的文化内涵，鲜明和准确的期刊品牌定位，期刊经营者充分利用各种强有效的内外部传播途径形成读者和作者及广大医学科技人员对期刊品牌在精神上的高度认同，培育和创造期刊品牌信仰，最终形成强烈的期刊品牌忠诚；期刊品牌在其经营活动中逐步形成文化积淀，代表了期刊编者和读者的利益认知和情感归属，是期刊品牌与传统文化和编辑出版机构个性形象的总和。期刊品牌文化的核心是文化内涵，也就是其蕴涵的深刻的学术价值和社会价值内涵及科技人员的情感内涵，这是期刊品牌培育和文化沉淀的价值观念、学术态度、学术价值取向、学术审美情趣、学术修养、学术品位和功利情感诉求等精神象征。期刊品牌文化的积累和孕育是通过塑造期刊产品的科技文化效应与期刊品牌精神高度完美结合的境界，能超越时空的限制带给读者和作者更高层次的学术和社会满足感及追求科学的精神慰藉与寄托，在读者和作者心灵深处形成潜在的科技文化认同和学术追求情感的眷恋与崇拜；在读者和作者心目中，能够订阅和阅读名牌医学期刊，以及能够在名牌医学期刊上发表科研论文，视为学术追求和科学人生的荣耀，医学科技人员钟情的期刊品牌作为科技文化学术商品的标志，既代表了期刊产品的整体质量、学术价值、权威性和独特的学术定位外，还代表读者和作者的学术价值观、学术品位、学术追求格调、学术地位和订阅及投稿价值模式，科技人员订阅名牌期刊产品也不是简单的期刊，而是与众不同的学术体验和自我实现及展现水平的象征，成为实现自我价值和社会认可的媒介与载体。所以，读者和作者对喜爱的品牌期刊形成强烈的信赖感、依赖感和崇尚追求感，其对品牌期刊的选择和忠诚不是建立在直接的利益上，而是建立在品牌期刊深刻的文化内涵和精神内涵上，以此维系广大科技人员与品牌期刊长期情结和渊源，这是独特的期刊品牌形象和情感因素的融合，这样的读者和作者很难发生品牌忠诚度转移，这无疑是期刊可持续发展的源泉和动力。

11. 期刊品牌延伸　期刊品牌延伸主要是指在已具有相当知名度与品牌影响力的基础上，将品牌期刊的资源运用到新创办期刊、学术产品和学术服务上，以利于降低新创办期刊或学术产品进入市场的经营风险策略和资源投入，主要借助期刊品牌影响力，实施期刊的延伸服务和延伸经营，以利取得更大效益。

12. 期刊品牌结构　期刊品牌结构是期刊社不同期刊品牌的组合，具体规定了期刊品牌的作用和各期刊品牌之间的关系，以及各自在期刊品牌体系中扮演的不同角色；而合理的期刊品牌结构有助于寻找共性，并实现协同效应，以达到有效管理多个期刊品牌的目的，尽可能减少对期刊品牌识别的损害，同时快速高效地做出调整，更加合理地在各期刊品牌中分配和调度期刊资源。

13. 期刊品牌偏好　广大科技人员的期刊品牌偏好程度也是期刊品牌影响力的重要体现，主要是指读者和作者对该期刊品牌的喜好程度，是对读者和作者的期刊品牌选择意愿的体现。

14. 期刊品牌认知度　期刊品牌认知度是品牌资产的重要组成部分，也是衡量读者和作者对期刊品牌内涵与价值的认识及理解的深度。对于成功的品牌期刊，首先应具备比较高的期刊知名度，其次才是科技人员对期刊品牌内涵、特色、学术权威性和品牌影响力的充分了解，而且这种了解带来的情感共鸣是积极和正面的。由此，在订阅期刊和认可了期刊产品价值后，一般会重复购买，形成忠诚度较高的目标读者或作者队伍。

15. 期刊品牌美誉度　期刊品牌美誉度是品牌影响力的重要组成部分，是读者和作者及广大科技人员对期刊品牌的赞美程度和信赖程度。期刊品牌知名度是美誉度的前提，而期刊品牌美誉度是能够真正反映期刊品牌在读者和作者心目中学术价值水平标志，两者均是衡量期刊品牌价值外延程度的衡量指标。期刊品牌的知名度可以通过宣传措施快速提升，而美誉度则需要通过长期的精心经营和培育，经过多年积累与积淀才能提升良好的期刊品牌形象。

16. 期刊品牌忠诚度　期刊品牌忠诚度是指读者、作者和广大科技人员对期刊品牌情有独钟，在期刊价值取向上形成偏好，而且长期订阅和投稿的追随行为，也就是读者或作者的重复订阅和投稿的占有行为。又可以划分为认知性忠诚、情感性忠诚、意向性忠诚、行为性忠诚。要维持和培养忠诚度，既要不断提升期刊整体质量，又要不断满足读者需要，同时不断提升服务质量。

第二节　医学期刊品牌的核心价值

1. 期刊品牌的营销价值　当今的商品经济在某种意义上说是品牌经济，人们崇尚品牌，追随名牌已成为社会潮流，使用名牌和享受名牌已成为当今的社会时尚和地位的象征。因此，在当今商品市场上没有品牌的商品何以在激烈的市场竞争中生存。期刊品牌也是如此，能在著名品牌医学科技期刊上发表论文已成为医学科技工作者学术水平的象征和学术追求，具有良好影响品牌的科技期刊能赢得读者、作者和商者，而缺乏品牌的科技期刊在市场竞争中步履艰难。所以，科技期刊已由期刊产品经营转向期刊品牌营销，谁占有了品牌，谁就赢得市场主动权。

在商品市场中，竞争形式具有三个层面，即价格竞争、质量竞争、品牌竞争。品牌竞争也是商品市场竞争的最高层面。期刊也具有商品属性，目前国内外科技期刊竞争日趋加剧，其竞争的重点是争读者、争作者，而凝聚读者和作者的核心引力是科技期刊的品牌，科技期刊品牌的影响力决定高水平研究论文的流向，引导着读者或科技人员对期刊的跟踪程度。因此，期刊品牌是科技期刊经营制胜的核心动力,是期刊的无形资产和期刊发展的助推器,国内外一些著名品牌科技期刊成功的经验已经证明,期刊品牌是赢得市场制胜的法宝与核心竞争力,众多国际著名品牌期刊其单靠出卖品牌就赢得了巨大市场和财富,科技期刊的竞争说到底是期刊品牌的竞争。如2005年,《读者》经世界品牌实验室及其独立测评结构评估,其品牌价值为33.82亿元;《家庭》经广东省物价局价格事务所评估,其品牌的无形资产价值达2.68亿元;可口可乐有形资产只有138.7亿美元,而其品牌价值达434.3亿美元;1998年全国名牌评估"红塔山"品牌价值达386亿元。"长虹"品牌价值122亿元;"海尔"品牌价值77.4亿元。由于期刊也具有品牌的固有效应,所以谁具有期刊品牌地位,谁就赢得了期刊竞争的主动权。因此,中国科协把加强科技期刊的品牌建设作为战略重点,也真正抓住了科技期刊发展的根本。比如,2006年启动的"中国科协精品期刊工程"就是期刊品牌建设的重要手段和措施之一,必将为我国科技刊的品牌建设和促进科技期刊的发展发挥重要作用。

2. **期刊品牌的资源价值** 品牌既是社会资源又是市场经济资源,而且品牌资源是紧俏资源,具有可限性,特别是科技期刊品牌资源的有限性更加突出,同类产品或同类学科的品牌科技期刊在某一国家,甚至在世界上不可能具有无限性,其数量是有限的,这也是品牌的性质所决定的。因此,科技期刊的竞争,说到底是期刊品牌资源的竞争。

3. **国家科技实力和地位影响价值** 科技期刊是科技创新成果和论文产出的重要载体,也是科学共同体认可和科技创新首发权的重要体现。因此,对科技期刊品牌资源的占有程度,从一个侧面反映了国家的科技创新实力和国际地位,也反映了出版单位的实力和地位,从目前科技期刊品牌强国可以看出,品牌科技期刊资源的占有程度与其科技创新能力和科技实力几乎成正比。

4. **期刊品牌的市场价值** 医学科技期刊作为特殊商品,其品牌的市场价值与其他普通商品的品牌一样,只要具有了品牌影响力,就会形成品牌的市场效应。如美国的 Science 除销售期刊的内容和广告外,还特别注重期刊品牌销售和品牌延伸经营,在其经济总收入中,广告占50.0%、发行占37.5%、其他期刊品牌经营收入占12.5%(含单行本销售)。中华医学会杂志社注重品牌营销和品牌延伸经营,2007年,中华医学会系列杂志(会内)广告收入占总收入的33.7%,发行收入占总收入的19.0%,而品牌延伸经营收入占到总收入的31.5%(含单行本销售),仅次于广告收入,特别是在品牌经营中有效整合"中华医学会系列杂志"的品牌资源,实施期刊数字化"借势经营",更是取得了非常好的社会效益、学术效益和经济效益。

第三节 医学期刊品牌的认知要素

品牌期刊是期刊质量、期刊特色、期刊权威性、期刊影响力、读者和作者认知度、期刊文化、期刊历史等诸多因素凝聚和积累的结果。因此,品牌期刊的定义为:"被学术界或本学科专家学者所推崇、仰慕、信赖和跟踪,能全面反映本领域最新进展和引导科学活动的学科旗帜性领衔期刊"。品牌期刊应具有"权威度、认可度、信任度、美誉度、知名度"。

1. **期刊影响指数** 影响因子(impact factor, IF)、被引频次、他引率和扩散因子等期刊影响指数在本学科或本领域期刊中位居前列。科技期刊影响指数,特别是影响因子和扩散因子是目前科技期刊影响力评价的客观指标,从一个侧面体现了科技期刊被同行研究者和学者的关注程度与范围,也体现了所发表文献的学术价值和学术质量。因此,科技期刊影响指数的高低反映了科技期刊的学术影响力、认知度、知名度,特别是在本学科或本领域同类期刊中具有较高的被引频次和影响因子,是国内外著名品牌科技期刊的共同特征。

2. **国内外权威检索系统收录** 科技期刊被国内外著名权威检索系统收录情况,特别是被本领域国际权威检索系统收录,从一个侧面反映了科技期刊质量、国际化程度、影响力和期刊品牌地位。国内外著名权威检索系统对科技期刊的收录都有严格的遴选标准和准入程序,能被其收录,说明期刊已具有较高水平和品牌影响力,并能迅速融入国际或国内学术交流体系,被国际和国内同行及时检索引用,是科技期刊品牌必备的条件之一。

3. 论文录用率　科技期刊稿件录用率的高低,可从一个侧面反映期刊的学术质量和作者的认知程度,据了解,国内外著名品牌科技期刊稿件的录用率一般在 20% 以内,国际上特别著名的品牌科技期刊稿件录用有的在 10% 以内。稿件录用率过高,期刊的学术质量难以保证,选择优秀稿件余地小;作者投稿少,也说明作者对期刊的认可度低,不具有品牌科技期刊对作者的凝聚力和占有丰富稿源的品牌期刊特征和构成要素。

4. 国际作者数量　科技期刊刊登跨国作者论文的多少,充分表明期刊的国际化程度和期刊品牌的影响力和影响半径;科技期刊只有具备很好的期刊品牌形象、权威性和影响力,才有可能吸引国际专家学者、吸引追随者和学术跟踪者投稿,形成科技期刊的品牌效应。因此,科技期刊跨国作者投稿或发表论文的数量是品牌科技期刊国际影响力的重要标志。

5. 基金论文比　国家重点课题研究成果的论文的流向,从一个侧面说明这些重点课题领衔科学家或学科带头人对期刊的认知程度。比如,"国家 863 计划资助项目""国家自然科学基金资助项目""国家 973 计划项目"等,其中标课题都具有国际和国内先进性和前沿性,领衔科学家也都是一流的学科带头人,故其研究工作成果发表期刊的学术影响力和权威性具有认同性。因此,科技期刊发表重点课题论文的比例体现了期刊品牌内在要素。比如,据统计,在获省部级以上医药卫生科技成果中,有 95% 以上首先发表在中华医学会系列杂志上。比如,国际著名品牌科技期刊 Science、Nature 首发了大量诺贝尔奖论文,被称为诺贝尔奖的"摇篮期刊"。

6. 发行量与范围　期刊发行量和发行范围,特别是在本学科或本领域的发行量,是品牌期刊影响力的重要指标,体现了期刊读者忠诚度和期刊传播半径,发行量相对较大和发行范围广,是科技期刊国际化和品牌科技期刊的重要特征。

7. 期刊获奖　科技期刊获得奖励、称号和国家基金资助,从一个侧面反映该期刊质量和影响力,特别是获得"国家期刊奖""全国优秀期刊奖""省部级优秀期刊奖""百种中国杰出学术期刊""国家自然科学基金资助期刊""中国科协择优资助期刊""中国科协精品期刊工程资助期刊"等,说明该期刊的品牌地位和社会认知程度,是品牌科技期刊的特有象征。

8. 广告刊载数量　企业在期刊上的广告投向是以严格的市场调研基础的,特别是对期刊的品牌影响力、读者认知度、目标读者群和发行量及范围一般都有客观的指标依据。因此,企业广告资源的流向带有很强的针对性,广告资源大量流向期刊品牌资源集中和突出的期刊,这也是目前品牌科技期刊经营效益好的重要原因之一,也体现了期刊品牌价值。

9. 学科地位　是本学科或专业领衔期刊。科技期刊编辑出版主体或主办机构的权威性、影响力、科技创新能力、资源优势及科学共同体的社会认知度,是其主办科技期刊品牌培育和成长的重要保证,期刊在科学共同体(学术团体、科研结构、学会)、本学科或本领域的唯一性和学术垄断性,是培育学科或专业旗帜性领衔期刊的重要因素,也是塑造和形成期刊品牌的先天条件与优势。

10. 期刊历史沉淀　期刊品牌具有文化内涵,其形成不是短期而就,而是历史、年代、传承和积淀的结果,期刊品牌培育和形成需要长期的积累。因此,期刊品牌是综合要素的长期积累和沉淀而成的。所以,医学科技期刊要塑造成品牌期刊,首先需要时间和空间的培育周期,非短期就能成为品牌期刊。一般最短也需要 10 年以上的办刊历史才有可能形成品牌期刊,国际和国内的具有期刊品牌的著名科技期刊,绝大多数刊龄都比较长。如 Science 创刊于 1880 年,距今已有 127 年的刊龄;Nature 创刊于 1869 年,距今已有 138 年的刊龄;《新英格兰医学杂志》(New England Journal of Medical) 目前已有 186 年的刊龄;《美国医学科学杂志》(American Journal of Themedical Sciences) 有 185 年刊龄;《柳叶刀》(Lancet) 有 182 年的刊龄;《美国医学会杂志》(The Journal of the American Medical Asso-

ciation, JAMA)1883年创刊,至今有124年的刊龄;《英国医学杂志》(British Medical Journal, BMJ)1895年创刊,至今有112年的刊龄。《中华医学杂志(英文版)》目前已有130多年的刊龄;《中华医学杂志》中文版目前已有100多年的刊龄。可见,这些国内外名刊其品牌的形成需要多年的培育和文化积淀,能够百年而不衰的老刊肯定具有品牌期刊的要素,否则不可能长久生存下来。

第四节 医学期刊品牌的溢价性与溢价能力

期刊品牌价值是随着期刊品牌影响的不断扩大而提升的,其主要表现在期刊品牌的溢价性、期刊品牌的市场营销价值、期刊品牌的资源价值等,期刊品牌价值主要体现在期刊的溢价性和溢价能力上。期刊品牌的溢价性,就是指随着期刊品牌的成熟,在目标读者、目标作者、目标企业客户中留下深刻的品牌印记,并形成偏爱和追随与拥有心理,这时期刊品牌的溢价性和溢价能力就会得到充分体现,期刊相关要素的身价或价值也会随之得到提升。真正具有品牌影响力的科技期刊应该具有显著的溢价性和溢价能力,换言之,没有溢价能力的期刊品牌还算不上是真正的品牌期刊,更谈不上拥有忠诚的读者和作者群体,也不会产生期刊品牌的社会效益和经济效益。

医学科技期刊品牌的溢价性主要体现在读者溢价、作者溢价、编者溢价、广告客户(医药企业)溢价能力特有要素。

1. 读者溢价能力 读者是期刊的核心目标客户,读者溢价能力或溢价性,即读者和作者对品牌期刊的价格敏感度降低,目标读者为了阅读和拥有本学科品牌期刊可以不考虑其价格因素,读者心甘情愿地付出更高的价格订阅或拥有期刊。

2. 作者溢价能力 作者是科技期刊的重要资源,没有作者就没有期刊和稿源,期刊失去源泉。作者溢价能力或作者溢价性,即作者为满足各种功利目的(比如,提升自己的学术水平和学术影响力、社会价值和社会认可程度,为了晋升职称或职务等),对品牌科技期刊的推崇、仰慕、追随和占有欲望倍增,只要能在著名品牌科技期刊上发表研究成果或学术观点,作者可以不考虑支付版面费等其他付出因素,为了能在著名品牌科技期刊上发表文章,作者可以甘愿寂寞,苦苦钻研和创新,锲而不舍地向品牌期刊投稿。

3. 编者溢价能力 即随着期刊品牌影响力的不断提升,期刊编者的自身价值和地位也随之上升,编者在作者和读者心目中的学术水平也会发生心理变化,编者的社会价值和社会形象及美誉度也进一步提升,相关领域的专家学者将能够担任著名品牌科技期刊的编辑委员视为学术荣誉和学术地位的标志及资本,甚至想方设法,通过不同途径争取编辑委员名额,为显示其学术身价,还有专家学者将担任的著名科技学术期刊的职务印在名片上。当然,名牌期刊的编辑人才也会得到凝聚和吸引,品牌期刊社的人力成本也会低于非品牌期刊,因为编辑员工看重的不仅仅是钱,而是名牌期刊对个人事业发展的机会和荣誉。其编辑人员的身价也随之提升,到哪个科研单位或学术单位都受到欢迎,这就是品牌期刊编者溢价能力的体现。

4. 广告客户溢价能力 这是指随着期刊品牌影响名扬四海和美誉度的提升,广告客户(企业)为提高产品的知名度及回报效益,最大限度地占有市场,企业向目标品牌科技期刊广告投入也会加大,并对广告版位价格的敏感度降低,为体现企业实力和增强企业品牌知名度,企业为争得显著版位发布广告可以不考虑价格因素,只要能在著名品牌期刊上刊发广告,广告版位价格可以不考虑,甚至为了争得显著广告版位,广告客户与客户之间发生竞价行为,这足以说明品牌期刊的魅力和溢价能力。

第五节　医学期刊品牌形成要素与评价指标

医学科技期刊品牌是学术质量、期刊特色、期刊权威性、期刊影响力、期刊服务、期刊文化、期刊历史等诸多因素凝聚、沉淀和积累的结果，非一日之功。科技期刊品牌评价主要由期刊权威度、期刊知名度、期刊美誉度、期刊信任度、期刊认知度、期刊认可度、期刊忠诚度等要素或基本标准构成。在期刊品牌评价标准中，根据科技期刊品牌的内涵和构成要素，其评价标准应该具有主观指标和客观指标。

1. **期刊品牌权威度**　期刊品牌权威度是指其学术信息被科技工作者、科学共同体或社会的信任程度，具有独占性，并能支配和引导学术研究行为及学术发展方向的能力。期刊品牌权威度除作者和读者主观认识外，客观指标有科技成果的发表率、国际首创性论文发表率、国内首创性论文发表率、基金资助课题比、优秀论文发表率、学科权威标准或指南首发率等指标，并能全面反映本学科国内外最新研究进展，引领学术潮流。

2. **期刊品牌认可度**　科技期刊品牌认可度是指读者、作者、广大科技工作者、科学共同体和国内外著名检索系统，对科技期刊品牌的学术质量和创新水平及服务在品质上的综合整体印象与认同感。体现期刊品牌国际认可度和社会认知度的客观指标还有被国际著名检索机构收录和获期刊奖等，如被国际著名检索系统SCI、CA、EI、IM收录等。获得国家期刊奖、全国优秀期刊奖、百种中国杰出学术期刊、国家自然科学基金、中国科协精品科技期刊工程、科技部精品科技期刊、被权威性科学共同体遴选核心期刊等。

3. **期刊品牌忠诚度**　科技期刊品牌忠诚度是指读者、作者、图书情报机构或企业等，在订阅、期刊馆藏、投稿取向、广告投放决策中，重复表现出对某期刊品牌具有偏向性和偏爱的（而非随意的）行为反应。作者则表现出稿件投向的偏爱，使优秀论文的流向发生价值取向上的重度倾斜。体现期刊品牌忠诚度的客观指标还有期刊的期刊发行量、期刊发行范围、国际发行量、网络版在线浏览量、读者下载量、广告数量、年收稿量、稿件录用率、退稿率等指标。期刊品牌忠诚度的形成不完全是依赖于期刊的品质、知名度、品牌联想及传播，它与读者和作者本身的学科或专业及订阅经历密切相关。因此，提高期刊品牌的忠诚度，对科技期刊的生存与发展，提高期刊的社会效益和经济效益极为重要。

4. **期刊品牌认知度**　科技期刊品牌的认知度是指读者、作者、广大科技工作者或科学共同体，通过期刊品牌来认识、认知、了解和选择期刊的价值取向与服务的程度。有关体现科技期刊读者和作者关注程度和认知程度的客观指标外，还有被引频次数、影响因子、扩散因子、即年指标、他引率、学科扩散指标、学科影响指标、被引半衰期、海外论文比、地区分布数、引用半衰期等评价参数。

5. **期刊品牌知名度**　科技期刊品牌知名度是指期刊被公众、科学共同体、科技工作者、本领域专家学者知道和了解的程度，以及社会影响的广度和深度，这也是评价科技期刊名气大小的客观尺度。期刊品牌知名度是美誉度的基础，而期刊品牌美誉度是真正反映期刊品牌在读者和作者心目中的价值水平，两者都是衡量期刊品牌价值外延度的重要指标。期刊美誉度是期刊品牌在读者和作者心目中的良好形象；美誉度是以知名度为前提的，没有良好的知名度就谈不上期刊品牌形象。而知名度是可以通过宣传手段快速提升，但美誉度则需要通过长期品牌经营才能建立起来。如果知名度低，而且美誉度也低，这说明期刊品牌处于市场导入期，期刊品质和品牌营销宣传尚缺乏成效；如果知名度低，而美誉度高，这说明原本很优秀的品牌期刊并未被同行知道和了解；如果期刊知名度高，而美誉度低，它反映出期刊具有名声不好之嫌；期刊的高知名度和高美誉度都高是成熟品牌期刊的重要特征（图33-1）。

6. **期刊品牌美誉度**　期刊品牌美誉度是指读者、作者、广大科技人员和科学共同体对期刊品牌评价所持的满意、赞许和赞美程度。期刊美誉度与知名度一起构成期刊的社会形象和在广大科技工作者心目中的神圣学术形象，例如国际科学界誉称 *Science*、*Nature* 为诺贝尔奖的"摇篮"；国内医学界誉称中华医学会主办的期刊为"中华牌"等美誉。

7. 期刊品牌信任度　期刊品牌信任度是指期刊学术权威性、编者魅力、服务质量和期刊所产出的信息源无论说什么都会令人相信的能力与程度，简单地说既是对科技期刊信用的量化和评价的尺度，也是品牌科技期刊形成公信力的核心要素。

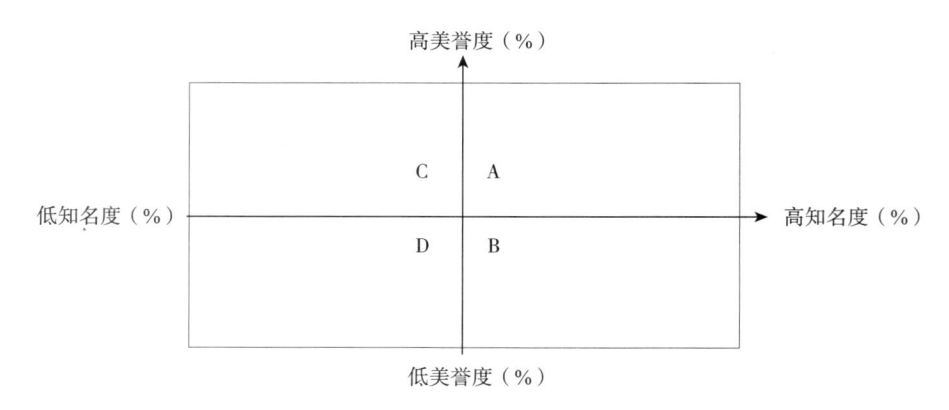

图 33-1　期刊品牌认知度评价分析

A区．期刊品牌认知度高，期刊品牌美誉度高；B区．期刊品牌认知度高，期刊品牌美誉度低；C区．期刊品牌认知度低，期刊品牌美誉度高；D区．期刊品牌认知度低，期刊品牌美誉度低

第六节　医学期刊品牌的评价方法

医学科技期刊品牌评价方法可应用读者、作者和公众问卷调查的方法，对期刊品牌的识别、期刊品牌回想等市场状况进行定量分析，掌握期刊品牌在读者、作者、科学共同体心目中的类型。如强势期刊品牌、正常期刊品牌、衰退期刊品牌、利基期刊品牌和弱势期刊品牌等几个品牌期刊状态。

1. 期刊品牌识别　是指读者、作者和科技工作者在面对大量品牌科技期刊时能否识别出特定某学科领域的品牌期刊。期刊品牌识别，也称提示期刊知名度，是期刊品牌知名度的最低层次，期刊提示知名度反映的是目标读者或作者的普遍认程度。可通过问卷调查，用提示和帮助目标读者记忆的方法测试获得。

2. 期刊品牌回想　是指不向目标读者（被调查者）提供期刊品牌刊名，而且不加提示，期刊品牌回想反映了读者或作者对期刊品牌的记忆程度，对读者的订阅决策影响很大。期刊品牌回想又称不提示期刊知名度，其方法也是通过问卷调查请被调查者说出某学科领域的品牌期刊。特别指出的是，在其品牌回想中第一提及的品牌期刊，称为第一提及知名度，是期刊品牌回想中的特殊状态，也是品牌知名度的最高层次，是被调查的读者或作者首先想到的期刊品牌，这表明在被调查者心目中的地位高于其他期刊品牌。

3. 期刊品牌市场状态　对上述提示期刊知名度和不提示期刊知名度进行回归分析，采用品牌记忆认知模型（Graveyard），以不提示期刊知名度为X轴，提示期刊知名度为Y轴为坐标，并在二维图中标出其品牌状态或位置（图33-2）；将期刊的提示前后知名度进行回归分析，并给出回归线，这样即可将期刊品牌分为5种状态。

（1）正常期刊品牌：E、H、G、F位于回归线附近，特点是提示前后知名度与目标读者市场基本一致。

（2）衰退期刊品牌：D、C位于回归线右上方的期刊，特点是不提示知名度很低，这表明该期刊品牌在目标读者中呈淡忘趋势。

（3）潜力期刊品牌：I位于回归线左下方的期刊，特点是不提示知名度相对于提示知名度较高，这表明读者对该类期刊品牌的认知度虽然不高，但期刊品牌回忆率较高，这说明具有较高的忠诚度。

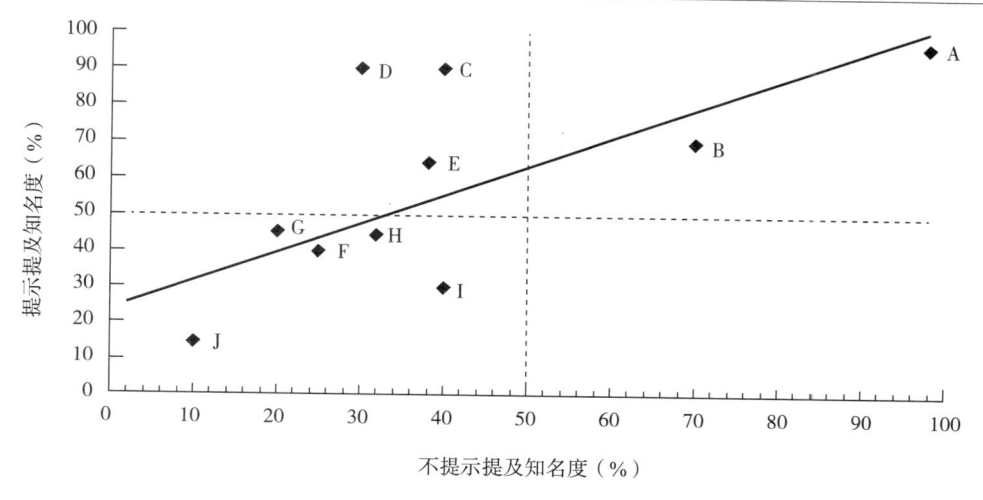

图 33-2　期刊品牌状态或类型分布

（4）强势期刊品牌：A 和 B 位于回归线右上方的期刊，特点是提示前后知名度都很高，读者或作者对其有很高的忠诚度。

（5）弱势期刊品牌：J 位于回归线左下方的期刊，特点是提示前后知名度都很低，不具备期刊品牌影响力。

第七节　医学期刊品牌评价的分类

科技学术期刊品牌具有学科性、专业性、区域性和领域性的特点。因此，科学而合理的科技期刊品牌分类，对科技期刊品牌建设和培育具有重要指导意义。

1. 国际品牌期刊　是指具有跨地区、跨国界、跨学科、跨行业、国际化、各学科专家学者共同认可的国际化品牌科技期刊。如 *Science*、*Nature* 等综合性国际著名品牌科技期刊。另外，在国际上本学科或本领域专家学者共同认可的、具有国际化的品牌专科期刊。

2. 国内品牌期刊　是指在国内本学科或多学科专家学者都推崇和认可的品牌科技期刊，特别是在本领域、本学科具有高认知度和高美誉度的学科旗帜性领衔科技期刊。

3. 区域品牌期刊　是指具有区域特点和区域优势的品牌科技期刊。如地方病杂志、少数民族医学、传统医学、学报、院报等科技期刊，在本区域、本省或本行业专家学者都认可的品牌科技期刊。

4. 专科品牌期刊　是指在本专业或本领域中，具有专业特色、全面反映本专业研究和学术进展，并被同专业专家学者普遍认可和推崇的专科品牌科技期刊。

第八节　医学期刊品牌培育内容与培育方法

在构成期刊品牌的要素中，期刊的质量、特色、权威性和影响力是品牌形成的核心要素，而期刊特色是有别于其他期刊的重要识别要素。但仅具备期刊品牌构成的基本要素是不会完全产生品牌效应的，同时还要注重期刊品牌形象的塑造与完善，特别是期刊形象识别的培育和打造，这是期刊品牌培育的重要手段和方法。

一、医学期刊质量培育

期刊质量是品牌期刊的代名词，期刊质量包括学术质量、编辑质量、出版质量和服务质量等。特别是科技期刊，是以内容为王的产品。因此，期刊品牌培育的重点首先是内容的质量培育，这是科技期刊品牌建设的基础。

1. 学术质量培育　学术质量是科技期刊品牌

培育的核心。因此，期刊的学术质量建设是品牌培育的重点。科技期刊要善于跟踪本学科国内外最新学术进展和成果，反映学术发展前沿，引导学术潮流，就必须重视期刊的系统策划和编辑选题策划，跟踪核心作者和学科（学术）带头人的研究课题、国家各项重点科研攻关课题的研究进展，及时组织重大选题的报道。同时还要注重期刊的学术导向性，合理兼顾实用性内容和推广普及性内容的报道，全面提升学术权威性。

2. 编辑质量培育　编辑质量培育就是要严格执行各种编辑规范和要求，避免和减少编辑错误，重视期刊的总体设计、栏目设计和版面设计，提高期刊的可读性和对读者的感染力。

3. 出版质量培育　重视和加强出版印刷质量控制，严格出版印刷标准和规范，提高期刊的装帧质量。

4. 服务质量培育　编者要树立为读者和作者的服务意识，在编辑工作中要真正做到"对作者负责，让读者满意"的编辑理念，培育良好的期刊文化。

二、医学期刊品牌形象培育

按科技期刊品牌形象的表现形式，期刊品牌形象的构成要素可分为内在形象要素和外在形象要素。内在形象要素主要包括期刊形象和期刊文化形象；外在形象要素主要包括期刊品牌标识系统在读者和作者心目中表现的信誉。

1. 期刊品牌形象　科技期刊形象是期刊品牌的重要因素之一。是与期刊品牌的功能性特征相联系的形象认识，潜在的读者和作者对期刊品牌的认识首先是通过期刊功能和价值体现出来的。科技期刊品牌不是抽象和虚无的东西，而是能满足作者和读者心理与物质的需求，这种满足与期刊品牌息息相关。如科学家能在世界著名品牌科技期刊 *Science*、*Nature* 等期刊上发表论文视为学术荣誉、学术水平和学术生涯的追求，能最大限度地满足作者功利目的和心理需求。当潜在的读者和作者对期刊形成高评价时，就会产生较强的信赖感，这种信赖最终会转移到期刊品牌上来，对期刊品牌形成良好形象印记。

2. 期刊品牌标识系统　期刊品牌标识系统是指读者和作者及社会公众对期刊品牌的认知与评价。科技工作者对期刊品牌的心理评价首先来自视觉形象，特别是期刊的总体设计。比如，期刊的封面设计、期刊标识设计、背景色调设计、栏目的设计等。尤其是在科技期刊如林的今天，同一学科和同一专业科技期刊众多。因此，应首先在视觉上给读者和作者形成差异化效果，只有抓住读者和作者的视线，才有可能赢得目标读者和作者。

3. 期刊品牌信誉　科技期刊品牌信誉是指读者、作者、广大科技工作者及社会公众对期刊品牌信任度的认知与评价。具备品牌科技期刊要素和条件的期刊，不仅仅具有知名度、权威性和影响力，还必须具有与期刊品牌相匹配的品牌信誉。比如，为读者和作者服务的意识和行为准则；树立以读者和作者为中心的编辑思想及"对作者负责，让读者满意"的编辑理念，是维护期刊品牌忠诚度的法宝，也是保持期刊品牌魅力的重要因素之一。

4. 期刊品牌形象的稳定性　期刊品牌形象是读者、作者和科技工作者对品牌期刊的看法或印象，反映的是期刊品牌给读者、作者和科技工作者的总体感觉。因此，期刊品牌形象要有一致性、统一性、长期性和稳定性，否则就会形成读者和作者对品牌形象的印记混乱，造成期刊品牌错觉感，失去期刊品牌印记和信赖。

三、医学期刊品牌形象塑造的原则

科技学术期刊品牌形象塑造其重点是突出特色，要有别于同学科或同专业期刊的差异，充分显示期刊的学科特点，在读者、作者和科技人员中形成深刻的品牌形象。

1. 期刊品牌民族化原则　俗话说"只有民族的，才是世界的"，科技期刊品牌也是如此，在科学领域有些学科或专业具有民族特色、特点或优势，期刊品牌培育和塑造就是要抓住唯我独有的东西，充分显示其民族特点和学科特色，避免期刊形象和设计雷同，缺乏特有的品牌形象印记，使广大科技人员、读者和作者难以识别品牌形象，甚至造成品牌形象印记混乱，难以记忆或者记混，失去品牌培育的意义。

2. 期刊品牌个性化原则　期刊品牌个性化是指期刊品牌的差异化或特色化，其差异化程度越强，期刊品牌的特点越显著，对读者、作者认知程度越高。因此，期刊品牌培育和策划的目的就是要强化期刊品牌独特的个性化特征，充分显示其独特魅力。

3. 期刊品牌协调性原则　期刊品牌形象的形成和塑造是多因素综合作用的结果，有期刊内容、期刊总体设计、期刊品牌宣传等，也有期刊社或编辑部为读者、作者和广大科技人员服务的质量，既有硬件的，也有软件的，有内部的，也有外部的。因此，期刊品牌培育和塑造要协调实施，全面完善。

4. 期刊品牌社会化原则　品牌是社会化的需求和认知，科技期刊品牌也不例外，是广大科技人员、读者、作者和社会需求，同时也是社会对其认知和读者作者忠诚追求的产物。因此，期刊品牌培育和塑造要遵循社会化原则，顺应时代和科学发展的潮流。

5. 期刊品牌规范化原则　期刊品牌形象的规范化和差异化原则是辩证统一关系，期刊品牌形象的差异化并非随意化，因此，期刊品牌打造还必须遵循规范化原则和标准，避免随意性和时空上的非稳定性，使期刊品牌形象在读者、作者和科技人员中产生多变性，造成期刊品牌形象离散，而淡化期刊品牌印记。

四、医学期刊品牌标识塑造要点

要使读者、作者和公众对期刊留下牢固的品牌形象和品牌印记，就要注重期刊品牌标识的设计和培育。

1. 期刊品牌标识的简洁性　不管是期刊的封面设计、总体设计、栏目设计、标识设计等都要简洁生动，体现科技期刊特点，让读者、作者和科技工作者一目了然，容易理解和记忆。

2. 期刊品牌标识的统一性　期刊品牌形象的统一性就是把同类事物两种以上的表现形式限定在同一范围内。如同一期刊名称和标识在不同国家、不同载体形式（纸版、网络版、光盘版等）保持品牌形象的一致性，以便读者进行品牌形象识别。

3. 期刊品牌标识的系列性　期刊品牌的系列化是指对同类对象设计中的组合参数、期刊开本、封面背景设计、标识设计尺寸和在期刊上的位置等做出合理的规划，以保持期刊品牌间的协调统一。如中华医学会系列杂志的封面设计就较好地体现了统一性、标准化和系列化的特点，使广大医药卫生科技人员一看就知道是中华医学会系列杂志或"中华牌"，具有极强的识别性。

4. 期刊品牌标识的通用性　期刊品牌形象设计或标识设计要具有通用化，可适用于不同的场合，既可放大，又可缩小。如中华医学会系列杂志的"会徽"，可以印刷在期刊封面上，也可以印在各种宣传品上，同时也可以制作成胸章佩戴。

第九节　医学期刊品牌形象识别的内容与识别方法

医学科技期刊形象识别的特点具有指导性、实践性、整体性、广泛性、长期性、全面性和系统性。通过期刊形象识别的塑造，增强读者、作者及专业技术人员对期刊打下品牌烙印，在其心目中树立起期刊形象识别印记，通过传播系统要素，将期刊编辑理念、期刊文化、办刊宗旨、学术权威性、学术影响、学术价值观等传达给科技界和本学科及本领域的专家学者，并得到读者、作者、专业技术人员、社会和科学共同体认知。期刊形象识别策划除在期刊编辑部层面具体实施外，还要在更高层面实施整体形象策划塑造和宣传，以提高社会对品牌科技期刊的认知度。

一、医学期刊形象识别要点

在期刊形象识别的策划和实施中，应坚持基本的实施原则与要点，才能保证期刊形象识别策划的成功，为此，应遵循"战略性、个性化、学术性、学科性、系统性、全面性、统一性、实践性、规范性"的原则。科技期刊品牌形象识别塑造包括理念、行为、视觉、听觉内容或方法。

1. 期刊理念识别塑造　包括办刊方针、办刊宗旨、编辑指导思想、编辑理念、编辑的服务意识、期刊经营原则、期刊文化、期刊发展战略、期刊经营风格等期刊软件建设，是期刊所蕴含的内在动力和品牌底蕴,是影响期刊发展和期刊品牌建设的重要因素。

2. 期刊行为识别塑造　期刊行为识别有编辑规范、期刊编辑制度、审稿制度、编辑决策治理结构、学术决策治理结构、编辑出版流程、编辑人员素质、编辑行为规范、编辑职业道德、期刊学术交流活动、编辑部环境和编辑形象等。

3. 期刊视觉识别塑造　期刊视觉识别有期刊总体设计、期刊标志、封面设计特点、栏目总体设计、编排风格等,是期刊形象识别通过期刊形象识别中最外在,也是最直观的,并且能在本领域专家学者中迅速形成识别印记。如中华医学会系列杂志以往各期刊封面设计缺乏统一性和品牌标识,在读者中难以形成品牌系列的整体形象和品牌印记,为此,中华医学会杂志社对期刊封面实施了总体设计,统一了基本设计风格和形象标识,但各期刊背景色调和背景花纹不同,为有别于其他"中华"字样期刊,并强化中华医学会系列期刊品牌标志,在封面的统一位置加印"中华医学会会徽""中华医学会主办""中华医学会系列杂志"等标识,增强了中华医学会系列杂志期刊封面视觉识别形象的特点,在广大读者、作者和医药卫生科技人员的头脑中打下了牢固的品牌视觉印记,提升了期刊的影响力。由此也引起不少其他医学期刊在封面设计上模仿其设计思路,甚至效仿造假,也从一个侧面反映了其品牌效应和视觉形象设计的成功。

4. 期刊听觉识别塑造　期刊听觉识别对于科技期刊一般应用较少,但也可以应用,有利于强化期刊品牌识别效果、强化识别印记,包括刊歌、广告宣传语、编辑团队歌、社歌等,以利于彰显期刊个性,容易激活科技人员的记忆细胞,在头脑中打下品牌烙印。

二、医学期刊品牌载体识别塑造方法

科技学术期刊品牌形象通过载体传播和影响可达到事半功倍的效果,能有效加速目标读者和作者对期刊品牌的认知效率,提高期刊品牌的权威性、信任程度和品牌形象烙印的形成。

1. 期刊主管单位载体识别塑造　期刊主管单位载体形象的权威性和公众认可程度,是通过其行政和管理的权威性体现的,能给读者、作者和社会公众以信任感和安全感,因而对期刊品牌培育和认知度的提高具有支撑作用。因此,科技学术期刊应选择好本期刊的主管单位,特别是选择具有政府科技主管部门或具有国内国际权威性的学术管理机构,这样可有效提升读者和作者对期刊的权威性与安全感。

2. 期刊主办单位的载体识别塑造　期刊主办单位的载体形象,如学术或科技共同体(学会、研究会、协会)的社会影响、信息、专家资源、学术资源和独特优势,对期刊品牌的培育和塑造具有登舟扬帆的作用和效果,达到事半功倍的作用。

3. 编辑出版单位载体识别塑造　编辑出版单位的品牌载体形象对期刊品牌的形成和培育具有重要作用,如编辑出版单位在国内或国际学术的领衔地位、优势学科地位、学术和社会影响等,对期刊品牌的形成和培育具有催化作用。

4. 名家载体识别塑造　两院院士、著名学术带头人、权威专名专家、学术名流等领衔主编或编辑委员,对加速期刊品培育和牌成熟具有"形象代言人"的品牌载体效应。因此,通过著名科学大家这一载体传播和影响期刊,对科技人员和读者形成显著的期刊品牌识别印记,加速期刊品牌的形成具有深远意义。

第十节　医学期刊品牌的维护与经营

期刊品牌仅仅培育成熟是不够的,还要围绕期刊品牌实施有效的品牌资源整合、品牌营销、品牌延伸经营,促进期刊品牌价值的不断提升,形成期刊"品牌效益→社会效益→学术效益→经济效益→品牌价值"的良性循环。

一、医学期刊品牌资源的整合

期刊品牌资源具有垄断性,但期刊品牌资源又具有离散性和散点性。因此,期刊品牌只有通过品牌经营,才能有效整合品牌资源,将散点资源整合为能量资源。如期刊的编辑委员、本学科专家、作者、读者、企业等资源，只有通过期刊品牌平台，实施有效的组织、凝聚和交流，才能将专家的离散智慧形成集体智慧和智能，从而推动学术进步。期刊品牌资源的整合与经营，可以通过期刊品牌固有效应来实现，即期刊品牌聚合效应、期刊品牌扩散效应、期刊品牌磁场效应、期刊品牌的时尚效应。

1. 期刊品牌聚合效应　随着期刊品牌知名度和美誉度不断提高，品牌期刊的聚合效应愈加显著，期刊凭借其品牌优势，逐步形成品牌垄断，期刊的核心竞争力不断增强，这为品牌聚合与品牌扩张经营或延伸经营提供了条件。

2. 期刊品牌扩散效应　期刊品牌的扩散效应是指品牌在读者、作者和企业心目中形成的良好印象，从而读者和作者对期刊产生的信赖、推崇、仰慕和跟踪，当期刊以原有品牌推出新的"学术产品"后，能自然地被读者、作者和企业认可与接受。期刊可利用品牌的扩散效应实施品牌多元化、系列化和品牌延伸经营。

3. 期刊品牌磁场效应　是指期刊品牌拥有很高的影响力、知名度和美誉度后，期刊在读者、作者和相关企业心目中树立的极高威望而表现出对品牌的极度忠诚，期刊品牌就如同磁石强烈地吸引着读者和作者。因此，期刊要极力维护品牌的原有形象，加大品牌策划和宣传力度，从扩大期刊品牌的知名度入手，全面培育读者和作者对期刊品牌的忠诚度。

4. 期刊品牌时尚效应　是指在特定的年代里，由于期刊品牌的知名度、权威性、影响力和美誉度很高，读者与作者将阅读品牌期刊和在品牌期刊上发表研究成果视为创新能力与学术水平的象征，研究生导师和同行专家学者会推荐自己的学生及同行阅读追踪，并向该期刊投稿。如当今专家学者推崇和追随SCI等世界著名检索系统收录与高影响因子品牌科技期刊，形成了一种阅读跟踪和研究成果投向趋势，无意中形成了一种学术时尚或学术交流新潮。

二、医学期刊品牌营销方法

期刊品牌有了知名度并非品牌真正培育成功，还必须通过期刊品牌营销由品牌知名度上升为品牌美誉度和品牌忠诚度，才真正体现期刊品牌的价值。因此，期刊品牌培育达到一定程度或知名度，就要采取品牌营销措施和手段实施品牌营销，将期刊品牌核心价值让读者和作者认同，其方法可以期刊名誉召开大型学术会议、学术论坛、联合相关学术团体、国际学术组织参与主办大型国内和国际会议，以期刊名誉设立有奖征文、优秀论文奖项、设立科研基金、继续教育等形式推介期刊，培育读者和作者队伍，最大限度地提高读者和作者对期刊品牌的忠诚度。

三、医学期刊品牌延伸营销方法

期刊品牌延伸经营就是在品牌增值和品牌形象完善的主线上延伸与扩展，实际上，期刊品牌延伸经营和营销的过程，就是期刊品牌再造和深度培育的过程，通过期刊品牌延伸经营和销售，不断再造期刊品牌，优化和提升品牌价值，使期刊品牌价值最大化。

1. 期刊品牌数字化营销　借助期刊品牌效应对过刊文献实施开发或深层开发经营，充分发挥文献的学术价值。如制作成不同的"学术产品"，满足不同层次专业技术人员的需求。

（1）学术光盘：对过刊或当年文献制作成光盘版销售，便于文献收藏和查阅，也可以对不同内容、不同文体的文章分类编辑不同学术产品。如学术著作、科普读物等。

（2）网络版：对期刊学术内容开发网络期刊，读者可随时登录网站检索，也是国际上普遍采用的期刊品牌营销方式之一。

（3）数据库：将多年期刊文献制作成数据库实施文献开发利用。

（4）期刊文献特色开发：将过刊有特色的文献进行重新组织和开发利用，制作成不同形式和专题的"学术产品"。

（5）多媒体产品：如微信、手机报等学术信息发布产品。

2. 期刊品牌版权营销　版权是科技期刊重要资源，借助期刊品牌优势合理开发和利用版权资源，实施版权合作经营。如将版权转让或合作出版不同文字的期刊；对期刊相关内容转让给经营单位或出版单位进行再开发营销。

3. **期刊品牌学术营销** 借助期刊品牌资源和学术平台，联合企业或科研院校，冠名参与协办期刊、合办栏目等，以提高企业知名度。还可以与企业或科研实体设立科研基金、联合征文、有奖征文等，促进相关技术或产品的学术推广与临床应用，达到双赢的目的。

4. **期刊品牌服务营销** 发挥期刊的品牌优势，调动与整合专家资源，为企业和科研院校提供技术、产品、科研、教学、学术咨询等服务。如开展专题培训、继续教育、市场拓展服务、企业咨询服务等，通过期刊品牌服务的营销，完善品牌形象，提高品牌美誉度，同时提升期刊品牌价值。

第十一节　科技学术期刊品牌评价实践与应用

以中国科学技术协会（科协）所属科技期刊作为品牌评价样本，对960种科技学术期刊的品牌状态和品牌影响力相关指标进行调查统计与评价。科协所属科技学术期刊在国内外具有较好的学术影响力，基本反映了我国科学技术发展的水平和进程，也从一个侧面反映了我国科技期刊发展的水平。为比较客观地了解科协所属科技期刊品牌建设的现状、品牌影响力和品牌市场状态或品牌类型，通过设计客观指标和主观指标进行统计分析。客观数据统计采用红头文件通知形式，向各期刊编辑部发放调查统计表，并实行网上填报，共收回610份，有效统计调查表610份。主观指标采用抽样调查方法，通过不同学科期刊编辑部向读者和作者发电子问卷调查表的形式获取；共发25个不同学科期刊编辑部，有23个编辑部收回问卷，共收回作者和读者问卷2023份，有效统计问卷1970份。调查和统计分析结果显示，科协所属科技学术期刊处于"强势品牌状态"，并具有期刊品牌集群化的发展趋势或特点。

一、科技期刊品牌评价对象与分析方法

调查设计两类指标，即客观指标（硬指标）、主观指标。客观数据由编辑部在网上填报，汇总分析获取；主观数据通过不同学科期刊读者和作者电子邮件问卷调查获取。

（一）期刊品牌影响力指标

1. **客观指标** 严密设计体现期刊品牌价值和影响、品牌建设的客观指标，主要有：学术质量指标、稿件指标、发行指标、期刊经营指标等，并通过统计软件进行统计分析。

2. **主观指标** 通过不同学科作者和读者问卷调查获取。采用分层与分类设计的方法尽可能控制偏倚因素。其内容设计为：以期刊的权威度、认可度、忠诚度、认知度、知名度、美誉度和信任度7个纬度反映品牌影响及认知程度。以期刊品牌识别率（提示提及知名度）、期刊品牌回想率（不提示提及知名度）、不提示第一提及知名度、提示第一提及知名度、非本专业提及知名度不同纬度呈现品牌状态。

（1）第一层：不加提示，请被调查者写出最熟悉的6种中国科技期刊名称（计算科协期刊提及频率）。

（2）第二层：不加提示，请被调查者写出自己专业以外最熟悉的3种中国科技期刊名称（计算科协期刊提及频率）。

（3）第三层：加以提示，给出35种不同学科我国科技期刊名称（其中含科协和非科协期刊）。请被调查者辨认并勾出其中最熟悉的期刊名称（计算科协期刊提及频率）。

（4）第四层：分别计算第一、二、三层被调查者首先提到的第一种期刊名称中科协期刊提及频率。

（5）第五层：加以提示，给出3种同一学科领域的科协期刊名称。请同学科作者和读者做出综合整体评价，回答7项正反提问（体现7个纬度指标）。

（二）期刊品牌抽样分析

1. 控制偏倚　为控制抽样偏倚因素并考虑被调查者的依从性，在作者和读者群选取上尽量扩大学科面和样本量；选取25种不同学科领域的期刊编辑部，请编辑部协助通过电子邮件发给本学科领域的作者或读者填写，其中第五层分别给出相应学科领域3种期刊名称，即选取的25种不同学科期刊编辑部所发问卷分别为相应学科领域的3种科协期刊（因为科技期刊品牌具有很强的学科性，不同学科领域读者或作者难以客观评价），限期收回问卷，综合汇总分析。

2. 期刊品牌状态评价　对统计的期刊品牌识别率（提示提及知名度）、期刊品牌回想率（不提示提及知名度）数据进行回归分析，采用国际公认的品牌认知模型分析期刊品牌市场状态。

二、科协期刊品牌培育和品牌建设

科技期刊是以内容为王的产品，质量是期刊品牌的生命，也是期刊品牌建设的基础。同时，期刊品牌的组织建设、品牌形象建设、"品牌载体"建设、品牌营销宣传等，对科技期刊品牌培育和发展也具有重要的促进与催化作用。

编审队伍在期刊品牌建设中的作用与影响

在期刊品牌建设中人才是第一要物，特别是编辑委员会成员、主编和专职编辑队伍人才，对期刊品牌的培育和建设具有主导地位和关键作用。

1. 编委会在品牌建设中的作用　科技期刊完善而健全的编委会对期刊品牌培育具有举足轻重的作用，特别是编委中著名专家、院士、著名学科带头人的数量，从一个侧面说明期刊的品牌影响和凝聚力。实践证明，国内外著名品牌科技期刊无不凝聚着众多著名学科带头人或专家的力量，同时他们也为期刊的品牌培育发挥了"载体功能"和"形象代言人"的作用。通过对中国科协期刊调查表明，在收回的610种期刊问卷中，具有健全的编委会组织的期刊占98.8%；平均每一个编辑委员会拥有编委53.9人，如此算来，中国科协期刊目前拥有一支庞大的编委队伍，人数达到49 000多人，在其编委中拥有的中国科学院院士和中国工程院院士及外籍院士占7.5%，博士生导师占48.2%，正高级职称的专家占87.4%（表33-1）；拥有博士学位的占26.5%，拥有硕士学位的占31.9%，这说明中国科协科技期刊编辑委员会凝聚了大量我国相应学科的高水平学术（学科）带头人，为期刊品牌建设发挥了重要的组织、载体和保证作用。

2. 主编/总编辑在品牌建设中的作用与影响　科技期刊主编/总编辑是期刊的学术领衔人物，具有学术和学科领袖的影响作用，主编的学术影响、学术魅力和人格魅力对科技期刊品牌的建设和培育具有重要作用。两院院士、著名学术带头人、权威大家、学术名流等领衔主编/总编辑，对加速科技期刊品牌建设和品牌培育具有重要的"形象代言人"的作用，同时可有效提高科技期刊在读者和作者心目中的权威性；例如《数学学报》的历届主编就先后由苏步青、华罗庚、王元、杨乐、陈景润、李炳仁等世界数学大师领衔，这就确立了期刊的学科地位和品牌影响力。因此，通过著名科学名流这一载体传播和影响期刊，对科技人员和读者可形成显著的期刊品牌效应和期刊品牌识别印记，对加速科技期刊品牌的形成具有深远意义。调查结果表明，在中

表33-1　中国科协科技期刊编审队伍情况调查［人（%）］

职务	总数	学历				学术技术职称				
		博士	硕士	本科	其他	院士	博士研究生导师	正高	副高	中初级
主编	610	241（39.5）	118（19.3）	246（40.3）	5（0.8）	97（15.9）	241（29.5）	587（96.2）	23（3.8）	
编委	32 857	8689（26.5）	10 593（32.2）	12 930（39.4）	645（2.0）	2466（7.5）	15 842（48.2）	28 720（87.4）	2131（6.5）	384（1.2）
编辑	4306	507（11.8）	871（20.2）	2033（47.2）	895（20.8）		1837（42.7）	1134（26.3）	1078（25.0）	
合计	37 773	9437（25.9）	11 582（23.9）	15 209（42.3）	1545（7.9）	2563（11.7）	16 083（43.9）	31 144（75.4）	3288（12.2）	1462（13.1）

注：调查数据截至2008年9月30日；院士数为人次（含外籍院士）

国科协期刊的主编/总编辑中，中国科学院院士和中国工程院院士及外籍院士占15.9%，博士研究生导师占39.5%，正高级职称的专家占96.2%（表33-1）；拥有博士学位的占39.5%，拥有硕士学位的占19.3%，这表明，在中国科协期刊的主编中，凝聚和拥有大批我国各学科著名顶尖学科/学术带头人，对科技期刊品牌建设发挥了不可低估的重要作用。

调查还显示，主编/总编辑在期刊品牌建设中的作用主要体现在：期刊学术内容的组织与策划，占68.7%；学术导向作用，占64.6%；组稿约稿，占42.6%；稿件质量把关终审，占73.3%；作用发挥不显著占14.6%；其他占3.4%（图33-3）。

3. 编辑队伍在品牌建设中的作用与影响　在期刊品牌建设与培育中，专职编辑队伍是期刊品牌建设和品牌培育的直接策划者和实施者。因此，拥有高素质和高水平的编辑人才队伍是期刊品牌建设的关键。调查表明，中国科协期刊不仅具有一支庞大的专职编辑队伍，而且具备专家型和学者型的大批高级专业人才，这是期刊品牌建设的重要力量和基本保证。在调查的610种期刊中，每家期刊平均有专职编辑人员7.1人，如此计算，目前中国科协具有6400多人的专职编辑队伍；其中博士研究生学历者占11.8%，硕士研究生学历者占20.2%，本科学历者占47.2%；正高级职称人员占42.7%，副高级职称人员占26.3%，中级职称人员占25.0%。高水平的专职编辑队伍，为中国科协期刊品牌建设和品牌培育提供了组织和人才基础与支撑。

4. 编辑出版机构在品牌建设中的作用与影响　期刊的主管机构、主办或管理机构、编辑出版单位等，以其国家或行政形象的权威性、学术影响力和学科在国内外的领先地位，对期刊品牌培育发挥着重要影响作用，同时又具有"品牌载体"的作用，这是期刊品牌建设的重要保证因素。

5. 期刊主办单位在品牌建设中的作用　期刊主办单位的权威性和社会影响与载体形象，如学术与科技共同体（学会、研究会、协会、科研机构等）的学术和社会影响，信息资源、专家资源、学术资源和学科的独特优势，对期刊品牌的培育和建设具有重要的载体与形象的影响作用。调查结果表明，在期刊主办单位中一级学会占94.5%，科研院所和大专院校占3.5%，大型国有企业占1.5%，其他占0.5%。调查统计表明，期刊主办单位在期刊品牌建设中的作用主要表现为对期刊实施管理、监督和指导的占76.2%，为期刊提供资金支持的占14.6%，帮助期刊组稿的占16.9%，为期刊提供专家资源的占26.1%，为期刊提供学术交流和期刊宣传支持的占59.5%（图33-4）。

6. 编辑出版单位在品牌建设中的作用与影响　编辑出版单位的品牌载体形象和学术影响对期刊品牌的形成和培育也具有重要作用，如编辑

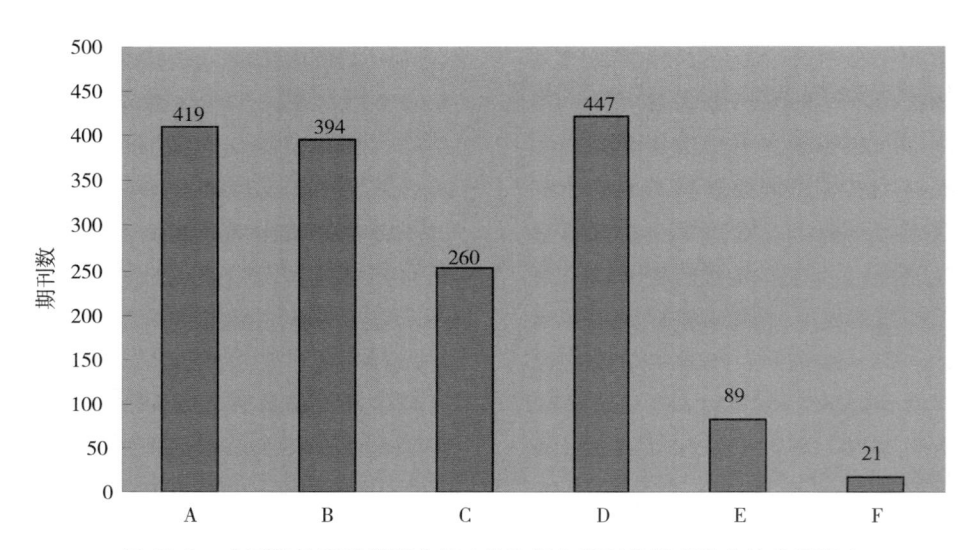

图33-3　中国科协科技期刊主编/总编辑在期刊品牌建设中的作用调查
A. 期刊内容的组织与策划；B. 学术导向；C. 组稿约稿；D. 稿件终审；E. 作用发挥不显著；F. 其他

出版单位在国内或国际的学术领先地位、优势学科地位、学术和社会影响、品牌影响与知名度、领衔学科带头人或科学家的国内外影响等，对科技期刊品牌的形成和培育具有重要的催化作用。在中国科协期刊中，其编辑出版单位在具有国内和国际学术影响的科学共同体或科研院所的占97.8%，这为科技期刊品牌培育和建设发挥了重要的基础与促进作用。

7. 期刊主管单位在品牌建设中的作用与影响　期刊主管单位的权威性和公众及科技工作者的认可程度，是通过其行政和管理的权威性体现的，能给读者、作者和社会公众以信任感和安全感，因而对期刊品牌培育和认知度的提高具有重要的载体作用。中国科协作为我国影响最大、权威性最强的科技社团和科学共同体，对其主管的科技期刊品牌培育本身就具有重要的载体作用和功能。同时，中国科协和主管部门重视科技期刊的品牌建设，以落实科技期刊精品战略为重点，实施了"科技期刊择优扶持""科技期刊精品工程""期刊品牌国际宣传"等项目，并实施政策引导，促进和加速了科技期刊品牌建设的进程。

8. 学术质量建设在品牌培育中的作用与影响　在中国科协的重视和推动下，各期刊编辑部重视和加强了期刊品牌建设，坚持以打造精品期刊为重点，以提高期刊学术质量为中心，采取主动组稿、跟踪国家重点课题和组织重点号等形式，突出学术报道重点和学科前沿，以质量求生存，靠质量创品牌，确保期刊学术质量和反映本学科最新进展，引领本学科学术潮流，推进科技进步和学术发展。

三、科协科技期刊品牌建设基本措施

1. 跟踪重点课题，突出策划组稿　各期刊编辑部注重跟踪国家重点科研攻关课题，加大主动策划组稿力度；同时，从国家重点课题基金论文比例，也可体现科学家对品牌期刊投稿的价值取向和期刊组稿的强度，在某种意义上也说明了期刊品牌的认可程度。调查统计结果显示，在中国科协期刊收稿总量中，省级以上重点课题基金资助论文的比例分别为：2005年占收稿总量的7.4%；2006年占7.8%；2007年占8.7%；2008年占8.6%，平均达到8.1%（表33-2）。但国际论文收稿的比例还不尽如人意，总体比例占收稿总量的0.5%，这说明期刊的国际化程度还有待于进一步提高。

特别是从中华医学会主办的118种期刊收稿情况分析，其稿件总体发表率为33.4%，学术重点号的发表率为45.3%，其中"中华系列"达到64.4%，策划组稿率达到10.2%；评论性文章发表率达到3.4%，其中"中华系列"达到5.8%，评论性文章发表率的高低体现了期刊的学术导向性。而省级以上重点课题基金资助论文比例达到19.3%，

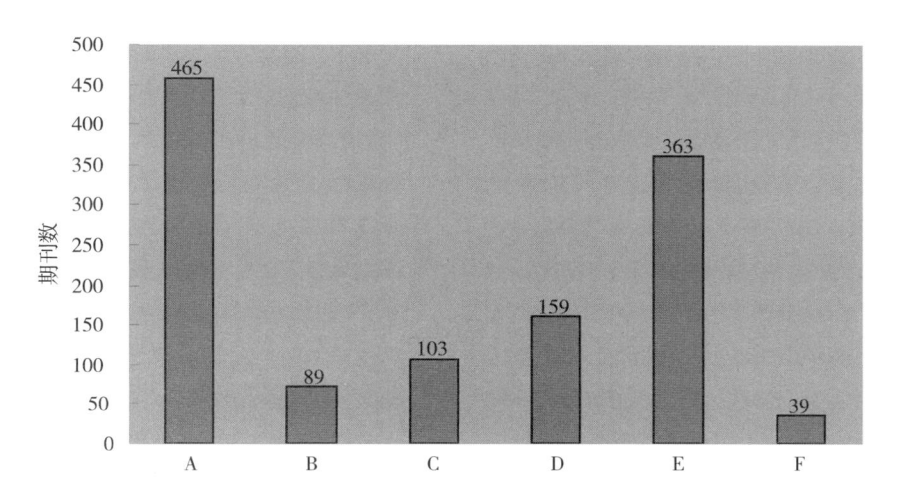

图 33-4　中国科协期刊主办单位在品牌建设中的作用

A. 主办单位对期刊实施管理和指导与监督；B. 为期刊提供物质和资金支持；C. 帮助期刊组稿；D. 为期刊提供专家资源；E. 为期刊提供交流和宣传机会；F. 其他

特别是"中华系列"高达30.0%（表33-3），这体现了期刊品牌的价值取向。

2. 发挥编委学科领衔作用，跟踪学科发展前沿 各刊编辑部充分发挥编委会学科（学术）带头人云集的特点与优势，调动编辑委员策划组稿的主动性和积极性，以利于及时抓住学科发展中前沿课题与进展，集中反映本学科或专业的热点和难点问题，提高科技期刊的学术质量。调查统计表明，中国科协期刊编委组稿的数量和力度在逐年增加（图33-5）。国际编委组稿数量虽然呈逐年上升趋势，但其基数较小，数量有限，有待进一步加强国际编委的组稿力度，引导国外科学家投稿流向。

表33-2 中国科协期刊收稿情况调查统计[数（%）]

年度	收稿总数	国内论文	基金论文	国际论文	国际合作论文
2005	669 965	653 007（97.5）	48 579（7.4）	1673（0.26）	1433（0.22）
2006	720 848	700 731（97.2）	54 379（7.8）	1660（0.24）	1575（0.23）
2007	760 262	681 437（89.6）	59 524（8.7）	1855（0.27）	1705（0.25）
2008	493 635	443 976（89.9）	38 336（8.6）	1098（0.25）	1212（0.27）

注：2008年度数据统计截至2008年9月30日；基金论文为省级以上重点课题资助项目

表33-3 中华医学会系列杂志2007年稿件质量比较分析（%）

类别	发表率	退稿率	重点号发表率	组稿率	评论文章发表率	基金论文比率
中华系列	33.0	67.1	64.4	11.6	5.8	30.0
中国系列	21.8	78.2	32.9	7.4	1.8	10.1
国际系列	45.5	54.5	38.7	11.7	2.5	17.7
平均	33.4	66.6	45.3	10.2	3.4	19.3

注：基金论文为省级以上重点课题资助项目

图33-5 中国科协期刊国内和国际编辑委员组稿数量统计
白色为国内编委组稿数；灰色为国际编委组稿数

3. 开辟绿色通道，提高创新成果首发率 科技期刊创新性论文的首报率体现了期刊的学术权威性和品牌价值，也是国际著名品牌科技期刊的重要特征。为提高创新论文的首报率和首发权，不少期刊对具有创新性研究论文采取了优先处理的措施,以增强学术竞争力。调查统计显示,中国科协期刊有61.3%的期刊编辑部开辟了"绿色通道""快审通道""科研速报""研究快报"等形式,对具有国际首创或国内首创性论文采取加急处理,做到快审快登,限时发表,提高首报率,增强学术竞争力。如中华医学会系列杂志有的期刊规定,对具有国际首创性论文,要求发表周期限在3个月以内。调查统计显示,在中国科协期刊所发表的论文中,具有国际首创水平的论文占4.5%;国内首创水平的论文占13.4%;所发表论文获奖率占4.6%(获科技成果、优秀论文等);一般性论文占77.5%(图33-6)。这说明中国科协期刊对创新性论文的首发率较高,基本能反映我国科学研究发展的现状和水平,在国内具有较高的权威性,体现了期刊品牌价值。

4. 落实精品科技期刊战略,加强期刊品牌培育 近年来,中国科协落实"精品战略",实施和启动了"中国科协精品科技期刊工程",并实施重点分类支持与培育的策略,突出重点,特别打造,2007年对精品期刊工程资助的数量分别为:A类4种,B类30种,C类44种。2008年资助数量分别为:A类5种,B类43种,C类53种。精品科技期刊工程的实施,为期刊品牌培育和品牌化建设发挥了重要作用。中国科协还从建立和完善了建设精品科技期刊的机制、制度和措施,突出政策引导,加大管理和支持力度,为推动和引导各刊的精品期刊建设,全面塑造和培育期刊品牌发挥了重要促进作用,其影响和意义深远。

5. 期刊质量不断提升,品牌影响凸显 科技期刊影响因子和被引频次等指标是评价科技期刊品牌的客观指标之一,是体现科技期刊被读者或作者关注程度和认知程度的重要评价要素,也是品牌科技期刊的重要构成指标和国际著名品牌科技期刊的基本特点。据2007年中国科技信息研究所发布,我国总被引频次=1000次的期刊共有304种,其中中国科协期刊有251种,占总数的82.6%;影响因子=1.0的期刊共有119种,其中中国科协期刊有98种,占总数的82.4%;"中国百种杰出学术期刊"63种,占总数的63.0%。2008年我国总被引频次=1000次的期刊共有379种,其中中国科协期刊有289种,占76.3%;影响因子=1.0的期刊共有136种,其中中国科协期刊有118种,占86.8%。2008年12月公布的国家科技基础条件平台建设项目《中国精品科技期刊》名录323种,其中中国科协有189种,占58.5%。2008年公布的"中国百种杰出学术期刊",中国科协期刊有69种,占总数的69.0%,这充分说明中国科协科技期刊的品牌价值和品牌地位。

四、科协期刊品牌培育与营销

科技期刊品牌营销宣传是品牌建设的重要内容和组成部分,如期刊品牌标识建设、期刊品牌形象建设、品牌营销宣传、品牌延伸经营、品牌保护等,是期刊品牌建设和品牌培育重要环节。期刊品牌只有通过不断的品牌维护,才能不断保持和扩大期刊品牌影响,提升期刊品牌价值,形成期刊品牌的良性循环,同时也体现了主办者对期刊品牌建设的意识和重视程度,反映了中国科协期刊品牌建设的进程。

1. 期刊品牌形象建设情况 科技期刊的学术质量是期刊品牌的核心要素,而品牌形象是期刊外在形式,是广大科技人员对期刊品牌形成品牌印记的重要标识,两者缺一不可。调查结果表明,中国科协期刊具有品牌标识的期刊占25.1%;期

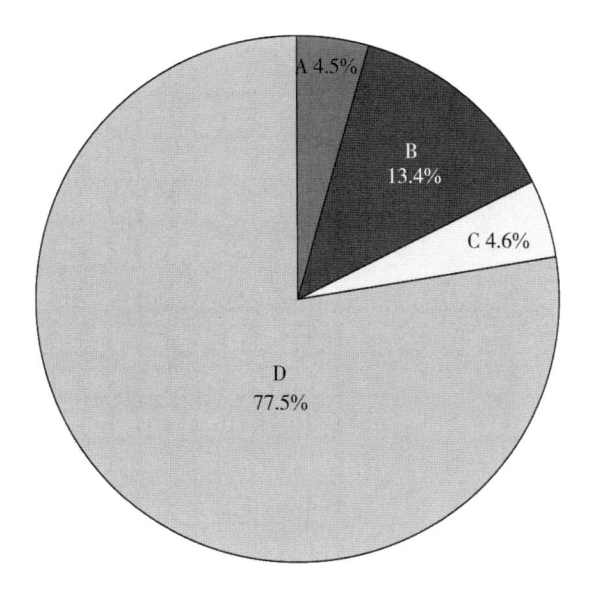

图33-6 中国科协科技期刊论文创新性调查统计
A. 国际首报论文;B. 国内首报论文;C. 论文获奖率;D. 一般性论文

刊封面上标有学会会徽的占29.1%；具备名家题写刊名的占25.4%；实施期刊封面品牌形象设计的占43.0%；期刊设有品牌建设专用资金的占4.4%；无期刊品牌形象设计的占24.3%（图33-7）。调查结果表明，中国科协期刊品牌形象和品牌标识建设的意识尚待加强。

2.期刊品牌策划宣传情况 科技期刊品牌宣传是品牌建设的重要措施与手段，仅仅具有高质量的内容和形象还是不够的，还必须不断实施期刊品牌的策划宣传，在广大科技人员、读者和作者中扩大知名度，同时树立良好的品牌形象，最大限度地扩大影响力和认知程度，提升和体现期刊品牌的溢价能力。

（1）期刊品牌推广活动：在期刊品牌国内和国际推广方面，通过调查显示，在中国科协期刊中，实施过发行宣传活动的期刊占81.5%；曾参加国际期刊展会宣传的期刊占11.8%；曾参加过国内期刊展会宣传的期刊占45.7%；实施广告宣传活动的期刊占41.0%；通过网络实施推广宣传的期刊占56.1%；采用其他宣传活动的期刊占11.0%（图33-8）。

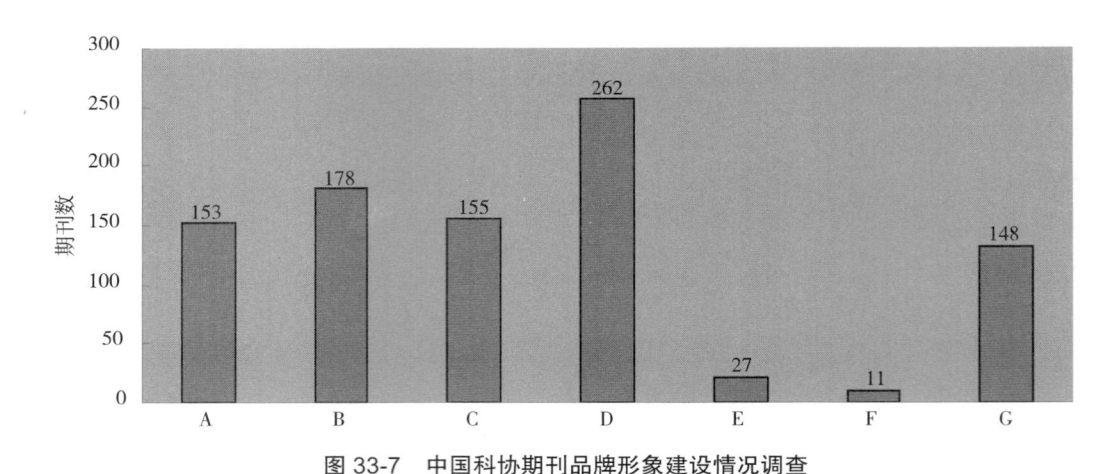

图33-7 中国科协期刊品牌形象建设情况调查
A.期刊品牌标识（Logo）；B.学会会徽；C.名家题写刊名；D.封面形象设计；E.设有期刊品牌建设专用资金；F.其他；G.无期刊品牌形象设计

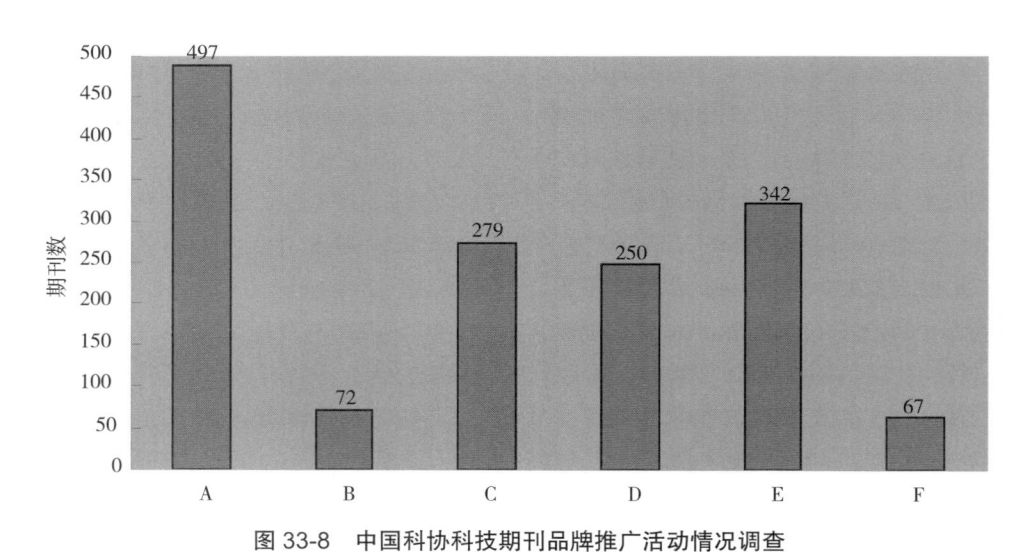

图33-8 中国科协科技期刊品牌推广活动情况调查
A.发行宣传；B.国际期刊展会宣传；C.国内期刊展会宣传；D.广告宣传；E.网络宣传；F.其他

（2）期刊品牌网络化程度：随着网络化和数字化的发展，人们的阅读方式和获取信息的途径发生巨大革命，而且其传播半径和传播速度达到极致，是目前任何传播媒介所无法比拟的。因此，纸版期刊同时配合期刊网站可有效扩大传播半径，最大限度地降低营销宣传成本，扩大读者量和文章下载量，并可有效提高期刊被引频次和影响因子，对促进期刊品牌影响的最大化和期刊品牌价值的提升具有不可替代的作用。调查显示，中国科协期刊建有独立网站的期刊占 54.4%；尚未建立网站的占 44.8%；建有英文网站或双语网站的占 19.4%，未建立英文或双语网站的占被调查期刊总数的 80.6%（图 33-9，图 33-10）。这表明中国科协期刊的网络化和网站的国际化程度亟待提高，这对扩大和提高期刊品牌的辐射半径与国际影响十分不利。因此，加强中国科协期刊英语或双语网站建设，是期刊国际化和扩大期刊品牌国际推广的重要手段和途径之一。

期刊网站内容和形式对读者具有很强的吸引力，直接影响在线访问量和下载量，能有效扩大期刊影响，促进期刊品牌培育和建设。对期刊网站在线内容调查结果表明，全文在线并免费下载的网站占 24.4%；摘要在线的网站占 45.7%；编者、读者和作者互动内容的网站占 35.7%；学科或行业信息内容的网站占 25.4%；在线交易平台功能的网站占 5.7%；其他内容的网站占 4.4%（图 33-11）。

3. 期刊品牌延伸营销 通过整合期刊品牌资源，实施期刊品牌延伸经营和营销，最大限度地促进期刊社会效益和经济效益的最优化，有效提升期刊品牌价值，促进期刊品牌建设和品牌价值的良性循环，同时，期刊品牌延伸营销和经营的过程，也是期刊品牌再造和完善的过程，是促进期刊品牌价值不断提升的重要措施和手段。

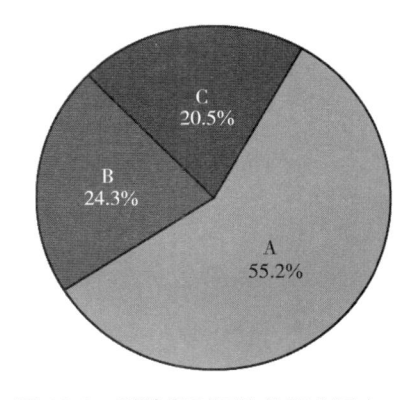

图 33-9 科技期刊网络化程度调查
A. 已建立期刊网站；B. 网站在筹建中；C. 无建立网站计划

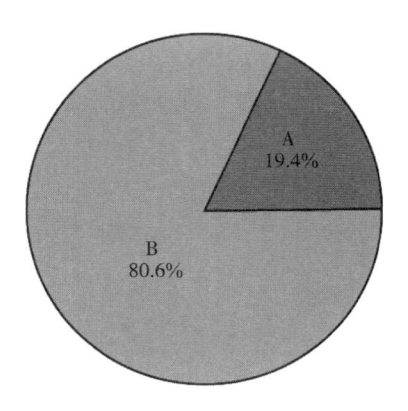

图 33-10 科技期刊英文网站建设情况调查
A. 建有英文网站；B. 无英文网站

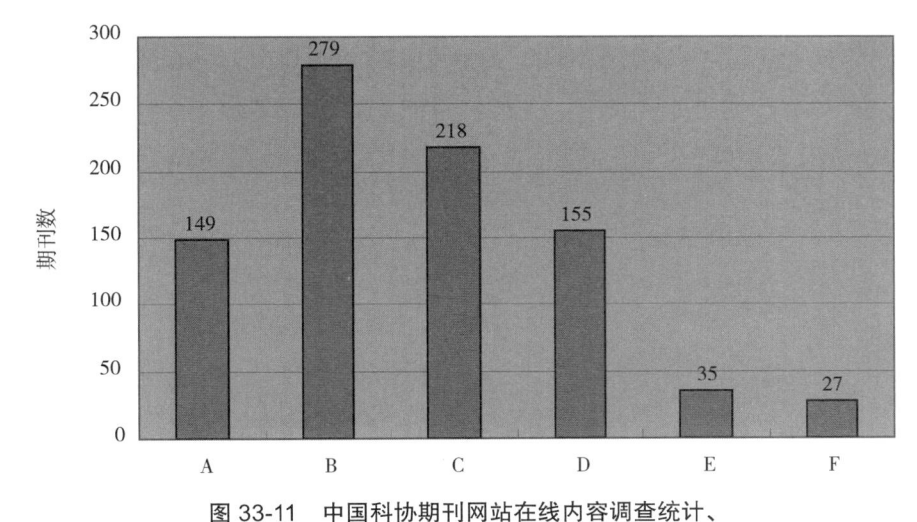

图 33-11 中国科协期刊网站在线内容调查统计、
A. 全文在线并免费下载；B. 摘要在线；C. 编者、读者和作者互动内容；D. 学科或行业信息；E. 在线交易平台；F. 其他

（1）期刊品牌会议交流营销：科技期刊通过主办和参与国内外学术会议、展览会、学术论坛

等交流平台,可有效地提高期刊品牌的知名度和影响力。调查结果表明,中国科协各期刊会议营销活动频次比较低,从表33-4可见,各刊举办相关会议营销活动的较少,平均每刊一年还不到一次。但国际性刊际交流呈逐年增多的趋势。

(2)期刊品牌盈利项目分布:科技期刊的盈利模式或盈利点,可体现出期刊品牌价值和品牌销售的状况,调查结果显示,科协期刊品牌销售盈利的期刊分别为:发行盈利占83.6%;广告盈利占54.9;联合办刊盈利占7.6%;协办期刊盈利占15.8;理事会盈利占7.5%;出版其他印刷品盈利占5.1%;举办学术会议盈利占19.1%;技术与学术咨询盈利占3.1%;收取版面费盈利占43.6%;举办培训班盈利占7.6%(图33-12)。这表明有不少期刊是靠收取版面费维持期刊的盈利与运行,期刊的品牌价值没有得到充分的体现。

(3)期刊品牌的市场化程度:品牌具有很强的市场属性,是市场化的产物,其市场化程度的高低直接影响期刊品牌经营效益和市场竞争能力。对中国科协期刊市场化或企业化程度调查结果显示,期刊设有专业经营人员和营销部门的期刊占16.3%,无专业营销机构和专门营销人员的期刊占83.7%。期刊为事业单位的占31.2%,期刊为非企业法人单位的占56.8%,期刊为企业单位的仅占12.1%(图33-13,图33-14);这说明中国科协期刊的企业化和市场化程度较低,期刊品牌的市场营销意识或经营意识还有待于提高和加强。

(4)期刊品牌延伸经营项目分布:科技期刊品牌的延伸经营是体现品牌价值的重要标志,同时也是期刊品牌经营和扩大品牌影响的重要手段。调查结果表明,中国科协期刊在相关品牌延伸经营方面所占比例分别为栏目合作占16.2%,数字化出版占24.8%,销售期刊单行本占21.3%,版权合作占8.4%,设立企业科研基金占1.2%,网络化盈利的占2.6%,论文奖励基金占5.4%,中外合作办刊占4.1%,其他延伸经营28.7%(图33-15)。

表33-4 中国科协期刊品牌营销活动情况调查(次)

年度	国内会议	联合举办会议	培训班	国际会议	国际刊际交流
2005	2128	978	139	198	403
2006	2512	1093	179	234	472
2007	2805	1288	281	258	503
2008	2212	1267	298	212	1075

注:2008年度调查数据截至2008年9月30日

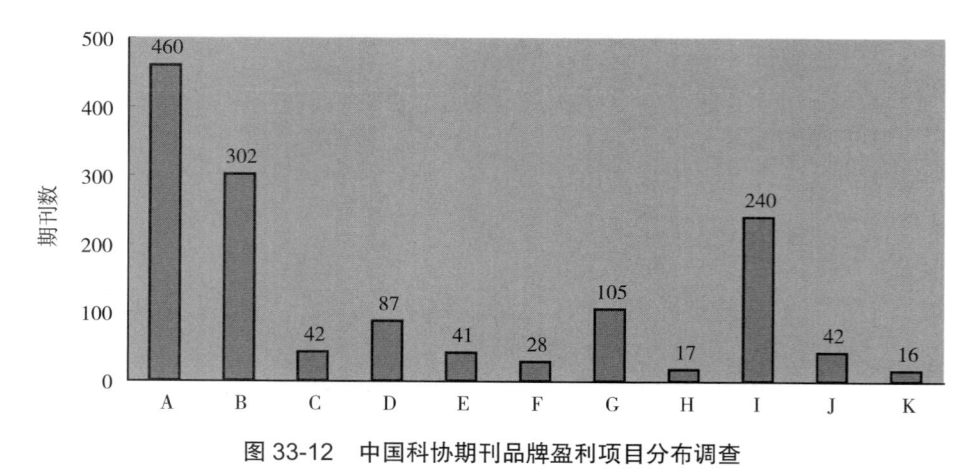

图33-12 中国科协期刊品牌盈利项目分布调查

A.期刊发行;B.广告;C.联合办刊;D.协办期刊;E.理事会;F.出版其他印刷品;G.举办学术会议;H.科技咨询;I.收取版面费;J.举办培训班;K.其他

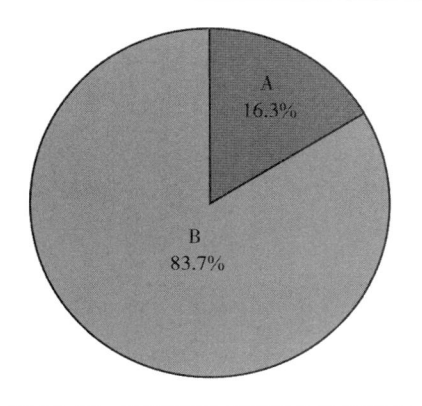

图 33-13　期刊专职经营机构设置调查
A. 期刊设有专门经营人员和机构；B. 无专门期刊经营机构和经营人员

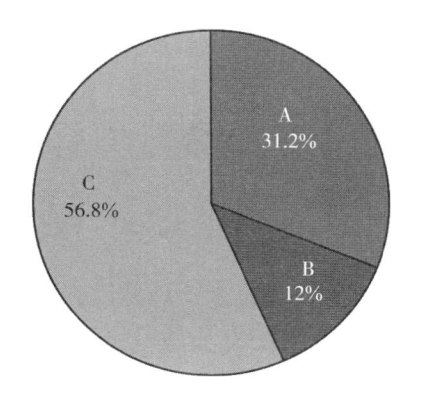

图 33-14　期刊企业化或市场化程度调查
A. 期刊为事业单位；B. 期刊为企业单刊；C. 为非企业法人单位

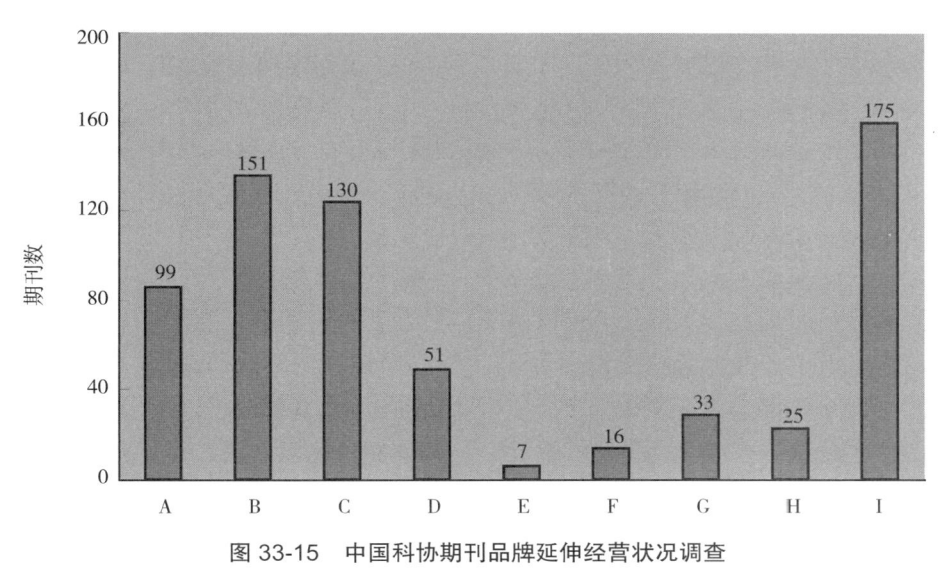

图 33-15　中国科协期刊品牌延伸经营状况调查
A. 栏目合作；B. 数字化出版；C. 销售单行本；D. 版权合作；E. 设立企业科研基金；F. 网站盈利；G. 论文奖励基金；H. 中外合作；I. 其他

（5）期刊品牌国际营销：在期刊品牌延伸经营趋势与国际合作经营方面，调查结果显示，在中国科协期刊中，已开展期刊品牌国际合作延伸经营的期刊占 8.2%；具有延伸合作愿望的期刊占 46.0%；短期内无国际合作愿望的期刊占 42.1%。期刊品牌国际延伸经营领域有，海外期刊品牌销代理占（代理发行）5.4%；版权合作经营占 4.8%；广告合作经营占 2.1%；无国际延伸合作经营的期刊占 87.7%（图 33-16，图 33-17）。

（6）期刊经营收入比例分布：调查结果表明，在 610 种中国科协科技期刊经营总收入中各经营项所占比例依次为：期刊的广告收入占 31.8%，国内纸版期刊发行收入占 25.6%，版面费收入占 18.7%，审稿费收入占 10.9%，上级拨款占 7.9%，期刊品牌增值收入占 4.1%，国外纸版期刊发行收入占 0.6%，国内网络版期刊发行收入占 0.3%，国外网络版期刊发行收入占 0.2%（图 33-18）。由此可见，中国科协期刊的主要盈利能力模式或盈利点仍然为科技期刊的传统或常规盈利模式，还没有真正体现出期刊品牌的溢价性和期刊品牌附加值，期刊品牌的增值收入只占总收入的 4.1%，当然，期刊品牌的影响和溢价性也会体现在其他盈利项目中。但从总体分析，中国科协期刊品牌盈利能力有待提高，这说明加强科技期刊品牌营销和品牌延伸经营，是中国科协期刊经营的重点之一。

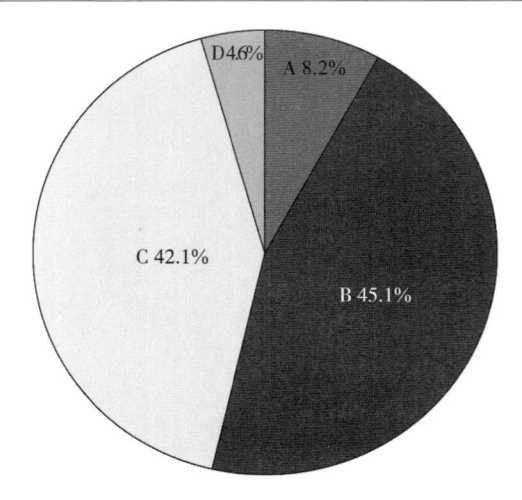

图 33-16　科技期刊品牌国际合作趋势调查统计
A. 已开展期刊品牌国际合作；B. 有合作愿望期刊合作；C. 短期内无国际合作愿望；D. 其他

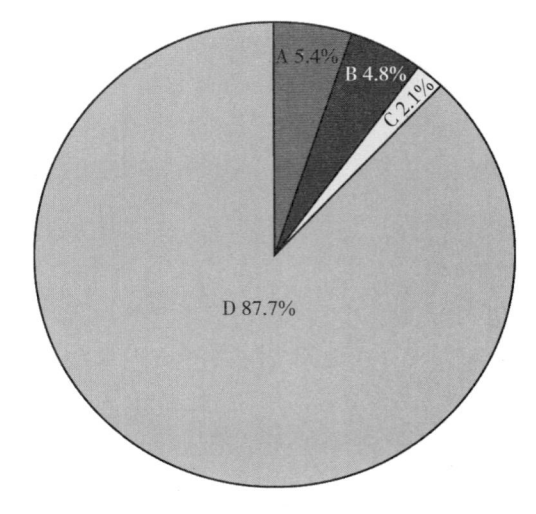

图 33-17　科技期刊品牌国际合作领域调查统计
A. 海外期刊品牌营销代理；B. 版权合作；C. 广告；D. 无国际延伸经营合作

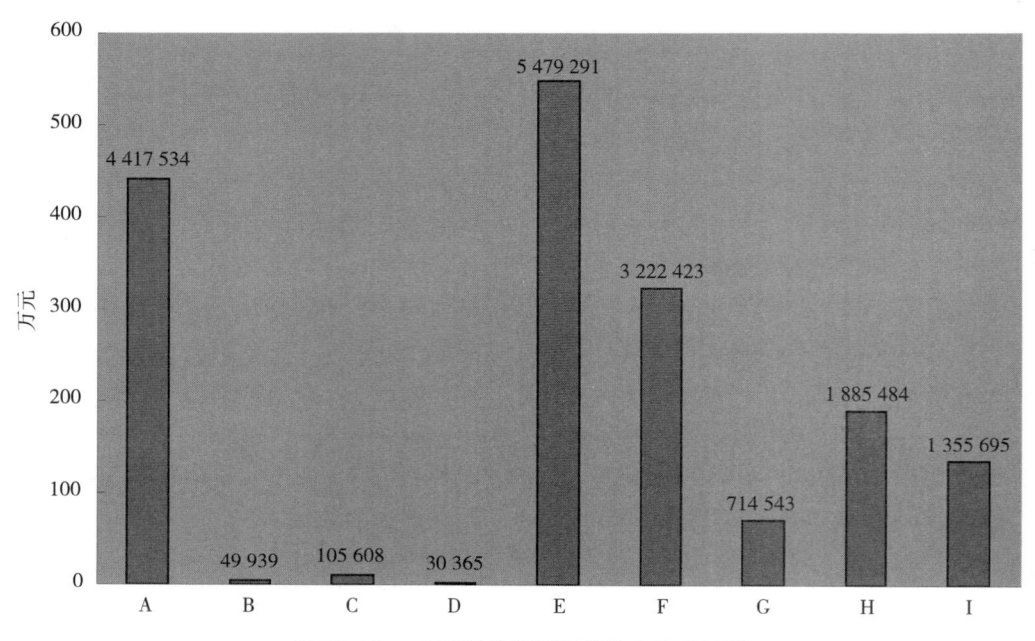

图 33-18　中国科协期刊经营收入情况统计
A. 国内纸版期刊发行收入；B. 国内网络版期刊发行收入；C. 国外纸版期刊发行收入；D. 国外网络版期刊发行收入；E. 期刊广告收入；F. 版面费收入；G. 期刊品牌增值收入；H. 审稿费收入；I. 上级拨款

五、科协期刊品牌的维护

期刊品牌维护是期刊品牌建设的重要组成部分和内容，在品牌培育中忽视期刊品牌维护，其品牌的生命周期不会很长，期刊品牌的影响力就会逐渐衰减。而期刊品牌维护的重点在于长期的期刊质量控制（学术质量、编辑出版质量和期刊服务质量等）与期刊形象的维护。

1. 期刊评审制度维护情况　科技期刊品牌的维护有两个方面的内容，首先是严格期刊质量控制，坚持严格的稿件评价机制和评审制度，这是保证和维护期刊品牌质量可持续发展的根本；第二是防止期刊品牌非法侵害，有效保护期刊品牌形象是维护期刊品牌影响的重要内容。调查结果表明，中国科协期刊实施"三审一定制度"的占 59.8%，实施"三审制度"的占 29.7%，实行"编辑部审定制度"的占 19.8%，实行"双盲审稿制度"的占 21.8%，实行"单盲审稿制度"的占 19.2%，坚持"刊后审读制度"的占 25.1%，实行"学会评刊制度"的占 11.3%（图 33-19）。

2. 期刊品牌保护情况　期刊品牌与其他商品的品牌一样，也有被侵害的可能。因此，提高期刊品牌的保护意识，加强期刊品牌的维权和保护，是期刊品牌建设不可忽视的方面。调查结果显示，中国科协期刊曾被盗版的占被调查期刊总数的 6.6%，盗用期刊品牌名誉的占 7.1%，期刊品牌标识被盗用的占 3.9%，被抄袭的占 18.5%，期刊未被侵权过的占 64.3%（图 33-20）。这说明中国科协期刊的品牌保护也是亟待重视的问题。

六、科协期刊品牌影响力市场状态

中国科协经过多年期刊品牌建设和政策引导、重点培育和扶持，特别是实施"精品科技期刊工程"以来，科技期刊品牌建设成效显著，期刊品牌影响不断扩大，通过对中国科协不同学科期刊、不同读者和作者群大样本问卷调查，对多项指标进行了统计分析，结果表明，中国科协期刊的品牌状态在我国处于"强势期刊品牌"状态。

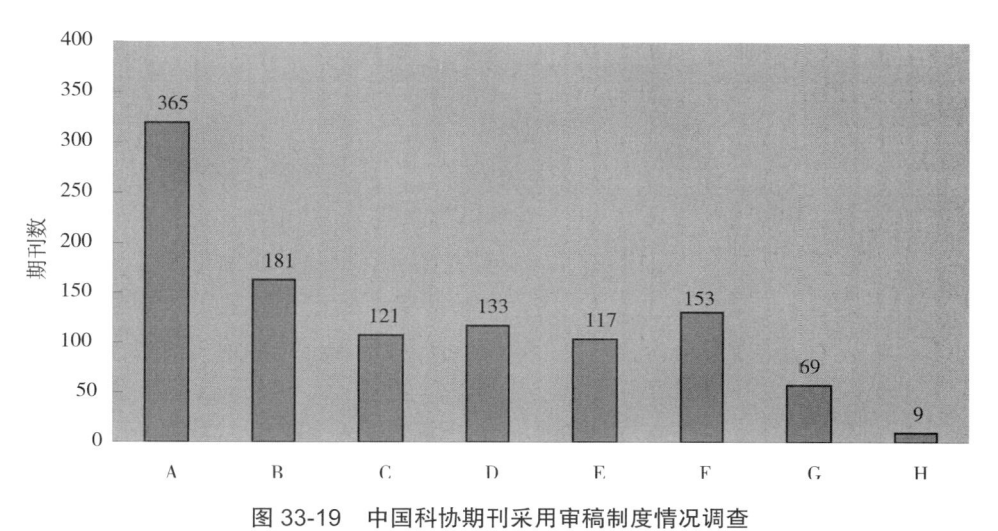

图 33-19　中国科协期刊采用审稿制度情况调查

A. 三审一定制度；B. 三审制度；C. 编辑部审定制度；D. 双盲审稿制度；E. 单盲审稿制度；F. 刊后审读制度；G. 学会评刊制度；H. 其他

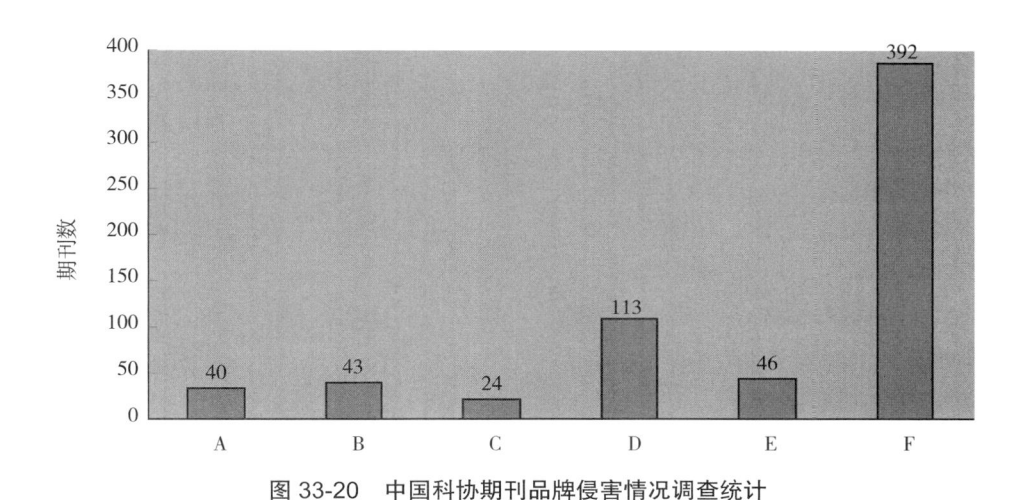

图 33-20　中国科协期刊品牌侵害情况调查统计

A. 曾被盗版；B. 盗用名誉；C. 期刊品标识被盗用；D. 发表文章被抄袭；E. 其他；F. 未被侵权过

（一）科协期刊品牌影响力

本调查选取中国科协期刊不同学科和不同领域期刊作者和读者群，对期刊的权威度、认可度、忠诚度、认知度、知名度、美誉度和信任度等主观指标进行了问卷调查和统计分析。

1. 期刊品牌权威度　科技期刊品牌权威度是指期刊所报道的学术信息在科技工作者、科学共同体和社会中的公信力，它主要体现在所发布科技信息的先进性、创新性、科学性、权威性，以及反映科学研究和学术进展的全面性与时效性。通过对大量不同学科、不同期刊、不同读者和作者群问卷调查表明，在1970份有效问卷中，有1692份问卷回答"权威性较强"，有278份问卷回答"权威性一般"，调查证明中国科协期刊的权威度为85.9%（图33-21）。

2. 期刊品牌认可度　科技期刊品牌认可度是指读者、作者、广大科技工作者、科学共同体或国内外著名检索系统等，对科技期刊学术质量和创新水平及期刊编辑部服务在品质上的整体印象与认同感。在收回的1970份读者和作者调查问卷中，有1570人回答期刊较好，有400人回答期刊一般，调查结果表明，中国科协期刊认可度为79.7%。

被国际著名权威检索系统收录情况也说明其认可程度，统计分析表明，中国科协期刊被国际重要检索系统收录的数量占收录我国科技期刊总数的25.04%，占中国科协期刊总数的56.46%，其中SCI收录数占收录我国科技期刊总数的46.7%；EI占收录我国期刊总数的41.0%；美国《医学索引》占收录我国科技期刊总数的45.9%；CA占收录我国期刊总数的23.4%。被中国科学引文数据库收录占科协期刊总数的96.4%，中国科技论文与引文数据库占97.4%，中国学术期刊综合评价数据库占98.1%，中国生物医学文献数据库占68.1%，中国学术期刊文摘占87.3%，中国期刊网全文数据库占97.7%，万方数字化期刊全文数据库占87.9%。这表明中国科协期刊在国内检索系统的评价和认可程度较高，是国内重要检索系统和数据库收录的重点核心期刊群。

3. 期刊品牌忠诚度　科技期刊品牌忠诚度是指读者、作者、图书情报机构或企业等，在跟踪阅读、订阅、期刊馆藏、投稿取向、广告投放决策中，重复表现出对某期刊品牌具有偏向性和偏爱的（而非随意的）行为反应。在收回的1970份读者和作者调查问卷中，有1601人回答经常阅读所列期刊，有369人回答不阅读，调查结果表明，中国科协期刊品牌忠诚度为81.3%。

其客观指标（如收稿量、稿件录用率、发行量、国际作者来稿量、国际发行范围、广告数量等），都间接或直接反映出作者、读者、企业、图书馆等对期刊品牌的忠诚度。一般说来，期刊品牌影

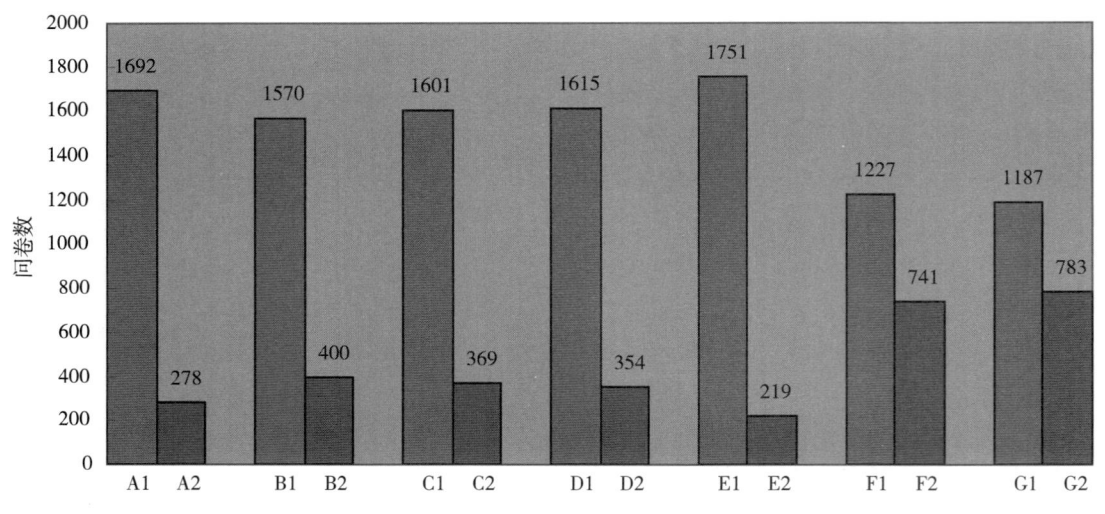

图33-21　中国科协期刊品牌影响问卷调查回答频率分布

有效收回问卷1970份。A1（权威度）. 期刊权威较强；A2. 权威性一般；B1（认可度）. 期刊较好；B2. 期刊一般；C1（忠诚度）. 经常阅读；C2. 不阅读；D1（认知度）. 阅读收获较大；D2. 收获一般；E1（知名度）. 比较熟悉；E2. 不熟悉；F1（美誉度）. 期刊比较优秀；F2. 一般期刊；G1（信任度）. 比较满意；G2. 不满意

响越大作者投稿越多，读者跟踪阅读、订阅和发行量与范围也越大，这是体现读者、作者、图书馆对期刊品牌忠诚度的重要指标之一。

（1）期刊收稿数量分布：科技期刊收稿数量的多少从一个侧面反映了期刊在作者中的认可程度和对期刊的忠诚度，具有品牌影响的科技期刊往往被广大科技人员或同行青睐，因此，作者投稿量与期刊品牌影响基本成正比，期刊品牌影响力决定了作者稿件价值取向。调查统计结果表明，中国科协期刊年收稿量≥1000篇的占14.92%，年收稿量2000～3500篇的占13.45%，年收稿量≤500篇的占31.15%（表33-5）。

（2）期刊稿件录用率分布：科技期刊稿件录用率的高低从一个侧面反映了科技期刊的学术质量和作者的认可程度，稿件录用率过高期刊优中选优的余地较小，稿件质量难以保证。对中国科协期刊稿件录用率的调查表明（表33-6），在中国科协所属科技期刊中，稿件录用率≤15%的期刊占6.9%，稿件录用率≥20.0%的期刊占20.49%，稿件录用率在30.0%以上的期刊占60.32%。

（3）期刊国际来稿分布：科技期刊的跨国作者来稿数量反映了期刊的国际化程度和期刊品牌的国际影响力及辐射范围。根据国际作者年来稿统计，在5篇及以下的期刊占27.54%（含跨国合作），年来稿在6～19篇的期刊占38.52%，年来稿在20篇及以上的占7.54%，无国际来稿的期刊占33.44%。总体上看，在中国科协所属科技期刊收稿中，国际作者来稿占总来稿量的比例分别为：2005年占0.45%，2006年占0.45%，2007年占0.47%，2008年（截至2008年9月30日）占0.47%（表33-7）。这说明中国科协期刊的国际化程度和品牌影响有待提高，相信随着我国经济和科技实力的提高，特别是中国科协期刊品牌建设的加强，科技期刊品牌影响的辐射半径会不断扩大，期刊的国际化程度会不断提高。

（4）期刊国际发行范围分布：科技期刊的国际发行量与范围从一个侧面反映了该刊的品牌国际影响力和国际化程度，调查统计结果表明，中国科协期刊发行国家在5个及以下的占31.97%，发行30个国家及以上的期刊占11.15%，无国际发行的期刊占23.44%（表33-8）。

表33-5 中国科协期刊收稿数量分布

收稿量（篇）	期刊数量（种）	构成比（%）
≤500	190	31.2
501～799	110	18.0
800～999	89	14.6
1000～1499	91	14.9
1500～1999	48	7.9
2000～2499	25	4.1
2500～2999	19	3.1
3000～3499	16	2.6
≥3500	22	3.6
合计	610	100.0

表33-6 中国科协期刊稿件录用情况

稿件录用	期刊数量（种）	构成比（%）
≤15%	42	6.9
16%～19%	75	12.3
20%～29%	125	20.5
30%～39%	146	23.9
40%～49%	118	19.3
≥50%	104	17.1
合计	610	100.0

表33-7 中国科协科技期刊国际来稿情况

来稿量（篇）	期刊数量（种）	构成比（%）
≤5篇	168	27.5
≥6篇	105	17.2
≥10篇	84	13.8
≥20篇	49	7.7
0篇	204	33.8
合计	610	100.0

表33-8 中国科协期刊国际发行范围表

发行国家数量（个）	期刊数量（种）	构成比（%）
≤5	195	32.0
6～19	167	27.3
20～29	37	6.1
30～49	25	4.1
50～59	12	2.0
≥60	31	5.1
0	143	23.4
合计	610	100.0

（5）期刊国际发行量分布：期刊国际发行量既反映了期刊品牌国际忠诚度，同时又是期刊国际化程度的重要标志之一。在期刊国际发行量方面（表33-9），中国科协期刊平均每刊国际期平均发行量分别为：2005年57.1册、2006年67.8册、2007年80.9册、2008年561.9册。这表明中国科协期刊的国际发行量在逐步提高，同时应加强中国科协期刊的整体国际营销宣传和跨国版权合作，进一步扩大国际发行量和发行范围。

4. 期刊品牌认知度　科技期刊品牌的认知度是指读者、作者、广大科技工作者或科学共同体，通过期刊品牌来认识、认同、熟悉和选择期刊价值取向的程度。在收回的1970份读者和作者调查问卷中，有1615人回答阅读收获较大，有354人回答收获一般。问卷调查结果表明，中国科协期刊的品牌认知度为82.0%。

5. 期刊品牌知名度　科技期刊品牌知名度是指期刊被读者、作者、公众、科学共同体、科技工作者、本领域专家学者知道和了解的程度，以及社会影响的广度和深度，这也是评价科技期刊品牌名气大小的客观尺度。在收回的1970份读者和作者调查问卷中，有1615人回答阅读收获较大，有354人回答收获一般。调查结果表明，中国科协期刊的品牌知名度为88.9%。

6. 期刊品牌美誉度　期刊品牌美誉度是指读者、作者、广大科技人员和科学共同体等对期刊品牌评价所持的满意、赞许和赞美程度。期刊品牌的美誉度是期刊品牌建设的最高层次，如广大医药卫生科技工作者誉称中华医学会主办的期刊为"中华牌"，科学共同体誉称"中国科技期刊的一面旗帜"。国际科技工作者誉称 Science、Nature 为"诺贝尔奖的摇篮"等。在收回的1970份读者和作者调查问卷中，有1227人回答期刊很优秀，有741人回答期刊一般。调查结果表明，中国科协期刊的美誉度为62.3%。

7. 期刊品牌信任度　科技期刊品牌信任度是指期刊学术权威性、编者的学术和人格魅力、稿件录用评价的客观性和公正性、对读者和作者服务的意识和质量、编辑部服务质量和期刊所产出的信息源等令人信服与满意的能力与程度，简单地说即是对科技期刊信用的量化和评价的尺度与综合评价，也是品牌科技期刊形成公信力的核心要素，它是期刊品牌硬件和软件综合培育和体现的结果。在收回的1970份读者和作者调查问卷中，有1187人回答对期刊比较满意，有783人回答对期刊不满意。调查结果表明，中国科协期刊的品牌信任度为60.3%。

（二）科协期刊品牌识别认知分析

通过对不同学科期刊、不同专业读者和作者问卷调查，对中国科协期刊品牌回想率（不提示知名度）、期刊品牌识别率（提示知名度）和非专业期刊品牌回想率（非本专业不提示知名度）等进行问卷调查和分别统计分析，并对问卷中被调查者首先提到的第一种期刊出现频率分别进行统计。这几项指标是最能说明期刊品牌影响的重要指标，可以比较客观地呈现和反映中国科协期刊品牌状态和类型。

1. 期刊不提示知名度　期刊品牌不提示知名度，也称期刊品牌回想率，是通过问卷调查的方法，请被调查者写出或说出自己比较熟悉的某种期刊品牌的刊物名称，并经过统计分析，以此来确定期刊品牌回想率。前提是不给被调查者任何提示，仅凭自己对期刊品牌的记忆程度自主随意回想，因此，其回想的难度比较大。期刊品牌不提示知名度可比较真实地反映读者或作者对期刊品牌的记忆印象，对于读者或作者订阅以及阅读决策影响很大。大样本多学科读者和作者调查结

表33-9　中国科协所属科技学术期刊国际发行量统计（册数）

年度	总发行量	期平均发行量	国际发行总量	期平均国际发行量
2005	3 467 731	5684.8	34 815	57.1
2006	3 743 741	6137.3	41 357	67.8
2007	4 203 892	6891.6	49 370	80.9
2008	3 420 859	5608.0	342 745	561.9

注：2008年数据统计截至9月30日

果表明，在回收的1970份有效问卷中，有1124人提到中国科协期刊名称，有845人未提及，所以，中国科协期刊不提示知名度为57.1%（图33-22），这说明中国科协期刊品牌影响力在我国科技期刊中处于优势地位。

2. 期刊提示知名度　科技期刊品牌提示知名度，也称期刊品牌识别率，是期刊品牌知名度的最低层次。相对于不提示知名度，是给被调查者提供若干个期刊品牌刊名，提示或帮助被调查者识别和辨认，请其说出或写出被调查者最熟悉或以往听说过的期刊品牌名称，提示知名度仅仅反映读者或作者对期刊品牌的普遍认知程度。结果表明，在回收的1970份有效问卷中，有1639人提到中国科协期刊名称，有330人未提及，故中国科协期刊的提示知名度为83.2%（图33-22）。

3. 非本专业不提示知名度　科技期刊品牌具有很强的学科性，不同领域有不同学科专业品牌期刊，读者、作者也最熟悉和关心自己本学科期刊，而对非本专业品牌期刊往往不太关心或了解，除非影响和知名度特别强的品牌期刊。非本专业不提示知名度，即在不给任何提示的前提下，请被调查者写出或说出非自己所从事专业以外最熟悉的科技期刊品牌。说明期刊品牌的跨学科知名度和影响力，这一指标是更具有期刊品牌价值和品牌影响的科技期刊。调查结果表明，在回收的1970份问卷中，有1308人提到中国科协期刊名称，有661人未提及，因此，中国科协期刊非本专业不提示期刊知名度为66.4%（图33-22）。

4. 不提示第一提及知名度　不提示第一提及知名度是期刊品牌回想中的特殊状态，是指在被调查者回答或写出期刊品牌名称时首先提及的第一个期刊名称，这是期刊品牌的最佳层次或最高品牌价值。也就是读者或作者第一个被回想起来的期刊品牌，这表明该期刊品牌在科技人员或读者心目中具有高于其他期刊品牌的优势地位。结果表明，在回收的1970份问卷中，有1587人第一个提到的是中国科协期刊名称，有382人未提及，中国科协期刊不提示第一提及知名度为80.6%（图33-23），这说明中国科协期刊品牌影响力比较显著。

5. 提示第一提及知名度　提示第一提及知名度是相对于不提示知名度而言的，是被调查对象在回答或写出所提示期刊品牌名称中首先提到或辨认出的期刊。结果表明，在回收的1970份问卷中，有1865人第一个提到是中国科协期刊名称，有104人未提及，中国科协期刊提示第一提及知名度为94.7（图33-23）。

6. 非本专业第一提及知名度　期刊品牌非本专业第一提及知名度，是指被调查者在回答或写出期刊品牌时首先提及的非本学科第一种期刊名称，其频率高低说明期刊品牌在多学科或跨学科读者和科技人员中的品牌影响范围及品牌地位，是科技期刊品牌非常有价值的影响指标。结果表明，在回收的1970份问卷中，有1560人第一个提到的是中国科协期刊名称，有409人未提及，中国科协期刊非本学科第一提及知名度为79.2%。

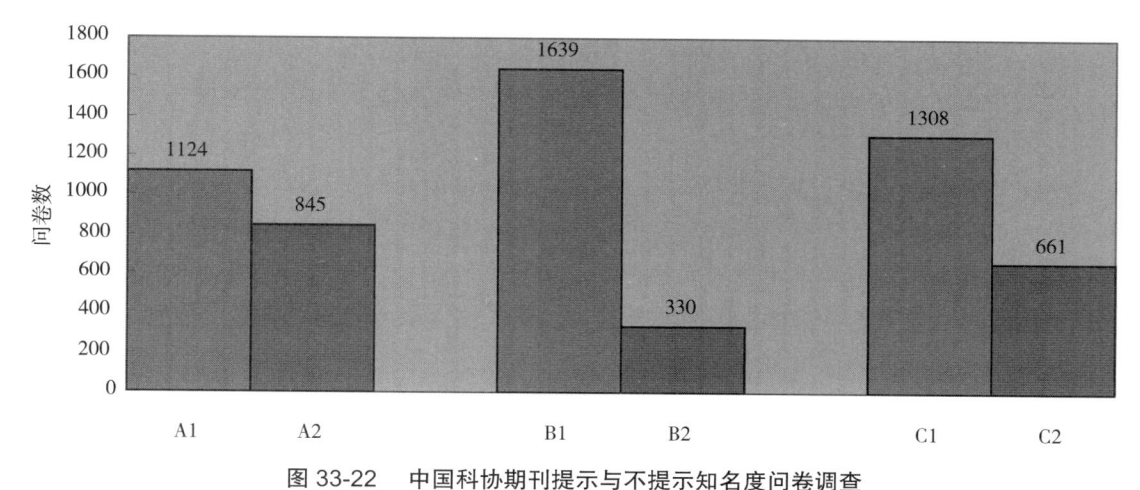

图33-22　中国科协期刊提示与不提示知名度问卷调查
A1. 不提示提及数；A2. 未提及数；B1. 提示提及数，B2. 未提及数；C1. 非专业提及数；C2. 未提及数

图 33-23　中国科协期刊第一提及期刊问卷调查结果
A1. 不提示第一提及数；A2. 未提及数；B1. 提示第一提及数；B2. 未提及数；C1. 非本专业第一提及数；C2. 未提及数

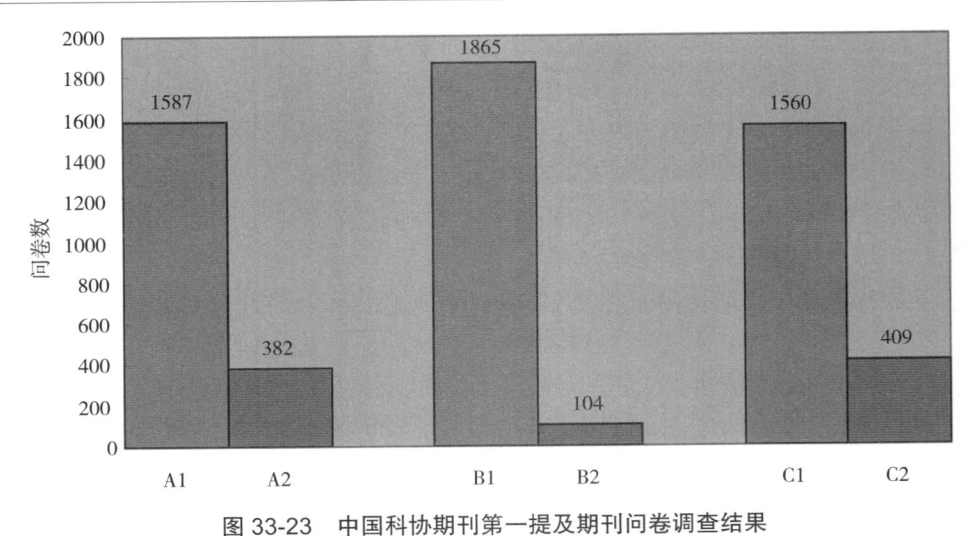

七、科协期刊品牌影响力类型

期刊品牌在品牌认知模型上分为 5 种状态或类型：

1. 正常期刊品牌类型　位于期刊品牌记忆认知模型回归线附近，特点是提示前后期刊品牌知名度与目标读者市场基本一致，属于正常期刊品牌类型。

2. 衰退期刊品牌类型　位于期刊品牌记忆认知模型的回归线右上方的期刊，特点是不提示期刊品牌知名度很低，这表明该期刊品牌在目标读者中呈淡忘趋势，属于衰退期刊品牌。

3. 特殊期刊品牌类型　位于期刊品牌记忆认知模型回归线左下方的期刊，特点是不提示期刊品牌知名度相对于提示期刊品牌知名度较高，这表明读者对该类期刊品牌的认知度虽然不高，但期刊品牌回忆率较高，说明具有较高的忠诚度，属于特殊期刊品牌类型。

4. 强势期刊品牌类型　位于期刊记忆认知模型回归线右上方的期刊。特点是提示前后期刊品牌知名度都很高，读者或作者对其有很高的忠诚度，属于强势期刊品牌类型，也是我们所追求的期刊品牌状态。

5. 弱势期刊品牌类型　位于期刊品牌记忆认知模型回归线左下方的期刊，特点是提示前后期刊品牌知名度都很低，不具备期刊品牌影响力和基本条件，属于弱势期刊品牌类型，故应在期刊品牌培育和期刊品牌建设上下功夫。

为分析和了解科协期刊品牌状态或类型，比较准确掌握期刊品牌影响力现状，在上述期刊品牌知名度调查数据的基础上，对问卷调查得到的期刊提示知名度（期刊品牌识别率）和期刊不提示知名度（期刊品牌回想率）进行统计学分析，建立数学模型和回归分析，采用品牌记忆认知模型，以期刊品牌回想率作为 X 轴，期刊品牌识别率作为 Y 轴坐标，并在二维图中标出期刊品牌位置（图 33-24），由此显示期刊品牌状态或类型。

分析结果表明，科协期刊品牌位于回归线附近，并接近强势期刊品牌的位置，这表明中国科协期刊品牌状态处于强势品牌状态，在我国科技期刊品牌影响力方面处于强势地位，这是中国科协期刊多年重视期刊品牌建设的结果。

八、科协期刊品牌建设的特点

科协期刊品牌建设具有领导重视、科学或学术共同体办刊、专家学者参与、同行专家评议、学科齐全、涵盖不同领域、学术权威性强、期刊品牌呈现系列化或集群化的特点。

1. 领导抓期刊，重点创品牌　中国科协领导及期刊主管部门领导具有较强的期刊品牌意识，在科技期刊的发展中，注重从科技期刊品牌建设的基础抓起，多年常抓不懈。如中国科协学会学术部组织的编辑人才培训、主编岗位培训、期刊审读、各种形式的期刊品牌宣传活动、精品科技期刊工程等，为中国科协期刊品牌建设提供了强

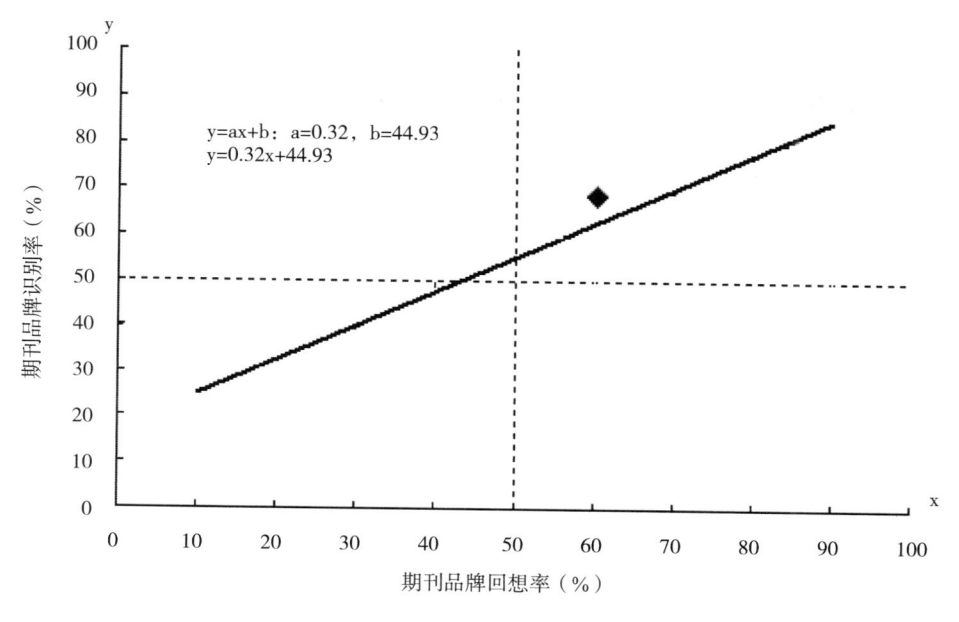

图 33-24 中国科协期刊品牌状态分析

有力的领导和组织保证。

2. **期刊品牌学科齐全，涵盖不同领域** 在中国科协品牌科技期刊中，不但品牌科技期刊集中，而且学科齐全，涵盖了自然科学和工程技术科学不同学科或专业，既有学术性期刊，也有科学普及性期刊，并且每一学科领域和专业都具有领衔性学科品牌期刊。

3. **期刊品牌集群化** 在中国科协品牌科技期刊中，不仅学科齐全，而且形成品牌系列或品牌集群，以学科集群或系列为主要特点，即一个学会具有数种不同专业的品牌期刊。如中华医学会系列杂志有121种不同学科或专业学术期刊，培育成了中华医学会系列杂志品牌群，并形成了"中华系列""中国系列"和"国际系列"三大品牌系列，被国家新闻出版总署、科技部等政府部门称为"中国科技期刊的一面旗帜"。还有中华预防医学会、中国机械工程学会、中国物理学会、中国药学会、中国化学会、中国金属学会、中国兵工学会、中国力学学会、中国计算机学会、中国仪器仪表学会、中国电子学会、中华中医药学会、中国地质学会、中国造船工程学会、中国建筑学会、中国光学学会、中国有色金属学会、中国化工学会、中国中西医结合学会等学会主办的科技期刊都已初具规模，并初步形成学科期刊品牌集群，在相关领域中具有较强的品牌影响力。

4. **科学或学术共同体主办，学术权威性强** 在中国科协科技期刊中，有94.5%的期刊为科学共同体（学会）主办，这些期刊大多数是本学科的领衔学术期刊，具有学科优势、学术优势和专家优势，充分体现了专家学者办刊和学术民主的特点，因此，被科学共同体认可程度高，最大限度地满足了科学共同体的内在需求，并且体现了同行评议和同行认可的原则与特点，因而学术权威性强，能够有效地引导学术潮流，促进学术发展的优势。

5. **专家学者办刊，同行评议** 中国科协科技期刊的重要特点是专家学者办刊，实行同行评议机制，有效保证了期刊学术的民主性、专业性、科学性、公正性，为科技期刊品牌培育和建设提供了机制基础。

九、科协科技期刊品牌建设和品牌培育的对策

科协期刊品牌建设和品牌培育虽然取得一定发展，初步形成国内科技期刊品牌建设的基础和条件，但如何培育和打造国际期刊品牌，是科协乃至我国科技期刊长期的战略任务。因此，科协期刊必须把期刊的品牌建设和品牌培育作为期刊发展的重点，特别是更多培育和打造国际品牌科

技期刊，实施科技期刊名牌战略工程，把创造名牌、宣传名牌、发展名牌、保护名牌作为重要任务。倡导和推行名牌期刊理论、名牌期刊舆论、名牌期刊机制、名牌期刊战略、名牌期刊活动。并坚持有所为、有所不为的策略，集中优势资源，突出重点，促进中国科协期刊品牌建设的全面发展。

1. *指导思想与原则* 科协科技期刊品牌建设要以党的"十八大"精神和邓小平理论与"三个代表"为指导，贯彻落实科学发展观和新发展理念重要思想。以科学发展观指导科技期刊品牌建设，以改革科技期刊经营管理体制为前提，以提高科技期刊质量为中心，以期刊品牌建设为重点，促进中国科协期刊的科学发展和全面可持续发展，加快期刊的品牌化、国际化、数字化、网络化、集团化、特色化的发展进程。

2. *突出重点，培育特色* 科协科技期刊数量较大，都成为国内或国际品牌期刊是不可能的，必须坚持有所为、有所不为的策略。鉴于科协期刊已形成一定的国内期刊品牌基础和规模，但在期刊国际化程度和期刊品牌国际影响力尚存在较大差距，因此，科协在重视国内期刊品牌培育和建设的同时，应特别重点培育重点学科和重点领域的国际品牌期刊。选准目标，重点打造，择优扶持，推向世界；重点培育或推出一批一级学科的综合性品牌科技期刊和重点学科的专科期刊，促进其走向世界，成为具有世界影响的品牌科技期刊，努力使我国科技期刊在国际品牌期刊中占有一席之地。

在科技期刊品牌中，不同学科、不同领域、不同专业有时缺乏可比性，在本学科有可能是同行认可、推崇或追随的品牌期刊，但在其他学科专业人员中就未必认同和熟悉。因此，打造和培育不同学科、不同领域、不同专业的学科旗帜性领衔品牌期刊，是中国科协期刊品牌建设的重要方向，也是促进不同学科学术交流和科技进步的重要措施。中国科协要有计划、按学科分类或学科级别，在10年内力争每一学会（学科）培育和打造出一本学科旗帜性领衔品牌期刊，力争在国际上具有一定影响。这也是国际上，特别是美国科技期刊品牌发展的轨迹和特征。

3. *分类指导，按层面发展* 根据学科分类或科技期刊分类，确定或遴选科技期刊品牌建设学科类别，依据科技期刊品牌分类，即按"国际品牌期刊、国内品牌期刊、专科品牌期刊、地域品牌期刊"，实施分类指导，按层面发展，健全和完善中国科协科技期刊品牌化建设体系与机制，把期刊的品牌化建设纳入中国科协期刊发展的长期战略规划中，促进科技期刊品牌建设的可持续发展。

4. *实施政策导向，提高期刊学术质量* 随着我国经济建设的飞速发展和国力的增强，近年国家逐步加大了科技和科研投入力度，特别是国家重点科技攻关基金资助项目和科研攻关机制的完善，提高了科技原始创新能力，中外科技差距在逐步缩小，科技创新性论文的产出量成倍增加，其论文产出量已进入世界大国行列。但是，由于评价体系和政策导向偏颇，人为夸大了在国外科技期刊发表论文的权重，将在SCI收录期刊发表论文视为评价科技人员的重要条件，致使大量科研创新性论文首发在国外期刊上。致使大量高水平原始创新论文外流，使科技期刊学术质量未能全面反映出我国科技发展的水平。因此，建议中国科协倡议或与政府主管部门沟通，实施正确的政策导向，倡导创新性论文，特别是国家重点科技攻关课题资助的研究成果首先发表在我国的品牌科技期刊上。建议中国科协牵头，组织多学科院士和著名科学家联名发表倡议书，倡议科学家将创新性论文首先发表在我国品牌科技期刊上，并在人才和科技成果评价机制方面予以倾斜和引导，在科技期刊品牌质量的源头上予以保护和截流。

5. *实施期刊品牌策划宣传，塑造期刊品牌形象* 在构成期刊品牌的要素中，期刊的质量、特色、权威性和影响力是品牌形成的核心要素，而期刊特色是有别于其他刊物的重要识别要素。但仅具备期刊品牌构成的基本要素是不够的，同时还要注重期刊品牌形象策划宣传，特别是期刊形象识别的培育和塑造，这是期刊品牌建设的重要手段。通过期刊形象识别的塑造，增强读者、作者及专业技术人员对期刊打下品牌烙印，在其心目中树立起期刊品牌形象识别印记，通过传播系统要素，将期刊编辑理念、期刊文化、办刊宗旨、学术权威性、学术影响、学术价值观等传达给科技界和本学科及本领域的专家学者。还需要有计划的实施品牌策划宣传，扩大期刊品牌传播半径，激发读者、作者、广大科技人员和社会的品牌形象；中国科协要把期刊的品牌策划宣传作为期刊品牌建设的重要内容，实施不同层面的期刊品牌策划，如编辑部层面、期刊社层面、中国科协层面。中国科协站在更高和整体层面上，重点对各学科品牌科技期刊实施宣传策划。可利用电视、报纸等权威新闻媒体宣传品牌科技期刊，以增强品牌期刊的权威性和科学共同体的认可程度，提高社会对品牌科技期刊的认知度。

6. 加强期刊品牌制度化建设，促进期刊品牌良性发展　科技期刊品牌的培育和形成，非一朝一夕而成就，是在长期办刊过程中积淀和期刊文化积累的结果，因此要保证科技期刊品牌建设的良性和可持续发展，必须建立和健全期刊品牌建设的制度或政策，为科技期刊品牌建设提供制度、机制和政策保障。

7. 设立期刊品牌专项资金，加大期刊品牌建设投入　为保证中国科协科技期刊品牌建设的发展，建议设立"科技期刊品牌建设专项资金"，加大期刊品牌建设和培育的投入，特别是在期刊品牌形成的初期，应加大扶持力度，尤其对重点学科期刊实施重点扶持，为期刊品牌建设提供保证。

8. 实施期刊品牌推广工程，加快期刊品牌国际化　科技期刊品牌的塑造是一项系统工程，涉及诸多环节。比如期刊的内在质量、期刊文化、品牌策划等，因此，实施期刊名牌战略综合工程，是推进中国科协科技期刊品牌化建设的重要措施，它包括：创造品牌、宣传品牌、发展品牌、保护品牌。首先要建立"科技期刊品牌评价标准"和"科技期刊品牌评价制度"，定期对科技期刊品牌进行评价，同时启动"中国科协科技期刊品牌推广工程"对品牌科技期刊采取多种品牌策划宣传措施，实施有计划的品牌推广，在公众和科技人员中扩大期刊品牌影响，形成品牌形象和品牌印记。在中国科协科技期刊中，具有"国内品牌"地位的科技期刊数量不少，但具有"国际品牌"地位的科技期刊数量不多，因此，应重点加强"国际品牌"期刊的培育和推出。

9. 建立期刊品牌保护制度，促进期刊品牌健康成长　在国家层面上对已形成品牌的科技期刊实施品牌保护，制定"中国期刊品牌保护条例"，实施品牌期刊注册制度，对侵犯品牌期刊利益和形象的加以限制，有效保护品牌科技期刊健康有序发展。特别是国家主管部门对申办和审批新刊要严加把关，对新刊与已有品牌科技期刊名称雷同或内容严重交叉的要慎重审批，对已有同类品牌科技期刊加以保护，避免与现有品牌科技期刊发生不必要的冲突与恶性竞争。另外，政府主管部门还要强化打击假冒和伪造名牌科技期刊的行为，加大对品牌科技期刊的管理和保护力度，形成维护品牌科技期刊的良好社会环境和氛围。

要保证期刊品牌建设健康发展，首先靠的是有效的组织保证，因此，建立健全中国科协期刊品牌建设的领导体制和组织，是做好科技期刊品牌建设的基础。建议中国科协成立"中国科协科技期刊品牌建设领导小组"，指导和协调工作，并成立"中国科技期刊品牌促进委员会"，制定科技期刊品牌评价标准和规范，制定中国科协科技期刊品牌建设规划和品牌期刊保护措施，提出中国科协品牌科技期刊名录，为政府主管部门提供决策咨询。

10. 加强国际科学共同体交流，融入国际交流体系　要促进中国科协科技期刊品牌的国际化程度，使我国品牌科技期刊发表的科技成果迅速融入国际学术交流体系和评价体系，加速国际品牌科技期刊的培育，除提高期刊学术质量，扩大期刊学术权威性和影响外，还应重视国家层面对国际权威检索系统收录的组织力度，特别是对SCI的收录。建议由中国科协或会同科技部以更高层面与美国SCI总部沟通，充分说明我国某些学科品牌科技期刊在国内的学术地位和对国际学术交流的重要意义，推荐我国重点学科和学科领衔品牌科技期刊更多进入SCI检索系统，最大限度地参与国际学术交流体系和学术评价体系。

11. 实施期刊体制改革，提高期刊品牌的市场化程度　在中国科协期刊中，大部分期刊社或编辑部的管理体制是计划经济体制下形成的事业单位管理模式，期刊社或编辑部多年来按照"事业单位企业化管理"或"事业单位行政化管理模式"，缺乏自主经营权利。其运行机制、管理体制、运行模式、经营方式都难以适应当前科技期刊发展的需要,办刊者缺乏竞争意识和市场竞争能力,期刊管理体制滞后,影响和制约了期刊品牌化建设的进程。特别是国家文化出版体制改革既有路线图,又有时间表,出版体制改革时不我待。因此,中国科协应以支持和推进期刊体制改革入手,全面推进中国科协期刊体制改革的步伐,加快期刊市场化和企业化进程,为加快中国科协期刊品牌建设提供体制保证。

12. 实施新媒体与媒体多业态传播,加快期刊传播速度及传播半径 科协应加大科技期刊数据库、期刊网站等新媒体建设的支持力度,实现科技期刊线上、线下、数据库和平面相结合的业态格局,最大限度地加快科技信息的传播速度,加大传播半径,充分提高我国科技期刊的显示度和覆盖面,为我国科技期刊品牌培育和走向世界创造良好条件和环境,加快从科技期刊大国向科技期刊强国迈进,为服务于国家科技创新战略和知识创新体系建设做出贡献。

第 34 章 医学期刊栏目分类与栏目设计方法

医学期刊栏目设计得合理与否，对办好期刊具有重要作用。期刊栏目也称专栏，是期刊中不同学术版块的有机分割或划分，是医学期刊的信息单元，期刊就是由不同的信息单元组成期刊的整体信息系统，是期刊的重要信息窗口，反映了期刊不同的风格、特色和内容，带有很强的个性化、特色化和灵活性。通过栏目便于灵活处理不同体裁的文稿和期刊所关注的重点问题。

医学期刊栏目设计，在期刊的总体设计中占有重要位置。通过对栏目科学而合理的设计，不仅可以比较充分地体现和发挥医学期刊的学术交流功能和社会功能，而且反映编者的编辑思想，全面落实办刊方针、办刊宗旨和学术导向性，同时可有效突出期刊的特色和学科特点，充分彰显不同学科医学期刊的个性特征。因此，重视对医学期刊栏目的设计方法和分类，对提高医学期刊编辑质量具有重要意义。

第一节 医学期刊栏目的功能

医药卫生科学其专业或学科众多，其学术期刊既要反映不同学术内容，又要体现不同学科和不同专业的特点，同时还要体现学术期刊的社会功能。因此，发挥栏目的功能，通过栏目设计划分不同的学术版块，并通过不同的栏目全面反映期刊的功能、特色、编辑思想和创新性的编辑思维活动。

1. **导读功能** 读者在阅读期刊时，一般首先浏览目次的栏目和标题，通过栏目引导读者决定阅读的重点，并根据自己对期刊内容的不同兴趣，有针对性和有目的选择阅读，使读者用最短的时间，准确选择最感兴趣的学术内容信息。同时，引导读者连续关注和阅读相应栏目的内容。

2. **导向功能** 一般栏目的设计是编者根据期刊的总体设计、办刊方针、办刊宗旨、学科特点、学术热点、关注重点而设计，体现了编者的总体编辑思想和重点报道的范围和关注的学术问题，医学期刊所关注的学术热点和难点问题，也就是相关学科专业技术人员所关注的，因而对医药卫生科技人员的研究和临床具有导向性，使栏目有效发挥学术导向作用。同时，引导作者有针对性地为专栏撰文投稿。

3. **个性化功能** 医药卫生科学期刊众多，假如栏目设计形式仅局限在常用的"论著""简报""综述""消息"等雷同栏目，使期刊栏目形成同一面孔，难以体现不同学科特点、个性化和期刊特色，在读者心目中难以形成有别于其他同类期刊的识别印记。因此，根据学科特点和办刊方针，通过对栏目的精心设计，充分体现出不同学科、专业和期刊特色，强化期刊个性，增强期刊在专业人员中的形象标识和阅读欲望。

4. **分类功能** 医学期刊的特殊功能决定了所报道文章类别、体裁和专业领域各异，而不同栏目对文章的体裁要求和写作风格也不一样。因此，通过栏目设计与合理配置，很自然对不同文章类别起到分类的作用，使期刊所报道的不同内容或重点层次分明，避免大杂烩，读者可根据自己的需要阅读不同类别或内容的文章，最大限度地节省浏览时间。另外，编者和审稿人还可以根据栏目对文章体裁的不同需要和标准取舍稿件。所以，对审稿人评审或取舍稿件也具有指导作用。

5. **检索功能** 不同栏目刊登不同类型的文章，编者可按照栏目编制索引或数据库索引；读者也可以根据栏目检索以往发表的文献。同时依据栏目的类别，实施二次文献开发和利用，将同一栏目的内容制作出不同类型的数据库、光盘版、文献汇编、专题学术著作等"学术产品",有效发挥不同类型文献的作用和价值。

第二节 医学期刊栏目分类

医学期刊栏目的分类或类型缺乏统一分类标准和固定模式,其设计也应结合学科特点和编辑策划要求,设计不同类别的栏目。但栏目结构应科学合理,既要体现栏目的内涵和外延,同时又要避免公式化和雷同。一般分为常设栏目(固定栏目)和非常设栏目(随机栏目)。现以《中华检验医学杂志》栏目设计实践为例,试对医学期刊栏目进行分类尝试。《中华检验医学杂志》根据办刊宗旨和学科特点,对以往多年开设和沿用的"论著""简报""综述""消息"简单而雷同,同时又缺乏学科特点和内涵的栏目进行重新分类设计。重新设计后的栏目类型分为评论类、原始创新类(论著类)、评价类、专题论述类(专论)、理论类、普及类、指导类(指南与规范)、讨论类、进展类、互动类、宣传类、信息类等。

一、《中华检验医学杂志》栏目分类

1. 评论类 是医学期刊学术导向性很强的一类文章体裁,医学期刊的学术导向和学术引导主要通过这类文章加以体现。

(1)述评(Editorial):一般请本学科学术或学科带头人或编辑部,就某一领域学术发展及临床实践中的热点、难点和焦点问题实施评述,并站在学科的整体高度,纵览学科或专业学术发展的全局,实施有针对性的评述。

(2)短评:短评是对人和事物进行的简短评论,属于评论的一种;短评是新闻评论中常见的一种文体,篇幅短小、语言精悍、内容单一、分析扼要尖锐,是十分便捷的评论体裁,在报纸、广播、电视等时政媒体中都可以使用,其中在报纸上的短评最为常见。近年来,在科技学术类期刊也普遍应用,特别是医学期刊,主要是学术短评,对特殊学术内容的报道配发短评也比较常见,可以就一篇文章或学术报道主题配发短评,也可以就学术发展中某一热点或难点问题发表短评。编辑实践表明,恰当运用短评形式或手段,对重大学术专题或具有相应背景的学术技术问题的报道,同时配发短评加以评论,可有效增强学术引导性和学术及技术的渲染效果。短评在发表时有署名与不署名两种。署名短评以个人身份发言,形式自由,手法多样。不署名短评代表媒介编辑部发言,是编辑部评论中比较短小、灵便的一种体裁。短评在运用时有两种形式:一是针对某一事物或问题发表的独立成篇的简短评论;二是为配合重大学术报道或新闻报道就实论虚、就事论理的短小评论。短评的主要功能是评论功能、引导功能、强调功能、学术或技术推介功能、深化功能、解释功能、认可功能、警醒功能、辩驳功能等,短评的功能是多元化的,无论是时政类报刊,还是科技学术类期刊,编辑恰如其分地运用好短评手段,对增强所报道课题的效果和学术引导及渲染具有重要的作用。

(3)编者按:编者按也属于评论文体,也称按语或编者案(Editor's notes),"编"指的是编者或编辑,"按"指的是编者附加的评论、判断,是编者为了让读者、作者或广大医学科技人员认识、理解或更明白而增加的特别的说明和评述,是编辑人员对一篇文章或某一专题所加的意见、评论等,以表明编者对问题的态度,常放在文章或消息的前面。编者按不是一种固定的单独运用的文体,而是编辑在编稿过程中经常使用的一种处理方式,是以最简短、最轻便的言论形式,阐明和表达作为编者的意见、看法和立场,这在编辑实践中用途很广。

(4)社论(Leader):社论是新闻评论或学术品论的一种,在科技学术期刊应用得比较少,是最为重要的新闻评论、舆论或学术评论工具。是报刊编辑部、报社、杂志社就重大问题以编辑部或报刊社的名誉及署名发表的评论。一般用于重大新闻事件或重大学术问题,要通过刊社的立场表明学术观点、看法和立场。这在英文中,社论称 Leader,又称 Leading article,前者指的是总编评论文章,后者则有首席评论文章之意。美国作者史本沙尔在《社论写作》一书中认为,社论是一种事实与意见的精确、合理与有系统的表白,

为了引导和影响公众，也为了要解释新闻，使一般读者能够了解其重要性。

（5）专家论坛（Specialists Forum）：一般由相关领域的著名专家撰写，就相关专业、学术或技术问题发表专题论述和评述。

（6）专论（Specialists Article）：就某领域、某专题、新技术、新方法、重要理论问题等实施专门论述和评价。

2. 原始创新类（论著类） 是具有严格而系统的科研设计和独创性科研思维，具有创新性和先进性的一类原始创新研究。

（1）临床检验诊断研究（Clinical Diagnostic Research）：以人体或人体标本为检测研究对象，并具有创新性的原始研究。

（2）基础检验诊断研究（Laboratory Diagnostic Research）：以动物或动物标本为检测研究对象，研究或探讨检验诊断技术、方法、基础理论、诊断指标等，并具有创新性和先进性的原始研究成果。

（3）实验诊断方法评价（Laboratory Methods Evaluation）：对新的实验室诊断方法用于临床前实施的可靠性临床评价研究，以及传统诊断方法的临床再评价等原始创新性评价研究。

（4）新技术与新方法（New Technology and Methodology）：具有创新性和先进性新的实验室诊断技术的原始开发研究，具有创新性和先进性新的实验室诊断方法的建立等。

（5）临床输血研究（Clinical Transfusion Research）：具有创新性的有关临床输血领域的原始研究。

（6）试剂与仪器评价（Reagents and Instruments）：对诊断试剂和实验室诊断仪器设备的敏感性、特异性、准确性等参数的临床多中心评价，新开发研制的诊断试剂或诊断仪器等。

（7）细菌耐药监测研究（Bacterial Drug Tolerance Monitoring）：对细菌耐药机制或抗生素耐药的流行趋势监测研究等。

（8）临床治疗药物监测：对患者治疗药物浓度、蓄积、治疗效果等实验室监测研究。也是体现期刊对这一领域的关注和重点发展的编辑意图。

（9）临床实验室管理（Laboratory Management）：具有原始新意的实验室管理方法、观点、经验等。体现期刊对本领域研究的重视和导向。

（10）检验质量控制研究：检验诊断的质量控制是检验医学或实验室诊断永恒的主题，是提高检验质量的根本保证，设置本栏目体现了期刊对这一问题的重视和关注。

3. 进展类 一般以二次文献为依据，在占有大量国内外文献的基础上，对某一学科或专题文献进行综合分析，并就其研究进展、发展趋势、存在的问题等加以综合论述。

（1）学科进展：对本学科或亚学科最新进展的系统介绍。

（2）国内外进展（Progress In Research）：对某一专业领域、技术、方法、疾病等国际和国内的最新研究进展的专题介绍。

（3）回顾与分析（Lookback and Analyse）：专家学者对承担的某一重大课题、专题、专业等系统研究的综合回顾分析性文章。

4. 指导类（指南与规范） 对临床、科研、疾病诊断、治疗和预防等具有参照性和指导性的依赖性学术或技术文件。

（1）标准与规范：具有指导性的实验室诊断新标准、操作规范等学术性文件。

（2）会议纪要：具有指导意义的学术会议、专家座谈会、专题研讨会等会议成果加以介绍。

（3）国际标准指南：介绍检验医学或相关领域国际性学术组织和机构制订的诊断或操作指南。

（4）临床诊断指南：刊登或介绍国内本领域学术组织制订的实验室诊断指南、建议等学术文件。

5. 理论类 这类体裁一般无须周密的科研设计，是通过实践、理论思维、逻辑推理、科学分析总结概括出的理论和观点，对某一专业或相关领域具有理论指导意义。

（1）学科建设与发展：探讨具有新意的学科建设理论、新观点等。

（2）循证检验医学：探讨循证医学在检验医学中的应用和检验方法、数据的系统评价等。

（3）检验医学教育：探讨检验医学教育理论、方法、教学模式、知识结构等理论性研究。

6. 讨论类 对有争议或尚无定论的学术和技

术问题，特别是对已发表的文章观点、结果、结论有不同看法，可以通过学术讨论和学术争鸣达成共识，去伪存真。

（1）争鸣与评论：对有争议的学术问题、观点通过学术争鸣的形式发表不同意见，以利引起学术讨论，倡导学术民主，促进学术争鸣。

（2）问题与建议：为专家学者提供发表对学科建设、学术研究中存在的问题和建议的平台。

7. 普及类 对于某一成熟的临床实用的新技术、新方法、新理论等加以普及推广，并对专业技术人员进行知识更新教育。

（1）专题笔谈：对某一专题、技术、方法等，深入浅出地加以介绍和普及。

（2）国际学术交流：介绍国际学术会议的最新内容和进展。

（3）继续教育：对某一专业或技术，面向不同专业人员，特别是基层专业技术人员的知识更新教育或普及性教育。

8. 宣传类 对本领域做出突出学术和科研贡献的著名学科或学术带头人、专家、国家和地域性重点实验室加以介绍宣传，以鼓励和激励同行成才和发展。

（1）学科人物：介绍学术或学科带头人及有突出学术贡献的著名专家，特别是中青年专家，提供成才经验。

（2）重点学科：介绍在学科建设、学术研究、重点科研攻关、学术和技术领先的科室，特别是国家重点学科点或实验室。

（3）企业与临床：介绍著名相关医药企业或产品，促进企业与临床的结合，满足临床需求。

9. 信息类 这是一类以简短的文字和较强的时效性快速报道大家普遍关注的相关信息，以增强期刊的信息量和可读性，并且可以"补白稿"的形式刊出，有效利用版面。

（1）消息：具有新意的相关信息和学术活动等。

（2）学会动态：对本专科学会、相关学术组织的重大活动、计划、换届改选等信息。

（3）医学新闻：医学科学领域重大科技发明或成果等。

（4）会议征文：各种相关学术会议的征文。

（5）产品信息：介绍新产品、新仪器、新式试剂等。这些栏目稿件一般短小，既提供了补白稿，又增加了期刊的信息量。

10. 互动类 是读者、作者、编者相互交流，答疑解难的一类针对性和实用性极强、体裁风格各异的文章，对读者和作者具有很强的吸引力，增强参与意识和积极性。

（1）专家答疑：对具有普遍性的学术、技术问题请有关专家解答，也可以就读者或专业技术人员提出的问题，请专家答疑解难，形成读者、作者、编者的互动，活跃学术气氛，引起读者兴趣。

（2）读者来信：刊登读者或专业人员来信提出的具有针对性或普遍性的专业问题，也可以同时刊登专家或编辑部答复，达到解决问题的目的。

（3）问题解答：就读者和作者及广大专业技术人员普遍关心的问题，由编辑部、有关部门或专业人员解答。

二、《中华医学杂志》栏目分类

《中华医学杂志》作为综合性医学期刊，其栏目设计如下。

1. 临床研究 主要报道以临床为主的原始创新研究。

2. 基础研究 主要报道基础医学创新性原始研究。

3. 述评 刊登具有学术导向性的评论性文章。

4. 专家论坛 刊登著名专家或学科带头人对某一学术或专业领域学术问题的专题论述等。

第三节 医学期刊栏目设计的要点

医学期刊栏目合理设计，除遵循办刊方针和宗旨外，还要依据期刊的总体设计和栏目的整体策划，把握好医学期刊栏目设计的要点，突出和体现期刊栏目的特色，特别是要突出和体现学科及专业的特色与特点，使栏目设计展现出差异化。

1. 栏目设计的创新性 结合学科特点，做到人无我有，富于创新，是栏目设计的生命力所在。千篇一律，重复雷同，缺乏内涵和外延，多种期刊同一类栏目，同一个面孔，难以让读者识别，编者只是将文章简单堆砌。因此，栏目设计一定要具有创新意识，别出心裁，避免雷同和缺乏特色，并精心策划组织稿件，才能达到预期的学术效果。

2. 栏目设计的特色与特点原则　特色是事物与事物之间显著区别于其他事物的风格和形式，也就是说人或事物所具有的特别与特殊之处。是由事物赖以产生和发展的特定的具体的环境因素所决定的，是其所属事物独有的东西和风格。特点简单地说就是与众不同，因为任何物质都有其自身的特性和特征，任何事物都具有不同的特征和个性，也有与其他事物所固有的共性。如同样是人，其个性和外形特征都有不同之处，在个体身上体现出来的这种与众不同的特性，就是特点。而不同学科或专业医学期刊也是如此，期刊是共性，而每一学科或专业就凸显了其特点和特色，而栏目设计要具有差异化和特色，就是要抓住学科和专业特色，设计出具有特色和特点的栏目，以此彰显期刊的不同于与特色，这是医学期刊栏目生命力所在。

3. 栏目设计的时效性　期刊栏目设计分总体设计、年度设计和当期设计。也就是说，要根据每年学术报道重点和任务，在总体设计的框架下，实施必要的年度设计，并视其每期不同重点实施必要的当期设计或调整，特别是对非固定栏目，要根据实际需要，适时加以调整，但要尽量保留实践证明读者喜欢的栏目，尽量保持其连续性，以利形成名牌栏目。根据临床和科研实际需要，适时设置急需栏目。如"非典"疫情流行期间，中华医学会系列杂志某些期刊及时开辟"非典防治"专栏，对疫情控制发挥了重要的指导作用。

4. 栏目设计的导向性　栏目设计体现了编者的意图和编辑思想、办刊方针和办刊宗旨，也是国家医药卫生工作重点在医学期刊的表现形式。因此，栏目设计具有学术导向作用，针对本领域临床、科研、防治重点，学术发展中的热点、难点和焦点问题，有针对性地设计相应栏目，以示对这一领域或专业研究的重视，从而起到学术导向作用，引导其研究不断深入，促进学术成熟和健康发展。如"非典防治"栏目，具有很强的时间性、针对性、指导性和学术导向性。

5. 栏目设计的合理性　要全面反映期刊的功能和本学科内容，具体落实办刊方针和宗旨，就必须注意栏目设计结构的合理性和科学性，设置系统，层次分明，重点突出。如要体现"提高与普及相结合的办刊方针"，就要在栏目的设置上既要有以提高为主的原始创新性的论著栏目，同时还要有普及性栏目（如"专题笔谈""专家讲座""继续教育"等普及性栏目板块），增强期刊内容的实用性，真正发挥指导临床的作用。为体现学术民主和学术争鸣，同时还要设计学术争鸣类的栏目。如"争鸣与评论""学术论坛"等栏目，以丰富和活跃期刊内容。

6. 栏目名称的简洁性　栏目要精心设计，词语高度精练、简洁和醒目，荟萃精华，画龙点睛，既反映内涵，又体现外延，字数不宜过多，但又不宜过少，一般控制在8个汉字以内。

第四节　医学期刊栏目设计的原则

医学期刊栏目设计要贴近临床、贴近读者、贴近实际、突出特色，真正让读者喜欢和满意，编者在实施栏目设计时，就必须进行全面分析研究和调查，避免盲目性和随意性，把握正确的原则与方法。

1. 坚持办刊方针和宗旨的原则　任何一个期刊都有自己明确的办刊方针和办刊宗旨，在编辑实践中如何落实和体现办刊方针和宗旨，首先是要对栏目实施总体设计和栏目策划，通过栏目体现和落实办刊方针。因此，在栏目设计和策划中，应始终围绕办刊方针和宗旨这一原则，才能保证和避免期刊偏离方向。

2. 体现读者定位原则　每一个期刊都有自己受众群体和目标读者，熟悉自己读者群的基本情况，满足读者的需要，牢牢抓住读者，也就抓住了学术市场，这是期刊发展与生存的基础。因此，栏目设计和策划，要把读者需要放在第一位，要贴近读者，服务于读者，满足于读者，只有这样，

3. 注重临床需要原则　医学期刊最重要的是要贴近临床或科研实际，为临床医师或科研工作者提供学术指导，解决临床或科研中的难题，更好地为患者提供高质量的诊断、治疗和预防服务。因此，栏目设计要紧密围绕临床与科研需要，有利于提高临床医师和科研人员的实际水平。

4. 突出学科特色原则　期刊栏目是体现期刊特色的重要表现形式，一个期刊具有何种特色，栏目是重要的表现形式和标志。因此，期刊栏目设计与策划要有创新性，独具匠心，别出心裁，突出期刊特色，使期刊与众不同，具有独到的特点和个性。

5. 促进学术发展原则　栏目设置要有利于促进学科和学术发展，抓住学科和学术发展的热点和难点，促进学术交流与学科建设。

6. 增强期刊个性原则　目前同一学科的期刊众多，有的甚至连刊名都大同小异，众多期刊栏目雷同，缺乏个性化。所以，要体现期刊个性，首先应在栏目上下功夫，通过栏目设计和策划，突出期刊学科个性，使读者对期刊打下烙印。

7. 保持相对稳定原则　期刊栏目要让读者认可，并读有所循，就要保持栏目的相对稳定性，逐步形成名牌栏目，但又要注意不断完善。一般一个栏目的出现，最好能持续1年，若确实读者不喜欢，可在第二年进行调整或修改栏目。

第五节　医学期刊栏目设计方法

医学期刊栏目设计要贴近读者，体现学科和专业刊物特色，逐步培育期刊的品牌栏目。在栏目设计中还要掌握正确的设计方法。

1. 读者问卷调查法　医学期刊栏目是否具有生命力，其衡量标准是看读者是否喜爱，能否受到读者喜欢。因此，在栏目设计前或设计后，采用问卷调查的方法，广泛征询读者的意见，这是保证栏目设计成败的关键。栏目设计者要精心设计问卷调查表，可通过网络、微信或刊登在期刊上等调查途径实施调查，用调查数据证明和预测栏目设计的效益及关注程度。

2. 专家论证评议法　医学栏目设计者将所设计的栏目设置方案，可通过编辑委员会的会议讨论，也可以召集相关专家实施评议和论证，征询相关专家和读者意见，以保证栏目设计的可靠性和实用性。但在栏目设计中，医学期刊的编者要居于主体地位，就是栏目设计要体现编者的编辑思想和主观意志，要体现期刊的学术导向和期刊特色，彰显编者的思想性。但这并非排斥民主性，而是在编辑实施栏目精心和周密设计方案完成后，再广泛征询相关专家、读者和作者意见，而不能把栏目设计的主动权全盘推卸给编辑委员或其他人员。

3. 栏目设计方案优选法　医学期刊栏目设计者在制订和设计栏目方案时，设计者可同时预设几个方案，以利于方案的优选，然后再实施论证、评价或征询意见，从中优选出最佳的方案，也可以由编辑决策者在几个方案中进行比较，从多种方案中优选或遴选出最佳方案。

4. 栏目设计的比较法　在实施栏目设计时，可将相关医学期刊的栏目设置情况进行分析和比较，实施多期刊栏目设置比对，借鉴其栏目设置的经验和成功做法，避免栏目设计中与其他相关期刊栏目设置过度相似，并尽可能与其他相关期刊栏目设置具有不同之处，充分规避雷同，彰显特点、特色、风格、差异和不同之处，尽可能凸显本期刊栏目设计的特性和个性特征。

第 35 章 医学期刊编辑出版环境与医学编辑观念

在当今医学期刊如林的环境下，影响医学期刊发展的因素众多，其不确定性和复杂性及非稳定性与日俱增，这些影响因素来自社会、政策、经济、经营环境、学术环境、新媒体、智能化、学科发展、编辑人才等诸多因素的影响，因而人们将当今世界称为"VUCA时代"或"VUCA环境"。

第一节 医学期刊 VUCA 环境的基本概念

VUCA 的概念早在 20 世纪 90 年代就被提出来了。首先是由美国军方提出并使用 VUCA 概念，主要是美国军方用来描述冷战结束后的国际形势，属于军事用语，美军认为自冷战结束后，其世界环境越发凸显其不稳定性、不确定性、复杂性、模棱两可和多边的世界。特别是在美国"9·11"恐怖袭击事件发生之后，将这一概念和首字母缩写才真正被确定下来。由此，VUCA 被引用到诸多领域和战略分析，特别是被战略性商业领袖用来描述已成为新常态和混乱的及快速变化的商业环境。在《世界是平的》一书中指出，当今世界改变的速度已与过去不同，每当文明经历一个颠覆性的技术革命，都给世界带来了深刻的复杂变化和不确定性，致使一些企业管理者或期刊经营者难以跟上科技和社会发展的步伐，更有甚者凸显焦虑和不安的心理冲击。因此，正确分析医学期刊的 VUCA 环境，是应对和化解期刊经营危机的重要理念。

VUCA 发音"乌卡"，在 VUCA 中每个字母元素都具有深层次含义，将其延伸运用到医学期刊经营与发展的环境因素分析，可是用来提高期刊 VUCA 环境的预见性、预测性、洞察力和应对性的经营战略分析与战略思考及战略对策，也是提高期刊经营管理和发展中的行动力和应变能力。VUCA：V=Volatility（易变性）是事物变化的本质和动力，也是由变化驱使和环境因素催化产生的；U=Uncertainty（不确定性）对缺少预见性，缺乏对意外的预期和对事物的理解和意识；C=Complexity（复杂性）期刊发展被各种复杂因素、外在或内在因素与事物干扰；A=Ambiguity（模糊性）对现实的模糊和难以看清方向，期刊经营与发展的方向上的模糊和不清晰性，是误判误解的根源，各种因素和条件及因果关系的混杂，更增加了方向的模糊性。也就是说，医学期刊或整个科技期刊的发展环境也是处在 VUCA 环境之中，实际上也是处在易变性、不确定性、复杂性和模糊性的发展环境中。

第二节 医学期刊 VUCA 环境对编辑的挑战

在 VUCA 环境下，医学期刊的发展除了面临着诸多不确定和难以掌控的挑战外，还面临着整个科技期刊在发展中所面临的问题和挑战。

一、医药卫生领域的 VUCA 性的挑战

在医药卫生科学领域其 VUCA 性更为突出和显著，是任何自然科学领域和社会科学领域都无法比拟的。这是由于医药卫生科学领域的特点所

决定的,这无疑也给医药卫生科技期刊编辑带来诸多不确定性和VUCA环境。

1. 医药卫生环境的VUCA性 国家医药卫生体制改革的不断深入,其医疗环境、医院体制改革、医学人才培养体系、人才评价体系、学术环境、医学科研重点等,都可能发生不同程度的变化,作为医药卫生科学领域发展晴雨表的医学期刊,也必然受到医药卫生大环境的影响,而且这种影响和挑战都是未知的、不确定性的和模糊的,这就给医药卫生科技期刊的发展环境带来了VUCA性,如何适应和应对医药卫生领域的VUCA环境,是医学编辑必须面对和思考的问题。

2. 公共卫生环境的VUCA性 在医学科学的公共卫生领域,更是具有其VUCA的典型特点,其不确定性、突然性、非稳定性、复杂性、模糊性、难测性、危急性和危害性都是被历史证明的。

重大自然或人为灾害:这是典型的VUCA性质,人类的重大自然灾害或人为灾害,基本都具有突发性、不确定性和难控性,重大自然灾害或人为灾害的发生,不仅伴随重大公共卫生事件的发生和疾病预防任务,还将牵动整个医药卫生领域的运行轨迹。如唐山大地震、汶川大地震,都给医疗卫生或公共卫生领域带来重要大危机和挑战;2003年,传染性非典肺炎(SARS)的暴发流行,不仅牵动了整个医药卫生领域,甚至牵动着社会政治的惯性运行及生态。这种医药卫生领域的VUCA环境和挑战,也必然给医药卫生期刊带来重大挑战,医学编辑如何应对这种VUCA环境,在医疗或公共卫生事件发生时,能及时有效应对挑战和面对危机,积极主动和超前配合国家对重大医疗或公共卫生事件的应对处置,从专业和学术角度配合指导及学术导向,全力提供知识服务和学术支撑,是医学编辑必须常态化思考的重大问题。

3. 医药卫生科学与学术发展的VUCA性 医药卫生科学是一个庞大的科学体系,既涉及自然科学及生命科学诸多领域,同时也涉及社会科学,其学科或专业已达到数千个,而且新学科或亚专业不断派生,专业越来越细,而医药卫生科技期刊也从以综合性期刊为主,不断向专科期刊发展,而且期刊学科和专业越来越细,甚至达到一种疾病、一个器官、一种细胞、一种分子专业就创办一种专业学术期刊的程度,高度专科化医学期刊的发展,给综合性医学期刊的发展带来严重挑战。同时,学术界对SCI的推崇,这导致大量高水平科研论文投向了国外期刊,因而带来国内医学期刊稿源质量的下降,严重影响了医学期刊的学术质量和水平。因而,这种学术环境和期刊发展的VUCA环境,对编辑或期刊都带来严重的挑战。

4. 医学人才评价体系变革的VUCA性 在我国医药卫生科学期刊中,具有相当数量的期刊生存基础依赖于或得益于医学人才评价体系与标准的缺陷性,这就是唯论度量标准。在我国职称评定中,不同职称级别,各单位都具有不同的论文数量和发表期刊的要求,职称评定要论文、研究生毕业要论文、科研课题申请要论文、科研成果评价要论文,甚至非技术职务晋升也要论文,这就给医学期刊提供了生存和发展的土壤、条件和空间。但随着医药卫生体制改革的深入发展和各项改革措施的落地,医学人才评价标准或评价体系也将会发生变化,在一些基层医疗机构,特别是从事临床医疗的职称系列,将淡化单纯对发表论文数量的评价指标。临床医疗人员职称评审对发表论文的淡化,这意味着临床医务人员对论文发表的迫切性丧失,也就是说,晋升职称可以没有论文发表,这种临床医学人才评价标准的变化,无疑将给医学期刊带来挑战和生存发展的机会,这种医学人才评价体系的VUCA环境,也给医学期刊的发展带来了VUCA性,这是医学编辑应当面对和思考的严峻问题。

二、社会及经济环境挑战

当今世界环境和社会环境复杂多变,世界经济形势复杂多变,不确定性、难控性和多变性增强。在全球经济一体化的今天,世界经济形势的变化和不确定性,也必然影响到各国社会和经济发展形势的变化与变革;这种国际和社会经济发展的不确定性,也必然会影响到医疗环境、医学科研环境、学术环境的变化和不确定性,当然也会影响到医学期刊和其他科技期刊的发展走势,这就给VUCA环境下的医学期刊经营带来诸多更加易变的、非稳定的、复杂的和模糊的不确定因素。

医学期刊在VUCA环境下，编者，尤其是期刊的主办者、经营者或管理者，要善于分析和预测社会性经济形势对期刊发展的影响，预估影响期刊经营和发展的社会经济因素和关键因素，实施必要的期刊风险防范、预测和控制，将不利因素转化为有利因素，以保证期刊的健康发展。

三、VUCA学术环境的挑战

在学术环境中，也同样具有VUCA学术环境，即具有学术发展和学术环境的易变性、不确定性、复杂性和模糊性，这是对医学期刊影响最直接的因素。这些影响因素中有些是不稳定的、复杂的或易变性的和模糊性，但也有些是非模糊的，常态化或显而易见的不利因素，甚至是稳定的影响因素。

1. 学术不端对期刊的影响　在世界科技学术界，学术不端行为不仅在我国存在和时有发生，即使在世界上，尤其是科学技术发达国家也是经常发生，诸多起震惊世界的学术不端行为，让世界学术界惊愕。

学术不端是指学术界的一些弄虚作假、行为不良或行为失范的不良学术风气，特指某些专家、学者在学术研究方面剽窃他人研究成果、弄虚作假、伪造科研数据和科研成果，败坏学术风气，影响或阻碍学术进步，违背科学精神和学术伦理道德，抛弃科学的真谛和对实验数据的真实诚信原则，给科技学术环境带来严重的负面影响，在极大损害和扭曲学术形象的同时，也给学术期刊带来严重冲击和危害，致使科技学术期刊的学术公信力、学术影响力和权威性降低。

2. 稿源外流对学术期刊的影响　在我国学术界，其优质高水平创新科研成果论文外流相当严重，据中国科学院某研究所统计，其科研人员产出的科研论文外流，即在国外学术期刊发表达到论文产出总量的90%左右，只有当被国外期刊退稿或水平一般的论文才投国内学术期刊。这使我国科技学术期刊学术质量难以保障，其局面的形成因素是多方面的，既有学术评价体系的问题，也有科技学术期刊的问题。总之，这种局面给我国科技学术期刊的发展带来严重危机和挑战。

3. 医学科研伦理失范对期刊的影响　在VUCA学术环境下，医学期刊还面临着来自医学科研伦理道德。如医学科研设计伦理、科研论文发表伦理、临床诊疗伦理、医学编辑出版伦理、临床诊疗指南制定伦理等，诸多伦理道德的挑战和考量，直接影响医学期刊的学术质量和学术诚信及学术公信力，是医学期刊随时都要面对的问题和挑战。这些问题把控失范，也会影响到医学期刊的健康发展。

4. 学术诚信与学风对期刊的影响　科技学术期刊是学术成果的载体，不言而喻，学术诚信与学风的优劣，会直接影响到学术期刊的影响力和发展。就学术诚信而言，其主要有两层含义，即学术行为和科研行为主体对待科学要讲究诚字，对待其他研究者及其学术成果要讲求信字。学术诚信的诚字，是指研究者的学术行为或医学科研主体要真诚，遵守科学或科研事实本真，坚守和强调内在的个体学术道德修养和职业操守，坚守学术职业底线，强调个体外在科研行为上的自我约束和道德修养；要做到"诚"，就必须求真务实，追求真理。而学术诚信的"信"，主要是指医学科研或学术行为主体对其他研究者及其科研成果要讲究信用和信誉。研究者或学者间要不能搞学术垄断和学术霸权，要追求学术和科研诚信，诚实守信是学术行为主体和最基本的科学素养及最重要的学术行为准则。因此，学术诚信和学术风气等学术环境，对学术期刊的影响和挑战是最直接的，也是学术期刊随时要面对的挑战。

5. 原始创新能力对期刊的影响　医学期刊的学术影响力提升的重要因素之一，是能刊登最新原始创新成果，全面反映本学科领域的发展水平。

科技学术期刊面临两个层面的挑战：①本学科领域的原始创新能力，其研究水平和学科发展是否处在国内外学术发展前沿，引领学术发展方向，这是期刊学术水平、权威性和学术影响力高低的源泉；②学术期刊是否能够将本学科领域最新原始创新成果吸引到本刊及时发表，能够占有最新原始创新成果的学术资源，这是提升和保持医学期刊学术水平和影响力的根本。但对于医学期刊而言，这些都是出于VUCA状态，其易变性、不确定性、复杂性、难控性、非稳定性和模糊性十分突出，其挑战也十分严峻。

6. 期刊经营压力的影响　当今，医学期刊，乃至整个科技期刊的经营压力巨大，面临着办刊经费困难、优质原始创新稿源匮乏的瓶颈和挑战。这些挑战基本是显性和稳定性，再加上 VUCA 环境下，医学期刊或整个科技期刊的经营压力和挑战更加严峻。

四、医学编辑人才的挑战

医学期刊编辑出版人才对期刊发展的影响越发凸显；如果科学技术的竞争是人才的竞争，而科技学术期刊的竞争，其实也是编辑人才，特别是期刊编辑经营管理和战略性人才，医学期刊要冲出突围，首要的是突破编辑人才瓶颈，构建一支善于变编辑策划、善于经营、善于管理和具有战略思维的多方面编辑人才，以应对 VUCA 环境对医学期刊发展和医学编辑人才的影响。

五、新媒体 VUCA 环境的挑战

由于新媒体、多媒体和融媒体技术的发展，人们的检索和获取信息以及阅读方式发生颠覆性变化，当下已到了一机在手走遍全球的时代，人们不再单纯依赖于传统纸版期刊，致使纸版期刊赖以生存的期刊发行量急剧下滑，其中有不少期刊的纸版印数只有几百册，只是为了赠阅作者而已，这种 VUCA 环境给传统的纸版期刊带来巨大挑战和发展的不确定性及模糊性。

新媒体主要是指应用数字技术、互联网技术、移动终端技术，具有互动性，并可无限传播的新形式媒体，目前主要以手机和移动互联网为代表，是具有时代特征的新媒体形式。以互联网、平板电脑、手机、阅读器等移动阅读和信息获取终端等新媒体，包括所有数字化的新媒体、网络媒体、移动端媒体、数字电视、数字报刊、数字图书、数字文献等。而对于未来期刊，也必然走向融合发展的路径，即传统纸版期刊出版与多种载体形式的新媒体出版结合，将以数字媒体为核心对接与融合，也就是说，传统媒体与新媒体融合、网络融合、无线互联网与有线换联网融合，充分发挥以数字技术为核心的新媒体技术。随着数字技术的不断发展，新媒体的应用带给人们的便捷、快速和低成本的知识学习、文献资料检索、信息获取和书刊阅读，并不断推广，互联网、移动电视、电子书刊、手机移动终端和移动阅读器等越来越离不开人们的生活，特别是从 3G、4G 到 5G 的提升，以手机为基本终端的移动服务和以网络为代表的互动服务已成为新媒体发展的必然趋势。新媒体与传统纸版期刊媒体无论是在传播范围、传播半径、传播速度、学术显示度、覆盖地域、时效性、受众面与数量和学术影响力，还是在信息获取渠道和即时性与快捷性上都具有无以替代的优势。因此，医学期刊在这种 VUCA 环境下，应准确分析和把握发展趋势，找准路径，应实现资源合理配置与最优化，整合新媒体与传统纸版期刊媒体互动与融合，使期刊通过新媒体与传统纸媒的广泛合作，能让更多的用户和读者及时地得到更加丰富和最新科技信息与成果，实现互惠互利，促进医学期刊全面发展和学术繁荣。

六、编辑智能化 VUCA 环境挑战

人类的工业革命，始于 18 世纪 60 年代，西方工业革命是资本主义发展史上的一个重要阶段，实现了从传统农业社会向现代工业社会的重要转变。第一次工业革命，始于 18 世纪 60 年代到 19 世纪中叶，以人类开始进入蒸汽机时代为特征。第二次工业革命，始于 19 世纪下半叶到 20 世纪初，以人类进入电气化时代为特征，并以计算机信息技术革命为顶峰。第三次工业革命，始于 20 世纪后半叶（第二次世界大战后），以人类进入现代科技时代，其生物克隆技术、航天科技的出现为特征。第四次工业革命，始于 21 世纪初叶。2013 年，在德国汉诺威工业博览会上，由德国提出"工业 4.0"概念。德国提出的工业四代（Industry 4.0）是德国政府提出的高科技战略计划，以突出制造业的智能化与智慧化水平，也就是智能化为主要特征。由此，人类进入智能化和智慧化或人工智能时代。智能化与智慧化制造业的飞速发展及人工智能的实现，这给期刊的发展带来了更加扑朔迷离的 VUCA 环境。智能化是指在互联网、大数据、物联网和人工智能等技术的支撑下，对所具有的能动地满足人类的各种需求的属性。如智能医院、智能诊断、智能出版、智

能住宅小区、无人驾驶汽车、智能人脸识别等，将传感器物联网、移动互联网、大数据分析等技术融为一体，能够实现逻辑分析、逻辑推理和逻辑判断，具有思维判断能力是智能化的重要特征，而自动化是以程序化设计为基础，按照人的要求，无须工作人员操作或用极少人实施监控，就能实现自动检测、信息处理、自动分析、操纵控制等，实现预期目标的过程。智能化或智能制造的发展，将极大地满足人类的多种需求和便捷。

1. 智能化编辑出版对医学编辑的挑战　可以想象，智能制造与人工智能的飞速发展，将是颠覆性和革命性的，将深刻改变人类社会活动和生活，也必将对期刊编辑出版手段带来变革、影响与挑战，这对于整个期刊编辑出版的未来又是一个VUCA时代。《中国制造2025》重点是在核心技术的突破与自主创新，将以智能制造和人工智能为重点；《2016—2017中国数字出版产业年度报告》也认为，智能化或人工智能的发展将为新闻出版业的转型与融合带来更多机遇，智能化与人工智能技术将向编辑出版现代化融入，将重塑编辑出版流程，促进出版流程的智能化和智慧化出版。期刊出版业从活字印刷到以计算机时代汉字激光照排技术的应用普及，为编辑出版提供了便捷高效的方法，进入大数字化时代，期刊编辑出版以数字化出版技术为引领，很快被期刊编辑出版业应用于普及，给期刊编辑出版业带来极大的效益。那么，随着第四次工业革命的迅速发展，智能制造和智能化，也必将随着智能化、智慧化和人工智能的快速发展，为期刊编辑出版手段的智能化和智慧化带来突破性，甚至颠覆的变革，促进出版业进入以智能编辑、智能出版、智慧物流为主要特征的崭新时代。对于医学期刊发展的VUCA环境，应对期刊编辑出版手段现代化发展走势有一个基本预判。期刊出版环节将被人工智能出版替代，而期刊编辑出版流程中的编辑活动，也很有可能由人工编辑转化为智能编辑而取而代之。

2. 智能化与智慧化人工智能撰写对编辑的挑战　在编辑出版乃至撰写创作上，给期刊编辑出版带来了智能化发展的VUCA环境，因对编辑的挑战来自于诸多方面。在文稿创作上，智能化、智慧化智能编辑撰写已不是童话，而是现实发展趋势。目前，智能化、智慧化人工智能编辑已由撰写简单的新闻稿件起步，已正在开始尝试智能写作更深度稿件文章，而且很有可能实现撰写理论文章。在当今新媒体中，已应用到诸如人工智能机器校对、语音录入、人工智能机器写作等，并且已经成为常态化和常规性工作。特别是中文校对软件已在国内众多期刊出版社中投入应用。据报道，早在2016年，日本就举行了文学作品小说创作比赛，由智能机器人创作的小说还通过了评委的评审和认可；在美国，人工智能软件帮助作家实施文献资料分析与读者研究的智能化软件已经问世，可协助作家作品创作。特别是在期刊编辑流程上，对作者信息资源、期刊信息、市场销售信息、订户与读者信息资源、文献评价信息、智能化大数据分析等，通过学术文献和读者热点分析，对学科或学术发展热点、难点和焦点问题实施分析，为编辑选题策划和编辑决策提供依据，使期刊编辑策划、选题策划和学术报道重点更准确，更加贴近学科发展的需要和科技工作者的需求。

3. 人工智能编辑对传统编辑的挑战　众所周知，随着智能制造的飞速发展，智能化和智慧化制造技术和智能产品将迅速渗透到编辑出版领域，其智能化编辑也在不断进化和演变，这将部分取代传统人工编辑出版专业技术人员工作，对编辑的挑战是必然的趋势。在编辑出版流程中，最有可能率先实现编辑出版智能化进程，而取代人工编辑劳动。人工智能编辑将逐步取代比较相对稳定的图书出版物。如教材图书（理工类教材、工程技术类图书）的编辑出版流程，普及类功能的图书（基础教育用图书、物理学教材、数学、化学、生物学教材等），高等教育理工科教材、工程技术类图书、少儿读物、科普类图书、普及类功能的数理科学、化学类、天文学、地球科学、工业技术类图书、辞典类工具书和艺术类图书等编辑出版流程业务。这是因其编辑出版业务中对人工智能编辑记忆能力和信息处理、逻辑分析和逻辑判断能力的需求相对直接，因而由人工智能编辑替代或完成相关编辑出版流程比较适用。由此可见，编辑出版智能化的发展，将对医学期刊编辑出版领域带入一个VUCA环境，而面临的机遇和挑战具有未知性和不确定性。

4. 智能化编辑对人才的挑战　尽管智能化、智慧化和人工智能具有记忆、运算、思维、创造、逻辑分析和逻辑判断的能力，可以替代部分传统编辑出版流程的工作，但人的智商和情商、思维能力、创新思维能力、创造能力、记忆存储能力、逻辑分析、逻辑思维和逻辑判断的能力、预测分析能力、回忆能力、快速反应能力等，是难以用人工智能代替的。也就是说，随着人工智能编辑出版的发展，对编辑人才的知识结构和智能结构的要求越来越高，因为编辑不仅要面对高智商、高度专业化和高强能力的专家学者，而且还要应用和面对具有智能和思维能力的智能编辑工具。据报道，到2020年，由于人工智能、机器人和智能化科技的发展，具有相当部分工作被智能化或人工智能替代，约有超过500万岗位将会取而代之；在预计淘汰的700万个岗位中，其2/3是脑力劳动岗位，而非体力劳动者。因此，在编辑出版智能化发展进程中，医学编辑要适应和应对这种VUCA环境，首要的出路和对策就是适应学习，再学习。

第三节　医学期刊VUCA环境与医学编辑观念转变

在医学期刊VUCA环境下，医学期刊的经营与发展存在着诸多复杂、多变、模糊，而且充满不确定性的挑战，如何适应和控制VUCA环境对医学期刊的影响因素，首先是加强编辑出版人才的能力提升。同时，对不同时期VUCA环境实施正确分析和预测预判，根据对期刊发展影响的程度，实施正确的应对策略和编辑观念转变。

一、医学期刊VUCA环境对编辑出版人才的要求

俗话说，环境改造人。在何种环境下就会造就何种类型人才，战争环境锤炼和造就将军，商海环境造就商业领袖和企业家，科技学术环境造就科学家。面对医学期刊的VUCA环境，同样也会锤炼和培养编辑出版和经营人才。当然，在医学期刊VUCA环境下，对医学编辑出版人才的评价标准和要求已由体力、智力、编辑出版经验和能力、熟练编辑技术规范，转变为编辑出版人才的潜力和潜能内在蕴含能量的要求。VUCA环境下医学期刊的竞争力最终取决于编辑出版和经营人才资源的竞争力及人才潜能的发挥。因此，构建符合期刊发展的经营型和战略型编辑出版人才，不断提升期刊经营人才资本价值，是期刊正确把握发展机遇和控制VUCA环境的人才保证，也是应对各种挑战，赢得期刊竞争优势，保证期刊健康和可持续发展的根本。

1. 潜力型编辑人才　所谓潜力，主要是指潜在的或隐性的智慧、创新能力和力量；内在的或隐性的未能发挥出来的创造力量或能力，也就是人类原本具备却忘了使用或发挥的潜在能力，具备潜力、发挥潜力、挖掘潜力、使用潜力，是编辑出版人才管理的重要任务。具备潜能的编辑出版人才可应对各种VUCA环境的挑战；因为在VUCA环境里，未知的挑战因素很多，特别是在期刊竞争环境下，期刊发展战略、合作对象和编辑出版团队成员都会发生变化，只有具备潜能的编辑出版人才，更能适应和应对复杂的、多变的、非确定的和模糊的期刊发展的挑战。

2. 战略型编辑人才　就战略词语而言，最早是军事用语或军事概念。主要指军事指挥者作战的谋略，也称军事战略，是对军事作战全局的谋划、运筹、策划和指导，是战略指导者基于对军事斗争所依赖的主客观条件及其发展变化规律性认识，实施全面规划、部署、指导军事力量的运筹和运用，以有效达成既定目的和目标。现今，战略和战略人才被引用和延伸到各个领域，当然也包括期刊编辑出版和经营管理的战略型人才。而编辑出版战略型人才，主要是指对期刊发展具有深谋远虑和长远发展战略思想与战略对策、运筹帷幄、整体策划、总体设计、宏观控制、预测和规划未来发展、整体驾驭控制、有效化解危机和风险能力的编辑出版人才。

3. 创新型编辑人才　创造性编辑出版人才，是指在期刊编辑出版和经营活动中，不因循守旧，墨守成规，勇于突破传统或固有思维模式和期刊经营模式，善于创意和筹划期刊策划或选题策划，不断推出创新、独特、新颖、效益优先、成果显

著的期刊策划项目,并不断推出新的编辑思想,只有具备思维敏锐活跃、创新性编辑思维不断迸发、编辑创意和策划不断产生,期刊发展才有活力和效益。因此,在医学期刊发展中的难题和新的问题面前,特别是在 VUCA 环境下,充分发挥编辑出版创新型人才的作用,以新颖独特的编辑创造和经营创新,才能应对 VUCA 环境和期刊发展中所面临的各种挑战与困难。

4. 应变型编辑人才　在 VUCA 环境下,更加需要具有应变能力的编辑出版人才,因为期刊在 VUCA 环境中发展,每天都处在易变的、非稳定的、复杂的和模糊的环境下,因此无论是集团组织或个体管理者的应变能力彰显,是集团或个体管理者成熟和自信的象征。也就是说,应变能力主要是指自然人或法人在外界事物或环境发生改变时,特别是干扰和不利因素及突发经营危机时所做出的快速反应能力或本能应激反应,当然也包括经过大量思考过程后,对其所做出的快速决策。在医学期刊经营活动中,面对 VUCA 环境,期刊经营管理者具有良好应变能力,善于预测判断,审时度势,随机应变,果断决策,化解危机,是保证医学期刊经营安全有效的基本保障。

二、医学期刊 VUCA 环境下编辑应对策略

在医学期刊发展的 VUCA 环境下,如何做到应付自如、胸有成竹地抵御和化解期刊经营发展可能面临的危机,而且适时抓住可能带来的机遇,这就需要期刊编辑出版和经营管理者具有行之有效的应对策略和必要的能量储备。

1. 医学编辑服务观念的转变　以往把医学期刊视为单纯论文发表功能,编辑也只是在编辑部坐等来稿,而且作者有求于编辑,这也就形成了编辑固有观念和思维模式。而在当今,随着国家科技创新体系建设与完善及国家科技创新振兴战略的实施,医学期刊的功能要重新审视与定位,编辑的观念也应重新构建,作为知识服务体系重要组成部分的期刊出版领域,要服务于国家科技创新体系建设和国家科技创新振兴战略,为国家科技创新振兴战略提供知识服务和学术导向。当今,科技学术期刊的编辑出版是以读者需求为中心,选题或报道重点及学术引导,要面向国家创新体系和科技创新振兴战略的主战场,为科技创新一线供给知识内容服务和解决方案的服务。这种知识服务是指从各种显性和隐性知识资源中,按照广大科技人员或读者需要有针对性地提炼知识和信息内容服务产品,构建知识网络和全媒体知识服务手段,为科技人员和读者在科研创新中遇到的难点、热点及焦点问题提供知识内容服务与解决方案的信息服务过程。因此,医学期刊的功能和社会角色地位也要转变,编辑的服务观念更要转变,首先是由单纯编辑观念转变为知识服务观念。

2. 预测分析、把握未来　期刊发展的可控性和对未来发展的可控性来源于对 VUCA 环境的预测分析和评估研判。预测分析是用科学的方法分析 VUCA 环境中的各种不利因素和有利因素,采用统计分析方法、大数据分析方法、趋势分析预测方法及数据挖掘分析,形成解决方案和编辑出版经营决策,包含可在结构化和非结构化数据中使用以确定未来结果的算法和技术,为期刊发展预测、优化、预报和模拟等许多其他用途实施部署。特别是预测分析、模拟分析、模型构建分析和假设分析可帮助期刊审视和权衡潜在编辑决策活动的影响力和编辑决策的科学性。同时,还可用来分析期刊经营发展历史模式和概率,以预测未来风险危机和经营业绩,以及所采取预防措施。因此,正确的 VUCA 控制和期刊危机与机遇的抉择,首先来源于正确的预测分析和相应对策策略运用与有效控制。

3. 洞察力与能力储备　在期刊 VUCA 环境中,期刊经营者的洞察力和应对能力,特别是快速应对能力是关键要素,也就是说,在期刊发展中能够及时洞察到风险、危机或机遇,但缺乏相应控制能力或快速应对能力,其结果都是徒劳的,因为这是逻辑关系和锁链式环节反应,其能力缺一不可。其洞察力主要是指对 VUCA 环境、问题和机遇的早期判断能力,是集团或个体通过表面现象精确判断出背后本质规律的能力。通俗地说,洞察力就是透过现象看本质;如果用弗洛伊德的话来说,其洞察力就是变无意识为有意识,在人们尚未意识到苗头时,首先意识到未来发展本质规律的事物燃点;如果用更加通俗和简单的话来

讲，就是做到察言观色。任何效应的发挥，都离不开相关因素的作用，洞察力效果的实现，需要相应资源和能力的储备，因为经营风险和危机随时发生，机遇稍纵即逝，因而快速反应能力迟钝，再好的机遇也会功亏一篑。

4. 医学期刊战略规划与战略管理　在 VUCA 环境下，医学期刊的经营发展的战略规划和战略管理，是期刊在 VUCA 环境下既要保持发展方向的战略定力，又要随着 VUCA 环境的变化而变化和随机应变，根据期刊实际环境变化的态势修正战略规划，实施有效的战略管理。所谓期刊的战略规划，就是指对期刊重大发展问题、带有全局性、未来发展目标、办刊方针和办刊方向、总体设计的谋划。期刊发展战略规划涉及的范围具有方向性、规划性与总目标、重大措施等方面，这就要求期刊经营管理者在战略规划的制订中必须注意总揽期刊发展全局，用战略眼光全面把握期刊发展的大方向和总目标，同时要立足全局，着眼未来，从宏观到微观予以权衡；还要注意期刊战略规划的长远目标与阶段目标的紧密结合，重要的是增强期刊战略规划的预见性和预期性。同时，要重视期刊战略规划的有效性，即期刊经营战略的正确性；再有就是期刊战略的适宜性，是否适合于期刊管理过程。因此，期刊战略规划应具有目标明确、可执行性、组织人事落实和灵活性的特点。

在 VUCA 环境下，期刊的战略规划制定非一朝一夕之事，也不是一成不变的，而是应随着期刊经营环境的变化而变化。在 VUCA 环境下，似乎以往的"运筹帷幄之中，决胜千里之外"已不符合 VUCA 环境，当今的期刊战略规划和战略管理要适应 VUCA 环境的变化，在千变万化的期刊市场中做好战略规划和战略管理。

5. 医学编辑的快速联动效应　所谓联动效应，其主要原意是指若干个相关联的事物或事件发生，当发生运动或变化时，其相关或具有内在外在联系的事物也跟随发生运动或变化，即联合行动或联动效应。在数控机床中，是指在数控系统中能够联动的两个或两个以上的轴，其中一个轴发生运动时，其他的轴也做匀速或周期运动。这在计算机中，主要是指应用程序和用户界面上的控件之间发生互相关联运动和变化。因此，医学编辑要应对 VUCA 环境，特别是重大医疗公共卫生事件，要在医疗公共卫生 VUCA 环境下有所作为，就必须发挥快速联动效应，快速为公共卫生事件的处置提供知识服务。这就要求编辑和期刊出版机构要有足够的知识储备和应急预案响应机制，快速做出联动反应和行动。

6. 以变制变、以快制危　在各种 VUCA 环境下，变是绝对，不变是相对的，VUCA 环境最大特点就是易变性、不确定性、复杂性和模糊性，也就是说，所有都是未知的和处在变化之中，各种风险和危机随时发生，这就需要编辑以变制变，以快制危。因此，编辑在 VUCA 环境下，要善于以变制变，增强快速反应，以利快速应对，以快控险，以快制危。这就要求编辑或出版机构要具有足够的知识储备、应对预案储备和应对策略储备，以利赢得 VUCA 环境带来的挑战。

三、医学期刊 VUCA 环境与编辑思维方式的转变

在 VUCA 环境下，编辑的思维方式要适应这种易变性、不稳定性、复杂性和模糊性的发展环境，就必须转变编辑传统思维或习惯思维方式，特别是在当今互联网时代、大数据时代、新媒体时代、人工智能时代和数字化时代交织于千变万化的环境，越发凸显编辑思维方式转变的重要性、迫切性和适应性。否则，就难以适应医学期刊发展的 VUCA 环境对编辑工作的挑战。

1. 互联网时代编辑思维方式转变　互联网思维，所谓互联网思维就是在互联网+、大数据和云计算等现代信息技术不断发展的环境下，编辑对期刊市场、读者、作者、医药企业价值链，以及整个期刊经营生态和编辑工作模式实施重新审视的思维方式或思维模式。在当下，编辑无时不在互联网环境里畅游。如远程稿件处理系统，实现了投稿、审稿、定稿、编辑决策、退稿、修稿、发稿、数据统计分析，而且实现自动化和智能化，编辑部的围墙已经模糊，编辑手持一部移动终端便可走遍全球，编辑部可以在家、在火车飞机上、在全球各处。而互联网时代的编辑思维方式，还不仅仅局限在网上编辑工作，而且在互联网学术产品、互联网期刊品牌营销、期刊产品推广、网

上学术活动、网上稿件征集等，无限性地扩大了医学编辑的空间和地域。这里指的互联网，还不仅是桌面互联网或移动互联网，还有各种移动终端。如台式机、平板电脑、笔记本电脑、移动手机、移动手表、移动阅读器、移动眼镜等。因此，医学编辑要转变思维模式，构建互联网思维，实施编辑思维方式的转变，以适应互联网时代的生态环境。

2. 大数据时代编辑思维方式转变　所谓大数据思维，主要是指在编辑实践和编辑决策活动中，善于积累大数据和运用大数据实施分析、判断、循证和编辑决策，特别是在编辑策划或选题策划中，善于运用大数据思维模式，发现和遴选读者最需要的学术选题。在当下大数据时代，给编辑带来了思维方式的转变，当然这种思维方式的转变并不意味着抛弃已有的编辑思维形式，而是在大数据环境下转变和运用大数据思维方式，以解决编辑实践中的具体问题；这只是编辑思维方式的升级版，编辑透过数据看世界和分析编辑实践的困难。因此，编辑大数据思维应由三个维度，即由抽样（样本）到全量思维，由精确到模糊思维，由因果到关联思维。对大数据时代思维方式转变，既有因果关系和相关关系、整体与零碎、精确与混杂及记忆问题的重要转变，结合这些问题来探寻大数据时代编辑思维方式的转变。同时，这些方面也勾画出大数据时代思维方式转变的预测性、模糊性和复杂性的趋势。社会事业的发展和进步，首先是人的思维方式的改变和进步，大数据时代下编辑思维方式的转变，可使期刊编辑对大数据时代的认识更加深刻，也为积累大数据和运用大数据为编辑工作提供支撑。

3. 新媒体时代编辑思维方式转变　这种思维方式是基于新媒体技术的发展，改变了信息传播、信息获取方式和手段的改变。所谓新媒体思维方式，主要是指编辑在其编辑活动中，在新媒体时代环境下，善于运用新媒体思维方式，充分发挥多媒体、融媒体等媒介技术实现学术信息传播半径和覆盖面的最大化，使编辑的学术产品和学术信息的显示度无限化。在当下，以电子信息技术为依托的互联网媒体技术的发展，催生和带动了相关新媒体传播手段与技术的大发展，人类在信息交流、信息获取多依赖于新媒体技术，甚至形成依赖。由此人类文明和文化急剧更新与转变，也改变了人类的生活方式和思维方式的转变。同时，作为学术信息甄别、评价、刊载、传播为主要目的期刊编辑，其思维方式也必然随着新媒体传播技术发展而发生改变。在新媒体时代环境下，其媒体技术与思维方式的转变之间存在着紧密联系，互为条件，相互作用并相互制约；新媒体技术的发展也必然引发编辑思维方式的变革。同时，新媒体和多媒体的发展，也是医学期刊多元化经营的重要途径和新的增长点，医学期刊编辑，如不适应新媒体时代发展，适时转变编辑思维方式，就会影响期刊的发展和竞争力的提升。

4. 智能化时代编辑思维方式转变　创新思维带来新时代，新时代必然引发新思维。智能化或人工智能时代的飞速发展和到来，特别是人工智能在编辑出版领域和信息传播手段现代化方面的渗透与应用，这给医学编辑的思维方式也提出了新的挑战，医学编辑也必然适应人工智能时代思维方式转变。

人工智能编辑思维方式，主要是指编辑在其编辑实践中，应具有人工智能化的思维意识和思维方式，在思考和编辑制作学术产品时，如何使其制作和传播方式智能化，如何提高学术信息出版和科技信息服务的智能化水平，是编辑思维方式转变的客观原因。新时代带来新机会，也意味着思维方式的更新与变化，要求编辑思维方式随之发生转变。以往，编辑出版学术产品只考虑按期出版，但在未来，编辑要考虑其学术产品和学术信息传播的智能化制作和智能化服务。同时，编辑要对国际上智能出版、智能编辑的发展动向及相关理念和技术等，具有充分认识和了解，掌握编辑出版智能化发展的动向，以利把握编辑出版现代化发展的趋势和脉搏。

5. 数字化时代编辑思维方式转变　所谓数字化编辑思维方式，就是一种在数字化时代或数字化环境下形成的前所未有的超越性思维形式，它以个性化、开放性、虚拟化、数字化学术产品和数字化资源意识的编辑思维形式。当今的数字化就是将许多复杂多变的学术信息和医学知识转变为可以度量的数据、数字形式，再以这些数据和数字建立起适当的数字化模型，将其转变为一系列二进制代码，同时引入和存储在数据库，将任何连续变化的输入，如图画的线条或声音信号转化为一串分离的单元，通常用模数转换器执行转换，经过处理和重组构建，再通过计算机和网络终端随时再现或检索获取需要的信息。

数字化环境下，可无限扩大纸版医学期刊学术信息的传播半径、覆盖面和显示度，又能保证期刊学术资源的安全性。如中华医学会杂志社与万方数据有限公司合作建设的"中华医学会系列杂志数字化平台"，创新性地制作或派生出诸多学术产品，极大满足了临床医疗、医学科研、教学、卫生管理、疾病防治、医学装备和药物研发生产的需要，搭建了"产、学、研、用"数字化学术技术平台，提高了科技创新和知识服务的水平。因此，医学编辑数字化思维形式的转变是必然趋势，也是适应数字化时代发展的必然选择。

6. 信息化时代编辑思维方式转变　所谓信息化编辑思维，是编辑对信息化的认知与意识的反映，也就是说，编辑要用信息化视角来认识、意识分析和处理医学编辑实践活动中的各种问题，以此实现医学编辑实践与信息化的有效结合。实施编辑信息化思维方式的转变，能够用信息化观点和信息方法处理编辑活动中的信息问题，因为编辑工作的实质就是在实施信息处理（诸如，信息甄别、信息评价、信息分析、信息处理、信息存储、信息传输、信息反馈、信息传播、信息服务等）。同时，信息资源作为这个地球上的第三大资源之一，信息资源是无限的宝贵资源和无形资产，也是重要的生产力，任何行业和学科的发展即产生信息（信息源），又离不开信息和信息服务，编辑用信息论观点处理编辑实践活动，能够运用信息化技术和方法提高医学期刊经营效益。也就是说，信息化编辑思维是对信息化意识的进一步强化，即用信息化或信息论的观点、方法、技术和视角来认识分析与处理编辑实践，在互联网＋、大数据、云计算等科技不断发展的背景下，对医学期刊市场、读者、作者、期刊产品和期刊价值链，以及整个期刊生态实施重新审视的思维形式。

在信息化环境下，编辑首先要清晰三个信息化处理的要素。

（1）信息源：是信息产生的源头，是信息的生产者，缺乏信息源，也就形成了无源之水。医学期刊编辑工作既是信息产生的源头，又是信息处理和信息传输的主体，而信息管理的基本目的是信息的质量和控制信息流向，要实现信息资源的有效利用和市场价值，编辑首先要转变思维方式。因此，编辑是控制期刊信息资源、信息质量、信息传播的主体，而科技学术信息的收集、甄别、存储、传递、处理和利用等信息活动过程都离不开现代信息化技术的支撑。

（2）信息流：是信息活动过程。信息流如同水流，只有流动起来，才不会死水一潭，使信息活起来，发挥应有的效益。也就是说，信息流主要是指期刊信息资源的形成和积累、信息质量甄别、信息传递和信息利用而形成的信息管理过程与信息服务活动。医学期刊信息资源的形成，以信息的收集与获取、信息质量甄别、信息产品的形成、信息的存储、信息传递、信息传播等信息处理活动为特征，其目的是形成高质量、具有时效性和可利用的信息资源。医学文献信息资源的开发利用，主要是指将纸版文献资源实施二次开发，将其转化为数字资源，形成数字化、网络化和多媒体形式的学术文献信息产品，更好的发挥信息资源的价值，为信息服务提供更好的信息产品。这一过程也是信息资源再加工和深度加工与挖掘的过程，以信息资源业态的转变为特点，对信息资源实施信息再评价、再选择、再挖掘、再制作、再分析、再吸收、再利用和再传播等为特征，目的是实现医学文献信息资源的价值最优化、信息服务便捷化和利益最大化。

（3）信息管理：信息资源是生产力，是无形资产，因而其信息资源管理的安全性，也就成为编辑工作的重要内容之一，这是编辑信息化思维方式转变的重要依据之一。信息资源的管理贯穿于整个信息处理的全过程，涉及信息的获取、信息加工、信息存储、信息传播、信息控制、信息利用和信息资源的深度开发等全过程管理。

第 36 章　医学期刊管理中的惯性运行与运行机制

医学期刊社的经营管理运行规律和运行机制，既不同于行政机关，也不完全等同于生产企业，更有别于科研院校等科研教学实体。因此，运用系统论、信息论、控制论的观点来研究、分析和构建期刊社的经营管理运行系统，探讨其惯性运行与调度运行机制、特点和规律，对实现期刊社的科学管理，提高期刊社的整体运行和系统运行效率及运行质量，增强期刊的经营能力和系统运行效果，对促进期刊社会效益和经济效益的最优化具有重要的理论与指导意义。

第一节　医学期刊运行管理的基本原理

医学期刊社或编辑部的运行管理虽然与其他企业事业单位有所区别，但作为管理基本原理具有相同之处。在期刊社或编辑部的运行管理中，自然也遵循着一般管理原理和普遍规律，这也是期刊社运行管理的理论基础。

1. 期刊社运行管理的系统论原理　为了达到期刊管理的最优化或最佳管理状态，必须用系统观点分析问题，重点抓住系统的三大环节，即整体性、目的性和层次性。用系统论的观点分析问题，不管是期刊社或编辑部，都是一个完整的有机运行系统。既然是一个系统，就涉及系统运行和系统环节的协调调度指挥，要使期刊社系统功能和运行效率最优化，就必须发挥管理的作用。

系统论作为实践性很强的指导思想和方法论，是运用整体性、集中性、等级结构、终极性、逻辑同构等基本观点，看待和适用于一切总系统、分系统和子系统的运行控制模式、原则和规律，力图对其结构和功能进行数学描述。系统论强调整体与局部、局部与局部、整体与外部环境之间的有机联系，具有整体性、动态性和目的性三大基本特征。作为一种认识论和指导思想，系统论要求把事物当作一个整体或系统来考察和分析。

系统原理包括整体性原理、动态性原理、开放性原理、环境适应性原理、综合性原理。①整体性原理，是指系统要素之间的相互关系及要素与系统之间的关系以整体为主进行协调，局部服从整体，使整体效果为最优。②动态性原理，是指系统作为一个运动着的有机体，其稳定状态是相对的，运动状态则是绝对的，系统不仅作为一个功能实体而存在，而且作为一种运动而存在。③开放性原理，是指任何有机系统都是耗散结构系统，系统与外界不断交流物质、能量和信息，才能维持其生命和运行。④环境适应性原理，是指系统不是孤立存在的，要与周围环境发生各种联系。这些与系统发生联系的周围环境或事物的全体，就是系统的环境，环境也是一个更高级的大系统。如果系统与环境进行物质、能量和信息的交流，能够保持最佳适应状态，则说明这是一个有活力的理想系统。否则，一个不能适应环境的系统则是无生命力的。⑤综合性原理，是指把系统的各部分各方面和各种因素联系起来，考察其中的共同性和规律性。

2. 期刊社运行管理的控制论原理　用控制论的观点或控制系统的主要特征来考察期刊社的管理系统，管理在某种意义上就是控制，期刊管理系统实际上就是控制系统。管理系统中的控制过程在本质上与工程和生物系统具有相似性，都是通过信息反馈来揭示运行效果和实现有效控制，并根据信息反馈实施偏差修正，使系统运行稳定在预设目标状态。因此，控制论既适合于工程控制，又适用于生物控制的理论与方法，当然也适合于期刊运行管理控制系统。控制论运用信息反馈，通过黑箱系统辨识与功能模拟仿真等方法，研究各个系统的运行状态、运行功能、运行规律和行为，并通过调节和控制系统实现稳定状态和最优化目标。

3. 期刊社运行管理的信息论原理　用信息论的基本观点分析期刊社的管理问题，实际上是比较适用的理论和方法。因为期刊社的运行管理很大程度是对信息的占有和信息控制，各类管理都离不信息管理，尤其是期刊本身就是信息获取、信息加工、信息甄别、信息储存、信息传播的信息载体。因此，信息论原理是期刊社或期刊编辑部运行管理的基本原理和方法。

信息论是以信息的产生、获取、变换、传输、存贮、处理识别和利用的理论及方法为主。当然，信息论也研究信道的容量、信息的编码、信息控制、语义信息、有效信息和模糊信息等方面的问题。信息论还以编码理论为中心，对信息系统模型、信息的度量、信息容量及噪声理论等为研究范围。同时，还研究以计算机处理为中心的信息处理技术或方法，其中包括信息评议、文字处理、图像识别、学习理论及其各种应用。信息论把信息视为物质在相互作用中外部表征情况的一种普遍属性，是以一种物质系统的特性的形式，在另一种物质系统中的再现形式和表现出的特征。

4. 期刊社运行管理的环境决定原理　环境（自然环境和社会环境）决定了事物的存在和发展，一切事物都是环境的产物，环境孕育和催生了事物的发展，事物的能量和物质都来自环境；期刊也不例外，是科学技术发展和学术交流市场环境的产物，当然受到社会环境和自然环境的影响及制约。因此，期刊的发展和变化归根到底都是周围环境因素作用的产物和结果。

5. 期刊社运行管理的利益驱动原理　在社会生活和经济活动中，集团或组织追求组织利益，个人追求个人功利，组织和个体的功利目的共同驱动了事业的发展。因此，人们参与管理活动的根本动机是自身的功利或利益所驱动，这是事业发展的基本动力源泉。

6. 期刊社运行管理的组织分化原理　期刊的发展变化是一个在外部环境因素，特别是期刊市场因素推动下实施的组织分化过程，也就是说，事物总是通过不断吸收外来新的因素，在原有系统结构的基础上不断地分裂分化，逐步形成新的越来越复杂的组织结构。

7. 期刊社运行管理的惯性原理　物体保持初始状态或匀速直线运动状态的性质，称为惯性原理。惯性是物体的一种固有属性，表现为物体对其运动状态变化的一种阻抗程度，质量是对物体惯性大小的量度。当作用在物体上的外力为零时，其惯性表现为物体保持其运动状态不变，即保持静止或匀速直线运动；当作用在物体上的外力发生改变时，其惯性表现为外力改变物体运动状态或方向。在同样的外力作用下，加速度较小的物体惯性较大，加速度较大的物体惯性较小。因此，物体的惯性在任何时候，任何情况下都不会改变，更不会消失。人类的社会实践活动中也是如此，期刊社或集团组织在环境条件不变的前提下，无须实施干预或调度运行措施，便可始终保持惯性运行状态，维持其原有运动状态不变，这就是惯性原理。

8. 期刊社运行管理的能级原理　能级的概念源于物理学，其原意是原子由原子核和核外绕核运转的电子构成，电子由于具有不同的能量，就按照各自不同的轨道围绕原子核运转，即能量不同的电子处于不同的相应等级，这种现象在管理学业上也同样存在。

在期刊管理实践中，要将不同的编辑员工，根据其能力大小，分别安排在适当层次的组织运行机构中，做到人尽其才，才尽其用。在期刊现代管理中，期刊社、编辑部、集团组织、员工都有能量问题和能级结构，管理就是根据能量的大小建立一定的能级秩序，能级规范和能级标准与能级职责。期刊社运行管理的任务是要建立一个合理的能级管理运行结构和运行模式，使期刊社管理的动态处于相应的能级结构运行环境中，这就是现代期刊社管理的能级原理。在现代期刊社运行管理系统中，期刊社各元素的活动必须服从于整体系统，其要求具有高效率与高可靠性的标准。期刊社或编辑部管理的能级结构就是为了实施有效的管理，实现最优化效益。因此，必须在期刊社运行管理中建立合理的内部能级结构，并按照相应能级岗位标准和职责要求，将期刊社运行管理的对象置于相应的能级环境和能级控制之中。因此，用能级原理指导编辑人才岗位设置与人才管理，是科学合理使用人才和配置人才资源的基本思想，不难想象，期刊社一味地追求高级人才，假如同一单位的职工全是博士、编审、教授高级职称人才，其实未必是好事，会造成人才资源的浪费和增加期刊社管理系统运行的难度，增加系统运行阻力。

9. 期刊社运行管理的动力原理　行为需要动机，期刊社管理必须具备足够的动力，包括物质动力、精神动力、信息动力，才能持续有效地运行。

在期刊社管理实践中，动力原理运用的正确与否，制约着管理者是否能够有序和高效管理效能的发挥。管理工作是一种社会活动，而任何社会活动都是人所进行的活动，期刊社管理的核心或动力，就是发挥和调动人的创造性、积极性。因此，动力原理就是如何发挥和保持人的能动性、自觉性、自我约束性和自我激励性，并合理地加以利用和发挥，使管理运动持续而有效地运行下去。

在现代期刊社管理中可将动力分为三大类：①物质动力，包括对个人的物质报酬、奖励及企事业单位创造出最佳的经济效益，不仅是物质刺激，更重要的是经济效果。经济效果是检查管理实践的标准。将物质利益与管理活动结果结合就能大大提高经济效果。②精神动力，包括人的信仰、社会价值观、价值取向、政治思想工作、精神鼓励。精神动力不仅可以补偿物质动力的缺陷，而且本身就有巨大的威力，在特定情况下，也可以成为决定性动力。③信息动力，对期刊社而言，信息是效率和质量的基础；对个人而言，掌握和占有海量信息及知识信息丰富的员工，其岗位实践动力充足，才智发挥自如。期刊社运行管理动力原理就是指管理必须有强大的动力，促使各种管理要素有效地发挥作用，并产生强大的聚合效应，保持管理持续而高效运行。

10. 期刊社运行管理的人本原理　管理的重要对象之一是人的管理，即以员工为中心，是期刊社管理的重点。以人为本主要是把员工视为期刊社的主体，编辑员工参与管理是有效管理的关键，使人性得到最完美的发展，让编辑员工的能量和智慧充分涌流，这是现代期刊社管理的核心和最佳管理状态。

11. 期刊社运行管理的效益原理　这一原理认为，任何组织的管理都是为了获得某种效益，这也是管理的目的性所在，各种效益的好与坏直接影响着组织的生存和发展。因此，作为管理者应确立正确的效益观，医学科技学术期刊应把社会效益与经济效益有机结合起来，尽可能客观公正地评价效益。而医学科技学术期刊要不负使命，首先是以社会效益和学术效益为主，同时兼顾经济效益，这是期刊发展和期刊社管理运行效果的重要标准。

12. 期刊社运行管理的激励原理　在期刊社管理活动中，激励手段是必须具备的管理措施或管理艺术。激励理论是指通过特定的方法和管理体系，把编辑员工对组织和工作的承诺最大化的过程。激励理论是关于如何满编辑足员工的各种需求和调动员工积极性的原则与方法，激励的目的在于激发人的正确行为动机，调动编辑员工的积极性、创造性、自觉性和能动性，使其智慧和潜能发挥得淋漓尽致，为集团或组织做出最大成绩。

激励主要是指组织通过设计适当的外部奖酬形式和工作环境，以一定的行为规范和惩罚性措施，借助信息沟通来激发、引导、保持和规划组织成员的行为，以有效地实现组织及其成员个人目标的系统性活动，这是管理活动中最具魅力的管理原理。因此，管理就是采用科学的方法激发编辑员工的内在潜力，使每个编辑员工都能做到尽其所能，展其所长，自发地努力工作。

第二节　医学期刊的运行系统与运行机制

医学科技期刊社的系统运行机制或运行原理，是指导和构建期刊社系统运行的理论基础。期刊社的系统运行机制和要素并非是单一的，而是融入和运用了综合性系统运行要素与理论。如系统工程原理（系统论）、控制原理（控制论）、信息原理（信息论）、动力原理、能级原理、激励原理和制约原理（运行规则）等理论与技术。要实现医学科技期刊社的经营管理运行效率的最优化，保持和维护其系统惯性运行状态，首先应具备充足的系统运行动力，科学而正确的系统运行轨道，正确的系统运行方向和明确的系统运行目标。其运行模式应为"运行动力—运行轨道—运行方向—运行目标"，构成了期刊社系统运行的基本机制。而期刊社运行的制约机制具有保障作用，集中体现在科学而健全的运行规则，即各项规章制度和保障制度的建设与完善，这是期刊社高效率、低能耗（运行成本）、高质量惯性运行的前提条件，也是医学科技期刊社系统运行中根本的运行机制。

1. 期刊社的运行系统　从系统论的基本观点出发和分析问题，可以认为，任何机构或管理单元都具有系统性，也就是说，不管其运行单位大小都将其视为一个运行系统。因此，其正常运行都要依赖于系统运行环节的畅通无阻。当然，期刊社的管理运行系统也是如此，是由总系统（即期刊社决策调度管理部门、运行系统、支持系统）、子系统和次子系统等构成的运行环节或链条。如期刊社、各期刊编辑部、出版部、发行部、广告部、校对室、网络部、后勤保障服务各部门等，这些分系统构成了期刊编辑出版的系统运行环节链条和信息传输反馈回路。其运行系统是指运行主体，即与期刊编辑出版直接相关的核心部门（如编辑部、出版部、发行部、广告部等业务或经营性部门）；支持系统是对运行系统起支持、支撑、辅助和保障作用的辅助结构（如期刊社的后勤服务部门等）。这些不同的职能单元构成了期刊社的运行系统，形成了期刊社系统运行链条；在其链条运行中任何环节发生障碍或运行不畅，都有可能发生运行系统的系列调节障碍，从而影响期刊社的系统运行效果和效率，甚至造成系统运行失调或系统运行障碍。

2. 期刊社的运行动力　期刊社的运行动力可分为外部动力和内部动力。①外部动力，主要有主办单位、上级主管部门规定的常规性任务、指令性计划、要求、期刊社的外部行业竞争压力、学术和学科快速发展的牵引力量等。②内部动力，是期刊社运行的原动力，主要体现在期刊的发展目标、发展计划、发展战略、编辑和编审专家的社会责任、奉献精神、编辑职责与职业道德、科技人员和编辑工作者合理的功利目的和功利目标追求等，这些是保证期刊正常运行的动力源泉。因此，期刊社要明确发展方向和目标，努力加强编辑员工的职业奉献精神和社会责任教育，满足员工的功利需求和功利目的，不断实施原动力充电，是保证期刊正常运行的动力基础。

3. 期刊社的运行轨道　运行轨道，即期刊社发展的行进道路，选择一条正确的发展道路才能保证期刊的顺利发展。因此，要维护好期刊健康发展和期刊社的惯性运行状态，首先应具备科学而符合实际的运行轨道，也就是正确的运行道路。运行轨道，即科学而正确的办刊方针和办刊宗旨，首先要解决为谁办刊，为何办刊，办成什么样的期刊的问题，这些在期刊社的运行管理中缺一不可，如果期刊社脱离或缺乏正确的办刊方针和办刊宗旨，甚至偏离正确的办刊路线，其运行必然脱轨，失去办刊的意义，即使短期内运行正常，也是离轨盲目运行。

4. 期刊社的运行方向与目标　期刊社的运行方向，即期刊发展战略，期刊向何处发展；期刊的运行目标，即期刊的办刊目的和发展目标。期刊社的运行方向和运行目标，是牵引其运行的重要动力，体现了期刊社的发展方向和要达到的远大目标。因此，期刊社要具有明确的发展计划、发展战略，制订出明确的发展目标和实现这些计划与目标的具体措施，否则其运行方向和运行目标都会是盲目的，期刊很难取得良好的管理运行效果。

5. 期刊社系统运行的制约机制　期刊社正常运行的保障来源于完善的制约机制，也就是各种规章制度的建设与完善。在期刊社系统运行的约束机制中，有各自的岗位职责、编辑操作规范、行政管理制度、激励措施、编辑出版规范、编辑出版流程、编辑质量控制制度、质量评价体系等系列制约制度，而且这些制约机制是双向的，既制约被管理者，也同时制约管理者，构成了期刊社惯性运行的制约和保障机制，是维持期刊社系统惯性运行的重要因素和措施。

第三节　医学期刊管理中的惯性运行与调度运行

在期刊社的运行管理中，其运行状态有惯性运行、调度运行、运行失调和运行障碍等不同的运行状态。惯性运行和调度运行同属期刊社的正常运行状态，而运行失调或运行障碍同属于非正常运行状态。

1. 期刊社的惯性运行状态　惯性运行也称常规运行或正常运行，是指在一定时间内变化不大的正常运行状态，即使管理者不加任何外力干预措施或指令的情况下，其运行系统也会自然保持正常的运行状态。如各编辑部的正常编辑活动、出版发行部、广告销售部、期刊社的日常工作活动、支持系统的正常运转等，都能按计划和常规地正常惯性运行，即使在管理者不在管理指挥岗位上，无须下达任何指令，系统也会保持其惯性运行状态，期刊到日出版，维持其常态化的运转。这种运行的特点是具有相对稳定性，具有惯性和自律性的特点，不需要期刊社管理机构（指挥机构）过多干预和频繁地调度指挥，也不需要经常或频繁下达指令性信息，更不需要过多干预，期刊社总系统的调度指挥机构只处于信息控制和监督的均值状态，即使出现微小的调度或协调运行也不需要总系统实施干预调度，其分系统或子系统即可按照运行规则自我进行调节调度，对期刊社的系统运行不会形成影响。如果出现频繁的调度现象，说明惯性运行处于相对异常运行状态，应当引起管理者的重视。

2. 期刊社的调度运行　期刊社调度运行是指在短期内变化不大的运行状态，调度运行一般是管理者对系统施加外在干预调度，当然，这种调度运行也属于期刊社的正常运行状态。但这种调度运行不能过于频繁或持续时间过长，否则也会影响到系统正常运行或运行质量。一般常见的调度运行情况有编辑部或期刊社组织大型会议、创办新刊、编辑岗位调动等，而且仅凭分系统或子系统的调节能力难以完成任务，需要多系统或多部门协同运作时；扩展机构、拓展业务或分系统发生重大运行变故时；期刊编辑部增加出版频率，编辑力量严重不足，编辑部运转处于长期超负荷运行，而这种运行状态若持续过长，并且分系统或子系统自身调节运行效果不佳，势必造成运行失调。这时就需要期刊社总系统调度指挥机构适时做出决策，运用调度运行手段，实施调整或协调期刊社系统中的某种运行资源与要素的分布、配置和使用等，实施有效的垂直调度运行，及时调配编辑力量或资源，迅速校正运行状态，使其尽快恢复系统的惯性运行态势。

3. 期刊社的协调运行状态　协调运行状态是指相关各系统之间及跨系统之间自我协调的运行状态，不需要总系统调度指挥机构的过多干预和下达调度指令或资源调度配置，其各分系统与分系统之间、子系统与子系统之间、支持系统与运行系统之间保持一种"自律"性协调运行状态，各系统之间自主传递和处理信息，自主协调运行中出现的问题，通常情况下不需要调度指挥系统实施干预调度，以减少不必要的忙乱现象，但这种自律性协调运行状态的维持主要靠合理而健全的协调性制度作为保障的，同时还需要员工的全局观念与精诚合作的良好素质，支持系统及各部门的责任意识和服务精神。

4. 期刊社运行失调状态　期刊社系统运行失调，是管理运行中的低能运行状态，其系统的性能、质量、效率和系统运行要素的有序性均处于紊乱或失控状态；其总系统或分系统调度指挥机构信息输出与信息反馈反应迟钝，总系统指令性调度信息传输受阻或执行不力，总系统不能实施有效的系统运行控制，致使某些分系统或子系统违反运行规则，背离管理制度，各行其是，脱离总体运行目标，处于盲目和无序运行，这是一种最危险的管理运行状态。

5. 期刊社运行障碍　期刊社运行障碍是最坏的运行结果，由于长期运行失调而得不到有效调整，各系统长期处于无序运行状态，指挥调度机构瘫痪或调度指令无法执行，最终造成期刊社运行停滞停刊或停刊，这是期刊社运行管理的最大败笔，这种情况的发生，其原因往往出自调度指挥机构的管理决策者或决策机构。

第四节 医学期刊系统运行分类与运行控制

期刊社的运行系统是以编辑活动为轴心的运行，其总系统、分系统、支持系统和扩展系统的建立，既要符合期刊社的办刊方针和办刊宗旨，同时又要体现期刊社的经营运行性质和规律，有利于促进期刊发展和学术交流事业的发展，构成科学合理的运行机制和运行模式，并建立起管理调度指挥的信息控制和信息反馈系统。期刊社调度指挥机构要实施有效的系统运行控制，要靠及时、准确和灵敏的信息反馈，任何伪信息或失效信息都会造成系统运行决策失误。因此，建立顺畅的人流、物流、信息流管理控制系统，形成高效、快速、准确的信息获取、信息处理、信息传输系统，是保证有效调度指挥的基础。

1. 期刊社运行状态分类 对期刊社运行状态的分类与把握，是期刊社管理控制者正确运用调度运行措施的前提，期刊社运行管理者要适时分析系统运行状态，以利于采取干预措施。常见的系统运行状态有以下几类。

（1）表现形式：惯性运行状态、调度运行状态、协调运行状态。

（2）作用范围：整体运行状态、局部运行状态。后者即可分为分系统、子系统"自律"性运行。

（3）功能效果：最佳运行状态、均值运行状态、低能运行状态、运行失控状态和运行障碍。

2. 期刊社运行失调的类型 正确分析和把握期刊社运行失调的类型，是及时有效实施调度运行措施基础。在期刊社，其常见的运行失调类型有以下几种。

（1）功能状态：重度运行失调、中度运行失调、轻度运行失调、运行欠佳、运行障碍。

（2）时间：长期运行失调和短期运行失调。

（3）原因：主观性运行失调、客观运行失调。

中华医学会杂志社目前编辑出版和管理着中华医学会主办的140种医学期刊，从《中华医学杂志（英文版）》1887年创刊，至今已有130多年的办刊历史，期刊社的系统比较庞大，其总系统、分系统、子系统、支持系统、扩展系统相对健全，编辑出版管理模式具有多样性，多年的管理运行实践证明，其系统运行的状态具有可变性，在一定条件下可以互相转化，即期刊社的惯性运行状态向调度运行状态转化，最佳运行状态向均值运行状态、低能运行状态转化，局部运行状态向整体运行状态转化。期刊社的调度指挥机构，就是运用科学管理手段和系统工程原理，促进期刊社系统运行状态的相互转化，从而达到和实现管理目标的最优化。

3. 影响期刊社惯性运行因素的控制 期刊社惯性运行状态的维护，依赖于系统运行规则的建立健全与严格执行。如各项规章制度、岗位职责、编辑规范、编辑出版流程、各项编辑出版标准等。这是维护期刊社惯性运行的重要因素。

（1）建立健全各项职责：根据期刊社运行系统链条上所有环节的功能和任务，制订明确的各部门工作任务和目标。同时，根据各类各级员工岗位范围和功能实际，建立明确的岗位职责和责任制度、任务指标、质量标准、操作规范和工作流程，使各部门、各类各级编辑员工职责分明，任务明确，各负其责。

（2）健全各项制度和编辑规范：根据编辑工程实际和需要，结合期刊社的具体情况，制订各项编辑工作制度和编辑规范，并建立健全各项行政管理制度，有效协调员工之间、编辑业务部门与职能部门、各编辑部与各部门之间的协调运行关系，建立良好的系统运行环境你和运行约束机制，完善和规范运行秩序。

（3）培养高素质管理人才以确保系统运行管理质量：在期刊社系统运行管理要素中，人是关键性的运行管理要素，特别是各级各环节的管理者至关重要。因此，选拔高素质期刊经营管理人才，加强编辑员工培训，提高各类员工素质，充分发挥期刊或编辑管理者和员工积极性、自觉性、主动性和创造性，是保证期刊社惯性运行的决定因素。

4. 期刊社系统运行中的信息控制 信息控制与信息管理在期刊社的系统运行中具有重要位置，因为正确地调度决策来源对信息的分析和处理，而真实、客观、全面、及时的信息管理控制是保证决策质量的基础，这也是维持惯性运行和有效的调度运行的前提条件。期刊社信息控制与管理的重点，首先是要建立和完善信息输出与信息反馈回路系统，总系统调度指挥信息能顺畅下达，并能及时准确反馈。因此，完善期刊社的信息输出、信息反馈、信息获取、信息储存、信息分析机构和机制，是提高期刊社信息管理和调度决策质量的重要保证。只有信息输出，而缺乏信息反馈，就会形成管理信息的不对称性。因此，在健全信息传输与反馈及信息储存分析机构外，还要建立信息沟通机制或制度。如数据统计报表制度、刊后审读制度、信息沟通制度、主任例会制度等，这对实施有效的信息控制，保证期刊社运行系统的惯性运行和高质量运行具有重要作用。

5. 期刊社系统运行中调度协调的运用　在期刊社的系统运行管理中，作为总系统管理者或决策者，应注意科学管理，并讲究管理艺术的正确运用。首先对于调度指令的下达应逐级实施，应尽量避免"一竿子插到底"的管理形式，越过分系统直接插到子系统或执行者，造成信息空挡或信息跳挡，形成信息不对称，给分系统调度管理者造成信息缺失和被动，同时也影响分系统调度协调者的主观能动性和积极性。在管理运行中还要尽量避免对分系统或子系统的过多直接干预，并避免过多越级干预，以免影响分系统或子系统自身惯性运行。总系统决策者或管理者对分系统实施监督管理，也要掌握准确和及时的信息，把"深入干预"变为"深入调查研究"，掌握系统运行中的各种问题，协调和解决系统运行中的矛盾及困难。在实施调度管理和监督管理上也应遵循"支持—指导—监督—检查"的管理艺术模式，而且避免其顺序颠倒或易位，否则就会影响其效果，使被管理者或部属反感和有抵触情绪。

（1）支持：就是为分系统或部属完成任务目标提供精神、策略、方法、人力、物力、资源等必要条件与支撑，允许其提出问题和困难，并协助解决困难，为其实现任务目标创造有利条件和环境。

（2）指导：即为分系统或部属完成任务目标提供思想指导、思路、路径、方案、建议、意见、解决问题的途径等，协助和指导完成其指令性调度任务与常规性任务的顺利完成。

（3）监督：即在分系统或部属的任务实施中，经常了解和掌握任务完成的进度和质量，是否按计划保质、保量、保时顺利进行，并及时提出改进意见和必要的"垂直干预"。

（4）检查：就是要深入分系统具体检查和了解所下达调度指令或常规性任务的完成情况，发现存在的问题，对严重问题责令改正，及时校正运行偏倚，甚至提出批评和行政处理。这时的批评对被管理者应该是心悦诚服的，因为在此环节前面已为部属完成任务创造了必要条件，让其被管理者或执行者再没有理由和借口拒绝批评或处罚。

第 37 章 医学期刊信息分类与信息管理

期刊信息管理（journal information management，JIM）是人们采用技术的、经济的、法律的和人文的方法与手段，对信息（包括正规信息流和非正规信息流）实施控制，以提高信息的及时性、准确性、有效性和利用效率，最大限度地提高和实现信息效用价值为目的活动。信息管理在期刊社或编辑部系统运行中始终处于重要位置，因为任何有效的管理和决策都是靠丰富而准确的信息来实现的，缺乏及时有效信息就不可能有高质量的管理和高效率的工作。期刊编辑部既是信息源，又是信息获取、加工处理、储存和输出的信息枢纽。期刊编辑部的信息管理，就是把编辑管理过程作为信息的收集、整理、储存、输出的过程，通过信息实施编辑管理和有效的期刊经营。按照编辑部的信息特点，科学地获取、存储信息、传输信息和处理信息，建立和完善信息管理系统。

第一节 医学期刊信息管理的基本概念

医学期刊社或编辑部的信息管理，就是指在整个期刊管理过程中，所有从事期刊工作的员工，对信息获取、信息加工与传输、信息存储和信息输出的总称。实际上，期刊社对信息管理的过程，就是信息获取收集、信息传输、信息加工和信息存储的过程。期刊信息的收集就是对原始信息的获取；而信息传输就是指信息在时间和空间上的转移或运动，因为所有信息只有及时而准确地传递到使用者的手中才能有效发挥信息的功能和作用；而信息加工是指对期刊社信息形式的变换和信息内容的甄别处理；信息形式的变换主要指信息在传输过程中，通过加工和变换传输载体，使信息更加准确和规范地传递给信息受体。信息内容的甄别和加工是指对原始信息进行加工处理，进一步分析和揭示信息内容本质，使输入的信息转变为准确和有价值的信息，这样才能被有效利用和发挥信息的作用。信息是事物的存在状态和运动属性的表现形式，一般来讲，事物也就是人类社会、思维活动和自然界所有可能的对象；其存在方式是指事物的内部结构和外部联系；其运动是指一切意义上的变化，包括机械的、物理的、化学的、生物的、思维的和社会活动。运动状态是指事物在时间和空间上变化的特征、态势和规律。

信息管理，就是指对编辑活动和管理活动的各种相关因素。如物流、人流和信息流实施科学计划、组织、协调和控制，以实现期刊信息资源的合理开发和有效利用的全过程。其中包括微观和宏观对信息内容的管理、加工组织、分类检索和信息服务等，这些构成了期刊信息管理系统。信息流一般分为两种，一种是非正规信息流，即由信息的产生者直接流向信息的利用者；另一种是正规信息流，即信息在信息系统的控制下流向信息的利用者。

期刊社或编辑部，就是通过制订完善的信息管理制度，建立科学有效的信息管理系统，采用计算机等现代信息技术和工具，保证期刊信息系统的有效运行。对期刊的信息实施静态和动态管理，特别是信息的动态管理，不仅要保证期刊信息的及时准确和完整，而且还要保证期刊信息系统的信息获取、信息加工、信息输入、信息输出和信息反馈的系统循环正常运行，以保证期刊管理的质量和高效。

第二节　医学期刊信息管理的分类

在期刊社或编辑部信息流中，有稳定信息和非稳定信息（流动信息），加强各类信息的获取、处理和存储，是做好编辑管理工作的基础。编辑部的稳定信息有各种编辑出版标准、编辑出版规范、编辑规章制度、行政管理规章、发排稿档案、历年出版期刊、历届编辑委员会成员资料、历年编辑出版工作总结和出版资料等。非稳定信息是反映某一时期编辑出版工作变化的信息流。如编辑出版报表、稿件处理系统中稿件的动态变化、来稿、退稿、刊登稿件的数量、出版数据库、编辑委员数据库、审稿专家数据库、作者数据库、发行数据库、电子邮件等。稳定信息是由非稳定信息的获取、甄别、整理、归类、存储而来的。所以，编辑部要重视和加强日常非稳定信息的获取、信息加工、信息分类和信息存储的归档工作，这是保证稳定信息存储和输出利用的前提保证。特别是要重点做好学术文献数据库的信息安全管理，注重积累期刊的大数据信息和安全管理。

按信息文献的类型，可将期刊社的信息文献分为期刊行政性信息、财务类信息、期刊文献信息和编辑委员专家、读者与作者等数据库信息。

一、期刊行政性信息

期刊行政性信息一般有各类人事工作信息、各项行政管理制度和规章、各类行政文件、各类工作总结、各项工作计划、各类审批文件、各类报表、上级机关来文、各类会议记录、各类工作简报、各级领导讲话、各类合同资料、各类汇报材料等，期刊行政性信息包括不同载体形式。如文字的、影像的、数字化的和图片资料信息等。

二、期刊财务工作信息

期刊财务工作信息除财务本身按照财务工作规则、财务法规和财务原则、工作规则和程序对财务所有信息严格存储外，一般在行政管理活动中涉及的财务信息也应加以获取、加工和归类存储。如各阶段财务预算、各类人员工资表、职工奖金分配明细表、各类投资性文献信息、经济合作性合同、期刊经营分析、经营性收支明细资料、期刊销售明细资料、广告销售资料、项目收支明细表等相关信息。

三、期刊编辑业务性信息

期刊编辑活动的业务信息一般比较多，信息量也相对较大，作为期刊发展史料性信息，应严格加以获取、加工、分类和存储，以保证期刊发展史料的完整性。期刊编辑业务性信息一般可分为以下几类。

1. 期刊文献类型或按载体类型

（1）印刷型信息：图书资料、各期刊、纸质来稿、纸质发排稿、各类印刷版规章制度、纸质版编辑出版规范、会议文献汇编、会议纪要或会议记录、编辑策划方案、编辑工作计划、重大编辑策划实施计划等。

（2）视听型信息：唱片、光盘、录音带、录像带、期刊各类活动影像信息资料、数字化影像信息等。

（3）缩微型信息：期刊缩微交卷、期刊缩微胶片、期刊信息移动软盘等。

（4）期刊数字型信息：电子图书信息、电子期刊、期刊数据库、期刊发排稿电子版、期刊活动数字化信息等文献。

2. 期刊文献级别或按文献加工深度

（1）期刊一次性文献信息：即期刊原始性文献信息。如著者或著名专家研究成果的手写稿（如实验资料、观察资料、调查研究结果等）、著作、论文、研究报告、会议文献、专利文献、学位论文、会议论文资料、电子期刊、电子图书、编辑部总结、编辑委员会工作文献、原始影像信息资料、总编辑/主编讲话稿、编辑委员会成员名单等信息文献。

（2）期刊二次文献信息：就是将期刊大量无序、分散的一次文献实施收集、整理、加工、分类、著录和存储，并按顺序加以编排，形成可供检索的新文献信息。如题录、目录、索引和文摘等信息资料。

（3）期刊三次文献信息：即围绕某一专题，利用二次文献检索，在吸收一次文献内容的基础上形成的文献信息。如述评、评论、综述、研究进展、期刊编辑工作进展、期刊年鉴、指南、期刊手册等具有参考性的编辑工具书。

（4）期刊零次文献信息：未经信息加工，直接记录在相关载体上的期刊编辑工作原始信息。比如，会议记录、调查报告、期刊设计草图、专家私人笔记、口头交流信息等。

第三节　医学期刊信息管理的基本原理

期刊信息管理的对象主要有期刊信息资源、期刊信息活动、期刊信息获取等内容；其信息管理涉及信息资源管理原理、信息理论原理、信息控制原理等。

一、期刊信息控制原理

1. 信息资源管理原理　信息资源管理原理是20世纪70年代在美国首先发展起来的信息管理理论，其后迅速在全球传播和应用这一理论，是现代信息技术特别是以计算机和现代通信技术为核心的信息技术的实际应用所催生和派生出的新型信息管理理论。信息资源管理分狭义和广义概念。①狭义的信息资源管理原理主要是指对信息本身，即信息内容实施管理的过程；②广义的信息资源管理原理主要是指对信息内容与信息内容相关的资源。如信息设备设施、信息技术、信息产业投资、情报信息技术人员、信息资源升值与产出、大数据信息产业发展等实施管理的过程。信息资源之所以在当今社会受到高度重视，是基于对信息价值的认识，其根本原因是对人类社会的生存和发展所起的重要作用。当今的信息社会，信息已作为构成客观世界的三大要素之或三大资源之一，其资源价值和效益价值是无限的，而且对于消除人的认识不确定性和增强世界的有序性发挥无可替代的作用。对于医学期刊或企业，信息资源也是期刊和企业赖以生存的重要因素之一。而期刊信息资源管理的核心内容就是信息资源的合理配置问题，信息资源的充分开发和有效利用则是信息资源管理的基本目标。在当今信息社会多元开发与多层次信息机构中，信息资源的形态和层次呈多样化趋势，以大型数据库信息获取、信息存储、信息分析和信息挖掘、信息传输、信息产品开发、大数据信息分析等，为社会和科学发展提供了重要便捷手段，各种形态的信息资源在形态转化中相互作用，由此形成社会信息资源和科学信息资源及医学科技学术信息资源结构，作为学术文献信息资源枢纽的医学期刊也是如此，职能和社会责任重任在肩。

2. 信息理论原理　信息理论原理主要是指依据事物之间普遍存在相互联系、相互作用的基本规律和哲学观点，把被反映的物质属性和基本规律作为定义信息和理解信息本质概念的基础，通过深入分析信息的普遍规律和物质属性关系，把信息的可传递性、输出性、存储性、整合性和信息形式与信息内容的关系，用以揭示信息本质概念和丰富内涵。信息概念与信息有关理论，从申农在通信领域创立信息论开始，在多年的发展历史中，信息概念已从狭隘的通信领域进入人类生产、生活和科学研究的所有人类社会活动的所有领域。所伴随的信息资源、信息技术革命、企业信息化、社会信息化、信息社会、大数据信息和智能化发展等也成为当代社会生活中最热门与最具活力的领域。信息科学作为高度交叉、高度融合、高度依赖、高度智能化的领域，正在逐步发展成为重要的新兴、交叉和边缘科学，与传统的自然科学、社会科学，以及系统的科学、哲学等都有密切的联系，特别是许多前沿科学研究。如生命科学、基因科学与遗传机制、大脑思维机制、量子计算机等，也都越来越多地需要依靠信息科学概念的支撑；信息资源和信息科学对人类社会、经济发展和科学的发展正在发挥越来越重要的影响和无法替代的作用。

3. 信息控制原理　实际上控制的含义就是管理；信息控制原理是通过主体自觉的、积极的活动实现信息从不对称向对称转化的理论与模式，是控制论和对策论的基础理论。对策，就是在信息对称或接近对称的基础上依靠知识和智慧实施决策的思维方式与行为方式，其本质特征是知己知彼百战无不胜的决策策略，在信息不对称的情况下，也可以通过各种制度、机制、方案设计达到信息对称的效果。这种自觉地、积极地实现信息从不对称到对称转化的过程，既是策略和对策的过程，也是对信息的控制过程。对于信息控制论，人与自然、人与社会的信息对称是绝对的，不对称是相对的，而信息控制论也是社会主义市场经济宏观调控的理论依据。

二、期刊信息活动特征

1. 期刊信息资源　期刊信息资源是信息的产生者、信息和信息技术的有机整体，而期刊信息管理的目的是控制信息的流向，实现期刊信息的效用和信息价值。但是，期刊所产生的信息并不一定都具有信息价值和资源价值，要使其成为具有价值的资源，并实现信息的有效利用和价值，就必须借助人的智力或信息技术手段，将信息实施分析、分类和甄别，去除伪信息和不具有实际价值的信息。因此，期刊编辑人员是控制信息资源和协调信息活动的主体，是信息产生、获取和利用的主体要素。而期刊信息的获取、加工、存储、传输、分析和利用等信息活动过程都离不开信息技术的支撑，因为在期刊庞大的信息管理中，缺乏现代信息技术的应用，要实现期刊信息高效管理是比较困难的事情。因此，期刊信息管理要充分发挥数字化技术和信息数据库的作用，使期刊信息管理更加安全、便捷和规范。期刊的信息活动和管理，其本质上是为了产出信息、传递信息和利用信息资源，其信息资源是期刊信息活动的结果，而信息产出者、信息传输、信息储存和信息技术四要素构成有机整体，即信息资源，这是期刊信息管理的基本对象。

2. 期刊的信息活动　期刊的信息活动是指期刊编辑部围绕信息资源形成、输出和利用而进行的管理及服务活动，期刊信息资源的产出阶段，是以信息的产出、记录、获取、传输、存储、分析、利用等活动为其主要特征，其目的是形成可以发挥作用的信息资源。期刊信息资源的开发利用阶段，是以信息资源的传输、检索、分析、遴选、评价和利用等活动为其主要特征，其目的是实现和挖掘信息资源的价值，以期达到信息有效管理的目的。

3. 期刊信息资源的积累　期刊在编辑出版活动中要产出海量信息，这些信息在产出、传输、分析、利用、反馈中，应注意信息的收集、整理、归类和储存，否则就会边产出信息边丢失信息，缺乏对期刊编辑出版活动中信息的积累，甚至造成期刊信息失去连续性和断档，使得期刊信息资源失去其利用价值。因此，在期刊信息活动中，作为期刊社或编辑部，应专门安排或设置专门人员，对期刊编辑出版活动中具有资源价值的信息实施收集、整理、归类、储存等信息管理，以保证期刊信息管理的质量和利用价值。

第四节　医学期刊编辑部信息处理的原则

要充分发挥信息在编辑部系统运行中的作用，提高编辑管理的有效性和工作效率，在信息处理的全过程中就必须坚持及时、准确、实用、畅通和安全的原则。

1. 期刊信息处理的及时性　信息处理的及时性，就是信息管理系统要反应灵敏，能够迅速地发现信息和抓住信息，并及时将有效信息提供给信息受体或需要者。这就需要在编辑出版活动中，及时地发现和收集相关信息。因为在科学技术飞速发展和编辑活动中，其信息纷繁复杂、瞬息万变，特别是有些信息稍纵即逝。因此，信息具有极强的时效性，期刊信息的管理必须以最迅速、最敏捷地反映出各类信息的动态变化，及时加以获取和记录，及时予以信息分析。同时，要对具有价值的信息及时传输信息，以利于及时得到利用，因为信息只有传输到需要者手中才能发挥作用和应有价值，产生信息效应和效益。因此，要以最迅速、最有效的手段将有用信息提供给有关部门和人员，使其成为决策、指挥和控制的信息依据。任何信息都具有时间性和有效性，过时的信息就会失去其应有的价值,甚至影响系统运行和管理效果。因此,负责信息收集和执行信息者要有时间观念,要求对信息迅速收集、加工、传输和反馈,特别对有重要价值的信息要及时上传下达,加快处理周期。作为编辑要信心敏感性,特别是要有学术敏感性和快速反应能力,及时发现重要报道线索或选题信息,迅速组织报道,最大限度地缩短发表时滞,以提高学术信息报道的时效性。

2. 期刊信息处理的准确性　期刊信息不仅需要及时,而且需要准确的信息,因为只有准确的信息才能使管理者或编辑决策者做出正确的分析和判断,做出正确的编辑决策。伪信息和失真的信息不但会给编辑决策造成失误,甚至造成极大损失。在当今信息化的社会里,编辑部无时不在信息流中,这就要求信息的收集和传输者要对获取的大量信息进行整理和甄别,保证信息的准确性,严格执行各项制度,确保信息的质量。如各种编辑工作数量统计、出版和发行统计信息报表,统计数据要及时准确,避免管理者决策失误。

为保证期刊信息准确,首先要求原始信息可靠。只有可靠的原始信息才能加工出准确的信息。期刊信息工作者在收集和整理原始信息资料时,必须坚持实事求是的态度,克服主观随意性,对原始材料认真加以核实,使其能够准确反映实际情况。保持信息的统一性和唯一性。在期刊管理系统的各个环节,既相互联系又相互制约,反映这些环节活动的信息有着严密的相关性。所以,系统中许多信息能够在不同的管理活动中共同享用,这就要求系统内的信息应具有统一性和唯一性。因此,在加工整理信息时,要注意信息的统一,也要做到计量单位相同,以免在信息使用时造成混乱现象。

3. 期刊信息处理的实用性　要发挥信息在管理和实际工作中的作用,就必须要求所获取和传输的信息具有实用性,确实符合实际工作需要,对工作有指导意义。这就要求信息收集和输出者对信息进行认真的分析和加工处理,去粗取精,去伪存真,运用各种分析方法对信息进行分析,找出问题的本质和事物的内在规律,为编辑管理提供可靠而有价值的决策依据。

4. 期刊信息处理的畅通性　信息流的畅通性是保证高效编辑出版管理和运行系统惯性运行的前提,要保证信息流的各个环节和过程的畅通,就必须建立及健全各项规章制度和工作程序,明确不同岗位工作职责,使信息的收集、加工、传输和反馈保持常规运行状态,这是期刊编辑部信息管理的重点。

5. 期刊信息处理的安全性　当今,信息管理进入了计算机化的时代,甚至达到了无纸化办公的程度,信息的获取、收集、处理、传输、储存更加现代化和快捷。如编辑部稿件远程处理系统、各种数据库、电子邮箱、期刊网站等数字化信息,对信息的安全性要求越来越重要,因为任何失误都有可能造成储存信息的丢失,造成不可挽回的损失。因此,要求信息管理者严格执行计算操作和管理规定,适时对信息数据进行备份管理,定期对计算机进行病毒检测,严格防范计算机病毒对计算机的侵袭。要将固定存储信息或重要史料性信息与正常工作中常用共享信息区别开来,以免造成信息丢失,确保信息的完整性。同时,加强计算机数据库的保密工作,对数据库进行加密管理,防止非信息管理者违规操作或盗取信息,确保信息管理的安全。

第五节　医学期刊编辑部信息处理的范围与程序

期刊编辑部的信息处理内容或范围比较广泛,应该有专职人员实施信息管理工作,特别是对稳定信息。如各种数据库、稿件处理系统、公用电子邮箱、各种统计报表、档案资料、出版期刊存档管理等,以保证编辑部信息管理的规范性和完整性。编辑部信息处理一般包括信息的收集、加工、传输、存储、检查和输出等。

1. 期刊信息收集　是编辑部对原始信息的获取过程,也是信息资源的积累和丰富的过程,信息资源的收集是增强系统运行和期刊经营能力资本,这是信息管理的重要换环节和基础。同时,原始信息的全面性和可靠性决定了信息管理的质量。编辑部信息收集的内容有稿件的管理(如收稿、退稿、刊发稿、存稿等数量),各种编辑出版指标统计分析、各种原始编辑档案资料的整理归档，特别是各种数据库创建，其创建过程本身就是信息收集整理的过程（如编审专家数据库、作者数据库、文献数据库、读者与发行数据库、科研院校数据库、广告数据库等）。

2. 期刊信息加工　大量的信息收集后，要对信息进行甄别、整理和加工，一般而言，要对所收集到的信息进行分类、整理、排序、统计分析、比较等，通过加工整理使信息便于检索和利用，随时为工作和管理者提供参考。

3. 期刊信息传输　收集到的信息通过加工，并通过信息传输才能形成信息流，并且形成信息反馈系统，发挥信息在编辑出版管理中的作用和信息价值。

4. 期刊信息存储　期刊信息经过获取、分析、加工整理后，有些信息需要立即输出使用，而有些具有保存和应用价值的信息需分类归档存储起来，以便备查和开发利用。

5. 期刊信息检索　对于存储的大量信息，为了方便检索和利用，必须对存储的信息资料按时间顺序进行分类编目，使存储的信息资料容易检索到，并使存储信息具有连续性和史料价值。

第38章　医学期刊经营风险管理与风险控制

医学期刊编辑出版和经营风险具有普遍性和客观性，而且随时蕴藏在期刊经营运行活动的全过程，并随时可能发生风险和损失，造成期刊经营危机。因此，实施正确的期刊风险评估、风险预测、风险分析、风险管理和风险控制，把握和控制编辑出版及经营风险的发生，是科技期刊编辑出版与经营管理的重要内容，也是谋求期刊编辑出版质量和经营安全，保证期刊社会效益和经济效益最优化的重要环节。

第一节　医学期刊风险控制概念与原理

期刊经营风险控制原理与其他企业经营风险一样，也遵循着基本相同的理论和原理，这些理论和原理在经营风险控制中发挥着指导作用，期刊的经营风险控制也是如此，在期刊经营风险控制中很自然运用到相应理论与原理。

一、医学期刊风险管理的基本概念

1. 期刊经营风险管理定义　期刊经营风险管理是指期刊经营管理者在其经营活动中，通过分析和预估可能发生的经营风险点，从而采取各种控制措施或方法，以有效规避和减少期刊经营风险的发生或将风险发生的损失控制在最低水平，故对期刊经营风险识别、风险评估、风险预测、风险预估、风险控制、风险规避、风险转移的过程，称为期刊经营风险管理。

2. 期刊经营风险的必然性　在期刊经营中，其风险总是相伴而行，来自各方面的风险总是存在于经营活动中。作为期刊经营管理者头脑中应将风险的警钟长鸣，保持足够的风险意识，而风险管理在期刊经营管理者的日常工作中占有很大位置，俗话说"预则立，不预则废"，只有做好期刊风险管理，才能高枕无忧。

3. 期刊经营风险管理理念　既然期刊经营风险无时不在，就要客观面对风险，接受风险挑战，俗话说"风险与机遇并存"，在某种意义上说，经营风险越大，机会就越大，单纯怕风险也就寸步难行，很难取得大的经营效益，其关键是要控制和管理好经营风险，正确运用风险识别、风险评估、风险预测、风险损失控制、风险转移、风向评价和风险自留等经营风险管理方法。因此，风险偏好和风险承受度也是期刊经营风险管理的重要内容，也就是说要用于承担风险，这就是风险偏好，是期刊经营中希望承受的风险范围和可接受程度，这就是说，在期刊经营中或经营项目实施中，期刊经营者希望承担什么风险和承担多大风险，涉及风险承受度。一般认为，期刊经营风险是灾难，是可怕的事情，而缺乏其具有的两重性的特点，经营风险总是与经营机遇共存，而期刊经营风险管理就是要在机遇与风险中寻求平衡点，以实现经营价值和经营效益最大化的目标。

二、医学期刊风险管理原理

所谓风险管理是各经济、社会单位在对其生产、生活中的风险进行识别、估测、评价的基础上，优化组合各种风险管理技术，对风险实施有效的控制，妥善处理风险所致的结果，以期以最小的成本达到最大的安全保障的过程。

1. 期刊经营风险基本原理　在现实生产活动和生活中，各种风险因素越来越多，无论是期刊或企业，还是家庭，都日益认识到进行风险管理的必要性和迫切性。人们想出种种办法来对付风险因素，但无论采用何种方法，风险管理的一条基本原则是以最小的成本获得最大的安全保障。风险管理组织通过识别风险、分析风险、评价风险，在此基础上优化组合各种风险管理技术，对风险实施有效控制和妥善处理风险所致损失的后果，期望达到以最小的成本获得最大安全保障的目标。即运用系统论的观点和方法研究风险与环境之间的关系，运用安全系统工程理论和分析方法辨识危险源，评价风险，然后根据成本效益分析，针对用人单位所存在的风险，做出客观而科学的决策，以确定处理风险的最佳方案。

在风险管理理论上，以客观实体派和主观建构派为代表的有关风险与风险管理的理论，并以风险控制和管理风险为起源和发展演进。同时，结合现代风险与风险管理的发展与创新，以实质性风险。如财务风险、人文风险的演变路径，从全方位风险与管理理论及性质的视角，完善了实质性风险控制、财务风险控制、人文风险管理和人为风险控制的基本原理和观点。

2. 控制论原理　对控制论的基本概念或定义，一般认为是改善某些受控对象的功能或发展，其中需要获得和使用信息，以信息为基础而作用于受控对象，称其为控制。由此可见，控制的基础是信息。而信息获取、信息转换、信息传递都是为了控制，也就是说，任何控制的实现都有赖于信息传递和信息反馈。而信息反馈是控制论的重要基础，是指由控制系统将信息输送出去，同时又把作用结果反馈回来，并对信息再输出产生影响和制约作用，以利达到预期控制目标。

控制论作为"老三论"之一的方法论，也同样可以运用到期刊经营风险控制中和编辑活动中，用于指导期刊经营风险的控制与管理活动。控制论其实就是研究人类或机器内部的控制与通信的一般规律的科学，重点研究和关注过程中的数学关系。其侧重点是分析各类系统的控制原理、信息转换、反馈调节等，横跨人类工程学、控制工程学、计算机工程学、通信工程学、心理学、数学、生理学、神经生理学、社会科学和逻辑学等交叉学科。

维纳在创立控制论时曾指出，创立控制论的目的在于创造一种技术，为人类提供有效研究一般控制与通信的技术问题。同时，也探寻一套思想和技术方法，以利于为通信与控制问题找到方法论基础，也为各种特殊表现事物提供一般概念和分类。的确如此，控制论自提出以来，作为交叉性和方法论，为其他相关领域的研究和应用实践提供了一整套思想和技术方法路径，以致在实际应用中派生出很多边缘学科。诸如，生物控制论、神经控制论、工程控制论、经济控制论、社会控制论等，其应用领域比较广泛。特别是在管理科学领域，控制论的应用更是一个重要领域，最初人们对控制论的认识还是来源于管理领域，难怪有人解释，管理就是控制，控制就是管理。因此，用控制论的原理和方法分析期刊经营风险的控制与管理过程，更有利于揭示期刊经营风险控制的原理和本质规律。

从控制系统的主要特征可以看出，用控制论思想和方法来考察期刊经营风险的管理或控制系统，可以认为，期刊经营风险的管理系统其实就是典型的控制系统。期刊经营风险管理控制过程，在其本质上与工程控制、通信控制、生物控制、神经控制系统完全一样，都是通过信息传递和信息反馈来揭示风险控制的成效与标准之间的差，同时不断实施校正和控制误差，使控制系统保持稳定状态，保证达到预期控制目标。所以，根据这一基本原理和理论，其控制论的思想、观点、原理和方法也适合期刊经营风险中的分析与管理控制。

3. 期刊经营管理相关原理　在期刊经营风险控制或管理的相关原理方面。

（1）多米诺骨牌原理：海因里希（H.W.Heinrich）研究了20世纪20年代发生在美国的许多工业事故，他发现其中80%的意外事故是由于工人的不安全行为导致的，而其余的是其他因素造成的。海因里希把意外事故的发生图解为一系列因素的连续作用，由此提出了著名的多米诺骨牌原理。该原理认为，在社会实践活动中损失控制应重视人为因素管理，即应加强企业生产安全规章制度的建设与完善，加强对员工的安全知识和安全意识教育，以利于杜绝容易造成事故的不良行为。

（2）能量破坏释放原理：20世纪70年代，美国学者哈顿（W.Haddon）提出了能量破坏释放理论。哈顿认为，人员或财产损失基本上是能量的意外破坏性释放的后果。如车祸、火灾、飓风等。

该理论认为，在社会实践活动中，其损失控制应重视机械和物的因素管理，即为员工创造一个更为安全的物质环境。为了预防和减少意外风险的发生，哈顿还提出了多种控制能量破坏性释放的策略或措施。能量意外释放理论主要从事故发生的物理本质出发，阐述事故或风险发生的连锁过程。

在管理实践中，因为管理者失误而引发的人的不安全行为和物质不安全状态及相互作用，而导致非正常的或危险物质能量释放，由此将能量转移于到人体、设施，以致造成重大人员伤亡或财产损失的巨大风险，这类事故或风险可以通过减少能量和加强屏蔽予以预防、评估和预测。因为人们在企业生产和社会实践中不可能缺少各种能量，但由于某种原因失去控制，就会蕴涵风险，甚至发生能量违背人的意愿而意外释放或逸出，使社会实践活动中面临各种风险，因而容易发生重大事故风险，以致造成人员伤害或财产损失。因此，期刊的经营风险来自于各个方面，任何方面的经营风险的发生都会给期刊经营效益带来难以估量的损失，在经营实践中对各种可能发生和潜在风险实施预测分析、评估和有效管理与控制，是期刊经营的重要前提。

第二节　医学期刊经营风险的构成因素

在医学期刊编辑出版与经营风险的形成因素中，一般有内在因素和外在因素，有人为因素，也有自然因素，有可以抗拒的因素，也有不可抗拒的因素。而期刊风险管理与控制的重点就是要把握风险形成的各种因素，准确分析和预测风险发生的要素，以利于准确控制风险发生的可能性和程度，并实施具有针对性的期刊风险管理、风险控制和风险防范，保证期刊经营的安全性和目标的实现。在医学期刊经营活动和运行中，一般常见的期刊经营风险因素有以下几种。

1. **期刊环境因素**　在期刊环境风险因素中有管理因素、人为因素、市场因素等，一般可以通过风险预测、风险分析、风险评估加以预防和扭转，把期刊经营风险控制在可以接受的程度。而对于自然灾害、社会与政治危机、经济危机、突发重大公共事件、期刊出版法规政策调整、企业政策法规调整等，这些不确定和不可抗拒的风险因素作为期刊很难预测和控制，这要根据风险发生的具体因素做出符合实际的管理和控制。

2. **期刊决策因素**　在期刊的经营活动中，期刊的经营决策者或管理者的正确决策，是保证和降低期刊经营风险的重要环节，特别是对重大编辑决策、经营项目或投资项目的决策，若发生决策失误，很有可能造成期刊经营的灭顶之灾。因此，期刊的经营决策活动中蕴涵着潜在的决策风险和由此带来的编辑出版及经营损失与危机。为此，期刊经营管理决策者或管理者承担着巨大的决策风险。所以，提高期刊决策质量和水平，重视期刊经营决策的科学化、民主化是避免由于决策因素造成期刊经营风险的重要措施。

3. **期刊管理因素**　管理出效益、出效率、出质量，但管理不善也会出风险、出损失、出危机。因此，科学、规范、程序化和严格的编辑出版管理制度是保证期刊经营效益的前提，也是保证期刊经营安全的基础。在办刊实践中，由于管理不善而造成的期刊经营风险、危机，甚至举步维艰或停刊的屡见不鲜。因编辑制度和编辑出版规范不健全、编辑出版流程设计缺陷和缺失、员工责任不明、财务管理制度不严谨等造成期刊经营风险，因而造成期刊经营损失的事例比比皆是。因此，严格编辑出版规范和编辑出版流程，加强制度化、规范化和科学管理，是化解期刊经营风险和抵御风险与危机的重要措施。

4. **期刊规划因素**　制订期刊的近期和远期发展规划及发展战略规划，谋求期刊快速健康发展，是避免期刊盲目发展，确保期刊按计划发展的重要措施。任何事业的发展缺乏计划性、目标性和目的性，甚至违反科学发展观和市场规律，盲目发展，其本身就蕴涵着极大的风险性。同时，即使期刊发展和经营具有规划性，其规划的科学性、客观性、可操作性如何，其中也蕴涵着风险性，因为规划的正确与否，特别是对于缺乏科学性和实际的错误规划难免给期刊发展和经营带来更大的发展风险。

5.期刊市场因素　在期刊如林的今天，期刊市场竞争激烈，不确定和不可控因素与日俱增，随时受到期刊经营市场风险因素的威胁。如由于期刊数字化、网络化的发展等原因，期刊发行量大幅度下降，导致期刊发行收入锐减，同时由于发行量减少，而又导致广告客户投放广告大幅度减少，这给期刊特别是科技期刊经营带来困难，更进一步加大了期刊经营的风险性。因此，正确和客观预测与分析市场因素，把握期刊市场动向，适应期刊市场需要，适时调整应对策略，期刊经营另辟蹊径，有效控制、转化、降低或化解风险，是科技期刊市场风险管理的重要内容。

6.期刊编辑因素　由于编辑业务素质原因或责任心不强，而造成报道失实。如研究成果、理论方法、结果结论缺乏科学性和真实性、学术造假、科学保密性或政治性编辑错误，可能造成期刊出版或发行损失，都会直接或间接地给期刊造成不同层面的风险与损失。此外，在出版流程上，由于出版人员失误造成排版、拼版、印刷、装订错误，也会直接给期刊带来风险和损失。

7.期刊财务风险因素　期刊财务风险管理更为重要，其风险管理与控制的质量，直接保证或威胁到期刊经营的安全性。期刊财务风险管理是指经营主体对其理财过程中存在的各种风险进行识别、测量和分析评价，并适时采取及时有效的方法进行风险防范和控制，以经济合理可行的方法进行处理，以保障期刊财务管理、投资和理财活动的安全正常开展，保证期刊经济利益免受损失的管理过程。

期刊财务风险管理一般是由风险识别、风险预测、风险分析、风险度量和风险控制等环节组成的，其中核心是风险的度量问题。期刊财务风险管理的目标是降低财务风险，减少风险损失。因此，在财务风险管理决策时要处理好成本、效益和效率的关系，应该从最经济合理的角度来处置财务风险，制订科学的期刊财务风险管理对策。风险的动态性决定了期刊财务风险管理也是一个动态的过程。由于期刊社或编辑部内外环境不断变化，加之很多科技期刊编辑部或期刊社没有自己独立的财务管理机构和专业财务会计人员，其中不少科技期刊财务由挂靠单位代管。因此，在财务风险管理计划的实施过程中更缺乏主动性和及时性，应该及时与财务人员保持沟通，掌握期刊财务管理动态变化，适时掌握本期刊财务运行状况和风险因素，根据财务风险因素的变化，及时调整财务风险管理方案，对偏离期刊财务风险管理目标和潜在的财务风险及时进行校正与管控，实施有效的风险遏制与管理控制，确保期刊财务运行安全。

第三节　医学期刊经营风险的分类

在期刊经营活动中，风险来自于多方面。因此，准确把握期刊经营风险的类别，是正确分析、预测和化解风险的基础。

1.期刊战略风险　期刊要谋求发展和可持续发展，制订适合自身发展的战略和策略，是期刊经营制胜的重要措施。但在期刊发展战略的制订中，其发展战略和策略选取的正确与否，直接影响着期刊经营的成败。因此，期刊发展战略的制订和选取，也潜伏着风险和危机，很可能由于对期刊市场缺乏全面和准确的分析，形成盲目投资或盲目发展，造成战略上的失误，因而人为地制造了期刊经营中的风险性。

2.期刊目标风险　期刊经营行为的目标性和目的性是客观存在的，没有正确的目标就会失去期刊发展方向。制订期刊合乎实际的发展目标是保证期刊达到预期目的的重要环节，也是期刊能否沿着预定发展方向实现期刊效益的关键。但发展目标制定要客观，并符合发展规律和实际，克服盲目性。否则，其目标中也会蕴涵着风险性，而且在期刊发展目标中要具有阶段性。如近期目标、中期目标、远期目标等，并在其目标制订过程中就要考虑到实现目标的可操作性、可行性和客观性，量力而为，避免目标制订的盲目性，把目标管理和风险管理纳入整体期刊发展中加以分析和考察。

3.期刊规范风险　在期刊出版和经营中，对编辑出版规范、相关法律法规的执行和遵守程度决定了期刊规范风险的程度，违反编辑出版规范或违法经营是要付出成本的。因此，期刊在经营过程中也蕴涵着规范和法律风险。如违反期刊出版法律法规和规范，有可能被主管部门查处或惩罚，造成期刊出版和经营损失。在期刊广告经营中违反广告法和有关规定，特别医药卫生广告，除了广告法的约束外，国家对药品、医疗器械等广告发布还有不同的专门条例加以规定，忽视这些法规要求，很可能造成广告违法而受到法律追究而承担法律风险，并支付巨大的违规成本。特别是期刊转企改制后，期刊具有《企业法人营业执照》《广告经营许可证》成为相对独立的企业法人，期刊经营权利和自由度增大的同时，也意味着期刊法律责任和社会责任负荷加大，法律风险也与日俱增。

4. 期刊出版风险　期刊编辑出版风险主要来自于违反编辑出版流程或编辑规范，造成编辑出版事故或差错。如由于重大编辑或出版错误造成期刊延误出版、影响和延误正常发行，甚至由于重大编辑错误造成期刊作废而重新印刷等，这些都可直接或间接地造成不同程度的经济损失，因而构成了期刊编辑出版的风险性。

5. 期刊信誉风险　期刊在经营活动中，合作经营、广告代理经营、承包经营、项目合作等，是期刊经营中经常采用的经营策略和经营模式，实施合作经营，可弥补期刊自身经营资源和优势的有限性，有效提高期刊的经营效益，达到互惠互利，合作共赢的效果。但这种经营形式也存在着很大的风险性，其中最常见的是信誉风险。如合作方不信守承诺、违约、不履行合同、欠账不还等，形成期刊经营信誉风险，这会给期刊造成重大经济损失。期刊本身缺乏信誉，不讲诚信，不履行合同，也有可能成为被告，而支付法律成本和付出失信成本。

6. 期刊财务风险　期刊财务风险是指在各项财务运行过程中，受各种不确定因素的影响，使期刊财务收益与预期收益发生偏离，因而蒙受经济损失的可能性和风险性。

（1）期刊筹资风险：是指狭义的财务风险，即到期无法偿还本金和偿付资本成本的可能性；期刊筹资风险分为现金性筹资风险与收支性筹资风险。前者指期刊在特定的时点上，现金流出量超出现金流入量导致到期不能如期偿还债务本息的风险；而后者是指期刊收不抵支而发生亏损，因而造成期刊不能到期偿债以至无法经营运行的风险。

（2）期刊投资风险：期刊投资风险是指由于不确定因素而无法取得期望投资报酬的可能性。期刊投资风险是所有财务风险的主导，其原因有投资结构风险、投资项目风险、投资组合风险。如期刊延伸经营，拓展与期刊相关的经营项目，特别是投资科研项目、会展活动、开发或推广科技成果等，一般都需要先期人力、物力和财力的投入，这些项目本身就存在着许多不确定因素和不可控因素，其风险性是必然存在的，这就需要对投资项目实施全面而科学评估，论证投资的必要性和可行性，并预测其风险程度和对风险的可接受程度。

（3）期刊资金回收风险：期刊资金回收风险指投入的本金经过期刊经营过程之后，不能回到投资源点的风险或未达到投资的预期目的和效益的风险。如广告代理费、期刊发行收入等，由于各种原因其资金不能按期如数回流，构成资金回收风险。

（4）期刊收益分配风险：合理确定的期刊收益分配率，综合考虑期刊外部筹资风险和收益分配风险，使总风险控制在合理范围内，合理安排好期刊的利润和流动资金，结合期刊的偿债能力，确定期刊收益分配率的大小，切忌吃光花光、入不敷出的盲目行为，这势必给期刊经营带来风险。

7. 期刊人力风险　随着期刊体制改革进程的加快，期刊转企改制已势不可当，期刊用工体制和职工身份的改变，用工风险由以往国家承担转移到期刊自身承担，而且期刊用工风险性不断加大。

（1）用工成本加大：以往事业编制成本由国家承担，转企后由期刊承担，其工资支付、各种保险金支付、各种福利支出、医疗费用支出等，都落到了期刊社的肩上，这就极大地加大了期刊人力风险的程度，也给期刊实施人力风险控制增加了难度。

（2）员工风险加大：职工发生大病、意外事故等，也都由期刊自身承担风险，职工的一个大病或意外事故就有可能拖垮一个期刊的经济状况，甚至使期刊财务举步维艰。

（3）期刊用工法律风险：期刊用工要严格遵

守劳动法和劳动合同法等，否则期刊就会违法，承担相应的法律成本和法律风险。

第四节　医学期刊经营风险管理与控制分析

期刊风险的有效管理与控制首先来源于对风险的正确预测，分析风险发生的可能性和损失程度，采取相应规避风险的措施，并做好自留风险或难以规避风险的自我消化和自我承受的心理准备。

1. 期刊风险识别　期刊风险识别是用经验、感知、判断或归类的方法对现实的和潜在的期刊经营风险性质进行识别的过程。期刊经营风险识别是风险管理的基础，只有在正确识别出自身所面临风险的前提下，期刊经营者或决策者才能主动选择有效方法进行风险管理与控制。在科技期刊经营中其潜在的风险具有多样性，既有当前的也有潜在于未来的风险，有内部的也有外部的风险，有静态的也有动态的风险。而期刊风险的识别就是要从错综复杂的经营环境中找出或预测出可能发生的主要风险。期刊风险识别可以通过感性认识、经营经验、经营指标、财务数据报表实施判断，同时也可通过对各种客观资料、数据、市场趋势和风险案例加以分析，归纳和整理，从而找出各种显性和潜在性风险损失发生规律的认识。期刊风险识别的方法有多种。比如，期刊编辑出版流程图分析法、期刊经营项目分析法、期刊财务报表分析法、期刊成本-效益分析法等。

2. 期刊风险评估　期刊风险评估是在期刊风险识别和分析的前提下，对期刊可能发生风险的可能性、程度、损失、预期、可承受能力等实施量化分析。期刊风险评估可采用定性评估和定量评估方法。如知识分析方法、基于模型分析方法、定性分析和定量分析方法等，其目的都是找出风险对期刊运营的影响程度，最大限度地挽回损失，保证期刊经营效益目标的实现。

3. 期刊风险预防　期刊风险预防是指对期刊可能发生的风险事先采取必要防范措施，控制风险或避免风险的发生，降低风险所造成损失的程度。期刊经营者要对编辑出版流程和期刊经营的各个环节发生风险的可能性有清醒认识和预测，对重大经营投资项目、合作项目具有风险分析和评估，以利采取预防风险发生的有效措施，控制和防范风险的发生，做到未雨绸缪。

4. 期刊风险回避　期刊风险回避是指主动合理，并最大限度地避开风险损失发生的可能性，采取有效手段和措施巧妙地绕开风险。在期刊经营活动中，其风险性是必然存在的，可以说，任何经营活动都具有风险性。因此，充分认识风险、勇于冒风险、敢于承担风险、有效规避风险，是期刊经营制胜的必备要素和素质。特别是对风险性大的经营投资项目、经营活动、经营合作项目等，要对其潜在风险和暴露风险实施分析，权衡风险利弊和损失程度，实施必要的风险回避策略，以保证经营效益的安全性。

5. 期刊风险自留　自留风险或称风险承受，是指期刊理性或非理性的主动承担的风险。众所周知，任何经营活动都具有风险性，有大的风险也有小的风险，有潜在风险也有暴露风险，有可回避风险也有不可回避风险。在期刊经营活动中，有些风险可以回避、舍弃或转移，而有些风险是必须自我承担留给自己，只有敢于和善于承担风险，才能赢得期刊经营的主动权和效益。

6. 期刊风险转移　期刊风险转移是指通过某种措施和安排，合理而巧妙地把期刊经营中所面临的风险全部或部分转移给其他能承受风险的一方，使期刊本身的风险降低到最低程度。如期刊广告经营中具有诸多风险，广告违法承担的法律风险、广告经营需要投入的人力和物力及财力风险、广告客户违约拒付风险、广告营销攻关投入风险等，如何减少这些麻烦和避免风险，又弥补自我营销资源不足的缺陷，这时可寻求专业广告公司实施代理，借助专业公司的资源和优势，实施必要的"借势"经营，用合同的形式实施约定，将期刊广告经营风险实施合理转移，最大限度地控制期刊经营风险的发生。但是，这种合作形式在转移风险的同时，期刊又面临着合作方的信誉风险，这在合作经营或代理经营中应该有清醒的认识和控制。

第五节　医学期刊经营风险控制方法

在期刊编辑出版与经营活动中，能够有效实施期刊经营风险管理与控制，是保证期刊经营安全和实现预期目标的关键，也是期刊经营管理的核心内容，也是期刊管理者的重要工作。

1. 期刊科学民主决策控制　因决策失误造成的风险和重大损失的例子比比皆是，期刊经营决策也是如此，其决策正确与否，直接影响期刊发展的成效，甚至重大决策失误会给期刊发展带来灭顶之灾。因此，加强期刊决策质量控制，是预防和控制期刊风险的重要手段。在期刊决策控制中，重点是坚持科学决策和民主决策，避免仅凭个体兴趣、经验拍脑门决策，要实施科学决策和民主决策。科学决策就是要遵循决策程序，应用决策科学和技术，对重大决策项目实施咨询和论证；民主决策就是对重大项目在决策前广泛征询专家、职工意见。如对重大合作项目进行招标、评标、专家评审等，发挥群体智慧的作用，实现期刊决策的最优化。

2. 期刊科学管理控制　期刊的科学管理就是要实现期刊编辑出版和经营的规范化、制度化、法治化、程序化（流程化）、民主化管理，特别是期刊内部管理制度和编辑出版规范的制订要全覆盖，以健全和完善的编辑出版制度和行政管理制度，约束编辑出版和经营人员的行为，避免出现盲区和留有死角，只有强化和实施科学管理才有可能为预防期刊经营风险的发生提供首要防线，保证期刊编辑出版与经营活动的惯性运行。

3. 期刊财务预算控制　期刊实施全面预算管理就是合理分配期刊资金、实物、资源和人力等，以实现期刊既定的经营战略目标。预算包括期刊经营预算、资本预算、财务预算、筹资预算、项目预算、福利预算等，各项预算的有机组合构成期刊总预算，也就是全面预算。期刊可以通过预算来监控战略目标的实施进度，有助于控制开支，并预测期刊现金流量与利润。特别是期刊的财务预算管理，是对全年成本、利润、各项开支等做出科学而客观的预测分析，做到财务支出的计划性，以利于量入为出，有效预测和控制财务风险的发生，保证期刊财务运行的安全性。

4. 期刊社会保险控制　这是企业或个体控制和管理风险的有效途径，也是期刊社或编辑部应当重视的风险管理路径。

（1）期刊职工社会保险控制：就是将期刊人力风险转移给社会保险，期刊合理回避用工所带来的潜在的和显性风险，使期刊用工无后顾之忧地谋求发展。如按规定给职工在社保中心上"五险一金"，在期刊经济允许的情况下还可以给职工上意外保险、大病保险等，这对于转企改制的期刊是必不可少的措施。

（2）期刊本身保险控制：为转移期刊可能发生的意外风险，增强期刊抵御风险和危机的能力，期刊可实施风险社会化转嫁。如实施期刊财产保险、意外保险等，可有效预防期刊可能发生的突发风险和由此带来的经营运行危机。

5. 期刊经营项目论证控制　期刊经营项目论证控制，其实就是民主、科学决策的过程和形式。对期刊的经营项目特别是重大投资经营项目、期刊发展规划、合作经营项目等，在启动之前，实施同行专家、评标委员会、职工民主评议，并实施必要的决策咨询、专业咨询、论证、预测分析、市场调研、信誉调查等，对其必要性、可行性和可操作性进行全面论证评估分析。对于期刊的重大合作项目、印刷企业的选择、网络化和数字化出版合作等，可实施公开招标，按照招标法要求和程序实施竞标与评标，由评标委员会专家选择，这是避免期刊重大经营项目的盲目性和决策失误，而由此带来各种期刊经营风险损失的重要手段和控制措施。

6. 编辑出版质量控制　编辑与出版风险的发生，主要来自于编辑、出版和管理人员素质、责任和法规意识、对编辑出版规范和流程的依从性等。因此，提高编辑出版人员的业务素质、政治素质和严格执行编辑出版规范和工作流程，是有效控制编辑出版风险的重要措施。同时，严格执行编辑出版质量控制制度。如出刊前把关制度、编辑交叉审阅制度、校对制度、刊后审读制度、自检制度等，也是控制编辑出版风险的有效方法，但尽量将编辑出版质量控制的关口前移，将"刊后把关，提到刊前预防"上来，最大限度地控制编辑出版风险发生的可能性和损失，确保期刊编辑出版安全运行。

第六节　医学期刊经营风险的控制策略

在医学期刊经营活动中，风险是客观存在的，任何期刊或企业都面临内部或外部风险，会影响期刊或企业目标的实现。因此，期刊管理者或企业管理者必须进行有效的风险管理和控制，才能做到高枕无忧。那么，如何做好期刊或企业风险管理控制呢？其应对策略中，主要有风险规避、风险承担、风险转移、风险转换、风险对冲、风险补偿。

1. 期刊经营风险规避　通过评估、分析和预测期刊经营风险，其风险超出了期刊社或编辑部的风险承受度或承受能力，可以通过放弃或终止与风险相关的经营活动，以利于避免和减轻损失。在期刊经营活动中，采取风险规避的目的，就是将预期可能出现的不利后果通过规避措施加以化解。如期刊社或编辑部通过斟酌分析或论证，已表明某个经营项目发生风险的可能性很大，而且又难以承受，并且通过采取措施也很难降低或消减风险，这时期刊管理者可果断放弃或退出经营项目，以利于规避不必要的经营风险。

2. 期刊经营风险承担　期刊经营过程中的风险承担是期刊社或编辑部经营承受度之内应承担的风险，期刊经营者在对其效益成本分析和权衡利弊后，对期刊经营项目放弃采取相应控制措施降低其风险或减轻风险损失的措施，主动有意承担必要的经营风险，采取承受风险的策略。在采取风险承受时，期刊经营管理层要对所有经营方案进行分析，如果没有其他备选方案可以选择，其管理者需要确定对所有可能的风险规避、降低风险和风险承担方法进行分析与权衡，最后下决心承受所有已知风险和潜在风险。但尽管如此，在做好经营风险应对过程中，应对各种风险控制措施进行成本评估，以及经营风险发生的可能性、影响程度和降低风险所带来效益，选择一种最优化的应对策略。

3. 期刊经营风险转移　期刊经营风险转移是一种转嫁方法，根据经营风险的程度，期刊社或编辑部可以通过合作方式、借势经营的方式，通过合同或非合同的约定形式，将经营风险转移给具有承受能力的相关机构共同经营，实现风险共担，利益共享的格局。如把编辑员工可能发生的风险，以缴纳保险金或投保的形式，转移给保险公司。这是最常用的风险转移形式和风险管理方法。

4. 期刊经营风险转换　期刊经营风险转换是指通过采取某些特殊措施，将期刊经营风险转换成其他风险，促使转换后的经营风险更可控和有效管理，甚至通过风险转换获取其他途径的损失补偿措施。如将期刊社购买的债券转换成股票，把债券的风险转换给股票，并可能通过股市带来一定收益。

5. 期刊经营风险对冲　期刊经营风险的对冲，就是通过不同的经营或相关经营项目，承担多种相关经营风险，促使这些相关风险之间发生对冲关系，以利于降低或消减经营风险的控制方法。也可以通过相关经营利润大、风险小的经营项目，具有针对性地对抗或对冲风险损失的一种风险管理策略。

6. 期刊经营风险补偿　期刊经营风险补偿，是指在经营风险损失发生之前，对经营项目承担的风险制订必要的补偿机制或措施，以利提高期刊社或编辑部及员工承担风险的勇气和信心，增强和提高全员工作热情和士气。这主要用于通过风险转换、风险对冲和风险转移等管理控制手段，而又无法规避的经营风险，是期刊经营活动中不得不承担的风险，在无其他控制措施的情况下，可以采取这种经营风险补偿对策。如为了增加和提高期刊广告销售和期刊销售，在鼓励市场营销员工的同时，激励非专业销售员工（如编辑人员），也参与广告和期刊的销售活动。同时，建立相应的激励和奖励机制，对效益显著者给予相应提成奖励，以激发参与经营销售者的积极性和热情。

第 39 章 医学期刊经营模式和盈利模式与经营原则

期刊既然是商品，是可以交换的产品，就涉及经营和盈利的问题。医学期刊如何经营，如何在取得良好社会效益的同时，努力取得比较好的学术效益和经济效益，以利于维持期刊运行和发展，这是办刊者面临的首要问题，也是经常思考和探索的重要命题。

在医学期刊经营活动中，把握正确的经营方法，做好经营模式和盈利模式的准确定位与选择，对期刊的系统经营效果具有决定性的作用。当然，期刊的经营绝不单纯以盈利为目的，而是在注重社会效益和学术效益经营的同时，合理兼顾经济效益的经营，以保证期刊的生存与发展。因此，研究和探索期刊的基本经营模式和盈利模式及经营运作模式，根据期刊不同经营体制、机制和实际情况，正确把握期刊经营的切入点和卖点，运用正确的经营模式和经营方法，这是做好期刊系统经营的基本前提。

第一节 医学期刊基本经营模式

医学期刊是可以交换的产品，具有商品的一般属性，但又不完全等同于一般商品，而是高层次的科技文化产品。因此，期刊是以内容为王的产品，其经营的主体首先是内容，医学期刊的价值也主要是体现在内容上，也就是学术效益。医学期刊只有具备良好的学术效益，才能被学术界和社会认可，获得理想的社会效益，最终赢得读者和作者，因而达到促进和引导读者订阅期刊，促进经营效益和经济效益的最大化。同时，医学期刊作为学术交流平台，应牢固树立学术交流服务的意识和理念，在知识服务和科技创新服务中发挥角色作用，为读者、作者、专业技术人员和相关医药企业提供知识服务，从全方位的学术交流服务中赢得效益。因此，医学期刊基本经营模式应建立为"社会效益经营 - 学术效益经营 - 服务效益经营 - 经济效益经营"模式。这一经营模式中的四个环节不是矛盾的，而是辩证统一的关系，互为因果，相互促进。

1. 期刊社会效益的经营 医学期刊的社会效益经营，是其社会功能所决定的，也是医学期刊的角色地位所赋予的社会责任。

（1）刊载或记载功能：通过发表科研成果和学术思想，记录科研发现和学术发展史的功能。

（2）学术交流功能：通过刊载各类体裁的学术文章，交流学术思想和学术观点，促进学术发展，推动医学科技进步和人民生命健康。

（3）学术争鸣功能：作为学术交流平台的医学期刊，具有学术平台的功能与特点，通过平台学术争鸣，达到去伪存真目的，贴近科学真理，促进学术进步和发展。

（4）继续医学教育功能：通过医学期刊学术平台传播新知识、新技术、新理论、新方法和新理念，促进专业技术人员的知识更新，完善知识结构，提高专业学术水平。

（5）科技情报功能：通过期刊快速发表科研成果信息，达到科技情报互通的效果。

（6）学术导向和学术引导功能：通过期刊学术引导和学术导向，引导正确的科研方向和学术发展方向，正确指导临床和科研实践。

（7）学术和科研成果评价功能：对学术论文的同行评议过程，其实就是对科研成果和医学科技人员的评价过程。

（8）发现人才和培养人才功能：医学科技期刊平台是展示科研创新能力和学术水平的舞台，更是发现和培养医学科技人才的阵地，是医学科学家成长的摇篮。

（9）平台交流功能：医学期刊不仅仅是纸版纸板平面媒体，仅限于单纯文字，更重要的是学术交流平台的特点和优势，通过期刊平台进行立体学术交流，凝聚专家智慧和专家资源，促进学术资源的有效整合与利用。

（10）桥梁与纽带功能：通过医学期刊凝聚起不同专业和不同研究方向的专家学者，发挥期刊纽带和桥梁的作用。

医学期刊的这些功能，决定了办刊方针和办刊宗旨和办刊原则必须以追求社会效益为基本准则；以宣传党和国家的医药卫生科技政策和科技工作方针、引导学术潮流、推动科技进步、促进知识创新和繁荣学术交流为基本前提，全面服务于国家科技创新战略，以促进和服务于"健康中国战略规划"为己任。因此，按照中共中央有关文化事业改革的精神，出版业应坚持社会效益第一的原则，避免单纯以经济盈利为目的，脱离办刊方针和办刊宗旨，偏离科技学术期刊的运行轨迹，扭曲科技学术期刊在广大科技工作者心目中的神圣学术形象。所以，办刊人的最高追求是不仅要将期刊办成社会效益与经济效益完美结合的"双效"期刊，而且要使期刊成为读者和作者都喜爱的"双爱"期刊。并打造精品期刊，创办和培育国内和国际品牌期刊。

医学期刊社会效益的经营，是一个循序渐进的过程，也是培育期刊文化和积累软实力的过程。要树立以读者和期刊质量为中心，对作者负责，让读者满意的编辑理念，同时又要实施期刊品牌策划和期刊形象策划，打造精品科技期刊，塑造期刊品牌，不断扩大期刊的社会影响力，形成期刊的品牌效应，实现期刊的品牌溢价能力，最大限度地储蓄期刊的无形资产，促进期刊社会效益的最优化。

2. 期刊学术效益的经营　期刊是内容产品，是以内容为王的特殊商品，其内在的学术质量和编辑质量是医学科技期刊生存与发展的基础，学术质量是期刊的生命。医学科技期刊要提高学术效益的经营效果，就必须紧扣学科发展的脉搏，既适时跟踪和反映学科前沿发展动态，又要实施超前编辑策划和超前学术引导，突出期刊的学术导向性和学术引导力，把期刊办成本学科领域的旗帜性领衔期刊，成为本学科或相关学科的学术旗帜。因此，要加强和突出期刊的总体设计，展现编辑思想性和超前性，实施有效的编辑策划和选题策划，坚持"科学性、创新性、实用性、导向性"原则，真正提高期刊的学术权威性，全面反映本学科学术进展，引领学术潮流，真正成为相应学科领域的精品科技期刊和学科旗帜性期刊，在"知识创新工程"、打造"知识创新体系"，服务国家科技创新战略、健康中国战略、科教兴国战略、推进科技进步和经济建设中发挥应有的功能和作用，赢得学术效益。

3. 服务效益的经营　医学期刊要形成独特的期刊文化和品牌效应，在读者、作者和广大医药卫生科技人员中牢固树立期刊特有的识别形象，除具有高质量和权威性的学术内容外，还应注重期刊的"软件"和"软环境"及"软实力"的建设，以人为本，构建和谐的期刊文化，树立期刊的服务意识，真正以读者和作者为中心，一切从读者和作者的实际需要出发，全心全意地服务读者和作者，并从服务国家科技创新和经济建设出发，解决读者和作者的实际困难，全方位地为读者和作者提供学术交流服务，增强期刊对读者、作者和专家学者的凝聚力。通过医学科技期刊这一交流平台提高读者和作者的学术、科研、科技创新和实际工作能力，并成为展示其学术研究水平和成果，发现、培育和促进人才成长的舞台，成为医学科技工作者的桥梁和纽带。在国家健康战略、国家科技创新战略和经济建设中与知识创新体系建设中找准位置，演好角色。

4. 经济效益的经营　医学期刊是通过生产流程产生的可以交换的劳动产品，具有商品的一般属性。因此，具有经营性和盈利性，这也医学期刊生存与发展的基本保证。但是，商品属性并不是科技期刊的本质属性，其学术性、知识性才是科技期刊的根本属性。主要是通过知识的传播、交流、转换、存储、服务等来显示其价值。因此，医学期刊经济效益的经营就必须围绕"刊载-传播-交流-评价-培养-存储-转换-服务"不同环节实施经营，激活不同环节要素。同时，医学期刊又是一个医学学术交流平台，充分发挥平台的作用和优势实施多元化经营，使期刊的有形资产和无形资产，内部资源和外部资源都有效整合；真正盘活有形资产，激活无形资产，通过多元化的经营方法，使期刊资源的开发和利用最大化，实现医学期刊经济效益的最优化。

第二节　医学期刊的基本盈利模式

医学期刊同其他报刊一样，在市场经济环境下，同样面临着自我生存与自我发展的现实问题。因此，正确定位医学期刊的经营模式，找准期刊的盈利模式，瞄准期刊盈利卖点，是提高医学期刊经营效果的基本前提。同时，医学期刊的经营和盈利，应坚持以学术引导经营的理念，避免以牺牲期刊的社会声誉为代价的不良经营行为，以保持医学期刊的可持续发展。根据医学期刊的性质、社会功能和社会责任，其盈利模式应建立为"平面盈利-广告盈利-平台立体盈利-延伸盈利-数字化盈利"模式。从这一模式可以看出，医学期刊的盈利卖点较多，期刊经营的"上游-中游-下游"都具有卖点。上游可源于作者（如按规定收取适当的版面费、稿件处理费、服务性盈利等）；中游可源于读者、企业等（如发行销售、广告销售、读者或企业服务性盈利等）；下游可源于专业网站、数据库、学术产品、数字化阅读和智能阅读产品精准推送等二次文献开发和利用以及延伸服务性盈利（如专题培训、学术研讨会、产品评价会、继续教育、企业客户培训、企业产品推广服务、企业咨询或论证服务等）。所以，医学期刊经营半径比较宽泛，其盈利卖点较多，这为医学期刊的有效经营和可持续发展提供了有利条件。

1. *平面广告经营*　这是传统的广告经营形式，特指具有国家医药器械主管部门的产品批准文号和国家工商管理部门的广告审查批准文号，在医学期刊上以宣传促销医药产品为主要目的的广告宣传。一般以彩色或黑白图片形式，附有文字说明，这类广告可直观地介绍和宣传医药企业产品，塑造品牌，从而达到临床推广和促进产品销售的目的。同时也有宣传医药企业，树立医药企业形象和塑造品牌的作用。在发布医药企业广告的同时，也可以与医药企业合作共同策划，配合相应的临床验证性学术性文章或专题讲座同时刊登，更有效地促进某一新技术或医药产品的推广应用。

2. *网络广告经营*　随着信息化和网络的发展，医学科技人员的阅读习惯和获取科技信息的途径与手段发生很大变化。因此，医学期刊借助其自身的信息资源和优势，创办期刊网站已比较普遍，并成为专业技术人员最便捷地获取专业知识的重要途径。当然，网络广告也将成为医学科技专业网站或期刊网站广告经营的新形式和增长点。此外，医学期刊发行也可以与网络实施捆绑式销售，激励读者订阅期刊和登录网站。

3. *期刊发行经营*　期刊发行是经营中的重点，因为只有期刊发行量上升，拥有大量读者群，才更有利于广告经营和其他经营，可以想象，一个没有发行量和拥有读者群的期刊何以赢得经营效益。因此，医学期刊经营的首要硬指标就是提高发行量，最大限度地占有目标读者。其销售的形式或路径主要有以下几点。

（1）邮局发行销售：是通过报刊局实施的发行，是多年来我国期刊销售的重要发行模式和主渠道。具有覆盖面广、配送准确及时和便捷的特点，是医学期刊最常采用的传统发行途径，也是医学期刊发行销售的主渠道。因为邮局发行要拿走很大比例的利润，所以邮局发行缺点是期刊本身利润率相对较低。

（2）自办发行销售：特指由编辑部或杂志社自身组织的发行（如零售发行、大宗发行、代理发行、会员制发行、捆绑式发行等），是对发行主渠道的补充，特别是大宗发行，可灵活运用优惠销售策略促进发行，具有利润相对较高的特点。

（3）单行本销售：这是指将已发表的某一篇或数篇文章制作成单册销售，是目前医学类期刊常用的发行销售和盈利形式，也是当前发行销售的新增长点。

（4）增刊销售：这是指对某一重点学术内容选题或专题，策划组织出版的不定期增刊，并且在特定范围内组织销售，也是医学期刊发行销售的有效形式。但其选题要具有新意，抓住学科发展中的难点、热点和焦点课题及读者需要，以利于赢得读者和激发订阅欲望。

4. 期刊文献经营　对过刊文献实施二次开发或三次开发经营，发挥文献的学术价值，制作成不同的"学术产品"，满足不同专家学者对文献的需求。其主要形式有以下途径。

（1）光盘版销售：是指将过刊或当年文献制作成光盘版销售，便于个人文献收藏和查阅，是学术产品销售的新形式。

（2）网络版销售：是指期刊网络站开发的网络杂志，读者可随时登录网站查阅文献，也可以与纸制版捆绑销售，是目前医学期刊销售的新形式，也是国际上普遍采用的科技期刊经营方式。

（3）数据库销售：将期刊文献制作成数据库或与专业数据库合作实施文献开发利用。

（4）数字阅读和智能阅读产品推送：通过数字化新媒体技术，将学术文献资源实施再创造和翻新，对读者实施数字化产品、智能阅读产品的精准阅读推送和智能化服务。同时，可以实施医药广告产品的精准推送服务，医学期刊通过现代服务手段获取服务利益。

（5）医学期刊文献特色开发和利用：将期刊已发表有特色的文献进行重新组织和开发利用。如对多年有特色栏目发表的文章进行分类重组，开发制作成不同形式和专题的"学术产品"实施再开发利用；医学类期刊的"病理讨论""疑难病例分析""病例报告""专家讲座""继续教育"等栏目文章汇编成专著出版发行；编辑成《临床疑难病理解析》《临床疑难病例诊断》《临床罕见疾病》等专著或数据，都是临床迫切需要的热点选题，对提高临床诊治水平和人才培养都将发挥重要作用。

5. 版权合作经营　版权是医学期刊重要资源，合理开发和利用版权资源优势，实施版权合作经营。如将过刊文献版权转让或合作出版不同形式的文献；对医学期刊相关内容的出版权转让给经营单位或出版单位进行再开发经营，也可以实施期刊数据库版权的有偿转让，自主开发或合作开发经营等。

6. 双向经营　是指学术期刊向作者提供刊文服务和向读者提供产品（期刊）。刊文服务即根据学术期刊出版成本为核算基础的有偿发表服务，即根据国际惯例和国家有关部门规定，在正式学术期刊发表论文按所占版面收取一定的版面费，以弥补办刊经费不足的困难，这是目前国内外学术界均认同的做法。

（1）作者版面费：作者的论文经评审或同行评审符合发表条件和要求，根据所占版面多少适当收取一定的版面费，一般由作者单位从其科研经费或课题中报销。但对于个人支付有困难时编辑部应予以减免，以保证优秀论文的正常发表。当然，有的医学期刊免收版面费，应予以鼓励免收，以利于吸引作者来稿，这需要根据医学期刊的实际情况而定。

（2）企业版面费：以学术性文章为表现形式或以文字性介绍为主，但其中对企业某一技术产品具有较强的正面评价"宣传"作用。如对某一药物的"临床多中心研究""医药产品的临床评价""新技术或产品介绍"等，其版面费收取应高于普通作者。也可以与企业沟通，请企业自愿的基础上制作单行本赠送客户。

（3）审稿费收取：是指作者在投稿时按期刊规定缴纳适当的稿件处理费，以弥补期刊稿件评审费用支出的成本费用。当然，也有不少医学期刊免收，这是应当鼓励的做法，尽量减少作者负担。

7. 栏目合作经营　是指与企业或其他科研单位合作，根据实际需要合作开办特色栏目，专门刊登相关特定内容的文章。也可以用医药企业名称冠名栏目或协办栏目。如"罗氏诊断专栏""辉瑞制药专栏"或以某一新产品冠名栏目，以提高医药企业或产品知名度，促进企业发展。但此类栏目内容必须坚持学术性、科学性、实用性、客观性和真实性这一基本原则，做好利益冲突的控制，保持编辑和学术的独立性，支持的医药企业不可以参与或左右其学术文章的录用与发表，必须经过同行专家评审后刊登；此外，如果刊登论著类文章，还必须坚持科学性、创新性、实用性和严谨性原则。坚持其严格评审程序，以保证学术质量不受影响，避免扭曲医学期刊的学术形象。

8. 合作办刊经营　医药企业或科研院校，

为提高其知名度，彰显其科研或经济实力，可冠名参与协助办刊或支持办刊，为医学期刊提供适当的经费支持，以弥补办刊经费不足的困难。但合作单位不可参与编辑活动和稿件的编辑决策程序，无论是合作的医学科研单位，还是医药企业推荐或提供的研究论文，都必须进行同行审稿程序，编辑部必须坚持学术自主权的原则，坚持编辑的独立性，以免被协办者操控，失去公正性和办刊原则，影响期刊的学术质量和声誉。

9. 学术合作经营 医药企业或科研实体与期刊开展联合征文或有奖征文，可有针对性地集中总结某一技术、学术或产品的临床应用效果和经验，促进相关技术或医药产品、科技成果的推广和同行认可。

10. 品牌延伸经营 发挥医学期刊的品牌优势，实施期刊品牌的延伸服务，可借助专业媒体平台，调动其专家资源，提供专业化技术或学术咨询服务，为读者、作者、医药企业提供相关学术服务，并坚持以学术为引导，从而起到宣传技术或产品、促进市场推广和科技成果转化、扩大医药企业知名度的作用。

（1）专题培训或继续教育培训：结合读者和作者需要，整合并发挥期刊的专家资源和智力资源，举办面对不同对象和专题的培训班，对专业技术人员进行继续教育培训。

（2）新产品发布会：为医药企业策划和组织召开"医药企业新闻发布会""新产品上市会"等，并通过医学期刊的权威性和传媒功能，形成专业传播效应，使医药企业产品宣传达到事半功倍的效果。

（3）市场定位与推广服务：发挥医学期刊的学术影响力及跨地区、跨专业、信息畅通、专家荟萃、横向联合的特点和优势，为医药企业提供市场策划，建立目标客户或核心目标客户群，开发和建立销售渠道。以学术引导和促进医药企业经营，可联合组织召开"专题学术会议""专家座谈会""产品论证会""学术报告会""客户专题培训""医药产品或成果推广会"等形式，为企业培育和拓展市场。

（4）临床评价服务：对医药企业某一产品、科技成果或技术的临床应用效果组织相关领域的专家召开"临床应用评价会"，对其临床应用效果和临床推广价值做出客观评价，并将其评价意见或结果在相关医学期刊上发表，达到引导和促进临床推广的作用。

（5）企业咨询服务：为医药企业组织召开专家咨询会、论证会、目标客户培训等，请有关专家为医药企业发展和市场拓展实施专业化市场分析，做出企业诊断，提出医药企业发展策略和发展对策，为提高医药企业的市场竞争能力及经营效益提供经营决策咨询服务。

第三节　医学期刊的经营运作模式

医学期刊的经营效果如何，其运作模式的选择也很重要，也是影响医学期刊经营效果的因素之一。医学期刊要实现最优化的经营效果，靠单一经营运作模式是难以奏效的，必须实施多元化的运作模式。因此，其基本经营运作模式应建立为"自主经营-借势经营-合作经营-整合经营-延伸经营-平台经营"模式。

1. 自主运作经营 编辑部或期刊社靠自己的经营资源、经营资本和经营能力实施自主经营运行，但需要建立和健全经营运行系统，要完成期刊的经营活动，缺少任何环节都是难以顺利完成经营运行的。因此，自主经营具有经营成本高和经营风险大的不足，同时，也具有经营管理效率高和利润高的特点，但有时受体制、机制、经营资源等诸多因素的制约，难以保证取得理想的经营效果。

2. 借势运作经营 由于医学期刊经营资源的局限性，单靠期刊社或编辑部的力量难以实现预期的经营效果，必要时可借助社会资源，实行多元化的经营方式或经营手段，对医学期刊广告或发行等实施借势经营，以弥补期刊人力资源和资本有限的局限性。

（1）广告独家代理经营：是指医学期刊的广告经营权完全委托专业广告公司独家经营，编辑部只负责学术和编辑工作，但编辑部要积极配合。医学期刊编辑部可在社会上寻求有实力和资源的专业广告公司，进行招投标或竞标。但要认真考察广告公司的资质和信誉度，以保证经营安全，同时其标底要符合医学期刊专业的实际。

（2）广告非独家代理经营：是指广告代理经营权不限于一家，可委托多家代理，多途径为同一个医学期刊实施广告经营，期刊社按实际代理额度支付代理费。这有利于调动各方面的资源，并且具有经营风险相对较小和效果好的特点。

（3）服务承包经营：将广告和发行全部承包给具有营销实力的专业经营实体运作，编辑部可集中精力做好编辑策划、选题和学术组织工作等，编辑部要积极配合承包者做好经营性选题策划，达到双赢的目的。

（4）期刊二级代理经营：在自主经营的基础上，为提高经营效益，对广告和发行可同时争取二级代理销售。如在邮局主渠道发行和自办发行的基础上，可同时寻求二渠道代理发行。

（5）期刊中介经营：在医学期刊广告经营中，可以聘请具有客户资源和营销能力与优势的相关人员，实施兼职营销制度，一般不占编制，不发工资，只是当争取到广告销售额时，按一定比例提取中介费。这种营销形式具有经营成本低、风险小、形式灵活的特点。

3. 期刊合作运作经营　联合科研院校（所）或学术团体的资源和优势，实施联合办刊，增强期刊的经营实力。也可以与相关著名医药企业和跨国企业及学术机构合作，参与协办期刊或合办期刊，依靠社会或相关企业资本，提升期刊的经营实力。

4. 期刊整合运作经营　充分整合医学期刊的有形资产和无形资产，内部资源和外部资源及社会资源，壮大医学期刊的经营资本。如在期刊编辑部组织策划下成立由相关企业或科研院校参加的期刊理事会，期刊借助其学术交流平台和强势传媒优势，为医药企业或科研院校提供力所能及的学术交流服务及技术或产品推广服务，适当收取会费，达到优势互补，合作共赢的目的。

5. 期刊网上运作经营　建立医学期刊广告和发行营销网站，开发网上营销平台，实施网上在线订阅在线支付，以简便读者订阅手续。广告在线营销和在线招商，以提高经营效率，扩大营销的覆盖面。

6. 期刊个性化运作经营　随着现代化印刷手段的提高，采用数码印刷技术、智能化编辑出版等，为读者和作者提供个性化服务成为可能，可有效地提高读者和作者对期刊的订购欲望。

（1）期刊会员制发行：为会员提供相应的学术交流、论文发表优先、继续教育、科研能力或科研设计培训等服务，收取会费，赠阅相应学术期刊，促进发行。

（2）期刊个性化服务：为读者或作者实施个性化学术服务。如在期刊的封面适当位置印刷上读者姓名或某企业赠阅等，鼓励和吸引专业人员及医药企业订阅或赠送客户。还可将作者发表的文章制作成具有个性化特点的单行本。如印有作者简介和彩色照片。并可对企业技术或产品具有推广作用的学术文章，制作成单行本，同时加印医药企业介绍和医药企业新技术或新产品广告专册，作为医药企业推广资料，可达到互惠互利和事半功倍的效果。

（3）数字产品与智能化阅读产品：利用多媒体、全媒体和智能技术服务，实施精准定向阅读产品的推送服务。

第四节　医学期刊编辑的市场意识与期刊营销

医学期刊的营销具有其特殊性，它有别于其他科技期刊的营销策略，其营销方法不尽相同。因此，应根据医学科学不同专业或专科期刊的特点采取不同的市场营销策略或方法，应从读者市场分析、选题策划、销售或营销渠道、宣传推广等环节开展全方位市场定位和营销，把握正确的营销原则与方法。随着新闻出版体制改革的不断深化，期刊出版单位正在逐步成为具有自我发展、面向市场自主开发经营活动的企业法人实体。因此，医学期刊作为特殊商品，要在激烈的市场竞争中求生存，谋发展，就必须融入市场，编辑和市场营销人员必须树立市场经营意识、创新意识和竞争意识。要根据医学期刊的特点不断地探索营销方法和手段，充分整合期刊资源优势，实施多元化经营，努力提升期刊的社会效益、学术效益和经济效益。医学期刊要实现市场竞争的有效性，其关键是要强化办刊人员的营销意识，实施全员营销，把营销意识融入到编辑选题策划，创新营销方法，以提升医学期刊的市场竞争力。

市场营销是以顾客需要为出发点，贯穿于编辑出版的全过程，因为期刊产品内容的质量优劣，直接影响着市场的营销效果。同时，应有计划地组织各项经营和推广活动，为顾客提供满意的商品和服务而实现的目标过程。其营销意识就是要求期刊市场经营的各个环节都从客户需求出发，期刊的编辑、销售等每一位成员都应熟悉市场、熟悉读者需求、服务读者和客户，以期刊的良好品质、整体形象和服务满足读者和客户，实现为用户服务的最优化和满意度。因此，对医学期刊的营销而言，编辑作为其产品的制造者，要努力把期刊办成读者喜爱的产品，具有鲜明特色和创新以及高质量的产品，这就是期刊营销意识的迁移，而不仅仅是形成产品之后的营销意识。

1.编辑的客户与读者意识　编辑在选题策划和编辑过程中，要首先考虑编辑的期刊产品和内容读者是否喜欢，不是简单地将期刊按时出版了事。编辑的读者和客户意识，就是在编辑出版过程中，编辑者要想读者之所想，急读者之所需，自觉地把读者的需求融入编辑活动的全过程的编辑思维形式。对期刊而言，读者就是客户，就是上帝，作为编者就是要不断实施编辑创新，根据读者需求策划选题和组织选题，编辑出让读者喜欢和满意的期刊产品，不仅将期刊办成社会效益、学术效益和经济效益完美结合的期刊，而且要达到让读者和作者都喜爱的期刊，将读者意识与客户意识贯穿和渗透到办刊的全过程，真正办成对作者负责，让读者满意，精品优良的品牌期刊产品。

2.编辑出版的服务意识　在期刊市场化的今天，读者或客户对期刊产品的服务要求越来越高，读者或客户不仅仅是能够读到喜爱的期刊，而且能够提供相应的信息服务。因此，编辑和市场营销人员，都要树立为读者和作者服务的意识，增强和拓展期刊的服务功能，克服以往编辑高高在上，在编辑部坐等读者和作者的传统模式，主动走出编辑部，调查读者需求，深入临床和科研一线，主动选题策划，积极主动约稿组稿，以良好的服务来提高读者和作者的满意度，而且要在开发和培养潜在的读者和客户上下功夫，加大为读者服务的力度，去赢得广大读者的信任，进一步培育和巩固期刊市场。特别是对医学院校毕业新走向工作岗位的医务工作者面临继续医学教育、专业技术提高和职称晋升具体情况，是医学期刊的潜在读者群和作者群，编辑应加大对这些目标读者的服务和开发力度，采取学术沙龙、专题继续教育、晋升考试辅导、赠阅和优惠订阅相结合的多种形式，着力培养读者群和培养订户，增强读者忠诚度，不断提高期刊订阅销售。

3.编辑的期刊品牌意识　期刊品牌是无形资产，也是期刊市场竞争的优势因素。因此，编辑出版者要增强和树立期刊品牌意识，把打造期刊品牌、建设品牌、培育品牌和维护品牌作为期刊编辑出版人员的重要任务。要增强期刊品牌价值观、期刊品牌资源观、期刊品牌权益观、期刊品牌竞争观、期刊品牌维护观、期刊品牌发展观、期刊品牌建设观和期刊品牌战略观；积累品牌资产，整合品牌资源，实施期刊品牌营销，这是增强期刊市场竞争能力的关键要素。实施期刊品牌战略，开展品牌经营是医学期刊经营制胜的关键。医学期刊的经营具有不同的发展层面，而品牌经营是期刊经营的高级阶段，也是医学医学期刊发展与经营的最高层面。创建品牌、维护品牌、宣传品牌、营销品牌、发展品牌始终是医学期刊肩负的重要任务和期刊经营的重点。

（1）期刊品牌的培育意识：经济时代的来临，也必将伴随品牌时代的来临。在品牌时代，以生产者为中心的推销理念已经不适应开放性市场经济的要求，取而代之的是以消费者为中心的营销理念，在医学期刊如林与竞争激烈的今天，谁拥有了期刊品牌，谁就能赢得期刊经营与发展的主动权，缺乏品牌的医学期刊很难在市场中长期生存与发展。因此，医学期刊要求生存，谋发展，就必须创立自己的强势品牌，做到明确定位、精心选题、具有高质量内容，以及有特色和学术影响力的期刊。

（2）期刊品牌的维护意识：期刊品牌维护，是医学期刊针对外部环境的变化给品牌带来的影响所进行的维护品牌形象、保持品牌的市场地位和品牌价值的一系列活动的统称。期刊品牌作为期刊的重要资产，其市场竞争力和品牌的价值来之不易，期刊品牌的创立是发挥品牌效用的基础，期刊品牌的有效维护为品牌发挥效用提供可靠保障。期刊品牌维护有利于巩固品牌的市场地位、期刊品牌知名度、期刊品牌美誉度有助于保持和增强品牌的生命力，并有助于期刊品牌影响力和期刊品牌价值的提升；不断对期刊品牌进行维护以满足市场和读者的需求，使医学期刊能够在激烈的市场竞争中不断保持竞争力。

（3）期刊品牌宣传意识：俗话说"好酒也怕巷子深"。再好的期刊品牌产品如果没有营销宣传，也很难做到尽人皆知。医学期刊要充分利用多媒体及各种学术会议有针对性地进行宣传。如利用各种学术会议、专业培训班等机会，塑造和宣传期刊，扩大医学期刊的影响力，促进医学期刊的营销。

（4）期刊品牌发展意识：期刊品牌发展意识主要是指期刊要牢固树立发展品牌、不断完善期刊品牌，实施期刊品牌的延伸，以利于不断提高期刊品牌的市场形象和期刊品牌竞争力，使期刊品牌的内在价值得到充分的发挥。

4. 期刊合规与守法意识　医学期刊的经营绝不是单纯以盈利为目的，而是在注重社会效益和学术效益的同时，合理兼顾经济效益的经营，以保证医学期刊的生存与发展。期刊营销行为首先应严格遵守相关法律规定，期刊经营和营销的各个环节都要受到法律的约束。因此，医学期刊的经营者要具有法律意识，要依法依规经营，守法经营，诚信经营。

5. 期刊经营的创新意识　任何事物不进则退，医学期刊的经营活动也是如此。要使医学期刊始终保持其经营活力和经营效益，医学期刊的经营人员必须具有创新意识，不断研究期刊市场、分析读者心理需求，把握学科和学术发展的脉搏，适应读者不断增长的需要，创新和调整期刊经营策略和经营方法，把办刊人员的创新意识渗透到编辑出版的全过程，坚持以读者为中心，以期刊内容为重点，全面提升期刊的效益。

第五节　医学期刊市场经营与营销原则

医学学术期刊的性质、功能和社会地位，决定了其作为科技文化产品的市场经营的基本性质，不仅是反映科研成果及科技创新的载体，也是传播医学科学知识和推动医学科技进步的重要平台，是以内容为主的科技文化信息产品，肩负着学术交流和促进医学科技发展的双重作用。因此，必须承担医学期刊的社会责任，避免单纯以盈利为目的，扭曲医学期刊的功能，违背办刊方针和办刊宗旨。因此，在期刊市场经营和营销活动中，应坚持和把握正确的经营原则。

1. 社会效益与学术效益原则　所谓社会效益是指最大限度地利用有限的资源满足社会和人民日益增长的物质文化需求的目标。是医学期刊效益管理的根本目的和管理目标，是对期刊最佳管理效益的不断追求，要实现最佳的经济效益，同时又争取最佳的社会效益，是医学期刊存在的基本前提，经济效益是期刊生存发展的基础，而社会效益就是期刊生存与发展的根本；期刊社会效益的根本则是指推进医学科技进步，促进人才的培养，全面提高科学管理水平，满足和服务于人民对科技文化生活水平及促进社会发展所发挥的作用。而学术效益就是医学期刊的学术价值、学术质量和其产生的国际或国内的学术影响力。而医学期刊的办刊方针和办刊宗旨也决定了必须始终坚持社会效益和学术效益为主原则，实现社会效益和学术效益的有机统一，由此推动经济效益的进一步提升，这是辩证统一关系和起码的经营逻辑关系。在任何时候都不能以牺牲社会效益和学术效益为代价而换取经济利益，这是医学期刊的经营者所要追求的根本效益和原则。

2. 服务与质量原则　医学期刊的服务的主要对象就是读者、作者和广大医药卫生技术人员，其服务的手段就是提供医学科技信息服务，满足广大医学科技工作者的需求，其质量包括服务质量和信息产品的质量。因此，要围绕读者做市场，增强服务意识，转变服务态度和服务观念，瞄准目标客户群，实施主动服务和主动公关营销，牢固树立以读者为中心的服务理念，以市场需求和读者需要为标准，才能满足读者需求，赢得读者信赖，提高读者满意度，实现期刊价值，在服务中赢得社会效益和经济效益，全面提高期刊自我生存与自我发展的能力。

3. 遵规与守法原则　遵规与守法是期刊经营活动的基本前提，在期刊经营实践中，既要遵守科技学术期刊和编辑出版的相关规定和法律，同时，又要遵守企业经营管理的相关法规，这是保证期刊经营活动成败的基本要求。因此，期刊的编辑人员和市场营销人员，都必须具有期刊经营的法规意识，在期刊经营实践中，做到遵规守法，诚信经营，保证期刊以良好的社会声誉和经营道德，赢得读者、作者和广大医学科技人员的信赖。